Deutsche Oper · DDR 1949 - 1989

Sigrid und Hermann Neef

Deutsche Oper
im 20. Jahrhundert
DDR 1949-1989

PETER LANG
Berlin · Bern · Frankfurt a.M. · New York · Paris · Wien

Die Deutsche Bibliothek – CIP-Einheitsaufnahme

Neef, Sigrid:
Deutsche Oper im 20. Jahrhundert : DDR 1949 - 1989 / Sigrid und Hermann Neef. - Berlin [i.e.] Schöneiche b. Berlin ; Bern ; Frankfurt a.M. ; New York ; Paris ; Wien : Lang, 1992
  ISBN 3-86032-011-4
NE: Neef, Hermann:; HST

ISBN 3-86032-011-4

© Peter Lang GmbH, Europäischer Verlag der Wissenschaften, Schöneiche b. Berlin
1992

Alle Rechte vorbehalten.
Das Werk einschliesslich aller seiner Teile ist urheberrechtlich geschützt.
Jede Verwertung ausserhalb der engen Grenzen des Urheberrechtsgesetzes
ist ohne Zustimmung des Verlages unzulässig und strafbar. Das gilt
insbesondere für Vervielfältigung, Übersetzungen, Mikroverfilmungen und
die Einspeicherung und Verarbeitung in elektronischen Systemen.

Druck: Weihert Druck GmbH, Darmstadt

Inhalt

Vorwort _____ 7
Abkürzungen _____ 9

Geschichte. Nähe und Distanz _____ 11
Uraufführungsdaten _____ 40

Komponisten und ihre Werke

Reiner Bredemeyer	45	Paul Kurzbach	302
Max Butting	56	Siegfried Matthus	314
Paul Dessau	60	Eckehard Mayer	370
Paul-Heinz Dittrich	119	Ernst Hermann Meyer	377
Jean Kurt Forest	134	Wilhelm Neef	384
Fritz Geißler	152	Frank Petzold	390
Ottmar Gerster	167	Kurt Dietmar Richter	394
Friedrich Goldmann	180	Gerhard Rosenfeld	398
Karl-Rudi Griesbach	190	Friedrich Schenker	420
Robert Hanell	203	Kurt Schwaen	441
Jörg Herchet	225	Karl Ottomar Treibmann	468
Thomas Heyn	231	Jan Trieder	483
Ralf Hoyer	242	Rudolf Wagner-Régeny	486
Georg Katzer	247	Hans Jürgen Wenzel	525
Günter Kochan	257	Gerhard Wohlgemuth	528
Rainer Kunad	261	Udo Zimmermann	532

Komponistenverzeichnis _____ 583
Opernverzeichnis _____ 585
Personenregister _____ 587

Vorwort

Vierzig Jahre getrennter Entwicklung von Politik, Wirtschaft, Wissenschaft, Kultur, Kunst in zwei deutschen Staaten endeten mit dem Beitritt der Deutschen Demokratischen Republik zur Bundesrepublik Deutschland am 3. Oktober 1990.

Zu Ende ging damit auch ein interessantes Kapitel deutscher Operngeschichte, in dem Komponisten – nicht zum ersten Mal – einen autoritären Staat mitgetragen, andere ihn offen oder versteckt in Frage gestellt haben, in dem Werke von internationalem Rang entstanden sind, und es sich immer wieder zeigte, daß Kunst trotz politischer Zwänge und Unterdrückung von menschlicher Selbstbehauptung und Freiheit zu handeln vermag.

Deutsche Kunstgeschichte nach 1990 heißt, zwei getrennte Ströme werden sich vereinigen. So zieht dieses Handbuch Bilanz einer vierzigjährigen Periode deutscher Opernentwicklung in der DDR – von der Staatsgründung 1949 bis zur Wende 1989. Es wird gefragt, wie die Komponisten auf den doktrinären Führungsanspruch einer herrschenden Partei reagierten. Namhaft gemacht werden Künstler, die sich dieser Anmaßung der Regierenden beugten, Monstrositäten schufen, und andere, die sich keinen Dogmen, keiner Doktrin unterwarfen.

Das Handbuch vermittelt ein Bild der Operngeschichte der DDR, ein anderes als das von der offiziell-akademischen Musikwissenschaft beschriebene. Berichtet wird von Ereignissen und Hintergründen, die verschwiegen wurden, unbekannt waren, die erst aufgefunden werden mußten. Direkte Eingriffe der Kulturbürokratie und deren Auswirkungen werden benannt, aber auch das Ausmaß freiwilliger Selbstzensur. Ins Blickfeld gerät auch, wie Repressionen den Widerstandswillen stärkten, die Kraft zu originären Kunstleistungen wuchs.

Verschwiegenem und Verdrängtem wird in diesem Buch zu seinem Recht verholfen, einstmals Verbotenes ausführlich gewürdigt.

Vergessenen Werken auf die Spur zu kommen bedeutet hier, Neuheiten und Kostbarkeiten vorzustellen, auf interessante und unbekannte Aspekte auch in den Opern selbst aufmerksam zu machen.

Namen wie Paul Dessau, Rainer Kunad, Siegfried Matthus, Gerhard Rosenfeld, Rudolf Wagner-Régeny, Udo Zimmermann stehen für internationale Repräsentanz, zugleich für eine Traditionslinie, die von den zwanziger Jahren bis in die zweite Hälfte des 20. Jahrhunderts reicht.

Bedeutende Komponisten, die sich auf instrumentalem Gebiet schon längst einen internationalen Ruf erworben haben, werden als bemerkenswerte Opernkomponisten vorgestellt: Reiner Bredemeyer, Paul-Heinz Dittrich, Friedrich Goldmann, Georg Katzer, Friedrich Schenker.

Daneben werden einst hochdekorierte Komponisten ihrem wahren künstlerischen Rang entsprechend neu bewertet, etwa der langjährige Präsident des Komponistenverbandes der ehemaligen DDR, die „graue Eminenz" des Musiklebens, Ernst Hermann Meyer.

Vorgestellt werden 32 Komponisten mit 107 Opern.

Der Gattungsbegriff wird von den Komponisten unorthodox gebraucht, demzufolge auch im Handbuch. Aufgenommen wurden neben einer Oper für Schauspieler auch musikalisch-szenische Aktionen, Radio- und Schulopern, nicht jedoch Kinder- und Jugendopern.

Vollständigkeit war unmöglich, ausschlaggebend waren Substanz und Repräsentanz.

Die Komponisten erscheinen in alphabetischer Abfolge. Sofern von ihnen mehrere Opern besprochen werden, sind sie chronologisch geordnet.

Das Informationssystem in den Einzeldarstellungen ist gleichbleibend: Es beginnt mit exaktem Titel und Genrebezeichnung einschließlich literarischer Quelle, Entstehungszeit und Uraufführung, Rollenverzeichnis, Orchesterbesetzung und Aufführungsdauer, am Schluß stehen Hinweise auf Ausgaben, Rechtsinhaber, Literatur, Schallplatten-, Rundfunk- und Fernsehproduktionen.

Beziehungen zwischen Musik- und Theatergeschichte, zwischen Oper, Literatur und Politik sind sichtbar gemacht, bemerkenswerte Inszenierungen werden nachgewiesen.

Der einleitende Text informiert über Tendenzen, Hintergründe, stilistische und kulturelle Besonderheiten.

Das Handbuch ist ein Angebot an Praktiker wie Theoretiker, es wendet sich an Musik- und Literaturwissenschaftler, Historiker, an Theaterleute, an jeden Musikinteressierten.

Frühjahr 1991   Sigrid und Hermann Neef

Abkürzungen

ad lib.	ad libitum
AFl	Altflöte
Akk	Akkordeon
APos	Altposaune
ASax	Altsaxophon
BarSax	Baritonsaxophon
Bck	Becken
BKlar	Baßklarinette
BPos	Baßposaune
BSax	Baßsaxophon
BTb	Baßtuba
BXyl	Baßxylophon
Cel	Celesta
Cem	Cembalo
EBGit	Elektrobaßgitarre
EGit	Elektrogitarre
EH	Englischhorn
Fg	Fagott
Fl	Flöte
Flex	Flexaton
GA	Gesamtaufnahme
Git	Gitarre
Gl	Glocken
Glsp	Glockenspiel
GrTr	Große Trommel
Harm	Harmonium
Holztr	Holztrommel
Hr	Horn
Hrf	Harfe
Kast	Kastagnetten
Kb	Kontrabaß
KbKlar	Kontrabaßklarinette
KbPos	Kontrabaßposaune
KbTb	Kontrabaßtuba
KFg	Kontrafagott
Kl	Klavier
KlA	Klavierauszug
Klar	Klarinette
KlTr	Kleine Trommel
Kor	Kornett
Mand	Mandoline
Mar	Marimbaphon
Mtr	Militärtrommel
Ob	Oboe
Org	Orgel
Part	Partitur
Picc	Piccoloflöte
Pkn	Pauken
Pos	Posaune
RGl	Röhrenglocken
Rtr	Rührtrommel
Sch	Schellen
Slzg	Schlagzeug
SSax	Sopransaxophon
Str	Streicher
Syn	Synthesizer
Tamb	Tamburin
Tb	Tuba
TPos	Tenorposaune
Tr	Trommel
Trgl	Triangel
Trp	Trompete
TSax	Tenorsaxophon
Tt	Tamtam
US	Ursendung
Va	Viola
Vc	Violoncello
Vib	Vibraphon
Vl	Violine
Xyl	Xylophon

Geschichte. Nähe und Distanz

Ein Eklat am Anfang
Es fing mit einem Eklat an, mit komisch-tragischen, bisweilen grotesken Ereignissen um die Voraufführung der Oper ›Das Verhör des Lukullus‹ von Paul Dessau am 17. März 1951 in der Deutschen Staatsoper Berlin, vor einem Publikum, das man hineingeschickt hatte, damit es Protest bekunde, und das zu stürmischem Beifall hingerissen wurde.

Zur gleichen Zeit, vom 15. bis 17. März 1951, fand die 5. Tagung des ZK der SED (Sozialistische Einheitspartei Deutschlands) statt, bei dem Kulturpolitiker das künstlerische Ereignis zum Anlaß nahmen, ihre prinzipielle Haltung zu deklarieren, und die hieß: Kampf dem Formalismus. Berühmt-berüchtigt geworden sind die Auslassungen des damaligen Leiters der Kulturkommission der SED, Hans Lauter, der das Hauptreferat hielt und dem Antifaschisten und Schöpfer des Thälmann-Lieds Paul Dessau vorwarf, mit seiner „formalistischen" Lukullus-Musik den „Kriegstreibern" zuzuarbeiten. Denselben Vorwurf erhob er gegen Carl Orff wegen dessen ›Antigonae‹ und damit gegen einen der ersten Nationalpreisträger der jungen DDR. So wurden Brücken zerstört, nicht nur zwischen aktuellen progressiven Bestrebungen und der Tradition der zwanziger Jahre, zu deren Repräsentanten Brecht, Dessau und Orff zählen. Was Formalismus sei, wurde nie definiert. Das Wort kam als Synonym für unverständlich, elitär, intellektuell, gefühlsarm und vor allem volksfremd in Gebrauch.

Brecht und Dessau überstanden die Formalismus-Denunziation relativ unbeschadet; ihr Werk ging ins Repertoire der Bühnen ein, fand seinen Platz in Lehrbüchern. Die Beschuldigung, mit solcher Musik Kriegstreibern zuzuarbeiten, ließ man fallen, das Werk avancierte zum Vorbild einer Anti-Kriegs-Oper. Doch mit der Ehrenrettung der Lukullus-Oper war nichts geklärt; überdies spielten hier Glück, List und vor allem der erste Staatspräsident der DDR, Wilhelm Pieck, eine entscheidende Rolle. Er stellte sich schützend vor die Autoren und trat mit seiner Frage „Und wenn *wir* uns irren, Genossen?" den Kulturfunktionären mit ihrem Anspruch auf absolute Wahrheit entschieden entgegen.

Jedoch traf das Formalismus-Verdikt ein anderes, im Entstehen begriffenes Werk vernichtend. Hanns Eisler hatte zwischen dem 5. Juli 1951 und dem 21. August 1952 den Text zu seiner Oper ›Johann Faustus‹ geschrieben und ihn, trotz Brechts Warnung, dem Aufbau-Verlag zum Druck gegeben. Ein Essay des österreichischen Publizisten Ernst Fischer im letzten Heft von *Sinn und Form* 1952 gab dann den verhängnisvollen Auftakt zu einer Diskussion über die jüngste deutsche Vergangenheit, über die Fragen nach Schuld und Versagen der Intellektuellen in Geschichte und Gegenwart. Fischer erklärte die Faust-Figur zur Zentralgestalt der deutschen Misere, projizierte die Problematik des modernen Intellektuellen auf den Hintergrund des deutschen Bauernkriegs und bezog sich auf den Streit zwischen Luther und Müntzer um die Gottgewolltheit der Obrigkeit.

Mit der Frage nach der Kritikwürdigkeit von Obrigkeit war ein neuralgischer Punkt deutscher Nachkriegsgeschichte getroffen. In der DDR wollte eine antifaschistische, kommunistisch geführte Regierung in kürzester Zeit eine neue Gesellschaft aufbauen; Zweifel an Autoritäten waren da fehl am Platz, so auch Ernst Fischers Faust-Essay. Es kam zu einer heftigen Debatte, in der über Faust geredet wurde, aber die Perspektive einer neuen Gesellschaft gemeint war. Vierzig Jahre später beschrieb Günter de Bruyn den geistigen Hintergrund der Faust-Diskussion: „Denn mit der schuldbeladenen Vorgeschichte der Deutschen waren beide Staaten belastet, und der Vorgang der Schuldverdrängung war psychologisch hier und da ähnlich, auch wenn er politisch und ideologisch unter anderen Vorzeichen geschah. Während man auf der einen Seite die Besitzverhältnisse der Nazizeit restaurierte, auf Hitlers Offiziere, auf Globke, auf Oberländer nicht verzichten zu können glaubte und einen blinden Antikommunismus über das angebliche Jahr Null hinüberrettete, gelang es der anderen Seite, wo Widerstandskämpfer und Emigranten in führenden Positionen saßen und den Antifaschismus verordneten, die alte Autoritätsgläubigkeit, statt sie zu bekämpfen, für eigene Zwecke zu nutzen, den blinden Glauben an den weisen Führer von dem verfluchten toten auf den siegreichen lebenden zu übertragen und dem neuen Staatsvolk den Eindruck zu geben: es sei 1945 nicht nur befreit worden, sondern es habe gesiegt. Man hatte also den Faschismus, wie es hieß, mit der Wurzel ausgerottet – und die Schuld an die Bewohner des anderen deutschen Staates delegiert." Im Gefolge dieser Auffassung entstand die „kurzschlüssige, vom Wahn der Omnipotenz des Staates eingegebene These von den zwei deutschen Literaturen, deren eine (wie es damals hieß) der anderen eine Geschichtsepoche voraus ist (...)." (de Bruyn 1989, S. 946)

Dieser Konzeption zufolge konnte es keine Faust-Gestalt als Inkarnation deutschen Versagens geben, sondern nur einen, dem Goetheschen Modell des ewig strebenden Menschen nachgebildeten Intellektuellen-Typus, dessen Nachfolger in der DDR zum Aufbau einer neuen Gesellschaft angetreten seien. Abweichungen von diesem Dekret galten als Sünde gegen den „Geist der Neuen Zeit" und wurden entsprechend geahndet.

Verlauf und Klima der Diskussion um Faust-Gestalt und -Problematik im allgemeinen und seinen Text im besonderen nahmen Hanns Eisler den Mut und die Kraft, sein Libretto zu vertonen.

Dennoch hinterließ Eislers Faust-Text in der Opernliteratur der DDR Spuren. Der tragischen Figur seines Johann Faustus hatte Eisler die komische Figur des einst von der Neuberin aus deutschen Theatern verbannten Hans Wurst zugesellt. Mit der Einführung einer komplementären Figur sprach er ein mündiges Publikum an, das sich seinen Reim auf die vergangenen wie gegenwärtigen Geschichten selbst machen sollte. Zwar verschwand Eislers Hans Wurst mit dem unvertont gebliebenen Libretto klanglos, doch feierte ein anderer Hans Wurst 1974 auf der Bühne der Deutschen Staatsoper Berlin seine Auferstehung – in Karl Mickels und Paul Dessaus ›Einstein‹.

Eislers Text machte Anfang der siebziger Jahre als Schauspiel auf den Bühnen der Bundesrepublik Furore: „1974 kam es zur Uraufführung am Landestheater Tübingen, 1976 zu einer Inszenierung am Schauspielhaus Kiel, 1977 zur Inszenierung durch die Theatermanufaktur in Westberlin mit Gastspielen in der Bundesrepublik Deutschland und in westeuropäischen Ländern (...)." (Bunge 1983, S. 7) In dieser Zeit, 1972 bis 1974, schrieb der Dresdner Komponist Rainer Kunad seine Faust-Oper, die er in Erinnerung an das alte Volksbuch ›Sabellicus‹ nannte und in der er das Motiv des Verrats des Intellektuellen am Volk, die Verbindung von Faust-Stoff und deutscher Bauernkriegsthematik aufgriff; damit stand er ganz in Eislers Denktradition.

Auf die Bühne eines DDR-Theaters aber kam Eislers Text erst 1983. Im selben Jahr brachte der Henschelverlag einen Neudruck des Librettos heraus, jetzt aber fand das Eislersche Faust-Modell nur noch das bemühte Interesse der Fachleute; die parabelhafte Darstellung deutscher Gelehrtenproblematik, die Konflikte eines Genies machten in der Öffentlichkeit keinen Effekt mehr. Das hatte mehrere Gründe. Vor allem waren es die verderbenbringenden Erfolge wissenschaftlichen Forscherdrangs, die nicht mehr den einzelnen Gelehrten oder ein Volk, sondern die gesamte Menschheit betrafen. Überdies waren durch Dessaus Einstein-Oper von 1974, aber auch durch Kurt Schwaens ›Spiel vom Doktor Faust‹ von 1982/83, neue Aspekte des Faust-Stoffes sichtbar geworden, während Eisler noch nach einer veralteten Konstruktion verfahren war: Bei ihm steht Faust als Geistmensch und Herr im Gegensatz zu Hans Wurst, der ein Philosoph des Leibes und sein Knecht ist. Zwar wird damit auf die allgemeine Dichotomie menschlichen Seins – Geist – Leib – verwiesen, doch die Rollen sind nach konventionellen Schemata fixiert. Anders bei Schwaen. Er gibt seinem Hans Wurst Augen, Ohren, Mund und einen witzigen Verstand, um die Welt auch von der Schattenseite aus zu sehen und illusionslos zu bewerten; das bringt ihn weniger in Widerspruch zu Faust als vielmehr zu jenem die Welt verkürzt sehenden und verklärenden Ideologen, den er in die Handlung als „offizieller Sprecher" einführte.

Es ist kein Zufall, daß es ausgerechnet Kurt Schwaen gelang, die traditionellen Belastungen des Faust-Stoffes abzuschütteln und den oppositionellen Geist alten Volkstheaters wiederzubeleben, gehört er doch neben Paul Dessau und Wagner-Régeny zu jenen Opernkomponisten in der DDR, die die im Laufe der Formalismus-Diskussion geforderte und praktizierte Abnabelung von den Kunstkonzepten der Weimarer Republik nicht vollzogen, sondern mit ihrer Person und ihrem Werk für eine Kontinuität progressiver Kunst einstanden.

Sicher: Man müßte für diesen Anfang der ostdeutschen Operngeschichte einige Werke mehr nennen als nur ›Lukullus‹ und ›Johann Faustus‹, so Robert Hanells ›Der Bettler von Damaskus‹ (Text von Franz Essel, 1947 Bühnen der Stadt Zwickau), die Komische Oper ›Ein Funken Liebe‹ von Fritz Reuter (Text von Emil August Glogau, 1948 Landesbühnen Sachsen) oder das Musikdrama ›Hexenlied‹ von Roderich Kleemann (Text von Ingeborg Reinhold, 1948 Bühnen der Stadt Zwickau), wenn man chronologisch exakt den Beginn der neuen Opernliteratur in der ehemaligen DDR nachzeichnen wollte; doch geht es hier nicht um Statistik und Aufzählung, sondern um Darstellung geschichtlicher Prozesse.

Das unverzichtbare Erbe der zwanziger Jahre: Rudolf Wagner-Régeny und Kurt Schwaen

Die Komödie der Lukullus-Verdammnis ist laut belacht, die Tragödie der Faust-Denunziation viel beklagt worden, darüber sind andere, mindestens ebenso wichtige Werke und Ereignisse jener frühen Jahre in den Hintergrund getreten.

Obgleich der Formalismus-Begriff, nur vage und in diffamierender Absicht gebraucht, fast jedes Werk treffen konnte, wurde er doch vornehmlich auf solche angewandt, die sich durch Witz, Paradoxien, Lust an Widersprüchen auszeichnen.

Der Bannfluch ereilte nicht nur Entstehendes, er richtete sich auch auf Vergangenes, bezog sich gleichermaßen auf Werke der Literatur wie der Malerei, meinte hier vor allem den deutschen Expressionismus und die ihm nahestehenden Kunstkonzepte. Ein ganzes Jahr, 1952, wurde zum Beispiel in der *Weltbühne*, dem damaligen rotweißen Heft gleichen Namens, gegen die deutsche expressionistische Lyrik zu Felde gezogen. Die im Exil zwischen Georg Lukács und Anna Seghers deutlich gewordenen kontroversen ästhetisch-weltanschaulichen Positionen, für die beider Namen nur stellvertretend stehen, schwelten weiter, wurden aber nicht wirklich benannt, sondern bereits 1951 nach Shdanows Rezept zugunsten eines klassizistisch-volkstümelnden Kunstideals festgelegt.

Gegen eine klassizistische Kunst aber war Rudolf Wagner-Régeny schon in den zwanziger Jahren unter der Devise „Kampf der musikalischen Fettleibigkeit" angetreten. Er hatte sechs Kurzopern geschrieben und dabei einen witzigen epigrammatischen Stil ausgebildet; mit seinen Opern ›Der Günstling‹ und ›Die Bürger von Calais‹ (1935-1938) nach Texten von Caspar Neher, zählte er bereits zu den bekannten Opernkomponisten. In der DDR als hochangesehener Hochschullehrer und Akademiemitglied tätig, erhielt er bis zu seinem Lebensende 1969 von keinem der Theater des Landes einen Kompositionsauftrag für eine neue Oper. Die ›Persische Episode‹, schon 1940 begonnen, erlebte zwar 1963 in Rostock ihre Uraufführung, aber um den Preis eines totalen Mißverständnisses: von Hanns Anselm Perten als soziales Rührstück und Aufklärungsdrama inszeniert. ›Prometheus‹ 1957/58 war ein Auftragswerk des Theaters Kassel, ›Das Bergwerk zu Falun‹ entstand 1958/60 für die Salzburger Festspiele.

Mit Dieter Härtwig, der 1965 eine Wagner-Régeny-Monographie publizierte, fand der Komponist schließlich einen begeisterten und begeisternden Verfechter seiner Opern, der sich als Dramaturg an den Landesbühnen Radebeul auch für die Aufführung der Werke einsetzte. Die Uraufführung der ›Fabel vom seligen Schlächtermeister‹ 1964 in Dresden-Radebeul und die ausgezeichnete Rundfunkproduktion von 1989 sowie die Hochschulaufführungen des ›Moschopulos‹ 1978 an der Deutschen Staatsoper Berlin brachten zwei Opern der Frühzeit kurzzeitig ins Bewußtsein der kunstinteressierten Öffentlichkeit.

Ganz anders die Bühnengeschichte der beiden Neher-Opern ›Der Günstling‹ und ›Die Bürger von Calais‹. Sie standen bis Mitte der sechziger Jahre hoch in der Gunst des Publikums wie der Interpreten und erlebten eine Reihe von Aufführungen, galten sie doch den Theatern als antifaschistische Tendenzstücke, geschrieben in der Zeit des Faschismus gegen den Faschismus. Darüber kam es 1965 zwischen Friedrich Dieckmann und Dieter Härtwig in *Theater der Zeit* (in den Heften 7 und 14) zu einer scharfen Kontroverse, aber da war es bereits zu spät: Die Formel „antifaschistisches Tendenzstück" war nicht mehr ganz aufzuheben, entsprechend verloren diese Opern allmählich für die Theater an Interesse. Eine wahre Erschließung steht noch aus.

Mit seiner Liebe zu Prägnanz und Kürze, seinem Abscheu gegenüber Langschweifigkeit, Aufgeblähtheit, Hypertrophierung jeglicher Art, ob im Gedanklichen, im Gefühl oder im Ausdruck, steht auch Kurt Schwaen in der Tradition der zwanziger Jahre. Er fand seine Interpreten zuerst unter Laien, Kindern und Studenten. Mit den beiden Studentenaufführungen des ›Fischers von Bagdad‹ und des ›Eifersüchtigen Alten‹ 1980 knüpften sich Kontakte zur Hochschule Berlin und zur Regisseurin Renate Breitung; mit ihr kamen Aufträge und Aufführungen an professionellen Theatern; es entstanden ›Das Spiel vom Doktor Faust‹ 1982/83 und ›Craqueville‹ 1984.

Kurt Schwaens erste Oper ›Die Horatier und die Kuriatier‹, eine Vertonung von Bertolt Brechts 1934/35 geschriebenem gleichnamigem Schulstück, entstand 1955 auf Anregung der Musikwissenschaftlerin Hella Brock; sie wurde 1958 am Musikwissenschaftlichen Institut der Universität Halle durch Studenten uraufgeführt. Brecht, der die Musik zu den ›Horatiern und Kuratiern‹ noch kurz vor seinem Tode in einer meisterhaften Einspielung durch Herbert Kegel und den Rundfunkchor Leipzig kennenlernen konnte, äußerte sich 1954 über Schwaens Kunst, bezogen auf die Musik zu ›Meister Pfriem‹: „Es wird wenige Leute geben, welche die lustige und wahrhaft edle Musik Schwaens nicht schön finden. Aber das Einstudieren dieser Musik wird vielleicht nicht ganz leicht sein. Von solchen Schwierigkeiten in der Kunst darf man sich niemals abhalten lassen. Die guten Musiker bereiten dem Ohr Überraschungen. Sie vermeiden das Abgedroschene. Was zunächst verblüfft, wird schnell als erfrischend empfunden, wenn es fleißig geprobt wird." (Brecht 1964, S. 356)

Mit der Schuloper ›Die Horatier und die Kuriatier‹ wurde das in den zwanziger Jahren von Brecht bereits praktisch erprobte Konzept des Lehrstücks in die damalige aktuelle Kunstszene hinübergerettet. Doch sollte es, trotz der Laienbewegung, „Bitterfelder Weg" genannt, immer schwerer werden, dieses Werk angemessen zu realisieren: Es verlangt sieben versierte Instrumentalisten, einen präzise singenden Chor und darstellende Kinder, die nach Brechts Wunsch nicht älter als dreizehn Jahre sein sollen; es verlangt die Kooperation von Laien- und Berufskünstlern.

Die von der offiziellen Kunstpolitik ab 1951 angestrebte Blockierung von Kunstprogrammatiken der zwanziger Jahre konnte nicht total durchgesetzt werden; dank Laien- und Hochschulaufführungen, dank auch der Bemühungen des

Rundfunks sind die frühen Werke Wagner-Régenys und Kurt Schwaens nicht völlig von der Szene verschwunden.

Ein wirklicher „Neu-Beginn" und eine Diskussion

Zur Kunstprogrammatik progressiver Künstler gehörte in den zwanziger Jahren das Experimentieren mit den neuen Medien, so dem Rundfunk. ›Die Verurteilung des Lukullus‹, nach einem Hörspiel Brechts, steht in dieser Tradition, aber bereits 1930/31 komponierte Paul Dessau, unabhängig von Brecht, seine Funk-Oper ›Orpheus und der Bürgermeister‹.

Kurt Schwaen erhielt 1958 einen Auftrag der OIRT (Organisation Internationale de Radiodiffusion et Télévision) für die Funk-Oper ›Fetzers Flucht‹ nach einem poetisch wahrhaften und überzeugenden Text von Günter Kunert, in dem er sich mutig dem heiklen Thema „Republikflucht" zuwandte. Es kam zu einer exemplarischen Rundfunkproduktion unter der musikalischen Leitung von Herbert Kegel; Sendungen im In- und Ausland folgten; die kleine Oper wurde mit Preisen gewürdigt. In logischer Fortsetzung dieser Erfolge bekamen Kunert und Schwaen 1959 vom Deutschen Fernsehfunk den Auftrag, ihre Funk-Oper zu einer Fernseh-Oper umzuarbeiten. Kunert entwarf gemeinsam mit dem Regisseur Günter Stahnke das Szenarium; beide verfolgten ein interessantes, damals ungewöhnliches Konzept: Bild und Ton voneinander zu trennen, beiden Bereichen eine eigenständige Erzählweise zu geben und keine singenden, sondern agierende Schauspieler einzusetzen. Worte und Musik kamen aus dem Off, wie innere Gedanken oder Kommentare. Mit Ekkehard Schall, Christine Gloger, Gerry Wolf, Erik S. Klein u.a. war eine hervorragende Besetzung gewonnen; die Bildsprache war exzessiv, die Texte poetisch-prägnant, die Musik gelöst-ernst, intelligent-farbig.

Der Sendung am Jahresende folgten erste lobende Rezensionen. Dann kam Anfang 1962 der völlige Umbruch, eröffnet durch einen redaktionellen Artikel in der *BZ am Abend*. ›Fetzers Flucht‹ geriet in den Sog einer kulturpolitischen Wende. Nach dem Bau der Mauer 1961 schien es angeraten, mangelnde politische Freiheit und materielle Attraktivität durch kulturelle Angebote auszugleichen, dem Volk (oder was man darunter verstand) keine schwerverdauliche Kost, sondern „verständliche", massenwirksame, populäre Ware anzubieten. In diese Kategorie allerdings fiel ›Fetzers Flucht‹ nicht. Die Autoren setzten sich zwischen alle Stühle. Sie hatten ein tabuisiertes Thema, „Republikflucht", aufgegriffen und in ihrem Stück gegen das Verlassen der DDR argumentiert; sie wählten dafür allerdings nichtkonventionelle epische Darstellungsmittel. Den Vertretern der neuen Macht aber war jeder künstlerische Wagemut suspekt. Der Fernsehfunk hatte in lauterer Absicht das Vorhaben als ein „Experiment" bezeichnet, damit aber ungewollt das Stichwort geliefert, um Werk und Autoren anzugreifen.

In Vorbereitung des VI. Parteitages der SED im Frühjahr 1962 avancierte ›Fetzers Flucht‹ zu einem der meistzitierten Beispiele für eine volksfremde, gar volksfeindliche Kunst. Der Versuch einer neuen Art von Fernseh-Oper war abgebrochen, bevor er recht eigentlich begonnen hatte.

Der Streit um Richard Wagner und die Sehnsucht nach der „kleinen Wiese"

Auf eine merkwürdige Weise machte der vom Staat verordnete Antifaschismus vor der Oper halt, wenn Werke von Richard Wagner, den NS-Ideologen für sich in Anspruch genommen hatten, auf die Bühne kamen. Das sollte Folgen für das neue Opernschaffen haben.

Das Ensemble der Deutschen Staatsoper Berlin konnte 1955 sein altes, im Krieg zerstörtes, nun wieder aufgebautes Domizil unter den Linden beziehen. Zur Wiedereröffnung stand eine Premiere der ›Meistersinger von Nürnberg‹ auf dem Programm. Mit einer nichtssagenden, peinlich konventionellen Inszenierung wurde reines Repräsentationstheater geboten, obgleich zumindest die in dieser Oper proklamierten Figurenmeinungen über deutsche Art und die Verteufelung der „welschen" einer Bewertung bedurft hätten, zumal nur ein Jahrzehnt nach dem Sturz eines Regimes, das mit solchen Parolen zum „Kreuzzug" aufgerufen hatte.

Wagners Opern waren zur Konsolidierung des Spielplanes, zur Erprobung und Meisterung künstlerischer Techniken unverzichtbar. Die Dirigenten vor allem wußten das, und sie fürchteten, daß Wagners Werke aus dem Spielplan verbannt werden könnten. So kam es zu einer paradoxen Situation: Kleine Mitläufer des Naziregimes wie auch Größen der Kultur, unter ihnen Furtwängler oder Gründgens, mußten sich peinliche Befragungen nach ihrem Verhältnis zum Faschismus gefallen lassen, Wagners Werken gegenüber aber wurde die Erörterung ihrer Beziehung zur NS-Ideologie, auf der Bühne zumindest, vermieden. Bis 1958. Da brach der angestaute Konflikt hervor.

Erika Wilde hatte sich in ihrer Rezension der ›Lohengrin‹-Aufführung an der Deutschen Staatsoper Berlin den offenen Fragen gestellt und für Wagners Opern eine intelligente, den Gehalt der Werke erschließende Regie gefordert, sich dazu geistvoll-ironisch über das Gesehene und Gehörte in *Theater der Zeit* geäußert. Damit war der Auftakt zu einer von der Redaktion gewollten und mit dieser Rezension wohl auch provozierten Diskussion gegeben, die in den Heften sieben bis zwölf des Jahres 1958 sowie im ersten Heft 1959 von *Theater der Zeit* ausgetragen wurde und auch auf die Zeitschrift *Musik und Gesellschaft* (Heft 11/1958) übergriff. Die Debatte war heftig, scharf-kontrovers und mußte dann von der Redaktion abgebrochen werden. Die Positionen reichten von arrogant-dümmlichen vulgärmaterialistischen Phrasen und Verdammungsurteilen Wagners bis hin zu faschistoiden Apologien (in zwei anonymen Zuschriften), welche die Redaktion entgegen ihrer Gewohnheit abdruckte, um das aktivierte emotionale Potential zu dokumentieren. In der Fachzeitschrift wurde ausgetragen, was auf der Bühne nicht stattfand: Die führenden Opernhäuser der Zeit erwiesen sich als unfähig zur kritischen Auseinandersetzung mit einem widerspruchsvollen epochalen Werk. Walter Felsenstein spielte an seiner Komischen Oper Wagner überhaupt nicht; einzige Ausnahme blieb 1962 die Einstudierung des ›Fliegenden Holländers‹ durch Joachim Herz, der stellvertretend für die Opernhäuser der DDR eine kritische Aneignung von Wagners Opern vollzog, vor allem am Opernhaus Leipzig mit ›Die

Meistersinger von Nürnberg‹ 1960, ›Lohengrin‹ 1965 und ›Der Ring des Nibelungen‹ 1973 bis 1976. Die Berliner Staatsoper hingegen schritt auf dem 1955 eingeschlagenen Weg fort und brachte Wagners Werke in pompös-repräsentativen Darstellungen auf die Bühne. Daraus erwuchs eine Gefahr, denn aus dem Bereich der Theorie und Kulturpolitik mehrten sich nun Stimmen, die verbindliche Festlegungen für ein „sauberes", von widersprüchlichen Werken „gereinigtes" Repertoire forderten; an den staatlichen Opernhäusern wuchs die Zahl der Dramaturgen mit den Befugnissen von Zensoren sprunghaft an.

Das hatte Auswirkungen für neu entstehende Werke. Heiner Müller stellte 1969 in seinen anläßlich der Uraufführung der Oper ›Lanzelot‹ geschriebenen „Sechs Punkten zur Oper" in Auswertung seiner Erfahrungen als Librettist Paul Dessaus fest: „Es gab nie so viel Dramaturgie bei so wenig Dramatik wie heute. Eine russische Tänzerin wurde gefragt, was sie mit einem bestimmten Tanz sagen wollte. Ihre Antwort: ‚Wenn ich das mit Worten sagen könnte, hätte ich mir nicht die Mühe gemacht, es zu tanzen'."

Mit den Dramaturgien schuf man sich ein „Geschlecht von Zwergen", die im Namen des Volkes, einer verschwommenen, angemaßten Volkstümlichkeit den Autoren auf die Finger sahen und sie fragten, was sie denn „damit (ihrem Werk) sagen wollen".

Ende der sechziger Jahre war ein bestimmtes musisch-kulturelles Klima entstanden: Die Leute gingen kaum noch ins Theater in der Erwartung, dort Neues und Unbekanntes zu entdecken, sondern im Glauben, von Autoren und Interpreten „von oben herab" etwas mitgeteilt zu bekommen. Für die Neue Musik auf der Opernbühne hatte das katastrophale Folgen.

Den Dramaturgen fiel die Aufgabe zu, von den Komponisten brave Hausmannskost zu fordern, ihnen alle „Neutönerei" auszureden. In exemplarischer Weise brachte das der damalige Chefdramaturg der Staatsoper Berlin, Werner Otto, zum Ausdruck, als er 1982 in der *Weltbühne* zum „Nachdenken über die Oper heute" aufforderte. Zwar versicherte er den Komponisten, daß sie nicht wie „Mozart, Verdi oder Puccini schreiben", sondern vielmehr in ihrer Musik die Welt von heute hörbar machen sollen, doch fanden selbst die nach dieser Maxime geschaffenen Werke keinesfalls seine Anerkennung: „Manche heutigen Komponisten bedienen sich in der Oper einer Klangsprache, die kaum irgendwelche Beziehungen zu jener Musik aufweist, die man als Ersatz für die Volksmusik vergangener Zeiten ansehen kann. Es gibt kaum Brücken, sondern nur weltweite Entfernungen. Die Gesangslinien sind aufgetrieselt, die Auffaserung aller thematischen Bezüge läßt kein Erkennen von logischen musikalischen Vorgängen mehr zu. Dem Hörer erscheint vieles willkürlich, abstrus, technifiziert und ohne Herz geschrieben. Er findet sich und seine Welt nicht wieder." Diese Welt aber sei nur mit „Pathos, Größe und Leidenschaft" widerzuspiegeln. Das aber könne eine Musik nicht, die sich auf Arnold Schönberg als ihren Stammvater beruft. Noch 1982 war das beste Mittel, den großen Komponisten zu diffamieren, indem man seiner Musik „negative" Ausdrucksgehalte unterstellte, ihn selbst als ein Exempel der zum Untergang verurteilten bürgerlichen Gesellschaft darstellte: „Man kann nicht bei dem stehenbleiben, war Arnold Schönberg und seine Mannen um 1911 herausfanden. Die Musik darf kein Produkt von Kleinlichkeit, Angst und Ausweglosigkeit sein, will sie die Menschen erreichen. Wer nicht an die Zukunft glaubt, besitzt auch keine Gegenwart." (Weltbühne Nr. 14, 6.4.1982) Unterstellt wurde mit diesem Postulat, daß die „Welt" der DDR schön und heil sei.

Werner Otto fand Zustimmung beim Publikum, bei Fachkollegen, bei Dirigenten. Es gab auch Einspruch, der aber war kaum zu hören; die Befürworter einer Opernkunst, in der die Welt in ihren Widersprüchen dargestellt wird, waren noch unterlegen. Auseinandersetzungen um Wert und Unwert zeitgenössischer Musik, um ihre Funktion waren bereits in den zwanziger/dreißiger Jahren geführt worden. Brecht schrieb: „Eine Musik, die wahrhaft die Welt des 20. Jahrhunderts widerspiegelt, eine zweifellos verwirrte, komplizierte, brutale und widerspruchsvolle Welt, wird nicht auf Gnade rechnen können. Aber was soll sie sonst widerspiegeln? Etwa die Behauptung einiger Machthaber, die Welt sei durch sie geordnet worden, eine kleine Wiese mit Lämmern unter einem Führer?" (Brecht 1983, S. 219)

Mit diesen Sätzen hatte Bertolt Brecht den Zusammenstoß des Komponisten Paul Hindemith mit dem NS-Regime beschrieben, und mit dem Begriff der „kleinen Wiese" eine über die konkrete historische Situation hinausreichende Metapher für den Konflikt auch des Musikers gefunden. Dieser Konflikt war 1945 nicht erledigt, er etablierte sich auf anderer Grundlage neu. Brecht bekam es in der Diskussion um seine Stücke und vor alllem um die Inszenierung der ›Mutter Courage‹ sehr unsanft selbst zu spüren. Seither avancierte dieser Begriff für alle Musiker um Bertolt Brecht zu einem mit Spannung geladenen Begriff, denn diese „kleine Wiese" wollten und konnten sie nicht bedienen. Über Paul Dessau, Hanns Eisler, Rudolf Wagner-Régeny und Kurt Schwaen vererbte sich die Abneigung gegenüber „kleinen Wiesen" auf nachfolgende Komponisten, Freunde wie Schüler, unter ihnen Paul-Heinz Dittrich, Friedrich Schenker, Jörg Herchet, Friedrich Goldmann; dieser Begriff wurde im gleichen Sinn von den Dichtern Heiner Müller, Karl Mickel oder Volker Braun gebraucht, die Regisseurin Ruth Berghaus arbeitete mit ihrer Schauspiel- wie Opernregie den „kleinen Wiesen" entgegen, Bühnenbildner wie Achim Freyer, Andreas Reinhardt verweigerten sich der Idylle, und langsam kehrte der Geist kritischen Denkens auch in die Operndramaturgien ein – allmählich bröckelte die monolithische Front der Zensoren und Anpasser ab.

Die Sowjetisierung des Repertoires und die Gratwanderung der Komponisten zwischen Alt-Darmstadt und Neu-Weimar, „volkstümlichen" Dreiklängen und verteufelter Zwölftontechnik

Schon Mitte der fünfziger Jahre setzte eine Sowjetisierung des Repertoires ein. Der Begriff Sowjetisierung war in den zwanziger Jahren in Leningrad aufgekommen, um das neue sowjetische Opernschaffen, die Werke von Schostakowitsch, Prokofjew, Knipper, Deschewow und anderen zu fördern. In der DDR bekam die Sowjetisierung einen anderen Sinn.

Das klassizistische Kunstideal, der Verweis auf beispielhafte Werke des „Erbes", war auf die Dauer kein Programm; man konnte den zeitgenössischen Komponisten nicht immerfort empfehlen, wie Beethoven, Verdi oder Tschaikowski zu komponieren. Mit den neuen Werken aus der Sowjetunion eröffneten sich Möglichkeiten, neue Leitbilder zu deklarieren.

In Moskau und Leningrad hatte man gründlicher als in der DDR mit der Tradition der zwanziger Jahre gebrochen. Aus Werken wie ›Der stille Don‹ des bekannten Liedkomponisten Iwan Dserschinski oder ›Im Sturm‹ und ›Frol Skobejew‹ des ersten Sekretärs des sowjetischen Komponistenverbandes Tichon Chrennikow sollten neue Maßstäbe abgeleitet werden.

Mit der DDR-Erstaufführung des ›Frol Skobejew‹ 1956 an den Landesbühnen Dresden-Radebeul kam der Typus des sozial engagierten Possenreißers auf die Bühne, zugleich wurde der alten Volksfigur ihr anarchisches, aufmüpfiges Potential genommen: Die Herrschenden sind so dumm und realitätsblind gezeichnet, daß sie sich durch ihre Unachtsamkeit selbst verurteilen, daß ihr Sturz keinen ernsthaften Kampf erfordert. Der Narr erschien nicht als historisch konkreter Typ des Selbsthelfers, sondern als Ausführender einer „höheren" Gerechtigkeit, der objektiv waltenden „ehernen" Gesetze der Geschichte, die letztendlich alle auf ein Ziel hinauslaufen, die Etablierung eines weisen guten Führers: eine Komödienstruktur, in welcher sich die stalinistische Geschichtsauffassung spiegelte. 1963 folgte Ottmar Gerster mit seinem nach sowjetischen Vorlagen entstandenen ›Fröhlichen Sünder‹ diesem Schema. Selbst Altmeister Max Butting ließ sich 1959 Conrad Ferdinand Meyers ›Plautus im Nonnenkloster‹ von Hedda Zinner nach sowjetischem Muster zurechtschneidern.

Dagegen gab es eine andere Tradition. Dem Hallenser Komponisten Gerhard Wohlgemuth war schon 1952/53 eine interessante Oper namens ›Till‹ nach einem Text von Egon Günther gelungen, in der der Weg eines normalen Jungen zum Narren geschildert und das Narrentum als Verhaltensmuster für das Überleben in einer dem Glück feindlichen Umwelt dargestellt wird.

Paul Kurzbach schrieb 1955/57 seinen ›Thyl Claas‹, in dem er, als ehemaliger Schüler Carl Orffs seinem Lehrer folgend, die Gattungsgrenzen sprengte; nach Form und Gehalt knüpfte er an de Costers Volksbuch an. Nicht zufällig fanden beide Werke keinen Platz im Repertoire: Sie entsprachen nicht dem „Zeitgeist". Mit Chrennikows ›Frol Skobejew‹ und dessen DDR-spezifischen Nachfolgern, wie etwa Gersters ›Der fröhliche Sünder‹, war dem Lachen seine soziale, oppositionelle Kraft genommen, dem Witz seine anarchische Potenz. Erst mit Georg Katzers ›Der lustige Musikant‹ fand 1973/75 eine Rückbesinnung auf die ursprünglich antiautoritäre Funktion des Spaßmachers statt.

Die ins Repertoire aufgenommenen sowjetischen Werke wurden noch in anderer Hinsicht als Muster hingestellt: sie seien vorbildlich darin, wie in ihnen die sogenannten progressiven Volkskräfte und deren Feinde gestaltet werden; die ersteren seien durch Dreiklangsharmonik, volkstümliche Melodien in kleinen Intervallschritten charakterisiert, die letzteren durch dissonanzgeschärfte Harmonik, große Intervallsprünge oder gar mit Mitteln der Dodekaphonie. Dieses Schema wurde als „Intonationskonflikt" bezeichnet, der eine „sozialistisch-realistische" – in Wahrheit eine idealisierte – Widerspiegelung ermöglichen würde.

Über Iwan Martynows Schostakowitsch-Monographie, Israel Nestjews Prokofjew-Biographie und Boris Assafjews Arbeiten wurde der „Intonationskonflikt" zum Thema der Musikwissenschaft der DDR, positiv aufgenommen zum Beispiel von Heinz Alfred Brockhaus in dessen Publikationen über Prokofjew und Schostakowitsch. Selbst ein so scharf analysierender Wissenschaftler wie Fritz Hennenberg erlag Anfang der sechziger Jahre dieser Versuchung und interpretierte 1965 in seinem Standardwerk „Dessau. Brecht. Musikalische Arbeiten" dessen ›Puntila‹ unter diesem Aspekt.

Das logisch Unhaltbare dieser Pseudotheorie bestand darin, die modernen Kompositionselemente den scheinbar überlebten gesellschaftlichen Kräften, die weitaus älteren tonalen Gestaltungsmittel den sogenannten progressiven Figuren zuzuordnen.

Israel Nestjew hat den „Intonationskonflikt" auf eine klassische Formel gebracht: „Züge warmer Lyrik oder listigen Humors, Elemente volkstümlicher Liedhaftigkeit bei der Charakterisierung des positiven Helden, harmonische Schärfen bei der Darstellung der Feinde." (Nestjew 1962, S. 290)

Paul Dessau wandte sich wiederholt und öffentlich gegen diesen Schematismus, immer wieder darauf hinweisend, daß musikalisch-technische Gestaltungsmittel weder gut noch böse seien. Anfang der sechziger Jahre sah es so aus, als wenn sich in den beiden deutschen Staaten zwei einander feindliche musikalische Hauptstädte herausbilden sollten: Darmstadt als ein realer Ort, an dem sich Komponisten aus aller Welt trafen und für die Wahrheit der Kunst, die Unantastbarkeit künstlerischer Freiheit, für die Unabhängigkeit vom Markt stritten – Weimar als ein fiktiver Ort, die offizielle kulturpolitische Linie der Sozialistischen Einheitspartei Deutschlands repräsentierend, derzufolge Parteilichkeit das oberste Gebot war und der Künstler an einem sozialistischen Idealbild von Volk und Gesellschaft mitzuwirken hatte.

Jenseits dieser Konstellation aber gingen einige, darunter auch bedeutende Komponisten der DDR ihre eigenen Wege; sie huldigten weder den Darmstädter noch den Weimarer Göttern.

Die Programmatik der „Mischart".
Von Alban Berg zu Pierre Boulez

Zur programmatischen Neuinszenierung des ›Wozzek‹ von Alban Berg 1955 am Uraufführungstheater dieser Oper, der Deutschen Staatsoper Berlin, schrieb Paul Dessau einen Essay, in dem er das seiner Meinung nach Vorbildhafte, aber auch das nicht mehr Verwendbare an diesem Werk der Moderne beschrieb. Diese

„Bemerkungen zur Oper ›Wozzek‹" geben sowohl Aufschluß über Alban Bergs als auch über Paul Dessaus opernästhetische Ansichten, in ihnen antizipiert der Altmeister des Opernschaffens in der DDR künftige Entwicklungen von Freunden und Schülern.

Daß sich Komponisten der neuesten musikalischen Ausdrucksmittel ihrer Zeit zu bedienen haben, war für Dessau eine notwendige Bedingung des Komponierens. Sie als eine subjektive Entscheidung und Tugend kenntlich zu machen, nutzte er jetzt die Gelegenheit: Die ›Lukullus‹-Diskussion hatte ihm gezeigt, daß solche Tugend nicht erwünscht, sondern als Laster verketzert wurde.

Am ›Wozzeck‹ schätzte er, daß Alban Berg sich der Techniken der „Wiener atonalen Schule" (Dessau 1974, S. 173) bedient hatte, er hob vor allem hervor, daß sich Berg nicht sklavisch einer bestimmten stilistischen Richtung gebeugt, sondern vielmehr eine „Mischart" praktiziert hatte: „Die Musik zum ›Wozzeck‹ stellt vielmehr eine Mischart von tonaler, atonaler und polytonaler Musik dar. Und ich denke, daß gerade durch diese Vielfalt und Großzügigkeit in der Anwendung der musikalischen Mittel die Anziehungskraft vieler Musikstellen aus dem ›Wozzeck‹ so groß, ja stellenweise sogar überwältigend ist." (Dessau 1974, S. 173)

Dessaus Bekenntnis zur Mischart bedeutete keine Absage an Arnold Schönbergs Methode der Komposition mit zwölf nur aufeinander bezogenen Tönen, sondern lediglich die Behauptung eines anderen Weges, der von Alban Berg bereits mit Erfolg beschritten worden war. In der Bewertung der musikalischen Diktion, der Wort-Ton-Beziehungen im engeren Sinne, verhielt sich Dessau genau umgekehrt. Hier lehnte er Alban Bergs stilistische Mittel ab und bezog sich auf Schönberg: „Ich denke, daß die expressionistische Überhitzung der musikalischen Diktion und das naturalistische Psychologisieren ihren Höhepunkt überschritten haben", heißt es im ›Wozzeck‹-Essay. Später, 1968, bekannte sich Dessau auch zu der von Schönberg gestifteten Tradition der „Eroberung des Sprechgesangs mit seinen vielfältigen Varianten"; er sprach in dieser Hinsicht von einem „spezifischen Deklamando", das er selbst im ›Puntila‹ angewandt habe.

Auch zur Frage der heiß umstrittenen Dissonanz äußerte sich Dessau klar, unmißverständlich und programmatisch: Die Dissonanz war für ihn ein moralisch wertfreies Ausdrucksmittel, ein „Spannungsmoment", ein für die Musik unverzichtbares Element. Ein Komponist habe sich zu entscheiden, ob er dieses Spannungsmoment aktiviere oder die Dissonanz ihrer Funktion nach neutralisiere, dafür andere Spannungselemente benutze oder ganz auf Spannungen verzichte; die Entscheidung läge nicht zwischen tonal oder atonal, zwischen harmonisch oder dissonant, sondern zwischen dem Bekenntnis zu Widerspruch und Spannung in der Musik oder deren Ablehnung, der Hinwendung zur „kleinen Wiese".

Siegfried Matthus suchte bereits mit seiner ersten Oper ›Lazarillo vom Tormes‹ nach einer Orientierung. Er hatte sein Werk auf der Grundlage einer „erweiterten Tonalität" 1960 begonnen; beendete es aber 1963 unter veränderten Aspekten: In der Zwischenzeit hatte er, durch Pierre Boulez angeregt, seine Ausdrucksmittel zugunsten einer Art von „erweiterter Reihentechnik" modifiziert. Die Entwicklung Udo Zimmermanns, der 1966/67 mit der ›Weißen Rose‹ seine Opernlaufbahn begann, verlief ähnlich.

Während die Musikkritiker in der DDR noch heftig gegen Schönberg zu Felde zogen und um längst gegenstandslos gewordene Positionen kämpften, suchten die Komponisten, ohne Schönberg preiszugeben, bereits nach neuen Wegen.

Auch Rainer Kunad begann 1963 in seinem ›Old Fritz‹ mit der erweiterten Reihentechnik zu experimentieren; 1964 opponierte selbst Jean Kurt Forest gegen das offizielle Verdikt über die Dodekaphonie und setzte seiner Oper ›Die Passion des Johannes Hörder‹ demonstrativ eine Zwölftonreihe voran.

Dabei machen bereits diese vier Namen deutlich, daß die Verwendung von Reihen noch nichts über die Modernität und Qualität einer Partitur aussagt, allerdings in jenen Jahren etwas über die Kraft und Standhaftigkeit von Komponisten, sich über herrschende Maximen und verordnete Vorurteile hinwegzusetzen.

Unter den Opernkomponisten der DDR hat allein Robert Hanell bis zuletzt an einer Verteufelung der Zwölftontechnik festgehalten und deren Denunziation in Werk und Wort betrieben. Hanell avancierte mit der Uraufführung der ›Spieldose‹ 1957 zum erfolgreichsten Opernkomponisten der sechziger Jahre in der DDR. Mit vielen erfolgreichen Werken bestimmte er jahrzehntelang die Opernspielpläne kleinerer und mittlerer Opernbühnen in diesem Land. Schon in der Selbstcharakteristik seiner zweiten Oper ›Dorian Gray‹ 1962, sprach er von einem „sinnlosen Motiv in Zwölftontechnik" zur Kennzeichnung reaktionärer Kräfte, wohingegen ein „letzter strahlender Dur-Akkord der Oper" den Sieg des Guten über das Böse ausdrücke. In ›Esther‹, 1966 an der Deutschen Staatsoper Berlin uraufgeführt, setzte Hanell Zwölftontechnik und „Inhumanität" als Synonyme ein; in einer Programmheftklärung wandte er sich ausdrücklich gegen schillerndes Experimentieren mit akustischen und snobistischen Effekten; anläßlich der Uraufführung der ›Griechischen Hochzeit‹ 1966 trat er gegen „konstruierte Modernismen" und „snobistische Klangexperimente" auf. In seiner bisher letzten Oper, eigentlich einem Singspiel, ›Babettes grüner Schmetterling‹ 1982, brachte er dann den von ihm so verabscheuten Neutöner selbst auf die Bühne: als einen Angeber und Scharlatan, der kläglich scheitert.

Die Stellung der Komischen Oper Berlin. Harry Kupfers Rolle bei der Durchsetzung zeitgenössischer Opernkunst

Mit der Gründung der Komischen Oper Berlin 1947 durch die Sowjetische Militäradministration war einem Künstler großen Formats die Möglichkeit zu relativ uneingeschränktem Wirken gegeben: Walter Felsenstein. Er befreite die Kunst der Operninszenierung von Schlendrian und Routine. Dabei erstreckten sich seine eigenen Regiearbeiten lediglich auf Werke des sogenannten Erbes, aber er gab Schülern und Kollegen die Möglichkeit, ihre Tätigkeit auf das zeitgenössische Schaffen auszudehnen. Die erste Oper eines Komponisten der DDR kam 1967 mit Siegfried Matthus' ›Der letzte Schuß‹ an Felsensteins Haus zur Uraufführung. Regie führte Götz Friedrich. Bereits an dieser Inszenierung zeigte sich ein aufschlußreiches Paradoxon; während Matthus' Oper an der Komischen Oper lediglich einen Achtungserfolg erringen konnte, lief in Weimar ein junger Regisseur dem hauptstädtischen Theater den Rang ab: Harry Kupfer hatte hier den ›Letzten Schuß‹ in einer frisch zupackenden Weise inszeniert, indem er Prinzipien des Realistischen Musiktheaters ganz unorthodox verwendete und auch Mittel des Epischen Theaters nicht scheute. Das konservative kleinstädtische Opernpublikum dankte es ihm, füllte auch bei Repertoirevorstellungen das Parkett, obgleich es sich um eine moderne, darüber hinaus noch politische Oper handelte. Schon einige Jahre zuvor war Harry Kupfer ähnlich erfolgreich gewesen, als er 1965 in Stralsund die Uraufführung von Forests ›Die Passion des Johannes Hörder‹ zu einem von Publikum wie Fachkritik gewürdigten Ereignis machte. Von Kupfer ging auch die Anregung aus, Edita Morris' aufstörenden Roman ›The Flowers of Hiroshima‹ zu vertonen. Und wieder konnte 1967 eine Forest-Uraufführung in Weimar überzeugen, während die spätere Inszenierung der ›Blumen von Hiroshima‹ 1969 an der Deutschen Staatsoper Berlin dem Werk kein Glück brachte.

Kupfer verstand es, die Sänger zu motivieren, sich mit den Konflikten ihrer Figuren auseinanderzusetzen, sie zu individuellem Engagement zu inspirieren; in seinen Inszenierungen erzeugte er eine Atmosphäre subjektiver Betroffenheit auf der Bühne, die sich auf die Zuschauer übertrug und die Aufführung zu einem emotional ergreifenden Ereignis werden ließ.

Auch bei der Uraufführung der ›Griechischen Hochzeit‹ von Robert Hanell war ähnliches zu verzeichnen. Die Oper kam 1969 am Städtischen Opernhaus Leipzig in der Regie von Joachim Herz heraus, wenig später folgte Weimar; wieder gaben Kritiker wie Publikum dem Regisseur Harry Kupfer gegenüber dem Altmeister und Felsenstein-Schüler Joachim Herz den Vorzug.

Harry Kupfers Weg führte über Dresden, mit den Uraufführungen von Udo Zimmermanns ›Levins Mühle‹ 1973 und ›Der Schuhu und die fliegende Prinzessin‹ 1976 sowie Rainer Kunads ›Vincent‹ 1979, an die Komische Oper Berlin, wo er 1985 die Matthus-Oper ›Judith‹ zur international beachteten Uraufführung brachte.

Sich zu Felsenstein bekennend, konnte sich Kupfer dem Vorbild gegenüber freier verhalten als die dem Meister unmittelbar verbundenen Schüler oder die ihm unterstellten Mitarbeiter seines Hauses wie Götz Friedrich und Joachim Herz. Nachdem Harry Kupfer jahrelang in der „Provinz" dem zeitgenössischen Schaffen zur Wirkung verholfen hatte, fand er den ihm gebührenden Platz als Chefregisseur an der Komischen Oper. Mit ihm wendete sich das Schicksal der Institution, die seit dem Tod des Gründers allmählich zu einem Museum zu erstarren drohte.

Damit unterlag die Komische Oper Berlin einem vergleichbaren Prozeß wie das von Konstantin Stanislawski gegründete und geleitete Moskauer Künstlertheater, das MChAT. Auch diese Bühne hatte sich in eine einzige Richtung entwickelt, „hin zur naturalistischen Lebensähnlichkeit. Im Grunde war der Geschmack Stalins [für die DDR müßten hier andere Namen genannt werden, S.N.] gerade der eines in Theaterdingen ungebildeten Zuschauers, so daß sein Festhalten an der primitiv verstandenen MChAT-Richtung nicht verwundert. Das war nicht Hochachtung vor dem alten akademischen Theater, sondern Bevorzugung eines Theaters, das erstens verständlich, weil dem realen Leben ähnlich, zweitens schön, weil dem realen Leben unähnlich, und drittens lenkbar war, da es in bedeutendem Maße aus Worten und nicht aus spezifischen, dem Theater eigentümlichen Metaphern zu bestehen schien. Und Worte konnte man einfügen oder streichen." (Barboi/Firsowa 1989, S. 688)

In der Formel „verständlich, weil dem realen Leben ähnlich; schön, weil dem realen Leben unähnlich" ist das Geheimnis der produktiven Rolle der Komischen Oper bei der Herausbildung einer neuen Opernkultur in den Nachkriegsjahren begründet, aber auch die Ursache für das allmähliche Versiegen ihrer innovativen Kraft.

Die Deutsche Staatsoper Berlin als das repräsentative Uraufführungstheater

Seit der legendär gewordenen Uraufführung von Paul Dessaus Oper ›Das Verhör des Lukullus‹ 1951 riß die Kette von Uraufführungen an der Staatsoper nicht ab. Nicht zufällig: Die Geschichte der Lindenoper war bereits untrennbar mit der Geschichte der Musik des 20. Jahrhunderts verbunden. Hier fand ein Ereignis allerersten Ranges statt: die Uraufführung von Alban Bergs ›Wozzeck‹ am 14. Dezember 1925. Als Textgrundlage hatte sich der Komponist eines der folgenreichsten Fragmente deutscher Sprache gewählt, Georg Büchners Schauspiel ›Woyzeck‹. Texte von Georg Büchner sollten wesentlich für die Musik des 20. Jahrhunderts werden. Sie ermöglichten Sentiment ohne Sentimentalität, Kürze der Formulierung, strenge Kunstform, Widersprüche in jeder Figur und Situation. Die Wahl des Dichters Büchner haben Berg und damit seine Musik vor der Todsünde bestimmter sozial und politisch engagierter Opern des 20. Jahrhunderts bewahrt: vor Sentimentalität, die mit Langschweifigkeit, Mangel an Kontrasten, Extremen, dem Fehlen von Widersprüchen verschwistert ist. So wurde ›Wozzeck‹ zum geheimen Bezugspunkt der Operngeschichte an der Deutschen Staatsoper Berlin, und fast programmatisch erschien zweiundfünfzig Jahre später, 1987, der Dichter als Opernfigur auf der Bühne dieses Hauses: in Friedrich Schenkers ›Büchner‹.

Ottmar Gersters ›Die Hexe von Passau‹ 1957 war nach dem ›Lukullus‹ und parallel zu Werner Egks ›Der Revisor‹ nach Gogol eine der ersten deutschen Opern des 20. Jahrhunderts, die in den Spielplan der Staatsoper nach 1945 aufgenommen wurden. Das Werk, 1941 in Düsseldorf uraufgeführt, war 1942 von den Nationalsozialisten verboten worden. Das ist verwunderlich – nur auf den ersten Blick. Es handelt sich um eine Hexengeschichte aus der Zeit des Deutschen Bauernkriegs: Ein armes, schönes Mädchen gerät in die Kämpfe der Bauern um soziale Gerechtigkeit und engagiert sich für die Unterdrückten, wird daraufhin von der weltlichen wie kirchlichen Macht zur Hexe erklärt und verbrannt. Die triviale Geschichte erwies sich zur Zeit der Uraufführung als Anspielung auf deutsche Verhältnisse. Daher das Verbot: Das NS-Regime fühlte sich getroffen. Ottmar Gersters ›Die Hexe von Passau‹ gehört zu jenen Werken der neueren Operngeschichte, in denen die Nebenhandlungen wichtiger sind als die Hauptgeschichte, wobei die Musik wechselnde Standpunkte einnimmt, bald Nähe, bald Ferne behauptet, wo archaisierende stilistische Mittel eingesetzt werden. Zu Opern eines solchen zeitbedingten Typus gehören ›Peer Gynt‹ von Werner Egk, 1938 an der Staatsoper Berlin uraufgeführt und 1961 an derselben Bühne neu inszeniert, Carl Orffs 1943 in Frankfurt uraufgeführte, 1964 an der Staatsoper inszenierte ›Kluge‹, auch Rudolf Wagner-Régenys ›Johanna Balk‹ von 1941 und vor allem Franz Schrekers ›Schmied von Gent‹, dessen Uraufführung 1933 am Berliner Deutschen Opernhaus von den Nationalsozialisten durch einen provozierten Skandal abgebrochen wurde; 1981 erfuhr das Werk mit der Inszenierung an der Deutschen Staatsoper Berlin späte Gerechtigkeit.

Wege zur „epischen Oper"

Mit Paul Dessaus Oper ›Die Verurteilung des Lukullus‹, 1951, 1960 und 1965 inszeniert, Kurt Weills ›Die sieben Todsünden der Kleinbürger‹ 1963 und ›Mahagonny‹ 1964 wie Wagner-Régenys ›Die Bürger von Calais‹ 1965 lernte Mitte der sechziger Jahre das Ensemble der Deutschen Staatsoper Berlin einen am Epischen Theater orientierten Werktyp kennen. Als dann 1966 noch Dessaus Puntila-Oper zur Aufführung kam, konnte sich der damalige Intendant Hans Pischner zum Brecht-Dialog 1968 zu Wort melden, die Aktivitäten der Deutschen Staatsoper mit denen der Berliner und internationalen Schauspielbühnen vergleichen. Für Publikum wie Interpreten bedeutete das, einen Sprung zu wagen, weg von den Grundpfeilern der Operndramaturgie des 19. Jahrhunderts. Es hieß anzuerkennen, daß die Widersprüche der Zeit die Figuren spalten, daß Dinge und Verhältnisse nicht mehr aus nur einer Perspektive und schon gar nicht aus der des erleidenden Subjekts darzustellen sind.

Am Werk Wagner-Régenys wurde dieser Qualitätssprung deutlich hörbar und nachvollziehbar. In seinem 1935 unter Karl Böhm an der Dresdner Semperoper uraufgeführten ›Günstling‹ vertrat er noch die Einheit des Subjekts, die Ungebrochenheit der Kunstfiguren. Doch singen die beiden Hauptgestalten, der Arbeiter Gil und das Mädchen Jane, im Gestus der Barockoper, ihnen war Händels Musik wie ein Korsett umgetan, das sie vor dem Gespalten-werden bewahrt. Das bedeutet zugleich einen Schritt weg vom Psychologismus, einem der Hauptmerkmale der Oper des 19. Jahrhunderts, hin zu einem redenden Gestus. Parallele Beispiele finden sich in den späteren Opern Dessaus, vor allem im ›Lukullus‹. Wesentlich sind nicht die stilistischen Ähnlichkeiten der Werke, sondern der ihnen gemeinsame Vorstoß zu einer neuen Dramaturgie. Deren Merkmale sind Stilhöhenmischung, Wechsel der Perspektive, Gleichzeitigkeit verschiedener Blick- und Standpunkte. Musiziert wird das Erleiden und Agieren, das Reflektieren und Kommentieren, bald nacheinander, bald gleichzeitig, bald einander unterbrechend, sich gegenseitig in Frage stellend.

Eines der schönsten Beispiele hierfür findet sich in der 1939 an der Staatsoper unter Herbert von Karajan uraufgeführten und 1966 wiederinszenierten Oper Wagner-Régenys ›Die Bürger von Calais‹: Die Bürger der Stadt Calais sind eingeschlossen und sehen sich den Angriffen, den „verderbenbringenden Kugeln" der Belagerer ausgesetzt. In Dynamik, Wahl und Wechsel des Instrumentariums, in den Tonartendispositionen, im Wechsel zwischen Chor und Solo, Chor und Gegenchor wird die Mehrdimensionalität des Geschehens und der wechselnde Blick hierauf musiziert, die Menschen und die Situationen werden in ihrer Widersprüchlichkeit erfaßt – die Angst und der Mut, der Appell und das Zögern, das Heraustreten des Einzelnen und das Aufgehen in der Masse.

Von der Mitte der sechziger bis zum Ende der siebziger Jahre hatte sich die Staatsoper Berlin nach einem Wort Horst Seegers (1989, S. 86) „an die Spitze der Bemühungen um das Neue auf der Opernbühne gestellt."

Das Finale-Problem in der zeitgenössischen Oper

Jean Kurt Forest und Robert Hanell bevorzugten in der Mehrzahl ihrer Werke ein bestimmtes Modell der Konfliktlösung: Der Held geht unter, die Musik aber feiert die Unsterblichkeit seiner Idee, die Gewißheit seines Ruhms. Beider Werk blieb dem alten Finale-Modell von Tod und Verklärung verpflichtet, woran sich nachvollziehen läßt, wieweit das Opernschaffen in der DDR der sechziger Jahre diesem Muster verhaftet war. Zu qualitativ neuen, vom bekannten Modell abweichenden Gestaltungen kamen Paul Dessau, Friedrich Goldmann, Paul-Heinz Dittrich und Friedrich Schenker. Dittrichs 1984 uraufgeführte ›Verwandlung‹ war in dieser Hinsicht programmatisch: Leben wird als ein Sich-Verwandeln, als ein ständig ineinander übergehendes Beginnen und Enden musiziert. Durch das Aufgeben linear-finaler Text- und Handlungsstrukturen bedeutet das Ende der Oper nicht mehr den Schluß einer Geschichte, sondern stellt ein Abbrechen dar, das jederzeit einem Neu-Beginn offensteht.

Friedrich Schenker hat mit seiner Büchner-Oper 1987 zum Thema Finale bisher das letzte und gültige Wort gesprochen, indem er es als existenzielles und ästhetisches Phänomen zum Gegenstand der Oper selbst macht. Der Librettist Klaus Harnisch sprach von einer „Dramaturgie des Sterbens", was musikalisch bedeutet, daß durch vertikale Überspitzungen und Schichtungen kein Zeitpunkt des Beginnens oder Endens von Strukturen mehr auszumachen ist, daß eines im anderen angelegt und aufgehoben erscheint. Musikalisch-technische Verfahren, wie sie sich aus der Dodekaphonie herleiten, werden so einem neuen Inhalt auf der Opernbühne zugeführt.

Opéra dialogué – gegen den Schein von Kontinuität:
Paul Dessau und Michel Foucault

Im Schaffen und Denken vieler jüngerer, nach 1950 geborener Komponisten wirkte Paul Dessau in zunehmendem Maße vorbildhaft. Die Theoretiker hatten Dessaus Opern jahrzehntelang auf das Epische Theater und auf Brechts Ende der zwanziger Jahre entwickelte Strategie der Abgrenzung gegenüber dem kommerziellen bürgerlichen Kunstbetrieb festgelegt und behauptet, Epische Oper bedeute vor allem Ablehnung der sogenannten „kulinarischen Oper", wobei vage blieb, was kulinarisch unter den neuen Verhältnissen eigentlich meinen sollte.

Paul Dessau selbst verstand unter „episch" eine aufs „Allgemeine zielende Haltung", die „Ausflüge ins Persönliche" einschließt. Er betonte in all seinen Opern das Diskontinuierliche der Geschehensfolge und entsprach damit seiner persönlichen Vorliebe für Bewegung in Widersprüchen. Zugleich stand Paul Dessau als Jude und Antifaschist in einer geistigen Tradition, wie sie der französische Philosoph Michel Foucault exemplarisch beschrieben hat: Er wies nach, daß es in der europäischen Geschichte ein heftiges, bald offen, bald geheim ausgetragenes Gegeneinander zweier „Diskurse" gab, des römisch-staatlichen und des christlich-biblischen. Betont der römisch-staatliche die Kontinuität von Geschichte, die „makellose Glorie des Souveräns" oder des Staates, so der christlich-biblische das „Unglück der Vorfahren, die Verbannungen und Knechtschaften"; zählt der eine die Siege, dann der andere die Niederlagen. Dessau befand sich mit seinem Operntypus auf seiten des biblischen Diskurses. Nicht zufällig nehmen alle seine Textdichter, Brecht, Müller, Mickel und Büchner, mehr oder minder verhüllt auf die Bibel Bezug.

Die Besonderheit dieses Denkens besteht im Herausstellen des heterogenen Geschichtsverlaufs. Das Heterogene erscheint als die Wahrheit der Besiegten, das Kontinuierliche als die Wahrheit der Sieger. In diesem Kontext steht auch Walter Benjamins Diktum, daß der Held des Epischen Theaters stets der „geprügelte Held" sei. Genauer als mit der Bezeichnung Epische Oper läßt sich Dessaus Operntypus mit *opéra dialogué* erfassen, ein Begriff, den der russische Komponist Modest Mussorgski 1872 während seiner Arbeit an der Gogol-Oper ›Die Heirat‹ geprägt und in die Operngeschichte eingeführt hat. Gemeint war eine Oper, die sich weder an Wagners Musikdrama noch an der Nummernoper orientiert, sondern sich durch eine auf den Untertext der Worte bezogene Harmonik und Klangfarbencharakteristik auszeichnet.

Der Begriff *opéra dialogué* trifft auf Dessaus Operntypus in dreierlei Hinsicht zu. Erstens: Als ein Dialog der Künste untereinander, in Anwendung des Prinzips der Trennung und Selbständigkeit der an Oper beteiligten Künste. Die Musik illustriert den Text nicht, sondern nimmt zu ihm Stellung, „diskutiert" ihn. Zweitens: Als ein Dialog von Künstlern und Kunstwerken verschiedener Zeiten, der sich auf der Ebene der Zitat- und Collagetechnik realisiert und hier als ein Dialog mit Toten, so mit Bach, Mozart, Berg, Schönberg, aber auch Spinoza in Erscheinung tritt. Drittens: Als ein Dialog mit dem Publikum. Dieser vollzieht sich inhaltlich durch den diskontinuierlichen Verlauf der Handlung und formal durch die Betonung des Widersprüchlichen und Ambivalenten in den Figuren, durch das Offenhalten von Situationen, um ein Co-Fabulieren des Publikums anzuregen.

Das „offene Kunstwerk" – Umberto Eco und die Entwicklung der Szenischen Kammermusik

Mit dem Erscheinen des 1976 von der Akademie der Künste der DDR herausgegebenen Sonderheftes zu Arnold Schönbergs 25. Todestags war es möglich geworden, sich in der Öffentlichkeit produktiv und kritisch mit einem Begründer der modernen Musik unseres Jahrhunderts auseinanderzusetzen. Es erwies sich sehr bald, daß diese Auseinandersetzung bei jüngeren Komponisten zu bewundernden und ablehnenden Haltungen führte: Sie fühlten sich ihm im progressiv-ästhetischen Denken verpflichtet, aber waren doch gewillt, eigene Wege zu gehen, unabhängig von Schönbergs Dodekaphonie.

Es zeigte sich auch, daß die verschleppte öffentliche Auseinandersetzung mit Schönberg und seinen Schülern Folgen für die Beziehungen zwischen moderner Musik und einem breiten Publikum hatte. Darauf reagierte schon zwei Jahre später, im Juni 1979, Fritz Geißler mit seiner berühmt gewordenen Erklärung „Ich schreibe keine moderne Musik mehr". Geißler fühlte sich als moderner Komponist in einer ghettoähnlichen Situation, unverstanden und unangenommen von breiten Hörerschichten, kulturpolitisch mehr geduldet als wirklich gefordert. Er versuchte hinfort, durch den Rekurs auf konventionelle musikalische Mittel aus der isolierten Situation herauszukommen. Geißlers Erklärung wie auch seine nachfolgenden sinfonischen Kompositionen im Stile einer „Neuen Einfachheit" lösten eine breite Diskussion aus. In seinem Opernschaffen hatte Geißler schon vorher Konsequenzen gezogen. War ihm mit ›Der zerbrochene Krug‹ 1967/68 noch ein Novum der Operngeschichte gelungen (aleatorische Passagen bestimmten die Struktur), begab er sich bereits mit ›Der verrückte Jourdain‹ 1970/71, ›Der Schatten‹ 1973/74 wie mit ›Das Chagrinleder‹ 1979 in den Bereich konventioneller musikalischer Dramaturgien.

Von der Diskussion um eine Neue Einfachheit blieb die Gattung Oper insgesamt nicht unberührt. Die moderne Oper war, wie die Neue Musik in der DDR, bis auf Ausnahmen ein Stiefkind der Bühnen. Allerdings hatte sich seit 1974 an der Deutschen Staatsoper Berlin mit der Experimentalreihe „Neues im Apollo-Saal" ein Forum für neue Werke profiliert. Nicht zufällig gelangten hier u.a. Goldmanns ›R. Hot‹, Schenkers ›Büchner‹ sowie Dittrichs ›Verwandlung‹ zur Uraufführung.

Aber auch andere unkonventionelle Werke kamen nicht innerhalb des normalen Repertoirebetriebs zur Aufführung; sie mußten sich besondere Aufführungsstätten suchen. Friedrich Schenkers zweite Oper, ›Bettina‹, wurde im Berliner Theater im Palast (TiP), also einer Schauspielbühne, uraufgeführt. Dittrich fand mit seinen aufsehenerregenden und wegweisenden Maeterlinck- und Beckett-Vertonungen nicht nur keine Auftraggeber, sondern erst nach jahrelangem Kampf die Möglichkeit der Aufführung, ebenfalls an einer Schauspielbühne: In zwei Veranstaltungen „Musik und Literatur" ermöglichte das Berliner Ensemble ihre Uraufführung. Solche Arbeitsteilung zwischen Schauspiel und Oper war nur in Berlin mit seiner hohen Konzentration an Bühnen und Berufsmusikern möglich. Anders war die Lage schon in Leipzig. Hier mußten Thomas Heyn und Ralph Oehme Anfang

1986 eigens ein Kammermusiktheater gründen, um ihre Oper ›Marsyas oder Der Preis sei nichts Drittes‹ zur Uraufführung zu bringen; der Begriff Szenische Kammermusik wurde aktiviert, um unkonventionelle szenisch-musikalische Werke an Schauspieltheatern aufführen zu können.

Doch bereits die Uraufführung der MISSA NIGRA von Friedrich Schenker 1978 in Leipzig hatte ein Signal gesetzt für das Entstehen eines neuen Werktypus, der nicht nur mit einem jungen Publikum, sondern vor allem auch mit Interpreten rechnete, die mehr können müssen als nur schöne Töne zu produzieren. Mit Schenkers MISSA NIGRA hatte die Szenische Kammermusik und damit auch die Oper in der DDR den Anschluß an internationale Entwicklungstendenzen gefunden, für die der Begriff Offenes Kunstwerk allgemein verbreitet und gültig ist.

Der italienische Linguist, Strukturalist, Philosoph und Schriftsteller Umberto Eco warf 1958 auf dem XII. Internationalen Philosophenkongreß die Bezeichnung Offenes Kunstwerk in die Debatte; er erläuterte seine Gedanken dazu in seinem 1962 publizierten Buch „Opera aperta", das 1973 im Suhrkamp Verlag Frankfurt am Main und 1989 in Ausschnitten bei Reclam in Leipzig erschien. Angeregt durch die Kompositionen seiner Freunde Luciano Berio und Henri Pousseur und die mit der Aleatorik einsetzende Entwicklung der Neuen Musik, verwendete Eco den Begriff Offenes Kunstwerk nicht in axiologischer Absicht; er schied die Werke nicht in gültige (offene) und wertlose, überholte (geschlossene), sondern ging davon aus, „daß die Offenheit im Sinne einer fundamentalen Ambiguität der künstlerischen Botschaft eine Konstante jedes Werkes aus jeder Zeit ist." (Eco 1973, S. 11)

Umberto Eco wurde zum großen geistigen Anreger seiner Zeitgenossen und nachfolgender Generationen junger Künstler, weil er einen fundamentalen Unterschied zwischen den Kunstwerken einsichtig machte: Für Werke traditioneller Prägung konstatierte er eine mehrschichtige Botschaft, eine Offenheit ersten Grades, hingegen in der Moderne, so bei Kafka, Maeterlinck, Beckett oder Joyce, eine durchgehende Mehrdeutigkeit, die er Offenheit zweiten Grades nannte: „Das Streben nach einer Offenheit zweiten Grades, nach Ambiguität und Information als Hauptwert des Werkes bedeutet die Ablehnung einer psychologischen Trägheit im Sinnne einer Kontemplation der wiedergefundenen Ordnung. (...) Das Kunstwerk bietet sich dar als eine offene Struktur, die die Ambiguität unseres In-der-Welt-Seins reproduziert: wenigstens so, wie es Naturwissenschaft, Philosophie, Psychologie, Soziologie beschreiben (...), eine dialektische Spannung von Besitz und Entfremdung, ein Knoten komplementärer Möglichkeiten." (Eco 1973, S. 148 und 286)

Die Offenheit ersten Grades, eine mehrschichtige Botschaft, wird in exemplarischer Weise durch den Operntyp von Gerhard Rosenfeld, Siegfried Matthus, Rainer Kunad oder Udo Zimmermann repräsentiert, während die Offenheit zweiten Grades, also durchgehende Mehrdeutigkeit, die Werke Paul-Heinz Dittrichs, Friedrich Goldmanns und Friedrich Schenkers bestimmt.

„Sagen lassen sich die Leute nichts, aber erzählen alles."
(Brecht)

Gerhard Rosenfeld (1931), Siegfried Matthus (1934), Rainer Kunad (1936) und Udo Zimmermann (1943) sind vier einander sehr unähnliche Komponisten, und doch haben sie einige Gemeinsamkeiten: Mit einer Vielzahl von Opern hat jeder eine ihm eigene Figurenwelt geschaffen, eine spezifische Atmosphäre des Erzählens und Gestaltens ausgebildet; alle vier setzen nach wie vor ungebrochen auf eine final-kausale Handlungsstruktur, eine mehrschichtige, nicht mehrdeutige Botschaft; vor allem beweisen sie, daß es immer noch möglich ist, spannende Geschichten über die moderne Welt zu erzählen. Sie reagieren auf ein massenhaft verbreitetes Bedürfnis der Menschen, dem Chaos der Welt und der Anarchie des Alltagslebens, dem Zerfallen der eigenen Existenz in tausend Nichtigkeiten die Ordnung einer Kunstwelt, die Bedeutsamkeit eines darin dargestellten Einzelschicksals entgegenzusetzen. Alle vier verfügen über eine ausgebildete und verfeinerte ästhetische Kultur, wissen ihre literarischen Quellen bewußt zu wählen, bewegen sich auf einem hohen handwerklich-technischen Niveau, das ihnen ein souveränes musikalisches Gestalten ermöglicht. Sie glauben an die Bedeutsamkeit des Privat-Intimen, an die emotionale Determination des Menschen und scheuen sich nicht vor einer psychologisierenden Darstellungsweise. Wenn Zitate verwendet werden, dann zur Kräftigung der musikalischen Gesamtstruktur, als Ergänzung zum musikalischen Gesamtklima, nicht um Brüche auszustellen.

Im Sinne ihre Wirkungsstrategien zielen sie auf die Einzigartigkeit und Unwiederholbarkeit von Ereignissen und Figuren. Ihren Kompositionnsprinzipien liegen Modelle des sinfonischen Gestaltens zugrunde. Sie bevorzugen ein homogenes musikalisches Material, zu dem Zitate im Sinne der Ausdruckssteigerung, des Charakterisierens hinzutreten können, nicht aber als Verweise auf Andersgeartetes und auf die Gleichzeitigkeit voneinander unabhängiger Ereignisfelder.

Da dieser Operntypus nach Herkommen und Form fest in der Tradition steht, erscheint er als das Normale, er ist damit die Norm und hat weniger Schwierigkeiten, die Interpreten und das Publikum zu erreichen.

„Gleichzeitigkeit und Gleichwertigkeit von Geschehenem, Geschehendem und Geschautem" (Klaus Harnisch)

Friedrich Goldmann (1941), Paul-Heinz Dittrich (1930) oder auch Friedrich Schenker (1942) nehmen mit ihren Werken eine Minderheiten-Position ein, sind aber gleichwohl wichtig und unverzichtbar für die Entwicklung der Gattung Oper. In ihren Opern kam es in der DDR zur Aktivierung vernachlässigter literarischer Bereiche, so der Dichtungen des Sturm und Drang oder des Vormärz, aber auch der Prosa hier lange Zeit verschwiegener oder verpönter Künstler wie Franz Kafka, Samuel Beckett, Maurice Maeterlinck oder James Joyce.

In dieser Hinsicht ist Goldmanns Opernphantasie ›R. Hot‹ 1979 nach Bernd Alois Zimmermanns Oper ›Die Soldaten‹ aus dem Jahre 1965 ein ganz eigenständiger Versuch. Komponist und Librettist schlossen den Bezug zu Bernd Alois Zimmermann ausdrücklich aus. Sie selbst stellten sich in eine andere Traditionslinie, die über Georg Büchner bis zur ›Hofmeister‹-Inszenierung von Bertolt Brecht 1950 am Berliner Ensemble reicht.

Paul-Heinz Dittrich entdeckte für seine Musik Dichtungen Mallarmés und Rimbauds; von ihnen angeregt, verließ er den Bereich traditioneller Textvertonungen. Hatte Brecht den Interpreten noch aufgetragen, aus den vielen in einem einzigen Werk vorhandenen Fabellesarten eine zu wählen und sich auf diese zu konzentrieren, brach Dittrich auch mit dieser Tradition. Er komponiert prinzipiell mehrere gleichberechtigte Lesarten eines Textes und widersetzt sich auch dem biblischen Bilderverbot, das in der modernen Kunst durch Arnold Schönbergs ›Moses und Aron‹ zur Geltung gelangt ist; er bezieht sich dabei auf Hölderlin und dessen „Denken in Bildern" und stellt für sich das eidetische über das parataktisch-semantische Prinzip.

„Gleichzeitigkeit und Gleichwertigkeit von Geschehenem, Geschehendem und Geschautem", auf diese Formel hat Klaus Harnisch, der Textdichter der Oper ›Büchner‹, die musikalisch-textliche Struktur dieses Werkes von Friedrich Schenker gebracht; sie kann als Motto über Schenkers sämtlichen szenischen Werken stehen.

Schenker ist ein Komponist mit einem ausgeprägten Interesse für komische und tragische Kollisionen, mit dem Vermögen und der Lust am spielerischen Umgang mit gesellschaftlichen und ästhetischen Konfliktstoffen. Auch er will aus der ghettoähnlichen Situation der neuen Musik ausbrechen, aber nicht um jeden Preis und keinesfalls nach Art Fritz Geißlers um den der neuen Einfachheit. Er richtet sein Augenmerk auf akustische Alltagserfahrungen, etwa die akustische Umweltverschmutzung und will sie in seinen Werken nicht verschweigen. Datiert man den Beginn von Schenkers kompositorischer Laufbahn auf das Ende der sechziger Jahre, dann schrieb der Leipziger Komponist und Posaunist seine erste Oper nach zehn Jahren erfolgreichen Schaffens. Zwei Szenische Kammermusikwerke markieren dabei deutliche Stationen eines Weges, auf dem sich Schenker zunehmend der fließenden Übergänge zwischen konzertanten, szenischen und theatralischen Vorgängen bewußt wurde (Kammerspiel I von 1971/72 und Kammerspiel II: MISSA NIGRA von 1978), was ihn schließlich dazu führte, das Gattungsmodell Oper in ›Büchner‹ und ›Bettina‹ 1978/79 und 1984 neu zu definieren.

Schenkers Neuerertum besteht nicht schlechthin darin, die Vertikale durch Mehrfachschichtungen verschiedener musikalisch-textlicher Gehalte und Strukturen zu betonen und dies zu einem durchgehenden Prinzip seines Gestaltens zu machen, sondern vielmehr darin, alle Ebenen gleichwertig zu behandeln. In dieser Hinsicht steht er in einer bestimmten Traditionslinie von Kunst des 20. Jahrhunderts. Die polyphone Gestaltungsweise hat er bei James Joyce und Arno Schmidt kennengelernt. Am Werk des Iren schulte er auch sein Verständnis für die Mehrdeutigkeit von Denken und Sprechen, den Zusammenhang zwischen Alltags-, Literatur- und Gossen-(Fäkalien-)Sprache – für das gleichberechtigte Nebeneinander von kontrollierten Bemerkungen und vom Bewußtsein unzensierten Sprachäußerungen.

Schenker hat bestimmte Prinzipien dieser literarischen Tradition auf das Gebiet des Musikalischen übertragen. So behandelt er gleichberechtigt unterschiedliche Musizierstile verschiedener Zeiten wie unterschiedlicher sozialer Wertigkeiten, stellt geräuscherzeugende Instrumente und geräuschhafte Gesangstechniken gleichrangig neben traditionelle Instrumente des klassischen Orchesters oder die Konventionen des Belcanto. In ›Büchner‹ geben Schreibmaschine, Trillerpfeife, Kuhglocke, Schellen, Ziehharmonika mehr als nur Kolorit, vielmehr übernehmen sie den traditionellen Instrumenten vergleichbare erzählerische Aufgaben und Funktionen. Das läßt sich fortsetzen im Vokalen: Extreme Registerwechsel, Überkippen der Stimme, Glissandi, Verselbständigung von Vokalen, Konsonanten oder Silben durch Herauslösen aus dem Gesamttext, Wiederholungen, das Spiel mit Phonemen und deren Permutation zielen ebenso auf die Verdeutlichung von Affekten wie das Singen von Koloraturen.

Die Intention solchen Gestaltens besteht darin, scheinbar sichere traditionelle Hierarchien ästhetischer, historischer und sozialer Werte, lineares Ursache-Wirkung-Denken irritierend zu unterlaufen.

International gibt es Vergleichbares, eingeschränkt bei György Ligetis Versuchen mit seinem Instrumentalen Theater, ausgeprägter bei dem italienischen Außenseiter Giacinto Scelsi, der über einen Zeitraum von zehn Jahren (1962-1972) seinen Liederzyklus ›Canti del capricorno‹ (Gesänge des Steinbocks) für Sopran solo schrieb. „Exzessives Vibrato und Verändern der Stimmcharakteristik, Vorschlagsnoten und Flatterzunge, abwechslungsreiche Dynamik, verschiedenste Vokalansätze und die als Text fungierenden Phoneme selbst erscheinen nicht mehr als die einen Ton zusätzlich definierenden Merkmale." Deutlich tritt hier zutage, „daß es letztendlich nicht um einen Ton geht, der ergründet wird, sondern um das Beschwören eines Klanges, das Eintauchen in die Intensität seiner Wirkung" (Scheib 1989, S. 49).

Unabhängig voneinander und doch fast zur gleichen Zeit entwickelten Scelsi und Schenker eine Vokalgestik, an deren Erzeugung nicht nur Verstand, geschultes Gehör und Kehlkopf beteiligt sind, sondern der ganze Körper, in der die Sprache nicht nur als Informationsträger ergründet, sondern als Klang beschworen, montiert und demontiert wird. Es handelt sich um Bestrebungen, aus vorgegebenen Strukturen auszubrechen und auf der Bühne zu einem existentiellen kreatürlichen Agieren und Reagieren zu kommen. Solche Formen Musikalisch-Szenischer Aktionen sprengen das Gattungsgefüge, überschreiten aber auch die von den Bühnen und Institutionen gezogenen Grenzen.

Neue Aspekte für die Oper: Das Werk Paul-Heinz Dittrichs

Der 1930 geborene Paul-Heinz Dittrich hat sich erst spät der Opernszene zugewandt. 1982/83 schrieb er nach Franz Kafkas Erzählung die Szenische Kammermusik ›Die Verwandlung‹, die 1983 in Frankreich uraufgeführt, 1984 von der

Deutschen Staatsoper Berlin zur deutschen Erstaufführung gebracht wurde. 1986 folgten ›Die Blinden‹ nach dem gleichnamigen Schauspiel von Maurice Maeterlinck und 1987 ›Spiel‹ nach Samuel Becketts Theaterstück. Dittrich sucht in den Werken von Kafka, Maeterlinck und Beckett Texte einer mehrdimensionalen Sprachstruktur; ihn interessieren Silben, Worte, Sätze kaum als lineare Informationsträger, für ihn ist Sprache ein Material, in dem die einzelnen Elemente gleichberechtigt sind.

Dittrichs Denken hat Tradition und reicht ins Ende des vorigen Jahrhunderts zurück, zu den französischen Dichtern Stéphane Mallarmé und Arthur Rimbaud, aber auch zu James Joyce und dessen Prosawerk ›Finnegans Wake‹, dann zu Paul Celan und Arno Schmidt. Friedrich Hölderlins Lyrik bildet für Dittrich die Brücke und die Verbindung zwischen Tradition und Moderne. Die Kunst der Dadaisten – hier vor allem die Kurt Schwitters – wurde ihm vorbildhaft, ebenso aber auch die Versuche eines Welemir Chlebnikow. Impulse hat er aus dem französischen „Lettrismus", dem „Spatialismus" und der „Phonetischen Poesie", der „poésie sonore" oder „sound poetry" empfangen.

Für Dittrich sind die deutschen Kunstkonzepte der zwanziger Jahre demnach wichtige, doch nicht alleinige Stufen zur Herausbildung einer eigenen Kunstprogrammatik, sein Erbe ist international.

In musikalischer Hinsicht ordnet er sich selbst in eine Richtung ein, die ebenfalls Ende des 19. Jahrhunderts mit der Entdeckung des Musikpotentials in der freien gesprochenen Rede ihren Ausgangspunkt hat. Diese Richtung begann mit Modest Mussorgski und dessen „melodischem Rezitativ", wurde von Claude Debussy in ›Pelléas et Mélisande‹ weitergeführt und reicht über Schönberg (›Pierrot lunaire‹, ›Ode To Napoleon Bonaparte‹), sie wurde vor allem durch Komponisten wie Luigi Nono, György Ligeti oder Hans Werner Henze Ende der fünfziger und Anfang der sechziger Jahre aufgenommen und entwickelt. Dittrich selbst bekennt sich zu Debussy, Schönberg und Ligeti als seinen Anregern und Vorbildern. Es geht Dittrich nicht primär um eine Verfeinerung sonoristischer oder koloristischer Effekte, vielmehr will er vor allem einschichtiges lineares Denken in der kompositorischen Praxis durchbrechen und durch einen hohen Grad von Vielschichtigkeit alternatives Denken und Fühlen provozieren: „Die sogenannte syntaktische Periodizität ist für mich in meiner kompositorischen Arbeit unbrauchbar geworden, dafür steht das parataktische, poetische Denken, eine Anwendung der musikalischen Details in einer Reihung, deren Elemente sich anders verknüpfen als im logischen Urteil. Der Zuhörer ist bei diesem Vorgang weit mehr aktiv als sonst, hier entfaltet er seine ganze Phantasie für das Gehörte. Er muß nicht nur hören, sondern selbst kombinieren, dies ist die aktivste Form zur Anregung der eigenen Phantasie." (Dittrich 1981, S. 102)

Ablehnung „fiktiver Helden" – ein alternatives Opernkonzept

Am 20. November 1987 hielt Paul-Heinz Dittrich in der Akademie der Künste der DDR einen Vortrag „Zu Fragen der heutigen Oper". Darin legte er, auf seine dramatischen Werke ›Die Verwandlung‹, ›Die Blinden‹ und ›Spiel‹ Bezug nehmend, das alternative Konzept einer „Symbiose von Literatur – Musik – Raum – Licht und Bild" dar (Dittrich 1987, S. 1).

Er begründete darin, warum es ihm so wichtig sei, aus dem Modell linear erzählter Geschichten, final-kausaler Handlungsketten auszubrechen, um dafür „jeden gewünschten Grad von Vielschichtigkeit" zu erreichen und „jeden Schein von fiktiven Helden" zu vermeiden, jedem Anschein eines „So ist es und nicht anders" zu entgehen (Dittrich 1987, S. 3).

Der Ablehnung „fiktiver Helden", das heißt der Gestaltung unverwechselbarer Charaktere mit einer durchgehenden Rolle, liegt folgende Überlegung zugrunde: Vergleichbare Ereignisse, Leidenschaften finden sich alltäglich sowohl in beliebigen kleinen Büros als auch in übergeordneten Ministerien. Weniger die Menschen sind verschieden voneinander, vielmehr sind es ihre Rollen; durch sie erhalten ihre Handlungen unterschiedliche Bedeutung mit unterschiedlichen Folgen. Dieser Realität wird man nicht gerecht, wenn man sog. „Kommandohöhen der Macht" gestaltet, auf der herausgehoben Charaktere agieren, in den „Niederungen" des Lebens hingegen den sog. kleinen Mann aufsucht. Um der fatalen Alternative zwischen großen Charakteren und kleinen Alltagsmenschen zu entgehen, sind synthetische Figuren zu schaffen, zum Beispiel durch Rollendoppelungen, Rollentausch, Staffettenprinzip.

Nicht zufällig gelangte der Schriftsteller Heiner Müller in den letzten Jahren zu ähnlichen Schlußfolgerungen. Mit seiner ›Macbeth‹-Inszenierung 1982 an der Volksbühne Berlin beginnend, griff er auch als Regisseur das Stafettenprinzip auf, ließ die Schauspieler in unterschiedlichen, gegensätzlichen Rollen, als König und Bettler, Hexe und Hofdame agieren, denn nicht der Charakter allein prägt das Verhalten. Vor allem ihre gesellschaftlichen Rollen zwingen die Figuren zu gegensätzlichen Handlungsweisen, so daß sie an einem Tag sowohl Opfer als auch Täter sein können. Müller hat in seiner Dramatik das Stafettenprinzip zum wesentlichen Strukturelement erhoben.

Beide – Dittrich und Müller – sind damit einem existentiellen Phänomen des Menschen in der modernen Welt auf der Spur.

Nationaloper als „verordnete Gedächtnishandlung"

Trotz obligatorischer Klagen der Komponisten über zu wenige Aufführungen, die Neue Oper konnte sich seit 1951 im Lande DDR der Aufmerksamkeit der Regierenden sicher sein. Das Angenehme daran waren die finanziellen Zuwendungen, für manchen auch Orden und Titel. Intendanten wurden zu einem bestimmten Soll von Gegenwartsopern verpflichtet; Kritiker wie Wissenschaftler fanden sich aus eigenem Antrieb bereit, die Gegenwartsoper für notwendig und unverzichtbar zu erklären. Nur das Publikum blieb skeptisch. Man begründete dessen Zurückhaltung bisweilen mit dem Ungenügen des jeweiligen Werkes oder aber mit der Zurückgebliebenheit der Massen und investierte weiterhin Zeit und Geld. Woher dieses Interesse und die vierzig Jahre lang nicht nachlassende Geduld mit einer aufwendigen Kunstart und einem schwerfälligen Apparat? In der Literaturwissenschaft kennt man die Bezeichnung „verordnete Gedächtnishandlungen" zur Charakteristik künstlerischer Manifestationen, mit denen eine „offizielle Denk- bzw. Gedenkkultur" errichtet wird, um das Selbstverständnis der Untertanen durch die Ideen der Obrigkeit zu überformen.

Daß die Oper eine ideale Kunstart für solche verordneten Gedächtnishandlungen sei, hatten bereits die Medici um 1600 entdeckt. Die sozialistischen Machthaber aktivierten diese Tradition. Schon drei Jahre nach der Gründung ihres Staates erließen sie einen zentralen Aufruf zur „Schaffung einer Nationaloper sozialistischen Typs", der am 1.1.1952 in der Parteizeitung *Neues Deutschland* erschien. In bemerkenswerter Naivität legte die akademische Musikgeschichtsschreibung der DDR offen, was damit gemeint war: „Es ging darum, den Prozeß des Kampfes um die Wiedervereinigung Deutschlands, für die die Deutsche Demokratische Republik als Modell diente, künstlerisch widerzuspiegeln. Hierbei sollte der Oper eine Schlüsselfunktion zukommen. Immer wieder hatte sie in ihrer Geschichte weltumfassende Begebenheiten abgebildet, relativ große Publikumskreise erreicht und aktiviert. Von ihr war daher die Rede in zentralen Beschlüssen staatlicher und gesellschaftlicher Institutionen, in zahlreichen Diskussionen und Gesprächen. Das Anliegen bestand darin, das Nationalbewußtsein nicht nur weiterhin von Relikten faschistischer, nationalsozialistischer Ideologien zu reinigen, sondern ein neues Bewußtsein, basierend auf dem sozialistischen Aufbau, zu entwickeln." (Musikgeschichte der DDR 1945-1976, S. 117)

Es hat Komponisten gegeben, die sich aus Pragmatismus oder Opportunismus den Dogmen von Partei und Regierung verpflichtet fühlten und sich an den gewünschten „verordneten Gedächtnishandlungen" beteiligten. Zu den produktivsten unter ihnen gehören Jean Kurt Forest (1909-1975) und Robert Hanell (1925); während es Günter Kochan (1930) und Ernst Hermann Meyer (1905-1988) nur auf jeweils eine Oper brachten.

Konnte ein Robert Hanell noch durch geschickte kolportagehafte Handlungen das Publikum für sich gewinnen, schreckten die Aufführungen der Werke von Forest, Kochan und Meyer die Theaterbesucher ab, ließen entsprechende Schallplatteneinspielungen und Rundfunkproduktionen selbst die Musikliebhaber glauben, Opernkunst sei gleichbedeutend mit Staatskunst, sei Bebilderung gängiger Doktrinen, nach denen die Konflikte der modernen Welt ausschließlich auf dem „Kampf zwischen Sozialismus und Kapitalismus" beruhen und der „real existierende Sozialismus" die Aufhebung aller Menschheitsprobleme darstelle.

Handlungsschemata und Konfliktpotential dieser Werke sind der Romantischen Oper des 19. Jahrhunderts entlehnt. Im Mittelpunkt steht jeweils eine messianische Erlösergestalt, ein Hoffnungsträger und Tatmensch oder ein unschuldiges, zugrundegehendes Opfer, auf jeden Fall aber eine normative, schematische Identifikationsfigur. Derlei Werke brachten für die Gattung nichts Neues und waren bereits veraltet, wenn sie zur Uraufführung kamen.

Nationaler wie internationaler Stellenwert der Oper in der DDR

Doch gab es zu dieser staatsoffiziellen Kunst andere, gegensätzliche Tendenzen, in die sich viele der Komponisten und ihre Werke – trotz scharfer stilistischer Unterschiede – einordnen lassen.

Diese Komponisten lösten sich vom romantischen Opernmodell des 19. Jahrhunderts, gewannen den Anschluß an die Moderne und gelangten zu einer eigenständigen Thematik und musikalischen Technik. In gleichem Maße wuchs ihre internationale Anerkennung und Beachtung. Das betrifft vor allem Paul Heinz Dittrich, Friedrich Goldmann, Georg Katzer, Siegfried Matthus, Gerhard Rosenfeld, Friedrich Schenker oder Udo Zimmermann. Sie verstehen Handlung als ein Konfliktfeld, auf dem das Individuum nicht nur mit anderen Individuen, sondern vor allem mit sich selbst und den eigenen Erfahrungen in Gegenwart und Vergangenheit konfrontiert wird, auf dem es sich verliert und findet und auf dem es gegen sich selbst und seine eigenen Ideen, Träume, Utopien und Illusionen zu streiten hat. Also: Oper nicht als Repräsentations-, Bestätigungs- oder Beruhigungstheater, sondern als ein Ort des Zweifels, der Beunruhigung, der Irritation.

Das „normative Identifikations-Heldenideal", Haupt- und Zielpunkt der Opern der fünfziger bis siebziger Jahre, verschwand allmählich. Zunehmend gerieten existentielle Grundsituationen und Probleme der Innerlichkeit des Individuums in den Blickpunkt. Auf jeweils sehr persönliche Weise wurde die Frage nach dem Sinn menschlichen Lebens und nach den Möglichkeiten menschlicher Glückserfüllung gestellt und davon ausgehend Kritik an autoritären Gesellschafts- und Gruppenstrukturen geübt. Vor allem aber wurden Grundmotive menschlichen Strebens, wie Ruhm- und Machtsucht, Ehrgeiz, Erfolgsdenken, auf ihren Sinn und ihre Konsequenzen befragt. In diesem Zusammenhang zielten einige Komponisten, besonders die jüngeren, auf die dem menschlichen Sein zugrundeliegende Dichotomie zwischen Natur- und Gesellschaftswesen, auf deren zentrale Bedeutung im modernen Staatswesen der Dichter Franz Fühmann 1974 in seiner berühmt gewordenen, an der Humboldt-Universität Berlin gehaltenen Vorlesung über das mythische Element in der Literatur hingewiesen hatte. Auf Fühmanns Gedanken wie auf dessen Erzählung „Marsyas" nahm der 1953 geborene Leipziger Komponist Thomas Heyn mit seiner Oper „Marsyas oder Der Preis sei nichts Drittes" (1985/88) direkt Bezug.

Mit der Herausarbeitung und Darstellung mythischer und tragischer Komponenten im alltäglichen Dasein verfolgten die Opernkomponisten der DDR ein wesentliches und persönliches Anliegen, mit der Hinwendung zu grundlegenden und nichtideologischen Phänomenen menschlicher Existenz beanspruchten sie einen eigenständigen und beachtenswerten Part inmitten eines weltweit geführten Dialogs über das Schicksal der Gattung Mensch, wie er seit dem Ende der siebziger Jahre in der Oper auch von Komponisten wie Hans Werner Henze, György Ligeti, Luigi Nono oder Krzysztof Penderecki angestrebt wurde.

In technisch-formaler Hinsicht sind die Prinzipien der „durchgehenden Ambiguität" und der „Gleichzeitigkeit des Ungleichzeitigen" in unterschiedlicher Weise für die meisten der jüngeren Opernkomponisten zur Anwendung gekommen, haben sie damit der Gattung eine neue Dimension gewonnen, mit der sie artspezifisch auf die Komplexität der Welt und die Ambiguität unseres In-der-Welt-Seins reagieren.

Gegenkultur zu den verordneten Gedächtnishandlungen
Mit unterschiedlichen Graden des Talents und Stärke des Charakters versuchten diese Komponisten immer wieder gegenüber den offiziell verordneten Gedächtnishandlungen eine Gegenkultur aufzubauen.

Gerhard Rosenfeld, Siegfried Matthus, Rainer Kunad und Udo Zimmermann bestanden auf der Einzigartigkeit und Unwiederholbarkeit jeden menschlichen Schicksals, auf „unnützen" Gefühlen wie Liebe, Treue und Solidarität im Alltagsleben. Damit widersprachen sie der offiziellen Doktrin, die dem Einzelnen und dem Alltäglichen keine Bedeutung zumaß, die die Unterordnung unter staatliche Interessen forderte.

Auf völlig andere Weise widerstanden Komponisten wie Reiner Bredemeyer, Paul Heinz Dittrich, Georg Katzer, Friedrich Goldmann oder Friedrich Schenker. Dittrich begab sich in eine agonale, fast tragische Auseinandersetzung mit herrschendem Zeitgeist, während bei Bredemeyer, Katzer und Goldmann stärker eine karnevalistische Tradition sowie parodistisch-ornamentale Züge zum Tragen kamen. Friedrich Schenker beschritt einen singulären, gleichwohl beachtenswerten Weg, in seinen Werken vereinigen sich agonal-tragische mit ludistisch-parodistischen Elementen. Sie alle aber suspendierten linear-finales Entwicklungsdenken, weil es zu lange und zu oft Handlanger der Herrschenden, eines gefährlichen und verderbenbringenden Fortschrittsglaubens war. „Das auf Linearität der Entwicklung, Tradition, Kanonisierung, Reinheit der Gattung und des Stils, Geschlossenheit der Form setzende Modell", das sich auch die akademische Musikgeschichtsschreibung zu eigen gemacht hat, „läßt sich mit dem von Bachtin entwickelten Karnevalsmodell besonders dort in Konkurrenz bringen, wo das kulturelle Gedächtnis" auf dem Spiel steht. „Gegen das institutionalisierte Gedächtnis läßt sich dasjenige der kulturellen Formen aufbieten, wie es die Karnevalspraxis" repräsentiert, und gegen die verordneten Gedächtnishandlungen mit ihrer offiziellen Gedenkkultur „lassen sich individuelle Konzepte aufbieten, die die Epochengrenzen überschreitend einen chaotisch-direkten Dialog mit der Vergangenheit und der gegenwärtigen Realität suchen." (Lachmann 1990, S. 4) Dementsprechend finden sich in den Opern der ehemaligen DDR Denkfiguren, die aus der staatlichen Indoktrination ausbrechen, finden sich Chiffren der Totalität, des Reichtums an unendlichem Sein, tritt an Stelle objektiver Totalität in Gestalt messianischer Zukunftsversprechungen die Dis-Utopie, die subjektive Totalität des Seins, das Jetzt.

GESCHICHTE. NÄHE UND DISTANZ

In einem Lande, das den Menschen von der Wiege bis zur Bahre einem zentralen staatlichen System der Indoktrination aussetzte, dem der einzelne ohne Hilfe schwer entrinnen konnte, war ein von den Künsten geführter Gegendiskurs von existentieller Bedeutung. Denn die meisten wußten ja nicht einmal zu benennen, was ihnen geschah. Das Wort „Indoktrination" war aus den Fremdwörterbüchern der „sozialistischen" Republik verschwunden.

Die auf dem Unnützen, dem Nichtangepaßten bestehenden Opernkomponisten bezogen eine Gegenposition zu der staatlich verordneten und verbreiteten pragmatischen und doktrinären Sozialismusvorstellung, und sie gelangten dabei zur Herausbildung neuer interessanter Dramaturgien wie technisch-musikalischer Verfahren. Da diese Kritik am dogmatischen Sozialismus auch Momente des Widerstands gegen das totale Funktionalisieren menschlichen Seins im modernen Industriestaat enthält, überschritten die Komponisten mit ihren Werken begrenzte, etwa DDR-spezifische Ansprüche, also eine bereits abgeschlossene historische Periode.

Die Geschichte der Oper in der DDR gibt exemplarisch Auskunft darüber, wie Künstler einen Gegendiskurs zu staatlicher Indoktrination führten, welche Erfahrungen sie dabei gewannen, welche Fragen sie an das weitere Schicksal der Menschen stellten, vor allem darüber, was die Gattung Oper bei der beschriebenen besonderen Konfliktsituation verlieren oder gewinnen konnte.

Die Auseinandersetzungen wurden in einem kulturellen Klima geführt, in dem westeuropäisches und osteuropäisches Gedankengut aufeinandertrafen, sich gegenseitig in Frage stellend und auch befruchtend. Das verleiht den besten Werken der Gattung geistige Dichte und eine starke Sensibilität, ihr über e i n Gesellschaftsmodell oder eine Geschichtsperiode hinausreichendes kritisches und utopisches, menschliches Potential.

Sigrid Neef

Literatur

Barboi/Firsowa: Zuschauererwartungen an das sowjetische Theater. In: Kunst und Literatur, H. 5, Berlin 1989
Bertolt Brecht: Anmerkungen zu ›Meister Pfriem‹ (1954). In: Bertolt Brecht. Schriften zum Theater VI, Berlin und Weimar 1964; ders.: briefe 1913-1956, Berlin und Weimar 1983
Günter de Bruyn: Als der Krieg ausbrach. In: Sinn und Form, H. 5, Berlin 1989
Hans Bunge: Vorbemerkungen zu Hanns Eisler: Johann Faustus (Reihe dialog), Berlin 1983
Paul Dessau: Wozzeck-Essay. In: Notizen zu Noten, hrsg. von Fritz Hennenberg, Leipzig 1974
Paul-Heinz Dittrich: Sprache der Literatur als musikalisches Material. Frage – Antwort. In: Neue deutsche Literatur, H. 2, Berlin 1981; ders.: Zu Fragen der heutigen Oper, Akademie der Künste der DDR, Vortrag 20. November 1987, Typoskript S. 1-4
Umberto Eco: Das offene Kunstwerk, Frankfurt/Main 1973
Renate Lachmann: Gedächtnis und Literatur. Intertextualität in der russischen Moderne, Frankfurt 1990
Musikgeschichte der DDR 1945-1976 (Sammelbände zur Musikgeschichte Bd. V). Von einem Autorenkollektiv unter Leitung von Heinz Alfred Brockhaus und Konrad Niemann, Berlin 1979
Israel Nestjew: Prokofjew. Der Künstler und sein Werk, Berlin 1962
Christian Scheib: „... wenn man will, der Herzschlag der Erde ...". Wegweiser zur Scelsi-Nacht. In: Musikprotokolle '89. Zehn ereignisse im steirischen herbst. Revolutionäre Prozesse & Ein Fest für Giacinto Scelsi, Graz 1989
Horst Seeger: Opernlexikon, Berlin [4]1989

Uraufführungsdaten

Das Verzeichnis ist chronologisch angelegt. Es enthält alle im Handbuch dargestellten Opern, ergänzt durch eine weitere Auswahl von Werken, die mit + gekennzeichnet sind.

Datum	Ort	Titel	Komponist
1.12.1928	Gera	Moschopulos Der nackte König	Rudolf Wagner-Régeny
--.3.1929	Essen	Sganarelle	Rudolf Wagner-Régeny
--.3.1930	Gera	Esau und Jakob	Rudolf Wagner-Régeny
--.--.1930	Dessau	La sainte courtisane	Rudolf Wagner-Régeny
20.2.1935	Dresden	Der Günstling oder Die letzten Tage des großen Herrn Fabiano	Rudolf Wagner-Régeny
15.11.1936	Düsseldorf	Enoch Arden	Ottmar Gerster
28.1.1939	Berlin	Die Bürger von Calais	Rudolf Wagner-Régeny
4.4.1941	Wien	Johanna Balk	Rudolf Wagner-Régeny
11.10.1941	Düsseldorf	Die Hexe von Passau	Ottmar Gerster
10.5.1947+	Zwickau	Der Bettler von Damaskus	Robert Hanell
9.1.1948+	Radebeul	Ein Funken Liebe	Fritz Reuter
25.6.1949	Wuppertal	Das verzauberte Ich	Ottmar Gerster
23.12.1949+	Görlitz	Tandaradei	Hans Hendrik Wehding
17.3.1951	Berlin	Das Verhör des Lukullus	Paul Dessau
12.10.1951	Berlin	Die Verurteilung des Lukullus	Paul Dessau
1.6.1953+	Berlin	Johannistag	Karl-Rudi Griesbach
30.1.1955+	Radebeul	Der Wundervogel	Guido Masanetz
24.6.1955	Magdeburg	Thomas Münzer	Paul Kurzbach
18.8.1956+	Frankfurt/O.	Viel Lärm um nichts	Hermann Henrich
29.9.1956	Halle	Till	Gerhard Wohlgemuth
30.11.1957	Erfurt	Die Spieldose	Robert Hanell
22.3.1958+	Köthen	Carl Michael Bellmann	Heinz Röttger
26.4.1958	Halle	Die Horatier und die Kuriatier	Kurt Schwaen
28.8.1958+	Magdeburg	Amphitryon	Hermann Henrich
4.10.1958+	Cottbus	Jan Suschka	Dieter Nowka
7.12.1958	Görlitz	Thyl Claas	Paul Kurzbach
23.12.1958	Neustrelitz Erfurt	Kolumbus	Karl-Rudi Griesbach
6.8.1959	Berlin	Fetzers Flucht (Funkoper)	Kurt Schwaen
12.9.1959	Kassel	Prometheus	Rudolf Wagner-Régeny
3.10.1959	Leipzig	Plautus im Nonnenkloster	Max Butting
4.10.1959	Berlin	Der Arme Konrad	Jean Kurt Forest
24.1.1960+	Zittau	Karaseck	Joachim-Dietrich Link
8.3.1960+	Dessau	Phaeton	Heinz Röttger
3.6.1960+	Dresden	Der Zauberfisch	Fidelio F. Finke
--.4.1960+	Weimar	Die Weibermühle	Karl-Rudi Griesbach
4.9.1960	Halberstadt	Tai Yang erwacht	Jean Kurt Forest

URAUFFÜHRUNGSDATEN

Datum	Ort	Werk	Komponist
7.10.1960	Weimar Görlitz Frankfurt/O.	Marike Weiden	Karl-Rudi Griesbach
27.10.1960+	Schwerin	Die Erbschaft	Dieter Nowka
30.10.1960+	Magdeburg	Ein Heiratsantrag	Heinz Röttger
6.5.1961	Plauen	Das schweigende Dorf	Wilhelm Neef
16.8.1961	Salzburg	Das Bergwerk von Falun	Rudolf Wagner-Régeny
15.10.1961	Berlin	Leonce und Lena	Kurt Schwaen
10.2.1962+	Dessau	Die Frauen von Troja	Heinz Röttger
17.2.1962+	Frankfurt/O.	Gestern an der Oder	Jean Kurt Forest
9.6.1962	Dresden		
10.6.1962	Magdeburg Greiz	Dorian Gray	Robert Hanell
13.12.1962	Berlin	Fetzers Flucht (Fernseh-Oper)	Kurt Schwaen
9.3.1963	Weimar	Der fröhliche Sünder	Ottmar Gerster
27.3.1963	Rostock	Persische Episode (Der Darmwäscher) (uraufgeführt als Persische Späße)	Rudolf Wagner-Régeny
8.5.1963+	Döbeln	Pacific 1960	Kurt-Dietmar Richter
7.5.1963+	Rathenow	Der Richter von Hohenburg	Siegfried Köhler
15.6.1963+	Brandenburg		
16.6.1963	Frankfurt/O.	Die Morgengabe	Kurt Schwaen
12.7.1963+	Stralsund	Truffaldino	Wolfgang Bothe
8.12.1963	Dresden	Der Schwarze, der Weiße und die Frau	Karl-Rudi Griesbach
3.2.1964+	Dresden	Tartuffe	Karl Friedrich
21.3.1964+	Stralsund	Wie die Tiere des Waldes	Jean Kurt Forest
23.5.1964	Dresden	Die Fabel vom seligen Schlächtermeister	Rudolf Wagner-Régeny
23.5.1964	Karl-Marx-Stadt	Lazarillo vom Tormes (uraufgeführt als Spanische Tugenden)	Siegfried Matthus
7.10.1964	Magdeburg	Oben und Unten	Robert Hanell
14.3.1965	Radebeul	Bill Brook Old Fritz	Rainer Kunad
6.5.1965	Stralsund	Die Passion des Johannes Hörder	Jean Kurt Forest
2.10.1965+	Dessau	Der Weg nach Palermo	Heinz Röttger
6.11.1966+	Cottbus	Der Bauer und sein König	Gerhard Tittel
1.6.1966+	Potsdam	Regine	Joachim Werzlau
23.6.1966+	Bautzen	Jakub und Kata	Karl August Kocor
10.10.1966	Berlin Frankfurt/O. Zeitz	Esther	Robert Hanell
15.11.1966	Berlin	Puntila	Paul Dessau
17.6.1967	Dresden	Die Weiße Rose (Erste Fassung)	Udo Zimmermann
24.6.1967	Weimar	Die Blumen von Hiroshima	Jean Kurt Forest

URAUFFÜHRUNGSDATEN

5.11.1967	Berlin	Der letzte Schuß	Siegfried Matthus
28.3.1968+	Gera	Juana	Joachim-Dietrich Link
10.5.1968+	Halberstadt	Stadthauptmann Karst	Hans Auenmüller
6.10.1968	Schwerin	Weiße Rose (Neufassung)	Udo Zimmermann
30.4.1969	Dresden	Maître Pathelin oder die Hammelkomödie	Rainer Kunad
3.5.1969	Erfurt	Die Odyssee der Kiu	Jean Kurt Forest
31.5.1969	Leipzig	Griechische Hochzeit	Robert Hanell
11.10.1969+	Potsdam	Einzug	Tilo Medek
19.12.1969	Berlin	Lanzelot	Paul Dessau
10.5.1970	Magdeburg	Die zweite Entscheidung	Udo Zimmermann
11.5.1970	Dessau		
30.6.1970	Greifswald	Sekundenoper (Bewährung über den Wolken)	Kurt Dietmar Richter
28.8.1971	Leipzig	Der zerbrochene Krug	Fritz Geißler
2.10.1971	Berlin	Karin Lenz	Günter Kochan
1.12.1971+	Dresden	Icke und die Hexe Yu	Tilo Medek
16.4.1972	Berlin	Noch einen Löffel Gift, Liebling?	Siegfried Matthus
26.1.1973	Rostock	Der verrückte Jourdain	Fritz Geißler
28.1.1973	Leipzig		
27.3.1973	Dresden	Levins Mühle	Udo Zimmermann
29.3.1973	Stralsund	Das alltägliche Wunder	Gerhard Rosenfeld
19.5.1973+	Radebeul	Sprengstoff für Santa Ines	Guido Masanetz
6.10.1973	Halle	Geschichte vom alten Adam	Hans Jürgen Wenzel
15.10.1973+	Berlin	Die Hamlet-Saga	Jean Kurt Forest
17.11.1973	Berlin	Reiter der Nacht	Ernst Hermann Meyer
16.2.1974	Berlin	Einstein	Paul Dessau
28.5.1974	Erfurt (Weimar)	Fiesta	Robert Hanell
26.10.1974	Radebeul	Thomas Müntzer (Neufassung)	Paul Kurzbach
21.12.1974	Berlin	Sabellicus	Rainer Kunad
31.8.1975	Leipzig	Der Schatten	Fritz Geißler
26.8.1976+	Erfurt	Scherz, List und Rache	Jens-Uwe Günther
7.9.1976	Weimar	Omphale	Siegfried Matthus
3.10.1976+	Berlin	Meister Röckle	Joachim Werzlau
9.10.1976	Radebeul		
19.10.1976	Gera		
24.10.1976	Zwickau	Reise mit Joujou	Robert Hanell
29.10.1976	Halberstadt		
30.10.1976	Zeitz		
31.10.1976	Altenburg		
4.11.1976	Dresden	Litauische Claviere	Rainer Kunad
3.12.1976+	Dessau	Spanisches Capriccio	Heinz Röttger
30.12.1976	Dresden	Der Schuhu und die fliegende Prinzessin	Udo Zimmermann
27.2.1977	Berlin	R. Hot bzw. Die Hitze	Friedrich Goldmann
18.6.1977+	Bernburg	Amphitruo oder Eine lange Nacht	Peter Freiheit

URAUFFÜHRUNGSDATEN

Datum	Ort	Werk	Komponist
5.8.1977	Montepulciano	Orpheus und der Bürgermeister	Paul Dessau
4.7.1978	Weimar	Der Mantel	Gerhard Rosenfeld
29.6.1978[+]	Cottbus	Der verlegene Magistrat	Kurt Dietmar Richter
30.9.1978	Berlin	Das Land Bum-Bum (Der lustige Musikant)	Georg Katzer
8.2.1979	Gera	Der verrückte Jourdain (Neufassung)	Fritz Geißler
22.2.1979	Dresden	Vincent	Rainer Kunad
12.9.1979[+]	Weimar	Macette	Jens-Uwe Günther
24.11.1979	Berlin	Leonce und Lena	Paul Dessau
1.3.1980	Erfurt	Der Preis	Karl Ottomar Treibmann
19.4.1980	Berlin	Der eifersüchtige Alte / Der Fischer von Bagdad	Kurt Schwaen
31.5.1980[+]	Bautzen	Jan Suschka (UA in sorbischer Sprache)	Dieter Nowka
12.10.1980 / 18.10.1980	Potsdam / Radebeul	Das Spiel von Liebe und Zufall	Gerhard Rosenfeld
5.4.1981[+]	Stralsund	Dona Juanita	Jens-Uwe Günther
3.5.1981	Erfurt	Ein irrer Duft von frischem Heu	Wilhelm Neef
19.5.1981	Weimar	Das Chagrinleder	Fritz Geißler
28.8.1981[+]	Weimar	Der erklärte Weiberfeind	Jens-Uwe Günther
1.9.1981[+]	Greifswald	Leonce und Lena	Thomas Hertel
19.1.1982[+]	Halberstadt	Das Kälberbrüten	Frank Petzold
27.4.1982	Schwetzingen (Hamburg)	Die wundersame Schustersfrau	Udo Zimmermann
2.10.1982	Radebeul	Aulus und sein Papagei	Karl-Rudi Griesbach
6.10.1982 / 8.10.1982	Weimar / Halberstadt	Babettes grüner Schmetterling	Robert Hanell
31.10.1982[+]	Halle	Der Bär	Peter Freiheit
21.5.1983	Dresden	Meister Mateh	Jan Trieder
17.11.1983	Metz	Die Verwandlung (Konzertante UA)	Paul-Heinz Dittrich
3.12.1983	Brandenburg	Das Spiel vom Doktor Faust	Kurt Schwaen
24.2.1984	Berlin	Die Verwandlung (Szenische UA)	Paul-Heinz Dittrich
9.3.1984[+]	Halberstadt	Komödiantenwelt	Hans Auenmüller
12.4.1984[+]	Gera	Die Wette des Serapion	Karl Dietrich
26.5.1984	Berlin	Amphitryon	Rainer Kunad
1.6.1984[+]	Dresden (Meiningen)	Der Halsabschneider	Wolfgang Hocke
4.11.1984[+]	Halle	Der Heiratsantrag	Peter Freiheit
16.2.1985	Dresden	Die Weise von Liebe und Tod des Cornets Christoph Rilke	Siegfried Matthus
28.9.1985	Berlin	Judith	Siegfried Matthus
12.1.1986	Halle	Candide	Reiner Bredemeyer
28.1.1986	Weimar (Leipzig)	Marsyas oder Der Preis sei nichts Drittes	Thomas Heyn
1.2.1986	Berlin	Die Blinden	Paul-Heinz Dittrich

Uraufführungsdaten

Datum	Ort	Werk	Komponist
27.2.1986	Hamburg	Weiße Rose	Udo Zimmermann
9.3.1986	Karlsruhe	Der Meister und Margarita	Rainer Kunad
19.4.1986	Brandenburg	Craqueville oder Die unschuldige Sünderin	Kurt Schwaen
21.2.1987	Berlin	Büchner	Friedrich Schenker
12.3.1987	Berlin	¡Ay, Don Perlimplin!	Ralf Hoyer
14.3.1987	Erfurt	Scherz, Satire, Ironie und tiefere Bedeutung	Karl Ottomar Treibmann
2.9.1987	Berlin	Bettina	Friedrich Schenker
15.10.1987	Stralsund	Krischans Ende	Thomas Heyn
17.11.1987	Berlin	Spiel	Paul-Heinz Dittrich
30.4.1988	Berlin	Gastmahl oder Über die Liebe	Georg Katzer
1.10.1988	Leipzig	Der Idiot	Karl Ottomar Treibmann
28.1.1989	Dresden	Marsyas oder Der Preis sei nichts Drittes (Neufassung)	Thomas Heyn
19.2.1989	Cottbus	Prinzessin Zartfuß und die sieben Elefanten	Frank Petzold
19.3.1989+	Halberstadt	Chantecler, der Hahn	Diether Noll
20.5.1989	Dresden	Der goldene Topf	Eckehard Mayer
14.7.1989	Berlin Karlsruhe	Graf Mirabeau	Siegfried Matthus
6.10.1989+	Karl-Marx-Stadt	Vogelkopp	Jan Trieder
26.11.1989	Osnabrück	Die Verweigerung	Gerhard Rosenfeld
25.2.1990 (abgesagt)	Berlin	Friedrich und Montezuma	Gerhard Rosenfeld
--.12.1990 (abgesagt)	Dresden	Nachtwache	Jörg Herchet

Reiner Bredemeyer
2. Februar 1929

Geboren in Velez (Columbien), Volks- und Realschule in Breslau (heute Wrocław), 1944-1945 Kriegsdienst, seit 1946 Begegnungen mit Karl Amadeus Hartmann in München (Musica viva), 1949-1953 Studium an der Akademie für Tonkunst München (Komposition bei Karl Höller).

1954 Übersiedlung in die DDR (Berlin), 1955-1957 Meisterschüler an der Deutschen Akademie der Künste zu Berlin bei Rudolf Wagner-Régeny, seit 1978 Mitglied der Akademie der Künste der DDR.

1957-1960 Musikalischer Leiter am Theater der Freundschaft (Berlin), seit 1961 Musikalischer Leiter am Deutschen Theater (Berlin). Mitglied des Zentralvorstandes des Verbandes der Komponisten und Musikwissenschaftler der DDR (bis 1989), 1988 Ernennung zum Professor.

1969 Kunstpreis des FDGB, 1969 Banner der Arbeit, 1975 Kunstpreis der DDR, 1984 Nationalpreis der DDR

Werke in allen Genres der Vokal-, Kammer- und Orchestermusik (unter Bevorzugung ungewöhnlicher Instrumentalkombinationen): Orchesterwerke, Konzerte, instrumentale Solo- und Ensemblestücke, Kantaten und Gesänge, Lieder, Liederzyklen; Kompositionen für Schauspiel, Hörspiel, Dokumentarfilm, Fernsehen und Ausstellungen

Instrumentalwerke, u.a. Klavierstücke (1955, 1957, 1959, 1969, 1976, 1983), Streichquartette (1962, 1968, 1983), acht Serenaden (1966-1986), acht Schlagstücke (1960-1984), ›Integration‹ – Für Orchester (1961), ›Kommunikation‹ – Für Schlagzeug und Tonband (1961), Sonatine für Orchester (1963), Violinkonzert (1963), Komposition für sechsundfünfzig Streicher (1964), Schlagstück 3 für drei Schlagzeuger und drei Orchestergruppen (1966), ›Bagatellen für B.‹ – Für Klavier und Orchester (1970), Serenade 2 ›Für H.E.‹ – Für Oboe, Englischhorn, Posaune, Viola, Violoncello, Kontrabaß, Schlagzeug und Klavier (1972), ›Oktoberstück‹ – Für kleines Orchester (1973), ›DiAs (+ –)‹ – Für Oboe und Posaune (1973), Sinfonie für Kammerensemble (1974), ›Anfangen – Aufhören‹ – Für Orchester (1974), Cembalokonzert als Oboenkonzert (1975), ›Großes Duett‹ – Musik für zwei Instrumentalgruppen (1976), ›Kontakte suchen‹ – Für Flöte, Oboe und Tonband (1977), Schlagstück 6 ›Eintagssinfonie‹ – Für sechs Klarinetten, vier Fagotte, acht Hörner, vier Posaunen, zehn Violoncelli, acht Kontrabässe, sechzehn Bassisten und vier große Trommeln (1978), Vier Stücke für Orchester (1979), Neun Bagatellen für Streichorchester (1984), Orchesterstücke 2 (1984), ›Alle Neune – eine Schütz(en)festmusik‹ – Für zwei Oboen, Posaune, Viola, Violoncello, Kontrabaß, Schlagzeug und Klavier (1984), Drei Stücke für zwei Orchestergruppen (1986), Hornkonzert (1986), Sonatinen 1-3 für Orchester (1988), ›Vorwahl 522 (Kein Anschluß unter dieser Nummer?)‹ – Für Kammerensemble (1989)

Vokalwerke, u.a. ›Ich kam hierher, um zu singen‹ – Kantate für Tenor, gemischten Chor, Flöte, zwei Trompeten, zwei Posaunen, zwei Klarinetten und Schlagzeug nach Texten von Pablo Neruda (1955-56), ›Ode an Chagall‹ – Für Alt, Sprecher, Flöte, Viola, Cembalo und Schlagzeug (1957), ›Frühling – Brautlied – Angst‹ – Kantate für drei Singstimmen, drei Flöten, Kontrabaß und Schlagzeug nach Liebesliedern aus dem Alten Testament (1964), ›Canto‹ – Kantate für Alt, Männerchor und Instrumente nach Texten von Bertolt Brecht (1965), ›Orpheus‹ – Lieder und Einlagen zur Operette für Schauspieler von Kurt

Bartsch nach Jacques Offenbach (1970), ›Kleines Rahmenprogramm‹ – Für Stimmen und akustische Erscheinungen (1971), ›Kon-zerr-ti-no‹ – Für Sopran und Instrumente (1972), ›Ach, es war nur die Laterne‹ – Dreizehn Lieder zur Gitarre nach Julie Schrader (1972), Dreizehn Heine-Lieder (nicht für Sänger) für Gitarre, Klavier, Schlagzeug und Orgel (1972-74), ›Synchronisiert : asynchron‹ – Cantos americanos für Sopran, Violine, Oboe, Violoncello, Posaune, Schlagzeug und Klavier (Playback) nach Nicolás Guillen (1975), ›Medea‹ – Bühnenmusik (Chöre) zur Tragödie des Euripides (1976), Serenade 4 ›Bilderserenade‹ – Für Flöte, Oboe, Fagott, Posaune, Violine, Violoncello, Schlagzeug, Gesang und zwei Pantomimen (1976), ›Zum 13.7.‹ – Für Sopran, Es-Klarinette, Saxophon und Schlagzeug nach Worten von Arnold Schönberg (1976), ›Die Muße‹ – Kantate 2 für sechzehn Stimmen und sechzehn Instrumente nach Friedrich Hölderlin (1977), ›Das Alltägliche‹ – Fünf Lieder für Sopran, Tenor und Orchester nach Gedichten von Karl Mickel (1980), ›Musica vivarèse‹ – Kantate nach Texten von Anaïs Nin und Edgar Varèse (1982), ›Logo‹ – Chöre a cappella nach Texten von Arnfried Astel, Konrad Beyer, Hermann Börner und Floh de Cologne (1982), ›Die Winterreise‹ – Gedichte aus den hinterlassenen Papieren eines reisenden Waldhornisten von Wilhelm Müller für Bariton, Horn und Klavier (1984), ›Einmischung in unsere Angelegenheit‹ – Rezitative und Arie für Baß und großes Orchester nach Worten von Michail Gorbatschow mit einem Zitat von W.I. Lenin (1985), ›Vertrauliche Mitteilung‹ – Sieben Lieder für Tenor, Baßklarinette und Klavier nach Texten von Jörg Kowalski (1986), ›Die schöne Müllerin‹ – Monodramistische Szene für einen tiefen Müller und acht Instrumentalisten. Dichtung von Wilhelm Müller (1986), ›Kohlrabiates‹ – Interview-Kohliken für zwei Sprecher, Sprech-Choristen und vier Schlagzeuger (1986), ›Wie immer‹ – Drei datierte Gedichte von Ossip Mandelstam für Männerstimme und Gitarre (1987),›Nebenbei gesagt‹ – Rezitative und Arie für Baß und großes Orchester nach Antworten von Kurt Hager nebst Adenauer-Credo (1987), ›Post – modern‹ – Für gemischten Chor und vier Hörner nach einer ADN-Meldung (19.11.1988), ›Was sonst noch passierte‹ – Vier Lieder für Bariton und Klavier nach Gedichten von Ralph Grüneberger (1989)

Bühnenwerke

Leben des Andrea _____ 1971
Schuloper _____ UA 1972
nach Bertolt Brecht

Die Galoschenoper _____ 1976-1977
nach der ›Beggar's Opera‹ von John Gay _____ UA 1978
Text von Heinz Kahlau

Candide _____ 1981-1982
nach Voltaire _____ UA 1986
Text von Gerhard Müller

Candide
nach Voltaire
Text von Gerhard Müller

Entstehung 1981-1982

Uraufführung 12. Januar 1986 Landestheater Halle

Personen
Gräfin von Thunder ten tronckh_____Alt
Franz, ihr Sohn – später Großinquisitor_____Tenor
Kunigunde, ihre Tochter_____Sopran
Candide, deren Cousin_____Tenor
Pangloss, ein Philosoph_____Bariton
Leutnant_____Tenor
Hauptmann_____Bariton
Wirt_____Tenor
König Friedrich II._____Baß
Diener des Königs_____Bariton
Vanderduren, ein Kaufmann_____Baß
Diener Vanderdurens_____Bariton
Dienerin Kunigundes_____Alt
Derwisch_____Tenor
Gärtner_____Baß
Erzengel_____Baß
Soldaten, Offiziere, Häscher der Inquisition, Ketzer,
Prinzen und Prinzessinnen, Sklaven_____Gemischter Chor
Einleitungschor_____Frauenchor
Eine Militärkapelle_____Bühnenmusik
(König Friedrich und Erzengel können vom gleichen Darsteller gesungen werden. Ebenso sind Leutnant, Wirt und Derwisch sowie Hauptmann und Vanderdurens Diener mit jeweils einem Sänger zu besetzen.)

Orchester 4 Fl, 3 Ob, 3 Klar (III auch BKlar), 3 Fg, 4 Hr, 3 Trp, 3 Pos, Tb, Hrf, Git, Kl, Pkn, Slzg (4 Spieler); Str

Aufführungsdauer Einleitung und I. Akt: 20 Min., II. Akt: 35 Min., Interludium und III. Akt: 20 Min., Interludium und IV. Akt: 25 Min., V. Akt, Szene 1-4, Interludium, Szene 5 und Finale: 30 Min., Gesamt: 2 Std., 10 Min.

Handlung

Zeit der Handlung 1755 - 1757

Einleitung: *Frauenchor a cappella.* Die Welt ist zerstückt, Liebende sind getrennt. Frauen klagen den Herrgott an, daß er die Männer in den Kreuzzug schickte, und zugleich empfehlen sie ihre Männer der Obhut dieses Gottes.

I. Akt: *Schloß Thunder ten tronckh.* Drei junge Leute – Baron Franz, seine Schwester Kunigunde und deren Cousin Candide – spielen das Spiel der Zeit: Krieg. Sie geben ihren Vergnügungen einen Zweck – die Eroberung Eldorados. Lehrer Pangloss erkennt das gärende Blut und definiert Eldorado als den gegenwärtigen Ort des Daseins: das Schloß Thunder ten tronckh. Und er beweist ihnen „mit stärkstem philosophischem Können, daß es ohne Ursache keine Wirkung gebe und daß in dieser besten aller möglichen Welten (...) die Dinge nicht anders sein können, als sie sind; denn alldieweil alles, was da ist, zu einem Endzweck geschaffen worden, so zielt notwendig alles zu dem besten Endzweck ab." (Voltaire) Während Pangloss doziert, führen Erwachsene das Spiel der drei Kinder seinem Endzweck zu: Soldaten überfallen das Schloß. Bevor der Lehrer und seine Schüler begreifen, daß dieser „Endzweck" sie selbst betrifft, wird das Schloß zerstört, werden die Bewohner umgebracht.

II. Akt: *In Lissabon, während des Erdbebens von 1755.* 1. Szene: Candide und Pangloss finden sich nach getrennter Irrfahrt wieder. Der Lehrer fährt in seinem unterbrochenen Unterricht fort und lehrt den Schüler, daß das Unglück des einzelnen, also auch Kunigundens Tod, notwendig sei, denn auf privatem Unglück basiere das Glück der Allgemeinheit. 2. Szene: (*Eine halb zerstörte Gaststätte in Lissabon.*) Das Erdbeben erschüttert den Glauben an die Allmacht des Geldes und der Majestäten. Friedrich der Große geht nach Brot, macht Verse auf die Unsterblichkeit und verkündet als Endzweck den Weltuntergang, damit sich auf dem Unglück der Allgemeinheit sein privates Glück neu baue. 3. Szene: Auch Kunigunde lebt in Lissabon, als Geliebte des Großinquisitors, der sein Schäferstündchen bei ihr verschieben muß, um Ketzer zu verbrennen. 4. Szene: (*Wieder im Wirtshaus.*) Die Majestät denunziert Candide und Pangloss als Ketzer. Sie werden ergriffen. 5. Szene: Prozession der Ketzer. Kunigunde erkennt Candide und Pangloss unter den zum Feuertod Geführten. Pangloss wird aufgehängt. Ein erneuter Erdstoß rettet Candide das Leben.

Interludium I: *Eine Wüste, über und über mit Totengebein bedeckt.* Pangloss wird durch einen Erzengel mit den Toten der Geschichte konfrontiert. Er ist bestürzt, denn nach der ungeheuren Zahl zu urteilen, müßte die Allgemeinheit längst glücklich sein.

III. Akt: *In Lissabon. Bei Kunigunde.* 1. Szene: Candide und Kunigunde vereint. Kunigunde will leben und lieben, Candide seinem Lehrer nacheifern und sterben. 2. Szene: Der Großinquisitor ist drauf und dran, die ungetreue Geliebte und ihren Liebhaber umzubringen, erweist sich aber in letzter Minute als Bruder Franz. Erneute Erkennungsszene. Die drei Schüler tragen den toten Lehrer Pangloss zu Grabe. Finale: Während des Begräbnisses erwacht Pangloss wieder zum Leben.

Candide bittet Baron Franz um Kunigundes Hand. Er wird abschlägig beschieden. Die Familienszene endet im Streit. Franz, der Großinquisitor, beschließt, Candide zu verbrennen, woraufhin ihn Candide ersticht.
Interludium II: *Mondfest.* Liebende außerhalb sozialer Zwänge. Sie suchen, finden und verlieren sich, verwandeln sich und einander, wechseln ihre Gestalt und ihr Wesen.
IV. Akt: *Eine Wüste kurz vor Eldorado. Der Abend naht.* 1. Szene: Candide, Pangloss, Kunigunde und ihre Dienerin sind auf dem Wege nach Eldorado, erschöpft, hungernd und durstend. Kunigunde tat in der alten Welt das Herz weh, in der neuen schmerzen ihr die Füße. Auf des Weges Mitte treffen sie den Kaufmann Vanderduren, der aus Eldorado einen mit Schätzen beladenen Esel zurückführt. Er wirbt um Kunigunde. 2. Szene: Candide zieht allein nach Eldorado weiter. Vanderdurens Bewunderung gilt, in Ermangelung anderer Speise, Kunigundes Hinterbacken. Er will sich ihrer bemächtigen, läßt sich aber durch flehentliche Bitten bewegen, den Esel zu schlachten und zu verzehren. Kunigunde, die Dienerin und Pangloss nehmen als Lastschlepper die Stelle des Esels ein. 3. Szene: Candides Lied klingt noch aus der Ferne herüber, die unglückliche Kunigunde aber muß mit Vanderduren ziehen.
V. Akt: *Eine Meierei bei Konstantinopel.* 1. Szene: Ein Derwisch definiert Glauben an Gott als blinden Gehorsam. Der Gärtner teilt mit ihm sein letztes Brot. Der aus Eldorado zurückgekehrte Candide macht hier die Bekanntschaft mit dem alltäglichen Krieg, dem Kampf ums tägliche Brot. Er fürchtet, den Optimismus, die Lehre seines Lehrers, aufgeben zu müssen. 2. Szene: Pangloss selbst kämpft als Bettler ums Überleben, aber seine Theorie von der besten aller Welten hat er nicht aufgegeben. Derwisch und Pangloss, Gläubiger und Philosoph, erkennen einander als Gleichgesinnte. Candide erfährt, daß Kunigunde nicht die Geliebte, sondern die Sklavin des Kaufmanns wurde. 3. Szene: Vanderduren treibt seine Sklaven zum Verkauf zu Markte. Unter ihnen ist Kunigunde, alt und häßlich geworden. Candide kauft sie frei. Da Vanderduren kein Wechselgeld für Candides letzten großen Eldorado-Diamanten hat, muß dieser alle Sklaven freikaufen und wird zum Besitzer der Meierei. 4. Szene: Candide wird als Befreier gefeiert.
Interludium III: Kunigunde und Candide erleben die Wirklichkeit ihrer Beziehungen. Einst Wärme und eine gemeinsame Vergangenheit – jetzt Kälte und Einsamkeit. Es gibt keine Zukunft für sie. 5. Szene: Für Candide, Kunigunde und Pangloss wird die Meierei zur „Endstation Sehnsucht". In der nahe gelegenen Hauptstadt gibt es politische Unruhen. Der Derwisch kommt dabei um. Der Gärtner kennt, seinen Kopf zu retten, keinen Derwisch mehr, nur noch Kohl und Rettich. Pangloss macht eine Entdeckung: „In der besten aller Welten sind alle Geschehnisse eng miteinander verknüpft." Und Candide: „Richtig. Sehr richtig. Aber wir müssen unseren Garten bestellen."
Finale: Lied und Tanz der Leute. Es ist der Wunsch von Liebenden, sich zu vereinen und mit der Natur zu versöhnen. „... und wer einen Liebsten hat, komme unter die blühenden Haselnußsträucher zum Tanz."

Kommentar

Voltaires 1759 erschienene philosophische Erzählung ›Candide oder Der Optimismus‹ wurde sofort zu einem der populärsten und verbreitetsten Werke. Die Zensur in Genf, Paris und Rom verbot diese *conte philosophique* als religionswidrig und unsittlich. Das wirkte sich nicht unwesentlich auf den Erfolg aus. Allein im Jahr 1759 erschien ›Candide‹ in dreizehn, zum Teil unautorisierten Nachdrukken; bis Voltaires Tod, 1778, kam es zu nicht weniger als zweiundvierzig Ausgaben und noch im 18. Jahrhundert zu Übersetzungen in mehrere Sprachen. Zahlreich waren auch die Nachahmungen, in denen die diversen Abenteuer Candides ausgeschmückt und weitererzählt wurden.

Der volle Titel des Buches lautet: ›Candide oder Der Optimismus. Aus dem Deutschen übersetzt von Herrn Doktor Ralph samt den Bemerkungen, die man in der Tasche des Doktors fand, als er zu Minden im Jahre des Heils 1759 starb.‹ Dies ließ eher einen akademisch-langweiligen Traktat denn einen witzig-aktuellen Generalangriff auf die weltlichen wie geistlichen Autoritäten des Jahrhunderts vermuten. ›Candide‹ blieb über das 18. Jahrhundert hinaus aktuell und gehört seither zu den großen Stoffen der Weltliteratur. Candide wurde zum Synonym für einen Menschen, der wider die eigene Lebenserfahrung einer Theorie mehr vertraut als der Praxis. Wilhelm Girnus übersetzte daher den Namen mit „Unberührt" (Girnus 1958, S. 83).

Auf Voltaires Erzählung bezogen sich spätere Künstler wie Lessing mit seiner Gestalt des Derwisch in ›Nathan der Weise‹ (1779). Im 20. Jahrhundert haben sich u.a. zwei ganz unterschiedliche Komponisten, Lew Knipper 1927 in der Sowjetunion und Leonard Bernstein 1956 und 1973 in den USA, an einer Adaption der *conte philosophique* versucht.

In Voltaires Erzählung sind verschiedene Motive der Weltliteratur aufgehoben und zu einem neuen Beziehungsgefüge gebracht. Vier Motivschichten entfalten sich gleichzeitig: das Motiv der Weltflucht, das des Gegensatzes zwischen Kultur und Natur (zwischen Derwisch und Gärtner), das Motiv der Fürstenerziehung (Pangloss' Lehre zeitigt ganz konträre Wirkungen bei Franz, Kunigunde und Candide) sowie das alte Hiobs-Motiv. Die biblische Erzählung von Hiob gab über die Jahrhunderte hinweg ein Beispiel für den gegen die göttliche Weltordnung Einspruch erhebenden Menschen. Voltaire polemisierte mit seinem ›Candide‹ gegen das Denk- und Verhaltensmodell des alttestamentarischen Hiob, er aktivierte im Buch der Bücher dessen rebellisches Potential. Das war einer der Gründe, warum ›Candide‹ wegen Gotteslästerung verboten wurde. Hiob rebelliert nach schweren Schicksalsschlägen gegen Gott, hadert mit dem Schöpfer und dessen Welt, um sich dann schließlich zu fügen. Anders Candide. Der fügt sich von vornherein als Schüler des Pangloss in Gottes aufs beste eingerichtete Welt und gelangt – trotz aller seiner Hiobs Schicksalsschlägen gleichenden Erlebnisse – zu keiner rebellischen Attitüde, muß sich dann aber auch nicht ducken, sondern zieht seine Konsequenz mit den Worten: „Il faut cultiver notre jardin." Die berühmte Schlußsentenz „Unser Garten muß bestellt werden" ist von ambivalenter Qualität: Sie bedeutet Weltflucht und Weltbejahung in einem. In ihr sind die zentralen Punkte von Voltaires Ironie klar zu erkennen. Er spitzt die Widersprüche im Verhältnis von Denken und Sein epigrammatisch zu, würzt sie mit den ins Extrem getriebenen Polen von Kultur und Natur, Erziehung und Natur, behandelt die Gegensatzpaare aber nicht statisch, sondern stellt sie in der Bewegung dar, denn er handelte und schrieb nach dem Grundsatz: „Der wahre Philosoph denkt, um zu verändern."

Obgleich jede ›Candide‹-Adaption aus dem weitverzweigten Stoff auswählen muß und nur einige, die jeweils interessierenden Motive herauslösen kann, muß doch gefragt werden, inwieweit die Grundzüge des genialen Werkes aufgenommen wurden und ob es bei einer bloßen Geschehensfolge amüsanter anekdotischer Ereignisse blieb. Der Journalist, Musikkritiker und Dramaturg Gerhard Müller richtete Voltaires Roman zwischen 1980 und 1981 zu einem Libretto ein. Ausgangspunkt war für ihn Voltaires Preußenerlebnis: „In dem Roman spiegeln sich in einer phantastischen Welt die Erfahrungen Voltaires während seines Aufenthaltes am Hofe Friedrichs II. in Potsdam von 1750 bis 1753, die er mit kritischer Distanz als sein gescheitertes Experiment der Fürstenerziehung bewertete. Der philosophische Optimismus, den er verspottete, war der Aberglaube, daß die Welt sich von allein, nur durch moralischen Glauben, nicht durch moralisches Handeln, zum Guten ändert. Das Erdbeben, das am 1. November 1755 die blühende Stadt Lissabon in Trümmer legte, sagte er dem Absolutismus als dessen künftiges Schicksal voraus. Die unwahrscheinlichen Ereignisse seines Romans, die leider nur zum kleinen Teil auf die Opernbühne gebracht werden konnten, entsprangen weniger der Phantasie als der Wirklichkeit. Beispielsweise wurde am 20. Juni 1756 in Lissabon tatsächlich eine Ketzerverbrennung gegen das Erdbeben veranstaltet. Das Gedicht, welches in der Oper eine dubiose Figur mit dem usurpierten Namen ‚Friedrich II.' singt, stammt tatsächlich von Friedrich II. Er schrieb es nach der verlorenen Schlacht von Leitmeritz, und Voltaire zitiert es in seiner Autobiographie." (Müller 1986)

Reiner Bredemeyer hat ›Candide‹ zwischen 1980 und 1982 komponiert. Der Komponist bekannte sich wiederholt zu Mozart als dem prägenden Vorbild für seine Musik (vgl. Reiner Bredemeyer im Gespräch mit Friedo Solter und Joachim Lucchesi). An Mozart geschult ist Bredemeyers Technik der Behandlung der Texte, das Herausheben von Kernsätzen aus einer fortlaufenden Gedankenkette, die Erfindung kleiner motivischer Einheiten und deren schnelle materiale Veränderung und Anpassung an den Umschwung der Stimmungen oder Situationen; die klare Abgrenzung und Kontrastierung von Figuren und Affekten sowie die Achtsamkeit im Umgang mit dem Detail. Bredemeyer ist darüber hinaus ein schneller Wechsel der Bedeutungsfelder eigen, die assoziative Verknüpfung von Lauten, Worten und Gedanken, das wechselnde Hinübergleiten vom Besonderen ins Allgemeine und umgekehrt. Exemplarisch ist dies im ersten Akt ausgebildet. Einmal geht hier das Kinderkriegsspiel kaum merklich, zwar von allen gesehen, doch nicht wahrgenommen, in ein reales, von Erwachsenen geübtes Handeln über: Soldaten erstürmen das Schloß. Für Kriegsspiel und Kriegsideologie liefert die Philosophie des Pangloss die Stichworte. Aus seinem Exkurs über Eldorado werden einzelne Worte durch die Musik herausgeschnitten und deren Bedeutungsfelder durch den Chor assoziativ erweitert. Meint das Wort Kugel bei Pangloss den Globus, gebiert der Chor daraus eine ganz andere Assoziationskette: Sie beginnt bei Kugel: „Kugelhagelschauer ..." und endet bei „kompaniebelungeneralitäterätällerminenfelder".

Bredemeyer führt einzelne musikalische Elemente kontradiktorisch zueinander, koppelt einfache Harmonik mit komplizierter Intervallik und Rhythmik im Finale des ersten Aktes bzw. äußerst komplizierte Intervallstrukturen und ganz simple Rhythmen.

Das Vorbild für die musikalische Gestaltung des Gärtners gab nach Bredemeyers eigener Aussage Mozart mit seinem Gärtner Antonio aus der Oper ›Le Nozze di Figaro‹. Allerdings ahmt Bredemeyer sein Vorbild nicht einfach nach. Auf seine Beziehung zu Mozart spielt er fortwährend und in einem übergreifenden Sinn an, so mit den Struktur- bzw. Melodiezitaten im Abschiedsquartett des vierten Aktes auf Mozarts ›Zauberflöte‹ und ›Le Nozze di Figaro‹. Das Vorbild der Opera buffa mit ihrer Nummernform und den Secco-Rezitativen liegt dem gesamten ›Candide‹ zugrunde. Doch durchsetzt Bredemeyer seine Partitur immer wieder mit kleinen Störeffekten, mit Abweichungen von der erwarteten Norm. Um eine solche Variante handelt es sich, wenn er zum Beispiel anstelle eines Cembalos als Basso continuo Gitarre und Pauke für die Rezitative einsetzt. Bredemeyer illustriert oder begleitet die Texte nicht, sondern er serviert sie. Die Pauke bringt Kommata, Punkte, Ausrufe- oder Fragezeichen ein: unvermutete Pausen oder gegen den Redefluß gesetzte Intervallakzente brechen den Text auf, lassen Nebenbedeutungen eindringen.

„Der Gebrauch und die Verweigerung illustrierender und kommentierender Musiken und Musikpartikel erfolgen in jedem Falle eigenwillig und überraschend. Während das (kompositorisch doch eigentlich ergiebige) Erdbebengeschehen nur rudimentär im Notenbild präsent ist und der die Ketzerverbrennung verhindernde Regenschauer kein musikalisches Zeichen erhält, hat das Lissabonner Erdbeben aber beim Kneipenpianisten (II. Akt, 2. Szene) schockierende Folgen in Gestalt von ‚verrückter' Musik und löst das Kommando ‚Feuer' (I. Akt) überdimensionierte Händelsche ‚F e u e r werksmusik' aus. Den auf der Szene agierenden Figuren kommt dies nicht einmal spanisch vor: die einmarschierenden Soldaten hören jene ‚feierlichen Töne' als Triumphmarsch auf den bevorstehenden Sieg, für Pangloss und seine Schüler tönt die eldoradische Nationalhymne; realiter stürzt das Schloß ein und eine Welt zusammen (...). Wenn Pangloss vom Lärm des herunterfallenden Geschirrs erwacht, singt er zum Textbeginn des ‚Spanienliedes' (hier verbirgt sich eine persönliche Reminiszenz Bredemeyers an seinen Freund Paul Dessau) die Melodie eines irischen Volksliedes, in dem nämlich vom Trinker Tom Finnegan die Rede ist, der während seines eigenen Begräbnisses durch eine auf den Sarg fallende Whiskyflasche zu neuem Leben erwacht." (Wollny 1986, S. 58)

Der Komponist fordert von Instrumentalisten wie Sängern einen ständigen Wechsel zwischen zwei Grundmodi, die die Gesamthandlung assoziativ vermitteln: Sie greifen entweder im Wechselspiel der Instrumente oder Stimmen ein Motiv auf und spinnen es dialogisierend fort oder fahren einander in die Parade, dadurch kommt es zu einem Abbrechen und emphatischem Neubeginn.

Die Realisierung dieser Partitur bedarf eines Sängertyps, der den schnellen Übergang, den ständigen Wechsel zwischen Belcanto und Auf-Tonhöhe-Sprechen, zwischen Rezitativ, einfacher Liedform, affektbetontem Arioso und Ensemblegesang beherrscht.

Voltaire hält in seinem ›Candide‹ eine Balance zwischen Distanz und Betroffenheit. Anders der Librettist Gerhard Müller. Die durchgehende Handlung von Candide, Kunigunde und Pangloss läßt er vorwiegend in der Distanz ablaufen. Betroffenheit kann sich im wesentlichen nur in der Einleitung, im Finale und in den drei Interludien artikulieren. Mit der Einleitung und dem Finale setzt Müller eine Klammer, eine Gegenwelt möglicher Liebe gegen die verfehlte Beziehung Kunigunde – Candide. Dabei streift er zu Beginn und am Schluß seinem Text eine Maske über, es wird in Altfranzösisch bzw. in Altportugiesisch gesungen.

Eine Sonderstellung nimmt das Interludium III, eine Traumerzählung der Hauptheldin ein, „die Darstellerin der Kunigunde streift ihre Charaktermaske ab und nimmt, das einzige Mal im Stück als Frau das Wort zu einer intimen Ansprache an das Publikum", sie formuliert ihren unerfüllten Glücksanspruch. „Mitten in ihren tragischen Traum springt die Bühnenfigur des Candide und holt sie sozusagen in die Parabel zurück." (Müller 1989, S. 82)

Für Reiner Bredemeyer ist die ›Candide‹-Oper weniger eine Parabel, „eher eine surrealistische, überrealistische Geschichte, die eben eine Reise der Figuren durch die wildesten und absurdesten Situationen darstellt, die aber nie psychologisch gemacht und begründet erscheinen, sondern einfach so sind, maßlos übertrieben. (...) Mir geht es um die große Schnelligkeit des Handlungsablaufs, der eher rasant als bedächtig ist, generell, und mir geht es um das durch Überzeichnung entstehende Moment der Verdeutlichung der Situationen, die da sind, das heißt, die Kritik oder Ironisierung der Heilslehren dieser Welt, den aufklärerischen Zug, den die Geschichte hat. Die Helden selbst scheinen unbelehrbar. (...) Nun bin ich sehr lang am Theater tätig, und ich verdanke guten Schauspielern, guten Regisseuren sicher eine ganze Menge. Ich höre die Texte schon von guten Schauspielern in guter Regie, erst einmal rezitiert. Was die Musik dann noch dazu gibt, wird unterschiedlich sein, also vielleicht von Unterstreichung bis Kommentar oder vielleicht sogar Infragestellung des Textes. (...) Das heißt, es ist nicht so, daß sozusagen das Rezitativ schnell und hurtig abspult und dann die Besinnung mit der gereimten Arie kommt, sondern ich konnte mir diesen Text genau zubereiten. Es gibt die ariose Phrase des Textes, die manchmal sogar unvorbereitet erscheint. Es gibt ganz selten die mit Zeilenwiederholung arbeitende Bravour, obwohl sie zweimal erscheint: einmal mit dem glücklich gefundenen Satz des Pangloss über Glück und Unglück und einmal bei der absurd jubilierenden Kunigunde, die bei den

Worten: ‚Daß ich in Frieden leben wollte' ihre Koloratur erhält. Ansonsten habe ich versucht, durch das, was die Musik da kann – per Linienführung, Rhythmik, Instrumentation, Agogik – so genau wie möglich den Text zu machen. Das geht wirklich bis in die kleinste Rhythmisierung. Wenn also Candide das Wort ‚vergewaltigt' nur schamhaft aussprechen kann und nach ‚ver-' die Pause setzt, dann, meine ich, ist damit eben doch Gestisches gemeint und vielleicht auch gezeigt. Oder wenn der Gärtner in seinem Bericht über sein Leben eben in kleinen Intervallen korrekte Achtel abliefert, hoffe ich, daß das der Figurenzeichnung, -bestimmung dient. (...)

Ich versuchte in ›Candide‹, Theatersituationen mit Hilfe von Musik zu erzielen, die Klarheit und Helligkeit provozieren in den Köpfen der Zuschauer. Sie sollten sich nicht hineinwühlen von außen in die Handlung, sondern eher lachen über die Situation, da die Helden selbst unfähig sind zu lachen, denn sie sind komisch verstrickt in diese Merkwürdigkeiten. Ich glaube schon, daß das Stück, wenn man es unter sportlichem Aspekt betrachtet, mit einem Sieg der Zuschauer enden sollte." (Bredemeyer 1988, S. 30f.)

Bereits 1983 in *Theater der Zeit* publiziert und damit einem größeren Kreis von Interessenten zugänglich gemacht, brauchte das Werk eine längere Zeit, bis es seinen Weg zur Bühne fand. Dann allerdings nahmen sich am Landestheater Halle unter Leitung von GMD Christian Kluttig engagierte Interpreten dieser Oper an. In der Regie von Andreas Baumann und der Ausstattung von Angela Rähl kam es zu einer überregional beachteten Inszenierung, mit der das Ensemble wenige Wochen nach der Uraufführung zu den IV. Werkstatt-Tagen des Musiktheaters 1986 in Karl-Marx-Stadt gastierte.

Ausgaben Text In: Theater der Zeit, H. 11, Berlin 1983; KlA Edition Peters Leipzig.Dresden o.J. (EP 10322)

Rechte Edition Peters Leipzig – Musikverlag C.F. Peters Frankfurt/Main

Literatur Reiner Bredemeyer: im Gespräch mit Friedo Solter und Joachim Lucchesi. In: Mitteilungen der Akademie der Künste der DDR, Nr. 2/4, Berlin 1981; ders.: Gespräch mit Siegfried Matthus, Joachim Werzlau und Gerald Felber. In: Sinn und Form, H. 4, Berlin 1984; ders.: Gespräch mit Joachim Lucchesi und Ute Wollny. In: Komponieren zur Zeit. Gespräche mit Komponisten der DDR, hrsg. von Mathias Hansen, Leipzig 1988
Gerhard Müller: Über Voltaire. In: Programmheft Landestheater Halle 1986; ders.: Mobilisierung von Geschichtlichkeit. Tendenzen des neueren Opernschaffens in der DDR. In: Musik und Gesellschaft, H. 2, Berlin 1989

Voltaire: Candide oder der Optimismus. Mit einem Nachwort von Manfred Naumann, Berlin 1958; Voltaire: Erzählungen. Dialoge. Streitschriften, hrsg. von Martin Fontius, Berlin 1981; Wilhelm Girnus: Voltaire, Berlin 1958
Gerd Rienäcker: Erste Überlegungen. Zur Oper ›Candide‹ von Gerhard Müller und Reiner Bredemeyer. In: Theater der Zeit, H. 11, Berlin 1983 (gekürzte Fassung In: Programmheft Landestheater Halle 1986); Ute Wollny: Einige Bemerkungen zur Beziehung von Libretto und Musik in der Oper ›Candide‹, Volker Weiske: Thesen zu Stück und Inszenierung. In: Theater der Zeit, H. 4, Berlin 1986; Petra Meseck: Zu Reiner Bredemeyers Oper ›Candide‹. Informationen und Gedanken nach einer Uraufführung (mit Beiträgen von Reiner Bredemeyer, Christian Kluttig u.a.). In: Mitteilungen der Akademie der Künste der DDR, Nr. 1, Berlin 1987
Rezensionen der Uraufführung. In: Theater der Zeit, H. 4, Berlin 1986; Musik und Gesellschaft, H. 3, Berlin 1986

Aufnahmen Produktion des Rundfunks der DDR (gekürzte Fassung, für den Funk eingerichtet von Gerhard Müller, Christian Kluttig und Margit Hohlfeld); Niels Giesecke (Candide), Egon Weber (Pangloss), Martin Petzold (Franz/ Großinquisitor), Juliane Claus (Kunigunde) und weitere Solisten sowie Chor des Landestheaters Halle, Händel-Festspielorchester, Musikalische Leitung Christian Kluttig, aufgenommen Februar 1986 (Erstsendung: Radio DDR II 14. August 1986)

Max Butting
6. Oktober 1888 – 13. Juli 1976

Geboren in Berlin, Studium in München (Theorie, Komposition, Klavier, Dirigieren, Gesang), 1918 erstes Konzert mit eigenen Kompositionen in München und Rückkehr nach Berlin, Lehre im väterlichen Eisenhandelsgeschäft, 1920 Mitglied der Genossenschaft Deutscher Tonsetzer (GDT) und im Allgemeinen Deutschen Musikverein (ADMV), 1921 Mitgliedschaft in der Novembergruppe Berlin, seit 1922 Teilnahme am Kammermusikfest in Donaueschingen, 1925-1930 Rezensent für die Sozialistischen Monatshefte, 1926-1933 Mitglied des Beirats der Funkstunde in Berlin, 1929-1933 Geschäftsführender Vorsitzender der GDT und Vorstandsmitglied der Sektion Deutschland der Internationalen Gesellschaft für Neue Musik, Lehrtätigkeit an der Hochschule für Musik in Berlin. Ab 1938 Eisenwarenhändler.

1946 Mitbegründer und 1. Vorsitzender der Sektion Komponisten im Schutzverband Deutscher Autoren, 1948 Cheflektor im Bereich Ernste Musik des Berliner Rundfunks, 1950 Gründungsmitglied der Deutschen Akademie der Künste zu Berlin, 1951 Mitbegründer und bis 1961 1. Vorsitzender des Beirats der Anstalt zur Wahrung der Aufführungsrechte (AWA), 1951 Gründungsmitglied und 1956-1959 Vizepräsident des Verbandes Deutscher Komponisten (VDK), 1956 Sekretär der Sektion Musik der Deutschen Akademie der Künste zu Berlin. 1968 Dr. h.c. der Humboldt-Universität Berlin. Gestorben in Berlin.

1954 Nationalpreis der DDR, 1963 Vaterländischer Verdienstorden in Silber, 1973 Vaterländischer Verdienstorden in Gold, 1974 Nationalpreis der DDR

Zehn Sinfonien (1922-1963), Kammersinfonie für 13 Soloinstrumente (1923), Sinfonietta mit Banjo (1930), Sinfonietta ›Für die Jugend‹ (1960) und weitere Orchesterwerke wie Trauermusik (1916), Heitere Musik (1929), Totentanz-Passacaglia (1946), Fantasie (1947), Ouvertüre (1949), Ballade (1954), Burleske (1961), Sinfonische Rhapsodie (1962), Serenade (1963), Triptychon (1968): ›Hymnos der Lebenden‹ (50 Jahre UdSSR) – ›Epitaph für unsere Toten‹ – ›Evoe an unsere Kinder‹ (20 Jahre DDR), Stationen (1970), Flötenkonzert (1950), Klavierkonzert (1967)

Kammermusik für verschiedene Besetzungen, u.a. Zehn Streichquartette (1913/14-1970/71), Klavierstücke, Schulmusik und Hausmusik für unterschiedliche Instrumente und Kombinationen

Vokalmusik, u.a. ›Das Memorandum‹ – Für Soli, Chor und Orchester (1947/48), ›Nach dem Krieg‹ – Vier Kantaten für gemischten Chor und Kammerorchester (1948), ›Die Lügengeschichte vom schwarzen Pferd‹ – Kantate für Baritonsolo, gemischten Chor und Kammerorchester (1949)

Musikgeschichte, die ich miterlebte. Autobiographie. Henschelverlag Berlin 1955

Bühnenwerke

Plautus im Nonnenkloster _____ 1959
Oper in drei Akten _____ UA 1959
nach der gleichnamigen Novelle von Conrad Ferdinand Meyer
Text von Hedda Zinner

Plautus im Nonnenkloster
Oper in drei Akten
nach der gleichnamigen Novelle von Conrad Ferdinand Meyer
Text von Hedda Zinner

Entstehung 1959

Uraufführung 3. Oktober 1959 Städtische Theater Leipzig – Opernhaus

Personen
Poggio — Bariton
Margarete — Sopran
Anselino — Tenor
Gertrud — Sopran
Äbtissin — Alt
Theobaldus — Baß
Erstes Mädchen (Anna) — Sopran
Zweites Mädchen (Berta) — Sopran
Drittes Mädchen (Clara) — Mezzosopran
Viertes Mädchen (Dora) — Mezzosopran
Fünftes Mädchen (Elisabeth) — Alt
Händler, Ausrufer, Bäcker, Metzger, Zimmermann — Chorsolisten
Nonnen, Zimmerleute, Lehrjungen, Gesellen — Stumm
Volk — Gemischter Chor

Orchester Picc, 2 Fl, 2 Ob, EH, 2 Klar, BKlar, 2 Fg, KFg, ASax, 4 Hr, 3 Trp, 3 Pos, Tb, Pkn, Slzg; Str

Aufführungsdauer ca. 2 Std., 30 Min.

Handlung
Die Handlung spielt in einem Marktflecken mit Kloster im Thurgau um 1400.
Ouvertüre. **I. Akt:** *Platz zwischen Kirche und Kloster. Vorfeststimmung.* Es herrscht Markttreiben, das Volksfest der Einweihung der Bräute Christi wird vorbereitet und dabei ein schweres hölzernes Kreuz vorgestellt. Die jungen Mädchen werden es mit Leichtigkeit tragen, als Zeichen, daß sie von Gott auserwählt sind und dem Kloster geweiht werden müssen. Diesem Wunder verdankt das Fest seinen Zustrom, das Kloster seine Einkünfte. Der Florentiner Poggio ist einer Handschrift des Plautus auf der Spur, die sich im Klosterbesitz befinden soll. Nicht jede der künftigen Bräute Christi ist glücklich. Gertrud liebt ihren Anselino und möchte ihn gern heiraten, muß aber ein einstmals für ihre todkranke Mutter geleistetes Gelübde einlösen.

II. Akt: *Inneres der Klosterkirche.* Poggio findet die gesuchte Plautus-Handschrift nicht, dafür entdeckt er aber die Papp-Imitation des schweren Eichenkreuzes und kennzeichnet sie mit einer Kerbe. Der Äbtissin verspricht er die Geheimhaltung dieses Betruges und erhält dafür den Plautus. Als blinder Mönch verkleidet, macht er die verzweifelte Gertrud auf das zweite Kreuz aufmerksam. Die Äbtissin ruft die Nonnen herbei und läßt beide Kreuze gegeneinander austauschen. (Pantomimische Szene mit Orchesteruntermalung.)
III. Akt: *Platz zwischen Kirche und Kloster. Sehr früher Morgen.* Volkstreiben, feierlicher Aufzug und Entlarvung. Gertrud bekommt ihren Anselino.

Kommentar

Der Sinfoniker Max Butting komponierte seine einzige Oper im Alter von siebzig Jahren. Sie wurde, seiner gesellschaftlichen Stellung als Gründungsmitglied des Komponistenverbandes, der AWA und der Deutschen Akademie der Künste entsprechend, zu den *Festwochen des sozialistischen Theaters* anläßlich des zehnten Jahrestages der DDR in Leipzig uraufgeführt. Die Schriftstellerin Hedda Zinner (in jenen Jahren besonders bekannt durch ihr Dimitroff-Schauspiel ›Der Teufelskreis‹) schrieb das Libretto nach Conrad Ferdinand Meyers *Facetie* ›Plautus im Nonnenkloster‹, in der Meyer einen Florentiner Gelehrten und Dichter die Geschichte erzählen läßt, wie dieser auf der Suche nach einem Band mit verschollenen Plautus-Komödien ein vererbtes Scheinwunder in einem ländlich-bäuerlichen Nonnenkloster aufklärt. Hedda Zinner fügte ihrem Operntext eine „komische Figur" hinzu, die des beschränkten Bruders Theobaldus, spann die nur als Rahmen angelegte Liebesgeschichte etwas aus, schuf nach konventioneller Manier Volksfestszenen und brachte so C.F. Meyers kleine Schnurre auf die Länge einer abendfüllenden Oper.

Max Butting war ein auf Prägnanz bedachter Komponist. An ein Libretto konventioneller Art gefesselt, in dem sich die Vorgänge langsam-bedächtig entfalten, mußte seine Musik verlieren. Die Kritik stellte fest, daß die Musik „in ihrer reinen Musizierfreude – darin Hindemith verwandt – am Bühnengeschehen vorbeiziele". Aber vielleicht war eher das Gegenteil der Fall, daß der Text an Buttings Musizierweise vorbeizielte? Wie dem auch sei, die Kritik konstatierte, das Libretto stamme von einer „bühnenerfahrenen Autorin", die Komposition dagegen von einem Sinfoniker, dessen Musik „im Grunde undramatisch, untheatralisch, spannungslos" sei.

Die Oper ist insofern für die Musikgeschichte der DDR von Interesse, als sie verdeutlicht, welch hohen Stellenwert die „neue Oper" in den damals geführten Diskussionen einnahm, daß selbst ein ausgewiesener und nicht mehr junger Komponist wie Max Butting an diesem Genre nicht vorbeikam. Vierzehn Jahre später wird sich eine gleiche Konstellation mit Ernst Hermann Meyers ›Reiter der Nacht‹ wiederholen.

Ausgaben Text Henschelverlag Berlin 1960; KlA Henselverlag Berlin 1960

Rechte Henschel Musik GmbH Berlin

Literatur Conrad Ferdinand Meyer: Plautus im Nonnenkloster. In: Sämtliche Werke. Bd. 3: Novellen, Leipzig o.J. Rezensionen der Uraufführung. In: Theater der Zeit, H. 11, Berlin 1959; Musik und Gesellschaft, H. 11, Berlin 1959

Aufnahmen ETERNA 8 20 567 (unsere neue musik 14) (Ausschnitte) Maria Croonen (Gertrud), Erna Roscher (Margarete), Hanna Schmoock (Äbtissin), Lothar Anders (Anselino), Werner Missner (Poggio), Wilhelm Klemm (Theobaldus), Solistenvereinigung des Berliner Rundfunks, Großes Orchester des Berliner Rundfunks, Dirigent Hans Wallat; aufgenommen 1960

Paul Dessau
19. Dezember 1894 - 28. Juni 1979

Geboren in Hamburg, 1905 erster Auftritt als Violinist, 1910-1912 Studium in Berlin am Klindworth-Scharwenka-Konservatorium, 1913-1914 Korrepetitor an der Hamburger Oper, 1914 Operettenkapellmeister am Bremer Tivoli-Theater, 1915 Kriegsdienst, 1918 Schauspielkapellmeister und -komponist an den Hamburger Kammerspielen, 1919-1923 Korrepetitor und Kapellmeister an der Kölner Oper (bei Otto Klemperer), anschließend Erster Kapellmeister in Mainz, 1925 Erster Kapellmeister an der Städtischen Oper Berlin, ab 1928 freiberuflicher Filmkomponist, Arbeit für Chöre des Arbeitersängerbundes, 1930-1931 Arbeit mit Kinder-Chören, mehrere Lehrstücke für Kinder.

1933 Emigration nach Paris, 1935 Zwölftonstudien bei René Leibowitz, 1939 Übersiedlung in die USA (New York), Musiklehrer an einem jüdischen Kinderheim, 1942 Zusammenkunft mit Bertolt Brecht in New York und 1943 Übersiedlung in Brechts Nähe nach Santa Monica (Hollywood), Bekanntschaft mit Arnold Schönberg, Arbeit als Gärtner, gelegentlich Instrumentator bei Warner Brothers.

1948 Rückkehr nach Deutschland, 1949 Übersiedlung nach Berlin, musikalischer Mitarbeiter Bertolt Brechts am Berliner Ensemble, 1952 Mitglied der Deutschen Akademie der Künste zu Berlin, 1953 Lehrtätigkeit an der Staatlichen Schauspielschule Berlin, 1954 Übersiedlung nach Zeuthen bei Berlin, 1957-1962 Vizepräsident der Deutschen Akademie der Künste zu Berlin, 1959 Ernennung zum Professor, 1960 Beginn der langjährigen Arbeit als Musiklehrer an der Oberschule Zeuthen. Gestorben in Königs Wusterhausen bei Berlin.

1953, 1956, 1965, 1974 Nationalpreis der DDR; 1964 Vaterländischer Verdienstorden in Gold, 1969 Karl-Marx-Orden

Werke in allen Genres der Instrumental- und Vokalmusik
Orchesterwerke, u.a. Erste Sinfonie (1926), Zweite Sinfonie (1934/1962), ›In memoriam Bertolt Brecht‹ (1957), Bach-Variationen für großes Orchester (1963), Divertimento für Kammerorchester (1964), Symphonische Adaptation des Streichquintetts Es-Dur KV 614 von Wolfgang Amadeus Mozart (1965), Orchestermusik Nr. 1 (1955), Orchestermusik Nr. 2 ›Meer der Stürme‹ (1967), Orchestermusik Nr. 3 ›Lenin‹ (1969), Orchestermusik Nr. 4 (1972); Musik für 15 Streichinstrumente (1979)

Schauspielmusiken: zu ›Faust I‹ von Johann Wolfgang von Goethe (1949), zu Goethes ›Urfaust‹ (1952), zu ›Der Weg nach Füssen‹ von Johannes R. Becher (1956) und zu zahlreichen Brecht-Stücken: ›99%‹ (später ›Furcht und Elend des Dritten Reiches‹) (1938), ›Mutter Courage und ihre Kinder‹ (1946/1948-49), ›Der gute Mensch von Sezuan‹ (1947-48), ›Herr Puntila und sein Knecht Matti‹ (1949), ›Die Ausnahme und die Regel‹ (1948), ›Mann ist Mann‹ (1951/1956), ›Der kaukasische Kreidekreis‹ (1953-54)

Filmmusiken, u.a. zu ›Die Wunderuhr‹ (1928), ›Awoda‹ (1935), ›Du und mancher Kamerad‹ (1956), ›Das russische Wunder‹ (1962)

Kammermusik in vielfältigen Formen und Besetzungen, darunter sehr viele Klavierstücke wie ›Guernica‹ (1938), Elf jüdische Volkstänze (1946), Drei Intermezzi (1955); Sieben Streichquartette (1932-1976), Quattrodramma für vier Violoncelli, zwei Klaviere und Schlagzeug (1965)

Vokalmusik: Lieder und Gesänge, u.a. Die Thälmannkolonne (Text von Gudrun Kabisch/1936); sehr viele Vertonungen von Brecht-Texten, u.a. Lied einer deutschen Mutter (1943), Vier Lieder des Glücksgotts (1945), Internationale Kriegsfibel (1945), Die

Graugans (1947), Aufbaulied (1949), Zukunftslied (1949), Grabschriften für Rosa Luxemburg und Karl Liebknecht (1949), Fünf Kinderlieder (1949), ›Herrnburger Bericht‹ (1951), Vier Liebeslieder (1951), Friedenslied (1951), Grabschrift für Lenin (1951), ›Jacobs Söhne ziehen aus‹ (1953), ›Der anachronistische Zug‹ (1956)

Vokalsinfonische Werke, u.a. ›Haggada‹ – Oratorium für Soli, Chor, Kinderchor und Orchester. Text von Max Brod (1936), ›Les Voix‹ – Für Sopran, Klavier und Orchester. Text von Paul Verlaine (1939/1941), ›Deutsches Miserere‹ – Oratorium für Soli, Chor, Kinderchor, Orchester, Trautonium und mit Projektionen. Text von Bertolt Brecht (1944-47), ›An die Mütter und an die Lehrer‹ – Kantate für eine Solostimme, Chor, zwei Klaviere, drei Trompeten und Pauken. Text von Marcel Breslasu (1950), ›Die ihr der vieles duldenden Menschheit Lehrer ehrt‹ – Für Bariton, Chor, drei Trompeten, zwei Klaviere und Pauken (1951) bzw. Für Bariton, Streichorchester und Pauken (1958) nach der Kantate ›Die ihr des unermeßlichen Weltalls Schöpfer ehrt‹ KV 619 von Wolfgang Amadeus Mozart, ›Die Erziehung der Hirse‹ – Für Bariton, Sopran, Chor, Jugendchor und Orchester. Text von Bertolt Brecht (1952), ›Lilo Herrmann‹ – Melodram für eine Sprechstimme, gemischten Chor und sechs Instrumente nach dem biographischen Poem von Friedrich Wolf (1953), ›Deutscher Beitrag‹ – Für Baß, Jazzorchester und Klavier. Text von Friedrich Wolf (1955), ›An meine Partei‹ – Für Baß, Streichorchester und Pauken. Text von Pablo Neruda (1955), Epilog der ›Jüdischen Chronik‹ – Für Alt, Bariton, zwei Sprecher, Kammerchor und kleines Orchester. Text von Jens Gerlach (1969), ›Marburger Bericht‹ – Für Bariton, Chor, Kinderchor und Orchester. Text von Jens Gerlach (1961), ›Appell der Arbeiterklasse‹ – Für Alt, Tenor, Sprecher, gemischten Chor, Kinderchor und Orchester nach verschiedenen Texten (1961), ›Requiem für Lumumba‹ – Für Soli, Sprecher, Chor und Instrumente. Text von Karl Mickel (1963), ›Geschäftsbericht‹ – Für Soli, Chor und Instrumente. Text von Volker Braun (1966), ›Der geflügelte Satz‹ – Für Soli, Chor und Instrumente. Text von Volker Braun (1973)

Musik für Kinder, u.a. ›Tadel der Unzuverlässigkeit‹ – Lehrstück für Kinder. Text von Robert Seitz (1930-31), ›Das Eisenbahnspiel‹ – Lehrstück für Kinder. Text von Gustav Seitz (1930-31), ›Kinderkantate‹ – Lehrstück für Kinder. Text von Paul Dessau (1931-32), ›Rummelplatz‹ – Ein kleines Singespiel für Kinder. Text von Friedrich Baronik/Paul Dessau (1963), verschiedene Lieder

Musikarbeit in der Schule. Verlag Neue Musik Berlin 1968

Bühnenwerke

Orpheus und der Bürgermeister _____ 1930-1931
Kurzoper _____ UA 1977
Text von Robert Seitz

Die Verurteilung des Lukullus _____ 1949/1951
Oper in zwölf Szenen _____ UA 1951
Text von Bertolt Brecht

Puntila _____ 1956-1959
Oper in dreizehn Bildern mit Prolog und Epilog _____ UA 1966
Text nach dem Volksstück ›Herr Puntila und sein Knecht Matti‹ von Bertolt Brecht
Bearbeitung Peter Palitzsch und Manfred Wekwerth

61

Die den Himmel verdunkeln, sind unsere Feinde 1958
Tanzszenen UA 1958
Libretto von Ruth Berghaus, Jens Gerlach,
Joachim Tenschert
Kompositorische Mitarbeit Reiner Bredemeyer

Flug zur Sonne 1959
Tanzszenen UA 1959
Libretto von Ruth Berghaus
Kompositorische Mitarbeit Reiner Bredemeyer

Hände weg 1962
Tanzszenen UA 1962
Libretto von Ruth Berghaus

Lanzelot 1967-1969
Oper in fünfzehn Bildern UA 1969
nach Motiven von Hans Christian Andersen
und der Märchenkomödie ›Der Drache‹ von Jewgeni Schwarz
Text von Heiner Müller
Mitautorin Ginka Tscholakowa

Einstein 1955/1971-1973
Oper in drei Akten, Prolog, zwei Intermezzi und einem Epilog UA 1974
Text von Karl Mickel

Leonce und Lena 1977-1978
Oper UA 1979
nach dem gleichnamigen Lustspiel von Georg Büchner
Textorganisation Thomas Körner

Orpheus und der Bürgermeister
Kurzoper
Text von Robert Seitz

Entstehung 1930-1931

Uraufführung Konzertant, Datum unbekannt
Szenisch 5. August 1977 Montepulciano (Italien)

Personen
Orpheus Tenor
Der Bürgermeister Baß
Verschiedene Solostimmen Chorsolisten
Bevölkerung Gemischter Chor
Kinderchor

Orchester Fl (auch Picc), Ob, 2 Klar, ASax, Fg, Trp, Tb, Cemb (auch Kl), Slzg: Straßenbahnglocke, Autohupe, Autogeräusch, GrTr mit Bck, Holzklatsche, Kindertrompete, KlTr, Hängebecken, Feuerspritze, GrTt, Glsp, Xyl; 2 Va, 2 Vc

Aufführungsdauer 15 Min.

Handlung

Auf dem Marktplatz einer Stadt erscheint Orpheus. Er singt alte und neue Weisen, wird geschmäht und bewundert. Der Bürgermeister protestiert: Orpheus' Gesang hält die Leute von der Arbeit ab. Er setzt gegen den Sänger den Ton von Fabriksirenen, Feuerspritze und Maschinengewehr ein. Doch Menschen und Maschinen unterwerfen sich Orpheus' Takt.

Das überzeugt den Bürgermeister: Musik ist nützlich, sie kann den Takt angeben. Er trägt Orpheus Bürgerrechte und Kapellmeisterposition an. Doch der kehrt in die Unterwelt zurück.

Ein Jahr vergeht. Der vom Bürgermeister ins Leben gerufene „Gesangverein Orpheus" begeht sein Gründungsjubiläum. Die Devise lautet: „Musik macht jung, Musik macht schlank, Musik vor allen Dingen!"

Kommentar

In den Jahren 1930/31 komponierte Paul Dessau drei Texte von Robert Seitz, einem Hamburger Violinlehrer: die beiden Lehrstücke für Kinder ›Tadel der Unzuverlässigkeit‹ und ›Das Eisenbahnspiel‹ sowie das Heitere Hörspiel mit dem Titel ›Orpheus‹, das er später als Kurzoper bezeichnete und in ›Orpheus und der Bürgermeister‹ umbenannte. Unter dem alten Titel erschien es zuerst im Verlag Benno Balan Berlin. Als Kurzoper wurde es von Bote & Bock verlegt.

Zur Darstellung des Markttreibens in einer modernen Großstadt verwendet Dessau illustrative Elemente, schreibt Rufen, Schreien, tonhöhenbezogenes Sprechen vor. Orpheus' Erscheinen wird mit einem A-cappella-Chor in F-Dur signalisiert, dessen überraschende Wirkung um so deutlicher ist, da vorher nur gerufen oder gesprochen wurde. Während die Musik den Umschwung markiert, setzt der Text die Handlung platt fort: „Was kommt da für ein Mann? Was kommt da für ein Mann? Der hat ja nackte Beine und einen kurzen Rock!" Hierbei zitiert Dessau die Schlußwendung des Volksliedes ›Ein Jäger aus Kurpfalz‹: Mit Orpheus' Erscheinen wird Erinnerung an ein altes Volkslied wach, Verlorengeglaubtes tritt wieder zutage. Damit diskutiert Dessau ein wichtiges Thema, das die Gattung Oper seit dem 18. Jahrhundert betraf, war es doch ein beliebtes Verfahren von Opernkomponisten, der städtischen „Unkultur" eine ländliche Kultur entgegenzustellen, die sich im Volkslied manifestierte. Als Gegenentwurf zur bestehenden Welt hatte das zwar Berechtigung, doch war das kompositorische Verfahren, Volksmusik zu zitieren, nicht frei von simplifizierenden und konservativen Momenten. Volksmusik wurde als archaisches Relikt harmonischer Zeiten interpretiert. Dessau stellte mit seiner Kurzoper eine solche Auffassung und die Frage, was Volksmusik im 20. Jahrhundert sein könnte, zur Diskussion.

Die Frage gipfelt in Orpheus' großer Arie. Der mythische Sänger macht sich zuerst als Träger antiker Kultur in einer gegenüber Kunst fremden bis gleichgültigen Welt kenntlich. Mit Arpeggien auf dem Cembalo, einer Flötenmelodie und einem einzelnen Solfeggio verdeutlicht er seinen Klangraum, zugleich buchstabiert er dem modernen Großstadtmenschen, also dem musikalischen Analphabeten, das musikalische Einmaleins, die C-Dur-Tonleiter. (In den antiken Mythen begleitete Orpheus sich zumeist auf der Kithara, Dessau spielt hier wohl eher auf die Soloflöte aus Glucks ›Reigen seliger Geister‹ und auf Mozarts ›Zauberflöte‹ an.) Doch während der mythische Held noch von seiner Flöte Ton singt und sagt, hat das Orchester bereits den klassizistischen Ton aufgegeben: Anstelle der Flöte erklingt das Saxophon, das freie Metrum ist in einen schmiegsamen Slowfox übergegangen. Orpheus reagiert sofort auf die musikalische Provokation: Er behauptet, mit der Flöte den Ton aller Instrumente produzieren zu können. Das Orchester macht zunächst willig mit, bis es Orpheus die Gefolgschaft verweigert und zum Stichwort keinen illustrierenden Klang mehr gibt.

Dies ist ein für Dessau typisches Gestaltungselement. Er läßt eine Konvention zerbrechen, bevor sie zur Fessel wird. Darüber hinaus etabliert der Komponist das Orchester als emanzipierten Partner des Sängers: Es spielt immer mit, aber es muß dem Sänger nicht gehorchen. „Prima la musica, poi le parole." Die Positionen der Violinen läßt Dessau unbesetzt. Dafür sind Kindertrompete, Holzklatsche, Schnarre, Fabriksirene, Feuerspritze und Maschinengewehr als Orchesterinstrumente vorgeschrieben. Unter der Rubrik Schlagzeug kommen Straßenbahnglokken, Autohupe und Autogeräusche zum Einsatz. In diesem akustischen Umfeld stellen Flöte und Cembalo antiquierte Werte vor; sie erinnern lediglich an verlassene musikalische Räume, während das Saxophon einen zur Entstehungszeit attraktiven Ort anvisiert: die von Orpheus erträumte, aber nicht gemeisterte Sphäre neuer Volksmusik.

Dem Text nach endet Orpheus seine Arie „auf dem letzten Loch pfeifend". Melodisch wird das mit Pendelschritten im Terzintervall illustriert. Als ein Jahr vergangen ist, bringt der „Gesangverein Orpheus" zu seinem Gründungsjubiläum ausgerechnet diese armselige melodische Wendung in Erinnerung, wenn er sein Lob der „Musik vor allen Dingen" mit dieser Floskel anstimmt. Nach einem Jahr Gesangverein pfeifen die Leute auf dem letzten Loch, so daß die Oper, trotz Jubelfinale, mit einem Fragezeichen endet.

Verbreitung

Herbert Kegel produzierte 1987 die Kurzoper beim Rundfunk der DDR. Die szenische Wirksamkeit wurde 1977 in Montepulciano (Italien) und 1979 am Gerhart-Hauptmann-Theater Görlitz-Zittau unter Beweis gestellt.

Der Westdeutsche Rundfunk und der Deutschlandfunk Köln sowie RAI Rom sendeten das Werk 1977.

Ausgaben Part und KlA Musikverlag Bote & Bock Berlin o.J.

Rechte Musikverlag Bote & Bock Berlin

Aufnahmen Produktion des Rundfunks der DDR (GA) Wolf Appel (Orpheus), Reiner Süß (Bürgermeister), Rundfunkchor Berlin, Kammerorchester des Rundfunk-Sinfonieorchesters Berlin, Dirigent Herbert Kegel; aufgenommen 1987

Die Verurteilung des Lukullus
Oper in zwölf Szenen
Text von Bertolt Brecht

Entstehung 1949/1951

Uraufführung Erste Fassung (Das Verhör des Lukullus)
17. März 1951 Deutsche Staatsoper Berlin
(Geschlossene Veranstaltung)
Zweite Fassung (Die Verurteilung des Lukullus)
12. Oktober 1951 Deutsche Staatsoper Berlin

Personen

Lukullus, römischer Feldherr		Tenor
Friesgestalten:	Der König	Baß
	Die Königin	Sopran
	Zwei Kinder	Soprane
	Zwei Legionäre	Bässe
	Lasus, Koch des Lukullus	Tenor
	Der Kirschbaumträger	Tenor
Totenschöffen:	Das Fischweib	Alt
	Die Kurtisane	Mezzosopran
	Der Lehrer	Tenor
	Der Bäcker	Tenor
	Der Bauer	Baß
Tertullia, eine alte Frau		Mezzosopran
Drei Frauenstimmen (im Orchester)		Soprane
Stimmen der drei Aufruferinnen (auf der Bühne)		Soprane
Der Totenrichter		Hoher Baß
Eine kommentierende Frauenstimme (im Orchester)		Sopran
Sprecher des Totengerichts		Sprechrolle
Zwei Schatten		Bässe
Fünf Offiziere		3 Tenöre, 2 Baritone
Lehrer der Schulklasse		Tenor
Drei Ausrufer		Sprechrollen
Zwei junge Mädchen		Sprechrollen

Zwei Kaufleute	Sprechrollen
Zwei Frauen	Sprechrollen
Zwei Plebejer	Sprechrollen
Ein Kutscher	Sprechrolle
Chor der Menge, der Sklaven, der Schatten, der gefallenen Legionäre	Gemischter Chor, Männerchor
Kinder	Kinderchor

Orchester 3 Fl (alle auch Picc, III auch AFl), 3 Trp, 3 Pos (eine auch THr), BTb, Vc (nicht weniger als 4), Kb (nicht weniger als 2), 2 Kl (deren Hämmer mit Reißnägeln bespickt werden müssen, um einen robusteren Cembaloklang zu erzielen), Konzertflügel, Hrf, Akk, Trautonium (ad lib.), Slzg (10 Spieler): 2 GrTr (eine mit festgeschnalltem Bck), 8 Pkn (u.a. auch kleine), Rtr, Mtr, 3 verschiedene Tomtoms, GrTt, 3 verschiedene Gongs, 2 Xyl, Glsp, div. Tempelblocks, div. Stahlplatten, ein mittelgroßer Amboß, ein größerer Stein, der auf eine (möglichst hoch) abgestimmte Stahlplatte gelegt wird, so daß die Platte beim Aufschlagen auf den Stein (mit einem eisernen Hammer) mitschwingt, 3 Mar (zur Not durch die beiden Reißnägelklaviere zu ersetzen)
Aufführungsdauer 1 Std., 40 Min.

Handlung
1. Szene: ›*Der Trauerzug*‹. Der tote Feldherr Lukullus wird zu Grabe getragen. Hinter ihm schleppen Sklaven einen Fries, der seine Taten darstellt. Die Menge reagiert mit Erstaunen und Bewunderung, mit Kritik und Gleichgültigkeit.
2. Szene: ›*Das Begräbnis*‹. Eine Frauenstimme kommentiert das Geschehen draußen „an der Appischen Straße", dort empfängt den toten Feldherrn eine „kleine Rotunde".
3. Szene: ›*Abschied der Lebenden*‹. Mit dem Fries wird das Grab verschlossen. Lukullus' Offiziere verabreden sich zur Totenfeier, zu Bordellbesuch und Hunderennen.
4. Szene: ›*In den Lesebüchern*‹. Der tote Feldherr taugt zur Heldenverehrung. Kindern wird gelehrt, dem Beispiel des großen Eroberers zu folgen.
5. Szene: ›*Der Empfang*‹. Lukullus im Schattenreich. Er wird von zwei Frauen in das Reglement eingeweiht: Hier herrscht absolute Gleichheit, über die Taten aller Neuankömmlinge befindet ein Gericht; jeder muß warten, bis er an der Reihe ist. Lukullus kann das nicht verstehen und will sich nicht fügen.
6. Szene: ›*Wahl des Fürsprechers*‹. Über den Feldherrn sitzen Schöffen zu Gericht: einst Fischweib, Kurtisane, Bäcker, Bauer und Lehrer. Lukullus wählt sich als Fürsprecher den großen Alexander von Makedonien. Doch der ist hier nicht bekannt. So werden die Friesträger mit dem Fries ins Totenreich befohlen, damit die Abbildungen die Taten des Lukullus vor dem Gericht bezeugen.

7. Szene: ›*Herbeischaffen des Frieses*‹. Der Totenrichter erkennt: Der Fries verherrlicht die Taten des Lukullus. Er befiehlt anstelle der Abbildungen die Abgebildeten selbst zur Zeugeneinvernahme.
8. Szene: ›*Das Verhör*‹. Die Friesgestalten – König, Königin, zwei Kinder – sagen aus: Lukullus verstand seinen Beruf; wo er war, blieb kein Stein auf dem anderen, da ging das Leben aus der Welt. Die Kurtisane solidarisiert sich mit der Königin, das Gericht mit dem König. Lukullus erhebt Einspruch: Die Zeugen sind Feinde, er aber handelte im Auftrag Roms. Der Schöffe, einst Lehrer, fragt, wer Rom sei. Der Bäcker schlägt einen Kompromiß vor: Lukullus brachte Gold nach Rom. Ratlosigkeit: Ist Lukullus persönlich oder ist Rom verantwortlich? Wer aber ist Rom? Der Totenrichter befiehlt eine Pause.
9. Szene: ›*Rom noch einmal*‹. Lukullus hört das Gespräch zweier Neuankömmlinge mit und erfährt als Toter etwas von jenem Rom, das er lebend nicht kannte.
10. Szene: ›*Das Verhör wird fortgesetzt*‹. Lukullus lehnt das Gericht ab. Ihn kann nur richten, wer den Krieg versteht. Eine Mutter, einst Fischweib am Markte, versteht den Krieg: Ihr Sohn ist im Kriege gefallen. Ihr Zeugnis beeindruckt, beweist aber nicht die persönliche Verantwortung des Lukullus.
11. Szene: ›*Das Verhör wird fortgesetzt*‹. Die letzten Friesgestalten, Lukullus' Koch und ein Kirschbaumträger, bezeugen, daß der Tote menschlich war. Mit seinen Feldzügen kamen asiatische Gewürze und der Kirschbaum nach Rom. Das beeindruckt die beiden Schöffen, die einst Bäcker und Bauer waren.
12. Szene: ›*Das Urteil*‹. Da schreit die Schöffin, einst Mutter und Fischweib, auf: Menschlich ist allein, wer Leben bewahrt. Die Kurtisane entscheidet, und alle Schöffen, auch die Gefallenen der asiatischen Kriege, stimmen ihr zu: „Ins Nichts mit ihm!"

Entstehung

Dessaus Oper entstand in enger Zusammenarbeit mit Bertolt Brecht. Text und Musik sind aufs tiefste von Erfahrungen des Exils geprägt. In keinem anderen Werk haben die beiden Autoren Todesfurcht und Ruhmsucht, den Wunsch, im Gedächtnis der Nachwelt zu bleiben, so zentral gestaltet, wie in der Oper ›Lukullus‹.

Der Beginn der Entstehungsgeschichte des Textes muß daher auf das Jahr 1938 datiert werden, als für Brecht das Exil zur endgültigen Gewißheit wurde, nachdem die spanische Republik im Frühjahr besiegt worden war. In diesem Kontext wird das Thema des Todes in Brechts Schaffen auf spezifische Weise angeschlagen. Noch 1938 hoffte er, daß die Wahrheit dem Exil, seinem Leben und Schaffen einen Sinn zu geben vermöchte: „Mich / Der ich weiß, daß ich die Wahrheit gesagt habe / Über die Herrschenden, braucht der Totenvogel davon / Nicht erst in Kenntnis zu setzen" (daß des Menschen Leben kurz ist, N.), notiert Brecht im Frühjahr 1938 (Brecht: Frühling 1938). Ein Jahr später aber, als er die autobiographische Erzählung ›Die Trophäen des Lukullus‹ schreibt, klingt Brechts Ton ganz anders; denn jetzt machen sich die Invektiven eines Georg Lukács und Alfred

Kurella gegen den Dichter bemerkbar. Der sogenannte Realismusstreit zeigte Wirkungen. Brecht wurde von den Verantwortlichen der Moskauer Emigrantenzeitschrift *Internationale Literatur* kaum noch toleriert. Die Stalinschen Verhaftungen, vor allem die aufsehenerregenden des Dichters Sergej Tretjakow und des Spanienkämpfers Michail Kolzow, erschüttern Brechts Glauben an einen Sieg der Wahrheit. Er muß befürchten, von den Feinden verleumdet, von den Freunden verleugnet zu werden. In dieser Situation läßt er seinen „kleinen Feldherrn" Lukullus fragen: „Aber können Sie mir sagen, warum ich gerade jetzt, in diesen Tagen von allen, plötzlich wieder wünsche, es möchte nicht alles vergessen werden, was ich getan habe – obgleich mich Ruhm gefährdet und ich nicht gleichgültig bin gegen den Tod?" Und Brecht läßt den Dichter Lukrez mit einer Gegenfrage antworten: „Vielleicht ist Ihr Wunsch nach Ruhm ebenfalls Todesfurcht?"

Im gleichen Jahr, Ende 1939, machte Brecht den „kleinen Feldherrn" Lukullus zur titelgebenden Gestalt eines Radiohörstücks, das er gemeinsam mit Margarete Steffin für eine Aufführung am Stockholmer Rundfunk schrieb. Brecht glaubte, die Grenze dessen, „was noch gesagt werden darf" (Arbeitsjournal vom 7. November 1939), nicht überschritten zu haben. Er täuschte sich. Der Komponist Hilding Rosenberg gab eine geplante Vertonung auf, auch der Rundfunk trat von seinem Angebot zurück.

Ähnliches wiederholte sich zehn Jahre später, 1949, als Brecht gemeinsam mit Paul Dessau eine zweite Hörspielfassung des ›Lukullus‹ erarbeitete, nunmehr für den Norddeutschen Rundfunk, der sich aber ebenfalls von diesem Projekt lossagte.

Brechts Hörspiel wurde ohne Musik unter dem Titel ›Lukullus vor Gericht‹ am 12. Mai 1940 vom Schweizerischen Landessender *Radio Beromünster* ausgestrahlt und im selben Jahr von der deutschsprachigen Emigrantenzeitschrift *Internationale Literatur* (Nr. 3) in Moskau publiziert, später in die Suhrkamp-Ausgabe der Gesammelten Werke Brechts in acht Bänden, Frankfurt/Main 1967 (Stücke 2) aufgenommen.

Das Radiohörstück von 1939 enthält noch nicht den Urteilsspruch und die Verurteilung des Lukullus, sondern endet mit den Worten: „Das Gericht zieht sich zur Beratung zurück." Erst in der zweiten, gemeinsam mit Dessau erarbeiteten Hörspielfassung, die 1949 parallel zur Oper entstand, wird über Lukullus das Urteil gesprochen (diese zweite Hörspielfassung hat Bertolt Brecht 1951 in Heft 11 seiner Reihe *Versuche* publiziert; 1958 wurde sie in den beim Aufbau-Verlag Berlin erschienenen VII. Band der Brecht-Stücke aufgenommen, an gleicher Stelle erschienen die Ergänzungen der ersten und zweiten Opernfassung). Brecht war von Anfang an auf eine Vertonung des ›Lukullus‹-Textes aus, daher hatte er bereits für Hilding Rosenberg eine Liste der zu vertonenden Texte angefertigt und darin Abfolge, Charakter und Anfangstexte der Musiknummern skizziert.

1943 fanden im amerikanischen Exil erste Gespräche zwischen Brecht und Dessau über eine Vertonung des ›Lukullus‹ statt: „Worauf Brecht hinauswollte, war mir bald klar: Er wollte den ›Lukullus‹ gern „veropert" haben. Ich beschäftigte mich (...) viel mit dem Text des Hörspiels. Sicherlich, es gab viele Partien, die sich gut zum dramatischen Komponieren eigneten, aber daß wir daraus eine Oper machen sollten, das wollte mir lange nicht einleuchten (...). Bis 1948, dem Jahr, das Brecht und mich in Zürich wieder zusammenführte, wurde vom ›Lukullus‹ nicht mehr gesprochen." (Dessau: Notizen 1974, S. 43) Noch in den USA beauftragte Brecht Paul Dessau damit, Igor Strawinsky für die Komposition einer ›Lukullus‹-Oper zu gewinnen (vgl. Dessau: Aus Gesprächen 1974, S. 78, sowie Notizen 1974, S. 43). Strawinsky lehnte ab.

1946 bat der amerikanische Komponist Roger Sessions Brecht um ein Libretto und erhielt die Erlaubnis, den Text des Hörspiels zu vertonen. Am 18. April 1947 kam Sessions' Oper ›The Trial of the Lucullus‹ zur Uraufführung (vgl. Lucchesi/Shull 1988, S. 717).

Die Zusammenarbeit mit Dessau am ›Lukullus‹ nahm Brecht 1949 in Berlin auf. Im Unterschied aber zu Roger Sessions folgte Dessau Brechts Überlegungen zur musikalischen Dramaturgie nicht, damit auch nicht der Orientierung auf eine Dialogoper. Vielmehr forderte der Komponist dem Textautor Veränderungen und Ergänzungen ab. Wiewohl nicht ungewöhnlich bei einer Zusammenarbeit, widerspricht dies der allgemein geltenden Ansicht, Dessau habe sich den Intentionen Brechts in allem widerspruchslos gefügt (vgl. Dessau: Aus Gesprächen 1974, S. 78).

„Wir erkannten während der Arbeit, daß die Hörspielfassung in vielerlei Hinsicht geändert werden muß. Vieles mußte neu gesichtet und gedichtet werden (...) nehmen wir nur die erste Szene, für die die drei Ausruferinnen hinzukommen, die mit ihren Huldigungsschnörkeln den so wesentlichen Kontrast für diese Szene brachten (wie ihn beispielsweise die Sonatenform aufweist). Das Neue und Einmalige an dieser Zusammenarbeit war, daß durch die bedeutenden Umänderungen, die das Hörspiel sich erst zu einem Opernbuch entwickeln ließen, stets neue Qualitäten gewonnen wurden." (Dessau: Notizen 1974, S. 44)

Dessaus Oper liegt in zwei musikalisch unterschiedlichen Hauptfassungen und mehreren Revisionen vor. Die Erstfassung wurde unter dem Titel ›Das Verhör des Lukullus‹ am 17. März 1951 an der Deutschen Staatsoper Berlin in einer geschlossenen Voraufführung für das Volksbildungsministerium unter Hermann Scherchens musikalischer Leitung erstmals aufgeführt. Es wurde ein triumphaler Erfolg. Das Werk hatte bereits bei einer Voraufführung am 13. März 1951 eine öffentlich und heftig geführte Diskussion ausgelöst, die die Funktion von Kunst in der jungen Republik betrafen. Vom 15. bis zum 17. März 1951 tagte das ZK der SED zum Thema „Kampf gegen den Formalismus in Kunst und Literatur". In diesem Kontext wurde Kritik geübt, vor allem an Dessaus Musik. Am 17. März kam es im Zentralen Klub der Gewerkschaft Kunst *Die Möwe* zu einer weiteren Diskussion, an der neben den Autoren auch Vertreter der damaligen Kulturkommission, des Volksbildungsministeriums und der Künstlerverbände, unter ihnen Paul Wandel, Hans Lauter, Ernst Hermann Meyer, Karl Laux, Fritz Erpenbeck, der Intendant der Staatsoper Ernst Legal, Hermann Scherchen, Arnold Zweig und

Helene Weigel teilnahmen. Am 24. März lud Wilhelm Pieck Bertolt Brecht und Paul Dessau zu einer Aussprache ein, bei der Otto Grotewohl, Paul Wandel, Hans Lauter und Anton Ackermann zugegen waren. Den Autoren wurde empfohlen, das Werk zu überarbeiten. Bertolt Brecht und Paul Dessau „verwerteten" die Kritik, ergänzten und änderten. Eingefügt wurden in die zweite Fassung zwei neue Arien, die des Königs und die des Lehrers in der achten Szene, sowie ein Chor der gefallenen Legionäre in der Schlußszene. Das geschah, um eine Unterscheidung zwischen Angriffs- und Verteidigungskrieg zu ermöglichen sowie um kenntlich zu machen, daß Rom zwar Symbol von Weltherrschaft sei, aber nicht alle in dieser Stadt von des Lukullus Feldzügen profitierten. In diesem Zusammenhang wurden auch entsprechende Veränderungen und Ergänzungen am Text des Lukullus in der achten Szene vorgenommen. Während einer neuerlichen Begegnung mit Wilhelm Pieck am 5. Mai 1951 wurde dann die Aufnahme des Werkes in den Spielplan der Deutschen Staatsoper Berlin beschlossen. Die Uraufführung der Oper, nun unter dem Titel ›Die Verurteilung des Lukullus‹, fand am 12. Oktober 1951 statt.

Auch nach der Uraufführung nahm Dessau noch Änderungen vor. Er selbst bezeichnete die folgenreiche Leipziger Inszenierung von 1957 scherzhaft als fünfte Fassung. Tatsächlich war die Oper ›Lukullus‹ ein work in progress und sollte es auch bleiben. Selbst für die Neuinszenierung an der Deutschen Staatsoper Berlin 1960 änderte Dessau, schrieb eine neue Fassung des Chores der gefallenen Legionäre (12. Szene), griff in die erste Lukullus-Arie (5. Szene) ein, strich hier den berühmt gewordenen Mittelteil, das Arioso über die Kunst des Koches Lasus.

1960 nahm er gemeinsam mit Elisabeth Hauptmann eine Textrevision vor (sie erschien 1961 im Reclam-Verlag Leipzig als Nr. 8764 von Reclams Universalbibliothek), die insofern bedeutsam ist, als sie nachfolgenden Veröffentlichungen, so dem 1976 vom Henschelverlag herausgegebenen Sammelband von Dessaus Opern, zugrunde liegt. In den ebenfalls von Dessau selbst revidierten Klavierauszug, der 1961 im Peters Verlag Leipzig (EP 4998) erschien, hat der Komponist die Textrevisionen jedoch nicht aufgenommen, obgleich die Unterschiede zwischen beiden publizierten Fassungen wesentlich sind. Im Klavierauszug letzter Hand sind die Partien der kommentierenden Frauenstimme und des Sprechers des Totengerichts durchgehende Rollen, in der Textrevision letzter Hand hingegen werden sie durch eine anonyme Stimme ersetzt bzw. mit der Partie des Totenrichters vereinigt. Der einschneidendste Unterschied aber besteht darin, daß in der Textrevision der kommentierende Chor „O seht doch, so bauen sie selbst sich ein Denkmal" (7. Szene) ohne Angabe von Gründen weggefallen ist, während er im Klavierauszug erhalten blieb.

Entstehungsgeschichte und Werkfassungen wurden von Fritz Hennenberg (Dessau – Brecht. Musikalische Arbeiten. Berlin 1963), von Jan Knopf (Brecht-Handbuch. Theater. Stuttgart 1980) sowie Joachim Lucchesi und Ronald K. Shull (Musik bei Brecht. Berlin 1988) erforscht und dargestellt. Dabei macht allein

Hennenberg auf die Abweichungen zwischen letzter Fassung Klavierauszug und letzter Textrevision aufmerksam. Da der 1961 bei Peters erschienene und vom Komponisten selbst revidierte Klavierauszug alle Musiknummern, einschließlich möglicher Varianten, enthält, muß er heute als authentische Fassung gelten, während die Textrevision, wahrscheinlich durch Elisabeth Hauptmann verantwortet, den Operntext wieder stärker an den Hörspieltext annähert.

Kommentar

Die Grundkonstellation der Oper ›Die Verurteilung des Lukullus‹ ist traditionell. Es handelt sich um die Adaption eines alten eschatologischen Motivs, des durch die Jahrhunderte tradierten und wachgehaltenen Wunschtraums: Das Obere möchte sich zuunterst kehren, die Entrechteten sollten aufstehen und Recht sprechen, die Letzten würden die Ersten sein. Dem entspricht die Konstruktion von Ober- und Unterwelt, die Erfindung eines Gerichts der Schatten, die Verdammung des Lukullus: Der oben Mächtige ist unten ohne Gewalt, die oben Geknechteten üben unten die Macht aus. Für den Unterschied zwischen Brechts Radiostück und der Oper wurde eine Stimme entscheidend: die einer Frau. Dessau hat eine „kommentierende Frauenstimme" eingeführt, und zwar bereits in der zweiten Szene, und mit ihr artikuliert er durchgehend ein utopisch-alternatives Moment, ein mütterlich-beschützendes, ein bergendes Prinzip. Es ist ein Unterschied, ob die zweite Szene, das „Begräbnis" genannt, von einem Ausrufer gesprochen wird und damit im Rahmen der offiziellen Staatsfeierlichkeit bleibt oder von einer Frau, der gleichen, die Lukullus später im Schattenreich empfangen wird, die ein Auge auf das Fischweib hat und als einzige dessen Zusammenbruch wahrnimmt. Kennzeichnend für diese kommentierende Frauenstimme ist nicht schlechthin eine rezitativische Deklamation, sondern ein besonderes Verhältnis zum Text, denn hier wird auf latente Gehalte aufmerksam gemacht, werden Nebenbedeutungen aus den Worten und Sätzen hervorgetrieben. Es geht um die Vielschichtigkeit eines lebendigen Fühlens, die hier einen weiblichen Klang hat.

Bei Lukullus hingegen kehrt sich das Verhältnis zwischen Musik und Text ins schroffe Gegenteil. Stereotype musikalische Floskeln stülpen sich über den Fluß der Worte, schneiden aus den Sätzen einzelne Segmente heraus, zwingen durch Wiederholungen den Texten e i n e Bewegungsrichtung und Bedeutung auf. Es handelt sich um das Gegenprinzip: die Stimme der zu Kommandos erstarrten Ideen, die hier einen männlichen Klang hat.

Dessau schuf mit kommentierender Frauenstimme, Fischweib und Kurtisane nicht nur bergend-schützende bzw. mütterliche Figuren, sondern entwarf vor allem mit ihnen einen Typus Mensch, der sich in konflikthaften Situationen immer für das einzelne Leben, und sei es noch so unbedeutend, entscheidet und dafür eintritt und damit zum Antipoden jener wird, für die ein abstraktes Prinzip mehr gilt als der konkrete Mensch. Für diese steht die Lukullus-Figur ein. Lukullus ist eine reale Gestalt der römischen Geschichte, wird aber von Brecht und Dessau nicht als historische Figur behandelt, vielmehr stehen er selbst und sein Fürsprecher Alexander von Makedonien für das römisch-staatliche Denken ein. Dessen Maxime lautete: Der Staat ist alles, der Mensch ist nichts. Als das römische Weltreich unterging, überlebte dieses Denken. Und mit ihm wurden neue Reiche konstituiert. Recht sprechen heißt im ›Lukullus‹, dem Feldherrn das Recht auf seinen Krieg überhaupt abzusprechen, Lukullus haftbar zu machen für Taten, die er als Klassenwesen und im Auftrag seiner Klasse begangen hat. Im Namen der Mit- und Nachwelt urteilend, wird nach den Geboten der neuen Klasse gerichtet, und die nach den alten Klassengesetzen Handelnden werden vernichtet. Auf dieser Ebene vollzieht sich die Handlung als Kritik. Doch auch utopische, positive Elemente sind angelegt, und diese kommen ausschließlich durch die Frauen in die Handlung. Mit ihnen treten neben die Vorgänge des Urteilens und Verurteilens, des Anklagens und des Verdammens auch solche des Zögerns und der Zuwendung. Das geschieht, wenn sich die Kurtisane mit der Königin solidarisiert. Eine im doppelten Sinne, als gesellschaftliches und geschlechtliches Wesen geächtete Frau, wendet sich einer anderen zu, von der sie nicht nur durch Standesschranken getrennt ist, die sie auch mit vollem Recht hassen könnte, denn als Herrschende ist die Königin mitverantwortlich am Schicksal der Kurtisane. Aber das Gegenteil geschieht: „... und ich fühle mit dir, Frau". Mit diesem Satz überspringt die Kurtisane die Klassenschranke.

Nicht zufällig wurde die „Klage des Fischweibs" zu einem eigenständigen, inzwischen berühmten und beliebten Musikstück, denn hier wird am Fall einer einzelnen Mutter die Frage nach dem Prinzip des Mütterlichen in dieser Welt gestellt. In der „Klage des Fischweibs" werden einerseits der konkrete Vorfall – eine Mutter verliert den Sohn – beschrieben, andrerseits sind Halte- und Fragezeichen gesetzt, die darüber hinausweisen. Die Musik hebt aus dem Text den einen Satz „Mein Sohn ist im Kriege gefallen" gleich zu Anfang heraus und verleiht damit der ganzen Nummer eine Art Motto. Mit einer allgemeinen Charakteristik ist auch der Name des Sohnes „Faber" versehen, wenn er immer in der gleichen Gestalt, nämlich in der für Rufen typischen fallenden kleinen Terz, erklingt. Beschrieben wird, wie der Sohn zuerst seinen Namen, dann sein Leben verliert, wie die Mutter ihm ins Schattenreich folgt, wo er jedoch unauffindbar bleibt, denn hier sind vieler Mütter Söhne, die ihre Mütter nicht mehr sehen wollen, „seit die sie dem blutigen Kriege ließen". Bei diesem Bescheid bleibt der Mutter der Ruf nach dem Sohne im Halse stecken, und nur noch die Ruftertz allein erinnert an eine Liebe, die vom Sohn nicht mehr erwidert wird. Gemeint ist über den individuellen konkreten Vorgang hinaus ein allgemeiner: Gefragt wird, warum das Prinzip der Mutterliebe, der Trieb, das Kind zu schützen und zu behüten, zur Ohnmacht verdammt ist. Darauf weiß die Mutter keine Antwort, aber sie begreift ihre Mitschuld am Tod des Sohnes. Mit der Wahrheit ihrer ohnmächtigen Liebe konfrontiert, bricht sie zusammen. Durch eine Generalpause hat Dessau diesen Zusammenbruch angezeigt und in neun Takten komponiert, wie sich das Fischweib aus der Erstarrung all seiner Sinne löst: Es werden Spannungen chromatisch auf- und abgebaut, bis mit einem C-Dur-Akkord Beruhigung eintritt. Allein die kommentierende Frauenstimme nimmt den Zusammenbruch des Fischweibs in seiner wahren Bedeutung zur Kenntnis, während der Totenrichter lediglich über die Verwertbarkeit der Zeugenaussage für das Gerichtsverfahren befindet: „Das Gericht erkennt, die Mutter des Gefallenen versteht den Krieg." Lukullus und kommentierende Frauenstimme sind die eigentlichen Gegenspieler, denn erst die Spannung zwischen den beiden mit ihnen angelegten Deklamationstypen schafft das innere, für die Figurenbewertung nötige Beziehungsgefüge. Im Unterschied zum Hörspiel gruppieren sich in der Oper die Figuren nicht platt nach Angeklagten, Schöffen und Zeugen, sondern vielschichtiger, nämlich nach ihrer Nähe oder Ferne zum schützend-bergenden bzw. zum angreifend-zerstörerischen Prinzip, wie sie auf der einen Seite von der kommentierenden Frauenstimme, dem Fischweib und der Kurtisane und auf der anderen Seite durch Lukullus vertreten werden. In dem einen Falle wird Brechts metrisierte, stilisierte Sprache durch die Musik so strukturiert, daß Nebenbedeutungen aus dem Text hervorgetrieben, im Wechselspiel mit und gegen den Sprachfluß Akzente gesetzt werden; Worte, Sätze einzeln hervortreten können. Im anderen Fall überformen musikalische oder metrische Floskeln die Sprache so sehr, daß eine Gleichrichtung der Worte stattfindet. Dafür stehen vor allem der Deklamationstypus und Musiziergestus des Lukullus ein. Doch treten auch an anderen Figuren (Lehrer, Totenrichter, König) solche Züge zutage, wenn sie, wie der Totenrichter in der fünften und sechsten Szene, ganz unmittelbar Lukullus' Ausbrüche übertrumpfen müssen, oder, wie der Lehrer in der Arie „Rom? Wer ist Rom?", durch Wiederholung eines Arguments zu überzeugen versuchen.

Die musikalische Gegenspielerposition zwischen kommentierender Frauenstimme und Lukullus zeigt sich noch auf einer weiteren Ebene. Auf Lukullus' lärmenden Protest „Was zum Jupiter soll das bedeuten?" soll das Schattenreich nach Brechts Anweisung mit Stille antworten. Wie aber ist Stille musikalisch zu gestalten? „Musikerfüllte Stille" ist eine contradictio in adiecto. Auch eine Pause ist keine Stille, da sie lediglich das Ende einer Musik vor dem Einsetzen einer neuen angibt. Dessau realisiert die von Brecht geforderte „antwortende Stille" durch einen Flageolett-Klang der vierfach geteilten Celli und Kontrabässe. Die harmonische Struktur ist doppeldeutig, denn sie kann als Großterzschichtung auf g oder als Dominantseptakkord zur ruhigen Schlußharmonie der kommentierenden Frauenstimme in E-Dur verstanden werden. Mit ihr nimmt Dessau Bezug auf das antike Bild einer „Harmonie der Sphären", an der die kommentierende Frauenstimme Anteil hat, an einer Harmonie allerdings, die durch Lukullus' Lärmen übertönt wird und sich nur in der Stille offenbaren kann. Das kompositorische Detail ist insofern von Belang, als die textliche dualistische Scheidung zwischen Ober- und Unterwelt für einen Moment aufgehoben scheint, und zwar wesentlich durch die kommentierende Frauenstimme, die überdies noch an einem dritten Ort, im Orchester, postiert ist.

An die Stelle von Leitmotiven läßt Dessau Instrumentalfarben treten, mit denen er Beziehungen zwischen Figuren und Vorgängen herstellt. Trompete und Pauke kennzeichnen zum Beispiel Lukullus, Posaune und Pauke den Totenrichter, Altflöte und Akkordeon das Fischweib und Tertullia. Es wird in kammermusikalischen Gruppierungen musiziert, aber auch wie zu Massenversammlungen aufgespielt. Dessau mischt scheinbar Unvereinbares, wie den Klang von Konzertinstrumenten mit dem eines Volksmusik- bzw. Unterhaltungsmusikinstrumentes, indem er ein Akkordeon (die Schulmusik der zwanziger Jahre hatte das Instrument für sich entdeckt) der Sphäre hoher Kunst gesellt. Er spart in seinem Orchester die Violinen aus, fordert dafür andere, ungewöhnliche Klangerzeuger, nimmt Ketten und einen Stein in sein Orchesterinstrumentarium auf. Während Brecht in seinem Libretto nur zwei Orte, Ober- und Unterwelt, vorsah, ermöglicht Dessau mit seinen Instrumentengruppierungen weitaus mehr Assoziations- bzw. Handlungsräume, so den öffentlichen Ort, Plätze, Straßen, Gerichtssaal, aber auch den intimen Rahmen, das Zimmer, die Küche, die Bank zum Warten.

Zudem wurde ein neuer Vorgang erfunden. Der angeklagte Lukullus will im Schattenreich die Abbildungen auf seinem Ruhmesfries für sich zeugen lassen. Doch das Gericht fordert, daß anstelle der Abbildungen die Abgebildeten selbst erscheinen, denn: „Dem Erschlagenen entstellt der Schläger die Züge. / Aus der Welt geht der Schwächere und zurück bleibt die Lüge." Für das Erscheinen der Zeugen, der Opfer des Lukullus, hat Dessau eigens einen Chor und eine instrumentale, in sich abgeschlossene Nummer komponiert, einen Trauermarsch. Ihm liegen Motive aus Johann Sebastian Bachs Kantate Nr. 85 ›Ich bin ein guter Hirt‹ zugrunde, an die durch Instrumentenzusammenstellung, durch Klangfarben, Rhythmus und harmonischen Gestus erinnert wird: fast durchweg reine Dreiklänge, aber kaum funktionale Fortschreitungen, vielmehr mediantische Wendungen, vierfach geteilte Celli sowie Posaunen als Harmonieträger, während eine weit ausschwingende diatonische Melodie mit charakteristischen fallenden Schlußfloskeln vom Tenorhorn und zwei Trompeten vorgetragen wird. Mit dem Erscheinen der Opfer vollzieht sich ein entscheidender Umbruch: Nicht mehr die Sieger, sondern die Besiegten sollen die Wahrheit der Geschichte bezeugen. Der Trauermarsch prägt den Gestus dieser konkreten Szene, aber er verleiht ihr auch einen darüber hinausreichenden allgemeinen Charakter: Der Aufbruch in eine neue Art, Geschichte zu bewerten und zu machen, ist schmerzhaft; und es handelt sich dabei um einen Prozeß, der andauert und dessen Ausgang ungewiß ist.

Auffällig sind die konstant wiederkehrenden Dreierkonstellationen, mit denen Dessau dem dualistischen Konstruktionsschema des Textes widersteht. In der Oper erklingen drei Frauenstimmen (im Orchester) anstelle anonymer, zahlenmäßig nicht bestimmter Figuren im Hörspiel; drei Aufruferinnen (Soprane) anstelle einer geschlechtsneutralen „dreifaltigen Stimme". In der sechsten, „Wahl des Fürsprechers" genannten Szene wird „Alexander von Makedemon" als Zeuge vor Gericht befohlen: Drei Stimmen, einander überlagernd und kunstvoll imitierend, rufen dreimal hintereinander diesen Namen, der so neunmal erklingt.

(Alexander von Makedonien wird hier Alexander von Makedemon genannt, wie schon vorher Lukullus in der „Sprache der Vorstädte" als Lakalles bezeichnet wurde.) Diese sechste Szene bildet die Mitte der aus zwölf Szenen bestehenden Oper. Die kleinste gemeinsame Zahl aller drei Größen (12, 9, 6) ist wiederum die Drei. Dreimal treten die drei Aufruferinnen mit einer identischen Formel in Aktion (mit den drei Aufruferinnen spielt Dessau auf die drei Damen der Königin der Nacht aus Mozarts ›Zauberflöte‹ an). Das dreimalige Aufrufen des „Alexander von Makedemon" ist ein Drehpunkt der Oper, und deshalb wird hier die magische Zahl Drei mit Drei multipliziert. Denn der große Eroberer meldet sich nicht, und das erst gibt die Chance, sich auf neue Zeugen, die Opfer des Eroberers, zu besinnen.

Obgleich die musikalische Erzählweise heterogen ist und jede der zwölf Szenen ihre eigene, von der anderer abweichende Form hat, ist doch in der Klage des Fischweibs mit der Rufterz ein die Handlung durchgehend begleitendes Element angelegt. Die Rufterz ist musikalisches Symbol für den menschlichen Namen. Das zweitönige Intervall meint konkret die Namen „Faber" und „Mutter", doch andere Namen sind mitzudenken. Rufen heißt, beim Namen nennen, es bedeutet also auch, erinnern bzw. erinnert werden. Der Konflikt des Stückes ist: Wer soll beim Namen genannt, an wen soll erinnert werden? Lukullus wird im Verlauf und als Konsequenz des Gerichtsverfahrens aus dem Gedächtnis der Menschheit gestrichen. Die Forderung, nicht nur die Geschichte der Sieger, sondern vor allem auch die der Besiegten zu schreiben, von den vergeblichen Kämpfen und von der Diskontinuität in der geschichtlichen Entwicklung zu berichten, hat in der zweiten Hälfte des 20. Jahrhunderts zweifellos an Schärfe gewonnen. Von den Frauenfiguren in ›Lukullus‹ wird diese Forderung nicht nur gestellt, sie realisieren sie bereits durch entsprechendes Verhalten. Das Fischweib beendet das Gericht über den Verbrecher („Auf springt das Fischweib ...") und fordert den Urteilsspruch, damit man endlich zu den wesentlicheren Fragen übergehen könne, und die der Königin gegenüber so mitleidsvolle Kurtisane spricht erbarmungslos als erste das Urteil über Lukullus: „Ins Nichts mit ihm!" Die Wahl, wer das Urteil als erster auszusprechen habe, stand dem Komponisten frei. Nach konventionellem Denken gebührte die Urteilssprechung dem Totenrichter. Dessau entschied sich für die Kurtisane, das heißt für ein doppelt entrechtetes Wesen, das sich vorher, trotz eigener Not, als mitleidsvoller Mensch erwiesen hatte. Denn letztlich steht hinter diesem Urteil eine weitaus zentralere Frage: Da die Kraft der Menschheit nicht unerschöpflich ist, muß jeden Tag aufs neue entschieden werden, auf wen bzw. worauf die Aufmerksamkeit gewendet wird, auf den Helden als Instrument fremder Zwecke und sogenannter Ideale oder auf das Glück des Menschen als dem Endzweck aller Zwecke. Und es scheint nicht unwesentlich zu sein, wer dabei den Ton angibt und aus wessen Perspektive diese Entscheidungen getroffen werden. Jewgeni Jewtuschenko widmete diesem Thema sein Poem ›Fuku‹ (1985 in der *Molodaja gwardija* in Moskau und 1987 im Verlag Volk und Welt Berlin erschienen). Über Stalin nachdenkend, berichtet er, daß die Indios den Begriff „Fuku" in der Bedeutung von „Unglücksbringern" verwenden, um einen politischen Verbrecher zu bezeichnen, ohne ihm die Ehre zu erweisen, seinen Namen zu nennen. Auf dieser Ebene ist der 1951 uraufgeführten Oper ›Lukullus‹ im Laufe der Jahre eine neue Dimension und Aktualität zugewachsen, denn auch Lukullus kämpft um seinen Namen, aber diese Ehre wird ihm verweigert: „Ins Nichts mit ihm!"

Obgleich Brecht mit der Wahl des Stoffes auf antike Gestalten und Vorfälle zurückgegriffen hatte, arbeitete Dessau weder mit archaisierenden noch koloristischen Effekten. Seiner Musik fehlt Milieu, fehlt eine der Hauptkategorien von Opernmusik des 19. Jahrhunderts: die „couleur locale", mit der Ort und Zeit der Handlung charakterisiert werden.

Und doch entspricht die Musik dem Stoff und ihren Adressaten, der römischen Geschichte und den Zeitgenossen, auf stilistischer Ebene, denn sie ist lapidar. „Das Wort kommt vom Lateinischen, lapis, der Stein, und bezeichnet den Stil, der sich für Inschriften herausgebildet hatte. Sein wichtigstes Merkmal war die Kürze. Sie wurde einmal durch die Mühe bedingt, das Wort in den Stein einzugraben, zum anderen durch das Bewußtsein, es sei für den schicklich, sich kurz zu fassen, der zu einer Folge von Geschlechtern spricht." (Benjamin [1939] 1970, S. 332)

Aneignung

Paul Dessau hatte mit seiner Oper ›Die Verurteilung des Lukullus‹ zu einer musikalisch-dramatischen Form jenseits der Leitmotivtechnik gefunden, die nicht nur Zusammenhänge herzustellen und Bewertungen zu vermitteln vermochte, sondern auch deren schnelles Erkennen. Es entstand ein zur „offenen Form" tendierender Operntypus, wenn man die von Heinrich Wölfflin eingeführten Grundbegriffe zur Anwendung bringt, nach der „der Stil der offenen Form überall über sich selbst hinausweist, unbegrenzt wirken will" (Wölfflin 1915, S. 145). Da Paul Dessau mit den Begriffen der offenen und geschlossenen Form selbst gearbeitet hat (vgl. Dessau: Notizen 1974, S. 143), erscheint es sinnvoll, sich dieser Charakteristik zu bedienen.

Mit dem ›Lukullus‹ schuf er eine Oper, deren relativ komplexer Erfindungsreichtum auf relativ einfache Erkennbarkeit zielt. Diese Besonderheit ließ ›Die Verurteilung des Lukullus‹ zum Publikumserfolg werden und zu Dessaus meistgespielter Oper.

Im Gegensatz dazu warf die offiziell vorgetragene Kritik anläßlich der Voraufführung 1951 dem Komponisten Formalismus vor, der sich darin äußere, daß die Musik zu wenig melodiös sei und daher unverständlich. Zum Zeitpunkt der Voraufführung fand die 5. Tagung des ZK der SED statt (15. bis 17. März 1951), mit der für die folgenden Jahre die kulturpolitischen Richtlinien vorgegeben wurden und auf der sich einige wenige Funktionäre anmaßten, den Geschmack und die Wünsche der „Werktätigen" zu kennen, und im Namen des ganzen Volkes von den Künstlern „Einfachheit" und „Volkstümlichkeit" einklagten. In diesem Zusammenhang wurde im Hauptreferat „Der Kampf gegen den Formalismus in

Kunst und Literatur, für eine fortschrittliche deutsche Kultur" Paul Dessau mit seiner Oper scharf angegriffen: „Die Musik der Oper ›Das Verhör des Lukullus‹ ist ebenfalls ein Beispiel von Formalismus. Sie ist meist unharmonisch, mit viel Schlagzeugen ausgestattet, und erzeugt ebenfalls Verwirrung des Geschmacks [die gleichen Vorwürfe wurden gegen Carl Orffs ›Antigonae‹ erhoben, N.]. Eine solche Musik, die die Menschen verwirrt, kann nicht zur Hebung des Bewußtseins der Werktätigen beitragen, sondern hilft objektiv denjenigen, die an der Verwirrung der Menschen ein Interesse haben. Das aber sind die kriegslüsternen Feinde der Menschheit." (Lauter 1951, S. 27f.)

Die beiden Autoren Brecht und Dessau standen in ihrem Kampf um moralische Integrität und schöpferische Freiheit nicht allein: Einer ihrer entschiedensten Verbündeten war der damalige Staatspräsident der DDR Wilhelm Pieck. Dessau wurde im Lauf seines Lebens nicht müde darauf hinzuweisen, daß es Piecks entschiedenem Auftreten allein zu verdanken war, daß die Oper im Herbst zur Uraufführung gelangen konnte.

Aber auch die „Werktätigen" selbst sprachen sich von Anfang an klar und deutlich für das Werk aus. Dazu der Bericht eines prominenten Zeugen jener Tage, der auf dezente und daher heute nicht mehr jedermann verständliche Weise darauf aufmerksam machte, daß zu jener Voraufführung auch Mitglieder der FDJ geladen waren, von denen erwartet wurde, daß sie pfeifen würden: „L... war in der ›Lukullus‹-Premiere gewesen (1951); er war mit dem Vorsatz zu pfeifen hingegangen und mit tumultuarischer Freude, die sich enthusiastisch beifällig bekundet hatte, aus dem Opernhaus gekommen, – Seitdem glaube ich, daß die Künste etwas ausrichten können. Sofern sie das Zentrum der Welt treffen, die wahrhaftigen, wirklichen Gründe, nicht die Scheinprobleme suchen (...). Ich hörte dann ›Lukullus‹ in der Leipziger Aufführung und fand die Eindrücke, welche die ›Courage‹-Musik aufgeregt hatte, gesteigert. Die Verfasser stellen ein säkularisiertes Weltgericht vor, das Urteil ist Urteil letzter Instanz. Die Kriegsleiden waren jedem eingefleischt, auch den Schuldigen und Mitläufern. Das Nürnberger Urteil war jüngste Vergangenheit, fast noch Gegenwart. Meine Generation meiner Herkunft und Bildung glaubte, sie würde die Welt nun einrenken." (Mickel 1979, S. 1132f.)

Nicht die Berliner Uraufführung, sondern die Inszenierung am Städtischen Theater Leipzig 1957 machte die Oper weltweit bekannt. Die Bühne gastierte mit dem ›Lukullus‹ 1958 zum Festival *Théâtre des Nations* in Paris. In rascher Folge erschienen Inszenierungen im In- und Ausland, so noch 1957 an den Landesbühnen Sachsen, 1958 in Meiningen, 1959 in Weimar, Halle und Karl-Marx-Stadt; 1960 kam am Uraufführungstheater eine zweite Inszenierung heraus, im selben Jahr gab es in Mainz eine Inszenierung, es folgten 1961 Rostock, 1962 Schwerin und Bratislava. Die Deutsche Staatsoper Berlin setzte 1965 mit ihrer dritten Neuinszenierung wieder ein Zeichen, es schlossen sich 1967 Erfurt, 1968 Dresden, 1969 Dessau an. 1964 produzierte der VEB Deutsche Schallplatten unter Herbert Kegels musikalischer Leitung eine Operngesamtaufnahme.

Zur westdeutschen Erstaufführung der Erstfassung ›Das Verhör des Lukullus‹ kam es 1952 in Frankfurt am Main (Musikalische Leitung: Hermann Scherchen, Lukullus: Helmut Melchert). Im selben Jahr wurden Mitschnitte der Frankfurter Aufführung von Radio Italiana, Radio-Diffusion Française sowie der British Broadcasting Corporation gesendet. Das Werk ist seither mit fünfzig Inszenierungen in den Spielplänen der Opernhäuser präsent (1974 Neustrelitz, Magdeburg, 1976 Gera, 1979 Weimar, Stralsund, Bautzen, Rostock, Cottbus, 1980 Leipzig, 1983 Deutsche Staatsoper Berlin, Karl-Marx-Stadt, 1986 Schwerin, 1988 Eisenach, 1989 Görlitz; 1968 Nürnberg, 1970 Oldenburg, 1972 Darmstadt, 1975 Heidelberg, 1982 Gelsenkirchen).

Mit der Aufführungstradition und mit der Literatur über Paul Dessau, vor allem durch Fritz Hennenbergs Buch von 1963, hatte sich ein bestimmtes Bild dieser Oper durchgesetzt: Sie wurde als Gleichnis auf den Nürnberger Kriegsverbrecherprozeß verstanden. Es brauchte Zeit und vor allem eine Veränderung des Denkens, bis weitere, weniger im Text als vielmehr in der Musik vorhandene Gehalte erkannt und zur Darstellung gebracht werden konnten, bis die Oper nicht nur als Anklage von Verbrechen, in der Vergangenheit oder in fremden Ländern begangen, gespielt werden konnte, sondern als ein Nachdenken über gegenwärtige, uns selbst betreffende Probleme. Der Dualismus von Tätern und Opfern, von Lukullus auf der einen, den Zeugen und Schöffen auf der anderen Seite, wurde erst 1983 mit Ruth Berghaus' Interpretation an der Deutschen Staatsoper Berlin aufgekündigt. Der bedeutende Stellenwert der Oper ›Die Verurteilung des Lukullus‹ in der Musikgeschichte der DDR leitet sich sowohl von der hohen dichterischen wie musikalischen Qualität als auch von den innovativen Impulsen für nachfolgende Komponistengenerationen her, für die Dessaus ›Lukullus‹ den Anstoß zu einer Erneuerung der Gattung gab.

Ausgaben Text ›Die Verurteilung des Lukullus‹. In: Bertolt Brecht. Stücke. Band VII, Aufbau-Verlag Berlin und Weimar 1958; Reclam-Verlag 1961 (Reclams Universalbibliothek Nr. 8764); Paul Dessau. Opern, Henschelverlag Berlin 1976 (Reihe dialog); KlA Henschelverlag Berlin 1951, 1961 übernommen in die Edition Peters Leipzig (EP 4998)

Rechte B. Schott's Söhne Mainz; Henschel Musik GmbH Berlin

Literatur Paul Dessau: Zur Form der Oper ›Die Verurteilung des Lukullus‹ (1957), Der politische Grundgestus der Oper ›Die Verurteilung des Lukullus‹ (1960), Ein Gespräch über Veränderungen am ›Lukullus‹ (1960); Begegnung mit Brecht (1963). Alle In: Notizen zu Noten, hrsg. von Fritz Hennenberg, Leipzig 1974; ders.: Einiges über meine Zusammenarbeit mit Brecht. In: Programmheft Deutsche Staatsoper 1960; ders.: Bei Wilhelm Pieck zu Gast. In: Neues Deutschland vom 15. September 1960; ders.: Aus Gesprächen, Leipzig 1974

Bertolt Brecht: Das Verhör des Lukullus. Ein Radiostück (1940), Das Verhör des Lukullus (1951), Die Verurteilung des Lukullus (1951). In: Große kommentierte Berliner und Frankfurter Ausgabe, Stücke 6, Berlin und Weimar . Frankfurt/Main 1989; Brecht-Chronik. Daten zu Leben und Werk, zusammengestellt von Klaus Völker, München 1971; Bertolt Brecht: Anmerkungen zur Oper ›Die Verurteilung des Lukullus‹, Dessaus ›Lukullus‹-Musik, Änderungen der ›Lukullus‹-Texte. In: Paul Dessau. Opern, hrsg. von Fritz Hennenberg, Berlin 1976; Bertolt Brecht: Arbeitsjournal 1938-1955, Berlin und Weimar 1977 (S. 491 ff.); Bertolt Brecht. briefe. 1913-1956, Berlin und Weimar 1983 (Briefe 652 ff. und 695 ff.)

Heinrich Wölfflin: Kunstgeschichtliche Grundbegriffe, München 1915 (Dresden 1983); Hans Lauter: Der Kampf gegen den Formalismus in Kunst und Literatur, für eine fortschrittliche deutsche Kultur, Berlin 1951; Johannes Hennenberg: Kommentare zur Oper ›Die Verurteilung des Lukullus‹. In: Studien 4, Beilage zu Theater der Zeit, H. 5, Berlin 1957; Fritz Hennenberg: Dessau – Brecht. Musikalische Arbeiten, Berlin 1963; Hans Heinz Stuckenschmidt: Oper in dieser Zeit. Europäische Opernereignisse aus vier Jahrzehnten, Velber bei Hannover 1964; Walter Benjamin: Zu den Svendborger Gedichten (1939). In: Lesezeichen, Leipzig 1970; Gerd Rienäcker: Zu einigen Gestaltungsproblemen im Opernschaffen Paul Dessaus. In: Sammelbände zur Musikgeschichte der DDR, Bd. 2, Berlin 1971; Musikgeschichte der DDR 1945 - 1976, Bd. V, hrsg. von Heinz Alfred Brockhaus und Konrad Niemann, Berlin 1979; Musiker in unserer Zeit. Mitglieder der Sektion Musik an der Akademie der Künste der DDR, hrsg. von Dietrich Brennecke, Hannelore Gerlach und Mathias Hansen, Leipzig 1979; Gerd Rienäcker: Brechts Einfluß auf das Opernschaffen. Gestaltungsprobleme in Bühnenwerken Paul Dessaus. In: Musik und Gesellschaft, H. 4, Berlin 1979; Karl Mickel: Paul Dessau zum Gedenken. In: Sinn und Form, H. 6, Berlin 1979; Sigrid Neef: Kreuzwege der Vergegenwärtigung. Paul Dessau. In: Musik und Gesellschaft, H. 12, Berlin 1984; dies.: Ein Diskurs über Bertolt Brecht und die Oper. In: Musik und Gesellschaft, H. 6, Berlin 1986; Werner Mittenzwei: Das Leben des Bertolt Brecht, Berlin und Weimar 1986; Sigrid Neef: Ruth Berghaus inszeniert ›Die Verurteilung des Lukullus‹ von Paul Dessau. In: Theaterarbeit in der DDR 14, hrsg. vom Verband der Theaterschaffenden der DDR und dem Brecht-Zentrum der DDR, Berlin 1987; Käthe Rülicke-Weiler: Die ›Lukullus‹-Diskussion 1951. In: Sinn und Form, H. 1, Berlin 1988; Joachim Lucchesi und Ronald K. Shull: Musik bei Brecht, Berlin 1988; Sigrid Neef: Zum Bild der Frau in Dessaus Opern. In: Musik und Gesellschaft, H. 6, Berlin 1989 Rezensionen der Uraufführung (12. Oktober 1951). Querschnitt In: Theater der Zeit, H. 19, Berlin 1951

Aufnahmen Produktion des Rundfunks der DDR (GA) Alfred Hülgert (Lukullus), Willi Heyer-Krämer (Totenrichter), Fritz Soot (Sprecher des Totengerichts), Karola Goerlich (Fischweib), Diana Eustrati (Kurtisane), Gerhard Witing (Lehrer), Heinz Braun (Bäcker), Walter Großmann (Bauer), Otto Hopf (König), Margot Haustein (Königin), Gertraud Prenzlow (Tertullia); Solisten und Chor der Deutschen Staatsoper Berlin, Staatskapelle Berlin, Dirigent Hermann Scherchen, Regie Wolf Völker; Mitschnitt der Uraufführung vom 17. März 1951
ETERNA 8 25 423/424 (GA),
Musikkassette 0 99 23/24 (GA)
ETERNA 8 25 557 (Querschnitt) Helmut Melchert (Lukullus), Vladimir Bauer (Totenrichter), Gertraud Prenzlow (Tertullia), Annelies Burmeister (Fischweib), Ruth Schob-Lipka (Kurtisane), Renate Krahmer (Königin), Boris Carmeli (König), Peter Schreier (Lasus/Erster Offizier), Ekkehard Schall (Sprecher des Totengerichts), Sylvia Pawlik (Eine kommentierende Frauenstimme); Rundfunkchor Leipzig, Rundfunk-Sinfonieorchester Leipzig, Dirigent Herbert Kegel, Sprachregie Ruth Berghaus; aufgenommen 1964

Puntila
Oper in dreizehn Bildern mit Prolog und Epilog
Text nach dem Volksstück ›Herr Puntila und sein Knecht Matti‹
von Bertolt Brecht
Bearbeitung Peter Palitzsch und Manfred Wekwerth

Entstehung 1956-1959

Uraufführung 15. November 1966 Deutsche Staatsoper Berlin

Personen
Johannes Puntila, Gutsbesitzer_____Baß
Matti Altonen, sein Chauffeur_____Bariton

Fredrick, ein Advokat	Tenor
Drei Bierleichen	Stumm
Der müde Ober	Sprechrolle
Ein Diener	Sprechrolle
Die Schmuggler-Emma	Alt
Die Apothekerin	Mezzosopran
Lisu, das Kuhmädchen	Sopran
Die Telefonistin Sandra	Sopran
Drei Gutsbesitzer	Baß, Baß, Tenor
Erster und zweiter Arbeiter	Tenor, Baß
Dritter und vierter Arbeiter	Baß, Baß
Händler	Tenor
Bibelius, Gutsbesitzer	Tenor
Fotograf	Tenor
Der Kümmerliche	Tenor
Ein Buckliger	Stumm
Eine Kellnerin	Stumm
Ein Arbeiter	Tenor
Ein Fleischer	Sprechrolle
Fina, das Stubenmädchen	Mezzosopran
Laina, die Köchin	Alt
Ein Arbeiter	Sprechrolle
Ein anderer Arbeiter	Sprechrolle
Eva, Puntilas Tochter	Sopran
Eino, ein Attaché	Tenor
Der Propst	Tenor
Die Pröpstin	Sopran
Waldarbeiter	Männerchor
Gesinde auf Puntila	Gemischter Chor

Orchester 3 Fl (alle auch Picc), 3 Ob (III auch EH), 3 Klar (III auch BKlar), Es-Klar, TSax, 3 Fg (III auch KFg), 3 Hr, 2 Trp, 3 Pos, Tb, Kl (normales und präpariertes Kl), Hrf, Cel, Akk, 4 Pkn (2 Spieler), Slzg (8 Spieler): Vib, 2 Mar, Xyl, BXyl (ad lib.), 2 GrBck, 2 KlBck, KlTr, GrTr, GrTr mit aufgeschnalltem Bck, Rtr, Holztr, 4 kleine und 4 größere Tempelblocks, 3 Tomtoms (klein, mittel und groß), Tamb, Kast, Hölzer, Peitsche, Rasselbüchse, Metallrassel, Rute, Knarre, Ratsche, 3 Autohupen, 3 weitere Autohupen auf Tonband, 2 Tt (groß und mittel), 2 Gongs (mittel und klein), verschieden gestimmte Gongs, RGl, Herdengeläute, Sirene, Cymbeln, Schellen, 2 indische Glocken (ad lib.); Str
Bühnenmusik Picc, 2 Es-Klar, 2 Trp, 2 Pos, Tb, KlTr, GrTr (mit Bck), Akk

Aufführungsdauer 2 Std., 30 Min.

Handlung

Prolog (ad libitum, gesprochener Text): „... die Zeit ist trist. / Klug, wer besorgt, und dumm, wer sorglos ist. / Doch ist nicht übern Berg, der nicht mehr lacht."

1. Bild: ›*Herr Puntila findet einen Menschen*‹. *Nebenstube im Hotel zu Tavasthus.* Instrumentales Vorspiel. „Herr Puntila soff drei Tage lang ...", nun ist er allein noch wach, alle seine Gefährten aber schlafen. Sie zu ermuntern ist unmöglich, denn ihr Geist ist willig, aber das Fleisch ist schwach. So macht sich Puntila auf, allein einen neuen Gang zu wagen: übers Meer des Aquavit. Dabei findet er einen Menschen und entdeckt, daß es sein Chauffeur Matti ist. Dem erzählt er von seinem großen Dilemma: Soll er sich selbst oder seinen Wald verkaufen? Instrumentale Überleitung.

2. Bild: ›*Der Wald*‹. *Geschlagenes Holz, aufgeschichtet, mit Meterzahl und Preis.* Puntila bewundert seinen Wald und dessen Wert in Klaftern und Meterzahl.

3. Bild: ›*Die Klinkmann*‹. *Diele im Gut Klinkmann mit vielen Türen.* Puntila langt auf Gut Klinkmann an, um sich selbst zu verkaufen, das heißt, die Witwe Klinkmann zu heiraten. Er braucht eine Mitgift für seine Tochter Eva. Es ist Mitternacht. Alles schläft. Der Freier klinkt eine Tür nach der anderen auf, dringt bis zur schlafenden Gutsherrin vor; bei ihrem Anblick steht sein Entschluß fest: lieber den Wald verkaufen. Instrumentale Überleitung.

4. Bild: ›*Herr Puntila verlobt sich mit den Frühaufsteherinnen*‹. *Früher Morgen im Dorf.* Puntila ist von Nüchternheit bedroht. Er muß improvisieren, versorgt sich in der Apotheke mit reinem Alkohol für seine „scharlachkranken Kühe". Dabei trifft er auf die Frühaufsteherinnen des Dorfes Kurgela: Schmuggler-Emma, Kuhmädchen Lisu, Telefonistin und Apothekerin, verlobt sich mit ihnen und lädt sie auf Gut Puntila ein. Instrumentale Überleitung.

5. Bild: ›*Der Gesindemarkt*‹. *Auf dem Dorfplatz zu Lammi.* Puntila will hier seinen Wald verkaufen und kommt gerade dazu, wie Herr Bibelius einen Arbeiter dingt. Dem Mann ins Auge sehend, entdeckt Puntila, daß der Arbeiter ein Mensch ist, und lädt ihn und das gesamte Gesinde auf dem Markt nach Gut Puntila ein, dort erwarte sie das Paradies. Wieder hat er seinen Wald nicht verkauft. Chorische Überleitung: Auf nach Schlaraffia und zum Neun-Stunden-Tag.

6. Bild: ›*Die Heimfahrt*‹. *Matti am Steuer, Puntila im Halbschlaf.* Matti als Rufer in der Wüste: Er warnt die Arbeiter vor dem nüchternen Puntila, der wird sie davonjagen. Doch die Arbeiter wollen weiter voran: Auf nach Schlaraffia und zum Neun-Stunden-Tag.

7. Bild: ›*Skandal auf Puntila*‹. *Hof auf Gut Puntila.* Instrumental-vokales Vorspiel. Die Vorbereitungen zur Verlobung sind in vollem Gange, noch aber fehlt die Mitgift, die der total verschuldete Verlobte fordert. Die Tochter tadelt den Vater, und auch mit dem Verlobten ist Eva nicht zufrieden und möchte ihn loswerden. Sie läßt sich von Matti beraten und geht mit ihm in die Sauna, spielt dort mit ihm Karten und läßt dabei unsittliche Geräusche laut werden. Der Verlobte überhört alles, denn seine Schulden sind größer als seine Sittlichkeit. Instrumentale Überleitung.

8. Bild: ›*Ein Gespräch über Krebse*‹. *Gutsküche auf Puntila.* Eine schöne Sommernacht. Auf Matti warten am Fluß die Köchin und das Stubenmädchen, aber auch Eva lädt ihn ein: zum Krebsefangen.
9. Bild: ›*Der Bund der Bräute des Herrn Puntila*‹. *Hof auf Puntila.* Die Frühaufsteherinnen haben Puntilas Einladung Folge geleistet. Doch der Freier ist jetzt nüchtern und jagt sie vom Hof. Matti will die Sache der vier beleidigten Bräute vor einem gerechten Richter vertreten, doch der sitzt in Viborg, und das ist weit. Weit genug für Puntila.
10. Bild: ›*Der lange Heimweg*‹. *Distriktstraße. Abend.* Die Frauen von Kurgela, gefoppt, beleidigt und müde.
11. Bild: ›*Puntila verlobt seine Tochter einem Menschen*‹. *Eßzimmer auf Puntila.* Der erneut betrunkene Puntila hat entdeckt, daß seine Tochter recht hat, der Verlobte ist nicht der richtige Mann für sie. Er jagt den Verlobten und die geladenen hohen Gäste davon und trägt seine Eva dem Matti an. Der aber prüft seine künftige Frau. Eva besteht die Prüfung nicht. Puntila ist von seiner Tochter enttäuscht. Instrumental-vokale Überleitung.
12. Bild: ›*Zwischenspiel Nocturno*‹. Die Wahrheit über Puntila und Matti, über Herrn und Knecht wird laut: Fuchs und Hahn vertragen sich, solange es dem Fuchs gefällt, aber zuletzt frißt er den Hahn doch.
13. Bild: ›*Besteigung des Hatelmaberges*‹. *Bibliothekszimmer auf Puntila.* Puntilas Freunde warnen ihn vor den Folgen seiner Trunkenheit: Er ruiniert sich als Gutsbesitzer. Puntila entschließt sich zur Abstinenz. Aller Alkohol auf Gut Puntila soll vernichtet werden. Sein Geist ist willig, doch sein Fleisch ist schwach. Puntila kostet von dem zur Vernichtung bestimmten Getränk. Dann befiehlt er Matti, das Bibliothekszimmer in den Hatelmaberg zu verwandeln. Er selbst verwandelt sich, auf den Trümmern seiner Bibliothek thronend, vom Gutsbesitzer in einen Menschen und legt Matti alle seine Reiche zu Füßen. Matti aber fürchtet den Versucher.
Epilog: *Distriktstraße vor Puntila.* Matti wendet Puntila den Rücken und verläßt Hof und Dienst. Die Frauen, auch Eva, lassen ihn ungern ziehen.

Entstehung

Im finnischen Exil, Sommer 1940, schrieb Bertolt Brecht nach Erzählungen von Hella Wuolijoki und deren Komödie ›Die Sägespäneprinzessin‹ ein Stück, das die Abenteuer eines Gutsherrn und dessen Chauffeur schildert. Es war für einen Wettbewerb gedacht und eine Arbeit, die den Dichter weniger berührte als die politischen Ereignisse: „Der ›Puntila‹ geht mich fast nichts an, der Krieg alles; über den ›Puntila‹ kann ich fast alles schreiben, über den Krieg nichts. Ich meine nicht nur ‚darf‘, ich meine auch wirklich ‚kann‘. Es ist interessant, wie weit die Literatur als Praxis wegverlegt ist von den Zentren der alles entscheidenden Geschehnisse." (Brecht: Arbeitsjournal vom 16. September 1940)

Brechts Arbeit war mehr als eine bloße Umformung der Vorlagen der finnischen Gutsbesitzerin und Dichterin estnischer Abstammung Hella Wuolijoki, vielmehr baute er deren „halbfertige Komödie, die sie schnell ins Deutsche übersetzt hatte, vollständig um, arbeitete den Schwank heraus, riß die psychologisierenden Gespräche ein, schaffte Platz für Erzählungen aus dem finnischen Volksleben (...). Es ging ihm darum, den Gegensatz ‚Herr und Knecht' szenisch zu gestalten und dem Thema seine Poesie und Komik zurückzugeben." (Völker: Chronik, S. 83)

Es war ein Versuch, in volksfeindlichen Zeiten ein Volksstück fern von Verdummung und Heroisierung zu schreiben, und insofern war Brechts Praxis doch nah am Nerv der Zeit.

Am 5. Juni 1948 gelangte Brechts Volksstück ›Herr Puntila und sein Knecht Matti‹ in Zürich zur Uraufführung. Die Berliner Erstaufführung fand am 12. November 1949 statt, nun in des Dichters eigenem Theater. Brecht selbst führte gemeinsam mit Erich Engel Regie. Wie in Zürich spielte Leonard Steckel den Puntila (später alternierend auch Curt Bois), den Matti gab Erwin Geschonneck. Paul Dessau komponierte für die Berliner Erstaufführung eine Schauspielmusik. Nach des Komponisten Meinung ermöglichte ihm das von Brecht für die Berliner Aufführung verfaßte und eingeführte Puntila-Lied eine „leichte, ansprechende Musik zu finden. Ich gab ihr etwas vom Charakter slawischer Volkslieder, da sie tänzerisch sein sollte und unsere östlichen Nachbarn den Tanz von jeher weit mehr als wir pflegen und ihren Tänzen harmonische und rhythmische Feinheiten eher zugänglich sind als unseren." (Dessau 1974, S. 60)

Seine Absicht, aus dem Schauspiel eine Oper zu machen, konnte Paul Dessau mit Bertolt Brecht noch besprechen. Brecht selbst schlug ihm vor, aus Alberto Cavalcantis ›Puntila‹-Film von 1955 (Szenarium von Bertolt Brecht und Vladimir Pozner) die beiden eigens für diesen Film erfundenen Szenen ›Der Wald‹ und ›Frau Klinkmann‹ in die Oper zu übernehmen (Dessau 1974, S. 82). Durch die Einfügung dieser beiden Szenen gleich zu Beginn wird nun in drei aufeinanderfolgenden Szenen Puntila als dominierende Figur exponiert, wie er in seinem Konflikt schwankt, sich selbst (an die Klinkmann) zu verkaufen oder seinen Wald zu versteigern. Matti fällt bei alldem ausschließlich die Rolle des Begleiters zu.

Es handelt sich bei diesen noch von Brecht angeregten Veränderungen nicht um eine soziale Entschärfung, sondern vielmehr um eine Verlagerung des Konflikts. Auch in der Oper geht es um das Verhältnis zwischen Herr und Knecht, noch stärker aber um Puntilas Welt und Menschen bewegendes Streben nach Genuß.

War es Brecht bei seiner Bearbeitung von Hella Wuolijokis Stück darum gegangen, den Knecht als Gegenspieler des Herrn zu profilieren, so macht die Oper bereits im Titel darauf aufmerksam, daß sie von dieser Antithetik abrückt. Puntila allein, der betrunken genußfähig und nüchtern besitzfähig ist, gibt der Oper ihren Namen.

Paul Dessau begann im September 1956, einen Monat nach Brechts unerwartetem und frühem Tod, mit der Ausarbeitung der Skizzen. Die Einrichtung des

Librettos hatten die Brecht-Schüler und damaligen Assistenten am Berliner Ensemble Manfred Wekwerth und Peter Palitzsch übernommen.
Im März 1959 war die Komposition beendet.

Kommentar
Der Kunstgriff, Puntila in einen nüchternen und einen betrunkenen Menschen aufzuspalten, dient im Schauspiel dazu, den Klassenantagonismus zu demonstrieren. Anders in der Oper. Hier geht es um das anarchische Streben nach Genuß.

Herrn Puntilas Gelüste und seine Genußfähigkeit werden im Rausch enorm gesteigert. Deswegen bringt er sich oft in diesen Zustand. Dann wünscht er sich, alles zu genießen, ob es ihm gehört oder nicht. Sein Appetit ist ansteckend. Er macht den anderen Laune, ist ein zweiter Falstaff. Sie laufen ihm nach, die Frühaufsteherinnen, die Arbeiter, und auch Matti, sein Chauffeur, läßt sich verführen. Puntilas Problem besteht in der Schwierigkeit, seinen Genuß und seine Interessen als Gutsbesitzer, die die Grundlage seines Genusses bilden, in der Balance zu halten. Die Musik folgt den anarchischen Aufschwüngen und Ausbrüchen, den Höhenflügen des Puntila, den Widersprüchen, in die er seine Umwelt und sich selbst bringt, mit Genuß.

Genuß ist das Thema der Oper und ist die Haltung der Musik, mit der sie die Vorgänge beschreibt: die Lust des Puntila zum Erzählen, die Lust des Matti am Widerspruch (Gesindemarkt-Szene und Besteigung des Hatelmaberges), Mattis „lutherische" Lust am Belehren und an inflammierenden Ansprachen (an den Richter in Viborg und an den Hering), die Lust des Gesindes und der Frauen von Kurgela, auf alte Reime neue Melodien und auf alte Melodien neue Reime zu machen (beginnend mit dem Pflaumen-Lied der Schmuggler-Emma über das Puntila-Lied bis hin zur tavastländischen Hymne).

Der Dichter Heiner Müller hat in einem Rundfunkgespräch über ›Puntila‹ auf die in dieser Genußfähigkeit schlummernde utopische Dimension aufmerksam gemacht: „Das antizipatorische Moment kommt mit der ‚negativen Figur' in die Oper. Sie kann die Natur genießen, weil sie ihr gehört. Später wird das Matti auch können, wenn sie ihm gehört." (Müller 1972)

Die insgesamt zwölf Bilder (klammert man das ›Zwischenspiel Nocturno‹ einmal aus) gliedern sich in zwei Komplexe von je sechs Bildern. Der erste Teil stellt die dreitägige Sauftour des Herrn Puntila vor und besteht aus einer, meist durch instrumentale Überleitungen miteinander verbundenen Bildfolge. Szenischsprachlich herrscht Harmonie, die des betrunkenen Puntila mit seinem Chauffeur, dem Wald, den Frauen von Kurgela, den Arbeitern auf dem Gesindemarkt. Die latent vorhandenen Konflikte äußern sich, aber nur im Detail, als Störung.

Der zweite Teil spielt auf Gut Puntila. Hier brechen die Konflikte hervor. Einmal in den Nüchternheitsanfällen des Puntila selbst, zum anderen holen ihn nun aber auch die selbst veranlaßten Geschehnisse ein. Herr Puntila wird mit den Folgen seiner Taten konfrontiert.

„Die Hauptfigur, der Gutsbesitzer (ein wahrer Proteus), mehr besoffen als nüchtern, und wenn besoffen, dann leutselig, aber nüchtern bösartig, haltlos und unmenschlich, der Prototyp des rücksichtslosen Ausbeuters, der nicht nur seine Wälder, sondern Mensch und Natur bis zum Exzeß exploitiert. Und dennoch oder gerade wegen dieser Ambivalenz ist diese Figur in ihrer Dialektik für Musik wie geschaffen!" (Dessau 1974, S. 83) Brecht konnte sein Ideal einer „echten Balance" zwischen Puntila und Matti sprachlich nur in einem antithetischen Nacheinander, in Rede und Gegenrede realisieren. Sein Stück ist daher von ausufernder Länge. Kürzungen des Brechtschen Textes für die Oper waren deshalb unabdingbar, aber jede Kürzung stellte zugleich eine Gefahr für das Gleichgewicht zwischen den beiden Hauptfiguren dar. Der überraschende Kunstgriff der beiden Librettisten bestand darin, nicht etwa ängstlich paritätisch zu streichen, sondern vielmehr den Part des Matti stärker zu kürzen als den des Puntila. Das beginnt gleich mit dem ersten Bild, in dem Mattis Erzählung von Herrn Pappmann gestrichen ist, und setzt sich bis zum Schluß fort. Die Kürzungen betreffen vor allem die Gespräche zwischen Matti und Eva. Im Schauspiel hält sich Matti, in der Rolle des ständigen Besserwissers, durch seine moralisierenden Geschichten Eva vom Leibe. In der Oper hingegen herrscht zwischen beiden eine größere Offenheit und Ambivalenz der Gefühle, so daß die erotische Verführbarkeit des Matti durch Eva nicht ausgeschlossen werden kann. Folgerichtig endet die Oper mit einem Zwiegespräch Eva – Matti, das Schauspiel hingegen mit einem Dialog Matti – Laina.

Die Kürzungen brachten Matti gegenüber Puntila sprachlich ins Hintertreffen. Der gutsherrlichen Suada tritt keine des Knechtes gegenüber. Doch der Komponist sorgt für eine musikalische Balance: „Die Musik soll das Widerliche der menschlich-unmenschlichen Anwandlungen [Puntilas, N.] aufzudecken versuchen, nichts zu verdecken oder gar zu illustrieren trachten (...). Sein Gegenpart, Matti, der Chauffeur, ist nicht allein durch besonders behandelte Sprechstellen, sondern durch eine gänzlich divergierende musikalische Diktion gekennzeichnet, die derjenigen der Frauen von Kurgela nicht unähnlich ist, sogar verwandt. Es ist hier alles knapper, sachlicher, weniger subversiv gehalten, betont einfacher (...). Alles ist hier gesangvoller und bedient sich der ariosen Form im Gegensatz zur Weitschweifigkeit und Ungezügeltheit beim Puntila. In der Orchestration treten die Gegensätze besonders auffällig zutage, so daß man, wenn man will, von einer ‚Leit-Instrumentation' sprechen könnte." (Dessau 1974, S. 83)

Als „subversiv" bezeichnete Dessau Puntilas Musiziersphäre, weil er hier vermittels Instrumentation und Melodik auf vielerlei fremde Musik anspielt: Puntila ist auch musikalisch ein Vielfraß und Genußmensch. Otmar Suitner, der die Einstudierung der Uraufführung musikalisch leitete, sprach von „verstümmelten Zitaten", so aus dem ›Tristan‹, dem ›Barbier von Sevilla‹, aus Jean Sibelius' ›Valse triste‹ oder aus Richard Strauss' ›Heldensinfonie‹, aber auch davon, daß ganz unvermittelt Naturlaute, wie bestimmte Vogelrufe, eingesprengt werden.

Grundlegend für Puntilas Schwanken zwischen Nüchternheit und Trunkenheit ist, daß er sich ständig selbst ins Wort fällt, zum Beispiel im ersten Bild, wenn er vom Glück des Besitzlosen träumt. Der Vokalpart ist kantabel, leicht, tänzerisch; eine Oboenkantilene stützt, begleitet und forciert Beschwingtheit, die Vision eines Daseins ohne Verpflichtungen. Plötzlich ertönt ohne jeden Übergang der Kommandoruf: „Aufheben! Raustragen!" Für wenige Takte ist Puntila wieder der Herr, der sich um seinen Besitz sorgt, dann fährt er ebenso unvermittelt im alten kantablen Tonfall fort. Puntilas rezitativische Deklamation ist von heiteren Arabesken der Soloinstrumente oder von schroffen abschließenden Gesten des vollen Orchesters begleitet. Der ständige Wechsel der Gemütslage wird durch Instrumentarium und Dynamik angezeigt.

In der Gesindemarkt-Szene knüpft Paul Dessau an ein Vorbild, die Ball-Szene in Mozarts ›Don Giovanni‹, an. Mozart läßt im Finale des ersten Aktes seiner Oper drei verschiedene Tänze – Menuett, Kontretanz und Deutschen – gleichzeitig spielen, bringt so das Mit- und Gegeneinander dreier unterschiedlicher Stände ins Klangbild. Ähnlich werden im ›Puntila‹ Walzer und Polka gleichzeitig gespielt, rhythmisch und harmonisch dissonant, als Kennzeichen des Mit- und Gegeneinanders von Käufer und Verkäufer. Wenn sich Puntila auf dem Gesindemarkt am Auge eines Arbeiters begeistert und in einer „Valse triste" die Unmenschlichkeit des Verkaufs der Ware Arbeitskraft beklagt, kommt es zur vollen Entfaltung seines „expressiven Deklamando" (Dessau 1974, S. 153). Der Komponist hat mit diesem Begriff seine Art der Weiterentwicklung des Sprechgesangs charakterisiert. Er meinte damit eine vom Orchesterpart relativ unabhängige Führung des Vokalparts, die aus den Satzphrasen durch extreme Intervallsprünge Worte emporschleudert bzw. herausfallen läßt, so daß der Vokalpart weniger eine rationale Mitteilung darstellt als vielmehr zu einer Funktion im Gesamtverhalten einer Person wird.

Zur programmatischen Neuinszenierung des ›Wozzeck‹ von Alban Berg 1955 am Uraufführungstheater dieser Oper, der Deutschen Staatsoper Berlin, schrieb Paul Dessau einen Essay, in dem er das seiner Meinung nach Vorbildhafte an diesem Schlüsselwerk der Moderne beschrieb. Diese „Bemerkungen zur Oper ›Wozzeck‹„ (Dessau 1974, S. 172) geben sowohl Aufschluß über Alban Bergs als auch Paul Dessaus Opernästhetik, vor allem des ›Puntila‹. Dessaus Interesse galt Alban Bergs Verfahren, Büchners unmetrisierte Prosa durch Zugrundelegen älterer und neuerer musikalischer Formmodelle zu strukturieren, denn auch er mußte für die Vertonung von Brechts unmetrisierter Prosa besondere formbildende Prinzipien finden. Alban Bergs Methode im ›Wozzeck‹ Akt für Akt beschreibend, wurde sich Dessau klar, daß dies eine mögliche Lösung für seinen ›Puntila‹ darstellen könnte, und so brachte er in seiner Oper ein durchgehendes sinfonisches Prinzip zur Anwendung, indem er Puntila und Matti wie Haupt- und Nebenthema einer Sinfonie behandelte, die sich einander annähern oder abstoßen, wobei sich das Nebenthema im Verlaufe der Handlung emanzipiert und mit diversen Seitenthemen, wie den Frauen von Kurgela, assoziiert. Hatte sich Alban Berg nie einer bestimmten stilistischen Richtung sklavisch gebeugt, sondern vielmehr eine „Mischform" praktiziert, so folgte ihm Dessau auch darin, indem er im ›Puntila‹ zwar mit einer Zwölftonreihe, nicht aber streng nach der Zwölftontechnik arbeitete.

Fritz Hennenberg beschrieb die der Oper zugrunde liegende Zwölftonreihe und charakterisierte sie als „beschränkt auf Terzen und Sekunden: die Terzen von großem und kleinem Intervallwert, die Sekunden ausschließlich von kleinem (...). Die Reihe ist zweiteilig. Die zweite Reihenhälfte spiegelt die erste im Krebs (...), die Strukturanalyse erweist die große Bedeutung der Terz (...). Bei Puntila bezeichnet die Zwölftonreihe den sozialen Gestus, bei den Frauen von Kurgela und dem Gesinde einen umweltbedingten Makel; bei den Frauen von Kurgela und dem Gesinde bezeichnen die volkstümlichen Intonationen den sozialen Gestus, bei Puntila eine alkoholbedingte Verstellung." (Hennenberg 1965, S. 20) Paul Dessau hat sich gegen eine solche moralisierende Bewertung und Festlegung kompositorischer Verfahren, wie sie nicht nur von Hennenberg vertreten werden, sondern allgemein verbreitet sind, verwahrt: „Es ist ein grundsätzliches Mißverständnis, zu glauben, daß ein musikalisches Mittel in der Lage ist, positiv oder negativ zu zeichnen. ›Puntila‹ ist eine Mischform. Ich habe mir das Material so gewählt, daß alle Möglichkeiten der musikalischen Mittel verwendet werden konnten." (Dessau 1972) Die Zwölftonreihe tritt in ›Puntila‹ nicht in tektonischer, sondern in spannunggebender, klanglich-farblicher sowie harmonisch schärfender Funktion auf. Sie ist in deutlich erkennbarer Klanggestalt besonders dann vertreten, wenn es um das Phänomen von Betrug, Selbstbetrug, Täuschung und im gewissen Sinne um das Problem von Sein und Schein geht. Hierbei strebt Dessau einen „Dialog der Werke" an, indem er sich diesmal nicht auf Alban Bergs ›Wozzeck‹, sondern auf Arnold Schönbergs ›Moses und Aron‹ bezieht, in dessen Opernfragment die Zwölftontechnik zum tragenden Prinzip der gesamten musikalischen Konstruktion geworden war. Gilt der ›Wozzeck‹ als Exponent des musikalischen Expressionismus, so ›Moses und Aron‹ eher als Beispiel strenger Sachlichkeit. In dieser Oper spielt das mosaische Gebot „Du sollst dir kein Bildnis machen ..." eine zentrale Rolle, hier wird auf philosophisch-religiöser Ebene das Thema von Selbsttäuschung mittels falscher Bilder abgehandelt. Wenn Desau im ›Puntila‹ seine Zwölftonreihe so verwendet, daß meist ein Bezugspunkt zum gleichen Thema gegeben ist, verleiht das der Figuren- und Handlungsführung eine besondere Dimension. Im ersten Bild zum Beispiel gibt Matti auf Puntilas Frage „Was siehst du?" zur Antwort: „... einen dicken Kloben, stinkbesoffen", worauf Puntila abwehrt: „Da sieht man, wie das Aussehn täuschen kann." Puntilas Satz steht in einem musikalischen Kontext, der auf horizontaler Ebene die Grundgestalt der Reihe, in der Vertikalen eine ihrer Ableitungen präsentiert. Der Schlagabtausch zwischen Puntila und Matti ist eine parodistische Anspielung auf das Bilderverbot. Das Reihensegment findet sich im Vokalpart, wenn Puntila Frau Klinkmann zum Teufel wünscht, ihr aber per Telefon einen Morgengruß entbietet. Hier täuscht nicht der körperliche Anschein, sondern der Ton, die Stimme: „Guten Morgen, Elsbeth, hast du gut geruht?" Und ein weiteres Mal taucht das Reihensegment in der gleichen Funktion auf, wenn Puntila proklamiert, er habe einen „tiefen Blick" in das verworfene Antlitz seiner Standesgenossen getan. Hier täuschen Auge und Mund.

Als koloristisches Element tritt das Reihensegment in Erscheinung, wenn es als charakteristische Quintolenfigur die Handlung durchzieht, in der Klinkmann-Szene Puntilas obszönes Trällerliedchen figuriert oder in der siebten Szene ›Skandal auf Puntila‹ dem Puntila-Lied des Hofgesindes eine spöttische Aufblendung gibt.

Das „Volkstümliche" steht im ›Puntila‹ sehr wohl zur Diskussion, nicht aber als platte Entgegensetzung zu den Prinzipien freitonalen Komponierens oder der Zwölftontechnik. Zum Volkstümlichen gehören das Akkordeon-Spiel und die Flötenmelodie, die poetischen Gleichnisse und Lieder, aber auch die Polka und die Valse triste in der Gesindemarkt-Szene sowie das Zitat aus Charlie Chaplins Film ›Modern times‹ („Je cherche après Titine"), mit dem sich Eva dem Matti gegenüber produziert. Volkstümliches wird hier auf musikalisch vielschichtige und widersprüchliche Weise eingebracht, es umfaßt auch den schärfenden Einsatz des Reihensegments und polytonale bzw. polyrhythmische Strukturen. Die Musik beschönigt die Realität des 20. Jahrhunderts nicht. Die Widersprüche werden nicht von außen, durch eine künstliche Spaltung der Musik, an das Stück und seine Figuren herangetragen, vielmehr entstehen die die Handlung vorantreibenden Spannungen aus der jeweiligen konkreten Situation und nicht durch eine Gegenüberstellung bestimmter Kompositionsverfahren. Keine Person, keine Klasse und keine Gruppierung kann ein bestimmtes Kompositionsverfahren für sich allein beanspruchen.

Insofern stand die ›Puntila‹-Oper verquer zur offiziell proklamierten Theorie des Sozialistischen Realismus der sechziger Jahre. Derzufolge hätten die volkstümlichen „positiven Figuren‹ diatonisch (das heißt musikalisch konservativ) und die „negativen Figuren" freitonal (das heißt musikalisch progressiv) gestaltet werden müssen. Dessaus Oper war wie Brechts Stück eine Herausforderung zur Diskussion über das Thema Volkstümlichkeit.

Aneignung

Walter Felsenstein, Gründer und Leiter der Komischen Oper Berlin, hatte den ›Puntila‹ gleich nach der Fertigstellung, 1959, für die Uraufführung an seinem Haus optiert, konnte sich aber doch nicht zu einer Inszenierung entschließen und gab das Werk erst 1966 für eine anderweitige Aufführung frei.

Das erklärt die späte Uraufführung an der Deutschen Staatsoper Berlin, mit der eine Woche „Brecht und die Musikdramatik" eröffnet wurde, in der das Staatsopernensemble zwischen dem 15. und dem 19. November 1966 mit Aufführungen von Brecht-Vertonungen von Dessau, Eisler, Weill und Wagner-Régeny brillierte. Die Staatsoper war zu einer Heimstätte der Epischen Oper geworden.

„Hier haben wir einen der Glücksfälle, in denen ein neues Werk auch eine beispielhafte Uraufführung erlebte (...). Werk und Wiedergabe fanden darum zu

Recht nicht nur am Ende den begeisterten Beifall des Publikums, unter dem sich der Stellvertretende Vorsitzende des Staatsrates, Volkskammerpräsident Prof. Dr. Johannes Dieckmann, der Stellvertreter des Vorsitzenden des Ministerrates Alexander Abusch, der Präsident des Nationalrates der Nationalen Front des Demokratischen Deutschland Prof. Dr.Dr. Erich Correns und der Stellvertretende Kulturminister Kurt Bork befanden. Anwesend waren neben Prof. Ernst Hermann Meyer u.a. auch die Komponisten Luigi Nono (Italien), Alan Bush (Großbritannien), René Leibowitz (Frankreich), Boris Blacher (Westberlin) sowie der Schweizer Bühnenbildner Teo Otto und der Westberliner Intendant Boleslaw Barlog sowie Rolf Liebermann." (Hansjürgen Schaefer in seiner Rezension. Neues Deutschland, 17. November 1966)

Ruth Berghaus' Ansatz war, die Stückidee – Steigerung von Genuß – mit der Steigerung von Produktivität bei den Interpreten zu verbinden. Sie forderte die Staatsoperntechnik (Leitung: Günther Oppel) zu voller Leistungsstärke und kühnen Aktionen heraus: Ein fahrendes Automobil auf rotierender Drehbühne und schnelle Verwandlungen auf offener Szene (Bühnenbild: Andreas Reinhardt). Ein Auto galt in der Realität der sechziger Jahre in der DDR als Inkarnation von Schnelligkeit, Beweglichkeit, Unabhängigkeit, also von Luxus und Genuß. Ganz in diesem Sinne zog nun der Puntila von Reiner Süß in einer Dunstwolke aus Benzin, Lust und Laune auf der Staatsopernbühne seine Kreise, zog alles hinter sich drein: Telefonmasten, Häuser, Hühner, Menschen.

Die Uraufführungsinszenierung des ›Puntila‹ wurde nicht nur in Berlin als Einzug modernen Theaters in den Opernbetrieb begrüßt. Im Juni gastierte das Ensemble im Theater an der Wien zu den Wiener Festwochen und zum Maggio Musicale Fiorentino, dem Florentiner Musik-Mai. Die Kritiker hier wie dort fanden ähnliche Worte. Erasmo Valente von *L'Unità* prägte die Formel: „Es war eine Lektion über die Möglichkeiten des modernen Theaters."

Die westdeutsche Erstaufführung fand am 10. September 1967 in Wuppertal statt (Musikalische Leitung: János Kulka, Regie: Kurt Horres, Puntila: Kurt Moll, Matti: Willi Nett). Es folgten Inszenierungen in Freiburg im Breisgau 1977, 1980 in Lübeck und 1985 in Oldenburg. In der DDR kam der ›Puntila‹ 1969 in Karl-Marx-Stadt und 1989 durch die Landesbühnen Sachsen in Radebeul zur Aufführung.

Der VEB Deutsche Schallplatten veröffentlichte 1968 eine Gesamtaufnahme der Oper unter der musikalischen Leitung von Paul Dessau.

Ausgaben Text Paul Dessau. Opern, hrsg. von Fritz Hennenberg, Henschelverlag Berlin 1976 (Reihe dialog); KlA Henschelverlag Berlin 1959

Rechte Henschel Musik GmbH Berlin; Musikverlag Bote & Bock Berlin

Literatur Paul Dessau: Das ›Puntila‹-Lied (1952), Bemerkungen zur Oper ›Wozzeck‹ (1955), Zur ›Puntila‹-Oper (1966), Keine „Buffa" ohne „Seria", keine „Seria" ohne „Buffa" (1968), alle In: Notizen zu Noten, hrsg. von Fritz Hennenberg, Leipzig 1974 Brecht-Chronik. Daten zu Leben und Werk, zusammengestellt von Klaus Völker, München 1971; Bertolt Brecht: Arbeitsjournal 1938-1955, hrsg. von Werner Hecht, Berlin und Weimar 1977

Fritz Hennenberg: Brecht – Dessau. Musikalische Arbeiten, Berlin 1963; ders.: Kommentare zu ›Puntila‹. In: Theater der Zeit, H. 21, Berlin 1965; ders.: Brecht, Dessau und ›Puntila‹. In: Programmheft Deutsche Staatsoper Berlin 1966; Gespräch mit GMD Otmar Suitner zur ›Puntila‹-Oper. In: Theater der Zeit, H. 24, Berlin 1966; Hans-Peter Müller: Brecht und die Musikdramatik. Zur Brecht-Woche in der Deutschen Staatsoper Berlin. In: Musik und Gesellschaft, H. 1, Berlin 1967; Sigrid Neef: Ein Anfang und kein Ende. Bühnenwerke des 20. Jahrhunderts an der Deutschen Staatsoper Berlin. In: Musik und Gesellschaft, H. 5, Berlin 1987
Rezensionen der Uraufführung. In: Theater der Zeit, H. 24, Berlin 1966; Musik und Gesellschaft, H. 1, Berlin 1967

Aufnahmen ETERNA 8 25 975/976 (GA, für die Schallplatte eingerichtete Fassung von Ruth Berghaus und Paul Dessau unter Auslassung des sechsten und des zehnten Bildes, ›Heimfahrt‹ und ›Langer Heimweg‹, sowie des Anfangs von Bild dreizehn: ›Besteigung des Hatelmaberges‹) Reiner Süß (Puntila), Kurt Rehm (Matti), Irmgard Arnold (Eva), Gertrud Stilo (Schmuggler-Emma), Sylvia Pawlik (Lisu), Erna Roscher (Telefonistin), Annelies Burmeister (Leina), Christine Gloger (Fina), Henno Garduhn (Eino); Chor der Deutschen Staatsoper Berlin, Staatskapelle Berlin, Dirigent Paul Dessau; aufgenommen 1967

Lanzelot
Oper in fünfzehn Bildern
nach Motiven von Hans Christian Andersen
und der Märchenkomödie ›Der Drache‹ von Jewgeni Schwarz
Text von Heiner Müller
Mitautorin Ginka Tscholakowa

Entstehung 1967-1969

Uraufführung 19. Dezember 1969 Deutsche Staatsoper Berlin

Personen

Lanzelot	Bariton
Drache	Baß
Elsa	Hoher Sopran
Charlesmagne, ihr Vater	Baß
Bürgermeister	Tenor
Heinrich, sein Sohn	Tenor
Drei Freundinnen	Sopran, Sopran, Alt
Kater	Sopran
Drei Arbeiter	Tenor, Baß, Baß
Medizinmann	Baß
Interpret	Tenor
Kunsthändler	Tenor
Esel	Tenor
Sekretär	Tenor
Lakai	Tenor

Drei Berater	Tenor, Baß, Baß
Militärischer Berater	Sprechrolle
Herakles	Tänzer (Pantomime)
Nemeischer Löwe / Lernäische Hydra / Meerwolf	Tänzer (Pantomime)
Jaloas	Tänzer (Pantomime)
Zwei Polizisten	Tenor, Baß
Bürgerin	Sopran
Drei Bürger	Tenor, Baß, Baß
Kind	Sopran
Wagner-Siegfried	Tenor

Chorsolisten. Großer Chor
Kinderchor
Ballett

Orchester 4 Fl (alle auch Picc, III auch AFl), 3 Ob (III auch EH), Es-Klar, 3 Klar (III auch BKlar), 2 SSax, ASax, TSax, BarSax, 3 Fg (III auch KFg), 4 Hr, 4 Trp, 3 Pos, 2 Tb, Pkn (2 Spieler), Slzg (7 Spieler): KlTr, Rtr, Holztr, 4 Trgl, 4 Tamb, 4 Tomtom, 4 Tempelblocks, 2 Holzblöcke, div. Bck, GrTr (Bck aufgeschnallt), Charlestonmaschine, 2 GrTt, Gong, Cymbeln, Claves, 2 Donnerbleche, Windmaschine, Kast, Waschbrett, Knarre, Peitsche, Waldteufel, Meßglocke, Metallrassel, Schüttelrohr, Rumbabirne, Kreisel, Brummtopf (Löwengebrüll), Rasselbüchse, Eisenketten auf Stahlplatten, 10 RGl, Glsp, Xyl, Vib, Mar (2 Spieler); Mand, Git, Akk, Harm, 2 Cemb oder präpariertes Kl (auf Tonband), Cel, Kl (normales und präpariertes Kl), Elektronische Orgel (auf Tonband), 2 Hrf; Str Tonband mit verschiedenen Geräuschen, Chorpassagen und den oben bezeichneten Instrumenten

Aufführungsdauer 2 Std., 15 Min.

Handlung
Instrumentales Vorspiel. **1. Bild:** *Steinzeitsiedlung am See.* Es herrscht Cholera. Der Medizinmann findet heraus, daß am Leben bleibt, wer abgekochtes Wasser trinkt. Die „Bevölkerung, zum Chor formiert" (Heiner Müller), bittet den Herrn Drachen vom Goldenen Pfuhl, das Wasser des Sees abzukochen. Das geschieht, der Drache wird als Retter begrüßt.
2. Bild: *Wald im Jugendstil.* Seit der legendären Rettungsaktion herrscht der Drache uneingeschränkt. Das Ungeheuer wählt jedes Jahr eine Jungfrau zur Braut. Die diesjährige heißt Elsa. Alle Bräute sterben in der Hochzeitsnacht. Für die Freundinnen bleibt eine Gnadenfrist: bis zur nächsten Drachenwahl. Instrumentales Zwischenspiel.
3. Bild: *Büro des Drachen.* Der Herrscher diktiert Geschichte. Ein „gewisser Heinrich, Sohn des Bürgermeisters" und Verlobter von Elsa macht auf sich aufmerksam, aber er kämpft nicht um seine Braut, sondern biedert sich an. Dem Dra-

chen gefällt der Feigling. Er tötet den amtierenden Sekretär und ernennt Heinrich zum neuen.
4. Bild: *Haus Charlesmagne.* Charlesmagne ist Archivar der Stadt und Elsas Vater. Sein Haus wird von einem Kater gehütet, der einen Fremden über die Verhältnisse in der Stadt aufklärt. Der Fremde ist Lanzelot und von Beruf Menschheitsbefreier. Als er Elsa erblickt und von ihrem Schicksal erfährt, beschließt er, gegen den Drachen zu kämpfen. Instrumentales Zwischenspiel.
5. Bild: *Fernsehraum.* Der Drache kontrolliert seine Stadt und entdeckt dabei den Fremden, Lanzelot. Instrumentales Zwischenspiel.
6. Bild: *Haus Chalesmagne.* Der Drache will Ruhe in seiner Stadt und sucht deshalb ein Gespräch mit Lanzelot unter vier Augen. Um ihm den Kampf auszureden, versucht er, ihn zuerst mit Drohungen einzuschüchtern, dann, mit Bestechungen zu ködern. – Es fruchtet nichts. Der Kater und seine Freunde machen Lanzelots Kampfansage an den Drachen publik. Der Drache muß die Herausforderung annehmen. Instrumentales Zwischenspiel.
7. Bild: *Intermezzo.* Der Drache bereitet sich auf den Kampf vor und läßt sich über Lanzelots Kampftaktiken informieren. Schauspieler des Stadttheaters demonstrieren ihm Herakles' Kämpfe mit Löwe, Hydra und Meerwolf als historische Modellfälle. Aber die Darsteller und Interpreten sind eingeschüchtert, die Vorführung ist verharmlosend. Der Drache wird Opfer seiner eigenen Politik: Er erfährt nicht mehr die Wahrheit. Zwischenspiel: Aus dem Untergrund ruft man nach Lanzelot.
8. Bild: *Stadt.* Die Bürger erfüllen formal das Drachengesetz, nach dem ein Herausforderer Waffen zu erhalten hat. Doch der Held bekommt keine, statt dessen ein Papier, daß die Waffen in Reparatur seien. Da meldet sich wieder der Untergrund. Der Drache hört es und erkennt: Lanzelot wird zur Gefahr, er muß getötet werden. Er weist Heinrich an, Elsa zum Mord an Lanzelot anzustiften. Elsa weigert sich, Lanzelot zu töten. Im Gegenteil, sie gesteht ihm ihre Liebe.
9. Bild: *Halle.* Der Drache trainiert für den Kampf.
10. Bild: *Stadt. Nacht.* Die Bürger wollen nicht befreit sein. Sie meiden Lanzelot. Allein aus dem Untergrund erhält er Hilfe. Tarnkappe, fliegenden Teppich und elektronisches Schwert haben Arbeiter für ihn gefertigt.
11. Bild: *Stadt.* Die Bürger bekennen sich zum Drachen. Nur der Kater, ein Esel und ein Kind solidarisieren sich mit Lanzelot.
12. Bild: *Der Kampf.* Der Kampf spielt gestern, heute und morgen: „Die Lanzelots schlagen den Drachen Köpfe ab, die nachwachsen" (Heiner Müller).
13. Bild: *Stadt. Volk. Regen von Drachenköpfen.* Panik. Der Drache ist besiegt, doch nicht die Drachenbrut: Der Bürgermeister setzt sich an des Drachen Statt. Bevor die Befreiten sich befreien, sind sie wieder im Gefängnis.
14. Bild: *Lanzelot-Adagio.* Der Held – allein, vergessen, an seinen Wunden sterbend.
15. Bild: *Saal im Präsidenten-Palast.* Der alte Bürgermeister ist der neue Präsident. Sein Sohn Heinrich, der alte Drachen-Sekretär, der neue Bürgermeister. Elsa

wird gezwungen, den Präsidenten zu heiraten. Sie weigert sich, ruft nach Lanzelot. Der kommt zur rechten Stunde. „Der Rest ist Freude" (Heinrich Müller).

Entstehung

Gefragt, was ihn an Jewgeni Schwarz' Märchenkomödie ›Der Drache‹ interessiert habe, antwortete Paul Dessau: „Die politische Haltung des Stoffes." (Dessau 1972)

Der Komponist hatte das Werk durch Benno Bessons Inszenierung von 1965 am Deutschen Theater Berlin kennengelernt. Sieben Jahre nach Schwarz' Tod wurden mit dieser Inszenierung Autor und Stück weltweit bekannt.

Entstanden war das Schauspiel bereits 1943. Mit der Figuration des Drachen spielte Schwarz auf den deutschen Faschismus an, gleichzeitig und vor allem aber war diese Märchenkomödie eine Darstellung geistiger und seelischer Verkrüppelungen von Menschen durch eine unberechenbare, allgegenwärtige Willkürmacht und insofern auch eine Schilderung der sowjetischen Wirklichkeit Ende der dreißiger Jahre.

Es kann als sicher gelten, daß Heiner Müller um diesen Zusammenhang wußte, als er sich 1970 zur Problematik solcher parabelhafter Stücktypen äußerte: Er bezeichnete die Parabelform mit ihrer großzügigen, aber unscharfen Art der Konfliktwiedergabe als ein historisch mögliches ästhetisches Manöver, um auf die Konfrontation Sozialismus – Kapitalismus zu regaieren und dabei Stalins Schreckensherrschaft zu verschweigen, solange der Kampf dem deutschen Faschismus gelten mußte (vgl. Heiner Müller im Gespräch mit Horst Laube).

Die Inszenierung am Deutschen Theater war als Parabelstück angelegt. In diesem Sinne wurde das Stück bei seiner deutschen Erstpublikation charakterisiert (vgl. Debüser 1968, S. 464). Erst 1977 wurde der konkrete zeitgeschichtliche Bezug zugegeben und bestätigt, daß Schwarz' Stück „mehr ist als ein Gleichnis über den Faschismus" (vgl. *Sonntag* 21. August 1977, S. 11).

Für den Komponisten und seinen Librettisten war es Ende der sechziger Jahre wichtig, den Sog darzustellen, in den der Konflikt Sozialismus – Kapitalismus alle anderen auf der Erde existierenden unterschiedlichen Kulturen, Völker und Gesellschaftsformationen hineinreißt. Der Zeitbezug war der Kampf um Vietnam, die Polarisierung der Kräfte, das Erwachen einer studentischen revolutionären Jugend und die Hoffnung, diese Jugend könnte sich mit der internationalen sozialistisch organisierten Arbeiterklasse zusammenfinden.

So ist es zwar notwendig, aber keineswegs hinreichend, festzustellen, Dessau habe in dieser Oper aus seinem ›Appell der Arbeiterklasse‹ sowie das ›Lied der Thälmann-Kolonne‹ zitiert. Den ›Appell der Arbeiterklasse‹, eine Kantate für Alt- und Tenorsolo, Sprecher, gemischten Chor, Kinderchor und Orchester, hat Dessau 1961 komponiert. Kernpunkt der von Wera Küchenmeister zusammengestellten Texte sind die ›Dreizehn Thesen‹, die die Teilnehmer der Beratung der Kommunistischen und Arbeiterparteien in Moskau im November 1960 an alle Menschen guten Willens gerichtet hatten. Als ein leitmotivisch wiederkehrender Appell in diesem ›Appell‹ erscheint ein gemischter Chor auf das Wort „Friede", strukturiert durch das dreitönige Motiv Es-E-D. Dies ist zugleich das Sigle für den Instrumentalpart und wird in der Oper wieder aufgegriffen, ertönt hier zweimal, wenn die Arbeiter sich mit Lanzelot solidarisieren und wenn der auferstandene Lanzelot mit seinen Freunden zurückkehrt, die Herrschaft der kleinen Drachen zu beenden. War dieses Es-E-D, das „Seid einig, Deutsche", schon 1961 ein Aufruf zur Einheit aller Menschen guten Willens, fungierte es 1967/68 in der Oper darüber hinaus als Signal, sich der Vergangenheit zu erinnern und endlich die Lehren daraus zu ziehen. Es handelt sich um einen Zitatenverbund, in dem die Liedzeile aus der ›Thälmann-Kolonne‹ vom ›Appell der Arbeiterklasse‹ gerahmt wird, um vier Ereignisse, die in die Jahre 1933, 1938, 1961 und 1967/68 fallen, in eine Beziehung zu bringen: Das Zerwürfnis zwischen Kommunisten und Sozialisten ermöglichte den Sieg des Faschismus in Deutschland mit seinen geschichtlichen Folgen: NS-Machtergreifung 1933, Spanien 1938, Zusammenbruch 1945, Mauerbau 1961.

Peter Weiss ist diesem geschichtlichen Prozeß nachgegangen und hat seinem Buch den programmatischen Titel ›Ästhetik des Widerstands‹ gegeben. Um Widerstand gegen Vergessen und Verdrängen der historischen Wahrheit geht es auch in Heiner Müllers und Paul Dessaus ›Lanzelot‹, und in diesem Sinne befinden sich Text und Musik in einem Spannungsverhältnis. Während der Text auf einen allgemeinen Entwurf von Zusammenleben zielt: „Alles Gebundene / Befreit unser Fest / Alles Getrennte vereint unser Fest", erinnert die Musik an einen konkreten, leider gescheiterten Versuch, diese Utopie zu realisieren. Entsprechend zitiert Dessau das ›Lied der Thälmann-Kolonne‹ zweimal. Das erste Mal unmittelbar in dem auf Lanzelots Herausforderung folgenden instrumentalen Nachspiel (10. Bild), hier aber fragmentarisch. Es fügt sich erst im übernächsten Bild ›Der Kampf‹ zur Strophe einschließlich der Zeile: „Wir kämpfen und sterben für dich: Freiheit", dem letzten Refrain des ›Thälmann-Liedes‹. Nicht von ungefähr wird oft vergessen, daß Dessau sein Spanienlied (von ihm stammen Musik u n d Text) nach dem zweimaligen „Wir kämpfen und siegen für dich: Freiheit" mit „Wir kämpfen und sterben für dich: Freiheit" enden läßt.

Dieses Vergessen war und ist nicht zufällig, denn es ermöglicht eine banale Verflachung. So behaupteten die Interpreten der Uraufführung, zwischen der Handlung – Lanzelot kämpft und besiegt den Drachen – und dem Zitat bestehe ein direkter Zusammenhang, demzufolge der Märchenheld in sein historisches Stadium eingetreten sei, zum Vertreter der Arbeiterklasse geworden wäre, die den Kapitalismus ebenso geschlagen hätte wie er den Drachen.

Im Unterschied zu Paul Dessau arbeitet Heiner Müller nicht mit einer Zitattechnik. Er zielt auf eine andere Art von Zusammenhangsbildung, auf den geheimen Dialog, den Kunstwerke untereinander führen können, in dessen Verlauf Gedanken aufgegriffen, verändert und in der Veränderung bewahrt werden können. So geschieht es hier, wenn Müllers Schlußverse: „Alles Gebundene / befreit unser Fest / Alles Getrennte / Vereint unser Fest / Der Rest ist Freude / Freude der Rest" auf die Schlußverse von Goethes ›Faust‹ anspielt: „Alles Vergängliche / ist nur ein

Gleichnis / Das Unzulängliche / Hier wird's Ereignis / Das Unbeschreibliche, / Hier ist's getan; / Das Ewig-Weibliche / Zieht uns hinan." Heiner Müller verkürzt um zwei Zeilen, schließt dafür mit dem rätselvollen „Der Rest ist Freude / Freude der Rest". Gemeint ist der Schritt des Menschen aus dem Reich der Notwendigkeit ins Reich der Freiheit, und dieser Schritt wird in der Oper bereits eingeleitet, wenn Lanzelots Freunde der Aufforderung: „Zur Tafel! Seid eure eignen Gäste!" folgen. Ab hier bekommt auch die Musik einen neuen Charakter. Sie muß ohne die alten Kontraste auskommen, denn es gibt keinen Feind mehr, also auch keinen Widerpart, keinen Gegensatz.

Daß das große zweichörige Schlußensemble Dessau nicht zum Jubelfinale geriet, daß er nicht auf Farbigkeit durch harmonische Schärfen oder tonale Enklaven zielte, vielmehr auf eine schwebende, harmonisch farblose Linearität, eine Gleichgewichtigkeit und Gleichwertigkeit aller Stimmen, hat hier seinen Grund. Das Wort „Freude" wird in allen Manieren, syllabisch und melismatisch, deklamiert, es steigt die Register hinauf und herunter, wird kontrapunktiert, bald zerdehnt, bald verkürzt und bekommt dabei doch nie einen affektiv besetzten Gehalt. Es bleibt, trotz aller Anstrengungen, aller Kunst, ein offenes, ein leeres Wort, endet in einem 25stimmigen Akkord.

Dessau hat auch noch nach der Uraufführung an diesem Schluß gearbeitet. Zur Generalprobe und zur ersten Vorstellung gab es ein abschließendes Knabensolo. Er hat dieses Solo bereits für die zweite Vorstellung zurückgezogen, auch nicht in den Klavierauszug übernommen.

Heiner Müller hat in seinen für den ›Lanzelot‹ geschriebenen ›Sechs Punkten zur Oper‹ davon gesprochen, daß Dessaus Musik hier mit dem Publikum diskutiere. Der Schlußchor „Der Rest ist Freude / Freude der Rest" ist ein Beispiel, wie Musik den Text zur Diskussion stellt.

Kommentar

Erzählt wird in der Oper ›Lanzelot‹ von einer Zeit „zwischen Steinzeit und Kommune", in der sich die Herrschaft eines Drachen auf der Ohnmacht vieler Menschen gründet, in der ein Heros – Lanzelot – für die Freiheit der vielen kämpft, dabei in Bedrängnis gerät, weil die Unterdrückten ihre Ketten lieben. Er erfährt Solidarität und siegt als Individuum, wird aber als Idee vergessen, so daß eine neue Herrschaft weniger über viele entsteht. Lanzelot und seine Idee feiern Auferstehung, weil eine Frau sich ihrer erinnert. Frau und Mann bringen selbst Steine zum Tanzen.

In Schwarz' Schauspiel werden zwei konstante, aufeinander bezogene Größen – Herrscher und Beherrschte / Drachen und Stadtbewohner – durch eine fremde, von außen eindringende Kraft in Bewegung gebracht: durch den Helden Lanzelot.

Heiner Müller hat dieses Modell übernommen, ebenso die Methode, Geschichte im Zeitraffer ablaufen zu lassen. Der Mechanismus von Drachenherrschaft funktioniert auf feudaler, monarchischer, kolonialer, imperialer, faschistischer und stalinistischer Basis, er ersteht nach dem Tod des Ungeheuers aufs neue.

Müller spitzt die Idee zu, wenn er die Drachenherrschaft in der Steinzeit entstehen läßt und zwischen Steinzeit und Zivilisation ein Gleichheitszeichen setzt. Für den Beginn der Oper hat der Dichter einen Ursprungsmythos gewählt, wie Leben aus Wasser entsteht. In ›Lanzelot‹ rettet ein Moloch die Menschen vor der Cholera, weil er Wasser eines Sees „abzukochen" versteht. Bewußt wird das moderne Wort „abkochen" in die halb märchenhafte (Drache), halb historisierende (Medizinmann) Sprachumgebung eingebracht. Märchen, Mythos und Neuzeit werden unvermittelt nebeneinandergestellt. Aber sterilisiertes Wasser ist totes Wasser, die Quelle des Lebens wird zerstört: Der Preis fürs Überleben ist das Leben. Aus dieser Parabel der Fortschrittsgläubigkeit entwickelt Heiner Müller die Gleichsetzung zwischen Zivilisation und Steinzeit.

Auch in der Führung der Lanzelot-Figur folgt das Libretto der Märchenkomödie. Hier wie dort bildet Lanzelots Monolog nach dem Kampf mit dem Drachen den Mittelpunkt.

Trotzdem hat Heiner Müller auf einer klaren Abgrenzung zwischen seinem Libretto und Schwarz' Stück bestanden. Durch seine Mitautorin (seine damalige Frau, die bulgarische Theaterwissenschaftlerin Ginka Tscholakowa) konnte sich Müller am Original über die Sprache ein Urteil bilden. Sie entsprach nicht seinem Geschmack, war ihm zu „boulevardhaft" anspielungsreich. Sein Urteil ist ungerecht, trifft aber insofern, als es zwischen beiden Werken grundsätzliche Unterschiede gibt. Müllers Adaption brachte zugleich Gewinne wie Verluste.

Während im Schauspiel die Kritik an der Drachenherrschaft von einem pantheistisch interpretierten Weltzusammenhang aus vorgenommen wird, geht im Libretto dieser Bezug bereits nach dem vierten Bild verloren: Dessau bewahrt ihn allein über die Musik, über Lanzelots Musiziersphäre. Dem Verlust an universeller Dimension steht ein Gewinn auf anderer Ebene gegenüber: Heiner Müller interessierte der epochale Zusammenhang, die Gleichzeitigkeit verschiedener Zeiten in einer Figur bzw. in einer Situation. Der Dichter hielt es für eine spezifische Möglichkeit von Musik, „Epochen zusammenzufassen". Die Mischung von vorgeschichtlichen, feudalen, monarchischen, bürgerlichen, aber auch proletarischen und allgemeinmenschlich-solidarischen Verhaltensweisen hat Schwarz zwar in seinem Schauspiel angelegt, aber als strukturbestimmendes Prinzip hat sie erst Heiner Müller herausgearbeitet.

In seinen ›Sechs Punkten zur Oper‹ gab er dafür den theoretischen Hinweis: „Gegen den Historismus. Den Sozialismus aufbauend, tritt die Arbeiterklasse das Erbe allen Fortschritts an. Zu diskutieren wäre, ob der Anachronismus, Strukturelement der elisabethanischen und der großen spanischen Dramatik, in historisch neuer Qualität ein schöpferisches Prinzip sein kann (Geschichte im Zeitraffer). Wie weit, unter diesem Aspekt, die Unterscheidung zwischen historischem und Gegenwartsstück aufgegeben werden kann." (Müller 1975, S. 118)

Der Montage unterschiedlicher Zeiten und Räume im Text entspricht die Musik. Dessau zitiert historische Musiziermodelle. Wenn der Drache per Monitor seine Untertanen kontrolliert, hat ein Concerto grosso Händelschen Typus (5.

Bild) zu erklingen. Der per Staatsstreich an die Macht gekommene Präsident inthronisiert sich mit einer Sarabande (15. Bild). Der Drache sublimiert Angst und Aggression in einer „Lach-Arie" à la Donizetti (8. Bild). Eine Arie à la ›Turandot‹ erklingt, wenn der Interpret das „Fach-Chinesisch" (hier allerdings Latein) des Medizinmannes für das Volk auslegt (1. Bild), und es kommt zu einem Terzett à la ›Rosenkavalier‹, wenn die drei Freundinnen der vom Drachen auserkorenen Elsa ihr als der Schönsten, Besten und Klügsten die „Rose der Auserwähltheit" zuerkennen (2. Bild). An dieser Stelle ist nicht auszumachen, ob Müllers Metapher „Wald im Jugendstil" den Charakter und den Stil der Musik veranlaßt hat oder die Musik die Szenenanweisung. Von den Faktoren, die die Vielfalt der musikalischen Formen und Gestalten vereinheitlichen helfen und die Geschlossenheit des Werkes organisieren, sind zwei der Drachen-Sphäre und zwei der Lanzelot-Sphäre zugeordnet. Ein mit dem Drachenmotiv eingeführtes glissandierendes Posaunen-Rezitativ und eine instrumentale, wuchtige, abstürzende Figur, eine Geste der Härte und Kraft, des unvermittelten Unterbrechens und Ausbrechens gehören der Drachen-Sphäre an. Auf der anderen Seite stehen ein weicher sechstöniger Akkord und eine kleine zwölftönige Melodie, die eine Umspielung des Kopfmotivs der Einleitungsmusik der Oper ist. Die Melodie bildet sich in dem Moment, da sich Lanzelots und Elsas Blicke das erste Mal treffen. Abgewandelt erscheint sie immer wieder. In ihrer Urgestalt allerdings, als „Blickmotiv", kehrt sie erst wieder, wenn die notwendige Arbeit getan ist und die Liebenden sich wieder einander zuwenden können. Der sechstönige Anfang der kleinen Melodie stellt die Umspielung des Andante-Beginns der Jupitersinfonie KV 551 von Mozart dar, ein Bezug, der hier einen besonderen Sinn hat: Der menschliche Atem, Äußerung organischen Lebens überhaupt, ist eine Konstante von Mozarts Musik. Im Schauspiel von Schwarz war die atmende, seufzend ihr Leben aushauchende Natur immer dann angesprochen, wenn Kritik an den zu Steinen verhärteten Menschen geübt wurde. Dessau bezieht sich auf Mozart, um die im Schauspiel sprachlich ausgedrückten, im Libretto aber ausgesparten Parameter der atmenden Natur musikalisch wiederzugeben. In diesem Sinne hat er auch das kleine instrumentale Vorspiel der Oper angelegt. Es wurde erst nach Fertigstellung der Oper komponiert. In vier Takten werden die für die Lanzelot-Sphäre wichtigsten Elemente präsentiert: ein kantabler Zwiegesang (hier zwischen Horn und Streichern), ein entschiedenes Eröffnen und Ausatmen, ein dominierender Quartschritt abwärts mit einer sofortigen energischen Aufwärtswendung. Aus diesen vier Takten entwickelt sich das impetuose Vorspiel in zwei dem Prinzip der Charaktervariation nachgebildeten Phrasen, wobei ein konzertierendes Kontrapunktieren der motorischen, tokkata-artigen Klangschicht mit der kantabel schwingenden melodischen dominiert und beide sich im Wechselgesang der solistisch geführten Instrumente – Horn, Streicher, Oboe, Trompete und Posaune – entfalten und ausklingen. Mit dem Vorspiel setzt Dessau die musikalische Norm, die Perspektive, von der aus das musikalische Geschehen in der gesamten Oper zu bewerten ist. Mit der Lanzelot-Sphäre wird ein lebender verletzbarer Organismus veranschaulicht, während die Drachen-Sphäre ein Modell maschineller, destabilisierender Kräfte darstellt. Die dominierenden musikalischen Zeichen für den Drachen sind grelle harmonische und instrumentale Effekte, wie glissandierende Instrumente, stakkatierende Motorik, tumultuarische Steigerungen, besonders der Blechbläser, durch Bandeinspielungen verstärkt, sowie eine wild zerklüftete Intervallik. Dessau sprach von „ungewohnten Musikeffekten, vor allem für die Charakterisierung des Drachen und seiner inhumanen Welt" (Dessau 1976, S. 127). Gleichzeitig eignen dem Drachen aber auch traditionelle Formen in dem Sinne, daß das Ungeheuerliche zur schönen Form erstarrt. Das gilt zum einen für das Orchesterinstrumentarium (3. Bild) des Drachenmonologs: Hier stehen kristallklare Klänge von Vibraphon und Röhrenglocken gegen die jaulenden Posaunentöne und den harten Schlag der Pauken und Donnerbleche. Zum anderen zieht sich ein unterirdischer musikalischer Strang durch die Oper, der diese andere Seite der Drachendarstellung bedient. Wenn der Drache im fünften Bild (›Fernsehraum‹) den drei Freundinnen zuschaut, wie sie ihre Garderobe für Elsas Hochzeit und Begräbnis anprobieren, entfährt ihm ein trockenes, zufriedenes Lachen, dazu ertönt ein elftöniges Posaunenmotiv. Dieses Motiv wird im folgendem zum musikalischen Kern des dritten Zwischenspiels in Form einer Invention und findet seine Fortsetzung in der „Lach-Arie", wenn der Drache Angst und Aggression sublimiert. An dieser Stelle höchster Künstlichkeit auf seiten des Herrschers tritt nun eine Musik in roher Gestalt in die Handlung ein, die Dessau „unterirdische Musik" genannt hat: Auf Schlagwerk aller Art werden Amboßschläge nachgeahmt. Mit der „unterirdischen Musik" treten die Arbeiter ans Licht des Tages. Der reaktionäre und der progressive Pol sind an diesem Punkt ästhetisch verkehrt. Lanzelot zum dialektischen und nicht bloß dualistischen Gegenspieler des Drachen zu machen, war weitaus schwieriger. In der Inszenierung am Deutschen Theater hatte man das durch komödiantische Mittel gelöst. Erzählt wurde, wie der Held vom leicht dünkelhaften Berufsrevolutionär zum liebenden und daher auch irrenden und fehlenden Menschen wird. Ansätze für eine dialektische Aufblendung der Figur gibt es in der Oper, wenn Charlesmagne Lanzelot seine Tochter Elsa vorstellt: „Meine Tochter Elsa, Herr Lanzelot". Auf das ausklingende instrumentale Blickmotiv spricht Lanzelot: „Der Drache, Kater, ist so gut wie tot." So wird aus dem Namen Lanzelot ein unerwarteter Beiklang, nämlich „tot" – „Schlagetot", herausgetrieben. Der Lanzelot-Sphäre ist, neben der zwölftönigen Melodie und dem sechstönigen Akkord, eine weitere charakteristische Gestalt, eine anapästische, von Holzbläsern getragene Figur, eigen, die zuerst in Lanzelots großer Arie auftaucht. Mit ihr tritt der Held im Finale bereits auditiv in Erscheinung, bevor die Mauer fällt, das Denkmal stürzt und er leibhaftig hervortritt. Sie bezeichnet aber auch das „elektronische Schwert", das Lanzelot von den Arbeitern erhält. Der hell klingende Anapäst ist das funkelnde, geschwungene Schwert. Zu diesem Schwert gibt es einen musikalisch wie textlich gleich rätselvollen Kommentar des Arbeiters: „... die Kombination von Lust und Technik in einem Gerät von ambivalenter Qualität: ‚Ein Druck auf die weiße Taste: es spielt, was Ihr Kopf denkt, was Ihr Herz fühlt.' Kunst ist

Ventil. Der Ausdruck des alten schafft Platz für das neue Gefühl." Bei „Ausdruck des alten" ertönt ein dem Blickmotiv verwandtes Bratschensolo. Das „neue Gefühl" hingegen ist unbegleitet. Der neue Held hat noch kein neues Gefühl. Der dualistische Rahmen, der Lanzelot an den Drachen bindet, wird im ›Adagio des Lanzelot‹ (14. Bild) gesprengt. Komponiert ist ein Duett für Bariton und Violoncello. Die Instrumentallinien geben die inneren Stimmen wieder und fügen dem Gesang eine Dimension hinzu, in der Unausgesprochenes oder Unaussprechliches einen Ausdruck findet. Durch den Falsett-Ton beim zweimaligen „getötet" wird ein Detail kenntlich gemacht, das dem Monolog seinen Sinn gibt: Getötet ist der Drache, getötet sind damit aber auch alle Lanzelots und heiligen Georgs. Der Held stirbt, wenn er den dualistischen Rahmen verläßt. Realisiert ist hier ein bemerkenswertes dramaturgisches Modell, das der von Heiner Müller wie Paul Dessau gleichermaßen verehrte Walter Benjamin beschrieben hat: „Es entspricht der Natur des epischen Theaters, daß der undialektische Gegensatz zwischen Form und Inhalt des Bewußtseins (der dahin führt, daß die dramatische Person sich nur in Reflexionen auf ihr Handeln beziehen konnte) abgelöst wird durch den dialektischen zwischen Theorie und Praxis (der dahin führt, daß das Handeln an seinen Einbruchsstellen den Ausblick auf die Theorie freigibt). Daher ist das epische Theater das Theater des geprügelten Helden. Der nicht geprügelte Held wird kein Denker – so ließe eine pädagogische Maxime der Alten sich für ein episches Theater umschreiben." (Benjamin [1932] 1970, S. 286)

Tatsächlich ist Lanzelot hier der geprügelte Held, im buchstäblichen wie im übertragenen Sinne. Text und Musik stehen noch innerhalb der Handlung, haben sie zugleich aber auch schon verlassen und weisen assoziativ über sich hinaus auf reale Erfahrungsbereiche. An solchen Einbruchsstellen ist das Werk reich und konstituiert so einen Typus der Epischen Oper, der von der Theaterpraxis noch zu entdecken bleibt.

Aneignung

Paul Dessau hat die Partitur seines ›Lanzelot‹ mit einem Vorspruch versehen: „Allen, die in unserer Republik für den Sozialismus kämpfen und arbeiten, widme ich zum XX. Jahrestag der DDR diese Oper." Das hat in der Aneignungsgeschichte dieses Werkes, sofort mit der Uraufführung einsetzend, zu Simplifizierungen geführt: Der Drache sollte für Weltimperialismus, Lanzelot für die Arbeiterklasse stehen, die Handlung wurde als Parabel gedeutet, die Figuren als Allegorien. Es schien, daß es in dieser Oper nichts mehr zu entdecken gebe, und damit erlosch das Interesse der Interpreten; so kam es lediglich zu einer weiteren Inszenierung 1971 in Dresden und im gleichen Jahr zur westdeutschen Erstaufführung an der Bayerischen Staatsoper München.

Doch steht die Rezeption des Werkes in Gegensatz zur intendierten und realisierten Ästhetik beider Autoren. Heiner Müller hat wiederholt darauf aufmerksam gemacht, daß in seinen Texten keine Allegorien, dafür aber Metaphern erscheinen, denn Allegorien könne man auf nur einen Begriff bringen, hingegen sei „eine

Metapher nicht reduzierbar, (...) nicht rückführbar auf e i n e Bedeutung" (Müller 1982, S. 138).

1988 hatten Schauspieler, die mit Müllers Ästhetik ohnedies enger vertraut sind als jeder Opernregisseur, das Lanzelot-Libretto, ohne die Musik Dessaus, am Staatsschauspiel Dresden zur Aufführung gebracht und spielten es dort zwei Jahre lang mit Erfolg. Für die Oper steht die Entdeckung noch aus, daß es sich bei den Figuren des Lanzelot und des Drachen nicht um Allegorien handelt, sondern daß vielmehr die untrennbare Figuration von Lanzelot und Drachen, Heros und Ungeheuer ein religiöses Urbild hat, den heiligen Georg in seinem Kampf mit dem Drachen, und daß im Laufe der Opernhandlung der dualistische Rahmen des alten Bildes zerstört wird und an dessen Stelle dialektische Prinzipien entstehen. Heiner Müller hat sich Jahre nach dem ›Lanzelot‹ zu diesem Problem geäußert: „Es gibt einen theologischen Untergrund, einen biblischen Kontext in den apokryphen Schriften der Apokalypse. Eine Deutung findet sich bei dem kubanischen Schriftsteller Jorge de Lima in seinem Roman ›Paradiso‹. Der heilige Georg, der Drachentöter, muß, damit überhaupt noch etwas klappt, selbst zum Drachen werden, hingegen wird der Drache zu einem Wesen aus Kristall und Juwel. Es findet ein Austausch zwischen gut und böse statt, anstelle der Dualität tritt eine Dialektik ein: Ohne zum Drachen zu werden, kann der heilige Georg nichts mehr ausrichten. Der Drache aber wird zu etwas Schönem." (Müller 1989)

Ausgaben Text Paul Dessau. Opern, hrsg. von Fritz Hennenberg, Henschelverlag Berlin 1976 (Reihe dialog); Heiner Müller: Theater-Arbeit, Berlin 1975; KlA Henschelverlag Berlin 1970, übernommen in die Edition Peters Leipzig (EP 8758)

Rechte Henschel Musik GmbH Berlin; Musikverlag Bote & Bock Berlin

Literatur Paul Dessau: Die Oper eine heutige Kunstgattung? (1969). In: Programmheft Deutsche Staatsoper Berlin 1969, auch In: Theater der Zeit, H. 3, Berlin 1970, auch In: Radio-DDR-Musikklub 30. September 1972; ders.: Opern, hrsg. von Fritz Hennenberg, Berlin 1976
Heiner Müller: Sechs Punkte zur Oper. In: Theater der Zeit, H. 3, Berlin 1970, auch In: Theater-Arbeit, Berlin 1975 sowie In: Paul Dessau. Opern, hrsg. von Fritz Hennenberg, Berlin 1976; ders.: Die Oper eine heutige Kunstgattung? In: Radio-DDR-Musikklub 30. September 1972; ders.: Gespräch mit Horst Laube. In: Theater 1975, Hannover 1975; ders.: Gespräch mit Harun Farocki. In: Rotwelsch, Berlin 1982; ders.: Gespräch mit Ruth Berghaus. In: Sigrid Neef: Das Theater der Ruth Berghaus, Berlin 1989

Lola Debüser: Nachwort zu Jewgeni Schwarz. Stücke, Berlin 1968; Zu Jewgeni Schwarz, unsignierter Artikel. In: Sonntag, Berlin 21. August 1977
Fritz Hennenberg: Marginalien zur Musik. In: Programmheft Deutsche Staatsoper Berlin 1969; Walter Benjamin: Ein Familiendrama auf dem epischen Theater (1932). In: Lesezeichen, Leipzig 1970; Gerd Rienäcker: Zur Dramaturgie des ›Lanzelot‹. In: Theater der Zeit, H. 3, Berlin 1970; Wolfgang Lange: Der Verband diskutiert. Sorgen mit den Ansprüchen. Von einem Kolloquium zu ›Lanzelot‹. In: Theater der Zeit, H. 8, Berlin 1980; Ernst Krause: Rebellion und Dialektik. Paul Dessaus Musiktheater-Werke. In: Musikbühne 74, hrsg. von Horst Seeger, Berlin 1974; Gerd Rienäcker: Zur musikalischen Gestaltung im Opernschaffen von Paul Dessau anhand seiner Oper ›Lanzelot‹. In: Sozialistische Musikkultur, Bd. I, hrsg. von Jürgen Elsner und Giwi Ordshonikidse, Berlin 1977; Sigrid Neef: Die Opern Paul Dessaus heute. In: Sonntag Nr. 50, Berlin 9. Dezember 1984
Rezensionen der Uraufführung. In: Theater der Zeit, H. 3, Berlin 1970; Musik und Gesellschaft, H. 3, Berlin 1970

Einstein

Oper in drei Akten, Prolog, zwei Intermezzi und einem Epilog
Text von Karl Mickel

Entstehung 1955/1971-1973

Uraufführung 16. Februar 1974 Deutsche Staatsoper Berlin

Personen

Einstein	Hoher Baß
Junger Physiker	Tenor
Alter Physiker	Baß
Dünne Frau	Sopran
Dicke Frau	Alt/Mezzosopran
Junger Mann	Tenor
Drei SA-Männer	Tenor, Baß, Baß
Nasenlose	Mezzosopran
Adjutant	Sprechrolle
Zwei Boten	Baß, Tenor
Der Führorr	Tenor
Die Schwarze	Alt
Zwei Senatoren	Tenor, Tenor
Galileo Galilei	Baß
Giordano Bruno	Bariton
Leonardo da Vinci	Tenor
Erster Bulle	Baß
Zweiter Bulle	Tenor
Dritter Bulle	Stumm
Vierter Bulle	Stumm
Fünfter Bulle	Baß
Sechster Bulle	Stumm
Erste und zweite Arbeiterin	Sopran, Mezzosopran
Dritte und vierte Arbeiterin	Mezzosopran, Alt
Präsident	Tenor
Große Stimme	Baß/Chorbässe
Zwei Posten	Baß, Tenor
Drei Techniker	Tenor, Baß, Tenor
Zwei weiße GI's	Sprechrollen
Drei schwarze GI's	Sprechrollen
Drei Schwarze	Tenöre
Casanova	Tenor
Erste Jungfrau	Sopran (wie Dünne Frau)

Zweite und dritte Jungfrau	Mezzosopran, Mezzosopran
	(wie zweite und dritte Arbeiterin)
Junge (siebenjährig)	Sopran/Mezzosopran
Volksmenge	Gemischter Chor
Soldaten	Männerchor
Drei Knabenstimmen	vom Tonband
Zwei Chöre	vom Tonband
Figuren der Intermezzi und des Epilogs:	
Krokodil	Alt
Büttel	Baß
Hans Wurst	Tenor

Orchester 4 Fl (alle auch Picc, IV auch AFl), 4 Trp, 3 Pos, 2 Kl, div. Pkn; 6 Va, 3 Vc, 4 Kb, Git
Orchester für Intermezzi und Epilog
2 Fl, 2 Ob, 2 Klar (II auch BKlar), 2 Fg, 2 Hr, 3 Trp, 2 Pos, Martinshorn, div. Pkn, 2 Kl; 10 Vl I, 8 Vl II, 6 Va, 3 Vc, 4 Kb
Besetzung der Bandaufnahme
2 Fl, AFl, Klar, 4 Trp, 4 Pos, Slzg (2 Spieler), 2 Kl, Org, Tenor (Der Führorr), Gemischter Chor I und II, 3 Knabenstimmen

Aufführungsdauer 1 Std., 40 Min.

Handlung
Prolog: *Hans Wursts Auferstehung, 1.* Im 18. Jahrhundert von der Neuberin verbannt, kehrt Hans Wurst im 20. Jahrhundert wieder und betritt eine deutsche Bühne.
1. Akt, 1. Szene: *Opernplatz.* In Deutschland werden die Bücher verbrannt. 2. Szene: *Arbeitszimmer Einsteins.* Zwei Freunde, ein alter und ein junger Physiker, warnen Einstein, denn auch seine Bücher werden verbrannt. Einstein fragt seine Väter Galileo Galilei, Giordano Bruno und Leonardo da Vinci um Rat. Zwischenmusik. 3. Szene: *Nacht, freies Feld.* Einstein entscheidet sich, die Heimat zu verlassen. Seine Freunde bleiben: „Es wird alles nicht so schlimm." 5. Szene: *Fahler Morgen.* Dem jungen Physiker droht wie jedem jungen gesunden Mann der Militärdienst. Er flüchtet sich zu einem Engel der Hölle, einer syphiliskranken, nasenlosen Prostituierten. 6. Szene: *Gefängniszelle.* Von seinem Engel verraten, im Gefängnis, schon tot unter Toten, rettet den jungen Physiker sein alter Freund. Zwischenmusik. 7. Szene: *Führorr-Hauptquartier.* Der Führorr befiehlt den totalen Krieg. Der alte und der junge Physiker sollen ihm die Bombe bauen.
Intermezzo: *Hans Wursts Hinrichtung, 1.* Hans Wurst wird dem Krokodil vorgeworfen. Das hat gerade keinen Hunger und will unterhalten werden. Hans Wurst erzählt einen todtraurigen Witz. Das Krokodil lacht, Hans Wurst kann fliehen.

II. Akt, 1. Szene: *Küste Pazifik.* Einstein in Amerika. Der Emigrant in der neuen Welt hört aus der alten, aus Europa, das Kriegsgeschrei. 2. Szene: *Arbeitszimmer Einsteins.* Der junge Freund bringt die Nachricht, der alte baue in Deutschland die Atombombe, Einstein konsultiert zum anderen Male Galilei, Bruno und da Vinci. 3. Szene: *A – Großes Vorzimmer, B – In der Tür, C – Größeres Vorzimmer, D – In der Tür, E – Größeres Vorzimmer.* Einstein auf dem Weg zum Präsidenten der Vereinigten Staaten von Amerika. 4. Szene: *Der Präsident.* Der Physiker startet den Politiker ins Wettrüsten. 5. Szene: *Früher Morgen.* Einstein hat den theoretischen Weg gefunden, wie die Welt ganz bleiben kann: Bombe gegen Bombe, und keiner wird sie werfen. 6. Szene: *Felsenschlucht.* Der Führorr ist weg. Der junge Physiker kommt als amerikanischer Befreier nach Deutschland und trifft hier den alten Freund, jetzt seinen Feind. 7. Szene: *Transatlantisches Atomwerk.* Der Krieg ist aus. Die Frauen der Krieger verlieren ihre Arbeit in der Rüstungsindustrie. Die drei Freunde werden wieder vereint: Die Bombe soll gebaut werden. Überleitungsmusik. 8. Szene: *Betonbunker.* Die Bombe wird gestartet. 9. Szene: *Finsternis.* Die Bombe wird geworfen. 10. Szene: *Leere Bühne, grelles Licht.* Die Bombe hängt über der Welt.
Intermezzo: *Hans Wursts Hinrichtung, II.* Zum anderen Mal wird Hans Wurst dem Krokodil vorgeworfen. Er erzählt einen dummen Witz; das Krokodil lacht Tränen und frißt Hans Wurst.
III. Akt, 1. Szene: *Freier Platz.* Die Massen erheben und gewöhnen sich. 2. Szene: *Barackeninneres.* Einstein rebelliert. Die Freunde kriechen zu Kreuz. 3. Szene: *Die Unsterblichkeit.* Galilei, Bruno und da Vinci warten auf Einstein. 4. Szene: *Arbeitszimmer Einsteins.* Die Politiker haben sich der Wissenschaft und ihrer Forschungsergebnisse bemächtigt. Eine Schwarze sagt das Ende voraus: Gott. Das scheint den Physikern kein Ausweg zu sein. Der junge Freund bereitet sich mit dem alten darauf vor, die Erde unbewohnbar zu machen und auf einen anderen Planeten zu übersiedeln (Variante: Der junge Freund verzweifelt und läuft zu den Gegenfüßlern, den Roten, über). Einstein hingegen verbrennt seine neue Formel, die Arbeit seines Alters, und lehrt einen Knaben die Anfangsgründe.
Epilog: *Hans Wursts Auferstehung, 2.* Hans Wurst ist auferstanden, er tanzt auf des Messers Schneide.

Entstehung

Auslösendes Moment für die Idee einer Oper über Einstein war für Dessau ein Nekrolog auf den großen Gelehrten. Albert Einstein war am 18. April 1955 gestorben. Der Komponist fühlte sich vom Schicksal dieses Mannes, von der Tragik dieses Lebens so stark betroffen, daß er noch im Sommer 1955 ein „Scenario für eine Oper" schrieb (vgl. Dessau 1974, S. 86).

Einstein war vor dem NS-Regime nach Amerika geflohen, hatte sich dem antifaschistischen Kampf verschrieben und löste mit seinem Brief an den Präsidenten der USA den Bau der Atombombe aus; deren Abwurf auf Hiroshima und

Nagasaki sowie die atomare Aufrüstung der Siegermächte konnte er nicht verhindern.

So war Einstein zum Symbol für die große Tragik geworden, die die moderne Naturwissenschaft betrifft: Leben befördern zu wollen und dem Tod in die Hand zu arbeiten.

Paul Dessaus Szenarium ist keine Biographie Einsteins. Es ist vielmehr ein Diskurs über uneingelöste Utopien, wie sie in den Visionen und Verheißungen des Alten Testaments angelegt, vom Renaissance-Humanismus tradiert und von der kommunistischen Idee in den zwanziger Jahren antizipiert worden waren. Seinem Szenarium gab Dessau zuerst den Titel ›Alle Menschen werden Brüder‹, um so den Bezug zum Ideal der Französischen Revolution und zur deutschen Klassik herauszuarbeiten: zu Schillers ›Ode an die Freude‹, Beethovens Schlußchor der IX. Sinfonie. Später akzentuierte er stärker den biblischen Diskurs und betitelte einen geplanten, nicht mehr ausgeführten Neuentwurf mit ›Das Gelobte Land‹ (für den Juden der Neuzeit war dies nicht nur Palästina, sondern auch die USA).

Das erste Szenarium hatte Dessau am 1. Juni 1956 fertig und gab es Brecht zu lesen, der ihm seine Lesart des Stoffes brieflich mitteilte (publiziert in Paul Dessau. Aus Gesprächen). Aus der Kenntnis dieser Lesart schlußfolgerte Fritz Hennenberg noch 1978 (vgl. Einführungstext zur Schallplattengesamtaufnahme), daß Brecht damit auch der Oper die wesentlichen Drehpunkte gegeben habe. Das ist falsch. Zwar findet sich Brechts Fabellesart in der Oper wieder, aber sie bildet nur eine und nicht die wesentliche Schicht des Werkes. Stoff und Dramaturgie der Oper sind nicht auf Brecht rückführbar, auch wenn ein solcher Irrtum naheliegt, da Brecht selbst mit dem ›Galileo Galilei‹ ein Schauspiel über die Verantwortung des modernen Naturwissenschaftlers geschrieben hatte.

1965 begann sich Paul Dessau erneut dem Projekt einer Einstein-Oper zuzuwenden und bat den Dichter Karl Mickel um ein Libretto. Die Zusammenarbeit dauerte mit Unterbrechungen bis 1973. Die Komposition entstand zwischen 1971 und 1973.

Von der Oper gibt es vier veröffentlichte Schlußfassungen. Der Komponist autorisierte die beiden, die dem Klavierauszug von 1973 und der Schallplatteneinspielung von 1978 zugrunde liegen. Zwei andere erschienen in dem von Karl Mickel verantworteten Textabdruck (Mickel: Volks Entscheid. 7 Stücke, Leipzig 1987).

Die Änderungen des Finales betreffen den Kern der Fabel. Wenn Einstein mit Hilfe der USA den deutschen Faschismus bekämpfte, sich dieses System aber selbst als barbarisch erwies (Abwurf der Atombombe, Korea- und Vietnam-Krieg), so mußte nach einem Ausweg, nach einer dritten Kraft gefragt werden, also nach der von Brecht benannten „undeutlichen dritten Macht", dem Kommunismus. Inzwischen hatte die Kommunistische Internationale auf Weisung Stalins ihre Tätigkeit beenden müssen. Und Mitte der siebziger Jahre war es einerseits allgemein bekannt, daß die kommunistischen Ideale durch die stalinistische politische Praxis schwer beschädigt waren, andererseits suchten die Menschen, die

Völker nach Orientierungen: So scharten die Sozialdemokratische Internationale und die vom Einstein-Russell-Manifest (1955) beförderte Friedensbewegung viele Sympathisanten um sich, während eigenständige nationale Bemühungen um einen Sozialismus/Kommunismus „mit menschlichem Antlitz" von Moskau politisch-propagandistisch unterlaufen oder militärisch niedergeschlagen wurden (ČSSR). Die 1955 von Brecht als „undeutlich" bezeichnete Kraft hatte in den zwanzig dazwischenliegenden Jahren reale geschichtliche Konturen angenommen, zugleich aber Züge von Unmenschlichkeit, so daß sie für viele humanistischen Kräfte keine Alternative mehr darstellte. Einsteins Weg hatte in eine Sackgasse geführt. Wo aber lag der Ausweg?

Um die Antwort auf diese Frage wurde bei der Ausformung der Finallösung gerungen. Eine negative Utopie (des jungen und des alten Physikers) die Welt auszulöschen, sich selbst aber auf einen anderen Stern zu retten, hatte Karl Mickel bereits 1965 entworfen; sie ist als Variante seinem Textabdruck beigegeben. In der Librettofassung von 1970 hingegen artikuliert der junge Physiker eine Hoffnung, nämlich die Kommunistische Internationale zu erneuern, weiterzuführen. Jede der Varianten schließt die andere aus.

Der Klavierauszug von 1973 bringt eine dritte Version: Für das letzte Bild der Oper hat Dessau eine Arie des Einstein auf den Text des Brecht-Gedichtes ›Und ich werde nicht mehr sehen das Land‹ (aus: ›An die deutschen Soldaten im Osten‹ Nr. 6) komponiert. Gemeint ist das verlorene Gelobte Land: Der Humanismus hat keine Heimat mehr. Gegen diese Resignation setzt die Vertreterin der sogenannten Dritten Welt, eine Schwarze, ihre Hoffnung auf den Gott Khavum, einen Naturgott. Sie schließt ihr Lied mit den Worten: „Und das ist das Ende." Darauf kommt keine Antwort, keine Reaktion, weder von Einstein noch vom jungen Physiker, der in der Librettofassung von 1970 noch ablehnt: „Das ist kein Ausweg." Diese Fassung von 1973 hat den Vorzug absoluter Ehrlichkeit. Hier bleibt „der Vorhang offen". Anstelle von Antworten werden Fragen gestellt: Versagen die bekannten Utopien (Gelobtes Land; Alle Menschen werden Brüder; Gott) oder versagen die Menschen vor ihren Utopien, müssen diese überhaupt erst noch eingelöst oder müssen neue, andere gesucht werden?

Kommentar

Die musikalische Handlung in der Einstein-Oper besteht zum wesentlichen Teil darin, wie es zur Ausbildung des Tonsymbols B-A-C-H kommt und in welchem Kontext dieses Symbol steht. Das beginnt mit dem Prolog, der ursprünglich Einstein selbst zugedacht war, nun aber dem Hans Wurst gehört. Bei den Worten „Einstein, unser Held, entfloh" endet die letzte Silbe auf dem Ton H. Die Posaune fährt in extremem Registerwechsel mit den Tönen B-A-C fort, der Kontrabaß bestätigt im nachfolgenden Takt das B-A-C. Die beiden Hans-Wurst-Intermezzi enden mit der Tonformel B-H; Das H wird von der Pauke geschlagen bzw. vom vollen Orchester gebracht, und im Hans-Wurst-Epilog wird dann das fehlende C tutti und mit Pauke nachgereicht.

So stellt dieses Sigle die Verbindung zwischen den einzelnen Intermezzi sowie zum Prolog und Epilog her, schafft aber auch Beziehungen zur tragischen Handlung. Die Tonformel B-H-C ist das Einleitungsmotiv, bevor in der Oper das erste und einzige Mal die Zwölftonreihe in Vollständigkeit erklingt. Sie ist gesetzt als kleines instrumentales Vorspiel zu Einsteins Reaktion auf den Atombombenabwurf, wenn der Gelehrte sich eingestehen muß, daß er die Geister, die er rief, nicht mehr bändigen kann. Das letzte und einzige Mal tritt das B-A-C-H in lapidarer Klarheit in der Oper auf, wenn die Schwarze Einstein ein Kind zuführt, das „alles wissen" will. Auf diesen komplexen Schülerwunsch reagiert Einstein selbst komplex, indem er auf sich und sein Leben verweist: Es hat ihn gelehrt, daß er nichts weiß. Diese Essenz eines Lebens versteht das Kind nicht. Seine erste hoffnungsvolle Tat ist es, das Nichtverstehen zu bekennen: „Ich verstehe kein Wort". Darauf reagiert Einstein mit: „Das ist sehr gut!"

Wie eine verbindende Brücke erklingt in der Altflöte lapidar und klar das B-A-C-H. In dieser Kette der Siglen, ihren Veränderungen und Beziehungen, geht es weniger um den Zusammenhang zwischen Bach-Zeit und Jetzt-Zeit, schon gar nicht um eine Gleichsetzung zwischen Bach und Einstein, sondern vielmehr um die Gleichzeitigkeit verschiedener Perspektiven – Narr, Gelehrter, Kind – und die Verbindung zweier Meister – Bach und Schönberg –, da sowohl in der Matthäuspassion als auch in ›Moses und Aron‹ ein biblischer Diskurs über Utopie, Gewissen und Verantwortung angelegt ist.

Dessau und Mickel lassen ihren Einstein einen Weg der Erkenntnis, Einsicht und Verzweiflung gehen, der durch drei Stationen markiert ist, in denen die Autoren das Prinzip der Geistererscheinung aufleben lassen. Der Physiker Einstein holt sich zweimal in notvollen Situationen Rat bei seinen „Vätern", den Renaissance-Gelehrten und Humanisten Galilei, Bruno und da Vinci. Das erste Mal geschieht dies nach der Bücherverbrennung. Einstein weiß sich in unmittelbarer Gefahr und zieht die Bücher seiner geistigen Autoritäten zu Rate und befragt deren Schicksal (I. Akt, 2. Szene). Brunos qualvoller Tod auf dem Scheiterhaufen lehrt ihn, daß in aussichtsloser Lage Widerstand nicht zu leisten ist. Aus den ›Discorsi‹ des Galilei erfährt er, daß man in der Emigration weiterarbeiten kann, doch das Testament des da Vinci lehrt ihn, daß man Wissen zurückhalten muß, denn technische Erfindungen sind mißbrauchbar. Mit diesem geistigen Gepäck begibt sich Einstein auf die Flucht.

Das zweite Mal zitiert Einstein nicht nur die Bücher, sondern beschwört seine Vorbilder (II. Akt, 2. Szene). Er hat erfahren, daß sein Freund, der alte Physiker, sein Wissen an die Faschisten verraten hat und in Deutschland die Atombombe baut. Wie auch immer er in dieser Situation handelt, er wird schuldig werden. Einstein erhält von Galilei zur Antwort: „Ich kroch zu Kreuze. Mein Leben war die Hölle", von Bruno: „Ich widerstand. Die Hölle war mein Tod." Leonardo da Vinci zieht daraus das Fazit und dröhnt ihm entgegen: „Da siehe du zu!"

Die kurze Szene ist von zentraler Bedeutung, gleichzeitig von großer Dichte. Karl Mickel zitiert mit dem Zuruf: „Da siehe du zu!" aus dem Matthäus-Evangelium (XXVII, 3-5). Judas bereut, daß er Christus verraten hat, und bringt die dreißig Silberlinge zurück. Aber die Hohepriester nehmen sie nicht an und sprechen: „Was gehet uns das an? Da siehe du zu!" Judas will die Verantwortung zurückgeben, sie wird ihm nicht abgenommen. So geschieht es auch Einstein. Hier wird ein geistiges Vater-Kind-Verhältnis von seiten des Vaters aufgekündigt: die Emanzipation des modernen Naturwissenschaftlers. Einstein wird der Himmel kollektiver Verantwortung verschlossen, er muß sich einen neuen suchen. Der komische Abgesang bzw. die Auflösung dieses Handlungsstranges erfolgt in der dritten Szene des dritten Aktes, ›Unsterblichkeit‹ genannt. Hier tangieren sich Matthäus- und Johannes-Evangelium, denn auf die Frage nach der Wahrheit, die Pilatus dem Christus stellt (Johannes XVIII, 36-83), erhält er keine Antwort. Im Kreis der Gelehrten aber wird sie gefunden und lautet: „Bier". Das ist nicht nur das Reimwort auf „Wer ist ewig? Wir!", sondern mit diesem Wort kehrt zwar nicht Einstein persönlich, wohl aber die Relativitätstheorie ins Reich der Unsterblichen ein, denn damit spülen die Physiker die „ewigen Werte" hinunter. Obgleich außerhalb der Hans-Wurst-Intermezzi stehend und aufs engste mit der tragischen Einstein-Handlung verbunden, trägt diese Szene doch komisch-heiteren Charakter: Das Museum abgestorbener Autoritäten wird zum Musentempel erfinderischer Greise, die die Donnerworte „Ewigkeit" und „Wahrheit" in Bier zu verwandeln verstehen, dies zum f-Moll-Präludium aus dem zweiten Teil des Wohltemperierten Klaviers und mit einer Anspielung auf Bachs Kirchenkantate ›O Ewigkeit, du Donnerwort‹.

Johann Sebastian Bachs Musik wird zum Schnittpunkt, zum verbindenden Glied zwischen Bibel und Renaissance-Humanismus. Die von Mickel verwendeten Evangelistentexte sind sämtlich in Johann Sebastian Bachs zwei großen Passionen zu finden (das „Es ist vollbracht" und die Frage nach der Wahrheit in den Nummern 28 bzw. 57 der Johannes- und das Donnerwort „Da siehe du zu!" in der Matthäuspassion Nummer 48 und 49).

Das Verhältnis zwischen Einstein-Oper und Bibel hat wechselnde Funktionen, bald ergänzen die Texte einander, bald stellen sie sich gegenseitig in Frage. In diesem Sinne hat Dessau verschiedene Bach-Kompositionen in die Einstein-Oper eingebracht. Sie geben den Texten und Situationen eine zusätzliche Dimension. Er selbst hat darauf aufmerksam gemacht, daß der Begriff Zitat hier falsch angewendet wäre, denn ein Zitat sei nur „ein kleiner Einwurf", während es sich in dieser Oper vorwiegend darum handele, daß „ganze Stücke eingebaut, collagiert und zusammengeklebt werden" (›Einstein‹-Kolloquium 1974, S. 52).

Die von Dessau verwendete Bachsche Musik hat die Funktion, tiefer liegende, versteckte Sinnschichten hervortreten zu lassen. Einige Beispiele. Der junge Physiker ist Einsteins Rat nicht gefolgt, sondern in Deutschland geblieben und muß nun fürchten, daß er zum Soldaten gemacht wird. Er vertraut sich einem „Engel der Hölle", einer Hure, an (I. Akt, 5. Szene) und wird verraten: Menschlichkeit kann man nicht kaufen. Obgleich der Physiker das weiß, begibt er sich in aussichtsloser Lage in die Obhut dieser Frau. Während die beiden miteinander verhandeln, arbeitet sich langsam aus dem musikalischen Untergrund die Musik der

Kantate Nr. 48 ›Ich elender Mensch, wer wird mich erlösen‹ nach oben. Die auf der Orgel original erklingende und von Band eingespielte Musik der Kantate übertönt bald das Orchester und ergreift bei den Worten des jungen Physikers „Er wandelt die verschlungenen relativ wenig durchleuchteten wunderbar rettenden Wege des Herrn" auch den Vokalpart. Der junge Physiker spricht bereits in der dritten Person von sich selbst. Das Wissen, daß keine Rettung möglich sei, und der Versuch, sich doch zu retten, laufen parallel, die Hoffnung siegt, die Kantate dominiert.

Berühmt geworden ist die zweite Szene des ersten Aktes, in der SA-Männer Einsteins Arbeitszimmer zerstören, dabei erklingt Bachs Dorische Tokkata (BWV 538), die mit dem in hohe Register gepeitschten Choral ›Vom Himmel hoch, da komm ich her‹ kollidiert: Hitler kommt nicht vom Himmel; ihm zu folgen, geht auf eigene Kosten.

Weitere Beispiele ähnlicher Art, aber mit Musik anderer Komponisten, finden sich, wenn Dessau den einer Szene innewohnenden Widerspruch durch Zitate auf die Spitze treibt. Den „Geist der neuen Zeit" lobt ein SA-Mann mit der Walzermelodie des Ochs von Lerchenau aus dem letzten Akt des ›Rosenkavalier‹. Mit dem „neuen Geist" meint er die Prostituierte, die den jungen Physiker denunzierte. Es gibt einen schauerlichen Sinn, wenn man zur zitierten Musik den ursprünglichen Text mitdenkt: „Mit mir, mit mir, keine Nacht dir zu lang". Der SA-Mann hatte den jungen Physiker in der Nacht des Gestapo-Kellers zum Krüppel geschlagen.

Bach-Adaptionen und -Zitate stellen Unterbrechungen der linear-kausalen Geschehensfolge dar. Es werden einander fremde musikalische Elemente zusammengestellt, so daß die jeweilige Situation eine übergreifende Bedeutung erhält, ohne daß eine zeitliche Verlängerung der Geschehensfolge nötig ist. Das musikalische Gefüge wird durch diese Art von Simultantechnik dichter.

Auch für Karl Mickel bedeutet Zitieren eine „Möglichkeit, die Simultaneität der Aussage zu erhöhen, das Informationsbündel dichter und besser zu machen" (›Einstein‹-Kolloquium 1974, S. 52). Mickels Zitate bilden die entscheidende Achse, auf der sich im ›Einstein‹ der Bezug zur deutschen Klassik realisiert. Es beginnt (I. Akt, 2. Szene) mit einem Zitat aus Friedrich Maximilian Klingers Roman ›Faust‹. Einstein sieht sich mit der Bücherverbrennung konfrontiert und kommentiert: „Eine herrliche Nacht, die empörte Einbildungskraft zu verwildern." Später (I. Akt, 3. Szene) zitiert Mickel mit der Szenenanweisung „Nacht. Freies Feld" jenen seit der deutschen Klassik so exemplarisch gewordenen Ort aus Goethes ›Faust‹, an dem der Mensch sich entscheiden muß, ob er geht oder bleibt. Wieder erklingt in dieser über das Einzelschicksal hinausweisenden Situation die Musik Johann Sebastian Bachs. Einsteins großes Arioso in dieser Szene basiert auf einem Orgelpräludium (BWV 537), das, auf drei Flöten übertragen, fugiert über dem Orgelpunkt C (Celli und Kontrabässe) und relativ selbständig zum Vokalpart geführt wird: der Protagonist im inneren Zwiegespräch. Für das Soldatenlied (I. Akt, 5. Szene) der faschistischen Truppe wählte Mickel den Text

„Amor, erheb dich, edler Held" aus ›Des Knaben Wunderhorn‹, den Dessau auch im Voklsliedton komponierte, denn das Volkslied war mißbrauchbar geworden und dient hier als Maske für das Böse. In der gleichen Szene spielt Mickel im Text des jungen Physikers auf Bachs Weihnachtsoratorium an (Duett Nr. 29). Heißt es dort: „Herr, dein Mitleid, dein Erbarmen, tröstet uns und macht uns frei", heißt es hier: „Tröste mich und mach mich blind". Dessau folgt der Textanspielung musikalisch, aber nur in zwei Takten. Das genügt, um auch hier einen Text aus seinem Umfeld hervorzuheben, ohne den Gesamtverlauf durch Erweiterungen in die Länge zu ziehen.

Eine wesentliche Qualität des Librettos liegt darin, daß jede Figur in sich bedeutsam ist. Das erklärt, warum selbst der „Führorr" (Bezeichnung für Hitler) mit einem Zitat versehen wird: „Das Wasser unter der Erde strebt aufwärts, wo ihr hinseht, und das Gewitter am Himmel zerteilt sich, wenn ihr hinanblickt." So spricht der Führorr zu den Physikern, wenn er ihnen die Herstellung der Wunderwaffe befiehlt. Das von Friedrich Hölderlin im ›Empedokles‹ geschaffene Gleichnis wird hier buchstäblich genommen. Mit Hölderlins Worten artikuliert ein wahnsinniger Mörder seine realen Erwartungen und manifestiert damit seine entgleiste Phantasie.

Einsteins Schock über den Atombombenabwurf (II.Akt, 10. Szene) äußert sich zuerst auf Englisch, in einem Zitat aus Lord Byrons ›Darkness‹. Der deutsche Jude Einstein fühlt im Schock englisch, bevor er seine (Mutter-)Sprache wiederfindet.

Mit den sprachlichen Zitaten und den musikalischen Adaptionen tritt jeweils eine eigenständige Welt in die Handlung ein. Zitate und Adaptionen erscheinen als den Figuren und Situationen zugleich fremde und angepaßte Elemente, die zu Stauungen, Stockungen, aber auch zu Beschleunigungen führen, durch die der Zeitablauf diskontinuierlich wird. Manche Szenen verlaufen im Zeitraffer, andere im Zeitlupentempo, Autorenstandpunkt und Figurenperspektive kommen in ein Spannungsverhältnis. Ein kurzer Augenblick wird mittels Zitat und Einsprengung geschichtlich aufgerissen, an die Stelle eines Nacheinander tritt Simultaneität, und übergreifende Zusammenhänge werden sinnfällig.

Aneignung

Paul Dessau hat seine Oper ›Einstein‹ Ruth Berghaus gewidmet. In ihrer Regie kam das Werk an der Deutschen Staatsoper Berlin 1974 zur Uraufführung (Musikalische Leitung: Otmar Suitner). Andreas Reinhardts Bühnenbild war so lapidar wie kunstvoll, von zeichenhafter Strenge und fast organischer Empfindsamkeit – schwarze Tücher auf weißem Grund, von Ruth Berghaus so genutzt: Sie pulsieren vor dem weißen Rundhorizont, umhüllen die Bühne bis hin zum Orchestergraben (Graben wie Grab); es entsteht ein Sog, nach vorn und nach unten, das Geschehen spielt nahe dem Abgrund. Die Tücher schmeicheln, schützen, recken sich hoch, verschließen, sperren, reißen auf, reißen ein. Der Atombombenabwurf: Wellend und leckend fällt das schwarze Tuch körperhaft langsam in sich zusammen, und die Sonne ist schwarz auf einem fürchterlichen Weiß – ein visuelles Äquivalent für die komponierte Stille.

Zur theaterhistorischen Leistung dieser Inszenierung gehört auch die Besetzung. Das Ensembleprinzip befand sich auf der Höhe der Zeit. Zweiundsechzig Rollen waren zu besetzen, darunter befanden sich zur Uraufführung Sänger wie Theo Adam (Einstein), Eberhard Büchner (Casanova), Annelies Burmeister (Krokodil und Schwarze), Horst Hiestermann (Hans Wurst), Peter Schreier (Junger Physiker) und Reiner Süß (Alter Physiker).

Diese Einstudierung hatte Wirkungen. Die Oper ›Einstein‹ zählte jahrelang zu den erfolgreichsten Einstudierungen eines zeitgenössischen Werkes. Gastspiele machten sie darüber hinaus bekannt: 1976 in Florenz zum XXXIX. Maggio Musicale Fiorentino, 1977 in Stockholm, 1978 in Hamburg, Wiesbaden und Lausanne, 1979 in Dresden zu den Musikfestspielen.

Die westdeutsche Erstaufführung fand 1980 als Gastspiel des Musiktheaters im Revier Gelsenkirchen im Rahmen der Ruhrfestspiele in Recklinghausen statt (Dirigent: Uwe Mund, Regie: Jaroslaw Chundela, Einstein: Joshua Hecht). Es folgten Meiningen 1980, 1981 Schwerin, 1989 Weimar. Der VEB Deutsche Schallplatten produzierte 1977 eine Gesamtaufnahme, die bereits mehrmals vom Rundfunk gesendet wurde.

Ausgaben Text In: Karl Mickel: Volks Entscheid. 7 Stücke, Reclam Leipzig 1987; KlA Henschelverlag Berlin 1973, übernommen in die Edition Peters Leipzig (EP 9750)

Rechte Henschel Musik GmbH Berlin; Musikverlag Bote & Bock Berlin

Literatur Paul Dessau: Aus Gesprächen, Leipzig 1974; ›Einstein‹-Kolloquium. In: Material zum Theater Nr. 43, hrsg. vom Verband der Theaterschaffenden der DDR, Berlin 1974; ›Einstein‹-Dokumentation. In: Material zum Theater Nr. 97, hrsg. vom Verband der Theaterschaffenden der DDR, Berlin 1977
Hans Joachim Kynaß: Vergnügen an einem ernsten Gegenstand. Gespräch mit der Regisseurin Ruth Berghaus, dem Librettisten Karl Mickel und Kammersänger Theo Adam. In: Neues Deutschland, Berlin 14. Januar 1974; Werner Otto: Das Ideal einer anderen Welt. Zum Entwurf einer ›Einstein‹-Oper von Paul Dessau aus dem Jahre 1955. In: Theater der Zeit, H. 1, Berlin 1974; Theo Adam: Während der Proben notiert (›Einstein‹), Karsten Bartels: Aspekte der ›Einstein‹-Partitur. In: Theater der Zeit, H. 4, Berlin 1974; Wolfgang Lange: Über ›Einstein‹, Gespräch mit Lehrlingen am WF Berlin. In: Theater der Zeit, H. 5, Berlin 1974; Fritz Hennenberg: Einführungstext zur Schallplatteneinspielung des ›Einstein‹ bei ETERNA. VEB Deutsche Schallplatten, Berlin 1978; Sigrid Neef: Kreuzwege der Vergegenwärtigung. Paul Dessau – der Dritte im Bunde. In: Musik und Gesellschaft, H. 12, Berlin 1984
Rezensionen der Uraufführung. In: Theater der Zeit, H. 4, Berlin 1974; Musik und Gesellschaft, H. 4, Berlin 1974

Aufnahme NOVA 8 85 103/104 (GA, Einrichtung für die Schallplatte von Paul Dessau unter Auslassung der Szene III/1) Theo Adam (Einstein), Peter Schreier (Junger Physiker), Reiner Süß (Alter Physiker), Henno Garduhn (Hans Wurst / Präsident), Peter Olesch (Büttel), Annelies Burmeister (Krokodil / Schwarze), Günther Fröhlich (Galileo Galilei), Günther Leib (Giordano Bruno), Martin Ritzmann (Leonardo da Vinci); Chor der Deutschen Staatsoper Berlin, Staatskapelle Berlin, Dirigent Otmar Suitner; aufgenommen 1977

Leonce und Lena
Oper
nach dem gleichnamigen Lustspiel von Georg Büchner
Textorganisation Thomas Körner

Entstehung 1977-1978

Uraufführung 24. November 1979 Deutsche Staatsoper Berlin

Personen
König Peter vom Reiche Popo_____Baß
Prinz Leonce, sein Sohn_____Tenor
Prinzessin Lena vom Reiche Pipi_____Sopran
Valerio_____Tenor
Die Gouvernante_____Mezzosopran
Der Hofmeister_____Baß
Der Ceremonienmeister_____Baß
Der Präsident des Staatsraths_____Baß
Der Hofprediger_____Baß
Der Landrath_____Baß
Der Schulmeister_____Tenor
Rosetta_____Sopran
Ein Diener_____Baß
Kammerdiener_____Baß
Vier Bediente_____Baß, 3 Tenöre
Bauern, Staatsrath_____Gemischter Chor

Orchester 3 Fl (I und II auch Picc, III auch AFl), 2 Ob (II auch EH), 3 Klar (II auch BKlar, III auch Es-Klar), 2 Fg (II auch KFg), 4 Hr, 3 Trp, 3 Pos, Hrf, präpariertes Kl, Cel, Pkn, Slzg (mindestens 3 Spieler): Glsp, Mar, Tamb, Xyl, Trgl, Vib, Rumbabirne, Bongo, 6 Tempelblocks, KlTr, GrTr, Holztr, Tt, Bck, 2 kleine Mozartbecken, Cymbeln; Str
Bühnenmusik Fl, Klar, Fg, Trgl, Glsp, Org
7 Soprane hinter der Szene oder Tonband ad lib.

Aufführungsdauer Vorspiel und I. Akt: 45 Min., II. Akt: 15 Min.; Gesamt: 60 Min.

Handlung
Einleitungsmusik. **Vorspiel:** *Es wird nach Ruhm (fama) und nach Hunger (fame) gefragt, und diesen Fragen wird mit Vivat akklamiert. Freier Platz vor dem Schloß des Königs Peter.* Untertanen stehen Spalier, ein Hohes Paar zu empfangen, sie proben unter Anleitung des Schulmeisters für den inspizierenden Landrath das Vivat!
I. Akt, 1. Szene: Prinz Leonce träumt von einem Mädchen, das nicht nach seinem Stand fragt, sondern ihn namenlos liebt. Valerio will eine solche Braut schaf-

fen, wenn ihm der künftige König als Gegenleistung einen Ministerposten zusichert. 2. Szene: *Fluß und Garten. Nacht und Mondschein.* Valerio wird von Mensch und Natur am Schlafen gehindert. Lena kann nichts am Träumen hindern. Sie wünscht sich tiefste Harmonie, den Tod. Leonce erscheint ihr als Todesengel. Sein Kuß stört sie auf. Lena flieht. Leonce flüchtet angesichts des „höchsten Augenblicks" in den Selbstmord. Valerio rettet den künftigen König und damit zugleich seinen Ministerposten. 2. Szene: *Ein Zimmer.* Lena ist im „tiefsten Innern" erschüttert. Die Gouvernante rät ihr, nicht an Menschen zu denken. Lena lauscht den „Harmonien des Abends". 4. Szene: *Wirtshaus. Weite Aussicht. Garten vor demselben.* Valerio empfiehlt seinem Herrn eine Taucherglocke: den Wein. Leonce will auf seinen Enthusiasmus nicht verzichten. 5. Szene: *Am gleichen Ort.* Valerio und Gouvernante begegnen einander und nehmen sich auch körperlich wahr, Leonce und Lena berühren sich nur im Geiste. 6. Szene: *Freies Feld.* Leonce und Lena auf dem Weg, unterwegs zu sich selbst. Der Weg ist weit, sie werden müde. Gouvernante und Valerio müssen eingreifen, damit das Paar weiter vorankommt. 7. Szene. (Ohne Ortsangabe.) Prinzessin Lena ist Braut. Sie gibt ihren Träumen den Abschied. – Leonce verabschiedet seine alte Liebe, Rosetta, die ihre „müden Füße" tanzen läßt und davongeht: „Es war die rechte Liebe nicht." – Der Vater, König Peter, befindet sich im Endstadium der Melancholie, sein Bewußtsein zerfällt, er scheidet sich von der Welt. Sein Hof existiert auch ohne König weiter. Sohn Leonce kommt mit der „Melancholie nieder" und entdeckt seine Lust an der Macht, erprobt sie an Valerio, der sich zum Spießgesellen machen läßt, und beide demütigen den Präsidenten des Staatsraths.

II. Akt, 1. Szene: *Großer Saal, geputzte Herren und Damen, der Staatsrath.* Endzeitsituation. Man wartet auf das Hohe Paar, Leonce und Lena. Sie sind verschwunden. Alles verfällt. Valerio tritt in Aktion, läßt Puppen tanzen, demonstriert an einer weiblichen und einer männlichen Maske den idealen Staatsbürger, die Menschenmaschine. König Peter gibt Befehl, beide Masken anstelle von Prinz und Prinzessin zu verheiraten. Die Hochzeit wird „in effigie" vollzogen. Doch die vermeintlich Abwesenden, die vermißten Leonce und Lena, sind anwesend, als eben diese Puppen, und finden sich demaskiert als Braut und Bräutigam wieder: Es war für sie „die Flucht aus dem Paradies" der Liebe in die Prosa der Ehe und Geschäfte. Die Gouvernante verstummt. Valerio wird laut. König Peter dankt ab. Der neue König, Leonce, entläßt seinen Hofstaat bis zum nächsten Morgen, weist der Königin Lena ihren Bereich zu: die schönen Künste. Lena entwirft ihre Utopie, ein Leben in Sonne, Schönheit und daher Zeitlosigkeit. Dann verstummt auch sie. Valerio proklamiert die Abschaffung der Arbeit. 2. Szene: *Ein Garten.* Leonce und Valerio erproben ihre Rollen als König und Staatsminister. Der Zwang zur Wiederholung der vorgegebenen Ordnung schafft ihnen Aggression und Verzweiflung. – Noch immer wird nach Hunger und Ruhm gefragt, nur die Reihenfolge des Fragens hat sich geändert, die Akklamation lautet nicht Vivat, sondern VatVi. Es ist der Krebsgang, man geht vorwärts rückwärts oder rückwärts vorwärts.

Entstehung

Thomas Körner legte Wert darauf, daß er nicht als Librettist, sondern als Textorganisator bezeichnet würde. Er wollte damit deutlich machen, daß er selbst nicht sprachschöpferisch tätig war. Doch hat er durch die neue Organisation des Textes in Georg Büchners Lustspiel ›Leonce und Lena‹ entscheidend eingegriffen. Körner kürzte nicht nur, sondern veränderte vor allem die Abfolge der Szenen. Kurz zuvor hatte er für Friedrich Goldmann das Libretto zur Opernphantasie ›R. Hot‹ geschrieben und in ganz ähnlicher Weise eine literarische Vorlage (Lenz' Schauspiel ›Der Engländer‹) adaptiert, Sätze und Situationen auf kürzelhafte Miniaturen reduziert. Sein erklärtes Ziel war es, die traditionelle Konzeption einer final-kausalen Handlungskette aufzubrechen. Sein Motiv dabei: einschichtiger Erzählweise vorzubeugen, eine Handlung so zu entfalten, daß Grundtatsachen menschlichen Seins evident werden, ohne daß die Handlungsfolge suggeriert, eine Situation müsse zwangsläufig aus der anderen hervorgehen.

Büchners Schauspiel ist auf zwei Akte reduziert, die in ein Vorspiel, eine Lustoper – von einer Zwischenoper (siebtes Bild des ersten Aktes) unterbrochen – und eine Nachoper gegliedert sind. Die Handlung vollzieht sich im Krebsgang, die Nachoper endet quasi in einem Nachsatz dort, wo vor dem Vorspiel das Werk mit einer Art Epigraph begann.

Dessau war durch Friedrich Goldmann mit Thomas Körner bekannt geworden und bat ihn Ende 1976 darum, Büchners ›Leonce und Lena‹ für ein Libretto einzurichten. Mit der Komposition begann er Anfang 1977, sie war am 27. Januar 1978 beendet. Gegen Ende des Jahres 1978 aber legte er dem mit der Vorbereitung beschäftigten Uraufführungsteam eine nachkomponierte vierte Szene (Valerios Loblied auf den Wein) vor. Dadurch rückte die ursprünglich sechste Szene an die siebte Stelle. Bald darauf reichte er noch eine Introduktion mit dem Hinweis nach, daß in dieser Einleitungsmusik das Programm seiner musikalischen Dramaturgie vorgegeben sei.

Kommentar

Dessau erzählt in seiner Oper ›Leonce und Lena‹ eine andere Geschichte als Büchner. Er führt, mit der Introduktion beginnend, seine Figuren immer wieder zu Dreierkonstellationen und sprengt damit die traditionelle Paarigkeit, man kann auch sagen, den Dualismus von Herr und Diener, Prinzessin und Prinz, Zögling und Gouvernante, Ehefrau und Geliebte, Braut und Bräutigam auf. Durch rhythmische und melodische Zuordnungen sind Lena, Gouvernante und Rosetta auf der einen; Leonce, Valerio und König Peter auf der anderen Seite gruppiert. Lena äußert sich in einer rhapsodisch einfachen Liedform, die Gouvernante erscheint als deren rezitativische Ergänzung, als zweite Stimme oder *alter ego* der Lena; Rosetta als kunstvolle, künstlich-figurative Ausformung. Die drei Frauengestalten sind lediglich wechselnde Seiten e i n e r Figur, die unterschiedliche Stationen eines Frauenlebens darstellen (das gleiche trifft auch auf die Dreierkonstellation der Männer zu). Zentral wird das in der siebten Szene gefaßt, die mit einem

Brautlied der Lena anhebt, das eigentlich eine Totenklage ist. Lenas Stimme hat „nach einem großen diminuendo" aus Leonces Stimme hervorzugehen und dabei „entrückt" zu klingen: „Wie ist mir eine / Stimme doch erklungen / Im tiefsten Innern, / Und hat mit einem Male mir verschlungen / All mein Erinnern!" Das Mädchen wiederholt erinnernd, quasi als ein Echo, Leonces Ton, gleichzeitig wird im Vorgang des Singens Erinnerung ausgelöscht. Musiziert wird der Vorgang, wie die Außenwelt auf Lenas Inneres wirkt, wie sie sich selbst aufgibt und verliert. Beschrieben wird, was der Brautstand für das Mädchen bedeutet: Aufgabe des eigenen Ichs, der Wünsche, Hoffnungen und Träume. „Wahres Opferlamm", kommentiert die Gouvernante, das andere Ich. Ins Visier genommen wird ein epochales Problem: „Furchtbares hat die Menschheit sich antun müssen, bis das Selbst, der identische zweckgerichtete, männliche Charakter des Menschen geschaffen war, und etwas davon wird noch in jeder Kindheit wiederholt". (Horkheimer/Adorno 1971, S. 33)

Es gehört zum spezifischen Schönheitsbegriff dieses Werkes, daß Dessau der bitteren Zustandsbeschreibung die Hoffnung auf ein Gehört- und Verstanden-Werden entgegensetzt, die selbst in der Totenklage nicht verlischt. Und tatsächlich wird Lenas Klagelaut vernommen, von der Gouvernante zunächst, dann aber auch von Rosetta, denn fast unmittelbar auf Lenas Brautlied folgt Rosettas „Tanz der müden Füße", ein A-cappella-Gesang, die kunstvoll-figurative Ausformung von Lenas Totenklage. Musikalisch stehen sich Lena und Rosetta auch durch die Wahl der gleichen Stimmlage sehr nahe. Der „Tanz der müden Füße" ist ein Gleichnis für Lebensmüdigkeit und hat seine Parallele in einer der voraufgehenden Szenen, wenn Lena ihre Gouvernante fragt: „Ist denn der Weg so lang?" Aber diese antwortet nicht, dafür Leonce, der „träumend vor sich hin" sagt: „Jeder Weg für wunde Füße." Diese Worte greift Lena „ängstlich sinnend" auf, setzt nun aber anstelle des Adjektivs „wund" das Attribut „müde" und antizipiert so Rosettas Vokabular und Affekt: „... für müde Augen jedes Licht zu scharf, müde Lippen jeder Hauch zu schwer". Lena und Rosetta: die Braut und die Geliebte, zwei Seiten eines Frauenschicksals. Steigt Rosetta nur einmal kurz und kometenhaft am männlichen Horizont auf und verschwindet wieder („Es war die rechte Liebe nicht", kommentiert sie selbst), so behaupten sich Gouvernante und Lena bis zur Heirat und Inthronisation, erst dann beginnt ihr Verstummen, während im Gegenzug Valerio und Leonce immer lauter und geschwätziger werden. Zuerst geht die Gouvernante aus der Welt. Durch kleine Textveränderungen gegenüber Büchner hat Thomas Körner diesem Vorgang eine existentielle Dimension gegeben. Zweimal wehrt sich die Gouvernante noch mit einem „Kurz, Bester" gegen die einsetzende Geschwätzigkeit, dann beschließt sie, Lena dem „irrenden Königssohn" Leonce zu überlassen und „ruhig zu sterben". Das „Auf Wiedersehen" ist ihr endgültig letztes Wort.

Lenas Sturz ins Verstummen ist radikaler und vor allem kritischer. Sie beginnt als frisch inthronisierte Königin „con brio", also lebhaft und feurig, und mit sehr ernst gemeinten Wünschen, wird jedoch nach wenigen Sätzen von den Männern

„ben ritmico" zum Stichwortgeber spöttischer Witzeleien gemacht und verstummt mitten im Satz; ein Komma ist das letzte, was von ihr bleibt.

In der musikalischen Gestaltung von Valerio und Leonce schließt Dessau an ein Vorbild, Mozarts ›Don Giovanni‹ an: Hier wie dort haben die Partien von Diener und Herr die gleiche Stimmlage (hier Tenor, dort Bariton). Darüber hinaus zitiert Dessau Wendungen aus Mozarts Opern: aus dem Finale des ›Don Giovanni‹, wenn Leonce und Lena sich demaskieren, aus der ›Zauberflöte‹ (Terzett der drei Damen der Königin der Nacht), wenn das neue Herrscherpaar den alten Hofstaat verabschiedet. Sowohl Leonce als auch Valerio sind durch rhythmisierte Liedformen mit Arienansätzen gekennzeichnet, durch einen häufigen, abrupten Wechsel ins freie Rezitativ. Wenn der eine sich im Gesang arios entfaltet, bleibt der andere im rezitativischen Bereich. Hebt der eine von der Realität ab, um sich in Träume zu verlieren, zieht ihn der andere wieder auf den Boden der Tatsachen zurück, meist sehr unsanft. So bildet der eine die Ergänzung des anderen. Die musikalische Zusammengehörigkeit von König Peter, Valerio und Leonce wird durch zwei stilistische Elemente realisiert. Zum einen durchzieht ein Polka-Tempo als versprengte rhythmische Figur die Gesamthandlung, heftet sich jeweils an die Fersen der drei Männer, kommt mit Valerio das erste Mal ins Spiel, zeigt sich aber beim Auftritt von König Peter erst in seiner vollen Ausformung. Zum anderen ist allen dreien ein ständiger abrupter Wechsel zwischen weitausholender, durch volles Orchester gesteigerter arioser Gebärde und zurückgenommenem Prosaton eigen: Alle drei Figuren tragen Züge von Schizophrenie, befinden sich in unterschiedlichen Stadien von Melancholie und fallen sich ständig selbst in die Rede oder versuchen, wie Leonce es ausdrückt, „sich selbst auf den Kopf" zu sehen. Ganz anderes ist gemeint, wenn durch Gegenakzente zur Redeintonation, durch Rhythmisierung, ungewöhnliche Akzentuierungen und Extremintervalle der Text musikalisch zerstückt und vereinzelt wird. Da sind Worte und Wendungen Waffen, um den anderen zu treffen, ihn herauszufordern, dann werden sie zu Elementen einer Handlung, die sich als Kampf mit Worten realisiert.

Sind die musikalischen Aktionen der Männer nach außen gewendet, so ist im Unterschied dazu der A-cappella-Gesang der beiden Frauen Lena und Rosetta eine Musik äußerster Versenkung in die eigene Stille. Der alte Volksliedton kehrt hier zu sich selbst zurück und ist doch nicht mehr der alte, denn die metrischen Unregelmäßigkeiten des älteren Volksliedes werden mit der modernen Tendenz zu differenziertester Asymmetrie sowie mit Parametern der Kunstmusik verbunden – so den respondierenden Beziehungen zwischen Gesangsstimme und arabeskem Spiel der Instrumente. Daraus gewinnt die Musik ihren eigentümlichen Reiz, sie zielt tastend, trotz des Kreislaufs der Protagonisten und der Krebsgestalt der Handlung, hinaus ins Weite und hin auf ein „Erkenne dich selbst": „Der furchtbare Irrtum liegt im Ausdruck ‚der Mensch'. Er ist keine Einheit, was er vergewaltigt hat, enthält er alles in sich." (Canetti 1973) Daher die Versenkung in die eigene Stille, die Kraft und Ohnmacht, Stärke und Schwäche zugleich ist. Dessau diskutiert mit seinen Frauenbildern die traditionellen Heldenbilder, aber nicht abstrakt, sondern er zielt ganz konkret auf die Antinomie: der Mensch als Instrument fremder Zwecke und der Mensch als sein eigener Endzweck. Hierin Büchner folgend, faßt der Komponist diesen Widerspruch von innen heraus, seine Frauen sind als soziale Wesen Instrumente fremder Zwecke, als Naturwesen kennen sie keine fremden Zwecke, weil „alles was ist, um seiner selbst willen da ist" (Probevorlesung über Schädelnerven [1836], S. 350).

Dessau läßt das bekannte Tonsymbol B-A-C-H dreimal an markanter Stelle erklingen: Es steht inschriftenartig am Anfang und Ende des ersten Instrumentalstückes, wenn Leonce und Lena einander in der Natur begegnen (I. Akt, Ende 1. Szene) und nicht mehr voneinander wissen, als daß sie Frau und Mann und unterwegs auf der Suche nach dem Glück sind. Aber es erklingt auch in einer konträren Situation und Umgebung, nämlich am Hof des Königs Peter, wenn dieser wünscht, sich endlich dem „Denken" widmen zu können (II. Akt, 1. Szene); und es war vorher bereits in „verwirrter" Form als B-A-H-C zu König Peters Worten „O ich bin froh" erklungen. Wenn der alte Monarch abdankt, weil er „jetzt denken, ungestört denken" möchte, und in den Kontrabässen das B-A-C-H erklingt, meint das nicht nur Johann Sebastian B a c h, sondern bezieht sich auch auf den Philosophen Spinoza und dessen hebräischen Vornamen B a r u c h. Dessau war zeitlebens ein Anhänger der Lehre Spinozas. An dessen ›Ethik‹ interessierte ihn vor allem „die Ausklammerung allen Ichs" (vgl. Dessau 1974, S. 22). König Peters Monolog endet mit den Worten: „... denkt die Substanz ‚an sich'?", das heißt mit einer Anspielung auf Spinozas ›Ethik‹. Dessau benutzt den Hornton auf cis, um aus dem Wort „sich" das „ich" als Echoton herauszulösen. Auf dem Hornton setzt König Peter forte sein „ich", doch dieses „ich" löst sich in ein vielfaches, in der Ferne verklingendes Echo auf (von acht Chorbässen hinter der Szene zu singen). Heinrich Heine berichtet in seiner ›Geschichte der Religion und Philosophie in Deutschland‹ von jenem Schofar genannten Bockshorn, das nicht nur zum jüdischen Neujahrsfest, sondern auch zur Austreibung abtrünniger Juden geblasen wurde, also auch die Verstoßung Spinozas aus der Amsterdamer Gemeinde akkompagnierte. Vermutlich wußte der Spinoza-Verehrer Paul Dessau um diesen Zusammenhang und spielte mit dem Einsatz des Horns bei diesem Zitat aus Spinozas ›Ethik‹ darauf an. Darüber hinaus macht das dreimalige Setzen des B-A-C-H an markanter Stelle, draußen in der Natur und im Zentrum des Zwergstaates, auf den Zusammenhang zwischen Natur und Gesellschaft aufmerksam, Dessau realisierte auch auf dieser Ebene die in der Einleitungsmusik angelegte Dreierkonstellation.

Doch neben der Zahl Drei erscheint in der Introduktion auch die Sieben, und deren Sinn erfüllt sich am Schluß der Oper, wenn das frisch inthronisierte Paar und der Staatsminister Valerio ihre konträren Utopien austauschen. Dann erklingt ein siebenstimmiger Chor, der hinter der Bühne und „wie aus der Ferne oder aus der Höhe zu singen" ist. Die Zahl Sieben ist nicht zufällig gewählt, Dessau bezieht sich damit auf jenen in der biblischen Genesis genannten Tag, da Gott seine Schöpfung beschaute und ruhte. Die Neigung zur Zahlensymbolik teilt Dessau mit bedeutenden Komponisten, so mit Arnold Schönberg und Alban Berg, die bekanntlich neben Mozart, Weber und Webern zu seinen häufigsten musikalischen Dialogpartnern zählten.

Dessau setzte in ›Leonce und Lena‹ die Zahlen Drei und Sieben als kryptische Mitteilungen der Oper voran und gab deren Sinn im Verlauf der Handlung preis: Sie sind ein formales Mittel romantischer Dichtkunst; Zitate, die im Text versteckt, aber als Zitate nicht kenntlich gemacht sind und die sich polemisch oder bekennend auf fremde Werke und Autoren beziehen.

Auch Georg Büchner zitierte auf diese Weise aus der Bibel, aus Spinozas ›Ethik‹ und der Dichtkunst seiner Zeit. Daneben setzte er an drei Stellen dem Text Zitate in Form von Epigraphen voran, denen er die Funktion zuwies, Vorgängen, Situationen und Personen eine allgemeine Perspektive zu geben. Thomas Körner trieb bei seiner Textorganisation das Prinzip der Krypto-Zitate auf die Spitze, indem er auch die von Büchner als Epigraphe gemeinten Zitate in die Handlung einbezog und sie handelnden Personen zuordnete, so daß sie nun ebenfalls zu Krypto-Zitaten wurden.

Büchner stellte seinem Lustspiel ein Motto voran: „Alfieri: ‚E la fama?‘ (Und der Ruhm?) Gozzi: ‚E la fame?‘ (Und der Hunger?)" Um in These und Antithese einen treibenden Widerspruch menschlichen Seins auszusprechen, hat Büchner ganz bewußt die italienische Sprache gewählt, denn die Italiener jener Zeit trugen im Unterschied zu den Deutschen ihre sozialen und ideologischen Konflikte in der Praxis aus. In der Oper eröffnet Büchners Motto die Handlung, die beiden Fragen sind den Stimmen von Leonce und Valerio zugeordnet. Dessau spielt mit der kleinen melismatischen, viermal wiederholten Wendung auf den Worten fama und fame auf das Opernland Italien an, ebenso mit dem aktivistischen 6/8-Tempo, den gestopften Trompeten sowie den hinter der Szene von einem anonymen Chor zu singenden Vivat-Rufen. Das heißt, die Oper eröffnet mit dem Wunsch, daß Fragen gestellt und Konflikte öffentlich gemacht werden, gemeint ist kein historisch konkreter Ort, sondern eine geistige Heimat.

Hatte Büchner dem ersten Akt seines Lustspiels einen Ausspruch des Edelmannes Jacques aus Shakespeares ›Wie es euch gefällt‹ vorangestellt, so eröffnet in der Oper (II. Akt, 2. Szene) König Leonce seine Regierungsgeschäfte mit Jacques' Worten: „O wär' ich doch ein Narr! Mein Ehrgeiz geht auf eine bunte Jacke!" Shakespeares Figur gilt als Prototyp des Melancholikers, und das Krypto-Zitat soll vorwegnehmen, daß das Königtum des neuen Herrschers dem des alten gleichen wird.

Im ›Leonce und Lena‹ werden bestimmte traditionelle Vorstellungen von Liebe und Ehe zwischen den Geschlechtern durchgespielt und bis zu einem Endpunkt gebracht; es wird der Aufeinanderprall existentieller Ansprüche und sachlicher Zwänge der Zivilisation gezeigt und Menschen, die noch weit davon entfernt sind, sich als Natur- und Gesellschaftswesen gleichzeitig realisieren zu können. Dementsprechend werden Verluste zugegeben und artikuliert, Scheitern wird nicht als Versagen dargestellt, sondern als notwendige Stufe in einem Prozeß, der zwar keinen Zweck kennt, aber ein Ziel: die Emanzipation des Menschen.

Aneignung

Während der Komposition von ›Leonce und Lena‹ hatte Paul Dessau erklärt, eine Volksoper schreiben zu wollen. Publikum wie Kritik sahen daher der Uraufführung mit großer Spannung entgegen, hatten sich aber in ihren Erwartungen am Modell der Volksoper des 19. Jahrhunderts mit deren Massenaktionen orientiert. Der leise Ton, die kammermusikalischen Aktionen sowie die intimen Probleme verblüfften. Die Rezensenten konnten nicht umhin, die Schönheit der Musik anzuerkennen, doch billigten sie den Figuren lediglich lebensuntüchtige Naturschwärmerei zu, delektierten sich an der Karikatur deutscher Duodezfürsten, wobei sie keinen Bezug zur zeitgenössischen Realität erkennen wollten. Man erklärte daher die Oper zu einer großangelegten Romantik-Kritik (vgl. Müller 1980), um sie alsbald zu den Akten zu legen.

Im Zentrum der Uraufführung (Musikalische Leitung: Otmar Suitner, Leonce: Eberhard Büchner, Lena: Carola Nossek) stand das Unterwegssein der jungen Leute, ihr Nicht-Ankommen-Können. Auf die diskursiv-philosophische Struktur der Musik reagierte die Szene (Regie: Ruth Berghaus, Ausstattung: Marie-Luise Strandt) mit einem Netz gestisch-gegenständlicher Zeichen, darunter Kinderwagen und Puppen, das Spielzeug der Nicht-Mehr-Kinder und Noch-Nicht-Erwachsenen.

Die westdeutsche Erstaufführung fand wenige Tage nach der Uraufführung statt, am 29. Dezember 1979 an den Städtischen Bühnen Freiburg im Breisgau (Musikalische Leitung: Hans Urbanek, Regie: Heinz Lukas-Kindermann). 1980 produzierte der VEB Deutsche Schallplatten eine Gesamtaufnahme.

Ausgaben KlA Henschelverlag Berlin 1978, übernommen in die Edition Peters Leipzig (EP 9762)

Rechte Henschel Musik GmbH Berlin; Musikverlag Bote & Book Berlin

Literatur Georg Büchner: Leonce und Lena, ders.: Probevorlesung über Schädelnerven. In: Werke und Briefe, hrsg. von Fritz Bergemann, Wiesbaden 1958; Paul Dessau: Aus Gesprächen, Leipzig 1974; Sigrid Neef: Zur Oper ›Leonce und Lena‹, dies.: Gespräch mit Otmar Suitner zu ›Leonce und Lena‹. In: Programmheft Deutsche Staatsoper Berlin 1979; Gerd Rienäcker: Letzte Seite im Opernvermächtnis: ›Leonce und Lena‹. In: Musik und Gesellschaft, H. 12, Berlin 1979; Gerhard Müller: Paul Dessaus Konzeption einer politischen Musik. In: Jahrbuch Peters 1980, hrsg. von Eberhardt Klemm, Leipzig 1981; Sigrid Neef: Vom Verjüngen alter Stoffe. Durchblicke zur Realität und Herausforderung zur Produktivität in Goldmanns Opernphantasie ›R. Hot‹ und Dessaus Lustspieloper ›Leonce und Lena‹. In: Für und wider die Literaturoper. Zur Situation nach 1945, hrsg. von Sigrid Wiesmann, Laaber 1982; dies.: Zum Bild der Frau in Paul Dessaus Opern. In: Musik und Gesellschaft, H. 6, Berlin 1989; Max Horkheimer / Theodor W. Adorno: Dialektik der Aufklärung, Frankfurt/Main 1971; Elias Canetti: Die Provinz des Menschen, Frankfurt/Main 1973

Rezensionen der Uraufführung. In: Theater der Zeit, H. 1, Berlin 1980; Musik und Gesellschaft, H. 1, Berlin 1980

Aufnahmen NOVA 8 85 195 (GA) Eberhard Büchner (Leonce), Carola Nossek (Lena), Reiner Süß (König Peter), Peter Menzel (Valerio), Edda Schaller (Gouvernante), Brigitte Eisenfeld (Rosetta), Chor der Deutschen Staatsoper Berlin, Staatskapelle Berlin, Dirigent Otmar Suitner; aufgenommen 1980

Paul-Heinz Dittrich
4. Dezember 1930

Geboren in Gornsdorf (Erzgebirge), 1951-1956 Studium an der Hochschule für Musik Leipzig bei Fidelio F. Finke (Komposition) und Günther Ramin (Chordirigieren), 1956-1958 Chordirigent des FDGB-Ensembles Weimar, 1958-1960 Meisterschüler der Akademie der Künste zu Berlin bei Rudolf Wagner-Régeny, 1960-1963 Musikalischer Leiter des Ernst-Moritz-Arndt-Ensembles Berlin, 1963-1976 Lehrtätigkeit (Oberassistent) in Kontrapunkt, Formenlehre und Analyse an der Hochschule für Musik Berlin, seit 1976 freischaffend in Zeuthen bei Berlin, 1979 Ernennung zum Professor, 1982 Aufnahme als Mitglied in die Akademie der Künste der DDR.

1963 Staatspreis für künstlerisches Volksschaffen, 1978 Hanns-Eisler-Preis des Rundfunks der DDR, 1981 Kunstpreis der DDR, 1988 Nationalpreis der DDR; internationale Kompositionspreise 1972 in Boswill, 1974 in Rom, 1976 in Paris und Triest

Mehrere Orchesterwerke und zahlreiche Konzerte, u.a. Orchestermusik (1960), Cantus I für Orchester (1975), Cantus II für Sopran, Violoncello, Orchester und Tonband (1977), ›Illuminations‹ – Für Orchester (1976), ›ETYM‹ – Für Orchester (1982), Cellokonzert (1974-75), Concerts avec plusieurs instruments: No. 1 für Cembalo und sieben Instrumente (1976-77), No. 2 für Viola, Violoncello und zwei Orchestergruppen (1978), No. 3 für Flöte, Oboe, Orchester und Synthesizer (1978), No. 4 ›In memoriam K.S.‹ für Klavier und Orchester (1983), No. 5 für Flöte und sieben Violoncelli (1984), No. 6 für Oboe und siebzehn Instrumente (1985)

Kammermusik in unterschiedlichen Instrumentalkombinationen, auch mit Gesang, Tonband und Live-Elektronik, u.a. vier Streichquartette (1956, 1959, 1982-83, 1986-87), ›Pentaculum‹ – Für Bläserquintett (1960), Instrumentalblätter für neun bis sechsunddreißig Spieler (1970), ›Die anonyme Stimme‹ – Nach Samuel Beckett für Oboe, Posaune und Tonband (1972), ›Aktion – Reaktion‹ – Für Oboe, Tonband und Live-Elektronik (1975), ›Voix intérieure‹ – Für zwei Violoncelli (1979), Kammermusik I - X: I für vier Holzbläser, Klavier und Tonband (1970), II für Oboe, Violoncello, Klavier und Tonband (1974), III für Bläserquintett und Bariton (1974), IV für Sopran, acht Instrumente, Schlagzeug und Live-Elektronik (1977), V für Bläserquintett und Synthesizer (1977), VI ›Klangtexte‹ – Für Oboe, Englischhorn, Posaune, Klavier, Schlagwerk, Viola, Violoncello und Kontrabaß (1978-80), VII ›Die Blinden‹ (1984), VIII ›Journal des Oiseaux‹ – Für Oboe, Violoncello und Klavier (1988), IX ›Und ihr gedenket meiner‹ – Für Sprecher, Flöte, Klarinette, Violoncello, Cembalo, Schlagzeug und Tonband (1988), X ›Journal des pierres‹ – Für Flöte, Baßklarinette und Klavier (1989)

Vokalkompositionen, u.a. ›Golgatha‹ – Oratorium für Soli, Chor und Orchester (1967), ›Stabiles und Mobiles‹ – Für Vokalensemble und Orchester (1969), ›Memento vitae‹ – Für Bariton, zwölf Vokalisten, vier fünfstimmige Chorgruppen und neun Schlagzeuger nach Brecht (1971), ›Vokalblätter‹ – Für zwölf Sänger, Solosopran, Flöte, Oboe und Tonband nach dem Alten Testament, Joyce, Brecht, Goethe (1972), ›Engführung‹ – Für Soli, sechs Instrumentalisten, Orchester, Tonband und Live-Elektronik nach Paul Celan (1980), ›Hohes Lied‹ – Für Sopran, sechzehn Vokalstimmen und Violine solo (1982-83), ›Hymnischer Entwurf‹ – Für Sprecher und Orchester nach Friedrich Hölderlin (1984-85), ›Memento mori‹ – Für gemischten Chor, Baritonsolo und Schlagzeug (1985)

Bühnenwerke

Die Verwandlung _____ 1982-1983
Szenische Kammermusik _____ UA 1983
für fünf Sänger, einen Sprecher, einen Pantomimen,
Geige, Baßklarinette und Violoncello
nach Franz Kafka
Textzusammenstellung Frank Schneider

Die Blinden _____ 1983-1984
Kammermusik VII _____ UA 1986
für fünf Sprecher, Bläserquintett und Cembalo
nach ›Les aveugles‹ von Maurice Maeterlinck
Texteinrichtung Klaus Waack

Spiel _____ 1986-1987
Dramatisches Werk _____ UA 1987
nach Samuel Beckett
Texteinrichtung Paul-Heinz Dittrich

Poesien _____ 1987-1990
Literarisch-musikalisches Projekt
Text nach Edgar Allan Poe, Arno Schmidt,
Sophokles/Brecht, Rainer Maria Rilke, James Joyce, Heiner Müller

Die Verwandlung
Szenische Kammermusik
für fünf Vokalisten, einen Sprecher, einen Pantomimen,
Geige, Baßklarinette und Violoncello
nach Frank Kafka
Textzusammenstellung Frank Schneider

Entstehung 1982-1983

Uraufführung Konzertant 17. November 1983 Metz (Frankreich)
        Szenisch 24. Februar 1984 Deutsche Staatsoper Berlin (in der
        Akademie der Künste der DDR, Konrad-Wolf-Saal)

Personen
Ein Acteur _____
Ein Sprecher _____
Vocalisten _____ Sopran, Mezzosopran, Tenor, 2 Bässe

Orchester
BKlar, Vl, Vc

Aufführungsdauer 41 Min.

Handlung

Gregor Samsa erwacht eines gewöhnlichen Morgens. Doch statt des Sohnes, der die Familie nährt und trägt, ist da plötzlich ein Käfer. In dieser Verwandlung ist er der Erniedrigung unentrinnbar ausgesetzt. Eine ganze Familie fühlt sich dazu herausgefordert, sie aktiv zu üben. Zögernd setzt die Demütigung ein, aber es ist ihr Zeit gegeben, sich auszubreiten und zu steigern. Allmählich nehmen alle, hilflos und wider Willen, an ihr teil. Den zu Anfang gegebenen Akt führen sie noch einmal aus. Erst die Familie verwandelt Gregor Samsa, den Sohn, unwiederbringlich in einen Käfer. Aus dem Käfer wird im sozialen Zusammenhang ein U n g e - z i e f e r.

Kommentar

Dittrichs Beschäftigung mit Franz Kafkas Erzählung ›Die Verwandlung‹ reicht bis 1966 zurück. Aber erst 1976 legte er der Ballettdirektion der Komischen Oper Berlin eine Konzeption für ein Ballett nach Kafka vor. Darin benannte er unter anderem sein spezifisches Interesse an diesem Stoff: „Ein Mensch wird aus seinem gewohnten Lebenswandel herausgerissen und durch eine ungewöhnliche Verwandlung seiner Umgebung vollkommen entfremdet. Unverschuldet stürzt er dadurch in eine tiefe, ausweglose Finsternis und Einsamkeit, aus der ihn niemand befreien kann. (...) Er behauptet sich trotzdem in seiner neuen Situation und nimmt sie auf sich. Sein irreguläres Dasein führt zur Bloßlegung seines eigenen Ichs." (Dittrich 1966)

Die Ballettdirektion lehnte sein Projekt ab, schlug ihm dafür ein anderes Libretto vor. Doch Dittrich hielt an seinem „inneren Auftrag" fest (vgl. Dittrich 1984), und als er 1982 anläßlich des Festivals *Musique Intercontemporain* in Frankreich das Angebot für eine Komposition erhielt, realisierte er sein altes Vorhaben, nun aber als Szenische Kammermusik für fünf Sänger, einen Sprecher, Pantomimen, Geige, Baßklarinette und Violoncello. Zwar hatte er die alte Konzeption erneut zu überdenken, doch sind von der ursprünglichen Ballett-Version zwei Dinge erhalten geblieben: Erstens wurde keine Handlung mit fiktiven Helden entworfen, dafür eigenständige, einander ergänzende und kontrapunktierende Aktionen von Vocalisten, Instrumentalisten, Acteur (Pantomime) und Sprecher; zweitens blieb in der Szenischen Kammermusik die alte, bereits für das Ballett geplante Dreiteilung erhalten:
1. Teil   Das Bewußtwerden in der Verwandlung – Erwachen
2. Teil   Das Fortbestehen in der Verwandlung   – Leben
3. Teil   Das Vergehen in der Verwandlung   – Tod

Die Besetzung der Instrumentalgruppe ist ungewöhnlich, es gibt dafür in der Trio-Literatur kein Vorbild. Die Violine wählte Dittrich, weil sie in Kafkas Erzählung eine Rolle spielt (Gregor Samsa lauscht dort dem Geigenspiel seiner Schwester) und weil er „ein Instrument brauchte, um die im Stück gestaltete Aggressivität einer musikalischen Entsprechung zuzuführen" (Dittrich 1984), während Baßklarinette und Violoncello die Kontraste zu geben haben.

Der Dreiergruppierung der Instrumente entspricht die der Personage: Gregor Samsa, der eines Tages in einen Käfer verwandelte Sohn – die Familie mit dem Vater an der Spitze – und der Dichter Kafka selbst. Für die Aktionen und Reaktionen der Familie angesichts der sonderbaren Verwandlung des Sohnes hat Frank Schneider wörtliche Redetexte aus der Erzählung zusammengestellt. Unterbrochen und überlagert werden sie durch vorzulesende Passagen aus jenem berühmt gewordenen, nie abgeschickten Brief des Dichters an seinen Vater von 1919. In ihm legt Kafka auf exemplarische Weise ein Vater-Sohn-Verhältnis als Modell verdeckter Gewalt offen. Aus der Sicht des Sohnes wird die ständige Bedrohung des durch Körperkraft, Erfahrung und sozialen Stand überlegenen Vaters reflektiert, die ständigen Verletzungen, Mißachtungen, Kränkungen des ohnmächtig Unterlegenen, der so sein Leben als Zustand der Ohnmacht erfährt, ständig von Schuldgefühlen, unterdrückter Angst, von Aggressionen und Depressionen begleitet.

Ohne daß jemals eine Erklärung, ein Hinweis auf einen Zusammenhang zwischen dem Brief und der seltsamen Verwandlung gegeben wird, erwächst aus der Kombination beider Ebenen die Möglichkeit, jene unerklärte und unerklärliche Verwandlung eines Menschen in einen Käfer als Konsequenz dieses Vater-Sohn-Verhältnisses zu deuten.

Zwischen Dittrichs Ästhetik, auf eine Handlung im Sinn fortschreitender Entwicklung zu verzichten, dafür verschiedene Ebenen „in kontrapunktisch-polyphonem Verfahren übereinander" zu lagern und damit Felder für Mehrfachbedeutungen und für verschiedene Kombinationen zu schaffen, und Kafkas Erzählung ›Die Verwandlung‹ bestehen wesensmäßige Übereinstimmungen. Auch Kafka hat in seiner Erzählung das programmatische klassische Denken im Sinne einer fortschreitenden Entwicklung aufgegeben. An die Stelle des linearen Verlaufs von Ereignissen tritt eine zyklisch-kreisförmige Darstellung. Gekennzeichnet werden Zustände von Unentschlossenheit, Unentschiedenheit und Unsicherheit. Entscheidungen werden ausgesetzt und nicht mehr getroffen. Dies hat zur Folge, daß andere ebenso unsichere Bedingungen auftreten, und letztlich wird die Verunsicherung selbst Gegenstand und Ausgangspunkt der Ereignisse. Die Gruppe der fünf Vocalisten hat auf Tonhöhe zu sprechen, zu singen, Worte auf Silben, Silben auf Vokale oder Konsonanten zu reduzieren, die Vokale und Konsonanten selbst zu denaturieren, einen Vokal in verschiedenen Schattierungen, hell, dunkel, offen, geschlossen zu präsentieren. Immer wieder wird die „Gruppe der Vocalisten durch gebrochene Textmuster zu einer Art ‚Sprachlosigkeit' geführt, wodurch das Nichtmitteilbare dennoch artikuliert werden soll. Differenzierte Kombinationen der Sprachentfaltung werden verwendet, um die Kommunikationsebene in Frage zu stellen, um damit eine zielstrebige Entwicklungsabsicht zu vermeiden." (Dittrich 1984, S. 17)

Vier Bereiche werden relativ unabhängig voneinander geführt: das instrumentale Trio – die fünf Sänger – der Sprecher – und der mit Evokationen auch akustisch präsente Acteur (Pantomime). Daraus gewinnt das Werk eine durchgehend vielschichtige Struktur, damit können die Gedanken und Gefühle in mehrfacher Brechung dargestellt werden, so daß auch das fatale Vater-Sohn-Verhältnis nicht in einer platten Eindeutigkeit erscheint: Der Vater ist schuldig, böse, Täter – der Sohn ist unschuldig, gut, Opfer. Vielmehr wird ein permanentes Klima der Angst und Bedrohung erzeugt, in dem Ursache und Wirkung sich nicht mehr starr und undialektisch gegenüberstehen, sondern die Furcht zum Beispiel erst die Bedrohung provoziert.

Im letzten Teil wird der Kreis immer enger, die Ausweglosigkeit des in einen Käfer verwandelten Gregor Samsa immer gewisser. Der Brief an den Vater parallelisiert beziehungsweise beleuchtet die Vorgänge, ohne sie zu erklären. Nur an einer Stelle durchbricht dieser authentische Brief die absolute Hoffnungslosigkeit und Kreisbewegung der Gedanken und Gefühle.

Den entsprechenden Satz plaziert Dittrich an den Anfang des dritten Teils und noch einmal an dessen Ende, so daß das gesamte Werk mit ihm endet. Er lautet: „... es ist doch nicht notwendig, mitten in die Sonne hineinzufliegen, aber doch bis zu einem reinen Plätzchen auf der Erde hinzukriechen, wo manchmal die Sonne hinscheint und man sich ein wenig wärmen kann."

Entscheidend ist, was zwischen diesem Satz und seiner Wiederholung geschieht. Der kreatürliche Schrei des Gregor Samsa „Bin ich ein Tier?" und das darauffolgende röchelnde, keuchende, das heißt tierische Atmen erhalten zentrale Bedeutung und stecken auditiv den Rahmen ab: Ent-Menschlichung als totale Ent-Semantisierung. Unverbunden dazu steht der verlesene Text. Zwischen der einen Ebene und der anderen gibt es keine Beziehung, außer einer, den größtmöglichen Kontrast zu bilden: Auflösung von Sprache, röchelndes Enden, Verlöschen jeder Mitteilungsform und -möglichkeit einerseits – und andererseits die Verlesung eines Dichterwortes, das heißt zur Literatur gewordener Sprache.

Der lange Weg, den Dittrichs ›Verwandlung‹ hinter sich bringen mußte, bis sie auf eine Bühne der DDR gelangte, 1966 bis 1984, gibt Aufschluß über die Schwierigkeiten mit dem Autor Kafka und seinem Werk in diesem Land.

Dittrichs Komposition stellt eine gelungene Adaption des Stoffes für die Musiktheaterbühne dar, insofern der Komponist keine Bebilderung der Erzählung Kafkas anstrebte, keine fiktive Handlung oder fiktive Helden entwarf, sondern das geistig-emotionale Klima der Erzählung zum Gegenstand seines Werkes machte.

Ausgaben Part Edition Peters Leipzig

Literatur Franz Kafka: Die Verwandlung; Brief an den Vater. In: Franz Kafka. Das erzählerische Werk, Bd. 1, hrsg. von Klaus Hermsdorf, Berlin 1983; Theodor W. Adorno: Aufzeichnungen zu Kafka. In: Aufsätze zur Literatur des 20. Jahrhunderts I, Frankfurt/Main 1973; Elias Canetti: Der andere Prozeß. Kafkas Briefe an Felice, Leipzig 1983; Paul-Heinz Dittrich: Symbol und Wirklichkeit. Betrachtungen zum Werk ›Die Verwandlung‹, November 1966 (Typoskript); ders.: ›Die Verwandlung‹. In: Programmheft Deutsche Staatsoper Berlin 1984; ders.: Verwandlungen. Werkstatt-Gespräch mit Sigrid Neef. Sonntag Nr. 6, Berlin 5. Februar 1984; ders.: Gesellschaftliches Engagement und soziale Relevanz bei Franz Kafka in der Komposition ›Die Verwandlung‹. Vortrag beim 12. Geraer Ferienkurs für zeitgenössische Musik 8. bis 13. Juli 1985 (Typoskript)
Rezensionen der Uraufführung. In: Theater der Zeit, H. 5, Berlin 1984

Die Blinden
Kammermusik VII
für fünf Sprecher, Bläserquintett und Cembalo
nach ›Les aveugles‹ von Maurice Maeterlinck
(dt. Übersetzung von Stefan Gross)
Texteinrichtung Klaus Waack

Entstehung 1983-1984

Uraufführung 1. Februar 1986 Berliner Ensemble

Personen
Fünf Sprecher_____2 Frauenstimmen, 3 Männerstimmen

Orchester Fl, Ob, Klar, Fg, Hr, Cemb

Aufführungsdauer 35 Min.

Handlung
1. Szene (Der Raum): Fünf Blinde warten auf ihren Führer. Es wird kalt. Sie wissen nicht, wo sie sind und wer mit ihnen ist. Unter den Füßen raschelt welkes Laub. Sie reden aus Angst vor dem Schweigen. INTERLUDIUM I für Bläserquintett.
2. Szene (Die Zeit): ER, der Führer, ist an allem schuld, man wird sich beschweren müssen. Aber ER kommt nicht zurück. Was ist geschehen? Man muß warten. INTERLUDIUM I für Cembalo.
3. Szene (Farbe und Klang): Ob es hell ist? Die Sterne scheinen, und die Blinden hören die Sterne. Doch zwischen Himmel und Erde wittern sie Gefahren, fühlen sich belauscht. INTERLUDIUM II für Bläserquintett.
4. Szene (Gehen und Bleiben?): Erinnerungen an den Weg, den man kam. Die Sehnsucht nach der verlorenen Ferne und Weite: „... wir möchten alle gern fort von dieser Insel und werden doch immer hier bleiben". INTERLUDIUM III für Bläserquintett,
5. Szene (Innen und Außen): Die Augen der Blinden sind geschlossen, aber lebendig. Keiner hat den anderen je gesehen: „... wir leben stets nebeneinander und wissen nicht, wer wir sind." Einer weint, und ein anderer kommentiert: „Man muß weinen können, um zu sehen." INTERLUDIUM II für Cembalo.
6. Szene (Der Tod): Der Duft von Blumen wird wahrgenommen, und eine Blinde erinnert sich: So dufteten Totenblumen. Es beginnt zu frieren. Sie können nicht bleiben, aber sie können auch nicht allein fortgehen, wissen keinen Ausweg. Da hören sie etwas; es nähert sich: ZWISCHENSPIEL für Bläserquintett und Cembalo. Es ist mitten unter ihnen, und sie fragen flüsternd: „Wer seid ihr?"

Kommentar

Als Paul-Heinz Dittrich 1983 auf Maeterlincks Stück ›Les aveugles‹ aufmerksam wurde, war er sofort und ohne Vorbehalt davon überzeugt, daß dies ein idealer Stoff für ihn sei, und so komponierte er seine Szenische Kammermusik, ohne einen Auftraggeber dafür zu haben und auch ohne eine Chance zu sehen, daß ein Werk mit dem Text eines in der DDR so unbekannten oder schlecht beleumdeten Autors wie Maurice Maeterlinck so bald inszeniert werden könnte. Nach einem Jahr zähen Ringens um eine Aufführung kam es dann innerhalb eines Autorenabends unter dem Titel *MUSIK und LITERATUR* zur Uraufführung am Berliner Ensemble.

Maeterlincks Drama ›Les aveugles‹ spiegelt die ahnungsvollen, mutigen und ängstlichen, kraftvollen und schwachen Versuche von Menschen wider, existentielles Geschehen, das sich an ihnen und anderen vollzieht, auszusprechen. Es sind Versuche, zu erkennen, was sich hinter ihrem Rücken, über ihren Köpfen, unter ihren Füßen und letztlich mitten in ihnen selbst vorbereitet: der Tod. In diesem Sinne haben Maeterlincks Dialoge eine durchgehende Mehrdeutigkeit. Der Dichter selbst sprach von einem „Dialog zweiten Grades". Bereits Claude Debussy und Paul Dukas waren in ihren Vertonungen von ›Pelléas et Mélisande‹ (1892-1902) beziehungsweise ›Ariane et Barbe-Bleue‹ (1906) diesem Dialog zweiten Grades nachgegangen, und auch Paul-Heinz Dittrichs ästhetischen Positionen kommt Maeterlincks Dramenstruktur sehr entgegen: Ebenfalls hier der Versuch, das Vielschichtige und Ambivalente der Mitteilungsweisen, die Nebenbedeutungen des Gesagten, das Mitschwingende, rational nicht Faßbare, die Macht und Ohnmacht der Worte darzustellen.

In ›Die Blinden‹ ist Maeterlincks Dramaturgie auf exemplarische Weise verdichtet: Die Blinden warten auf ihren Führer, der sie aus ihrem Heim hinaus ins Unbekannte gebracht hat. Er ist mitten unter ihnen, aber tot. Das Fortschreiten des Stückes besteht in der wachsenden Einsicht in die Situation, daß keine Hilfe von außen kommt und der Tod unter ihnen ist. Bei Maeterlinck, dessen Figurengruppierung aus jeweils sechs blinden Frauen und zwölf blinden Männern besteht, kommt es zum Schluß zu einem illusionären verhängnisvollen Aufbruch: Das einzige sehende Wesen unter ihnen ist ein Säugling. Sie halten ihn hoch über ihren Köpfen und gehen dahin, wo das Kind hinschaut, dessen Schreien allerdings immer verzweifelter wird, so daß anzunehmen ist, daß es zwar aus dem Dunkel des Waldes hinaus ins Helle sieht, dort aber auch der Abgrund zum Meer lauert, auf den die Blinden nun zuschreiten.

Klaus Waack hat Maeterlincks Stück für Paul-Heinz Dittrich nicht nur gekürzt, er hat es auf wesentliche Grundsituationen komprimiert, die beiden Sechsergruppierungen auf zwei blinde Frauen und drei blinde Männer reduziert. Den Führer und das Kind (bei Maeterlinck spielt auch der Hund des toten Führers eine Rolle) gibt es nicht mehr. Es geht um die Darstellung einer eingegrenzten Sicht nach innen wie nach außen. Blind ist im wörtlichen wie übertragenen Sinne zu verstehen: orientierungslos.

Zuerst ist das Sprechen der Blinden ein Mittel, die Angst zu übertönen, den Raum abzutasten, durch akustische Aktionen akustische Reaktionen zu provozieren, um zu erfahren, wo die anderen sind, wo man selbst ist (1. bis 4. Szene). Danach mischt sich ins Reden das Schweigen und erhält Raum – Monologe, Dialoge und Ensembles werden durchlässiger –, um die Wahrheit der eigenen Situation zu erkennen. Es kommt zum kollektiven Eingeständnis von Angst (5. Szene), und schließlich (6. Szene) schlägt wie ein Blitz die Wahrheit ein, die allerdings unbegriffen bleibt. Das Werk endet mit einer geflüsterten Frage.

Dittrich hat den Text in sechs Szenen gegliedert, von fünf Interludien unterbrochen; hinzukommt ein Zwischenspiel innerhalb der sechsten Szene. Von den Interludien sind drei für Bläserquintett, zwei für Cembalo gesetzt, und erst im letzten werden Bläserquintett und Cembalo zur massivsten Klangballung des Stückes zusammengeführt, zur größtmöglichen Verdichtung und dynamischen Steigerung kurz vor der Vereinzelung und Rückführung in die Ausgangsposition.

Die fünfte Szene bildet die Goldene Achse des Werkes, das bogenförmig gebaut ist. Es endet mit einem nachhallenden Klang des Horns auf dem Ton h'. Mit dem gleichen Hornton hatte das Stück begonnen. Es ist kein Zufall, daß in Alban Bergs ›Wozzeck‹, dem bekanntesten Beispiel und Vorbild für solche programmatische Art des Ineinandergreifens von Anfang und Ende, ebenfalls der Ton H als Signum für Tod steht.

In der ersten Szene wird die eingeschränkte, orientierungslose Existenz der Blinden dargestellt, indem sich durch Frage und Antwort, Ruf und Echo, also Aktion und Reaktion die beiden Gruppen – Männer und Frauen – als einander gegenüberstehend und getrennt bemerken, sich also im Raum orientieren.

In der zweiten Szene ringen die Blinden darum, sich in der Zeit zurechtzufinden. Das Wort ER steht für den abwesenden, den verlorenen Führer. Dieses „ER" wird, mit einer Stimme piano beginnend, bis zum fünfstimmigen Schrei im Forte aufgebaut, dann wieder zurückgenommen, so wie die Blinden zur Wahrheit ihrer Situation – ohne einen Führer – finden.

Mit der dritten Szene kommen wieder andere Parameter ins Spiel, der Orchesterapparat wird nach Farbwerten hell – dunkel in den Entsprechungen hohe – tiefe Register differenziert, dabei bekommt die Flöte eine besondere Betonung. Sie tritt als solistisches Instrument hervor, ihr hohes Register wird als Farbwert eingeführt, und zwar bei den Worten: „... ich glaube / die Sterne scheinen / ich höre sie."

In der vierten Szene kommt es zu einer kleinen Solonummer für Frauenstimme mit obligater Flöte; diese wird hier zum Instrument versuchter Individuation, zum Ausdruck von Sehnsucht. Obgleich die Frauenstimme hier ausschließlich von ihrer weit entfernten Heimat berichtet, reagiert der „Chor" der anderen nicht auf die Worte, sondern auf die Flöte und die darin angelegte Sehnsucht: „... wir möchten gern fort / von der Insel / und werden doch immer / hier bleiben."

Das in Worten unausgesprochene, nur durch das hohe Register der Flöte manifestierte Verlangen nach Transparenz bestimmt auch den Anfang der zentralen fünften Szene, die eine starke Spannung und ein enormes dramatisches Gefälle hat. Von der Hoffnung „Meine Augen sind geschlossen / aber ich fühle / daß meine Augen leben" über das Eingeständnis aller fünf: „Keiner von uns hat den anderen je gesehen / wir liegen und sitzen stets beieinander / und wissen nicht / wer wir sind" bis zur Einsicht „man muß sehen können, um zu lieben" reicht das kollektive Eingeständnis einer nicht vordergründig motivierten Angst. Aus der massiven Heftigkeit der einander überlagernden instrumentalen Aktionen beim Wort „Angst" löst sich mit „molto vibrato" und „fast ohne Ton – verhaucht" eine Flötenkadenz, kontrapunktiert von der Frage: „Weint da nicht jemand?" und beantwortet von dem scheinbar absurden Satz „Man muß sehen können / um zu weinen". Der Sinn dieses Satzes erweist sich, wenn man begriffen hat, daß äußere und innere Welt hier nicht mehr voneinander zu trennen sind und das Wort „sehen" mindestens eine doppelte Bedeutung hat: die äußeren Dinge der Welt wahrzunehmen und das Wesen der Welt zu erkennen, um von ihr angerührt, betroffen zu sein, das heißt, um weinen zu können.

In der letzten Szene setzt die Annäherung eines Unbekannten ein, und zwar mit dem bekannten Hornton auf h'. Noch meinen die Blinden, da nähere sich etwas von außen, doch schon erhebt sich mit dem letzten Zwischenspiel (Bläserquintett und Cembalo) in einem ständig wachsenden Crescendo eine Art von traditioneller Gewittermusik, die gleichzeitig aber auch das innere Bild, die Erregungskurve verdeutlicht. Wenn die Bewegung langsam zum Stehen kommt und nur noch das Horn (gestopft) auf dem Ton h' nachklingt, flüstern die fünf Blinden: „Wer seid ihr?" Mit dieser unbeantwortbaren Frage endet das Werk.

Drei Komponisten wandten sich innerhalb eines kurzen Zeitraums, den Jahren 1983 bis 1986, Maeterlincks Stück „Les aveugles" zu: der polnische Komponist Jan Astrieb, Paul-Heinz Dittrich und der westdeutsche Kagel-Schüler Walter Zimmermann. Dittrichs Kammermusik kam am 1. Februar 1986 am Berliner Ensemble zur Uraufführung, Walter Zimmermanns Oper „Die Blinden" am 20. August 1986 am Musiktheater im Revier Gelsenkirchen.

Man kann in diesem Zusammenhang nicht von einer Maeterlinck-Renaissance sprechen, und dennoch signalisiert die Vertonung des 1890 in Brüssel erschienenen und 1891 in Paris uraufgeführten Dramas „Les aveugles" ein gemeinsames Unbehagen zeitgenössischer Komponisten gegenüber den Formen der traditionellen Oper, ein Mißtrauen gegenüber Handlungsschemata und Dialogen, die eine eindimensionale Mitteilungsform haben.

Mit dem Rückgriff auf „Die Blinden" wurde für das Musiktheater eine bestimmte Traditionslinie des modernen Theaters aktiviert, die mit Maeterlincks Dramen begonnen hatte und mit den Regisseuren Antonin Artaud, Wsewolod Meyerhold oder Peter Brook wegweisend für modernes Theater im 20. Jahrhundert geworden war. Maeterlinck sah sich in seiner Zeit mit dramatischen Produktionen konfrontiert, in denen fiktive Helden in extremen Situationen und mit extremen Leidenschaften handelten. Es wurde in den traditionellen Dramen als selbstverständlich vorausgesetzt, daß die Leidenschaften durch Worte und durch

Einsichten zu beherrschen seien. Die Katastrophen wurden als die Ausnahme, die Tragik als das Besondere dargestellt. Maeterlincks poetische Konzeption steht in vollem Gegensatz dazu. Er gestaltete die „Tragik des Alltags", grenzte sich mit dem Begriff des „Théâtre statique" von den bekannten Arten des Handlungsdramas ab. In diesem „Théâtre statique" entwickelte er eine besondere Strategie der Dialogführung und des Szenenbaus, um beim Zuschauer keine Überlegenheit gegenüber dem Bühnengeschehen, Distanz oder Nichtbetroffen-Sein aufkommen zu lassen. Deshalb vermied er es strikt, die Handlungen und Ideen seiner Figuren zu erklären, indem er ihre Haltungen und Motive weder psychologisch noch rationalistisch deutete. Im Gegenteil, er vermied alles, was „Eindeutigkeit" und „Überschaubarkeit" suggeriert, Beherrschbarkeit vorgaukelt. „In diesem Zusammenhang fundamental: ein tiefes Mißtrauen gegen Sprache, gegen verbale Kommunikation, die sich als verschlagenster Handlanger vorgetäuschter Verständlichkeit erweist. (...) In entscheidender Weise von einem psychoanalytischen verschieden ist Maeterlincks Interesse für das Unbewußte, insofern es ihm nicht darum geht, dessen Macht durch den Einsatz rationaler Strategien zu brechen." (Gross 1983, S. 204 f.)

Maeterlinck ging es um das Durchschaubarmachen des Vielschichtigen und Ambivalenten im menschlichen Handeln und Mitteilen. Und so schreibt er 1890 in seiner ›Confession de poète‹, also zur Entstehungszeit der ›Blinden‹: „Und so höre ich mit wachsender Aufmerksamkeit und Konzentration auf all die kaum wahrnehmbaren Stimmen der Menschen. Ganz besonders fühle ich mich von den unbewußten Gesten ihres Wesens angezogen, welche ihre leuchtenden Hände durch die Schießscharten jenes Walls aus Künstlichkeit hindurchstrecken, in den wir eingesperrt sind. Alles, was in einer Existenz unausgesprochen ist, möchte ich erforschen, alles, was sich weder im Tod noch im Leben ausdrückt, alles, was nach einer Stimme sucht in einem Chor" (zitiert nach Gross 1983, S. 204).

Trotz dieser Erklärungen des Dichters hält sich in der Rezeptionsgeschichte des Dramatikers Maeterlinck hartnäckig die These, er sei ein Darsteller der Kommunikationsohnmacht, des Verstummens, der Verständigungslosigkeit und Beziehungslosigkeit unter den Menschen. Das ist nicht ohne Folgen für die Aneignung Maeterlincks geblieben. Nicht zufällig ist der Begründer des modernen Dramas in einem 1986 beim Ostberliner Henschelverlag erschienenen Schauspielführer nicht vertreten. Dittrich hat mit seiner Komposition den unausgesprochenen Bann in der damaligen DDR durchbrochen.

Ausgaben Part Deutscher Verlag für Musik Leipzig o.J.

Literatur Maurice Maeterlinck: Die Blinden. In: Die frühen Stücke, Bd. 1, übers. und hrsg. von Stefan Gross, edition text + kritik, München 1983; Stefan Gross: Nachwort zur Ausgabe von Maeterlincks frühen Stücken, Bd. 2, edition text + kritik, München 1983; Marianne Kesting: Maeterlincks Revolutionierung der Dramaturgie. In: Akzente, München 1963
Rezensionen der Uraufführung. In: Musik und Gesellschaft, H. 4, Berlin 1986

Spiel
Dramatisches Werk
nach Samuel Beckett
(dt. Übersetzung von Erika und Elmar Tophoven)
Texteinrichtung Paul-Heinz Dittrich

Entstehung 1986-1987

Uraufführung 17. November 1987 Berliner Ensemble

Personen
Frau 1 _____ Sprecherin 1
Frau 2 _____ Sprecherin 2
Mann _____ Sprecher
Sopran 1 _____ Hoher Sopran
Sopran 2 _____ Mezzosopran
Tenor _____ Hoher Tenor

Orchester 3 Klar (I auch Es-Klar, III auch BKlar), 3 Vc, Cel, Kl, Slzg (1 Spieler): Vib, Xyl, Tt (tief); Live-Elektronik

Aufführungsdauer 60 Min.

Handlung
Drei „Gesichter ohne Alter", die eines Mannes, und zweier Frauen, schauen aus drei Urnen hervor. Die Gesichter werden durch einen Lichtstrahl ein- beziehungsweise ausgeblendet, das heißt: sie beginnen zu reden beziehungsweise verstummen.
I. Die festgefrorene Todessekunde. Die drei Personen erinnern sich, was sie in den letzten Minuten ihres Lebens dachten, fühlten, was sie an Farben, Lauten, an Vorgängen in ihrer Umwelt wahrnehmen.
II. Die ewige Wiederkehr des Gleichen, hier eines Ehebruchsdramas mit Trennung, Versöhnung, Lügen, Hoffnungen, Tränen und wieder Trennung, Versöhnung usw.
III. Im „höllischen Halb-Licht". Es gibt keine Erlösung. Hier wimmert's um Gnade, schreit's von Qualen, ruft's nach Frieden und Ruhe. Aber das Gegenteil geschieht: Das Ganze wiederholt sich.

Kommentar
Samuel Beckett nannte in seiner eigenen französischen Übersetzung das Stück „Comédie", also wäre ›Spiel‹ auch im Sinne von Komödienspiel zu verstehen.
　Becketts ›Spiel‹ wurde auf der Bühne zuerst in Deutschland aufgeführt: im Juni 1963 in Ulm. Die Aufführung des englischsprachigen Originals folgte im April 1964 am Londoner Nationaltheater.

›Spiel‹ stellt ein visuelles Element in den Mittelpunkt des Geschehens: einen Lichtstrahl. Wenn er die Gesichter der Personen auf der Bühne berührt, beginnen die Figuren zu sprechen, wenn er von den Gesichtern verschwindet, verfallen sie wieder in Schweigen; der verlöschende Strahl reißt ihnen die Rede ab mitten im Satz oder Wort. Der Lichtstrahl kann sie einzeln oder gleichzeitig sprechen machen. Er ist in diesem Spiel der vierte Akteur. Siebenmal ist die Szene in völlige Finsternis und in fünf Sekunden Stille zu tauchen.

Der Text des Schauspiels besteht aus einem Gewebe von Worten, die nach verschiedenen Dichtegraden übereinandergeschichtet werden oder durch den Wechsel des Lichtstrahls Beschleunigungen beziehungsweise Verlangsamungen erfahren. Nicht nur handelt es sich um eine Art von kontrapunktischer Wort-Licht-Partitur, der Text selbst erhält eine gleichsam organisch belebte Struktur.

Die drei Akteure sind keine „fiktiven Helden". Nach Becketts Anweisung soll man beim Aufgehen des Vorhangs drei Personen sehen, deren Köpfe aus drei Urnen herausragen, die „Gesichter ohne Alter". Es gibt keine Ortsangabe, aber aus dem Text geht hervor, daß sich die drei in einem Limbo, einer Vorhölle befinden, einer Sphäre zwischen Leben und Tod. Becketts Konstruktion im ›Spiel‹ ist, daß das Bewußtsein im Augenblick seines Todes – seines eigenen Nicht-Seins unbewußt – im leeren Raum hängenbleibt. Auf ewig. Das ist der Zustand der drei Personen im ›Spiel‹. Es handelt sich um die letzten Bewußtseinsmomente dreier Menschen, die tot sind, deren letzte Gedanken aber in alle Ewigkeit weitergehen müssen, weil sie nicht wissen, daß sie nicht mehr sind.

Die Ironie des Stückes ist, daß die Personen, die sich in dieser schreckenerregenden metaphysischen Grenzsituation befinden, ganz gewöhnliche Menschen sind, wie man ihnen im konventionellsten aller Bühnenstücke, in einer französischen Ehebruchskomödie, begegnen könnte.

Dittrich hatte ursprünglich Becketts Stück wesentlich gekürzt, indem er alle für eine Wortpartitur notwendigen sonoristisch-atmosphärischen Klänge und Bilder entfernte, um sich Raum für seine eigenen musikalischen Beleuchtungen und Klangfarben zu schaffen. Die Wort-Licht-Dramaturgie hingegen übernahm er. In dieser Weise war die Partitur bereits zu einem beträchtlichen Teil gediehen, als Dittrich mit Beckett in Paris zusammentraf, um von dem berühmten Dichter noch nachträglich die Einwilligung zu einer Vertonung einzuholen. Beckett gab prinzipiell seine Zustimmung, machte jedoch die Vertonung des ungekürzten Textes zur einzigen Bedingung, da jede Auslassung (auch der Regieanweisungen) eine Beschädigung der Werkstruktur bedeute. Dittrich arbeitete daraufhin die Partitur um und begann mit der wortwörtlichen Vertonung des Textes, was – so heute der Komponist – der Komposition sehr zum Vorteil gereichte.

In Gegenposition zu Beckett hat Dittrich die Dreierkonstellation des Schauspiels vervielfacht. Die drei agierenden Sprecherfiguren sind um drei Sänger (Hoher Sopran, Mezzosopran, Tenor) verdoppelt, im Instrumentalbereich wurden mehrfache Dreierkonstellationen eingeführt: Celesta, Klavier, Schlagzeug; drei Violoncelli; drei Klarinetten (Es-Klarinette, Klarinette, Baßklarinette). Der Komponist verband damit die Absicht, „eine neue Dimension im Musikalischen zu gewinnen, und einen zusätzlichen dramatischen Akzent als Spielraum ins ›Spiel‹ zu bringen‹ (Dittrich 1987, S. 3). Gemeint ist, daß Gedanken und Gefühle, Existentielles und Alltägliches in vielfacher Brechung darstellbar werden und es somit möglich ist, im Banalen das Einmalig-Existentielle und im Existentiellen das Alltäglich-Banale hörbar werden zu lassen.

Dittrich ist in der Grobgliederung Becketts Stück gefolgt, hat aber die einzelnen Teile in sich anders proportioniert.

In Teil I, der festgefrorenen Todessekunde, präsentiert Dittrich einen synchron zu sprechenden und zu singenden Text wie ein Motto, um ihn dann im weiteren Verlauf dreimal verschieden musikalisch zu brechen. Er lautet: „Ja, seltsam / lieber dunkel / und je dunkler / je schlimmer / bis alles dunkel / dann alles gut / eine Zeitlang // Ja, vielleicht / leicht verwirrt / nehm' ich an / könnte man sagen / armes Ding / leicht verwirrt / nur ganz leicht // Ja, Friede / dachte man / alles aus / alle Qual / alles wie ... / nie gewesen / es wird kommen."

Es beginnt betont zirzensisch, mit Achtungssignalen, einem Tamtam-Wirbel, einem Fortissimo-Schlag auf dem Klavier und entsprechendem Skalenlauf. Unterschwellig wird zum Text eine Art kreatürlicher Ebene eingeführt. So kehrt im Vokalpart zum Beispiel ein „kleines wildes Lachen" refrainartig wieder, die Celli haben „abgewürgte Töne" von sich zu geben, der Sprecher (Mann) hat hörbar „Kaubewegungen" zu machen. Aus dieser Klangmischung wird das Wort „Qual" herausgeschnitten, und zwar von den Sängern „multiphonisch" und von den Sprechern durch Glissandi. Mit der zweiten musikalischen Brechung treten in den Gesangsstimmen starke Intervallspannungen auf, die sich auf das Wort „Zeit" konzentrieren, bevor mit der dritten Brechung dem wilden Ausschlag des letzten Willens durch Pulsieren Ausdruck gegeben wird. Die nun bereits mehrfach gesprochenen und gesungenen Texte werden jetzt mehrfach geschichtet, synchron gesprochen und gesungen. Durch ganz kurze Pausen zwischen den Silben und Worten werden die vokalen Aktionen ins Gehetzte und Atemlose getrieben, ein Gestus, der von den Instrumenten übernommen wird. Die fortwährenden Explosionen der Gefühle werden weniger nachgeahmt, dafür vielmehr als rein musikalische Vorgänge erfaßt. Dabei wird ein Satz wie „... tu mein Bestes" einer Klang- und Ausdrucksprüfung unterzogen. Es macht schon einen Unterschied, ob „u", „ei", „e" offen, geschlossen, hell oder dunkel klingen. (Dittrich verwendet hier wie auch an anderen Stellen eine phonetische Umschrift.) Durch ständigen Wechsel von Forte zu Piano bei diesen Klangverschiebungen innerhalb eines Lautes wird diese Aktion besonders betont: Der einfache Satz explodiert in seiner Heimtücke und Vielschichtigkeit. So treten Gehalte ganz unterschiedlicher Art zutage: Aggressivität, Haß, Häme, Flehen.

In Teil II, der ewigen Wiederkehr des Gleichen, setzt Dittrich wieder eine Art Überschrift. Sprecher und Sänger geben die entscheidenden Sätze des manischen Wiederholungszwanges dieses Ehedramas wieder:

Frau 1:	Ich sagte zu ihm: Gib sie auf ...	
Frau 2:	Eines morgens, als ich ins Zimmer ...	gleichzeitig
Mann:	Wir waren nicht lange zusammen ...	

Ab hier setzt ein neues Verhalten der Instrumente ein, Klarinette und Baßklarinette werden quasi personalisiert, sie erhalten Spielanweisungen wie „gepreßt", „kratzig", „brüchig" und „fahl", haben Anblas- und Atemgeräusche zu produzieren. Vokale Äußerungen werden ins Extrem getrieben, es geht vom fahlen Flüstern an der untersten Grenze des Verstehbaren bis zum überdeutlichen Schrei. Gegen Ende verdichtet sich das Klangspektrum, um dann um so deutlicher breit aufzureißen. Es entsteht durch die plötzliche gleichzeitige Einbeziehung aller Instrumente in den verschiedensten Registern der Effekt eines Breitwandfilms.

Tatsächlich braucht Dittrich hier auch die volle musikalische Beleuchtung, denn mit Teil III beginnt das „höllische Halb-Licht", wo die Widersprüche und Spannungen gebündelt werden. Beckett hat hier die wichtigsten Worte in seinen Text eingelagert, die Dittrich durch den Wechsel zwischen solistischen Aktionen und Tutti-Flächen herausarbeitet: Gnade, Wechsel, höllisches Halb-Licht, Friede, Qual und Wahrheit. Diese Worte machen den Ort vorstellbar, an dem die drei sich befinden: die Vorhölle.

Beckett hat am Schluß seines Stückes lapidar vermerkt, das ›Spiel‹ sei zu wiederholen. Dittrich realisiert diese Anweisung auf doppelte Weise. Zunächst fingiert er in einer Coda quasi den Anfang, wiederholt das ›Spiel‹ aber so, daß er die bereits bekannten Texte, Silben, Vokale, die instrumentalen und vokalen Vorgänge auf andere Art und Weise als bisher bricht, koppelt, schichtet, verzerrt.

Alles Bekannte wiederholt sich und erscheint doch zugleich anders! Es kommt in der Musik zu filmischen Effekten wie Zeitraffer oder Zeitlupentempo, bis das Stück dann tatsächlich genau so endet, wie es begonnen hat: mit dem Tamtam-Wirbel und dem Satz „Wir waren nicht lange zusammen", wobei das „a" aus „zusammen" wieder phonetisch aufgespalten wird und die Klänge immer mehr decrescendieren bis zum „al niente". Erst dann wird bei Dittrich die gesamte Komposition wiederholt.

Drei Tage nach der Uraufführung des Dramatischen Werkes ›Spiel‹ hielt Paul-Heinz Dittrich in der Akademie der Künste der DDR einen Vortrag „Zu Fragen der heutigen Oper". Darin legte er, unter anderem auch auf ›Spiel‹ Bezug nehmend, sein alternatives Konzept einer „Symbiose von Literatur – Musik – Raum – Licht und Bild" dar. Er begründete darin, warum es ihm so wichtig sei, aus dem Modell linear erzählter Geschichten auszubrechen, um dafür „jeden gewünschten Grad von Vielschichtigkeit" zu erreichen und „jeden Schein von fiktiven Helden" zu vermeiden.

Diesem Konzept liegt folgende Überlegung zugrunde: Vergleichbare Ereignisse, Leidenschaften und Gedanken finden sich alltäglich sowohl in beliebigen untergeordneten Büros als auch in Ministerien. Weniger die Menschen unterscheiden sich voneinander, vielmehr sind ihre Rollen verschieden gewichtet, und darin haben ihre Handlungen unterschiedliche Folgen und Bedeutungen. Man wird aber dieser Tatsache nicht gerecht, wenn man sogenannte „Kommandohöhen der Macht" gestaltet und dort besondere Charaktere agieren läßt, in den Niederungen des Lebens hingegen den kleinen gewöhnlichen Menschen. Synthetische Figuren zu schaffen und keine „fiktiven Helden", zum Beispiel durch Rollenverdopplung, Rollentausch, Stafettenprinzip, sind ein dramaturgisches Moment, um der fatalen Alternative, hier große Charaktere, dort kleine Alltagsmenschen, zu entgehen. In dieser Hinsicht wurde für Dittrich Becketts ›Spiel‹ wichtig, das er zur Grundlage einer Komposition für die Bühne nahm, die sich keineswegs im rein Parodistischen erschöpft, hingegen mit einer ungemein starken Spannung zwischen komischen und tragischen Momenten arbeitet. In diesem Sinne hat er Becketts Stück nicht einfach vertont, sondern vielmehr dessen Grundgestus adäquat erfaßt und damit keine „Literaturoper" geschaffen, sondern – wie schon in der ›Verwandlung‹ – ein Stück Weltliteratur kongenial adaptiert. Paul-Heinz Dittrichs Dramatisches Werk ›Spiel‹ erlebte 1989 weitere Aufführungen in Köln (Hochschule für Musik) und in Halle.

Ausgaben
Part Edition Peters Leipzig o.J.

Rechte Edition Peters Leipzig – Musikverlag C.F. Peters Frankfurt/Main; Suhrkamp Verlag Frankfurt/Main

Literatur Samuel Beckett: Spiel. In: Dramatische Dichtungen, Bd. 2, dt. Übertragung von Erika und Elmar Tophoven, Frankfurt/Main 1964 und In: Samuel Beckett. Spiele. Berlin 1988; Theodor W. Adorno: Versuch, das ›Endspiel‹ zu verstehen. In: Aufsätze zur Literatur des 20. Jahrhunderts I, Frankfurt/Main 1973; Paul-Heinz Dittrich: Zu Fragen der heutigen Oper. Vortrag in der Akademie der Künste der DDR, 20. November 1987 (Typoskript); Antje Kaiser: Paul-Heinz Dittrichs ›Spiel‹. In: Positionen. Beiträge zur neuen Musik, 1. Jg., H. 1, Leipzig 1988 Rezensionen der Uraufführung. In: Musik und Gesellschaft, H. 2, Berlin 1988

Jean Kurt Forest
2. April 1909 - 2. März 1975

Geboren in Darmstadt, 1915-1920 Ausbildung am Spangenbergschen Konservatorium Wiesbaden (Violine/Viola und verschiedene weitere Instrumente, Gesang, Harmonielehre); nach 1920 in Badeorchestern und Stehgeiger in Cafés, 1926 Konzertmeister des Orchesters im UFA-Filmpalast Wiesbaden, 1927 Konzertmeister des Filmorchesters der ALHAMBRA Berlin (Leitung: Paul Dessau), 1929 Fortsetzung der Violin-Studien in Wiesbaden und Konzerte als Bratscher in verschiedenen Streichquartetten, 1930-1933 Solobratscher des Rundfunkorchesters Frankfurt/Main (Leitung: Hans Rosbaud), 1932 Mitglied der KPD; 1934 Solobratscher im Philharmonischen Staatsorchester Hamburg (Leitung: Eugen Jochum), ab 1934 Mitwirkung an Kammertanz-Abenden seiner damaligen Frau, der argentinischen Tänzerin Carmen Angela Holz; 1935 Konzertmeister an der Deutschen Musikbühne, 1936 Kapellmeister am Stadttheater Zwickau, 1936 Reise nach Paris, 1937 Ausweisung durch die französische Regierung und Rückkehr nach Deutschland, 1938 Korrepetitor und Kapellmeister in Neiße, 1939 Korrepetitor und Kapellmeister in Braunschweig, 1940 Gelegenheitsarbeiten in Berlin, u.a. als Bratscher der Volksoper und im Rundfunk-Tanzorchester; 1942 Zwangsrekrutierung zum Militärdienst, 1945 übergelaufen in sowjetische Kriegsgefangenschaft und Besuch der ANTIFA-Schule, Leiter der ANTIFA-Gruppe für Musik und Artistik.

1948 Rückkehr nach Berlin, Referent für aktuelle Chormusik am Berliner Rundfunk, 1949-1951 Chefdirigent und stellvertretender Hauptabteilungsleiter beim Berliner Rundfunk und beim Deutschlandsender, 1952 Gründung des Fernseh-Sinfonieorchesters und bis 1955 Chefdirigent am Deutschen Fernsehfunk, ab 1955 freischaffend in Berlin, 1970 Mitglied der Deutschen Akademie der Künste zu Berlin. Gestorben in Berlin.

1959 Kunstpreis der DDR, 1965 Nationalpreis der DDR, 1969 Vaterländischer Verdienstorden in Silber

Über 250 Lieder, Massenlieder, Gesänge und Chöre, u.a. Zehn neue deutsche Soldatenlieder (1966); Orchesterwerke: u.a. Drei Deutsche Tänze (1951), Koreanische Skizze (1953), Suite über sorbische Volksweisen (1953), ›Spartakus‹ – Sinfonisches Porträt (1954), Indiana-Rhapsodie (1954), Sinfonie vom Glück (1972); Konzerte, u.a. Thüringisches Konzert für Horn und Kammerorchester ›Den Kämpfern von Buchenwald‹ (Buchenwald-Konzert, 1958), ›Patria ardua – patria pulchra‹ – Zehn Konzerte für Kammerorchester zum 20. Jahrestag der DDR (1969), Drei Violakonzerte: I zu Ehren von Ho chi Minh (1970), II Metamorphosen einer Reihe von Arnold Schönberg (1970), III ›Ein Vierteljahrhundert‹ – Für Soli und Chor auf Texte von Karl Stitzer und Erich Weinert (1971); Konzert für Angela – Für Violine und Kammerorchester (1973)

Kammermusik, darunter viele Solostücke für Violine, z.B. ›Tor und Tod‹ – Fantasie für Violine solo, ›Aus Lenins neuer Welt‹ – Sechs Streichquartette (1969)

Schauspiel-, Fernseh- und Filmmusiken

Vokalkompositionen, u.a. November-Kantate nach Walter Dehmel (1948), Kantate auf Stalin nach Kuba (1949), ›Ein Mensch wächst auf in Lenins großem Haus‹ – Kantate nach Kuba (1952), ›Karl Marx hat gelebt und gelehrt ‹ – Kantate nach Kuba (1953), Die Songs des Tran dang Khoa für Stimme und Violine (1972), ›Charilaos oder Die Tugend des Schwertes‹ – Offertorio profano nach Paul Wiens (1974)

Bühnenwerke

Die Elixiere des Teufels
Opernversuch nach E.T.A. Hoffmann
Entwürfe

Der Traum des Don Quixote 1940
Oper nach Cervantes
Fragment

Die Abenteuer des Don Quixote 1940
Ballett nach Cervantes
Fragment

Patrioten 1951
Oper
unvollendet

Die glückliche Stadt 1951
Ein Werkspiel für Laienensemble UA 1951

Das lockende Ziel 1951
Ein Werkspiel für Laienensemble UA 1951

Der Arme Konrad 1955-1957
Oper in fünf Akten (acht Bildern) UA 1959
nach dem gleichnamigen Schauspiel
von Friedrich Wolf
Text von Jean Kurt Forest

Die Fischer von Niezow 1959
Operettino in drei Akten
Text von Hedda Zinner

Tai Yang erwacht 1959-1960
Oper in sieben Bildern UA 1960
nach dem gleichnamigen Schauspiel
von Friedrich Wolf
Texteinrichtung Walter Pollatschek

Gestern an der Oder 1961-1962
Oper in fünf Bildern UA 1962
Text von Josef Adolf Weindich

Wie Tiere des Waldes 1963-1964
Eine Oper von Hetzjagd, Liebe und Tod einer Jugend UA 1964
nach dem gleichnamigen Schauspiel
von Friedrich Wolf
Text von Jean Kurt Forest

FOREST

Romeo, Julia und die Finsternis _____1963
Fernseh-Ballett/ Ballett in einem Akt_____UA 1963/1969
nach der gleichnamigen Novelle
von Jan Otčenašek
Libretto von Grita Krätke

Sadako _____1963-1964
Tanzstück_____UA 1964
Libretto von Mario Turra

Die Passion des Johannes Hörder _____1964
Oper in neun Bildern_____UA 1965
nach dem Schauspiel ›Winterschlacht‹
von Johannes R. Becher
Text von Jean Kurt Forest

Hete _____1965
Teleoper
nach dem Volksstück ›Sommer in Heidkau‹
von Helmut Sakowski

Die Blumen von Hiroshima _____1966
Oper in sechs Bildern_____UA 1967
frei nach dem Roman ›The Flowers of Hiroshima‹
von Edita Morris
Text von Jean Kurt Forest

Die Odyssee der Kiu _____1967-1968
Oper in zehn Bildern_____UA 1969
nach dem Versroman ›Das Mädchen Kiu‹
von Nguên Du
Text von Jean Kurt Forest

Frühling an der Seine _____1970-1971
Tanzdrama in vier Bildern_____UA 1971
Libretto von Jean Kurt Forest

Eine Fahne hab ich zerrissen _____1971
Opera minute_____UA 1972
nach ›Die Gewehre der Frau Carrar‹
von Bertolt Brecht

Die Hamlet-Saga _____1972
Opera concertante_____UA 1973
erzählt nach der Hystorie of Hamblet
mit Texten von François de Belleforest,
Saxo Grammaticus und William Shakespeare

Sisyphos und Polyander _____1974
Opera minute
nebst satirischer Intrada und Entr'acts plus Epilog
nach Wsewolod Iwanow

Tage ohne Krieg _____1974
Oper
nach der Erzählung ›Zwanzig Tage ohne Krieg‹
von Konstantin Simonow
Text von Jean Kurt Forest
unvollendet

Der Arme Konrad
Oper in fünf Akten (acht Bildern)
nach dem gleichnamigen Schauspiel
von Friedrich Wolf
Text von Jean Kurt Forest

Entstehung 1955-1957

Uraufführung 4. Oktober 1959 Deutsche Staatsoper Berlin

Personen
Bauernhauptleute des Armen Konrad:
    Konz_____Bariton (2. Fassung: Tenor)
    Geispeter_____Bariton
    Schneckenherodes_____Bariton
    Bantelhans_____Bariton
    Hummel_____Sprechrolle
    Flux_____Sprechrolle
Bastel, Fähnrich des Armen Konrad_____Jugendlicher Tenor
Bruder Arnold_____Bariton (Baßbariton)
Buckenbeck_____Baßbariton (Baß)
Res, Trommlerin_____Sopran
Muckl, Trompeter_____Trompeter
Bundschuher aus dem Breisgau:
    Andres_____Bariton
    Fidi_____Tenor
Anna, Konzens Weib_____Sopran
Schwarzhansin_____Sprechrolle
Nadelöhr_____Sprechrolle
Kanonikus_____Tenorbuffo
Bauern und Bäuerinnen, Aufständische_____Gemischter Chor

Trommlerkinder	Kinderchor
Steckentänzer, Narrentänzer	Ballett

Die andere Seite:

Herzog Ulrich von Württemberg	Tenor
Judica von Zeissen	Sopran (Mezzosopran)
Ritter Christoph von Thum	Tenor (Bariton)
Jörg von Weiler	Bariton
Molinarius	Sprechrolle
Auerhahn	Tenorbuffo
Ein Jäger	Sprechrolle
Jäger und Gewaffnete	Männerchor

Aufführungsdauer ca. 3 Std.

Handlung
Die Handlung spielt in Schwaben 1514.
Vorspiel. **I. Akt.** 1. Bild: *Dorfstraße. Abend.* Bauern rotten sich zusammen und wollen gegen die Fürsten losschlagen. Bauernführer Konz rät, noch zu warten. Doch das Schicksal des Bauernmädchens Res, das von herzoglichen Soldaten gefoltert und vergewaltigt wurde, spitzt die Situation zu. **II. Akt.** 2. Bild: *Vorraum im herzoglichen Schloß zu Stuttgart.* Konz wird an der Spitze einer Abordnung beim Herzog vorstellig, findet aber mit seiner Bittschrift kein Gehör und wird in Schimpf und Schande davongejagt. 3. Bild: *Der Schorndorfwasen. In der Mitte ein erhöhter Tanzbrettboden.* Die Bauern üben einen alten Brauch und spielen ein „Narrengericht": zwei Ritter, die räuberisch ins Dorf eingedrungen sind, werden gefaßt und im Brunnen ersäuft. Der Vogt hat das Dorf umstellen lassen, doch die Bauern kommen ihm zuvor und greifen am Ende des Spiels zu ihren Waffen und schlagen die herzoglichen Soldaten nieder. Konz rettet dem Freund des Herzogs, Ritter Thum, das Leben, der sich daraufhin, von soviel Edelmut beeindruckt, zur bäuerlichen Sache bekehrt. **III. Akt.** 4. Bild: *Korridor im Schloß zu Tübingen.* Die Bauern haben das Schloß genommen, der Herzog wartet auf Verstärkung und schließt zum Schein mit dem Bauernheer einen Pakt, er werde ihrer Sache Gerechtigkeit widerfahren lassen. Die Aufständischen ziehen ab. 5. Bild: *Nächtliche Szene im Wald.* Das Bauernheer wird von den herzoglichen Truppen überfallen und niedergemacht. Ritter Thum, entsetzt über den Verrat seines herzoglichen Freundes, schlägt sich auf die Seite der Bauern und fällt. **IV. Akt.** 6. Bild: *Der Kapellberg. Hoher Himmel.* Die Bauern sind unentschlossen, sollen sie aufgeben und flüchten oder sich stellen und kämpfen? Konz sieht, daß Unentschlossenheit tödlich ist, und ruft seine Freunde zum Kampf: Gott kann die Niederlage der gerechten Sache nicht dulden. **V. Akt.** 7. Bild: *Dachboden auf der Rauhen Alb.* Res hat den verwundeten Konz gerettet und träumt von einem Leben in Ruhe und Glück. Als Konz von flüchtenden Bauern erfährt, daß seine Gefährten vom Herzog gefoltert und getötet werden und sogar das Gerücht geht, daß sie die gerechte

Sache verraten, macht er sich auf, um für die Rechtschaffenheit der Bauern Zeugnis abzulegen. 8. Bild: *Der Schorndorfwasen.* Der Herzog hat den einstigen Tanzboden zur Hinrichtungsstätte auserkoren. Konz wird seine Standhaftigkeit schwer gemacht, denn sowohl Res als auch den Freund Bastel will der Herzog begnadigen, wenn Konz zu Kreuze kriecht. Aber der Bauernführer stirbt aufrecht und in der Gewißheit, daß andere seine Sache fortführen werden.

Kommentar

Friedrich Wolf schrieb den ›Armen Konrad‹ 1923, als er an der historischen Stätte des Geschehens als Landarzt tätig war, angeregt durch die im Volk noch lebendigen Bräuche des Narrengerichts. Die Uraufführung fand 1924 in Stuttgart statt. Forest hat das Stück stark gekürzt. Seine Oper beginnt mit dem dritten Bild des Schauspiels. Die zentrale Szene bildet das Narrengericht, hier sind auch Balletteinlagen vorgesehen. Für die Figuren der liebenden Res und des streitbaren Haupthelden Konz hat Forest eigene Texte für konventionelle Arien geschaffen. Alle anderen Figuren werden in einem wenig profilierten rezitativischen Stil behandelt, das Orchester untermalt die Szenen, übergreifende musikalische Gestaltungsprinzipien kommen nicht zur Anwendung. Das Thema von Schauspiel und Oper entsprach dem Geist jener Jahre, sich als Nachfolger und Vollstrecker einstmals abgebrochener revolutionärer Aktionen zu verstehen und zu feiern, Wolfs Schauspiel kam nach 1945 in Rostock, Meiningen/Freilichtbühne, Leipzig, in Berlin (Theater am Schiffbauerdamm), in Chemnitz (1951 mit der Musik von Paul Dessau) und 1952 am Deutschen Nationaltheater Weimar zur Aufführung. Forests zum 10. Jahrestag der DDR uraufgeführte Oper hingegen brachte es zu keinem vergleichbaren Aufführungserfolg, wenn auch immerhin zur stattlichen Folge von zwölf Aufführungen in der Deutschen Staatsoper Berlin. Eine weitere Inszenierung unter der Regie des jungen Harry Kupfer schloß sich 1962 in Stralsund an.

Erst 1975 kam anläßlich des 450. Jahrestages des Bauernkrieges ›Der Arme Konrad‹ am Mecklenburgischen Staatstheater Schwerin (Musikalische Leitung: Horst Förster, Regie: Joachim Robert Lang) zur Aufführung, im gleichen Jahr wurde auch Kurzbachs ›Thomas Müntzer‹ in einer Neufassung aus gleichem Anlaß an den Landesbühnen Sachsen inszeniert.

Ausgaben KlA Deutsche Staatsoper Berlin

Rechte Erben des Komponisten

Literatur Friedrich Wolf: Der Arme Konrad. Schauspiel aus dem deutschen Bauernkrieg, Berlin. Leipzig 1950; auch In: 1525. Dramen zum deutschen Bauernkrieg, Berlin und Weimar 1975
Günter Rimkus: ›Der Arme Konrad‹. Eine Oper von Jean Kurt Forest. In: Musik und Gesellschaft, H. 4, Berlin 1959
Rezensionen der Uraufführung. In: Theater der Zeit, H. 11, Berlin 1959; Musik und Gesellschaft, H. 11, Berlin 1959

Tai Yang erwacht
Oper in sieben Bildern
nach dem gleichnamigen Schauspiel
von Friedrich Wolf
Texteinrichtung Walter Pollatschek

Entstehung 1959-1960

Uraufführung 4. September 1960 Volkstheater Halberstadt

Personen
Tai Yang, Arbeiterin___Sopran (Alt)
Feng, ihr älterer Bruder___Sprechrolle
Ma, ihre jüngere Schwester___Sopran (Soubrette)
Die Mutter___Mezzosopran
Der Großvater___Tenor
Tante Tse Tse, die Urgroßtante___Sopran
Wan, Maschinist___Bariton
Sen, Bauer aus der Provinz Kiangsi___Tenor (Bariton)
Thsin, Soldat der Südarmee___Baß
Peer, Hafenarbeiter (Europäer)___Baßbuffo (Singender Schauspieler)
Arbeiterinnen: Han___Sopran
　　　　　　　　Hai___Sopran
　　　　　　　　Sy___Sopran
　　　　　　　　Li___Sopran
Vier weitere Arbeiterinnen___Stumm
Tschu Fu, Fabrikdirektor___Tenor (Bariton)
Mister Ixman, Textilagent___Sprechrolle
Wächter, ein Sänger (Kontraalt), Polizisten,
zwei Pinkertons___Chorsolisten
(Chor auf Tonband)

Orchester Picc (auch Blockfl), Fl (auch Okarina), Ob, Klar (auch BKlar), ASax (auch SSax), BarSax, Trp, BPos, Zither, Tenorbanjo, Hrf, Cemb, Kl (Wanzenklavier), Pkn, Slzg (2 Spieler): Glsp, Vib, Xyl (Mar), große und kleine Gongs, GrBck, KlBck, KleinstBck, Gl, 4 Tempelblocks, Holztr, Rohrtr, KlTr, GrTr, Sch, Bongos, Cowbells, Claves, Kast, Trgl, Guiro, komplettes Jazz-Schlagzeug; Vl solo, Va solo, Gambe solo, 3 Vc, 2 Kb

Aufführungsdauer ca. 2 Std., 30 Min.

Handlung
Die Handlung spielt in Shanghai 1927.

Introduktion. **1. Bild:** *Ärmliche Hütte der Familie Tai Yangs.* Verwandte der Yangs sind vor mordenden und plündernden Soldaten vom Dorf in die Stadt geflohen und werden aufgenommen. Die Tochter Tai arbeitet als Spinnerin in der Fabrik des Herrn Tschu Fu, der Bruder Feng ist Sekretär und rechte Hand des Fabrikdirektors, die jüngere Schwester Ma soll nach Willen des Ausbeuters an der leichtesten Maschine arbeiten, ihm dafür des Nachts im Bett gehören. Tai entschließt sich, die Stelle der zwölfjährigen Schwester einzunehmen, obgleich ihr Freund, der Maschinist Wan, sie davon abzubringen versucht.
2. Bild: *Ecke eines Fabrikraumes der Spinnerei.* Der Direktor ist mit dem Tausch der Schwestern einverstanden, die Arbeiterinnen verspotten Tai und spielen das Spiel von der Braut auf einen Monat.
3. Bild: *Teeraum im Haus des Tschu Fu.* Dem Direktor gefällt Tai, so will er sie länger als einen Monat behalten. Sie lebt bei ihm. Hier hört sie auch ein Gespräch zwischen Tschu Fu und einem ausländischen Textilagenten, der dem Chinesen eine Kapitalbeteiligung aufzwingt und als Gegenleistung militärische Hilfe bei Unruhen oder Streiks anbietet. Damit Tai Yang davon nichts ausplaudert, schickt sie Tschu Fu hinaus zu seinem Landhaus.
4. Bild: *Elterliche Hütte Tai Yangs.* Tai Yang nimmt Abschied von der Mutter; sie hat Geschenke mitgebracht. Gäste stellen sich ein, darunter der Hafenarbeiter Peer und der Maschinist Wan. Man feiert ein kleines Abschiedsfest, doch findet es ein böses Ende: Der Bruder Feng kommt im Auftrag des Direktors, um die Männer zu verhaften. Sie können in letzter Minute fliehen.
5. Bild: *Teeraum im Hause des Tschu Fu.* Der Direktor ist nach Shanghai zurückgekehrt, weil seiner Fabrik Streiks drohen. Wan ist in den Untergrund gegangen und soll als Anführer der revolutinären Bewegung gefaßt werden. Tai Yangs Bruder Feng entwickelt eine List: Da er um die Liebe zwischen Wan und Tai Yang weiß, gibt er seiner Schwester ein angeblich von Wan verfaßtes Spottlied auf sie, die Geliebte des Direktors. Feng nimmt von der Schwester daraufhin ein Briefchen in Empfang, worin sie Wan um ein klärendes Rendezvous bittet. Diesen Brief spielt Feng Wan zu. Bei ihrem Rendezvous erfährt Tai Yang, welcher gerechten Sache Wan dient; da wird er verhaftet und vor ihren Augen gefoltert. Tai Yang erwacht: Sie befreit Wan, ersticht ihren eigenen Bruder, der sich ihr entgegenstellte, und flieht mit Wan.
6. Bild: *Hinterzimmer einer Hafenkneipe.* Illegaler Treffpunkt der Aufständischen. Tai Yang bietet sich an, in der Spinnerei Flugblätter zu verteilen.
7. Bild: *Ecke eines Fabrikraumes in der Spinnerei.* Tai Yang, als Händlerin verkleidet, verteilt Flugblätter. Tschu Fu entdeckt sie und ruft nach der Polizei. Die Arbeiterinnen, allen voran Tai Yang, stellen sich ihm entgegen.

Kommentar
Friedrich Wolf schrieb sein Schauspiel ›Tai Yang erwacht‹ Anfang 1930, „bevor noch der italienische Imperialismus faschistischer Prägung Abessinien geschluckt hatte und im Fernen Osten von Indonesien bis China der imperialistische Kampf

um die Neuaufteilung der ‚Kolonialgebiete' neu begann (...). Bekannt ist der Aufstand der Weberinnen von Shanghai, in die Tschiang Kai Schek hineinfeuern ließ und der trotzdem immer wieder aufflammte. Damals horchten wir auf. Dieses China der Arbeiter und Bauern schien ein anderes zu sein wie jenes ‚Tsching-Tschang-Tschau-China', das wir aus kleinen Nippesfiguren oder kitschigen Imitationen trippelnder Geishas und kopfwackelnder Mandarine kannten." (Wolf 1952, S. 13)

Die Uraufführung konnte gegen den zunehmenden Druck reaktionärer Kreise nur noch von Erwin Piscator durchgesetzt werden; in seiner Regie und mit dem Bühnenbild von John Heartfield fand sie am 15. Januar 1931 am Wallner-Theater in Berlin statt. Friedrich Wolf stand mit seiner Entdeckung Chinas frei von kunstgewerblichem Kling-Klang in einer bestimmten Tradition, die mit André Malraux' Roman ›La condition humaine‹ von 1933 einen Höhepunkt fand. Während Malraux' Werk aber immer mehr an Bedeutung zunimmt, 1986 von Maurice Béjart und seinem Ballett des XX. Jahrhunderts vertanzt wurde, verliert sich zunehmend das Interesse an Wolfs Stück, was in den didaktisch-kolportagehaften Zügen seines Schauspiels begründet ist.

Der Agitprop-Charakter der Vorlage trat in der Bearbeitung zum Libretto durch Walter Pollatschek ungemindert zutage. Forest orientierte sich bei seiner Vertonung am Typus des Singspiels. Entscheidende Konflikte läßt er in gesprochenen Dialogen austragen; während er den musikalischen Passagen, meist liedhaften, ariosen Gesängen, schmückende Handlungsdetails zuweist.

Forest ließ sich das Lokalkolorit einer Hafenstadt wie Shanghai nicht entgehen. Er charakterisierte den Handlungsort mit originalen chinesischen Volksweisen, mischte dazu Blues-Zitate, Songs und Liedeinlagen. Um über eine rein illustrative, die Handlung lediglich akzentuierende Funktion der Musik hinauszukommen, setzte Forest ein „Lied vom Mangobaum" quasi leitmotivisch ein, das mit wechselnden Akzenten von verschiedenen Parteien gesungen wird und sich im Finale zu einer Hymne steigert, den Sieg des Volkes antizipierend. Puccini steht mit den ersten Takten Pate, wenn sich durch Quart-Intervallik und pentatonische Läufe wieder das von Friedrich Wolf so verachtete „Tsching-Tschang-Tschau-China" einschleicht. Trotz redlichem Bemühen, einem ehemaligen Erfolgsstück auf den Spuren zu bleiben, ist diese Oper ein ästhetisches und politisches Mißverständnis.

Wenige Wochen nach der Uraufführung brachte die Deutsche Staatsoper Berlin (11. November 1960) ›Tai Yang erwacht‹ im Kultursaal des VEB Bergmann-Borsig zur Berliner Erstaufführung (Musikalische Leitung: Hans Löwlein, Regie: Josef Adolf Weindich / Jean Kurt Forest, Ausstattung: Hainer Hill) und spielte das Werk siebenmal. An der Deutschen Staatsoper Berlin war das die zweite Forest-Produktion nach dem ›Armen Konrad‹, dem als dritte Einstudierung einer Forest-Oper 1969 ›Die Blumen von Hiroshima‹ folgten.

Ausgaben Selbstverlag
Rechte Erben des Komponisten
Literatur Friedrich Wolf: Man muß wissen, wo man hingehört. In: Dramaturgische Blätter ›Tai Yang erwacht‹, hrsg. von der Zentralleitung der Deutschen Volksbühne, Berlin 1952
Rezensionen der Uraufführung. In: Theater der Zeit, H. 1, Berlin 1961; Musik und Gesellschaft, H. 1, Berlin 1961

Die Passion des Johannes Hörder
Oper in neun Bildern
nach dem Schauspiel ›Winterschlacht‹
von Johannes R. Becher
Text von Jean Kurt Forest

Entstehung 1964

Uraufführung 6. Mai 1965 Theater Stralsund

Personen
Karl Hörder, SS-Obergruppenführer, Beisitzer des „Volksgerichtshofes" — Bariton
Maria Hörder, seine Frau — Sopran
Johannes Hörder, Sohn, Gefreiter, dann Obergefreiter, Ritterkreuzträger, der „Unbekannte Soldat" des Zweiten Weltkrieges — Bariton
Gerhard Nohl, Oberfeldwebel — Bariton
von Runstedt, Major beim Divisionsstab — Bariton (Baß)
Oberstleutnant von Quabbe — Tenor
Der General — Sprechrolle
Fürst Denikin — Bariton
Xaver, Stabskoch — Bariton
Leutnant mit Klaps — Tenor
Offizier-Klavierspieler — Klavierspieler
Ein Kriegsberichterstatter — Tenor
Vier Landser — Chorsolisten

Aufführungsdauer ca 2 Std., 30 Min.

Handlung
Deutsche Ostfront und Stadt in Deutschland im Winter 1941. Orchestervorspiel.
1. Bild: *Freies Feld. Anhöhe.* Zwei Kradfahrer der Wehrmacht haben ein Schild anzubringen: „Nach Moskau 100 km". Für Johannes Hörder ist das ein „Welthistorischer Augenblick", für Gerhard Nohl ein Moment, den Freund in eine Auseinandersetzung über den verbrecherischen Charakter dieses Krieges zu verstricken. **2. Bild:** *Im Stabsquartier.* Hörder wird für das Anbringen der Tafel mit dem Ritterkreuz geehrt. Er empfindet diese Auszeichnung als unangemessen, sein bisher unerschütterlicher Glaube an die faschistische Ideologie gerät ins

Wanken. Freund Nohl pflanzt weitere Zweifel in ihn, indem er von einem „anderen Deutschland" spricht. **3. Bild:** *An der Front.* Eine Propagandasendung. Der Kriegsberichterstatter produziert seine Sendung vor und berichtet als „Augenzeuge" von der Einnahme Moskaus, die von der Heeresführung tatsächlich für den nächsten Tag „festgesetzt" ist. Der russische Kollaborateur, Fürst Denikin, sowie der frischgebackene Ritterkreuzträger Johannes Hörder werden interviewt. Hörders Unbehagen an diesem Krieg vertieft sich. **4. Bild:** *Wohnzimmer der Familie Hörder in einer deutschen Stadt.* Hörders Mutter kann sich über die Auszeichnung ihres Sohnes nicht freuen, trägt sie doch schwer am Tod des älteren, der als „Verräter" von den eigenen Leuten hinterrücks erschossen wurde. Von ihrem Mann, Richter am Volksgerichtshof, erfährt sie, daß er selbst den Sohn zum Tode verurteilte. **5. Bild:** *An der Front.* Hörder und Nohl auf Wachgang, jeder versucht seinen Weg zu finden, eine Entscheidung zu treffen. Nohl läuft in dieser Nacht zur Roten Armee über, Hörder bleibt seinem Ideal von Deutschland treu. **6. Bild:** *Stabsküche.* Anstelle von Lebensmitteln ist der Küche eine Kiste mit weißer Farbe geliefert worden. Der Koch Xaver, ein Defätist und Wehrkraftzersetzer, findet eine Verwendung: „Weiß ist die Farbe der Unschuld. Waschen wir unsere Hände in weißer Farbe." **7. Bild:** *Stabsquartier.* Gegenoffensive der Roten Armee. Hörders Ritterkreuz wird gefeiert, der Ausgezeichnete aber hält sich zurück. Nohls Flucht verwirrt ihn, er meldet sich freiwillig zum Suchkommando. **8. Bild:** *Wohnzimmer der Familie Hörder in einer deutschen Stadt.* Johannes Hörder, auf Weihnachtsurlaub, erfährt von seiner Mutter die wahren Ursachen für den Tod seines Bruders; er hat eine Auseinandersetzung mit dem Vater und kehrt tief betroffen zur Front zurück, um hier den Tod zu suchen. Maria Hörder erschießt ihren Mann, den Mörder ihres Sohnes. **9. Bild:** *Front.* Johannes Hörder erhält den Befehl zu einem Kommando, das gefangene Juden und Russen lebendig begraben soll. Er weigert sich, den Befehl auszuführen, und wird wegen Wehrkraftzersetzung zum Tode verurteilt.

Kommentar

Für Jean Kurt Forest waren Krieg und Antifaschismus bestimmende Themen seines Schaffens. Mit Johannes R. Bechers 1952 in Prag uraufgeführter ›Winterschlacht‹ fand er ein Kapitel deutscher Geschichte unter diesen Aspekten dargestellt. Er richtete das Schauspiel selbst zum Operntext ein, reduzierte die Anzahl der Personen und Handlungsebenen, konzentrierte die Auswahl und Abfolge der Szenen ganz auf die Auseinandersetzungen Hörder-Nohl und auf den Entwicklungsprozeß des Johannes Hörder. Deshalb endet die Handlung mit Hörders tragischem Tod; es fehlt die durch Bertolt Brechts/Manfred Wekwerths Inszenierung am Berliner Ensemble 1955 berühmt gewordene Schlußszene mit dem Kommandeur der Roten Armee: „Merkt euch: für Feinde führt kein Weg nach Moskau! Den Freunden aber öffnen wir das Herz ...". (Diese Inszenierung erlebte bis 1960 einhundertvierzig Aufführungen!)

Auch hier ist wieder, wie bei ›Tai Yang erwacht‹, Forests Bemühen spürbar, im Aufwind eines erfolgreichen Stückes zu segeln.

Der Komponist durchbrach die stark dialogische bzw. monologische Struktur seiner Texte durch eingestreute genreartige Szenen nach traditioneller Manier, durch die satirische Darstellung der Frontberichterstattung, die Koch-Szene und die Feier der Offiziere im Stabsquartier.

Zeitgleich mit Rainer Kunad, der in seiner Oper ›Old Fritz‹ Ähnliches versuchte, opponierte Forest gegen das offizielle Verdikt über die Dodekaphonie und setzte seiner Oper eine Zwölftonreihe voran. Sie wird „zu Beginn des Vorspiels vom Reißnagelklavier solistisch vorgetragen, zu Sechzehntelfiguren aufgelöst" und in drei viertönigen Akkorden präsentiert (Otto 1965, S. 7). Die Komposition verläuft allerdings nicht nach der Zwölftontechnik. Forest verwendet seine Reihe lediglich dazu, aus ihr charakteristische Melodiesegmente bzw. Akkordfolgen zu gewinnen, um diese leitmotivisch im Verlauf der Handlung einzusetzen. Starke Beachtung fand bei der Kritik der Versuch, mittels eines Bach-Zitates dem achten Bild eine symbolische Bedeutung zu geben. Am Weihnachtsabend, während aus dem Radio der Eingangschor zu Bachs Weihnachtsoratorium erklingt, erschießt Maria Hörder ihren Mann mit den Worten: „Hör die Musik, das Größte, das ein Deutscher schuf! Lautlos vor dieser Musik wirst du enden! Sei verflucht, du Mörder meines Sohnes!" Dabei wird die Singstimme teilweise parallel zum Chorsopran des zitierten Originals geführt und so eine Verbindung zwischen Zitat und szenischer Funktion erreicht.

Werk und Uraufführung (Musikalische Leitung: Jean Kurt Forest, Regie: Harry Kupfer) fanden bei der Kritik große Beachtung und Anerkennung. Diese Uraufführung war Harry Kupfers dritte Inszenierung einer Forest-Oper, was insofern überregionales Aufsehen erregte, weil hier über Jahre hinweg ein Regisseur mit einem Komponisten in engem Kontakt zusammenarbeitete. Harry Kupfer hatte 1962 ›Der Arme Konrad‹ inszeniert und 1964 ›Wie Tiere des Waldes‹ (Musikalische Leitung: Jean Kurt Forest) herausgebracht.

Ausgaben KIA Selbstverlag

Rechte Erben des Komponisten

Literatur Johannes R. Becher: Winterschlacht (Schlacht um Moskau). Eine deutsche Tragödie in fünf Akten und einem Vorspiel, Berlin 1953

Harry Kupfer: Bemerkungen zur Oper, Hans-Gerald Otto: Forests Weg. In: Theater der Zeit, H. 13, Berlin 1965
Rezensionen der Uraufführung. In: Theater der Zeit, H. 13, Berlin 1965; Musik und Gesellschaft, H. 7, Berlin 1965

Die Blumen von Hiroshima
Oper in sechs Bildern
frei nach dem Roman ›The Flowers of Hiroshima‹
von Edita Morris
Text von Jean Kurt Forest

Entstehung 1966

Uraufführung 24. Juni 1967 Deutsches Nationaltheater Weimar

Personen

Ohatsu, eine junge Japanerin	Sopran
Sam, ein junger Amerikaner	Tenor
Yuka, Ohatsus ältere Schwester	Sopran
Fumio, Yukas Mann	Tenor
Maeda, Maler	Bariton
Bäuerlein	Tenor
Verkäufer	Tenor
Verwandte, Bekannte, Kaufhauskunden	Kleiner Chor
Singende und tanzende Kinder	Kindergruppe
Tanz-Agitprop-Truppe aus dem neuen Hiroshima	Ballett
Kaufhauskunden und Verkäufer(innen)	Stumm

Orchester 2 Fl (beide auch Picc), 2 Ob (II auch EH), 2 Klar, BKlar, TSax, 2 Fg (II auch KFg), 4 Hr, 3 Trp, 3 Pos, Tb, Hrf, Kl (auch Cemb), Pkn, Slzg (2 Spieler); Str
(Für die Verstärkung der Big-Band-Klangwirkung wenn möglich eine Trompete und eine Posaune hinzu.)

Handlung
Hiroshima um 1955.
Instrumentale Introduktion: **1. Bild:** *Fumios Wohnung in einem japanischen Haus.* Fumios Frau Yuka vermietet Zimmer und erwartet einen amerikanischen Gast. Ihre Familie ist auf das Geld angewiesen, doch soll der Amerikaner von ihrer Armut nichts merken und auch nicht, daß ihr Mann an der Strahlenkrankheit leidet. Yuka mahnt ihre jüngere Schwester Ohatsu, dem Amerikaner gegenüber freundlich zu sein, was beiden nicht leichtfällt, haben doch die Schwestern den Atombombenabwurf erlebt und mußten mitansehen, wie ihre Mutter als brennende Fackel in den Fluß sprang. Jeden Morgen wirft Ohatsu an dieser Stelle des Flusses einen Strauß Blumen ins Wasser. Der Amerikaner erweist sich als ein netter junger Mann namens Sam. Ohatsu gibt sich freundlich, doch als der neue Mieter neugierig nach ihrem Strauß Blumen greift, verläßt sie brüsk den Raum. Die Schwester vermittelt. Der Amerikaner begreift nicht, was er falsch gemacht hat.

2. Bild: *Warenhaus im neuen Hiroshima.* Fumio, Yuka, Sam und Ohatsu kaufen die Frühjahrsausstattung für Ohatsu. Immer mehr Japaner schließen sich ihnen an, um wenigstens beim Kauf anderer zuzusehen, wenn sie selbst schon nichts erwerben können. Ohatsu ersteht einen schönen Kimono und wird von allen bewundert. Sam verliebt sich in das junge Mädchen. Während alle die Fahrt auf der Rolltreppe genießen und Sam einem Bauern aus der Provinz behilflich ist, die ungewohnte Technik zu meistern, erleidet Fumio einen Schwächeanfall.

3. Bild: *Fumios Wohnung.* Ohatsu nimmt Abschied vom Spielzeug ihrer Kindheit und gesteht Yuka, daß sie Sam liebt. Der politisch engagierte Maler Maeda, mit dem Fumio zusammenarbeitet, benutzt ein Gespräch mit Sam, um den Ahnungslosen über die Situation der Überlebenden des Atombombenabwurfs aufzuklären.

4. Bild: Gartenfest. Sam ist betroffen und begreift, bei wem er wohnt. Er gesteht Ohatsu seine Liebe. Die Familie feiert mit Gästen nach traditioneller japanischer Sitte das Frühlingsfest. Während der Feier bricht Fumio zusammen.

5. Bild: Fumio stirbt.

6. Bild: *Totenfeier für Fumio.* Maeda steht Yuka bei. Ohatsu und Sam allein. Die Japanerin erklärt dem Amerikaner das Lied vom „Kleinen Blütenblatt", das zum Frühlingsfest gesungen wurde, und weiht ihn in das Familiengeheimnis ein, wie ihre Mutter umgekommen ist und daß sie zu deren Angedenken jeden Morgen einen Strauß Blumen in den Fluß wirft. Sam bittet sie, seine Frau zu werden. Ein kurzer Augenblick des Glücks. Dann läuft Ohatsu davon, ihr droht als Folge des Atombombenabwurfs das Schicksal, mißgestaltete Kinder zur Welt zu bringen. Sam läuft ihr nach.

Kommentar

Edita Morris' Roman ›The Flowers of Hiroshima‹ gebührt das Verdienst, 1959 weltweit auf einen unbekannten, furchtbaren Aspekt des Atombombenabwurfs aufmerksam gemacht zu haben: Die Opfer versteckten ihre Leiden, verbargen ihre Schmerzen wie eine Schande, denn in der aufstrebenden japanischen Industriegesellschaft war kein Platz für die „Atomparias" mit dem „Ruinenblick"; und nicht nur in Japan wollte man endlich vergessen, frei sein für ein sorgenloses Leben. Damit rührte die schwedisch-amerikanische Schriftstellerin an ein Grundproblem des Nachkriegslebens, wie die Davongekommenen mit den Opfern, konkret denen des Atombombenabwurfs vom 6. August 1945 über Hiroshima und vom 9. August 1945 über Nagasaki, zusammenleben. In gewisser Weise fühlte sich jeder dem Krieg glücklich entronnene Mensch gegenüber den an unheilbaren Wunden und der Strahlenkrankheit Leidenden schuldig.

Eine Oper, die sich diesem Thema zuwandte, konnte also mit dem „schlechten Gewissen" der Glücklichen auf der ganzen Welt rechnen.

Forest schrieb in dieser Gewißheit seine Oper, die als Auftragswerk des Nationaltheaters Weimar entstand. Seit den Uraufführungen seiner Opern ›Wie Tiere des Waldes‹ 1963 und ›Johannes Hörder‹ 1965 verband ihn eine Freundschaft mit dem Regisseur Harry Kupfer, der in der Zwischenzeit von Stralsund nach Weimar übergewechselt war und von dem der Hinweis auf den Roman von Edita Morris stammte. In Harry Kupfers Regie erlebte die Oper dann auch ihre vielbeachtete Uraufführung (Musikalische Leitung: Jean Kurt Forest).

Dem Roman im wesentlichen folgend, veränderte Forest die Vorlage nur in einem Punkt. Bei Edita Morris bleibt der Amerikaner ein Beobachter des Geschehens, sieht, wie die Liebe einer jungen Japanerin mit einem jungen Japaner zerbricht, weil die Eltern des Mannes die Folgen der Atomstrahlung fürchten. Forest vereinigte die beiden Figuren zu einer, zielte so auf die „positive Aufhebung" der Butterfly-Problematik.

Wie schon bei ›Tai Yang erwacht‹, arbeitet Forest auch hier mit originalen Volksliedmelodien, setzt zur Kennzeichnung der positiven Figuren liedhafte Wendungen ein, zur Charakteristik des modernen japanischen Lebens „schrägen" Jazz; läßt in der Warenhaus-Szene in Big-Band-Besetzung aufspielen, ein „japanisches Bäuerlein" eine Ariette im Jazzstil (*scat vocal*) anstimmen und schafft mit der Szene des Frühlingsfestes eine Gelegenheit für Folklore und Balletteinlage, einen Kendo, einen japanischen Schwertertanz, zu Boogie-Rhythmen. Die Figur der Ohatsu wird merkwürdigerweise durch eine wiederkehrende Valse charakterisiert. Einheit und Geschlossenheit erstrebt der Komponist durch leitmotivisch eingesetzte Akkorde und Melodiesegmente, gewonnen aus einer zwölftönigen Grundreihe, die er in all ihren Abwandlungen seinem Klavierauszug als Epigraph vorangestellt hat, quasi die Machart seiner Oper demonstrierend. Die Deutsche Staatsoper Berlin spielte anläßlich des 20. Jahrestages der Gründung der DDR ›Die Blumen von Hiroshima‹ 1969 nach (Musikalische Leitung: Jean Kurt Forest / Heinz Fricke, Regie: Erhard Fischer), wobei die Inszenierung nicht mehr als vier Aufführungen erlebte. Der Komponist hatte das Werk überarbeitet und eine Neufassung hergestellt: eine Arie der Ohatsu (3. Bild) neu geschrieben, Fumio bereits im 1. Bild eingeführt, dazu einen Kinderchor, und die Einleitung zum 3. Bild – Ohatsu nimmt Abschied von ihrer Kindheit – erweitert. Am Opernhaus Karl-Marx-Stadt folgte 1971 eine weitere Inszenierung, 1968 brachte der VEB Deutsche Schallplatten einen Opernquerschnitt heraus.

Ausgaben KlA Selbstverlag

Rechte Erben des Komponisten

Literatur Jean Kurt Forest: Zu Fragen der Ästhetik der Oper ›Die Blumen von Hiroshima‹. In: Programmheft Deutsche Staatsoper Berlin 1969 – auch In: Material zum Theater Nr. 118, Komponisten der DDR über ihre Opern, Auswahl und Zusammenstellung Stephan Stompor, Berlin 1979
Werner Otto: Werk und Aufführung. In: Programmheft Deutsche Staatsoper Berlin 1969; Ernst Krause: Einführungstext. In: Begleitheft zur Schallplatteneinspielung, Berlin 1969; Hans-Gerald Otto: Nennen wir ihn ruhig Musikszeniker. In: Musik und Gesellschaft, H. 4, Berlin 1969
Rezensionen der Uraufführung. In: Theater der Zeit, H. 19, Berlin 1967; Rezensionen der Neufassung. In: Theater der Zeit, H. 2, Berlin 1970; Musik und Gesellschaft, H. 12, Berlin 1969

Aufnahmen Produktion des Rundfunks der DDR (Opernquerschnitt) Christa Schrödter (Yuka), Johannes Prkno (Fumio), Rosemarie Rönisch (Ohatsu), Peter Wieland (Sam), Werner

DIE ODYSSEE DER KIU   FOREST

Haseleu (Maeda), Lajos Pasztor (Bäuerlein), Estraden-Orchester des Deutschlandsenders, Dirigent Jean Kurt Forest; aufgenommen 1967, Einstudierung (Regie) Harry Kupfer

ETERNA 8 20 794 (unsere neue musik 31) (Opernquerschnitt) Besetzung wie Rundfunkproduktion
NOVA 8 85 069 (Opernquerschnitt) Wiederveröffentlichung der ETERNA-Platte

Die Odyssee der Kiu
Oper in zehn Bildern
nach dem Versroman ›Das Mädchen Kiu‹
von Nguyên Du
Text von Jean Kurt Forest

Entstehung 1967-1968

Uraufführung 3. Mai 1969 Städtische Bühnen Erfurt

Personen
Kiu	Sopran
Kim, Student	Bariton
Kius Vater	Baß
Kius Mutter	Alt
Offizier	Tenor
Gerichtsschreiber	Tenorbuffo
Ma Giam, Bordellbesitzer	Baßbariton
Tu Ba, seine Frau	Mezzosopran
Ky Tham	Tenor
Frau Tham	Sopran
Frau Thams Mutter	Mezzosopran
Oan, Dienerin und Partisanin	Mezzosopran
Alter Mann	Tenorbuffo
Bürgermeister	Baßbariton
Partisan	Bariton (Tenor)
Gefolge des Bürgermeisters, Gendarmen, Französischer Kommandant, Offiziere	Chorsolisten
Volk, Partisanen	Gemischter Chor und Ballett
Drei Trapez-Künstler	Artisten

Orchester 2 Fl (I auch AFL, II auch Picc), 2 Ob (II auch EH), 2 Klar, BKlar, 2 Fg, KFg, TSax, 4 Hr, 3 Trp, 3 Pos, Tb, Pkn, Slzg (2 Spieler): 1 Spieler mit vollständigem modernen Jazz-Schlagzeug, Tomtoms in 3 Größen, 3 Bongos, 4 Tempelblocks; Hrf, Wanzenklavier, Clavisett; Str
Bühnenmusik 2 Trp, Slzg (aus dem Orchester)

Aufführungsdauer ca. 3 Std.; vom Komponisten gekürzte Fassung: ca. 2 Std., 30 Min.

Story
Die Handlung spielt im Vietnam des Jahres 1895.
Das Mädchen Kiu, Tochter wohlhabender Eltern, liebt den Studenten Kim, der sich entschließt, zu den Partisanen zu gehen, um gegen die französische Kolonialmacht zu kämpfen. Kiu wird verdächtigt, davon gewußt zu haben, und soll mit dem Tod bestraft werden. Der Gerichtsschreiber weiß einen Ausweg und vermittelt sie, gegen entsprechendes Entgelt, an den Reichen Ma Giam, der Kiu an ein Bordell verkauft. Kiu versucht sich zu vergiften, wird aber daran gehindert. Kim hat von ihrem Schicksal erfahren und will sie befreien, doch Kiu dünkt sich seiner nicht mehr würdig und lehnt ihre Befreiung ab. Kim und seine Begleiter werden entdeckt, es kommt zum Kampf, Kiu wähnt Kim tot und folgt einem reichen Bordellgast, dem Kaufmann Ky Tham, der sie loskauft und mit auf sein Landhaus nimmt. Hier wird sie von Ky Thams Frau entdeckt, muß im Stadthaus der Thams arbeiten und wird aufs äußerste gedemütigt. Eine junge Dienerin steht ihr bei und verhilft ihr zur Flucht. Auf dem Markt findet Kiu während eines Volksfestes ihren Kim wieder, und als ein alter Bauer eines unbedachten Wortes wegen verhaftet werden soll, erheben die Partisanen ihre Waffen und vertreiben, vom Volk unterstützt, die französischen Kolonialherren und ihre vietnamesischen Kollaborateure.

Kommentar
Mit der ›Odyssee der Kiu‹ versuchte Forest, auch bei dieser Oper auf ein aktuelles politisches Ereignis zu reagieren, den Befreiungskampf des vietnamesischen Volkes. Er legte seiner Oper ein Werk des Klassikers der vietnamesischen Literatur, Nguyên Du, zugrunde, den an der Wende des 18. zum 19. Jahrhundert geschriebenen Roman ›Das Mädchen Kiu‹, reihte einzelne Handlungsepisoden aneinander und legte der Liebesgeschichte zwischen Kiu und Kim eine politische Tendenz unter. Dabei nutzte er die Bordellszene, um entsprechende Balletteinlagen zu komponieren; die traditionelle Volksfestszene auf dem Markt, um originale Liedweisen zu zitieren und ebenfalls Balletteinlagen und Volkstänze zu ermöglichen. Er selbst sah es als seine Aufgabe an, „Menschen aus diesem Teil der Erde (...) mit ihren Sitten und Gebräuchen darzustellen, darzustellen im Klassenkampf, den sie zumeist unbewußt e r l e b e n . Es ging ferner darum, Orientalisches mit den Mitteln okzidentalischer Musikerrungenschaften für unsere Menschen aufzuschließen. (...) Es gibt keinen ‚Darmstädter Weg' zum sozialistischen Realismus, die Hinweisschilder zeigen nach wie vor nach Bitterfeld." (Forest 1969)
Diesem Verständnis von „sozialistischem Realismus" und „Bitterfelder Weg" war auch die Uraufführung verpflichtet (Musikalische Leitung: Jean Kurt Forest, Regie: Wolfgang Jende): Im vietnamesischen Bordell wurde Schach gespielt, Konversation getrieben und klassisches Ballett getanzt, in der „Volksbefreiungsszene" des Finales schaut das Volk zuerst dem sich findenden Paar Kiu-Kim

regungslos-ergriffen zu, um dann wie auf einer ordentlichen Estradenveranstaltung seine Tücher zu schwenken und zu tanzen.

Trotz seiner Absage an den „Darmstädter Weg„ legte Forest seiner dünnblütigen Komposition eine zwölftönige Reihe zugrunde, deren melodische und akkordische Ableitungen das Grundgerüst der Komposition bilden, wenngleich effektvolle Koloristik gegenüber dramatischer Zusammenhangbildung dominiert.

Von der zeitgenössischen Kritik wurden die Schwächen von Werk und Uraufführung beschrieben, besonders die unangemessene Länge, der Forest nachträglich durch Kürzungen beizukommen suchte. Erstmals konnte ihn ein geschickt gewählter politischer Stoff vor einem Verriß nicht retten; die mangelnde künstlerische Qualität lag klar zutage.

Ausgaben KlA Selbstverlag

Rechte Erben des Komponisten

Literatur Jean Kurt Forest: Über die Oper ›Die Odyssee der Kiu‹. In: Programmheft Städtische Bühnen Erfurt 1969 – auch In: Material zum Theater Nr. 118, Komponisten der DDR über ihre Opern, Auswahl und Zusammenstellung Stephan Stompor, Berlin 1979

Rezensionen der Uraufführung. In: Theater der Zeit, H. 2, Berlin 1970; Musik und Gesellschaft, H. 1, Berlin 1970

Fritz Geißler
15. September 1921 - 11. Januar 1984

Geboren in Wurzen, 1936-1939 Lehre am Staatlichen Musikinstitut (Stadtpfeiferei) Naunhof (bei Leipzig), 1940-1945 Militärdienst, 1945-1948 Kriegsgefangenschaft, 1948-1953 Studium an der Hochschule für Musik Leipzig (u.a. bei Max Dehnert, Wilhelm Weismann) und 1951-1953 an der Hochschule für Musik Berlin-Charlottenburg (u.a. Komposition bei Boris Blacher).
1953-1954 Bratscher im Staatlichen Sinfonieorchester Gotha, 1954-1958 Lehrbeauftragter für Musiktheorie an der Karl-Marx-Universität Leipzig, 1956 Vorsitzender des Bezirksverbandes (bis 1968) und Mitglied des Zentralvorstandes des Komponistenverbandes (VDK), 1959-1964 Lektor für Musiktheorie an der Karl-Marx-Universität Leipzig, 1965-1971 Dozent (ab 1967 Abteilungsleiter) für Komposition an der Hochschule für Musik Dresden, 1972 Vizepräsident des Verbandes der Komponisten und Musikwissenschaftler der DDR und Ordentliches Mitglied der Akademie der Künste der DDR, 1974-1978 Ordentlicher Professor für Komposition an der Hochschule für Musik Leipzig. 1976 Übersiedlung nach Kleinsaara (bei Gera), freischaffender Komponist, 1980 Übersiedlung nach Bad Saarow. Gestorben in Bad Saarow.
1960 Kunstpreis der Stadt Leipzig, 1963 Kunstpreis der DDR, 1970 Nationalpreis der DDR, 1973 Kunstpreis des FDGB, 1979 Kunstpreis des Bezirkes Gera, 1980 Kunstpreis des FDGB, Ehrennadel des Verbandes der Komponisten und Musikwissenschaftler der DDR
Elf Sinfonien (1960-1982); zwei Kammersinfonien (1954, 1970); eine große Anzahl von Ouvertüren, Suiten und Einzelstücken für Orchester, u.a. Italienische Lustspielouvertüre nach Rossini (1956), ›November 1918‹ – Drei sinfonische Sätze (1958), Sinfonietta giocosa (1963), Beethoven-Variationen (1970), Orchesterkonzert (1972), Telemanniana (1981)
Zehn Konzerte für verschiedene Soloinstrumente (1954-1981)
Kammermusik, u.a. drei Streichquartette (1953, 1972, 1982-83), zwei Bläserquintette (1954, 1971), Werke für einzelne und mehrere Instrumente sowie Sonaten und Sonatinen in unterschiedlichen Besetzungen; Klaviermusik, Orgelmusik
Schauspielmusik zu ›Hamlet‹ (1971)
Vokalmusik, u.a. Lieder, Gesänge, Chöre (viele Werke als Zyklen)
Vokalsinfonik, u.a. ›Canti sapientiae‹ – Für Alt-Solo, Männerchor und Orchester nach alttestamentarischen Texten des Predigers Salomo (1956), ›Handzettel für einige Nachbarn‹ – Kantate für Tenor, gemischten Chor und Orchester nach Erwin Strittmatter (1958), ›Das Lied von der Erkennbarkeit der Welt‹ – Kantate für Bariton, Chor und Orchester nach Max Zimmering (1958), ›Nichts ist schöner als des Menschen Herz‹ – Motette für sechsstimmigen Chor a cappella (1964), ›Gesang vom Menschen‹ – Oratorium für Sopran, Bariton, gemischten Chor und Orchester nach Kuba (1968), ›Schöpfer Mensch‹ – Oratorium in drei Teilen für Soli, Chor und Orchester nach Günther Deicke (1971), ›Die Glocken von Buchenwald‹ – Kantate für vier Solostimmen, Chor und Orchester (1974/75) ›Die Flamme von Mansfeld‹ – Oratorium für Alt, Bariton, Chor und Orchester nach Günther Deicke (1978), ›Die Ehe ist ein herrlich, schön und köstlich Ding‹ – Eine Ehestandskantate für Tenor, Bariton, Baß und Kammerorchester nach Martin Luther und Mechthild Geißler (1981), ›Lied des Lebens‹ – Oratorium für Soli, Chor und Orchester nach Textzusammenstellungen von Mechthild Geißler (1981-82), ›Hymne auf Karl Marx‹ – Kantate für Bariton,

Chor und Instrumente nach Helmut Preißler (1982), ›Hoffnung auf hellere Himmel‹ Oratorium für Soli, Chor und Instrumente nach Helmut Preißler (1983)

Bühnenwerke

Pigment 1960
Ballett in fünf Bildern UA 1960
Libretto von Albert Burkat

Ein Sommernachtstraum 1964-1965
Ballett in drei Bildern
nach William Shakespeare
Libretto von Tom Schilling

Der Doppelgänger 1969
Ballettkomödie in elf Bildern UA 1969
Libretto von Horst Seeger

Der zerbrochene Krug 1967-1969
Komische Oper in sieben Szenen UA 1971
nach dem Lustspiel von Heinrich von Kleist
Texteinrichtung Fritz Geißler

Der verrückte Jourdain 1970-1971
Eine Rossiniade in drei Akten UA 1973
nach der Molièreiade von Michail Bulgakow
Text von Fritz Geißler

Der Schatten 1973-1974
Phantastische Oper in vier Bildern UA 1975
frei nach der gleichnamigen
Märchenkomödie für Erwachsene
von Jewgeni Schwarz
Text von Günter Lohse

Die Stadtpfeifer 1976-1978
Heitere Spieloper in zwei Teilen UA 1979
Text von Günther Deicke

Das Chagrinleder 1979
Oper in sieben Bildern UA 1981
nach dem gleichnamigen Roman
von Honoré de Balzac
Text von Günther Deicke

Die Eisbombe 1981
Ballett-Musical
nach dem Märchen ›Die Schneekönigin‹
von Hans Christian Andersen

Solo für Lehrer Sperling _____ 1981-1982
(K)ein musicalisches Leih- und Lehrstück
nach dem Buch ›Solo für einen Sperling‹
von Arwed Bouvier
Text von Mechthild Geißler

Kater Murr _____ 1978-1981
Operntext nach E.T.A. Hoffmann

Der zerbrochene Krug
Komische Oper in sieben Szenen
nach dem Lustspiel von Heinrich von Kleist
Texteinrichtung Fritz Geißler

Entstehung 1967-1969

Uraufführung 28. August 1971 Leipziger Theater – Opernhaus (Kellertheater)

Personen
Walter, Gerichtsrat	Bariton
Adam, Dorfrichter	Baß
Licht, Schreiber	Tenor
Frau Marthe Rull	Mezzosopran (Alt)
Eve, ihre Tochter	Sopran
Veit Tümpel, ein Bauer	Baß
Ruprecht, sein Sohn	Tenor
Frau Brigitte	Sopran (Mezzosopran)
Ein Bedienter	Baß (Bariton)
Zwei Mägde	Sopran, Sopran

Orchester Fl (auch Picc), Ob (auch EH), Klar (auch BKlar), Fg (auch KFg), Hr, Cemb; 2 Vl, Va, Vc, Kb
Aufführungsdauer ca. 1 Std., 15 Min. (keine Pause)

Handlung
Die Handlung spielt im Dorf Huisum in den Niederlanden 1783. **1. Szene:** Frau Marthe Rull fordert Recht für ihren zerschlagenen Krug, indem sie Ruprecht verdächtigt, den sie des Nachts neben den Scherben in ihrer Tochter Kammer angetroffen hat. Ruprecht aber leugnet, er klagt seine Braut Eve an, ihm vor der Hochzeit Hörner aufgesetzt zu haben, ein unbekannter Dritter war bei ihr und hat den Krug zerschlagen. **2. Szene:** Richter Adam erkennt, daß Klage gegen ihn geführt wird, denn er selbst war der Übeltäter. **3. Szene:** Als Dorfrichter muß Adam der Klage nachgehen, denn Gerichtsrat Walter hat sich angekündigt, es steht eine Revision ins Haus. **4. Szene:** Walter erscheint, der Prozeß muß beginnen, **(5.**

Szene:) obgleich die Perücke des Richters nirgends zu finden ist. Marthe Rull bringt ihre Klage vor, beschreibt den Krug; Ruprecht verteidigt sich, berichtet von seinem nächtlichen Abenteuer und verdächtigt den Flickschuster Lebrecht, bei Eve gewesen zu sein. Eve entlastet Ruprecht und Lebrecht, den Namen aber des Unbekannten nennt sie nicht. Nun soll Frau Marthe selbst beweisen, daß Ruprecht den Krug zerbrochen hat. **6. Szene:** Schreiber Licht ist ausgeschickt, eine Augenzeugin einzuholen; derweil traktiert Richter Adam den Gerichtsrat mit Essen und Trinken und verstrickt sich immer mehr in ein Netz von Lügen. **7. Szene:** Die Zeugin, Frau Brigitte, hat den Teufel aus Eves Kammer steigen sehen. Von Schreiber Licht assistiert, ist sie den Spuren im Schnee gefolgt, die von Marthes Haus geradewegs zum Richter Adam führen. Der Schreiber läßt sein Licht leuchten und steckt den anderen eins auf: der Teufel ist der Richter selbst, der hat wie Satan einen Klumpfuß, und die gesuchte Perücke hing unter Eves Fenster im Spalier. Walter enthebt Adam seines Postens, ernennt den Schreiber zum kommissarischen Richter und verspricht Eve, ihren Ruprecht von der Einberufung und Verschickung nach Ostindien freizukaufen, denn mit dieser Drohung hatte der Richter Adam sie erpreßt. Frau Marthe aber will ihr Recht in Utrecht einklagen.

Kommentar
›Der zerbrochene Krug‹ ist die erste Oper Fritz Geißlers, der sich im Jahr der Uraufführung als damals bereits Fünfzigjähriger mit vier Sinfonien ausgewiesen hatte, die fünfte Sinfonie entstand zeitgleich zur Oper.

Das Kleistsche Schauspiel gehört nach Goethes treffendem Wort zum sogenannten unsichtbaren Theater, weil sich in ihm die Handlung nicht als gegenwärtiges Ereignis entfaltet, sondern innerhalb eines Gerichtsprozesses in Rede und Gegenrede als eine vergangene enthüllt wird. Diese Eigenart bestimmte den Komponisten, in die Szenenfolge des Schauspiels einzugreifen – bei strenger Wahrung des originalen Textes: Die Oper beginnt mit der sechsten Szene des Schauspiels; alle am Konflikt beteiligten Personen werden noch vor Eröffnung des Gerichtsverfahrens vorgestellt, damit sie ihren Emotionen freien Lauf lassen können. Mit dem Eintritt des Richters Adam in die Handlung entfalten sich parallel zu dem bereits exponierten Konflikt drei weitere, denn dieser Richter ist zugleich der Sünder, der sich durch die Führung dieses Prozesses vor seinem Oberen legitimieren muß, ob er seines Amtes noch würdig sei, während sein Schreiber gegen ihn arbeitet und beweist, daß er der bessere Richter ist.

Geißlers Musik basiert auf dem Wechsel zwischen traditionell notierten und aleatorischen Passagen. Mit Beginn der Oper exponiert der Komponist die entsprechenden instrumentalen und vokalen Grundmuster, die die Figuren, Verhaltensweisen oder Situationen kennzeichnen, indem er dazu einige Stereotype wie den Tritonus (den *diabolus in musica*) zur Charakterisierung der Figur des Richters Adam verwendet, eine blühende Melismatik für den sein Licht zum Leuchten bringenden Schreiber Licht; energische Septsprünge für die unentwegt klagende und fordernde Marthe Rull sowie eine kantabel-elegische, von Sekundintervallen durchsetzte Melodik für deren Tochter Eve. Geißler verschmäht dabei banal symbolische Bezüge nicht, so wird Ruprechts Befürchtung, er könne gehörnt werden, vom Solohorn tonmalerisch illustriert und die Teufelsgeschichte der Frau Brigitte entsprechend vom „Teufel der Musik‹, dem Tritonus, grundiert.

Vorherrschend ist ein rezitativischer bzw. arioser Einzelgesang, nur in Ausnahmefällen werden ensembleartige Situationen hergestellt, so am Höhepunkt der Handlung, wenn Frau Brigitte ihren Bericht gibt, begleitet von „Frage, Antwort, Zwischenruf, Kommentar zu einem strophenartig wiederholten instrumentalen Ritornell. Es umfaßt vierzehn Takte und wird von den Musikern solange wiederholt, bis der vom Komponisten markierte Abschnitt im Text nach den von ihm vorgegebenen (freizügig interpretierten) Gesangsmelodien verklungen ist. Entsprechende Haltezeichen innerhalb dieses Ritornells lassen auf ein Zeichen des Dirigenten hin ein Abbrechen auch inmitten des Ritornells zu. (...) von einem so gehandhabten instrumentalen Musikstück (geht) die formbildende Kraft aus, welche die Szene zu einem in sich geschlossenen Ganzen musikalisch zusammenschmiedet." (Schönfelder 1971, S. 17)

In der Summe sind die von Geißler verwendeten Gestaltungsmittel – charakteristische Intervallspannungen und Motive, Instrumentalfarben, Tonmalerei, Steigerungseffekte mittels Stimmenzuwachs, Verdichtung des Rhythmus oder Ansteigen der Spitzentöne – eher konventionell; neu und originell ist deren Verwendung in Verbindung mit der Aleatorik sowie der Einsatz aleatorischer Passagen als immer wiederkehrendes, die Struktur bestimmendes Prinzip.

Der ›Zerbrochene Krug‹ wurde Fritz Geißlers erfolgreichste Oper, in ihrer Wirkung und der Zahl ihrer Aufführungen ist sie Rainer Kunads ›Maître Pathelin‹ von 1969 vergleichbar. Allein am Uraufführungstheater Leipzig (Musikalische Leitung: Hans-Jörg Leipold, Regie: Günter Lohse) stand die Oper mit über hundert Aufführungen bis 1981 im Spielplan; mehrfach ging das Ensemble mit ihr auf erfolgreiche Gastspieltourneen. Die Deutsche Staatsoper Berlin brachte das Werk 1972 heraus. Aber erst die Regie von Jürgen König entfaltete am Mecklenburgischen Staatstheater Schwerin 1973 auch auf interpretatorischer Ebene ein hohes geistiges Niveau. Weitere Inszenierungen folgten 1974 in Graz und Solingen (als eine Produktion der Wuppertaler Bühnen, Musikalische Leitung: Frank Meiswinkel, Regie: Kurt Horres). 1988 präsentierte Udo Zimmermann unter eigener musikalischer Leitung in seiner Werkstatt für zeitgenössisches Musiktheater der Oper Bonn (Inszenierung: Gabriele Doehring) Geißlers Kleist-Oper mit Erfolg.

Ausgaben Part Deutscher Verlag für Musik Leipzig 1974 (dvfm 1086)

Rechte Deutscher Verlag für Musik Leipzig

Literatur Heinrich von Kleist: Der zerbrochene Krug. In: Heinrich Kleist. Werke und Briefe, hrsg. von Siegfried Streller, Berlin und Weimar 1978; Schriftsteller über Kleist, hrsg. von Peter Goldammer, Berlin und Weimar 1976 Fritz Geißler: Durfte ich den ›Krug‹ überhaupt komponieren? In: Programmheft Deutsche Staatsoper Berlin 1972 – auch In: Material zum Theater Nr. 118. Komponisten der DDR über ihre Opern, Auswahl und Zusammenstellung Stephan Stompor, Berlin 1979

Gerd Schönfelder: Erfolgreicher Opernerstling. Fritz Geißlers Kammeroper ›Der zerbrochene Krug‹ und ihre Leipziger Uraufführung. In: Theater der Zeit, H. 11, Berlin 1971; ders.: Die Opern Fritz Geißlers. In: Theater der Zeit, H. 1, Berlin 1975 – auch In: Fritz Geißler. Ziele Wege. Kommentare Positionen Fakten. Ein Komponistenporträt, vorgestellt von Eberhard Kneipel, Berlin 1987; Frank Schneider: ›Der zerbrochene Krug‹, Oper von Fritz Geißler. In: Musik und Gesellschaft, H. 1, Berlin 1974; Christoph Sramek: Fritz Geißlers Oper ›Der zerbrochene Krug‹. In: Musikbühne 77, hrsg. von Horst Seeger, Berlin 1977
Rezensionen der Uraufführung. In: Theater der Zeit, H. 11, Berlin 1971; Musik und Gesellschaft, H. 11, Berlin 1971

Aufnahmen Produktion des Rundfunks der DDR (GA) Siegfried Weber (Gerichtsrat Walter), Konrad Rupf (Adam), Hans-Peter Schwarzbach (Licht), Gisela Pohl (Marthe), Helga Termer (Eve), Dieter Dreßen (Veit), Ekkehard Wagner (Ruprecht), Roswitha Trexler (Brigitte), Wolfgang Flohr (Bedienter), Renate Rieche (Erste Magd), Ingrid Wandelt (Zweite Magd), Rundfunk-Sinfonieorchester Leipzig, Gerhard Erber (Cembalo), Dirigent Horst Neumann
NOVA 8 85 123 (Gekürzte Fassung für die Schallplatte) Besetzung wie Rundfunk-Produktion (Übernahme)

Der verrückte Jourdain
Eine Rossiniade in drei Akten
nach der Molièreiade von Michail Bulgakow
frei nach der Übersetzung aus dem Russischen
von Thomas Reschke
Text von Fritz Geißler

Entstehung 1970-1971/1979

Ring-Uraufführung 26. Januar 1973 Volkstheater Rostock
28. Januar 1973 Leipziger Theater –
Musikalische Komödie
8. Februar 1979 Bühnen der Stadt Gera (Neufassung)

Personen
Monsieur Louis Béjart – als Jourdain_____Bariton
Monsieur Hubert – als Madame Jourdain_____Baß
Madame Molière – als Lucile, Jourdains Tochter_____Sopran
Monsieur la Grange – als Cleonte, Liebhaber der Lucile_____Tenor
Madame de Brie – als Gräfin Dorimène_____Alt
Monsieur la Thorillière – als Graf Dorante, ihr Anbeter_____Bariton
Madame Beauval – als Nicole, Dienerin in Jourdains Haus_____Sopran
Monsieur Coville – als Cleontes Diener Covielle_____Baß
Monsieur du Croisy – als Philosoph Pancrace_____Tenor
Monsieur de Brie – als Fechtmeister_____Baß
Monsieur Charles – als Musikmeister_____Baß
Monsieur Gérard – als Tanzmeister_____Tenor
Monsieur Moustache – als Notarius_____Sprechrolle
Monsieur Noiret – als Don Juan_____Bariton

Monsieur Roche – als Statue des Komturs_____Baß
Molières Diener Brindavouen – als Jourdains Diener Brindavouen_____Baß
Tänzerinnen und Tänzer der Schauspieltruppe –
als Musikanten, Köche, vermeintliche Türken
und Haremsdamen_____Ballett

Orchester Fl (auch Picc), Ob (auch EH), Klar (auch BKlar), Fg, 2 Hr, 2 Trp, Hrf, Pkn, Slzg: Xyl, KlTr, GrTr, Bck, 4 Tomtoms, Zimbeln, Tamb, Trgl; Str Bühnenmusik Git

Aufführungsdauer ca. 2 Std., 30 Min.; Zweitfassung (mit Kürzungen) I. Akt: ca 55 Min., II. Akt: ca. 65 Min.; Gesamt: 2 Std.

Handlung
Die Handlung spielt 1670 in Paris auf dem Theater des Monsieur Molière.
Ouvertüre. **I. Akt:** Der Schauspieler Béjart ist krank und müde, sehnt sich nach Ruhe und Muskatellerwein. Da erhält er vom erkrankten Prinzipal Molière die Ordre, daß noch in dieser Nacht ein neues Stück einzustudieren sei, da der König es am folgenden Tag zu sehen wünscht. Die Truppe wird eilends zusammengerufen, Béjart fungiert als Spielleiter und Hauptdarsteller in der Rolle des Monsieur Jourdain. Auch alle anderen Rollen werden verteilt, die der Madame Jourdain muß von einem Schauspieler übernommen werden. Die Probe beginnt: Ein Tag im Haus Jourdains, der, seines prosaischen bürgerlichen Daseins überdrüssig geworden, sich adlig veredeln lassen will. Er hat sich einen Musik-, Tanz- und Fechtmeister genommen und wird in Philosophie unterwiesen. Ein poetischer Exkurs über den Gegensatz von Prosa und Vers führt zur Aufführung einer Szene aus ›Don Juan‹. Was Jourdain noch fehlt, ist eine Geliebte, die ihm der verarmte Graf Dorante, Kostgänger bei Jourdain, zu besorgen verspricht.
II. Akt: Madame Jourdain organisiert die Rückverwandlung ihres Ehemannes in einen normalen Bürger. Der Verlobte der Tochter soll die Heirat forcieren, bevor alles Geld der Jourdainschen Verrücktheit geopfert ist. Aber der Vater wünscht einen Grafen zum Schwiegersohn und schickt den bürgerlichen Freier zum Teufel. Zum Mittagessen erscheinen Graf Dorante mit Gräfin Dorimène. Der erste Gang gelingt vortrefflich, der zweite wird verdorben, denn auf dem Tisch thront statt des erwarteten Menüs Madame Jourdain, die Graf und Gräfin aus dem Hause jagt.
III. Akt: Jourdain wird ein Kostüm-Adel à la turco präsentiert, und er ist glücklich, denn ein „Sohn des Großtürken" begehrt seine Tochter zur Frau, ihm selbst wird der türkische Adelstitel verliehen. Als die Kostüme fallen, ist Jourdains Tochter mit ihrem Bürgerlichen verheiratet, hat sich der gräfliche Kostgänger mit der erhofften gräflichen Geliebten verbunden. Jourdain will hinfort nichts mehr glauben und schaut hinter die Masken. Dort entdeckt er die Wahrheit der zu Ende gehenden Probe: müde Schauspieler, die ihre Nacht einer königlichen Laune geopfert haben. Sind sie nicht auch verrückt? Béjart geht, seinen Wein zu trinken.

Kommentar

Michail Bulgakows 1932 geschriebenes Drama ›Der verrückte Jordain‹ steht, wenngleich im Ton heiterer und gelöster, zum zeitgleich entstandenen Roman ›Das Leben des Herrn Molière‹ und dem Schauspiel ›Die Kabale der Scheinheiligen‹ in geistiger Beziehung. Bulgakow collagierte in seinem ›Verrückten Jordain‹ Szenen aus Molières ›Der Bürger als Edelmann‹, ›Don Juan‹ sowie ›Die erzwungene Heirat‹ und nannte dieses Potpourri eine Molièreiade, dargestellt von Schauspielern der Truppe des abwesenden Autors auf einer Probe. „Dabei gewinnt aber die Komödie von der völlig sinnlosen, entleerten und zur Farce gewordenen Donquichotterie des Bürgers Jourdain, der seine Menschlichkeit und Kultur durch blasse Nachahmung des verrotteten Adels zu erhöhen strebt, einen neuen, typisch Bulgakowschen Akzent." (Schröder 1970, S. 423)

Verrücktheiten galten schon Molière als eine Möglichkeit des Menschen, die Grenzen seines Daseins zu überschreiten. „Wie sollte man einem Monsieur Jourdain wünschen, daß er von seinem Wahn kuriert würde und für immer in die Umarmung der zänkischen Madame Jourdain zurücksinken müßte?" fragte Werner Krauss. In der gleichen Situation wie Jourdain befinden sich die Schauspieler, denn allein ihr „Theaterwahn" vermag sie zeitweise zu trösten und ihre reale Existenz vergessen zu machen – abhängig vom König, einem launischen Despoten, zwischen Adel und Bürgertum lavierend, ihrer Freiheit wegen beneidet, ihrer Domestikenrolle wegen verachtet. In diesem Sinne spiegelt Bulgakow reale Existenznöte und Überlebensstrategien seiner Zeitgenossen in den Jahren der Stalinschen Repressionen wider. Hier hat das heitere Spiel seinen tragischen Hintergrund. Demzufolge hatte eine Vertonung 1970 mehr zu bringen als eine bloße Nachahmung des Strausschen ›Bürgers als Edelmann‹.

Die Erstaufführung von Bulgakows ›Verrücktem Jordain‹ in der DDR fand im April 1972 am Deutsch-Sorbischen Volkstheater in Bautzen statt. Fritz Geißler war bei seiner Adaption an Bulgakows zeitkritischem Bezug wenig interessiert, ihn reizte mehr die Geschichte eines bürgerlichen Gernegroß, der zu Recht gefoppt und „geheilt" wird. Obgleich er seiner Oper den Untertitel „Rossiniade" gab, werden nicht mehr als vier Takte Rossini zitiert, ansonsten arbeitet er mit Stilkopien.

„Den Rossinischen Musiziermodellen wird mit großer, wenn auch leicht spöttisch eingefärbter Liebe nachgespürt. (...) Sei es der schnelle Wechsel von Repetitionstönen durch die Instrumentengruppen hindurch, die ‚Schluchzer' der Streicher, (...) seien es jene süßlich kantablen Parallelführungen (Sexten, Terzen) in den Bläserstimmen, die imitatorisch nachformenden oder die Singstimmen vorausnehmenden Soloinstrumente, die weich nebeneinander gesetzten harmonischen Rückungen (Jourdains Lied ‚Muskatellerwein'), stereotype Koloraturmodelle, die formale Linearik koloraturhafter Verläufe, die ausgeweiteten, grotesk-sinnlosen Wort-Wiederholungen, in denen sich die musik-ästhetische Ansicht Rossinis inkarniert." (Lange 1973, S. 14)

In der Don-Juan-Szene läßt Geißler den Komtur à la Mozart auftreten, auch in der Türkenpersiflage greift er auf Mozart-Musik zurück.

Die für Bulgakow so wichtigen Beziehungen zwischen Schein und Sein, der Widerstreit dreier Lebensformen und Kulturen, der der Schauspieler, des Adels und des Bürgertums, sind musikalisch nicht gestaltet. Trotz großem Engagement wurden die beiden Inszenierungen 1973, in Rostock und Leipzig, nur ein mäßiger Erfolg. Der Komponist zog die Konsequenz und versah die Druckfassung des Klavierauszuges von 1977 mit Kürzungsvorschlägen, die es ermöglichen, den zweiten und dritten Akt zusammenzuziehen, also das Stück in zwei Akten zu spielen. In dieser zweiaktigen Fassung gelangte die Oper 1979 in Gera und 1981 in Dessau zur Aufführung.

Ausgaben KlA Edition Peters Leipzig 1977 (EP 9553); Part 1977 (EP 9554)

Rechte Edition Peters Leipzig – Musikverlag C.F. Peters Frankfurt/Main

Literatur Molière: Der Bürger als Edelmann. Don Juan. Die erzwungene Heirat. In: Molière. Werke, Wiesbaden 1954; Michail Bulgakow: Der verrückte Jourdain, deutsch von Thomas Reschke. In: Bulgakow. Stücke, Berlin 1970; ders.: Das Leben des Herrn Molière, Berlin 1970; Ralf Schröder: Wessen Prolog, wessen Epilog? – Sieben dramatische Kapitel aus Bulgakows „Roman mit der Geschichte". Nachwort zu: Bulgakow. Stücke, Berlin 1970
Wolfgang Lange: Arm in Arm mit Rossini. Ur- und Erstaufführung ›Der verrückte Jourdain‹ von Fritz Geißler. In: Theater der Zeit, H. 4, Berlin 1973; Gerd Schönfelder: Die Opern Fritz Geißlers. In: Theater der Zeit, H. 11, Berlin 1975; Mechthild Geißler: Zur Neufassung ›Der verrückte Jourdain‹. In: Theater der Zeit, H. 4, Berlin 1979
Rezensionen der Uraufführung. In: Theater der Zeit, H. 4, Berlin 1973; Musik und Gesellschaft, H. 3, Berlin 1973; Rezensionen der Neufassung. In: Theater der Zeit, H. 4, Berlin 1979

Der Schatten
Phantastische Oper in vier Bildern
frei nach der gleichnamigen Märchenkomödie für Erwachsene
von Jewgeni Schwarz
Text von Günter Lohse

Entstehung 1973-1974

Uraufführung 31. August 1975 Leipziger Theater – Opernhaus

Personen
Schatten_____Bariton
Gelehrter_____Tenor
Annunziata_____Mezzosopran
Prinzessin_____Koloratursopran
Julia_____Soubrette
Pietro_____Baßbuffo

Der Schatten — Geissler

Cäsar Borgia	Tenor
Finanzminister	Tenor
Premierminister	Baß
Arzt	Bariton
Haushofmeister	Kleine Sprechrolle
Krankenschwester	Kleine Sprechrolle
Amüsierschwester	Kleine Sprechrolle
Erste und zweite Dame	Kleine Sprechrollen
Ein Herr	Kleine Sprechrolle
Vier Straßenhändler	2 Tenöre, Bariton, Baß
Kurgäste, Hofgesellschaft	Gemischter Chor

Orchester 3 Fl (III auch Picc), 3 Ob (III auch EH), 3 Klar (II auch Es-Klar, III auch BKlar), 2 Fg, KFg, 4 Hr, 3 Trp, 3 Pos, Tb, Pkn, Slzg: Xyl, Vib, Mar, Glsp, RGl, 4 Gongs, 4 Bck aufgehängt, Bck, High Hat, 2 Zimbeln, Tt, Trgl, 6 Tomtoms, 6 Tempelblocks, 4 Holzblöcke, 2 Congas ad lib., 2 KlTr, Rtr, Paradetr, GrTr, Tamb, 2 Maracas, Claves, Guiro, Ratsche, Peitsche, Cowbell, Sirene; Str
Bühnenmusik Cel, Hrf, Vib, 2 Trp, THr, Pos, GrTr, Bck
Tonband mit Straßenlärm und Autohupen, Stimmen der vier Straßenhändler (ad lib.); mit Chor; mit Fanfare

Spieldauer ca. 2 Std., 15 Min.

Handlung
Ort der Handlung: Residenzstadt eines imaginären südlichen monarchistischen Landes. Zeitlos.
I. Akt, 1. Bild (1. Bild): *Anakronien. Pietros Hotel.* Ein Gelehrter findet in einem alten Buch eine merkwürdige Beschreibung des Landes Anakronien, in dem er gerade Aufenthalt genommen hat. Der letzte König Anakroniens war verträumt und weise und wurde deshalb für verrückt erklärt. Er hinterließ eine Tochter und verfügte, daß sie nur einen fremden uneigennützigen Menschen zum Manne nehmen solle. Der Gelehrte verliebt sich in ein unbekannts Mädchen, daß ihm gegenüber wohnt, nimmt von Fenster zu Fenster Kontakt zu ihr auf, sie verabreden für den nächsten Tag ein Rendezvous im Park. Neugierig, wer das Mädchen wohl sei, schickt der Gelehrte seinen Schatten zu ihr hinüber: er soll bei ihr ins Fenster schauen. Der Schatten, in allem das Gegenstück seines Herrn, hat aber nur auf diese Gelegenheit gewartet, um frei zu sein. Er verläßt den Gelehrten, der todkrank niederfällt. Pietros Tochter Annunziata pflegt ihn.
I. Akt, 2. Bild (2. Bild). *Kurpark am Schloß.* Invalide und verblödete Staatsdiener werden in einem Sanatorium betreut. Als sie Ausgang haben, treiben sie ihre Späße. Streng abgeschirmt treffen sich Finanz- und Premierminister, um die Lage des Staates zu erörtern. Der Schatten schleicht sich zu ihnen und gewinnt ihr Vertrauen. Er fängt den Gelehrten vor dem Rendezvous ab; das Mädchen vom Fenster

gegenüber ist die Prinzessin, und er redet dem Arglosen ein, daß der erste Kuß die Prinzessin töten werde. Um das geliebte Mädchen vor diesem Schicksal zu bewahren, unterschreibt der Gelehrte eine Verzichtserklärung. Der Schatten gibt sich der Prinzessin gegenüber als der Gelehrte aus und gewinnt ihre Liebe. Die Hochzeit wird angesetzt.

II. Akt, 1. Bild (3. Bild): *Abendliche Gasse*. Der Gelehrte ahnt nichts von den Konsequenzen seines Verzichts; von einem Arzt wird er darüber aufgeklärt, daß er die Prinzessin nicht gerettet, sondern an seinen Schatten verloren hat und daß der Unhold nun die Stadt beherrschen wird. Instrumentales Zwischenspiel.

II. Akt, 2. Bild (4. Bild): *Thronsaal im Schloß*. Die Hofgesellschaft stellt sich auf den neuen Monarchen, einen Gelehrten, ein: Hinfort werden alle Brillen tragen. Der Schatten verkündet sein Regierungsprogramm, es wird alles ganz anders und ganz neu werden: Die Einbände der Gesetzesbücher haben ab sofort nicht mehr blau, sondern gelb zu sein, die Gesetze selbst bleiben ungetastet. Der neue Monarch wird begeistert gefeiert. Die Stimme des Gelehrten, der die wahre Identität des neuen Königs aufdecken will, verhallt ungehört. Allein die Prinzessin merkt etwas und fällt in Ohnmacht. Der König aber kehrt die Sache einfach um und erklärt den Gelehrten zu seinem abhanden gekommenen, wahnsinnig gewordenen Schatten. Daraufhin verlangen alle die Hinrichtung des entarteten Scheusals. Der Gelehrte wird abgeführt; der Schatten küßt die Prinzessin, die zu Glas erstarrt. Trotzdem gehen die Feierlichkeiten weiter, die gläserne Prinzessin wird einstweilen im Raritätenkabinett untergebracht. Während der Festlichkeiten springt dem neuen König plötzlich der Kopf vom Rumpf. Peinlichkeit und Verwirrung. Allein der Arzt weiß eine Erklärung: Was dem Gelehrten passiert, geschieht auch seinem Schatten. Auf Weisung von Premier- und Finanzminister erweckt der Arzt den Gelehrten mit dem Wasser des Lebens, daraufhin belebt sich auch der königliche Schatten wieder und verfügt, daß der Gelehrte leben soll, aber hinter den Gittern des königlichen Palastes. Der zur Gefangenschaft Begnadigte bleibt allein, nur zwei Freunde halten zu ihm: Annunziata und der Arzt, der in alten Büchern auf einen Spruch gestoßen ist, mit dem der Schatten zu bändigen sei. Als der Gelehrte befiehlt: „Schatten, wisse, wo dein Platz ist!" bricht die ganze Schattenherrlichkeit zusammen, der Thronsaal verschwindet, an seiner Stelle sprudelt ein Quell, das Wasser des Lebens.

Kommentar

Mit dem Stück ›Der Schatten‹ nach Hans Christian Andersens Märchen begann 1940 die Zusammenarbeit des Dramatikers Jewgeni Schwarz mit dem Leningrader Regisseur Nikolai Akimow, an dessen Theater der Komödie alle Schwarzschen Dramen aufgeführt wurden. Der Untertitel „Märchen für Erwachsene" läßt sich allein daraus erklären, daß am Theater der Komödie auch Kindervorstellungen gegeben wurden. Jewgeni Schwarz gestaltete, die Nöte und Hoffnungen seiner Zeitgenossen vor Augen, in dieser Märchenkomödie die Realität seines Landes, das Verhältnis zwischen schöpferischen und parasitären Kräften; er nannte sein Stück Komödie, weil bei ihm, im Unterschied zu Andersen, der Sieg des Schattens nicht endgültig ist.

Mit der legendären deutschen Erstaufführung des ›Schatten‹ 1947 in der Regie von Gustaf Gründgens am Deutschen Theater Berlin bekam das Stück einen anderen Akzent: Der Schatten und die ihm Hörigen wurden mit faschistischen Kräften gleichgesetzt, das Drama als eine Parabel auf das Entstehen und Funktionieren faschistischer Staatsgebilde gelesen. Diese Auffassung bestimmte hinfort die deutschsprachige Aufführungstradition und wurde auch für Günter Lohse und Fritz Geißler bestimmend.

Geißler orientierte sich in seiner dritten Oper deutlich an den traditionellen Merkmalen der Gattung, so am Nummernprinzip und an den konventionellen Stimmcharakteristika. Mit perlenden Koloraturen und Sopranlage kann die geheimnisvolle Schöne, die Prinzessin, brillieren; in warmer Mittellage und volksliedhafter Schlichtheit darf sich das liebende Herz, Annunziata, verströmen; in baritonalem Glanz kann der Schatten seine weltmännische Überlegenheit demonstrieren, während der helle lyrische Tenor den weltenfernen Träumer, den Gelehrten, charakterisiert.

Die Kritiker bemängelten nach der Uraufführung vor allem den Epilog der Oper, in dem völlig unmotiviert eine Menge Volkes auf der Bühne zu erscheinen hat, um in recht trivialen Versen den Sieg des Guten über das Böse zu besingen. Der Komponist hat auch hier die Konsequenzen gezogen, diesen Epilog mit der Drucklegung seines Werkes gestrichen.

Mit der Inszenierung des ›Schatten‹ in der Regie von Günter Lohse gastierte das Leipziger Uraufführungsensemble 1976 in Warschau. Die Neufassung der Oper erlebte 1977 in Freiburg im Breisgau ihre bundesdeutsche Erstaufführung.

Ausgaben Text Peters-Textbücher Leipzig 1978 (EP 10011); Part Edition Peters Leipzig 1975 (EP 9556); KlA Edition Peters Leipzig 1975 (EP 9555)

Rechte Edition Peters Leipzig – Musikverlag C.F. Peters Frankfurt/Main

Literatur Jewgeni Schwarz: Der Schatten. Eine Märchenkomödie für Erwachsene, deutsch von Ina Tinzmann. In: Jewgeni Schwarz. Stücke, mit einem Nachwort von Lola Debüser, Berlin 1968

Fritz Geißler: Plädoyer für die Oper. In: Programmheft Opernhaus Leipzig 1975 – auch In: Material zum Theater Nr. 118, Komponisten der DDR über ihre Opern, Auswahl und Zusammenstellung Stephan Stompor, Berlin 1979
Eberhard Kneipel: Kommentare. In: Fritz Geißler. Ziele Wege. Kommentare Positionen Fakten. Ein Komponistenporträt, vorgestellt von Eberhard Kneipel, Berlin 1987
Rezensionen der Uraufführung. In: Theater der Zeit, H. 11, Berlin 1975; Musik und Gesellschaft, H. 11, Berlin 1975

Das Chagrinleder

Oper in sieben Bildern
nach dem gleichnamigen Roman von Honoré de Balzac
Text von Günther Deicke

Entstehung 1979

Uraufführung 19. Mai 1981 Deutsches Nationaltheater Weimar

Personen

Rafael Valentin, ein Dichter _____ Tenor
Pauline, ein junges Mädchen _____ Sopran
Feodora, eine Dame der Gesellschaft _____ Alt
Antiquitätenhändler, später als Notar Cardot,
später auch Bote des Königs _____ Bariton
Rastignac, ein adliger Stutzer und Rafaels Freund _____ Bariton
Vier Stutzer _____ 2 Tenöre, Bariton, Baß
Taillefer, Bankier _____ Bariton
Vidal, Buchhändler und Verleger _____ Tenor
Porchon, Buchhändler und Verleger _____ Baß
Dr. Brisset, Arzt _____ Tenor
Dr. Cameristus, Arzt _____ Bariton
Dr. Maugredie, Arzt _____ Baß
Jonathas, Rafaels Diener _____ Bariton
Professor Porriquet, Rafaels ehemaliger Lehrer _____ Bariton
Zwei Bettlerinnen _____ 2 Mezzosoprane
Ein Bettler _____ Bariton
Damen und Herren der Gesellschaft _____ Gemischter Chor
Tänzerinnen _____ Ballett

Orchester 2 Fl (II auch Picc), 2 Ob (II auch EH), 2 Klar (II auch Bklar), 2 Fg (II auch KFg), 4 Hr, 4 Trp, 3 Pos, Tb, Hrf, Pkn, Slzg: Glsp, Trgl, Xyl, GrTr, KlTr, mehrere Bck, 2 Zimbeln, 4 Tomtoms, Tt, Tempelblocks, 2 Holzblöcke, Claves, Peitsche; Str

Aufführungsdauer ca. 2 Std., 15 Min.

Handlung
Ort und Zeit der Handlung: Paris 1830.
Vorspiel. **1. Bild:** *Rafaels Mansarde.* Ein junger, armer und unbekannter Dichter schwärmt von einer Dame der Gesellschaft namens Feodora und davon, mit seiner „Theorie des Willens" Paris zu erobern. Das treue Mädchen Pauline, das ihn liebt und sich um seinen Haushalt kümmert, beachtet er nicht.

2. Bild: *In Feodoras Salon.* Rafael zeichnet sich durch ein Feodora gewidmetes Sonett aus, verliert seinen letzten Sous im Glücksspiel, gesteht naiv, daß er bankrott sei, wird verspottet und aus dem Haus gewiesen.

3. Bild: *Am Ufer der Seine.* Rafael ist zum Selbstmord entschlossen, wird von Pauline zurückgehalten, die er unwillig abschüttelt. Da bietet ihm ein Antiquitätenhändler eine wundersame Eselshaut an, die ihm jeden Wunsch erfülle, aber sich auch mit jedem Wunsch verringere, wobei mit ihrer Größe die Spanne seines Lebens bemessen werde. Rafael geht auf das Angebot ein, wünscht sich Ruhm und Macht. Der Wunsch erfüllt sich sofort: Der Bankier Taillefer hat eine neue Zeitschrift gegründet, Rafael soll der Chefredakteur sein.

4. Bild: *Im Palais Taillefer.* Als bekannter Chefredakteur ist Rafael auch ein gefeierter Dichter, seine Werke erscheinen in hoher Auflage. Von Liebe hält er nichts mehr, die einstmals so heiß begehrte Feodora überläßt er seinem Freund Rastignac, dafür möchte er reich sein. Sofort erscheint ein Notar und eröffnet ihm, daß er sechs Millionen geerbt habe. Als der Notar aber das Testament vorweist, ist es das bereits stark geschrumpfte Chagrinleder.

5. Bild: *In Rafaels Wohnung.* Rafael hat sich zurückgezogen und seinen Tagesablauf so organisiert, daß er nichts mehr zu wünschen hat. Sein alter Lehrer, Professor Porriquet, bittet um Hilfe, er hat sein Lehramt verloren. Rafael wimmelt ihn mit einer Floskel ab, er wünscht ihm besten Erfolg. Sofort erscheint ein Bote, Porriquet ist zum Rektor der Königlichen Universität ernannt. Das Chagrinleder hat sich weiter verringert.

6. Bild: *Im Foyer der Oper.* Rafael trifft auf Feodora und ihren Geliebten Rastignac, sein Neid regt sich. Er beleidigt Feodora, wird von Rastignac zum Duell gefordert, wünscht ihn in der Rage zum Teufel, und tatsächlich bricht Rastignac tot zusammen. Rafael bekommt ein Theaterprogramm überreicht, es ist das auf die Größe eines Blattes geschrumpfte Chagrinleder.

7. Bild: *Mansardenzimmer.* Rafael hat sich in seiner alten Mansarde verkrochen, ihm will scheinen, daß er hier glücklich war, und er wünscht sich, von Pauline geliebt zu werden. Das Chagrinleder verändert sich nicht, Pauline hat ihn schon immer geliebt. Aber das weiß Rafael nicht, und so gesteht er Pauline seine Not, daß der Wunsch, sie zu lieben, ihn das Leben kosten könne, und bittet sie, ihn zu verlassen. Pauline ist entschlossen, sich zu töten, um Rafael nicht zu gefährden, der aber bittet um ihr Leben, und mit der Erfüllung dieses Wunsches stirbt er. Der Antiquitätenhändler holt sich das Chagrinleder zurück, das seine alte Größe wiedergewonnen hat.

Kommentar

„›Le Peau de chagrin‹ war Balzacs zweiter Roman, der unter seinem wirklichen Namen erschien, und außerdem der literarische Durchbruch dieses genialen Karrieristen der Weltliteratur. Balzac, damals (1833) zweiunddreißig Jahre alt, war Spekulant aus eigenem Willen und Karrierist aus eigener Kraft (...)." So begründete Günther Deicke seinen Einstieg in den Stoff (Programmheft 1981). Der Berliner Schriftsteller Deicke wollte darüber hinaus mit der Gestalt des Dichters Rafael Valentin ein Porträt Balzacs geben und brachte daher in sein Libretto Motive aus dessen Hauptwerk, ›Die verlorenen Illusionen‹, ein.

Fritz Geißler, von dem die Anregung zu diesem Stoff kam, interessierte sich für die „Mischung von Phantastik und Realität", für das im Roman dargestellte „Bestreben, sich alle Wünsche bequem – womöglich ohne Arbeit – erfüllen zu können". Damit sei ein „noch immer aktuelles Problem benannt" (Geißler 1981, S. 34). Günther Deicke hat traditionelle Opernsituationen in konventioneller Opernmanier geschaffen: Ohne Doppelbödigkeit verläuft die Handlung linear und moralisierend; mit der koketten Gesellschaftsdame Feodora, mit Pauline, dem treuen Mädchen aus dem Volke, dem geheimnisvollen Antiquitätenhändler – halb Mephisto, halb Hoffmannesker Versucher – hat er auf bekannte Opernfiguren zurückgegriffen, wie sie bei Verdi (›La Traviata‹), Puccini (›La Bohème‹) oder Offenbach (›Hoffmanns Erzählungen‹) exemplarisch vorgebildet sind.

Fritz Geißler hatte im Entstehungsjahr seines ›Chagrinleder‹, am 20. Juli 1979, im *Neuen Deutschland* eine große Attacke gegen die „tonangebenden Komponisten und Musikologen der spätbürgerlichen Gesellschaft" eröffnet, allem „Musikalisch-Absurdem und rein Technischem" den Kampf angesagt und erklärt, er wolle sich für die „natürlichen Rechte" des Dreiklangs und der Dominant-Tonika-Beziehungen einsetzen. Sein Wahlspruch, Verdi zitierend, lautete: „Kehren wir zurück zu den alten Meistern, und es wird ein Fortschritt sein!"

Mit seiner Oper ›Das Chagrinleder‹ lieferte er den praktischen Beleg für diese These. Seine Rechnung ging nicht ganz auf. Weder die Kritiker noch der jüngere Teil des Publikums folgten ihm, denn mit den allzu bekannten melodischen Floskeln und harmonischen Wendungen und der mangelnden Spannung zwischen Rhythmus und Melodik blieb er noch unter dem Standard zeitgenössischer Unterhaltungsmusik, an den er anzuschließen vorgab. Erreicht wurde jener Teil des Publikums, der zufrieden war, nicht mit dissonanten Klängen konfrontiert zu werden. Geißlers „Zurück zu den alten Meistern" erwies sich als epigonale Stilkopie, mit der die angestrebte aktuelle Fabellesart nicht vermittelt werden konnte.

Ausgaben Text In: Theater der Zeit, H. 3, Berlin 1981; KlA Edition Peters Leipzig. Dresden 1981 (EP 5534); Part 1981 (EP 5535)

Rechte Edition Peters Leipzig – Musikverlag C.F. Peters Frankfurt/Main

Literatur Honoré de Balzac: Das Chagrinleder, deutsch von H. Denhard, Leipzig 1956

Fritz Geißler: Sprechen wir über unsere neue Musik. In: Neues Deutschland, Berlin 20. Juli 1979; Fritz Geißler, Günther Deicke. Gespräch mit Dietmar Fritzsche. In: Theater der Zeit, H. 7, Berlin 1981; Günther Deicke: Einige Gedanken zum Libretto. In: Programmheft Nationaltheater Weimar 1981
Rezensionen der Uraufführung. In: Theater der Zeit, H. 7, Berlin 1981; Musik und Gesellschaft, H. 11, Berlin 1981

Ottmar Gerster
29. Juni 1897 - 31. August 1969

Geboren in Braunfels an der Lahn, 1913 Beginn des Musikstudiums in Frankfurt/Main, 1916 Einberufung zum Kriegsdienst, 1918 Wiederaufnahme des Musikstudiums am Hochschen Konservatorium Frankfurt/Main; 1920-1921 Konzertmeister im Kurorchester Bad Homburg, 1921-1927 Konzertmeister bzw. (ab 1923) Solobratscher des Frankfurter Sinfonieorchesters, gleichzeitig als Kammermusiker tätig, 1923 erstes Konzert mit eigenen Kompositionen; 1927-1947 Lehrer für Violine/Bratsche, Musiktheorie, Komposition an der Folkwangschule Essen; Leiter des Werdener und Essener Volkschores innerhalb des Deutschen Arbeiter-Sängerbundes (DAS), 1939 Militärdienst als Straßenbausoldat.

1946 Rückkehr in das Lehramt an der Folkwangschule, Mitbegründer des Kulturbundes zur demokratischen Erneuerung Deutschlands, 1947 Berufung als Professor für Komposition an die Hochschule für Musik Weimar, Übersiedlung nach Weimar, 1948-1951 Rektor der Hochschule für Musik Weimar, 1950 Gründungsmitglied der Deutschen Akademie der Künste zu Berlin, 1951 Gründungsmitglied und (bis 1960) 1. Vorsitzender des Verbandes Deutscher Komponisten (VDK), 1951-1962 Professor für Komposition an der Hochschule für Musik Leipzig; 1957 Berufung zum Ehrensenator der Musikhochschule Weimar, 1964 Berufung zum Ehrensenator der Musikhochschule Leipzig. Gestorben in Borsdorf bei Leipzig.

1926 Kompositionspreis des Verlages B. Schott's Söhne Mainz, 1941 Schumannpreis der Stadt Düsseldorf, 1951 Nationalpreis der DDR, 1962 Vaterländischer Verdienstorden, 1965 Kunstpreis der Stadt Leipzig, 1967 Nationalpreis der DDR

Vier Sinfonien: I ›Kleine‹ (1933-34), II ›Thüringische‹ (1949-52), III ›Leipziger‹ (1964-65), IV ›Weimarer‹ (Fragment, 1967-69); Orchesterwerke, u.a. Festliche Musik (1929), Ernste Musik für Orchester (1938-39), Festouvertüre 1948 (1948), Dresdner Suite (1955-56), Sinfonische Variationen (1963); Werke für Blasorchester, u.a. Musik zum III., IV., V. Deutschen Turn- und Sportfest (1959, 1963, 1969)

Konzerte mit verschiedenen Soloinstrumenten, u.a. Concertino für Bratsche und Orchester (1928-29), Klavierkonzert (1931/1955), Cellokonzert (1947), Hornkonzert (1958-59); Schauspielmusiken zu ›Die Mondscheinprinzessin‹ – Märchenspiel von Karl Stadler (1942), zu ›Pandora‹ von Johann Wolfgang von Goethe (1949), ›Die Lützower‹ von Hedda Zinner (1955)

Kammermusik für ein und mehrere Instrumente, u.a. zwei Streichquartette (1920-21, 1954), zwei Bratschensonaten (1919-22, 1954-55), Violinsonate (1950-51), Klavierstücke

Vokalmusik: Lieder, Gesänge, Chöre, u.a. ›Auferstanden aus Ruinen‹ (Vorschlag für die Nationalhymne der DDR, 1949)

Vokalsinfonische Musik im großen Umfang als Kantaten, u.a. ›Das Lied vom Arbeitsmann‹ – Kantate (1928), ›Der geheimnisvolle Trompeter‹ – Kantate nach Walt Whitman (1928), Rote Revue (1929-30), ›Wir‹ – Ein sozialistisches Festspiel (1931-32), ›An die Sonne‹ – Hymnische Kantate (1936-37), ›Hanseatenfahrt‹ – Ballade (1941), ›Vorwärts‹ – Jugendkantate (1950), ›Eisenhüttenkombinat Ost‹ – Kantate nach Hans Marchwitza (1951), ›Hüter des Lebens‹ – Kantate nach Hedda Zinner (1952), ›Ballade vom Manne Karl Marx und der Veränderung der Welt‹ – Kantate nach Walther Victor (1958)

Bühnenwerke

Sancta Susanna 1920
Oper in einem Akt
Text von August Stramm
Fragment

Der Schiebergraf 1921
Operette in drei Akten
Text von P. Georges und W. Ettinghausen
Fragment

Herr Halevjin 1925
Oper in drei Akten
nach Charles de Coster
Text von Melitta König-Becker
Fragment (I. Akt vollendet)

Frau Potiphar oder Der Rock des Joseph 1926-1927
Komische Oper in drei Akten
Text von Moritz Goldschmidt
Manuskript

Madame Liselotte 1932-1933
(Liselotte von der Kurpfalz) UA 1933
Oper in drei Akten
Text von Franz Clemens und Paul Ginthum

Enoch Arden 1935-1936
(Der Möwenschrei) UA 1936
Oper in vier Bildern
nach dem gleichnamigen Poem
von Alfred Tennyson
Text von Karl Michael von Levetzow

Der ewige Kreis 1934
Ballettpantomime in vier Bildern UA 1938
Libretto von Franz Clemens

Die Hexe von Passau 1938-1941
Oper in vier Bildern UA 1941
nach dem gleichnamigen Schauspiel
von Richard Billinger
Text von Richard Billinger

Das verzauberte Ich 1943-1948
Heiteres musikalisches Drama in vier Akten UA 1949
nach ›Alpenkönig und Menschenfeind‹
von Ferdinand Raimund
Text von Paul Koch

Der fröhliche Sünder _____ 1959-1962
(Nasreddin) _____ UA 1963
Oper in sechs Bildern
nach der gleichnamigen Komödie
von Leonid Solowjow und Viktor Witkowitsch
Text von Ottmar Gerster

Madame Legros _____ 1966
Oper in drei Akten _____ UA 1970 (I. Akt)
nach dem gleichnamigen Schauspiel
von Heinrich Mann
Text von Ottmar Gerster
unvollendet (nur I. Akt komponiert)

Enoch Arden
(Der Möwenschrei)
Oper in vier Bildern
nach dem gleichnamigen Poem von Alfred Tennyson
Text von Karl Michael von Levetzow

Entstehung 1935-1936

Uraufführung 15. November 1936 Düsseldorf

Personen
Enoch Arden _____ Bariton
Annemarie, seine Frau _____ Sopran
Der Windmüller Klas _____ Tenor
Der Schultheiß _____ Baß
Der junge Enoch Arden _____ Mezzosopran (Tenor)
Schiffer, Schiffsjungen, Matrosen, Müllerburschen, Nachbarn ___ Gemischter Chor
und Ballett

Orchester 2 Fl, 2 Ob (II auch EH), 2 Klar, 2 Fg, 4 Hr, 3 Trp, 3 Pos, BTb, Pkn,
Slzg: GrTr, Bck, KlTr, Trgl, Schtr, Holztr, Tt, RGl; Hrf; Str
Bühnenmusik Akk

Aufführungsdauer 1. Bild: 40 Min., 2. Bild: 20 Min., 3. Bild: 30 Min., 4.
Bild: 40 Min.; Gesamt: 2 Std., 10 Min.

Handlung
Die Handlung spielt um 1850 in einem englischen Küstendorf und auf einer Südseeinsel.

Ouvertüre: **1. Bild:** *Diele im Hause Enoch Ardens.* Enoch Arden ist mit Annemarie seit einem Jahr glücklich verheiratet, sie haben ein Kind. Ein letztes Mal will der Kapitän Arden zur See fahren, dann will er, reich geworden, seßhaft werden und fern vom Meer und dem Schrei der Möwen leben, denn seine Frau fürchtet den Möwenruf wie die Gefahren der Ferne. Dem Jugendfreund Klas, einem Müller, vertraut der Kapitän Frau und Kind an.
2. Bild: *In der Windmühle des Klas.* Zehn Jahre sind vergangen, Enoch Arden ist von seiner Fahrt nicht zurückgekehrt und gilt als tot. Als diese Vermutung durch eine Flaschenpost zur Gewißheit wird, beschließen Annemarie und Klas zu heiraten.
3. Bild: *Auf einer Südseeinsel.* Elf Jahre und elf Monate lebt der schiffbrüchige Enoch Arden allein auf einer unbewohnten Insel, gemartert von seiner Sehnsucht nach Frau und Kind und dem Schrei der Möwen. Verzweifelt beschließt er, seinem Leben ein Ende zu machen, wird aber in letzter Minute von einem vorbeifahrenden Schiff entdeckt und aufgenommen.
4. Bild: *Platz vor dem Dorf, im Hintergrund die Mühle.* Enoch Ardens und Annemaries Sohn rüstet sich zur ersten Fahrt und wird verabschiedet. Enoch Arden betritt nach mehr als einem Jahrzehnt heimatlichen Boden und wird von niemandem erkannt, allein dem Müller entdeckt er sich. Annemarie soll entscheiden, mit welchem der beiden Männer sie hinfort leben will, doch die erkennt ihren ersten Mann nicht mehr, der bloße Gedanke an seine verspätete Rückkehr erfüllt sie mit Schrecken. Da erkennt er, daß er hierher nicht zurückkehren darf, und überbringt seinem Sohn den Segen des angeblich Verstorbenen. Enoch Arden stürzt sich ins Meer, ein Schrei – ein Möwenschrei – schreckt Annemarie auf. Jubelnd geleiten die Schiffsjungen den jungen Enoch Arden zum Schiff.

Kommentar
Das Motiv des vermißten, totgeglaubten und schließlich unvermutet und unerkannt heimkehrenden Mannes ist exemplarisch in der Geschichte des Odysseus gestaltet worden. Es belebte sich immer wieder aufs neue, wenn sich durch Seefahrt und Kriege Heimkehrersituationen in der Realität häuften und von vielen als Erlebnisse verarbeitet werden mußten. Für die Republik der Seefahrer, für Venedig, entstand denn auch 1641 die erste Heimkehreroper: ›Il ritorno d'Ulisse in patria‹ von Claudio Monteverdi.

Alfred Tennysons 1864 entstandene Verserzählung ›Enoch Arden‹ nimmt in der Tradition der Heimkehrerliteratur einen besonderen Platz ein, weil hier Ausfahrt und Rückkehr ganz auf ihre privaten Aspekte und damit verbundenen Probleme reduziert werden und zugleich ein Widerspruch konstruiert wird zwischen dem ewig unsteten Mann und der seßhaften Frau. Aber schon in Wilhelm Raabes ›Abu Telfan‹ (1767) machte sich eine Auffassung geltend, die bis zu Brechts ›Trommeln in der Nacht‹ 1922 und vor allem Leonhard Franks ›Karl und Anna‹ von 1926 zu verfolgen ist: Der Heimkehrende ist nicht mehr nur der gebrochene Mann, der sich nach der trauten Sicherheit sehnt, sondern ein Mensch, dessen

Blickfeld sich verändert, meist geweitet hat und der in Heim und Familie nicht allein den Inbegriff der zu erstrebenden Welt zu erkennen vermag; aber auch die Zu-Haus-Gebliebenen haben sich verändert.

Ottmar Gerster lernte Tennysons ›Enoch Arden‹ 1935 als Operntextbuch kennen, das der erfolgreiche Librettist Eugen d'Alberts, Karl Michael von Levetzow, verfaßt hatte. Es waren darin zwar nicht die neuen Aspekte des Stoffes gestaltet, aber es kam einem verbreiteten Zeitempfinden entgegen: Das traute Heim mit Frau und Kind wurde Mitte der dreißiger Jahre als sicherer Hort in einer gefahrdrohenden Umwelt empfunden; die konstruierte Polarität zwischen dem Abenteuer suchenden Mann und der ängstlich sorgenden Frau entsprach zudem den Erfordernissen des Alltagslebens, der realen Arbeitsteilung des bürgerlichen Lebens.

So konnte im Seefahrermilieu mit seinen extremen Ausnahmesituationen der prosaische Alltag mystifiziert werden. Das erklärt den großen Erfolg von Gersters zweiter Oper, die einen außergewöhnlichen Siegeszug über die Bühnen vieler europäischer Länder antrat und mit mehr als einhundert Inszenierungen zu den meist gespielten Opernwerken des 20. Jahrhunderts gehört. Seit den sechziger Jahren erfuhr das Werk in der DDR und in der Bundesrepublik Deutschland seine Wiederaufnahme in das Repertoire: Coburg 1961, Leipzig 1965, Altenburg und Zeitz 1967, Stendal 1968, Flensburg und Trier 1984, Bremerhaven 1987, Döbeln 1989.

Dagegen sind die übrigen Opernvertonungen, die um die Jahrhundertwende entstanden und die Beliebtheit des Stoffes beweisen, allesamt vergessen: Robert Erben (Frankfurt/Main 1895), Viktor Hansmann (Berlin 1897), Rudolf Raimann (Leipzig 1905), Max Weydert (Essen 1909), ebenso das in jenen Jahren sehr beklatschte Melodram, das Richard Strauss 1897 nach Alfred Tennysons Versdichtung komponierte. Der berühmte amerikanische Stummfilmregisseur David W. Griffith verfilmte Tennysons Ballade gleich zweimal: ›After Many Years‹ (1908) und ›Enoch Arden‹ (1911). Besonders die erste Filmfassung fiel durch die Einführung einer neuen Erzählweise mittels Parallelhandlung auf.

Die Oper ›Le pauvre Matelot‹ (Der arme Matrose) von Darius Milhaud geht nicht auf Tennysons Geschichte zurück, obwohl auch hier die Heimkehr eines Seemanns geschildert wird, der unerkannt seinen Angehörigen gegenübertritt und in tragischer Verblendung von seiner Frau erschlagen wird. Das Libretto zu dieser Oper schrieb Jean Cocteau; der Pariser Uraufführung 1927 folgte zwei Jahre später die deutsche Erstaufführung in Berlin.

Mit Gersters Oper war ein Werk entstanden, das sich durch formale Geschlossenheit auszeichnet. Wenige Hauptmotive sind charakterisierend eingesetzt, sie geben den einzelnen Szenen ihr Gepräge und stellen entsprechende musikalische Beziehungen zwischen ihnen her. Diese wiederkehrenden Grundmotive finden sich bereits potpourriartig in der etwas lang geratenen Ouvertüre, die signifikant mit dem berühmt gewordenen „Möwenschrei" beginnt: einem Sekundmotiv, in parallelen Quinten geführt. Dazu der Komponist: „Ich habe mich während der Komposition in Essen im Zoo vor den Möwenkäfig gesetzt und gewartet, bis die

Möwen einen für die Musik verwendbaren Schrei ausstießen, der dann in zweifacher Form in dem Werk benutzt wird. Diese Motive und alle anderen des Werkes sind so verarbeitet, daß sie musikalisch und dramaturgisch dem ganzen Werk ein Fundament geben." (Gerster 1951)

Dagegen ist erstaunlich, wie wenig Gerster die musikdramatische Entwicklung seiner Zeit zur Kenntnis nahm. Noch 1951 war er der irrigen Meinung, daß es „einmalig in der Operngeschichte" sei, wenn sein „Titelheld ganz allein den dritten Akten zu bestreiten" hat. Sollten ihm Schönbergs Monodramen bis dahin unbekannt geblieben sein? Nach 1945 nahm Ottmar Gerster verschiedene Änderungen an der Partitur vor, u.a. bearbeitete er das Vorspiel zum dritten Bild und stellte es als Ouvertüre der Oper voran, außerdem hängte er dem Werk noch ein Chorfinale mit der Ausfahrt des jungen Enoch Arden an.

Ausgaben KlA Schott Mainz 1936

Rechte Verlag B. Schott's Söhne Mainz

Literatur Alfred Tennyson: Enoch Arden, Leipzig 1867; ders: Enoch Arden, aus dem Englischen von Friedrich Wilhelm Weber, Wien-Mödling 1954; Ottmar Gerster: Zu ›Enoch Arden‹. In: Programmheft Leipzig 1951; Karl Laux: Ottmar Gerster. Leben und Werk, Leipzig 1961; Rainer Malth: Ottmar Gerster. Leben und Werk, Leipzig 1988

Aufnahmen Produktion des Rundfunks der DDR (Szenenfolge) Hajo Müller (Enoch Arden), Ingeborg Zobel (Annemarie), Günter Benndorf (Klas), Heinz Prescher (Der junge Enoch Arden), Rundfunkchor Leipzig, Rundfunk-Sinfonieorchester Leipzig, Dirigent Kurt Masur; aufgenommen 1965
ETERNA 8 20 651 (unsere neue musik 21) (Ausschnitte) Besetzung wie Rundfunk-Produktion, Übernahme vom Rundfunk der DDR
NOVA 8 85 132 (Ausschnitte) Gleiche Besetzung, Wiederveröffentlichung der ETERNA-Platte (Stereo-Transkription)

Die Hexe von Passau
Oper in vier Bildern
nach dem gleichnamigen Schauspiel von Richard Billinger
Text von Richard Billinger

Entstehung 1938-1941

Uraufführung 11. Oktober 1941 Düsseldorf

Personen
Valentine Ingold, die „Hexe von Passau" ____ Sopran
Valentin Ingold, Kur- und Hufschmied, Vater der Valentine ____ Baß
Graf Klingenberg, Obrist der Stadt Passau ____ Bariton
Jörg Satlbogen, Müller ____ Tenor
Bauer Alberer ____ Bariton
Die Bäuerin, sein Weib ____ Sprechrolle
Martina, Magd des Alberer ____ Alt

Die Hexe von Passau — Gerster

Mirz, Magd des Alberer	Sopran
Peterlenz, Knecht des Alberer	Bariton
Die Musikanten:	
Augustin, Triangelspieler	Tenor
Andreas, Dudelsackpfeifer	Bariton
Martin, Flötenspieler	Baß
Pater Seraphim, Generalvikar des Bischofs von Passau	Baß
Der Abt vom Kloster Vormbach	Tenor
Der Prior vom Kloster Kleinreifling	Bariton
Ein Bauer, Vorsänger der Jammerlitanei	Baß
Ein Soldat	Tenor
Ein anderer Soldat	Sprechrolle
Egelfinger, Dorfwirt	Sprechrolle
Ein Fremder	Sprechrolle
Soldaten, Turmwächter, Bauern	Gemischter Chor

Handlung

Ort: Bei und in Scharding sowie in Passau. Zeit: 1489.

Vorspiel: „Uns erlöse, Hergott, von allem Übel!" Die Geknechteten bitten in einer Jammerlitanei um Hilfe aus aller Not.

1. Bild: *Auf dem Hof des Bauern Alberer.* Valentine Ingold, die Tochter des Schmieds, versucht dank ihrem Wesen den Gebrechlichen und Beladenen Trost zu spenden. Söldner des Grafen Klingenberg erpressen Getreide. Einer der Soldaten vergreift sich an Alberers Weib und wird vom Bauern erstochen. Die Nachbarn eilen zu Hilfe, der Aufstand beginnt.

2. Bild: *Im Saal des Dorfwirtshauses.* Valentine probt mit drei Musikanten ein Mysterienspiel vom Leiden Christi. Als Bauer Alberer Schutz sucht, rettet ihn Valentine vor den Landsknechten, indem sie ihn als Christus verkleidet. Die erzbischöflichen Soldaten müssen der Übermacht der Bauern weichen. Der reiche Müller Satlbogen hält um Valentine an, die aber will kein Leben in Glück, solange die Bauern um ihr Leben kämpfen.

3. Bild: *Die Stadt Scharding.* Die aufständischen Bauern haben die Stadt eingenommen. Drei Bürger werden zum Tode verurteilt. Während die Bauern saufen und plündern, erobert Graf Klingenberg die Stadt zurück und schickt anstelle der drei Bürger drei Bauern an den Galgen. Valentine wird ihm vorgeführt. Sie ist der Ketzerei angeklagt, weil sie wider erzbischöfliches Verbot das Leiden-Christi-Spiel aufführte. Klingenberg läßt sich die Passion vorspielen. Als Valentine mit der Bitte um Gnade für die zum Tode Verurteilten endet, gibt der erschütterte Graf die drei Bauern frei, nur Valentine kann er nicht helfen, denn er selbst ist dem Erzbischof untertan.

Sinfonisches Zwischenspiel. **4. Bild:** *Im Hexenturm zu Passau.* Die Kirchenobrigkeit will Valentine begnadigen, wenn sie sich von den Bauern lossagt. Sie geht auf den Handel nicht ein. Jörg Satlbogen ist nach alter Sitte bereit, sie durch eine Heirat vorm Feuertod zu retten, aber sie lehnt dessen Hilfe ebenso ab wie Klingenbergs Werbung, weil sie durch ihren Tod ein Beispiel zu geben hofft. Graf Klingenberg sagt sich von seinem Dienstherrn los und stellt sich an die Spitze der kämpfenden Bauern.

Kommentar

Gersters ›Hexe von Passau‹ zählte wegen ihrer Bauernkriegsthematik zum sogenannten „Goldenen Fonds" des Opernreportoirs in der DDR und wurde Paul Kurzbachs ›Thomas Müntzer‹ (1948-50) und Jean Kurt Forests ›Armem Konrad‹ (1955-57) gleichwertig an die Seite gestellt.

Ottmar Gerster hatte bereits die Bühnenmusik zu dem Schauspiel ›Die Hexe von Passau‹ des seinerzeit sehr erfolgreichen österreichischen Dramatikers Richard Billinger komponiert, bevor er sich entschloß, das Stück zur Grundlage einer Oper zu machen. Zu diesem Zweck richtete Billinger sein Schauspiel durch straffende Veränderungen selbst zu einem Operntext ein.

Nach der erfolgreichen Uraufführung 1941 in Düsseldorf schlossen sich Bremen und Magdeburg an; viele andere Bühnen planten eine Inszenierung, bis die Nazis nach der Königsberger Premiere 1942 ›Die Hexe von Passau‹ verboten. Erst nach 1945 konnte die Oper wieder gespielt werden. In der DDR kam Gersters ›Hexe von Passau‹ mehrfach zur Aufführung, u.a. in Zwickau, Dessau, Leipzig, zum 60. Geburtstag des Komponisten 1957 an der Deutschen Staatsoper Berlin, danach seltener: 1963 in Leipzig, 1975 in Karl-Marx-Stadt.

In der ›Hexe von Passau‹ vertritt Gerster (wie schon in ›Enoch Arden‹) eine mehr als gemäßigte Moderne. Er folgt mit seiner Musik illustrierend und ausdeutend dem Text, dabei auf kräftiges Kolorit und effektvolle Kontraste in Harmonik und Instrumentation bedacht. „Das Werk hat sozusagen eine musikalische Überschrift. Es ist dies das Thema der geknechteten Bauern, das motivisch im Vorspiel anklingt und im Verlauf der ganzen Oper zur Auswirkung und Entwicklung kommt. Das Bauerntrutzlied, welches die Bauern ihren Peinigern ‚aufgebracht' haben, wie es im Stück heißt: ‚Würg' uns, würg' uns, Graf, / würg' den Bauern ab, / gib ihm bald das Grab', stellt ein Motiv dar, das bereits aus meiner Bühnenmusik stammt und in seiner rhythmisch und musikalisch strengen Form quasi die sich im Stück gegenüberstehenden Fronten ausdrückt. Daß dieses Thema melodisch gesehen pentatonisch ist, ist ein Zufall, es zeigt aber in seiner Gestalt, daß es seinen dramaturgischen Zweck, Hauptträger der Ideologie zu sein, doch wohl erfüllt." (Gerster 1957)

Lange Zeit wob sich um dieses Werk die Legende, es handele sich um eine provozierend-revolutionäre Oper. Das Gegenteil ist der Fall. „Die politische Maxime, die das Stück proklamiert, ist fatal: Das dritte Bild zeigt die revoltierenden Bauern als betrunkenen Haufen, der raubt und plündert und unter Freiheit das Recht versteht, sich anzueignen, was ihm in die Hände fällt. Erst im Schlußbild erhält der Bauernaufstand dadurch, daß ein Aristokrat, Graf Klingenberg, von der Adels- zur Bauernpartei übergeht, Disziplin, Form und Richtung. Mit anderen

Worten: Die Masse braucht, um nicht in destruktive Anarchie zu verfallen, einen Führer, der ‚von oben' kommt. Und die Ambivalenz, mit der die aufrührerischen Bauern geschildert werden, erstreckt sich bis in Einzelheiten: Als die Hexe von Passau, die zur Revolutionärin wurde, verbrannt wird, schlägt der Chor des Volkes, der die Hexe zunächst wegen des Ausbleibens teuflischer Unterstützung verhöhnt hatte, abrupt und unmotiviert in einen hymnischen Marsch um, der die Verurteilte als Märtyrerin der Freiheit rühmt: einen Marsch, den allerdings Gerster selbst ‚fanatisch apokalyptisch' nannte, als trage der Aufbruch in die Utopie insgeheim bereits das Zeichen des Untergangs an sich. (...) Versteht man also Gersters Stück, ohne an Probleme des modernen Musiktheaters zu denken, schlicht als Oper, die an der Tradition des 19. Jahrhunderts Rückhalt sucht, so kann man die dramaturgische Pointe, daß Graf Klingenberg aus Liebe zur Hexe von Passau die Gesinnung wechselt und aus einem Verfolger der Bauern zu deren Anführer wird, aus dem Formprinzip einer Gattung ableiten, in der immer schon eine Politik, die die Massen ergreift – so daß die Aktschlüsse mit großen Chor- und Ensembleszenen ausgestattet werden konnten –, aus Privataffären einiger Protagonisten hervorging, deren Arien, Kavatinen und Duette das tragende musikalische Gerüst der Oper bildeten. (...) Und in der Prämisse, daß als Substanz eines szenischen Historiengemäldes eine Privataffäre erscheint, aus der dann politische Konsequenzen erwachsen, steckt in letzter Instanz die Erbschaft des absolutistischen Zeitalters, aus dem die Opera seria und deren Dramaturgie stammt: die Erbschaft einer Epoche, in der die Herrschenden überzeugt waren, daß Politik auf die internen Affären der ‚Könige und große Herren' reduzierbar sei, die von sich glauben, daß sie es sind, die ‚Geschichte machen'." (Dahlhaus 1983, S. 224 f.)

Ausgaben KlA Schott Mainz o.J.

Rechte Verlag B. Schott's Söhne Mainz

Literatur Ottmar Gerster: Zur Musik der ›Hexe von Passau‹. In: Programmheft Deutsche Staatsoper Berlin 1957 Karl Laux: Ottmar Gerster. Leben und Werk, Leipzig 1961; Werner Wolf: Das Opernschaffen Ottmar Gersters. In: Musik und Gesellschaft, H. 10, Berlin 1965; Carl Dahlhaus: Politische Implikationen der Operndramaturgie. Zu deutschen Opern der Dreißiger Jahre. In: Vom Musikdrama zur Literaturoper, München . Salzburg 1983; Rainer Malth: Ottmar Gerster. Leben und Werk, Leipzig 1988

Aufnahmen ETERNA 8 20 567 (unsere neue musik 14) (Kleiner Querschnitt) Hedwig Müller-Bütow (Sopran), Erna Roscher (Sopran), Gertraud Prenzlow (Alt), Günter Gützlaff (Bariton), Gerhard Niese (Baß), Chor der Deutschen Staatsoper Berlin, Staatskapelle Berlin, Dirigent Hans Löwlein

Das verzauberte Ich

Heiteres musikalisches Drama in vier Akten
nach ›Alpenkönig und Menschenfeind‹ von Ferdinand Raimund
Text von Paul Koch

Entstehung 1943-1948

Uraufführung 25. Juni 1949 Wuppertal

Personen

Laurin, König der Berggeister	Baß
Rappelkopf, Rentier und Gutsbesitzer	Bariton
Regine, dessen vierte Frau	Alt
Margret, Tochter Rappelkopfs aus dritter Ehe	Sopran
Goedenmuth, Frau Regines Bruder	Sprechrolle
Erwin Doorn, ein junger Maler, Margrets Verlobter	Tenor
John, Kammerdiener	Tenor
Hannchen, Kammermädchen	Sopran
Christian, der Köhler	Baß
Marthe, sein Weib	Alt
Trautchen, deren Tochter	Sopran
Die Buben des Köhlers:	
Andreas	Sopran
Hänschen	Alt
Rappelkopfs verstorbene Frauen:	
Ilsebill, die Keifende	Sopran
Veronika, die Melancholische	Alt
Mechthild, die Ätherische	Sopran
Ein Herold des Bergkönigs	Sprechrolle
Volk des Bergkönigs: Herolde, Bannerträger, Wappenhalter, Leibwächter, Pagen, Diener, Zwerge, ein Stier	Gemischter Chor

Story

Handlungsort: Alpenland. Im Gebirge und im Hause Rappelkopfs. Zeit: Romantische Zeit.

Der Rentier und Gutsbesitzer Rappelkopf ist ein Menschenfeind und wird durch den König der Berggeister einer Schocktherapie unterzogen, um ihn von seinem pathologischen Mißtrauen zu heilen. Damit wird auch den beiden jungen Verliebten, Rappelkopfs Tochter Margret und dem Maler Erwin, der Weg in die Ehe gebahnt. Rappelkopf kehrt, verwandelt durch die Zauberkur, als gütiger Vater zu den Seinen zurück.

Kommentar
Paul Koch schuf eine freie Nachgestaltung von Ferdinand Raimunds Romantisch-komischem Märchen ›Der Alpenkönig und der Menschenfeind‹, indem er nicht nur Namen, sondern auch den Text stark änderte. „Die Musik weist Ottmar Gerster wiederum als erfahrenen Theaterpraktiker aus. Der Komponist findet überschwengliche lyrische Töne für die beiden Liebenden, während er den störrischen Rappelkopf mit widerborstiger Harmonik versieht." (Malth 1988, S. 61)
Inszenierungen in Weimar und Gera bleiben ohne größere Resonanz.

Ausgaben KlA Schott Mainz 1949

Rechte Verlag B. Schott's Söhne Mainz

Literatur Rainer Malth: Ottmar Gerster. Leben und Werk, Leipzig 1988

Der fröhliche Sünder (Nasreddin)
Oper in sechs Bildern
nach der gleichnamigen Komödie
von Leonid Solowjow und Viktor Witkowitsch
(in der deutschen Übersetzung von Alice Wagner)
Text von Ottmar Gerster

Entstehung 1959-1962

Uraufführung 9. März 1963 Deutsches Nationaltheater Weimar

Personen
Chodscha Nasreddin	Spielbariton
Der Emir von Buchara	Baß
Der Wucherer Dshafar	Charakterbariton
Hussein Huslija, Sterndeuter	Tenor
Der Töpfer Nijas	Baß
Güldshan, seine Tochter	Lyrischer Sopran
Der Schmied Jussuf	Baßbariton
Der Wasserträger Mohamed	Bariton
Der Koch Ali	Tenor
Erster Wächter	Tenorbuffo
Zweiter Wächter	Baßbuffo
Otum Bibi, erste Frau des Emirs	Alt
Frau des ersten Wächters	Alt
Nasreddins Esel	2 Darsteller
Männer und Frauen von Buchara, Soldaten, Haremsfrauen	Gemischter Chor
	Kleines Ballett

Orchester Picc, 2 Fl, 2 Ob, 2 Klar, 2 Fg, KFg, 4 Hr, 3 Trp, 3 Pos, Tb, Pkn, Slzg, Hrf, Kl; Str

Aufführungsdauer ca. 3 Std.

Handlung
Die Handlung spielt im späten Mittelalter in Buchara.
Vorspiel: Zwei Wächter verkünden den neuesten Erlaß des Emirs: Wer Nasreddin fängt, soll mit 10 000 Tanjas belohnt werden. **1. Bild:** *Vor dem Haus des Töpfers Nijas.* Der Töpfer ist in Not. Er kann Schulden in Höhe von 400 Tanjas nicht bezahlen, und das Angebot, dafür seine geliebte Tochter Güldshan zu verkaufen, kommt für ihn nicht in Frage. Der hartherzige Gläubiger schleppt ihn vor Gericht. Derweil reitet Nasreddin unerkannt in Buchara ein, erfährt von des Töpfers Not und erbittet von Güldshan deren beide letzten Tanjas. Die steckt er seinem Esel in die Ohren. Dem gierigen Wucherer verkauft er den angeblich geldproduzierenden Esel für 400 Tanjas, mit denen sich Nijas freikauft. **2. Bild:** *Hof des Töpfers Nijas.* Güldshan und Nasreddin gestehen sich ihre Liebe, doch die schöne Töpferstochter wird in den Harem des Emirs verschleppt. Nasreddin macht sich, als Frau verkleidet, zu ihrer Befreiung auf. Orchesterzwischenspiel. **3. Bild:** *Vor dem Haus des Töpfers.* Nasreddins Verkleidung ist bekannt geworden, Wächter kontrollieren alle Frauen. Der Emir hat den Sterndeuter Hussein Huslija aus Bagdad eingeladen und ihn um Hilfe gebeten. Nasreddin redet dem in Buchara fremden Astrologen ein, daß der Emir ungnädig gestimmt sei, der bekommt es mit der Angst und tauscht mit Nasreddin die Kleider. Die Wächter glauben, mit dem als Frau verkleideten Sterndeuter endlich Nasreddin zu fassen, während der Schalk ihnen entwischt. **4. Bild:** *Im Palast des Emirs von Buchara.* Der Emir ist von seiner neuen Sklavin Güldshan entzückt, doch bevor er sich ihr nähern kann, reitet Nasreddin als Sterndeuter in den Palast ein. Durch den Hinweis auf eine der Liebe ungünstige Sternkonstellation kann er weitere Annäherungsversuche des Emirs an Güldshan verhindern. Der Emir ernennt den falschen Astrologen zum Großwesir. Orchestervorspiel. **5. Bild:** *Garten im Harem des Emirs.* Nasreddin befreit Güldshan und flieht mit ihr. **6. Bild:** *Platz vor dem Palast des Emirs.* Unschuldige sollen gehenkt werden, weil sie im Verdacht stehen, Nasreddin geholfen zu haben. Nasreddin stellt sich freiwillig dem Gericht, wird zum Tode verurteilt und in einen Sack gesteckt. Seine beiden Wächter wird er durch die Lügenmär von einem versteckten Schatz los, dem neugierigen Dshafar schwatzt er ein, daß der Sack Wunderkräfte habe, so daß der Wucherer mit ihm tauscht und in den Sack kriecht. Als am nächsten Morgen die Exekution stattfinden soll, kommt anstelle des Schalks der genasführte Wucherer aus dem Sack. Schallendes Gelächter empfängt und verjagt den gefoppten Emir.

Kommentar

Anfang der dreißiger Jahre erschien das von Leonid Solowjow verfaßte Buch mit Erzählungen über den orientalischen Eulenspiegel in der Sowjetunion, das bereits kurz nach dem Krieg 1948 vom Aufbau-Verlag Berlin unter dem Titel ›Chodscha Nasr ed-din‹ in deutscher Sprache herauskam. Nach dieser Vorlage entstand die Komödie ›Nasreddin in Buchara‹ von Leonid Solowjow und Viktor Witkowitsch, die Mitte der fünfziger Jahre in der DDR häufig, aber ohne allzu großen Erfolg gespielt wurde. Ottmar Gerster erlebte 1959 eine Aufführung dieser Komödie in Greiz und entschloß sich, aus diesem Stoff eine heitere Oper zu machen. Er schrieb das Libretto, übernahm dabei allerdings die Schwächen der Vorlage, in der der Kampf der Unteren gegen die Oberen auf naive Weise dargestellt wird, wobei Nasreddins Streiche auf eine nachlässige Weise motiviert werden: „Parteilichkeit" und „Volksverbundenheit" hieß, die Oberen so dumm zu zeichnen, daß den Unteren einfach jeder Streich gelingen mußte. Außerdem galt seit der Erstaufführung von Tichon Chrennikows ›Frol Skobejew‹ 1956 in der DDR (Landesbühnen Sachsen) solche Art heiterer Volksoper als vorbildhaft.

Gerster schuf eine Musik mit reichen melismatischen Wendungen, die ihm als musikalische Orientalismen galten, mit deren Hilfe er Lokalkolorit einbrachte. Er setzte den Kontrast zwischen rezitativischen, ariosen und chorischen Passagen geschickt, griff im Melodischen auf stereotype Sequenzierungen, im Harmonischen auf schulmäßig-akademische Effekte zurück. Der beabsichtigten Heiterkeit und „Spritzigkeit" des Werkes steht eine Überlänge im Wege.

Der Uraufführung in Weimar 1963 folgte im Oktober des gleichen Jahres eine Inszenierung in Leipzig, später kam eine Einstudierung durch die Berliner Hochschule für Musik hinzu.

Ausgaben Text Reclams Textbücher Leipzig 1964; KlA Henschelverlag Berlin 1962, übernommen in die Edition Peters Leipzig o.J. (EP 9004)

Rechte Henschel Musik GmbH Berlin

Literatur Leonid Solowjow: Chodscha Nasr ed-din, Berlin 1948; Leonid Solowjow / Viktor Witkowitsch: Nasreddin in Buchara. Komödie in zehn Bildern, Bühnenvertrieb henschel SCHAUSPIEL, Henschelverlag Berlin o.J. Ottmar Gerster: Einige Worte über meine fünfte Oper. In: Programmheft Deutsches Nationaltheater Weimar 1963 – auch In: Material zum Theater Nr. 118, Komponisten der DDR über ihre Opern, Auswahl und Zusammenstellung Stephan Stompor, Berlin 1979; Stephan Stompor: Einführung in ›Der fröhliche Sünder‹. In: Textbuch, Leipzig 1964; Werner Wolf: Das Opernschaffen Ottmar Gersters. In: Musik und Gesellschaft, H. 10, Berlin 1965; Rainer Malth: Ottmar Gerster. Leben und Werk, Leipzig 1988 Rezensionen der Uraufführung. In: Theater der Zeit, H. 8, Berlin 1963; Musik und Gesellschaft, H. 5, Berlin 1963

Friedrich Goldmann
27. April 1941

Geboren in Siegmar-Schönau (gehört heute zu Chemnitz), 1951-1959 Kreuzschule/Kreuzchor Dresden, 1959-1962 Studium an der Hochschule für Musik Dresden (u.a. Komposition bei Johannes Paul Thilmann), 1962-1964 Meisterschüler an der Deutschen Akademie der Künste zu Berlin bei Rudolf Wagner-Régeny, 1964-1968 Studium der Musikwissenschaft an der Humboldt-Universität zu Berlin. Danach freischaffend als Komponist und Dirigent in Berlin, 1978 Mitglied der Akademie der Künste der DDR.
   1973 Hanns-Eisler-Preis des Rundfunks der DDR, 1977 Kunstpreis der DDR, 1986 Nationalpreis der DDR
   Orchesterwerke verschiedenen Umfangs, u.a. vier Sinfonien: 1 (1972-73), 2 (1976), 3 (1986), 4 (1988-89); Orchesteressays: I (1963), II (1968), III (1971); Adagio und Vivace für Orchester (1957), Sinfonia für sechs Bläser, Streicher und Schlagzeug (1958), Concerto für Orchester (1958), Passacaglia für Orchester (1958), Prélude pour orchestre (1959), Strukturen für Orchester (1960), Progressionen für Orchester (1962), Schweriner Serenade (1964), Sonata quasi una fantasia (1964), Musik für Kammerorchester (1973), ›De Profundis‹ – Für Orchester (1975), ›Inclinatio temporum‹ (1981), ›Exkursionen‹ – musica per orchestra con Henrico Sagittario (1984), ›SPANNUNGEN eingegrenzt‹ – Orchesterstück 88 (1988)
   Konzerte mit verschiedenen Soloinstrumenten, u.a. Adagio für Violine und Orchester (1955), Konzert für Posaune und drei Instrumentalgruppen (1977), Violinkonzert (1977), Oboenkonzert (1978-79), Klavierkonzert (1979)
   Kammermusik für unterschiedliche Besetzungen, u.a. ›Hommage à Debussy‹ – Transformationen für drei Holzbläser, zwei Schlagzeuger und Klavier (1961), Kombinationen für Flöte, Vibraphon, Schlagzeug und Klavier (1962), vier Streichquartette (1957, 1959, 1970, 1975), Streichtrio (1967), Sonate für Bläserquintett und Klavier (1969), ›So und so‹ – Für Englischhorn, Posaune und Kontrabaß (1972), ›Zusammenstellung‹ – Musik für Bläser (1976), ›Durch dick und dünn‹ – Für Piccoloflöte und Tuba (1978), Klaviertrio (1978), Für P.D. ›vorherrschend gegensätzlich‹ – Quintett (1980), Ensemblekonzert 1 und 2 (1982, 1985), diverse Klavierstücke
   Vokalmusik, u.a. Lieder nach Bertolt Brecht, Georg Maurer, Julie Schrader; ›Sing Lessing‹ – Komposition für Bariton und sechs Spieler mit Lessing-Gedichten (1978), Arie für Sopran und acht Instrumente nach F. Hölderlin, A. Rimbaud und H. Müller (1985)
   Vokalsinfonische Werke, u.a. ›Der rote Oktober‹ – Kantate für Sprecher, Chor und kleines Orchester nach Texten von Erich Schumacher (1962), ›Ödipus Tyrann‹ – Kommentar für Chor und Orchester nach Heiner Müller (1969)
   Schauspiel-, Hörspiel-, Fernseh- und Filmmusiken

Bühnenwerke

Herakles 5 _____ 1971
Kammeroper
Text von Heiner Müller
Fragment

R. Hot bzw. die Hitze

Opernphantasie
in über einhundert
dramatischen, komischen, phantastischen Posen
nach dem Stück ›Der Engländer‹ von Jakob Michael Reinhold Lenz
Text von Thomas Körner

Entstehung 1973-1974

Uraufführung 27. Februar 1977 Deutsche Staatsoper Berlin im Rahmen der Reihe Neues im Apollo-Saal

Personen

Robert Hot, ein Eng-länder	Tenor
Lord Hot, sein Vater	Baß
Lord Hamilton, dessen Freund	Tenor
Die Prinzessin von Carignan	Sopran
Ein Major, in sardinischen Diensten	Bariton
Ein Soldat	Baß
Ein Beichtvater	Bariton
Eine Buhlerin	Sopran
Ein Wundarzt	Stumm
Zwei Bediente:	
Peter	Baß
Williams	Stumm
Hinter geschlossenem Vorhang	Kinderchor

(Prinzessin und Buhlerin von der gleichen Darstellerin. Ebenso eine Rolle sind Major und Beichtvater, Soldat und Peter, Williams und der Wundarzt.)

Orchester Fl (auch Picc), Ob, Klar, Hr, Fg, Elektronische Orgel, Kb
Von den Bläsern werden verschiedene Schlaginstrumente bedient: Claves, Maracas, Holzblock, Guiro, ein auf Holz aufgelegtes verbeultes Blech, Waschbrett, tiefes Tomtom, 3 Maultrommeln (mit Mikrofonverstärkung); von Hot gespielt: Ratsche
Im II. und V. Akt: Tonbandeinspielung

Aufführungsdauer 1 Std., 30 Min.

Handlung
Der Schauplatz ist in Turin. Robert Hot, ein junger Engländer, der sich zum Soldaten anwerben ließ, um Pflichten und den öffentlichen Geschäften zu entgehen, zu welchen ihn sein Vater nach England zurückholen will, hat Armida, die Prinzessin von Carignan, nur einmal gesehen, doch „mit einer Liebe, die sein ganzes unglückliches, verschmachtendes Herz umfaßt und seinen ausgetrockneten, versteinerten Sinnen zuzuwinken scheint".
I. Akt: *Turin, vor dem Palast der Prinzessin von Carignan.* Unter Armidas Fenster, mitternachts, erzwingt Robert durch einen Schuß aus seinem Gewehr, daß die Prinzessin ihn anhört. Er gesteht ihr seine Liebe. Armida, schön, jung, doch in den Bindungen ihres Standes nicht glücklich, kann unter den nächtlichen Umständen nicht mehr tun, als Robert wegen der Aufrichtigkeit seiner Gefühle und deren Aussichtslosigkeit zu bedauern. Doch Robert, der in Armida das Leben und Freude ohne Grenzen gefunden zu haben vermeint, ist eher bereit zu sterben als auf die Erfüllung seiner Hoffnung zu verzichten. In einem jähen Entschluß gibt er sich gegenüber der Wache, die er durch seinen Schuß alarmiert hat, als Deserteur aus und wird festgenommen.
II. Akt, 1. Szene: *Der Prinzessin Palast.* Armida, berührt von der Glut des jungen Engländers, bewirkt von einem Major, daß das über den angeblichen Deserteur verhängte Todesurteil in lebenslängliche Haft umgewandelt wird. 2. Szene: *Hots Gefängnis.* Als sie ihm diese Nachricht überbringt, erfleht Robert von Armida, sie möge ihm die einzige Gnade gewähren, die ihm erträglich sei, das sei der Tod von ihrer Hand. Es gelingt der Prinzessin, ihn von seinem Todeswunsch abzubringen, ja noch mehr – er feiert lebenslängliche Festungshaft als höchstes Glück; er wird zwar schmachten, doch denselben Himmel mit der Prinzessin teilen. Diese Hoffnung wird zerschlagen, als Hots Vater kommt, den Sohn nach England zurückzuholen. Er hat Robert freigekauft und beschwört ihn, vernünftig zu sein, sich Mäßigung aufzuerlegen. Nur so könne er glücklich werden. Robert, durch die äußerliche Rettung in tiefere innere Verzweiflung gestürzt, hat für die Lebensmaximen des Vaters kein Gehör.
III. Akt: *Es ist Mitternacht, mehr gegen die Morgenstunde. Immer noch in Turin. In Hots Zimmer.* Als Lord Hamilton, ein brutaler, berechnender Mann, kalt und voller Hohn Roberts „Fall" erörtert und einen Plan entwickelt, wie Robert auf andere Gedanken zu bringen sei, unternimmt dieser einen tollkühnen Versuch, seine angebetete Armida noch einmal zu sehen.
IV. Akt: *In scheinbar sternheller Nacht. Unter dem Fenster der Prinzessin von Carignan.* Als Savoyard, also als Straßenbettler gekleidet, erscheint Robert vor dem Palast und erhält – außer Almosen – nichts!
V. Akt: *Wieder in Hots Zimmer.* Von schmerzlichster Beschämung nach Hause getrieben, trifft ihn dort die von Hamilton erfundene Nachricht, Armida habe sich mit einem jungen Offizier vermählt. Robert fällt in ein Fieber der Leidenschaft,

der Rache und Hilflosigkeit. Er rast in ohnmächtiger Wut, dann wieder scheint er betäubt von hemmungsloser Melancholie. In diesem Zustand schickt ihm Hamilton eine Buhlerin, um ihn zu ernüchtern. Doch im Kleide der Buhlerin versteckt sich die Prinzessin, um Hamiltons Plan zu durchkreuzen. Sie gibt sich Robert zu erkennen und veranlaßt ihn, die Intrige Hamiltons bis zum Ende mitzuspielen und einen Selbstmord vorzutäuschen. So läßt sie ihn erfahren, welche Folgen sein beabsichtigter Selbstmord gehabt hätte – nämlich keine –, und bewirkt damit den letzten Schritt zu Roberts Emanzipation. Während Lord Hot dem Lord Hamilton erschüttert die „Folgen seiner Politik" vorhält, ein Wundarzt letzte Hand an den Patienten legt, ein Beichtvater sich vergebens bemüht, Seelen zu retten, tanzen Robert und Armida davon: „Behaltet Euren Himmel für Euch!" Und während alle in „ihre vorherige Karikatur zurückfallen", ertönt „hinter geschlossenem Vorhang" ein Chor: „Hitze heißt der Fluch, / der auf Euch sitzt ..."

Entstehung

Friedrich Goldmann, Komponist und Musikwissenschaftler, beweist seine Fähigkeit, überlieferte Gattungsmodelle nicht nur auf ihre Herkunft und Bedeutung hin zu durchdenken, sondern ihnen auch einen neuen Sinn für die Gegenwart zu verleihen, ihren unreflektierten Gebrauch abzulehnen. So verwendet er für ›R. Hot‹ nicht den tradierten Gattungsbegriff Oper, sondern wählt dafür den einer Opernphantasie, um auf das Unkonventionelle seines Werks aufmerksam zu machen, das er 1973 und 1974 im Auftrag der Deutschen Staatsoper Berlin für die von Sigrid Neef geleitete Experimentalreihe Neue Musik im Apollo-Saal schrieb. Seinen Librettisten hatte Goldmann 1970 während der Arbeit an einem DEFA-Puppentrickfilm kennengelernt: „Wir kamen ins Gespräch und bemerkten, daß unsere Anschauungen auf vielen Gebieten adäquat waren. So auch unsere gemeinsame Liebe zu Lenz." (Goldmann 1979, S. 155) Der 1942 in Breslau geborene und als Diplom-Jurist tätige Thomas Körner trat mit dem Libretto zu Goldmanns ›R. Hot‹ als Schriftsteller erstmals an die Öffentlichkeit. Bereits 1976 hatte ihn Paul Dessau um eine Einrichtung von Büchners Lustspiel ›Leonce und Lena‹ gebeten. Auch die Zusammenarbeit mit Goldmann wurde fortgeführt, unter anderem mit dem bekannten Vokalzyklus ›Sing Lessing‹ (1978). Auch nachdem Körner 1979 in die BRD übergesiedelt war, arbeitete er als Textdichter weiter, schuf zum Beispiel 1985 die deutsche Fassung für Mauricio Kagels ›Der mündliche Verrat‹, ein Musikepos über den Teufel. 1988 richtete er für Adriana Hölszky einen Text von Rainer Werner Fassbinder ein: ›Bremer Freiheit. Singwerk auf ein Frauenleben‹.

Bei ihrer ersten Zusammenarbeit griffen Goldmann und Körner auf ein Stück des Sturm-und-Drang-Dichters Jakob Michael Reinhold Lenz zurück, auf die Dramatische Phantasei ›Der Engländer‹.

Kommentar

Lenz erzählt die Geschichte eines jungen Mannes, der sich den Pflichten gegenüber dem Vaterland durch die Flucht nach Italien entzieht. Hier verfällt er in rasende Leidenschaft zu einer Prinzessin, und alle Versuche des Vaters, den Sohn nach Eng-land zurückzuholen, das hitzige junge Blut abzukühlen, bleiben vergeblich. Der junge Mann begeht Selbstmord. Lenzens Alternative: Lieber von eigener Hand sterben als von fremder „gelebt werden".

Thomas Körner kürzte die Szenen seiner Vorlage, verknappte den Lauf der Handlung, trieb bereits angelegte Widersprüche hervor, bisweilen durch Einschübe von Lenz-Zitaten aus dessen anderen Werken oder durch eigene Texte; er beließ dem Stück aber seine Abfolge und Personage, mit einer gravierenden Ausnahme: Er veränderte den Schluß. Bei Lenz stirbt der Held durch eigene Hand, ersticht sich mit einer Nagelschere, die er der Buhlerin entwendet; bei Körner wird der Selbstmord nur vorgetäuscht, Prinzessin und Buhlerin sind eine Person, Robert Hot und Prinzessin fliehen aus dem Land der Väter.

Verglichen mit den Komödien ›Der Hofmeister oder Vorteile der Privaterziehung‹ und ›Die Soldaten‹ ist die Dramatische Phantasei eines der weniger bekannten Stücke des Dichters Lenz. Dennoch ist dieses kurze, im Laufe der produktiven und glücklichen Straßburger Jahre entstandene Werk nicht weniger exemplarisch für sein Schaffen wie auch für die Bewegung des Sturm und Drang (vgl. Rudolf 1970, Reuter 1972 und Damm 1987). Der Held Robert Hot erscheint als theatralische Verkörperung von Grundfragen der Sturm-und-Drang-Bewegung: des Verhältnisses von Gefühl und Vernunft, von Gefühl und Gefühlsseligkeit, von Leben und Gelebtwerden. Aus der Konsequenz, zu der beide Seiten jeweils getrieben werden, erwachsen die Widersprüche, welche durch Expressivität, Leidenschaftlichkeit und Kontrastierung gewissermaßen Opernhaftigkeit aus sich heraus entwickeln.

Friedrich Goldmann orientierte in seiner Gattungsbezeichnung auf den Begriff Pose. Er schloß damit sinfonische Prinzipien oder die Nummernoper als Modell seines musik-dramatischen Gestaltens aus diesem Bühnenwerk aus.

Wie in Lenz' Dramatischer Phantasei vollzieht sich auch in Goldmann / Körners Opernphantasie Handlung als eine Abfolge von dramatischen und phantastischen, von tragischen und komischen Aktionen. Während aber im Schauspiel der Umschlag von einer Qualität in die andere unvermerkt vonstatten geht und durch viele Zwischentöne vermittelt wird, pointieren Goldmann und Körner dieses Umschlagen. Sie machen die Brüche deutlich, kehren darüber hinaus ihre wechselnde Haltung – bald Betroffenheit, bald Distanz – gegenüber ihren Protagonisten und dem Geschehen heraus. Durch die Betonung des Wechsels, der Brüche und Risse erscheinen in der Oper die einzelnen Situationen und Aktionen, aber auch die einzelnen Haltungen der Figuren als voneinander abgesetzt, bald zu größeren, bald zu kleineren musikalisch-dramaturgischen Einheiten gebunden, die mit den vorausgehenden oder nachfolgenden auf ganz unterschiedliche Weise verknüpft sind und von den Autoren als Posen bezeichnet werden. In ihnen können sich die jeweils aufbrechenden Affekte in ihrer ganzen Widersprüchlichkeit entfalten. Thomas Körner sprach in dieser Hinsicht nicht nur von einer „Entwirrung der Gefühle" (Körner 1976, S. 66), er stellte seinem Text auch programmatisch eine Zeile von

Lenz (aus dessen Schauspiel ›Sizilianische Vesper‹) voran: „Kann diese Verwirrung / Von Gefühlen eine / Sprache finden?" (Körner 1978, S. 5) Pose wäre demzufolge auch als Versuch zu werten, für die Verwirrung der Gefühle eine Form und eine Sprache zu finden.

Das wird am deutlichsten in der Gestaltung der Pose 13 (II. Akt, 2. Szene). Robert hat sich als Deserteur ausgegeben, erwartet im Gefängnis den Tod, ohne hoffen zu dürfen, die Prinzessin noch einmal zu sehen. Seine Lage ist hoffnungslos, deshalb begrüßt und besingt er den Tod als Trost und das Sterben als Wollust. Zu dieser Situation mit einem Text von Lenz verlangt Goldmann die Einspielung von Beat-(Rock-)Musik über vorproduziertes Tonband. Ganz unvermittelt, provokant und quasi dokumentarisch soll hier die Erfahrung einer jungen zeitgenössischen Generation, für die Robert Hot in dieser Lage stellvertretend steht, eingebracht werden: Musik als eine Droge, um sich aus der realen Misere in den Überschwang zu flüchten. Das ist um so überraschender, als bis zu dieser dreizehnten Pose Robert Hot und seine Aktionen ausschließlich durch ein kleines Kammerensemble (Bläserquintett, Elektronische Orgel und Baß, wobei die Musiker alternierend Schlaginstrumente zu bedienen haben) dargestellt und begleitet werden. Zwar herrscht damit ein am Streicherklang verglichen ungewöhnlicher, gleichsam härterer Grundklang vor, doch dominiert ein streng konstruktiver Kompositionsstil, der an dieser Stelle unvorbereitet und unvermittelt aufgegeben wird. Dazu ist bei Pose 13 notiert: „Hot spielt auf seinem Instrument und singt dazu." Das bedeutet, die Musik selbst wird hier zu einem Instrument erklärt, und entsprechend ist die Tonbandeinspielung für jede Inszenierung neu zu produzieren und mit ihr die jeweilige zeitprägende musikalisch-stilistische Richtung zu treffen. Dabei haben die Interpreten selbst zu entscheiden, ob sie der in Jugendmusik angelegten musikalischen Revolte Ausdruck geben oder den kommerzialistischen Charakter dieser Musik mehr in den Vordergrund stellen wollen.

Das Besondere für den Sänger des Robert Hot besteht darüber hinaus darin, daß er den Stil des freitonalen expressiven Deklamando und des ariosen Kunstgesangs ebenso wie den populären Stil der rock-orientierten Jugendmusik professionell beherrschen muß.

Die eigene Opposition gegen die Verwendung des unreflektiert gebrauchten Gattungsbegriffes Oper hat Goldmann nicht darin gehindert, kräftige Vokalcharaktere zu schaffen und dabei Zusammenhänge zu bekannten traditionellen Opernfiguren herzustellen. Es wird das Vorbild Verdi (hier vor allem die Oper ›La Traviata‹) hörbar: Die Prinzessin Armida mit ihren silberhellen bis eiskalten Fioriturren ist als Liebende u n d als Buhlerin am großen Modell selbst, an der Kameliendame Violetta, geschult; Vater Hot mit seinem leiernden Sermon und in seiner totalen Abhängigkeit von gesellschaftlichem Wohlverhalten trägt Züge von Vater Germont. Lord Hamilton wird in die melodische und harmonische Nähe einer Puccini-Figur (besonders bei Pose 39) gerückt. Und auch das ist nicht als eine Parodie gemeint, sondern vermittelt – ästhetisch reflektiert – eine menschliche, verschiedene Gesellschaftsformen und Jahrhunderte überdauernde Haltung. Denn

Lord Hamilton demonstriert, wie angenehm es ist, vernünftig zu genießen, wenn man kalt dabei und Herr seiner Sinne, folglich tauglich für die Geschäfte bleibt.

Auch die traditionelle Methode, Protagonisten mit quasi leitmotivisch geführten Instrumenten zu versehen, hat Goldmann nicht verschmäht. So ist Lord Hamilton, mit seinem Auftritt in Pose 38 beginnend, das Horn (ad lib. Wagner-Tuba) zugeordnet, doch verquickt Goldmann die konventionelle Methode sofort mit einer der neueren Musik, nämlich die Instrumente im „falschen" Register spielen zu lassen, ihnen Höhen und Tiefen abzuverlangen, die außerhalb der Konvention liegen. Wenn das Horn im hohen Register schnelle und komplizierte, ansonsten nur der Flöte zugemutete Figuren zu spielen hat, entstehen Effekte von Überanstrengung, von Gehetztsein, des Am-unrechten-Platz-Befindlichen. Prinzessin und Hamilton erscheinen als die eigentlichen Gegenspieler, und dementsprechend ist die Prinzessin bei fast allen ihren Auftritten von hellen klaren Flötenfiorituren wie von einer Aura der Schönheit umstäubt. Robert Hot hingegen begleiten schrille Läufe der Flöte, Klarinette und Oboe, die sich scharf vom Untergrund, einem Orgelpunkt auf der Elektroorgel abheben, womit die starke emotionale Gespanntheit und Zerrissenheit der Figur sinnfällig gemacht wird. Vater Hot ist durch das Fagott charakterisiert, das sich entweder den schrillen Läufen des Sohnes oder den Hornfiguren des Lord Hamilton anpaßt.

Die Orchestermusiker haben neben ihren normalen Instrumenten auch außergewöhnliche, wie Maultrommel, zu spielen, haben Schlaginstrumente zu bedienen, zu sprechen, zu pfeifen und ungewöhnliche Spieltechniken auszuführen. Die Instrumentalisten sind in dieser Opernphantasie keine unbeteiligten Begleiter des Geschehens.

Mittel der modernen Musik werden von Goldmann wirkungsvoll und witzig genutzt. Mit vokalen Äußerungen reagieren zum Beispiel die Instrumentalisten auf besondere szenische Ereignisse. Nachdem es Robert Hot in Pose 7 beim Anblick der Prinzessin quasi den Atem verschlagen hat, holen die Bläser stellvertretend für ihn das Atemholen in einer extra Pose mit einem dreimaligen an- und abschwellenden Klangband nach (Pose 8). Deutlicher noch wird Goldmann in Pose 15. Robert hat sein Lied über die Wollust des Sterbens gesungen. Darauf haben die Bläser – wiederum ein dreimaliger Vorgang – mit einem „erschöpft stöhnen(den)" Ausatmen der Vokale a-e-i-o-u zu reagieren. Illustrativ-demonstratives Verhalten der Instrumentalisten ist auch gemeint, wenn der handgreifliche Unmut des Vaters über den ungehorsamen Sohn (Pose 26) mit Schlägen auf die Saiten des Kontrabasses zu imitieren ist. Wertendes Verhalten zum szenischen Geschehen findet ebenfalls auf der Ebene paradoxer Instrumentenzusammenstellungen statt. So sind Kontrabaß und ordinäre Ratsche miteinander zu koppeln, wenn Robert, als Savoyard, das heißt als Straßenbettler verkleidet, vor dem Fenster der Prinzessin lärmt (Pose 49), oder Piccoloflöte musiziert mit Horn, wenn die Prinzessin ihre Intrige spinnt (Finale, Pose 102).

Solche paradoxen Zusammenstellungen sind seit Gustav Mahlers Sinfonik Mittel moderner Musik, sie finden sich immer wieder in modernen Partituren wie zum Beispiel in Béla Bartóks Drittem Klavierkonzert. Dmitri Schostakowitsch hat dieses Mittel 1928 in der ›Nase‹ für die Oper erprobt und legitimiert, hier erscheinen die paradoxen, das heißt gegen die Tradition gewählten Instrumentenzusammenstellungen als eine Möglichkeit, Situationen auffällig zu machen und dadurch auf einen Gehalt zu verweisen, der hinter der Oberfläche zu suchen ist.

In seiner Opernphantasie arbeitet Goldmann mit einer einzigen, dafür aber einprägsamen leitmotivischen Wendung, die in der ersten Szene des zweiten Aktes exponiert wird. Durch ihre Form – eine simple Dreiklangsbrechung – verspottet sie die traditionelle Vorstellung von Leitmotivik. Zugleich manifestiert sie für Hot das Bild der Prinzessin, ein Medaillon, das sie ihm geschenkt hat. Die billige musikalische Figur verweist auf die Dürftigkeit dieses Trostes, aber auch auf seine Intensität und Unzerstörbarkeit, denn diese Figur klingt im Finale (ab Pose 80) wieder auf, wenn Robert von der falschen Nachricht getäuscht wird, die Prinzessin sei mit einem anderen vermählt, und er sich mit ihrem Bild – also dem Medaillon – begnügen muß. Wenn sich nun die Prinzessin, als Buhlerin verkleidet, zu Hot schleicht, wird sie von ihm nicht erkannt, einmal wegen ihrer Verkleidung, zum andern weil er sich mit ihrem Medaillon tröstet und sich damit abgefunden hat, anstelle des Originals allein das Abbild zu besitzen. Zuspitzung erfährt die Situation, wenn Robert die vermeintliche Buhlerin mit den Worten „Seht, das ist Euch im Wege" (Pose 90) zurückweist und ihr (Pose 91) das Medaillon vorhält, wozu das Bildmotiv im Fagott, das heißt in Roberts Instrument, erklingt. Sichtbar und hörbar trennt sich Robert Hot in dieser Pose vom ersehnten Original, obgleich es ihm greifbar nahe ist. Ein komischer und zugleich tragischer Vorgang, der seine Auflösung in den Posen 91 bis 96 findet, wenn die Partitur das allmähliche Erkennen der wahren Sachlage und das Verblassen des Bildes im musikalischen Stenogramm faßt, indem das Bildmotiv zuerst eskaliert, bis es sich schließlich über Sequenzierungen in beliebige Skalenläufe auflöst. Parallel zu diesem musikalischen Auflösungsprozeß in Pose 96 erkennt Robert in der Buhlerin die Prinzessin, und damit verschwindet das Bildmotiv für immer aus der Handlung.

Ungewöhnlich und wohl einmalig in der Operngeschichte ist der Beginn – mit einer Generalpause: Musik soll sich als ein Teil der Handlung entfalten; sie entsteht hier aus dem Schweigen, dem Warten, dem vergeblichen Auf-und-Ab des Robert Hot vor dem Fenster der Prinzessin von Carignan. Musik ist Bestandteil eines Geschehens, das sich souverän auf alte Modelle von Oper wie auf alte Modelle menschlichen Verhaltens bezieht und in deren Umbewertung Neues ausprobiert.

Aneignung

Goldmanns Opernphantasie ›R. Hot‹ ist nach Bernd Alois Zimmermanns Oper ›Die Soldaten‹ aus dem Jahre 1964 ein absolut eigenständiger Versuch, die Kunstprogrammatik des Sturm und Drang für die Erneuerung der Gattung Oper zu aktivieren. Komponist wie Librettist schlossen den Bezug auf Zimmermann für sich generell aus. Sie stellten sich in eine andere Traditionslinie, die über Georg

Büchner und dessen ›Lenz‹-Novelle bis zur ›Hofmeister‹-Inszenierung von Bertolt Brecht 1950 am Berliner Ensemble reicht, in der nach Thomas Körners Meinung die auch von ihm angestrebte „Entwirrung von Gefühlen" exemplarisch praktiziert war.

Zwar stand Goldmanns Opernphantasie Ende der siebziger Jahre singulär in der Opernlandschaft der DDR, doch ist sie Teil einer umfassenderen Bewegung, welche die Kunstentwicklung des 20. Jahrhunderts hervorgebracht hat: ›R. Hot‹ ist kein Weltanschauungs- oder Seelendrama, mit dem ein Gleichnis vom Streben und Leiden des die Welt produktiv überwindenden Subjekts gegeben werden soll, es geht vielmehr um die Entdeckung und Darstellung des Menschen in seiner Sprachlosigkeit und Gefühlsverwirrung.

Die Uraufführung wurde vom Komponisten selbst musikalisch vorbereitet und geleitet (Regie: Peter Konwitschny, Ausstattung: Karl-Heinz Schäfer). Die Bläservereinigung Berlin (Bernd Casper: Klavier; Hermann Wolfframm: Flöte; Dieter Wagner: Oboe; Siegfried Schramm: Klarinette; Dieter Buschner: Horn; Dieter Hähnchen: Fagott) mit Manfred Pernutz (Kontrabaß) erwies sich als ein souveräner Gestalter und engagierter Partner des szenischen Geschehens – im Unterschied zur Staatskapelle Dresden, die sich anläßlich der Einstudierung am Kleinen Haus weigerte, den Instrumentalpart der Oper zu übernehmen (weil die vom Komponisten geforderten musikalischen Aktionen ihre Arbeitsaufgaben überschritten); die Einstudierung (1986 am Kleinen Haus Dresden) übernahm ebenfalls die Bläservereinigung Berlin.

Die westdeutsche Erstaufführung, 1978 am Württembergischen Staatstheater Stuttgart (Musikalische Leitung: Bernhard Kontarsky, Regie: Ernst Poettgen), fand mit Lutz-Michael Harder als in allen stilistischen Richtungen gleichermaßen überzeugenden Interpreten des Robert Hot großen Beifall. 1979 wurde die Opernphantasie am Mecklenburgischen Staatstheater Schwerin herausgebracht. Eine weitere Inszenierung folgte 1980 an der Opera stabile der Hamburgischen Staatsoper, die das Werk während der 2. Norddeutschen Opernstudiowoche in Braunschweig und anschließend in Hamburg aufführte.

Ausgaben Text in: Theater der Zeit, H. 8, Berlin 1976; Peters Textbücher (Nr. 10012, Leipzig 1978; Part Edition Peters, Leipzig 1976 (EP 9645)

Rechte Edition Peters Leipzig – Musikverlag C.F. Peters Frankfurt/Main
Literatur Friedrich Goldmann: Gespräch zur Opernphantasie ›R. Hot‹ 1979. Im Gespräch mit Ingrid Donnerhack. In: Material zum Theater Nr. 118. Komponisten der DDR über ihre Opern, Auswahl und Zusammenstellung Stephan Stompor, Berlin 1979
Thomas Körner: Tips (zur Opernphantasie ›R. Hot‹). In: Theater der Zeit, H. 8, Berlin 1976; ders.: Text ›R. Hot‹ (Peters Taschenbuch Nr. 10012), Leipzig 1978
Ottomar Rudolf: J.M.R. Lenz – Moralist und Aufklärer. Bad Homburg . Zürich 1970; Hans-Heinrich Reuter: Theorie und Praxis der sich herausbildenden Nationalliteratur (1770 - 1775). In: Geschichte der deutschen Literatur von den Anfängen bis zur Gegenwart, Bd. 6, hrsg. von Hans-Günther Thalheim u.a., Berlin 1972
Sigrid Neef: Aspekte einer Opernphantasie. Zu ›R. Hot‹. In: Theater der Zeit, H. 8, Berlin 1976; dies.: Zum Werk. In: Textheft ›R. Hot‹ (Peters Taschenbuch Nr. 10012), Leipzig 1978; dies.: Vom Verjüngen alter Stoffe. Durchblicke zur

Realität und Herausforderung zur Produktivität in Goldmanns Opernphantasie ›R. Hot‹ und Dessaus Lustspieloper ›Leonce und Lena‹. In: Für und wider die Literaturoper. Zur Situation nach 1945, hrsg. von Sigrid Wiesmann, Laaber 1982; Sigrid Damm: J.M.R. Lenz. Ein Essay. In: Lenz. Werke und Briefe in drei Bänden, hrsg. von Sigrid Damm, Bd. 3, Leipzig 1987 Rezensionen der Uraufführung. In: Theater der Zeit, H. 5, Berlin 1977

Karl-Rudi Griesbach
14. Juni 1916

Geboren in Breckerfeld (Westfalen), 1927-1936 Realgymnasium in Hamburg, 1936-1939 Studium an der Staatlichen Hochschule für Musik Köln (u.a. Komposition bei Philipp Jarnach), 1939 Einberufung zum Wehrdienst, 1941 Staatsexamen, danach wieder Soldat, 1944 sowjetische Kriegsgefangenschaft, Beginn der praktisch-musikalischen Tätigkeit als Leiter eines Orchesters und einer Theatergruppe in Tscheljabinsk (Südural).
1949 Komponist, Pianist und Liedbegleiter in Hamburg, 1950 Übersiedlung nach Dresden, Musik- und Theaterkritiker der Sächsischen Zeitung Dresden, 1952-1955 Dozent für Theorie und Komposition an der Hochschule für Musik Dresden, außerdem 1952-1953 Dramaturg am Metropoltheater Berlin, 1955-1963 freischaffender Komponist in Dresden.
1963-1966 Dramaturg und Künstlerischer Berater an den Staatstheatern Dresden, 1964-1982 Mitglied des Zentralvorstandes des Verbandes der Komponisten und Musikwissenschaftler der DDR, 1965 Dozent bzw. 1969-1981 Professor für Komposition und Tonsatz sowie Abteilungsleiter an der Hochschule für Musik Dresden; seit 1981 freischaffend in Dresden.
1959 Literaturpreis der DDR, 1961 Martin-Andersen-Nexö-Kunstpreis der Stadt Dresden, 1967 Kunstpreis der DDR, 1976 Vaterländischer Verdienstorden der DDR, 1988 Ehrennadel des Verbandes der Komponisten und Musikwissenschaftler der DDR in Gold

Orchesterwerke, u.a. Kleine Sinfonie (1950), Szenen für Orchester (1951), ›Blues-Impressions‹ – Concertino im Jazzstil für Klavier und Streichorchester (1962), Afrikanische Sinfonie (1963), Konzertante Musik für Klavier und Kammerorchester (1964), Sinfonie ›Zum Gedenken an die Große Sozialistische Oktoberrevolution‹ (1967), Ostinati für Orchester (1975), Kontakte für Orchester (1978), Kontemplationen für Orchester (1986); mehrere Ballettsuiten, u.a. Tänzerische Impressionen aus dem Ballett ›Samson‹ (1986)
Zahlreiche Kompositionen und Bearbeitungen für Laienorchester, u.a. Deutsche und russische Volkslieder für Laienorchester (1951)
Kammermusik: Klavierstücke, u.a. Suite ›Zum 10. Jahrestag der DDR‹ (1959), Jazzstudien nach alten Bluesmelodien (1961), Partita (1982), Frammenti ché pianoforte (1982), Werke für unterschiedliche Besetzungen, u.a. Musik für Flöte, Violine, Viola und Violoncello (1951), Musik für Violine und Klavier (1951), Flötenquartett (1951), Musik für Flöte und Xylophon (1971), Streichquartett (1977)
Vokalmusik in verschiedenen Formen, Sololieder, Chorlieder und Gesänge, besonders Liederzyklen nach Texten von Michail J. Lermontow, Johannes R. Becher, Bertolt Brecht, Ricarda Huch, Hermann Claudius, William Shakespeare, u.a. ›Lieder im Jahreskreis‹ – Für Gesang und Klavier nach Gedichten von Ricarda Huch (1950), ›Nacht der Farben‹ – Zyklus für Sopran, Streichquintett und Harfe nach Gedichten von Johannes R. Becher (1967), ›Hoher Himmel‹ – Liederzyklus für hohe Stimme und Klavier nach Gedichten von Johannes R. Becher (1968)
Vokalsinfonische Werke, u.a. ›Planetarisches Manifest‹ – Kantate für Sopran, Bariton und Orchester . Text von Johannes R. Becher (1960), ›Trinke Mut des reinen Lebens‹ – Musikalische Koordination von Bariton, Frauenchor und Orchester nach Johann Wolfgang von Goethe (1981-82)

Bühnenwerke

Johannistag 1952
Singspiel nach Johann Nepomuk Nestroy UA 1953
(später umgearbeitet)

Kleider machen Leute 1953
Ballett in sieben Bildern UA 1954
nach der gleichnamigen Novelle
von Gottfried Keller
Libretto von Anni Peterka

Schneewittchen 1955
Ballett in sieben Bildern UA 1956
frei nach den Gebrüdern Grimm
Libretto von Alfred Mönch, Karl-Rudi Griesbach
und Anni Peterka

Kolumbus 1957-1958
Oper in vier Bildern UA 1958
und einem Vor- und einem Nachspiel
nach alten spanischen Quellen
Text von Karl-Rudi Griesbach

Marike Weiden 1959-1960
Oper in drei Akten UA 1960
Text von Karl-Rudi Griesbach

Die Weibermühle 1959
Singspiel in vier Bildern UA 1960
frei nach der Posse ›Der Talisman‹
von Johann Nepomuk Nestroy
Text von Tom Zahn
(Neufassung des Singspiels ›Johannistag‹)

Der Schwarze, der Weiße und die Frau 1962-1963
Musiktheaterstück in vier Bildern UA 1963
Text von Karl-Rudi Griesbach

Reineke Fuchs 1977
Vokalballett in fünf Bildern UA 1978
frei nach dem niederdeutschen Volksbuch
›Reynke de vos‹
Libretto von Karl-Rudi Griesbach

Aulus und sein Papagei 1980
Oper in drei Bildern UA 1982
Text von Karl-Rudi Griesbach

Samson _____ 1982-1983
Ballett in fünf Bildern _____ UA 1985
Libretto von Karl-Rudi Griesbach

Florian _____ 1984
Oper in drei Akten
Text von Karl-Rudi Griesbach

Belle und Armand _____ 1986-1989
Oper in zwei Akten (9 Bildern) _____ UA 1990
frei nach einem Motiv aus dem Märchen ›La Belle et la Bête‹
von Gabrielle-Suzanne de Villeneuve
Text von Karl-Rudi Griesbach

Noah _____ 1987
Oper in drei Akten
Text von Karl-Rudi Griesbach

Kolumbus
Oper in vier Bildern
und einem Vor- und einem Nachspiel
nach alten spanischen Quellen
Text von Karl-Rudi Griesbach

Entstehung 1957-1958

Ring-Uraufführung 23. Dezember 1958 Friedrich-Wolf-Theater Neustrelitz
23. Dezember 1958 Städtische Bühnen Erfurt

Personen
Kolumbus, ein fremder Kapitän, später
      spanischer Admiral und Gouverneur _____ Bariton
Diego, sein älterer Bruder _____ Baß
Isabella, Königin von Spanien _____ Mezzosopran
Pater, Beichtvater der Königin, später
      Priester der Schiffsmannschaft _____ Charaktertenor
de la Torre, Schloßhauptmann der Königin, später
      Kommandant der Schiffsbesatzung _____ Baß
Steuermann des Schiffes _____ Bariton
Pedro, ein junger Matrose, später Wachsoldat _____ Tenor
Juan, ein älterer Matrose, später Wachsoldat _____ Bariton
Duncan, ein Indianer _____ Tenor
Tacuana, eine Indianerin _____ Sopran

Ein Indianerjunge	Knabenstimme (Sopran)
Ein Schiffsjunge	Knabenstimme (Sopran)
Hofgesellschaft, Matrosen, Soldaten, Schiffsjungen, Indianer und Indianerinnen	Gemischter Chor

Orchester 2 Fl (beide auch Picc), 2 Ob (II auch EH), 2 Klar, BKlar, 2 Fg, 4 Hr, 3 Trp, 2 TPos, BPos, BTb, Hrf, Kl, Pkn, Slzg: GrTr, KlTr, Rtr, Holzblocktr, Trgl, Bck, Rassel, Gong, Sch, 2 Xyl; Str
Bühnenmusik EH, Klar, 2 Fg, Hr, kleine Glocken; aus dem Orchester: 2 Trp, TPos

Aufführungsdauer 2 Std., 30 Min.

Story
Die Handlung spielt Ende des 15. und Anfang des 16. Jahrhunderts.
„Kolumbus bemüht sich an einigen Höfen Europas um die Durchführung seines Planes, Indien auf dem Westweg zu erreichen, wird aber abgewiesen. Die Kirche, gestützt auf die Schriften des Lactantius und anderer Kirchenväter, verwirft die Lehre des Kolumbus, daß die Erde eine Kugel sei. Die Königin Isabella beauftragt ihn, den Seeweg nach Indien zu suchen. – Auf seiner Fahrt weht der Wind stets aus Osten. Die Abweichung der Kompaßnadel – heute als Deklination bekannt – und eine aus Mangel an Frischgemüse hervorgerufene Krankheit – heute als Skorbut bekannt – erschweren die Seefahrt. Die Matrosen meutern auf der ‚Santa Maria'. – Kolumbus ist von den guten charakterlichen Eigenschaften der Eingeborenen überzeugt und tritt – zumindest in den ersten Jahren – für eine humane Behandlung ein. Sein Bruder, als Gouverneur einer Nachbarinsel eingesetzt, läßt einen Spanier, der eine Indianerin vergewaltigt hat, als abschreckendes Beispiel aufhängen. Kolumbus wird von einem Pater namens Buil exkommuniziert. – Seine Überführung nach Spanien erfolgt als Gefangener in Ketten. Kolumbus hängt nach seiner Freilassung die Ketten in seinem Zimmer auf und bittet, daß man sie ihm ins Grab lege. Das geschieht, als er arm und vergessen gestorben ist.› (Griesbach)

Kommentar
Die geheimnisumwitterte Gestalt des Amerika-Entdeckers hatte bereits Darius Milhaud (›Christoph Colombe‹ 1930) und Werner Egk (›Columbus‹ 1942) zur Vertonung gereizt. Karl Rudi Griesbach wollte eine Parabel mit politischem Nutzeffekt erzählen und schrieb das Libretto nach alten Quellen selbst: „Ich wollte den großen Entdecker als einen Menschen darstellen, der am Ende seiner Tage erkennen muß, daß seine gute Absicht verkehrt wurde, indem die Völker dieses Landes erbarmungslos ausgebeutet und ausgerottet wurden. Weist dieses tragische Schicksal des Kolumbus nicht eine erschreckende Parallele zu dem Schicksal des Atomforschers unserer Tage auf, der mit seiner Erfindung der Menschheit eine Kraft des Lebens in die Hand geben wollte und der erkennen muß, daß seine Er-

findung – von einzelnen als Machtinstrument mißbraucht – zu einer die Welt vernichtenden Waffe des Todes zu werden droht?" (Griesbach, Theater der Zeit 1958, S. 8 f.)

Diese Konzeption ist im Sinne eines „Was lehrt uns das?" gewaltsam konstruiert. Erstens erscheint weniger das Schicksal der Indianer für Griesbach tragisch, sondern das Schicksal des Eroberers, der sich über die Motive seiner Mitmenschen, vor allem seiner Auftraggeber getäuscht hat, und zweitens muß der Kolonialismus als Parallele herhalten, um Irrwege der Wissenschaft zu reflektieren.

Letztlich ging es Griesbach um die Tragödie eines „großen Mannes" wozu ihm das abenteuerliche Leben des Christoph Kolumbus den Stoff bot. Da sich in der DDR auch jede Oper durch ideologischen Nutzen legitimieren mußte, bog er sich den Stoff entsprechend zurecht. Das wiederum veranlaßte einige übereifrige Musikwissenschaftler, den Kolumbus in Griesbachs Oper als den „neuen Helden" zu feiern, indem sie sehr kurzschlüssig den Aufbruch des Entdeckers der Neuen Welt mit dem Aufbruch in eine neue Zeit gleichsetzten. Dafür mußte besonders die Arie aus dem Vorspiel „Was hab' ich alles nicht versucht!" herhalten, in der Kolumbus sein Credo artikuliert; trotz Rück- und Fehlschlägen nicht aufzugeben und das Neue zu wagen.

Die Oper beginnt nach nur wenigen Einleitungstakten mit dem Vorspiel: Kolumbus mit seinem Bruder *an der Meeresküste. Nacht.* Eine Zwischenmusik leitet zum ersten Bild über: *Festlicher Saal in einem spanischen Königsschloß des 15. Jahrhunderts. Nachmittag.* Das zweite Bild spielt *auf dem Verdeck der „Santa Maria". Morgendämmerung, Sonnenaufgang und Tag.* Drittes Bild: *Landschaft mit tropischer Vegetation in der Nähe des Meeres. Heller sonniger Nachmittag.* Das vierte Bild spielt *in derselben Landschaft einen Monat später. Es ist das Haus des Kolumbus errichtet. Nacht und anbrechender Morgen.* Mit wenigen Einleitungstakten beginnt das Nachspiel: *Einige Jahre später. Nacht. Ärmliche Stube in Spanien, vom Schein einer Kerze kümmerlich erhellt. Kolumbus liegt krank auf seinem Lager. Sein Bruder Diego pflegt ihn. An der Wand hängen schwere Eisenketten.*

Die beiden Nachtszenen – Vorspiel und Nachspiel – schaffen sozusagen den „schwarzen Rahmen" um die Folge der vier Bilder, in denen nach Wunsch des Komponisten auch die Tageszeiten eine teils stimmungshafte, teils symbolische Rolle spielen.

›Kolumbus‹ ist eine durchkomponierte Oper in vorwiegend rezitativisch-ariosem Stil. Immer ist auf Textverständlichkeit geachtet. Eigenständige Bedeutung erhält ein Motiv, das als Vision des Kolumbus mit dem Vorspiel eingeführt und in entsprechenden Wandlungen im Verlauf der Handlung beziehungsreich aufgegriffen wird.

Das musikalisch heikle Problem der Darstellung von Indianern löste Griesbach durch Kontrastsetzung, indem er dem Akkordmotiv und dem kompakten Orchesterklang der Spanier in der Sphäre der Indianer sogenannte originale Volksliedmelodien entgegensetzte, das Orchester auf Schlag- und Perkussionsinstrumente (Xylophon, Trommeln, Rasseln usw.) reduzierte und den Vokalpart mit Vokalisen anreicherte.

Kolumbus mit seinen Visionen und Reflexionen steht im Mittelpunkt des Geschehens, stilisiert zu einer edlen, leidenden Persönlichkeit.

Exemplarisch ist die Oper ›Kolumbus‹ insofern, als sie am sogenannten ›sozialistischen Menschenbild‹ jener Jahre mitwirkte, das heißt an der Verherrlichung eines Menschentyps, der an der Größe der selbstgestellten Aufgabe und an der Unentwickeltheit seiner Umwelt scheitert, selbst aber ganz ohne innere Widersprüche ist. Insofern ist Kolumbus kein Einzelgänger in der literarischen und dramatischen Landschaft der fünfziger Jahre in der DDR.

Ausgaben Text Auszüge. In: Theater der Zeit, H. 12, Berlin 1958; KlA Lied der Zeit Berlin 1958

Rechte Lied der Zeit Musikverlag Berlin

Literatur Karl-Rudi Griesbach: Warum wieder Kolumbus? Vorwort zur Oper. In: Musik und Gesellschaft, H. 11, Berlin 1958 – auch In: Material zum Theater Nr. 118, Komponisten der DDR über ihre Opern, Auswahl und Zusammenstellung Stephan Stompor, Berlin 1979; ders.:

Schauspieltext – Operntext. Vorwort zum Abdruck einiger Szenen aus der Oper ›Kolumbus‹. In: Theater der Zeit, H. 12, Berlin 1958
Rezensionen der Uraufführung. In: Musik und Gesellschaft, H. 2, Berlin 1959

Aufnahmen ETERNA 8 20 567 (unsere neue musik 14) (Ausschnitte) Kurt Thelemann (Kolumbus), Hellmuth Kaphahn (de la Torre), Wilfried Krug (Duncan), Susanna Sobotta (Tacuana), Großes Rundfunkorchester Leipzig, Dirigent Udo Nissen; aufgenommen 1960

Marike Weiden
Oper in drei Akten
Text von Karl-Rudi Griesbach

Entstehung 1959-1960

Ring-Uraufführung 7. Oktober 1960 Deutsches Nationaltheater Weimar
7. Oktober 1960 Kleist-Theater Frankfurt/Oder
7. Oktober 1960 Gerhart-Hauptmann-Theater Görlitz

Personen
Marike Weiden, Magd_____Sopran
Lina Weiden, Wirtschafterin, Marikes Mutter_____Alt (Mezzosopran)
Der stumme Jochen, Marikes schwachsinniger Bruder_____Tänzer
Andreas, Soldat, später Brigadier auf dem volks-
   eigenem Gut Borkenhausen_____Tenor
Baron von Borkenhausen, Gutsherr_____Bariton
Stefan, sein Kutscher_____Baß
Dorfbewohner, Landarbeiter und Landarbeiterinnen, Arbeiter
aus der Stadt, Volkspolizisten_____Gemischter Chor

Orchester 3 Fl (II und III auch Picc), 2 Ob (II auch EH), 2 Klar (II auch BKlar), 2 Fg, 4 Hr, 3 Trp, 2 TPos, TBPos, BTb, Hrf, 3 Pkn, Slzg: GrTr, KlTr, Holzblocktr, Trgl, Bck, Xyl; Str

Aufführungsdauer ca 2 Std., 30 Min.

Handlung
Die Handlung spielt in einem mecklenburgischen Dorf in der Nähe der damaligen Zonengrenze im April 1945 und wenige Jahre später.
I. **Akt:** *Vorhalle eines herrschaftlichen Gutshauses. Nacht.* Der Baron trifft letzte Vorbereitungen zu seiner Flucht vor der schnell heranrückenden Sowjetarmee. Ein verwundeter deutscher Soldat namens Andreas sucht Unterschlupf, wird aber von der Wirtschafterin Lina Weiden aus Angst vor dem Baron und vor der SS aus dem Haus gewiesen. Deren Tochter jedoch versteckt den Deserteur. Marike Weiden ist aufsässig, weil der Baron, dessen Geliebte sie ist, sie und ihre Mutter zurücklassen will. Der Baron macht sie glauben, daß dies notwendig sei, weil das Gut auch ihr als seiner zukünftigen Frau gehöre und sie es allein besser vor den Russen schützen könne. Zur Bekräftigung setzt er ein Schriftstück auf, in dem er Marike die Hälfte seines Gutes vermacht. Dann sucht er mit seinem Kutscher Stefan das Weite.

Der bevorstehende Einmarsch der Roten Armee hat die Gutsarbeiter in Panik versetzt, sie dringen ins Gutshaus ein, um unter Führung des Barons Widerstand zu leisten. Der Soldat Andreas aber überzeugt sie, daß es im Interesse der Frauen und Kinder besser sei, das Dorf kampflos zu übergeben.

II. Akt: *Wenige Jahre später auf dem Gut. Platz vor der Kate der Familie Weiden. Anfang August. Spätnachmittag, Abend und Nacht.* Im Zuge der Bodenreform ist der Besitz des Barons volkseigen geworden. Marike Weiden schreibt dem Baron regelmäßig, berichtet auch von der Unzufriedenheit der Bauern über das Abgabesoll. Der ehemalige Soldat Andreas, jetzt Brigadier, wirbt um Marike, die aber immer noch Frau Baronin zu werden hofft. Der Baron ist indes mit dem Kutscher Stefan heimlich über die Grenze zurückgekommen. Ehemaliger Herr und Knecht übergießen das Getreide in der prall gefüllten Scheune mit Benzin und schicken Jochen, Marikes taubstummen Bruder, mit einer Fackel hinein. Der Taubstumme kommt im Feuer um, die Scheune brennt nieder, Andreas organisiert die Löschaktion.

III. Akt: *Am nächsten Morgen auf dem Gut.* Stefan ist als Täter bereits gefaßt, nach dem Baron wird gefahndet. Andreas zeigt Marike ein Dokument, in dem der Baron seinem treuen Kutscher das gleiche Stück Land vermacht, das er bereits Marike überschrieben hatte. Als der Baron Marike bittet, ihn zu verstecken, geht sie zum Schein darauf ein, liefert ihn aber als Mörder ihres Bruders der Polizei aus. Da sie aus ihren Erlebnissen den richtigen Schluß gezogen hat, wird sie in die Dorfgemeinschaft aufgenommen und darf sich durch Arbeit und richtiges Verhalten „reinwaschen". Aus der Stadt treffen Arbeiter ein, um den Bauern beim Bau einer neuen Scheune zu helfen. Andreas und Marike werden endlich ein Paar.

Kommentar

Karl-Rudi Griesbach wurde zu dieser Oper durch den vom Kurt Maetzig 1957 gedrehten zweiteiligen DEFA-Film ›Schlösser und Katen‹ (nach einem Drehbuch von Kuba) angeregt. Im Mittelpunkt der Oper steht Marike Weidens Wandlung von „klassenfeindlicher Indifferenz bis zur klassenbewußten Klarheit" (Griesbach 1962, S. 35).

Für die Inszenierung 1963 an der Dresdner Staatsoper schuf Griesbach eine Neufassung, die sich vor allem auf den Text bezieht, um Marike Weiden „sympathischer", das heißt „dem Neuen gegenüber von Anfang an aufgeschlossener" zu zeigen. Bewußt wird offengelassen, ob und was Marike vom Brandanschlag des Barons weiß, so daß ihre „Schuld" schließlich nur noch darin besteht, die ehemalige Geliebte eines verjagten Barons gewesen zu sein.

Von Kurt Schwaens 1959 entstandener Funkoper ›Fetzers Flucht‹ nach einem Text von Günter Kunert absehend, maßte sich Karl-Rudi Griesbach 1962 an, mit ›Marike Weiden‹ „die erste Gegenwartsoper unserer Republik" geschaffen zu haben, und er meinte damit – sehr werbewirksam –, ein Werk, das ganz dem Geschmack und den Wünschen der Herrschenden in Partei und Regierung entsprach (Griesbach 1962, S. 34).

Griesbach schrieb die Oper mit dem Vorsatz, die auf dem Lande verordneten Veränderungen als einzig richtig und möglich darzustellen. Neues Leben hieß in dieser Konzeption, Anpassung an die neue Macht, die hier in Gestalt des ehemaligen Soldaten Andreas agiert und sich als moralisch lauter und integer etabliert: Er allein versucht, den taubstummen Jochen zu retten, während alle anderen nur zuschauen. Sein Gegenspieler, der Baron, hat nicht nur den schwachsinnigen Bruder ins Feuer geschickt, er hat auch die Schwester verführt.

Reale politisch-soziale Probleme, das von den Dörflern zu erbringende Abgabesoll und die Vorbehalte gegenüber der neuen Macht, bleiben außerhalb der Diskussion. Das Volk ist Statist, eine von den jeweils Herrschenden dirigierte Menge. Entsprechend erhalten die Dorfbewohner bei Aktschluß immer die Möglichkeit zu einer chorischen Aktion – der Angst, der Zustimmung oder der Freude. Nach konventioneller Opernmanier haben sie Gelegenheit, Lieder (z.B. Erntelieder) zu singen, deren Musik Griesbach Volksliedbearbeitungen nachempfand, was die musikalische Artikulation seiner „Gegenwartsoper" ausgesprochen traditionell macht.

Ungewollt entlarvend ist der letzte Akt, in dem Marike Weiden vom neuen Machthaber des Dorfes, von Andreas, verstoßen wird, weil der glaubt, sie decke den Baron. In einer großen Arie wird sich die Heldin ihrer Einsamkeit bewußt, um dann die erstbeste Gelegenheit zu ergreifen, sich in die „Gemeinschaft" zu integrieren. Als der Baron Schutz bei ihr sucht, denunziert sie ihn. Das erscheint moralisch gerechtfertigt, weil er am Tod ihres Bruders schuld ist, aber zugleich erkauft sie sich mit dieser Denunziation das „Eintrittsbillett" in die neue Gesellschaft und wäscht sich von der „Schande" rein, die Geliebte eines Barons gewesen zu sein.

Folgerichtig endet die Oper mit der Inthronisation des neuen Herrscherpaares: Andreas, der neue Machthaber, wendet sich der Schönen zu und verzeiht ihr; die durch Leid geläuterte Heldin darf zu ihm hinaufsteigen. In einer zeitgenössischen Analyse liest sich das so: „Die wirkliche Katastrophe tritt für sie erst ein, als sie sich aufgrund ihrer früheren Haltung von der Gemeinschaft des Dorfes ausgeschlossen glaubt. Wenn an dieser Stelle ihre Arie einsetzt, kann sie keine Widerspiegelung einer persönlichen Abkehr vom Baron aufgrund der Brandstiftung mehr sein. Es handelt sich hier bereits um Marikes Erkenntnis, daß nur das Kollektiv ihrem Leben einen Sinn geben kann." (Winter 1960, S. 709)

Die fatale Maxime der Oper lautet: Parteinahme für die neue Macht als Chance des Überlebens. So wurde das Werk seinerzeit verstanden und gelobt: „Die Oper ›Marike Weiden‹ stellt innerhalb des Musikschaffens der Deutschen Demokratischen Republik ein Novum dar. Es ist die erste Oper, die ein Thema unserer Zeit behandelt oder, besser gesagt, d a s Thema unserer Zeit: die Bewußtseinsbildung unserer Menschen zur Parteinahme für dne Sozialismus." (Winter 1960, S. 707)

Für die Texteinrichtung wurde Karl-Rudi Griesbach 1960 vom Ministerium für Kultur mit einem Literaturpreis ausgezeichnet.

Ausgaben Text Lied der Zeit Berlin 1959; II. Akt. In: Theater der Zeit, H. 2, Berlin 1960; KlA Lied der Zeit Berlin 1959

Rechte Lied der Zeit Musikverlag Berlin

Literatur Karl-Rudi Griesbach: Marike Weiden – „sympathischer". In: Theater der Zeit, H. 10, Berlin 1962 – auch In: Material zum Theater Nr. 118. Komponisten der DDR über ihre Opern, Auswahl und Zusammenstellung Stephan Stompor, Berlin 1979
Ilse Winter: ›Marike Weiden‹. Karl-Rudi Griesbachs neue Oper. In: Musik und Gesellschaft, H. 12. Berlin 1960; Horst Seeger: Neufassung von Griesbachs ›Marike Weiden‹. In: Musik und Gesellschaft, H. 10, Berlin 1963
Rezensionen der Uraufführung. In: Theater der Zeit, H. 12, Berlin 1960; Musik und Gesellschaft, H. 12, Berlin 1960

Der Schwarze – der Weiße und die Frau
Musiktheaterstück in vier Bildern
Text von Karl-Rudi Griesbach

Entstehung 1962-1963

Uraufführung 8. Dezember 1963   Staatsoper Dresden
Staatstheater Dresden – Kleines Haus

Personen
Der Schwarze_____Baß
Der Weiße_____Bariton
Die Frau_____Mezzosopran
Der Sheriff_____Sprechrolle

Sein Gehilfe Johnny_____Sprechrolle
Zwei Gefangenenaufseher_____Stumm

Orchester 2 Fl (beide auch Picc), Ob (auch EH), 2 Klar (beide auch Es-Klar und BKlar), ASax (auch SSax), Trp, TBPos, EGit, Kl, 3 Pkn, Slzg: GrTr, 2 KlTr (hoch/tief), 2 Holzblocktr (hoch/tief), 2 Tomtoms (hoch/tief), Bongo, Tamb, Cel, Xyl, Mar, 2 Ambosse, Bck, Tt, Trgl, Sandrassel, Kleine Schellen oder Glöckchen; 3 Vc, 2 Kb
Auf der Bühne Trillerpfeife (As''')
Tonband
Für die Tonbandaufnahmen werden folgende Besetzungen benötigt:
I 2 Picc, 2 Fl, 3 Ob, 2 Es-Klar, 2 Klar, ASax, 3 Fg, KFg, 4 Hr, 3 Trp, 3 Pos, KbPos oder BTb, Slzg (vier Spieler), Sprecher, Männerchor, Alt-Solistin
II Männerquartett
III 2 Akk, Kb, 2 KlTr (hoch/tief)

Aufführungsdauer ca. 1 Std., 45 Min.

Handlung
Zeit: Gegenwart. Ort: Süden der Vereinigten Staaten von Amerika.
1. Bild: *Negergefangenenlager im Süden der USA. Abend.* Ein Weißer und ein Schwarzer werden bestraft, aneinandergekettet an einen Pfahl gebunden, der Schwarze wegen eines Fluchtversuchs, der Weiße wegen Verletzung seiner Aufsichtspflicht über den Schwarzen. Der Weiße hält es für unwürdig, an einen Nigger gekettet zu sein, und schlägt auf ihn ein, dabei löst sich die Kette vom Pfahl, sie können fliehen – aber nur gemeinsam, aneinandergekettet. Instrumentales Zwischenspiel.
2. Bild: *Waldgegend am Ufer eines Flusses. Einige Stunden später. Nacht und Morgendämmerung.* Die unfreiwilligen Gefährten versuchen sich zu trennen, vergeblich. Als das Signal der sie verfolgenden Aufseher zu hören ist, beschließt der Weiße die Auslieferung des Schwarzen. Der Schwarze schlägt ihn nieder, um die Flucht nicht zu gefährden. Allmählich begreift der Weiße, daß er nur gemeinsam mit dem Schwarzen die Freiheit erlangen kann. Instrumentales Zwischenspiel.
3. Bild: *Das Innere eines luxuriösen Landhauses. Am nächsten Tag. Nachmittag, Dämmerung und Abend.* Die Flüchtenden finden Unterschlupf und Werkzeug, mit dem sie sich von ihren Ketten und voneinander befreien können. Sie sind jetzt Freunde geworden: Der Schwarze hat den Weißen unter Einsatz des eigenen Lebens vor dem tödlichen Biß einer Schlange gerettet. Die heimkehrende Hausbesitzerin betrachtet die beiden Männer als willkommene Abwechslung in ihrer Einsamkeit. Sie bändelt mit dem Weißen an. Wegen eines Unwetters wird die Flucht auf den nächsten Tag verschoben.
4. Bild: *Nach wie vor im Innern der luxuriösen Villa. Am darauffolgenden Morgen. Morgendämmerung und Helle.* Der Sheriff und sein Gehilfe wollen auf der

Suche nach den beiden entflohenen Sträflingen das Haus durchsuchen. Die Frau verhindert es und gibt den Weißen als ihren Freund aus. Der Weiße ist überzeugt, daß er mit der Frau sein Glück machen kann, und will bei ihr bleiben, zumal sie ihn heiraten will und damit großen Reichtum verspricht. Der Schwarze macht sich allein auf den Weg; als ihm der Weiße schließlich doch folgen will, schießt die Frau und verwundet ihn tödlich. Der Schuß hat den Schwarzen zurückgerufen. Mit letzter Kraft entwindet der Weiße der Frau das Gewehr und übergibt es dem Schwarzen, ihm mit verlöschender Stimme den Weg in die Freiheit weisend.

Kommentar
Karl-Rudi Griesbach griff in seiner Opernhandlung auf Stanley Kramers weltberühmten Film von 1958 ›The defiant ones‹ (›Flucht in Ketten‹) mit Sidney Pottier und Tony Curtis (!) zurück, die Filmstory dabei allerdings stark verändernd, um die „Rassenfrage im Sinne des Marxismus als Klassenfrage zu interpretieren" (Griesbach).

Erwächst bei Kramer die antirassistische Tendenz aus dem alten amerikanischen Mythos der Männerfreundschaft, die den weißen und den schwarzen Mann trotz erotischer Verführung durch eine Frau zueinander halten läßt, stirbt bei Griesbach der Weiße, damit der Schwarze leben und fliehen kann. Schuld daran hat allein eine „Luxusdame", Besitzerin der großen Hunter-Werke, die auch ansonsten für die Arbeitslosigkeit und Ausbeutung im Land verantwortlich gemacht wird.

Eine wohlmeinende Oper, aber in Figurenführung und Sprache flach-vordergründig. Weite Passagen werden gesprochen, was die Dürftigkeit unterstreicht. Zwischen die ersten drei Bilder sind weitausholende substanzarme Zwischenspiele geschoben, und gesungen wird nur, wenn die Erregtheit der Gemüter es erfordert. Das Engagement gegen den Rassenhaß geht in lehrbuchhaftem Schematismus unter. Die musikalische Ästhetik ist fragwürdig. Griesbach denunziert den Way of life durch den ›Yankee doodle‹-Schlager, der Selbstbehauptungskampf der Schwarzen wird durch Zitate angeblich originaler Blues und Folk Songs symbolisiert, womit sich Rassismus in Form von Folklorismus ungewollt und erneut etabliert.

Ausgaben KlA Lied der Zeit Berlin 1963

Rechte Lied der Zeit Musikverlag Berlin

Literatur Karl-Rudi Griesbach: Gespräch über das Musiktheaterstück ›Der Schwarze, der Weiße und die Frau‹. In: Programmheft Staatsoper Dresden 1963 – auch In: Material zum Theater Nr. 118. Komponisten der DDR über ihre Opern, Auswahl und Zusammenstellung Stephan Stompor, Berlin 1979
Rezensionen der Uraufführung. In: Theater der Zeit, H. 4, Berlin 1964; Musik und Gesellschaft, H. 3, Berlin 1964

Aulus und sein Papagei
Oper in drei Bildern
Text von Karl-Rudi Griesbach

Entstehung 1980

Uraufführung 2. Oktober 1982 Landesbühnen Sachsen Radebeul

Personen
Aulus, Schuster _____ Baß
Cornelia, seine Tochter _____ Sopran
Tryphon, Schuster, ein Freigelassener _____ Tenor
Marcus, sein Sohn _____ Bariton
Loane, Kundin des Aulus und Kupplerin _____ Koloratursopran
Trödler _____ Bariton
Imperator Oktavian _____ Eine Stimme über Tonband

Orchester 3 Fl (alle auch Picc), 2 Ob (II auch EH), 2 Klar, 2 Fg, 4 Hr, 3 Trp, 3 Pos, Tb, Pkn, Slzg; Str

Aufführungsdauer ca. 2 Std.

Handlung
„Der Schuster Aulus – ein Bürger des Rom im Jahre 31 v.u.Z. – will den Schuster Tryphon – einen niederen Freigelassenen – gesellschaftlich nicht ebenbürtig sehen. Eine Heirat beider Kinder muß verhindert werden. – Es ist Krieg. Wer wird siegen: Oktavian oder Antonius? Die beiden Unpolitischen stellen diese Frage jedoch nicht. Ihre Feindschaft bringt aber die Politik in ihr Leben. Tryphon verleumdet Aulus beim Mächtigen des Tages Antonius – ein Teil von dessen Habe wird konfisziert. Tags darauf ist Oktavian oben. Und Aulus geht des anderen Teils verlustig. Aber Aulus hat einen Papagei! Der kann OKTAVIANUS krächzen. Eine Idee wird geboren. Der Zufall läßt ihm einen zweiten Papagei zufliegen. Die Idee wächst. Dieser neue Papagei gibt bald ANTONIUS von sich. – Nach der Entscheidung pro oder kontra Oktavian - Antonius soll der ‚richtige' den Namen des neuen Herrschers preisen. Ein apartes Siegescarmen! So geschieht es auch. Oktavian belohnt überreich den ‚patriotischen' Schuster. – Tryphon weiß um die List des Aulus. Damit will er ihn vernichten. Der ‚falsche' Papagei ruft ANTONIUS: Tryphon kommentiert ‚Der zweite Papagei des Schusters Aulus!' Statt Lohn heißt der Spruch Oktavians: ‚Man bestrafe alle beide, den Denunzianten und den Übeltäter!' Aulus und Tryphon bejammern, auf den verbrannten Resten ihrer Häuser sitzend, ihr Schicksal. Uneinsichtig verfluchen sie Jupiter, dem sie alle Schuld zuschieben. Diese Macht spricht eine Art poetische Gerechtigkeit. Beide werden versteinert. – Ein Trödler, Fachmann in Kunstwerken, kommt und überlegt: Soll

er diese Häßlichkeit der Nachwelt aufbewahren? Er tut's. Vielleicht – so denkt er – könnte eines Tages ein Philosoph sich diese Denkmäler des Hasses ins Atrium stellen – wenn er ‚durch Erschrecken Besänftigung erreichen will. Aus Gegensatz kommt alles!'" (Kahl)

Kommentar
Als Auftragswerk der Staatsoper Dresden 1980 entstanden, kam die Oper an den Landesbühnen Sachsen zur Uraufführung. Anregung für seine vierte Oper erhielt Griesbach von einer Anekdote, die Georg Ürödie in seinem Buch ›Das alte Rom‹ erzählt, in der von der Feindschaft der beiden Schuster und den beiden Papageien berichtet wird. Griesbach erweitert die Handlung (dramaturgische Mitarbeit: Eberhard Schmidt) um eine Liebesgeschichte: Wie Romeo und Julia lieben sich Cornelia und Marcus, sie sterben aber nicht, wie ihre Vorbilder, sondern laufen den vergreisten Vätern davon.

Wenige Ensembles, ariose Formen, darunter eine große dreiteilige Koloratur-Bravour-Arie der Loane, die dem Aulus verschiedene Freier für seine Tochter offeriert, verbinden sich mit dialogisch-rezitativischen Passagen. Die Stimme des Imperators ist über Tonband einzuspielen, die Papageien werden durch „aleatorische Col-legno-Figuren der Streicher und knarrende Einzeltöne der Solovioline (am Steg zu spielen)" wiedergegeben (Streller 1983, S. 35).

Griesbachs primäres musikalisches Prinzip, die Technik der Wiederholung, kommt hier zu vollem Recht und ist dabei nicht ohne Witz eingesetzt, wenn unterschiedliche Vorgänge mit gegensätzlichen Effekten in identischer Form erklingen (Finale I: Preisung des Oktavian durch Aulus und Finale II: Denunziation durch Tryphon). Auch der Marsch der Kupplerin Loane oder der der römischen Legionäre sind solche wiederkehrenden Elemente. „Die musikalische Gestaltung lebt von ständiger innerer Bewegtheit. Sie bedient – unter Nutzung eigenständig eingeschmolzener zeitgenössischer Mittel wie Cluster, Aleatorik und Dodekaphonie – vor allem den szenischen Ablauf." (Streller 1983, S. 35)

Ausgabe KlA Deutscher Verlag für Musik Leipzig o.J.

Rechte Deutscher Verlag für Musik Leipzig

Literatur Karl-Rudi Griesbach: Zu ›Aulus und sein Papagei‹. In: Programmheft Landesbühnen Sachsen 1982; ders.: Gespräch mit Dietmar Fritzsche, Klaus Kahl: Überlegungen des Regisseurs zum Werk. In: Theater der Zeit, H. 12, Berlin 1982; Friedbert Streller: Radebeul: ›Aulus und sein Papagei‹, Oper von Karl-Rudi Griesbach uraufgeführt. In: Musik und Gesellschaft, H. 1, Berlin 1983
Rezensionen der Uraufführung. In: Theater der Zeit, H. 12, Berlin 1982; Musik und Gesellschaft, H. 1, Berlin 1983

Robert Hanell
2. März 1925

Geboren in Tschoschl (ČSR), musikalische Ausbildung durch private Studien in Teplice, 1943-1944 Repetitor und Chordirektor in Teplice, 1945-1948 Kapellmeister in Zwickau, 1948-1950 Musikalischer Oberleiter in Meiningen, 1950-1952 Musikalischer Oberleiter in Gera, 1952-1955 Städtischer Musikdirektor in Görlitz, 1955-1965 Erster Kapellmeister an der Komischen Oper Berlin, 1962 Ernennung zum Staatskapellmeister, seit 1965 Chefdirigent des Großen Rundfunkorchesters Berlin, ständiger Gastdirigent an der Deutschen Staatsoper Berlin und der Komischen Oper, 1972 Ernennung zum Generalmusikdirektor.
1968 Kunstpreis der DDR, 1971 Nationalpreis der DDR, 1985 Goethepreis der Stadt Berlin
    Wenige Instrumentalkompositionen, u.a. Rhythmosaik für großes Orchester (1974)
    Bearbeitung und Instrumentation mehrerer Operetten, u.a. von Jacques Offenbach: ›Die beiden Blinden‹, ›Das Land Tulipatan‹, ›Monsieur und Madame Denis‹, ›Salon Pitzelberger‹, ›Die Reise auf den Mond‹

Bühnenwerke

Der Bettler von Damaskus 1946
Dramatische Oper in einem Akt UA 1947
Text von Franz Essel

Die Gnomenwette 1948
Märchenoper in einem Akt UA 1949
Text von Ulrich Winzer

Cecil 1951
Surrealistische Oper in einem Akt UA keine
nach einer dänischen Novelle

Die Spieldose 1955-1956
Oper in zwei Akten UA 1957
nach dem gleichnamigen Schauspiel
von Georg Kaiser
Texteinrichtung Robert Hanell

Dorian Gray 1961
Fantastische Oper nach Oscar Wilde UA 1962
Text von Robert Hanell

Oben und unten 1963
Komische Oper in zwei Akten UA 1964
nach Johann Nepomuk Nestroy
Texteinrichtung Robert Hanell

Esther _____ 1964-1965
Oper in zwei Akten (sechs Bildern) _____ UA 1966
Text von Günther Deicke

Griechische Hochzeit _____ 1966-1968
Oper in zwei Akten (fünf Bildern) _____ UA 1969
nach der gleichnamigen Erzählung
von Herbert Otto
Text von Robert Hanell

Fiesta _____ 1973
Al fresco für Musiktheater _____ UA 1974
frei nach einem Roman von Prudencio de Pereda
Text von Robert Hanell

Reise mit Joujou _____ 1974-1975
Musikalische Komödie in zwei Akten _____ UA 1976
nach Guy de Maupassant
Text nach einer Vorlage Robert Hanells
von Klaus Eidam

Babettes grüner Schmetterling _____ 1981
Singspiel-Burleske _____ UA 1982
Text nach einer Vorlage Robert Hanells
von Klaus Eidam

Die Spieldose
Oper in zwei Akten
nach dem gleichnamigen Schauspiel
von Georg Kaiser
Texteinrichtung Robert Hanell

Entstehung 1955-1956

Uraufführung 30. November 1957 Städtische Bühnen Erfurt

Personen
Pierre Chaudraz _____ Bariton
Noelle _____ Sopran
Paul Chaudraz _____ Hoher Bariton
Parmelin, Bürgermeister _____ Baß

Orchester 2 Fl, Ob (auch EH), Klar (auch BKlar), Fg, 3 Hr, 2 Trp, Pkn, Trgl, KlTr, Hrf; Str
Bühnenmusik Cel

Aufführungsdauer ca. 2 Std.

Handlung

Bauernstube in Nordfrankreich 1940-1941.
I. Akt. Instrumentales Vorspiel. 1. Bild: *April 1940.* Der französische Bauer Pierre lebt mit Noelle zusammen, die nach Beendigung des Krieges seine Schwiegertochter werden soll, sein Sohn Paul kämpft an der Front. Noelle und Pierre haben es sich zur Gewohnheit gemacht, jeden Tag zur gleichen Stunde den Klängen einer Spieluhr zu lauschen, die Paul Noelle zum Brautgeschenk gemacht hat. Dabei stellen sie sich die Stunde von Pauls Rückkehr vor. So wird die Spieldose für die zu Hause Wartenden wie für den an der Front Kämpfenden zum Symbol einer glücklichen Heimkehr. Ihre Hoffnung ist trügerisch, vom Bürgermeister müssen sie erfahren, daß Paul gefallen ist, und suchen in ihrer Verzweiflung aneinander Halt. Überleitungsmusik. 2. Bild: *Mai 1941.* Noelle und Pierre sind Eheleute geworden und haben einen Sohn, den sie Paul genannt haben, doch fühlen sie sich dem toten Paul gegenüber schuldig. Der Bürgermeister muß seine amtliche Nachricht revidieren: Paul ist nicht gefallen, er war verschüttet und verlor dabei sein Gedächtnis. Erst jetzt hat man seinen Namen und seinen Heimatort identifizieren können. Pierre und Noelle nehmen Paul als Knecht bei sich auf. Überleitungsmusik. 3. Bild: *Juni 1941.* Paul spürt, daß an seiner Lage etwas nicht in Ordnung ist, er hat auf dem Hof nichts zu tun, ist als Knecht überflüssig. Noelle vermißt die Milchkarte, ein für die Ernährung des Kindes lebenswichtiges Dokument. Sie bittet Paul, danach zu suchen; dabei stößt er auf die Spieldose, bringt sie zum Erklingen und gewinnt sein Erinnerungsvermögen zurück. Als er sieht, mit welcher Liebe Noelle und Pierre aneinander hängen, verstellt er sich und spielt weiter den erinnerungslosen Schatten.
II. Akt. 4. Bild: *Einen Tag später.* Pierre und Paul mähen Gras an den Klippen zum Meer. Wieder kommt der Bürgermeister, diesmal um Noelle Pierres Tod zu melden, der sei von den Klippen gestürzt, Paul habe über diesem Unglück sein Gedächtnis wiedergefunden. Paul gesteht Noelle, daß er schon vorher sein Erinnerungsvermögen zurückerlangte und – von Eifersucht gequält – den Vater die Klippen hinabstürzte. Erneut erscheint der Bürgermeister, ein deutscher Besatzungssoldat wurde von einem Dorfbewohner umgebracht, dafür sollen sechs Unschuldige als Geiseln erschossen werden. Paul sühnt für den Mord an seinem Vater, indem er sich als Täter ausgibt und damit die Geiseln löst. Noelle soll das Kind für eine bessere Zukunft erziehen und ihm die Verstrickungen der Eltern verschweigen.

Kommentar

Robert Hanell sah Georg Kaisers 1943 uraufgeführtes Schauspiel 1949 und war sofort davon fasziniert, fand aber nach eigener Aussage den Mut zur Komposition erst, als er für sich eine „musikalische Situation" entdeckte: Pauls „Nichterinnern an das Rauschen des Meeres, mit dem er aufgewachsen ist" und den „musikalischen Kontrapunkt von Kaiser, wenn er diesen Sinnschleier dann in der Katastrophe einer simplen Spieldose zerreißen läßt" (Hanell 1966).

Hanell verknappte die Schauspieltexte, so daß die Ereignisse nicht zerredet werden. Vier reale und zugleich symbolisch gemeinte musikalische Signale heben die Katastrophe aus dem Bereich das Platt-Naturalistischen heraus: Noelles Rufe nach Pierre; das Klopfen des Unglücksboten Parmelin; das Brandungsgeräusch des Meeres und der Klang der Spieldose. Mit Noelles Rufen eröffnet das erste und letzte Bild, das erste Mal kommt Antwort von einer menschlichen Stimme, das zweite Mal ertönt das todverkündende Klopfzeichen. Dieses wird immer dann hörbar, wenn sich ein Unglück dem Haus nähert, nur ein einziges Mal bedeutet es Glück, wenn Noelle in freudiger Verwirrung über die wiedergefundene Milchkarte an ihrer eigenen Haustür anklopft. Der Klang der Spieldose ist ein Zeichen für Täuschung und Ent-Täuschung; das Brandungsgeräusch signalisiert ein äußeres Geschehen und ein inneres zugleich; das verzweifelte Glück der Hausbewohner und die sich in ihren Seelen abspielenden Konflikte.

Mit harmonischen Rückungen, alterierten Akkorden, charakteristischen Klangfarben und Themen arbeitend, weist Hanell dem Orchester einen breiten und eigenständigen Raum zu; im Vokalpart geht er auf kleine Intervallspannungen zurück, auf häufige Tonrepetitionen; dagegen stellt er tumultuarische Schreie, melodiös-ariose Gebilde, und in konfliktgeladenen Situationen setzt er oft ein gesprochenes Wort ein, um die Spannung zu lösen oder zu verstärken.

Hanell sprach von einer in seiner ›Spieldose‹ herrschenden „Dialektik des ‚Sprach-Expressionismus, Musik-Impressionismus', die von einer sich wie von selbst ergebenden sparsamen Leitmotivik bestätigt" wird.

„Das musikpoetische Zentrum" der Oper, wenn Paul beim Klang der Spieldose sein Gedächtnis wiedererlangt, ist eine rein instrumentale Szene, zu der der Komponist lapidar vermerkt: „Auftritt Paul und große stumme Szene".

›Die Spieldose‹ war nach dem ›Bettler von Damaskus‹ (Zwickau 1947), der Märchenoper ›Die Gnomenwette‹ (Meiningen 1949) und der nicht aufgeführten ›Cecil‹ (1951) Hanells erste von Kritik wie Publikum mit Interesse aufgenommene Oper, und sie wurde nicht nur zu seiner erfolgreichsten, sondern zu einer der meistgespielten DDR-Opern überhaupt. Sie erlebte in den ersten fünf Jahren dreihundert Vorstellungen bei zwanzig Inszenierungen; inzwischen erfolgten mehr als fünfzig Inszenierungen.

Mit der ›Spieldose‹ begann das bewußt an den Möglichkeiten mittlerer Opernhäuser orientierte Opernschaffen Hanells, der Werke schuf, die den Hörerwartungen des traditionellen Opernpublikums entgegenkamen und dank deren er zu einem der meistgespielten Opernkomponisten der DDR wurde.

Ausgaben KlA Henschelverlag Berlin 1967

Rechte Henschel Musik GmbH Berlin

Literatur Georg Kaiser: Die Spieldose. In: Georg Kaiser. Werke in drei Bänden, hrsg. von Klaus Kändler, Bd. II, Berlin 1979

Robert Hanell: Über die Oper ›Die Spieldose‹. In: Programmheft Städtische Bühnen Erfurt 1957; ders.: Gespräch über die Oper ›Die Spieldose‹. In: Programmheft Theater Stralsund 1964 – beides auch In: Material zum Theater Nr. 118, Komponisten der DDR über ihre Opern, Auswahl und Zusammenstellung Stephan Stompor,

Berlin 1979; ders: Die Oper heute. In: Deutsche Staatsoper Berlin 1945-1965, hrsg. aus Anlaß der Jubiläumsspielzeit 1965/66 von Werner Otto und Günter Rimkus, Berlin 1966 Hans-Jochen Irmer: Interpret und Komponist: Robert Hanell. In: Musik und Gesellschaft, H. 10, Berlin 1964; Dietmar Fritzsche: Anliegen und Gestaltung der Opern Robert Hanells. In: Oper heute 1. Ein Almanach der Musikbühne, hrsg. von Horst Seeger, Berlin 1978

Rezensionen der Uraufführung. In: Theater der Zeit, H. 1, Berlin 1958; Musik und Gesellschaft, H. 2, Berlin 1958

Aufnahmen Produktion des Rundfunks der DDR (Funkfassung) Elzbieta Hornung (Noelle), Wolfgang Hellmich (Paul), Konrad Rupf (Pierre), Klement Slowioczek (Parmelin), Großes Rundfunkorchester Berlin, Dirigent Robert Hanell; aufgenommen 1984

Dorian Gray
Fantastische Oper nach Oscar Wilde
Text von Robert Hanell

Entstehung 1961

Ring-Uraufführung 9. Juni 1962 Staatsoper Dresden
10. Juni 1962 Bühnen der Stadt Magdeburg
10. Juni 1962 Stadttheater Greiz

Personen
Dorian Gray, 20 Jahre, voller Lebenserwartung,
    schön und leicht beeinflußbar_____Tenor
Lord Henry, 30 Jahre, reicher, zynischer Nichtstuer_____Bariton
Basil Hallward, 30 Jahre, menschenscheuer Maler mit echtem Kunstwillen___Baß
Mutter Vane, 40 Jahre, berechnendes Theaterweib _____Mezzoalt
Sibyl Vane, 20 Jahre, ihre Tochter, schwärmerische Schauspielerin_____Sopran
James Vane, 25 Jahre, deren Bruder, lebenstüchtiger Junge_____Bariton
Victor, zeitlos, Dorian Grays Diener, besorgtes Faktotum_____Tenor
June, 25 Jahre, Waisenmädchen_____Stumm
Lord Fermor, 50 Jahre, bärbeißiger ehemaliger General_____Baritonbaß
Lady Agatha, 60 Jahre, Lord Henrys Tante,
    Vorsitzende eines Witwenvereins_____Sopran
Herzogin von Harley, 50 Jahre, überall sich anbiedernde Dame_____Mezzoalt
Miss Vandeleur, 30 Jahre, hektisches Tratschweib_____Sopran
Lord Faudel, 40 Jahre, ängstlicher Kretin_____Tenor
Sir Thomas, 40 Jahre, Pseudogelehrter_____Baritonbaß
Mister Erskine, 40 Jahre, natürlicher Bürger_____Baritonbaß

Orchester 2 Fl (II auch Picc), 2 Ob, 2 Klar, 2 Fg, 3 Hr, 2 Trp, 2 Pos, Pkn, Slzg, Git; Str

Aufführungsdauer ca. 2 Std.

Handlung
Ort und Zeit: London 1900.
Instrumentales Vorspiel. **1. Bild:** *Atelier des Malers Basil Hallward.* Zu Dorian Grays zwanzigstem Geburtstag vollendet der Maler dessen Porträt und macht es ihm zum Geschenk. Der zufällig anwesende Lord Henry redet dem unschuldigen Dorian Gray ein, daß Jugend und Schönheit die höchsten Güter des Lebens seien. Dorian ist verzweifelt, daß jeder Atemzug ihn älter und häßlicher macht, und wünscht sich, ewig jung und schön zu bleiben, dafür solle sein Bild altern. Zwischenspiel (Variation I). **2. Bild:** *Garderobe eines Vorstadttheaters.* Dorian Gray und die Schauspielerin Sibyl Vane lieben sich. Die Frau kennt nur seinen Spitznamen: „Prinz Jugend". Dorian Gray verläßt sie, als er erfährt, daß sie ein Kind von ihm erwartet. Zwischenspiel (Variation II). **3. Bild:** *Bei Dorian Gray.* Der Wunsch hat sich erfüllt, Dorian Grays Bild trägt die Spuren seines Lebens, er selbst bleibt unverändert jung und schön. Zwischenspiel (Variation III). **4. Bild:** *Lunch bei Lord Fermor.* Lord Henry hat Ehrenschulden gemacht und bittet seine Tante, ihm zu helfen. Derweil stiehlt Dorian Gray aus ihrer Tasche Geld. Als die Tante schließlich von Lord Henry überredet ist und in ihre Handtasche greift, entdeckt sie den Diebstahl und macht ihren Neffen dafür verantwortlich. Zwischenspiel (Variation IV). **5. Bild:** *Bei Dorian Gray.* Das Bild ist weiter gealtert. Zwischenspiel (Variation V). **6. Bild:** *Verrufenes Opiumlokal.* Sybil Vanes Bruder hört, wie Dorian Gray „Prinz Jugend" genannt wird, will ihn töten, um den Tod der Schwester zu rächen, läßt aber von ihm ab, da ein Zwanzigjähriger nicht der Geliebte seiner Schwester vor zwanzig Jahren gewesen sein kann. Zwischenspiel (Variation VI). **7. Bild:** *Bei Dorian Gray.* Basil Hallward, der Maler, erfährt von Dorian Grays Geheimnis und muß dafür sterben. Dorian Gray vergiftet ihn. Zwischenspiel (Variation VII). **8. Bild:** *Lunch bei Lord Fermor.* Dorian Gray will ein neues Leben beginnen und hat ein ihm unbekanntes junges Mädchen aus dem Waisenhaus geheiratet. Die Mäzenin des Waisenhauses eröffnet ihm die Herkunft der Schönen, es ist June Vane, das Kind von Sibyl Vane, seine eigene Tochter. Zwischenspiel (Variation VIII). **9. Bild:** *Bei Dorian Gray.* Dorian Gray vernichtet das Zeugnis seiner Verbrechen, er sticht mit dem Messer auf das gealterte, von Ausschweifungen und Lastern gezeichnete Porträt seiner selbst ein. Das Porträt erstrahlt in seiner ursprünglichen Schönheit, Dorian Gray fällt alt und entstellt tot zu Boden.

Kommentar
Oscar Wilde griff in seinem Roman ›Das Bildnis des Dorian Gray‹ von 1890/91 das Motiv der Bewußtseinsspaltung, des Verzichts auf Harmonie zwischen Leib und Seele zugunsten von Geld, Jugend und Schönheit auf, wie es Honoré de Balzac schon in seinem Roman ›Das Chagrinleder‹ 1831 gestaltet hatte. Wildes Roman gibt in „einer Kette von ‚Sensationen' und Reaktionen die innere Biographie des Titelhelden. Eine exakte psychologische Studie wird uns geboten, in der die Leidenschaft analysiert, ihr Ursprung gezeigt, ihre Entwicklung und ihr Ein-

fluß auf den menschlichen Charakter verfolgt werden. Dem Künstler Basil Hallward bedeutet Dorian Gray eine Offenbarung der idealen Schönheit, um deren Gestaltung er ringt. In seiner schwärmerischen Zuneigung – dem Korrelat seines asketischen Lebensstils – erfaßt er instinktiv die Dorian drohenden Gefahren und fungiert schließlich als dessen lebendiges Gewissen. Sein faszinierender Gegenspieler ist Lord Henry Wotton, der ‚advocatus diaboli'. Dieser ‚Lord Paradox' dient dem Autor als Sprachrohr seiner provozierenden Gedanken." (Weise 1976, S. 576)

Diese Konstellationen und Gedanken lagen Robert Hanells Überlegungen 1962 völlig fern. Er wollte ein Lehrbeispiel über den Lebenswandel eines Lüstlings geben; man hat die Oper auch so verstanden und inszeniert. Noch 1978 wurde folgende Meinung vertreten: „Die Oper ›Dorian Gray‹ akzentuiert die gesellschaftskritische Tendenz des Wildeschen Romans in der Gestalt des Titelhelden. Das Handeln Grays wird prinzipiell kritisch, ohne Motiv einer Rechtfertigung geschildert. Seine in verschiedenen biographischen Stationen variierten Lebensmaximen spiegeln typische Erscheinungen einer reaktionären Oberschicht." (Fritzsche 1978, S. 110)

Robert Hanells musikalische Ästhetik entsprach ganz der offiziellen Realismusauffassung jener Jahre, nach der die Zwölftontechnik als Inkarnation des Bösen, ein Dur-Akkord als Triumph der Schönheit zu gelten hatte: „Ein deutlicher Unterschied mußte erkennbar werden zwischen dem vitalen Lebenstrieb des Dorian Gray und der die Jahre überdauernden Sterilität der Lunchgesellschaft. Die stereotype Konversation dieses ‚Panoptikums' soll sich wie ein hölzerner Mechanismus abspulen, während die Musik Grays immer voraustreibend bleibt, unkontrolliert und in häßliche rhythmische und dynamische Ausmaße vorstoßend. (...) An zwei Punkten wird der Wertbegriff ‚Musik' verlassen: als Gray im achten Bild erkennt, daß er Blutschande getrieben hat, verzerrt sich ein sinnloses Motiv in Zwölftontechnik. (...) Der letzte strahlende Dur-Akkord der Oper bekennt, daß ein Kunstwerk, in diesem Fall ein Bild, Bestand hat und menschliche Missetaten überdauert." (Hanell 1962)

Nach der Ring-Uraufführung 1962 folgte im gleichen Jahr Eisleben mit einer Inszenierung, es kamen bis 1964 Aufführungen in Olomouc (ČSFR) und zwei Rundfunkproduktionen hinzu. Die nächste Aufführung in der DDR erfolgte erst nach zehn Jahren, 1972, in Stralsund und offenbarte die prinzipiellen Schwächen von Libretto und Musik: „Hanells Musik zu ›Dorian Gray‹ leidet in erster Linie unter ihrer Beflissenheit, das Gesagte zu unterstreichen, Verdeutlichungen durch Verdoppelungen anzustreben – das Illustrative ist allgegenwärtig." (Lange 1972, S. 49)

Drei Jahre nach Hanells Oper kam am 31. März 1967 auf der Bühne des Stadttheaters Zwickau eine weitere Oper nach Oscar Wildes Roman ›Das Bildnis des Dorian Gray‹ von Roderich Kleemann zur Uraufführung.

Ausgaben KlA Henschelverlag Berlin 1962

Rechte Henschel Musik GmbH Berlin

Literatur Oscar Wilde: Das Bildnis des Dorian Gray, Günter Weise: Oscar Wilde als Prosakünstler. In: Oscar Wilde. Das erzählerische Werk, Leipzig 1976
Robert Hanell: Zur musikalischen Gestaltung des ›Dorian Gray‹. In: Programmheft Staatsoper Dresden 1962 – auch In: Material zum Theater Nr. 118, Komponisten der DDR über ihre Opern, Auswahl und Zusammenstellung Stephan Stompor, Berlin 1979
Hans-Jochen Irmer: Interpret und Komponist: Robert Hanell. In: Musik und Gesellschaft, H. 10, Berlin 1964; Wolfgang Lange: ›Dorian Gray‹ von Robert Hanell. Theater Stralsund. In: Theater der Zeit, H. 10, Berlin 1972; Dietmar Fritzsche: Anliegen und Gestaltung der Opern Robert Hanells. In: Oper heute 1. Ein Almanach der Musikbühne, hrsg. von Horst Seeger, Berlin 1978
Rezensionen der Uraufführung. In: Theater der Zeit, H. 8, Berlin 1962; Musik und Gesellschaft, H. 12, Berlin 1962

Aufnahmen Produktion des Rundfunks der DDR (GA) Günther Kurth (Dorian Gray), Uwe Kreyssig (Lord Henry), Reiner Süß (Basil Hallward), Elisabeth Ebert (Sibyl Vane), Lydia Dertil (Mutter Vane), Rudolf Asmus (James Vane), Werner Enders (Diener), Otto Willi Gelhausen (Lord Fermor), Irma Hofe (Lady Agatha), Ruth von Lepel (Herzogin von Harley), Eva Maria Roth (Miss Vandeleur), Wilhelm Dellhoff (Lord Faudel), Wolfgang Emmrich (Sir Thomas), Enrico Leisner (Mr. Erskine), Estradenorchester des Deutschlandsenders, Dirigent Robert Hanell; aufgenommen 1962

Oben und unten
Komische Oper in zwei Akten
nach Johann Nepomuk Nestroy
Texteinrichtung Robert Hanell

Entstehung 1963

Uraufführung 7. Oktober 1964 Bühnen der Stadt Magdeburg

Personen
Im 1. Stock:
Herr Zins, Hausbesitzer_____Baß
Herr Neureich, Spekulant und beinahe Millionär_____Tenor
Fräulein Regine, seine Tochter_____Sopran
Jobser, sein Privatsekretär_____Bariton
Monsieur Bonbon, sein Geschäftsfreund_____Bariton
Wally, sein Dienstmädchen_____Sopran
Einige Gäste_____Stumm
Im Parterre:
Schlucker, armer Tandler_____Baß
Sali, dessen Schwester_____Mezzosopran (Spielalt)
Christian, Schluckers Sohn_____Tenor
Damian, Schluckers Schwager_____Tenor

Orchester 2 Fl (II auch Picc), 2 Ob, 2 Klar (II auch TSax), 2 Fg, 3 Hr, 2 Trp, Pos, Tb, Slzg: KlTr, Trgl, Glsp, Bck, Besen, Blöcke; Str; Harm (hinter der Szene)

Aufführungsdauer ca. 2 Std.

Story
Parterre und erster Stock einunddesselben Hauses 1835.
Instrumentales Vorspiel. **I. Akt:** Im ersten Stock eines Hauses wohnt Herr Neureich mit Tochter Regine, die er an einen reichen Geschäftsfreund verkuppeln will. In Erwartung eines großen Coups, der ihn zum Millionär machen soll, gibt er ein Festmahl, derweil parterre der arme Tandler Schlucker samt Schwester, Schwager und Ziehsohn Christian darben müssen. Zwischen Christian und Regine spinnen sich zarte Bande an. Neureichs Geschäft mißlingt, er geht bankrott. **II. Akt:** Polkawalzer. Ziehsohn Christian hingegen macht unerwartet eine reiche Erbschaft. Die Parteien wechseln die Wohnungen: Während die Familie Schlucker nach oben, Herr Neureich nach unten zieht, verlassen Christian und Regine das Haus, um woanders ein besseres Leben zu führen.

Kommentar
Die Gleichzeitigkeit des Geschehens oben und unten, die Kontraste paralleler Vorgänge bei reich und arm, die Liebeleien über Kreuz und die Simultaneität unterschiedlichster Aktionen – das alles sind gute Voraussetzungen für eine Komödie, die Robert Hanell in Nestroys Posse ›Zu ebener Erde und erster Stock‹ von 1835 ideal verwirklicht fand. „Dem Nestroy ist es wahrscheinlich zu wenig Musik gewesen, und so hat er sogar ein ganz ausgewachsenes Quartett hineingeschrieben", begründete der Komponist seine Wahl. „Jedem Milieu, was ihm gebührt: der Familie Schlucker unten Polka, Quadrille, Walzer, Couplet, bis zum feschen Marsch – der Familie Neureich oben Foxtrott, Tango, Jimmy, Rumba, bis hin zum monotonen Boogie –, wobei ich natürlich jede dieser Tanzformen ironisiert habe." (Hanell 1964) Die beiden Stockwerke sind durch unterschiedliche Instrumentalfarben gekennzeichnet: Bevorzugung der Bläser für den ersten Stock, der Streicher für das Parterre; „oben ein aalglatt gesprochener Text mit Rhythmusbeilage – unten gesungene Sätze zu einem etwas weiter weg sich abmühenden Leierkasten" (Hanell 1964).

Robert Hanell stellte sich die „Aufgabe, mit der Ironie eines Pseudojazz die Neureichs von 1835 darauf aufmerksam zu machen, daß sie, falls sie sich nicht ändern, auch hundert Jahre später dem Spott ausgeliefert sind" (Hanell 1966).

„Hundert Jahre später" – das bedeutet 1935, und tatsächlich ist ›Oben und unten‹ in musikalisch-stilistischer Hinsicht in dieser Zeit angesiedelt; der Komponist gibt sich urtümlich-altväterlich, was ihm bei der Kritik die Feststellung einbrachte: „Man kann sich Nestroy ohne diese Musik witziger vorstellen." (Musik und Gesellschaft 1965, S. 189)

Der Uraufführung folgten zwei Inszenierungen: 1969 Freiberg, 1983 Bernburg.

Ausgaben K1A Henschelverlag Berlin 1964

Rechte Henschel Musik GmbH Berlin

Literatur Robert Hanell: Warum denn Musik in „Oben und unten"? In: Programmheft Bühnen der Stadt Magdeburg 1964 – auch In: Material zum Theater Nr. 118, Komponisten der DDR über ihre Opern, Auswahl und Zusammenstellung Stephan Stompor, Berlin 1979; ders.: Die Oper heute. In: Deutsche Staatsoper Berlin 1945-1965, hrsg. aus Anlaß der Jubiläumsspielzeit 1965/66 von Werner Otto und Günter Rimkus, Berlin 1966
Hans-Jochen Irmer: Interpret und Komponist: Robert Hanell. In: Musik und Gesellschaft, H. 10, Berlin 1964; Dietmar Fritzsche: Anliegen und Gestaltung der Opern Robert Hanells. In: Oper heute 1. Ein Almanach der Musikbühne, hrsg. von Horst Seeger, Berlin 1978
Rezensionen der Uraufführung. In: Theater der Zeit, H. 23, Berlin 1964; Musik und Gesellschaft, H. 3, Berlin 1965

Esther
Oper in zwei Akten (sechs Bildern)
Text von Günther Deicke

Entstehung 1964-1965
Ring-Uraufführung 10. Oktober 1966 Deutsche Staatsoper Berlin – Apollo-Saal
10. Oktober 1966 Kleist-Theater Frankfurt/Oder
10. Oktober 1966 Theater Zeitz

Personen
Esther___Mezzosopran
Mutter___Sopran
Vater___Bariton (Baß)
Professor___Baß
Thomas___Bariton
SS-Arzt___Sprechrolle
Hauptsturmführer___Tenor
Drei SS-Leute___Tenor, Bariton, Baß
Jüdische Frauen___Frauenchor

Orchester 2 Fl, Ob (auch EH), Klar, BKlar, 3 Hr, Trp, Pos, Slzg: Trgl, Tamb, Rtr; Xyl, Akk; Str

Aufführungsdauer ca. 2 Std.

Handlung
I. Akt. Instrumentale Einleitung. 1. Bild: *Künstlergarderobe einer Konzerthalle in Athen*. Die junge griechische Geigerin Esther gibt ihr erfolgreiches Debüt, eine große internationale Karriere steht ihr bevor. 2. Bild: *Barackenraum in einem faschistischen Konzentrationslager*. Zehn Jahre hat der jetzt siebenundzwanzigjährige Thomas als politischer Häftling im Lager verbracht, zum ersten Mal sind

weibliche Gefangene angekündigt, der SS-Arzt will an den jüdischen Frauen, die er sich aus Ausschwitz „bestellt" hat, biologische Versuche vornehmen. Als Kapo hat Thomas die Frauen einzuweisen, dabei lernt er Esther kennen. 3. Bild: *Untersuchungsraum des SS-Arztes mit Schlafnische für den Kapo.* Die SS-Leute verständigen sich über den Begriff Rasse und hänseln den SS-Arzt, der den Unterschied zwischen jüdischem und arischem Blut streng wissenschaftlich nachweisen will. Esther wird als erste untersucht. **II. Akt.** 4. Bild: *Barackenraum.* Esther und Thomas finden in ihrer Trostlosigkeit aneinander Halt. Esther befragt den Arzt nach ihrem und ihrer Gefährtinnen Schicksal, der aber weicht aus, befreit lediglich sie selbst von weiteren Versuchen. Esther und Thomas gestehen einander ihre Liebe. 5. Bild: *Untersuchungsraum. Nacht.* Thomas und Esther allein. Es ist für Thomas die erste, für Esther die letzte Liebe. 6. Bild: *Untersuchungsraum.* Der Arzt bricht alle Versuche ab. Weil die Front näher rückt, setzt sich die SS ab. Thomas schlägt Esther vor, sich durch Spritzen den Freitod zu geben, doch das Mädchen will mit seinen Gefährtinnen in den sicheren Tod gehen; vielleicht kann Thomas überleben, von ihrem Unglück künden und eine bessere Welt aufbauen.

Kommentar

Robert Hanell galt zum Zeitpunkt der ›Esther‹-Komposition und Uraufführung neben Jean Kurt Forest und Karl-Rudi Griesbach als einer der beachtenswertesten, weil produktivsten und meistgespielten Opernkomponisten der DDR. Voller Selbstwertgefühl verstieg er sich im Programmheft der Uraufführung ›Esther‹ zu der Behauptung, mit der ›Spieldose‹ von 1957 die „erste Anti-Kriegsoper in der DDR" geschaffen zu haben.

Der Berliner Lyriker und Schriftsteller Günther Deicke schuf den Text nach einer 1959 erstmals publizierten Novelle von Bruno Apitz, in seinem Libretto die SS-Schergen und die Opfer in den „Redeweisen" voneinander unterscheidend: „eine lyrisch gehobene, gebundene Sprache bei Esther und Thomas, eine trockene Prosa bei dem SS-Arzt, die sich bei seinem pseudowissenschaftlichen Gefasel zuweilen ins Pathetische steigert (...)." (Deicke 1966)

Gemessen an Hanells vorhergehenden Opern erscheint die Musik in ›Esther‹ von einer größeren Dichte, denn die diversen Leit- oder Erinnerungsthemen folgen zwar, wie vordem auch, illustrierend und deutend der Handlung, darüber hinaus wird aber auch eine Art von musikalischem „Untertext" nach klassischem Vorbild versucht: Ein die Oper eröffnendes Motiv erscheint als Manifestation glücklicher Tage, Esther erinnert sich daran im Lager, am Schluß soll es die Vision einer lichten Zukunft geben.

Ihrem Beruf als Geigerin entsprechend, wird Esther von der Violine begleitet; ihren jüdischen griechischen Gefährtinnen sind folkloristische Wendungen, chorische Klagegesänge zugeordnet. „Thomas ist ein Deutscher, und für ihn wählte ich eine Tonsprache, die ihr festes Fundament beim großen klassischen Musikbild hat, wie überhaupt dieser Stoff meines Erachtens kein schillerndes Experimentierfeld für akustische und snobistische Effekte ist. (...) Der spießige, strebernde, pseudowissenschaftliche SS-Arzt kann in seiner ganzen Inhumanität keine lebendige, organische Musik erzeugen." (Hanell, Programmheft 1966)

Die Musikwissenschaftler jener Tage sind Hanells Ästhetik widerspruchslos gefolgt, „keine lebendige, organische Musik" hieß: Hanell „verwendet in freier Form Elemente der Zwölftonmusik" (Rösler 1966, S. 13).

Hanells Erklärung, daß „dieser Stoff (...) kein schillerndes Experimentierfeld für akustische und snobistische Effekte ist", versuchte kein geringeres Kunstwerk zu diffamieren als Arnold Schönbergs ›Ein Überlebender aus Warschau‹.

Die Uraufführung der Oper ›Esther‹ stand in unmittelbarer Nähe zu einem politischen und ästhetischen Ereignis ersten Ranges: zur Ring-Uraufführung des Oratoriums ›Die Ermittlung‹ von Peter Weiss 1965. Die erschütternden Zeugenaussagen im Auschwitz-Prozeß von 1963 in Frankfurt am Main veranlaßten den Schriftsteller zu der Frage, ob und wie die Menschheit in der Lage sei, aus furchtbaren Ereignissen zu lernen. Für Hanell und Deicke stellte sich eine solche Frage nicht. Thomas und Esther waren für sie Symbole einer besseren, in der DDR realisierten Welt; nicht zufällig lautete der Titel der Anthologie, der Bruno Apitz' Erzählung entnommen war, „... aber die Welt ist verändert". Während Hanell und Deicke sich 1965/66 in dieser Illusion einer veränderten Welt gefielen, zielte Peter Weiss, fortwährende faschistische Aktionen auf der Welt vor Augen, darauf ab, solcherlei Illusionen zu zerstören und die Welt als veränderungsbedürftig in Erinnerung zu bringen.

Den drei Inszenierungen der Ring-Uraufführung folgten weitere fünfzehn Einstudierungen, eine Rundfunkproduktion und eine Schallplattenaufnahme, die 1972 veröffentlicht wurde.

Ausgaben Text In: Neue Sozialistische Dramatik 32, Beilage zu Theater der Zeit, H. 6, Berlin 1966; KlA Henschelverlag Berlin 1966

Rechte Henschel Musik GmbH Berlin

Literatur Bruno Apitz: Esther. Erzählung. In: „... aber die Welt ist verändert", Berlin 1959
Robert Hanell: Über die Arbeit an ›Esther‹. In: Programmheft Deutsche Staatsoper Berlin 1966 – auch In: Material zum Theater Nr. 118, Komponisten der DDR über ihre Opern, Auswahl und Zusammenstellung Stephan Stompor, Berlin 1979; ders.: Werkstattgespräch mit Hans-Jochen Irmer. In: Theater der Zeit, H. 11, Berlin 1966
Günther Deicke: ›Esther‹. Vorbemerkungen zum Libretto. In: Programmheft Deutsche Staatsoper Berlin 1966, auch In: Neue Sozialistische Dramatik 32, Beilage zu Theater der Zeit, H. 6, Berlin 1966

Walter Rösler: Notizen zu ›Esther‹. In: Theater der Zeit, H. 7, Berlin 1966; Dietmar Fritzsche: Anliegen und Gestaltung der Opern Robert Hanells. In: Oper heute 1. Ein Almanach der Musikbühne, hrsg. von Horst Seeger, Berlin 1978
Rezensionen der Uraufführung. In: Theater der Zeit, H. 6, Berlin 1967; Musik und Gesellschaft, H. 12, Berlin 1966

Aufnahmen NOVA 8 85 025 (Szenen, für die Schallplatte eingerichtet von Robert Hanell) Edda Schaller/Marion van de Kamp (Esther), Heinz Reeh (Thomas), Erich Witte (SS-Arzt), Peter Bindszus, Erich Siebenschuh, Peter Olesch (Drei SS-Leute); Horst Hiestermann (Hauptsturmführer), Mitglieder des Chores der Deutschen Staatsoper Berlin, Egon Morbitzer, Violine, Staatskapelle Berlin, Dirigent Robert Hanell

Griechische Hochzeit

Oper in zwei Akten (fünf Bildern)
nach der gleichnamigen Erzählung
von Herbert Otto
Text von Robert Hanell

Entstehung 1966-1968

Uraufführung 31. Mai 1969 Städtische Theater Leipzig – Opernhaus

Personen

Sofia, Witwe des Wassilis	Alt
Katherina, ihre Tochter	Sopran
Andreas, deren Mann	Tenor
Anastas, ein Fischer, Bruder des Wassilis	Baß
Seine Söhne:	
Nikolas	Tenor
Grigoris	Bariton
Lewantas, Arzt	Baß
Nikos, Tavernenwirt	Tenor
Polizeihauptmann	Bariton
Menelaos	Baßbariton
Stratis	Stumm
Herr, deutscher Tourist	Sprechrolle
Dame, deutsche Touristin	Stumm
Männer und Frauen aus der Hafenstadt	Gemischter Chor

Orchester 3 Fl (II und III auch Picc), 2 Ob, EH (auch Zurle – mazedonische Schalmei), 3 Klar (III auch BKlar), 3 Fg (III auch KFg), 4 Hr, 3 Trp, 3 Pos, Tb, Slzg: Xyl, KlTr, Tarabuka (hohes und tiefes Bongo), Tamb, Bck, Trgl, GrTr; Harm, Hrf, EGit; Str

Aufführungsdauer ca. 2 Std., 15 Min.

Story

Die Handlung spielt 1955 in Griechenland.

    Katherina, eine junge verheiratete Frau aus den mazedonischen Bergen, erlebte als junges Mädchen, wie ihr Vater von Monarcho-Faschisten ermordet wurde. Als sie zur Hochzeit eines Verwandten in einen kleinen ägäischen Inselhafen kommt, erkennt sie in dem Glücksspielunternehmer Menelaos den Mörder ihres Vaters. Sie weiht ihren Onkel Anastas, den Bruder des Vaters, in das Geheimnis ein. Anastas plant, Menelaos umzubringen, obgleich er Partisan ist und die private Rache die Sache des Widerstands gefährden könnte. Menelaos ist nach wie vor als Spitzel und Handlanger der Monarchisten tätig. Er ist stolz darauf und fühlt sich als Märtyrer, da er bei seiner geheimdienstlichen Tätigkeit verwundet und entstellt worden ist, so daß er an einer gefährlichen Herzverletzung leidet, die ihm Alkohol und sexuelle Betätigung verwehrt. Als Katherina davon hört, geht sie – unter großer Selbstüberwindung – zum Mörder ihres Vaters, um ihm den „Tod, der ohne Wunden kommt, zu bringen", damit den Vater zu rächen und den Onkel zu retten. Es gelingt ihr, den Tod des Menelaos zu veranlassen. Zwar übersteht er die Liebesnacht und brüstet sich am nächsten Tag vor aller Welt mit seinem „Helena-Erlebnis", doch treibt ihn das Volk dazu, seine angebliche körperliche Stabilität beim Glücksspiel unter Beweis zu stellen, bis er schließlich doch aus Überanstrengung tot zusammenbricht. Katherina wird von ihrer Mutter verflucht, von ihrem Mann verstoßen; sie aber bekennt sich zu ihrer Tat, denn damit existiert ein Feind weniger, und „die Hoffnung hat ein wenig zugenommen".

Kommentar
›Griechische Hochzeit‹ entstand als Auftragswerk der Städtischen Theater Leipzig. Der Komponist schrieb den Text nach einer Novelle von Herbert Otto selbst: „›Griechische Hochzeit‹ ist meine achte Oper und die erste, in der das gesamte Personal des Musiktheaters eingesetzt ist. Ich habe erst über zwanzig Jahre praktische Erfahrungen am Theater gesammelt, ehe ich mich an große Volks- und Chorszenen wagte. Beim Studium der griechischen und mazedonischen Folklore lernte ich den vielfältigen musikalischen Reichtum dieses Breitengrades kennen. Viele solcher Anregungen wurden in musikdramatischer Absicht verarbeitet, wie überhaupt diese Oper von Volksmelodien inspiriert ist, ohne eine ‚Folklore'-Oper sein zu wollen. In der Partitur erklingt die Zurle, eine griechische Schalmei, die ich aus Mazedonien mitbrachte. Es ist ein Hirteninstrument, dessen Tonskala für unsere diatonischen Hörgewohnheiten ungewohnt ist. Wenn es gelingt, die faszinierenden vielgestaltigen Rhythmen in den Dienst des dramatischen Bekenntnisses zu stellen, ist meine Absicht erfüllt, zu beweisen, daß ohne konstruierte Modernismen und ohne snobistische Klangexperimente ein erlebnisvoller Theaterabend möglich ist." (Hanell, Programmheft 1969)

Bei allen Versicherungen und Abgrenzungsversuchen ist eine folkloristische, veristische Oper entstanden, die ein Rachedrama auf den konjunkturell gebrauchten Hintergrund des Widerstandskampfes des griechischen Volkes projiziert.

Theatergeschichtlich interessant ist die Beschäftigung mit diesem Werk insofern, als der Uraufführung wenig später eine zweite Inszenierung in Weimar folgte, bei der die Kritiker in einhelliger Übereinstimmung nicht der Regieleistung des Altmeisters und Felsenstein-Schülers Joachim Herz in Leipzig, sondern der des jungen Harry Kupfer in Weimar den Vorzug gaben. Als dritte Bühne folgte 1969 Zwickau; der Rundfunk der DDR produzierte Ausschnitte aus dem Werk.

Ausgaben Text In: Theater der Zeit, H. 1, Berlin 1969; KlA Henschelverlag Berlin 1968, übernommen in die Edition Peters Leipzig o.J. (EP 9760)

Rechte Henschel Musik GmbH Berlin

Literatur Robert Hanell: Der Komponist zur Arbeit am Libretto. In: Theater der Zeit, H. 1, Berlin 1970; ders.: Musik für das Theater schreiben. In: Programmheft Leipziger Theater 1969 – auch In: Material zum Theater Nr. 118. Komponisten der DDR über ihr Opern, Auswahl und Zusammenstellung Stephan Stompor, Berlin 1979
Walter Rösler: ›Griechische Hochzeit‹. Notizen zu Robert Hanells neuer Oper. In: Theater der Zeit, H. 6, Berlin 1968; Joachim Herz: Musiktheater und Verhaltensweisen. Vor Probenbeginn zu Robert Hanells ›Griechischer Hochzeit‹ in Leipzig. In: Theater der Zeit, H. 5, Berlin 1969; Harry Kupfer / Eberhard Schmidt: Katherina, Tochter des Wassilis / Konzeptionelle Überlegungen zur Aufführung von Robert Hanells ›Griechische Hochzeit‹ am DNT Weimar. In: Theater der Zeit, H. 10, Berlin 1979; Dietmar Fritzsche: Anliegen und Gestaltung der Opern Robert Hanells. In: Oper heute 1. Ein Almanach der Musikbühne, hrsg. von Horst Seeger, Berlin 1978
Rezensionen der Uraufführung. In: Theater der Zeit, H. 11 und H. 12, Berlin 1969; Musik und Gesellschaft, H. 1, Berlin 1970

Fiesta

Al fresco für Musiktheater
frei nach einem Roman
von Prudencio de Pereda
Text von Robert Hanell

Entstehung 1973

Uraufführung 28. Mai 1974 Deutsches Nationaltheater Weimar
(im Opernhaus Erfurt)

Personen

Bernabé	Baß
Felipa, seine Frau	Sopran (Mezzosopran)
Adela Miguenz, Mutter von Blas	Sopran
Angela	Stumm
Heraclito Gomez	Baßbariton
Rora Gomez	Mezzosopran (Alt)
Inglés	Bariton
Blas	Bariton
Leandro García	Tenor
Don Tiburcio, Dorfpriester	Tenor
Männer, Frauen	Gemischter Chor
Kinder von Mozares	Kindergruppe
Civil-Gardisten, Priester	Kleindarsteller

Orchester 2 Fl (auch Picc), Ob, EH, Klar, ASax, 2 Fg, 4 Hr, 3 Trp, 2 Pos, Tb, Hrf, Cel (auch Kl), Pkn, Drums (1 Spieler): GrTr, High Hat, Charleston-Maschine, Bck, Tomtoms, Tempelblocks, Sticks, Besen, Cowbells; Slgz (1 Spieler): Bongos, Claves, Kast, Tamb basque, Tempelblocks, Cowbells, Xyl; Str.

Bühnenmusik Ob, Klar, Pos, Gl
Während der Interludien Glockenläuten aus der Kirche.

Aufführungsdauer ca. 2 Std.

Story
Die Handlung spielt am Kolumbustag, dem 12. Oktober 1948, im spanischen Pueblo (Dorf) Mozares.

Am Vorabend der Fiesta, die alle zehn Jahre gefeiert wird, treffen Blas, Inglés und Leandro García aufeinander, die einst Freunde waren, durch den Bürgerkrieg getrennt und zu Feinden wurden. Blas, von den Faschisten eingekerkert, ist auf dem Todestransport die Flucht gelungen, er sucht jetzt Unterschlupf in seinem Heimatdorf. Inglés war nach Amerika emigriert und ist zurückgekehrt. Leandro García gehört zu den das Land regierenden Faschisten. Der Priester Tiburcio versteckt Blas in der Kirche. Als er die Rollen für das Passionsspiel verteilt, fordern die Faschisten die Christus-Rolle für sich, Blas' Mutter aber reklamiert in ihrem religiösen Eifer diesen Part für ihren Sohn und verrät ihn damit. Tiburcio rettet Blas fürs erste, indem er ihm die Christus-Rolle überträgt, in der er für die Dauer des Spiels unantastbar ist.

Das Passionsspiel beginnt und geht immer mehr in Realität über. Leandro und Inglés spielen zwei Schergen, und Leandro versucht in seiner Rolle, Blas zu töten. Christus wird zweimal gerettet, das erste Mal wirft sich seine Mutter zwischen die Lanze des Henkers und ihn und stirbt, das zweite Mal erschießt der Scherge Inglés den Schergen Leandro. Erst da geht den Menschen der blutige Ernst des Spiels auf, sie flüchten in die Häuser, während Blas und Inglés die vom Priester vorbereitete Flucht gelingt. Parallel zum Passionsgeschehen spielen die Kinder des Dorfes die Entdeckung Amerikas durch Kolumbus, aber sie brechen ihr Spiel sofort ab, als sie dabei erkennen, daß den Indianern durch die Eroberer Unrecht geschieht.

Kommentar
Die Verbindung von biblischem Passionsgeschehen und realer blutiger spanischer Geschichte und Gegenwart gehört zu den berühmten ästhetischen Konstellationen spanischer Kunst, sie ist im 20. Jahrhundert besonders im Film, und hier vor allem durch Luis Buñuel für die Weltkultur erschlossen worden, sie liegt auch als zentrales Ereignis Peredas Roman ›Fiesta in Mozares‹ zugrunde und ermöglicht eine interessante, mehrschichtige Handlungsführung.

Robert Hanell formte Peredas Roman selbst in einen Operntext um, führte dabei die einzelnen Figuren und deren Vorgeschichte in langen Erzählungen ein, so den dramatischen Fortlauf immer wieder stark bremsend. Auch in der sprachlichen Formung hatte er nicht immer eine glückliche Hand, was poetisch geraten sollte, streift zuweilen die Grenzen zur Trivialität.

„Klangbilder der Partitur weisen rhythmo-sinfonische Jazz-Elemente auf. Besondere Bedeutung kommt dem Jazz-Drummer zu, der im Zentrum des Orchesters sitzt und dem eine hervorragende Funktion zugeteilt ist. Verschiedene musiktheatralische Äußerungsformen wurden verwendet, so das Melodram, die rhythmisch gebundene Sprache, das Chansonieren, Prosa und die ganze emotionale Breite des Operngesangs. (...) Ein Großteil der spanischen Musik ist nordafrikanischen Ursprungs. Zahlreiche maurische Themen (z.B. das Schlangenflötenthema) und Elemente fanden in einer bestimmten, abgewandelten Form in der Oper ›Fiesta‹ Verwendung." (Hanell 1974)

Gegenüber der Vorlage veränderte Hanell den Schluß seiner Oper; wird im Roman Blas getötet, kann er bei Hanell entkommen, der dafür folgende Begründung gab: „Als Autor eines Bühnenwerkes muß ich die Kräfte zeigen, die eines Tages in der Lage sein werden, die Welt human, im Interesse des Menschen zu gestalten." (Hanell 1974)

Der Uraufführung (Regie: Erhard Warneke) folgte 1974 eine Inszenierung in Halberstadt, für den Funk stellte der Komponist eine gekürzte Fassung mit Zwischentexten her, die noch im Uraufführungsjahr gesendet wurde.

Ausgaben Text In: Theater der Zeit, H. 5, Berlin 1974; KlA Henschelverlag Berlin 1973

Rechte Henschel Musik GmbH Berlin

Literatur Robert Hanell: Über das Komponieren – Über die Musik – Über die Stoffwahl. In: Programmheft Volkstheater Halberstadt 1974 – auch In: Material zum Theater Nr. 118, Komponisten der DDR über ihre Opern, Auswahl und Zusammenstellung Stephan Stompor, Berlin 1979
Dietmar Fritzsche: „Für das Anliegen des Dramas: wahrer Ausdruck". Zu Robert Hanells Opernschaffen. In: Theater der Zeit, H. 5, Berlin 1974; ders.: Anliegen und Gestaltung der Oper Robert Hanells. In: Oper heute 1. Ein Almanach der Musikbühne, hrsg. von Horst Seeger, Berlin 1978
Rezensionen der Uraufführung. In: Theater der Zeit, H. 8, Berlin 1974; Musik und Gesellschaft, H. 8, Berlin 1974

Aufnahmen Produktion des Rundfunks der DDR (Funkfassung mit Zwischentexten) Helmut Bante (Bernabé), Ingeborg Porstmann (Felipa), Nelly Delibaschewa (Adela), Wolfgang Ruhl (Heraclito), Uta Priew (Rora), Johannes Prkno (Inglés), Volker Schunke (Blas), Peter Slawow (Leandro), Peter Jürgen Schmidt (Don Tiburcio), Horst Drinda (Sprecher), Rundfunk-Solistenvereinigung Berlin, Großes Rundfunkorchester Berlin, Dirigent Robert Hanell; aufgenommen 1974

Reise mit Joujou
Musikalische Komödie in zwei Akten
nach Guy de Maupassant
Text nach einer Vorlage Robert Hanells
von Klaus Eidam

Entstehung 1974-1975

Ring-Uraufführung 9. Oktober 1976 Landesbühnen Sachsen Radebeul
19. Oktober 1976 Bühnen der Stadt Gera
24. Oktober 1976 Bühnen der Stadt Zwickau
29. Oktober 1976 Volkstheater Halberstadt
30. Oktober 1976 Theater Zeitz
31. Oktober 1976 Landestheater Altenburg

Personen
Madeleine Touchard, genannt „Joujou"_____Sopran (Mezzosopran)
Cornudet, ein Journalist_____Bariton
Monsieur Sacrement, Weingroßhändler_____Baß
Madame Sacrement, seine Frau_____Sopran
Rosselin, Deputierter und Friedensrichter_____Tenor
Graf Hubert de Breville_____Baßbariton
Die Gräfin, seine Frau_____Sopran
Eine Nonne_____Alt
Der Wirt_____Tenorbuffo
Ein preußischer Offizier_____Sprechrolle
Ein Kutscher_____Sprechrolle

Orchester 2 Fl (auch Picc), Ob (auch EH), 2 Klar (II auch BKlar und ASax), Fg (auch KFg), 3 Hr, 2 Trp, 2 Pos, Drums: Charleston-Maschine, GrTr, KlTr, Tomtom, Bck, High Hat; Slzg: Xyl, Glsp, Trgl, Tamb, Gurke, Tempelblocks; Akk, Hrf; Str

Story
Die Handlung spielt in Frankreich 1872.
   In dem von Deutschen eroberten Frankreich ist eine Reisekutsche unterwegs, es geht vom preußisch besetzten Rouen nach dem noch freien Le Havre. Auf engem Raum drängen sich ein gräfliches Paar, ein Weinhändler nebst Ehefrau, ein Journalist, ein hoch dekorierter Friedensrichter sowie eine Nonne und eine noch junge Witwe, ehemals als Prostituierte unter dem Namen Joujou bekannt. Die Reisegefährten kommen sich näher, der Weinhändler ist auf den Orden des Friedensrichters erpicht und animiert seine Frau, mit diesem anzubändeln, und auch die anderen Insassen knüpfen untereinander zarte Bande, vor allem aber hält sie eines zu-

sammen, die Verachtung gegenüber der ehemaligen Prostituierten. Doch als infolge einer Havarie die Reise unterbrochen werden muß und Hunger aufkommt, sind die moralischen Vorbehalte vergessen, nun profitieren alle ganz ungeniert von Joujous Reiseproviant. Ein preußischer Offizier mißbraucht seine Macht bei der Kontrolle der Reisepässe. Er zieht sie ein und fordert als Entgelt für die Herausgabe ein Schäferstündchen mit Joujou. Da werden die hochmütigen Grafen und Bürger zu Bittstellern und flehen die Verachtete im Namen des Vaterlandes an, sich für die Reisepässe aufzuopfern. Joujou tut es und erhält danach weder Dank noch gute Worte, sondern bekommt erneut die Mißachtung der noblen Gesellschaft zu spüren. Da entschließt sie sich zur Rache. Beim Übertritt zur unbesetzten Zone unterschlägt sie die Pässe der anderen und weist allein ihren eigenen vor. Während sie lachend die Grenze passieren kann, müssen die feinen Leute zurückbleiben.

Kommentar

›Reise mit Joujou‹ entstand als Auftragswerk der Landesbühnen Sachsen. Hanell entwarf das Szenarium selbst, indem er auf drei Novellen Maupassants zurückgriff: ›Fettklößchen‹, ›Der Fall Luneau‹ und ›Ritter der Ehrenlegion‹. Auf dieser Grundlage schuf der als Musical-Autor bekannte Klaus Eidam die entsprechenden Texte zu einer Oper, die das Thema der Ehre heiter behandeln sollte: „Vertreter der damals verachteten und geknechteten Stände waren manchmal die einzigen, die die menschliche Ehre hochhielten und dabei Opfermut bewiesen (...)." (Hanell 1976, S. 59)

Zur gleichen Zeit wie Hanell entdeckte der Berliner Komponist Karl-Heinz Wahren Maupassants Meisternovelle ›Boule de suif‹ von 1880. (Seine Oper ›Fettklößchen‹ – mit dem Text von Claus H. Henneberg – kam 1976 an der Deutschen Oper Berlin zur Uraufführung.) Bei Maupassant und Wahren endet Joujous Reise tragisch; die Prostituierte bleibt nach ihrem Liebesdienst allein zurück, während die „feinen Leute" davonfahren.

Hanell und Eidam aber wollten eine „heitere Oper" schreiben und änderten den Schluß: „Joujou zahlt ihren Beleidigern den ihr angetanen Schimpf heim, das von der Gesellschaft mißbrauchte Individuum kann zurückschlagen. Das ist lustig." (Eidam 1976, S. 60) Hanell versuchte nach eigener Aussage, „die Atmosphäre der französischen Musik einzufangen. (...) Die Oper gleicht im musikalischen Aufbau (...) einem einzigen Musettewalzer, in verschiedenen Tempoarten, in verschiedenen Motiven (...). Es ist Folklore verwendet – aber nicht motivisch, sondern in Formen, auch der Tanzformen." (Hanell 1976, S. 59) Die Oper ist durchkomponiert, aber die Nummernform schimmert durch, so hat jede Figur ein sie charakterisierendes Lied, die Hauptperson deren drei.

Das Interesse der sechs an der Ring-Uraufführung beteiligten Bühnen, denen später noch sechs weitere folgen sollten, entsprach dem Bedarf an „heiteren" Werken und der Praktikabilität der Oper: ohne Chor und Ballett.

Ausgaben Text In: Theater der Zeit, H. 6, Berlin 1976; KlA Henschelverlag Berlin 1975, übernommen in die Edition Peters Leipzig (EP 9753)

Rechte Henschel Musik GmbH Berlin

Literatur Guy de Maupassant: Fettklößchen. Der Fall Luneau. Ritter der Ehrenlegion (Die Auszeichnung). In: Guy de Maupassant. Meisternovellen in drei Bänden, aus dem Französischen übersetzt von Helmut Bartuschek und Karl Friese, Berlin 1956
Robert Hanell: Gespräch mit Dietmar Fritzsche. In: Theater der Zeit, H. 6, Berlin 1976 – auch In: Material zum Theater Nr. 118, Komponisten der DDR über ihre Opern, Auswahl und Zusammenstellung Stephan Stompor, Berlin 1979
Klaus Eidam: Gespräch mit Dietmar Fritzsche. In: Theater der Zeit, H. 6, Berlin 1976
Dietmar Fritzsche: Zur Musik. In: Theater der Zeit, H. 6, Berlin 1976; ders.: Anliegen und Gestaltung der Opern Robert Hanells. In: Oper heute 1. Ein Almanach der Musikbühne, hrsg. von Horst Seeger, Berlin 1978
Rezensionen der Uraufführung. In: Theater der Zeit, H. 1, Berlin 1977; Musik und Gesellschaft, H. 2, Berlin 1977; Fünf der sechs an der Ring-Uraufführung beteiligten Theater antworten auf die Frage, warum sie das Werk spielen. In: Theater der Zeit, H. 6, Berlin 1976

Aufnahmen Produktion des Rundfunks der DDR (Rundfunkfassung mit Zwischentexten) Uta Priew (Joujou), Siegfried Babkus (Cornudet), Gerd Wolf (Sacrement), Sigrid Ballhaus (Mme. Sacrement), Peter Menzel (Rosselin), Dietmar Fiedler (Graf Hubert), Lenelies Höhle (Gräfin), Brigitte Pfretzschner (Eine Nonne), Konrad Hofmann (Der Wirt), Günter Pohl (Offizier/Kutscher), Hans Knötzsch (Erzähler), Großes Rundfunk-Orchester Berlin, Dirigent Robert Hanell

Babettes grüner Schmetterling
Singspiel-Burleske
Text nach einer Vorlage Robert Hanells
von Klaus Eidam

Entstehung 1981

Ring-Uraufführung 6. Oktober 1982 Deutsches Nationaltheater Weimar
8. Oktober 1982 Volkstheater Halberstadt

Personen
Unvertreu, Rentier, ehemaliger Großherzoglicher Finanzexperte
Stefanie, seine Nichte, Musikenthusiastin_____
Blankenschwert, Großherzoglicher Marschall_____
Lautenklang, Großherzoglicher Kultursekretär_____
Greifensack, Großherzoglicher Geheimrat_____
Fran Majir, Tondichter_____
Melchior, Stehgeiger_____
Babette_____
Ständige Kurgäste von Bad Bitterbrunn:
  Herr Gichtig_____
  Baron von Steifknie_____
  Frau Steingall_____

Baronesse von Hartstuhl_____
Komtesse von Basedow_____
Die Kurkapelle (siehe Orchesterbesetzung)_____
(Dem Singspielcharakter des Werkes entsprechend sind die Stimmfächer der Personen nicht festgelegt.)

Orchester 2 Fl (II auch Picc und AFl), Ob, 2 Klar (II auch BKlar), Fg, 3 Hr, 2 Trp, Pos, Slzg (1 Spieler): Glsp, Rtr, KlTr, HängeBck, Tamb, Trgl, Kast, Gl; Str
Bühnenmusik Kurkapelle: Fl, Klar, Vl, Vc, Kl

Aufführungsdauer ca. 2 Std.

Story
Die Handlung spielt in Bad Bitterbrunn in der zweiten Hälfte des 19. Jahrhunderts.
Die Kurkapelle eines Badeortes leidet unter chronischem Geldmangel, daher ist der Stehgeiger Melchior bereit, die musikbegeisterte, aber nicht sehr attraktive Nichte Stefanie des sich als Mäzen aufspielenden ehemaligen großherzoglichen Finanzexperten Unvertreu zu ehelichen. Sein Herz aber gehört einem Kurgast, der schönen Babette, die auch die Gemüter anderer Männer verwirrt, selbst aber unnahbar bleibt. Schließlich fädelt sie eine große Intrige ein: Sie bittet Melchior, auf einem Sommernachtsball als grüner Schmetterling zu erscheinen, und macht die eigens zum Ball angereisten großherzoglichen Minister glauben, daß sich in diesem Kostüm der Landesherr verbirgt. Die leitenden Herren nutzen die Gelegenheit, diverse Geschäfte mit ihrem Herzog zu bereden und plaudern dabei allerlei Geheimnisse aus. Babette hört alles mit an, kann so die Herren erpressen und erleichtert sie sowie Herrn Unvertreu um beträchtliche Summen. Für alles gibt sie auch eine Erklärung ab: Ihrem Vater war am Herzogshofe einst Unrecht geschehen, und dies sei ihre Rache. Melchior und Babette werden ein Paar. Stefanie bekommt den Fran Majir zum Ehemann, der eigentlich Franz Maier heißt, sich als genialer Neutöner ausgibt und in Wahrheit ein Nichtskönner ist, vor dessen Musik die Leute davonlaufen.

Kommentar
Robert Hanell bezeichnete sein elftes Stück für Musiktheater als „Singspiel-Burleske". Entstanden ist ein dialogreiches, in fünfunddreißig Musiknummern (Lieder, Couplets, Ensembles) gegliedertes Werk, in dem einer Anweisung des Komponisten entsprechend „die Stimmfächer der Personen nicht festgelegt" sind, wobei allerdings die einzelnen Partien zu bestimmten Lagen tendieren: Stefanie zur Soubrette, Babette zum Mezzo, Fran Majir zum Tenor und Unvertreu zum Bariton.
  Das Szenarium schrieb Robert Hanell, wie schon bei ›Reise mit Joujou‹, selbst. Als Quellen dienten ihm nach eigener Angabe Heinrich Zschokkes ›Abenteuer in

der Neujahrsnacht‹, Karl Emil Franzos' ›Stern von Lopuscha‹ sowie Johann Nepomuk Nestroys ›Mädl aus der Vorstadt‹, die Texte richtete Klaus Eidam ein.

Hanell arbeitete mit Stilparodien, schuf durch ritornellartig wiederkehrende Monologe des Melchior zu Beginn der drei Bilder einen musikalisch übergreifenden Zusammenhang, weitete einzelne Nummern zu Szenen.

Der Spott der Autoren gilt allzu befliessenen Staatsdienern, aber auch einem von staatlichen Hütern verwalteten Kur- und Kunstbetrieb.

Einem zügigen Handlungsverlauf steht im Wege, daß Hanell eine Thematik auf die Bühne brachte, die er bis dahin lediglich räsonierend in die Begleittexte zu seinen Opernschöpfungen einfließen ließ: den Stolz auf seine eigene, „von des Gedankens Blässe" nicht angekränkelte, dafür aber erfolgreiche Musik und seinen Hochmut gegenüber avancierter Musik. Mit der Gestalt des Fran Majir läßt er seinen Aversionen gegenüber den sogenannten Neutönern freien Lauf und stellt dar, daß solcherlei Komponisten nur Scharlatane sind und ihnen das Publikum in Scharen davonläuft.

Ausgaben Text In: Theater der Zeit, H. 1, Berlin 1983; KlA Henschelverlag Berlin 1982, aufgenommen in die Edition Peters Leipzig (EP 10 319)

Rechte Henschel Musik GmbH Berlin

Literatur Rezensionen der Uraufführung. In: Theater der Zeit, H. 1, Berlin 1983; Musik und Gesellschaft, H. 1, Berlin 1983

Jörg Herchet
28. September 1943

Geboren in Dresden, 1964-1967 Studium an der Hochschule für Musik Dresden (Violoncello bei Clemens Dillner, Komposition bei Paul Thilmann und Manfred Weiß), 1967-1969 Fortsetzung des Studiums an der Hochschule für Musik Berlin (Komposition bei Rudolf Wagner-Régeny und Ruth Zechlin, Chorleitung bei Fritz Höft), 1969-1970 Hilfskraft im Buchhandel, 1970-1974 Meisterschüler von Paul Dessau an der Akademie der Künste der DDR; seit 1974 freischaffend in Dresden.

Orchesterwerke und Konzerte, u.a. Komposition für Flöte und Orchester (1976), Komposition für Horn und Orchester (1980), Komposition 1 für Orchester (1982), Komposition 2 für Orchester (1983), Komposition 3 für Orchester (1989)

Kammermusik in unterschiedlichen Besetzungen, u.a. Komposition 1 für Flöte solo (1972), Komposition für Oboe und Sopran (1972), Komposition für Bratsche solo (1973), Komposition für zwei Violinen (1973), Komposition für Oboe und Bratsche (1973), Komposition für Flöte, Violoncello und Harfe (1974), Komposition für Violoncello solo (1975), Komposition für Kontrabaß solo (1976), Komposition für Fagott solo (1977), Komposition für Flöte, Oboe, Klarinette, Horn, Fagott und Klavier (1978), Komposition 1 für zwei Violinen, Viola und Violoncello (1980), Komposition für Oboe solo (1981), Komposition 2 für Flöte solo (1982), Komposition für Oboe, Englischhorn, Posaune, Klavier, Schlagzeug, Viola, Violoncello und Kontrabaß (1984), Komposition für Harfe solo (1984), Komposition 2 für zwei Violinen, Viola und Violoncello (1986)

Komposition 1 für Orgel (II: 1974, III: 1976, I: 1979, IV: 1980, V: 1982, VI: 1983, VII: 1985), Komposition 2 für Orgel (1988)

Vokalkompositionen: Komposition für Sopran, Bariton und zwölf Instrumente auf Texte von Jakob Böhme und Angelus Silesius (1975), Komposition für Posaune, Bariton und Orchester auf Texte von Jörg Milbradt (1977), ›Das geistliche Jahr. Bußkantate‹ – Komposition für Sopran, Alt, Bariton, Chor, Harfe, Schlagzeug und Orgel . Texte von Jörg Milbradt (1978), ›Das geistliche Jahr. Mariens Tempelgang‹ – Komposition für Sopran solo und Chor . Text von Jörg Milbradt (1981), ›Das geistliche Jahr. Mariens Geburt‹ – Komposition für Orgel, drei Frauenstimmen und Chor . Text von Jörg Milbradt (1985), ›Das geistliche Jahr. Kantate zum ersten Sonntag im Advent‹ – Komposition für Tenor solo, Kammerchor, großen Chor, Blechbläser, Schlagzeug und Orchester . Text von Jörg Milbradt (1986), ›Das geistliche Jahr. Kantate zum Sonntag nach Neujahr‹ – Komposition für Tenor, Cembalo, Oboe, Klarinette, Horn, Schlagzeug, Violine und Violoncello . Text von Jörg Milbradt (1989), ›Das geistliche Jahr. Verkündigung der Geburt des Herrn an die Jungfrau Maria‹ – Komposition für Sopran, Flöte, Oboe, Klarinette, vier Schlagzeuger, Klavier, Violine, Viola, Violoncello und Kontrabaß . Text von Jörg Milbradt (1990)

Bühnenwerke

Nachtwache _____ 1984-1987
Komposition für das Musiktheater
Text von Nelly Sachs

Nachtwache
Komposition für das Musiktheater
Text von Nelly Sachs

Entstehung 1984-1987

Personen

Heinz	Tenor
Peter	Jugendlicher hoher Bariton
Rosalie	Jugendlicher Alt
Anila	Hoher Sopran
Der Schmied	Baß
Ein Portier	Baß
Eine Krankenschwester	Hochdramatischer Sopran
Ein Arzt	Bariton
Ein Häscher	Sprechrolle
Fischfrau	Sopran
Ein Schornsteinfeger	Bariton
Herzbube	Hoher Tenor
Pikbube	Baß
Ein Knabe	Knabenstimme
Ein Blinder	Tenor
Lehrerfrau	Mezzosopran
Eine Alte	Hochdramatischer Sopran
Ein Henker	Baß
Sechs Studenten	Sopran, Mezzosopran, Alt, Tenor, Bariton, Baß
Chor der Gefangenen, Publikum	Sopran, Mezzosopran, Alt, Tenor, Bariton, Baß (auch zwölfstimmig)
Altarmund	Tonbandeinspielung

Orchester 2 Fl (beide auch Picc, II auch AFl), 2 Ob (II auch EH), 2 Klar (II auch Es-Klar), BKlar, ASax, 2 Fg (II auch KFg), 3 Hr, Trp, 2 Pos (II auch KbPos), Cel, Hrf, Kl, Slzg (5 Spieler): I: Glsp, 5 Tomtoms, 4 Cowbells, 3 Bck, Kettenrassel, sehr kleiner Amboß (mit II: Trillerpfeife); II: Xyl, 2 KlTr, 4 Tempelblocks, Peitsche, sehr großer Amboß, Trgl; III: 4 Pkn, RGl, 3 Holzblöcke, liegende Stahlplatte; IV: Mar, KlTr, 2 Bongos, 2 Maracas, 2 Trgl, Shellchimes, großer Amboß (mit V: GrTr); V: Vib, Rtr, Flex, Guiro, Nietenbecken, Reibtr, kleiner Amboß; II/III/IV/V: 3 Groups H d a, 4 Tt (sehr klein bis sehr groß), Plattenglocke C; Str
Bühnenmusik Slzg (1 Spieler): GrTr mit Fußmaschine, High Hat, 2 Bck (klein/groß), 3 Tomtoms, KlTr, 2 Bongos, Schtr, Holzblock; AFl, SSax, Fg; Vl, Hrf

Aufführungsdauer ca. 2 Std., 30 Min.

Handlung

Zeit und Ort der Handlung: Zeit und Ort der Aufführung.
1. Bild: Gefangene sind erschossen worden, liegen in Nacht und Kälte. Zwei davon sind nicht tot: Heinz klammert sich an seinen entfliehenden Atem, Peter an einen Namen, Anila. Über ihnen hängt ein Sack. Seufzer dringen daraus. Peter will den Sack abschneiden, aber er bedarf dazu der Hilfe von Heinz. Der aber flieht und läßt ihn im Stich. **2. Bild:** Heinz hat eine Zuflucht gefunden. Rosalie versteckt ihn: Der Kuhstall wird zum Ort der Geborgenheit. Sie beschützt ihn, auch vor ihrem eigenen Vater, dem Schmied. Vor Gewissensqualen kann sie ihn nicht behüten. Auch Heinz' Sehnsucht nach Anila bleibt ungestillt. **3. Bild:** Heinz geht einen Weg, der ist wie eine „Hand mit schwarzen Schattenlinien". Unterwegs begegnet er Peter, und es öffnet sich ihm eine farbige Welt, nach Peters Erklärung: „die Tür zur Nacht hinaus in fließendes Menschenleid", in dem Anila wohnt. Sie tritt aus ihrer Zelle hervor, aber verbirgt sich wieder. Heinz kämpft mit dem Portier, der Krankenschwester und dem Arzt, kann immer wieder zu Anila vordringen, verliert sie aber letztlich doch und findet sich (**4. Bild:**) in Rosalies Armen im Kuhstall wieder. Vater Schmied hat derweil im Auftrag der Henker die Gittertüren neu geschmiedet und sie höher gemacht. **5. Bild:** *Nacht, ein weißer Wald.* Hier hütet Rosalie in einem Sarg ihren Liebsten vor den Verfolgern, aber auch vor Anila, die Heinz aus seinem Versteck befreien will. **6. Bild:** Heinz flieht vor Rosalie. **7. Bild:** *Traumhafter Zirkus.* Häscher tanzen und animieren das Publikum zum Marschieren. Sie wenden zuerst List, dann Gewalt an. Ein „Altarmund" spricht. Ein Häscher verhilft Heinz zu einer Einsicht: Er ist Opfer und Täter zugleich, denn durch seine Feigheit wurde er zum Verräter am eigenen Bruder. Eine alte Frau bezeugt, daß man die trennende Wand zum Nächsten niederreißen kann, aber der Riß geht durch die eigene Haut. Ein Knabe hat seine tote Mutter aus dem Grabe zu holen versucht und flüchtet nun zu einer Fischfrau, sucht hier Wärme und Schutz; doch seiner mit Graberde beschmutzten Finger wegen stößt sie ihn zurück. Aber sie hat bereits einen Fleck auf dem Kleid, der nicht zu tilgen ist. Peter kauft ihr das Kleid allein des Flecks wegen ab und legt den Schmutzfleck, den Abdruck der Muttererde von des Kindes Hand, mitten in das Zirkusrund: das sei der Nabel der Welt. **8. Bild:** Heinz wandert in einem weißen, aus einer Hand gewachsenen Wald und will sich ins Universum fügen. „Peter erklärt ihm die Struktur der ›Nachtwachen‹-Musik: Der Fleck ist ein Fleck, auch ein Hase macht solchen Fleck in den Schnee, und die Sterne legen ihr Lächeln darauf. Der Henker beansprucht Dankbarkeit, denn aus der bösen Tat ist eine gute gewachsen. **9. Bild:** Vater Schmied hat das Gitter noch höher gemacht, nicht nur die Gefangenen, auch die Henker sollen nicht entkommen können. Er beschaut bewundernd sein Werk, derweil kriecht Heinz die Gitterstäbe hinan und bleibt an den Spitzen hängen. Tochter Rosalie kriecht Heinz hinterher.

Kommentar

Nelly Sachs begann ihre *Albtraum in neun Bildern* genannte ›Nachtwache‹ 1945, die Fertigstellung zog sich über anderthalb Jahrzehnte hin. Die Nachtwache ist ein literarisch-theatralisches Genre der Romantik, bestehend aus Handlungscollagen, Gesprächen, Selbstgesprächen, Traumschilderungen, Reflexionen, Reden coram publico. Entscheidend ist die Romantische Ironie und mit dieser zusammenhängend die Überzeichnungen und Übertreibungen. Es geht nicht um die Welt, wie sie sich darstellt, sondern vor allem um ihre verschwiegenen Schatten- oder Nachtseiten. Zur Tradition der Nachtwachen gehören Sebastian Merciers ›Träume und Visionen‹ (1768), William Blakes ›Die Hochzeit von Himmel und Hölle‹ (1793), Jean Pauls „Rede des toten Christus vom Weltgebäude herab, daß kein Gott sei" im ›Siebenkäs‹ (1796), Lichtenbergs ›Rede der Ziffer 8‹ (1799), Clemens Brentanos ›Godwie‹ (1804) und Bonaventuras ›Nachtwachen‹ (1804). Nelly Sachs hat dieses Genre zur Bewältigung des unsagbaren Grauens des von ihr durchlebten realen alltäglichen Faschismus aktiviert und ihrem Stück einen erläuternden Text beigegeben: „Der Mensch, das unentwirrbare Universum mit blutdurchlaufenen Sternstraßen, wird immer schuldig werden; das ist seine Tragik auf Erden. Warum? Darum! Der Grad seines Schuldanteils ist verschieden – je feiner veranlagt, je zerreißender sein eigenes Schuldgefühl.

Die wirklichen Henker der ›Nachtwache‹ morden, weil es ihnen aufgetragen – am Ende mit der Raubtierlockung, sich auf Hilflose zu stürzen. Mit dem Hintergedanken der Feigen, ungestraft zu bleiben.

Der Drahtzieher in diesem Marionettenspiel ist ER, der das Raubtier im Menschen weckte.

Um diese ausübenden Bösen gruppieren sich in der Zirkusszene die Pharisäer. Auch sie sind aktiv böse, obgleich sie nicht direkt morden. Da ist die Frau, die den Kinderfinger, den mit Graberde beschmutzten, zurückstößt – da sind die Häscher, die Studenten, die zynisch Furchtbares mit Worten und Gesten abspeisen – da ist die alte Zirkusreiterin, schon etwas feiner veranlagt, die im Anblick eines Häschers den früheren brutalen Geliebten erkennt und sich durch diese Liebe plötzlich schuldig fühlt an allem Geschehen. Da ist endlich die Hauptgestalt Heinz, der, angeschossen und eben dem Tode entronnen, mit seinem Freund aufwacht und sogleich an diesem Freund Verrat übt und wieder schuldig wird. An ihm wird nun versucht, die Tragödie eines inneren Schuldgefühls aufzuzeigen in all seinen Phasen bis zum Sühnetod.

Das Ganze gehüllt in den Albtraum einer Henkerzeit – unserer Zeit – wo der zum Untier herabgesunkene Mensch, aber auch der gutartige Durchschnittsmensch fortlaufend Böses muß gebären.

Das ewige Spiel von Jäger und Gejagtem, von Henker und Opfer wird ausgetragen auf innerster Ebene.

Pavel – der reine Mensch – der durch seine Umwelt zum Sterben verurteilt ist.

Jene furchtbare Frage, eine der Kernfragen der Menschheit, zieht sich durch das Ganze: Warum es des Bösen bedarf, um den Heiligen, den Märtyrer zu schaffen. Niemand wird darauf Antwort geben können – eher wird Mars oder Mond seine Rätsel preisgeben, ehe dieser ewige Seufzer der Menschheit seine Antwort findet." (Sachs 1962, S. 348 f.)

Jörg Herchet schloß die Komposition seiner Oper im Juni 1987 ab, den Text hatte er sich selbst eingerichtet. Worte, Metaphern, Bilder und Gegenbilder schaffen die Dynamik und innere Bewegtheit des dicht gebauten Stücks.

Der Komponist geht, Nelly Sachs folgend, auf eine universelle Deutung aus: Er setzt Mensch und Tier, Welt und Universum in Bezug, läßt extreme Ausnahmesituationen wie Flucht, Gefangenschaft, Verrat mit ganz alltäglichen sozialen Gegebenheiten wechseln, er geht darauf aus, die Spuren extremer Situationen im Alltagsgeschehen darzustellen.

Obgleich die einzelnen Situationen und Texte sich zueinander ergänzend, kommentierend, dialektisch verhalten, ist doch das Frauenbild dieser Oper dualistisch. Anila ist die Verkörperung der Frau als Geliebte, Rosalie die der Frau als Mutter. Anila verflüchtigt sich in die Freiheit des Wahnsinns und der Anarchie; Rosalie bleibt in der Ordnung. Ein ähnlicher Dualismus prägt auch das Verhältnis zwischen Peter und Heinz.

Der Text der Oper weist gegenüber dem von Nelly Sachs geringe Veränderungen auf; Pavel heißt bei Herchet Peter, der „Altarmund" bekommt in der Oper einen breiteren Raum. Neu ist, daß Peter Heinz die ›Nachtwachen‹-Musik erklärt (Szenenanweisung) und der Schluß, Heinz' Bekenntnis: „Soli Deo gloria".

Es gibt keine final-kausale Handlung, wichtig sind die Enklaven, die Einbrüche und die Ausbrüche ins existentielle Sein.

Die Musik schafft auf ihre Weise – nämlich vorwiegend strukturell – am Geschehen mit: Es kommt zu klaren Gliederungen und Kontrastierungen, aber auch zu Parallelisierungen durch Instrumentengruppierungen. Solistisches Musizieren und Tuttipassagen werden so zueinander in Beziehung gesetzt, daß sich darin das Verhältnis von Einzelnem, Welt und Universum spiegelt. Das betrifft auch den Charakter der Spielanweisungen: solistisches Musizieren mit klar konturierter Phrasierung und Tuttipassagen mit geräuschhaften Gebärden.

Die Musik fügt sich, im Ganzen wie im Detail, immer wieder zur Kreisform. Für das Zirkusbild verwendet Herchet zwei Zahlenreihen, die er, wie in der Partitur vermerkt, Dr. Christfried Brödel verdankt.

Nelly Sachs hat ihrem Stück einen Spruch Lew Tolstois vorangestellt: „Nur was in der Seele geschieht, verändert die Welt." Dieses Wort könnte auch für Jörg Herchet gelten, denn die ›Nachtwache‹ ist ein Bekenntniswerk in einem besonderem Sinne: „ich kann kunst nicht anders denn als religiös begreifen und üben. das bedeutet für mich als musiker: polyphonie ist die dem heutigen weltverständnis einzig gemäße gestaltungsform. dabei ist musik um so polyphoner, je vielsinniger ihr beziehungsgeflecht ist. (...) intensiviert heute polyphonie die wahrnehmung der zeitdimension, so führt sie auch zugleich weit tiefer ins räumliche, da sie wegen der kaum begrenzten möglichkeiten, strukturen zu setzen, eine wesentlich differenziertere mannigfaltigkeit erlaubt. zugleich liegt der weg offen, den raum der ordnungen zu durchschreiten und zu sprengen, denn sobald die bewegung ins unendliche dringt, wird das raumgefüge überschaubarer strukturen aufgehoben. das aber kommt wiederum einem triumph der zeit gleich, da die sprengung des geschlossenen raumes in der zeit geschieht und gleichsam nur noch die raumlos strömende zeit übrigläßt." (Herchet 1989, S. 10) Entstanden ist eine Oper, die Hörer wie Interpreten in einer wahrhaft unerhörten Art herausfordert. Die Uraufführung wünschte sich der Dessau-Schüler Jörg Herchet in der Regie von Ruth Berghaus, die dieses Werk 1990 an der Semperoper in Dresden herausbringen sollte. Die Uraufführung wurde im Frühjahr 1990 von der Dresdner Staatsoper abgesagt, es kam zu widerspruchsvollen Stellungnahmen in der Öffentlichkeit. Kurze Zeit später erklärte Udo Zimmermann, inzwischen Intendant der Leipziger Oper geworden, er werde dieses Werk in seinem Haus zur Uraufführung bringen.

Ausgaben KlA Deutscher Verlag für Musik Leipzig 1988

Rechte Deutscher Verlag für Musik Leipzig

Literatur Nelly Sachs: Nachtwache. Ein Albtraum in neun Bildern. In: Nelly Sachs. Zeichen im Sand. Die szenischen Dichtungen der Nelly Sachs, Frankfurt/Main 1962
Jörg Herchet: Das Sinnliche durchsichtig machen für das Ewige. Der DDR-Komponist im Gespräch mit Georg-Friedrich Kühn. In: Musik-Texte. Zeitschrift für Neue Musik, H. 3, Köln 1986; ders.: Polyphonie ist Aufgabe. In: Positionen. Beiträge zur neuen Musik, hrsg. von Gisela Nauck und Armin Köhler, H. 3, Edition Peters Leipzig 1989; ders.: Identifikation und Distanzierung. In: Positionen. Beiträge zur neuen Musik, hrsg. von Gisela Nauck und Armin Köhler, H. 5, Edition Peters Leipzig 1990

Antje Kaiser: Komposition und Unterricht. Schaffenshaltung und Lehrmethode von Jörg Herchet. In: Musik und Gesellschaft, H. 6, Berlin 1987; dies.: Musiktheater-Werke von Jörg Herchet, Jakob Ullmann und Siegfried Matthus. In: Musik und Gesellschaft, H. 10, Berlin 1989; dies.: ›Albtraum‹ – Zur Absetzung einer Uraufführung in der Semperoper. In: Musik und Gesellschaft, H. 5, Berlin 1990; dies.: Werkinterpretationen. Zur ›Nachtwache‹ von Jörg Herchet. In: Positionen. Beiträge zur neuen Musik, hrsg. von Gisela Nauck und Armin Köhler, H. 5, Edition Peters Leipzig 1990; Armin Köhler: Einheit und Mannigfaltigkeit. Fragmentarische Gedanken zum Schaffen Jörg Herchets. In: Positionen. Beiträge zur neuen Musik, hrsg. von Gisela Nauck und Armin Köhler, H. 6/7, Edition Peters Leipzig 1991

Thomas Heyn
14. November 1953

Geboren in Görlitz, wirkte als Autodidakt in Singeklubs und Amateur-Tanzkapellen, 1974-1980 Studium an der Hochschule für Musik Leipzig (zunächst Gitarre, ab 1975 Komposition bei Carlernst Ortwein, später bei Siegfried Thiele, 1977-1979 Mendelssohn-Stipendium). 1981-1983 Meisterschüler an der Akademie der Künste der DDR bei Siegfried Matthus.
1980-1986 Assistent bzw. Oberassistent für Komposition, Chorsatz und Arrangement an der Hochschule für Musik Leipzig, Leiter der Abteilung Tanz- und Unterhaltungsmusik, seit 1986 freischaffend in Leipzig. 1990 Vizepräsident des Verbandes deutscher Komponisten e.V.
1987 Hanns-Eisler-Preis des Rundfunks der DDR
Klavierkompositionen, Orchesterwerke, Lieder, Chöre und größere Vokalkompositionen, u.a. Vier aphoristische Lieder auf Texte von Anna Achmatowa für Mezzosopran und Gitarre (1980), ›Parodien à la Klassik‹ – Zehn Fernsehsatiren für Sopran und Orchester (1981), ›Anstoß‹ – Szene für großes Orchester (1982), Träumerei und Jazztoccata für Klavier (1982/88), Fünf Chorsätze nach Luther-Melodien für Chor a cappella (1983), ›Auf der Haut der Trommel‹ – Oratorium für Sopran, Bariton, Chor und Orchester . Text von Agostinho Neto (1983), Concerto grosso I für Violine, Oboe, Horn, Fagott, Vibraphon und großes Orchester (1986), Drei jiddische Gesänge für Stimme und zehn Streicher (1986), Leipziger Liederbuch (1987), Drei Etüden für zwei Gitarren (1988), Konzert für zwei Violinen und Orchester (1989)

Bühnenwerke

Ich ist ein anderer. Rimbaud _____1983-1984
Szenische Kammermusik_____UA 1984
für einen Schauspieler, eine Sängerin,
eine Pantomimin und Instrumentalensemble
Text von Ralph Oehme

Krischans Ende_____1982-1986
Oper_____UA 1987
Text von Ralph Oehme

Marsyas oder Der Preis sei nichts Drittes_____1985/1988
Stück für Musiktheater_____UA 1986/1989
frei nach Franz Fühmann
Text von Ralph Oehme

Eene Beene Bilderbogen_____1987
Ein Ballett-Pasticcio mit Gesang_____UA 1987
in zehn Bildern
Libretto von Stefan Lux

Krischans Ende
Oper
Text von Ralph Oehme

Entstehung 1982/1983-1984/1986

Uraufführung 15. Oktober 1987 Theater Stralsund

Personen

Krischan	Bariton
Luise	Sopran
Sophie	Mezzosopran
Ziegler	Bariton
Mutter Krischans	Tiefer Alt
Gottlieb	Knabenstimme
Geheimrat	Baß
Wirt	Bariton
Ein Adliger	Tenor
Überlebensgroß Herr Tieck	Tenor
Auktionator	Bariton
La liberté	Tänzerin
Vier Bürger	Tenor, Tenor, Bariton, Baß
(Erster, dritter und vierter Bürger auch Echo)	
Drei Fremde	Tenor, Bariton, Baß
Drei Bürgerinnen	Sprechrollen
Stimmen über Tonband:	
Eine Stimme	Sprechrolle
Notar	Sprechrolle
Kutscher	Sprechrolle
Krischan	
Luise	

(Geheimrat und vierter Bürger können mit einem Sänger besetzt werden)

Orchester Blockfl oder Triola, 2 Fl (alle auch Picc), 2 Ob (II auch EH), 2 Klar, 2 Fg, 2 Hr, 2 Trp, 2 Pos, Tb, Hrf, Slzg (2 Spieler): Xyl, Vib, Glsp, Pkn, Peitsche, KlTr, GrTr, Bongos, Tt, High Hat, versch. Bck, Trgl, Gong, Rumbakugeln; für 7. und 18. Szene: Bongo, Trgl, Kette, Ratsche, Becklein, Klangholz, Bar chaines, Schellenring; Str

Aufführungsdauer 1 Std., 50 Min.

Handlung

1. Szene (Ritornell I). *Postsäule. Abend.* Während der Szene ist niemand auf der Bühne. Der Spielraum wird signalisiert: Horn vor der Bühne und Horn hinter der Bühne. Sie intonieren den Luther-Choral: „Christ lag in Todesbanden". An diesem Schnittpunkt von Ruf und Echo steigt einer aus der Kutsche. Ankunft. Wer und wo? **2. Szene:** *Gasthof „Zur Post".* Ein Mann leert sein letztes Glas in Deutschland und parliert in der Sprache der weiten Welt: englisch. Deutsch schallt's ihm vielstimmig entgegen: das Lob des Vaterlandes, des wunderschönen Lippe-Detmold. Ein anderer Mann kehrt heim aus der weiten Welt. Der eine geht, der andere kommt: Ziegler und Krischan. Sie sind Freunde und erkennen sich am Wahlspruch, die Aristokraten zu hängen: „Ça ira". Französisch ist im deutschen Wirtshaus verboten. Krischan stimmt sich auf das detmoldische Deutsch ein. **3. Szene:** *Postsäule. Nacht.* Zwei Männer, zwei Lebensläufe: Ziegler will hinaus in die Welt und das Große anfangen. Krischan will zurück ins Ehebett und das ihm Mögliche tun: Dichten. Gehen oder bleiben, wegsehn oder zusehn. Zieglers Konsequenz: Wer weggeht, sieht zu. Er bleibt. **4. Szene:** *Luisens Zimmer.* Die verlassene Frau ist kompromißbereit, und Krischan kriecht bei Luise unter. **5. Szene:** *Nacht. Ein Fenster.* Die Magd Sophie im Aufbruch, gemeinsam mit Ziegler will sie weg von Detmold. Doch Ziegler bleibt. Sophie auch. **6. Szene:** *Morgen. Küche.* Die Mutter träumt von der Heimkehr des verlorenen Sohnes: „Erschienen ist der herrlich Tag". **7. Szene:** *Baum.* Krischan und Luise versuchen, das verlorene Paradies neu zu installieren. Ziegler spielt den Versucher: Er hat im Wirtshaus eine Dichterlesung organisiert. *Verwandlung 1: Überlebensgroß Herr Tieck:* Den Debütanten überfallen Zweifel, schon einmal wurde Krischan vom großen Meister Tieck gedemütigt. **8. Szene:** *Gasthof „Zur Post".* Krischan liest aus der ›Hermannsschlacht‹. Keiner versteht ihn, nur Sophie ahnt etwas. Die Frage eines Kindes und Sophies Antwort darauf bringen's an den Tag: Der Dichter ist ein Aufwiegler. Die Bürger rücken von ihm ab. **9. Szene:** *Ein Baum.* Das Kind Gottlieb steht auf dem Kopf und entdeckt dabei, daß in den Baum Initialen eingeritzt sind: C D G. „Geh", ruft das Echo, und Krischan bezieht es auf sich: Sein Dichten ist hier nicht gefragt. **10. Szene:** *Sophies Kammer.* Bei Sophie hat die Lesung aus der ›Hermannsschlacht‹ Mut, bei Ziegler Angst hervorgerufen. **11. Szene:** *Postsäule. Nacht.* Ziegler will Krischan aus Detmold weghaben. Krischan aber bleibt, denn in der großen wie in der kleinen Welt findet der gleiche Ausverkauf der Ideale statt. *Verwandlung 2: Versteigerung.* „La liberté tanzt striptease". **12. Szene:** *Spaziergang.* Zwei Paare, die sich zum Quartett finden. Äußere Harmonie, inneres Zerwürfnis. Krischan verletzt die Konvention, beleidigt einen Mann von Adel. Trennung der Paare. Krischan steigt aus und wird für verrückt erklärt. **13. Szene:** *Küche.* Krischan bei seiner Mutter. **14. Szene:** *Gasthof „Zur Post".* Fremde auf der Durchreise. Ziegler hat sich zum Judas machen lassen, führt die Fremden und Krischan zusammen, um das Gespräch auszuhorchen. Die Fremden fliehen, fordern Krischan auf, ihnen zu folgen. Ziegler verhindert es, indem er den Freund alkoholisiert, und erhält dafür seinen Judaslohn: einen Archivarposten. **15. Szene** (Ritornell II) *Beim Notar.* Die Bühne ist leer. Der Luther-Choral „Christ lag in Todesbanden" als Spieldosenmusik, übertönt von lautem Schreibmaschinengeklapper. Luise beantragt die Scheidung. **16. Szene:** *Teutoburger Wald. Eine Anhöhe.* Krischan in der Szenerie seines eigenen Dramas. Hier warten die Fremden auf ihn, er folgt ihnen, kann aber ihr Tempo nicht halten und bleibt liegen. **17. Szene:** *Luisens Zimmer.* Der Geistesriese will zurück ins Ehebett. Es wird ihm versagt. Er ahmt seine Helden nach und wird gewalttätig. **18. Szene:** *Postsäule. Nacht.* Ziegler hat als Archivar das Glück nicht gefunden. Selbstmord. **19. Szene:** *Luisens Zimmer. Nacht.* Luise findet ein zerstörtes Ehebett, darin ihren scheinbar toten Ehemann, und frohlockt: endlich erlöst. Da schickt ihr der Geschlagene alle seine Helden auf den Hals: Napoleon, Alexander, Hermann. Luise singt ihm ein Wiegenlied: Der Mensch wird nicht zum Helden geboren, nackt kommt er und nackt geht er wieder. **20. Szene:** *Luisens Zimmer. Am Morgen.* Krischan von Luise verlassen, sucht bei der großen Mutter Schutz: „Deutschland, verlaß mich nicht". Sophie geht fort. Ihr hat er die Augen geöffnet. Sie dankt ihm. Krischan stirbt. Die Tonbandstimme des Knaben Gottlieb wiederholt Krischans Vermächtnis: „Noch haben wir sie nur zurückgeschlagen, nicht überwunden (...) Verlören wir, sie rotteten ganz Deutschland aus und machten es zur Kolonie." Diese Worte eines Zwerg-Riesen im Kopf und im Gedächtnis eines Kindes?

Kommentar

In seiner ersten Oper stellt sich Thomas Heyn dem Problem des menschlichen Harmoniebestrebens. Er definiert es gemeinsam mit seinem Librettisten Ralph Oehme als ein existentielles Bedürfnis und will es keinesfalls diffamiert wissen. Das Werk entstand 1982 für den Kammeropernwettbewerb in Dresden und wurde dort auch mit einem Preis ausgezeichnet.

Damals war die Fabel noch ganz auf eine biographische Studie der letzten Tage des Dichters Christian Dietrich Grabbe hin ausgerichtet, Anregung hierzu hatte der gerade erschienene Roman ›Grabbes letzter Sommer‹ des westdeutschen Autors Thomas Valentin geboten.

Heyn entwarf 1983/84 eine zweite Fassung für großes Orchester, die er musikalisch wie textlich mit Siegfried Matthus (seinem Mentor an der Akademie der Künste der DDR) diskutierte. Heyn legte die Oper nun nach eigener Aussage „durchweg zwölftönig" an; dadurch war sie zwar „logisch und klar motiviert. Eine Station folgte der anderen ohne Überraschungen: gute, saubere Arbeit, aber kein interessantes Theater" (Heyn 1985, S. 82).

Zu einer dritten Überarbeitung und Fassung kam es 1986, als sich das Theater Stralsund für die Uraufführung interessierte. Die Biographie Grabbes trat nun in den Hintergrund. Dafür wurden stärker politische Aspekte herausgearbeitet, wie sie in der DDR auf der Tagesordnung standen: der Konflikt zwischen Bleiben oder Weggehen, eine unerträgliche Situation auszuhalten oder zu fliehen.

Der Komponist selbst drängte auf die Herausarbeitung solcher für die junge Generation bedrängenden Situationen. Entsprechend wurde das Libretto nach seinem Erstabdruck in Heft 7 von *Theater der Zeit* 1985 – während der Erarbeitung der dritten Fassung modifiziert. Das betrifft schon die erste Szene, vom Komponisten als Ritornell I bezeichnet, wo weniger ein theatralisch konkreter Ort imaginiert wird als vielmehr ein Spielraum für die Gedankenkonstruktion Gehen oder Bleiben. Der ursprüngliche lange Dialog zwischen Kutscher und Reisendem ist nicht nur auf zwei Sätze gekürzt, es hat darüber hinaus auch keine Aktion auf der Bühne stattzufinden. Der Komponist vermerkt ausdrücklich, daß die Bühne leer zu sein hat, der Dialog wird über Tonband eingespielt und als akustische Hintergrundfigur behandelt. Der akustische Vordergrund und damit das Hauptereignis besteht aus einem Dialog zwischen zwei Hornsoli, wobei der eine Hornist in freier Rhythmisierung den Luther-Choral „Christ lag in Todesbanden" im Orchester, das heißt v o r der Bühne, zu intonieren hat, der andere Hornist h i n t e r der Bühne darauf zu antworten und die Choralmelodie zu figurieren hat. Das Horn signalisiert das Motiv des Reisens, des Unterwegsseins, der Ankunft und Abreise. Vor diesem Hintergrund erst erklärt sich der Begriff Ritornell, den der Komponist für den Beginn seiner Oper gewählt hat: Solche Ankünfte gab es schon früher und wird es auch immer wieder geben. In der langen Kette von Weggehenden und Zurückkehrenden ist dieser noch unbekannte ankommende und aussteigende Mann nur einer von vielen.

Der Luther-Choral taucht dann ein zweites Mal im Ritornell II wieder auf, erklingt dann aber unmetrisiert, in der Manier einer Spieldosenmusik, unterbrochen von Schreibmaschinengeklapper. Nach Krischans Tod, am Ende der Oper, erscheint der Luther-Choral, dieses Ritornell der Sehnsucht nach Harmonie, ein weiteres und letztes Mal. Aber in der allgemeinen Regression versagen sich auch diesem Choral „immer mehr Töne – eine Quarte bleibt als nicht mehr auflösbarer Rest zurück" (Heyn 1985, S. 63). Mit unterschiedlichen Gestaltungsmitteln arbeitend, hat Heyn drei klar voneinander abgehobene stilistische Bereiche angelegt: Collagen verschiedener musikhistorischer Dokumente, drei voneinander abgeleitete Zwölftonreihen sowie Genrezitate wie Polka, Marsch und Galopp. Zu den zitierten musikhistorischen Dokumenten gehören der Luther-Choral „Christ lag in Todesbanden" (1524), das Kirchenlied „Erschienen ist der herrlich Tag" von Nikolaus Hermann (1560), das französische Revolutionslied „Ça ira", das westfälische Volkslied „Lippe-Detmold", der Jägerchor aus dem ›Freischütz‹, die Volksweise „Ein Männlein steht im Walde" und das Lied „Ach du lieber Augustin".

Heyn verwendet eine Kompositionsmethode, die an den Rändern des zusammenstoßenden divergierenden Materials musikalisch-dramaturgische Bedeutungen schafft. So kommt es bereits in der zweiten Szene zur Konfrontation der ersten Zwölftonreihe mit dem extremen Gegensatz, dem Solfeggio des Chores. Das textlich und musikalisch um den Refrain des Jägerchores erweiterte westfälische Volkslied „Lippe-Detmold" wird mit dem zweiten Zwölftonkomplex zur Reibung gebracht. Das „Ça ira" wird durch seine raffinierte Umdeutung in die Volksweise „Ein Männlein steht im Walde" kommentiert.

Heyn hat Krischan nicht als einschichtige Figur angelegt, sondern ihn sehr wohl mit kritischen Aspekten versehen. Das „Ça ira" spielt dabei eine entscheidende Rolle. Das Lied geht zum ersten Mal hörbar in Stücke, wenn Ziegler seinen Freund verrät, und es verliert seine Gestalt, seine Melodie, seinen Rhythmus und verweht in der Ferne, wenn Krischan seine zurückgehaltene Aggressivität austobt und sie gegen die eigene Frau richtet.

Eine komplementäre Sicht auf das Geschehen wird wesentlich durch eine Kindergestalt, den Knaben Gottlieb, eingeführt. Gottlieb erscheint das erste Mal in der sechsten Szene, wenn Krischans Mutter in der morgendlichen Küche das Kirchenlied „Erschienen ist der herrlich Tag" exerziert. Da versucht das Kind die Melodie mitzuhalten, verliert aber alsbald den Faden, das heißt Töne und Melodie. Aus der Kinderperspektive wird auch die Wirtshausszene zur Explosion gebracht, wenn der Dichter, zuerst gar nicht, dann richtig verstanden, als Aufwiegler und Jakobiner von den Detmolder Bürgern verstoßen wird. Dann ertönt quasi als kindlicher Kommentar zweimal im Orchester das „Ach du lieber Augustin, alles ist hin". Aus der Perspektive des Kindes, nämlich mit dem Kopf nach unten, wird Verborgenes in der Welt kund: Gottlieb erkennt des Dichters Initialen C D G (9. Szene). Und nicht zufällig hat Heyn die letzten Worte der Oper, einen höchst fragwürdigen Text aus der ›Hermannsschlacht‹, dem Kind Gottlieb in den Mund gelegt. Wie am Anfang, kommt auch dieser Text über Tonband aus dem Off. Die musikalisch komplexe Struktur zerfällt, das Ritornell klingt wieder auf, zerfällt aber ebenfalls bis auf den letzten unauflösbaren Rest, die Quarte, das Rufintervall. Dieser Ruf jedoch bleibt, ganz im Gegenteil zum Anfang, ohne Echo, ohne Antwort. Krischans Frau Luise und die Magd Sophie sind als Kontrastfiguren angelegt. Heyn arbeitet bei Luise mit Elementen des deutschen Volksliedes, indem er dessen Melodik, Rhythmik und Harmonik, das tonale Umfeld sowie den periodisch-symmetrischen Bau nachgestaltet. Die Möglichkeit, diese Art der musikalischen Harmonie auch kritisch oder distanziert zu bewerten, erhält der Hörer nicht durch eine musikalische Entlarvungstechnik, sondern durch die komplementäre Figur Sophie. Gehört die vierte Szene ganz der Luise mit ihren liedhaften, ruhig auf- und abschwingenden Melodiebögen, so bringt die darauffolgende Szene den Kontrast: Sophie mit ihrer zerrissenen extremen Intervallik, der unregelmäßig pulsierenden Rhythmik und dem freitonalen Umfeld. Im A-cappella-Quartett der Hauptfiguren wird dieses Harmoniestreben potenziert (12. Szene), bekommt hier aber seine kritischen Aufblendungen durch den Text der davor, dazwischen und danach gesprochenen Bürger-Kommentare. Das Harmoniebedürfnis ist durch die Umwelt gefährdet. ›Krischans Ende‹ ist eine Oper über die Unmöglichkeit einer „Harmonie als Dauerzustand" (Heyn 1985, S. 63) und über das „kreatürliche Bedürfnis" (Oehme 1985, S. 61) nach Harmonie. Nicht von ungefähr treffen daher der Dichter und seine Frau in der siebten Szene unter einem Baum zusammen, denn Zahl und Ort sind nicht zufällig. Sie verweisen auf den siebten Tag der Schöpfung und den Baum der Erkenntnis, schließlich auch auf das verlorene Paradies. Und im Duett beider fließen der Luther-Choral und Luises Lied zusammen.

Mit biblischen Motiven ist das Werk übrigens insgesamt durchflochten: Neben dem Baum der Erkenntnis und damit im Paradies tritt Ziegler als Versucher auf, später wird er zum Judas und begeht wie dieser Selbstmord.

Thomas Heyn verwendet die zitierten musikhistorischen Dokumente als statische, im wesentlichen unveränderte Größen, als eine Art von „Lautsouvenirs" (Schafer 1988, S. 293). Das einzelne Zitat bleibt in seinem Wesen unangetastet, geht keine Verbindungen mit dem Umfeld ein. Es erinnert fast ausschließlich an Vergangenes, macht auf Verluste, nie auf Gewinne aufmerksam. Das gilt zentral für das Zitat des „Ça ira", seinen Einsatz wie für seine kompositorische und dramaturgische Behandlung. Insofern es um Desillusionierung und Verlust von physischer wie psychischer Lebensmöglichkeit geht, was alle Figuren bis auf Sophie und das Kind betrifft, erfüllt das „souvenirhaft" eingesetzte musikhistorische Dokument eine wesentliche und konkret musik-dramatische Funktion: „Zunächst scheint es paradox zu sein, daß die meisten Menschen in einer dynamischen und revolutionären Ära die Musik vergangener Zeiten vorziehen. Doch löst sich dieses scheinbare Paradox mit der Erkenntnis auf, daß für die Mehrheit der Menschen heute Musik nicht mehr als die Antenne des Geistes funktioniert, sondern als Empfindungsanker und Stabilisator gegen die Zukunftsangst" (Schafer 1988, S. 154). Dementsprechend behandelt Thomas Heyn die von ihm zitierten Dokumente wie musikalische Artefakte, die vom Verschwinden bedroht sind, und an einem von ihnen – dem Lied „Ça ira" – stellt er das Verschwinden auf exemplarische Weise dar.

Eine zweite Inszenierung erlebte ›Krischans Ende‹ 1989 am Theater der Stadt Plauen.

Ausgaben Text In: Theater der Zeit, H. 7, Berlin 1985; KIA Edition Peters Leipzig o.J.

Rechte Edition Peters Leipzig – Musikverlag C.F. Peters Frankfurt/Main

Literatur Thomas Heyn: Das Spektrum der ganzen klingenden Musik, Ralph Oehme: Biographisches allenfalls als Folie. In: Theater der Zeit, H. 7, Berlin 1985; Markwart Grundig / Reinhard Schmiedel: Über Ende und Anfang – zur Dialektik in unserer Oper, Jenny Rautenberg: Empörung – Verzweiflung – Hoffnung. In: Programmheft Theater Stralsund 1987; Thomas Valentin: Grabbes letzter Sommer. Roman, Frankfurt/Main · Berlin · Wien 1980, Berlin und Weimar 1981; Murray Schafer: Klang und Krach. Eine Kulturgeschichte des Hörens, Frankfurt/Main 1988
Rezensionen der Uraufführung. In: Theater der Zeit, H. 1, Berlin 1988; Musik und Gesellschaft, H. 1, Berlin 1988

Marsyas
oder Der Preis sei nichts Drittes
Stück für Musiktheater
frei nach Franz Fühmann
Text von Ralph Oehme

Entstehung 1985/1988

Uraufführung 28. Januar 1986 Kammermusiktheater Leipzig in Weimar
28. Januar 1989 Staatsoper Dresden – Kleine Szene
(Neufassung)

Personen
Vorsänger_____Bariton
Marsyas_____Sprechrolle
Apollon_____Bariton/Sprechrolle
Euterpe/Anna Karenina_____Sopran
Melpomene/Julia Capulet_____Mezzosopran
Kalliope/Marylin Monroe_____Tiefer Alt

Orchester Kl, Cemb und Syn, Slzg (1 Spieler), Vl, Kb,
Tonbandeinspielungen, Filmprojektionen

Aufführungsdauer 1 Std., 20 Min.

Handlung
Ein Vorsänger erinnert an den Mythos von Marsyas, der die von Athena verfluchte Flöte fand und sich damit nach Phrygien begab, von dessen Bergen allein noch der Klageruf trojanischer Frauen widerhallt.

Marsyas – nun gegenwärtig – will in seinen Kreis alle jene ziehen, denen der „Arsch näher ist als der Kopf". Aus dem Schatten treten Julia Capulet, Anna Karenina und Marylin Monroe. Sie zerstören ihre in Jahrhunderten von Männerphantasien entworfenen Bilder. Marsyas läßt sich auf die neuen Geschichten der Frauen ein, aber der Vorsänger besteht auf der alten Überlieferung.

Doch sprengt Marsyas – gemeinsam mit den Frauen, jetzt als den drei apollinischen Musen – den Rahmen des Herkommens: „Ich bin die Trommel, ich bin das Gras, ich bin die Stille, ich bin der Schrei."

Der Vorsänger muß erneut eingreifen und die alte Geschichte vorantreiben. Marsyas hat Apollon zum Wettstreit zu fordern; der Gott warnt den Silenen mit Traumgesichten: Er zeigt ihm die ewige Wiederkehr des Schmerzes, der das Fleisch erfaßt und den Willen abtötet, er imaginiert eine Horrorvision: ›Erlkönig‹. Marsyas begreift den Sinn der Warnung nicht. Apollon stellt sich dem Wettkampf. Die Musen als Schiedsrichter sind jetzt Geschöpfe der Vernunft, also Geist von

Apollons Geist. Euterpe, die Muse des Flötenspiels, gibt die Satzung an: Jede Äußerung hat dem Lobe Zeus' zu gelten. Apollon macht Musik zur Sprache der schönen Erinnerung: Schumanns ›Träumerei‹ – Marsyas hingegen fällt auf das musikalische Einmaleins, den Rhythmus, zurück. Apollon behauptet im zweiten Gang Klassizität, Marsyas hingegen springt mit Rock-Rhythmen ins 20. Jahrhundert. So gewinnt er die Musen. Das wird von Apollon als ein Betrug gewertet, der Sieg für null und nichtig erklärt. Ein zweiter Waffengang: Kalliope, die Muse der Dichtung, fordert, sich im neuen Heldenepos zu messen: Science Fiction. Apollon bringt seine Phantasien aufs Maß und in die vorgegebene Zeit. Sein neuer Held ist der Bezwinger des Mondes. Marsyas' Phantasien aber ufern aus, geraten zu apokalyptischen Visionen. Er kann die vorgegebenen drei Minuten Redezeit nicht einhalten und verletzt darüber hinaus die Gebote der Wohlanständigkeit. Kalliope muß Apollon zum Sieger erklären.

Apollon, der Sieger, läßt den unsterblichen Halbgott Marsyas bei lebendigem Leibe häuten, um den Sitz der Seele und der „Überhebungskraft" zu finden.

Melpomene, die Muse der Tragödie, gibt dem leidenden Fleisch ihre Stimme. Der Chronist hingegen beschreibt die Häutung ausführlich und erbarmungslos: Die Stimme der neuen Wissenschaftlichkeit ist lauter als die des Mitleids, der Arzt auf der Intensivstation, beim Tierversuch, bei der Vivisektion, das kalte Skalpell im heißen unbetäubten Fleisch. Ein einfacher Klang, herübergeweht von den Bergen Phrygiens, läßt das Fleisch wieder in seine Hülle zurückkehren. Die drei Musen halten den Mythos an: Es bleibt das zitternde Fleisch angesichts der kalten Messer. Kein Happy-End, sondern der Stachel im Geist, das Messer im Fleisch.

Kommentar

Franz Fühmanns Erzählung ›Marsyas‹ entstand 1977 und ist Heinrich Böll gewidmet. Ralph Oehme unternahm den kühnen und interessanten Versuch, den Gehalt dieser Erzählung in eine dramatische Form zu übertragen. Dabei entstand eine Mischform, die ähnlich wie Strawinskys ›Geschichte vom Soldaten‹ Gesang, gesprochenes Wort, Tanz und Pantomime (hier noch zusätzlich Tonbandeinspiel und Filmeinblendungen) miteinander verbindet. Innerhalb des kleinen Kammerensembles hat der Synthesizer außerdem die Klänge verschiedener anderer Instrumente, wie Flöte, Hammondorgel oder Kirchenorgel, nachzuahmen.

Franz Fühmann machte 1974 in seiner vor Studenten der Humboldt-Universität Berlin gehaltenen Vorlesung „Das mythische Element in der Literatur" auf das ihm Wesentliche am Mythos von Marsyas aufmerksam: Hier werde auf exemplarische Weise der „Grundwiderspruch des Menschen, Natur- und Gesellschaftswesen zu sein" dargestellt (Fühmann 1983, S. 94); dabei mache der Mythos eindringlich auf Realität aufmerksam, weil in ihm keine Unterscheidung zwischen äußerer und innerer Wirklichkeit getroffen werde, vielmehr spiegele das Innere das Äußere und das Äußere das Innere wider (vgl. Fühmann 1983, S. 113).

Und ein zweites Element war für Fühmann wichtig geworden. Er hatte, dem Prometheus-Mythos nachforschend, die Entdeckung gemacht, daß es keine

„Urformen" eines Mythos gebe, sondern nur „jeweils konkrete Gestaltungen einer bereits existierenden Vorlage, die sich abermals nur als Gestaltung von bereits früher Vorhandenem" erweist (Fühmann 1983, S. 101). Mythos ist immer nur e i n e Station innerhalb der vielen Interpretationen, Umwandlungen und Umformungen e i n e s vergleichbaren menschlichen Grunderlebnisses.

Diese zwei Eigenheiten des Mythos – die Widerspiegelung der äußeren und inneren Welt sowie die vielschichtige Ablagerung eines Grunderlebnisses – wurden auch auf das kleine Opernwerk übertragen. In immer neuen Ansätzen versucht hier ein Vorsänger, den Mythos in einer linear-finalen Folge zu erzählen. Das gelingt ihm so ziemlich, aber die von ihm zitierten Gestalten machen sich selbständig, brechen aus dem Zeitrahmen, aus der bekannten Interpretation aus und bringen ihre eigenen Ansichten ein. Der Konflikt zwischen dem auf dem Mythos insistierenden Vorsänger und den von ihm zitierten und sich verselbständigenden Gestalten konstituiert Sinn und Abfolge der Handlung, gibt den Vorgängen – so überraschend sie auch immer sein mögen – das Gerüst. Entsprechend hat Heyn dem Vorsänger nach dem Ritornell-Prinzip in der ersten und fünften Nummer die gleiche Musik gegeben, um Beharren auch musikalisch herauszuarbeiten.

Die Musik der drei Musen beginnt, lange bevor sie auf der Bühne zu sehen sind, wenn der Vorsänger davon berichtet, daß in Phrygiens Bergen noch die Klage der trojanischen Frauen widerhallt. Der Klagegesang – wiederholte abfallende Sekundschritte – bleibt als musikalische Hintergrundfigur auch in der ersten Szene des Marsyas erhalten, bis sich die trojanischen Frauen quasi aus dem Schatten dieser Klage lösen und in neuer Gestalt hervortreten: als Julia Capulet, Anna Karenina und Marylin Monroe, die jungfräuliche Geliebte, die Ehebrecherin und der Vamp. Hier kommt es zu jenen für das Werk typischen Brüchen. Marsyas läßt sich auf die Frauen ein, aber der Vorsänger fordert energisch den alten Mythos, und dies im Eislerschen Songstil.

Die Frauen und Marsyas kehren also wieder in den Mythos zurück und erproben nun als Musen, wie das Abgetrenntsein des Menschen von der Welt und den anderen Lebewesen zu überwinden sei. Das ist eine alte Sehnsucht. Gemeinsam tanzen sie, flüstern, sprechen, schreien das Unmögliche heraus, beschwören die Einheit von Subjekt und Objekt, von Ich und Welt. Sie selbst wollen die Einheit der Gegensätze sein: „Ich bin die Trommel, ich bin das Gras, ich bin die Stille, ich bin der Schrei ...". Nicht zuletzt durch hinzutretende Polyrhythmik kommt es zu dichten musikalischen Strukturen, hier bildet sich auch, von einem Violinsolo eingeleitet, von Klavier und Fagott wiederholt, eine einprägsame Spielfigur, die am Schluß der Oper wiederkehrt und veranlaßt, daß Marsyas Fleisch wieder in seine Hülle zurückkehrt. Zum Signum der Traumerzählung, mit der Apollon Marsyas warnt, hat Heyn ein Zitat aus Franz Schuberts ›Erlkönig‹ gewählt. Auf dem Höhepunkt des Traumes, wenn der kranke Sohn sich in den Armen des Vaters vor Schmerzen windet, wenn Vater und Sohn, wenn seelischer und fleischlicher Schmerz untrennbar geworden sind, gibt es ein Trommelsolo, den musikalischen Verweis auf die Evokationen der stattgehabten „Überhebung": „Ich bin die

Trommel, ich bin das Gras ...": Jetzt ist der trommelnde, wahnsinnig hämmernde Schmerz gemeint. Und nicht zufällig zitiert Heyn aus Schuberts ›Erlkönig‹ jene ostinate Baßfigur, ist doch dieses Lied ein Beispiel dafür, wie inneres und äußeres Geschehen ineinander umschlagen, wie das eine zum Geheimnis des anderen wird.

Die Wettkampfszene ist stark von zitathaften Elementen geprägt. Heyn hat dem musikalischen Wettstreit folgende musikalische Idee unterlegt: Apollon hat den Versuch zu unternehmen, Musik zum Ausdruck des Geistes, der Vernunft, zum Sprachrohr abgeklärter Erinnerungen zu machen. Entsprechend improvisiert er über Robert Schumanns ›Träumerei‹, während Marsyas aufs rhythmische Element zurückgeht. Im zweiten Waffengang beharrt Apollon auf klassizistischer Geste, während der Silene den Rahmen der Geschichte und auch der Gattung sprengt, ins 20. Jahrhundert und von der sogenannten E-Musik in die U-Musik springt, mit Rock-Rhythmen und modernem Sound zieht er die Musen auf seine Seite. Bleibt im Wettkampf, dem Mythos getreu, Apollon der Sieger, so wird zum Schluß der Mythos noch einmal aufgebrochen, neu und anders als herkömmlich interpretiert. Der Vorsänger erhält einen Chronistengestus, berichtet getreulich und ausführlich, wie Gott Apoll den Halbgott Marsyas häuten ließ. Melpomene unterbricht mit einem Adagio und gibt dem leidenden, vor Schmerzen bewußtlosen Fleisch ihre Stimme. Erst dadurch, daß der Vorsänger sich nach diesem Adagio wieder zu Wort meldet und leidenschaftslos wie erbarmungslos zu berichten fortfährt, wird der Vorgang ins Heute getrieben: Der Geist der Objektivität, der Experimentatoren, der Wissenschaftler kommt hier zu Gehör. Nachdem ein Klang – die uns bekannte Violine – das geschundene Fleisch wieder in die Haut zurückkehren ließ, halten die drei Musen den Mythos an. Doch: es bleibt das ewig zitternde Fleisch angesichts der kalten Messer. Die Musik erschöpft sich in Wiederholungen; sie endet nicht, sie bricht ab.

Thomas Heyn und Ralph Oehme haben mit ›Marsyas‹ sehr praktisch in eine seit langem geführte Diskussion um eine Alternative zum Opemtheater herkömmlicher Prägung eingegriffen, mußten allerdings eigens ein Kammermusiktheater in Leipzig gründen, um ›Marsyas oder Der Preis sei nichts Drittes‹ zur Uraufführung zu bringen, weil sich bis 1989 kein traditionelles Opernensemble in der Lage sah, dieses unkonventionelle Werk einzustudieren.

Ausgaben KlA Edition Peters Leipzig 1989 (EP 9766)

Rechte Henschel Musik GmbH;

Literatur Franz Fühmann: Marsyas. In: Franz Fühmann: Irrfahrt und Heimkehr des Odysseus. Erzählungen, Rostock 1980; ders.: Das mythische Element in der Literatur. In: Essays, Gespräche, Aufsätze 1964-1981, Rostock 1983; Meisje Hummel: ›Marsyas oder Der Preis sei nichts Drittes‹. Bericht von der II. Werkstatt der Theaterschaffenden in Potsdam. In: Theater der Zeit, H. 9, Berlin 1987
Rezensionen der Uraufführung der Neufassung. In: Theater der Zeit, H. 4, Berlin 1989; Musik und Gesellschaft, H. 4, Berlin 1989

Ralf Hoyer
13. April 1950

Geboren in Berlin, 1968-1975 Studium an der Hochschule für Musik Berlin (zunächst Musikerziehung, später Tonmeister), 1975-1978 Musikregisseur beim VEB Deutsche Schallplatten, 1977-1980 Meisterschüler an der Akademie der Künste der DDR bei Ruth Zechlin und Georg Katzer. Seit 1980 freischaffend in Berlin.
1984 Hanns-Eisler-Preis des Rundfunks der DDR
Verschiedene Hörspiel- und Theatermusiken, radiophone Kompositionen und Kammermusiken (zum Teil mit Tonband und Live-Elektronik), mehrere Vokalwerke; u.a. Sonata fragile für 28 Streicher (1978), ›Skulpturen‹ – Acht Phantasiestücke für Violine und Klavier (1978), ›Allgemeine Erwartung‹ – Aktion für zwei Klaviere und einen Schauspieler auf Texte von Volker Braun (1979), ›...ich war's, ich bin's...‹ – Erkundungen zum Thema Prometheus für Klavier, Tonband und Live-Elektronik (1982/83), ›gehauen und gestichelt‹ – Zyklus für gemischten Chor a cappella auf Texte von Henryk Keisch (1983), Sonata für Klavier, Tonband und Live-Elektronik (1983/85), Nocturne für Klavier und Tonband (1984-85), Permutationen für Vibraphon, Marimbaphon, Röhrenglocken und Glockenspiel (1984), ›27 Etüden zu zweit‹ – Kammerszenen für Sängerpaar und Streichquartett nach Texten von Rolf Gerlach (1985), ›Meditation/Assoziationen‹ – Raumklangprojekt • Elektronische Musik in Vier-Kanal-Technik mit Dias und Texten aus ›Lecture on Nothing‹ von John Cage sowie Sprach- und Klangmodulationen (gemeinsam mit Susanne Stelzenbach, 1985), ›Eine Messe für Federico‹ – Radiophone Komposition (Koautor des Tonbandes Susanne Stelzenbach, 1987), ›Verborgene Gesänge‹ – Für zwei Klaviere und Schlagzeug (1988)

Bühnenwerke

Reflexionen über Schinz _____ 1976-1978
Kammeroper nach Max Frisch
Text von Susanne Stelzenbach und Ralf Hoyer

Das musikalische Nashorn _____ 1981
Szenische Kammermusik _____ UA 1982
für Kinder und mit Kindern
Text von Peter Hacks
Mit einem Vorspiel von
Susanne Stelzenbach und Ralf Hoyer

¡Ai, Don Perlimplin! _____ 1985-1987
Opéra grotesque in vier Bildern _____ UA 1987
für Schauspieler, Instrumente und Tonband
nach Federico García Lorca
Texteinrichtung Rolf Hoyer

Stabat mater _____ 1988-1989
Eine Tanztheater-Legende
Libretto von Bernd Köllinger

¡Ay, Don Perlimplin!
Opéra grotesque in vier Bildern
für Schauspieler, Instrumente und Tonband
nach Federico García Lorca
in einer Übertragung aus dem Spanischen von Uwe Kolbe
Texteinrichtung Ralf Hoyer

Entstehung 1985-1987

Uraufführung 12. März 1987 Maxim Gorki Theater Berlin

Personen
Don Perlimplin
Belisa
Marcolfa
Mutter
1. Geist und 2. Geist
Chor_____Sprechchor

Orchester Kl (gleichzeitig musikalische Leitung), Fl (auch AFl und Picc), Fg, Hr, Vl (auch Va), Git (evtl. elektro-akustisch verstärkt), Schlagwerk (1 Spieler), Tonband (Realisation Ralf Hoyer und Susanne Stelzenbach)
Aufführungsdauer 1. Bild: 25 Min., 2. Bild: 25 Min., 3. Bild: 15 Min., 4. Bild: 30 Min.; Gesamt: 1 Std., 35 Min.

Handlung
Ouvertüre I. **1. Bild** (*Ohne Ortsangabe. Bei García Lorca: In Don Perlimplins Haus.*): Don Perlimplin ist wohlhabend, fünfzig Jahre alt, liebt seine Bücher und begehrt nichts mehr. Seine Dienerin Marcolfa behauptet, er müsse heiraten. Seine Frage nach dem Warum beantwortet sie nicht, dafür hört Perlimplin die Stimme der schönen jungen Belisa, lieblich wie einer Flöte Ton. Als folgsamer Herr seiner Dienerin macht Don Perlimplin Belisa einen Heiratsantrag. Belisas Mutter verheiratet die Tochter an den reichen Don. Marcolfa führt Perlimplin in die Tagwelt der Ehe ein. Doch Belisa will Lust und Liebe. Zwischenmusik (Tonband). **2. Bild** (2a): *Zimmer des Don Perlimplin, in der Mitte eine große Bettstatt.* In Don Perlimplin erwacht Begehren nach Belisas Leib – in Belisa brennt bereits die Lust. *Zwischenbild:* Zwei Geister verhüllen das Geschehen, die Nachtwelt der Ehe, in der Belisas Lust gestillt wird, aber nicht von ihrem Mann, sondern von fünf fremden Männern, den Vertretern aller Erdteile. Die beiden Geister begründen ihr verhüllendes Tun: „Wenn die Dinge offenliegen, bilden die Menschen sich ein, es gäbe nichts in ihnen zu entdecken." Erneut **2. Bild** (2b): Perlimplin und Belisa sind Eheleute. Sie müssen sich darauf einstellen, daß sie ihre Lust nicht miteinander teilen können. Zwischenspiel (instrumental). **3. Bild** (*Ohne Ortsangabe.*): Perlimplin imaginiert für Belisa einen Jüngling, an dessen Statt er Briefe schreibt,

243

die er von Marcolfa bestellen läßt. Damit weckt er in Belisa das Begehren nach einem Phantom. Ouvertüre II. **4. Bild:** *Nacht. Garten von Zypressen und Apfelsinenbäumen.* Belisa hat Perlimplin Leid gebracht, aber gleichzeitig in ihm die Fähigkeit der Imagination erweckt. Perlimplin schenkt Belisa Gleiches: Phantasie und Leid. Belisa liebt den imaginären Jüngling mehr als sich selbst. Perlimplin hat aus Belisa eine andere Frau gemacht. Er tötet sich und läßt seine Witwe mit ihrem unstillbaren Begehren allein.

Kommentar
Ralf Hoyer hat seine ›Perlimplin‹-Version dem Dichter Federico García Lorca gewidmet. Die Komposition fiel in die Jahre 1985/86, als sich der Todestag des spanischen Poeten und Kämpfers zum fünfzigsten Male jährte. Hoyer wollte bereits mit der Wahl des Stückes die Sinne schärfen für das, was García Lorca „uns hätte geben können (...): sein volksnahes und zugleich intellektuelles Gedankenspiel, seine Freundschaftlichkeit, seine wunderbare künstlerische Phantasie" (Hoyer 1986, S. 466).

Hoyer wählte die Genrebezeichnung Opéra grotesque, nicht um die Oper als Gattung zu parodieren, sondern um darauf aufmerksam zu machen, daß es ihm um die Erschließung neuer Ausdrucksbereiche von Musik und Wort geht. García Lorcas Schauspiel ›In seinem Garten liebt Don Perlimplin Belisa‹ trägt den Untertitel: Vier Bilder eines erotischen Bilderbogens in der Art eines Kammerspiels. Der Dramaturg der Uraufführungsinszenierung Manfred Möckel betont mit Recht: „Der Untertitel bereits verweist darauf, daß er die Leichtigkeit und das ironische Bild der Vorlage erhalten wollte. Hoyers Musik betont die ‚folgerichtig tragische und zugleich befreiende Wirkung' innerhalb des lyrisch-grotesken Spiels. Sie ist für Schauspieler in den Maßen der Oper geschrieben – Arien, Duette, Rezitative, Chor – und als solche der vielleicht konsequenteste Versuch innerhalb des bislang bescheidenen Genres Opern für Schauspieler" (Informationsblatt des Maxim Gorki Theaters). Zugleich ist die Art von „Sprechgesang" oder „Singsprache", die der Komponist hier zur Anwendung bringt, mit ihren teils lapidar einfachen, teils extrem schwierigen, weil weitintervalligen Spannungen, Sprüngen und Akzenten, reizvoll und anspruchsvoll auch für Sänger, die dann allerdings die gesprochenen Dialoge zu meistern hätten. Im Wechsel zwischen gesprochenem und gesungenem Wort trägt das Werk Singspielcharakter. Einer Anregung des Dichters folgend, hat Hoyer „mehr oder weniger erkennbar siebzehn Scarlatti-Sonaten eingearbeitet" (Hoyer 1987), die dem Ganzen die erforderliche Künstlichkeit und Leichtigkeit geben. Das eigentliche Thema aber der Musik sind die Zwischentöne, zum Beispiel das Spiel mit den Worten „ja" und „nein", die als Fragen, Antworten, als Seufzer, Zustimmung und Verweigerung zwischen den Leuten hin und her wechseln. Das einzige parodistische Element ist die Arie von Belisas Mutter, wenn sie ihre Tochter an den reichen Don verheiratet. Die Triller, mit denen Belisa sich einführt und die sie bis zum Schluß begleiten, konkurrieren mit denen der Flöte. „Die Arie der Belisa. Glanzstück. Immer wieder, fast wie eine Reminiszenz in

Operetten. Flatternde Triller, girrender Pendelschlag zwischen f und g, endend im glucksend-komischen Abreißen nach oben (...) ‚Die Liebe' – ein fast schwüler Seufzer, der sich über eine None hinauf und zum Tritonus hin genüßlich absenkt. Der Seufzer, immer wieder. Bei Perlimplin auch, gleichsam ein in Musik geronnenes Indiz vielfacher Sehnsüchte. Witzige klangliche Untergründe und Zuspitzungen durch Triangel, Holzblock, Kastagnetten, Glockenspiel. (...) Zum Schluß hin verdichtet sich immer mehr der treibende spanische Rhythmus des Leidenschaftlichen mit dem öfter durchschlagenden Ton des Elegischen, das brodelnde Dramatische mit dem Melodramatischen, das zarte erwartungsvolle transparente Wiegen der Instrumente mit dem Wispernd-Imaginären des Chores, der das Seufzer-Motiv vervielfacht." (Wolfgang Lange 1987, S. 23) García Lorca, der sein Schauspiel einen *erotischen Bilderbogen* nannte, arbeitete mit einer metaphernreichen Sprache auf der Grundlage der spanischen, vom Katholizismus geprägten Kultur. Ralf Hoyer greift García Lorcas Metaphern auf, beläßt sie aber in ihrer Fremdheit, wählt unter den vielen Möglichkeiten eine Interpretation aus und macht sie gleich zu Beginn seiner Oper kenntlich. Perlimplins Worte „von der Liebe entseelt" werden deutlich artikuliert, so daß dessen Suizid letztlich als konsequente Einlösung dieses Ausspruchs erscheint. Es geht Hoyer in seiner Adaption um ein in García Lorcas Kunst immer wieder formuliertes Paradoxon: um die Unmöglichkeit, nicht zu lieben, bei gleichzeitiger Unmöglichkeit zu lieben. „Ist er [Perlimplin, N.] nicht auch Sinnbild für menschliches Begehren, das, einmal geweckt, sich unaufhaltsam entfaltet und jene Kraft gewinnt, die nötig ist, um für die Erfüllung mit Wonne den höchsten Preis zu zahlen?" (Hoyer 1987)

Mit Belisas Trillern – kalt wie Eis und glühend wie Lava – und mit Perlimplins Seufzern folgt Hoyer auf musikalische Weise dem von García Lorca ausgespielten Dualismus zwischen Körper und Geist. Opernhaft wird die Komposition da, wo durch Erinnerungsmotive rein musikalische Beziehungen geschaffen werden. Das ist besonders im letzten Bild der Fall, wenn Belisa den imaginierten Jüngling sucht und ihn im toten Perlimplin entdeckt. Dann arbeitet der Komponist, hier den Begriff Oper einlösend, mit musikalischen Reminiszenzen.

Aneignung

Obgleich es bereits eine ausgeprägte Tradition der Lorca-Adaption für die Musikbühne gibt – erinnert sei an Manuel de Falla (›Meister Pedros Puppenspiel‹ 1923), Wolfgang Fortner (›Bluthochzeit‹ 1957 und ›In seinem Garten liebt Don Perlimplin Belisa‹ 1962), Sándor Szokolay (›Bluthochzeit‹ 1964) oder Udo Zimmermann (›Die wundersame Schustersfrau‹ 1982) –, ordnet sich Ralf Hoyers Werk hier nicht ein. Mit seiner Mischung von Live-Musizieren und Tonbandeinspielungen steht er in der Nähe von Luigi Nono, der 1953 das Perlimplin-Ballett ›Der rote Mantel‹ komponiert hatte. Hoyers *Opéra grotesque* ist nicht nur eine gelungen Adaption des Stoffes, sie gibt auch ein Beispiel für die Erweiterung der Möglichkeiten des Genres. Die Interpretation kann für Schauspieler wie für Sänger gleich reizvoll sein.

Die Uraufführungsinszenierung am Maxim Gorki Theater Berlin wurde für das Ensemble wie für den Komponisten ein großer Erfolg. Unter der musikalischen Leitung von Susanne Stelzenbach betraten die Schauspieler – Hansjürgen Hürrig als Perlimplin, Anne-Else Paetzold als Belisa, Monika Lennartz als Marcolfa und Dieter Wien als Belisas Mutter – Neuland. Und das Publikum ließ sich von der Schönheit des Genres überzeugen.

Ausgaben KlA Henschelverlag Berlin 1986/1987, aufgenommen in die Edition Peters Leipzig (EP 9795)

Rechte Henschel Musik GmbH Berlin

Literatur Ralf Hoyer: ¡Ay, Don Federico! Überlegungen zu einer Lorca-Oper. In: Musik und Gesellschaft, H. 9, Berlin 1986; ders.: Versuch einer Wegskizze. In: Programmheft Maxim Gorki Theater Berlin 1987; Manfred Möckel: Bemerkungen zum Werk; Fragen an den Komponisten. In: Informationsblatt des Maxim Gorki Theaters, Nr. 51, Berlin 1987; Wolfgang Lange: Zur Musik. In: Theater der Zeit, H. 6, Berlin 1987
Rezensionen der Uraufführung. In: Theater der Zeit, H. 6, Berlin 1987; Musik und Gesellschaft, H. 5, Berlin 1987

Georg Katzer
10. Januar 1935

Geboren in Habelschwerdt (Schlesien, heute Bystrzyca Klodzka, Polen), 1953-1959 Studium an der Hochschule für Musik Berlin bei Ruth Zechlin und Rudolf Wagner-Régeny (Klavier, Theorie und Komposition) und an der Akademie der musischen Künste in Prag bei Karel Janeček (1957-1958), 1961-1963 Meisterschüler an der Akademie der Künste zu Berlin bei Hanns Eisler und Leo Spies. Seit 1963 freischaffend als Komponist in Berlin, 1966-1967 Musikdramaturg am Erich-Weinert-Ensemble der Nationalen Volksarmee.
1978 Mitglied der Akademie der Künste der DDR, 1987 Ernennung zum Professor. Mitglied des Zentralvorstandes und Vizepräsident des Verbandes der Komponisten und Musikwissenschaftler der DDR bis 1989. 1990 Präsident des Musikrates der DDR. Lebt in Zeuthen bei Berlin.
1976 Hanns-Eisler-Preis des Rundfunks der DDR, 1981 Nationalpreis der DDR, 1986 Erster Preis beim Internationalen Wettbewerb für Elektroakustische Musik in Bourges (Frankreich), Reine-Marie-José-Preis (Schweiz)
Orchesterkompositionen, Konzerte für verschiedene Soloinstrumente, Vokal- und Kammermusikwerke für unterschiedliche Besetzungen, auch mit Tonband und Live-Elektronik; Lieder nach Texten von Bobrowski, Heine, Kunert, Leising, Neruda; Elektronische Musik (Arbeit in den Studios für elektronische Musik in Bratislava, Bourges, Belgrad, Stockholm und beim Rundfunk der DDR), Musik für Kinder, zahlreiche Hörspielmusiken; u.a. Sonatine für Klavier (1960), Sonate für Fagott und Klavier (1961), Konzert für Flöte und Orchester (1961), Bläserquintett (1962), Sonate für Violine und Klavier (1963), Septett für drei Streicher, drei Bläser und Klavier (1963), Zwei Liederzyklen nach Günter Kunert (1963), Konzert für Klavier und Nonett (1964), Berlin-Ouvertüre für großes Orchester (1965), Vier Nachtstücke für Klavier (1965), Streichquartett Nr. 1 (1966), ›Dreistrophen-Suite‹ – Für Baß und Bläserquintett nach Georg Maurer (1966), Bagatellen für Kammerensemble (1966), ›Suite für Potsdam‹ – Für Klavier (1966), ›Für A.C. Debussy‹ – Zwei Klavierstücke (1967), ›Der Wanderer‹ – Für Sprecher, Chor und Orchester nach Johannes Bobrowski (1967), Sonate für Orchester Nr. 1 (1968), Streichquartett Nr. 2 mit Sopran nach Sarah Kirsch (1968), Sonate für Orchester Nr. 2 (1969), Divertissement à trois (1969), Sonate für Kammerorchester Nr. 3 ›Hommage à Jules Verne‹ (1970), Streichermusik I (1971), Baukasten für Orchester (1971), ›Die Igeltreppe‹ – Geschichte mit Musik • Text von Sarah Kirsch (1971), Streichermusik II (1972), Bobrowski-Lieder für Mezzosopran, Flöte und Klavier (1972), Klavierquintett (1972), ›Die D-Dur-Musikmaschine‹ – Für Orchester (1973), Konzert für Bläserquintett und Orchester (1973), Konzert für Orchester I (1973-74), Szene für Kammerensemble nach Eckermann/Goethe (1975), Dialog für Flöte und Klavier (1975), Konzert für Jazz-Trio und Orchester (1975), ›Zwei Verlautbarungen‹ – Für Klaviertrio (1976), ›Empfindsame Musik‹ – Für achtundfünfzig Streicher und drei Schlagzeuger (1976), ›Bevor Ariadne kommt‹ – Rondo für Tonband – Elektroakustische Komposition (1976), ›Saitenspiele‹ – Für Harfe und Violoncello (1976), Konzert für Cembalo und Bläserquintett (1977), ›Dramatische Musik‹ – Für Orchester (1977), ›De musica‹ – Szene für zwölf Vokalisten unter Verwendung eines Flügels und einiger Geräuschinstrumente nach Texten von Platon, Schiller, Goethe, Shakespeare, Grabowski und aus dem ›Li-Ki‹ (1977), ›Stimmen der toten Dichter‹ – Für Sopran, Klavier und Tonband nach García Lorca, Hernandes und Neruda (1977), ›Stille, doch manchmal spürest du noch einen

Hauch‹ – Elektroakustische Komposition (Bourges 1977), ›Nachtstück‹ – Für Kammerorchester und Tonband (1978), ›Essai avec Rimbaud‹ – Trio für Oboe, Violoncello und Klavier (1978), ›Sound-House‹ – Für Orchester, drei Instrumentalgruppen, Orgel und Tonband nach einer Vision von Francis Bacon (1979), ›Des (Dessau)‹ – Für Oboe solo (1979), Klavierkonzert (1980), Doppelkonzert für Harfe, Violoncello und Orchester (1980), ›Konfrontation‹ – Für Oboe und Kammerorchester (1980), ›Musikmaschine Nr. 2 ‹ – Elektroakustische Komposition (Belgrad 1980), Konzert für Violine und Kammerorchester (1980-81), ›Kommen und Gehen‹ – Für Bläserquintett und Klavier (1981), ›miteinander – gegeneinander‹ – Duo concertante für Englischhorn und Bratsche (1982), ›Aide-mémoire‹ – Sieben Alpträume aus der tausendjährigen Nacht – Tonbandkomposition (Berlin 1982-83), ›Dialog imaginaire‹ – Für Flöte und Tonband (1983), Konzert für Violine und Kammerorchester (1983), ›La flûte fait le jeu‹ – Elektroakustische Komposition (Bourges 1983), ›Ballade vom zerbrochenen Klavier‹ – Für Klavier, Live-Elektronik und Tonband (1984), ›The Songbook of a King‹ – Für Sopran, Alt, Tenor und Baß (1984-85), Flötenkonzert (1984-85), Konzert für Orchester II (1985), Streichquartett Nr. 3 (1985), ›Steine-Lied‹ – Computerkomposition (Stockholm 1985), Schlagmusik (1985), ›La Mettrie – Anmerkungen zum Maschinen-Menschen oder Das Ende des mechanistischen Zeitalters› – Für Klavier und fünf Instrumente (1985-86), ›La mécanique et les agents de l'erosion‹ – Für Tonband, Darsteller und grafische Bühnengestaltung (Bourges 1986), Violoncellokonzert (1986), ›Der Schlaf‹ – Für Tonband und szenische Aktion (1986), Oboenkonzert (1987), ›La Mettrie II oder Anmerkungen zum Pflanzenmenschen‹ – Für Klavier und fünf Instrumente (1988), Missa profana für Orgel (1988), ›Kette‹ – Für Viola solo (1988), Musik für Orchester III ›Schwarze Vögel‹ (1989), ›Hex‹ – Für Oboe, Posaune, Klavier, Schlagzeug, Bratsche und Violoncello (1989)

Bühnenwerke

Der verschwundene Traumsand _____ 1964
Märchenballett für Kinder _____ UA 1964
Libretto von Aenne Goldschmidt

Pittiplatschs abenteuerliche Reise _____ 1968
Märchenballett für Kinder _____ UA 1968
Libretto von Aenne Goldschmidt

Die Herren des Strandes _____ 1971
Ein Stück mit Songs _____ UA 1972
nach einer Erzählung von Jorge Amado
Text von Friedrich Gerlach

Die Geschichte vom Zwiebelchen _____ 1971
Ballett in fünf Bildern _____ UA 1972
nach dem gleichnamigen Kinderbuch
von Gianni Rodari
Libretto von Eva Stahlberg

Das Land Bum-Bum _____ 1973-1975
(Der lustige Musikant) _____ UA 1978
Oper für Erwachsene und Kinder
nach Motiven aus der Erzählung
›Hinter dem Violinschlüssel‹
von Roald G. Dobrovenskij
Text von Rainer Kirsch

Schwarze Vögel _____ 1974-1975
Ballett in zwölf Bildern, _____ UA 1975
einem Prolog und Epilog
Libretto von Bernd Köllinger

Ein neuer Sommernachtstraum _____ 1978-1979
Romantisches Ballett _____ UA 1981
Libretto von Bernd Köllinger

Gastmahl oder Über die Liebe _____ 1986-1987
Oper in zwei Akten _____ UA 1988
mit Prolog und Epilog
nach antiken Motiven
Text von Gerhard Müller

Antigone oder Die Stadt _____ 1988-1989
Oper in zwei Akten _____ UA 1991
Text von Gerhard Müller

Das Land Bum-Bum
(Der lustige Musikant)
Oper für Erwachsene und Kinder
nach Motiven aus der Erzählung ›Hinter dem Violinschlüssel‹
von Roald G. Dobrovenskij
Text von Rainer Kirsch

Entstehung 1973-1975

Uraufführung 30. September 1978 Komische Oper Berlin

Personen
Der lustige Musikant _____ Tenor/Hoher Bariton
Das Mädchen Zwölfklang _____ Lyrischer Sopran
Pauke _____ Baß
Päukchen _____ Tenor
Trömmelchen _____ Mezzosopran
Doppel-B-Moll II., König von Bum-Bum _____ Baß

Subdomunkulus, Minister	Alt
Septiminimoll, Hofkomponist	Tenor
Der königliche Spion	Bariton
Kapelle (Hofmusikanten)	2 Chor-Tenöre oder Chor-Bässe
Ein Arzt	Sprechrolle
Wache	2 Bässe/Baritone
Gepanzerte Wächter	2 tiefe Sprechstimmen
Zwei Leute aus Tururum	Tenor/Hoher Bariton, Mezzosopran
Vogel Strauß	3 Chor-Soprane, 3 Chor-Alte
Volk	Gemischter Chor

Orchester Fl (auch Picc), Ob, Klar (auch BKlar), Fg (auch KFg), 2 Hr, 2 Trp, Pos, Kl (auch Cel), Slzg (2 Spieler); Str

Aufführungsdauer 2 Std., 15 Min.

Handlung
Vorspiel: *Straße in der realen Welt.* **1. Bild:** *Freies Feld mit Kartoffelstauden und Baum im Land Bum-Bum.* **2. Bild:** *Thronsaal mit großer tönender Schloßtreppe.* **3. Bild:** *Kellergewölbe mit Verlies.* **4. Bild:** *Thronsaal mit großer tönender Schloßtreppe.* **5. Bild:** *Kellergewölbe mit Verlies.* **7. Bild:** *Blumenwiese im Lande Tururum, im Hintergrund Grenzpfähle und Steppe.* **8. Bild:** *Thronsaal mit großer tönender Schloßtreppe.* **Nachspiel:** *Vor dem Palast.*

Einem Musikanten weht der Hut davon, er jagt ihm nach und gelangt unversehens ins Land Bum-Bum: Hier ißt man mit den Ohren und weiß nicht, was Lüge ist. Deshalb konnte der König Doppel-B-Moll seinen Untertanen lustige Lieder als unbekömmliche Kost untersagen. Der Musikant spielt in Unkenntnis dieses Verbotes dem Mädchen Zwölfklang und seinen Freunden fröhlich auf. Die verbotene Speise mundet, nun verbreiten sie die lustigen, bekömmlichen Lieder im ganzen Lande. Dafür sollen sie hingerichtet werden. Zwölfklang stellt die Frage nach dem Warum des königlichen Verbotes, sie erhält keine Antwort, erfährt aber, was Lügen sind. Daraufhin befreit sie mit List und Lügen den Musikanten aus dem Gefängnis. Ihre gemeinsame Flucht führt ins Land Tururum, wo man mit den Augen ißt. Die zurückgebliebenen Freunde sind in Not und rufen Zwölfklang und den lustigen Musikanten nach Bum-Bum zurück. Dort spielen die beiden dem König so auf, daß er tanzen muß. Dabei verliert er seine geheimgehaltenen Stelzen, und jedermann wird offenbar: Das war das große Staatsgeheimnis, „daß der große König klein ist". Doppel-B-Moll ist gestürzt, die Freunde sind aus der Not. Aber der Musikant ist am Verhungern, er muß zurück in die Welt realer Gerichte und von Zwölfklang scheiden, die in seiner Welt voll mißtönender Klänge an Ohrenverstimmung sterben würde.

Das Land Bum-Bum

Kommentar

Die Oper entstand zwischen 1973 und 1975 als Auftragswerk der Deutschen Staatsoper Berlin für die Experimentalreihe ›Neues im Apollo-Saal‹ (Leitung: Sigrid Neef) und entsprach in ihrer Besetzung den Anforderungen an eine Kammeroper, konnte aber ihrer technischen Ansprüche wegen nicht im Apollo-Saal aufgeführt werden. Es gelang der Auftraggeberin, den damaligen kommissarischen Chefdramaturgen der Komischen Oper Berlin, Matthias Frede, für das Werk zu interessieren, und so kam die Oper, nach einer Umarbeitung durch die Autoren, dort zur Uraufführung.

Seinen experimentellen Charakter hat das Werk bewahrt. Die Genrebezeichnung „für Erwachsene und Kinder" drückt nicht Unentschiedenheit aus, sondern das Bestreben, festgefahrene Grenzen des Genres zu durchbrechen, Neues zu erproben. Mit seiner virtuosen Sprachbeherrschung gelang es dem Dichter Rainer Kirsch, Roald Dobrovenskijs einfache Erzählung ›Hinter dem Violinschlüssel‹ in einen kunstvoll-hintersinnigen, politisch scharfen und witzigen Text umzuwandeln. Als Motto kann der an zentraler Stelle befindliche Fünfzeiler gelten: „Ach, die Worte, die wir sagen, / können lösen und erschlagen. / Die Gedanken, die wir sprechen, / ach, sie können uns zerbrechen / können andere zerbrechen."

Die erste und allgemeinste Spielregel in dieser amüsanten, anspielungsreichen Geschichte heißt, daß es ein Land gibt, in dem man mit den Ohren ißt, und die zweite, daß die Leute in Bum-Bum ihre Welt für die beste aller Welten halten und erst ein Landesfremder kommen muß, um diese Ansicht zu erschüttern. Zwölfklang ist anfangs eine weibliche Variante des Voltaireschen Candide. Handelte es sich bei Voltaire in ›Candide‹ um eine Revolte in der Philosophie, so geht es bei Katzer und Kirsch um eine Revolte in Musik und Poesie.

Im Wechsel zwischen gesprochenen Dialogen und Liedern bzw. größeren musikalischen Komplexen trägt das Werk Singspielcharakter. Zwei Arten des Musizierens erfahren eine extreme Zuspitzung. Die eine zeichnet sich durch eine monolithische Aura, hymnische Schwerfälligkeit, simple und zugleich „schräge" Harmonik und marschtrittgefärbte Rhythmik aus, gipfelnd in der Staatshymne: „Mein Bum-Bum, in Stahl und Eisen / stehst voll Sonnenglanz du da, / und wir werden es beweisen, / deine Söhne sind wir, ja." Die andere Art trägt anarchischen Charakter, wird vom arabesken Spiel zwischen solistisch geführten Instrumenten und Gesang gekennzeichnet, durch improvisatorische Ausschmückungen, durch Vorsingen, Nachsingen und Umsingen. Singen selbst wird hier zum fröhlichen Vorgang des Veränderns, des Erprobens, am deutlichsten ausgebildet im Lied vom Hahn auf der Tonne, der meinte, er sei die Sonne. Veränderungen des Vorgesungenen beim Nachsingen machen zum Beispiel aus Behauptungen Fragen. Zwölfklang und ihre Freunde emanzipieren sich von der hymnischen Kost ihres Königs. Die finale rhythmische Explosion bildet den Höhepunkt dieses Emanzipationsprozesses, in dem sich die Musik selbst von einer einseitigen melodischen Bevormundung losgesagt hat und alle Parameter von Musik quasi freigelassen werden. Der Namen Zwölfklang zeigt die Richtung der musikalischen Revolte an.

König und Diener bleiben die Erfüllungsgehilfen ererbter Klischees. Auf der „tönenden Schloßtreppe" wandelt der Hofkomponist die ausgetretenen Pfade des Dreiklangs, während der Schritt der Jungen der gleichen Treppe neue Rhythmen und Harmonien entlockt. Marxens Wort, man müsse die „versteinerten Verhältnisse dadurch zum Tanzen zwingen, daß man ihnen ihre eigene Melodie vorsingt" (Einleitung zur Kritik der Hegelschen Rechtsphilosophie, 1844), wird hier übertrumpft: Versteinerten Verhältnissen wird eine neue Melodie aufgezwungen. Texte und Musik sind im besten Sinne des Wortes und auf geistreiche Weise „anzüglich".

Die Uraufführungsinszenierung an der Komischen Oper Berlin (Musikalische Leitung: Joachim Willert, Regie: Joachim Herz, Bühnenbild: Reinhart Zimmermann) wurde 1979 vom Fernsehen der DDR aufgezeichnet. Es folgten Inszenierungen in Neustrelitz, Halle, Eisenach, Vilnius (Litauen) und 1988 in Altenburg.

Ausgaben Text In: Theater der Zeit, H. 12, Berlin 1978; KlA Henschelverlag Berlin 1979 (erste Fassung 1976), übernommen in die Edition Peters Leipzig (›Der lustige Musikant‹) (EP 9754)

Rechte Henschel Musik GmbH Berlin

Literatur Georg Katzer: Gesprächsbemerkungen zu ›Das Land Bum-Bum‹, Gespräch mit Hermann Neef und Frank Schneider, 1979. In: Material zum Theater Nr. 118. Komponisten der DDR über ihre Opern, Auswahl und Zusammenstellung Stephan Stompor, Berlin 1979; ders.: Gespräch mit Gerd Belkius. In: Weimarer Beiträge, H. 4, Berlin und Weimar 1982

Sigrid Neef: Der Anteil des Spielerischen in Reiner Kirschs und Georg Katzers ›Das Land Bum-Bum‹. Vortrag zu den Dresdner Musikfestspielen 1982, Gerd Belkius: Der Komponist Georg Katzer. In: Weimarer Beiträge, H. 4, Berlin und Weimar 1982

Rezensionen der Uraufführung. In: Theater der Zeit, H. 12, Berlin 1978; Musik und Gesellschaft, H. 12, Berlin 1978

Gastmahl oder Über die Liebe
Oper in zwei Akten mit Prolog und Epilog
nach antiken Motiven
Text von Gerhard Müller

Entstehung 1986-1987

Uraufführung 30. April 1988 Deutsche Staatsoper Berlin – Apollo-Saal

Personen
Dikaios, Gutsherr in Mantineia_____Bariton
Simaitha, seine Frau_____Mezzosopran
Diotima, Priesterin der Aphrodite_____Alt
Agathon, Dichter_____Tenor
Sokrates, Philosoph_____Bariton/Baß
Nikias, athenischer Feldherr_____Tenor
Alkibiades, sein Stellvertreter_____Bariton/Baß

Zwei Flötenmädchen (Sirenen)	Sopran, Mezzosopran
Xanthias, Diener des Dikaios	Stumm
Chiros, ein athenisches Schwein	Stumm
Hinter der Szene	Männerchor

Orchester Fl (auch AFl und Picc), Ob (auch EH), Klar (auch BKlar), Fg (auch KFg), Hr, Trp, Pos, Tb, Kl (mit Bck und Gummikeilen zur Präparation), Cel, Blasharm oder Akk, Hrf (mit Pappstreifen zur Präparation), Slzg (2 Spieler), Va, Vc 1 und 2, Kb – Tonband mit Kurzwellen- und Störgeräuschen, mit Sprecher („Telefonstimme") und Sprechchor

Aufführungsdauer Prolog und I. Akt: 55 Min., II. Akt und Epilog: 45 Min.; Gesamt: 1 Std., 40 Min.

Handlung
Die Handlung spielt 416 v.u.Z. in der Nähe der Stadt Mantineia, zwischen Sparta und Athen gelegen.
Prolog: *Hof des Dikaios.* Diotima, Priesterin der Aphrodite, segnet Haus, Hof und Herd, wo ihr Unterschlupf gewährt wurde. Draußen tobt der Peleponnesische Krieg, Athen und Sparta kämpfen um die Hegemonie über Griechenland. Der Hof des Dikaios liegt zwischendrin, doch will der Besitzer seinen Frieden, hält sein Haus gegenüber jeder Partei verschlossen und wird deshalb als Pazifist hoch gerühmt. Allein Simaitha erhebt Klage gegen Dikaios, der zwar den Frieden liebe, nicht aber seine Frau.
1. Akt: *Der gleiche Hof am anderen Morgen.* Der athenische Feldherr Nikias nimmt seine Mitbürger in die Pflicht: den Frieden zu fangen. – Dikaios plant ein Friedensfest, ist auf einem Streifzug gewesen und hat für das Gastmahl ein athenisches Schwein gestohlen. Er verschließt seinen Hof: Hier herrsche Vernunft allein. Die Vorbereitung des Gastmahls beginnt, wird aber unterbrochen, denn der von Nikias verfolgte Dichter Agathon erfleht Einlaß. Der Verfolger selbst, Sokrates am Strick mit sich führend, dringt auch herein. Von seinen Mannen getrennt, ist Nikias in der Falle, Sokrates aber frei. – Nikias klagt das von Dikaios gestohlene Schwein als sein Eigentum ein, und sogleich beginnt ein Prozeß, wem das freie athenische Schwein gehöre. Obgleich im Zivilberuf Advokat, verliert Nikias den Prozeß.
2. Akt: Instrumentales Vorspiel: *Xanthias deckt die Tafel* (choreographierte Pantomime). *Der gleiche Hof am nächsten Morgen.* Eine Nachricht aus Athen besagt, daß Nikias schwer erkrankt und ein Nachfolger schon ernannt sei. Sokrates hingegen wurde scharf kritisiert und ist bereits relegiert. Ungeachtet dieser erstaunlichen und für Nikias wie Sokrates betrüblichen Nachrichten beginnt das Gastmahl mit dem Auftritt zweier junger Mädchen in sinnreicher Verkleidung: Als Vögel besingen sie die Liebe, und die Männer stimmen ein. – Dikaios will seine Frau loswerden und setzt sie als Pfand im Würfelspiel. Simaitha hat derweil

mit Nikias die Rolle getauscht: Nun ist sie gekettet und er frei. Nikias muß als Ehefrau nach Dikaios' Pfeife tanzen, Simaitha muß als Nikias Schläge hinnehmen. – Da kommt neue Nachricht aus Athen: Nikias' Nachfolger nähert sich. – Totale Verwirrung.
Epilog: *Die Szene erstarrt zum Tableau.* Sokrates durchschlägt den Gordischen Knoten. Seine Worte galten gestern, gelten heute und werden morgen gelten: „Geh'n wir, um zu leben und dafür zu sorgen, daß leben das bessere Geschäft ist."

Entstehung

Georg Katzers zweite Oper entstand als Auftragswerk der Schwetzinger Festspiele. Die Bedingungen des Auftraggebers waren eine kammermusikalische Besetzung und ein geringer technischer Aufwand. Entsprechend einer Auflage des Ministeriums für Kultur der DDR erfolgte die Uraufführung mit dem Ensemble der Deutschen Staatsoper Berlin und fand im April 1988 im Apollo-Saal der Deutschen Staatsoper statt, erst danach gastierte das Ensemble mit Erhard Fischers Inszenierung zu den Schwetzinger Festspielen.

Die ersten Gespräche über einen möglichen Stoff führten Katzer und Müller im Frühjahr 1986, bereits im Januar 1987 war der erste Akt komponiert, der zweite wurde im Laufe des Sommers fertig. Mit seiner Neigung zur französischen Kultur und Kunst war Katzer anfänglich sehr an Müllers Vorhaben interessiert, Diderots ›Jacques der Fatalist‹ für die Oper zu adaptieren. Doch gaben sie diesen Versuch wegen zu weniger theatralisch verwertbarer Vorgänge auf und gingen dafür Wolfgang Heises Hinweis auf Platons ›Gastmahl‹ nach. Beide Autoren strebten nach einer aktuellen Thematik. Die Adaption von Platons Diskurs über die Liebe zielte nicht auf Wiederbelebung des antiken Werkes, es ging vielmehr darum, das respektlos-produktive Denken der alten Philosophen zu wahren. Bei diesem Vorhaben stand den Autoren Aristophanes hilfreich zur Seite, seiner Komödie ›Die Vögel‹ entlehnten sie ergänzendes Material.

Kommentar

Die Oper erzählt mehrere Geschichten gleichzeitig: die Endstationen einer Ehe (Dikaios-Simaitha) – die Verkehrung einer öffentlichen Institution in eine private: der Abstieg der Aphrodite-Priesterin Diotima zur Privatangestellten des Dikaios – die Verwandlung des privaten Krieges zwischen Nikias und Alkibiades in einen öffentlichen. Unterlegt ist eine Parabel über den Versuch, auf einer Insel, hier dem Landsitz des Dikaios, das Reich der Vernunft zu errichten; inmitten einer zum Tollhaus gewordenen Welt sich der Weisheit und den Künsten zu widmen. Flankiert werden die Handlungsstränge durch einen Diskurs über die Freiheit, ob das Gebratenwerden der Freiheit eines Schweines immanent sei oder nicht. Liebe erscheint als Negativbild, zugleich wird sie als abwesend beklagt.

Die Vielfalt der angelegten Geschichten macht die Oper witzig und gedankenreich. „Gastmahl" meinte schon bei Platon mehr als lediglich die Versammlung rede-, trink- und eßfreudiger Menschen, seither steht es ein als Gleichnis für menschliche Zustände. Einen Höhepunkt metaphorischer Zusammenschau von Gastmahl und Gesellschaft bildet Bonaventuras Exkurs von 1800 in der zwölften seiner berühmten Nachtwachen: „Der Mensch ist ein verschlingendes Geschöpf, und wirft man ihm nur viel vor, so gibt er in den Verdauungsstunden die vortrefflichsten Sachen von sich und verklärt sich essend und wird unsterblich. Welche weise Einrichtung des Staates dahero, die Bürger – wie die Hunde, die man zu Künstlern ausbilden will – periodisch hungern zu lassen! Für eine Mahlzeit schlagen die Dichter wie die Nachtigallen, bilden die Philosophen Systeme, richten die Richter, heilen die Ärzte, heulen die Pfaffen, hämmern, zimmern, ackern die Arbeiter, und der Staat frißt sich zur höchsten Kultur hinauf. Ja, hätte der Schöpfer den Magen vergessen, behaupte ich, so läge die Welt noch so roh da wie bei der Schöpfung und sei nicht der Rede wert."

In Katzers Oper dominiert solistisches Musizieren, Ensembles sind die Ausnahme. Sein Vorbild ist die *opéra dialogué*, ein 1869 mit Modest Mussorgskis ›Die Heirat‹ eingeführter Operntypus, der sich durch eine auf den Untertext der Worte bezogene Harmonik und Klangfarbencharakteristik auszeichnet. *Opéra dialogué* meint aber auch die durchgehende diskursive Qualität von Text und Musik. So wird zum Beispiel der für Oper so wesentliche Begriff der *couleur locale* zur Diskussion gestellt. Das Stück spielt in Griechenland, und entsprechend geht der Rückgriff auf griechische Modi meist mit einem 6/8-Metrum, mit einer Rhythmisierung des Textes einher. Aber die Musik verläßt immer wieder deutlich und grell den antikisierenden Tonfall und bricht ihn mit Modernismen auf, so daß die *couleur locale* zeitgenössische „akustische Umweltverschmutzung" einschließt, die durch Trillerpfeifen, lautsprecherverstärkte und entsprechend verzerrte Ansagen, Aufrufe oder Nachrichtenübermittlungen angezeigt wird.

In einen Dialog mit anderen Kunstwerken begibt sich Katzer, wenn er mit „bellendem Blech" seinem Feldherrn Nikias den Tonfall des Feldherrn Lukullus aus Dessaus Oper gibt. Wie Dessau arbeitet auch Katzer mit charakterisierenden Instrumentengruppen, darüber hinaus aber auch mit dem Prinzip der „correspondences", der Entsprechungen (mit dem Gedicht ›Correspondences‹ eröffnete 1857 Charles Baudelaire die Kunstprogrammatik der Moderne). Entsprechungen der Instrumente untereinander und der Instrumente mit den Gesangsstimmen werden im Prolog angelegt und durchziehen die gesamte Oper als zusammenhangstiftendes Element.

Dikaios' Arie über das Reich der Vernunft bildet ein Zentrum der Handlung. Hier ergänzen Text und Musik einander, gearbeitet wird in beiden mit „unsauberen" Anspielungen, mit Fragmenten von Phrasen bzw. mit Melodiefetzen, diese werden aphoristisch zu Gedanken- bzw. Motivketten gereiht. Wenn Dikaios aus Gedankenfragmenten vieler Zeiten und Generationen seinen Privattraum – das Reich der Vernunft – bastelt, dann arbeitet sich analog dazu aus dem musikalischen Untergrund das Horn als Signum romantischer Utopie nach oben und bricht sich bei den Worten Bahn: „Von diesem Hof verkünden wir den Frieden, Blüte der Kultur und Herrschaft der Vernunft!" Dem Text folgend, zitiert auch der Komponist „unsauber", läßt Massenlieder wie das ›Völker, hört die Signale‹ flüchtig, nur im Klang- bzw. Strukturzitat erscheinen, einem eben aufflackernden und schon wieder vergessenen Gedanken vergleichbar: Dikaios ist ein Schnell- und Vielfraß. Ähnlich Falstaff oder Puntila gehört er zu den Genußmenschen, nur daß er sich in seiner Verfressenheit auf den geistigen Bereich kapriziert. In seiner Arie mischen sich Gedanken der antiken Philosophie mit Slogans der Enzyklopädisten und Aufklärer und solchen der Romantiker.

Schon der Prolog steht zur Konvention der Gattung verquer, denn hier wird mit der Blasharmonika und deren eigentümlichem „uneigentlichem" Klang ein Nachtstück musiziert, mit einem Negativbild der Liebe, mit der Gegenwelt zum hellen Reich der Vernunft das Werk eröffnet. Entsprechend gewinnt die Musik an Fülle und Kraft, denn sie steigt in die Tiefen, in die Abgründe des menschlichen Seins, Unbewußtes wird hier laut und Verschwiegenes ausgesprochen. Umgekehrt aber verläuft der Prozeß zum Ende hin. Im Epilog kommt es zur Reduktion, der Klang gerinnt am Schluß zur Formel aus wenigen wiederholten Tönen: c-d-es.

Zur Herausforderung an die übliche Opernpraxis wird Katzers Werk paradoxerweise dann, wenn er auf ältere Modelle zurückgreift. So aktiviert er zum Beispiel in den Partien des Nikias und des Dikaios das Prinzip der „Gesangsmasken", was bedeutet, daß die Darsteller mit einem Wort oder einem Satz einen bestimmten oratorischen Gestus treffen und ihn blitzschnell wieder verlassen müssen. Der Bruch in den Gesangsstilen, der Wechsel vom Singen zum Sprechen bzw. Auf-Tonhöhe-Sprechen, der unvermittelt zu geschehen hat, ist nicht Brauch auf den Opernbühnen, hier aber als stilistisches Prinzip verwendet, das beherrscht sein will. Herausforderung findet aber auch im instrumentalen Bereich statt, wo ebenfalls solistisches Musizieren bzw. das Musizieren in kleinen Insrumentengruppierungen dominiert. Damit steht die Oper verquer zur gängigen Praxis der großen Operntheater, in der die Orchestermusiker von einer Stunde zur anderen ersetzbar sein müssen. Das verbietet sich hier, ja ist unmöglich: Der Musiker ist genausowenig auswechselbar wie der Sänger. Diese Herausforderung ist zugleich eine Anforderung an die Opernthteater, sie macht den Wert dieses Werkes aus, erklärt aber auch seine Schwierigkeit, sich im Repertoire zu behaupten.

Ausgaben Text In: Theater der Zeit, H. 12, Berlin 1987; KlA Henschelverlag Berlin 1987, aufgenommen in die Edition Peters Leipzig (EP 9764)

Rechte Henschel Musik GmbH Berlin

Literatur Georg Katzer im Gespräch mit Sigrid Neef: Weder Bequemlichkeit noch Provokation. In: Sonntag, Berlin 15. Februar 1981; Georg Katzer – Gerhard Müller: Eine Oper entsteht. Briefwechsel Librettist-Komponist. In: Programmheft Deutsche Staatsoper Berlin 1988; Gerhard Müller: Über Georg Katzers Opern. In: Theater der Zeit, H. 9, Berlin 1988 Antje Kaiser: Und der Belichtungsmesser ist die Musik. Zur Musik der Oper ›Gastmahl oder Über die Liebe‹. In: Theater der Zeit, H. 12, Berlin 1987; Frank Schneider: Skizze zu Georg Katzer, Wolfgang Lange: Das Haus des Dikaios. In: Programmheft Deutsche Staatsoper Berlin 1988 Rezensionen der Uraufführung. In: Theater der Zeit, H. 7, Berlin 1988; Musik und Gesellschaft, H. 8, Berlin 1988

Günter Kochan
2. Oktober 1930

Geboren in Luckau (Niederlausitz), 1946-1950 Studium an der Hochschule für Musik Berlin-Charlottenburg (u.a. bei Boris Blacher), 1948-1951 freier Mitarbeiter der Abteilung Unser Lied – unser Leben beim Berliner Rundfunk, 1950-1953 Meisterschüler bei Hanns Eisler an der Deutschen Akademie der Künste zu Berlin, seit 1950 Dozent und seit 1966 Professor für Komposition und Tonsatz an der Hochschule für Musik Berlin. 1965 Mitglied der Deutschen Akademie der Künste zu Berlin, Mitglied des Zentralvorstandes und des Präsidiums des Verbandes der Komponisten und Musikwissenschaftler der DDR (bis 1989).
1959 Kunstpreis der DDR, 1959, 1964, 1979, 1987 Nationalpreis der DDR, 1974 Vaterländischer Verdienstorden, 1975 Kunstpreis des FDGB
Orchesterwerke, u.a. fünf Sinfonien (1962-64, 1968, 1972, 1983-84, 1985-87), drei Orchestersuiten (1958, 1961, 1969), Konzert für Orchester (1962), ›Bilder aus dem Kombinat‹ – Sieben Orchesterstücke (1976), ›In memoriam‹ – Musik für Orchester Nr. 1 (1982), ›Und ich lächle im Dunkeln dem Leben‹ – Musik für Orchester Nr. 2 nach Briefen von Rosa Luxemburg (1987-88); Konzerte, u.a. zwei Violinkonzerte (1951, 1980), Klavierkonzert (1957-58), zwei Violoncellokonzerte (1967, 1976), Violakonzert (1975)
Kammermusik für Klavier und verschiedene Besetzungen
Zahlreiche Hörspiel-, Fernseh- und Filmmusiken, ebenso Theatermusiken, u.a. ›Klaus Störtebecker‹ – Eine dramatische Ballade von Kuba (1959)
Vokalmusik, darunter umfangreiche Chormusik, zahlreiche Solo-, Jugend-, Massenlieder, Kantaten, u.a. ›Die Asche von Birkenau‹ – Kantate für Altsolo und Orchester . Text von Stephan Hermlin (1965), ›Aurora‹ – Kantate für Frauenstimme, Chor und Orchester . Text von Stephan Hermlin (1966), ›Wir unaufhaltsam‹ – Sinfonische Demonstration für Solo, Chor und Orchester . Text von Jo Schulz (1970), ›Die Hände der Genossen‹ – Kantate für Bariton und Orchester . Text von Jannis Ritsos (1974), ›Das Friedensfest oder Die Teilhabe‹ – Kantate nach Texten von Paul Wiens (1978), ›Der große Friede‹ – Triptychon für Tenor, Horn, Pauken, Schlagzeug und Streichorchester . Text von Walter Lowenfels und Paul Wiens (1985)

Bühnenwerke

Karin Lenz _____ 1968-1970
Oper in zehn Bildern _____ UA 1971
Text von Erik Neutsch

Karin Lenz
Oper in zehn Bildern
Text von Erik Neutsch

Entstehung 1968-1970

Uraufführung 2. Oktober 1971 Deutsche Staatsoper Berlin
Personen
Karin Lenz, Erzieherin _____ Mezzosopran
Ferenz Mergel, Brückenkonstrukteur _____ Tenor
Baumann, Staatsanwalt _____ Bariton
Sarjow, sowjetischer Militärarzt _____ Baß
Männer aus einem Konstruktionsbüro:
   Kantora _____ Bariton
   Bender _____ Tenor
SS-Offizier _____ Tenor
Studienrat _____ Tenor
Vorsitzender des Gerichts _____ Sprechrolle
Anklagevertreter _____ Sprechrolle
Brüggenbräuch, westdeutscher Unternehmer _____ Sprechrolle
Vier Gäste eines Festes _____ Sprechrollen
Kinder eines Waisenhauses _____ Kinderchor
Kommentierender Chor, die geschichts-
bewegenden Kräfte vertretend _____ Gemischter Chor
(in zwei Gruppen)

Orchester 2 Fl (II auch Picc), 2 Ob (II auch EH), 2 Klar (II auch BKlar), 2 Fg, KFg, 4 Hr, 3 Trp, 3 Pos, Tb, Pkn, Slzg (3 Spieler), Kl (auch Cel); Str
Bühnenmusik 2 Ob, 2 Klar, Fg, 2 Hr

Aufführungsdauer ca. 1 Std., 30 Min.

Handlung
Die Handlung spielt vom Frühjahr 1945 bis zum Herbst 1957 im Osten Deutschlands bzw. in der DDR.
Orchestereinleitung. **1. Bild:** *Wald an der Elbe. In unmittelbarer Nähe der Front. Nacht zu Ende des Zweiten Weltkrieges.* Ein Flüchtlingstreck, darunter eine junge Frau, Karin Lenz, mit ihrem Kind. Seit einem Jahr ohne Nachricht von ihrem Mann an der Front, befürchtet sie, daß er tot ist. Aus Angst vor den Russen entschließt sie sich, ihr Kind und sich selbst zu töten. **2. Bild:** *Lazarett der Roten Armee.* Karin Lenz wurde von Sowjetsoldaten gerettet, ihr Kind aber ist tot. Der deutsche Kommunist Baumann erfährt von ihrem Schicksal. **3. Bild:** *Raum in einem Arbeitsamt.* Baumann beauftragt Karin Lenz, sich in einem Heim um

Kriegswaisen zu kümmern. **4. Bild:** *Spielplatz im weitläufigen Gelände eines Waisenhauses.* Ferenz Mergel bringt Karin die Nachricht vom Tod ihres Mannes, seines Freundes, und bittet sie, seine Frau zu werden. **5. Bild:** *Wohndiele einer Luxusvilla.* Karin ist Mergels Frau geworden. Als Baumann, jetzt Staatsanwalt, sich ankündigt, fürchtet sie, für den Kindsmord belangt zu werden. Baumann war lediglich in Sorge um Karin, muß jetzt aber erkennen, daß sie glücklich ist, ihre Tat verdrängt hat und nicht mehr bereit ist, für Waisenkinder zu sorgen. – Wenig später gibt Ferenz Mergel für seine Freunde, darunter einen westdeutschen Brückenbau-Unternehmer, eine Party. Alle sind voller Lebensgier und wollen das Vergangene vergessen. – Nach der Feier sagt Karin ihrem Mann, daß sie wieder ein Kind erwartet, sich aber unter den neuen Lebensumständen nicht wohl fühlt. **6. Bild:** *Gerichtssaal.* Mergel hat Baupläne seiner Mitarbeiter an westdeutsche Unternehmer verschachert und ist angeklagt. Den Vorsitz führt Baumann. **7. Bild:** *Baumann allein.* Der Kommunist mit dem warmen Herzen hat sich während der vier Jahre, in denen Mergel seine Haftstrafe verbüßte, um Karin gekümmert. **8. Bild:** *Neubauwohnung.* Mergel kehrt aus dem Gefängnis zurück, seine Kollegen erwarten ihn schon und bieten ihm seinen alten Arbeitsplatz an. Er aber flüchtet nach Westdeutschland, und da Karin nicht mitkommt, nimmt er sein Kind, die vierjährige Beate, mit sich. **9. Bild:** *Straße.* Karin hat ihr Kind wieder an sich gebracht. **10. Bild:** *Gerichtssaal.* Nach zwölf Jahren stellt sich Karin freiwillig dem Gericht und bezichtigt sich des Mordes an ihrem ersten Kind. Baumann fungiert als Zeuge, und Karin wird freigesprochen.

Kommentar

Der Schriftsteller Erik Neutsch stieß 1964 auf den Stoff und plante anfänglich eine Fernsehdokumentation, als er von einem Prozeß in Halle erfuhr, „in dem es um eine Frau ging, die am Ende des Krieges unter dem Druck der Goebbelsschen Weltuntergangs-Parolen versucht hatte, sich selbst und ihr Kind zu töten. (...) Sie hat sich 1964, also neunzehn Jahre nach Kriegsende, selbst dem Gericht gestellt und ein Urteil für sich verlangt." (Neutsch 1971, S. 66)

Der Vorfall ist brisant, eine Frau kann ihren Gewissensqualen nicht entfliehen und versucht, ihre Verantwortung zu delegieren, indem sie die Entscheidung über Schuld und Sühne einem Gericht anvertraut.

Neutsch ist seinem Stoff nicht nur nicht gerecht geworden, er hat darüber hinaus den realen tragischen Vorfall dazu benutzt, eine Apologie der sozialistischen Klassenjustiz zu verfertigen. Wurden hier doch ohne Zögern Andersdenkende verurteilt, fanden politische Verfahren unter Ausschluß der Öffentlichkeit statt, hatte jeder Kontakt zum „Klassenfeind" für den Betroffenen schreckliche Folgen. Im Gegensatz dazu inkarnierte Neutsch mit der Figur des Kommunisten und Juristen Baumann eine mustergültige Heldengestalt, mit deren Hilfe er die real-sozialistische Justiz einschließlich ihrer vorgeblichen Humanität von einer idealisierten Seite zeigen konnte.

Die Situationen sind flach, die Texte hölzern und plakativ, waren daher für Musik schwer zu erschließen. Günter Kochan zog sich bei der Vertonung ganz auf seine Erfahrungen als Sinfoniker zurück, konzentrierte sich auf instrumentale Passagen zwischen den Bildern, in denen die Szenen gleichsam ausgeblendet und durch motivische Fortspinnung die innere Entwicklung der Figuren weitergetrieben wird. Der zentralen Gestalt der Karin Lenz ordnete er den warmen hellen Klang der Flöte zu, deren ariosen Gesängen er breiten Raum gab.

In der Partitur finden sich sowohl „klar abgegrenzte Musiknummern als auch größere durchkomponierte Szenen (...), die Skala reicht vom einfachen Kinderchor bis zu komplexen kontrapunktischen Formen, zum Beispiel einer Passacaglia. (...) Der Chor hat hier eine ganz entscheidende Funktion, er ist zwar nicht aktiv in die Handlung einbezogen, aber er ist auch kein distanzierter Betrachter, sondern gibt seine Kommentare als Vertreter des Publikums, gleichsam als Stimme des sozialistischen Gewissens" (Kochan 1971, S. 66)

Dieses Werk ist repräsentativ für eine bestimmte Funktion von Oper in der ehemaligen DDR: Aufgreifen vorhandener realer Konflikte und Verharmlosung in der Darstellung. Mit Halbwahrheiten und Lügen über die tatsächliche Rolle der Justiz in einem sozialistischen Land paßten sich die Autoren der Parteilinie und der verordneten offiziellen Lesart an.

Die Oper entstand als Auftragswerk der Deutschen Staatsoper Berlin und in enger Zusammenarbeit der beiden Autoren mit deren damaligem Dramaturgen Günter Rimkus. Die Uraufführung (Regie: Erhard Fischer, Musikalische Leitung: Heinz Fricke, Bühnenbild: Willi Sitte/Dieter Rex) tendierte stark zu oratorischen Lösungen. Erst die Inszenierung in Schwerin (Regie: Joachim Robert Lang, Musikalische Leitung: Joachim Willert) 1972 drängte den Chor in seiner stets präsenten, besserwisserischen Funktion zurück, eliminierte das Chorfinale und gab dem Werk so eine stärkere theatralische Dimension.

Ausgaben Text In: Theater der Zeit, H. 11, Berlin 1971; KlA Deutscher Verlag für Musik Leipzig

Rechte Deutscher Verlag für Musik Leipzig

Literatur Günter Kochan: Der Komponist zum Werk. In: Programmheft Deutsche Staatsoper Berlin 1971 – auch In: Material zum Theater Nr. 118, Komponisten der DDR über ihre Opern, Auswahl und Zusammenstellung Stephan Stompor, Berlin 1979; Günter Kochan und Erik Neutsch: In Sachen ›Karin Lenz‹. Gespräch, aufgezeichnet von Walter Rösler. In: Theater der Zeit, H. 11, Berlin 1971
Walter Rösler: ›Karin Lenz‹. Zur Musik. In: Theater der Zeit, H. 12, Berlin 1971
Rezensionen der Uraufführung. In: Theater der Zeit, H. 12, Berlin 1971; Musik und Gesellschaft, H. 12, Berlin 1971

Rainer Kunad
24. Oktober 1936

Geboren in Chemnitz, 1950-1955 Volksmusikschule in Chemnitz/Karl-Marx-Stadt (Unterricht u.a. bei Paul Kurzbach), 1955-1956 Konservatorium Dresden (Chor und Ensembleleitung), 1956-1959 Studium an der Hochschule für Musik Leipzig (u.a. Komposition bei Fidelio F. Finke und Ottmar Gerster), 1959-1960 Dozent für Theorie und Gehörbildung am Robert-Schumann-Konservatorium Zwickau.

1960-1974 Leiter der Schauspielmusik der Staatstheater Dresden, 1974 Gastvertrag für Komposition an den Staatstheatern Dresden, 1971-1984 dramaturgischer Mitarbeiter der Deutschen Staatsoper Berlin, 1974 Ordentliches Mitglied der Akademie der Künste der DDR, 1978 Professor für Komposition und Vokalsinfonik an der Hochschule für Musik Dresden, 1982 und 1984 Gastprofessor am Mozarteum Salzburg, 1984 Übersiedlung in die Bundesrepublik Deutschland.

1972 Kunstpreis der DDR, 1973 Hanns-Eisler-Preis des Rundfunks der DDR, 1974 Martin-Andersen-Nexö-Preis der Stadt Dresden, 1975 Nationalpreis der DDR

Schauspielmusiken für Theater- und Fernsehinszenierungen in großer Anzahl, u.a. Schauspielmusiken zu ›Nebeneinander‹ (Georg Kaiser), ›Die heilige Johanna der Schlachthöfe‹ (Bertolt Brecht), ›Troilus und Cressida‹ (William Shakespeare), ›Der Besuch der alten Dame‹ (Friedrich Dürrenmatt) und zu Fernsehinszenierungen wie ›Die wundersame Schustersfrau‹ (Federico García Lorca), ›Die Matrosen von Cattaro‹ (Friedrich Wolf), ›Das gewöhnliche Wunder‹ (Jewgeni Schwarz)

Orchester- und Kammermusik, Lieder und Kantaten, u.a. Sinfonia variatione für Orchester (1959), Sinfonie 64 (1964), ›Pax mundi‹ – Oratorium für vier Soli, zwei gemischte Chöre und großes Orchester nach Andreas Gryphius (1966), ›Schattenland Ströme‹ – Bobrowski-Gesänge für Tenor und Gitarre (1966), II. Sinfonie (1967), ›Melodie, die ich verloren hatte‹ – Gesänge nach Günther Deicke für Sopran, Flöte, zwei Violen, zwei Violoncelli (1968), Sinfonietta (1969), Klavierkonzert (1969), ›Die Ehe‹ – Commedia für Oboe, Fagott und Klavier (1969), ›Von der Kocherie‹ – Ein kulinarisches Loblied • Alte Rezepte für hohe Singstimme und Gitarre (1970), Konzert für Tasteninstrumente und Orchester (1970), Konzert für Orgel, zwei Streichorchester und Pauken (1971), Antiphonie für zwei Orchester und Rhythmusgruppe (1971), Quadrophonie für vier Streichorchester, Blechbläser und Pauken (1973), ›Duomix‹ – Für Violine und Cembalo (1973), ›Die Kitschpostille‹ – Kleines Oratorium für Soli, Chor und Orchester (1974), Pathelin-Porträt für Orchester (1974), ›Metai‹ (›Jahreszeiten‹) – Kantate für Tenor, zwei Kinderchöre, Orgel, zwei stereophone Schlagzeuggruppen und Orchester nach Versen aus dem gleichnamigen Epos von Kistijonas Donelaitis (1978), Bobrowski-Motette für Chor, Orgel und Schlagwerk (1980), ›Stimmen der Völker in Liedern‹ – Oratorium nach Herder für Soli, Chor und Orchester (1983), ›Salomonische Stimmen‹ – Oratorium (1984), ›Die Menschen von Babel‹ – Ein Mysterienspiel (1984-86), ›Das Thomasevangelium‹ – Oratorium (1984-85), ›Jovian, der Seher‹ – Oratorium mit Szenen (1985), ›Der Seher von Patmos‹ – Oratorium (1985-86)

KUNAD

Bühnenwerke

Der Eulenspiegel mit dem Blinden 1953
Fastnachtsoper nach Hans Sachs

Das Spiel vom Heiland 1957
Ein szenisches Weihnachtsspiel

Das Schloß 1961-1963
Führung in drei Rundgängen
für Schauspieler, Tänzer und Sänger

Ich: Orpheus 1965
Ein Spiel in vier Teilen
für Schauspieler, Tänzer und Sänger

Bill Brook 1959-1961
Stück für das Musiktheater UA 1965
in sieben Szenen
nach der Erzählung ›Billbrook‹
von Wolfgang Borchert
Text von Rainer Kunad

Old Fritz 1963
Stück für das Musiktheater UA 1965
in zehn Szenen
Text von Rainer Kunad

Maître Pathelin oder Die Hammelkomödie 1968
Oper in acht Bildern UA 1969
nach dem Schauspiel ›Wer zuletzt lacht‹
von Horst Ulrich Wendler
Text von Rainer Kunad

Wir aber nennen Liebe lebendigen Frieden 1971-1972
(Bilder der Liebe) UA 1972
Szenische Metamorphosen
für Tänzer, Sopran, Bariton und Orchester
nach Versen von Georg Maurer

Sabellicus 1972-1974
Oper in neun Bildern UA 1974
Text von Rainer Kunad

Litauische Claviere 1974-1975
Oper für Schauspieler in acht Bildern UA 1976
nach dem gleichnamigen Roman
von Johannes Bobrowski
Text von Gerhard Wolf

Vincent _____ 1975-1976
Oper in zehn Bildern _____ UA 1979
nach Szenen aus dem Schauspiel ›Van Gogh‹
von Alfred Matusche
Texteinrichtung Rainer Kunad

Der Eiertanz _____ 1975
Minioper nach Franz Pocci
für fünf Puppen, einen Sänger,
sieben Musiker und einen Dirigenten

Münchhausen _____ 1977-1978
Komödie für Ballett in drei Akten _____ UA 1981
Libretto von Rainer Kirsch

Amphitryon _____ 1982-1983
Musikalische Komödie in neun Bildern _____ UA 1984
Text von Ingo Zimmermann

Der Meister und Margarita _____ 1983-1985
Romantische Oper _____ UA 1986
nach dem gleichnamigen Roman
von Michail Bulgakow
Text von Heinz Czechowski

Bill Brook
Stück für das Musiktheater in sieben Szenen
nach der Erzählung ›Billbrook‹ von Wolfgang Borchert
Text von Rainer Kunad

Entstehung 1959-1961

Uraufführung 14. März 1965   Landesbühnen Sachsen Radebeul
                                 (gemeinsam mit ›Old Fritz‹)

Personen
Bill Brook, kanadischer Fliegerfeldwebel _____ Bariton
Erster britischer Besatzungssoldat, der ein Neger ist _____ Baß
Zweiter britischer Besatzungssoldat, der ein Weißer ist _____ Tenor
Mädchen _____ Koloratursopran
Einbeiniger _____ Bariton
Seine Frau _____ Mezzosopran
Laternenpfahl _____ Koloratursopran
Telefonzelle _____ Sopran
Anschlagsäule _____ Alt

Reisende, britische Besatzungssoldaten,
Hamsterer, Heimkehrer,
Die in Billbrook Umgekommenen_____Gemischter Chor

Orchester Picc, 2 Fl, 2 Ob (II auch EH), 2 Klar (II auch BKlar), 2 Fg (II auch KFg), 4 Hr, 2 Trp, 2 Pos, Pkn, Slzg (3 Spieler): Xyl, Glsp, RGl, Tt, Trgl, SchTamb, Amboß ohne bestimmte Tonhöhe, Kast, KlTr, GrTr, 2 Rtr (hoch und tief), Bck, Bck hängend, 1 Paar Cymbeln, Hrf, Akk, Kl, Cemb (anstelle von Kl und Cemb kann auch GitKl verwendet werden); Org oder Harm; Str

Aufführungsdauer ca. 60 Min.

Handlung
Ort und Zeit der Handlung: Hamburg 1946
1. Szene: *Bahnhof Hamburg.* Bill Brook, kanadischer Fliegerfeldwebel und Besatzungssoldat, erblickt bei seiner Ankunft ein Schild mit der Aufschrift: Billbrook. Er ist überrascht und geschmeichelt. **2. Szene:** *Hotelzimmer.* Im Quartier wird er von zwei englischen Soldaten aufgeklärt, Billbrook ist der Name eines Stadtteils. Er macht sich auf, „sein" Stadtgebiet zu besichtigen. **3. Szene:** *Hinweg. Kreuzung.* Bill Brook ist in eine Trümmerwüste geraten. Ein zerstörter Laternenpfahl, eine verwüstete Telefonzelle und eine demolierte Plakatsäule beklagen ihre sinnlos gewordene Existenz, und die zehntausend unter den Trümmern begrabenen Toten erheben ihre Stimmen. **4. Szene:** *Trümmergegend.* Endlich trifft Bill Brook auf zwei lebende Menschen, einen einbeinigen Mann und seine Frau. Sie aber sehen in ihm den Feind, der Hamburgs Zerstörung mitverantwortet. **5. Szene:** *Rückweg. Kreuzung.* Wieder wird Bill Brook von Laternenpfahl, Telefonzelle und Plakatsäule bedrängt und hört die Stimmen der Toten. Er versucht, sein Gewissen, das sich immer lauter zu regen beginnt, durch lautes Grölen zu übertönen. Schließlich nimmt er die Mitschuld an den Toten und Trümmern dieser Stadt auf sich. **6. Szene:** *Hotelzimmer.* Wieder im Quartier, schreit Bill seine Angst- und Schuldgefühle heraus, aber die beiden Kameraden verstehen ihn nicht und denken, er sei betrunken. In einem Brief versucht Bill Brook, sich seinen Eltern mitzuteilen. **7. Szene:** *Bahnhof Hamburg.* Bill Brook mit dem Brief an die Eltern, er ist einer der Soldaten geworden, die das Grauen und die Mitschuld nicht aushalten. Ein Chor von Toten spricht aus, was Bill umhertreibt: Das Ende der Menschheit wird kommen, wenn nicht endlich nein zum Krieg gesagt wird.

Kommentar
›Bill Brook‹ ist Rainer Kunads erste Oper, geschrieben von einem Dreiundzwanzigjährigem, begonnen 1959, ein Meisterwerk. „Borchert ‚sprang mich sofort an'. Er spricht die Sprache meiner Generation. (...) Das Schicksal des Fliegerfeldwebels Bill Brook wollte ich in mir nachvollziehen, soweit es ging: Ein bisher in den Tag hinein lebender Mensch wird plötzlich durch ein Erlebnis bis in die tief-

sten Tiefen seines Seins erschüttert. Er wird beinahe ‚verrückt'. Da beginnen Gegenstände zu sprechen, zu schreien, zu fluchen. Die Toten stehen auf (...)" (Kunad 1965).

Rainer Kunad hat drei Jahre an ›Bill Brook‹ gearbeitet, Texte aus weiteren Erzählungen Borcherts, so aus ›Bleib doch, Giraffe‹ und ›Das Känguruh‹, hinzugezogen sowie aus dem Appell ›Dann gibt es nur eins‹ zitiert, den Borchert wenige Tage vor seinem Tod, Hiroshima vor Augen, schrieb.

Es war die erste Borchert-Oper!

Der Komponist hat seine große Betroffenheit, seine Leidenschaftlichkeit und sein Mitgefühl gebändigt und in eine strenge Kunstform gebracht.

Die Oper ist in sieben Szenen gegliedert, die sich spiegelbildlich entsprechen. Bill Brooks Weg beginnt und endet am Bahnhof. Das Emailleschild mit dem Hinweis auf den Stadtteil Billbrook ist ein Kunstgriff, es bedeutet die Aufforderung an den Fliegerfeldwebel, sich selbst zu suchen. Bill Brook wird an dieser Suche nach sich selbst gehindert, bereits am Bahnhof durch ein Mädchen, dann in den zwei Quartierszenen durch seine beiden Kameraden. Zweimal wird Bill Brook mit spukenden toten Gegenständen und den Stimmen der Toten konfrontiert, auf dem Hin- und auf dem Rückweg. Hinweg und Rückweg manifestieren zugleich das Erwachen seines Gewissens, seiner verschütteten Fähigkeit zum Mit-Leiden. Mittelpunkt der Oper ist die vierte Szene, hier begegnet der Soldat auf der Höhe seiner Krisis zwei Überlebenden des Infernos. Die Szene bringt ins Gleichnis, wie schwierig, ja unmöglich die Annäherung von Menschen geworden ist, die sich in Sieger und Besiegte, Gesunde und Invaliden, in Freunde und Feinde geschieden haben. Die Szene beginnt mit einer stummen Aktion, einer kleinen Geste Bill Brooks von großer Bedeutung: Er reicht dem einbeinigen Mann und seiner Frau eine Schachtel Zigaretten, es ist das alte Versöhnungsangebot, die Friedenspfeife zu rauchen. Die Frau nimmt an, der Einbeinige hingegen läßt die Zigaretten eine nach der anderen ins Wasser fallen. Die Bewegungen sind rhythmisch genau fixiert, der Dirigent hat das Metrum anzugeben. Das Herausziehen aus der Schachtel, das Hochheben und Fallenlassen werden durch Schläge mit drei unterschiedlichen Instrumenten – Klangholz, Holztrommel und kleiner Trommel – markiert und gewichtig gemacht: Das Versöhnungsangebot wird ausgeschlagen. Die schroffe Geste löst bei Bill einen Schock, ein irres, aber kein befreiendes Lachen aus, denn die Lachkurve ist bei aller Exaltiertheit kontrapunktisch streng gebunden. Die Frau hingegen reagiert mit großer Trauer, gefaßt in einem kleinen, von Trompete und Posaune vorgetragenen Choralsatz. Ihre lapidaren Worte „Du kennst keine Gesichter", die auch Borchert mehrmals wiederholt, erhalten hierdurch gleichnishafte Bedeutung: Verwüstet sind nicht nur die Häuser, sondern auch die Menschen. Der Einbeinige hat nicht nur seine heile Gestalt verloren, sondern auch die Fähigkeit zur Versöhnung. Die Musik aber rückt Invaliden und Besatzungssoldaten eng zusammen, Bill Brooks Lachmotivik und das furchtbare Heulen des Invaliden, mit dem er Bill Brook davontreibt, sind aus einem Kern. Zum musikalisch-dramatischen Zentrum der Szene wird eine von Choralmotivik dominierte Klangfläche, die von einem kleinen dreitaktigen Akkordeonmotiv – leitmotivisch eingesetztes klangliches Signum der Hafenstadt Hamburg – durchwoben wird und über der die Frau in kurzen, spröden Sätzen von Hamburgs Zerstörung berichtet.

Auf solche Weise erzählt Kunads Musik eigenständig, was an der Oberfläche und im Innern der Menschen vor sich geht. Entstanden ist eine Partitur von großer Dichte, in der die Harmonik kadenzbildender Funktion weitgehend enthoben ist, an deren Stelle treten tonal-expressive Zentren, die Musik kann immer gleich zur Sache kommen, ohne auf Symmetriebildung und Wiederholung Rücksicht nehmen und Umwege gehen zu müssen.

Die große Dichte und Expressivität der Partitur wurde von der Kritik sofort bemerkt und entsprechend gewürdigt. *Musik und Gesellschaft* brachte es auf den Satz: „Das Werk ist mehr als eine Talentprobe."

Den spontan begonnenen ›Bill Brook‹ konnte Rainer Kunad als Auftragswerk des Landesbühnen Sachsen beenden, für diese Bühne schuf er auch den zweiten Opereinakter: ›Old Fritz‹.

Die Landesbühnen Sachsen Radebeul spielten seit Anfang der sechziger Jahre eine bedeutende Rolle bei der Entwicklung eines zeitgenössischen Repertoires; der Dramaturg Dieter Härtwig und der Regisseur Reinhard Schau konnten sich rühmen, für das neue Werk mit Ernst, Hingabe und Erfolg zu wirken.

Ausgaben Text In: Beilage zu Theater der Zeit, H. 20, Berlin 1965; KlA Henschelverlag Berlin o.J.

Rechte Henschel Musik GmbH Berlin; Keturi-Musikverlag Rimsting/Chiemsee

Literatur
Wolfgang Borchert: Billbrook. In: Wolfgang Borchert. Das Gesamtwerk, mit einem biographischen Nachwort von Bernhard Mayer-Marwitz, Halle 1961
Rainer Kunad: Die Sache mit ›Bill Brook‹ ... In: Programmheft Landesbühnen Sachsen 1965 –
auch In: Material zum Theater Nr. 118. Komponisten der DDR über ihre Opern, Auswahl und Zusammenstellung Stephan Stompor, Berlin 1979
Dieter Härtwig: Der Komponist und die Musik seiner Stücke. In: Programmheft Landesbühnen Sachsen 1965; Fritz Hennenberg: Musiktheater als Zeittheater. Bemerkungen zu zwei Opern von Rainer Kunad. In: Theater der Zeit, H. 14, Berlin 1965
Rezensionen der Uraufführung. In: Theater der Zeit, H. 11, Berlin 1965; Musik und Gesellschaft, H. 7, Berlin 1965

Old Fritz
Stück für das Musiktheater in zehn Szenen
Text von Rainer Kunad

Entstehung 1963

Uraufführung 14. März 1965   Landesbühnen Sachsen Radebeul
(gemeinsam mit ›Bill Brook‹)

Old Fritz

Kunad

Personen

Old Fritz (Friedrich II., König von Preußen)	Tenor
Dr. Newcome, amerikanischer Gastdozent	Bariton
Maria Weide, Direktorin	Mezzosopran
Professoren: Roßpaul	Baßbariton
Paulsen	Baß
Puderson	Tenor
Studenten: Norbert Gebauer	Lyrischer Tenor
Rita Beyer	Sopran
Frank von Littwitz	Bariton
Konsul	Baß
Gaslaterne	Alt
Stimme aus der Apotheke	Alt
Zwei Zeitungsausrufer	Sprecher
Studenten, Barmädchen, Straßenpassanten	Gemischter Chor

Orchester Picc, 2 Fl, 2 Ob (II auch EH), 2 Klar (II auch BKlar), ASax, 2 Fg (II auch KFg), 4 Hr, 2 Trp, 2 Pos, Tb, Pkn, Slzg (3 Spieler): GrTr (mit Fußmaschine), KlTr, Rtr, HolzTr, 3 Tomtoms, Charleston-Maschine, 2 Xyl, Glsp, Vib, KlTrgl, 2 Tempelblocks (hoch und tief), Gurke, Claves, SchTamb, Flex, RGl, Mar wenn vorhanden, an bestimmten Stellen anstatt Xyl, Hrf, GitKl, Cel; Str

Aufführungsdauer ca. 1 Std., 10 Min.

Handlung

Ort und Zeit: Westdeutsche Universitätsstadt. Gegenwart.
1. Szene: *Universität.* Der amerikanische Spezialist für Geschichte des deutschen Absolutismus, Dr. Newcome, soll Gastvorlesungen halten. Er wird von Studenten neugierig beäugt, vom Professorenkollegium mit Spannung und Mißtrauen begrüßt. **2. Szene:** *Stadt.* Newcome fühlt sich an Amerika erinnert, die gleiche Reklame, ähnliche Waren, darüber hinaus reiche amerikanische Witwen auf Deutschlandtrip. Eine Gaslaterne spricht ihn an, ruft ihm ins Gedächtnis, daß er bereits einmal in Deutschland war, als Bombenflieger. Er dreht ihr das Gas ab. **3. Szene:** *Universität.* Newcome hat Erfolg bei den Studenten, die Professoren schneiden ihn, allein die Institutsdirektorin begegnet ihm freundlich und mit erotischem Interesse. **4. Szene:** *Seminarraum.* Newcome spricht Friedrich II. den Beinamen „der Große" ab und stellt seine Ansicht zur Diskussion. Die Meinungen der Studenten prallen hart aufeinander. **5. Szene:** *Stadt.* Kauf und Verkauf von Dingen und Menschen. Neonlicht. Newcome biegt ins Dunkle ab und stößt in der Friedrichstraße auf den Alten Fritz, der ihn zur Rede stellt und abkanzelt. **6. Szene:** *Newcomes Quartier.* Hier wird Newcome von den deutschen Professoren erwartet. Der eine geht ihm als Offizier der Hitlerwehrmacht an den Kragen, der andere als Verteidiger der Inquisition, alle wünschen Newcome zum Teufel. **7.**

Szene: Der Spuk ist verschwunden, der Student Gebauer klopft an, der exmatrikuliert wurde, weil er sich mit Newcomes Auffassungen über die deutsche Geschichte identifizierte. **8. Szene:** *Universität.* Die Professoren wollen Gebauer helfen, wenn er Newcome denunziert. **9. Szene:** *Zimmer der Direktorin.* Gebauer hat ausgesagt, daß er von Newcome sexuell mißbraucht wurde. Newcome wird der Universität verwiesen und fordert einen Prozeß. **10. Szene:** *Konsulat.* Der amerikanische Konsul rät dem Landsmann vom Prozeß ab. **Finale:** *Straße.* Newcome gibt sich geschlagen. Die Zeitungen melden den Selbstmord eines Studenten, wegen Nötigung zur Unzucht. Das Ausland habe die Hand im Spiel. Gegen die Enkeldynastie des Alten Fritz kann ein einzelner Amerikaner nichts ausrichten, die deutschen Untertanen müssen sich selbst befreien.

Kommentar

Der Operneinakter ›Old Fritz‹ wurde von Rainer Kunad als „aktuelle Entsprechung" zu ›Bill Brook‹ konzipiert: „Was geschähe, wenn ein Mensch mit der Natürlichkeit, der Vitalität und Sensibilität eines Bill Brook – nunmehr gereift – nach zwanzig Jahren an den Ort der einstigen Zerstörung käme?" (Kunad 1965)

Anregung für seine zweite Oper erhielt Rainer Kunad durch Rolf Schneiders Schauspiel ›Der Mann aus England‹ (1962), dem eine wahre Begebenheit zugrunde liegt, die 1960 für Schlagzeilen gesorgt hatte. In der Problemstellung sind Schauspiel und Oper vergleichbar, in Handlung und Sprache haben sie nichts gemeinsam. Dem Librettisten Kunad ist es meisterhaft gelungen, seine Geschichte kurz und bündig zu erzählen, alltägliche und außergewöhnliche Situationen miteinander zu koppeln, reale und phantastische Elemente auf überzeugende Weise zu verbinden, doch die Sprache selbst ist wenig profiliert und differenziert. Das fällt gegenüber dem Bezugswerk, dem ›Bill Brook‹, ins Gewicht, dort treten mit den Texten vielschichtige Figuren in Erscheinung, während hier relativ einschichtig Meinungen geäußert werden.

Kunad arbeitet mit einer frei gehandhabten Zwölftonreihe, schafft damit ein vereinheitlichendes musikalisches Zentrum.

„Bei ›Old Fritz‹ taucht ein ästhetisches Problem auf, das sich bei der Zeitoper von je stellt: das Problem der Vertonung von Alltagssprache. Mir scheint, daß sich hierfür Melodram und Rezitativ eignen, daß die Bildung geschlossener, melodisch betonter Formen hingegen mit verstärkter sprachlicher Stilisierung Hand in Hand gehen muß. Sonst treten Diskrepanzen auf, die leicht komisch wirken, wie zu Beginn der dritten Szene etwa, wo die melodisch-harmonische Intensität wenig zu dem nüchternen Dialog passen will – es sei denn, man sieht in ihr einen Reflex der menschlichen Beziehungen zwischen Dr. Newcome und seiner Chefin. Die kritische Schilderung hektischer Großstadt-Betriebsamkeit vermag musikalisch nicht recht zu überzeugen; die der Unterhaltungsbranche entlehnten Mittel sind nicht die heutigen, sondern von vorgestern, aus den zwanziger Jahren: Synkopen machen noch keinen Jazz, geschweige Cool Jazz.

Ins Schwarze trifft dagegen die Fridericus-Rex-Szene, mit dem frechen Marsch-Zitat. In der Fuge ein Pendant überlebter Geschichtsauffassung zu sehen, ist ein glänzender Einfall. Musikalische Formmittel wollen sogar der Erläuterung des Wortes dienen: Die ‚Engführung', die am Schluß erscheint, führe, so verlautet ein Partiturvermerk, ‚die friderizianischen Argumente in die Enge'." (Hennenberg 1979, S. 12)

Mit ›Old Fritz‹ ist Rainer Kunad ein Werk gelungen, das stark ist, wenn der Autor sich mit seiner Hauptgestalt identifiziert, wenn er den Alten Fritzen und die deutschen Professoren verspotten kann, das aber dann allgemein und unverbindlich wird, wenn die nicht oder zu wenig gekannte Welt des „deutschen Wirtschaftswunders" ins Visier genommen werden soll.

Ausgaben KlA Henschelverlag Berlin o.J:

Rechte Henschel Musik GmbH Berlin; Keturi-Musikverlag Rimsting/Chiemsee

Literatur Rolf Schneider: Der Mann aus England. In: Rolf Schneider. Stücke, Berlin 1970
Rainer Kunad: Die aktuelle Entsprechung ... In: Programmheft Landesbühnen Sachsen 1965

Dieter Härtwig: Der Komponist und die Musik seiner Stücke. In: Programmheft Landesbühnen Sachsen 1965; Fritz Hennenberg: Musiktheater als Zeittheater. Bemerkungen zu zwei Opern von Rainer Kunad. In: Theater der Zeit, H. 14, Berlin 1965
Rezensionen der Uraufführung. In: Theater der Zeit, H. 11, Berlin 1965; Musik und Gesellschaft, H. 7, Berlin 1965

Maître Pathelin oder Die Hammelkomödie
Oper in acht Bildern
nach dem Schauspiel ›Wer zuletzt lacht‹ von Horst Ulrich Wendler
Text von Rainer Kunad

Entstehung 1968

Uraufführung 30. April 1969 Staatstheater Dresden – Kleines Haus

Personen
Maître Pathelin, Advokat_____Tenor
Guillemette, dessen junge Frau_____Alt
Guillaume, reicher Tuchhändler_____Tenor
Laurentia, dessen Frau_____Baß
Thibault, Schäfer in Guillaumes Diensten_____Baß
Jeanne, Magd bei Guillaume_____Sopran
Der Richter_____Bariton
Volk_____Kleiner gemischter Chor

Orchester 3 Fl (alle auch Picc), Ob, EH, Klar, BKlar, Fg, 2 Hr, 2 Trp, Pos, Hrf, Harm, Pkn, Slzg (2 Spieler): 2 Paar Cymbeln, 2 Paar Claves, 3 Tomtoms, 3 Bongos, Ratsche, diatonische Kuhglocken, 3 Büchsen (Blech) mit Münzen gefüllt, 4 Paar TanzKast, GrTr (mit Fußmaschine), KlTr, Charleston-Maschine, SchTamb, Xyl, Mar, Vib, Glsp, Gong, Gurke, Maracas; Str

Aufführungsdauer ca. 1 Std., 45 Min.

Handlung
Kleine mittelalterliche Stadt in Frankreich.
(Simultanbühne: rechts Pathelins Wohnung mit Bett und Schreibpult, links Guillaumes Verkaufsstand mit Stoffen. Alle acht Bilder spielen ohne Dekorationswechsel bei offenem Vorhang.)
Intrada I oder Intrada II (fakultativ). **1. Bild:** Morgenerwachen im Haus des Advokaten Pathelin. Geldbörse und Vorratskammern sind leer. Der Advokat wird von seiner jungen hübschen Frau Guillemette mit Vorwürfen überhäuft. Sie droht, ihm Hörner aufzusetzen. Das erweckt die müden Glieder des schon angejahrten Ehemannes. Er verspricht, binnen kurzem den allerschönsten Stoff für ein neues Kleid herbeizuschaffen, und verläßt das Haus. **2. Bild:** *Marktplatz.* Pathelin stattet dem reichen und geizigen Tuchhändler Guillaume einen Besuch ab, versetzt ihn durch unverdiente Komplimente in gute Stimmung und schwatzt ihm schließlich einen Ballen Stoff ab, den er bezahlen wird: bei einem köstlichem Mittagsmahl, wozu er den Tuchhändler großzügig in sein Haus einlädt. **3. Bild:** Guillemette ist über den Stoff erfreut, entsetzt über Pathelins Handel, wie soll sie den Tuchhändler empfangen und bewirten? Pathelin überläßt das Weitere dem Witz seiner Frau. **4. Bild:** *Marktplatz.* Guillaumes Magd Jeanne liebt den ebenfalls beim Tuchhändler als Knecht verdingten Schäfer Thibault. Der hat ein halbes Jahr keinen Lohn erhalten und dafür sechs Hammel aus seines Herrn Besitz geschlachtet. Der Tuchhändler will ihn deshalb verklagen. Jeanne gibt Thibault ihre Ersparnisse, er soll sich einen guten Advokaten suchen. **5. Bild:** Im Haus Pathelins bietet sich Guillaume ein unerwartetes Bild: Die Frau des Advokaten heult und jammert, Pathelin liege seit Wochen auf den Tod krank zu Bette. Von einem Stoffkauf kann keine Rede sein. Guillaume durchschaut das Spiel und provoziert Pathelin, indem er Guillemette hofiert, worauf sie eingeht. Pathelin fällt zwar aus der Rolle, fängt sich aber, indem er einen Wahnsinnsanfall simuliert. Guillemette besinnt sich auf ihren wahren Vorteil und unterstützt ihren Mann. Erschöpft, ohne Mittagessen und ohne Geld zieht der Tuchhändler von dannen. Zwischenspiel: Sinfonia pastorale. **6. Bild:** *Marktplatz.* Jeanne erkennt, daß nach diesem Streit Pathelin den besten Verteidiger für ihren Thibault abgibt, und schickt den Schäfer zum Advokaten. **7. Bild:** Pathelin übernimmt gegen ein Wucherhonorar die Verteidigung, er stellt nur eine Bedingung; Thibault habe unter allen Umständen vor Gericht nur mit dem Hammelruf „Bäh" zu reagieren. **8. Bild:** *Marktplatz. Gerichtstag.* Eine Menge Volks. Guillaume klagt den Schäfer des Hammelraubs an. Wie er aber Pathelin auftreten sieht, bringt er Hammelraub und Tuchraub durcheinander, so daß der Richter ihn für geistesgestört hält. Pathelin wird der

Sieg leicht, zumal auch der Angeklagte verrückt zu sein scheint, da er wie ein Hammel blökt. Thibault wird freigesprochen. Als Pathelin vom Schäfer den Rest des vereinbarten Honorars fordert, wird er ebenfalls mit einem „Bäh" bedacht und geht leer aus. Das Volk macht sich seinen Reim darauf: „Wer zuletzt lacht, lacht am besten! Das ist eine alte Weisheit, doch der Richt'ge muß es sein."

Kommentar

›Maître Pathelin‹ entstand im Auftrag der Staatstheater Dresden. Als Vorlage diente eine anonyme französische Farce von 1465 ›Maître Pierre Pathelin‹, die berühmteste von 150 überlieferten mittelalterlichen Farcen, die bereits 1497 von Reuchlin und 1531 von Hans Sachs bearbeitet wurde. Rainer Kunad lernte sie in Horst Ulrich Wendlers Übersetzung und Einrichtung von 1958 kennen.

Dem Zeitgeist entsprechend, hatte Wendler dem Paar Magd - Schäfer eine größere Rolle als im Original eingeräumt. Kunad folgte ihm hierin. Entscheidend aber wurde, daß der Komponist in seiner Texteinrichtung und mit seiner Musik die Spielweise der alten französischen *Basoche* zu aktivieren suchte, jener Spielgruppe von Gerichtsschreibern und Notariatsgehilfen, die in Paris zur Fastenzeit alljährlich einen fingierten Prozeß inszenierten, eine sogenannte *cause grasse* auf die Bühne brachten. „In diesem Prozeß ging man nicht nur mit den Schwächen seiner Mitmenschen zu Gericht, sondern wagte es auch, die Dinge aufs Korn zu nehmen, die sonst als sozial unantastbar galten. (...) Die Farce kannte keine Tabus." (Lewin 1969) Auch keine sexuellen.

Dazu gehört, daß Kunads Oper mit dem wollüstigen und sehr ausgedehnten Seufzen und Singen eines eben aus den schönsten Träumen erwachten Menschen beginnt. Darin hat Kunad allerdings einen Vorläufer. Dmitri Schostakowitsch läßt seine 1928 komponierte ›Nase‹ mit ähnlich wollüstigen Seufzern beginnen, hier erwacht der Kollegienassessor Kowaljow, um sogleich einen großen Schreck zu bekommen, denn seine Nase ist verschwunden, das Signum seiner Männlichkeit. Auch in ›Maître Pathelin‹ folgt aufs Erwachen gleich der Schreck: Die junge Frau hat von sexuellen Genüssen geträumt, aber neben ihr liegt der Ehemann, den sie schon satt hat, und darüber hinaus ist kein Geld im Haus und damit auch kein neues Kleid in Sicht, um sich das Fehlende außer Haus und in fremdem Bett zu holen. Entsprechend fällt die junge Frau aus dem „sospirando", dem Seufzen, ins Keifen und „Zischen", und das im ganz wörtlichen Sinne, denn der Komponist hat diese wie alle folgenden „unfeinen Laute", wie „stockend keuchen", „Schluckauf", „Zungenknall", „mit dem Kopf bibbern und dabei ein schlotterndes Geräusch hervorbringen" genau notiert. Die Spannung von Not und Lust, von feinem Schein und unfeinem Sein macht den Reiz des Stückes aus.

In der Figur des Pathelin läßt sich unschwer das Vorbild, der italienische Pantalone, der geile und gewitzte venezianische Advokat aus der Commedia dell'arte, erkennen, in Guillaume der dumm-dreiste und ebenso lüsterne Dottore, der hier als Tuchhändler seiner Magd nachstellt und seinen Ehedrachen (von Kunad als Baß besetzt) fürchtet.

Wie schon in ›Old Fritz‹ setzt Kunad eine Zwölftonreihe als ordnendes und wiederkehrendes Intervallmodell ein.

Die Titelfigur steht auch musikalisch im Zentrum, Pathelin ist „Meister, wahrer Held in den Dimensionen der Komödie, kein Antiheld" (Kunad 1970, S. 38); entsprechend ist die Musik auf ihn konzentriert: „1. Pathelin privat: der Konflikt zwischen dem alternden, aber cleveren Notar und seiner jungen, liebesdurstigen Frau. Hier hat die Musik die Aufgabe, die Brüchigkeit der Beziehungen, Verlogenheit und Raffinement zu entlarven. Tenor wird mit Alt kontrapunktiert. 2. Pathelin als Geschäftspartner des Guillaume: das harte Ringen um Besitz und Geld, die Austauschbarkeit zwischen Geist und Ware. Die Musik täuscht einige Partnerschaft vor und kennzeichnet diese Täuschung als solche. Tenor gegen Tenor. (...) Kontrastierend dazu die Welt der Magd und des Schäfers: Echtheit der Gefühle, Hunger nach Gerechtigkeit, Verwurzelung im Volksliedhaften, aber auch die Angst vor der eigenen Courage und Trost und List der Frau – Sopran – Baß." (Kunad 1970, S. 38)

Der Komödienstruktur entsprechend, wird mit der Diskrepanz zwischen Schein und Sein gearbeitet. Guillemettes wollüstige Vokalisen zu Anfang bilden ein leitmotivisches Signal für Lüste ähnlicher und ganz anderer Art, sie tauchen auf, wenn sich Pathelin an seinem eigenem Witz erfreut, Guillaume an seinem Geld. Kunad spricht vom „Entlarvungsverhältnis von Motiven" und von „Formkomplexen" und meint damit, daß Motive in einer eindeutigen Situation definiert werden, um dann später in Situationen mit anderem oder auch entgegengesetztem Inhalt wieder aufzutauchen, sich dabei mit unterschiedlichen, ja gegensätzlichen Bedeutungen anzureichern. Das betrifft die Wollust-Vokalise ebenso wie das Duettchen „Leer ist alles", mit dem zu Beginn das Advokatenehepaar seine leeren Kasten und Kisten beklagt; es wird von Pathelin benutzt, um den Tuchhändler zum Essen einzuladen, das es nie geben wird; mit ihm erläutert der Notar seiner Frau die Kaufliste, um den Betrug zu einem guten Ende zu führen. Erhellende Verfremdung von Bekanntem findet statt, wenn ein harmloses Liedchen „Froh erwach' ich alle Tage" durch rhythmische Verschiebungen zum Stolpern gebracht wird, wenn die schönen Worte vom frohen Erwachen von falschen Akzenten getroffen werden, denn der da so frohgemut trällert, hat zwei Menschen tief gekränkt und ist willens, sie Tod und Verderben auszuliefern. In solchem Munde müssen solche Worte verdorren. Kunad arbeitet, der Tradition der Opera buffa entsprechend, mit parodistisch gemeinten Zitaten. Das hehre, oft in sakraler Musik eingesetzte Sekundklagemotiv entgleist in ein glissandierendes Heulen von Trompete, Posaune und Gesangsstimme, wenn die Advokatenfrau die Maske der todbetrübten Ehefrau anlegt; dem Tuchhändler kommt angesichts des bettlägerigen, gerade eben noch quicklebendigen Notars Mozarts ›Kleine Nachtmusik‹ in den Hals: „Im Bett? Verdammt, was geht hier vor?" Ebenso erzielt Kunad mit Strukturzitaten Wirkungen, so mit Puccinesken Gesten oder „choralartiger Kraftmeierei" (Kunad 1970, S. 40) im Finale, wenn das „Volk" sich seinen Vers auf den Skandal macht.

Der Komponist hat zwar immer wieder beteuert, wie wichtig ihm die gesellschaftliche Perspektive sei, daß der vierte Stand sich zu Wort melde und „zuletzt lache", doch hat er die finale „Volksszene" weniger plakativ als vielmehr im besten Buffa-Geist komponiert. Zu den schönsten Einfällen gehört, daß der Richter mit einer einzigen Floskel: „Das freut mich sehr" alle seine privaten wie öffentlichen Gefühlsregungen – Ärger, Freude, Drohung, Ablehnung, Zustimmung etc. – auszudrücken hat, das Volk mit einem einfachen „La, la, la, la" die Stimmung der Parteien anheizt, der einen beisteht, sie bedauert, ermuntert, die andere verspottet.

Rainer Kunads ›Hammelkomödie‹ gehörte bis Mitte der siebziger Jahre zu den meistgespielten Stücken. Das war der Tatsache geschuldet, daß es kaum musikalische Komödien gab, das Stück den Sängern dankbare Rollen bot und einen ganz geringen bühnentechnischen Aufwand verlangt, also auch von kleineren Bühnen mit ihrem Abstecherbetrieb in Kulturhäusern ideal zu realisieren war. Darüber hinaus hatte sich Kunad mit Handlung und Musik am westeuropäischen alten Jahrmarkttheater orientiert; er war der Sehnsucht der Theaterleute nach einer nichtmoralisierenden kecken Spielweise nachgekommen. Erst als zehn Jahre später, 1979, Rudolf Münz' Buch *Das „andere" Theater* erschien, war das deutschsprachige „teatro dell'arte der Lessingzeit" auch wissenschaftlich sanktioniert. Kunad hatte mit seinem ›Maître Pathelin‹ bereits ein Jahrzehnt zuvor ein solches Stück „anderen" Theaters geschaffen, und hierauf beruht der Erfolg seiner Oper und ihr bleibender theatergeschichtlicher Wert. Die Komödie wurde von mehr als zwanzig Bühnen nachgespielt, vom Rundfunk wie vom Fernsehen der DDR gesendet und vom VEB Deutsche Schallplatten produziert. Die westdeutsche Erstaufführung fand im März 1984 in Kiel statt.

Ausgaben Text In: Theater der Zeit, H. 8, Berlin 1969; KlA Henschelverlag Berlin 1968, übernommen in die Edition Peters Leipzig (EP 9759)

Rechte Henschel Musik GmbH Berlin; Keturi-Musikverlag Rimsting/Chiemsee

Literatur Rainer Kunad. Eine neue Oper entsteht. Gespräch mit Wolfgang Pieschel. In: Gestaltung und Gestalten. Programme Staatstheater Dresden 1968/69; ders.: Über die Oper. Realismusprobleme in der zeitgenössischen Oper. In: Theater der Zeit, H. 5, Berlin 1970 – auch In: Sammelbände zur Musikgeschichte der DDR, Bd. II, Berlin 1971 – gekürzte Fassungen in den diversen Programmheften, gekürzt auch In: Material zum Theater Nr. 118. Komponisten der DDR über ihre Opern, Auswahl und Zusammenstellung Stephan Stompor, Berlin 1979
Walter Rösler: Maître Pathelin oder Die Hammelkomödie. Bemerkungen zu Rainer Kunads neuer Oper. In: Theater der Zeit, H. 2, Berlin 1969; Eberhard Klemm: Einige musikalisch-ästhetische Gedanken. In: Theater der Zeit, H. 8, Berlin 1969; Waldtraut Lewin: Um die Mitte des 15. Jahrhunderts ... In: Programmheft Landestheater Halle, H. 13, 1968/69
Rezensionen der Uraufführung. In: Theater der Zeit, H. 8, Berlin 1969; Musik und Gesellschaft, H. 1, Berlin 1970

Aufnahmen NOVA 8 85 175 (Gekürzte Fassung vom Komponisten) Horst Hiestermann (Maître Pathelin), Ute Trekel-Burckhardt (Guillemette), Karl-Friedrich Hölzke (Guillaume), Hermann Christian Polster (Laurentia), Thomas Thomaschke (Thibault), Karin Eickstaedt (Jeanne), Konrad Rupf (Richter), Ekkehard Wagner (Gerichtsdiener), Rundfunkchor Leipzig, Rundfunk-Sinfonieorchester Leipzig, Dirigent Herbert Kegel; Aufnahme des Rundfunks der DDR

Sabellicus
Oper in neun Bildern
Text von Rainer Kunad

Entstehung 1972-1974

Uraufführung 21. Dezember 1974 Deutsche Staatsoper Berlin

Personen
Georg Sabellicus	Bariton
Sebastian	Bariton
Rubella	Mezzosopran
Bürgermeister	Baß
Stadthauptmann	Baß
Zwei Häscher	Chorsolisten
Herzog	Tenor
Kanzler	Baß
Clarissa	Sopran
Hauptmann der Landsknechte	Tenor
Drei Landsknechte	Bariton, Bariton, Baß
Bäuerin	Sprechrolle
Mönch	Tenor
Hofleute	Gemischter Chor und Ballett
Ratsherren, Patrizier, Bürger, Studenten, Bauern, Wegelagerer, Zwischenrufer, Volk, Sprecher, Handwerker, Plebejer, Soldaten	Gemischter Chor

Orchester 3 Fl (alle auch Picc), 3 Ob (III auch EH), 3 Klar (III auch BKlar), 3 Fg (III auch KFg), 4 Hr, 3 Trp, 3 Pos, Tb, Hrf, Slzg (3 Spieler); Continuogruppe: Ionica, Präpariertes Kl, EBGit oder EKb; Klangboutique (Ständer mit eingehängten Materialien: 2 Metallketten, 4 verschiedene Glasflaschen, Holzteller, 2 Blechteller, 2 verschiedene Plastbretter, 2 Stahlfedern – alle elektroakustisch verstärkt); Str
Bühnenmusik Papptuten, Kinderratschen, Pappmegaphone, Blechbüchsen mit Eisenteilen, Blechtr, Rtr
Tonband für Akusticals I-VII (Wiedergabe über Lautsprechergruppen von links, von rechts, von oben und von hinten)

Aufführungsdauer Erster Teil (1. - 5. Bild): ca. 65 Min., Zweiter Teil (6. - 9. Bild): ca. 45 Min., Gesamt: ca. 1 Std., 50 Min.

Handlung

Ort und Zeit der Handlung: Deutschland um 1525.

1. Bild: *Ratssaal in einer freien Reichsstadt.* Die Stadtobrigkeit hält Rat, erschreckt durch Unruhen in der Stadt; verantwortlich dafür sei der Magister Sabellicus. Er wird dem Tribunal vorgeführt und erklärt, seine Sache sei allein die Wissenschaft. Vor den Fenstern rebellieren die Studenten und fordern Freiheit für den Magister. Der Kanzler des Herzogs von Württemberg ist gekommen, um von den Ratsherren Kreditaufschub für seinen verschuldeten Herrn zu erlangen. Er nutzt die Gelegenheit und beruft Sabellicus an den herzoglichen Hof, denn der Mann kann nützliche Maschinen bauen.

Akustical I (Chor der Studenten, fünf Sprecher, Sebastian). Die Studenten werten Sabellicus' Berufung als Sieg der Wissenschaft.

2. Bild: *Sabellicus Kammer.* Der Wissenschaftler erkennt die Gefahren, die ihm am Herzoghof drohen, aber er wird dort forschen, seine Maschinen bauen können, während ihn die Bürger mit ihrem kleinlichen Krämergeist daran hindern. Sabellicus' Schüler Sebastian bittet den Lehrer, sich an die Spitze der studentischen Bewegung zu stellen, aber der Gelehrte lehnt ab.

Akustical II (Knabenchor): Lob der reinen Wissenschaft.

3. Bild: *Graben vor dem Stadttor. Nachts.* Soldaten werfen Sebastian aus der Stadt hinaus, er fällt unter Wegelagerer und wird von der Dirne Rubella mit offenen Armen empfangen.

Akustical III (Rubella, Sebastian). Der von seinem Lehrer enttäuschte Student findet in den Armen einer Frau Trost.

4. Bild: *Bauernkate.* Sebastian zieht mit Rubella durchs Land, von kleinen Gaunereien lebend. Rubella gefällt ein solches Leben nicht, es kommt zwischen beiden zum Streit, bei dem sie sich ihrer Liebe bewußt werden. – Die Soldaten des Herzogs brennen das Dorf nieder, morden, was nicht weichen will, denn an dieser Stelle soll ein Stausee errichtet werden.

Akustical IV (Knabenchor, Aufseher, Bauern). Das Lob der reinen Wissenschaft wird konfrontiert mit den schrecklichen Vorboten der Wissenschaft: Mord und Gewalt.

5. Bild: *Kanalbau.* Sabellicus strebt danach, mit dem Kanalbau den alljährlichen Überschwemmungen ein Ende zu bereiten. Sebastian und Rubella haben sich als ausländische Gelehrte verkleidet und werden, vom Kanzler geleitet, bei Sabellicus vorstellig, der sich aber nicht wie ein Affe begaffen lassen will. Sabellicus hört über die Arbeitsgeräusche hinweg das Klingen von Schwertern, Stöhnen und Schreien und fragt danach. Der Kanzler hat auf alles eine beruhigende Antwort: Der Magister täusche sich, seine Arbeit diene allein dem Fortschritt und dem Glück der Menschen. Sabellicus und Sebastian bleiben allein. Sebastian gibt sich zu erkennen und öffnet Sabellicus die Augen, was sich außerhalb seiner Gelehrtenstube tut: Die Aufseher zwingen die Bauern mit Gewalt zur Arbeit. Aber auch Sabellicus ist der Meinung, man müsse das Volk zu seinem Glück zwingen, und als die Arbeiter flüchten, wirft er sich ihnen entgegen, vergeblich. Soldaten kommen ihm zu Hilfe. – Sabellicus hat sein Ziel erreicht, der Stausee ist gebaut, der Hof erscheint, das Werk zu besichtigen. Unter den Höflingen befindet sich die Sängerin Clarissa, deren Gesang Sabellicus bezaubert.

6. Bild: *Das Werk.* (Simultanszene.) Sabellicus hält seine Maschine für eine glückbringende Erfindung, in Wahrheit aber treibt sie eine Waffenschmiede an. Ein Trupp aufständischer Bauern unter Sebastians und Rubellas Führung setzt die Waffenschmiede außer Betrieb, als aber die Bauern auch die Maschine zerstören wollen, stellt sich ihnen Sebastian entgegen und wird niedergeschlagen.

Akustical V (Clarissa, Rubella, Sebastian, Sabellicus, Kanzler): Alle Träume sind vernichtet. Von Harmonie, Sieg der reinen Wissenschaft, Gerechtigkeit für die Unterdrückten keine Spur.

7. Bild: *Hof des Herzogs.* Der Gelehrte hat nicht mehr der Menschheit, sondern nur noch dem Hof zu dienen und wird dafür geehrt. Während die Hofleute sich vergnügen, rücken die aufständischen Bauern näher. Der Herzog gibt den Befehl, den Staudamm zu sprengen und das Bauernheer in den Fluten zu ertränken. Sabellicus erhebt Einspruch. Auch Clarissa protestiert, reißt sich die Kleider vom Leib, doch die Höflinge greifen dies als eine neue Art der Unterhaltung auf und ahmen es nach. Sabellicus sagt sich vom Herzog los und wird in den Kerker geworfen.

Akustical VI (eine Männerstimme, eine Frauenstimme, Kammerchor): Sabellicus' Gewissen ist erwacht.

8. Bild: *Kerker.* Der Kanzler führt den Gelehrten in Versuchung: Der Herzog ist bereit zu verzeihen, wenn Sabellicus den Pakt erneuert, doch der lehnt ab. Sebastian hat sich, als Beichtvater verkleidet, in den Kerker geschlichen. Der Lehrer übergibt dem Schüler sein Testament. Da er ein zweites Angebot zur Versöhnung mit dem Herzog ebenfalls ausschlägt, wird er auf Befehl des Kanzlers von den Soldaten umgebracht, dem Volk wird bekanntgegeben, daß der Magister wegen Ketzerei vom Teufel geholt wurde.

Akustical VII (Lautsprechergruppen über den ganzen Saal, Knaben- und großer Chor): Gloria. Dem toten Sabellicus wird Lob gesungen.

9. Bild: *Marktplatz der Stadt.* Der Herzog steht mit seinen Truppen vor den Mauern der Stadt, die Obrigkeit will sich kampflos ergeben. Ein Mönch berichtet von Sabellicus' Tod und weist ein gefälschtes Testament vor, nach dem der Gelehrte seine Ketzereien bereut habe. Sebastian tritt ihm entgegen und verkündet Sabellicus' wahres Testament: Gegen Unrecht zu kämpfen. Das Volk begrüßt diese Botschaft und wird danach handeln.

Kommentar

Nach Udo Zimmermanns ›Die zweite Entscheidung‹ 1970 und Paul Dessaus ›Einstein‹ Anfang 1974 kam mit Rainer Kunads ›Sabellicus‹ Ende 1974 eine dritte Oper zur Uraufführung, die sich dem Verhältnis Wissenschaft – Gesellschaft in Stoff und Thematik zuwandte. Waren aber Udo Zimmermann und Paul Dessau mit ihren Librettisten Ingo Zimmermann bzw. Karl Mickel ohne Umschweife und ganz offen auf ihr Ziel losgegangen, hatten nicht verborgen, daß sie sich auch unter sozialistischen Verhältnissen von der Frage beunruhigt fühlten, wie Wissenschaft und Politik miteinander auskommen, ging Kunad einen Umweg, er griff in Stoffindung und Themenwahl sehr hoch und setzte auf eine allumfassende Parabelform. Er wollte eine Oper schreiben, die Tragisches wie Komisches gleichermaßen einbezieht und „mutig ein ganz großes Thema angeht. Im Volksbuch vom ›Dr. Faust‹ glaubte ich eine meinen Bedürfnissen entsprechende Vorlage gefunden zu haben. Daß ich das Stück nicht ›Faust‹, sondern ›Sabellicus‹ genannt habe, weist einmal auf die meiner Meinung nach notwendige Distanz zu Goethes großem Drama hin und zeugt zum anderen von dem Bestreben, die Faust-Sage bei ihren Quellen kennenzulernen. (...) Also, ein historischer Stoff, ein Stoff voller Widersprüche und mit hohen Ansprüchen war da zu bewältigen. Indem die Fabel vor dem Hintergrund der deutschen Bauernkriege angesiedelt wurde, ergab sich die Möglichkeit, geschichtliche Aktualität neu zu interpretieren, realistische Handlungsvorgänge zum Symbol zu steigern. (...) Die Fülle des Ausgangsmaterials spiegelt sich bereits in der Mannigfaltigkeit der literarischen Quellen wider: Neben dem Volksbuch ›Faust‹ das Drama von Marlowe, die Tagebücher Leonardo da Vincis, die Schriften Tassos, die Sonete der Louise Labé, die Bauernschwänke des 16. Jahrhunderts, der italienische Hurenspiegel, die Tagebücher des Kolumbus, der Luther-Choral, die Volkslieder des 16. Jahrhunderts." (Kunad 1974)

Der Komponist suchte zwar eine „eigenständige Faust-Fabel", fand diese auch in Ansätzen, folgte aber im wesentlichen dann doch bekannten Modellen. Nicht zufällig verschweigt Kunad, trotz der akribischen Aufzählung seiner Quellen, zwei Vorbilder. Hanns Eisler hatte bereits Anfang der fünfziger Jahre in seiner textlich vollendeten, dann aber abgebrochenen Faust-Oper die Zeit des Bauernkrieges und die Faust-Figur miteinander verbunden, durch die Einfügung einer Hans-Wurst-Figur die Einheit von Tragischem und Komischem realisiert. Bertolt Brecht prägte in seinem Schauspiel ›Galileo Galilei‹ mit Galilei und Andrea eine typische Lehrer-Schüler-Konstellation, deren Modell Kunad im Verhältnis Sabellicus - Sebastian reproduziert, wie sich auch Galileis Grundkonflikt, die Entscheidung zwischen städtischem und höfischem Dienst, im ›Sabellicus‹ wiederfindet.

Die Musik ist von einer fast lehrbuchhaften Funktionalität und genau konstruiert. Der Gesamtkomposition liegt eine Zwölftonreihe zugrunde, die mit ihrer Intervallstruktur prägend ist, und „ausschließlich aus großen Sekunden, kleinen und großen Terzen (bzw. übermäßigen Sekunden und verminderten Quarten) und deren Umkehrung (besteht). (...) Diese Reihenstruktur ermöglicht diatonische, oftmals ‚tonal' wirkende Ableitungen, zum Beispiel das liedhafte ‚Wissenschaft, du guter Stern', das die Studenten enthusiastisch am Schluß des ersten Bildes singen, wenn Sabellicus vom Rat der Stadt wieder freigelassen werden muß." (Rösler 1975, S. 70)

Die Komplexität und Vielschichtigkeit des Geschehens erforderte nach Meinung des Komponisten große Deutlichkeit und Plastizität der musikalischen

Struktur, die er „auf der Basis von immer wiederkehrenden Motiven" realisierte (Kunad 1975).

Durch sogenannte Akusticals, Tonbandeinspielungen, die durch Lautsprecher den ganzen Raum akustisch in das Geschehen einbeziehen sollen, strebte er danach, während der Umbaupausen der Vorstellung die Fabel auf einer anderen, modern-zeitgemäßen Ebene weiterzuführen. Besondere Bedeutung kommt hierbei dem Akustical nach dem achten Bild, nach Sabellicus' Ermordung, zu, wenn über alle Lautsprecher in einem 19stimmigen A-cappella-Chor in der Tradition der Bach-Zeit ein „Gloria" zu ertönen hat: „Sabellicus' Bemühen, sein Tod, sein Opfer waren nicht umsonst. Das soll dieses Gloria demonstrieren." (Kunad 1975)

Die Oper fand keine Resonanz, sie wurde vom Uraufführungstheater nur eine Spielzeit lang, insgesamt fünfmal, gegeben und dann wegen mangelnden Publikumsinteresses abgesetzt. Hansjürgen Schaefer brachte die Einwände in seiner Kritik in *Musik und Gesellschaft* auf die Formel: „Kunad will zuviel und erreicht zuwenig. Er schrieb sich sein Libretto selbst, sprachlich übrigens in einem merkwürdigen Gemisch von hochgestochener Gleichnishaftigkeit und plattem Vulgarismus." (Schaefer 1975, S. 220)

Mit ›Sabellicus‹ scheiterte der Komponist nicht nur an einem großen Stoff, sondern auch an den Grenzen der gewählten Form, der Parabel. Die auf die Menschheit mit der Biogenetik und Atomwissenschaft zukommenden Gefahren waren bekannt und wurden bereits heftig und konträr diskutiert. Man konnte sich diesen Fragen nicht mehr mit der Unschärfe der Parabel nähern. Trotz schöner Einzelheiten und einem engagierten, um Höchstleistungen bemühten Uraufführungsensemble (Musikalische Leitung: Wolfgang Rennert, Regie: Harry Kupfer, Bühnenbild: Peter Sykora) erreichte Kunad mit dem ›Sabellicus‹ sein Publikum nicht.

Ausgaben KlA Henschelverlag Berlin 1974, übernommen in die Edition Peters Leipzig (EP 9751)

Rechte Henschel Musik GmbH Berlin; Keturi-Musikverlag Rimsting/Chiemsee

Literatur Rainer Kunad: Bemerkungen zu ›Sabellicus‹. In: Programmheft Deutsche Staatsoper Berlin 1974 - auch In: Theater der Zeit, H. 3, Berlin 1975 und In: Material zum Theater Nr. 118, Komponisten der DDR über ihre Opern, Auswahl und Zusammenstellung Stephan Stompor, Berlin 1979; ders.: Gespräch über seine Oper ›Sabellicus‹ mit Walter Rösler. In: Oper im Bild, hrsg. von der Deutschen Staatsoper Berlin, H. 1, Berlin 1975

Walter Rösler: Rainer Kunad - Porträtskizze eines Theatermusikers. In: Theater der Zeit, H. 11, Berlin 1974; ders.: Zur musikalischen Dramaturgie der Oper ›Sabellicus‹ von Rainer Kunad. In: Musikbühne 75, hrsg. von Horst Seeger, Berlin 1975

Rezensionen der Uraufführung. In: Theater der Zeit, H. 3, Berlin 1975; Musik und Gesellschaft, H. 4, Berlin 1975

Litauische Claviere
Oper für Schauspieler in acht Bildern
nach dem gleichnamigen Roman
von Johannes Bobrowski
Text von Gerhard Wolf

Entstehung 1974-1975

Uraufführung 4. November 1976 Staatsschauspiel Dresden
                                   Staatstheater Dresden – Großes Haus

Personen
Christian Potschka, litauischer Lehrer
  – Darsteller des Donelaitis
Tuta Gendrolis, Tochter eines deutschen Bauern
  – Darstellerin der Grozwida im Vytautas-Festspiel
  – Darstellerin der Anna Regina und des Zickleins im Donelaitis-
    Spiel
Professor Voigt, Librettist
Konzertmeister Gawehn, Komponist
Frau Fröhlich, deutsche Viehhändlersgattin
  – Darstellerin der Königin Luise im Luisenbund-Festspiel
Präzeptor Kankelat, deutscher Oberlehrer
  – Darsteller des Souffleurs im Luisenbund-Festspiel
Rechtsanwalt Neumann, Vertreter der Deutschen Partei
  – Darsteller des Richters im Donelaitis-Spiel
Gottschalk, deutscher Landarbeiter und Spießgeselle Neumanns
Warschoks, deutscher Bauer und Spießgeselle Neumanns
Der Schleicher   (litauisch Slunkius), Spießgeselle Neumanns
  – Darsteller des Krauris (Blutsauger) im Vytautas-Festspiel
Josupeit, deutscher Mittelbauer
Antanas, litauischer Landarbeiter
Hennig, Maurer aus Sachsen und Kommunist
Kriwe, litauischer Bauer
  – Darsteller des Oberpriesters im Vytautas-Festspiel
Dr. Storost, litauischer Schriftsteller
Der Wirt – Darsteller des Napoleon im Luisenbund-Festspiel
Wasgien, litauischer Polizist
Ein deutscher Bauer – Darsteller des Preußenkönigs im Luisenbund-Festspiel
Ein litauischer Bauer – Darsteller des Vytautas im Vytautas-Festspiel
v. Draschke, deutscher Rittergutsbesitzer
Eine deutsche Kleinbürgerin – Darstellerin der Oberhofmeisterin Voß im Luisen-
    bund-Festspiel

Vier Luisen-Jungfrauen – Darstellerinnen der Vestalinnen im Vytautas-Festspiel
Mädchen und Burschen – Mitspieler im deutschen Luisenbund-Festspiel und im litauischen Vytautas-Festspiel

Orchester Fl (auch Picc), Fg, Trp, Pos, Vl, Kb, Slzg, 2 Kl, Cemb (über Tonband)

Aufführungsdauer ca. 2 Std.

Handlung
Ort und Zeit der Handlung: Memelgebiet 1936.
Vorspiel: Errichtung eines trigonometrischen Punktes, eines Ortes, auf dem ein kritischer Beobachter Platz nehmen kann. Probe eines Orchestervorspiels.
1. Bild: *Orchesterproberaum.* Professor Voigt und Konzertmeister Gawehn arbeiten an einer Oper über den litauischen Nationaldichter Kristjonas Donelaitis, der als Pfarrer, Bienenzüchter, Linsenschleifer und Barometerbauer Beachtliches leistete und drei Claviere baute, das dritte kurz vor seinem Tode. „Der Sänger seines Volkes" soll die Oper heißen. Gawehn schlägt für die Hauptpartie einen Bariton vor (Arioso), Voigt aber (Gegenarie) plädiert für einen Tenor. Sie probieren bekannte Gattungsmodelle aus: volkstümliche Lieder, eine „Barometer-Arie", eine „Reverenz der Claviere" mit Choral und Bachs C-Dur-Invention; und in einer „Hexameter-Tarantella" suchen sie das rechte Versmaß für ihr Werk. Zwischenmusik I.
2. Bild: *Plattners Krug.* Um mehr über Donelaitis zu erfahren, suchen Gawehn und Voigt den litauischen Lehrer Christian Potschka auf. Der aber steht ihrem Vorhaben skeptisch gegenüber und scheint damit recht zu haben. Für litauische Folklore ist nicht die rechte Zeit, denn in Plattners Krug proben die „treuen Landeskinder Preußisch-Litauens" das vaterländische Luisen-Spiel, eine Darstellung des Zusammentreffens der preußischen Königin Luise mit Napoleon vor dem Frieden von Tilsit 1807. Zwischenmusik II.
3. Bild: *Heustadel.* Der Litauer Christian Potschka und die Deutsche Tuta Gendrolis lieben sich und halten trotz des Geredes der Leute aneinander fest. Unbemerkt von dem Paar geschieht vor dem Heustadel ein Mord. Zwei deutsche Faschisten töten einen dritten, der nicht mehr mitmachen will. Zwischenmusik III.
4. Bild: *Eine Holzkirche.* Zum Ausgang des Sonntagsgottesdienstes spielt Gawehn die Solosonate C-Dur von Bach. Voigt, Potschka und Tuta kommen hinzu. Angesichts eines in der Kirche hängenden Bildes, das deutsche und litauische Bauern im gemeinsamen Kampf darstellt, dämmert den beiden Opernschöpfern, daß ihr Werk eine politisch aktuelle Dimension haben könnte, zumal ihnen Potschka weniger über den Dichter als vielmehr über den streitbaren Pfarrer Donelaitis erzählt.
5. Bild: *Vytautas-Festspiel.* Die Litauer verherrlichen im Gegenzug zu den Preußen ihre nationale Geschichte und veranstalten ein Huldigungsspiel auf den legendären litauischen Großfürsten Vytautas Didygis, das von dem litauischen Schrift-

steller Storost auf der Grundlage alter Überlieferungen geschrieben wurde. Gawehn und Voigt begeistern sich am folkloristischen Material. Potschka aber verabscheut die nationalistische Fanatisierung seiner Landsleute, die in dem „Hymnus der Kinder Litauens" gipfelt.

6. Bild: *Plattners Krug.* Rechtsanwalt Neumann eröffnet die Feier auf diesem „Außenposten des Deutschtums". Das Luisen-Spiel läuft ab, sekundiert vom braven Männergesangsquartett. Dann aber steigert sich die „vaterländische Stimmung", und mit der Hymne „Ich bin ein Preuße, kennt ihr meine Farben?" bricht nationalistischer Ungeist los. Voigt resigniert, Gawehn versucht mit einer Donelaitis-Kavatine dagegenzusetzen, aber man hört ihm nicht zu. Zwischenmusik IV.

7. Bild: *Wiese vor Plattners Krug.* Die deutschen Faschisten provozieren eine Schlägerei zwischen Deutschen und Litauern. Ein Litauer schlägt in Notwehr zu, es gibt einen Toten. Professor Voigt wagt als einziger für den Litauer auszusagen, wird aber vom Untersuchungsrichter Neumann als Zeuge nicht anerkannt. Die Opernschöpfer geben ihre Arbeit auf: „Das hier, das ist keine Oper, das kann man nicht spielen."

8. Bild: *Potschkas Vision und Rettung.* Das Donelaitis-Spiel. Potschka hat sich ganz mit Donelaitis identifiziert: Er wird seinem Leitbild folgen und sich der Wirklichkeit kämpferisch zuwenden. Antworten ist sein Amt, Symbol dafür das dritte Clavier: „Stimmt es einen guten Ton höher als früher!"

Kommentar

Johannes Bobrowskis zweiter Roman, ›Litauische Claviere‹, war 1966 erschienen: Wieder ging es um die komisch-tragischen Beziehungen der Deutschen zu ihren östlichen Nachbarvölkern, um eine in mancherlei Hinsicht grenzüberschreitende Thematik.

Der Librettist Gerhard Wolf war ein kenntnisreicher Anwalt des Dichters, er hatte Bobrowskis Werk als Lektor betreut und sich dafür bereits engagiert und über den Autor publiziert (›Beschreibung eines Zimmers‹, 1971), als dieser noch nicht in Mode gekommen war und man sich des Verdachts ketzerischer Abweichung vom Dogma des Sozialistischen Realismus aussetzte, wenn man Bobrowski schätzte.

Auch Rainer Kunad hatte sich bereits Anfang der sechziger Jahre für Bobrowski begeistert, als er einen Zyklus nach dessen ›Schattenland Ströme‹ komponierte.

Entstanden ist ein ungewöhnliches Werk, das von einem tiefen Angerührtsein der Autoren vom Gehalt ihrer Vorlage zeugt. Neben dem Librettisten Gerhard Wolf war am Zustandekommen des Textes auch einer der späteren Interpreten, der Schauspieler Friedrich-Wilhelm Junge, maßgeblich beteiligt.

Hatte Kunad noch in seiner kurz davor entstandenen Oper ›Sabellicus‹ auf der Unantastbarkeit einer in sich geschlossenen, final-kausal erzählten Fabel bestanden, gab er diese Position nun unter dem Einfluß Bobrowskis und Wolfs auf und identifizierte sich ganz mit des Dichters ästhetisch-weltanschaulichem Credo: „Ich versuche für meine Person, ein bißchen vom Zwang zur Fabel wegzukommen (...). Mir ist die offene Form angemessener, weil sie mir erlaubt, die Dinge so scharf nebeneinanderzustellen – ohne verschmierte Fugen und so etwas, wozu man durch eine geschlossene Form, durch einen genau vorzutragenden Handlungsablauf gezwungen wäre. Ich brauche diese Form – und habe dabei so eine ganz besondere Lieblingstechnik: Ich bringe mit Vorliebe den Spaß herein in diese ernsthaften Geschichten und will damit so eine kleine Art Schocktherapie. Ich möchte den Hörer und den Leser zu einem Gelächter kriegen und möchte dann durch den Fakt, den ich dahintersetze, bewirken, daß ihm das Lachen im Hals steckenbleibt. Das ist es." (Bobrowski 1975, S. 70 f.)

„Oper für Schauspieler‹ – der Komponist hat diesem Genre einen besonderen Sinn gegeben und dazu in der Partitur vermerkt: „Die Ausführung beruht auf dem Reiz des nichtprofessionellen Singens." Damit ist gemeint, daß im Luisen- wie im Vytautas-Spiel Laienkunst dargestellt und wiedergegeben werden soll, ohne diese zu parodieren, also von Schauspielern, die die Töne nicht-professionell erzeugen sollen, wenngleich sie die geforderten Töne als Ausdruck von Haltungen professionell treffen müssen.

In Bobrowskis Roman wird das Vytautas-Spiel nur erwähnt, das Luisen-Spiel summarisch erzählt. Gegenüber dem Roman nehmen die Laien-Spiele in der Oper einen breiten Raum ein. Gerhard Wolf griff textlich auf Originale von Wilhelm Storost-Vydunas und Clemens Brentano zurück, Kunad bezog Victor Blüthgens Vertonung des Luisen-Spiels ein.

Die Genrebezeichnung „Oper" ist insofern verbindlich, als die Musik „die Vorgänge auf bestimmende Weise erzählt. (...) Alle Partien sind von einer für Schauspieler möglichen Mittellage her konzipiert, von daher werden Varianten geschaffen nach oben und unten. Es wird ein reiches Arsenal von Ausdrucksmitteln angeboten: Das reicht vom gesprochenen Wort über das Melodrama bis zur einstimmigen Melodie, vom Flüstern, rythmischen Sprechen, Schreien, Glissando bis hin zur Folklore, zum vierstimmigen Männerquartett.

Klangliche Unmittelbarkeit und Verfremdung wechseln scharf und durchdringen einander vollkommen. (...) Es liegt eine ausgeprägte Nummernoper vor, deren einzelne Titel mit ironischen Akzenten versehen sind (beispielsweise Hexameter-Tarantella oder Prügelszene). Heterogenste musikalische Elemente werden ineinander verschränkt. Es gibt das diatonische Leitmotiv ebenso wie die zwölftönige Fläche. Das Stilzitat wie die Aleatorik. (...) Die kompositorische Arbeit bestand in der Vereinigung dieser materiellen Heterogenität. Es wird keine Parodie beabsichtigt, vielmehr müssen alle musikalischen Äußerungen mit strengem Ernst erfolgen, erst daraus erwächst Komik. Mitgespielte Kritik wäre tödlich. (...) In dieser Romanvorlage kam mir eine Welt entgegen, wie ich sie mir immer erträumt hatte: Tiefer menschlicher Ernst dicht bei heftigster Komik, Trivialmusik dicht bei kunstvoller Poesie, überschäumendes Theater gebrochen durch epische Betrachtung." (Kunad 1976)

In der Orchesterbesetzung hat sich Kunad an Igor Strawinskys ›Geschichte vom Soldaten‹ orientiert, das reicht bis zu ähnlich geführtem Violinspiel, dort dem Soldaten, hier dem Konzertmeister Gawehn zugeordnet. Die zwei Klaviere gehören musikalisch zur Sphäre des Potschka, der sich mit dem Dichter und Klavierbauer Donelaitis identifiziert. „Verfremdungen mittels Pizzicato bzw. Plasteklammern, Plasteschienen oder Papier auf den Saiten erfolgt, wenn er in den Versen des Donelaitis die Konflikte seines eigenen Lebens wiederfindet." (Wittig 1979, S. 125) Das dritte Klavier wird im Finale als Cembalo-Klang mit Hall über Tonbandeinspielung imaginiert.

Die Dresdner Uraufführung in der Regie von Klaus Dieter Kirst rief großes Aufsehen hervor. Mit Rolf Hoppe (Professor Voigt), Wolfgang Dehler (Konzertmeister Gawehn) und Friedrich-Wilhelm Junge (Potschka) war ein schauspielerisches Dreigestirn gefunden, das seine ungewöhnlichen Aufgaben mit Können, Witz und Laune realisierte. Unterstützt wurde das Dresdner Schauspielensemble von Studenten der Theaterhochschule „Hans Otto" Leipzig, vom Orchester der Landesbühnen Sachsen und dem Studentenorchester der Hochschule für Musik „Carl Maria von Weber" Dresden. Als musikalischer Leiter fungierte der Dozent der Dresdner Hochschule Ernst Herrmann und als dessen Assistent und Leiter der Bühnenmusik der Komponist Thomas Hertel.

Die Uraufführung wurde zu einem wahrhaft grenzüberschreitenden Ereignis und machte erneut darauf aufmerksam, über welche künstlerischen Potenzen die Musik- und Kunststadt Dresden verfügt.

Für den Komponisten war auch nach der Uraufführung die Auseinandersetzung mit dem Stoff nicht abgeschlossen. Zu den Dresdner Musikfestspielen 1980 kam mit Peter Schreier als Solist seine Kantate ›Metai‹ (Jahreszeiten) nach Donelaitis zur Uraufführung, im Herbst 1979 stellte er auf einer Vortragsreise in Litauen die Oper für Schauspieler an den Stätten vor, an denen die ›Litauischen Claviere‹ spielen.

Ausgaben Text In: Theater der Zeit, H. 9, Berlin 1975; Libretto Henschelverlag Berlin 1975 (Typoskript); KlA Henschelverlag Berlin 1975, aufgenommen in die Edition Peters Leipzig (EP 9752)

Rechte Henschel Musik GmbH Berlin; Keturi-Musikverlag Rimsting/Chiemsee

Literatur Johannes Bobrowski: Litauische Claviere. Roman, Berlin 1966; ders.: Formen, Fabeln, Engagement. Ein Interview von Irma Reblitz. In: Selbstzeugnisse und neue Beiträge über sein Werk, Berlin 1975
Rainer Kunad: ›Litauische Claviere‹. Bemerkungen zu meiner Oper für Schauspieler. In: Theater der Zeit, H. 9, Berlin 1975; ders.: Was ist auszurichten womit? In: Programmheft Staatstheater Dresden 1976; Hans-Joachim Kynaß: Sinn für die dramatische Gestaltung. Begegnung mit dem Dresdner Komponisten Rainer Kunad. In: Neues Deutschland. 14. Dezember 1977
Gerhard Wolf: Wie kommt man zu einem Libretto? In: Programmheft Staatstheater Dresden 1976; Peter Wittig: Ein Leitbild, eine Abrechnung und einige Hoffnung. Rainer Kunads Oper für Schauspieler ›Litauische Claviere‹. In: Oper heute 1. Ein Almanach der Musikbühne, hrsg. von Horst Seeger, Berlin 1978
Rezensionen der Uraufführung. In: Theater der Zeit, H. 1, Berlin 1977

Aufnahmen NOVA 8 85 164 (Gekürzte Fassung vom Komponisten) Rolf Hoppe (Voigt), Wolfgang Dehler (Gawehn), Friedrich-Wilhelm

Junge (Potschka), Dorit Gäbler (Tuta Gendrolis), Peter Herden (Dr. Storost), Wilfried Bismark (Neumann), Curt W. Franke (Kankelat), Rolf Dietrich (Warschoks), Peter Hölzel (Der Schleicher), Albrecht Goette (Gottschalk), Wilhelm Burmeier (Wirt), Katja Kuhl (Frau Fröhlich), Rudolf Donath (Hennig), Hermann Stövesand (Kriwe), Regina Jeske, Hannelore Koch, Gerlind Schulze, Use Rainer (Vier Vytautas-Jungfrauen), Regina Bader, Vera Irrgang, Anne-Katrein Kretzschmar, Use Rainer (Vier Luisen-Jungfrauen), Gerhard Vogt, Justus Fritzsche, Wilfried Weschke, Lothar Krompholz (Quartett im Luisenbund-Festspiel), Hans-Georg Körbel, Günter Kurze, Wolfgang Gorks (Drei preußische Soldaten im Luisenbund-Festspiel), Lotte Meyer (Deutsche Kleinbürgerin), Bodo Wolf (Wasgien), Hans-Joachim Hegewald (Sprecher des Vortextes), Studioorchester, Dirigent Ernst Herrmann; Regie Klaus Dieter Kirst, Aufnahme des Rundfunks der DDR nach der Inszenierung des Staatsschauspiels Dresden

Vincent
Oper in zehn Bildern
nach Szenen aus dem Schauspiel ›Van Gogh‹
von Alfred Matusche
Texteinrichtung Rainer Kunad

Entstehung 1975-1976

Uraufführung 22. Februar 1979 Staatsoper Dresden
Staatstheater Dresden – Großes Haus

Personen

Vincent, Maler	Bariton
Theo, sein Bruder, Kunsthändler	Tenor
Gauguin, Maler	Baß
Dr. Gachet, Arzt	Bariton
Jacky, eine Waise	Sopran
Briefträger	Baß
Kellner	Tenor
Arlesierin, Witwe	Alt
Schaubudenbesitzer	Baß
Madame, Inhaberin eines Etablissements	Alt
Maigre ⎱ Mädchen	Sopran
Fifille ⎰ des	Sopran
Caneton ⎱ Etablissements	Alt
Direktor der Irrenanstalt	Bariton
Zwei Mädchen	Chorsolistinnen
Drei Jungen	3 Knabenalte
Ein Mann	Chorsolist

Orchester Picc, 2 Ob, EH, BKlar, 2 Hr, 2 Trp, 2 Pos, Hrf, Kl, Pkn, Slzg (2 Spieler); Str
Bühnenmusik Git

Aufführungsdauer ca. 1 Std., 45 Min. (Keine Pause. Die in der Partitur und im Klavierauszug zwischen dem 6. und 7. Bild angegebene Pause entfällt auf Wunsch des Komponisten.)

Handlung
Die Handlung spielt in Arles 1889 und in Auvers-sur-Oise 1890.
1. Bild: *In Arles.* Endlich ein eigenes Haus und Bett. Der Maler Vincent ist dank den Zuwendungen seines Bruders Theo der bittersten Not entronnen und kann malen. Er ist glücklich und fühlt sich doch bedrückt, ein Almosenempfänger. Der Briefträger kommt gerade wieder mit einer Geldsendung. Der Einheimische mag den seltsamen zugewanderten Sonderling und schlägt ihm deshalb vor, die Nachfolge des von der Leiter gestürzten Stubenmalers Philippe zu übernehmen, damit könne er sein Brot selbst verdienen. Vincent wird sein Haus in Zukunft verschließen, um solchen Zumutungen zu entgehen. Verwandlung I.
2. Bild: *Unweit Arles. Eine Apfelallee.* Das Mädchen Jacky ist aus Paris weggelaufen, nachdem es dort auf einem Bild das Meer gesehen hat und ihm dessen Freiheit und Schönheit aufgegangen ist. Zum Meer unterwegs, hat Jacky in Arles Station gemacht, um sich als Wächterin der Apfelallee für die letzte Wegstrecke Proviant zu verdienen. Vincent interessiert sich für diesen Menschen, in dessen Leben ein Bild solche Bedeutung gewinnen konnte. Er glaubt, in Jackys goldgelb fließenden Haaren Vergessen vor quälenden Gedanken finden zu können, und nennt sie die „gelbe Katze"; sie glaubt, daß dieser Mann, den man den „roten Fuchs" nennt, ihr das Meer ersetzen könne, und will bleiben. Doch während sie für ihn Sonnenblumen pflückt, läuft er nach Hause, um den Augenblick ihrer Begegnung festzuhalten. Verwandlung II.
3. Bild: *Vor Vincents Haus.* Drei Jungen sind dabei, Vincents Haus zu beschmieren, denn er ist unbeliebt im Ort, und das muß kenntlich gemacht werden. Jacky hat sich zu Vincent durchgefragt, jagt die Jungen davon und klopft an. Vincent macht nicht auf, er arbeitet. Auch dem Maler Gauguin öffnet er nicht. Jacky läßt die Sonnenblumen zurück und läuft davon, dem Meer zu. Gauguin macht sich durch ein Erkennungssignal bemerkbar. Nun erst öffnet Vincent, sieht die Sonnenblumen und erfährt, daß Jacky weggelaufen ist. Verwandlung III.
4. Bild: *Nacht. Vor einem Café in Arles.* Der Kellner stiftet eine Ehe zwischen einer Witwe und einem Schaubudenbesitzer; beide gehen, sich an einem Kanonenöfchen das kalte Blut zu erhitzen. Vincent und Gauguin haben Schwierigkeiten, auf so engem Raum miteinander zu leben und zu arbeiten. Gauguin will nach Tahiti flüchten. Der Kellner schlägt zur Aufmunterung des zerstrittenen Freundespaares einen Bordellbesuch vor. Verwandlung IV.
5. Bild: *Bordell. Eingangsraum.* Die Maler werden hier von drei Mädchen freundlich begrüßt. Gauguin hofiert sie und unterhält die Gesellschaft, aber die Sympathie der Prostituierten gehört dem schweigsamen Vincent. Er würde sich ihretwegen selbst ein Ohr abschneiden, meint eine von ihnen im Spaß. Gauguin erinnert ironisch an Jacky, die er vor seiner Tür stehengelassen hat. Vincent geht

auf Gauguin los, läßt aber von ihm ab und rennt davon. Gauguin verläßt Arles, er wird im Hotel übernachten und ohne Abschied wegfahren. Vincent kehrt zurück: Er hat sich das Ohr tatsächlich abgeschnitten. *Verwandlung V.*
6. Bild: *In der Irrenanstalt. Endloser Gang in Weiß, Zelle an Zelle.* Die drei Jungen, die drei Prostituierten und Madame, die Witwe, der Kellner, der Schaubudenbesitzer, der Briefträger und der Direktor der Irrenanstalt sehen zu, wie Vincent eingeliefert wird. Sie bedauern den „Verrückten", aber sie sind erleichtert, von ihm befreit zu werden, und legitimieren damit die an ihm geübte Gewalt.
7. Bild: *Innenhof der Irrenanstalt. Simultan-Szene. (Unten Wanderung der Irren um das Blumenrondell, Vincent mit der Staffelei. – Hinten oben auf einer Seite der Direktor, auf der anderen Seite Theo. Beide schauen, jeder unabhängig vom anderen, in den Innenhof der Anstalt.)* Vincent malt, als wolle er dem Tod entkommen. Theo und der Direktor des Irrenhauses geraten in Streit. Der Direktor erklärt seine Institution zur Heilanstalt. Die Einlieferung erfolgte auf Wunsch angesehener Bürger von Arles, die in einer Eingabe Vincent als einen Menschen bezeichneten, „der nicht würdig sei, in Freiheit zu leben". Theo fragt, welche Freiheit gemeint sei, und erhält zur Antwort: „Die der Gesellschaft." Theos Einspruch gegen eine Praxis, die den einzelnen straft, wenn er der Gesellschaft mißfällt, will und kann der Direktor nicht verstehen. Theo befreit Vincent aus der Irrenanstalt. *Verwandlung VI.*
8. Bild: *Ein Rasenfleck vor dem Haus Dr. Gachet, seitlich ein Wohnwagen.* Dr. Gachet will, auf Theos Wunsch, Vincent heilen, indem er ihn zu beruhigen, aus „der Sonne herauszuhalten" versucht. Aber es gelingt nicht. Vincent wird von seiner Vergangenheit eingeholt. Jacky, die „gelbe Katze", bringt sich in Erinnerung. Sie wurde in Marseille, endlich am Meer, von Matrosen vergewaltigt und verlor darüber den Verstand. Der Schaubudenbesitzer, jetzt mit der Frau aus Arles verheiratet, hat die Verstörte aufgenommen, die „nichts mehr hören und sehen" will. Vincent fühlt sich schuldig. *Verwandlung VII.*
9. Bild: *Nacht, mit den Sternenflecken der Milchstraße.* Vincent verzweifelt, um ihn Dunkelheit, entfernt nur eine helle Gestalt, mit dem Rücken zu ihm. Gauguin kreuzt seinen Weg, er kommt aus Tahiti, läßt dort eine Frau zurück, der er Lebens- und Schaffenskraft dankt. Vincent will ihn zurückhalten: „Verlaß sie nicht!" Doch Gauguin geht. Die helle Gestalt dreht sich Vincent zu, es ist Jacky. Vincent schießt sich in die Brust. *Verwandlung VIII.*
10. Bild: *Im Haus von Dr. Gachet.* Dr. Gachet, am Bett des Sterbenden. Er blättert in einem Bildband holländischer Malerei. Vincent ist darin nicht vertreten; Nachruhm interessiert ihn nicht. Er „wollte ein Mensch unter Menschen sein, und mit jedem (Bild) damit anfangen". Vincent stirbt. Nicht er allein, die Mit- und Nachwelt wird vor diesem Anspruch zu bestehen haben: „Tot? Nein, das ist nur ein Wort."

Entstehung

„Zur Stunde, wo wir hier zusammensitzen und über Alfred Matusche sprechen wollen, arbeitet der Dresdner Komponist Kunad an einer Oper, die ›Vincent‹ heißen wird und die den Text von Matusche zur Grundlage hat." (Stolper. In: Matusche 1979, S. 80) Es war eine Stunde der Besinnung auf einen Autor, von dem gesagt wurde, es sei schwerer gewesen, vor ihm als Kommunist zu bestehen, als in die Partei aufgenommen zu werden, einem Autor, dessen erstes Stück ›Die Dorfstraße‹ zwar 1955 am Deutschen Theater in der Regie von Hannes Fischer uraufgeführt wurde, dessen Werke zu ihrer Durchsetzung aber eines außergewöhnlichen Engagements, großen politischen Mutes und besonderer Risikobereitschaft bedurften. Der Ort seiner ersten Uraufführung war nicht zufällig das Deutsche Theater, war doch dort Wolfgang Langhoff, ein Mann solchen Formats, Intendant.

Matusches Stücke und deren Aufführungen sind an einzelne Namen, wie die der Dramaturgen Armin Stolper, Jochen Ziller, der Intendanten Wolfgang Langhoff, Albert Hetterle oder Gerhard Meyer, der Regisseure Rolf Winkelgrund, Peter Sodann und Peter Schroth gebunden. Inszenierungen seiner Stücke an den Theatern in Potsdam und Karl-Marx-Stadt waren immer wieder von Anfragen aus dem Publikum und von Kulturfunktionären begleitet, ob das darin Dargestellte denn typisch sei; gemeint war, daß die Aussagen darin nicht gängig und vor allem nicht angenehm waren.

Der Komponist Rainer Kunad suchte sich also mit seiner sechsten Oper keinen bequemen und erfolgversprechenden Autor; Matusche galt Mitte der siebziger Jahre auch nicht, wie Johannes Bobrowski, als Geheimtip; es gab keine Bobrowski vergleichbare Matusche-Mode.

Alfred Matusches ›Van Gogh‹ war 1969 vom Zweiten Deutschen Fernsehen Mainz produziert und gesendet worden. Es kam am 8. Juni 1973 am Städtischen Theater Karl-Marx-Stadt in der Regie von Peter Sodann, der auch die Hauptrolle spielte, zur Theater-Uraufführung, wurde im selben Jahr als Hörspiel vom Rundfunk der DDR gesendet und in der Spielzeit 1975/76 von Peter Sodann auf die Bühne des Jermolowa-Theaters Moskau übertragen.

Kommentar

Wie schon in den ›Litauischen Clavieren‹ sagte sich Kunad auch hier von der Parabelform los, die dargestellten Vorgänge sollen auf nichts anderes verweisen als auf sich selbst.

Der Komponist hat immer wieder auf das entschiedenste darauf hingewiesen, daß er in seiner Oper ›Vincent‹ keine Malerbiographie geben wolle. Um jeglichen Irrtum auszuschließen, verzichtete er auf die ersten sechs Bilder (zuzüglich des achten) von Matusches Stück, damit auf den biographisch-chronologischen Einstieg, konnte dafür aber den letzten Teil des insgesamt achtzehn Bilder umfassenden Schauspiels ungekürzt übernehmen. Mit seiner Opernhandlung setzt er nun auf dem Höhepunkt einer zwischen Gesellschaft und Individuum bestehenden Krise ein. Dabei geht es weniger um den Konflikt Künstler-Bürgerwelt, als vielmehr um den Zusammenprall zweier einander ausschließender Lebensweisen: Hingabe an eine Sache, Selbstzweifel, Schwierigkeiten im Umgang mit anderen Menschen, weil auf Wahrhaftigkeit bedacht – Kompromißbereitschaft, Selbstgerechtigkeit, Glätte und Routine im Umgang mit anderen, weil auf Reibungslosigkeit aus. Und es ging darum, welche Toleranzgrenze eine Gesellschaft hat, um von der Norm abweichenden Menschen, Außenseitern und Minderheiten Rechte einzuräumen. Matusche hatte sein Stück nicht für eine bürgerliche Gesellschaft geschrieben, sondern für das Land, in dem er lebte und für das er stritt. Rainer Kunad identifizierte sich mit Alfred Matusches ästhetischem und weltanschaulichem Credo, nicht zu moralisieren, sondern die Menschen und Zustände so vorzustellen, wie sie sind: „Kurz und knapp, eins neben das andere stellen, kein Kommentar, die Dinge selber sprechen lassen." Kunad folgerte für seine Oper daraus: „Knappheit, die nicht aphoristisch ist, Prägnanz, die nicht auf Pointe aus ist, philosophische Tiefe, die nicht intellektualistisch spielt, Einfachheit, die nicht ins Simple abrutscht, Poesie, die aus konkreten Situationen wächst." (Kunad, Programmheft 1979)

Für Kunad gehörte die Tatsache, daß „die Musik dodekaphon organisiert ist, zu den Dingen, die sekundärer Natur sind". Wichtiger war ihm, daß die Musik Matusches Sprache nicht dramatisiert, die Worte nicht emotional hochputscht.

In den ersten neun Takten der Oper werden drei „Leitmodelle" als Motto und Erkennungszeichen vorgestellt, aus ihnen entsteht eine musikalisch-dramatische Grundspannung. Alle drei tragen gestischen Charakter und sind zugleich so disponiert, daß sie sinfonischen Gestaltungsprinzipien unterworfen werden können: „Mit größter Intensität in sehnsüchtiger Glut eröffnet ein lang ausgedehntes Halbtonintervall den Cantus. In den angespannten Streicherton hinein trifft hart und schrill das Orchestertutti, Synonym eines Aufschreis, und wie ein Nachhall klingt grüblerisch in den dunklen düsteren, tiefen Lagen im Tremolo die Kleinterz an, aber nicht absterbend, sondern mit einem tragischen Crescendo (...). (Schönfelder 1979, S. 215 f.) Diese drei Elemente bilden das Grundmaterial der gesamten Oper – sie werden in jeder Szene unterschiedlichen Gestaltungsprinzipien unterworfen.

In der Figurencharakteristik arbeitet Kunad mit Reihensegmenten und Transpositionen. Zentrale musikalische Gestalt ist die Titelfigur. „Die Musik für die übrigen Stückfiguren beruht auf dem Kontrast zu der Vincents: Beim Briefträger erscheinen ‚schwarze Baßtöne', wenn von Geld die Rede ist, kommt es zu vagen Komplizierungen, wenn er über Kunst spricht, erscheint bösartig Wagnersches Pathos, wenn er Vincent ein Dasein als Stubenmaler offeriert.

Die Jungen, wenn sie Vincents Haus verschmieren, bekommen den reinen Klang alter Madrigale, wodurch nicht nur der Kontrast zum gezeigten Vorgang schroff zutage tritt, sondern die Kinder als Verführte ihrer Eltern dargestellt werden (...). Die Musik Gauguins weist die Polarität zu Vincent auf, wenn sie sich betont kraftvoll-lebensbejahend gibt, Offenbach-Zitate ausspüht – und nähert sich schroff an die Diktion Vincents an, wenn es um die künstlerische Auseinandersetzung geht. Die Musik des Schaubudenbesitzers gewinnt ihr clownhaftes Profil durch einen klassizistischen Gestus, die der Arlesierin träumt wie ein Englischhorn, so daß beide in komisch-elegischer Synthese sich vereinen.

Die Musik zur Bordell-Szene hat etwas vom musikalischen Ablauf einer Spieluhr, worin Gemütlichkeit, Käuflichkeit und die Selbstverstümmelung Vincents gleichermaßen ihren Platz haben, aber auch gerade dadurch in hohem Grade Besonderheit gewonnen wird. Vincents Amoklauf wird als Verhaltensweise begreiflich gemacht, nicht als psychogene Reaktion abgetan." Die Musik des Mädchens Jacky steht der Vincents am nächsten, zwischen beider „musikalischem Material herrscht Sekund-Abstand, was größte Nähe mit stärkster Reibung vereint. (...) Vincents Schlußszene und die voraufgegangene Wiederbegegnung mit Jacky nehmen den Cantus des Anfangs der Oper und das Intervall der Kleinterz wieder auf. (...) Die Harmoniefestigkeit der Musik zum Selbstmord Vincents, gebrochen durch schrille Zwischentöne, läßt diese ‚Lösung', diese ‚Los-Lösung' vom Leben als zwielichtig erscheinen: Es ist, als würden wahr und unwahr, richtig und falsch, Zwang und Befreiung, Erfüllung und Verlust in eins miteinander verschränkt." (Kunad, Theater der Zeit 1979, S. 66 f.)

Aneignung

Eine Schlüsselszene der Oper ist Vincents Einlieferung ins Irrenhaus (6. Bild), komponiert als fünfzehnstimmige Passacaglia, gesungen von allen Personen, die bis dahin an der Handlung beteiligt waren (außer Gauguin und Jacky), denen Kunad Worte gegeben hat, die sie bereits vorher über Vincent gesprochen haben. Aber diese scheinbar harmlosen Bemerkungen dienen nun dazu, die Inhaftierung des Mannes zu rechtfertigen, zumindest, ihr zuzustimmen. In dieser Szene hat Kunad sein Thema unüberhörbar gemacht: Es ist die Frage, wie in einer Gesellschaft mit Andersdenkenden, mit von der Norm Abweichenden umgegangen wird. In der Dresdner Uraufführungsinszenierung blieb diese Szene unentschlüsselt. Harry Kupfer ging in seiner Inszenierung ganz auf das Künstlertum van Goghs aus, indem er ihn als Sonderling und Exzentriker mit großen expressiven Gebärden und überhitzter Emotionalität zeichnete. Die Kritiker beklagten (vgl. Ernst Krause im *Sonntag* vom 11. März 1979 und Peter Wittig in seiner Inszenierungsanalyse) die entstehenden tautologischen Beziehungen zwischen Szene und Musik, die expressiv-dramatische musikalische Grundspannung würde auf der Szene noch einmal durch eine äußerliche Gebärdensprache verdeutlicht. Damit zusammenhängend, warf die Kritik Peter Gülkes Dirigat Überhitztheit, der Musik selbst zu wenig Differenziertheit vor.

Als die Oper ›Vincent‹ 1979 zur 7. Biennale zeitgenössischer Musik in Berlin neben der Oper ›Der Mantel‹ von Gerhard Rosenfeld vorgestellt wurde, fiel der Vergleich zuungunsten von Rainer Kunad aus. Hatte Erhard Warneke mit seiner Inszenierung des ›Mantel‹ die zeitgenössische Dimension des Stoffes erschlossen, indem er mit Witz und Laune den alten zaristischen Bürokratismus auf höchst zeitgemäße Weise in Szene setzte, wurde die aktuelle Dimension des ›Vincent‹ nicht erkennbar.

Schon kurz nach der Dresdner Uraufführung kam ›Vincent‹ an den Bühnen der Stadt Magdeburg (4. März 1979) und am Mecklenburgischen Staatstheater Schwerin (8. April 1979) heraus. *Theater der Zeit* befragte die Interpreten nach den Gründen ihrer Entscheidung, eine neue Oper so schnell nachzuspielen. Der Regisseur der Magdeburger Bühnen, Wolfgang Kühtz, gab darauf ganz verblüffend, aber aufschlußreich zur Antwort, daß die ethische Grundhaltung des Komponisten, dessen Besessenheit und Lauterkeit sich bei einem Vorspiel auf das Ensemble übertragen und sie motiviert habe, das Werk aufzuführen.

Matthias Otto vom Mecklenburgischen Staatstheater drang zur Grundfrage des Werkes vor und versuchte sie mit seiner Inszenierung sinnlich begreifbar zu machen. Er verstand Kunads ›Vincent‹ als einen „Appell zum Verständnis für die Position eines Außenseiters. (...) Es appelliert an Toleranz, fordert Verständnis und Aufmerksamkeit für Suchende, die oft unbekannt den Weg in die Zukunft gehen." (Otto 1979, S. 67) Entsprechend ließ er van Gogh nicht als sofort Anstoß erregenden Ausnahmemenschen agieren, sondern als einen sich normal gebenden Mann, an dem die Umwelt nicht seiner Exzentrik, sondern seiner inneren Unruhe und Kompromißlosigkeit wegen Anstoß nimmt. Bei einem solchen Konzept entstand keine Tautologie zwischen Musik und Szene, die Musik konnte eigenständig erzählen, welche Abgründe, Spannungen sich hinter den scheinbar normalen Geschehnissen und Zuständen verbergen. In aufschlußreicher Übereinstimmung lobten nun die Kritiker das differenzierte Dirigat von Hans-Peter Richter und waren bereit, auch der Musik Profil und Differenziertheit zuzubilligen.

Die Schweriner Inszenierung delegierte die Vincent-Problematik nicht an eine andere Welt. Das Ensemble meinte hier in Übereinstimmung mit Matusche und Kunad, daß die Frage nach dem Freiraum für Andersdenkende auch in einer sozialistischen Gesellschaft immer wieder gestellt werden muß. In diese Betrachtungsweise ordnet sich auch Sieglinde Wiegand 1980 mit ihrer Inszenierung am Friedrich-Wolf-Theater in Neustrelitz ein. Die westdeutsche Erstaufführung erfolgte 1982 in Kassel.

Ausgaben Text In: Theater der Zeit, H. 2, Berlin 1979; KlA Henschelverlag Berlin 1978, aufgenommen in die Edition Peters Leipzig (EP 9756)

Rechte Henschel Musik GmbH Berlin; Keturi-Musikverlag Rimsting/Chiemsee

Literatur Alfred Matusche: Van Gogh. In Alfred Matusche. Dramen, Berlin 1971; ders.: Welche von den Frauen? und andere Stücke, Berlin 1979
Rainer Kunad: Räume für Musik. Direkt, ohne Umwege. In: Programmheft Staatstheater Dresden 1979; ders.: Stoff und Musik. In: Theater der Zeit, H. 2, Berlin 1979; ders.: Vortrag vor Studenten der Musikhochschule Dresden zu ›Vincent‹. In: Musik und Gesellschaft, H. 4, Berlin 1979
Warum spielen Sie ›Vincent‹? Gespräch mit Eberhard Schmidt, Dresden; Matthias Otto, Schwerin; Wolfgang Kühtz, Magdeburg. In: Theater der Zeit, H. 2, Berlin 1979; Gerd Schönfelder: Werkbetrachtungen. ›Vincent‹, eine neue Oper von Rainer Kunad. In: Musik und Gesellschaft, H. 4, Berlin 1979; Peter Wittig: Mit dem Leben Ernst machen. Rainer Kunads ›Vincent‹. In: Oper heute 3. Ein Almanach der Musikbühne, hrsg. von Horst Seeger und Mathias Rank, Berlin 1980
Rezensionen der Uraufführung. In: Theater der Zeit, H. 5, Berlin 1979; Musik und Gesellschaft, H. 4, Berlin 1979

Amphitryon
Musikalische Komödie in neun Bildern
Text von Ingo Zimmermann

Entstehung 1982-1983

Uraufführung 26. Mai 1984 Deutsche Staatsoper Berlin

Personen
Amphitryon, Feldherr der Thebaner .... Tenor
Alkmene, seine junge Frau .... Sopran
Sosias, Amphitryons Herold .... Baß
Volupia, seine Frau .... Alt
Jupiter – in Amphitryons Gestalt .... Tenor
Merkur – in Sosias' Gestalt .... Baß
Drei Generäle .... Tenor, Bariton, Baß
Linus, Leierspieler .... Bariton
Leute von Theben, Die Nacht, Dienerschaft .... Gemischter Chor

Orchester 2 Fl (beide auch Picc), 2 Ob (II auch EH), 2 Klar (II auch ASax), 2 Fg (II auch KFg), 2 Hr, 2 Trp, 3 Pos, Hrf, Akk, Slzg (3 Spieler); Str

Aufführungsdauer ca. 1 Std., 50 Min. (Keine Pause)

Handlung
Ort und Zeit der Handlung: Der Palast des Feldherrn Amphitryon in Theben. Antike.
Instrumentales Vorspiel. **Entrée:** Chor. Feldherr Amphitryon hat die Thebaner in den Krieg geführt, die Zurückgebliebenen sehnen den Frieden und die Rückkehr ihrer Freunde und Verwandten herbei.
1. Bild: *Tango der Nacht. Vor dem Palast Amphitryons.* Der Diener Sosias soll der Gattin Alkmene vom Sieg des Feldherrn künden, begegnet aber auf der Schwelle des Palastes seinem Ebenbild, dem verkleideten Gott Merkur, wird von diesem am Eintritt gehindert und erfährt, daß Amphitryon bereits bei Alkmene sei. Verwandlungsmusik I.
2. Bild: *Im Palast.* Jupiter in Gestalt Amphitryons macht Alkmene glücklich, Merkur bewacht und kommentiert ihr Liebesgeflüster, er selbst hat Mühe, sich Sosias' Frau Volupia zu erwehren, die mit ihrem vermeintlichen Mann ebenfalls das eheliche Lager teilen möchte. Verwandlungsmusik II.
3. Bild: *Alkmenes Schlafgemach. Anbrechender Morgen.* Jupiter, in Gestalt Amphitryons, nimmt Abschied von Alkmene.
4. Bild: Amphitryon jagt nach Hause, Sosias' Bericht über die Vorkommnisse in seinem Palast stürzt ihn in Verwirrung. Er will Licht in die nächtliche Szene brin-

gen. Verwandlungsmusik III. Chor. Die Thebaner wünschen, die Träume der Nacht möchten des tags nicht zerrinnen.
5. Bild: *Alkmenes Schlafgemach.* Amphitryon stellt Alkmene zur Rede, wer die Nacht bei ihr gewesen sei, und beschimpft sie als Dirne. Alkmene sieht sich in ihrer Liebe verraten, Amphitryon in seiner Ehre verletzt.
6. Bild: *Alkmenes Schlafgemach.* Sosias hat sich der Beschuldigungen Volupias zu erwehren.
7. Bild: *Vor dem Vorhang.* Die Thebaner geben ihre Kommentare zu den Palastereignissen. *Garten hinter dem Palast.* Alkmene im Zwiespalt, sie kann Amphitryons seltsames Betragen nicht verstehen. Wieder nähert sich ihr Jupiter in Gestalt Amphitryons, trotz Alkmenes Widerstreben erneuert sich ihre „göttliche Liebe", ein Schüler Apolls, Linus, spielt ihnen dazu auf.
8. Bild: *Vor dem Vorhang.* Die Thebaner eilen zum „großen Amphitryonstreit". *Säulenhalle im Palast.* Amphitryon steht Jupiter, Sosias Merkur gegenüber, sie begegnen ihren eigenen Doppelgängern. Merkur flieht vor Volupia, damit wird Sosias als der Richtige erkannt. Wer Amphitryon ist, soll Alkmene entscheiden: Jupiter triumphiert und verspricht ihr höchstes Glück. Amphitryon aber hat ihr nur seine Verzweiflung zu bieten, und Alkmene entscheidet sich für den verzweifelnden Mann. Jupiter ist geschlagen und entschwindet zum Olymp.
9. Bild: *In Amphitryons Palast.* Alkmene hat Zwillinge geboren: Iphikles und Herkules. Die Generäle feiern in ihnen zwei künftige Helden. Alkmene aber übergibt ihre Söhne zur Erziehung dem Sänger Linus, denn sie sollen keine Krieger werden. Linus fühlt sich hoch geehrt, die Thebaner stimmen in den Jubel ein, obgleich sie das bittere Ende nicht verschweigen: Herkules wird Linus im Zorn mit Apolls Instrument, der Leier, erschlagen.

Kommentar
Die Oper entstand als ein Auftragswerk der Deutschen Staatsoper Berlin. Das Libretto hatte Ingo Zimmermann ursprünglich für seinen Bruder, den Komponisten Udo Zimmermann, geschrieben, der es Rainer Kunad zur Verfügung stellte.

Laut Christoph Trilse (Antike und Theater, Berlin 1975) lassen sich vierzehn Schauspiele, neun Opern und ein Film über den alten Amphitryon-Stoff nachweisen. Ingo Zimmermann bekannte sich zu der mit Plautus, Molière und Kleist konstituierten Komödientradition, verhielt sich aber seinen Vorbildern gegenüber kritisch, denn seiner Meinung nach wird bei Molière der Fall als „Männersache" behandelt, bei „Kleist steht Alkmene am Ende im Bann eines tragischen Konfliktes, von dem sie sich nicht befreien kann; Lösung, wenn es sie gibt, kann allein das Vergessen bringen. Es ergab sich, daß in einer neuen Sicht der Rolle, die Alkmene zwischen Jupiter und Amphitryon zukommt, ein wichtiger Ansatzpunkt für eine gegenwartsbezogene Interpretation des Stoffes liegt. Im Verhalten Alkmenes ist unser heutiges Verständnis von der eigenen Verantwortung der Frau reflektiert."
(Zimmermann 1984)

Rainer Kunad hat sich, wie er in einem Gespräch mit Dietmar Fritzsche bekannte, für die „geheimnisvolle Nachtpoesie" des Stückes, für die Doppelgängerproblematik interessiert: „Von konstitutiver Bedeutung ist das Kopfmotiv des Entrée, eine süß-schmerzliche Mollakkord-Tonfolge mit großer Septe, das in verschiedenen Veränderungen die Nacht als ‚Beschützerin' der Liebe charakterisiert. Es bildet auch den motivischen Kern im Duett Alkmene-Jupiter beim Erwachen nach glücklicher Liebesnacht." (Kunad nach Fritzsche 1984, S. 31)

Musikalisch gesehen ging es Kunad um das Thema der Aufhebung von Gegensätzen, von Tag und Nacht, Wissen und Nichtwissen, Wahrheit und Lüge, Liebe und Haß. Dabei kommt dem Chor der Thebaner eine entscheidende Rolle zu, er weiß viel, aber wieviel er weiß, gibt er nicht zu erkennen, er durchschaut das Spiel, ohne das Geheimnis durch grobes Benennen zu zerstören, er verkörpert das reale Volk von Theben und ist doch zugleich auch Zeitgenosse, er tritt in darstellender, erzählender und kommentierender Funktion in Erscheinung.

Die Musik ist farbig und prägnant auf die einzelnen Situationen zugeschnitten. Akkordeon, Saxophon und Vibraphon sind in atmosphärischer und parodistischer Absicht eingesetzt. Eine eigenständige poetische Ebene erhält die Musik durch motivische Verknüpfungen zwischen dem Vorspiel und den beiden ersten instrumentalen Zwischenspielen. Wenn Kunad mit dem Kopfmotiv des Vorspiels, nunmehr dem Glockenspiel anvertraut, die Oper leise ausklingen läßt, spielt er auf den ewigen Kreislauf des Geschehens an.

Das Werk erklang in einer einzigen Aufführung, am Abend der Uraufführung in der Deutschen Staatsoper Berlin, die damit ihrer Auftragspflicht gegenüber dem Komponisten nachkam, der im Begriff war, aus der damaligen DDR auszusiedeln.

Ausgaben KlA Henschelverlag Berlin 1982, übernommen in die Edition Peters Leipzig (EP 10320)

Rechte Henschel Musik GmbH Berlin; Keturi-Musikverlag Rimsting/Chiemsee

Literatur Ingo Zimmermann: Notizen zum Libretto. In: Programmheft Deutsche Staatsoper Berlin 1984

Dietmar Fritzsche: Der Unterlegene gewinnt. Amphitryon von Rainer Kunad / Ingo Zimmermann. In: Theater der Zeit, H. 9, Berlin 1984
Rezensionen der Uraufführung. In: Theater der Zeit, H. 9, Berlin 1984; Musik und Gesellschaft, H. 9, Berlin 1984

Der Meister und Margarita
Romantische Oper
nach dem gleichnamigen Roman von Michail Bulgakow
Text von Heinz Czechowski

Entstehung 1983-1985

Uraufführung 9. März 1986 Badisches Staatstheater Karlsruhe

Personen

Der Meister, Schriftsteller	Tenor
Margarita, seine Geliebte	Alt
Besdomny, Lyriker	Baß
Berlioz, Kritiker	Bariton
Voland, Professor der schwarzen Magie	Baß
Fagott, sein Gehilfe	Tenor
Gella, eine Hexe	Sopran
Behemot, ein Kater	Bariton
Pontius Pilatus, Fünfter Prokurator von Judäa	Baß
Jesus von Nazareth, Wanderprediger	Bariton
Levi Matthäus	Tenor
Dr. Strawinski, Psychiater	Tenor
Bengalski, ein Conférencier	Bariton
Verkäuferin in einer Limonadenbude	Mezzosopran
Zwei Milizionäre, auch zwei Kriminalisten, auch zwei betrunkene Vampire	Tenor, Baß
LKW-Fahrer	Baß
Ballgäste Volands:	
Frida	Sopran
Gogol	Bariton
Tschitschikow, ein NÖP-Mann	Tenor
Iwan der Schreckliche	Baß
Monsieur Jacques und Gattin	Chorsolisten
Frau Tofana	Stumm
Latunski	Sprechrolle
Zwei alte Weiber	Sprechrollen
Eine Krankenschwester, ein Pfleger	Chorsolisten
Centurio, Rattenschlächter	Stumm
Römische Legionäre, Varietépublikum, Ballgäste Volands	Gemischter Chor

Orchester 3 Fl (alle auch Picc, II auch AFl), 3 Ob (II und III auch EH), 3 Klar (II auch BKlar, III auch ASax), 3 Fg (III auch KFg), 4 Hr, 3 Trp, 3 Pos, Tb, Hrf, Kl (auch EPiano und Cel), Akk, Pkn, Slzg (3 Spieler); Str
Bühnenmusik Varietéorchester: Trp, ASax, Akk

Aufführungsdauer 2 Std., 10 Min.

Handlung
Ort und Zeit: Das Moskau Bulgakows 1930.
1. Bild: *Winterabend. Zimmer einer Kellerwohnung.* Ein Schriftsteller findet nicht die rechten Worte, seinen Roman zu beenden. Verzweifelt macht er sich Mut, indem er die abwesende Geliebte, Margarita, die an ihn glaubt und ihn Meister nennt, herbeisehnt. Alles umsonst, triumphierend teilt ihm der Kritiker Berlioz mit, daß sein Roman über Pontius Pilatus und Jesus abgelehnt ist und nicht gedruckt wird, denn was sollen Werktätige und Komsomolzen mit solchen Figuren schon anfangen? Der Meister schreibt die Schlußworte seines Romans: „Der Ritter Pontius Pilatus sei verflucht!", dann wirft er das Manuskript ins Feuer. In letzter Minute zieht es Margarita wieder heraus, aber ihren Geliebten hat der Mut zum Schreiben bereits verlassen. Sie hofft, ihm helfen zu können, wenn sie für immer bei ihm bleibt, und verläßt ihn ein letztes Mal, um von ihrem alten Leben Abschied zu nehmen. Der Meister aber geht aus seiner Kellerwohnung fort. *Szenenwechsel. Nächtlicher Schneesturm. Der Meister taumelt in die Nacht. Szenenwechsel. Halle einer modernen Nervenklinik.* Von einem LKW-Fahrer auf der Straße aufgelesen, wird der Meister in Dr. Strawinskis Nervenklinik eingeliefert.
2. Bild: *Park am Arbat. Flirrendes Mittagslicht eines heißen Frühlingstages. Menschenleere.* Mister Voland, Professor für Schwarze Magie, und seine Gefolgsleute, der Kater Behemot, der Gehilfe Fagott und die Hexe Gella, machen sich mit Moskauer Verhältnissen bekannt. Als Berlioz den Lyriker Besdomny abkanzelt, er habe Jesus so dargestellt, als hätte er tatsächlich gelebt, schaltet sich Voland ein, stimmt dem Lyriker zu und imaginiert zum Beweis die Begegnung zwischen Pontius Pilatus und Jesus. Berlioz hält die Sache für Gaukelspiel, glaubt auch nicht an den Teufel, obgleich der ihn schon am Kragen hat, denn Voland sagt ihm für die nächsten Minuten voraus, daß sein Kopf vom Rumpf getrennt werde. Der Kritiker geht unbelehrt davon, rutscht an der nächsten Ecke auf Sonnenblumenöl aus, das die Komsomolzin Annuschka verschüttet hat. Er gerät unter die Straßenbahn, sein Kopf wird vom Rumpf getrennt. Besdomny erlebt alles mit und erkennt, daß Voland der Teufel ist. *Zwischenmusik.*
3. Bild: *Nächtliche Seitengasse am Arbat.* Margarita findet die Kellerwohnung leer, der Meister ist verschwunden. Fagott macht ihr das Anerbieten, sie könne den Meister wiedersehen, wenn sie sich um halb zwölf bereithält; wofür und wozu verrät er nicht. Margarita ist des Meisters wegen zu allem entschlossen. *Zwischenmusik.*
4. Bild: *Bühne eines Varietétheaters.* Professor Voland gibt vor ausverkauftem Haus Kostproben Schwarzer Magie. Zuerst finden sich ganz harmlose Kartenspiele in diversen Jackentaschen des männlichen Publikums, dann Zehnrubelscheine, schließlich regnet es Geld, und im Publikum bricht Panik aus. Der staatliche Conférencier Bengalski erklärt alles für Massensuggestion. Dafür wird ihm von Fagott der Kopf abgerissen, auf Bitten des amüsierten Publikums aber wieder

aufgesetzt. Völlig entgeistert verschwindet Bengalski. Fagott hat nun freie Hand und bittet das weibliche Publikum, sich auf die Bühne in eine dort installierte Modeboutique zu begeben, wo er ihnen ausländische Modelle anbietet. Die alten Hüllen werden abgerissen, die teure Importware angezogen, doch ein Wink Fagotts, und das neumodische Zeug zerfällt, die Damen stehen nackt und bloß, das Chaos bricht aus. Besdomny setzt dem ganzen die Krone auf, er erscheint in Unterhosen, einem alten Russenhemd, auf der Brust eine Ikone und in den Händen eine Hochzeitskerze, und verkündet, daß in Moskau der Teufel los sei. Darauf wird er von zwei Milizionären festgenommen. Die Damen im Publikum stimmen hysterisch das Lied vom „Herrlichen Baikal" an, die Männer geraten in Raserei und singen mit. Zwischenmusik.

5. Bild: *Empfangshalle einer modernen Nervenklinik.* Die Varietébesucher, unter ihnen Besdomny, werden eingeliefert und stecken mit ihrem Lied vom „Herrlichen Baikal" und ihrer Hysterie das gesamte Personal an. Besdomny wird von Dr. Strawinski mittels Injektion zur Ruhe gebracht. Er schläft ein, erwacht aber um Mitternacht beim hellen Vollmondschein, denn er bekommt Besuch von einem Mitpatienten, dem Meister. Der Meister lehrt Besdomny die Ehrfurcht vor dem Teufel, und auf des Lyrikers Frage, ob Jesus nun wirklich gelebt habe, verweist er ihn an Voland. Der Teufel hilft, Voland zeigt Besdomny: Levi Matthäus, ein Schüler des Jesus von Nazareth, versucht vergeblich, eine Absperrung römischer Legionäre zu durchbrechen, um zu Jesus vorzudringen, der zum Berg Golgatha geschleppt wird. Er will seinen Meister mit einem Messerstich töten, um ihn vor dem qualvollen Kreuzestod zu bewahren. Die Vision verschwindet, und Besdomny hat begriffen, wie wenig er von der Welt und von sich selbst weiß, und beginnt zu fragen: „Wo bin ich? Und wer bin ich?" Zwischenmusik.

6. Bild: *Margaritas Wohnung.* Margarita nimmt Abschied von ihrem bisherigem Leben. Von Gella geschmückt und geleitet, erhebt sie sich in die Lüfte und fliegt davon.

7. Bild: *Verlassene Moskauer Adelswohnung, jetzt Volands Quartier.* Margarita wird in ihr Amt als Ballkönigin eingewiesen. Satansball: Von widerlichen, halbverwesten Gestalten muß sich die Ballkönigin Margarita das Knie küssen lassen und jedem ein freundliches Willkommen bieten. Unter den Gästen befindet sich ein Zwitter, Gogol, aus dessen Rücken Tschitschikow, die Hauptgestalt der ›Toten Seelen‹, herauswächst, der sich selbständig macht und als NÖP-Mann sogar Iwan Grosny Paroli bietet. Allein die Kindesmörderin Frida ruft Margaritas tiefes Mitgefühl hervor. Auf dem Höhepunkt des Balls wird der aus dem Sarg gestohlene Kopf des Kritikers Berlioz herbeigebracht. Vom Teufel katechisiert, erkennt der Kopf die Existenz eines Satans an, wird in einen Pokal verwandelt, aus dem Voland Blut trinkt; Margarita wird gezwungen, es Voland nachzutun. Der Ball ist beendet, der Spuk verschwunden. Margarita hat als Ballkönigin einen Wunsch bei Voland frei. Obgleich sie das alles nur um des Meisters willen gewagt hat, bittet sie nun für Frida um Erbarmen. Voland stellt ihr eine weitere Bitte frei, und sie wünscht den Geliebten zurück. Der Meister erscheint, aber er ist nicht mehr der alte, sondern ganz verwandelt, ein Mensch ohne Hoffnungen und Träume. Margarita ist entsetzt und bittet Voland: „Machen Sie, daß alles so werde wie früher." Aber diesen Wunsch kann ihr selbst der Teufel nicht erfüllen. Zwischenmusik.

8. Bild: *Kellerwohnung des Meisters.* Mit „Traum ist wahr, Wahrheit ist Traum" versucht sich die verzweifelte Margarita zu trösten, denn dem Meister haben sie „die Seele leergemacht". Fagott erscheint im Auftrag Volands und kredenzt ihnen den gleichen Wein, den Pontius Pilatus trank. Dem Meister und Margarita schwindet das Licht vor den Augen. Voland zeigt beiden, was bei Pilatus geschieht: Der Prokurator von Judäa erkennt: „Die Feigheit ist nicht nur eines der größten Laster, sie ist die schwerste aller Sünden!" Er läßt Levi Matthäus kommen und fragt ihn aus. Beide um Jesus trauernden Männer denken nur an Rache. Mit Judas' Blut wollen sie sich von eigener Schuld befreien. *Wieder in der Kellerwohnung.* Margarita glaubt sich und den Meister bereits tot, doch Voland fliegt mit ihnen davon. Allein Behemot hält noch die Stellung und liefert sich ein kurzes Gefecht mit zwei Männern der Tscheka, die den Meister festnehmen wollen. Dann setzt der Kater des Meisters Wohnung in Brand und macht sich ebenfalls davon.

9. Bild: *Auf schwarzen Pferden reiten Voland, Fagott, der Meister und Margarita hoch über der Stadt.* Unten brennt das Haus, in dem des Meisters Wohnung war, und mit ihm verbrennen Kummer und Leid, ihr früheres Leben. Für einen kurzen Augenblick kehren Meister und Margarita auf die Erde zurück. Der Meister verabschiedet sich von Besdomny, den er seinen Schüler nennt. Wieder in der Luft, gesellen sich Behemot und Gella den anderen zu. *Voland und sein Gefolge erscheinen jetzt in ihrer wahren Gestalt: als ernste schwarze Engelswesen. Die Teufelsmaskerade nehmen sie sich ab.* Sie gelangen an ein Plateau: Hier sitzt seit fast zweitausend Jahren Pontius Pilatus und quält sich; einmal im Leben hatte er die Chance, sein Amt dem Guten dienstbar zu machen, „aber die Feigheit warf ihren Schatten" auf ihn. Nun ist er zur Unsterblichkeit verdammt. Margarita bittet, ihn endlich freizugeben. Auch ein anderer, Jesus, hat für ihn gebetet. Und nun, durch Margaritas Liebe, findet auch der Meister die Kraft, die letzten Worte seines Romans zu ändern: „Pontius Pilatus, fünfter Prokurator von Judäa! Du bist frei!" Pilatus erhebt sich, und im Licht des aufgehenden Mondes begegnen sich Jesus und Pontius Pilatus. Voland weist dem Meister und Margarita ihre Straße: „An ihrem Ende steht für euch ein Haus. Dort wartet nicht das Licht auf euch, sondern die Ruhe."

10. Bild: *Morgendämmerung. Ein Haus mit venezianischen Fenstern senkt sich auf das Plateau, das sich in einen Garten verwandelt.* Margarita erkennt, es ist das ewige Haus des Meisters, hierher werden nur Menschen finden, die ihn lieben.

Epilog: Besdomny kommt und beginnt, nachdenklich vor den erleuchteten Fenstern stehend, nach der Wahrheit zu fragen, und versucht mutig, eine Antwort zu finden.

Entstehung

›Master i Margarita‹, Michail Bulgakows 1928 begonnener Roman, den der Autor 1930 selbst vernichtet, 1932 rekonstruiert und bis zu seinem Tode 1940 immer wieder umgearbeitet hat, ist ein Schlüsselwerk der russischen Literatur der ersten Hälfte des 20. Jahrhunderts. In ihm wird das gestörte Gleichgewicht zwischen destruktiven und produktiven Kräften konkret und zeitbezogen dargestellt und zugleich in einen universellen Prozeß eingebunden und bewertet.

Der Roman erschien zu Lebzeiten des Autors nicht, er konnte erst in den Heften elf und eines der Jahrgänge 1966 und 1967 der Zeitschrift *Moskwa* publiziert werden. Bereits 1968 brachte der Verlag Kultur und Fortschritt Berlin eine deutsche Übersetzung heraus, während noch das 1967 im VEB Bibliographischen Institut Leipzig erschienene Nachschlagewerk *Literatur der Völker der Sowjetunion* den Namen Bulgakow völlig unterschlug.

Mitte der siebziger Jahre stand Bulgakows Roman in der sowjetischen Gesellschaft und Kunst groß zur Diskussion: 1977 brachte Juri Ljubimow seine Dramatisierung auf die Bühne des legendären Theaters an der Taganka; im gleichen Zeitraum komponierte der Leningrader Komponist Sergej Slonimski seine Oper ›Master i Margarita‹, ihm folgte im kurzen zeitlichen Abstand Andrej Petrow mit einem Sinfonischen Poem, das Boris Eifman 1985 seiner Choreographie zugrunde legte, und im selben Jahr kam in Kiew Jewgeni Stankowskis Ballett ›Master i Margarita‹ zur Uraufführung. Sergej Slonimskis Oper wurde 1989 konzertant in Moskau uraufgeführt. Bereits 1972 hatte der polnische Filmregisseur Andrzej Wajda eine Adaption geschaffen, die er ›Pilatus und andere / Ein Film für Karfreitag‹ nannte und die mit einer in die Filmgeschichte eingegangenen Sequenz beginnt: Von einem Leithammel geführt, trabt eine Schafherde zum Schlachthaus, ein Tier nach dem anderen fällt in den Todesschacht hinunter, allein der Leithammel bleibt draußen und am Leben, er führt bereits die nächste Schafherde auf ihrem Todesweg an; mit menschlicher Stimme begründet er die Notwendigkeit seines Tuns, die Unausweichlichkeit seiner Feigheit, wenn „ich es nicht tue, dann macht es ein anderer". Als letzte Inszenierung im danach geschlossenen berühmten Palais Garnier, der Grand Opéra Paris, kam am 20. Mai 1989 in der Regie von Hans Neuenfels die Oper ›Meister und Margarita‹ des deutschen Komponisten York Höller, eines Schülers von Bernd Alois Zimmermann, heraus.

Rainer Kunads Oper muß in dieser Tradition gesehen werden und nimmt doch darin einen eigenständigen Platz ein. Die Oper entstand in der Zeit, die der Ausreise des Komponisten aus der DDR unmittelbar vorausging. Mit dem Dresdner Lyriker, Nachdichter und Bühnenautor Heinz Czechowski hatte Kunad einen kundigen Librettisten gewonnen, der das Original aufs beste kannte, neben dem Libretto ein Schauspiel schrieb, das 1986 – also zeitgleich zur Oper – in Leipzig zur Uraufführung kam und schon 1987 an der Volksbühne Berlin in einer erweiterten Fassung nachgespielt wurde.

Kommentar

Kunad und Czechowski ist es gelungen, die individuelle Tragödie hörbar zu machen, die Satire nicht auszusparen und, trotz Trauer und ätzendem Spott, der Liebe und dem Erbarmen Gestalt und Stimme zu verleihen: Margarita. Mit ihr ist eine der schönsten Frauengestalten der neueren Opernliteratur entstanden. Librettist und Komponist haben den Romantitel ›Meister u n d Margarita‹ ernst genommen, indem sie eine Liebesgeschichte erzählen, die mit der Tragödie eines Menschen verbunden ist, der einen Roman über Pontius Pilatus schreibt und dessen Werk von der staatlichen, offiziellen Kritik nicht nur abgelehnt, sondern auch als staatsgefährdend gebrandmarkt wird. Der Meister gibt auf und verbannt sich selbst an den unter Stalin üblichen Aufbewahrungsort für ungebärdige Intellektuelle, in die Irrenanstalt. Margarita ist die einzige, die das nicht hinnehmen will und sich deshalb mit dem Teufel verbündet. Mit dessen Treiben in Moskau wird der individuelle und gesellschaftliche Nährboden dieser Tragödie sinnfällig. Der Teufel zerrt das verborgene Trivial-Gefährliche an die Oberfläche, er macht es sichtbar, aber er muß sich dazu den Moskauer Verhältnissen anpassen, und das bedeutet, er muß sich „verkleinern"; die schwarze ernste Engelsgestalt maskiert sich als Professor der Magie.

Das Neue und Besondere an Czechowskis Fabellesart ist, daß er die Geschichte des Romans selbst in die Handlung einbezieht. Bulgakow erkannte, nachdem er das Manuskript verbrannt hatte: „Einen verstummten Schriftsteller gibt es nicht. Wenn er verstummt ist, ist er kein wirklicher Schriftsteller gewesen. Und wenn ein wirklicher Schriftsteller verstummt, dann geht er zugrunde" (zitiert nach Schurbin 1989, S. 481). Ersetzt man die Wörter „verstummt" durch „hoffnungslos" und „Schriftsteller" durch „Mensch", dann hat man das Substrat von Czechowskis und Kunads Fabellesart. Denn Margaritas Ringen um den Geliebten ist ein Ringen darum, daß er die Hoffnung und damit seine Liebes- und Lebenskraft nicht verliert. Und mit ihrer Hilfe geschieht das Wunder, daß der Roman den Autor überflügelt, er findet Worte und Gedanken neuer Art.

Verflucht er am Anfang den Ritter Pontius Pilatus, findet er durch Margaritas Wirken am Schluß die Kraft zu einem neuen Denken und spricht seine Romanfigur frei. Dies ist ein Sinnbild besonderer Art: Der Schöpfer entläßt sein Geschöpf in die Freiheit, spricht Pontius Pilatus von der Schuld los, verkündet christliches Erbarmen, Versöhnung und Verzeihung.

In der nächtlichen Szene im Irrenhaus, bei der ›Valse triste‹ von Jean Sibelius, sucht der Meister das Gespräch mit einem Leidensgefährten, dem Dichter Besdomny, und vertraut ihm seine innersten Gedanken, seinen Roman an; er stiftet so ein inniges Lehrer-Schüler-Verhältnis. Aber noch kann auch der Meister den Knoten nicht lösen, auch nicht, was ihn und seine Gestalten quält. Er bleibt wie Pontius Pilatus im Teufelskreis von Schuld und Sühne verstrickt. Pontius Pilatus und Levi Matthäus wollen Rache: Blut für Blut. Erst durch und mit Margarita wird dieser Kreis gesprengt. Dem „Auge um Auge, Zahn um Zahn" kündigt Margarita die Gefolgschaft auf und hilft damit anderen und sich selbst, und zwar zweimal.

Das erste Mal, als ihr eine einzige Bitte bei Voland freisteht, mißachtet sie ihre eigenen Interessen und bittet nicht für den Geliebten, sondern für die Kindesmörderin Frida. Hier kann der Teufel nichts ausrichten, dafür darf Margarita frei handeln und Frida freisprechen.

Das zweite Mal bittet Margarita, Pontius Pilatus von seiner ewigen Qual zu erlösen. Mit ihrer Bitte löst sie das große Wunder aus: Der Meister wird von seiner Krankheit, der seelischen Leere, erlöst und findet die befreienden Worte. Im Mondlicht begegnen sich Jesus und Pilatus, das Opfer verzeiht dem Henker. Das Mondlicht ist keine schmückende Zutat zum Geschehen; vielmehr ist in der russischen Literatur seit alters her der Mond („luna" ist weiblich) das Signum der Frau, der Liebe, der Ganzheit.

Rainer Kunad war die Fabel – Erlösung durch Liebe und Erbarmen – so wichtig, daß er sie auch musikalisch zentral erzählt. Ein Melodiemodell, bestehend aus zwei verminderten Dreiklängen, meist in der Fortschreitung b-des-f, verbunden mit einem auf- und einem absteigendem Halbtonschritt, wird im ersten Bild mit den Worten „Du nennst mich Meister" exponiert, taucht immer dann auf, wenn sich der Meister an Margarita erinnert, und liegt dem Schluß zugrunde, wenn Pontius Pilatus freigesprochen wird. Die Zwischenmusik vom dritten zum vierten Bild manifestiert – in der Form einer Invention über diese kleine melodische Phrase – Margaritas Entschluß, für ihre Liebe alles, selbst die eigene Seele zu wagen.

Die drei Pilatus-Szenen sind den Passionen Johann Sebastian Bachs nachempfunden. Pontius Pilatus, Jesus und Levi Matthäus sprechen in einem psalmodierenden, dem Evangelisten angenäherten Tonfall, dabei wird der Vokalpart von einem Elektro-Piano gestützt, das in Funktion und Harmonik dem *basso continuo* vergleichbar ist.

Russisches Ambiente ist durch Strukturzitate anwesend, wird aber nicht folkloristisch-nostalgisch, sondern charakterisierend eingesetzt. In deutlich satirischer Absicht ist in der Varietészene das Lied vom „Herrlichen Baikal" zitiert. Im Satansball herrscht ein an Tschaikowskis Polonaisen-Stil geschultes musikalisches Klima. Mit Berlioz betritt eine Gestalt des frühen Schostakowitsch die Szene. Die Verführung der Moskauer mittels Schwarzer Magie erfolgt in freier Anspielung auf westeuropäische Moderne von vorvorgestern, auf die Musik eines Kurt Weill und dessen Jazzparodien, dem „musikalischen Westimport" der Bulgakow-Zeit, also der Handlungszeit der Oper.

Rainer Kunad hat eine Musik geschrieben, die bei aller Konstruktivität und Expressivität des Instrumentalparts doch dem Vokalpart die Dominanz einräumt, wobei ihm eine besondere Art Vokalgestus gelingt. So erinnert mit fallender Sekunde und hoch geführtem Tenor der Meister an den Juridiwi, den Gottesnarren, den Modest Mussorgski im ›Boris Godunow‹ exemplarisch gestaltete, Margarita hingegen in Altlage und kantablem Liedgesang an die Marfa in Mussorgskis ›Chowanschtschina‹.

Die Oper eröffnet mit drei musikalischen „Leitgedanken": tiefe von dunklem Blech und Schlagwerk grundierte Streichertremoli, Synonym für das Dunkle, Böse, die ungeschiedenen triebhaften Kräfte, meist an den Prokurator gebunden – eine Trompetenfanfare, den Einbruch der Macht in ihren vielerlei Maskierungen signalisierend – und eine Streicherkantilene, Synonym für Margarita und ihre Liebe.

Mit Akkordeon, Straßenbahnglocken, den Geräuschen von Feuerwehrsirenen und einem fahrenden LKW, mit dem Klang des Saxophons und Genrezitaten sind unterschiedliche stilistische Ebenen und Zeiten scharf nebeneinandergestellt.

Rainer Kunad gelang eine höchst farbige und abwechslungsreiche Musik, die dennoch in all ihren Ebenen streng konstruktiv ist, deren Grundlage von einer Tonreihe gebildet wird, die, nach den vom Komponisten entwickelten Gesetzen der „Klanggestalten" vielfach abgewandelt, den einzelnen Figuren charakteristische Züge verleiht und auch die Szenenfolge strukturiert.

Am 30. Mai 1987 kam Kunads Romantische Oper am Teatr Wielki zur polnischen Erstaufführung (Musikalische Leitung: Robert Satanowski, Inszenierung: Marek Grzesinski, Ausstattung: Andrzej Majewski), eine Inszenierung, die vom polnischen Fernsehen gemeinsam mit dem Zweiten Deutschen Fernsehen zu wiederholten Malen ausgestrahlt wurde, zuletzt am 16. Februar 1989.

Ausgaben KlA Henschelverlag Berlin 1985

Rechte Henschel Musik GmbH Berlin; Keturi-Musikverlag Rimsting/Chiemsee

Literatur Michail Bulgakow: Der Meister und Margarita, deutsch von Thomas Reschke, mit einem Nachwort von Ralf Schröder, Berlin 1968; Ralf Schröder: Bulgakows Roman ›Der Meister und Margarita‹ im Spiegel der Faustmodelle des 19. und 20. Jahrhunderts. In: Michail Bulgakow: Der Meister und Margarita, Berlin 1968; Sergej Jermolinski: Erinnerungen an Bulgakow, aus dem Russischen von Thomas Reschke, Berlin 1985; Ralf Schröder: Roman der Seele, Roman der Geschichte, Leipzig 1986; Lew Schurbin: Platonow und Bulgakow. Der schwierige Dialog zwischen Schriftsteller und Gesellschaft. In: Kunst und Literatur, H. 4, Berlin 1989; Ottokar Nürnberg: Vom Meister Bulgakow und seiner Margarita, Jochen Schönleber: Gespräch mit Rainer Kunad I und II, Annette Hornbacher: „Advocatus Christi", Barbara Zelinsky: Welttheater und Faustthema. In: Programmheft Badisches Staatstheater Karlsruhe 1986

Paul Kurzbach
13. Dezember 1902

Geboren in Hohndorf (Kreis Stollberg, Sachsen), 1916-1923 Lehrerseminar in Zschopau, 1920-1925 Musikunterricht bei Ludwig Leschetizky (1. Opernkapellmeister in Chemnitz), 1925-1928 Studium am Landeskonservatorium Leipzig, 1921-1933 Leiter von Arbeiterchören und Lehrer in Chemnitz, 1939-1942 musikalische Studien bei Carl Orff.
1946 Rückkehr aus der Kriegsgefangenschaft (USA), Chorleiter in Chemnitz, 1950 Mitbegründer der Volksmusikschule Chemnitz, bis 1954 Direktor und Lehrer. Seit 1957 freischaffend in Karl-Marx-Stadt/Chemnitz.
1951 Gründungsmitglied des Verbandes Deutscher Komponisten und bis 1975 Vorsitzender des Bezirksverbandes Karl-Marx-Stadt, Mitglied des Zentralvorstandes, 1968-1977 Vizepräsident des Verbandes der Komponisten und Musikwissenschaftler der DDR; Ehrenmitglied des Zentralvorstandes, Ehrenvorsitzender des Bezirksverbandes.
1958 Staatspreis für Künstlerisches Volksschaffen, 1961 Kunstpreis des Rates des Bezirkes Karl-Marx-Stadt, 1962 Johannes-R.-Becher-Medaille des Deutschen Kulturbunds, 1962 und 1966 Verdienstmedaille der DDR, 1968 Ehrennadel des Komponistenverbandes in Gold, 1970 Kunstpreis des FDGB, 1974 Vaterländischer Verdienstorden in Gold der DDR, 1982 Ehrenspange zum Vaterländischen Verdienstorden in Gold, 1987 Stern der Völkerfreundschaft in Gold, 1987 Ehrenbürger von Karl-Marx-Stadt (heute wieder Chemnitz)
Orchesterwerke: Kammersinfonie (1931), ›Dafnis‹ – Lyrisches Porträt (1949), Sinfonie in C (1953), Divertimento für kleines Orchester (1954), Bauernmusik (1958), ›Thyl Claas‹ – Musikalisches Porträt (1961), Orchestervariationen über eine Melodie von Henry Purcell (1966), ›Der große Oktober‹ – Für kleines Orchester (1967), sieben Orchesterserenaden (1: 1964, 2: 1968, 3: 1969, 4: 1970, 5: 1970, 6: 1971, 7: 1973)
Konzerte: Cembalokonzert (1958), Concertino für Klavier und Streicher (1965), Violinkonzert (1969), Violoncellokonzert (1977), Konzert für Kontrabaß, Bläserquintett, Cembalo und Schlagzeug (1980)
Kammermusik, u.a. Sonatinen für Klavier, Violine, Violoncello, Akkordeon; acht Streichquartette, Streichquintett, Quintett für Zupfinstrumente (1989), Sonate für Violine solo für Gidon Kremer (1989), Klavierquintett (1990)
Songs, Chansons, Massenlieder, Lieder für Solostimmen und Chöre, A-cappella-Chöre, Kantaten, u.a. ›Kantate der Freundschaft‹ – Für Soli, Chor und Orchester . Text von Horst Salomon (1959), ›Blühende Welt‹ – Liederzyklus für Soli, Chor und Orchester nach Texten verschiedener Dichter (1964), ›Roter Oktober‹ – Zyklus für Soli, Frauenchor, gemischten Chor, Männerchor und Orchester (1967), ›Alles wandelt sich‹ – Kantate für zwei Soli, Chor und Orchester . Text von Bertolt Brecht (1970), ›Porträt eines Arbeiters‹ – Kantate für Soli, Chor und Orchester . Text von Max Zimmering (1975), ›Nachrichten über Ole Bienkopp‹ – Kantate für zwei Soli, Chor und Orchester . Text von Erwin Strittmatter und Paul Kurzbach (1978), ›Alles liegt vor uns‹ – Liederzyklus für gemischten Chor (1981), ›Stella caerulea nostra‹ – Oratorium für Soli, Chor und Orchester nach Texten von Aristophanes/Hacks, Logau, Heine, Becher, Berger, Kurzbach (1987-88)

Bühnenwerke

Romeo und Julia auf dem Dorfe _____ 1933-1936
(Junge Liebe)
Oper in zwei Akten
nach Gottfried Keller
Text von Paul und Herbert Kurzbach und Herbert Barth

Die geliebte Dornrose _____ 1939
Ballett in zwei Akten
nach dem gleichnamigen Lustspiel
von Andreas Gryphius
Libretto von Paul Kurzbach

Historia de Susanna _____ 1945-1946
(Susanna im Bade) _____ UA 1948
Eine musikalische Geschichte
nach dem Buch Daniel
Text von Paul Kurzbach

Thomas Münzer _____ 1948-1950
Musikalische Chronik _____ UA 1955
in vier Bildern und einem Vorspiel
Text von Paul Kurzbach

Thyl Claas _____ 1954-1956
Ein Stück aus Flanderns Freiheitskampf _____ UA 1958
nach Charles de Costers ›Thyl Ulenspiegel‹
Text von Paul Kurzbach und Johannes Pfanner

Thomas Müntzer _____ 1973-1974
Oper in vier Akten (neun Bildern) _____ UA 1974
Text von Paul Kurzbach
(Musikalische Neufassung)

Jean der Soldat _____ 1976-1978
Oper in drei Akten
nach dem Märchenspiel ›Der Soldat und die Schlange‹
von Tamara Grabbe
Text von Paul Kurzbach

Thyl Claas
Ein Stück aus Flanderns Freiheitskampf
nach Charles de Costers ›Thyl Ulenspiegel‹
Text von Johannes Pfanner und Paul Kurzbach

Entstehung 1954-1956

Uraufführung 7. Dezember 1958 Gerhart-Hauptmann-Theater Görlitz-Zittau

Personen

Thyl Claas, genannt Ulenspiegel	Tänzer und Bariton
Soetkin, seine Mutter	Sprechrolle
Nele, sein Mädchen	Tänzerin und Sopran
Lamme, sein Freund	Baß
Der Schmied Wasteele	Tenor
Der Schiffer Joos Allerhand	Tenor
Gräfin von Dudzeele	Sopran
Stevenyne, Kupplerin und Spionin	Sprechrolle
Gilline, Dirne und Agentin	Sopran
Der Fischhändler, Denunziant	Sprechrolle
Der Bauer Jan	Baß und Sprechrolle
Der Schreiber Mathys	Sprechrolle
Die vier Schmiedegesellen	2 Tenöre, 2 Bässe
Simon Steen, der Bürger	Sprechrolle
Wache	Sprechrolle
Bürger, Bauern, Handwerker, Fischer, Schiffer, Handels- und Wirtsleute	Gemischter Chor
Pfaffe, Bürgersfrau, spanischer Soldat, König, Narr, Musikant	Kleindarsteller
Vermummte, Büttel, vier Häscher, fünf Fahnenschwinger, befreite Gefangene	Tanzgruppe

Orchester 2 Fl (II auch Picc), 2 Ob (II auch EH), 2 Klar (II auch Bklar), 2 Fg (II auch KFg), 4 Hr, 3 Trp, 2 Pos, BTb, Kl, 4 Pkn, Slzg: Glsp, Gl, Xyl, KlTr, Rtr, Holztr, GrTr, Tamb, Bck, Tt, Trgl, Sch, Kast; Mand, Mandola, Zither, Git; Str

Aufführungsdauer ca. 2 Std., 30 Min.

Handlung
Der Schauplatz ist die Landschaft der Niederlande in den Jahren 1560 bis 1598.
Instrumentale Einleitung. *Am Rande einer kleinen flandrischen Stadt.* Sommerfreuden: „Die Lieb' den Maien krönet." Thyl, der Sohn des Kohlenträgers Claas, macht sich einen Namen. Er zieht mit seinem dicken Freund Lamme und seinem Mädchen Nele durchs Land und zeigt den Leuten in einem Spiegel ihre wahren Wünsche, Sehnsüchte, Hoffnungen und Ängste: „Ik ben u lieden spiegel." Die Wahrheit bereitet Pein. Nicht jeder dankt sie ihm.

Die Spanier sind Herren im Land. König Philipp nimmt die Huldigung der Niederlande entgegen. Vier Vermummte ehren den Tyrannen auf ihre Weise mit dem Spruch: „Wir suchen das Recht, der König hat es versteckt." Thyl ist der Anstifter. Er wird festgenommen und für drei Jahre verbannt.

An einem Kanal. Derweil die Spanier im Land mit Furcht und Schrecken herrschen, entzündet sich der Funke des Widerstands. Bürger, Bauer und Edelmann schließen sich zusammen, auch die Frauen sind nicht tatenlos. Bürger Simon, Bauer Jan, Schiffer Joos, Schmied Wasteele und Gräfin Dudzeele bilden einen Bund.

Die drei Jahre sind vorüber. Thyl kehrt heim und muß Entsetzliches sehen, das Furchtbarste aber begegnet ihm zu Hause. Der Vater ist denunziert worden und mußte den Feuertod erleiden. Die Asche des Vaterherzens auf der Brust, bringt Thyl den Denunzianten um und schließt sich dem Widerstand an. Nele folgt ihm, als Trommlerin.

Die Mühen und Gefahren des Widerstands. Thyl, Lamme und Nele sammeln auf den Märkten Geld für Waffenkauf und Waffenherstellung. Lamme kämpft unentwegt und tapfer mit sich selbst gegen seine Freßlust, seine Feigheit und seine Angst.

Im Land machen sich Spitzel und Denunzianten breit und erheben frech ihre Stimme. Thyl begibt sich mit Lamme und vier treuen Schmieden in die Höhle des Löwen, in die Herberge der Erzspionin und Kupplerin Stevenyne. Hier wird ihnen eingeschenkt, aber sie trinken nicht, widerstehen der Versuchung und zerstören das Spinnennetz.

Derweil Thyl im Norden einen Sieg über den Verrat erringt, triumphiert der Verrat im Süden. Bürger Simon, Schmied Wasteele und Gräfin Dudzeele sind seine Opfer. In letzter Minute und unter Einsatz vieler Leben können sie gerettet werden.

Der Norden ist befreit, die Kriegstrompete schweigt. Der Süden aber ist noch in der Hand der Feigen und der Spanier. Das Land bleibt zerrissen. Der wahre Feind ist der Verrat, das „Ik ben u lieden spiegel" ist kein sommerlicher Jahrmarktspaß, sondern blutiger Ernst: Erkenne dich selbst.

Kommentar

›Thyl Claas‹ gehört zu den wenigen Werken der Opernliteratur in der DDR, die sich auf wahrhaftige Weise mit der deutschen faschistischen Vergangenheit auseinandersetzen und sich zugleich den ungelösten, in der deutschen Gegenwart fortwirkenden Problemen stellen. Zentrales Motiv ist „Erkenne dich selbst". Der Name Ulenspiegel ist hier in seiner philosophischen Dimension gefaßt und wird parallel zu einem zweiten Motivkreis, dem der Feigheit und des Verrates, geführt. Die Geschichte des Abfalls der Niederlande ist von Kurzbach/Pfanner ganz aus dem leidvollen Erleben des faschistischen Alltags, mit dessen Denunziantentum und Spitzelwesen gefaßt. Darin eingebettet finden sich vereinzelte Aktionen des Widerstands: „Mir lag daran, die starke Kraft, die das niederländische Volk für seine Befreiung vom spanischen Joch aufbrachte, als etwas Unvergängliches zu preisen." (Kurzbach 1958)

Figuren und Vorgänge werden nicht gemächlich eingeführt und entwickelt, sondern in der Art alten Volkstheaters einfach gesetzt und das Wesentliche an ihnen dargestellt. Es gibt weder im Text noch in der Musik ornamentale Schnörkel, weder Hypertrophierung der Gefühle noch Psychologisieren oder Interpretieren. Es dominiert die „gänzlich unromantische Cantilene" (Schönfelder 1958) und ein lebendig pulsierender, vielfältiger, ständig wechselnder rhythmischer Impuls. Es gibt keinen spätromantischen orchestralen Verschmelzungsklang, dafür sind die einzelnen Instrumente beziehungsweise Instrumentengruppen scharf kontrastreich gegeneinandergeführt.

Wie eine Überschrift zitiert Kurzbach zu Beginn ein altes Madrigal: „In lichter Farbe steht der Wald". Er aktiviert ältere, vorromantische Musiziermodelle, zugleich grüßt er mit einem Zitat aus der ›Carmina Burana‹, dem „Floret silva undique, nach meinem Liebsten ist mir weh!" seinen verehrten Lehrer Carl Orff.

Paul Kurzbach hat sich wiederholt zum prägenden, vorbildhaften Einfluß Carl Orffs bekannt. Während seiner Gefangenschaft in den USA schrieb er 1946/47 die Oper ›Historia de Susanna‹, die 1948 in Göttingen und Magdeburg aufgeführt wurde. „Wie der Einfluß Orffs auf meine Arbeit zu verstehen ist, charakterisiert ein Schreiben des damaligen Göttinger Intendanten [und berühmten Dirigenten – N.] Prof. Fritz Lehmann: ‚Ich hatte bei der Annahme des Werkes keine Ahnung, wer Sie sind. Seit Jahren wartete ich darauf und suche danach, daß aus der Orff'schen Arbeit im Schaffen der Jüngeren die Auswirkungen spürbar werden. Als ich in Ihre Partitur Einblick nahm, war mir zum ersten Male klar, daß diese Linie ihre Fortsetzung findet, und zwar angesichts einer Voraussetzung, die der eigenen Aussage durchaus fähig ist. Damit stand für mich fest, daß der Einsatz für Ihr Werk deswegen so wesentlich ist, weil jene entscheidenden Beiträge, die die Persönlichkeit Carl Orffs der Musikentwicklung geschenkt hat, durch Sie in einem selbständigem Sinne weitergeführt werde.' Diesen Weg setzen ›Thomas Müntzer‹ (1955 in Magdeburg) und ›Thyl Claas‹ fort." (Kurzbach 1958)

Dabei muß ›Thyl Claas‹ als das eigentliche, zentrale Werk gelten, in seiner Struktur mit Orffs ›Astutuli‹ vergleichbar. Thyl und Nele sind anfangs mit Tänzern zu besetzen. Tänzerische, pantomimische Darstellungen, erzählende, gesprochene Passagen wechseln mit dramatischen Darstellungen, große kunstvolle Arien (wie die der Gräfin Dudzeele) und auch Ensembles finden sich neben schlichten Weisen und Chören.

Als einer von wenigen Komponisten stellte sich Kurzbach bewußt den Problemen, die mit der Darstellung von „Volk" verbunden sind. Er setzte seiner Oper eine Bühnenanweisung voran, die mehr meint als nur einen technischen Vorgang, wenn verlangt wird, die Szene in eine Hinter- und Vorderbühne zu unterteilen. „Auf dieser Vorderbühne sind Chor und beide Sprecher (Jan und Mathys) untergebracht, in Gruppen auf den Stufen sitzend oder liegend im Dunkeln, wenn die Nummern der Hinterbühne ablaufen; – stehend, gehend, agierend, sprechend, singend und beleuchtet – bei dunkler Hinterbühne –, wenn die Sprech- und Chorszenen auf der Vorderbühne ablaufen.

Nur so kann die doppelte Funktion des Chores als Mitspieler und als Zuhörer, als handelndes und als leidendes Volk Flanderns wiedergegeben, nur so kann auch im Verlauf des Stückes durch wachsende leidenschaftliche Anteilnahme des Chores die wachsende Revolutionierung des flandrischen Volkes dargestellt werden." (Kurzbach, Klavierauszug 1958)

Paul Kurzbach dachte bei der Aufführung seiner Oper ›Thyl Claas‹ an eine Bühne, die über Kräfte verfügt, denen „die allseitige Erziehung der chinesischen Opernsänger" (Kurzbach 1958) nicht fremd ist. Solche Darsteller (die übrigens in den amerikanischen Musical-Produktionen gang und gäbe sind) standen dem Gerhart-Hauptmann-Theater in Görlitz nicht zur Verfügung. Regie und Darstellung gingen den Weg konventioneller Opernaufführungen. Fast zeitgleich übrigens fand eine exemplarische Aufführung von Carl Orffs ›Astutuli‹ am Deutschen Theater Berlin (26. November 1958) statt, die auch Kurzbachs ästhetischem Ideal nahekam. Aber die ›Astutuli‹-Aufführung (Regie: Wolfgang Langhoff) sollte auch für das Schauspiel eine Ausnahme bleiben, wenngleich von den Stars des Deutschen Theaters tanzend, singend und pantomimisch eine Geschichte auf faszinierende Art und Weise erzählt wurde. Zu einem vergleichbaren Werk und vergleichbarer Inszenierung kam es erst wieder 1976 mit Kunads Oper für Schauspieler ›Litauische Claviere‹.

Kurzbachs Bekenntnis zu Carl Orff entsprach keineswegs dem Geist der Zeit. Nach seiner ›Antigonae‹ (Erstaufführung in der DDR 1950 in Dresden) war der Nationalpreisträger Carl Orff unter das Formalismus-Verdikt gefallen. Sein Schüler war daher gezwungen, die inhaltliche Motivation seiner formalen Mittel sehr deutlich zu machen. Das hat zu einigen Überdeutlichkeiten und Längen in der Werkstruktur des ›Thyl‹ geführt, denen durch Striche abzuhelfen wäre. 1964 schuf Paul Kurzbach mit Harry Kupfer eine dramaturgisch-textliche Neufassung, die allerdings von Kupfer, der von 1962 bis 1966 Erster Regisseur an den Städtischen Theatern Karl-Marx-Stadt war, nicht realisiert wurde.

Das Werk gehört zu den besten Werken jener Jahre, zu einer vernachlässigten, aber wesentlichen Traditionslinie der Oper in der DDR. Seine Entdeckung steht noch aus.

Allerdings stellte sich der Aneignung des ›Thyl Claas‹ noch eine Schwierigkeit ganz anderer Art in den Weg: Anfang der sechziger Jahre machten sich auf den Schauspiel- und Opernbühnen sogenannte Volksfiguren breit, die mit dümmlichen Späßen den Oberen ein Schnippchen schlugen. Eine der ersten Opern dieser Art war Ottmar Gersters zwischen 1959 und 1962 entstandener ›Fröhlicher Sünder‹. Das blieb nicht ohne Folgen für Kurzbachs Oper ›Thyl Claas‹, die kurzerhand dieser Art von volkstümelndem Theater zugeschlagen wurde, was eine ernsthafte Zuwendung zu diesem Werk erschwerte mit dem Ergebnis, daß sie seitdem dazu verdammt ist, ihr Dasein in wohlmeinenden Übersichtsdarstellungen zu fristen.

Ausgaben Text Henschelverlag Berlin 1958; KlA Henschelverlag Berlin 1958

Rechte Henschel Musik GmbH Berlin

Literatur Charles de Coster: Die Geschichte von Ulenspiegel und Lamme Goedzak und ihren heldenmäßigen, fröhlichen und glorreichen Abenteuern im Lande Flandern und anderwärts, deutsch von Karl Wolfskehl, Berlin (Leipzig) 1951; ders.: Thyl Ulenspiegel, hrsg. von Gerhard Steiner, Berlin 1955

Paul Kurzbach: Über ›Thyl Claas‹. In: Programmheft Gerhart-Hauptmann-Theater Görlitz-Zittau 1958 – auch In: Material zum Theater Nr. 118, Komponisten der DDR über ihre Opern, Auswahl und Zusammenstellung Stephan Stompor, Berlin 1979; Alfred Schönfelder: Über die musikalische Gestalt von ›Thyl Claas‹. In: Programmheft Gerhart-Hauptmann-Theater Görlitz-Zittau 1958
Rezensionen der Uraufführung. In: Theater der Zeit, H. 2, Berlin 1959; Musik und Gesellschaft, H. 12, Berlin 1958

Thomas Müntzer
Oper in vier Akten (neun Bildern)
Text von Paul Kurzbach
(Neufassung)

Entstehung Erstfassung 1948-1950, Neufassung 1973-1974

Uraufführung 24. Juni 1955 Städtische Bühnen Magdeburg (Erstfassung: ›Thomas Münzer‹ – Musikalische Chronik in vier Bildern und einem Vorspiel)
26. Oktober 1974 Landesbühnen Sachsen Radebeul (Neufassung)

Personen
Thomas Müntzer ___ Bariton
Ottilie, Müntzers Frau ___ Sopran
Michael Streyttel, Bauer ___ Baß
Katrin, Streyttels Tochter ___ Alt
Bauern:
    Andreas ___ Baß
    Caspar ___ Tenor
    Hessenfriedel ___ Tenor
    Bertel Kühnemundt ___ Baß
Trommelbub ___ Alt
Drei Bauern ___ Sprechrollen
Kommentierende Gestalten ___ Soloquartett (S, A, T, B)
Herzog Johann von Sachsen ___ Baß
Amtmann ___ Tenor
Schildwache ___ Baß
Profos ___ Bariton
Zwei Landsknechte ___ 2 Baritone
Graf Ernst von Mansfeld ___ Sprechrolle

Landgraf Philipp von Hessen	Sprechrolle
Kurprinz Johann Friedrich	Sprechrolle
Ritter von Witzleben	Sprechrolle
Herold	Sprechrolle
Ankläger	Sprechrolle
Bote	Sprechrolle
Bauern, Landvolk, Werkleute, Landsknechte, Adlige und Vasallen	Gemischter Chor

(Die Sprechrollen sind, mit Ausnahme des Boten, in eine rhythmisierte Vortragsweise gebracht.)

Orchester 2 Fl (II auch Picc), 2 Ob (II auch EH), 2 Klar, 2 Fg, 2 Hr, 2 Trp, 2 Pos, Pkn, Glsp, Xyl, KlTr, Rtr, Holztr, GrTr, 2 Tomtoms, Tamb, Kast, Trgl, Klangholz, Bck, GrTt, KlTt, Hrf, Kl; Str

Aufführungsdauer 1 Std., 45 Min.

Handlung
Zeit: 1524-1525. Ort: Thüringen (Allstedt, Weimar, Frankenhausen, Görmar). Vor mehr denn vierhundert Jahren lebte in den thüringischen Landen der Prediger Thomas Müntzer. Er hatte ein Herz für die Bauern, Handwerksleut, Taglöhner und Bergknappen. Tausende kamen, sein prophetisch Wort zu hören, neu und kühn für alle: „Die Kirche selbst muß dem Menschen helfen, mit dem eignen Verstand die Wahrheit zu begreifen. Gerade derhalben mußt du, gemeiner Mann, gelehret werden, auf daß du nit länger verführet werdest. Wir müssen wissen und nit in den Wind glauben. Und es wird sein, daß die Gewalt soll gegeben werden dem Volk, einem innerlich geläutert' Volk."
Um dessentwillen ward er geschmähet und verfolget von Fürsten und geistlichen Herren.
Instrumentales Vorspiel. **I. Akt.** 1. Bild: *Freie Gegend um Allstedt. (Frühjahr 1524.)* Bauern und Werkleute feiern Müntzers Sieg über den Grafen Ernst von Mansfeld, der nicht verhindern konnte, daß „viel Volk zu seiner Predigt nach Allstedt kam". Der Amtmann überfällt mit seinen Kriegsknechten die Tanzenden und läßt die Frauen aufs Schloß bringen.
2. Bild: *Freie Gegend.* Der Bauer Streyttel kehrt mit seiner Tochter Katrin von einer Müntzer-Predigt heim. Katrin sieht nach den Müntzer-Worten: „Es gilt ein neu Ordnung zu setzen durch ein innerlich geläutert' Volk" eine bessere und schönere Welt, für die sie zu kämpfen bereit ist.
Zwischenspiel: Vier als Bauern gekleidete Gestalten geben ihren Kommentar zur Situation im Land. „Ihr Armen lebt in harter Fron. / Die großen Herren spotten Hohn. / Stürzt sie von ihrem Throne bald, / nehmt in die Hände die Gewalt."
3. Bild: *Freie Gegend. (Frühsommer 1524.)* Bauern, Werkleute und Landarbeiter versammeln sich. Ohne Aussicht auf Hilfe der Willkür der feudalen Herren ausge-

setzt, beschließen sie, in gemeinsamen Aktionen ihre Menschenwürde zu verteidigen. Auf ihrer Fahne steht der Spruch: „Wer da frei will sein, der zieh her in diesem Sonnenschein." Thomas Müntzer, von allen als der ihre begrüßt, bietet sich an, die Rechte der Bauern vor der Obrigkeit einzuklagen.
Instrumentales Zwischenspiel. 4. Bild: *Müntzers Wohnung.* Thomas Müntzer bereitet sich auf seinen Gang nach Weimar vor, um den Fürsten ins Gewissen zu reden. In seiner Frau Ottilie hat er eine selbstlose und mutige Lebensgefährtin.

II. Akt. Vorspiel: Die vier kommentierenden Gestalten singen ein Lied „Vom Wohlleben" der großen Herren. Außerdem sinnen „die hohen Herrlichkeiten / ... / die Sach dem Müntzer zu verleiden."
5. Bild: *Auf dem Schloß zu Weimar. Ein Teil des Saales. (Juli 1524.)* Vor dem Herzog von Sachsen und dessen Sohn, dem Kurprinzen Johann Friedrich, versucht Müntzer seine und der Bauern Sache zu verteidigen: „den neuen Menschen schaffen, um ein neu Ordnung zu errichten im gütlichen Bunde mit der Obrigkeit". Auf seine Mahnung, Gottes Geboten zu gehorchen, erntet er nur den Hohn der Adligen und Vasallen. Müntzers Begehren wird abgewiesen. Er erklärt die Fürsten für schuldig an den nun zu erwartenden Auseinandersetzungen.
Zwischenmusik. 6. Bild: *Müntzers Wohnung. (Herbst 1524.)* Auf Befehl des Herzogs von Sachsen mußte Müntzer außer Landes gehen und hält sich bei den Bauern in Franken und Schwaben auf. Ottilie wartet auf ihren Mann und ist sicher, daß er auch in der Fremde für die gleiche Sache kämpft.

III. Akt. Vorspiel: Die kommentierenden Gestalten singen das Lied von der großen Schlacht der Aufständischen, in der die Bauern bei Frankenhausen aufgerieben und blutig niedergemetzelt werden. „Die Zeit war da und doch nicht reif, / zu Großes war zu früh gewollt... / so sah der Müntzer diesen Irrtum, / für den er mit dem Leben büßte."
7. Bild: *Wagenburg der Bauern bei Frankenhausen. (Mai 1525.)* Das Bauernheer ist umstellt. Schon herrscht Uneinigkeit, denn ein Teil ist bereit, die Waffen zu strecken und überzulaufen, während ein anderer für die Fortsetzung des Kampfes eintritt. Müntzer gibt zu bedenken, ob eine Kapitulation den Bauern das Leben retten würde. Mit der Fabel von den törichten Schafen, die ihre Wachhunde den Wölfen auslieferten und damit sich selbst, um von ihnen zerrissen zu werden, gibt Thomas Müntzer den Bauern ein Gleichnis für das tatsächliche Ansinnen der Fürsten. Auch das Angebot des Landgrafen von Hessen, sie zu begnadigen, falls sie sich von Müntzer trennen und ihn ausliefern, schlagen die Aufständischen aus. Für Müntzer und Ottilie gibt es ein kurzes Wiedersehen, denn das Bauernheer wird aufgerieben. Während die Kämpfenden bei Frankenhausen der Übermacht der fürstlichen Heere unterliegen, wird der verwundete Müntzer von Landsknechten gefangengenommen.

IV. Akt. Vorspiel: Die kommentierenden Gestalten verheißen, daß Müntzer unvergessen bleiben wird, auch wenn die Fürsten seinen Namen auslöschen wollten. „Nichts auf der Welt ist umsonst getan. / ... / Die Lehr' vom Müntzer, die geht auf, / geht auf zur rechten Zeit."

8. Bild: *Kriegslager zu Görmar. (Ende Mai 1525.)* Die Landsknechte feiern den Sieg über die Bauern. Das ist die Gelegenheit für Ottilie, vor Müntzers Kerker zu schleichen, um sich zu vergewissern, daß ihr Mann noch lebt. Vergeblich bittet Streyttel, der Bauer und Freund, den Herzog um Gnade. Er und seine Tochter werden gleichfalls in den Turm geworfen.
9. Bild: *Die Anklage.* Der gefolterte Müntzer wird angeklagt und zum Tode verurteilt. Nachspiel: „Das Urteil am Müntzer wurde am 27. Mai 1525 zu Görmar vollstreckt." Ottilie und das Volk trauern um Müntzer. „Siebentausend sind erschlagen. / Wir werden's wieder wagen. / Was gesäet ward, wird einst aufgehen wundersam. / Hat alles seine Zeit."

Kommentar
Nur drei Jahre nach der Gründung der DDR wurde ein zentraler Aufruf zur Schaffung einer „neuen deutschen Nationaloper sozialistischen Typs" erlassen, der am 1. November 1952 in der Parteizeitung *Neues Deutschland* erschien. „Unter einer deutschen Nationaloper müssen wir eine solche Oper verstehen, die sowohl in dem Gehalt ihrer Musik wie in ihrer dramatischen Konzeption ein wahrheitsgetreuer, historisch konkreter Spiegel der großen fortschrittlichen Triebkräfte der Geschichte des deutschen Volkes ist. Wie kann das Ziel der Schaffung einer deutschen Nationaloper erreicht werden? Nur durch die Organisierung einer planmäßigen und kollektiven Zusammenarbeit zwischen Komponist, Schriftsteller und Wissenschaftler. Die Mitarbeit des Wissenschaftlers ist unbedingt notwendig, um den Künstlern die konkrete historische Situation wahrheitsgetreu zu vermitteln. Es wäre zweckmäßig, mit einer Oper über den deutschen Bauernkrieg zu beginnen." (Für eine neue deutsche Nationaloper)

In bemerkenswerter Naivität legt im nachhinein die akademische Musikgeschichtsschreibung der DDR offen, was damit gemeint war: die Herausbildung einer offiziellen Denkkultur. „Das Anliegen bestand darin, das Nationalbewußtsein nicht nur weiterhin von Relikten faschistischer, nationalsozialistischer Ideologie zu reinigen, sondern ein neues Bewußtsein, basierend auf dem sozialistischen Aufbau, zu entwickeln." (Brockhaus/Niemann 1979, S. 117)

Paul Kurzbachs zwischen 1948 und 1950 entstandene Musikalische Chronik in vier Bildern und einem Vorspiel ›Thomas Münzer‹ schien diesem Anliegen ideal gerecht zu werden. Tatsächlich verlief die Aufführungsgeschichte dieser Oper aber ganz anders. Zunächst geriet Paul Kurzbach in die Formalismus-Diskussion. Er hatte 1951 eine Kantate in der Orff-Nachfolge komponiert, über die der Generalsekretär des Komponistenverbandes Nathan Notowicz und die musikwissenschaftliche Berliner Autorität Georg Knepler, zu dieser Zeit Leiter der Hochschule für Musik Berlin, ein negatives Urteil abgaben.

Paul Kurzbach erinnert sich: „Später wurde mir dann (...) erzählt, daß Knepler und Notowicz (...) gesagt hätten: ,Na ja, das ist etwas, was uns ziemlich fremd ist'. (...) Da fiel natürlich auch die Uraufführung des ›Thomas Münzer‹ [die in Chemnitz stattfinden sollte – N.] ins Wasser. Deshalb bemühte sich Dr. Günter

Hausswald, der damals Dramaturg in Dresden war (...). Aber später haben sie den verhaftet. Und dann ging das Ringen los. Schließlich wurde Magdeburg ins Auge gefaßt. (...) Aber dann begannen die Querelen mit der Abteilung Theater des ZK [Zentralkomitee der SED]. Dort waren zwei Genossen, Schramm und Lewin, ich glaube, der Lewin ist wohl der Bruder von Traude Lewin, der Schriftstellerin. Jedenfalls waren das zwei Genossen, die sich, ich muß das so sagen, flegelhaft benommen haben. Es ging um gewisse Textstellen, worauf ich mich in der Erwiderung auf das erschienene Schauspiel von Friedrich Wolf bezog. Und da schrieben sie mir zurück: ‚Quod libet jovi, non licet bovi', also ‚Was dem Gott Jupiter erlaubt, ist noch lange nicht dem Ochsen gestattet'. Ich muß schon sagen, das war eine Flegelei sondergleichen." (Kaden 1985)

Kurzbachs Oper erlebte dann anläßllich des 430. Jahrestages des deutschen Bauernkrieges 1955 in Magdeburg ihre Uraufführung, gelangte aber dort über drei Aufführungen nicht hinaus. Erst 1974 kam das Werk – nun in einer vollständigen Neufassung durch den Komponisten – an den Landesbühnen Sachsen in Radebeul bei Dresden und ein Jahr später 1975 am Stadttheater Plauen wieder auf die Bühne. Seitdem ist es erneut still um diese Oper. Als die Partei- und Staatsführung der DDR zum 500. Geburtstag Thomas Müntzers in vierzehn umfangreichen Thesen ihre Meinung zu diesem Manne und zu seinem Nachwirken in der Kunst verlautbaren ließ (*Neues Deutschland* vom 30/31. Januar 1988), fand Kurzbachs Oper nicht einmal Erwähnung.

Die Gründe hierfür: Kurzbach verletzte in entscheidenden Punkten die Doktrin des Sozialistischen Realismus. Er ließ die Opernhandlung an dem Punkt beginnen, da Müntzer seinen Glauben an die Gottgewolltheit der Obrigkeit verliert. Obrigkeitskult aber war eine der wichtigsten Prämissen sozialistisch orientierter, also realistischer Kunst.

Außerdem schildert der Komponist Volk als eine widerspruchsvolle Masse, stellt nicht einfach edle Bauern und böse Soldateska einander gegenüber, sondern zeigt den „einfachen Mann" hier wie dort, zuweilen mit ähnlichen stilistischen Mitteln; er gibt dem leidenden und dem zügellosen Menschen, der geduckten, angstgeschüttelten und aggressiven Kreatur Gestalt. Nach dem Dogma der Volkstümlichkeit aber hatte das Volk im entsprechenden musikalisch-pathetischem Gewande daherzukommen, während die Widersacher durch verwickelte Rhythmik und zerklüftete Intervallik charakterisiert werden konnten.

Und schließlich sieht Kurzbach im Klassenkampf nicht den Endzweck aller Geschichte. So führt er in der Zweitfassung zu der auf ein schlimmes Ende zusteuernden Handlungszeit eine Art von Gegenzeit ein. Mit einem Solistenquartett, das sich zwischen den Zeiten (sowohl in als auch außerhalb der Handlungszeit) bewegt, optiert er wie Olivier Messiaen mit einem gleichnamigen Quartett für „das Ende der Zeit". Damit schrumpft Paul Kurzbach Geschichte nicht auf rein soziale Dimensionen ein, sondern besteht auf Universalgeschichte.

Der eigentliche Anlaß für die staatsoffizielle Verdrängung des Werkes war: Kurzbach galt als ein Anhänger Carl Orffs. Orff aber war 1950 nach der Auführung seiner ›Antigonæ‹ in Dresden zum Formalisten erklärt worden, da half auch der im Vorjahr an ihn verliehene Nationalpreis der DDR nichts mehr.

Aus Anlaß des 450. Jahrestages des deutschen Bauernkrieges 1975 interessierten sich die Landesbühnen Sachsen für Kurzbachs ›Thomas Müntzer‹. Aus eigenem Antrieb nahm der Komponist eine völlige Umarbeitung vor. Stilistisch entfernte er sich von der Orff-Nähe der Erstfassung, da sich auch sein musikalischer Stil inzwischen merklich gewandelt hatte. Er erfand völlig andere Handlungsverläufe, veränderte das Figurengefüge, verlieh vielen Gestalten neue Züge, so daß besonders Müntzers Frau Ottilie ein stärkeres Profil erhielt. Außerdem führte er das zwischen den Zeiten stehende Solistenquartett ein, das die Handlung kommentierend begleitet.

Zur musikalischen Neugestaltung bemerkt der Komponist: „Analog dem veränderten Libretto konzipierte ich – bis auf wenige Ausnahmen – musikalisch alles neu in dem Bestreben, die Ausdruckscharaktere (Leidenschaft – innige Empfindung, Derbheit – Zartheit, Ausbruch – Verhaltenheit) zu verdichten, die in geschlossenen Formen (Lied, Choral, Ballade, Duett, Quartett) oder in größeren, rhythmisch freischwingenden Gebilden vernehmbar werden. Die Tonsprache orientiert sich wohl mit auf die Kraft und Herbheit des alten Bauernliedes, des Chorals, des Tänzerischen, läßt aber in der Hauptsache Töne anklingen, die das Thema in heutige Sicht bringen." (Kurzbach 1974)

Wenn auch die Neufassung um viele Details reicher und schöner geworden ist, besticht doch die Erstfassung durch ihre Lapidarität und den Verzicht auf psychologische Figurenmotivierung. Doch ähnlich wie Paul Hindemith bei seinem ›Cardillac‹, beharrt auch Paul Kurzbach auf der alleinigen Gültigkeit der Zweitfassung.

Ausgaben KlA Erstfassung Henschelverlag Berlin o.J.; Neufassung Breitkopf & Härtel Leipzig 1974

Rechte Breitkopf & Härtel Musikverlag Leipzig

Literatur Paul Kurzbach: Bemerkungen zur Biographie und zur Erstfassung. In: Programmheft Städtische Bühnen Magdeburg 1955, auch In: Material zum Theater Nr. 118. Komponisten der DDR über ihre Opern, Auswahl und Zusammenstellung Stephan Stompor, Berlin 1979; ders.: Die Oper ›Thomas Müntzer‹. In: Programmheft Landesbühnen Sachsen Radebeul 1974, auch In: Material zum Theater Nr. 118. Komponisten der DDR über ihre Opern, Auswahl und Zusammenstellung Stephan Stompor, Berlin 1979; ders.: Gespräch mit Werner Kaden (8. Juni 1988). In: Werner Kaden. Musikgeschichte erlebt – Musikgeschichte gestaltet. Gespräche mit dem Komponisten Paul Kurzbach, hrsg. vom Bezirkskunstzentrum Karl-Marx-Stadt 1989
Eberhard Rebling: Die Oper ›Thomas Münzer‹ von Paul Kurzbach. In: Musik und Gesellschaft, H. 9, Berlin 1955; Ottmar Gerster: Um die deutsche Nationaloper. Notwendige Bemerkungen über das Schicksal des ›Thomas Münzer‹ von Paul Kurzbach in Magdeburg. In: Musik und Gesellschaft, H. 1, Berlin 1956; Musikgeschichte der DDR 1945-1976. Sammelbände zur Musikgeschichte Bd. V. Von einem Autorenkollektiv unter Leitung von Heinz Alfred Brockhaus und Konrad Niemann, Berlin 1979
Rezensionen der Uraufführung der Neufassung. In: Theater der Zeit, H. 1, Berlin 1975; Musik und Gesellschaft, H. 1, Berlin 1975

Siegfried Matthus
13. April 1934

Geboren in Mallenuppen (ehemals Ostpreußen), 1948-1952 Oberschule in Rheinsberg, Leitung des Schulchores und erste Kompositionen für diesen (Chorleiterlehrgang in Potsdam), 1952-1958 Studium an der Hochschule für Musik Berlin (Chor- und Ensembleleiter, später Komposition bei Rudolf Wagner-Régeny).

1954-1958 Chor- und Orchesterleiter beim Ernst-Hermann-Meyer-Ensemble der Humboldt-Universität Berlin, 1958-1960 Meisterschüler bei Hanns Eisler an der Deutschen Akademie der Künste zu Berlin, 1960-1964 freischaffend, seit 1964 dramaturgischer Mitarbeiter an der Komischen Oper Berlin, Initiator und Leiter der Reihe Kammermusik im Gespräch und freischaffender Komponist in Berlin (Stolzenhagen bei Berlin).

1969 Mitglied der Akademie der Künste der DDR, seit 1972 Sekretär der Sektion Musik der Akademie, 1972 Mitglied des Zentralvorstandes und des Präsidiums des Verbandes der Komponisten und Musikwissenschaftler der DDR (bis 1989), Vorsitzender der Kommission Oper/Ballett, 1985 Ernennung zum Professor, Mitglied der Akademie der Künste Berlin (West) und Korrespondierendes Mitglied der Bayerischen Akademie der Schönen Künste München.

1963 Ernst-Zinna-Preis der Hauptstadt Berlin, 1969 Hanns-Eisler-Preis des Rundfunks der DDR, 1970 Kunstpreis der DDR, 1972 und 1984 Nationalpreis der DDR

Über fünfhundert Werke in allen Genres der Instrumental- und Vokalmusik: Orchesterwerke, Konzerte, Kammermusik in unterschiedlichen Besetzungen, Klavierstücke, Lieder, Liedzyklen, Chorwerke, Vokalsinfonik, zahlreiche Hörspiel-, Schauspiel- und Filmmusiken, u.a. Variationen für Klavier (1957), Invention und Fuge für Klavier (1957), Konzertstück für Klavier und Orchester (1958), Zwölf Gesänge nach Motiven latein- und nordamerikanischer Negerdichtung auf Texte von Rolf Schneider (1959), ›Grigorsk 42‹ – Kantate für Tenor, Bariton, gemischten Chor und Orchester nach Texten von Rolf Schneider (1960), ›Liebeslieder 45‹ – Für Chor a cappella nach Texten von Rolf Schneider (1960), Sonatine für Klavier und Schlagzeug (1960), Fünf Lieder für Sopran und Orchester nach Hebbel, Lasker-Schüler, Mörike, Brecht, Klabund (1961-62), Kleines Orchesterkonzert (1963), Inventionen für Orchester (1964), ›Tua res agitur‹ – Bühnenmusik zur ›Ermittlung‹ von Peter Weiss (1965), ›Das Manifest‹ – Kantate nach Brecht für Soli, Chor und Orchester (1965), Kammermusik 65 für Alt, drei Frauenstimmen und zehn Instrumente (1965), ›Galilei‹ – Für Singstimme, fünf Instrumente und elektronische Klänge nach Brecht (1966), Violinkonzert (1968), Sonate für Blechbläser, Klavier und Pauken (1968), Musik für Oboeninstrumente und Klavier (1968), Dresdner Sinfonie (Erste Sinfonie, 1969), ›Kantate von den beiden‹ – Für Sopran, Bariton und Orchester nach Texten von Joochen Laabs und Brigitte Zschaber (1969), Vokalisen für Sopran, Flöte, Kontrabaß und Schlagzeug (1969), Klavierkonzert (1970), ›Musica et vinum‹ – Für gemischten Chor a cappella (1970), Streichquartett (1971), Trio für Flöte, Bratsche und Harfe (1971), Fünf Liebeslieder des Catull für Chor (1972), Vokalsinfonie aus der Oper ›Der letzte Schuß‹ für Sopran, Bariton, zwei Chöre und dreifach geteiltes Orchester (1972), Schauspielmusik zum ›Käthchen von Heilbronn‹ für die Felsenstein-Inszenierung am Wiener Burgtheater (1973), ›Laudate pacem‹ – Oratorium in fünf Teilen nach Zeitdokumenten und anderen Texten für Soli, zwei gemischte Chöre, Kinderchor, Orgel und Orchester (1973-74), Serenade für Orchester (1974), Violoncellokonzert (1975), Metaphern über Goethes ›Werther‹ – Film- und Konzertmusik für Orchester (1975), Zweite Sinfonie (1975-76), ›Unter dem Holunderstrauch‹ – Szene für Sopran, Tenor und Orchester (1976), ›Responso‹ – Konzert für Orchester (1977), ›Visionen‹ – Musik für Streicher (1978), Flötenkonzert (1978), ›Hyperion-Fragmente‹ – Für Baß und Orchester (1979), ›Holofernes‹ – Porträt für Bariton und Orchester (1981), Konzert für Trompete, Pauken und Orchester (1982), ›Der Wald‹ – Paukenkonzert (1984), Oboenkonzert (1985), Divertimento für Orchester (Triangelkonzert, 1985), ›Die Liebesqualen des Catull‹ – Ein musikalisches Drama für Sopran, Bariton, gemischten Chor und Instrumente (1985-86), Oboenkonzert (1986), ›Die Windsbraut‹ – Konzert für Orchester (1986), ›Wem ich zu gefallen suche‹ – Lieder und Duette nach Gedichten von Lessing für Tenor, Baß (Bariton) und Klavier (1987), ›Nächtliche Szene im Park‹ – Für Orchester (1987), ›Nachtlieder‹ – Für Bariton, Streichorchester und Harfe (1987), ›Der See‹ – Konzert für Harfe und Orchester (1989), ›Sarmatische Lieder‹ – Für Sopran und Orchester nach Johannes Bobrowski (1989-90), ›O namenlose Freude‹ – Konzert für drei Trompeten und Kammerorchester (1989)

Musikalische Bearbeitungen: ›Die Heimkehr des Odysseus‹ – Dramma per musica von Claudio Monteverdi (Musikalische Einrichtung für eine Aufführung der Komischen Oper 1966), ›Johann Faustus‹ – Oper von Hanns Eisler (Bühnenmusik und Liedvertonungen für eine Aufführung als Schauspiel durch das Berliner Ensemble 1982)

Bühnenwerke

Preissenkungsballett _____ 1958
(Credo über die Preissenkung) _____ UA 1958
Ballett
Libretto von Heinz Kahlow

Was wir werden _____ 1958
Tanzspiel für Kinder _____ UA 1958

Lazarillo vom Tormes _____ 1960-1963
(Spanische Tugenden) _____ UA 1964
Oper in sieben Bildern
nach Motiven des Romans ›Das Leben des Lazarillo von Tormes‹
Text von Horst Seeger

Rot gegen Blau oder Sieg durch List _____ 1961
Tanzspiel _____ UA 1961

Ein Märchen aus Dresden _____ 1962
(Serjoscha in der Galerie) _____ UA 1962
Ballett

Besuch bei den Grenzsoldaten _____ 1962
Tänzerische Szene _____ UA 1962

Gernegroß _____ 1962
Tanzspiel für Kinder _____ UA 1962

Der Professor kommt um sechs 1961
(Knirps und das Zirkuspferd) UA 1963
Ein musikalisches Abenteuer für Kinder
nach dem sowjetischen Kindermusical
›Kristall KS‹ von Michail G. Lwowski
in der Übersetzung von Liane Krause
Deutsche Bühnenfassung Jan Hall

Der Barbier von Berlin 1965
Altberliner Posse in einem Aufzug UA 1970
unter Verwendung von Altberliner Melodien
Textfassung Martin Vogler

Der letzte Schuß 1966-1967
Oper in zwei Akten UA 1967
nach der Novelle ›Der Einundvierzigste‹
von Boris Lawrenjow
Text von Siegfried Matthus
Mitarbeit Götz Friedrich

Match 1969
Tanzszene UA 1970
Libretto von Tom Schilling

Herr Ohnezeit 1970 (1964)
Opernszene UA 1970
Text von Gerhard Branstner

Rhythmus 1970
Eine musikalisch-tänzerische Studie UA 1971
Libretto von Siegfried Matthus und Tom Schilling

Noch einen Löffel Gift, Liebling? 1971
Komische Kriminaloper UA 1972
nach der Komödie ›Risky Marriage‹ von Saul O'Hara
in der Übersetzung von Hans-Joachim Pauli
Text von Peter Hacks

Alptraum einer Ballerina 1973
Tanzszene UA 1973
Libretto von Bernd Sikora

Tanz der Solidarität 1973
Ballettszene UA 1973
Libretto von Siegfried Matthus

Omphale 1972-1973
Oper in drei Akten und einem Zwischenspiel UA 1976
Text von Peter Hacks

Mario und der Zauberer _____1975
Kurzballett_____UA 1975
nach der gleichnamigen Novelle von Thomas Mann
Libretto von Siegfried Matthus

Revue _____1977
Szenen für Tanztheater_____UA 1977
Libretto von Bernd Köllinger

Die Weise von Liebe und Tod _____1983
des Cornets Christoph Rilke _____UA 1985
Eine Opernvision
nach Rainer Maria Rilke
Texteinrichtung Siegfried Matthus

Judith _____1980-1984
Oper in zwei Akten_____UA 1985
nach dem gleichnamigen Drama von Friedrich Hebbel
und Texten aus Büchern des Alten Testaments
Texteinrichtung Siegfried Matthus

Graf Mirabeau _____1986-1988
Oper in zwei Akten_____UA 1989
Text von Siegfried Matthus

Lazarillo vom Tormes (Spanische Tugenden)
Oper in sieben Bildern
nach Motiven des Romans ›Das Leben des Lazarillo von Tormes‹
Text von Horst Seeger

Entstehung 1960-1963

Uraufführung 23. Mai 1964 Städtische Theater Karl-Marx-Stadt
(›Spanische Tugenden‹)

Personen
Lazarillo_____Tenor
Annina_____Sopran
Antonia, Lazarillos Mutter_____Alt
Blinder_____Baß
Pablo, ein Bauer_____Bariton
Dürrer Kaplan_____Tenor
Verpächter_____Bariton
Bettler_____Bariton

Ablaßkrämer	Baß
Polizist	Bariton
Stolzer Spanier	Bariton
Hauptmann	Tenor
Der erste	Tenor
Der andere	Baß
Viehhändler	Bariton
Händlerin	Alt
Schausteller	Tenor
Stierverkäufer	Baß
Eine Frau	Sopran
Vermieter	Bariton
Seine Frau	Sopran
Erster und zweiter Polizist	Bariton, Bariton
Erster, zweiter, dritter Wächter	Baß, Baß, Baß
Kommandant	Baß
Zecher, Marktvolk, Kirchgänger, Söldner und Marketenderinnen	Gemischter Chor

(Folgende Rollen können jeweils von einem Solisten übernommen werden: Pablo und Polizist; Verpächter, Bettler und Stolzer Spanier; Blinder und Ablaßkrämer. Im Figurenverzeichnis handelt es sich ab Der erste um kleine Partien, die von Chorsolisten übernommen werden können.)

Orchester 2 Fl (beide auch Picc), 2 Ob (II auch EH), 2 Klar (II auch BKlar), 2 Fg (II auch KFg), 4 Hr, 3 Trp, 3 Pos, Tb, Kl (auch Cel), Hrf, Pkn, Slzg: Xyl, Vib, Glsp, 4 RGl, KlTr, GrTr, LandsknechtTr, Bck, Kast, Tamb, Sch, Trgl, Tt; Str
Auf der Bühne Landsknechttrommeln

Aufführungsdauer ca. 2 Std.

Handlung
Die Handlung ist in Spanien, Anfang des 16. Jahrhunderts.
Ouvertüre. **1. Bild:** ›Armut‹. Lazarillo wird von seiner Mutter, die die fällige Pacht für die Schenke nicht zahlen kann, verkauft. **2. Bild:** ›Barmherzigkeit‹. **3. Bild:** ›Frömmigkeit‹. **4. Bild:** ›Stolz‹. Lazarillo lernt bei mehreren Herren – einem blinden Bettler, einem Ablaßkrämer und einem stolzen Spanier – die Untugenden der Welt kennen. **5. Bild:** ›Liebe‹. Als er dem Mädchen Annina begegnet, wollen beide fortan miteinander und füreinander leben, doch fehlt ihnen hierzu das Geld. Lazarillo entgeht mit knapper Not dem Schuldturm und wird rekrutiert. Annina folgt ihm als Marketenderin ins Söldnerlager, wo ihr der Feldhauptmann nachstellt. Orchesterzwischenspiel. **6. Bild:** ›Gerechtigkeit‹. Beide versuchen zu fliehen und werden gefaßt. Lazarillo wird zum Tode verurteilt und entkommt dem Verderben nur, weil ein gutherziger Wächter ihm hilft. **7. Bild:**

›Treue‹. Auf der Flucht vor den Häschern macht Lazarillo bei seiner Mutter Rast, die inzwischen Annina in Dienst genommen hat. Wieder ist die Pacht für die Schenke fällig und kann nicht bezahlt werden. Annina muß sich als Magd beim Pachtherrn verdingen. Lazarillo sieht, daß Tugend allein nichts ausrichtet, und entschließt sich, für seine Rechte und seine Liebe zu kämpfen.

Kommentar
Einer Idee des Schriftstellers Rolf Schneider folgend, hatten Siegfried Matthus und Horst Seeger, damals Chefdramaturg der Komischen Oper Berlin, den 1554 erschienenen spanischen Schelmenroman, die Novela picaresca ›La vida de Lazarillo de Tormes y de sus fortunes y adversidades‹ (Das Leben des Lazarillo von Tormes) als Vorlage gewählt. Ihr folgend erzählen Seeger/Matthus des Lazarillo Schicksal in einer Art Stationendramaturgie, dabei mit Witz auf die unterschiedlichen Blickpunkte anspielend, nach denen gleiches Verhalten als Tugend wie auch als Laster bewertet werden kann, und gaben dementsprechend ihren sieben Bildern Überschriften. Mit den Genreszenen, der Fülle genauer Details und psychologisch differenziert geführter Verhaltensweisen haben Matthus und Seeger Felsensteins Prinzipien eines Realistischen Musiktheaters auf ein neues Werk angewandt; zugleich arbeiteten sie mit gleichnishaften überhöhenden Effekten, setzten und betonten Widersprüche. Charakteristisch für die Oper sind strukturbildende sinnerhellende Wiederholungseffekte im Kleinen wie im Großen und ein trotz durchkomponierter Struktur erkennbares Nummernprinzip mit Arien, Duetten, Terzetten, Ensembles, Chorliedern. Die Gäste in der Schenke von Lazarillos Mutter singen zu Anfang ein Lied von der Vergeblichkeit menschlichen Mühens, gefaßt im Gleichnis vom Meer. Wenn Lazarillo seine Lehrzeit durchlaufen hat und wieder zu Hause einkehrt, greifen er und die Gäste die gleiche Melodie auf, finden nun aber einen neuen Text, singen vom Sinn gemeinsamen verändernden Tuns.

Der Wiederholungstechnik entsprechend, arbeitet Matthus mit leicht erkennbaren, den Hauptgestalten zugeordneten Themen auf tonaler, sekundgeschärfter Basis. Er durchbricht das Prinzip auch dann nicht, wenn er einer den stolzen Spanier kennzeichnenden Sarabande eine Zwölftonreihe zugrunde legt. Die Dominanz des Schnellfaßlichen, auch des Schnellfaßlich-Thematischen, gibt der Oper eine fast schulmeisterliche Überdeutlichkeit, die den Opernerstling von den nachfolgenden Werken abhebt, obwohl Matthus in seiner Opernproduktion in zunehmendem Maße mit dem Problem der Faßlichkeit ringen wird, der „stärkeren Resonanz beim Publikum". Noch fünfundzwanzig Jahre später (anläßlich der Uraufführung seiner siebten Oper ›Graf Mirabeau‹) bekennt er sich in gleicher Weise zum Problem: „Es ist mein größtes Anliegen, mit den technischen Errungenschaften der heutigen Musiksprache wieder Formulierungen zu gestalten, die verstanden werden, ohne daß der Hörer die Technik beherrschen oder begreifen muß."

Während der dreijährigen Arbeit am ›Lazarillo vom Tormes‹ geriet der junge Komponist in „einen Konflikt. Nämlich das Werk stilistisch so zu beenden, wie (er) es begonnen hatte", obgleich sich in der Zwischenzeit seine kompositorischen Ausdrucksmittel verändert hatten und er die Grundlage einer erweiterten Tonalität zugunsten einer von Pierre Boulez angeregten Art von „erweiterter Reihentechnik" aufzugeben begann (vgl. Matthus 1969, S. 528).

Die Oper wurde unter dem Titel ›Spanische Tugenden‹ von Carl Riha, einem Vertreter des Realistischen Musiktheaters, in Karl-Marx-Stadt uraufgeführt. Er wie auch die Kritiker verstanden das Werk als ein Lehrstück über den Erwerb revolutionärer Tugenden, doch die von Matthus verfolgte Stilistik weist auf die Typenkomödie als Analogon zum Schelmenroman hin. Der Karl-Marx-Städter Aufführung folgte lediglich eine zweite Inszenierung in Cottbus.

Ausgaben KlA Henschelverlag Berlin 1964

Rechte Henschel Musik GmbH Berlin

Literatur Das Leben des Lazarillo von Tormes. Seine Freuden und Leiden, Übertragung Helene Henze, Wiesbaden 1959; Das Leben des Lazarillo von Tormes, sein Glück und sein Unglück, Übertragung Georg Spranger, Leipzig 1962; Siegfried Matthus/Horst Seeger: Gespräch über die Oper ›Spanische Tugenden‹. In: Programmheft Städtische Theater Karl-Marx-Stadt 1964 – auch In: Material zum Theater Nr. 118, Komponisten der DDR über ihre Opern, Auswahl und Zusammenstellung von Stephan Stompor, Berlin 1979; Werkstattgespräch mit Siegfried Matthus von Hansjürgen Schaefer. In: Musik und Gesellschaft, H. 8, Berlin 1969; Horst Seeger: Das alte Problem. Theorie und Praxis, Hans-Jochen Irmer: Dramaturgische Anmerkungen. In: Theater der Zeit, H. 13, Berlin 1964; Hansjürgen Schaefer: ›Lazarillo vom Tormes‹. In: Musik und Gesellschaft, H. 9, Berlin 1965 Rezensionen der Uraufführung. In: Theater der Zeit, H. 13, Berlin 1964; Musik und Gesellschaft, H. 7, Berlin 1964

Der letzte Schuß
Oper in zwei Akten
nach der Novelle ›Der Einundvierzigste‹
von Boris Lawrenjow
Text von Siegfried Matthus
Mitarbeit Götz Friedrich

Entstehung 1966-1967

Uraufführung 5. November 1967 Komische Oper Berlin

Personen
Marjutka, eine Rotarmistin___Sopran (Mezzosopran)
Gedankenstimme Marjutkas___Sopran
Gardeleutnant Goworucha-Otrok, Kurier des
    Admirals Koltschak___Tenor
Gedankenstimme des Leutnants___Bariton
Jewsjukow, Kommissar der Gurjewer
    Sonderabteilung der Roten Armee___Baß

Der letzte Schuss — Matthus

Buryga, Rittmeister eines Kosakenregiments	Bariton
Erster und zweiter Rotarmist	Bariton, Baß
Dritter und vierter Rotarmist	Baß, Tenor
Der Sprecher	Sprechrolle
Rotarmisten, Weißgardisten, Kirgisen und Kirgisenfrauen	Gemischter Chor (zweigeteilt)

Orchester Orchester I 2 Fl (II auch Picc), Ob, EH, Klar, BKlar, 2 Fg (II auch KFg), 2 Hr, 2 Trp, 2 Pos, Tb, Pkn, Slzg (2 Spieler), Kl, Cemb, Cel; 12 Vl, 6 Va, 6 Vc, 4 Kb
Orchester II Fl, Ob, Klar, Fg, Hrf, Slzg; Str (solo)
Orchester III 2 Hr, 2 Trp, 2 Pos (auch KbPos), Slzg
Tonband (abzuspielen über möglichst vier Lautsprecher) (Die Tonbänder werden vom Verlag zur Verfügung gestellt.)

Aufführungsdauer Gesamt: 2 Std., 15. Min.; gekürzte Fassung: 1 Std., 45 Min.

Handlung
Die Handlung spielt im Frühjahr 1919.
1. Akt: *In der Wüste zwischen dem Kaspischen Meer und dem Aralsee.* Chor I und Chor II: „Revolution – Krieg / Kampf zweier Welten / Gedanke gegen Gedanke / Mensch gegen Mensch / Liebe – / im Feuer des Kampfes – geteilt." Kampf zweier Welten, der Armen gegen die Reichen, der Roten gegen die Weißen. Eine Abteilung Rotarmisten ist der Einkesselung durch Weiße entkommen, unter ihnen auch eine Frau, die Scharfschützin Marjutka. Einziger Ausweg für die Revolutionäre ist der Marsch durch die Wüste zum Aralsee. Unterwegs kreuzt ein weißer Offizier ihren Weg. Marjutka traf bisher immer, ihren einundvierzigsten Weißgardisten aber verfehlt sie. Der Leutnant wird gefangengenommen; da er Träger wichtiger militärischer Geheimnisse ist, soll er zum Stab über den Aralsee gebracht werden und wird Marjutka zur Bewachung anvertraut. Nach langem qualvollem Marsch gelangt die stark reduzierte Truppe endlich an den See, findet bei Kirgisen Aufnahme; der Offizier entdeckt, daß seine Bewacherin Gedichte schreibt. Beide nehmen im Feind den Menschen wahr. Orchesterzwischenspiel. **II. Akt:** *Auf einer Insel im Aralsee.* Bei der Überfahrt der Rotarmisten über den Aralsee kentert das Boot. Allein Marjutka und der Leutnant können sich auf eine Insel retten. Zwischen beiden entsteht Zuneigung, dann Liebe. Aber dieses Paradies ist gefährdet: Über eine gemeinsame Zukunft geraten sie in Streit, versöhnen sich aber wieder. Schließlich nähert sich der Insel ein Schiff. Es gehört den Weißen. Marjutka, die Rotarmistin, erschießt den ihr anvertrauten Offizier – Marjutka, die Frau, bricht weinend über dem getöteten Geliebten zusammen. Chor I und Chor II. Was bleibt, ist der Kampf zweier Welten – Krieg und Revolution.

Kommentar

Als 1967 ›Der letzte Schuß‹ von Siegfried Matthus auf die Bühne kam, war das für die Komische Oper Berlin die erste von ihr initiierte Uraufführung überhaupt. Nach zwanzigjährigem Bestehen öffnete Walter Felsenstein sein inzwischen weltberühmtes Institut erstmals einem Komponisten der DDR. Gemeinsam mit dem damaligen Oberspielleiter dieses Hauses, Götz Friedrich, der an dem Stoff interessiert war, hatte Siegfried Matthus das Libretto geschrieben. Der Anlaß war günstig gewählt: der 50. Jahrestag der Oktoberrevolution.

Unter dem Titel ›Der letzte Schuß‹ war 1959 die deutschsprachige Ausgabe von Boris Lawrenjows Erzählung ›Der Einundvierzigste‹ (Sorok perwy), ohne den Übersetzer auszuweisen, erschienen. Das dramatische Geschehen, vom Verlag Kultur und Fortschritt etwas reißerisch als ›moderne Robinsonade‹ angepriesen, schien wirkungsvoll genug, um der sprachlichen Qualität der Übersetzung nicht weiter nachzufragen, zumal der Stoff bereits durch Grigori Tschuchrais 1956 gedrehten Film bekannt geworden war. (Der sowjetische Farbfilm, der übrigens nach einer frühen Stummfilmfassung von 1927 die zweite Verfilmung der Novelle ist, lief seit 1957 in den Kinos der DDR.) Die mangelhafte deutsche Übersetzung der Buchausgabe hatte Folgen für den Text der Oper, da die Librettisten ganze Passagen der Erzählung wörtlich übernahmen.

Drei Tage vor der Berliner Premiere erlebte im fernen Jerewan ebenfalls eine Oper nach Lawrenjows Novelle ihre Uraufführung: ›Der Feuerring‹ von Awet Terterjan, mit Versen von Jegische Tscharenz, des bedeutenden armenischen Dichters der Neuzeit, der 1937 ein Opfer des Stalinistischen Terrors und zum Symbol des Widerstands und des Leidens geworden war. Terterjans Oper wollte weder eine „moderne Robinsonade" oder Romeo-und-Julia-Variante noch eine nostalgische Erinnerung an die Ereignisse der Revolution sein, sondern in ihr wurde unmißverständlich die Mahnung laut, daß Menschen gegensätzlicher Auffassungen auf diesem Planeten miteinander auskommen müssen. (Die Erstaufführung der armenischen Oper in der DDR fand 1977 am Landestheater Halle statt.)

Siegfried Matthus' zur gleichen Zeit entstandene Oper zielt in eine andere, fast entgegengesetzte Richtung: Hier wird das Überleben der Menschheit von der damals forcierten Frage „Wer – wen?" abhängig gemacht und davon ausgegangen, daß die globale Lösung von Konflikten noch nach dem alten Modell von Siegern und Besiegten ausgetragen werden könne.

In Form eines Prologs und Epilogs rahmt ein Doppelchor mit den zentralen Worten „Revolution" und „Krieg" die Oper. Der Komponist hat aber nicht nur den Chor aufgespalten, sondern auch das Orchester, das sich in drei Gruppen an verschiedenen Orten zu formieren hat. Orchester I entspricht der normalen Besetzung und befindet sich am traditionellen Ort, im Orchestergraben; Orchester II ist ein Kammerorchester mit Holzbläsern und solistisch besetzten Streichern und soll im Zuschauerraum im Rücken des Publikums plaziert werden; schließlich hat Orchester III, eine „Blaskapelle", der Banda in der italienischen Oper vergleichbar und nicht unähnlich den traditionellen russischen Blasorchestern, aus Blechbläsern und Schlagzeug bestehend, hinter der Bühne Aufstellung zu nehmen. Der in zwei Gruppen geteilte Chor gehört zu zwei Dritteln zum Orchester I und zu einem Drittel zu Orchester II. Zu dieser klanglich getrennten Postierung im Raum zählt auch die vom Komponisten gewünschte quadrophone Tonbandeinspielung, die bereits sehr wirkungsvoll von der musikalischen Avantgarde der sechziger Jahre in experimentellen Konzerten erprobt worden war, damals aber für ein Opernhaus noch zu den technischen Novitäten gehörte.

Dennoch war das Musizieren mit mehreren Chören und Orchestern nicht neu, auch in der jüngsten Musikgeschichte finden sich hierfür genügend Beispiele. Arnold Schönberg wollte in ›Moses und Aron‹ die Schallquellen im Raum so verteilt haben, daß der Zuhörer zum Mittelpunkt des klanglichen Geschehens würde; Bernd Alois Zimmermann wollte in seinen ›Soldaten‹ verschiedene Orchestergruppen postiert haben, um die Heterogenität und Simultaneität gegensätzlicher Musizierbereiche in der modernen Welt manifest zu machen. Anders bei Siegfried Matthus, der sich in der dramaturgischen Funktion der Raumverteilung und Simultanwirkung dreier Orchester und eines Doppelchores an der alten Musizierpraxis orientierte, zum Beispiel eines Monteverdi, dessen Oper ›Die Heimkehr des Odysseus‹ er kurz zuvor, 1965, im Auftrag der Komischen Oper für eine Inszenierung von Götz Friedrich bearbeitet hatte.

Wenn man den eröffnenden und schließenden Chorsatz im ›Letzten Schuß‹ betrachtet, fällt der Charakter der Unerbittlichkeit auf, mit dem eine Weltordnung gesetzt wird, in der mit „Revolution" und „Krieg" der Kampf zweier Welten auf Tod und Verderben unabänderlich gegeben erscheint. Die unterschiedlichen Gruppierungen und Klangmischungen zielen also nicht wie bei Claudio Monteverdi mit seiner Götter- und Menschenwelt und nicht wie bei Bernd Alois Zimmermann auf Manifestation unterschiedlicher musikalischer und sozialer Welten, die nebeneinander existieren und einander durchdringen, sondern dienen der Intensivierung des Geschehens, der Erzeugung von Stimmungen, von Nah-und-Fern-Wirkungen, der Illusionierung der Räume.

Im engen Zusammenhang damit steht ein originärer musikalischer Gedanke von Siegfried Matthus, den Gestalten der Rotarmistin Marjutka und des weißgardistischen Leutnants eine Real- u n d eine Gedankenstimme zu verleihen. „Den beiden Hauptpersonen sind noch jeweils eine Stimme in einer anderen Stimmlage zugeordnet. Diese Gedanken- oder Emotionsstimmen sollen das in den feindlichen Situationen nicht Aussprechbare zwischen den beiden Personen vermitteln, aber auch Gedanken und Emotionen Klang werden lassen, die außerhalb des formulierten Wortes stehen." (Matthus 1971, S. 1)

Die Verdoppelung der Figuren in eine Real- und eine Gedankenstimme hat einen tief berührenden Sinn, manifestiert sich doch hierin die Spaltung des Menschen in eine reale beschränkte politische Existenz und in ein Wesen, in dem alle Möglichkeiten der Gattung schlummern, gefaßt in einer Frau, die als Rotarmistin Feinde tötet, also Leben zerstört, und zugleich Gedichte schreibt, das heißt auf Veredlung und damit Bewahrung von Leben sinnt. Die Gedankenstimme erscheint so als profanierter Schutzengel des Menschen, als das hörbar gemachte andere Ich.

Durch diesen Kunstgriff gelingt es Matthus, Zweierszenen musikalisch zu Terzetten und Quartetten auszuweiten. Monologe können als Duette musiziert werden, innere und äußere Vorgänge werden gleichzeitig hörbar, auf Widersprüche zwischen laut geäußerten Gedanken und Gefühlen und Verschwiegenem kann aufmerksam gemacht werden.

Auch in drei Orchesterzwischenspielen hat Matthus eine Einheit von äußerem und innerem Geschehen herzustellen versucht: in einer Passacaglia, dem Marsch der Rotarmisten durch die Wüste Kara-Kum im ersten Akt; in einem Zwischenspiel, das dem zweiten Akt vorangestellt ist und die Überfahrt über den Aralsee sowie den Schiffbruch zum Inhalt hat; und schließlich in einem Intermezzo, das Raum für die pantomimische Ausdeutung der kurzen Liebesidylle gibt.

„Bis auf wenige Sprechdialoge ist die Oper durchkomponiert. Jedoch sind musikalische ‚Nummern' vorhanden sowie größere Szenenabschnitte an einem besonderen musikalischen Material und einer bestimmten kompositorischen Durchführungstechnik erkennbar." (Matthus 1971, S. 1) Des weiteren macht der Komponist in einer Analyse der Passacaglia auf die ungemein dichte Verarbeitungstechnik und seine musikalischen Konstruktionen aufmerksam (vgl. Matthus 1969). Er beschreibt, wie das Passacaglia-Thema auf einer Zwölftonreihe aufgebaut ist, nicht wiederholt, sondern durchgehend variiert wird, wie das stetige musikalische Crescendo sich gegenläufig zur szenischen Aktion, dem Nachlassen der physischen Kräfte jener von Hunger und Durst entkräfteten Kämpfer, geführt wird.

Souverän verfügt Matthus über die Gestaltungsmittel der modernen Musik und setzt sie dramaturgisch stringent und undogmatisch ein. „So gibt es hier serielle Strukturen, dodekaphonische, melodische Entwicklungen, Elektronik (zumal in den Fieberträumen des Leutnants), aber auch Folkloristisches im Sinne von Inzidenzmusik (Gesang der Rotarmisten am Lagerfeuer, Tänze in der Kirgisenhütte u.a.)." (Schaefer in Musik und Gesellschaft, Heft 1, Berlin 1968, S. 14)

Eine bemerkenswerte Funktion erhält die Spaltung der Personen in Real- und Gedankenstimme im Finale, wenn Marjutkas Gedankenstimme qualvoll aufschreit, derweil die Person/Kämpferin selbst ihren „Klassenauftrag" ausführt und den Leutnant erschießt. Scheinbar ähnlich und doch ganz kontrovers endet Terterjans Oper mit einem „Schrei des Mädchens, der sich wie ein unendliches Echo fortpflanzt", von den Bergen widerhallt und von den Stimmen der Natur aufgegriffen werden soll. Das ist ein offenes, vor allem aber unversöhntes Ende, mit dem auf die universelle Dimension der Konfliktlösung angespielt wird. Anders bei Matthus. Da bricht Marjutka nach dem Schrei mit den Worten „Mein Geliebter! Was hab' ich getan? Wach auf, du mein Schmerzensreicher!" zusammen. Dann folgt der Epilog, Musik und Text des Eingangschores aufnehmend und dadurch Geschehen und Ende als notwendig und unabänderlich deutend.

Siegfried Matthus und Götz Friedrich haben in die Oper einen Erzähler eingeführt, der die Aufgabe hat, die schnell wechselnden, weit auseinanderliegenden

Schauplätze vorzustellen, die Zeitsprünge zu überbrücken, vor allem aber, die Vorgeschichte der Heldin zu erzählen, die jeweiligen Situationen vorzubereiten, zu beschreiben und zu deuten.

Die Erfindung einer solchen undramatischen Figur, die in ihrem Wesen eher der an der Komischen Oper praktizierten Re-Theatralisierung der Oper zuwiderläuft, entsprach dem Bestreben nach Deutlichkeit und Verständlichkeit, und das waren wieder wesentliche Prinzipien des Realistischen Musiktheaters. Im Verlauf der Aneignungsgeschichte dieser Oper stellte sich aber heraus, daß der Erzähler entbehrlich ist, denn die Szenen sind in sich musik-dramatisch überzeugend und bedürfen keiner einführenden oder erläuternden Prosatexte.

Aneignung
Siegfried Matthus' zweite Oper wurde bereits im Vorfeld der Uraufführung von der Fachkritik als ein bedeutendes Werk gewürdigt. Vor allem der damalige Chefredakteur von *Musik und Gesellschaft* Hansjürgen Schaefer und der seinerzeit leitende Musikredakteur von *Theater der Zeit* Hans-Gerald Otto machten sich um die Popularisierung von Werk und Autor verdient, – aber es wurden auch Bedenken gegenüber den sprachlichen Qualitäten des Textes geltend gemacht. „Das Libretto ... sperrt sich in einigen ‚Umgangsformulierungen' allerdings unnötig gegen die Musik" (Schaefer a.a.O.), „...doch fehlt dem Text der große Pinselstrich, das Zwingende, das Geprägte – eine Textredaktion könnte sicher noch manches beheben..." (Otto in Theater der Zeit, Heft 1, Berlin 1968, S. 6).

Kritik wurde übereinstimmend an der szenischen Realisation durch Götz Friedrich geübt, dessen überdeutliche, bisweilen ungehemmt naturalistische Darstellungsweise dem strengen komplexen Charakter der Partitur nicht entsprach, vor allem konnte der Regisseur die Liebesszenen nicht frei von Peinlichkeiten halten.

Fünf Tage nach der Uraufführung folgte das Opernhaus Leipzig mit einer Premiere, und bis zum Sommer 1971 nahmen Dresden, Erfurt und Weimar das Werk in ihren Spielplan.

Die Inszenierung am Nationaltheater Weimar brachte die eigentliche Entdeckung der Oper. In der Regie von Harry Kupfer standen mit den blutjungen Sängern Uta Priew und Peter-Jürgen Schmidt zwei ideale Interpreten mit schönen Stimmen und großer Natürlichkeit zur Verfügung. Darüber hinaus hatte Harry Kupfer (mit Zustimmung des Komponisten) die Spieldauer um eine halbe Stunde reduziert, indem er Details der dritten und der achten Szene strich, Intermedium und Fiebertraum des Leutnants stark kürzte – und vor allem den Sprecher eliminierte. Dadurch war eine dichtere, geschlossenere Struktur entstanden, die das Geschehen der beiden Akte pausenlos und im zügigen Ablauf auch viel enger miteinander verband. Damit gelang es dem Weimarer Team unter Kupfer, mit einer zeitgenössischen Oper das Publikum auch in Repertoirevorstellungen zu fesseln und das Theater selbst bei Ansetzung einer modernen Oper mit interessierten Besuchern zu füllen. Eine Gastspielvorstellung fand am 26. November 1972 in der Komischen Oper Berlin statt.

Siegfried Matthus stellte 1971 aus dem Material der Oper – Prolog, Passacaglia, Orchesterzwischenspiel, Intermedium, Epilog – eine Vokalsinfonie für Sopran, Bariton, zwei Chöre und dreifach geteiltes Orchester zusammen, die am 12. April 1972 in einem Konzert des Senders Freies Berlin (SFB) erstmals erklang und 1974 in einem Konzert der Berliner Komischen Oper unter Dmitri Kitajenko für die DDR erstaufgeführt wurde, womit die Oper in konzertanter Form nach sechs Jahren an den Ort ihrer Uraufführung zurückkehrte.

Ausgaben KlA Deutscher Verlag für Musik Leipzig 1969 (dvfm 6075)

Rechte Deutscher Verlag für Musik Leipzig

Literatur Boris Lawrenjow: Der letzte Schuß (Der Einundvierzigste / Sorok perwy), Berlin 1959, Leipzig 1967
Siegfried Matthus: Zur Oper ›Der letzte Schuß‹. In: Die Welt der Oper. Informationsblatt der Komischen Oper, H. 8, Berlin 1967; ders.: Werkstattgespräch mit Hans-Gerald Otto. In: Theater der Zeit, H. 6, Berlin 1968; ders.: Freundlichkeit und vergnügliche Belehrung. In: Musik und Gesellschaft, H. 1, Berlin 1969; ders.: Werkstattgespräch mit Hansjürgen Schaefer. In: Musik und Gesellschaft, H. 8, Berlin 1969; ders.: Zu seiner Oper. In: Programmheft Nationaltheater Weimar 1971 – auch In: Material zum Theater Nr. 118, Komponisten der DDR über ihre Opern, Auswahl und Zusammenstellung Stephan Stompor, Berlin 1979
Hans-Gerald Otto: ›Der letzte Schuß‹. Bemerkungen zu einer Oper. In: Theater der Zeit, H. 20, Berlin 1967; Fritz Hennenberg: Dialektische musikdramatische Verfahren in der Oper ›Der letzte Schuß‹. In: Jahrbuch der Komischen Oper VIII, hrsg. von Horst Seeger, Berlin 1968; Analyse ›Der letzte Schuß‹. In: Musik und Gesellschaft, H. 1 und H. 5, Berlin 1968; ders.: Musiktheater im Dienste sozialistischer Menschengestaltung. Textbeilage zur Schallplatte ›Der letzte Schuß‹, Berlin 1970; Götz Friedrich: Einige Antworten auf Fragen zur Inszenierung von Siegfried Matthus' Oper ›Der letzte Schuß‹. In: Felsenstein, Friedrich, Herz. Musiktheater, hrsg. von Stephan Stompor, Leipzig 1970; Hans Vogt: Neue Musik seit 1945, Stuttgart 1972; Gerd Rienäcker: Zum Opernschaffen von Siegfried Matthus. In: Theater der Zeit, H. 11, Berlin 1976; Hellmut Döhnert: Siegfried Matthus, Leipzig 1979; Frank Schneider: Momentaufnahme. Notate zu Musik und Musikern in der DDR, Leipzig 1979
Rezensionen der Uraufführung. In: Theater der Zeit, H. 1, Berlin 1968; Musik und Gesellschaft, H. 1, Berlin 1968; Rezensionen der Weimarer Inszenierung. In: Theater der Zeit, H. 4, Berlin 1972; Musik und Gesellschaft, H. 10, Berlin 1972

Aufnahmen Produktion des Rundfunks der DDR (Rundfunkfassung) Hannerose Katterfeld (Marjutka), Renate Krahmer (Gedankenstimme Marjutkas), Günther Neumann (Leutnant), Siegfried Lorenz (Gedankenstimme des Leutnants), Fritz Hübner (Jewsjukow), Helga Matthus (Flüsterstimme), Peter Ehrlich (Flüsterstimme), Solistenvereinigung des Berliner Rundfunks, Großer Chor des Berliner Rundfunks, Rundfunk-Sinfonieorchester Berlin, Dirigent Gert Bahner; aufgenommen März 1969
ETERNA 8 26 040 (unsere neue musik 45) (Opernquerschnitt) Besetzung wie Rundfunkproduktion
NOVA 8 85 080 (Opernquerschnitt) Wiederveröffentlichungen der ETERNA-Platte

Noch einen Löffel Gift, Liebling?

Komische Kriminaloper
nach der Komödie ›Risky Marriage‹ von Saul O'Hara
in der Übersetzung von Hans-Joachim Pauli
Text von Peter Hacks

Entstehung 1971

Uraufführung 16. April 1972 Komische Oper Berlin

Personen
Inspektor Campbell _____ Baß
Oberst John Brocklesby _____ Tenor
Lydia Barbent _____ Sopran
Honoria Dodd, Leiterin eines Mädchenheims _____ Alt
Lance Fletcher, Erzieher im Mädchenheim _____ Tenor
Mädchen aus Lady Dodds Heim: Jennifer _____ Sopran
                              Poll _____ Alt
Perkins, Butler _____ Bariton

Orchester 2 Fl (II auch Picc), 2 Ob, 2 Klar, 2 Fg (II auch KFg), 2 Hr, 2 Trp, 3 Pos (III auch Baryton), Tb, Pkn, Slzg (2 Spieler), Hrf; Str

Aufführungsdauer Fassung der Uraufführung ca. 3 Std.; gekürzte Fassung ca. 2 Std.

Story
„Oberst Brocklesby und Lydia Barbent nähren sich vom selben Gewerbe, dem Gattenmord. Inspektor Campbell ist außerstande, sie zu überführen. Er verheiratet sie miteinander, damit sie einander umbringen; kann er schon den Fall nicht aus den Akten schaffen, sollen wenigstens die Täter aus der Welt." (Peter Hacks) Inspektor Campbells Rechnung geht vorerst nicht auf, denn die beiden Ungeheuer sind gleich stark und gewitzt und schließen einen Waffenstillstand.
    Lydia unterhält Beziehungen zu einem Heim für milieugeschädigte Kinder, dem sie im Falle ihres Ablebens ihr gesamtes Vermögen vermacht hat. Die Heimleiterin Honoria Dodd ist ihr für die Zuwendung in spe überaus dankbar und stellt ihr für die zu erwartende Erbschaft den Butler Perkins zur Verfügung. In den Butler aber ist eines der milieugeschädigten Mädchen, Jennifer, verliebt. Jennifer quartiert sich gemeinsam mit ihrer Freundin Poll im Haus der frisch verheirateten Brocklesbys ein. Wo aber Poll ist, ist auch der Heimerzieher Fletcher, in den sich Poll verliebt hat und der auch ihren Reizen gegenüber nicht unempfindlich ist. „Einem gegenteiligen Irrtum erliegend, versuchen Jennifer mit abstrakter Schwärmerei und Poll mit gespielter Sinnlichkeit die Aufmerksamkeit der von

ihnen verehrten Herren auf sich zu lenken." (Hacks) Der Heimleiterin Honoria Dodd aber fällt ganz ungewollt zu, worum sich ihre Schutzbefohlenen mühen. Oberst Brocklesby hat bereits ein Auge auf sie geworfen und ist um ihre Gunst bemüht. Seine Aufmerksamkeit gilt dem Erbe seiner jetzigen Ehefrau, denn nach seinem siebten Gattenmord wird er Honoria Dodd ehelichen – und natürlich seinen achten Gattenmord begehen.

Doch hat er die Rechnung ohne den Butler gemacht, der alles sieht und alles durchschaut. Der hetzt die beiden Ehegatten aufeinander: Lydia wird vom Obersten die Kellertreppe hinuntergestürzt und bricht sich den Hals. Wieder ist dem Gattenmörder nichts nachzuweisen, aber Lydia hat im Keller eine Falle angelegt, die ihn noch nach ihrem Tod zur Strecke bringt.

Am Sarg blüht neues Leben: Jennifer und Perkins, Poll und Fletcher reichen sich die Hand zum Ehebund, und im Verein mit dem toten Paar in Sarg und Kellerloch verkünden sie frohgemut: „Heiraten ist immer ein Risiko!"

Kommentar
Der Text zur Komischen Kriminaloper ›Noch einen Löffel Gift, Liebling?‹ war Peter Hacks' erstes Opernlibretto. Wie der Dichter immer wieder betonte, lag die Initiative dazu ganz in den Händen des Komponisten, dessen dringlicher Wunsch den erfolgreichen Bühnenautor nicht ganz unvorbereitet traf, hatte er sich doch nach eigener Einschätzung „ganz vom Naturalismus" in seinen Dramen gelöst, war damit „fähig, die Mittel zu finden, die in der Oper verwirklicht werden (...). Nur aus einer grundsätzlichen poetischen Haltung zur Wirklichkeit heraus können im Drama die für Oper wesentlichen Methoden entwickelt werden, wie die Trennung von Information und Kommentar, von Fabel und Nummer." (Hacks, Musikklub 1972)

Hacks, ein eingefleischter Feind des Wagnerschen Musikdramas, unterstellte listig der Oper, was seiner eigenen „klassischen" Ästhetik entsprach, gab Matthus damit die Richtung der Vertonung vor: die Wiederbelebung der *opera buffa* aus dem Geiste Mozarts und Rossinis.

Matthus' Griff nach Saul O'Haras Komödie ›Risky Marriage‹ war nicht zufällig, denn von 1962 bis 1966 stand dieses Stück in einer Inszenierung von Wolfgang Langhoff / Lothar Bellag mit Gerhard Bienert, Friedrich Richter, Amy Frank und anderen berühmten Schauspielern des Deutschen Theaters Berlin einhundertvierundsechzigmal sehr erfolgreich im Spielplan der Berliner Kammerspiele.

Hacks schloß sich der Wahl des Komponisten an, auch er hielt O'Haras Komödie für eine gute Vorlage und veränderte am Fabelverlauf nichts. „Es gibt eine große Kampfgeschichte, zwei negative Helden, die das ganze Stück auf Tod und Leben miteinander kämpfen, und eine sehr reiche Nebenfabel: Gute Menschen verlieren ein bißchen von ihrer Weltfremdheit, die zu ihrer Güte gehört, und lernen die Welt besser verstehen, ohne aufzuhören, gute Menschen zu sein." Dabei war der „Kontrast zwischen schwarzer Schurkerei und weißer Engelhaftigkeit" für Hacks ein besonders operngemäßes Element. Als Thema seines Librettos bezeichnet er die Verdinglichung des Menschen bis in seine intimsten Beziehungen hinein, „abgehandelt an einem großen negativen Beispiel: Wir haben hier ein überlebensgroßes Gleichnis für eine bürgerliche Ehe, und wir haben das positive Gegenbeispiel der Erziehung zweier junger Mädchen zu einer wirklich reifen Liebesauffassung." (Hacks, Musikklub 1972)

Der Vorlage entsprechend, ist die Oper ebenfalls in ein Vorspiel (Inspektor Campbell fädelt die Geschichte ein, um beide Gattenmörder vor seiner Pensionierung doch noch zu Fall zu bringen) und drei Akte (die scheiternden Mordversuche und schließlich der glückende „Doppelmord") gegliedert. Matthus eröffnet die Oper mit einer Ouvertüre, die bereits hörbar macht, nach welcher Weise der Komponist im ganzen Werk verfahren wird, indem er seine Stilmittel in parodistisch überhöhender, ironisch brechender und Emotionen verfremdender Absicht einsetzt, nach alter Buffomanier historisch und sozial unterschiedliche Musizierbereiche, erweiterte Tonalität und klassizistische Formenwelt aufeinandertreffen läßt. Opernmusik stellt sich selbst zur Diskussion. So hat er dem negativen wie dem positiven Helden – dem Obersten und Gattenmörder wie dem Lehrer und Liebhaber – den Schmelz tenoralen Glanzes gegeben. Die Romanze des Obersts ist aus Versatzstücken billiger Poesie gefertigt, die Musik aber übertrumpft den Text, indem sie die schäbigen Worte bewertet, im seicht-sentimentalen Kling-Klang dem mörderisch-sachlichen Grundton hörbar macht.

Für den Lehrer und Liebhaber hat Hacks ein sehr kunstvolles Sonett geschrieben; komponiert ist es als Heldenarie. Fletcher bemerkt, daß seine Schülerin Poll auf sich aufmerksam zu machen versucht, indem sie nackt in den Dünen posiert, und spricht sie im Sonett auf die Differenz zwischen Liebe und Sex an, beklagt das Verschwinden von Erotik in einer entfremdeten Welt. Obgleich sein emotionaler Aufruhr philosophisch gerechtfertigt ist, erscheint sein Heldenpathos dem liebenden Mädchen gegenüber als unangemessen.

Der Regel nach ist der Tod einer Komödienfigur auch der Tod der Komödie als Kunstform. Nicht so bei O'Hara, Hacks und Matthus. Die beiden Hauptpersonen sind von vornherein als sechsfache Gattenmörder Ungeheuer, stehen sich im Clinch als Mörder gegen Mörder gegenüber, so daß ihr Tod ein ungetrübtes moralisches und ästhetisches Vergnügen bereitet. Aber Sarg und Kellerloch sind keine sicheren Verwahrungsorte für Ungeheuer: Als Gespenster beteiligen sich die beiden Leichen der Gattenmörder am Finale, dem Lob der Ehe und dem Bekenntnis zum Risiko. Erik Satie, der große französische *provocateur musical*, sprach von einer „Musique d'ameublement", einer Musik als Möbel. Matthus greift in seiner Oper diese Provokation auf, setzt mit mehr oder minder deutlichen Zitaten Zeichen für eine Musik, die innerhalb einer verkommenen Welt, in der Dinge mehr gelten als Menschen, ebenfalls zu einem Ding, zu einem Möbelstück geworden ist.

Die Oper beginnt mit einer Art Musik als Freizeitmöbel, einem Kurkonzert. Während Johann Strauß' ›Frühlingsstimmen-Walzer‹ und der ›Radetzky-Marsch‹ erklingen, lernen sich die beiden Gattenmörder kennen und luchsen sich gegenseitig das Ja-Wort zur Ehe ab. Nachdem die beiden Schurken entdeckt haben, daß sie sich nicht gegenseitig übertölpeln können, versuchen sie einen Waffenstillstand herzustellen, denn vor lauter Angst, vom anderen vergiftet zu werden, fallen sie vom Fleisch, indem sie auf jedes Essen verzichten. Der Oberst leitet mit den Worten „Wenn denn Musik der Nahrung Liebe ist" die Waffenruhe ein, während dazu Franz Liszts ›Liebestraum‹ erklingt – und zwar als Schallplattenwiedergabe vom Grammophon. Entscheidend ist nicht, daß der Oberst – falsch oder richtig – hier Shakespeares „Wenn denn Musik der Liebe Nahrung ist" zitiert, sondern daß Shakespeares Gleichnis durch die Realität längst übertrumpft ist: Musik jeglicher Art kann zu jeglichem Anlaß von jedermann „konsumiert" werden – der ›Liebestraum‹ als die Mayonnaise zu Sardellentoast und Gurkenbrötchen.

Der Spott über eine Welt, in der der Mensch den anderen Menschen zum Objekt seiner Begierde macht, kommt am schönsten in einer absurden Nummer, einem „Solo-Duett", zum Ausdruck. Oberst Brocklesby hat sein Auge auf Honoria Dodd geworfen und umgarnt sie, indem er eine maurische Romanze singt, während sie verständnislos-ablehnend diesem Eifer gegenübersteht, handelt es sich doch bei dem Oberst um den derzeitigen Ehemann der von ihr so sehr verehrten Mrs. Brocklesby. Das aber stört den Freier überhaupt nicht: Er malt die Situation, verteilt die Rollen; er gibt den edlen Ritter, Honoria soll die liebende Dame sein. Er gestaltet seinen Part vortrefflich, aber Miss Dodd bleibt stumm. Also singt der Oberst auch den Part der Dame, gibt den Ritter und seine Angebetete in einer Person. Im musikalisch absurden Bild eines „Solo-Duetts" wird gleichnishaft ein gewalttätiger Akt gefaßt, wie ein Mensch sich über einen anderen hinwegsetzt.

Mit der Figur der Heimleiterin Honoria Dodd hat Hacks weniger eine komische als vielmehr eine rührende Gestalt schaffen wollen, die das Ziel verfolgt, ihre milieugeschädigten Kinder allein durch Kunst zu guten Menschen zu erziehen, und die, obgleich die Realität gegen sie spricht, an dieser Utopie festhält.

Der Oberst macht sie immer wieder auf Gegenbeispiele aufmerksam, auf böse und zugleich kunstbegeisterte Menschen wie Nero oder Caligula. Aber alle Einwendungen können Honoria nicht aus dem Konzept bringen. Der Oberst wiederholt sich, auf den Ton genau; Honoria dagegen bekommt Gelegenheit, in einer großen Arie ihre Idee von der Macht der Musik, des Tanzes und des Gesanges darzulegen. Bekommt der Oberst in der Sache auch recht, Honoria Dodd darf die widersprüchliche Wahrheit eines mitleidigen, liebenden Herzens entfalten.

Hier mag auch der Schlüssel zum Verständnis dieser Komischen Kriminaloper liegen, denn in ihr herrschen der Charme und der Witz der Unvernünftigen, der Liebenden, während die kriminell Vernünftigen, die sechsfachen Gattenmörder, trotz all ihrer Vernunft und List groß und mit Aplomb scheitern.

Aneignung

Nicht nur die Oper ist ungewöhnlich, auch ihr Bühnenschicksal. Bei Fachkritik wie Publikum stand fest: „Die Uraufführung in der Komischen Oper hat dem neuen Werk einen schlechten Dienst erwiesen. Nicht nur etliche Kritiker nahmen die Interpretation für das Stück und lehnten es mehr oder weniger ab." (Musik und Gesellschaft 1972, S. 414)

An dem durch eine dünkelhafte Regie verschuldeten schlechten Ruf des Werkes konnte auch die gut zwei Monate später, im Juni 1972, folgende und außerordentlich erfolgreiche Inszenierung am Landestheater Eisenach (Regie: Harald Joachim), die von der Kritik als die eigentliche Uraufführung bezeichnet wurde, nichts mehr ändern. Ärgerlich war man vor allem über die Länge der Kriminaloper zur Uraufführung mit drei Stunden reiner Spieldauer. Hacks legte wenige Tage später bereits eine in den Dialogen um zwei Drittel gekürzte Fassung vor, die Berliner Aufführung wurde so um eine halbe Stunde kürzer, die Eisenacher durch weitere musikalische Striche um eine ganze Stunde.

Darüber hinaus war die Berliner Inszenierung von Götz Friedrich ein Mißverständnis, das durch eine glänzende Besetzung (u.a. mit Rudolf Asmus, Hanns Nocker, Jutta Vulpius) nicht aufgewogen wurde. Nach dem Willen der Autoren sollten sich die beiden jungen Paare am Schluß in einem Zustand finden, den der Dichter als Liebe beschrieb, während seiner Meinung nach von Sex in dem Stück nicht die Rede sei, bis auf den kleinen, kläglichen und verunglückten Versuch der Poll im Odaliskentanz. „Was in diesem Stück vorkommt, ist Liebe, und die stellt sich im dritten Akt her." (Hacks, Musikklub 1972) Götz Friedrich aber brachte keine Liebenden und Irrenden, sondern ein nymphomanes Mädchen und einen verklemmten Lehrer nebst einer unzurechnungsfähigen, sächselnden Lehrerin auf die Bühne.

Peter Hacks hat sich in seinem berühmt gewordenen Essay *Die Geschichte meiner Oper* den Ärger über dieses Mißverständnis von der Seele geschrieben und zugleich eine vergnügliche Lektion über die Grenzen des Realistischen Musiktheaters erteilt. Sein Bonmot von der „Gültigen" machte die Runde und erheiterte Freunde wie Feinde des *Hauses in der Behrenstraße*, war es doch geeignet, die bereits verkrampft gewordenen Haltungen der Ehrfurcht und Unterwürfigkeit gegenüber dem berühmten Institut aufzubrechen und aufzulockern.

Der Skandal um die Inszenierung überwog bald das Interesse am Werk selbst, das bis in die heutigen Tage hinein wenig Resonanz fand. Matthus' Spiel mit klassischen Formen reichte bei weitem nicht aus, um die „jungen milieugeschädigten Leute" im Stück auch als Alternative zu kennzeichnen. „Die Musik ist mir nicht genug Skalpell am Fettgewebe der Mörderklasse; ich finde, sie ritzt nur mit blanker, aber stumpfer Schneide ..." (Wolfgang Lange in Theater der Zeit, Heft 9, Berlin 1972, S. 57). Die opernparodistischen Anspielungen auf Musiziermodelle des 18. Jahrhunderts machten die musikalischen Konflikte der Neuzeit nicht offenbar, sondern domestizierten sie. Die Musik bewegt sich, trotz schöner Einfälle und frecher Zitate, in einem hermetisch abgeschlossenen Kreis, der nicht durchbrochen werden konnte, weil weder die Interpreten noch das Publikum etwas mit dem Thema dieser Kriminalkomödie – Kritik an der bürgerlichen Ehe – anzufangen wußten, denn noch war man in der Illusion befangen, mit der bürgerlichen Gesellschaft auch die bürgerliche Ehe und ihre alten Inhalte abgeschafft zu haben.

Auf die Berliner Uraufführung folgte nur noch die Eisenancher Einstudierung, da das Potsdamer Theater sofort nach der Berliner Premiere sein Inszenierungsvorhaben aufgab. Aus dem Spielplan der Komischen Oper verschwand das Werk nach vier Vorstellungen, später folgten Einstudierungen in Plzen und Darmstadt, doch gemessen an den Erfolgen von Matthus' späteren Opern führte und führt ›Noch ein Löffel Gift, Liebling?‹ ein Schattendasein. Selbst der Name des Dichters, der als überaus geistreicher und produktiver Erfolgsautor der siebziger Jahre im In- und Ausland gespielt wurde, verhalf der Oper zu keinem Renommee, die Kluft zwischen Sprechtheater und Musiktheater vermochte auch Peter Hacks nicht zu überbrücken. Die Inszenierung 1985 am Volkstheater Rostock hätte einen neuen Start auslösen können, sich dieser Oper wieder zuzuwenden, doch: „das Sprechstück enthüllte Vorgänge, Hintergründe, Moralitäten ballastlos und viel nackter" (Lange a.a.O.).

Ausgaben Text In: Theater der Zeit, H. 3, Berlin 1972 (ungekürzte Fassung); In: Peter Hacks. Oper, Berlin und Weimar 1975 (gekürzte Fassung); KlA Deutscher Verlag für Musik Leipzig 1972 (dvfm 6083)

Rechte Deutscher Verlag für Musik Leipzig

Literatur Saul O'Hara: Heiraten ist immer ein Risiko / Inspektor Campbells letzter Fall (Risky Marriage), Henschel Verlag GmbH Berlin (Typoskript) (als Subvertrieb vom Drei Masken Verlag München) Peter Hacks: Geschichte meiner Oper. In: Oper, Berlin und Weimar 1975; Siegfried Matthus: Zur Komischen Kriminaloper ›Noch einen Löffel Gift, Liebling?‹. In: Programmheft Komische Oper Berlin 1972 – auch In: Material zum Theater Nr. 118. Komponisten der DDR über ihre Opern, Auswahl und Zusammenstellung Stephan Stompor, Berlin 1979; Peter Hacks, Siegfried Matthus, Hans-Joachim Kynaß, Hans Schröter: Diskussionsrunde zu ›Noch einen Löffel Gift, Liebling?‹, Leitung: Otto Zengel, Radio-DDR-Musikklub, Radio DDR II, 22. April 1972; Gerd Rienäcker: Anmerkungen zur Musik. In: Theater der Zeit, H. 2, Berlin 1972; Hansjürgen Schaefer: Anmerkungen zu ›Noch einen Löffel Gift, Liebling?‹. In: Musik und Gesellschaft, H. 9, Berlin 1973; Gerd Rienäcker: Zum Opernschaffen von Siegfried Matthus. In: Theater der Zeit, H. 11, Berlin 1979 Rezensionen der Uraufführung. In: Theater der Zeit, H. 7, Berlin 1972; Musik und Gesellschaft, H. 7, Berlin 1972

Omphale
Oper in drei Akten und einem Zwischenspiel
Text von Peter Hacks

Entstehung 1972-1973

Uraufführung 7. September 1976 Deutsches Nationaltheater Weimar

Personen
Heroen: Herakles_____Bariton
         Iphikles, sein Bruder_____Tenor
         Alkaios, sein Sohn_____Baß
         Tyrrhenos, sein Sohn_____Tenor

Laomedon, sein Sohn	Baß
Agelaos, sein Sohn	Bariton
Daphnis	Tenor
Lityerses, ein Ungeheuer	Baß
Omphale, Königin von Lydien	Sopran
Malis, ihre Vertraute	Alt
Pimplea, Geliebte des Daphnis	Sopran

Orchester 3 Fl (auch Picc und AFl), 3 Ob, 3 Klar (III auch BKlar), 3 Fg (III auch KFg), 4 Hr, 3 Trp, 3 Pos, Tb, Pkn, Slzg (2 Spieler): Glsp, Xyl, Trgl, GrTr, KlTr, Bck, 3 Gongs, Tt, 2 Tomtoms, 3 Bongos, RGl; Kl, Hrf; Str

Aufführungsdauer ca. 2 Std., 15 Min.

Handlung
Instrumentales Vorspiel. **I. Akt:** *Gärten der Omphale.* „Omphale ist die Königin von Lydien. Das Stück spielt in den Zeiten des Mutterrechts; die Königin regiert zum Wohl des Landes. Aber ihre weiblichen Tugenden, Weisheit und Geduld, scheitern am Andringen zweier Ungeheuer: eines gepanzerten Löwen und des menschenfressenden Landwirts Lityerses. So verzagt sie an der Ausübung ihrer Herrscherpflicht, zieht sich auf die Insel ihres Palasts zurück und sucht Glück in der Befriedigung ihres Liebeslebens. Sie hat einen Sklaven gekauft, der ihr sehr gefällt.

Unglücklicherweise stellt sich heraus, daß der Sklave, gleich nach seiner Anschaffung, der Dienerin Malis ein Kind gemacht hat, das, höchst verwunderbar, in der nämlichen Nacht geboren worden und zum Jüngling gereift ist. Wer ist dieser Wundermann? Alkmenes Sohn.

Also Herakles: jener größte Held der Menschheit, welcher – gewisser Ungebührlichkeiten gegen die Götter wegen – von Apoll zu ein paar Jahren Sklavendasein verurteilt worden.

Alkmenes Sohn wird herbeigerufen. Er ist ein alberner und kriegerischer Prahlhans, den die Frauen einander gern ablassen würden; leider ist es der falsche Iphikles. Alkmene nämlich hat zwei Söhne, Zwillinge, deren einer – Herakles – von Zeus und deren anderer – Iphikles – eben nur von Amphitryon abstammt. Iphikles ist die Parodie seines Bruders, den er gleichzeitig nachahmt und verleugnet.

Herakles' Auftritt ist von geringerem Glanze; freilich hat er inzwischen beim Morgenspaziergang den Löwen getötet. Mit stürmischer Liebe erobert er Omphale: der vollkommene Mann die vollkommene Frau." (Peter Hacks)
Zwischenspiel: *Daphnis durchreisend. Vor seiner Einbildung erscheint ihm, an unterschiedlichen Orten, Pimplea.* „Der Hirten- und Sänger-Heros Daphnis sucht, seit fünf Jahren, seine von Seeräubern geraubte Geliebte, die Nymphe Pimplea." (Peter Hacks)
II. Akt: *Gärten der Omphale.* „Malis hat ihrem Sohn Alkaios und ihrem Schwager Iphikles Ekelhaftes mitzuteilen: Herakles und Omphale haben die Rollen ge-

tauscht; er ist ein Weib, sie ein Mann geworden. Die Familie begreift den Vorgang als sexuelle Verwirrung und Schande, die es geheimzuhalten gilt.

Aber mit der Ankunft des Daphnis, der erfahren hat, daß Pimplea vom Lityerses als Sklavin gehalten wird, und nun Herakles' Beistand zu ihrer Befreiung fordert, muß die Wahrheit an den Tag. Und schon erscheint Herakles selbst: als Königin. Er verweigert die Teilnahme am Kampf gegen das Monster. Alkaios und Iphikles retten die Ehre des Heroenstandes und ziehen mit Daphnis in den sicheren Untergang.

Die Liebe zwischen Herakles und Omphale erweist sich als Versuch einer Grenzüberschreitung. Das vollkommene Glück soll noch vollkommener werden; der Tausch der Seelen soll sich, gleichsam als Leibertausch, verkörperlichen. Aber Botschaft aus der Welt verhindert die Erfüllung.

Alkaios kommt und meldet den Sieg des Ungeheuers. Die Liebenden klammern sich aneinander, in der verzweifelten Hoffnung, die Forderung der Wirklichkeit verdrängen zu können. Es ist unmöglich. Mitten aus der Umarmung geht Herakles zum Lityerses." (Peter Hacks)

III. Akt: *Schauerliche Öde.* „Lityerses ist ein Bauer, dessen Einkünfte aus Leichen rühren. Pimplea und Daphnis sollen dem Weinberg geopfert werden, Iphikles als Arbeiter fronen. Iphikles' Auflehnung wird unter der einwirkenden Macht des Ungeheuers in Willfährigkeit verwandelt; er wird zu Lityerses' Helfer, zum Schlächter seiner Genossen.

Aber nun betritt Herakles den Kampfplatz, und nach ihm Omphale, die ihm mit dem Mut des liebenden Weibes gefolgt ist. Die Verwunderung des Menschenfressers über die heldenmütige Frau und den zaghaften Mann klärt sich: Herakles tötet Lityerses. Inzwischen gebiert ihm Omphale drei Söhne. Sie ist zur Mutter, also wieder zur Frau, geworden, so wie er zum Kämpfer, also wieder zum Mann.

Der alte böse Zwang hat über die Hoffnung gesiegt; gebessert indes ist die Lage des Königsreichs, und das ist auch nicht wenig. Das Stück schließt mit einem Ausblick in die Zukunft. Das Mordwerkzeug, die Keule, wandelt sich in den Baum des Friedens, den Ölbaum, aus dessen Holz sie im Verlauf der Menschheitsgeschichte hat geschnitzt werden müssen." (Peter Hacks)

Entstehung
Ovid berichtet in seinen ›Metamorphosen‹ von vielerlei Verwandlungen, nur von einer nicht: der des Herakles in eine Frau. Warum? Im Mythos wird vom Aufenthalt des Helden am Hof der lydischen Königin erzählt, wo der Recke zur Strafe für eine Freveltat als Sklave und auf Wunsch der Omphale in Frauenkleidern leben muß. Beides aber galt Ovid und seinen Zeitgenossen als schimpflich und wenig rühmenswert.

Peter Hacks notierte 1963 in seinen Betrachtungen *Iphigenie, oder: Über die Wiederverwendung von Mythen:* „der dauernde Wert einer Mythe hängt nicht ab von ihrer ursprünglichen Bedeutung", schon Goethe habe in seiner ›Iphigenie‹ „zur Demonstration seiner Meinung, daß die Weiber menschenähnlicher seien als die Männer, die weiberfeindliche Spielart der Mythe" benutzt (vgl. Hacks 1964, S. 401).

Hacks verfuhr ähnlich. Zur Darlegung seiner Auffassung, daß Heroen entbehrlich werden müßten, benutzte er einen Mythos, der die Vergottung des Helden zum Gegenstand hat, den Herakles-Mythos. Im Unterschied aber zur Legende ist in Hacks' Deutung der Recke nicht zur Frauenrolle verdammt, vielmehr wünscht sich Herakles selbst, ein Weib zu sein – er will mehr sein als ein Held: ein Mensch an Mannes Statt.

Die Beschäftigung des Dichters mit dem Omphale-Stoff fiel ins Jahr 1969. Das war nicht zufällig und blieb nicht ohne Folgen für das Stück, denn auch in der Wirklichkeit war man der Helden müde geworden. Alte Heroen waren mit der studentischen Revolte von ihren Sockeln gestürzt, es wurde nach dem emanzipierten Menschen gerufen und nach einer emanzipierten Gesellschaft, die ohne Helden auskommen könne. Und wie im politischen öffentlichen Bereich, so brachen auch im geschlechtlichen privaten alte Rollenklischees zusammen. Hacks' Herakles griff 1969 zur Spindel, um Wolle zu spinnen und damit seinen Verzicht auf Heldentum darzutun.

Peter Hacks stand mit seinem Interesse am Thema Geschlechtertausch nicht allein. Im zweiten Heft von *Sinn und Form* 1973 wurden zwei Erzählungen zu diesem Thema publiziert: Christa Wolfs ›Selbstversuch‹, die Beschreibung der Verwandlung einer Frau mit irreversiblen Folgen, und Günter de Bruyns ›Geschlechtertausch‹, eine komisch-rührende Geschichte, was einem Mann widerfährt, wenn sich Frauen wie Männer verhalten.

Hacks' Stück handelt davon, was mit den Gefühlen geschieht, wenn alte Rollen aufgegeben werden. In diesem Sinne diente der Omphale-Stoff bereits im 17./18. Jahrhundert als Vorlage für Opern, die in den meisten Fällen auf Textgrundlagen von Philippe Néricault Destouches bzw. von Antoine Houdar de La Motte zurückgehen. Während die Texte weitgehend erhalten blieben, gingen bis auf wenige Bruchstücke die Kompositionen verloren. Von Georg Philipp Telemanns Oper ›Omphale‹ (1724) hat sich lediglich eine Arie erhalten. Dagegen zählt das Erfolgswerk des 18. Jahrhunderts, die *Tragédie en musique* ›Omphale‹ von André Cardinal Destouches, zu den überlieferten Werken. Diese im Palais Royal in Paris 1701 uraufgeführte und in den Jahrzehnten danach meistgespielte Barockoper erlangte zusätzliche Bedeutung durch Friedrich Melchior von Grimms Streitschrift *Lettre sur Omphale* von 1752, weil sie eine nicht geringe Rolle im sogenannten Buffonistenstreit spielte, als verschiedene Parteien ihre unterschiedlichen Standpunkte zur Reform der Gattung Oper ausfochten.

Peter Hacks kannte natürlich diese gattungsspezifische Tradition seines Stoffes, als er sich daranmachte, ein eigenwilliges und originelles Experiment zu starten. Er hatte gerade sein erstes Opernlibretto für Siegfried Matthus geschrieben und kam nun „eines Tages auf den Einfall, ein dramatisches Buch zu verfertigen, welches, ohne Änderung auch nur einer Silbe, sowohl als Kompositionsvorlage für einen Tonsetzer wie als Spielvorlage für eine Schaubühne zu dienen, kurz,

Libretto und Drama zugleich zu sein, in der Lage sein sollte." Doch das Vorhaben schlug fehl, was Hacks im Schlußkapitel seiner 1972 geschriebenen, bedeutenden Theaterästhetik *Versuch über das Libretto* zu folgendem Resümee veranlaßte: „Das Ergebnis dieses Versuchs lag in seinem Scheitern. Der Text, der zustande kam, war (...) weder das eine noch das andere, sondern eine Art Muttertext, aus welchem, nach gattungseigentümlichen Eingriffen, seine Oper ›Omphale‹ und, ebenfalls nach gattungseigentümlichen Eingriffen, seine Komödie ›Omphale‹ hervorgingen." (Hacks 1975, S. 299)

Die Komödie ›Omphale‹ wurde 1970 an den Städtischen Bühnen Frankfurt/Main uraufgeführt, denen 1972 das Berliner Ensemble (Regie: Ruth Berghaus) mit der Erstaufführung in der DDR folgte. Die Uraufführung der Oper ließ dann bis 1976 auf sich warten, doch das hatte besondere Gründe. Siegfried Matthus hatte die Oper ›Omphale‹ im Auftrag des Deutschen Verlags für Musik Leipzig in den Jahren 1972/73 komponiert, ohne an ein bestimmtes Opernhaus zu denken; die Komische Oper entfiel nach den Erfahrungen mit den vorangegangenen Uraufführungen. So erklärte sich das Deutsche Nationaltheater Weimar bereit, mußte allerdings auf Einspruch des Komponisten die von Brigitte Soubeyran begonnene Inszenierung kurz vor ihrer Premiere absetzen, um die Uraufführung eine Spielzeit später in einer neuen Einstudierung stattfinden zu lassen.

Kommentar
Siegfried Matthus hat mit seiner Komposition eine der eigentümlichsten Textvertonungen der neueren Zeit geschaffen. Er konfiguriert weder Figuren noch Affekte, „benotet" auch nicht einzelne Wörter, versucht vielmehr Fabel und Thema in einer grundsätzlichen gedanklichen Dimension zu fassen und diese in eine musikalische Konstruktion zu übertragen. Deren auffälligste Merkmale hat die Kritik auch sofort lobend beschrieben: instrumentale Leuchtkraft, hohe klangliche Kultur, harmonische Farbigkeit und strukturelle Durchsichtigkeit. Einschränkend angemerkt wurde der enorme Schwierigkeitsgrad der Vokalpartien, die sich gegenüber einem selbständig geführten Orchester nur sehr schwer behaupten können, was mit einer weitgehenden Textunverständlichkeit einhergeht, die den ironisch-kunstvollen Gehalt des anspielungsreichen Librettos ad absurdum führte. Davon abgesehen, ist eine Musik voll oszillierender Klänge entstanden, mit schwebenden und schwingenden Linien, eine Musik von lyrisch-expressiver Kantabilität und motivischem Filigran. Das melodisch wie harmonisch dichte Geflecht bringt nicht Einzelheiten des Textes, sondern emotionale Grundsituationen zum Ausdruck.

Das orchestrale Gewebe ist bald dichter, bald lockerer geknüpft, die Instrumente werden in die Extreme getrieben – in den hohen wie in den tiefen Registern –, der Klang wird auf die volle Bandbreite des Orchesterapparats gebracht. Aktivierung und Differenzierung tritt durch diverse Rubato-Techniken ein, der Streicherklang wird nach dunklen und hellen Farbwerten aufgefächert. Die aktivste und dichteste Stimmverflechtung entsteht im Zwischenspiel, das mit einem sehr schönen Zwiegesang von Flöte und Altflöte anhebt. Daphnis jagt seiner geliebten geraubten Pimplea nach; die körperlich voneinander Getrennten sind im Geiste vereint. Musik enthebt hier die Bühne als Ort des Geschehens ihrer Präsenz: Das Ferne ist nah.

Umgekehrt wird das Nahe fern, wenn Herakles und Omphale die Rollen getauscht haben und endlich den „höchsten Augenblick" genießen wollen. Dann gerät der Lauf der vokalen und orchestralen Stimmen ins Stocken, hier ist das Stimmengeflecht am fragilsten. Diese Szene bildet das Zentrum des Werkes, im buchstäblichen wie im übertragenen Sinne. Was im alten Rollenspiel gelang – einfache, naturwüchsige Liebe und Leidenschaft –, will Omphale und Herakles nach dem Rollentausch nicht mehr geraten. Der eine stößt den anderen vor den Kopf, indem er bestimmte Seiten seiner neuen Rolle betont. Das Ergebnis: Der Versuch mißlingt, denn es kommt nicht zum „höchsten Augenblick", vielmehr entsteht zwischen beiden ein Spiel, an der fremden Rolle zu modeln und die angenommene Rolle zu verändern.

Die Gesangspartien von Daphnis und Pimplea sind ungewöhnlich hoch geführt, in fast visionär zu nennender Lage. Musikalisch und gedanklich vollzieht sich mit diesem Paar eine Gegenbewegung zur Haupthandlung: Während Omphale und Herakles selbst im Scheitern noch Erfahrungen gewinnen und damit an Schmerzen und Freuden reicher und auch mutiger werden, Konflikte zu bestehen, verzichten Daphnis und Pimplea immer mehr auf den Kontakt zur Wirklichkeit. Sie erleiden Realitätsverluste, die sich am Ende zu Angst, Verzicht und Todesbegehren steigern. Sie entschweben auf ihren hohen Tönen und den silbrig-diffusen Klängen der Harfe gleichsam in die dünne idealische Höhe einer von schmutziger Wirklichkeit ungetrübten Liebe, während Omphale niederkommt und Herakles die Keule schwingt. „Dieses Spiel von dem idealistischen, unproduktiven Anti-Paar zu Herakles und Omphale, das nicht zueinanderkommen, nur in Gedankenstimmen sprechen kann, dieser Mythos vom Realitätsverlust, der musikalische Ausleuchtung und Überhöhung geradezu verlangt, hat dann auch Siegfried Matthus zu den schönsten musikalischen Einfällen inspiriert." (Schwinger 1976, S. 496)

Auffallend ist eine fast magisch zu nennende Dreierkonstellation in Komposition und Text. Matthus exponiert musikalisch drei Bereiche: Omphale gehören als typisierende Instrumente kantabel geführte Flöten, Herakles drängend-sprechend artikulierende Celli, Lityerses entschiedene Sforzato-Einwürfe der Posaunen. Diese Instrumente treten jeweils wieder in Dreiergruppierungen auf. Um Täuschung handelt es sich, wenn mit vier Hörnern Alkmenes Sohn angekündigt wird, man Herakles erwartet, an dessen Stelle aber sein Bruder Iphikles erscheint – zwar ebenfalls ein Sohn Alkmenes, aber Herakles' totales Gegenbild –, oder wenn Omphale Malis' eben erst geborenen Sohn herbeizubringen befiehlt, doch anstelle eines erwarteten Babys der im „heroischen Schnellwuchs" zum Jüngling erblühte Alkaios vor sie tritt.

Der musikalischen Disposition in Dreiergruppierungen entspricht die der Figuren. Es gibt drei Frauen: Omphale, Malis und Pimplea. Malis wird rein körperlich,

Pimplea rein geistig begehrt, Omphale geistig und körperlich umworben. Omphale gebiert nicht e i n Kind, sondern Drillinge! An Herakles' Statt ziehen drei Männer gegen Lityerses ins Feld: Iphikles, Alkaios und Daphnis. Diese drei nun sind der Humus für das Ungeheuer: Der besiegte Iphikles wird ihm körperlich, Alkaios geistig dienen, und der dritte, der Schwarmgeist und reine Idealist Daphnis, dient ihm zur Speise.

Als Da-capo-Form breitet sich die Dreiergruppierung auch auf horizontaler Ebene aus und bestimmt damit die Spezifik der musikalischen Erzählweise: Die Konflikte treiben im Kreis, bewegen sich auf der Stelle; es kommt zu Erweiterungen der Argumente, zu Einsprüchen, zum Wechsel der Positionen, zum Austausch der Haltungen, Argumente und Motive, nicht aber zu neuen Konfliktqualitäten. Musikalisches Ergebnis ist ein changierendes, scheinbar unendliches Klangband.

Die Grundstimmung von Text und Musik ist lyrisch. Zur Definition des Lyrischen leiht sich Hacks ein Zitat von Hegel, demzufolge wäre lyrisch, „wenn eine Begebenheit in der Weise berichtet (wird), daß nicht der Vorfall selbst, sondern die sich darin widerspiegelnde Gemütslage den Mittelpunkt ausmacht. Die Innerlichkeit der Stimmung spiegelt sich in der Außenwelt wider." (Vgl. Hacks 1985, S. 64)

Auf die „Da-capo-Erzählweise" macht Matthus bereits mit der instrumentalen Einleitung aufmerksam. Fast schulmäßig exponiert er hier seine drei Musiziersphären. Nicht ohne Witz ist es, wenn sich die Sphäre der Lydischen Königin Omphale in einer kleinen Flötenmelodie nach lydischem Modus entfaltet, dann von den Posaunen des Lityerses recht unsanft unterbrochen wird, bis sich in der Umkehrung der „omphalischen Melodie" und mit den Celli die Herakles-Sphäre ankündigt: keine Rückkehr zum Anfang, aber Aufgreifen des Gegebenen, kein Heraustreten aus dem gesetzten Kreis der Weltordnung.

Komische Momente im Verhältnis Text und Musik kommen dann zustande, wenn die Musik emphatisch Einklang behauptet, wo zwei Personen voneinander völlig Entgegengesetzes wünschen. Das geschieht im großen Liebesduett von Omphale und Herakles gegen Ende des ersten Aktes: Omphale will den Helden in ihrem Schoß zum Heroen erblühen sehen, Herakles sehnt sich danach, in eben diesem Schoß als Held zu vergeh'n. Übertroffen wird das Ganze dadurch, daß die anwesenden Personen – Iphikles, Malis und ihr Sohn Alkaios –, von der Emphase angesteckt, in ein traditionelles Ensemble verfallen mit dem eindeutigen Sinn: voran mit beiden und ab ins Hochzeitsbett.

Ein rätselvolles und vielschichtiges Wesen ist Lityerses. Von Hacks als Bauer und Ungeheuer gekennzeichnet, fängt und frißt es Menschen, manipuliert Gefangene und macht sie sich dienstbar, tritt darüber hinaus im Namen des „Nährstandes" auf, bekämpft Heroen und schimpft diese Schädlinge und Gesindel: „Der Nährstand plagt sich ab. Er hegt und pflegt / Die teuren Früchte seines stillen Schweißes. / Dann kommen, kühn aus Arbeitsunlust, die / Und stören die Erzeugung. Aber was stört, / Muß weg. Den unfruchtbaren Trieb entfernt / Der Winzer nach dem Maifrost." (Hacks 1975, S. 140)

Mit dem Begriff Ungeheuer hat Hacks keine märchenhafte Figur bezeichnen wollen, vielmehr spielt er hier auf eine alte Tradition an. Seit der Antike ist der Brauch verbreitet, den braven Bauern und Rebenbauern, den Nährstand also, dem Wehrstand, den Heroen, gegenüberzustellen, beide gegeneinander abzuwägen und auszuspielen. Brecht hatte 1950 in seinem für den ›Messingkauf‹ geschriebenen Übungsstück für Schauspieler ›Der Wettkampf des Homer und Hesiod‹ diese Tradition aktiviert und sich für den Nährstand ausgesprochen. Nicht der redegewandte Homer erhält den Preis, sondern Hesiod, „denn es sei recht und billig, (...) daß dem Manne der Sieg gehöre, welcher zu Landbau und Friedensarbeit rufe, statt Kriege und Schlachten zu schildern" (Brecht).

Hacks nimmt die Sache nicht ganz so leicht, wie man vermuten könnte. Der Dichter und seine Figur Lityerses haben eine Gemeinsamkeit: Beide bekämpfen die Heroen. Aber in dem Wie dieses Kampfes liegt der Unterschied, denn der Kannibalismus des Lityerses ist ganz wörtlich gemeint, zugleich aber ist die dem Ungeheuer in den Mund gelegte Argumentation irritierend. Lityerses' Devise: „Aber was stört, muß weg" hat im 20. Jahrhundert eine besondere Bedeutung bekommen, da Juden, Russen, Zigeuner und Kommunisten (mitunter auch Schriftsteller) zu Schädlingen erklärt und als störend entfernt wurden. Aber Lityerses' Sentenz folgt eine zweite Aussage, quasi die nachgereichte Begründung: „den unfruchtbaren Trieb entfernt der Winzer nach dem Maifrost". Hierin drückt sich nicht nur Hacks' Lust an Antinomien aus, hier wird ein unauflöslicher Widerspruch der Zivilisation benannt. Der europäische Begriff des Kultivierens beinhaltet Veredeln, und dieses Veredeln vereinigt zwei Seiten einer Tätigkeit: Entwicklungsfähiges zu fördern und Störendes zu entfernen. Hacks macht mit seinem Lityerses auf eine reale Dichotomie europäischer Praxis und europäischen Denkens aufmerksam, dessen Konsequenz etwas Ungeheuerliches sein kann: der Faschismus. In diesem Sinn ist Lityerses ein Ungeheuer.

Nicht zufällig finden sich die Blechbläser-Sforzati, die in der Oper den Lityerses kennzeichnen, auch in einer Instrumentalkomposition wieder, die kurz nach der ›Omphale‹ entstanden ist, dem Konzert für Flöte und Orchester von 1978. Hier, im langsamen Satz, sind die Bläser-Sforzati in ähnlicher Funktion eingesetzt, nämlich die entfalteten Klangfelder der Streicher und das gesangvolle Melos der Flöte zu stören, dem silbrighellen Klang der Harfe ein unüberhörbares „Halt" zu gebieten. Diesem Konzert liegt als Anregung eine Grafik Francisco Goyas zugrunde: ›Der Schlaf der Vernunft gebiert Ungeheuer‹. Könnte dies nicht auch das Motto der Oper ›Omphale‹ sein?

Aneignung
Nach der Uraufführung (Städtische Bühnen Frankfurt/Main 1970) und der Erstaufführung in der DDR (Berliner Ensemble 1972) seiner Komödie ›Omphale‹ protestierte Peter Hacks in seinem *Versuch über das Libretto* gegen die Praxis, seine Stücke als Parabeln zu behandeln, denn die „dramatische Gattung der Parabel ist eine törichterweise zur Handlung gedehnte Anspielung, also eine Reihe von

aus sich selbst heraus nicht erklärenden Begebenheiten, welche auf eine ganz andere Reihe von wirklichen Begebenheiten bezogen ist und außer in Hinsicht auf dieselbe nichts bedeutet." Er selbst aber habe eine Geschichte geschrieben, die, „wie alle richtigen Geschichten, ihr eigener Hauptzweck (ist); sie meint zunächst sich selbst und erst im weiteren das Mißgeschick der Menschlichkeit im Imperialismus und dann noch vieles mehr. Die Parabel also verhält sich zur poetischen Handlung wie die Allegorie zur Metapher; denn die Metapher ist eine Sache, die, über sich hinaus, noch andere Sachen bedeutet, während die Allegorie eine Nichtsache ist, welche eine Sache meint. Die Parabel ist dürr, abgezogen, kränklich – das ganze Gegenteil der Poesie. Sie ist eine schwache Gattung; das Wort ist ein häßliches Wort, und man brauche es nicht für schöne Dinge." (Hacks 1975, S. 233 f.)

Obgleich das vom Autor so deutlich gesagt war, diente Hacks' ›Omphale‹ dem Theater trotzdem als Parabel. In der Geschichte von Königin Omphale und dem Heroen Herakles wurde der Zusammenstoß von Utopie und Wirklichkeit herausgearbeitet, der Held mit Spindel und Weiberrock, die Königin mit Lendenschurz und Keule erschienen als lächerliche Figuren, deren Unzurechnungsfähigkeit nur durch eine übermäßige Liebe entschuldigt werden konnte.

Der Tradition folgend, orientierte man sich bei der Opern-Uraufführung in Weimar 1976 (Regie: Ehrhard Warneke) wie später auch in Köln (Regie: Michael Hampe) an der alten Barockoper, nirgend aber gab es ein Aufreißen der ästhetischen Vollkommenheit des Werkes in Richtung schlechter / unvollkommener Wirklichkeit, keinen Durchblick zur Gegenwart. Die wahrhaft brisante Abdankung des Helden fand zwar massenhaft in der Realität statt, nicht aber auf der Bühne.

Zuvor war am Nationaltheater Weimar allerdings eine Inszenierung der ›Omphale‹ in der Regie von Brigitte Soubeyran abgebrochen worden. Die von Benno Beson herkommende Regisseurin hat in einer Dokumentation ihre Regiekonzeption dargelegt und die Inszenierung beschrieben. Dieses Material, mit Bühnenbildentwürfen, Kostümskizzen und einem Bildablauf von Helmut Brade, wurde im Auftrag der Akademie der Künste der DDR angefertigt; dort ist das Original einsehbar.

Peter Hacks gab es nicht auf, um sein Stück zu kämpfen. In Auswertung der Opern-Uraufführung schrieb er 1977 ein Nachwort zu ›Omphale‹ und bestimmte hier ganz präzis den eigentlichen Charakter seiner Herakles-Figur, nämlich ein Held und ein Anti-Held zu sein; zugleich sprach er sich für die unheroische Tendenz einer humanen Weltordnung aus, gab damit mehr als einen Fingerzeig, wie sein Stück nicht als Parabel, sondern als poetische Geschichte zu behandeln sei: „Auch der Heldenstand – an der Erkenntnis habe ich lange gelernt – stellt keine Vereinigung ungewöhnlich groß veranlagter Einzelwesen dar, sondern einfach einen Berufszweig. Überhaupt keine menschliche Einrichtung, auch die erhabenste nicht, ist zu bestehen fähig, die etwa auf hervorragender Eignung ihrer Mitglieder beruhte. (...) Jeglicher Weltentwurf, der zu seiner Durchführung eine besondere Art von Leuten erfordert, sollte lieber gleich fallen gelassen werden, ehe noch das Unglück angerichtet ist. (...) Herakles ist unzweifelhaft ein Held auch im geistigen Sinn, was ihn, das Stück zeigt es, zu einem höchst zweifelhaften Helden im Sinne der Einrichtung macht. Zu Recht: Lityerses vertilgt nur Helden, Herakles den Heldenstand." (Hacks 1984, S. 260)

Siegfried Matthus hat durch Instrumentationsretuschen, durch Einfügung zweier weiterer instrumentaler Zwischenspiele sowie Straffung des Finales (Bündelung der drei letzten, in der Erstfassung aufeinanderfolgenden Szenen zu einer Simultanszene) auf die durchschlagende Erfolglosigkeit der Weimarer Aufführung reagiert. Seine Neufassung erarbeitete er im Auftrag des Kölner Opernhauses für Michael Hampe, in dessen Regie die Oper 1979 zur bundesdeutschen Erstaufführung kam. Sind auch die Änderungen nicht prinzipieller, sondern nur gradueller Art, steht dennoch die wirkliche Erschließung von Matthus' zweiter Hacks-Oper in Sinne ihrer Autoren noch aus.

Das Bühnenschicksal der Oper ist in seiner Kraßheit singulär, aber dahinter steht eine Tendenz von Stückverkennung, die allgemeiner Natur ist und der Praxis jener Jahre entspricht. Vereinseitigungen, Verengungen oder Ungenauigkeiten richteten sich nicht speziell gegen die Autoren, waren auch nicht nur Ausdruck einer simplen Gedankenführung seitens der Theaterleute. In der "Parabolisierung" z.B. fast aller Stücke der Weltliteratur – des klassischen Erbes wie des zeitgenössischen Schaffens – drückte sich eine allgemeine Misere aus: Man wollte auf dem Theater über zeitgenössische Konflikte sprechen; da man dies aber nicht anhand der tatsächlichen gesellschaftlichen Verhältnisse tun konnte, flüchtete man in die Utopie, verlegte die Geschichten in eine abstrakte Zukunft oder in eine ebenso abstrakte Vergangenheit und verkürzte die Fragestellungen der Gegenwart auf anekdotische Anspielungen. Diesen Zusammenhang erkennend, stellte Hacks am Ende seines *Nachworts zu ›Omphale‹* nicht ohne Bitterkeit fest: „Wo spielte man ›Omphale‹, wenn nicht im Theater, welches doch mit Drama so viel im Sinn hat wie die Reichsbahn mit Erholung. (...) Kunst ist die wundervolle Blüte auf dem Baum des Kunstbetriebs, aber sie erwächst ihm nicht, sie ist sein Schmarotzer. Über die Menschheit läßt sich nicht anders als mit Mitleid sprechen." (Hacks 1984, S. 261)

Ausgaben Text In: Peter Hacks. Opern, Berlin und Weimar 1975; KlA Deutscher Verlag für Musik Leipzig 1977 (dvfm 6112), Neufassung Bärenreiter-Verlag Kassel 1979

Rechte Deutscher Verlag für Musik Leipzig

Literatur Peter Hacks: Omphale (Komödie). In: Ausgewählte Dramen, Berlin und Weimar 1972; ders.: Omphale (Oper), Versuch über das Libretto. In: Oper, Berlin und Weimar 1975; ders.: Eine Klammer im Personenverzeichnis. (Nachwort zu ›Omphale‹); ›Iphigenie‹, oder: Über die Wiederverwendung von Mythen. In: Die Maßgaben der Kunst, Berlin 1978 – auch In: Essais, Leipzig 1984; ders.: Urpoesie, oder: Das scheintote Kind. In: Historien und Romanzen, Berlin und Weimar 1985

Siegfried Matthus: Gespräch mit Dietmar Fritzsche. In: Theater der Zeit, H. 6, Berlin 1975; gekürzte Fassung dieses Gesprächs sowie Notat über ein Gespräch kurz vor der Uraufführung mit Ilse Winter. In: Programmheft Deutsches Nationaltheater Weimar 1976; ders.: Bemerkungen zur Neufassung. In: Programmheft der Oper der

Stadt Köln 1979 – auch In: Material zum Theater Nr. 118. Komponisten der DDR über ihre Opern, Auswahl und Zusammenstellung Stephan Stompor, Berlin 1979
Eckart Schwinger: ›Omphale‹ oder das konträre Autorenpaar. In: Musica, H. 6, Kassel 1976; Frank Schneider: Bewußte Musikalisierung der Oper. Bemerkungen zum Partiturbild der Oper ›Omphale‹. In: Theater der Zeit, H. 11, Berlin 1976
Rezensionen der Uraufführung. In: Theater der Zeit, H. 11, Berlin 1976; Musik und Gesellschaft, H. 11, Berlin 1976; Rezensionen der Neufassung Köln. In: Theater der Zeit, H. 5, Berlin 1979; Musik und Gesellschaft, H. 6, Berlin 1979
Dokumentation der abgebrochenen Inszenierung am Deutschen Nationaltheater Weimar, Spielzeit 1975/76 (Regie: Brigitte Soubeyran, Ausstattung: Helmut Brade), angefertigt im Auftrag der Akademie der Künste der DDR von Brigitte Soubeyran, Berlin 1976 (Microfilm-Kopie Theaterverband der DDR Berlin)

Die Weise von Liebe und Tod des Cornets Christoph Rilke
Eine Opernvision
nach Rainer Maria Rilke
Texteinrichtung Siegfried Matthus

Entstehung 1983

Uraufführung 16. Februar 1985 Staatsoper Dresden (Semperoper)

Personen
Cornet Christoph Rilke auf Langenau_____Mezzosopran
Seine Gedankenstimme_____Alt
Gräfin_____Sopran
Ihre Gedankenstimme_____Hoher Sopran
Marquis_____Bariton
Graf Spork_____Baß
Ein junges Weib_____Hoher Sopran
Soldaten, Dirnen, Gäste auf dem Schloßfest_____Gemischter Chor

Orchester 4 Fl (auch Picc, AFl, BFl), Hr, 2 Hrf, EBGit, Pkn, Slzg I: KlTr, 3 Bongos, 3 Tomtoms, GrTr, Trgl, Glsp, Mar, RGl, GrTt, Tamb; Slzg II: KlTr, 3 Bongos, 3 Tomtoms, GrTr, Trgl, Zimbeln, Vib, Gongs, Bck, High Hat, Kast
Eine große Alarm- oder Sturmglocke hinter der Bühne

Aufführungsdauer 1 Std., 35 Min.

Handlung
I: „In solchen Nächten war einmal Feuer in der Oper." (Chor a cappella) Im Gedenken an die Zerstörung der Dresdner Semperoper am 13. Februar 1945
II: „Dies irae. Dies illa." (Chor a cappella) Der Tag des Zorns, wird er kommen, oder ist er schon angebrochen?

III: „Reiten, reiten, reiten, durch den Tag, durch die Nacht, durch den Tag." Ein junger Mann geht weg von zu Hause, hinaus in den Krieg. Unterwegs hört er die Erzählung eines Deutschen von dessen Mutter, und die lichten Worte begleiten ihn. Sein Mut wird müde, da findet er einen Freund, einen Marquis, aber muß sich wieder von ihm trennen und erhält zum Abschied ein Rosenblatt, das er hinfort bei sich trägt. Einen Tag lang irrt er durch den Troß, bedrängt von Bildern der Roheit und Gewalt. Endlich vor dem Heerführer Spork, wird er zum Fahnenträger, zum Cornet, ernannt. Er reitet zu seiner Kompagnie und stößt mitten in der wüsten weiten Ebene auf einen Baum, daran ein Weib gebunden ist und schreit. Er macht es los, der Baum ist Spork. Den Cornet graust es. Der Mutter schreibt er einen Brief, berichtet von der Fahne, das Weib aber verschweigt er – und auch den Baum. Ein toter Bauer liegt auf seinem Weg, er reitet über ihn hinweg und sieht in dessen Augen keinen Himmel. Ein Schloß öffnet sich ihm, und er erfährt darin Willkommen und Rast. Eine Gräfin wählt ihn zum Pagen für eine Nacht. Er findet im Turmzimmer Liebe und Lust. Vom Feind überrascht, steht das Schloß in Flammen, stürzt sich seine Kompagnie in die Schlacht, der Cornet, von Spork gerufen, folgt – und endet mit seiner Fahne unter den türkischen Säbeln.

Entstehung

Die Oper verdankt ihre Entstehung einer Verkettung von Zufällen und Zwängen: Siegfried Matthus hatte seine für die Eröffnung der Semperoper geplante und bereits in Arbeit befindliche Oper ›Judith‹ an die Regie von Harry Kupfer gebunden und blieb, als dieser von Dresden nach Berlin ging, weiterhin der Semperoper vertraglich verpflichtet. „Und so ganz vage – es war am 12. Dezember 1982, die ›Judith‹ war fast fertig, der Termin der Semperoper-Wiedereröffnung fern genug – kam mir der Gedanke, noch eine neue Oper zu komponieren. Dies wäre aber nur zu bewerkstelligen gewesen, läge mir ein schon zum Libretto geformter Stoff vor, den ich unverzüglich komponieren könnte. (...) Am 13. Dezember jedoch, nach einer schlaflosen Nacht, sah ich das Rilke-Bändchen in meinem Bücherschrank. (...) Jetzt las ich diesen Rilke wieder. Und nun geschah etwas Erstaunliches, was ich noch nie erlebt habe und was sich gewiß auch nicht wiederholen wird: Nach der Lektüre stand die Möglichkeit einer Oper greifbar nahe vor mir. Ich wußte, diese Geschichte wirst du komponieren. (...) Die Zweifel, ob ich vom ›Cornet‹ lieber ‚die Finger lassen' sollte, kamen erst nach der Euphorie." (Matthus, Gespräch mit Lange 1985, S. 61)

Matthus hat den ›Cornet‹ 1983 innerhalb von sieben Monaten komponiert, die einzige ergänzende Arbeit fand im Frühjahr 1984 statt, die Hinzufügung einer Elektro-Baßgitarre „zur gründlichen Stützung des Baßfundaments in Chor und Harfen". Den Text fügte der Komponist aus den Dialogen selbst zusammen und verdichtete erzählende Passagen der Dichtung als Chor oder Gedankenstimmen zu dramatischen Situationen, zu einer Art „innerem Dialog". Ebenso hatte er „keine Hemmungen", verschiedenste Texte aus Rilkes Lyrik einzugliedern, was z.B. im Eingangschor und Quartett geschah. Nur an einer Stelle durchbrach er sein Prinzip, ausschließlich auf Rilke-Texte zurückzugreifen, und verwendete zur Schilderung des Lagerlebens der „feilen Dirnen und trunkenen Krieger" Verse aus Schillers ›Wallensteins Lager‹. Das Dies irae, die Vision der Schrecken des Jüngsten Tags, entstammt der lateinischen Totenmesse.

Kommentar
Als Rainer Maria Rilke 1899 seine ›Weise von Liebe und Tod des Cornets Christoph Rilke‹ schrieb, war er vierundzwanzig Jahre alt und gab mit dieser Dichtung Auskunft über eine in Unmündigkeit gehaltene Generation.

Die 1904 in der Heimatstadt des Dichters von einer Prager Zeitschrift publizierte Geschichte fand vorerst keine Beachtung. 1912 erschien sie dann als Nummer 1 in der Insel-Bücherei und wurde alsbald das populärste Werk des Dichters, Lektüre deutscher Soldaten zweier Weltkriege, die sich und ihre Situation hier wiederfanden: Abschied vom bürgerlichen Alltag, Einsamkeit, Freundschaft zwischen Männern ohne Frauen und endlich Bewährung und Auszeichnung, seinen Mann stehen können, in der Liebe und im Kampf. Alle Sehnsucht konnte hier genossen werden. Rilkes Dichtung verherrlichte den Heldentod nicht, aber sie schuf am Mythos Krieg mit. Es war kein Mißverständnis, wenn sich so viele von dieser Dichtung hinreißen ließen, ob sie nun den Krieg liebten oder nicht, ihrer Flucht aus dem Alltag wurde hier ein Sinn gegeben.

Siegfried Matthus hat Rilkes Text anders gelesen: als die ›Tragödie eines jungen Mannes in einem schrecklichen Kriegsgeschehen, der die Krise der Pubertät durch ein großes Liebeserlebnis überwindet und im Überschwang des neugewonnenen Lebensgefühls blindlings in den Tod läuft" (Matthus, Programmheft Dresden, 1985).

Da Matthus dieser Lesart, zumindest deren Unmißverständlichkeit, nicht ganz traute, komponierte er eine Oper mit drei Anfängen. Der erste Anfang bezieht sich darauf, daß dieses Werk für die Wiedereröffnung der Semperoper 1985, vierzig Jahre nach ihrer Zerstörung, komponiert ist. Der einleitende A-cappella-Chor „In solchen Nächten / war einmal Feuer in der Oper", dessen Text Rilkes ›Buch der Bilder‹ entnommen ist, war deshalb ursprünglich nur für die Uraufführung in der Semperoper bestimmt, wurde aber letztlich zu einem untrennbaren Bestandteil des Gesamtwerkes, weil die lautmalerische sechzehnstimmige Auffächerung des Wortes „Feuer", das die Register hinauf und hinunter jagt, prasselnd und aufzischend, zwar das Feuer in der Februarnacht 1945 meint, am Schluß in identischer Form wiederkehrt, nun aber dem Brand des Schlosses, der Zufluchtstätte der Liebenden, gilt.

Den folgenden, an zweiter Stelle stehenden „Dies irae"-Chor will Matthus als Autorenkommentar verstanden wissen. Auch dieser kehrt leitmotivisch wieder, gibt einzelnen Vorgängen und Situationen Aufblendungen. Mit den wuchtigen Fortschreitungen, dem eingearbeiteten Tonsymbol B-A-C-H und den harten schnellen Sextolen in zwischengeschalteten Schlagzeugpassagen hat er einen unerbittlichen Gestus. Die Oper endet mit einem Zitat aus dem „Dies irae"-Chor, anders als bei Rilke, wo die Mutter die Nachricht vom Tod ihres Sohnes erhält und um ihr Kind weint.

Der dritte und letzte Anfang ist wieder ein Chorsatz, diesmal ausschließlich für Männerstimmen, mit den berühmt gewordenen Anfangsworten der Rilkeschen Dichtung: „Reiten, reiten, reiten, durch den Tag, durch die Nacht, durch den Tag." Mit diesem Männerchor beginnt die Handlung im engeren Sinne, er veranschaulicht eine äußere wie auch eine innere Situation. Der Rhythmus des Reitens wird in einem 12/8-Takt wiedergegeben, doch ahmt kein Schlaginstrument das Hufgeklapper der Pferde nach, vielmehr gehen die rhythmischen Impulse von den Harfen aus, entsteht ein merkwürdig diffuses, trügerisches Gerüst, dazu erklingt – zuerst signalgebend, dann kantabel – das Horn, langsam mischt sich das Schlagwerk ein, schafft Veränderungen und Beschleunigungen.

Mit diesem dritten Chor ist auch das dritte leitmotivische Element gegeben, die gleichbleibende affektive Grundsituation: „explosive Verhaltenheit. Die rhythmischen Akzente dieses Blues müssen wie große zurückgenommene emotionale Ausbrüche wirken." (Matthus, Werkstattgespräch 1985, S. 19)

Der Chor hat vielfältige Funktionen. Er gibt den Autorenkommentar und ist Mitspieler, indem er Reiter, trunkene Ritter und feile Dirnen im Troß, Knappen und Gäste auf dem Schloß verkörpert. Darüber hinaus transformiert er Gedanken in musikalische Substanz, führt gesungene Worte später durch Summen auf ihre Melodie zurück, um damit Gedanken und Gefühle zu assoziieren, die von den handelnden Personen verschwiegen oder verdrängt werden. Auf diese Weise begleitet das „lichte" Wort „Mutter" den Cornet durch das grausige Geschehen. Der Chor multipliziert die Erlebnisse der einzelnen, er ist Echo und Widerhall, überhöht und intensiviert Gedanken und Gefühle.

Siegfried Matthus nannte sein Werk eine Opernvision. Vision ist ein Wort mit Doppelsinn: Einmal steht es für Erscheinung, Erleuchtung, Gesicht, Traumbild, andererseits für Trugbild. Diesem Doppelaspekt bleibt der Komponist auf der Spur.

Dem Cornet und der Gräfin ist jeweils eine Gedankenstimme zugesellt: Mezzosopran und Alt für Cornet und Gedankenstimme; Sopran und Hoher Sopran für die Gräfin und deren Gedankenstimme. Die Beziehungen zwischen Gestalt und Gedankenstimme sind weitgefächert, sie umfassen konflikthafte Konstellationen und Entzweiungen ebenso wie völlige Übereinstimmungen.

Die Liebesbegegnung zwischen Cornet und Gräfin ist als Quartett komponiert. Streng genommen handelt es sich um zwei parallel geführte Duette, weil die jeweilige Figur mit ihrer Gedankenstimme konform geht. Auf diesen emotionalen Höhepunkt hin hat Matthus sein Werk konzipiert. In Fioritüren, das heißt hier buchstäblich in „aufblühenden" Melodien, streben die vier Stimmen in immer extremere Höhen empor, wobei die koloristischen Ausziehrungen der Worte auf einer modalen Skala basieren, die dem musikalischen Gesamtgeschehen zugrunde liegt. Dazwischen schlagen die Glocken der Turmuhr, aber der diffuse, gläserne, silberhell-unwirkliche Klang der Harfen und Stimmen setzt sich über den Stundenschlag der Zeit hinweg. Die „erleuchtete Stunde" siegt über die reale prosaische Wirklichkeit der objektiv verfließenden Zeit. In diese visionäre Stimmung brechen mit dem Feuer-Chor und den zuerst nur von Spork stammenden Rufen „Cornet!", die sogleich auch vom Chor übernommen werden, wahrhaft gespenstische Klänge herein, dann wird alles von einem Orchester-Presto maschinell-unaufhaltsamer Prägung weggewischt. Was ist hier Traum, was Realität?

Bedeutsam und originär an der musikalischen Fabellesart ist, daß an den emotionalen Knotenpunkten die Grenzen zwischen Vision und Realität aufgehoben scheinen.

Cornet und Gedankenstimme sind Hosenrollen, vom Komponisten aus Sorge gewählt, der junge Fahnenträger könnte von einem „vierzigjährigen dickbäuchigen Tenor" dargestellt werden. Darüber hinaus wollte er im Verhältnis Gräfin – Cornet an die bekannte Grundkonstellation Gräfin – Cherubino in Mozarts ›Figaros Hochzeit‹ anknüpfen (vgl. Matthus, Gespräch mit Lange 1985, S. 63, und Matthus 1988, S. 187).

Bestimmte instrumentale Kombinationen durchziehen wie Chiffren das Werk. Der Gedanke an die Mutter wird bereits in der Erzählung eines Deutschen von seiner Mutter exponiert und ist ab da immer am Klang der Flöten zu erkennen.

Matthus hat im ›Cornet‹, darin Dessaus ›Die Verurteilung des Lukullus‹ vergleichbar, ebenfalls die Streicher im Orchester ausgespart, dafür geben zwei Harfen das grundierende Gerüst und den diffusen Klang zur Herstellung der visionären Situationen.

Als Grundmodell für die Harmonik dient eine „Achttonskala innerhalb eines Oktavbereichs. (...) Das Auffällige an der Intervallkonstellation ist die Asymmetrie zwischen den vier ersten und den vier letzten Tönen, in den vom Grundton ausgehenden Intervallen kleine Terz, große Terz und Quinte verbirgt sich ein Dur-Moll-Dreiklang. Die vier letzten bilden eine chromatische Skala, die zu einem neunten Ton, der Oktave des ersten, hinführt. (...) Die Beschränkung auf diese acht Töne bedeutet für mich eine wohltuende schöpferische Freiheit, verbunden mit dem Gefühl einer gezügelten Regelhaftigkeit, die das Abgleiten in eine chaotische Anarchie und Unverbindlichkeit ausschaltet und verbietet." Darüber hinaus eröffnete sie dem Komponisten auch eine „schmerzlich vermißte, wichtige musikalische Ausdrucksmöglichkeit, die des Modulierens, des Hinübergleitens von einem harmonischen Feld in ein anderes (...)", und mit Hilfe dieses Grundmodells konnte er eine „dem gesamten Werk übergeordnete Struktur" schaffen, die er „harmonischen Sound" nannte. „Die konsequente Beibehaltung gleicher Akkordkonstellationen über die gesamte Zeitdauer der Komposition läßt solch einen Sound entstehen, der für großflächige Werke, wie es die Oper nun einmal ist, einen wichtigen musikalischen Faktor darstellt." (Matthus 1987, S. 404 ff.)

Eine Besonderheit der Oper: Instrumente und Motive sind fast immer in ambivalenter Bedeutung eingesetzt; sie gehören sowohl der kriegerischen Außenwelt als auch der visionären Innerlichkeit der Figuren an und tragen dazu bei, die Grenzen zwischen beiden zu verwischen. So gibt das Horn sowohl militärische

Signale, verleiht aber auch mit seinen elegischen Kantilenen den Gesichten des Cornets Gestalt.

Ganz Ähnlich verhält es sich mit den „Cornet!"-Rufen, die in der Tonfolge einer fallenden übermäßigen Quarte und einer steigenden großen Septime mehrfach wiederholt werden und eine spezifische instrumentale Einkleidung haben, einen forcierten Paukenwirbel, der den Ausdruck ins Drohende hebt. Mit diesem Ruf wird der Junker vom Heerführer Spork zum Fahnenträger, zum Cornet ernannt, aber dieser Ruf erschallt auch während der Begegnung des Jünglings mit dem schreienden, gebundenen Weib, und er dröhnt ihm entgegen beim Ritt über den erschlagenen Bauern, schließlich dringt er ins Turmzimmer hinein. In diesen Rufen manifestiert sich fast schulmäßig das Über-Ich, das autoritäre Gewissen des Cornets, mit ihm wird er vor dem Weib, vor der Sexualität gewarnt, wird er gemahnt, sich des Mitleids mit dem Toten zu enthalten, seine Angst zu zügeln, und schließlich treibt ihn dieser Ruf aus dem Turmzimmer hinaus.

Das „Dies irae"-Motiv ist mit den Sporkschen „Cornet!"-Rufen aufs engste verbunden und bildet dessen eigentümlichen Gegenpol. Es erklingt ebenfalls in der Szene mit dem erschlagenen Bauern, mahnt aber hier zum Nachdenken, fordert dazu auf, der Angst nachzugeben, und im Finale widerspricht es Spork. Gegenüber dem autoritären Gewissen, das den Cornet zu Gehorsam, Eifer, Pflicht und in den Tod treibt, appelliert das „Dies irae"-Motiv innezuhalten und behauptet sich gegenüber Spork als letztes Wort. Die Tragik: Es kommt zu spät. Das autoritäre Prinzip war stärker, der Cornet ist bereits tot, der Tod behält seinen Stachel.

Aneignung

Der Reiz und die Schwierigkeit der Oper: Sie spielt fortwährend zwischen Traum und Wirklichkeit, verwischt deren Grenzen, bald ist der Traum Zuflucht und hilft die Realität vergessen, bald sind es Alpträume, die die Wirklichkeit mit ihren Schrecken noch übergipfeln. Äußeres Geschehen und innere Gesichte schlagen fortwährend ineinander um.

Ruth Berghaus mit der Regie für die Uraufführung zu beauftragen, war nicht zufällig, schließlich ist die Regisseurin international dafür bekannt, Theatervisionen ganz eigener Art zu entwerfen. Schärfer als Matthus fragte sie, warum Rilkes Dichtung in zwei von Deutschland ausgelösten Kriegen jungen Kriegsfreiwilligen zum Kultbuch dienen konnte, und reagierte mit ihrer Inszenierung auf zwei zentrale Mythen des 20. Jahrhunderts: auf den Mythos Krieg und auf den Mythos Jugend. Sie setzte Matthus' Opernvision so in Szene, daß diskutiert werden konnte: Was dem Cornet passiert, geschah und geschieht vielen, es bereitet sich in der Kindheit, im bürgerlichen Alltag mit seinen Zwängen und Tabus vor, hat da seinen Ausgang. In der Handlung von Jugend/Flucht, Soldatsein/Krieg ist auch die Geschichte von Kindheit enthalten, und als Geschichte der Kinder ist es auch eine Geschichte der Eltern (Gräfin und Heerführer). Der Krieg gibt den Stoff für eine äußere Krisensituation, die Vision, der Not zu entkommen.

In der Berghaus-Inszenierung ist zum einleitenden Chor „Feuer in der Oper" die Tür im Eisernen Vorhang, der bekanntlich die Bühne zum Zuschauerraum sperrt, damit Feuer nicht übergreifen kann, geöffnet. Zuerst sieht man im Türspalt einen toten Baum, dann gebiert eine versehrte Frau, das Geborene erweist sich als ein Doppelwesen, es wird von der Mutter in einem Soldatenmantel geborgen und flüchtet; die Tür fällt ins Schloß.

Was zuletzt zu sehen ist, gleicht einem Trugschluß zum trügerischen Anfang: Es senkt sich der berühmt gewordene, rekonstruierte Schmuckvorhang der alten Semperoper, auf ihm zu sehen; Orpheus, mit seinem Spiel die Gewalten des Chaos besänftigend.

Zwischen dem Anfang, der ein Ende ist, und dem Ende, das ein Beginnen von Menschheit und Kunst vorstellt, vollzieht sich ein traumhaft-visionäres Spiel. Die Verdoppelung und Spaltung der Figuren (in der Komposition durch die Gedankenstimme herbeigeführt) wird auf der Szene bis zur Vermassung getrieben. Kindgestalten (Eleven der Palucca-Schule) sind als szenischer Chorus Kontrapunkt und Figuration des Geschehens. Sie sind die Realität des Verdrängten, des Unbewußten, sind aber auch die Realität von Wünschen, Hoffnungen, Ängsten, sie mischen sich ein, wenden ab, befördern, durchkreuzen, sie definieren die Räume, die Orte des Geschehens: Trugbilder, Traumbilder.

Diese Uraufführung setzte einen Maßstab, sie hatte den Schwebezustand der Matthusschen Opernvision erfaßt, der Akzent lag auf dem Visionären.

Anders in den nachfolgenden Inszenierungen: Hier wurde die Balance zwischen Realität und Vision zugunsten der Realität aufgegeben. Die extreme Position nahm dabei Maximilian Schell ein, der den ›Cornet‹ noch im Frühjahr 1985, also kurz nach der Uraufführung, an der Deutschen Oper Berlin (West) inszenierte. Der Berliner Essayist Friedrich Dieckmann verglich diese Inszenierung mit der Uraufführung und brachte es zu folgendem Fazit: „Ruth Berghaus hat das Werk dort angesiedelt, wo es zu Hause ist: in der Innenwelt; sie hat ihm so eine Konkretion gewonnen, die dem äußeren Geschehen des Textes, als einem nur Traumbewegten, abgeht." Bei Maximilian Schell wurde die Bühne „eine universelle Kriegsszene, von Heeren aller Zeiten bevölkert, (...) der Ort das Niemandsland des Krieges (...), die Waffen kommen aus dem Arsenal aller Zeiten, das zugleich der Theaterfundus ist. (...) Der Cornet – vielmehr die beiden Mädchen, die ein Cornet sind – ist ein Doppel-Mitläufer dieser grau treibenden, tödlich-ausweglosen Mobilität; die Entpersonalisierung der Figur, in Dresden und der Ästhetik des Werkes abgeleitet, wird hier realistisch vorgeführt, als ein Aufgehen in der Masse; aus der exemplarischen wird so eine beiläufige Gestalt. Das geschieht mit Einfällen; in dem Maß, wie die Titelfigur verblaßt, gewinnt das ‚Ambiente', der Heereszug, an Leben und Einzelheit. In jeder Hinsicht ist hier von außen angesetzt; die bedeutungsträchtig aufgereizte Peripherie setzt sich als Wesen der Sache ein. Die Oper, so zeigt sich, hat, wie das Rilkesche Gedicht, obschon andern Sinnes, zwei Gesichter, ein inneres und äußeres (...). Auch war es wirkungsvoll; der illustrative Gestus, im Dienst ablesbarer Sinnbestimmung, kam der Fassungskraft des Publikums entgegen." (Dieckmann 1985, S. 444)

Wenige Wochen nach der Uraufführung spielten die Städtischen Bühnen Erfurt das Werk nach; es folgten: 1986 Städtische Theater Karl-Marx-Stadt, 1987 Städtische Bühnen Hagen, Volksoper Wien. Bereits für die Erfurter Einstudierung hatte Siegfried Matthus eine vereinfachte Chorfassung geschaffen, den sechzehnstimmigen Chorsatz ohne Substanzverlust reduziert, so daß die Opernvision auch von kleineren Opernhäusern zu realisieren ist. Anläßlich des *Laboratorio lirico di Alessandria 1989* erlebte der ›Cornet‹ in Alessandria seine italienische Aufführung in deutscher Sprache (Musikalische Leitung: Will Humburg, Inszenierung: Gabriele Vacis) mit Rundfunkübertragung durch die RAI (Radiotelevisione Italiana).

Ausgaben Text In: Theater der Zeit, H. 2, Berlin 1985; In: Siegfried Matthus. Libretti, Henschelverlag Berlin 1987 und 1989 (Reihe dialog); KlA Deutscher Verlag für Musik Leipzig 1985 (dvfm 6139)

Rechte Deutscher Verlag für Musik Leipzig

Literatur Rainer Maria Rilke: Die Weise von Liebe und Tod des Cornet Christoph Rilke (1899), Leipzig 1912...1987 – auch In: Werke. Auswahl in drei Bänden, hrsg. von Horst Nalewski, Leipzig 1978; auch In: Werke. Auswahl in zwei Bänden, Leipzig 1957; Horst Nalewski: Rainer Maria Rilke, Leipzig 1976; Walter Simon: Rilke. Die Weise von Liebe und Tod des Cornets Christoph Rilke, Frankfurt/Main 1976; Rilke heute. Beziehungen und Wirkungen, hrsg. von Ingeborg H. Solbrig und Joachim W. Storck, Frankfurt/Main 1975 und 1976 (2 Bde.); Rilke-Studien. Zu Werk und Wirkungsgeschichte, hrsg. von der Akademie der Wissenschaften der DDR, Zentralinstitut für Literaturgeschichte, Berlin und Weimar 1976; August Stahl: Rilke-Kommentar (2 Bde.), München 1979; Klaus-Dieter Hähnel: Rainer Maria Rilke, Berlin und Weimar 1984 Siegfried Matthus: Zum Wort-Ton-Verhältnis. Rückhalte der Oper. Frage – Antwort. In: Neue Deutsche Literatur, H. 2, Berlin 1981; ders.: Eine Oper nach Rilkes ›Cornet‹ als bewegende Mahnung zum Frieden. Gespräch mit Günter Görtz. In: Neues Deutschland 19./20. Januar 1985; ders.: Meine Cornet-Oper. In: Programmheft Staatsoper Dresden 1985; Werkstattgespräch. ›Cornet‹ oder Über die Kunst, zu erben. Siegfried Matthus, Hartmut Haenchen, Sigrid Neef, Daniela Reinhold. In: Musik und Gesellschaft, H. 1, Berlin 1985; Wolfgang Lange: Gespräch mit dem Komponisten zu ›Die Weise von Liebe und Tod des Cornets Christoph Rilke‹. In: Theater der Zeit, H. 2, Berlin 1985; Siegfried Matthus, Ruth Berghaus, Hartmut Haenchen, Sigrid Neef im Radio-DDR-Musikklub, Leitung: Otto Zengel, Radio DDR II, 1. März 1985; Siegfried Matthus: Über die Harmonik meiner Cornet-Oper. Aus einem Vortrag. In: Musik und Gesellschaft, H. 8, Berlin 1987; ders.: Gespräch mit Gerhard Müller. In: Komponieren zur Zeit, Gespräche mit Komponisten der DDR, hrsg. von Mathias Hansen, Leipzig 1988
Friedrich Dieckmann: Die Jugend-Elegie als Militärpanorama. In: Musik und Gesellschaft, H. 8, Berlin 1985; ders.: Die gefesselte Jugend. Rilkes ›Cornet‹ als Oper einer Vision. In: Weimarer Beiträge, H. 6, Berlin 1986; Sigrid Neef: Das Theater der Ruth Berghaus, Berlin 1989
Rezensionen der Uraufführung. In: Theater der Zeit, H. 4, Berlin 1985; Musik und Gesellschaft, H. 4, Berlin 1985

Aufnahmen Produktion des Fernsehens der DDR, Aufzeichnung der Aufführung der Staatsoper Dresden (GA) Elisabeth Wilke (Cornet), Annette Jahns (Seine Gedankenstimme), Magdalena Falewicz (Gräfin), Gabriele Auenmüller (Ihre Gedankenstimme), Olaf Bär (Marquis), Hajo Müller (Spork), Birgit Fandrey (Ein junges Weib), Hanne Wandtke (Eine Mutter), Johannes Haenchen (Ein toter Bauer), Schülerinnen und Schüler der Palucca-Schule Dresden, Mitglieder der Staatskapelle Dresden, Dirigent Hartmut Haenchen, Inszenierung Ruth Berghaus; Erstsendung 27. Februar 1986
Produktion des Norddeutschen Rundfunks (GA) Dagmar Schellenberger-Ernst, Birgit Fandrey,

Brigitte Eisenfeld (Sopran), Christina Ascher (Mezzosopran), Claudia Eder (Alt), Olaf Bär (Bariton), Gerd Wolf (Baß), NDR-Chor, Mitglieder des NDR-Sinfonieorchesters, Dirigent Hartmut Haenchen; Mitschnitt des Konzerts vom 6. Juli 1990 in der Petruskirche Kiel (Schleswig-Holstein-Musik-Festival)

Judith
Oper in zwei Akten
nach dem gleichnamigen Drama von Friedrich Hebbel
und Texten aus Büchern des Alten Testaments
Texteinrichtung Siegfried Matthus

Entstehung 1980-1984

Uraufführung 28. September 1985 Komische Oper Berlin

Personen
Im babylonischen Lager:
Holofernes, babylonischer Heerführer_____Baßbariton
Hauptmann des Holofernes_____Baß
Kämmerer des Holofernes_____Bariton
Achior, Hauptmann der Moabiter_____Bariton
Oberpriester_____Baß
Bote des Nebukadnezar_____Hoher Tenor
Soldat_____Bariton
Gesandte aus Edom_____Tenöre und Bässe
Gesandte aus Moab_____Tenöre und Bässe
Sklavin_____Stumm
Soldaten und Priester_____Männerchor
In Bethulien:
Ephraim, ein junger Mann_____Tenor
Osias, Oberster Priester_____Baß
Daniel, ein Gottesnarr_____Hoher Tenor
Ammon, dessen Bruder_____Bariton
Hosea_____Baß
Judith_____Sopran
Mirza, Judiths Magd_____Alt
Volk, Priester, Älteste_____Gemischter Chor

Orchester 3 Fl (auch Picc und AFl), 2 Ob, EH, 2 Klar, BKlar, 2 Fg, KFg, 4 Hr, 3 Trp, 3 Pos, KbPos (auch Pos IV), Tb, 5 Pkn, Slzg (4 Spieler): 3 Bongos, 3 Tomtoms, Landsknechttr (oder großes Tomtom), KlTr, GrTr, Bck, 3 Gongs, 2 Tt, 2 kleine Cowbells, große Cowbell, Amboß (oder Stahlplatte), Auto-Brake-drums,

Glsp, Zimbeln, Xyl, RGl, Kast, Tamb, 2 Holzblocktr, Ratsche (groß); Hrf, Kl und Cel, EBGit; Str

Aufführungsdauer I. Akt: 58 Min., II. Akt: 60 Min.; Gesamt: 1 Std., 58 Min.

Handlung
Die Handlung spielt vor und in der Stadt Bethulien.
I. Akt: *Der Ausschnitt eines Platzes der auf einem Bergplateau gelegenen und durch Festungsmauern gesicherten Stadt Bethulien. Am Fuße des Berges das Lager der Babylonier. Das Geschehen auf beiden Schauplätzen gleichzeitig.* Die Stadt Bethulia wird von babylonischen Heerscharen unter Holofernes belagert. In der Stadt herrschen Angst und Verzweiflung, bei den Babyloniern Übermut und Tatendrang; die einen hungern, die anderen prassen, die einen opfern dem einen Gott, die anderen vielen Göttern. Die babylonischen Götter haben Hände, Ohren und Münder und vermögen doch weder zu greifen noch zu reden, allein Holofernes befiehlt. Der hebräische Gott hingegen ist unsichtbar und hat doch seine Leute fest im Griff. Alle Völker haben sich Holofernes unterworfen, nur das kleine Bethulien nicht. Prophet Daniel und Oberpriester Osias verkünden Jehovas Willen: Die Hebräer sollen ausharren. – Holofernes hält Gericht: Jeder, auch der gemeine Soldat, kann seine Klage vorbringen. Ein Soldat beschuldigt seinen Hauptmann, sich an dem von ihm erbeuteten Mädchen vergriffen zu haben. Holofernes läßt den Hauptmann wegen seines Vergehens, den Soldaten seiner Keckheit wegen hinrichten. Holofernes' Prinzip: sich „nicht auslernen zu lassen"; Holofernes' Leiden: keinen ebenbürtigen Gegner zu haben. Fände er einen solchen, würde er ihn küssen, töten und mit ihm sterben. Das erbeutete Mädchen wird vor ihn gebracht, ist fasziniert vom großen Mann und gibt sich ihm willig hin. – Judith im belagerten Bethulien. Sie ist jung und schön und wird von Ephraim umworben. Die Dienerin Mirza rät zur Heirat, aber Judith schaudert es vor den Männern. Des Nachts jedoch träumt sie von Gott, und der ist ein Mann, und sie springt in seine Arme wie in einen Abgrund und versinkt. Judith ist Witwe und Jungfrau zugleich, ihr Mann hat sie nie angerührt, von einem „heiligen Schauer" zurückgehalten. Judith sucht einen Sinn in ihrem Schicksal und findet keinen. – Judith wiederholt in Gedanken das traumatische Erlebnis ihrer Brautnacht / Holofernes berauscht sich am Gedanken seiner Männlichkeit und seiner „Siege über die weibliche Natur", das ist für ihn Vollgefühl des Lebens. – Holofernes wird aus seiner Selbstvergötzung gerissen. Ein Bote des Kaisers Nebukadnezar befiehlt, es sei hinfort kein anderer Gott außer Nebukadnezar. Der Feldherr Holofernes hat zu gehorchen. Die babylonischen Soldaten zerstören auf sein Geheiß ihre Götzenbilder, und es bleibt von ihnen nur ein „Haufen Dreck" / Die Bethulier aber zerstören Gottes Ebenbild, den Menschen. Im Namen der leidenden Kinder und Frauen fordert Ammon, die Tore zu öffnen, im Namen Gottes fordert sein Bruder, der Prophet Daniel, Ammon zu steinigen. Die Tore bleiben geschlossen, Ammon wird gesteinigt. – Holofernes flucht Nebukadnezar, denn wenn schon, gebührt Holofernes allein göttliche Ehre. – Ephraim bedrängt Judith, sie solle ihn heiraten, damit

er sie vor Gefahren beschützen könne. Judith fordert Ephraim auf, Holofernes zu töten, aber der schreckt feige zurück, so entschließt sie sich, die Tat selbst zu wagen. – Könige wetteifern, sich Holofernes zu unterwerfen. Denn das letzte Volk, das sich beugt, soll volle Vergeltung treffen, die Bethulier. Achios warnt Holofernes vor der Macht Jehovas und spricht damit sein eigenes Todesurteil: Er wird auf Holofernes' Befehl nach Bethulien gebracht und soll das Schicksal der Hebräer teilen, denn mächtig ist allein einer: Holofernes. – Judith schreit zu Gott, fleht um ein Zeichen. – Holofernes wartet ebenfalls auf ein Zeichen Jehovas; er will sich ihm unterwerfen, wenn sich die Bethulier freiwillig in babylonische Hand geben. – Judith horcht in die Welt und hofft, ein Held mache sie überflüssig. Aber alles bleibt dunkel und still. Da vergottet sie ihren eigenen Gedanken, ihre Schönheit soll Holofernes zum Verhängnis werden. – Das Volk Bethuliens ist am Ende seiner Kraft. Daniel und der Oberpriester fordern in Gottes Namen zum Durchhalten auf. – Judith bittet Gott, es möge ihr nur Schlechtes von Holofernes berichtet werden, damit sie in ihrem Vorhaben nicht schwankend würde / Holofernes preist den Rausch – durch Weib und Blut – als höchsten Lebensgenuß. – In Bethulien fordert bereits ein zweiter Mann, Hosea, die Tore zu öffnen, aber Daniel tritt wiederum dagegen auf, will Hosea steinigen lassen. Der ruft zum Gottesurteil auf. Daniel soll dem Feuer übergeben werden: Hat er recht, werden die Flammen ihn verschonen, bleiben die Tore geschlossen. Daniel verbrennt. Das ist das Zeichen, die Stadt zu übergeben. Achios kann es in letzter Sekunde verhindern, er eröffnet den Unglücklichen, daß Holofernes Bethulien den Untergang geschworen hat. Die Hebräer beschließen, sich selbst zu töten, und setzen sich eine Frist von einem Tag; will Gott ihnen helfen, muß es in dieser Zeit geschehen sein. Judith läßt sich von Holofernes berichten und erfährt nur das Schlimmste, von Tod und Verderben. Sie steigert sich in den Rausch der Rache. – Holofernes steigert sich in den Rausch der eigenen Allmacht, er lästert die von ihm Getöteten und fordert sie heraus, sich an ihm zu rächen. – Die Bethulier sehen in Judith das versprochene Gotteswunder / Die Babylonier preisen das Wunder des Weins / Judith verläßt mit Mirza die Stadt.

II. Akt: *Zelt des Holofernes.* Der Kämmerer hat den Schlaf seines Herrn ausgespäht; dem Feldherrn träumte, er würde hinterrücks von einem Feind angegriffen, und als er den töten wollte, stach er sich in die eigene Brust. Holofernes deutet sich seinen Traum: Auch der Tod ist ihm untertan, er hat ihn überlistet. – Judith wird ihm gemeldet. Holofernes sieht jedes Weib gern, ausgenommen seine eigene Mutter: „Was ist denn auch eine Mutter für ihren Sohn? Der Spiegel der Ohnmacht von gestern und von morgen." – Judith verleumdet ihr Volk vor Holofernes, um es zu retten. Sie soufliert Holofernes eine neue Rolle, die des gnädigen Erbarmers, und erreicht doch nur, daß sie ihm die Tat unmöglich macht, indem sie ihn dazu auffordert. Sie kommt nicht umhin, diesen Mann zu bewundern. – Ephraim wagt ein Attentat auf Holofernes, scheitert aber kläglich, wird zum Nachfolger des verstorbenen Lieblingsaffen ernannt und in dessen Käfig gesperrt. – Judith zweifelt an sich und ihrem Auftrag: „Ich hasse dich, ich verfluche dich.

Nun töte mich!", schreit sie Holofernes entgegen. Er aber weiß es, und das reizt ihn. Er „zerrt Judith gewaltsam in sein Schlafgemach". – Mirza wird vom Kämmerer verhöhnt und pariert ihm. Die Dienerin spürt, daß die Seele eines Menschen getötet wird: Judiths Seele. Judith schlägt Holofernes den Kopf ab, gerät aber nach der Tat in einen Zwiespalt, denn was sie getan hat, kann nur durch das Kommende einen Sinn erhalten. Sie fleht zu Gott, ihre Tat möge dem hebräischen Volk Glück und Frieden bringen. Der kopflose Holofernes versetzt die Babylonier in Panik, die Bethulier wüten mit „Schlächtermut" unter ihnen. Achios huldigt Jehova, der Oberpriester verkündet, daß Gott durch Judith ein Wunder vollbracht habe, Judith wird als Retterin des Vaterlandes gepriesen, von Ephraim aber als „Hure Israels" geschmäht, er *reißt Judith die Kleider vom Leib und tut ihr Gewalt an.*
Finale (Passacaglia): *Pantomimische Darstellung der Zerstörung Judiths mit Beteiligung aller Personen der Handlung und unter Verwendung vorangegangener gezeigter und berichteter Begebenheiten in einem unrealen Zeit- und Sinnzusammenhang.* Chor. „Herr, errette mich! Höre mein Gebet und laß mein Schreien zu dir kommen. Errette mich aus dem Kot, daß ich nicht versinke (...). Erhöre mich, Herr, wende dich zu mir in deiner großen Barmherzigkeit, und verbirg dein Angesicht nicht, denn mir ist angst. Du weißt meine Schmach, Schande und Scham; meine Widersacher sind alle vor dir. (...) Ich bin elend, und mir ist wehe. Herr, errette mich, rette mich!"

Kommentar
Hebbels Drama von 1840 und Matthus' Oper von 1985 fügen den vielen reizvollen Deutungen des Judith-Stoffes nicht schlechthin eine neue hinzu, sie brechen vielmehr mit einer bestimmten Tradition dieser Deutungen: mit der simplen Verherrlichung von Judiths Tat.

Entgegen der biblischen Überlieferung schleicht sich Hebbels Judith nicht listig in Holofernes' Lager, um dem Feldherrn und Götzendiener Nebukadnezars das Haupt abzuschlagen und ihr Volk vor dem Untergang, Gott Jehova vor der Baals-Gefahr zu retten. Hebbels Judith läßt die Absicht ihres Kommens erkennen und wird in Ausführung ihrer Tat mit der Frage konfrontiert, welche Motive den Menschen zu seinem Handeln antreiben. Die Antwort darauf läßt sie an sich selbst irre werden.

Was sich in Hebbels Drama als ein Nacheinander entwickelt, gestaltet Matthus als gleichzeitiges Geschehen und als ein unvermitteltes Nebeneinander von sehr verschiedenem und doch auch ähnlichem, von Götzendienst und Gottvertrauen, von Selbstüberhebung und Selbstaufgabe. Simultaneität wird zum Strukturprinzip, zwei scheinbar ganz entgegengesetzte Lebens- und Glaubensformen – Polytheismus und Monotheismus – offenbaren überraschend viel an Übereinstimmungen, wenn sie nebeneinander und aufeinander bezogen dargestellt werden.

Die Selbstüberhebung des Holofernes ist der Gegenpol zur Selbstaufgabe der Judith, beide suchen und finden Sinnerfüllung im selbstvergotteten Ich, in einer selbstauferlegten, zum göttlichen Auftrag erklärten Aufgabe.

Der Oper ›Judith‹ ging ein für den Konzertsaal geschriebenes Holofernes-Porträt voraus, das von den beiden Auftraggebern und Anregern, Dietrich Fischer-Dieskau und Kurt Masur, 1981 in Leipzig uraufgeführt wurde. Matthus stellte in seiner 1980/81 entstandenen Komposition für Bariton und Orchester Texte aus Hebbels Drama zu einem fünfteiligen, zwanzigminütigen Monolog zusammen, der gegenüber der Oper um mehrere Passagen erweitert ist, also viel umfangreicher den Feldherrn in allen seinen Gefühlsregungen und Gedankensprüngen darstellt und einen Menschen erkennbar werden läßt, der sich an Gottes Statt zu setzen versucht. Dabei arbeitet der Komponist Charakterzüge des Holofernes heraus, die auch für die Oper wichtig sind. In beiden Werken mit dem gleichen musikalischen Material gestaltend, macht Matthus affektive Konstellationen einander ausschließender Art hörbar: den Machtrausch und das Empfinden totaler Ohnmacht, gesteigerte Empfindsamkeit und völlige Interesselosigkeit, Gier und Kälte.

Während Holofernes nicht danach strebt, die ihn treibenden Widersprüche aufzulösen, sondern sich darin gefällt, so zu sein, wie er ist, wird Judith getrieben, die Widersprüche ihres Seins zu harmonisieren, ihrem Schicksal als Witwe und Jungfrau den Stachel zu nehmen. Sie zerbricht an der Erkenntnis, daß sie die Widersprüche nicht aufheben kann.

In einer Zeit, da unterschiedliche Weltanschauungen und Glaubensformen darin wetteifern, einander den Rang abzulaufen, stehen Hebbels Drama und Matthus' Oper gegen den Zeitgeist und entsprechen ihm zugleich: nämlich der Sehnsucht vieler Menschen, nicht die äußeren Lebens- und Glaubensformen wahrzunehmen, sondern die inneren treibenden Motive menschlichen Handelns zu erkennen. Dies ist das Thema des Dramas, das Matthus kongenial in seine Oper zu übertragen wußte.

Er wandte dazu eine Art filmischer Montage- und Schnittechnik an: Wie in einer Totalen bringt er die belagerten Bethulier und die belagernden Babylonier gleichzeitig ins Hörbild; er konfrontiert die Totale (die Chöre) mit Großaufnahmen der in kurzen Szenen und Monologen dargestellten Protagonisten. Die Divergenzen und Übereinstimmungen zwischen Bethuliern und Babyloniern, zwischen Judith und Holofernes werden sinnlich erfahrbar gemacht; Gefühl und Verstand sind ständig gefordert, zu vergleichen, abzuwägen, Kontraste und Analogien wahrzunehmen. Gebete, Traumerzählungen, intimste Selbstentblößungen stehen hart neben Aktionen, in denen sich die äußere Welt ungebeten in die innere einmischt, die innere Stimmung mit den äußeren Umständen kollidiert; der Selbstvergötzung des Holofernes folgt sogleich dessen Demütigung durch Nebukadnezar, der keinen andern Gott neben sich duldet, was der Feldherr Holofernes hinnehmen muß.

Die kühnen sprachlichen Wendungen, mit denen die Protagonisten ihre seelische Verfassung kundtun, Tabus ignorieren und ihr Innerstes preisgeben, dankt Matthus dem Dichter Friedrich Hebbel, dessen ›Judith‹ 1840 nur gekürzt auf der Bühne erscheinen durfte, weil die Art und Weise, wie hier Gedanken, Gefühle und Gefühlsverwirrungen unbeschönigt ausgesprochen werden, der Zeit weit voraus war. Eine zentrale Rolle spielt ein kurzer Monolog des Holofernes, den auch Matthus durch Reduzierung des Begleitinstrumentariums auf nur ein Klavier deutlich gegen das musikalische Umfeld abgegrenzt und herausgehoben hat. In diesem Monolog wütet Holofernes gegen die eigene Mutter, denn was ist „auch eine Mutter für ihren Sohn? Sie ist der Spiegel seiner Ohnmacht von gestern oder von morgen." Der tätige, selbstherrliche Mann will weder an die Geburt noch an den Tod gemahnt werden. Leben heißt für ihn herrschen. Hebbel hat in diesem Monolog ein Prinzip seiner Zeit zur Diskussion gestellt, eine verschwiegene Konsequenz dieses Prinzips benannt und dem Mutter–Sohn-Verhältnis jegliche verharmlosende, verhübschende Verhüllung abgerissen.

Von ähnlich zentraler Bedeutung ist Judiths Szene, wenn sie angesichts des sorglos schlafenden Holofernes erkennt, daß sie zwar wissen konnte, was sie wünschte, aber nicht alle Motive ihres Wünschens kannte: daß gesellschaftlich-göttlicher Auftrag und privat-sexuelle Sehnsüchte unentwirrbar miteinander vermischt sind. An diesem Punkt wird Judith zu einem Menschen, der sich als sein eigener unbeherrschter Kosmos zu begreifen beginnt; sie wird zum Störfaktor in einer Zeit, die die Welt beherrschbar wünscht und einen selbstbeherrschten Typus Mensch braucht und hervorbringt.

In der Hebbel-Rezeption ist man mit diesem aufstörenden Gehalt des Dramas fertig geworden, indem man die beiden Protagonisten zu „großen Figuren" erklärte, die gegenüber den „niederen Menschen" ihrer Umgebung eine Sonderstellung einnehmen, demzufolge einsam sind und aufeinander zustreben. Matthus ist zu Beginn seiner Arbeit dieser Ansicht gefolgt und hat sich 1981 in dieser Weise erklärt. „Harry Kupfer schlägt die ›Judith‹ vor. ›Judith‹? – das ist die alttestamentarische Geschichte – ein Drama von Hebbel. Dunkle Erinnerungen an Bilder in Museen. Ich lese den Hebbel – einmal (Was soll das heute?), zweimal (eine dramatische Geschichte!), dreimal (wahrlich, ein Opernstoff!) und immer wieder. Das ist mein Sujet! Daraus mache ich eine Oper! Welch herrliche Protagonisten! Die weiblich-gläubige Judith, der männlich-ungläubige Holofernes. Groß und einsam in ihrer Sehnsucht nach ebenbürtigen Partnern. Unter ungewöhnlichen Umständen treffen sie zusammen und verbrennen aneinander. Der uralte Geschlechterkampf, die heute aktuelle Emanzipation der Frau. Eine ewig gültige Geschichte mit ahnungsvollen Bezügen zur Gegenwart. Die müssen noch gefunden und gestaltet werden" (Matthus, Neues Deutschland 18. März 1981)

Wenige Monate später aber hatte sich Matthus bereits von dieser allzu einfachen Lesart entfernt und war zum inneren Kern von Hebbels Drama vorgedrungen: „Mir kam es nicht darauf an, nur e i n e n Grund oder e i n e Rechtfertigung für die Tat der Judith zu finden und zu gestalten. Gerade die große Verwirrung dieser Frau, die Befangenheit in ihrem eigenen Denken, ihre Unklarheit über die tieferen Motive ihres Handelns, ihr Emanzipationsstreben, der unaufhaltsame Gang der Ereignisse zu ihrer Tat und ihr Scheitern danach – darin fand ich den Grund, eine so alte Geschichte heute noch einmal vorzustellen" (Matthus, Sonntag 28. Juli 1981)

Bei Hebbel soll Gott Judiths Tat heiligen, indem er ihren Schoß unfruchtbar läßt. Judith behält sich den Dank ihres Volkes vor, der darin bestehen soll, sie zu töten, wenn sie von Holofernes schwanger ist. In Matthus' Einrichtung hofft Judith auf eine Rechtfertigung ihrer Tat. Sie bittet Gott in einem Gebet von visionärer Kraft und mit der Eindringlichkeit alter biblischer Gesänge (Matthus verwendet Texte aus dem Alten Testament) um Frieden und Glück für ihr Volk. Aber in der Realität des Folgenden geht ihre Hoffnung zuschanden, aus ihrer Tat erwachsen nicht Glück und Frieden, sondern Mord und Totschlag; die Bethulier vergelten den Babyloniern Gleiches mit Gleichem, die einstmals Verzagten entwickeln nun als Befreite nichts anderes als „Schlächtermut". Wird Judith anfänglich als Retterin des Vaterlands begrüßt, kommt doch alsbald mit Ephraim, dem abgewiesenen Freier, das neidische Mittelmaß über sie, das sie „Hure Israels" schimpft.

Die Oper endet mit einer Simultanszene neuer Qualität. Im Orchestergraben beginnen „die Kontrabässe im punktierten Rhythmus der französischen Ouvertüre eine Linie zu skandieren – dreimal wird das B-A-C-H-Motiv auf verschiedenen Stufen addiert zu einer zwölftönigen Linie: Das Grundgerüst einer Passacaglia ist so entstanden, jener musikalischen Aufbau- und Entwicklungskette, die – linear, wellen- oder ringförmig – über der stets gleichbleibenden, hartnäckigen oder auch unaufhaltsamen, also schicksalhaft fortschreitenden Baßfigur geführt wird. ‚Herr errette mich! Höre mein Gebet und laß mein Schreien zu dir kommen', reflektiert der Chor psalmodierend die sich eskalierenden Gedanken einer gequälten Seele." (Herbot 1985)

Gemeint ist mit diesem Finale, wo in herkömmlicher Weise eine Apologie folgen würde, nicht schlechthin eine einfache „Anti-Apologie", sondern vielmehr der Zusammenhang zwischen Verherrlichung und Schmähung, zwischen Glorifizierung und Profanierung. In freier Anlehnung an ein bekanntes Brecht-Wort kann gefragt werden: Was ist die Zerstörung eines Denkmals gegen die Errichtung eines Denkmals?, werden doch bei jeder Heroisierung die „edlen" von den „unedlen" Motiven gesondert, die einen stilisiert und konserviert, die anderen verdrängt und vergessen. Das Denkmal wird zum Grabmal der lebendigen Wahrheit; aber die kommt allemal zutage; das Verdrängte und Vergessene rächt sich mit destruktiver Kraft.

Die Tendenz zur Apologie findet sich in Werken wie Alessandro Scarlattis ›La Giuditta‹ (1695), Antonio Vivaldis ›Juditha triumphans‹ (1716), Wolfgang Amadeus Mozarts ›La Betulia liberata‹ (1771), die glorifizierenden Absichten setzen sich fort in Alexander Serows ›Judif‹ (1863) und sind auch im 20. Jahrhundert in Arthur Honeggers ›Judith‹ (1925) oder Rolf Hochhuths ›Judith‹ (1984) vorhanden. Völlig vergessen ist eine Judith-Oper, die Emil Nikolaus von Reznicek 1923 nach Hebbel schrieb.

Siegfried Matthus hat zu dieser Tradition die Brücken abgebrochen, nicht zuletzt indem er sich in seiner Texteinrichtung lediglich auf Kürzungen des Dramentextes beschränkte, Substanz und Konfliktkonstellation jedoch unverändert von Hebbel übernahm; er geriet nicht zufällig in die Nähe Brechts, der 1926-1928 in seinem Schauspiel ›Im Dickicht der Städte‹ das Holofernes-Motiv aufgriff und das Suchen nach dem ebenbürtigen Gegner zum Grundmotiv seiner Protagonisten und deren Handeln machte. Hebbel wie Brecht ging es um Geschichten, die auf keinen Lehrsatz, keine Moral zu bringen und selbst als Parabel oder Gleichnis nicht zu fassen sind, welche die Zufälligkeiten und Bedingtheiten menschlichen Strebens unbeschönigt und unverklärt ins Blickfeld rücken.

Nicht ohne Absicht knüpft Siegfried Matthus im harmonischen und instrumentatorischen Bereich an der Stilistik eines Richard Strauss an, vor allem der ›Salome‹ und ›Elektra‹: Auch in Strauss' frühen Opern ging es um die Eskalation der Verwirrungen, um Irritationen und Verstörungen des Menschen, um die Darlegung und das Hörbarmachen der Verzweigungen und Verästelungen affektiver Konstellationen.

Matthus' Musik enthebt die Bühne als realen Ort des Geschehens ihrer Präsenz, sie bringt die Protagonisten zusammen, wenn es die innere Nähe ihrer seelischen Verfassung erfordert oder wenn auf größtmögliche Widersprüche zwischen beiden und damit auf größtmögliche Anziehungskraft hingelenkt werden soll. So werden Judith und Holofernes in einem Duett vereinigt, lange bevor sie sich real begegnen. Örtlich getrennt, musikalisch vereinigt, intoniert der Mann aus dem Hebbel-Text: „Weib ist Weib", die Frau aus dem Hohenlied (Szenenanweisung: wie im Gebet versunken): „Ich suchte des Nachts in meinem Bette". Judith schließt den Doppelmonolog mit „vor Liebe krank", einem Quint-Sext-Motiv, das leitmotivisch expressiv ihre gesamte Partie zu Worten ganz gegensätzlichen Gehalts durchzieht. Ambivalenz der Klänge und Worte ist ein Grundzug dieser Partitur, am deutlichsten ins Hörbild gebracht, wenn am Schluß des ersten Akts die Bethulier Judith als „Wunder" Gottes preisen, die Babylonier hingegen die „Wunder" des rauscherzeugenden Weins. Im Einklang des Wortes „Wunder" wird präsent, daß sakraler und profaner Rausch gleichen Inhalts sind.

Figur, Szene und Affekt sind für Matthus gleichrangige Bestandteile einer komplexen Grundsituation, zu deren Charakteristik er Tonkonstellationen verwendet, die er „Skalen" nennt, sieben-, acht- oder neuntönige Gebilde, die ihm die melodisch-intervallische und die harmonisch-akkordische Struktur geben und sich in ariosen Feldern entfalten. Die Klanggeste ist expressiv, und da Matthus auf langwierige Überleitungen verzichtet, dafür unvermittelt Grundkonstellationen nebeneinandersetzt, entsteht eine dichte, sich eruptiv in Schüben vorwärtsbewegende Musik.

Anders als im ›Cornet‹ gibt es in der ›Judith‹ „keine Tonleiterstruktur und daraus abgeleitete harmonische Bildungen, die für die ganze Oper verbindlich sind. Jede Szene basiert aber auf einer für diesen Abschnitt bestimmten Harmonik, die gegenüber den anderen Szenen gewisse strukturelle Abweichungen enthält." (Matthus 1988, S. 176)

Im zweiten Akt treffen die beiden Protagonisten Holofernes und Judith real aufeinander, die Handlung verlagert sich vom äußeren mehr zum inneren Geschehen. Formbildende Momente sind hier Dialoge und Monologe mit dazwischengeschalteten instrumentalen Abschnitten, die die Funktion von Vorspielen bzw. Zwischenspielen übernehmen, aber immer aufs engste mit der Handlung verknüpft sind; der Chor tritt erst am Schluß wieder in Erscheinung. Von den sieben ganz unterschiedlich langen instrumentalen Abschnitten (der erste ist eine kurze, zwanzigtaktige Einleitung zum zweiten Akt) kommt dem vierten eine zentrale, „ja geradezu symbolhafte Bedeutung zu (...). Zum einen ist dieses Zwischenspiel das mittlere aller Zwischenspiele des II. Aktes (...), zum anderen fällt der mittlere aller Takte des II. Aktes genau in dieses Zwischenspiel. Zu dieser Zentriertheit des musikalischen Abschnittes tritt der dramaturgische Kulminationspunkt der Tragödie hinzu: die Klimax der Oper. Hier ist die Musik zum Vollzug der sexuellen Befreiung sowohl komponiert, als auch rein formal ausgedeutet. (...) Allein die Tatsache, daß dem Vollzug der sexuellen Befreiungstat 16 Takte Musik zugemessen werden, während die politische Befreiungstat, die Enthauptung des Holofernes, nur drei Takte in Anspruch nimmt (der Tod ist quasi nicht komponiert, er ‚passiert'), bestätigt nur, daß Matthus die Hebbelsche Sicht der Judith der alttestamentarischen vorzieht." (Theobald 1986, S. 79 f.)

Matthus' ›Judith‹ ist Große Oper im buchstäblichen wie im übertragenen Sinne: groß in der Stoff- und Themenwahl, groß in ihrer kompositorischen Ausformung und ihrem technischen Anspruch an Chor und Solisten. Die Realisation verlangt zwei große Chöre und für die beiden Hauptrollen zwei Sänger, stimmgewaltig und ausdrucksstark.

Als Auftragswerk für die Eröffnung der wideraufgebauten Semperoper Dresden begonnen, gelangte ›Judith‹ durch den Weggang von Harry Kupfer, dem unmittelbaren Anreger dieses Werkes, nicht auf der vorgesehenen Bühne, sondern an der Komischen Oper Berlin in Kupfers Regie zur Uraufführung. Es wurde ein triumphaler Erfolg für den Komponisten und für den neuen Chefregisseur der legendären Bühne. War die Sopranistin Eva-Maria Bundschuh schon vorher keine Unbekannte, so wurde sie mit der ›Judith‹-Uraufführung zu einem auch international gefeierten Star. Es trat einer der seltenen Fälle der neueren Musikgeschichte ein, daß eine zeitgenössische Oper wie ein Werk des klassischen Erbes behandelt werden konnte und im Repertoire des Uraufführungs-Theaters ihren Platz (einschließlich Gastspiele) fand.

Eine Aufzeichnung des Fernsehens der DDR und eine Schallplattenveröffentlichung entsprachen dem Ereignis und dem großen Interesse von Publikum und Musikwelt.

Die bundesdeutsche Erstaufführung fand am 14. September 1986 in Krefeld durch die Vereinigten Städtischen Bühnen Krefeld und Mönchengladbach statt.

Ausgaben Text Sonderdruck Komische Oper Berlin 1985; In: Siegfried Matthus. Libretti, Henschelverlag Berlin 1987 und 1989 (Reihe dialog); KlA Deutscher Verlag für Musik Leipzig 1985 (dvfm 6124)

Rechte Deutscher Verlag für Musik Leipzig

Literatur Friedrich Hebbel: Judith. In: Hebbels Werke in drei Bänden, ausgewählt und eingeleitet von Joachim Müller, Berlin und Weimar

1966; Hebbels Dramaturgie, hrsg. von Wilhelm Scholz, München und Leipzig 1907; Friedrich Hebbel. Der Mensch und der Dichter in Selbstzeugnissen, hrsg. von Gerhard Helbig, Leipzig 1958; Wolfgang Ritter: Hebbels Psychologie und dramatische Charaktergestaltung, Marburg/Lahn 1973
Siegfried Matthus: Musiktheater soll Auge, Ohr und Verstand zugleich beschäftigen. In: Neues Deutschland 18. März 1981; ders.: Zum Wort-Ton-Verhältnis. Rückhalte der Oper. Frage – Antwort. In: Neue deutsche Literatur, H. 2, Berlin 1981; ders.: Was mich herausfordert. Gespräch mit Sigrid Neef. In: Sonntag Nr. 26, Berlin 1981; ders.: Textvertonungen und musikalischer Affekt. Gespräch mit Ulrike Liedtke. In: Musik und Gesellschaft, H. 3, Berlin 1984; ders.: Gespräch mit Joachim Werzlau, Reiner Bredemeyer und Gerald Felber. In: Sinn und Form, H. 4, Berlin 1984; ders.: Gespräch mit Gerhard Müller. In: Komponieren zur Zeit. Gespräche mit Komponisten der DDR, hrsg. von Mathias Hansen, Leipzig 1988
Hans Josef Herbot: Der große Dialog der Monologe. In: Die Zeit, Hamburg 11. Oktober 1985; Eberhard Schmidt: Ein neues Werk. Judith und Holofernes. In: Programmheft Komische Oper Berlin 1986; Christiane Theobald: Gedanken zur musikalischen Form der Oper ›Judith‹. In: Programmheft Vereinigte Städtische Bühnen Krefeld und Mönchengladbach 1986; Ulrike Liedtke:
Zum Opernschaffen von Siegfried Matthus. In: Siegfried Matthus. Libretti, Berlin 1989; Gerhard Müller: Simultanszenen. Versuch über die Matthus-Oper. In: Theater der Zeit, H. 2, Berlin 1989; ders.: Musiktheater. Tendenzen des neueren Opernschaffens in der DDR. In: Musik und Gesellschaft, H. 2, Berlin 1989
Rezensionen der Uraufführung. In: Theater der Zeit, H. 11, Berlin 1985; Musik und Gesellschaft, H. 12, Berlin 1985

Aufnahmen Produktion des Fernsehens der DDR, Aufzeichnung der Aufführung der Komischen Oper Berlin (GA) Eva-Maria Bundschuh (Judith), Werner Haseleu (Holofernes), Horst-Dieter Kaschel (Hauptmann des Holofernes), Wolfgang Hellmich (Kämmerer des Holofernes), George Ionescu (Achior), Alfred Wroblewski (Oberpriester), Joachim Vogt (Bote des Nebukadnezar), Hans-Otto Rogge (Ephraim), Hans-Martin Nau (Osias), Manfred Hopp (Daniel), Vladimir Bauer (Ammon), Klement Slowioczek (Hosea), Christiane Röhr (Mirza), Solisten, Chorsolisten und Kleindarsteller der Komischen Oper, Orchester der Komischen Oper, Dirigent Rolf Reuter, Inszenierung Harry Kupfer; Erstsendung 27. September 1987, Fernsehregie Annelies Thomas
ETERNA 7 25 136-137 (GA) Besetzung wie Fernsehproduktion; aufgenommen 1986 in Zusammenarbeit mit dem Rundfunk der DDR

Graf Mirabeau
Oper in zwei Akten
Text von Siegfried Matthus

Entstehung 1986-1988

Uraufführung 14. Juli 1989 Deutsche Staatsoper Berlin
14. Juli 1989 Badisches Staatstheater Karlsruhe

Personen
Honoré-Gabriel de Riqueti, Graf von Mirabeau_____Bariton
Ludwig XVI._____Tenor
Marie-Antoinette_____Sopran
Die Geliebten des Grafen Mirabeau
    Sophie de Monnier_____Sopran
    Henriette-Amélie de Nehra_____Mezzosopran

Eveline Le Jay	Alt
Mademoiselle Morichelli	Hoher Sopran
Victor Riqueti, Marquis de Mirabeau	Baß
Graf de la Marck	Baß
Deputierte der Nationalversammlung	
Jean-Silvain Bailly	Bariton
Joseph Barnave	Bariton
Marquis de Lafayette	Baß
Maximilian Robespierre	Tenor
de Brezé, Zeremonienmeister	Tenor
Etienne de Comps, Mirabeaus Sekretär	Bariton
Louison Chabry, eine junge Pariserin	Sopran
Drei Zeitungsjungen	Sopran, Mezzosopran, Alt
Tänzerinnen	
Mademoiselle Heilsberg	Tänzerin
Mademoiselle Coulon	Tänzerin
Napoleon	Baß
Das Volk von Paris und Versailles, Deputierte der Nationalversammlung	Gemischter Chor

Orchester 3 Fl (auch Picc und AFl), 2 Ob, EH, 2 Klar, BKlar, 2 Fg, KFg, 4 Hr, 3 Trp, 3 Pos, Tb, 4 Pkn, Slzg (3 Spieler): Trgl, Zimbeln, Glsp, Xyl, Kast, Tamb, Holzblock, Tempelblock, Mar, Bck, Bck a'', Gongs, Tt, 3 Bongos, 3 Tomtoms, 3 KlTr, GrTr, Vib, RGl; EBGit, Hrf, Kl/Cel; Str
Auf der Bühne Org (oder Harm), Cemb (oder Kl)

Aufführungsdauer I. Akt: 1 Std., 35 Min., II. Akt: 45 Min.; Gesamt: 2 Std., 20 Min.

Handlung
Die Texte sowie die Handlung und ihre Schauplätze sind nach originalen Dokumenten und nach historischen Begebenheiten gestaltet.
I. Akt: Prolog. „Eine kühne Hoffnung dämmert schon." (Chor) Die Losungen von Freiheit und Gleichheit klingen kräftig, doch von weither. Welch eine Vision! Die Realität sieht anders aus: 1. Szene: *Großer Ständesaal in Versailles.* Ein Te Deum. Zum Lob Gottes, in Wahrheit aber, um den Staatsbankrott abzuwenden, hat der König die Generalstände zusammengerufen: Adel, Klerus und dritten Stand. Von den Pariser Frauen werden die Deputierten des dritten Standes interessiert registriert und entsprechend kommentiert. Unter ihnen sind Gelehrte, Freiheitshelden, Advokaten und Grafen: Barnave, Lafayette, Robespierre und Mirabeau. Der Graf macht vom Vorrecht des Adels Gebrauch, sein Haupt zu bedecken, wenn der König es tut. Die Deputierten des dritten Standes folgen seinem Beispiel und setzen sich so dem Adel gleich. Drei Zeitungsjungen verbreiten die Neuigkeit.

2. Szene: *Großer Ständesaal*. Der König gebietet, die drei Stände hätten getrennt zu tagen. Mirabeau fordert die gemeinsame Beratung, die Nationalversammlung, und erklärt, nur der Gewalt der Bajonette zu weichen. Drei Zeitungsjungen verbreiten die Neuigkeit. 3. Szene: *Mirabeaus Wohnung in Versailles*. Der Graf fühlt, daß der Tag gekommen ist, endlich seine Talente zu entfalten, sich gegen den Vater zu behaupten, der den Sohn fürchtet und haßt und ihn bereits mehrmals ins Gefängnis werfen ließ. Mirabeau wird von den Frauen geliebt, einst von Sophie de Monnier, jetzt von der jungen de Nehra. Die Zeitungsjungen verkünden als letzte Neuigkeit „Eine Meldung, wie noch nie: Die Erstürmung der Bastille". Die schöne Frau eines Verlegers, Le Jay, reißt Mirabeau aus den Armen der de Nehra und entführt ihn zum Brennpunkt des öffentlichen Geschehens, zur Bastille. 4. Szene: *Platz vor der Bastille*. Mirabeau wird vom Volk bejubelt, rät zur Besonnenheit, kann aber die Lynchjustiz am ehemaligen Minister und Steuerpächter Foulon nicht verhindern. Die drei Zeitungsjungen bringen die Unruhen in Paris und die Beratung der Menschenrechte in Versailles in Zusammenhang. 5. Szene: *Nationalversammlung in Versailles*. Während sich die Deputierten streiten, wo das Recht beginnt und wo die Pflicht, fordern die hungernden Pariser Frauen anstelle der Wortgefechte Brot. Auf der Straße (von den Zeitungsjungen) und in der Nationalversammlung (von den Deputierten) wird das Veto-Recht des Königs über Krieg und Frieden diskutiert. Mirabeau ist für das königliche Recht, Robespierre dagegen. Mitten im Disput erhält Mirabeau die Nachricht vom Selbstmord seiner Geliebten Sophie de Monnier. Ein Augenblick der Erinnerung an ein großes Glück: Stimme und Gestalt Sophies verdrängen alles andere. Dann geht der Kampf in der Versammlung weiter. Mirabeau bricht die Debatte um das Veto-Recht ab, er spürt, die Stunde gebietet zu handeln, den König vor dem Volk zu schützen. 6. Szene: *Vor dem Schloß in Versailles – Zimmer des Königs – Balkon des Zimmers*. Die Frauen wollen vom König Brot fordern, ihre Petition soll Mirabeau dem König überbringen. Sie rufen nach ihm, aber er hört sie nicht. So müssen sie selbst handeln. Der König schenkt den Deputierten der Pariser Frauen gute Worte, von denen sie sich betören lassen, aber die Masse der wartenden Frauen revoltiert und dringt zum König vor. In letzter Minute wirft sich Lafayette mit Soldaten der Nationalgarde zwischen König und Volk. Die Frauen aber fordern unerbittlich die Klärung der Brotfrage, und der Monarch sieht sich genötigt, Versailles zu verlassen und seinen Wohnsitz in Paris zu nehmen. 7. Szene: *Ärmliches Zimmer in Paris. Mirabeaus Wohnung*. Mirabeau wird von Gläubigern bedrängt. Graf de la Marck macht ihm das Angebot, sich beim König zu verwenden. Madama Le Jay wittert, mit Mirabeaus Schrift über die preußische Monarchie ein Geschäft machen zu können, und überredet den Verfasser, ihr den Text zur Publikation zu überlassen. Das Buch wird ein Skandal. Die Zeitungsjungen berichten davon. 8. Szene: *Nationalversammlung in Paris*. Lafayette beantragt, daß kein Deputierter Minister werden kann. Mirabeau ist dagegen, wird aber überstimmt. Damit sind seinem öffentlichen Wirken und seinem Ehrgeiz enge Grenzen gesetzt. 9. Szene: *Zimmer Mirabeaus in Paris*. Vom Neid Lafayettes und der allgemeinen

Mittelmäßigkeit erstickt, nimmt Mirabeau de la Marcks Vermittlung an, Berater des Königs zu werden: „Man kann mich bezahlen, aber kaufen kann man mich nicht." De Nehra wirft Le Jay vor, Mirabeaus Ansehen geschadet zu haben, aber Mirabeau ist in Le Jay verliebt, beide werden ein Paar. 10. Szene: *Nationalversammlung in Paris*. Barnave macht den Verdacht öffentlich, Mirabeau arbeite für den König. 11. Szene: *Ärmliches Zimmer in Paris*. De Nehra verläßt Mirabeau. 12. Szene: *Nationalversammlung in Paris*. Mirabeau stellt die Frage nach der konstitutionellen Monarchie und lenkt so von seiner Person ab und auf die Sache hin. Die drei Zeitungsjungen begegnen ihrem Idol Mirabeau auf der Straße. 13. Szene: *Park von Saint-Cloud*. Marie-Antoinette empfängt Mirabeau in Geheimaudienz. Dieser schmeichelt sich, das Vertrauen der Königin errungen, ihr als Mann imponiert zu haben, und verspricht, die Monarchie zu retten. Der Königsfreund gerät in die Schlagzeilen, das Volk ist aufgebracht und droht seinem Liebling Mirabeau an, auch er werde an der Laterne hängen.

II. Akt, 1. Szene: *Simultane. Alkoven in einem prunkvoll eingerichtetem Zimmer in Mirabeaus neuem Haus / Jakobinerklub / Privatgemach des Königs / Auf der Straße / Nationalversammlung / Theater*. Mirabeau wird hin und her gerissen: Le Jay beansprucht ihn als Liebhaber / de la Marck verlangt, er solle die Rechte der Besitzenden in der Nationalversammung vertreten / Im Jakobinerklub muß er seine Winkelzüge zur Rettung der Monarchie verteidigen / Das Königspaar macht ihm Vorwürfe, zu wenig für sie zu tun / In der Nationalversammlung muß sich Mirabeau für die Ausreise der alten Tanten des Königs nach Rom einsetzen. // Das Ganze steigert sich: Graf de la Marck fordert Aufmerksamkeit / Le Jay ebenfalls / Der Sekretär ruft zur nächsten Sitzung / In der Nationalversammlung spitzt sich das Problem der Ausreise gefährlich zu. // Mirabeau spürt, wie er sich auf kleiner Flamme langsam verzehrt: Grafe de la Marck bringt sich in Erinnerung / Le Jay ebenfalls / Das Königspaar desgleichen / Mirabeau verliebt sich in Mademoiselle Morichelli und deren Koloraturen / Aber: Le Jay ruft nach ihm / Die Morichelli verlangt Aufmerksamkeit / Die Nationalversammlung macht ihm Druck / Das Königspaar verlangt Rat / Le Jay fordert Liebe / Der Jakobinerklub macht ihm Druck / Das Königspaar macht ihm Vorwürfe / Die Morichelli verlangt Aufmerksamkeit / Le Jay verlangt Liebe / Jakobinerklub und Nationalversammlung spalten sich in Gegner und Anhänger Mirabeaus / Ein Attentat wird auf ihn verübt, das vereint alle: Mirabeau steht wieder in der Gunst aller, ist ein Held der Revolution. 2. Szene: *Prachtvolles Zimmer mit einer reichgedeckten Tafel in Mirabeaus neuem Haus*. Der Wüstling gibt ein Fest, hat dazu Mademoiselle Morichelli und zwei Tänzerinnen geladen. Ungeladen erscheinen drei Masken, es sind dies seine drei ehemaligen Geliebten: die bereits tote Sophie, de Nehra und Le Jay; aber ebenfalls ungeladen erscheint der Vater, Victor Riquetti, Marguis de Mirabeau, und verflucht seinen Sohn. Mirabeau kann die Stimme der Morichelli immer weniger, dafür die Stimmen des Vaters und der drei Masken immer deutlicher hören. Er stirbt, die beiden Tänzerinnen tanzen über ihn hinweg. Erst der Sekretär bemerkt den Toten. Die Zeitungsjungen verbreiten die Todesnachricht, die Nationalversammlung beschließt Mirabeaus Beisetzung im Pantheon. 3. Szene: *Im Pantheon.* Die lebenden und die toten Geliebten, die Freunde und Feinde, das Königspaar und die Frauen von Paris trauern um Mirabeau. Die Zeitungsjungen geben im Stenogramm, was nun folgte: Drei Jahre ruhte Mirabeau „im Pantheon / dann mußte er davon. / In dem aufgebrochenen Archiv / des geköpften Königspaars / wurde durch die gefundenen Briefe / Mirabeaus nun offenbar, / daß er des Königs Berater war." 4. Szene: *Friedhof Clamart. In der Mitte eine Guillotine.* Das Volk verurteilt Mirabeau, seine Gebeine *„werden aus dem Holzsarg gerissen und unter der Guillotine zerhackt".* Robespierre befiehlt Höllenfahrten: zuerst des toten Mirabeau, dann des Verräters Bailly und des Gelehrten Barnave. Die Guillotine wird geheiligt. Das Volk gerät in Blutrausch. Auch Robespierre wird guillotiniert. Die abgeschlagenen Köpfe des Königspaares erheben ihre Stimme und danken ihren Untertanen: Sie haben den Platz für ein neues Herrschergeschlecht freigeköpft. Das Volk erhebt Einspruch gegen den Sirenengesang des Monarchenpaares. Es ruft die Helden der Revolution zu Hilfe, doch die sind tot. Napoleon erscheint und erklärt die Französische Revolution für beendet.

Kommentar
Was ist die Absurdität einer Oper, in der abgeschlagene Köpfe zu singen anheben, tote Frauen auf politischen Versammlungen erscheinen und der Weltgeist, als Napoleon verkleidet, auftritt, gegen die Absurdität der realen Geschichte, in der die Hüter der Vernunft dem schlimmsten Aberglauben verfallen, Freunde wie Feinde zur Hölle schicken, in der dem Kreuziget-Ihn die Apotheose folgt und der Apotheose das Steiniget-Ihn, in der kein Zweck die Mittel heiligt und kein Weltgeist, kein Gott noch Kaiser noch Tribun sinnvoll walten. Obgleich die Figuren historische Namen tragen, obwohl Matthus dokumentarisches Material verwendet, also die Schicksale der handelnden Personen und die dargestellten Ereignisse partiell authentisch sind, ist ›Graf Mirabeau‹ weder ein Geschichtsdrama noch eine veroperte Biographie.

Der historische Graf Mirabeau war für den Komponisten interessant geworden, weil er jene von Goethe definierte „dämonische Kraft" hatte, eine Produktivität des menschlichen Geistes und männlichen Fühlens, die fasziniert und Bewegung hervorruft, Seele und Geist entflammt und in jenen Zeiten hell aufleuchtet, wenn eine solche Produktivität verlangt wird, um als weithin strahlendes Warn- und Hoffnungszeichen am geschichtlichen Firmament zu stehen. Die „dämonische Kraft" dieser historischen Figur brachte Matthus schließlich dazu, in Mirabeau eine Art zweiten Don Giovanni zu sehen, was für den zweiten Akt der Oper zu Konsequenzen führte, indem der Komponist diesen Denkansatz bis ins Musikalische verfolgte. Für die Figurenwahl nennt Matthus selbst folgende Gründe: „Mir wurde klar, daß mein ‚Giovanni' zuzüglich seiner bereits erwiesenen Opernfähigkeit auch noch ein genialer Revolutionär war, der mittendrin in (...) seiner Zeit stand. Die vielschichtige Persönlichkeit des Honoré-Gabriel Riqueti, Comte de Mirabeau (9.3.1749 - 2.4.1791) schien mir in dieser Hinsicht der idealste Protagonist zu sein. Genialisch begabt, sinnlich und triebhaft, mit enormen erotischen Potenzen veranlagt. ‚Ein sorglos verschuldeter Gott (...), den die Prosa der Liebe ernüchterte, wenn ihn die Poesie der Vernunft berauscht hatte; ein verklärter anbetungswürdiger Wüstling der Freiheit' (Heinrich Heine), ist Mirabeau von den revolutionären Ereignissen zu einer zentralen Gestalt emporgehoben worden: So wie er gleichermaßen in entscheidenden Situationen den Gang der Revolution beeinflußt hat – maßgeblich beteiligt an der Ausarbeitung der Menschenrechte, aber auch ein großer Demagoge –, im Jakobinerklub begeisternde Reden haltend und im geheimen die Monarchie beratend. Eine ‚Amoralität des Genies' nennt ihn Stefan Zweig. Mirabeau ist gerade durch die Widersprüche seines Charakters ein trefflicher Repräsentant seiner Zeit gewesen, und in der frühen Phase der historischen Ereignisse war er einer der kühnsten Revolutionäre. Mich interessiert der widerspruchsvolle Charakter Mirabeaus aus psychologischer Sicht. Ich möchte meinen Hörer verführen, die Fehler des Mirabeau erst einmal mitzumachen, indem er ihn ernst nimmt. (...) Mich interessiert diese Skala von höchstem Jubel bis zur Tragik, die Handlungsweise voller Irrtümer und zugleich genialischer Prophetie. Auch wenn das Geschehen zweihundert Jahre zurückliegt, gibt es aktuelle Parallelen für jeden von uns." (Liedtke, Musik und Gesellschaft 1989, S. 357 und 359)

Siegfried Matthus hat seine siebte Oper dem großen Förderer und Anreger zeitgenössischer Musik, dem Komponisten und ehemaligen Intendanten der Hamburgischen Staatsoper Rolf Liebermann gewidmet; ihm verdankt er den entscheidenden Anstoß, zum Bicentenaire der Französischen Revolution 1989 eine entsprechende Oper zu komponieren. Zum Zeitpunkt der Komposition stand darüber hinaus eine Ring-Uraufführung in Hamburg und Dresden in Aussicht, doch zerschlugen sich diese Pläne. Rolf Liebermann schied aus seinem Hamburger Amt als Intendant aus, das Uraufführungsrecht ging von der Staatsoper Dresden nach Berlin, und an die Stelle der Hamburgischen Staatsoper traten zwei kleinere bundesdeutsche Bühnen in Karlsruhe und Essen.

Liebermann hatte die Dresdner Uraufführung des ›Cornet‹ 1985 besucht und war dabei auf die besondere atmosphärische Emotionalität der Chöre aufmerksam geworden, was ihn zum Vorschlag einer Oper für den 200. Jahrestag der Französischen Revolution bewog. Tatsächlich hat Matthus bestimmte musikalische Charakteristika der ›Cornet‹-Chöre in seine Revolutionsoper übertragen.

Es ist nicht ungewöhnlich, daß ein Komponist sich in stilistischen Eigenheiten treu bleibt, es bedeutet aber in diesem Falle auch, daß der das Volk repräsentierende Chor eine ähnliche Rolle in beiden Opern spielt, nämlich Resonanzboden, Folie und Multiplikator für den jeweiligen Protagonisten zu sein, und der zugleich eine Masse vorzustellen hat, die, einmal in Bewegung gekommen, eine nicht mehr voraussehbare, nicht mehr lenkbare Eigendynamik entwickelt. Das zeigt sich, wenn aus vorwärtsdrängenden, gleichförmigen Rhythmen plötzlich einzelne Worte herausgelöst, emporgeschleudert werden, wenn sie gleich Fontänen oder Fahnen aus dem jagenden, pulsierenden Untergrund heraufsteigen. Das gilt im

›Cornet‹ für das Wort „Feuer", das gleichnishaft die äußere Situation – den Krieg – und die innere Not – die brennende Krise der Pubertät – kennzeichnet. In ›Graf Mirabeau‹ entfalten die Pariser Frauen die Worte „Hunger" und „Brot" wie Fahnen, die ihnen auf ihren Zug nach Versailles voranwehen.

›Graf Mirabeau‹ ist die erste Oper, in der Siegfried Matthus für Text u n d Handlung allein verantwortlich zeichnet; noch bei ›Cornet‹ und ›Judith‹ hatte er auf dichterische Vorlagen zurückgegriffen. Hier nun erfand er Situationen und Konfliktkonstellationen selbst, stellte dokumentarisches Material und eigene Texte zu einer Abfolge von Szenen zusammen, die im wesentlichen den historischen Begebenheiten verpflichtet ist. Dabei steht Gelungenes neben peinlich Dilettantischem.

Für die Spottgesänge und Kampflieder des Pariser Volkes sowie für die Meldungen der drei Zeitungsjungen, die analog zu Mozarts drei Knaben aus der ›Zauberflöte‹ die divergierendsten Lebensbereiche miteinander verbinden und den Helden auf seinem Weg begleiten, arbeitet Matthus mit Reimen, in denen er überlieferte Dokumente nachzuempfinden versucht. Walter Markov publizierte 1982 in seiner inzwischen berühmt gewordenen Dokumentensammlung *Revolution im Zeugenstand* einige während der Französischen Revolution entstandene Gassenlieder, darunter auch das des Weibermarsches nach Versailles. Allerdings handelt es sich hierbei um deutsche Nachdichtungen/Übertragungen, die den Charme, Witz, den Esprit der Originale nicht treffen! Matthus' Verdienst besteht in dem Versuch, mit seinen Reimereien das Volk poetisch zum Subjekt zu machen; zum Verhängnis wurde ihm dabei, daß er sich an deutsche Nachdichtungen mit ihrem gespreizten Dilettantismus annäherte und dadurch nicht den wahren Ton traf. Aufhorchen lassen dagegen die Verse des Einleitungschores, die von dichterischer Qualität sind; Matthus bezog sie aus Klopstocks berühmter Ode ›Les États généraux‹.

Hatte Siegfried Matthus von seinem Libretto, weil es weitgehend auf authentischem Material basiert und eine dichterische Verallgemeinerungsstufe ausschließt, selbst eine geringe Meinung, als er sich wenige Monate vor der Uraufführung in einem Gespräch mit Detlef Friedrich für die *Berliner Zeitung* äußerte? „95 Prozent sind Originaltexte, wie ich sie in Dokumenten, Briefen, geschichtlichen Quellen fand. Mirabeau singt also wirklich die eigenen Worte, auch das Königspaar und die anderen historischen Personen. (...) Alles in meiner Oper ist authentisch, alles nachlesbar, ich mußte es nur dramaturgisch ordnen. Originale Texte für den Chor fand ich nicht, denn eine Volksmenge äußert sich bestenfalls in Sprechchören. Chansons der Zeit erwiesen sich als nicht recht geeignet, so entschloß ich mich, für die Chöre Texte zu erfinden. Ich habe lange experimentiert, entschied mich für Reime, um einen rhythmischen Fluß zu finden, was mir beim Komponieren sehr geholfen hat.

Eine gewichtige Szene hat die Historie aber quasi selbst geschrieben: Anfang Juli 1791 traf sich Königin Marie-Antoinette mit Mirabeau heimlich im Park. Da man nicht weiß, worüber sie sprachen, ist die Begegnung als Verrat in die Geschichte eingegangen, denn nur ein Satz Mirabeaus ist überliefert: ‚Madame, die Monarchie ist gerettet.' (...) Im Libretto mußte ich nun ein wenig spekulieren: Der Frauenheld Mirabeau trifft auf eine sorgenvolle Königin, die ihrerseits die erotische Faszination dieses Mannes spürt. Als Text habe ich Verse aus klassischen französischen Dramen von Racine und Corneille verwendet." (Matthus 1989)

Den wohl wesentlichsten Impuls für ein eigenes Libretto faßte der Komponist in den Satz: „Mit meinem Libretto habe ich mir im Grunde genommen meine Formen schon selbst gebaut. (...) So muß ich sagen, daß ich meine schönsten dramaturgischen Begebenheiten aus den in Nebensätzen festgehaltenen historischen Fakten bezogen habe. Der Beginn besteht zum Beispiel aus einer ganz simplen musikalischen Konstellation. Es ist die Szene, in der die Generalstände einmarschieren und der König eine Rede hält (...). Ich habe drei- oder viermal überlesen, daß bei diesem Einmarsch ein Te Deum gesungen wurde. Das war in einem Nebensatz vermerkt. So sieht nun meine Lösung aus: Der Zeremonienmeister dirigiert die einzelnen Stände zu ihren Plätzen – das soll wohl in Wirklichkeit drei Stunden gedauert haben. Das Volk von Paris beobachtet das Geschehen von den Galerien aus. Von Balustrade zu Balustrade tratschen die Frauen von Paris und Versailles über die Eintretenden, über Robespierre und über Mirabeau, der auf diese Weise gleich vorgestellt werden kann. Jetzt habe ich den musikalischen Gegensatz: das feierliche Te Deum und das Getratsche des Frauenchores." (Liedtke, Musik und Gesellschaft 1989, S. 359)

Der sehr lange erste Akt entwickelt die Ereignisse im Nacheinander, gibt wesentliche Stationen des revolutionären Beginns, konzentriert auf die Rolle des Grafen Mirabeau, dessen Auf und Ab im öffentlichen wie im privaten Leben, schildert seine erotischen Beziehungen zu adligen Frauen und seine Beliebtheit beim Volk. „Siegfried Matthus komponiert eine Musik, die Gefühlsregungen widerspiegelt, den Dialog mit dem Hörer sucht und überdies ‚klingt'. Dazu bedient er sich individueller Gestaltungsmittel wie einer klar erfaßbaren und auf konflikthafte Höhepunkte zielenden Dramaturgie, entwicklungsfähiger, kantabler Motive und Themen sowie bevorzugt farbiger Klangkombinationen bei intervallisch vorgeordnetem Material. (...) Jede Szene basiert auf einer siebentönigen Skala, die linear Motive und Themen, akkordisch aufgefächert das harmonische Gerüst vorgibt und darüber hinaus Bezüglichkeiten zwischen gleichen Handlungsorten entstehen läßt. Motive und Themen, verbunden mit einer konkreten Klangfarbe, ordnen sich den Hauptpersonen zu: Graf Mirabeau, den Geliebten, den Frauen von Paris." (Liedtke, Textheft 1989, S. 13)

Von großer Dichte und faszinierender farbiger Klanglichkeit ist die dreizehnte Szene, die Begegnung zwischen Mirabeau und Marie-Antoinette. Die Musik hierfür hatte der Komponist bereits vor Vollendung der Oper in seinem Orchesterwerk ›Nächtliche Szene im Park‹ 1987 vorweggenommen. „Während die Streichermotivik der Königin zu Beginn der Szene noch von veräußerlichtem Flitterglanz klingenden Schlagwerks, kombiniert mit Celesta und Harfe, umgeben ist, wagt der Lebens- und Liebeskünstler Mirabeau mit seinem Emotions-Motiv im vom Violoncelloquartett begleiteten Solocello den Angriff. Es kommt zur zärtlichen Durchführung beider Motive – der Verrat an Jakobinern und Deputierten der Nationalversammlung ist besiegelt." (Liedtke, Textheft 1989, S. 15)

Durch wiederkehrende prägnante Motive und Klangfarben führte Matthus bestimmte Situationen und Figuren zu einer komplexen Einheit, schuf einen schnell erkennbaren, gut gangbaren Weg für den Hörer, den einzelnen Stationen der Opernhandlung zu folgen. Mit drei ihm zugeordneten Motiven geht der Haupthheld allen anderen Figuren voran. „‚Molto espressivo' trägt zunächst die Klarinette das Emotions-(oder Liebes-)Motiv zu den Worten ‚Sophie, Sophie, meine Liebe hat ihr kein Glück gebracht' (I/3) vor, als sich Mirabeau seiner Jugendliebe erinnert, die er ihrem ältlichen Gatten entführte, was ihm vier grausame Gefängnisjahre einbrachte. Kurz darauf übernimmt ein Solocello, begleitet vom Celloquartett, dieses Motiv, das sich nun an die treue Freundin Henriette-Amalie de Nehra richtet (‚Oh, meine Yet-Lie, Frauen gegenüber bin ich der hilfloseste aller Männer').

Zu Mirabeaus Eigenschaften gehört auch ein blitzartiges Sich-Umstellen auf geistige Anforderungen, dargestellt durch ein Ratio-Motiv. Inmitten der überschäumenden Begeisterung des Volkes erscheint erstmals das Staccato-Motiv in den Bratschen zu Mirabeaus Worten ‚Siegen ist noch nicht alles' (I/4). Es kehrt zu den schlagfertigen Diskussionsbeiträgen Mirabeaus in der Nationalversammlung wieder. (...) Ganz deutlich begleitet das Ratio-Motiv Mirabeaus berühmte Äußerung ‚Man kann mich bezahlen, aber kaufen kann man mich nicht' (I/9). Ein drittes Mirabeau-Motiv gilt dem Demagogen: Zu geschmeidig, zu unehrlich schleicht sich das Streichermotiv empor.

Der Geliebten Sophie Monnier gelten Tritonus-Terz-Verbindungen, die Henriette-Amalie de Nehra stellt ihr Motiv zu den Worten ‚Ich habe Angst um Dich' (I/3) selbst vor. Das forsche Auftreten der auf ihren Vorteil bedachten, laut zeitgenössischen Berichten überaus schönen und sinnlichen Le Jay beschreiben aufwärtsstrebende Harfenarpeggien (I/7), und Mademoiselle Morichelli singt ohne Anteilnahme für Mirabeau kunstvolle Koloraturen einer altitalienischen Arie." (Liedtke, Musik und Gesellschaft 1989, S. 358)

Der zweite Akt ist ein grandioses Furioso. Hier prallen die angestauten Konflikte aufeinander, schichten sich die einzelnen Ebenen übereinander; das Geschehen spielt an sechs Orten gleichzeitig und zerfällt immer wieder in kleine gehetzte Einzelaktionen: Mirabeau wird im Kleinkrieg aufgerieben, zugleich steigert sich seine Aktivität; er brennt wie eine Kerze, von zwei Seiten gleichzeitig angezündet.

Während Matthus im ersten Akt mit Anspielungen auf den Tristan-Akkord eine entsprechende „atmosphärische Emotionalität" – wie er sie selbst nennt – geschaffen hat, um den Grafen als einen der vielen zu kennzeichnen, deren Liebe den Frauen Glück wie Unglück bringt, bezieht er sich in der gesamten zweiten Szene des zweiten Aktes auf Mozarts ›Don Giovanni‹. Wie Don Giovanni gibt auch Graf Mirabeau ein Fest, gleich jenem steht ihm ein Diener zur Seite, hier wie dort erscheinen drei Masken. Demaskiert erweisen sie sich als unerbetene, störende

Wesen; es sind drei ehemalige Geliebte, von denen eine bereits Selbstmord begangen hat. Reale und irreale Ereignisse wechseln miteinander ab. Hatte der Wüstling Giovanni den Komtur noch selbst zum Fest geladen, kommt Vater Mirabeau ungebeten. In beiden Fällen aber ist das Urteil der Über-Väter vernichtend, im buchstäblichen wie im übertragenen Sinne. Noch aber fährt Mirabeau nicht zur Hölle.

Seinem prosaischen Tod, noch nicht einmal von seinen derzeitigen Geliebten bemerkt, folgt die öffentliche Ehrung des Verblichenen. Erst nach der Apotheose – der Aufbahrung im Pantheon – geschieht die Höllenfahrt.

Die letzte Szene der Oper bringt den Höllensturz aller Engel der Revolution, der guten wie der bösen. Am Schluß fährt der oberste Richter selbst, der Wahrer des höchsten Wesens, Robespierre, zur Hölle hinab.

Bereits in den real-politischen Szenen des Opernbeginns, in der Nationalversammlung, hatte Matthus eine Tote erscheinen lassen und der verstorbenen Sophie de Monnier Stimme und Gestalt gegeben; nun aber übersteigert er den opernhaften Gespensterkult, wenn gar einzelne Glieder – die abgeschlagenen Köpfe des Monarchenpaares – zu singen anheben. In dem aberwitzigen Dank der Königshäupter an ihre Untertanen, die den Weg für ein neues Herrschergeschlecht freigemacht haben, liegt mehr Wahrheit als in jedem realen Gemälde. Auch Napoleon, der nun auf diesem freigeschlachteten Weg auftritt, ist nicht nur eine historische Gestalt, sondern der Nachfahre eines alten, bedeutungsträchtigen Opernrequisits: des Deus ex machina; zugleich stellt er den Weltgeist in Frage, dem eine aufgeklärte Hegelianische Vernunft auf den Thron half. Matthus hat der Napoleonischen Erklärung „Die Französische Revolution ist beendet!" jede orchestrale Unterstützung entzogen. Die Phrase fällt über eine Oktave hinab in die Tiefe, danach schrillen die Piccoli, wie aus der Ferne, und werden in einem Tremolo der Klarinetten aufgefangen – dann ein leiser Nachhall und Ende.

Um das Dämonische des Mirabeau, diese Bewegtheit von Seele und Körper ohne Rücksicht auf Moralvorstellungen darzustellen, hat Matthus erotisch-sexuelle Szenen nicht ausgespart. Dabei ist er in Darstellungsweisen verfallen, wie sie in der Trivialliteratur Verwendung finden. So steht in Matthus' siebenter Oper großartiges Bemühen neben dilettantisch Bemühtem.

Die Regisseure, die sich der ersten drei Inszenierungen annahmen, sahen keine Schwierigkeiten bei der Aneignung des Werkes. Indem sie dessen eigentümliche Phantastik verkannten und sich mit plattem Naturalismus beschieden, blieben sie unter den Möglichkeiten des Werks. Dessen Besonderheit: melodramatische, larmoyante, kolportagehafte Elemente und Situationen zu häufen, das Klischee zur Pose, die Pose zur Posse zu treiben, die welthistorischen Tragöden von ihren Kothurnen zu stoßen und sie als Opernsänger, selbstgefällig und auf Beifall bedacht, agieren zu lassen und damit eine Sicht von unten auf die Geschichte und ihre Helden zu praktizieren, die zwar ungewöhnlich, dafür aber unterhaltsam und belehrend sein kann, – diese Eigenheiten wären in einer Inszenierung herauszuarbeiten, um die wahren Qualitäten der Oper zu offenbaren.

Auf die Doppel-Uraufführung in der DDR und in der Bundesrepublik am 14. Juli 1989 (Deutsche Staatsoper Berlin / Badisches Staatstheater Karlsruhe) folgte anderntags die Premiere einer Einstudierung in Essen sowie eine weitere am Nürnberger Opernhaus (1990).

Ausgaben Text In: Theater der Zeit, H. 2, Berlin 1989; In: Siegfried Matthus. Libretti, Henschelverlag Berlin 1989 (Reihe dialog); KlA Deutscher Verlag für Musik Leipzig 1988 (dvfm 6149)

Rechte Deutscher Verlag für Musik Leipzig

Literatur Karl von Schumacher: Mirabeau. Aristokrat und Volkstribun, Stuttgart 1954; Walter Markov: Revolution im Zeugenstand. Frankreich 1789-1799, 2 Bde., Leipzig 1982; ders. und Albert Soboul: 1789. Die große Revolution der Franzosen, Berlin 1989; Albert S. Manfred: Rousseau – Mirabeau – Robespierre. Drei Lebensbilder, Berlin 1989
Siegfried Matthus: Ein Wüstling der Freiheit. In: Theater der Zeit, H. 2, Berlin 1989; ders.: Gespräch mit Ulrike Liedtke. In: Siegfried Matthus. Libretti, Berlin 1989; ders.: Spannender als alle Krimis dieser Welt. Gespräch mit Siegfried Matthus über seine neue Oper ›Graf Mirabeau‹ von Detlef Friedrich. In: Berliner Zeitung 25./26. März 1989
Ulrike Liedtke: Zum Opernschaffen von Siegfried Matthus. In: Siegfried Matthus. Libretti, Berlin 1989; dies.: Zur Idee, zum Libretto und zur Musik der Oper ›Graf Mirabeau‹. In: Begleittextheft zur Kassettenveröffentlichung des VEB Deutsche Schallplatten Berlin 1989; dies.: ›Graf Mirabeau‹, Oper von Siegfried Matthus. In: Musik und Gesellschaft, H. 7, Berlin 1989; Gerhard Müller: Simultanszenen. Versuch über die Matthus-Oper. In: Theater der Zeit, H. 2, Berlin 1989; Frank Schneider: Zum Musikdenken von Siegfried Matthus. Eine Silhouette; Ilse Winter: Das Phänomen Mirabeau. In: Programmheft Deutsche Staatsoper Berlin 1989
Rezensionen der Uraufführung. In: Theater der Zeit, H. 9, Berlin 1989; Musik und Gesellschaft, H. 9, Berlin 1989

Aufnahmen Produktion des Fernsehens der DDR (GA) Jürgen Freier (Mirabeau), Peter-Jürgen Schmidt (Ludwig XVI.), Carola Höhn (Marie-Antoinette), Rosemarie Lang (de Nehra), Carola Fischer (Le Jay), Yvonn Füssel (Sophie de Monnier), Brigitte Eisenfeld (Mlle. Morichelli), Karsten Mewes (Bailly), Thomas Wittig (Barnave), Dieter Schwartner (Robespierre), René Pape (Lafayette), Gesine Forberger, Gunilla Stephen, Christiane Schröter (Drei Zeitungsjungen), Henno Garduhn (Zeremonienmeister de Brezé), Bernd Zettisch (Graf de la Marck), Günter Kurth (Mirabeaus Sekretär), Margot Stejskal (Eine junge Pariserin), Ines Dalchau (Mlle. Heilsberg), Sabine Ehlen (Mlle. Coulon), Konrad Rupf (Napoleon), Staatsopernchor, Staatskapelle Berlin, Dirigent Heinz Fricke, Inszenierung Erhard Fischer; aufgenommen 1989 (Fernsehregie Annelies Thomas), Erstsendung 14. Juli 1989
NOVA 0 98 269-271 MK (GA) Besetzung wie Fernsehproduktion

Eckehard Mayer
20. Juni 1946

Geboren in Hainsberg bei Dresden. 1957-1965 Mitglied des Dresdner Kreuzchores, 1965-1970 Studium an der Hochschule für Musik Leipzig (Dirigieren bei Rolf Reuter, Komposition bei Wilhelm Weismann, Klavier bei Carl-Heinz Pick), 1970-1982 Dirigent und Repetitor an verschiedenen Theatern, ab 1982 Leiter der Schauspielmusik am Staatsschauspiel Dresden.
1976 und 1984 Carl-Maria-von-Weber-Kompositionspreis Dresden

Kompositionen in allen Genres: Orchesterwerke, u.a. ›Ama tu ritmo‹ – Für Orchester und zwei Schlagzeuger (1988); Kammermusik (auch szenische Kammermusik mit vokalem Charakter), u.a. ›Cantos de amor‹ – Kammermusik II nach Gedichten von Gabriela Mistral (1981); Lieder, Chansons, Schauspielmusiken und vokalsinfonische Werke, u.a. ›Immer sehen dich meine Augen‹ – Requiem für Soli, Chor und Orchester nach Dichtungen von Andreas Gryphius und Vicente Aleixandre (1989)

Bühnenwerke

Ballade für Maria und Nico _____ 1978
Kammeroper

Die Weise von Liebe und Tod _____ 1984
Kammerballett
nach Rainer Maria Rilke

Der goldene Topf _____ 1987-1988
Oper in vier Akten _____ UA 1989
nach dem gleichnamigen Märchen
von E.T.A. Hoffmann
Text von Ingo Zimmermann

Der goldene Topf
Oper in vier Akten
nach dem gleichnamigen Märchen von E.T.A. Hoffmann
Text von Ingo Zimmermann

Entstehung 1987-1988

Uraufführung 20. Mai 1989 Staatsoper Dresden (Semperoper)

Personen
Hoffmann _____ Bariton
Archivarius Lindhorst _____ Baßbariton
Serpentina, seine Tochter _____ Hoher Sopran

Anselmus, Student	Jugendlicher Tenor
Konrektor Paulmann	Baß
Veronika, seine Tochter	Mezzosopran
Registrator Heerbrand	Tenor
Die alte Rauerin	Alt
Angelika, Veronikas Freundin	Sopran
Grauer Papagei, Lindhorsts Famulus	Tenor
Schwarzer Kater	Tänzer
Drei Mädchenstimmen	Sopran, Sopran, Alt
Vier Kreuzschüler	4 Tenöre
Drei Praktikanten	3 Bässe
Eichelkraut, Wirt	Baß
Handwerker **A**ugust, **B**ertram, **C**hristian	Chorsolisten (T, B, B)
Bürger **X**untheim, **Y**psilon, **Z**imperlein	Chorsolisten (T, T, B)
Bürger und Bürgerinnen, Handwerker, Spaziergänger, Straßenpassanten, Stimmen von der Straße, Studenten, Spottvögel u.v.a.	Gemischter Chor

Orchester Orchester I (unsichtbar auf der Bühne) Ob, EH, Klar, ASax, TSax, 2 Fg, KFg, 2 Kl, Slzg: Rtr hoch/tief, Rtr tief, Flex, GrTr, Gl; Org (Tonband mit Glockengeläute)
Orchester II (links oder rechts sichtbar in der Nähe des Portals) Klar, BKlar, Hrf, Vl, Vc
Orchester III (im Orchestergraben) 4 Fl (alle auch Picc), 2 Ob (II auch Ob d'amore), ASax (im Wechsel mit Orchester I), 5 Hr, 5 Trp, 4 Pos (IV auch KbPos), Tb, Slzg (5 Spieler, 2 Spieler im Wechsel mit Orchester I): Vib, Mar, Tt, 3 Bck, GegenschlagBck, 2 KlTr, Ketten, Rtr, RGl, Gl in es', 3 Trgl, Bambusrassel, 5 Bongos, 5 Tomtoms, 2 Ratschen, Flex, GrTr, 5 Splash-Bck, 5 Tempelblocks, Maracas, Gurke, Tamb, 2 Tassen, 2 Teller, 6 Gongs; 4 Pkn, Cel (auch Cemb); 6 Vl I, 6 Vl II, 6 Vl III, 4 Va I, 4 Va II, 4 Vc I, 4 Vc II, 5 Kb

Aufführungsdauer I. Akt: ca. 30 Min., II. Akt: ca. 45 Min., III. Akt: ca. 45 Min., IV. Akt: ca. 20 Min.; Gesamt: ca. 2 Std., 20 Min.

Handlung
Die Handlung spielt 1813 in Dresden. Kaffeehaus Eichelkraut am Altmarkt.
(Die instrumentalen Vor- und Zwischenspiele sind bei geschlossenem Vorhang zu spielen, um die Märchenebene des Stücks nicht zu verletzen.)
Präludium I. **I. Akt:** *Kaffeehaus Eichelkraut.* Dresden ist von den napoleonischen Truppen besetzt und wird von Kräften der vereinten Befreiungsarmee belagert. Die Franzosen versuchen einen Ausfall. Bürger und Handwerker erörtern die Situation. Der bei der Secondaschen Theatertruppe tätige Kapellmeister Hoffmann fühlt sich von der äußeren Lage bedrückt und krankt an einer unglücklichen Liebe

zu seiner Bamberger Klavierschülerin Julia Mark. Archivarius Lindhorst zieht ihn ins Gespräch und öffnet ihm bei mehreren Gläsern Punsch die Sinne, animiert ihn, sich seine Erlebnisse und Gefühle in Form von Geschichten vor Augen zu stellen: *Elbpromenade. Himmelfahrtstag.* Die Bürger promenieren. Der Student Anselmus ruht unter einem Holunderbaum. Da erscheint ihm am hellichten Tage ein schlangengleiches Mädchen namens Serpentina mit kristallglockenreiner Stimme und blauen Augen. Er gerät in Verwirrung, rennt davon, stößt dabei einer alten Marktfrau namens Rauerin den vollen Apfelkorb um, begegnet dem Konrektor Paulmann mit Tochter Veronika und entdeckt zwischen Veronika und Serpentina Ähnlichkeiten. Die Vision verlischt. Passanten suchen vor den Geschossen der Belagerer Schutz, denn der Ausfall der Franzosen ist zurückgeschlagen. Lindhorst fühlt sich gestört und verläßt das Kaffeehaus. Interludium I. **II. Akt.** *Kaffeehaus Eichelkraut. Nachmittag.* Hoffmann sitzt separat und beobachtet folgende Szene: Student Anselmus und Registrator Heerbrand bemühen sich um die Gunst der schönen Veronika, der Student tut es naiv, der Registrator gewitzt. Er hat dem armen Anselmus eine Abschreibarbeit bei Lindhorst vermittelt und berichtet, daß Lindhorst großes Interesse an Anselmus nehme, was dem Studenten wohl eine Hofratskarriere in Aussicht stelle. Das verfehlt seine Wirkung nicht, Veronika beschließt sogleich, kein anderer als der künftige Hofrat Anselmus soll ihr Mann werden. Sie zieht die Freundin Angelika ins Vertrauen, die ihr rät, eine weise Frau, die Rauerin, aufzusuchen, um sich der Liebe des Anselmus zu versichern. Hoffmann sieht und fühlt, „daß alle die fremden Gestalten, die ich sonst nur in besonderen Träumen schaute, jetzt in mein waches, reges Leben geschritten sind und ihr Spiel mit mir treiben". Er brennt darauf, den Fortgang der Geschichte zu erfahren, Lindhorst zeigt ihm beim Punsch, was weiter geschieht: *Das Lindhorstsche Haus. Die Bibliothek der Palmbäume. In der Mitte des Raumes steht ein einfacher goldener Topf.* Anselmus beginnt mit seiner Abschreibarbeit, wird aber sofort abgelenkt, denn Serpentina sucht ihn auf. Sie ist Lindhorsts Tochter, der Vater ist in Wahrheit kein Archivarius, sondern entstammt dem Geschlecht der Salamander, das in Atlantis beheimatet ist. Sie liebt Anselmus und prophezeit ihm, er werde sie und ihre Mitgift, den goldenen Topf, gewinnen, in dem sich alle Wunder Atlantis' widerspiegeln, wenn er sich nur vor der Feindin des Vaters, der Rauerin, hüte. Lindhorst greift vom Kaffeehaus aus in das Geschehen ein. Er entlohnt Anselmus für die Abschrift, die während Serpentinas Erzählung auf wundersame Weise fertig geworden ist, und bestellt ihn auf ein nächstes Mal. Auf Hoffmanns Verlangen zeigt Lindhorst, was mit Veronika passiert: *Das Häuschen der Rauerin. Hexenküche.* Die Rauerin ist Hexe, ehemaliges Kindermädchen von Veronika und eine weise Frau, die nach dem alleinigen Besitz des goldenen Topfes strebt, was ihr gelingen könnte, wenn Anselmus' Liebe von Serpentina weg auf Veronika gelenkt wird. Deswegen steht sie Veronika bei und macht sie unter allerlei Hokuspokus glauben, magische Kräfte zu besitzen, um Anselmus' Sinn zu verwirren. Als Unterpfand dafür erhält Veronika von der Rauerin einen kleinen Spiegel. Lindhorst bereitet dem Treiben ein Ende, mit Don-

nerstimme gebietet er Einhalt. Hoffmann sitzt nun allein im Kaffeehaus Eichelkraut, denn Archivarius Lindhorst ist unter lauten und heftigen Selbstgesprächen davongeeilt.
Präludium II. **III. Akt.** *Kaffeehaus Eichelkraut. Zeitiger Abend.* Die Bürger sind in Aufregung, die französischen Besatzer requirieren die letzten Lebensmittel. Hoffmann sorgt sich um Lindhorst, der seit Tagen nicht mehr im Kaffeehaus erschienen ist. Da trifft die Nachricht ein, daß Napoleon bei Leipzig geschlagen wurde. Großer Jubel. Hoffmann hört Serpentinas Stimme, die der seiner unvergessenen Julia gleicht. Der Wirt Eichelkraut empfiehlt ihm, Lindhorsts Rat zu folgen, seine Erlebnisse und Gedanken aufzuschreiben. Anselmus und Veronika betreten das Kaffeehaus. Das Mädchen läßt den von der Rauerin erhaltenen Spiegel fallen, Anselmus hebt ihn auf, blickt hinein und ist verwandelt, er sieht in Veronika Serpentina. Registrator Heerbrand greift ein, läßt einen Punsch nach Lindhorstscher Art bereiten, von dem alle trinken. Dabei wird offenbar, daß Anselmus nur seine Serpentina liebt und Veronika allein auf den Titel einer Frau Hofrätin versessen ist. Lindhorsts Famulus erinnert Anselmus an die Abschreibverpflichtung und bringt auch gleich ein Manuskript mit ins Kaffeehaus. Aber er warnt ihn davor, beim Abschreiben Tinte zu verspritzen. Der verwirrte Anselmus ergreift Hoffmanns Feder und beginnt zu schreiben – die Tinte spritzt. Sofort ereilt ihn die Strafe: Anselmus ist in eine gläserne Flasche gesperrt, sein Körper wie festgefroren. Neben Anselmus erscheinen weitere gläserne Flaschen, in denen sich, eingeschlossen, vier Kreuzschüler und drei Praktikanten befinden. Anselmus ist der einzige, der seine Lage begreift und beklagt, während sich die anderen Gefangenen frei und glücklich wähnen. Die Rauerin führt Anselmus in Versuchung, sie werde ihn befreien, wenn er Veronika heirate. Er aber bekennt sich zu Serpentina. Hinter Anselmus' Rücken stiehlt die Rauerin den goldenen Topf. Es kommt zum Kampf zwischen der Rauerin und Lindhorst, der Salamander siegt. Serpentinas kristallglockenreine Stimme läßt die gläserne Flasche zerspringen. Anselmus ist frei. Lindhorst reicht Anselmus den goldenen Topf. Das Bild erlischt. Hoffmann sitzt noch immer im Kaffeehaus Eichelkraut, er hat seine Erzählung zu Ende geschrieben, der Wirt teilt ihm mit, daß Lindhorst gestorben sei.
Interludium II. **IV. Akt.** *Kaffeehaus Eichelkraut. Abend.* Die Franzosen haben kapituliert. Hoffmann freut sich, „vom äußeren Drang" befreit zu sein. Heerbrand ist Hofrat geworden, hält um Veronikas Hand an und erhält ihr Jawort. Der tote Lindhorst erzählt Hoffmann von Anselmus, der in Atlantis das Leben eines Dichters führt und mit Serpentina glücklich vereint ist. Während Hofrat Heerbrand, Fräulein Veronika und Konrektor Paulmann beschließen, alles Vorgefallene als eine Allegorie abzutun und ein „vernünftiges" Leben zu führen, begreift Hoffmann Atlantis als den Ort seiner Sehnsucht und beneidet Anselmus darum. Mitten im Trubel der Bürger, die ihre Freiheit feiern, wird Anselmus langsam sichtbar, wie er träumend unter dem Holunderbaum sitzt. Es ist Herbst. Der Holunderbaum steht kahl im Wind. Anselmus glaubt, Serpentinas liebliche Augen zu sehen: „So ist die schönste Hoffnung erfüllt, nun sind wir frei."

Kommentar

E.T.A. Hoffmann schrieb seine Erzählung ›Der goldene Topf‹ 1813 in Dresden. Ingo Zimmermann verlegt die Handlungszeit der Oper in die Entstehungszeit der Erzählung, läßt Hoffmann selbst mitspielen und verquickt drei Handlungsebenen miteinander: Erstens Dresden mit seiner Bürgerwelt von 1813 und den Napoleonischen Befreiungskriegen, zweitens die symbolische, märchenhafte Welt des goldenen Topfes mit Serpentina, Anselmus und Veronika, drittens die Kaffeehausbegegnungen und Punschvisionen Hoffmanns und Lindhorsts, wobei die dritte Handlungsebene die beiden ersten miteinander verbindet, so daß die reale und die phantastische Sphäre einander beziehungsreich durchdringen. Die kunstvolle Verzahnung der drei Handlungsstränge ist eine librettistische Meisterleistung, wenngleich die Texte bisweilen zu geschwätzig, die Personen stilistisch wenig differenziert und sprachlich profiliert werden. Künstler und Bürger sind einander gegenübergestellt, Hoffmann, Lindhorst und Anselmus befinden sich auf der einen, Konrektor Paulmann, Registrator Heerbrand, mit Einschränkung auch Veronika, befinden sich auf der anderen Seite. Ist der „Gegensatz Künstler – Bürger bei Hoffmann keiner der Berufe, sondern der Haltungen" (Fühmann 1979, S. 30), entging Zimmermann nicht immer der Gefahr, Künstler und Bürger als höher- oder niederrangige Menschen zu klassifizieren.

Eine der schönsten Erfindungen, die dem Werk eine über die Erzählung hinausreichende Dimension verleiht, ist die Schlußszene. In der Erzählung wird der Leser mit der Hoffnung entlassen, daß Anselmus in Atlantis glücklich lebt. In der Oper wird dies von Lindhorst ebenfalls versichert und ist in einem bestimmten Sinne auch wahr, wenn man Atlantis als einen geistigen Ort begreift, in dem der Mensch ganz bei sich sein kann. Die Oper endet mit der Konfrontation zweier Welten: Dresden ist eben von den Napoleonischen Truppen befreit, die Bürger begrüßen die neu gewonnene Freiheit, aber schon mischen sich Haßtiraden unter die Jubelgesänge – völlig einsam und weit entfernt von der lärmenden Öffentlichkeit sitzt Anselmus unter dem einstmals dichtbelaubten, jetzt kahlen Holunderbaum und wähnt sich am Ziel seiner Wünsche: frei vom bürgerlichen Alltag. Dieser Schluß läßt offen, was mit Anselmus wirklich geschah und weiter mit ihm geschieht, und damit wird ein Wesenszug von Hoffmanns Kunst exemplarisch erfaßt: das „Offensein mehrerer Möglichkeiten (...), um die Gespenstischkeit eines Alltags zu fassen, der von mehreren Wertsystemen bestimmt ist, seine Mehrdeutigkeit, sein Doppelwesen, kurzum: seine Widersprüchlichkeit." (Fühmann 1979, S. 49)

Der Grundkonflikt in Erzählung wie Oper setzt voraus, daß Lindhorst und die Rauerin ursprünglich gemeinsamen Anteil am goldenen Topf hatten, sich aber entzweiten (die Rauerin war Serpentinas Kindermädchen), so daß Lindhorst den goldenen Topf nur verwahrt, bis Serpentina den rechten Partner findet und das kostbare Symbol ungeteilt an eine neue Generation weitergegeben werden kann. Die Figur der Rauerin ist tatsächlich, wie Joachim Herz, der Regisseur der Uraufführung vermutete (vgl. Notate 1989), eine Parallelfigur zur Königin der Nacht, schon Ernst Bloch sprach in seinem ›Prinzip Hoffnung‹ von der alten Marktfrau als einer „Hekate Apfelweib" (Bloch 1977, S. 456). Der Kampf zwischen Lindhorst und der Rauerin geht um den goldenen Topf wie der Streit zwischen Sarastro und der Königin der Nacht um den Sonnenkreis. Diese Schicht des Werkes ist verborgen und wurde vom Librettisten nicht herausgearbeitet, entsprechend gehören die Szene in der Hexenküche und die Zauberei der Rauerin zu den musikalisch und textlich schwächsten Stellen des Werkes.

Die Oper entstand als Auftragswerk der Staatsoper Dresden. Eckehard Mayer hat seine Musik für die Staatskapelle Dresden quasi maßgeschneidert. Die Dreiteilung des Orchesters ist zwar in der sich auf drei Ebenen vollziehenden Handlung begründet, aber hieraus ergaben sich auch reizvolle Möglichkeiten, das Vermögen dieses weltbekannten Klangkörpers voll zu entfalten und zu nutzen. Der Komponist hat seine Konzeption selbst erläutert: „Erste Ebene, reale Ebene. Die Musik unterstützt den dramatischen, von äußerer und innerer Unruhe getragenen Gestus der Szene. Zwei Klaviere, Schlagzeug, Bläser hinter der Szene. Keine Bühnenmusik im traditionellen Sinne. Die Musik muß durch Tonübertragung überall auf der Szene gegenwärtig sein.

Zweite Ebene, Hoffmann und Lindhorst allein im Kaffeehaus Eichelkraut. Das lyrische Gegenstück zur ersten Ebene. Fünf Instrumente seitlich sichtbar, Reflexionen der Hauptfiguren. Parlando als Verständigungsmittel, freies Metrum.

Dritte Ebene, Märchenebene. Musikalisch dargestellt vom Orchester im Orchestergraben. Collagen, Stilzitate und Originalzitate, Verfremdung, Parodie, Mixtur, explosive Entladung bis hin zu Geräuschen (Szenen der Rauerin, Kampf zwischen Rauerin und Lindhorst), aber auch tradierte Formen (Erzählung der Serpentina, Duett Veronika–Anselmus). Musikalische Ruhepunkte inmitten fließender musikalischer Übergänge, Überlagerungen und simultanartige Szenen aller drei Orchester. (...)

Die Grundsituationen der beiden ersten Ebenen sind eindeutig, das musikalische Grundmaterial kehrt in variierter Form immer wieder. Für die Behandlung des Märchens einige Beispiele: Spaziergang der Bürger am Himmelfahrtstag. Es erklingen ein Ländler, Synonym für Idyll, heile Welt, aber ironisch verzerrt, Studenten, Burschen kontrapunktieren dieses unwirkliche Idyll mit dem Lied ›Es ritten drei Reiter zum Tore hinaus‹. Der Ländler begleitet im ersten Akt die Anwesenheit der Bürger. Am Ende der Oper erklingt er, wenn Anselmus unter dem entlaubten Holunderbaum sitzt: das Idyll ist endgültig verloren. (...)

Das Wesentliche dieses Stückes war für mich die Verbindung von realem und märchenhaft phantastischem Geschehen, die Gegenüberstellung desselben, die Verzahnung, die Überlappung, das Auseinanderklaffen und das Wieder-Verschmelzen. Vor- und Zwischenspiele des Orchesters bringen Krieg, Verwüstung, Elend zum Ausdruck – das zerstörte Dresden als Mahnung an uns heute. Der Siegesjubel am Ende der Oper geht in das Präludium des Anfangs über. Die Befreiung war keine wirkliche Befreiung, wie die Jahre nach 1813 gezeigt haben." (Mayer 1989)

Die Musik ist gekennzeichnet von gekonntem und großzügigem Einsatz der verschiedensten neueren Kompositionstechniken, wobei der Komponist vor allem auf Farbklänge setzt, er unterstreicht mit aggressiv-grellen Breaks und Signalen die reale kriegerische Sphäre, begleitet die Kaffeehaus-Gespräche relativ zurückhaltend und benutzt im märchenhaft-phantastischen Bereich Klangmixturen und Klangverformungen.

Ausgaben Text In: Theater der Zeit, H. 8, Berlin 1988; Sonderdruck zur Uraufführung, Staatsoper Dresden 1989; KlA Henschelverlag Berlin 1987, übernommen vom Deutschen Verlag für Musik Leipzig (dvfm 6151)

Rechte Henschel Musik GmbH Berlin

Literatur
E.T.A. Hoffmann: Der goldene Topf. In: E.T.A. Hoffmann, Gesammelte Werke in Einzelausgaben, 1. Bd.: Fantasiestücke in Callots Manier, hrsg. von Hans-Joachim Kruse und Rudolf Mingau, Berlin und Weimar 1976; Franz Fühmann: Akademierede und Rundfunkvortrag über E.T.A. Hoffmann (beide 1976), ders.: Fräulein Veronika Paulmann aus der Pirnaer Vorstadt oder Etwas über das Schauerliche bei E.T.A. Hoffmann, Rostock 1979; Ernst Bloch: Das Prinzip Hoffnung, Frankfurt am Main 1977; Ingo Zimmermann: Hoffmann in Dresden. Erzählung, Berlin 1985; Eckehard Mayer und Ingo Zimmermann: Ein Märchen erwächst aus der Wirklichkeit. Gespräch mit Hella Bartnig. In: Theater der Zeit, H. 8, Berlin 1988; Eckehard Mayer: Zur musikalischen Konzeption des ›Goldenen Topfes‹. In: Programmheft Staatsoper Dresden 1989; Notate aus den konzeptionellen Vorgesprächen zwischen Prof. Joachim Herz, Dr. Ingo Zimmermann, Dr. Hella Bartnig und Peter Wittig. Sonderdruck Textbuch ›Der goldene Topf‹, Staatsoper Dresden 1989; Joachim Herz: Der Dichter und seine Bürgerwelt. Zur Uraufführung einer Oper nach E.T.A. Hoffmann. In: Theater der Zeit, H. 8, Berlin 1988
Rezensionen der Uraufführung. In: Theater der Zeit, H. 8, Berlin 1989; Musik und Gesellschaft, H. 8, Berlin 1989

Ernst Hermann Meyer
8. September 1905 - 8. Oktober 1988

Geboren in Berlin, seit 1912 Klavier- und Violinunterricht, 1922 erste Liedkompositionen, 1924-1926 Banklehre und Bankangestellter, 1926-1930 Studium der Musikwissenschaft in Berlin und Heidelberg, abschließend Promotion (Die mehrstimmige Spielmusik des 17. Jahrhunderts in Nord- und Mitteldeutschland, 1930), 1929 Beginn der Freundschaft und Zusammenarbeit mit Hanns Eisler, 1930 Eintritt in die KPD, Dirigent, Komponist und Kritiker in Berlin, Mitarbeiter und zeitweiliger Herausgeber der Zeitschrift *Kampfgemeinschaft der Arbeitersänger* bzw. *Kampfmusik*, 1931 Kompositionsunterricht bei Paul Hindemith an der Hochschule für Musik Berlin-Charlottenburg und bei Max Butting an der Rundfunk-Versuchsstelle.

1933 Emigration nach England, Arbeit als Kopist, Stenotypist, Klavierstimmer, Schwimmlehrer und in anderen Gelegenheitsjobs, 1936 Dirigent einiger englischer Arbeiterchöre, 1937 Komponist für verschiedene englische Dokumentarfilm-Gesellschaften, 1938 Gründung des Freien Deutschen Kulturbundes in London und zeitweilig dessen Präsident, 1939 Vorlesungen über Musik am Bedford College London, 1944 Gastprofessur am King's College der Universität Cambridge.

1948 Rückkehr aus der Emigration, Professor für Musiksoziologie (Musikgeschichte) an der Humboldt-Universität Berlin (Emeritierung 1968), 1950 Gründungsmitglied der Deutschen Akademie der Künste zu Berlin, 1951 Gründungsmitglied des Verbandes Deutscher Komponisten, Chefredakteur der Zeitschrift *Musik und Gesellschaft*, 1952 Vorsitzender des Beirats für Musikwissenschaft beim Staatssekretariat für Hoch- und Fachschulwesen, 1963 Kandidat des ZK der SED, 1965-1969 Vizepräsident der Akademie der Künste der DDR, 1965-1971 Präsident des Musikrats, 1965 Ehrendoktorwürde der Martin-Luther-Universität Halle-Wittenberg, 1967 Präsident der Händel-Gesellschaft (1975, 1983 wiedergewählt), 1967-1972 Mitglied des Direktoriums der Internationalen Gesellschaft für Musikwissenschaft, 1968 Präsident des Verbandes der Komponisten und Musikwissenschaftler der DDR, 1971 Mitglied des ZK der SED (1976, 1981, 1986 wiedergewählt), 1973 Präsident des Hanns-Eisler-Komitees der DDR, 1973 Ernennung zum Mitglied der Accademia delle Scienze, Lettere ed Arti di Milano, 1975 Ehrenmitglied der Deutschen Staatsoper Berlin, 1982 Ehrenpräsident des Verbandes der Komponisten und Musikwissenschaftler der DDR, 1985 Ehrendoktorwürde der Humboldt-Universität Berlin. Gestorben in Berlin.

1950 und 1952 Nationalpreis der DDR, 1955 Vaterländischer Verdienstorden in Silber, 1958 Medaille für Kämpfer gegen den Faschismus, 1961 Artur-Becker-Medaille in Gold, Händelpreis der Stadt Halle, 1963 Nationalpreis der DDR, 1964 Johannes-R.-Becher-Medaille in Gold des Deutschen Kulturbunds, 1966 Erich-Weinert-Medaille, Medaille der Deutsch-Sowjetischen Freundschaft in Gold, 1969 Banner der Arbeit, 1970 Kunstpreis des FDGB. 1971 Vaterländischer Verdienstorden in Gold, 1974 Banner der Arbeit, 1975 Medaille für Kämpfer gegen Faschismus 1933-1945, 1975 Ehrennadel der Liga für Völkerfreundschaft, 1975 Nationalpreis der DDR, 1977 Kunstpreis der Deutsch-Sowjetischen Freundschaft, 1979 Paul-Robeson-Medaille, 1980 Stern der Völkerfreundschaft in Gold, 1980 Karl-Marx-Orden, 1985 Ehrenspange zum Vaterländischen Verdienstorden in Gold

Sinfonische Musik, Orchesterwerke und Konzerte, u.a. Symphonie für Streicher (1947/1958), Konzertante Sinfonie für Klavier und Orchester (1961), Poem für Viola und Orchester (1962), Violinkonzert (1964), Serenata pensierosa (1965), Concerto grosso für zwei Trompeten, Posaune, Pauken und Streichorchester mit Solovioline (1966), Sinfonie in B (1967), Harfenkonzert (1968), Toccata für Orchester (1971), Divertimento concertante (1972-1973), Konzert für Orchester mit obligatem Pianoforte (1975) ›Kontraste – Konflikte‹ – Für großes Orchester (1977), Violakonzert (1978), Sinfonietta (1980), Berliner Divertimento (1981), ›Sinfonische Widmung zur Wiedereröffnung des Berliner Schauspielhauses‹ – Für Orchester (1983), Violoncellokonzert (Erster Satz, 1988)

Kammermusik für verschiedene Besetzungen als Trio, Quintett, Sextett, sechs Streichquartette (1956, 1959, 1967, 1974, 1978, 1982); mehrere Werke für Klavier, u.a. Toccata appassionata (1966), Präludien für D. Sch. (1974)

Filmmusik für verschiedene englische Dokumentarfilme (1937-1945), für sechs DEFA-Filme (1949-1971)

Vokalmusik in allen Genres: Lieder und Gesänge für Solostimme und Klavier oder Orchester, für Solostimmen und Chor mit Orchester, Chorgesänge a cappella und mit Begleitung; Vokalsinfonische Werke, Kantaten, Oratorien, u.a. ›Nun, Steuermann fahr hin‹ – Ode für Bariton und Streichorchester nach Worten von Walt Whitman (1946), ›Mansfelder Oratorium‹ – Für Soli, Chor und Orchester . Text von Stephan Hermlin (1950), ›Die Partei‹ – Für Solo, Chor und Orchester nach Worten von Wladimir Majakowski (1950), ›Der Flug der Taube‹ – Kantate für Sopran, Tenor, gemischten Chor und großes Orchester . Text von Stephan Hermlin (1952), ›Des Sieges Gewißheit‹ – Kantate für Soli, Chor und Orchester nach Worten von Johannes R. Becher (1952), ›Gesang von der Jugend‹ – Kantate zur Jugendweihe . Text von Louis Fürnberg (1957), ›Du, Mutter der Freien‹ – Kantate für Baritonsolo, gemischten Chor und Orchester nach einem Text von Pablo Neruda (1957), ›Das Tor von Buchenwald‹ – Eine Episode für Bariton, Chor und Orchester nach Worten von Nancy Bush (1959), ›Es wurde Macht‹ – Sextett für zwei Soprane, Alt, Tenor, Bariton, Baß und Orchester nach Worten von Johannes R. Becher (1959), ›Jahrhundert der Erstgeborenen‹ – Für Tenor, Chor und Orchester nach Worten von Louis Fürnberg (1960), ›Der Staat‹ – Für Chor und Orchester . Text von Johannes R. Becher (1964), ›Erlebte Freundschaft‹ – Kantate für Mezzosopran, Kinderchor und kleines Orchester nach Worten von Willi Layh (1969), ›Lenin hat gesprochen‹ – Kantate für zwei Soli, gemischten Chor und Orchester (1970), ›Hymnus an Karl Marx‹ – Für Soli, Chor und Orchester (1983)

Die mehrstimmige Spielmusik des 17. Jahrhunderts in Nord- und Mitteldeutschland. Heidelberger Studien zur Musikwissenschaft, Bd. II, Bärenreiter-Verlag Kassel 1934; English Chamber Music. Lawrence & Wishart London 1946, überarbeitete Fassung: Die Kammermusik Alt-Englands, VEB Breitkopf & Härtel Leipzig 1958; Musik im Zeitgeschehen, Henschelverlag Berlin 1952; Aufsätze zur Musik, Henschelverlag Berlin 1957; Musik der Renaissance, Aufklärung, Klassik. Aufsatzsammlung, hrsg. von Heinz Alfred Brockhaus, Verlag Philipp Reclam Jun. Leipzig 1973; Kontraste – Konflikte. Erinnerungen Gespräche Kommentare, hrsg. von Dietrich Brennecke und Mathias Hansen, Verlag Neue Musik Berlin 1979; weitere Artikel in Sammelbänden, kleine Schriften und Aufsätze

Bühnenwerke

Reiter der Nacht _____ 1966/1971-1973
Oper in einem Vorspiel und elf Bildern _____ UA 1973
nach dem Roman ›The Path of Thunder‹
von Peter Abrahams
Text von Günther Deicke

Reiter der Nacht
Oper in einem Vorspiel und elf Bildern
nach dem Roman ›The Path of Thunder‹
von Peter Abrahams
Text von Günther Deicke

Entstehung 1966/1971-1973

Uraufführung 17. November 1973 Deutsche Staatsoper Berlin

Personen
Schwarze:
Lanny Swartz, Lehrer in Stilleveld	Bariton
Seine Mutter	Mezzosopran (Alt)
Der Prediger	Baßbariton
Fieta	Sopran (Mezzosopran)
Daniel, Dorfkrämer	Baß
Mako, sein Sohn	Tenor
Celia, Studentin aus Kapstadt	Sopran
Sam, verkrüppelt	Stumm
Vorsänger	Tenor (Hoher Bariton)
Vorsängerin	Sopran
Drei Frauen	Alt, Sopran, Sopran
Ein Arbeiter	Bariton
Eine Dorfbewohnerin	Sopran
Ein Dorfbewohner	Bariton
Dorfbewohner	Chorsolisten, Gemischter Chor, Kinderchor, Ballett

Weiße:
Gert Claasen, Großgrundbesitzer, der „Baas"	Bariton
Sarie Claasen, seine Nichte	Sopran (Mezzosopran)
Smit, Großgrundbesitzer	Tenor
Mostert, Großgrundbesitzer	Baß

Orchester 2 Fl (II auch Picc), 2 Ob (II auch EH), 2 Klar (II auch BKlar), 2 Fg (II auch KFg), 4 Hr, 3 Trp, 3 Pos, Tb, Pkn, Slzg (3 Spieler), Hrf, Git; Str

Aufführungsdauer ca. 3 Std.

Handlung
Ort und Zeit der Handlung: Das Dorf Stilleveld auf dem südafrikanischen Hochwald. Gegenwart.
Vorspiel: *Bahnhof Kapstadt.* Lenny Swartz hat sein Studium beendet und kehrt in sein Heimatdorf auf dem Hochwald zurück, um dort eine Schule zu errichten

und als Lehrer zu arbeiten. Er verabschiedet sich von seinen Kommilitonen, darunter auch von seiner Freundin Celia.
Instrumentales Vorspiel. Adagio. **1. Bild:** *Bahnstation auf dem Hochwald, nahe dem Dorf Stilleveld.* Bei seiner Ankunft in der Heimat wird Lanny mit den ländlichen Realitäten konfrontiert. Zwei weiße Farmer, Smit und Mostert, zeigen ihm handgreiflich ihren Unwillen, daß er als Schwarzer sich Bildung angeeignet hat, anstatt für sie zu arbeiten.
Interludio. **2. Bild:** *In Stilleveld, vor der Hütte der Mutter.* Die Dorfbewohner empfangen Lanny als Gesandten ihrer Hoffnung auf Wissen, mit dem sie ihrer Armut abhelfen wollen. Aber eben das fürchten die „Herren des Landes", die Buren; daher wird Lanny zum „Baas", dem Farmer Gert Claasen, in dessen „großes Haus" befohlen.
Interludio. **3. Bild:** *Poetische Landschaft.* Auf seinem Weg zum Farmer trifft Lanny auf ein weißes Mädchen, Claasens Nichte Sarie, die er mit seiner selbstbewußten Haltung beeindruckt.
4. Bild: *Im „großen Haus".* Claasen stellt seine Nichte Sarie zur Rede, sie sei zu freundlich gegenüber dem schwarzen Personal. Er verbietet Lanny, eine Schule einzurichten.
5. Bild: *Vor dem „großen Haus".* Lanny wird von Claasens beiden Freunden, Smit und Mostert, zusammengeschlagen. Saries Dazwischentreten verhindert Schlimmeres. Das Mädchen verbindet Lannys Wunden; zwischen dem Schwarzen und der Weißen entsteht Zuneigung.
6. Bild: *Vor dem Laden des Dorfkrämers Daniel, etwa eine Woche später.* Während der Krämer durch Mildtätigkeiten den Leuten zu helfen versucht, dringt sein Sohn Mako darauf, daß die Entrechteten ihre Lage durch gemeinsame Aktionen verbessern. Lanny und Sarie treffen sich wieder.
Instrumentales Vorspiel. **7. Bild:** *Poetische Landschaft.* Mako macht Lanny klar, daß seine Liebe zu Sarie ihn und die Schule gefährdet. Trotzdem trifft sich Lanny mit Sarie, beide gestehen einander ihre Liebe.
8. Bild: *Hütte der Mutter.* Lanny bekommt ein warnendes Beispiel vor Augen geführt: Der stumme, halb wahnsinnige Sam war einst ein gesunder junger Mann. Er liebte ein weißes Mädchen und wurde über Nacht von Unbekannten zum Krüppel geschlagen. Lanny erhält die Nachricht, daß seine Freundin Celia aus Kapstadt am nächsten Tag im Dorf eintreffen wird.
9. Bild: *Dorfplatz.* Da die Leute von Lannys Liebe zu Sarie nichts ahnen, feiern sie Celia als Braut ihres Lehrers. Mako warnt Lanny noch einmal, doch der will und kann auf seine Liebe, auf Sarie, nicht verzichten.
10. Bild: *Landstraße.* Celia macht Sarie klar, welche Gefahren aus ihrer Liebe für Lanny entstehen. Die Liebenden entschließen sich zur Flucht. Sie träumen von einer glücklichen Zukunft und sehen sich als „Reiter der Nacht", wie die jungen Liebenden des Liedes, die im Dunkel der Nacht Schönheit und Zärtlichkeit in die Welt bringen. Claasen, Smit und Mostert stellen sich ihnen in den Weg. Instrumentales Zwischenspiel.

11. Bild: *Im Busch unweit Stilleveld.* Die Bewohner sind aufgestört, Lanny und Sarie wurden von den Farmern umgebracht. Als Claasen sich brüstet, er werde jeden anderen ebenso zurichten wie einst Sam, wird er von diesem getötet. Mostert und Smit können gegen die aufgebrachten Dorfbewohner nichts ausrichten. „Sie, die Erniedrigten und Beleidigten, die Geschändeten und Geknechteten, organisieren sich, vereinigen sich, werden zu einer Macht gegen ihre Peiniger." (Meyer 1973)

Kommentar

Ernst Hermann Meyer – Komponist von Liedern, Kammermusik, Sinfonien und des ›Mansfelder Oratoriums‹, Gründungsmitglied der Akademie der Künste der DDR und des Komponistenverbandes, in denen er seit Jahrzehnten hohe Funktionen einnahm – reglementierte das Musikleben der DDR. Als Musikwissenschaftler, Publizist und Lehrender hatte er sich einen Namen gemacht und Einfluß verschafft. Als er seine erste Oper ›Reiter der Nacht‹ komponierte, lag das 65. Lebensjahr bereits hinter ihm. Er selbst datierte die Idee zu einer Oper nach Peter Abrahams' Buch ›The Path of Thunder‹ (in deutscher Übersetzung ›Reiter der Nacht‹) auf das Jahr 1964. Den ersten Arbeitskontakt mit dem Berliner Lyriker und Schriftsteller Günther Deicke nahm er 1966 auf. An der Endfassung des Werkes beteiligten sich der Regisseur der Uraufführung, Joachim Herz, die Dramaturgen Walter Rösler und Günter Rimkus, auf deren Einflußnahme die Autoren wiederholt und eindringlich verwiesen haben.

Schließlich gelangte eine Fassung der Oper zur Uraufführung, die in Details vom Klavierauszug abweicht und als Fassung letzter Hand betrachtet werden kann.

Abrahams' Roman spielt Ende der dreißiger Jahre dieses Jahrhunderts. Das erklärt manche didaktischen Züge, die auch dem Operntext anhaften, dessen Grundschwäche darin besteht, zu erklären, was die Zuschauer schon längst zur Genüge wußten, daß eine Liebe zwischen Schwarzen und Weißen in Südafrika gefährlich ist.

Die Darstellung des antiimperialistischen Kampfes in Afrika ist für mitteleuropäische Komponisten mit dem nicht geringen Problem verbunden, Menschen anderer Länder und Kulturen zu gestalten, ohne Folklore als bloßes Lokalkolorit zu verwenden, wie zur Blütezeit der bürgerlichen Oper des 19. Jahrhunderts üblich, als der Exotismus ästhetischer Ausdruck des Kolonialismus war. Für Ernst Hermann Meyer und Günther Deicke stellte sich das Problem nicht. Sie glichen ganz unbedenklich originale Volksweisen bzw. Volkslieder dem von ihnen geschaffenen Grundmaterial an. Deicke übernahm Gedichte afrikanischer Dichter und fügte sie in seine Texte ein; Meyer verfuhr ähnlich mit originalen Volksweisen, deren eigentümlichen Charakter er in seine diatonische Struktur einpaßte.

Erklärte ideologische Absicht und gewählte ästhetische Verfahren stehen im Widerspruch zueinander. Insofern ist diese Oper kein Einzelfall, sondern repräsentativ und symptomatisch für eine bestimmte Art „sozialistischer Oper". Hier wird in Stoff und Thematik der Rassismus verurteilt, zugleich aber über das ästhetische Verfahren Kolonialismus bestätigt, denn die schwarzafrikanische Kunst wird als eigenständiger Wert ausgelöscht und der mitteleuropäischen angepaßt, quasi ihr unterworfen. Dem Grundkonflikt zwischen Schwarzen und Weißen geht Meyer auf eine für die Doktrin des Sozialistischen Realismus typischen Weise nach, indem er für die Entrechteten in liedhaft-lyrischen und chorischhymnischen Passagen Partei ergreift, die mörderische Gegenpartei mit dissonanzgeschärfter Harmonik, kurzphrasiger Melodik und starker Intervallspannung charakterisiert.

Der Chor ist in dieser Oper immer präsent, ohne daß ihm eine vielschichtige Funktion gegeben wurde. Meyer studierte die Mittel der Gattung und setzte sie lehrbuchhaft-akademisch ein, sich dabei auf die Typologie der Oper des 19. Jahrhunderts beschränkend. In unangemessener Weise hat der Berliner Musikwissenschaftler Gerd Rienäcker ›Reiter der Nacht‹ mit der ›Zauberflöte‹ und dem ›Fidelio‹ verglichen und durch diesen Akt der Unterwürfigkeit ungewollt deutlich gemacht, welchen Druck sich auch die Musikwissenschaft von seiten Meyers ausgesetzt sah (Rienäcker 1974, S. 526).

Das Werk wurde vor seiner Uraufführung mit viel Vorschußlorbeeren bedacht, und angesichts der einflußreichen Position des Staats- und Partei-Komponisten kamen die Kritiker, bis auf wenige Ausnahmen, nicht umhin, sich diesen Vor-Urteilen anzuschließen. Die entsprechenden musikwissenschaftlichen Analysen waren apologetischer Natur. Auf die auffallende „Janusköpfigkeit" der Kritik – „Untauglichkeitserklärungen für das Werk nach der Generalprobe, Hosianna in den Kritiken" – wagte nur Wolfgang Lange in seiner Rezension in *Theater der Zeit* (Heft 2, 1974, S. 8) hinzuweisen.

Eine wirkliche Diskussion über die wahrhaft erregende Thematik blieb aus, denn die hätte heißen müssen, wieso kann Apartheid-Politik in der zweiten Hälfte des 20. Jahrhunderts noch ausgeübt werden, geduldet von Regierungen und Völkern in Ost wie West, die, zornig zwar, aber ohnmächtig den Ereignissen in Südafrika zuschauen.

Der Uraufführung in Berlin folgte keine weitere Einstudierung. Weisungsgemäß fertigte der Rundfunk der DDR mit dem Ensemble der Uraufführung eine Gesamtaufnahme an, zeichnete das Fernsehen der DDR die Staatsoperninszenierung auf und veröffentlichte der VEB Deutsche Schallplatten eine Schallplattenfassung.

Ausgaben Text In: Theater der Zeit, H. 6, Berlin 1973; KlA Henschelverlag Berlin 1973

Rechte Henschel Musik GmbH Berlin

Literatur Ernst Hermann Meyer: Zu meiner Oper ›Reiter der Nacht‹. In: Programmheft Deutsche Staatsoper Berlin 1973 – auch In: Material zum Theater Nr. 118, Komponisten der DDR über ihre Opern, Auswahl und Zusammenstellung Stephan Stompor, Berlin 1979; ders.: ›Reiter der Nacht‹. Dialog über die Oper als aktuelle Kunstgattung. In: Ernst Hermann Meyer. Kontraste – Konflikte. Erinnerungen, Gespräche, Kommentare. Gesprächspartner und Herausgeber Dietrich Brennecke und Mathias Hansen, Berlin 1979

Günther Deicke: „... denn stärker ist nichts auf der Welt – und schwächer ist nichts". Joachim

Herz: Terror des Gesetzes – Utopie der Herzen. In: Programmheft Deutsche Staatsoper Berlin 1973; Walter Rösler: Anmerkungen zur Musik. In: Theater der Zeit, H. 2, Berlin 1974; Gerd Rienäcker: ›Reiter der Nacht‹ – analytische Bemerkungen zur Oper von Ernst Hermann Meyer. In: Musik und Gesellschaft, H. 9, Berlin 1974 Rezensionen der Uraufführung. In: Theater der Zeit, H. 2, Berlin 1974; Musik und Gesellschaft, H. 2, Berlin 1974

Aufnahmen Produktion des Fernsehens der DDR (GA) Siegfried Vogel (Lanny Swartz), Gertraud Prenzlow (Seine Mutter), Fritz Hübner (Der Prediger); Gisela Schröter (Fieta), Heinz Reeh (Daniel), Reiner Goldberg (Mako), Heidrun Halx (Celia), Bernd Riedel (Student), Władysław Malczewski (Gert Claasen), Gisela Pohl (Sarie Claasen), Henno Garduhn (Smit), Günther Fröhlich (Mostert), Johanna Kuhlmann (Vorsängerin), Solisten der Deutschen Staatsoper Berlin, Damen und Herren des Staatsopernballetts und des Bewegungschores, Kinderchor und Chor der Deutschen Staatsoper Berlin, Staatskapelle Berlin, Dirigent Heinz Fricke; Inszenierung Joachim Herz, Übernahme der Aufführung der Deutschen Staatsoper Berlin 1973/74
Produktion des Rundfunks der DDR (GA) Original-Tonspur der Fernseh-Aufzeichnung, vom Rundfunk produziert
NOVA 8 85 085-086 (Gekürzte Fassung für die Schallplatte) Übernahme der Rundfunkproduktion

Wilhelm Neef
28. Januar 1916 - 20. März 1990

Geboren in Köln, 1922-1935 musikalische Ausbildung (Klavier, Komposition) in Aachen, 1926-1932 Mitglied des Aachener Domchores, 1929-1935 Leitung eines eigenen Schülerorchesters und Organist an der Katharinenkirche Aachen, 1936-1938 Studium an der Hochschule für Lehrerbildung Bonn (Schulmusik, Volkslied, Klavier, Komposition), 1938-1940 Arbeitsdienst und Wehrdienst, 1940-1942 Dramaturg, Regieassistent, Kapellmeister am Theater Hanau, 1943-1945 Kriegsdienst, 1945 von der faschistischen Wehrmacht in der Sowjetunion desertiert, 1945-1946 Konzerttätigkeit, Musikalischer Leiter des Landestheaters Ortenau, 1948-1949 Lehrtätigkeit und Dirigate.

1950 Gastdirigat beim Berliner Rundfunk, 1951 Übersiedlung in die DDR, Leitung des Musikprogramms der Weltfestspiele der Jugend und Studenten, erste Filmmusik bei der DEFA, 1951-1952 Musikalischer Oberleiter des Landestheaters Potsdam, 1953-1955 Dramaturg und Regisseur an der Deutschen Staatsoper Berlin, ab 1956 freischaffender Komponisten in Kleinmachnow. Gestorben in Kleinmachnow bei Berlin.

Seit Gründung Mitglied des Komponistenverbandes, 1974-1981 Vorsitzender der Arbeitsgruppe Bezirk Potsdam bzw. 1981-1986 des Bezirksverbandes Potsdam des Verbandes der Komponisten und Musikwissenschaftler der DDR.

1974 Fontanepreis, 1976 Ehrennadel des VKM, 1978 Verdienstmedaille der DDR, 1979 Vaterländischer Verdienstorden in Silber, 1981 Kunstpreis des FDGB, 1986 Ehrennadel des VKM in Gold, 1986 Vaterländischer Verdienstorden in Gold

Orchesterwerke (Sinfonien, Suiten), Konzerte, Klavier- und verschiedene Kammermusik, Chansons, Orchesterlieder, Lieder mit Klavierbegleitung, Chormusik, Schauspielmusiken; Musik zu vierundvierzig Filmen: u.a. ›Ernst Thälmann‹ (1./2. Teil 1954/1955), ›Der Richter von Zalamea‹ (1955), ›Der Hauptmann von Köln‹ (1956), ›Schlösser und Katen‹ (1957), ›Das Lied der Matrosen‹ (1958), ›Kabale und Liebe‹ (1959), ›Viel Lärm um Nichts‹ (1964) und zu mehreren Indianerfilmen. Übersetzungen und Bearbeitungen von französischen Chansons, Monographie ›Das Chanson‹ (Köhler & Amelang Leipzig 1972). Übersetzungen und Bearbeitungen von Bühnenwerken, u.a. ›Die Stumme von Portici‹ (Auber), ›Regina‹ (Lortzing), ›Die Heuchlerin aus Liebe› (Mozart), ›Die Weber von Lyon‹ (Kosma).

Bühnenwerke

Das schweigende Dorf _____ 1959-1961
Oper in drei Akten _____ UA 1961
nach der gleichnamigen Erzählung von Willi Bredel
Text von Wilhelm Neef

Die Millionen der Yvette _____ 1961-1962
Musikalische Komödie in fünf Bildern _____ UA 1963
nach dem Buch ›Prozeß ohne Gegner‹
von Hans Julius Wille
Text von Wilhelm Neef
mit Gesangstexten von Karl Schnog

Elegie für Liebende _____1967
Ballett in einem Akt_____UA 1968
nach der Erzählung ›Die Nachtigall und die Rose‹
von Oscar Wilde
Libretto von Henn Haas

Shakespeareana _____1967
Ballett in einem Akt_____UA 1968
Libretto von Henn Haas

Eros und Psyche _____1968
Ballett in zwei Teilen_____UA 1969
nach Episoden aus ›Der goldene Esel‹
von Lucius Apuleius
Libretto von Juan Corelli

Der hinkende Teufel _____1968-1969
Ballett in zwei Akten_____UA 1970
nach dem gleichnamigen Roman von Alain-René Le Sage
Libretto von Wilhelm Neef

Wieviel Erde braucht der Mensch? _____1972-1973
Ballett in einem Akt_____UA 1974
nach der gleichnamigen Erzählung von Lew Tolstoi
Libretto von Lothar Hanff und Eva Reinthaller

Ein irrer Duft von frischem Heu _____1978-1979
Komische Oper in sechs Bildern_____UA 1981
nach dem gleichnamigen Lustspiel von Rudi Strahl
Text von Wilhelm Neef

Das schweigende Dorf
Oper in drei Akten
nach der gleichnamigen Erzählung von Willi Bredel
Text von Wilhelm Neef

Entstehung 1959-1961

Uraufführung 6. Mai 1961 Theater der Stadt Plauen

Personen
Andreas Markus, Maurer_____Bariton
Penzlinger, Bauer_____Baß
Erika, seine Tochter_____Sopran
Das Kind (etwa dreijährig)_____Sprechrolle

Uhle Bruhns, Viehhändler	Bariton
Martens, Kaufmann und Wirt	Tenor
Kathrin, seine Frau	Mezzosopran
Hinnerk, Bauer	Baß
Babett, seine Frau	Alt
Riedel, Bürgermeister	Tenor
Böhle, Bahnbeamter	Hoher Tenor
Belz, Hufschmied	Baß
Tim, ein Schieber	Bariton
Ein Volkspolizist	Sprechrolle
Leute und Kinder aus dem Dorf	Gemischter Chor
	Kinderchor (4-6 Kinder)
	Ballett

Orchester 3 Fl (alle auch Picc), 3 Ob (III auch EH), 3 Klar (III auch BKlar), 3 Fg (III auch KFg), 4 Hr, 3 Trp, 3 Pos, Pkn, Slzg (3 Spieler), Hrf; Str

Aufführungsdauer I. Akt: 35 Min., II. Akt: 25 Min., III. Akt: 30 Min.; Gesamt: 1 Std., 30 Min.

Handlung
Die Handlung spielt 1947 in einem Dorf bei Schwerin.
I. Akt: *In der Stube bei Penzlinger. Februar 1947.* Bauer Penzlinger wird sechzig Jahre alt und will seine Tochter Erika an den reichen Uhle Bruhns verheiraten, deshalb soll sie sich von einem Kind trennen, das sie in den letzten Kriegstagen adoptiert hat. Erika weigert sich: Sie will auf ihren Verlobten Andreas warten, von dem seit Kriegsende keine Nachricht mehr kam. In der Trunkenheit stimmt die Geburtstagsgesellschaft faschistische Lieder an. Auf dem Höhepunkt der Feier erscheint der totgesagte Andreas, soeben aus amerikanischer Kriegsgefangenschaft entlassen. Penzlinger weist ihn aus seinem Haus. Erika bekennt sich zu ihrem Verlobten. Die Männer beschließen, Andreas wegen unerlaubten Aufenthaltes im Dorf bei der Polizei anzuzeigen. Sie erwarten, daß er nach Sibirien geschickt wird.
II. Akt: *Dorfplatz vor den drei Eichen mit aufgeschlagenem Tanzboden. Erntezeit. September 1947.* Die Frauen des Dorfes verbieten ihren Kindern, mit Erikas Kind zu spielen. Das Erntefest nimmt mit Liedern und Tänzen (Polka, Tampet, Figaro, Varsovienne, Mazurka, Hornpipe) seinen Lauf. Alle vergnügen sich, darunter auch der wieder auf freien Fuß gesetzte Andreas mit seiner Erika. Da wird Uhle Bruhns verhaftet. Man beschimpft Andreas als Denunzianten. Einzig der Hufschmied Belz solidarisiert sich mit ihm.
III. Akt: *Gaststube in der Wirtschaft Martens und Platz an den drei Eichen. Am nächsten Morgen.* Andreas ist zum Sonderbevollmächtigten ernannt worden. Noch bevor die Leute des Dorfes wissen, um welche Sondervollmachten es sich handeln wird, stehen sie vor dem Wirtshaus Schlange und beichten Andreas ihre

Kollektivschuld: Ende des Krieges machte ein faschistischer Transportzug mit jüdischen Frauen und Kindern, auf der Fahrt vom KZ Ravensbrück nach Bergen-Belsen, in der Nähe des Dorfes halt. Die Häftlinge flüchteten ins Dorf und versteckten sich dort. SS-Leute zwangen die Dorfbewohner, die Flüchtigen aufzustöbern und zu erschießen. Die toten Frauen und Kinder fanden ihr Massengrab unter den drei Eichen. Nur durch Zufall überlebte ein einziges Mädchen, das Erika zu sich nahm. Während die Männer dem ahnungslosen Andreas ihre Schuld gestehen, hat sich der Hufschmied Belz das Leben genommen. Andreas aber verkündet die neue Moral: Es wird Recht gesprochen werden, aber nicht Gleiches mit Gleichem vergolten.

Kommentar
Im Jahre 1951 war Wilhelm Neef in die DDR übergesiedelt. Er fand hier schnell Aufnahme unter Gleichgesinnten und erwarb sich nicht zuletzt durch die Arbeit am Thälmann-Film die Freundschaft Willi Bredels, dessen Novelle ›Das schweigende Dorf‹ 1949 erschienen war. Mit der Wahl dieser Erzählung, in der eine wahre Begebenheit jüngster Geschichte geschildert wird, hatte Wilhelm Neef eine mutige Entscheidung getroffen. Obgleich in ihrer Besonderheit nicht auf andere deutsche Orte zu übertragen, stand doch mit diesem einen schweigenden Dorf zugleich das Verhalten der Mehrheit der deutschen Bevölkerung während der Zeit des Hitlerfaschismus zur Diskussion. In jenen auf Optimismus gestimmten Aufbaujahren garantierte das der Oper nicht unbedingt Popularität.

Sechsundzwanzig Jahre später wandte sich ein junger Schriftsteller dem gleichen Vorfall zu: Thomas Heise verarbeitete dokumentarisches Material zu seinem Stück ›Schweigendes Dorf‹, weil die DEFA eine Verfilmung abgelehnt hatte. In einer Lesung während der Autorenwerkstatt 1987 in Potsdam wurde das Stück vorgestellt und stieß auf großes Interesse. 1988 gelangte es auf die Bühne des Hans-Otto-Theaters (vgl. Theater der Zeit, H. 7, Berlin 1988). Während Thomas Heise und sein Publikum 1987 wissen wollten, warum bestimmte Aspekte deutscher Geschichte über die Jahre hinweg verdrängt wurden, glaubte Wilhelm Neef bereits 1961, daß von den ehemaligen Mitläufern des Nazireiches – der schweigenden Mehrheit – nun rückhaltlose Offenheit zu erwarten sei. Sein schweigendes Dorf gesteht jedoch erst unter dem Druck einer vermuteten drohenden Verhaftung öffentlich die kollektive Schuld. Schon Bredel und dann Neef hatten unter den vielen Ungerechten des Dorfes zwei Gerechte aufgespürt und sie in den Mittelpunkt des Geschehens gestellt: Erika, die das überlebende jüdische Kind gegen den Widerstand des eigenen Vaters und des Dorfes adoptiert, und Andreas, den Kommunisten aus Hamburg, der – ähnlich wie der Komponist selbst – in die DDR übersiedelt. Diesen „Zukunftsträgern" gehört dann auch das Finale.

Das Verfahren ist typisch und aufschlußreich für die Doktrin des Sozialistischen Realismus: Vergangenheitsbewältigung war eingeschränkt möglich, wenn die „Träger des Neuen" entsprechend Raum erhielten. Der Preis für die Wahrheit über die Vergangenheit war die Apologie, die Feier der Regierenden als „Sieger der Geschichte". Damit war Geschichte als fortwirkender Prozeß aus der Gegenwart und der künstlerischen Reflexion verbannt.

Der Uraufführung 1961 in Plauen folgte bisher lediglich eine weitere Inszenierung am Mecklenburgischen Staatstheater Schwerin (Regie: Joachim Robert Lang). Es muß heute gefragt werden, ob diese geringe Resonanz lediglich den künstlerischen Grenzen des Werkes geschuldet ist. Der Text ist einschichtig, doch beherrscht Neef mit großer Souveränität alle traditionellen Gestaltungsmittel von Oper und sinfonischer Musik, setzt sie als charakteristische musikalische Strukturen zwar konventionell, aber sinnreich ein.

Ausgaben KlA Henschelverlag Berlin 1961 (enthält nicht die überarbeitete Fassung des II. Aktes)

Rechte Henschel Musik GmbH Berlin

Literatur Wilhelm Neef: Die Oper und unsere Zeit. In: Deutsche Staatsoper Berlin 1955-1960, Berlin 1961; ders.: Schwierigkeiten mit der Gegenwartsoper. Bemerkungen zu ›Das schweigende Dorf‹. In: Theater der Zeit, H. 8, Berlin 1961; beide auch In: Material zum Theater Nr. 117 und Nr. 118. Komponisten der DDR über ihre Opern, Auswahl und Zusammenstellung Stephan Stompor, Berlin 1979
Rezensionen der Uraufführung. In: Theater der Zeit, H. 7, Berlin 1961; Musik und Gesellschaft, H. 7, Berlin 1961; Rezensionen der Schweriner Inszenierung. In: Theater der Zeit, H. 9, Berlin 1971; Musik und Gesellschaft, H. 11, Berlin 1971

Aufnahmen Produktion des Rundfunks der DDR (Szenenfolge in der Auswahl des Komponisten) Jola Koziel (Erika), Uwe Kreyssig (Andreas), Herbert Rößler (Penzlinger), Günther Kurth (Bürgermeister Riedel), Joachim Gäbler (Belz), Werner Enders (Martens), Sonny Gerstner (Kind), Hermann Hildebrandt (Sprecher der Zwischentexte), Solistenvereinigung des Berliner Rundfunks, Estradenorchester des Berliner Rundfunks, Dirigent Wilhelm Neef; aufgenommen 1962
Produktion des Rundfunks der DDR (GA) Solisten z.Z. nicht zu ermitteln, Rundfunkchor Leipzig, Großes Rundfunk-Orchester Leipzig, Dirigent Adolf Fritz Guhl; aufgenommen 1963

Ein irrer Duft von frischem Heu
Komische Oper in sechs Bildern
nach dem gleichnamigen Lustspiel von Rudi Strahl
Text von Wilhelm Neef

Entstehung 1978-1979

Uraufführung 3. Mai 1981 Städtische Bühnen Erfurt

Personen
Mattes, Parteisekretär des Dorfes_____Lyrischer Bariton
Dr. Angelika Unglaube, wissenschaftliche
    Mitarbeiterin der Bezirksleitung_____Lyrischer Sopran
Pastor Himmelsknecht_____Baß
Lydia, Vorsitzende der LPG_____Mezzosopran
Aventuro, Abgesandter des Vatikans_____Tenor

Paul, Lydias Mann___Baß
Mutter Roloff___Alt

Orchester 2 Fl, 2 Ob, 2 Klar, 2 Fg, 2 Hr, 2 Trp, Pos, Hrf, Kl, Cel, Pkn, Slzg; Str

Aufführungsdauer 1. Bild: 22 Min., 2. Bild: 12 Min., 3. Bild: 20 Min., 4. Bild: 18 Min., 5. Bild: 16 Min., 6. Bild: 20 Min.; Gesamt: 1 Std., 48 Min.

Story
Die Handlung spielt im mecklenburgischen Dorf Trutzlaff.
Der Parteisekretär des Dorfes hat von seinen Vorfahren das „zweite Gesicht" geerbt: Er kann zukünftige Ereignisse voraussagen und sieht Begebenheiten, die sich außerhalb seines Blickfeldes zutragen. Die Bezirksleitung seiner Partei schickt Dr. Angelika Unglaube ins Dorf, um diesen lehrbuchwidrigen Eigenarten des Sekretärs auf den Grund zu gehen. Sie scheitert aber mit ihrer Theorie an der real existierenden Praxis und verliebt sich schließlich, animiert vom irren Duft des frischen Heus, in den Delinquenten.
Auch der Heilige Vater in Rom hat einen Späher ausgesandt. Sein Pater Aventuro soll klären, ob es sich hierbei um Wunder oder um Scharlatanerie handelt. Der irre Duft vom frischen Heu bewirkt auch bei ihm eine Verrückung der Theorie, so daß der Pater schließlich glaubt, das eigentliche Wunder sei der Kommunismus, und nach Rom zurückkehrt, fest entschlossen, nun seinerseits den Papst zum Kommunismus zu bekehren.

Kommentar
In seinem für die Uraufführung geschriebenen Programmheftartikel erklärt der Komponist, mit dieser Lustspieloper – seinem letzten Werk für das Musiktheater – zur Aufhebung der unseligen Spaltung in sogenannte E-Musik und U-Musik beitragen zu wollen. Er erinnert in diesem Zusammenhang an die Ästhetik des Chansons und bekennt sich zu ihr. Wie schon in der ersten Oper, schrieb Wilhelm Neef das Libretto selbst. Und hier scheiterte er, indem er den Text seiner Schauspiel-Vorlage lediglich kürzte, aber nicht so aufbereitete, um ihn wie im Chanson servieren zu können. Die Musik zerdehnt den Text, die Strahlschen Pointen werden meist gesprochen.

Neefs Lustspieloper gehört von ihrem interessanten, singulär gebliebenen Ansatz her, das Chanson in die deutsche Oper einzuführen, zu den beachtenswerten Werken der Gattung, auch wenn der Komponist selbst mit dem Ergebnis nicht restlos zufrieden war.

Ausgaben nicht verlegt, fotokopierter KlA beim Erben des Komponisten

Rechte Erben des Komponisten

Literatur Rudi Strahl: Ein irrer Duft von frischem Heu. In: Rudi Strahl. Lustspiele, Einakter und szenische Miniaturen, Berlin 1985
Rezensionen der Uraufführung. In: Theater der Zeit, H. 7, Berlin 1981; Musik und Gesellschaft, H. 7, Berlin 1981

Frank Petzold
18. Mai 1951

Geboren in Zwickau, 1968-1974 Musikstudium an der Hochschule für Musik Dresden (Komposition, Dirigieren, Klavier), 1974-1977 Chordirektor und Kapellmeister in Stendal, 1977-1979 Schauspielkapellmeister in Magdeburg, 1979-1981 Meisterschüler für Komposition an der Akademie der Künste der DDR bei Rainer Kunad. Seit 1981 freischaffend in Magdeburg, seit 1986 in Cottbus. Seit 1990 Vorsitzender des Regionalverbandes Cottbus des Verbandes Deutscher Komponisten e.V.
1984 Hans-Stieber-Preis für Komposition
Zahlreiche Werke für Orchester, Kammermusiken und Bühnenmusiken, u.a. piano strings music (1989), Erste Sinfonie (1990), arbeitet als Pianist in Richtung Jazz und improvisierte Musik

Bühnenwerke

Das Kälberbrüten _____ 1980-1981
Ein Fastnachtspiel nach Hans Sachs _____ UA 1982
für Sopran, Tenor, Baß und sechs Instrumente

Prinzessin Zartfuß und die sieben Elefanten _____ 1986-1987
Komische Oper in einem Akt _____ UA 1989
nach dem gleichnamigen Bühnenstück
von Albert Wendt
Text von Frank Petzold

Prinzessin Zartfuß und die sieben Elefanten
Komische Oper in einem Akt
nach dem gleichnamigen Bühnenstück von Albert Wendt
Text von Frank Petzold

Entstehung 1986-1987

Uraufführung 19. Februar 1989 Theater der Stadt Cottbus

Personen
Prinzessin Zartfuß _____ Sopran
Mäusel _____ Tenor
Hugo von Fietz, Dirigent _____ Bariton
Kranräuber _____ Tenor
Kommissar _____ Baß

Eine Dame	Alt
Elefantenfrau	Sopran
Sieben Elefanten	

Orchester Fl (auch Picc), Klar, ASax, Fg, Trp, Pos, Tb, Kl, Slzg I und II (2 Spieler), 1 Vc, 1 Kb

Aufführungsdauer ca. 45 Min.

Handlung
Zeit und Ort der Handlung: Gegenwart. Vulkangebirge.
Ouvertüre. **1. Szene:** *Dr. ing.* Mäusel und Frau sind unterwegs. Der Doktor liebt sein Auto, seine dicke Frau nicht mehr. Das Auto gibt die Puste auf, und das mitten im Vulkangebirge, bei höchster Alarmstufe, Warnung vor Erdbebenbewegungen. Mäusel und Frau sitzen fest, warten ab. Mäusel schläft, seiner Frau aber kommen Gedanken: Sie hat die zarten Füße einer Prinzessin und ist dick wie ein Elefant. Wie geht das zusammen? Zwischenspiel *(Nacht)*. **2. Szene:** *Tag.* Das Erdbeben hat stattgefunden, die Straße ist um drei Meter angehoben. Hier endet die Fahrt des Dirigenten Hugo von Fietz zum besten Orchester der Welt, endet die Flucht eines Kranräubers vor dem Kommissar, müssen sieben Elefanten mit ihrer Führerin und eine Dame mit Schirm ihren Weg unterbrechen. Doktor Mäusel macht praktische Vorschläge, das Hindernis zu überwinden. Seine Frau hat eine bessere Idee: die sieben Elefanten mit dem Kran aufs Plateau zu heben, dort zum Tanzen zu bringen und so die Erhebung einzuebnen. Das wird getan. Die nötige Tanzmusik wird erstellt: Das Auto wird zur Kesselpauke, der Dieseltrichter zur Trompete, Kognakflaschen geben ein Xylophon. Die laut kreischende Dame bringt sich selbst als Instrument ein. Die Elefanten heben bei diesen Tönen nur die Köpfe. Sie tanzen erst, als ein winziger Laut die Harmonie vollendet: das Klirren der Handschellen, die der Kommissar dem Kranräuber angelegt hat. Der Fels aber bewegt sich erst, als die dicke Prinzessin aufs Plateau gehoben wird und mittanzt, dann allerdings sinkt er so weit ab, daß eine Grube entsteht und abermals kein Weiterkommen ist. Der Kommissar erklärt die sieben Elefanten und die dicke Frau Mäusel für schuldig an dem neuerlichen Dilemma. Deshalb beschließen alle: Die Elefanten werden in die Grube gestellt, die dicke Frau zur Strafe darübergelegt, und schon kann die Fahrt, über sie hinweg, weitergehen. Ein erneuter Erdstoß verstreut sie in alle Winde. Der Prinzessin aber dämmert eine Erkenntnis: Ihre Leibesfülle ist der Panzer, der sie vor Verletzungen schützen soll, wenn sie überrollt wird.

Kommentar
Albert Wendts Hörspiel wurde 1984 an der Volksbühne Berlin (Theater im 3. Stock, Regie: Werner Tietze) szenisch uraufgeführt. In diesem Stück ist Wendts Ästhetik in exemplarischer Weise ausgeprägt: „Ich versuche immer zwei Ge-

schichten zu schreiben, eine sichtbare und eine darunterliegende. Die obere Geschichte muß die untere zutage bringen und dabei schön sein (...) Auf die Bühne gehören Kunstfiguren, und die sind nach den Gesetzen der Kunst gemacht und nicht nach denen der Biologie und Psychologie, also es wurde Wesentliches in Kunstform verwandelt, also sind es keine ‚aus dem Leben gegriffenen Menschen', sondern Erfindungen, Ideen mit Verfremdungen, mit Brechungen, mit Verknappungen. Die Alten haben's doch vorgemacht mit Don Quichote und Pinocchio und Gulliver." (Wendt 1988)

Frank Petzold kürzte den Text, stellte Passagen um, hielt sich aber, bis auf das Finale, in Struktur und Fabel eng an die Wendtsche Vorlage. Bei Wendt wird die Prinzessin tatsächlich überfahren, und zwar zuerst von ihrem Mann, der aufkommende Skrupel mit dem Appell an die gesellschaftliche Notwendigkeit verdrängt und gleichzeitig von seiner Frau Verständnis erbittet. Bei Petzold hingegen bleibt zum Schluß offen, ob es dazu kommt oder nicht.

Den Komponisten faszinierte nach eigener Aussage, daß dieses Stück dazu herausfordert, die Figuren mit einer poetischen und zugleich zeitgenössischen musikalischen Ausdrucksweise zu versehen. Das bedeutete für ihn einmal, sich in die Tradition der Opera buffa zu stellen, ein durchkomponiertes Stück mit deutlich voneinander abgesetzten Szenen und Nummern (Lied der Prinzessin, Arie des Fietz, Duett Mäusel mit Prinzessin, Konzert- und Tanzszene) zu schaffen sowie Ensembles kunstvoll und sinnvoll aufzubauen. Zum anderen bedeutete es für ihn aber auch, an der Tradition eines Kurt Weill anzuschließen, einen zeitgenössischen Songstil auszuprobieren: „Das kleine Kammerorchester weist auf die typische Big-Band-Besetzung hin (allerdings hier solistische Besetzung der Bläser) und bringt bereits dadurch ein gewisses jazziges Kolorit ein (...) Der syllabisch-rezitativische Stil ist auf Textverständlichkeit und zügigen Handlungsfluß gerichtet (...). Die *off beat* verschobenen Melodieakzente ergeben eine vorwärtsstrebende Spannung. Dieser *drive* läßt auch den Stil stellenweise jazzig erscheinen (...). Die Begleitung in ihrem durchlaufenden Puls ist homophon gesetzt und verwendet Elemente des Boogie Woogie, des Ragtime und des Blues." (Böhnisch 1988) Petzold hat die Schwierigkeitsgrade der vokalen und instrumentalen Partien so gehalten, „daß auch kleinere Theater in der Lage sein müßten, das Stück in guter Qualität zu spielen" (Petzold 1987). Dabei ist der Komponist aber keine künstlerischen Kompromisse eingegangen. Albert Wendts doppelbödige Erzählweise hat in Petzolds Vertonung eine eigene musikalische Dimension gewonnen. Die Oper ›Prinzessin Zartfuß‹ gehört ihrer Länge und Besetzung nach zu den kleinen, ihrer Bedeutung nach aber zu den gewichtigen Werken des zeitgenössischen Operntheaters.

Der Uraufführung am Theater der Stadt Cottbus folgten 1989 die Bühnen der Stadt Zwickau und 1990 das Theater Nordhausen.

Ausgaben Text In: Theater der Zeit, H. 6, Berlin 1988; KlA Henschelverlag Berlin 1987; übernommen vom Deutschen Verlag für Musik Leipzig (dvfm 6150)

Rechte Henschel Musik GmbH Berlin

Literatur Frank Petzold: Zum Stück. In: Klavierauszug Berlin 1987; Carola Böhnisch: Die zartfüßige Prinzessin tanzt wieder. In: Theater der Zeit, H. 6, Berlin 1988; Albert Wendt: Werk und Bühne, hrsg. von henschel SCHAUSPIEL, Berlin 1988 Rezensionen der Uraufführung. In: Theater der Zeit, H. 5, Berlin 1989

Kurt Dietmar Richter
24. September 1931

Geboren in Pilsen (Plzeň, ČSR), 1940-1945 erste musikalische Ausbildung an der Musikschule Leitmeritz (Litoměřice), 1945-1946 Mitglied der Thüringer Sängerknaben, 1949 Abitur an der Landes-Lehranstalt Schulpforte bei Naumburg, 1949-1953 Studium am Landeskonservatorium Erfurt (Komposition und Dirigieren), 1951-1974 Dirigent und Komponist u.a. an den Opernhäusern in Erfurt, Greifswald und an der Schweriner Philharmonie, 1979-1981 Meisterschüler bei Johann Cilenšek an der Akademie der Künste der DDR. Seit 1977 freischaffend in Berlin.

1978 Diplom beim Internationalen Wettbewerb für Kammeropern Dresden, 1980 Carl-Maria-von Weber-Preis, 1982 Verdienstmedaille der DDR, 1984 Hanns-Eisler-Preis des Rundfunks der DDR

Werke in verschiedenen Genres, umfangreiche Kammermusik für unterschiedliche Besetzungen, u.a. ›Marienbader Reflexionen I-XIII‹ – Für Soloinstrumente (1980-1990), ›Peintures‹ – Für Violoncello und Klavier (1982), ›Hymnus pro pace‹ – Für Horn und Orgel (1985), ›Feininger-Impulse‹ – Siebenteiliger Klavierzyklus (1986), ›Trazomerie‹ – Über ein Thema von W.A. Mozart für vier INSTRUMENTE (1987); ›Abmiram‹ – Schlagmusik für vier Spieler (1989)

Vokalmusik, u.a. Liederzyklen wie ›Ditte-Szenen‹ – Für Singstimme und Holzbläser (1981), ›Miniaturen‹ – Für Altstimme, Flöte und Harfe (1985)

Vokalsinfonik, u.a. ›Invocatio‹ – Für Soli, Chor und Orchester nach Worten von Agostinho Neto (1979), ›Ein Ende ist gesetzt dem großen Sterben‹ – Poem für Sprecher, Sprechchor, gemischten Chor, Orchester und Tonband . Text von Peter M. Schneider (1985), ›Ars pacis‹ – Chorsinfonie nach Sankichi Toge, Nazim Hikmet und Karl Mickel für Soli, Kinderchor, gemischten Chor und Orchester (1988), ›Exposition und Sintflut‹ – Für gemischten Chor und drei Perkussionisten . Text von HAP Grieshaber (1989)

Bühnenwerke

Der fahrende Schüler _____ 1949-1951
Schuloper in drei Akten _____ UA 1951
nach Hans Sachs
Text von Friedrich Wilhelm Rigler
und Christoph Demke

Der fahrende Schüler im Paradies _____ 1961-1962
Jugendoper _____ UA 1962
nach dem gleichnamigen Fastnachtspiel
von Hans Sachs
Text von Hans Welker

Pazifik 1960 _____ 1963
Oper in zehn Bildern _____ UA 1964
Text von Hubertus Methe

Sekundenoper _____ 1969-1970
Oper in siebzehn Bildern _____ UA 1970
Text von Hubertus Methe

Bewährung über den Wolken _____ 1977
Oper für das Fernsehen _____ US 1977
Text von Hubertus Methe
(Fernsehfassung der ›Sekundenoper‹)

Die Geschichte von Liebe und Salz _____ 1974
Musiktheater für die Jugend in vier Akten _____ UA 1982
Text von Lena Foellbach

Der verlegene Magistrat _____ 1977
Heitere Oper in zwei Akten _____ UA 1978
nach Anekdoten von Heinrich von Kleist
Text von Karlheinz Rahn

Marx spielte gern Schach _____ 1983
Anekdotische Szenen und Gesänge _____ UA 1986
Text von Nils Werner

Der Aufruhr des Michael Kohlhaas _____ 1984-1989
Oper in zwei Akten
nach der Novelle ›Michael Kohlhaas‹
von Heinrich von Kleist
und nach Bildern von Hieronymus Bosch

Adam und Eva _____ 1985
Kammeroper in zwei Akten
nach der gleichnamigen Komödie
von Peter Hacks

Sekundenoper
(Bewährung über den Wolken)
Text von Hubertus Methe

Entstehung 1969-1970

Uraufführung 30. Juni 1970 Theater Greifswald

Personen
Juri, Pilot _____ Bariton
Anatoli, Kopilot _____ Bariton
Tanja, Juris Braut _____ Sopran

Lehrer	Tenor
Offizier	Tenor
Zwei ukrainische Bauern	Tenor, Baß
Der Dicke	Bariton
Posten	Tenor
Kommandant	Baß
Der junge Juri	Sprechrolle
KZler	Tenor
Deutscher Soldat	Tenor
Arbeiter	Baß
Jude mit Stern	Tenor
Erster und zweiter Sprecher	Sprechrollen
Eine Schulklasse	Kinderchor
Stimmen	Gemischter Chor

Orchester 2 Fl, 2 Ob, 2 Klar, 2 Fg, 3 Hr, 2 Trp, Pos; Tb, Pkn, Slzg, Hrf, Kl, Cemb, Cel; Str

Aufführungsdauer ca. 1 Std., 20 Min. (keine Pause)

Story
Deutsche Schulkinder fragen, wie man Helden ehren soll. Sie gedenken zweier sowjetischer Flieger.

Juri und Anatoli befinden sich auf einem routinemäßigen Übungsflug über dem Gebiet der DDR und unterhalten sich über erfreuliche Dinge: Juri will bald heiraten. Nacheinander fallen die beiden Triebwerke aus. Die Entscheidung steht: herauskatapultieren, das eigene Leben retten und dabei riskieren, daß die Maschine auf bewohntes Gebiet stürzt – oder bis zu einem Waldgrundstück steuern und das eigene Leben wagen.

Anatoli will sich retten, Juri befiehlt, die Maschine zu unbewohntem Gebiet zu lenken. Unterschiedliche Kindheitserinnerungen mit deutschen Faschisten motivieren beide Flieger, schließlich setzt sich Juri durch. Die Maschine stürzt über unbewohntem Gebiet ab, die Flieger kommen um.

Ihre Tat bleibt den Kindern und der trauernden Braut unvergessen.

Kommentar
Kurt Dietmar Richter, Absolvent der berühmten Lehranstalt Schulpforte, stellte sich hier bereits als Zwanzigjähriger 1951 mit der Schuloper ›Der fahrende Schüler‹ nach Hans Sachs (Döbeln 1962) als Komponist vor. Es folgte die Oper über jene vier sowjetische Matrosen, die neunundvierzig Tage auf dem Ozean überlebten, bis sie endeckt und gerettet wurden ›Pazifik 1960‹ (Döbeln 1964) und die ›Sekundenoper‹ (Greifswald 1970), beide Werke mit dem Text von Hubertus Methe.

Die ›Sekundenoper‹ (geringfügig gekürzt und verändert) wurde 1977 vom Fernsehen der DDR produziert und unter dem Titel ›Bewährung über den Wolken‹ gesendet, anschließend ins Jugendfernsehen aufgenommen und im selben Jahr im Rahmen einer UNESCO-Veranstaltung in Salzburg vorgestellt. 1978 kam in Cottbus Richters Oper ›Der verlegene Magistrat‹ nach Heinrich von Kleist zur Uraufführung, die 1980 vom Fernsehen der DDR produziert und gesendet wurde. Es folgten ›Die Geschichte von Liebe und Salz‹ (Halberstadt 1982) und die Anekdotischen Szenen ›Marx spielt gern Schach‹ (Stralsund 1986). Zwei Opern, ›Der Aufruhr des Michael Kohlhaas‹ nach Heinrich von Kleist und ›Adam und Eva‹ nach Peter Hacks' Schauspiel, sind noch nicht aufgeführt.

Kurt Dietmar Richter ist ein versierter Komponist, der mit Wissen um Effekte und Kontraste seine musikalischen Mittel einzusetzen versteht, handwerklich geschickt über die neuesten musikalischen Techniken verfügt, zu einer abwechslungsreichen Breite der Gestaltungsmöglichkeiten gelangt.

Die ›Sekundenoper‹ beleuchtet einen dunklen Hintergrund deutscher Operngeschichte. Sie entstand nach dem Einmarsch der Truppen des Warschauer Paktes 1968 in Prag. Damals bedurfte es einer erneuten eindringlichen ideologischen Legitimation der ›humanistischen Mission‹ der Roten Armee, und auch die Deutschen in der DDR waren an ihre unbedingte Gehorsamspflicht gegenüber den ehemaligen russischen Befreiern und jetzigen „Beschützern" zu erinnern. Dieser Funktion kam die ›Sekundenoper‹ in hervorragender Weise nach. Sie repräsentiert somit ein Stück Nachkriegs- und Besatzungsgeschichte in der DDR.

Ausgaben KlA Breitkopf & Härtel Leipzig o.J.

Rechte Breitkopf & Härtel Musikverlag Leipzig

Literatur Kurt Dietmar Richter: Gespräch zur Fernsehoper ›Bewährung über den Wolken‹. In: Deutsche Lehrerzeitung, Mai 1979 – auch In: Material zum Theater Nr. 118. Komponisten der DDR über ihre Opern, Auswahl und Zusammenstellung Stephan Stompor, Berlin 1979; ders.: Gespräch mit Dietmar Fritzsche. In: Theater der Zeit, H. 9, Berlin 1978
Rezensionen der Uraufführung. In: Theater der Zeit, H. 11, Berlin 1970; Musik und Gesellschaft, H. 11, Berlin 1970; Rezension der Schallplattenveröffentlichung. In: Musik und Gesellschaft, H. 5, Berlin 1988

Aufnahmen Produktion des Fernsehens der DDR (GA ›Bewährung über den Wolken‹) Horst Lunow (Juri), Hans-Martin Nau (Anatoli), Heidrun Halx (Tanja), Horst Dieter Kaschel, Erich Siebenschuh (Zwei Bauern), Heinz Hillmann (Offizier), Siegfried Hausmann (Kommandeur), Gottfried Strehle (Der Dicke), Fritz Hille (Posten), Joachim Vogt (Lehrer), Rundfunk-Kinderchor Berlin, Rundfunkchor Berlin, Rundfunk-Sinfonieorchester Berlin, Dirigent Wolf-Dieter Hauschild; aufgenommen 1977
NOVA 8 85 256 (Für die Schallplatte gekürzte Fassung) Besetzung wie Fernsehproduktion, Aufnahme des Fernsehens der DDR

Gerhard Rosenfeld
10. Februar 1931

Geboren in Königsberg (später Kaliningrad, UdSSR, ehem. Ostpreußen), 1951-1957 Studium an der Humboldt-Universität Berlin (Musikwissenschaft) und an der Hochschule für Musik Berlin (Komposition, u.a. 1955-1957 bei Rudolf Wagner-Régeny), 1958-1961 Meisterschüler bei Hanns Eisler und Leo Spies an der Deutschen Akademie der Künste zu Berlin. 1961-1964 Lektor der Internationalen Musikbibliothek Berlin, Lehrbeauftragter für Musiktheorie an der Hochschule für Musik Berlin und Dozent für Filmmusik an der Hochschule für Filmkunst Potsdam-Babelsberg. Seit 1964 freischaffender Komponist in Bergholz-Rehbrücke bei Potsdam. 1986-1989 Vorsitzender des Bezirksverbandes der Komponisten und Musikwissenschaftler.

1968 Theodor-Fontane-Preis des Bezirkes Potsdam, 1968 und 1970 Hanns-Eisler-Preis des Rundfunks der DDR, 1970 Kunstpreis des FDGB, 1973 Kunstpreis der DDR, 1975 Ehrennadel des Verbandes der Komponisten und Musikwissenschaftler der DDR, 1980 Nationalpreis der DDR

Orchesterkompositionen: Divertimento für kleines Orchester (1960), Sinfonietta in G (1964), Sinfonisches Konzert für Orchester (1966), ›Epitaph 66‹ – Für großes Orchester (1966), ›Die Fahne von Kriwoi Rog‹ – Suite für großes Orchester (1967), Impromptu für Orchester (1967), ›Fresken‹ – Für großes Orchester (1968), ›Szenen‹ – Musik für Kammerorchester (1968), Zwei Intermezzi für Orchester (1969), Sonatine für Orchester (1970), Divertimento Nr. 2 für Orchester (1972), Konzertouvertüre (1972), ›Suite der Freundschaft‹ – Für Orchester (1972), Reger-Variationen für Streichquartett und Orchester (1973), Arien für Orchester (1974), ›Sinfonia espressiva I‹ – Für Orchester (1976), ›Sinfonia espressiva II‹ – Für großes Orchester (1979), ›Flächen und Überlagerung I‹ – Für Gesang (Vocalise), Streichorchester und Schlagzeug (1979), ›Masurische Rhapsodie‹ – Für Orchester (1980), Konzert für Orchester (1981), Sinfonie ›Zum Karl-Marx-Jahr‹ (1983), ›Offenbach-Eskapaden‹ – Für Orchester (1983), Accelerando für Orchester (1984), ›Viva Scarlatti‹ – Konzertstück für Orchester (1985), ›Architektonischer Entwurf für Andreas Schlüter‹ – Für Orchester (1987, zum 750. Jahrestag von Berlin)

Konzerte: Erstes Violinkonzert (1963), Kleines Konzert für Klavier und Streichorchester (1963), Konzert für Bläser und Saiteninstrumente (1964), Klarinettenkonzert (1965), Violoncellokonzert (1967/69), Konzert für Bläserquintett und Orchester (1968), Konzert für Oboe und Kammerorchester (1969), Klavierkonzert (1969), Konzert für Orchester und eine Altstimme (1970), Konzert für Harfe, Kontrabaß und Orchester (1971), Konzert für Flöte und Kammerorchester (1972), Zweites Violinkonzert (1972), Kammerkonzert für Flöte, Harfe, zwei Kontrabässe und Blechbläser (1975), Konzert für Flöte, Schlagzeug und Streichorchester (1975), Orgelkonzert (1977), Trompetenkonzert (1978), ›DOVE GLI ALBERI‹ – Konzert für Oboe, Mezzosopran und Orchester (1985), Konzert für Cembalo und Streicher (1988)

Musiken zu Spiel-, Dokumentar- und Trickfilmen, Kompositionen für Laienorchester und Volksmusikinstrumente, u.a. Konzert für Blockflöte und Zupforchester (1985)

Kammermusik in vielfältigen Formen, u.a. ›Charaktere‹ – Für Streichquintett (1961), Fünf französische Volkslieder für Kammerensemble (1961), Concertino à cinque (Klavierquintett, 1962), Nonett 67 (1967), Quartettino Nr. 1 für zwei Violinen, Viola und Violoncello (1968), Sonate für Klavier (1968), ›Kleine Potsdamer Bläsermusik‹ – Für vier

Bläser (1968), ›Drei Portraits (1. H. E., 2. R. W.-R., 3. L. S.)‹ – Für Klavier (1970), Streichquartett (1972), Quartettino Nr. 2 (1972), Drei Nokturnos für Oboe, Violoncello und Cembalo (1974), Trois Poèmes für Flöte, Altflöte (oder Violine) und Violoncello (1977), Trio für Violine, Violoncello und Klavier (1978), Oktett für Flöte, Oboe, Fagott und Streichquintett (1978), Einstein-Quartett (1979), ›Flächen und Überlagerung II‹ – Für Oboe, Posaune, Schlagzeug, Viola und Violoncello (1979), ›DA PACEM‹ – Für sieben Flöten (1983), Toccata für zwei Flöten, Cembalo und Streicher (1984), ›Vision fugitive‹ – Für Harfe solo (1985), ›So oder so?‹ – Für Klavier und Cembalo (1986), ›Pan‹ – Für Klarinette solo (1988), Dialoge für Violine und Kontrabaß (1988), Sonate für Violine solo (1988), ›PORTA DEI MORTI‹ – Für zwei Flöten, Cembalo und vier Schlagzeuger (1989)

Vokalwerke, u.a. ›Fabeln nach Äsop‹ – Zyklus für gemischten Chor a cappella (1958), Fünf Lieder für Sopran und Nonett nach Texten sowjetischer Dichter (1964), ›Friedrich-Engels-Poem‹ – Für Sprecher und Orchester (1970), Fünf Lieder nach Catull für Gesang und Gitarre (1970), Vier Lieder für Gesang und Orchester (bzw. Klavier) nach Heinz Kahlau, Günter Kunert, Uwe Berger und Gerd Eggers (1970), Sechs Kempner-Lieder für Gesang und Klavier nach Friederike Kempner (1973), ›Kleist-Briefe‹ – Für Bariton und Orchester (1975-76), ›Refugio d'uccelli notturni‹ – Für Sopran, zwölfstimmigen gemischten Chor, Oboe und Schlagzeug nach Texten von Salvatore Quasimodo (1975-76), Trois Sonnets français für Mezzosopran und Klavier nach Texten von Charles Baudelaire (1982), ›Hölderlin-Dedikation‹ – Für Bariton und Orchester . Text von Gerhard Hartmann (1982), ›Mnemosyne‹ – Hölderlinmusik für Mezzosopran und Kammerensemble (1984), Kammerkonzert für Mezzosopran, Oboe und Orchester . Text von Salvatore Quasimodo (1985), ›IL GIRASOLE PIEGA‹ – Quasi un Madrigale für Mezzosopran und Cembalo . Text von Salvatore Quasimodo (1985), ›Ognuno sta‹ – Solo für Mezzosopran . Text von Salvatore Quasimodo (1987); Kantaten, u.a. ›Vom Horizont eines Menschen zum Horizont aller Menschen‹ – Kantate für Alt, Tenor, gemischten Chor und Orchester nach Texten von Paul Eluard (1964), ›Es loht die Buche‹ – Kantate für drei Soli, gemischten Chor und Orchester . Text von Bernhard Seeger (1966), ›Das Feuer des Prometheus‹ – Kantate für Sopran, Tenor, Bariton, gemischten Chor und Orchester nach Texten von Sophokles, Goethe, Th. Münzer, Majakowski und Becher (1967), ›Friedensgloria‹ – Vokalsinfonie für Sopran, zwei gemischte Chöre und Orchester . Text von Gerhard Hartmann (1984)

Bühnenwerke

Das alltägliche Wunder _____ 1970-1972
Oper _____ UA 1973
nach dem gleichnamigen Stück
von Jewgeni Schwarz
Text von Gerhard Hartmann

Der Mantel _____ 1975-1977
Oper _____ UA 1978
nach der gleichnamigen Erzählung
von Nikolai Gogol
Text von Gerhard Hartmann

Das Spiel von Liebe und Zufall _____1978-1979
Oper_____UA 1980
nach der Komödie ›Le jeu de l'amour et du hasard‹
von Pierre de Marivaux
Text von Gerhard Hartmann

Friedrich und Montezuma_____1985-1988
Oper in drei Akten
Text von Gerhard Hartmann

Die Verweigerung_____1988-1989
Kammeroper in fünfzehn Szenen_____UA 1989
nach dem ›Tagebuch eines Wahnsinnigen‹
von Nikolai Gogol
Text von Gerhard Hartmann

Das alltägliche Wunder
Oper
nach dem gleichnamigen Stück von Jewgeni Schwarz
Text von Gerhard Hartmann

Entstehung 1970-1972

Uraufführung 29. März 1973 Theater Stralsund

Personen
Der Mann_____Sprechrolle
Die Frau_____Sprechrolle
Der „Bär"_____Bariton
Der König_____Tenor
Die Prinzessin_____Sopran
Der Minister_____Bariton
Zeremonienmeister_____Baßbariton
Jäger_____Baß
Jagdgehilfe_____Tenor
Hofdamen: Emilia_____Alt
          Amanda_____Sopran
          Orintia_____Sopran
Henker_____Stumm
Hofstaat, Königsgarde, Leute_____Gemischter Chor
Tiere, Gaukler_____Ballett

Orchester 2 Fl (II auch Picc), 2 Ob, EH, 2 Klar, 2 Fg, 4 Hr, 3 Trp, 3 Pos, Tb, Hrf, Kl, Mundharm, Pkn, Slzg (max. 5 Spieler): RGl, Vib, Xyl, Mar, Glsp, Flex,

GrTr (auch mit Bck), KlTr, Rtr, Kast, Tempelblock, Tamb, Trgl, Bck, Gong, Tt; Str

Aufführungsdauer ca. 2 Std., 30 Min.

Handlung
Offene Bühne. **Vorspiel:** Ein Zauberer will seiner Frau eine Geschichte über die Liebe vorgaukeln und erfindet Figuren für sein Spiel: König, Minister, Hofdamen und Prinzessin. Einen Bären verwandelt er in einen jungen Mann. Die Frau warnt ihn vor den Gefahren eines solchen Gaukelspiels.
I. Akt: *Podest für den König.* Der König zieht mit seinem Hofstaat durchs Land, trifft dabei auf den Bärenmenschen und stellt ihn bei sich an. Prinzessin und junger Mann verlieben sich ineinander, der König stimmt der Verlobung zu. Ein Horoskop besagt, der Kuß der Prinzessin würde das wahre Wesen ihres Freiers offenkundig machen. Da flieht der Bärenmensch, um in den Armen der Geliebten nicht wieder zum Tier zu werden. Die Prinzessin folgt dem Flüchtenden und verbittet sich dabei jede Begleitung. Der König liebt seine Tochter über alles und folgt ihr heimlich samt Hofstaat in gebührendem Abstand.
II. Akt: *Jagdhaus.* Der Zauberer entfacht einen Schneesturm, um die zerstreuten Parteien auf einen Punkt zuzutreiben und zu vereinen. Im Jagdhaus frischt ein „Verdienter Jäger des Volkes" seinen verblichenen Ruhm auf und weist einen neuen Gehilfen ins Handwerk ein. Auch der Bär findet hier Unterschlupf. Er erzählt dem Jägergehilfen von seinem Kummer, erhält aber statt Trost Schläge, und wie er sich gegen den ungestümen jungen Mann wehrt, stößt er ihm den Hut vom Kopf und erkennt die verkleidete Prinzessin. Sie wirft dem Geliebten Feigheit vor und weist ihn von sich. Auch der König ist im Jagdhaus eingetroffen, findet hier eine völlig verzweifelte Tochter, die jeden zu erschießen droht, der sich ihr nähere. Das Los entscheidet, wer den Todesgang zu wagen habe: Es fällt auf den Minister. Doch der kehrt lebend zurück, die Prinzessin hat gelobt, den ersten besten, der sich trotz Todesdrohung zu ihr wage, zu heiraten. Vergeblich ermuntert der Zauberer den Bärenmenschen, die Prinzessin zu küssen. Der weiß sich keinen besseren Rat, als der Prinzessin sein Geheimnis anzuvertrauen. Hilflos scheiden sie voneinander. Der Zauberer, in Zorn entbrannt, sagt sich von seinem Geschöpf los, er wird hinfort dem Bären nicht mehr helfen, sondern ihm alle erdenklichen Hindernisse in den Weg legen.
III. Akt: *Schlafzimmer des Königs.* Die Hochzeitsvorbereitungen sind in vollem Gange. Alle sind zufrieden, nur die Braut ist verzweifelt, denn der Bräutigam ist ihr zuwider, sie ruft nach ihrem Bären. Aber der ist fern. Der König hat Mitleid mit seiner Tochter, kann ihr aber nicht helfen, denn der Minister hat derweil eine Palastrevolution angezettelt und hält die Macht in seinen Händen. Dem Zauberer ist das Spiel entglitten, seine Figuren machen sich selbständig. Der Bär hat alle Hindernisse überwunden, ist endlich am Königshof angekommen und wird hier vom Minister gefangengesetzt. Verwandlung. *Schloßgarten.* Bevor sie ihr Jawort

gibt, bittet die Prinzessin um die Gnade, zum letzten Mal den Bärenmenschen sehen zu dürfen. Sie wird ihr gewährt. Der Bär erscheint, küßt seine Prinzessin und bleibt ein Mensch. König und Minister werden als Schakal und Ratte davongejagt.

Kommentar

Gustaf Gründgens hatte mit seiner Einstudierung des ›Schatten‹ 1947 am Deutschen Theater Berlin Jewgeni Schwarz und seine Märchendramen für die deutsche Bühne entdeckt. Von ähnlich begeisternder Wirkung war 1965 Benno Bessons Inszenierung des ›Drachen‹ am selben Theater, während die Aufführung des ›Gewöhnlichen Wunders‹ im selben Jahr in Magdeburg eher beiläufig, aber nicht folgenlos vonstatten ging. Mit Paul Dessaus und Heiner Müllers ›Lanzelot‹ und Rosenfeld/Hartmanns ›Alltäglichem Wunder‹ kamen dann 1969 und 1973 Jewgeni Schwarz' Werke auch auf die Opernbühne. Fritz Geißler folgte 1975 mit der Vertonung des ›Schatten‹.

Der russische Dramatiker schrieb seine Märchenkomödie ›Das alltägliche Wunder‹ 1954; er schuf damit eine reizvolle Mischung von Volkstheater, politischer Satire, Typen- und Charakterkomödie, um über den Mut, den Liebe erfordert, über die Gefahren, die sie heraufbeschwört, und über die Wunder, die sie vollbringt, zu erzählen.

Gerhard Hartmann, von Haus aus Slawist, wußte, daß die Spielweise des russischen Volkstheaters nicht ohne weiteres auf eine deutsche Bühne zu übertragen ist. Er erfand deshalb ein Vorspiel: Auf offener Szene imaginiert ein Zauberer für seine Frau Figuren, die zu handeln beginnen und sich selbständig machen; allein diese Figuren singen, deren Leben beginnt und endet mit der Musik, während die Dialoge zwischen dem Zauberer und seiner Frau, mit denen sie die Handlung kommentierend begleiten, gesprochen werden. Diese Trennung der Ebenen wird die gesamte Oper hindurch beibehalten. „Volkstümlichkeit" im Sinne von Klamauk haben die Autoren weder in der Sprache noch in der Musik im Sinn gehabt.

Rosenfeld mischt wie Schwarz die stilistischen Mittel, strebt eine Balance zwischen Opera buffa, Opera seria und Singspiel an. Die Musik gehorcht weniger den Kriterien von „Originalität" oder „Stilreinheit", vielmehr arbeitet der Komponist mit neueren und älteren Mitteln der Musik, setzt sie spielerisch zuspitzend und charakteristisch-überdreht ein, doch immer stringent auf die Handlung bezogen: „Schlichte Lieder stehen neben dissonanzreichen kollektiven Improvisationen, übliche Fanfaren neben skurrilen, schwierigen Tonfolgen, die süße Sextenseligkeit eines Liebesgesanges neben komplizierten Rhythmen. Bei genauerem Hinsehen bemerkt man, daß bestimmte Mittel fehlen: jene nämlich, mit denen die Musik sich allzusehr verselbständigen könnte. Es gibt weder weitläufige polyphone Partien noch große Klangflächen oder ,unendliche' Melodien (...). Das betrifft auch Stellen, die wohl ,schön' klingen, wie etwa der reglementierte Beifall bei Hofe: Da klingt ein reines C-Dur plötzlich ärgerlich und dumm, es entlarvt das abgeleierte Zustimmungszeremoniell (...). Gerade dieser Einsatz wohlbekannter Mittel verrät, was sie mit den modernen verbindet, und darüber hinaus allgemein die Konzeption dieser Musik: Sie will nichts für sich, will vielmehr ganz und gar Funktion sein und in der Szene aufgehen, und stets auf sehr konkrete Weise." (Gülke 1973)

Rosenfeld versucht nach eigener Aussage mit seiner Musik „jede Figur in Ausdruck und Haltung klar zu umreißen, ihr Leben zu geben, aber (...) nie zu ‚malen'" (Rosenfeld, Gespräch 1973, S. 22). Der Komponist verzichtet auf vordergründig auffallende stilistische Mittel und verfährt hierbei mit Konsequenz, „obwohl das auch Verzicht mit sich bringt auf Ansprüche, die als Gütezeichen noch unlängst weit oben rangierten, – ‚Einmaligkeit', ‚Originalität', sofern man nicht (was richtiger wäre) Sensibilität in der Wahl der Mittel für originell hält" (Gülke 1973). In der Regie von Matthias Otto und unter der musikalischen Leitung von Peter Gülke wurde die Uraufführung ein großer künstlerischer Erfolg und verhalf dem Opernerstling des Gespanns Rosenfeld/Hartmann zu einem günstigen Start.

›Das alltägliche Wunder‹ wurde bisher in Erfurt, Marseille, Bernburg, Rudolfstadt, Neustrelitz und Greifswald nachgespielt.

Ausgaben KlA Henschelverlag Berlin 1972, übernommen in die Edition Peters Leipzig (EP 9757)

Rechte Henschel Musik GmbH Berlin

Literatur Jewgeni Schwarz: Das gewöhnliche Wunder. Märchen in drei Akten, deutsch von Günter Jäniche. In: Jewgeni Schwarz. Stücke, mit einem Nachwort von Lola Debüser, Berlin 1968

Gerhard Rosenfeld und Gerhard Hartmann: Zu ihrer Oper. In: Programmheft Theater Stralsund 1973; dies.: ›Das alltägliche Wunder‹. Gespräch mit Hans-Peter Müller. In: Theater der Zeit, H. 6, Berlin 1973

Peter Gülke: Zur Musik. In: Programmheft Theater Stralsund 1973

Rezensionen der Uraufführung. In: Theater der Zeit, H. 6, Berlin 1973; Musik und Gesellschaft, H. 6, Berlin 1973

Der Mantel
Oper
nach der gleichnamigen Erzählung von Nikolai Gogol
Text von Gerhard Hartmann

Entstehung 1975-1977

Uraufführung 4. Juli 1978 Deutsches Nationaltheater Weimar

Personen
Vorleser_____Sprechrolle
Akaki Akakiewitsch_____Tenor
Dame des Hauses ⎫
Schneidersfrau   ⎭ _____Sopran

Amme, Wirtin	Alt
Hochgestellte Persönlichkeit	Hoher Bariton
Kanzleivorsteher, Bürovorsteher	Baß
Petrowitsch	Bariton
Verwandte, Junges Mädchen	Sopran
Verwandte	Sopran
Verwandte	Alt
Verwandter, Beamter, Junger Mann, Bettler, Arzt	Tenor
Verwandter, Beamter, Kartenspieler, Polizist, Kanzleidiener	Bariton
Beamter, Kartenspieler, Lakai, Reviervorsteher	Bariton
Verwandter, Beamter, Kartenspieler	Baß
Drei Gestalten	Sprechrollen
Bordellbesucher, Männer und Frauen, Beamte, Straßenpassanten	Gemischter Chor

Orchester 3 Fl (III auch Picc), 2 Ob, 2 Klar, TSax, 2 Fg (II auch KFg), 3 Hr, 3 Trp, 3 Pos, Tb, Kl, Hrf, Cel, Pkn, Slzg: GrTr (auch mit Bck), KlTr, Rtr, 2 Bongos, RGl, Gong, Bck, Zymbeln, Vib, Mar, Xyl, Glsp, Trgl, Tempelblock, 3 Holzblöcke, Flex, Peitsche, 5 verschieden gestimmte Troikaglöckchen; Str
Auf der Bühne Vl, TSax, verstimmtes Kl

Aufführungsdauer ca. 2 Std., 15 Min.

Handlung
Die Handlung spielt in Petersburg.
I. Teil: Introduktion. I. Akaki erhält seinen Namen. Ein Knabe ist geboren, die Verwandten feiern das große Ereignis, alle Möglichkeiten eines erfolgreichen Lebens stehen dem Neugeborenen offen. Beim Namen einigt man sich bereits auf den kleinsten Nenner, man gibt ihn den Namen des Vaters, und er heißt fortan: Akaki Akakiewitsch.
II: In einer Behörde kopiert Akaki Akten. Das einst groß gefeierte Kind hat eine kleine Karriere gemacht, wie so viele andere auch: Akaki ist Schreiber in einem Büro. Der Kanzleivorsteher pocht auf seine Macht, die Untergebenen lassen sich ducken und suchen ihren Spaß außerhalb der Arbeit. Akaki allein übt seinen Beruf mit Hingabe aus und bemerkt nichts vom Leben und Treiben um sich herum. Eines Tages bekommt er ein eiliges Schriftstück zum Abschreiben: eine Genehmigung. Von der neuen Aufgabe fühlt er sich überfordert, denn bisher hat Akaki ausnahmslos mit Ablehnungen zu tun gehabt; doch Pflicht ist Pflicht, und er übernimmt die Arbeit. Büroschluß. Akaki bemerkt, daß sein Mantel einen Riß hat.

III: Akaki schreibt zu Hause ab. Als Junggeselle kennt Akaki kein anderes Vergnügen, als allabendlich weiter abzuschreiben, die Buchstaben sind seine einzigen Freunde, mit ihnen steht er auf vertrautem Fuß. Die Wirtin muß ihn zum Essen zwingen und darauf aufmerksam machen, daß sein Mantel nur noch ein Fetzen ist. Während Akaki den Rest des Abends Umgang mit seinen Buchstaben pflegt, vergnügen sich seine Kollegen in einem staatlich subventionierten Lokal mit Wein, Weib und Kartenspiel. Die Buchstaben sind Akaki gelungen, der Inhalt aber mißraten. Akaki muß die Abschrift wiederholen.

IV: Akaki will seinen Mantel flicken lassen. Schneider Petrowitsch trinkt und prügelt seine Frau, die wehrt sich so gut sie kann. Akakis Mantel will und kann der Schneider nicht mehr flicken. Ein neuer Mantel wird teuer, aber Akaki hat keine andere Wahl.

V: Akaki träumt von einem neuen Mantel. Pantomimische Szene. Im neuen Kleidungsstück findet der kleine Beamte Aufmerksamkeit und Anerkennung, nicht nur bei Kollegen, sondern auch bei Vorgesetzten und jungen Mädchen.

II. Teil. VI: Akakis neuer Mantel erregt Aufsehen. Wochenbeginn. Die Beamten verfluchen den „schwarzen Montag". Akakis neuer Mantel lenkt von trüben Gedanken ab und gibt den Vorwand, eine kleine Feier für den Abend zu arrangieren. Akaki und der Kanzleivorsteher werden in die Wohnung eines der Beamten eingeladen.

VII. Akaki verliert seinen neuen Mantel. Der von den Kollegen umschmeichelte und vom Kanzleivorsteher als braver Beamter gelobte Akaki verläßt in Hochstimmung die feiernden Kollegen und träumt auf dem Nachhauseweg von einem schönen Leben, wird von einem Armen angebettelt, kann aber nichts geben; ein Polizist befreit ihn von dem lästigen Subjekt. – Man bittet Akaki in ein festlich erleuchtetes Haus. Dort bekommt er von der Dame des Hauses nicht nur einige Orden angeheftet, sie bietet ihm auch Herz und Hand. – Auf dem Höhepunkt der Vermählungsfeier drängen drei schäbige Gestalten Akaki aus dem Haus heraus und auf die Straße. Dort wird er niedergeschlagen und seines Mantels beraubt. Der Polizist bestellt ihn zum nächsten Tag aufs Revier, dort soll er Anzeige erstatten.

VIII: Akaki versucht, verschiedene Behörden für seinen Fall zu interessieren. Der Reviervorsteher ist für den Mantelraub nicht zuständig, der Stadtteilaufseher verdächtigt ihn, zu flunkern. Mühselig, aber unbeirrbar arbeitet sich Akaki zur hochgestellten Persönlichkeit empor und läßt sich dabei von Geboten und Verboten nicht einschüchtern.

IX: Akaki wird bei einer hochgestellten Persönlichkeit vorgelassen. Die hochgestellte Persönlichkeit ist mit Privatangelegenheiten beschäftigt. Akaki aber verschafft sich Einlaß, trägt sein Anliegen vor, wird beschimpft und hinausgeworfen.

X: Akaki holt sich seinen Mantel. Das Leben geht weiter wie ehedem. Nur Akaki liegt auf dem Krankenbett und fiebert nach seinem Mantel. Der Kanzleidiener holt das eilige Schriftstück ab. Es ist nicht fertig. Akaki ist gestorben. Schon am nächsten Tag sitzt ein anderer Beamter auf seinem Stuhl. Akaki aber steht von seinem

Totenbett auf und wandelt: Er geht unter die Leute und sucht seinen Mantel. Endlich trifft er auf die hochgestellte Persönlichkeit, die in seinem Mantel daherkommt, und er jagt ihr einen solchen Schrecken ein, daß sie ihm Geld und einen Posten anbietet. Akaki aber will lediglich seinen Mantel, so wird ihm von höchsteigener Hand in das begehrte Kleidungsstück hineingeholfen. – Fortan spazierte Akaki in seinem Mantel in Petersburg einher, und es gelang niemandem, ihn zu fassen.

Kommentar
Eine Oper nach Gogol. Das hat Tradition. 1928 schuf Dmitri Schostakowitsch seinen genialen Opernerstling ›Die Nase‹, an dem sich noch heute jede Gogol-Vertonung messen lassen muß. ›Die Spieler‹, 1942 begonnen, ließ Schostakowitsch unvollendet. Werner Egks ›Revisor‹ von 1957 war ein deutsches Mißverständnis, die Gogolsche Satire auf das Maß eines Millowitsch-Theaters verkommen. Doch Opern nach Gogol blieben auch im Heimatland des Dichters ein riskantes Unternehmen. 1972 brachte das Kammer-Musik-Theater Moskau mit ›Der Mantel‹ und ›Die Kutsche‹ von Alexander Cholminow zwei verharmlosende Gogol-Adaptionen auf die Bühne. Die eigentliche Schostakowitsch-Nachfolge trat erst Rodion Schtschedrin mit seinen ›Toten Seelen‹ an, die 1977 auf der Szene des Moskauer Bolschoi Theaters ihr phantastisches Wesen trieben und in gespenstischer Weise auf Gemeinsamkeiten zwischen dem 19. und 20. Jahrhundert aufmerksam machten. Ein Jahr darauf kam am Nationaltheater Weimar Rosenfelds ›Der Mantel‹ heraus, und diese Oper ordnet sich der Linie Schostakowitsch – Schtschedrin zu.

Der Librettist Gerhard Hartmann, Slawist und Anglist, promovierte über Gogols *Petersburger Novellen*, war also mit dem Stoff aufs engste vertraut. In seinem Libretto ist der tragisch-komische Charakter der Gogolschen Erzählweise bewahrt geblieben, dabei sind modellhaft Züge hervorgetrieben, die das Sein des Menschen unter entfremdeten Verhältnissen kennzeichnen: Banalitäten, Nichtigkeiten, Geschäftigkeit, pervertierte Glücksvorstellungen. Der Übermut der Behörden ist sowenig ausgespart wie die Gefahren, denen das kleine Schräubchen Mensch im übermächtigen Getriebe der Instanzen ausgesetzt ist.

Zu den großen Vorzügen von Text und Musik gehört die innere Dynamik, erreicht durch den Verzicht auf Nummerngliederung. Kurze Passagen aus Gogols Erzählung sind einem Sprecher zugeordnet und so geschickt ausgewählt und eingefügt, daß sie die Vorgänge nicht doppeln, sondern Konzentration auf Wesentliches ermöglichen.

Es gibt keine larmoyanten Einschübe der handelnden Personen, um das Geschehen überklug zu kommentieren oder sich ins rechte Licht zu rücken. Musik und Text sind unbestechlich. Selbst der Hauptheld bekommt nur zwei größere ariose Gebilde. Das erste davon ist so etwas wie eine „Buchstaben-Arie". Während des Abschreibens verleiht Akaki nicht nur lautmalerisch und in poetischer Weise den Buchstaben Gestalt, er gibt ihnen auch eine Seele, imaginiert mit ihnen seine Sehnsüchte, ein wahres Liebesgeflüster, ein Feuerwerk an vokalen und instrumentalen Einfällen.

Im zweiten Teil der Oper gewinnen Elemente des Phantastischen an Bedeutung, die Realität selbst nimmt Züge des Gespenstischen, des Scheinhaften an. Der irreale Schluß – der tote Akaki steht auf und wandelt einher – gehört zu den schönsten Erfindungen Hartmanns, hier ist er Gogols Erzählung am nächsten, denn der Tote ist nicht mehr „dingfest" zu machen, er entzieht sich jeder Vereinnahmung durch den Staat, aber dieses „Nichts" ist realer und lebendiger als der einst lebende Akaki Akakiewitsch.

Der Komponist betonte, daß in seiner Oper dem Orchester eine große Rolle zukommt: mit Vorspiel, Zwischenspielen (Überleitungsmusiken mit Sprecher) und einer zentralen pantomimischen Traumszene sind ihm „eigene große Aufgaben anvertraut (...). Bestimmte, bereits im Vorspiel exponierte und später in Akakis Satz ‚Was habe ich denn getan?' deutlich ausgestellte Intervallfolgen durchziehen die ganze Partitur. Motivische Korrespondenzen nach dem Prinzip der Variation ergeben sich bei den drei verschiedenen Büroszenen. Die Kompositionsmittel, den ganzen Bereich heute notwendiger Satztechnik nutzend, von begrenzter Aleatorik bis zu melodisch-harmonisch assoziativen Tonfolgen (z.B. Gassenhauer ‚Fedossja mein, du Feine' zu Beginn des VII. Bildes, oder der Pseudochoral ‚Auf Seidenkissen sollst du ruhn' im I. Bild), sind immer als klar umrissene Funktion innerhalb des ganzen Stückablaufs eingesetzt. Bewußt wurde von jedem Rückgriff auf Folklore abgesehen. (...) Zitate habe ich in der Oper nicht verwendet. Wohl aber stilistische Anklänge an bombastische Akkordfolgen etwa des späten 19. Jahrhunderts – musikalisch Unbedeutendes prunkvoll aufgebläht. Oder der Choral im I. Bild. Er ist harmonisch primitiv und wird außerdem durch Harmoniefremdes gekontert. Man bedient sich des Chorals, aber sein Sinn ist diesen Menschen so fremd geworden, wie sie es untereinander sind. (...)

In den Büroszenen, vor allem im zweiten Teil der Oper, demonstrieren die Beamten mit phrasenhaften Worten und halben Sätzen die Wichtigkeit ihrer Funktion. Musikalisch wird dabei aus einer rhythmisch prägnanten Formel eine Fläche organisiert – der stereotype bürokratische Mechanismus läuft ab als stereotyper musikalischer Vorgang. Ähnliches geschieht im ‚festlich erleuchteten Haus', wo die Begrüßung des Akaki als eine völlig leere Formalität abläuft."

Für den Akaki besteht anfangs „kein Anlaß, ihn musikalisch anders einzuordnen als die anderen Beamten. Nur durch eine gewisse Schlichtheit seiner musikalischen Äußerung wird seine unverdorbene Naivität charakterisiert. Später, wenn Akaki die Möglichkeit zu menschlichem Kontakt ahnt, singt er das kleine Lied ‚Fedossja mein ...' vor sich hin. Das könnte ein Volkslied sein, aber es ist durch Elemente der Trivialmusik in Frage gestellt. Erst wenn Akaki im Fieber seinen menschlichen Anspruch formuliert, wird seine Musik lyrisch, emotional betont. Diese jetzt erreichte musikalische Qualität kontrapunktiert die vorhin erwähnte ‚Fläche der Nichtigkeiten'. Also im musikalischen Aufbau stellt sich auch der tragische Konflikt des Akaki dar." (Rosenfeld, Gespräch 1978, S. 18)

Der große Erfolg von Werk und Inszenierung (Musikalische Leitung: Gunter Kahlert, Regie: Ehrhard Warneke, Ausstattung: Dieter Lange) beruhte nicht zuletzt darauf, daß die Zuschauer zwischen den Begebenheiten auf der Bühne und ihren eigenen alltäglichen Erfahrungen Ähnlichkeiten entdecken konnten, daß im Typ des alten zaristischen Beamten zugleich der moderne, seiner Arbeit und seinem Sein entfremdete Mensch entworfen war.

Lobend und unter Verweisen auf spontane Publikumsäußerungen hoben die Kritiker übereinstimmend die durchgehende Textverständlichkeit hervor, die einen differenzierten Mitvollzug des Geschehens ermöglichte. Als im März 1979 die Oper zur 7. Biennale zeitgenössischer Musik in Berlin vorgestellt wurde, bestätigte sich der Erfolg von Werk und Inszenierung auf das glänzendste. Eine zweite Einstudierung erlebte die Oper an den Bühnen der Stadt Zwickau.

Ausgaben KlA Henschelverlag Berlin 1977, aufgenommen in die Edition Peters Leipzig (EP 9755)

Rechte Henschel Musik GmbH Berlin

Literatur Nikolai Gogol: Der Mantel. Erzählungen (Petersburger Erzählungen), Berlin und Weimar 1975
Gerhard Rosenfeld: Notizen zur Musik der Oper. bIn: Programmheft Deutsches Nationaltheater Weimar 1987; ders.: Gespräch mit Ilse Winter. In: Theater der Zeit, H. 9, Berlin 1978; Gerhard Hartmann: Bemerkungen zu Gogols Erzählweise. In: Programmheft Deutsches Nationaltheater Weimar 1978
Rezensionen der Uraufführung. In: Theater der Zeit, H. 9, Berlin 1978; Musik und Gesellschaft, H. 11, Berlin 1978

Das Spiel von Liebe und Zufall
Oper
nach der Komödie ›Le jeu de l'amour et du hasard‹
von Pierre de Marivaux
Text von Gerhard Hartmann

Entstehung 1978-1979

Ring-Uraufführung 12. Oktober 1980 Hans-Otto-Theater Potsdam –
Schloßtheater Sanssouci
18. Oktober 1980 Landesbühnen Sachsen Radebeul

Personen
Orgon _____ Bariton/Baß
Silvia, seine Tochter _____ Sopran
Lisette, Silvias Dienerin _____ Sopran (Soubrette)
Mario, Silvias Bruder _____ Tenor
Dorante _____ Hoher Bariton
Arlequin, Dorantes Diener _____ Bariton

Orchester
2 Fl (II auch Picc), 2 Ob, Klar, 2 Fg (II auch KFg), Hr, Trp, Pos, Hrf, Cemb oder Kl; 2 I. Vl, 2 II. Vl, 2 Va, 2 Vc, 1 Kb

Aufführungsdauer I. Akt: 40 Min., II. Akt: 30 Min., III. Akt: 25 Min.; Gesamt: 1 Std., 35 Min.

Handlung
Instrumentales Vorspiel **I. Akt:** Der Herr Dorante wünscht das Fräulein Silvia zu heiraten. Er teilt dies Silvias Vater in einem Brief mit, macht aber zur Bedingung, daß er seine Braut sehen und prüfen möchte, ohne daß sie davon weiß. Deshalb wird er mit seinem Diener Kleidung und Rolle tauschen. Vater Orgon stimmt dem Spiel zu. Bruder Mario allein wendet ein, daß dies ein unredlicher Handel sei. Silvia wird von Dorantes Werbung und Ankunft unterrichtet und bittet nun ihrerseits, den Bräutigam prüfen zu dürfen, tauscht mit der Zofe die Kleidung. Zofe und Diener, Lisette und Arlequin, sind entschlossen, in der Rolle der Herrschaften ihr Glück zu machen. Als Diener und Dienerin verlieben sich Dorante und Silvia ineinander.
II. Akt: Lisette korrigiert Natur, indem sie sich so schön macht wie ein Fräulein. Arlequin übertrumpft Natur, indem er sich aufspielt wie ein Herr. Beide finden zueinander. Lisette zögert, ihrem Fräulein den Bräutigam wegzunehmen. Silvia zögert, sich ihre Liebe einzugestehen. Dorante zögert, sich der vermeintlichen Dienerin zu erklären. Nur Arlequin ist sicher, daß er mit Lisette sein Glück machen wird. Mario und Orgon schüren die Konflikte, um sie schneller lösen zu können. Dorante erklärt Silvia seine Liebe und gibt sich als Herr zu erkennen. Silvia aber demaskiert sich nicht, denn sie will so geliebt werden, wie sie ist, und sei es als Dienerin.
III. Akt: Dorante ist entschlossen abzureisen, da er die Herrin nicht lieben und die Dienerin nicht heiraten kann. Silvia greift zur List, läßt sich vom Bruder einen Heiratsantrag machen, provoziert Dorante dazu, nun seinerseits der vermeintlichen Dienerin öffentlich seine Liebe zu gestehen. Lisette und Arlequin geben bedauernd ihre Rollen auf. Orgon sorgt für ein schnelles, gutes Ende.

Kommentar
Die Oper entstand 1978/79 als ein Auftragswerk des Hans-Otto-Theaters Potsdam und war gedacht für eine der schönsten erhaltenen Rokokobühnen, die des Schloßtheaters im Neuen Palais des Parkes Sanssouci. Nach Aussage des Komponisten bestimmte dieser Aufführungsort in entscheidender Weise die Wahl des Stoffes. Mit der Adaption einer Marivaux-Komödie standen Librettist und Komponist innerhalb einer interessanten Zeitströmung. Ende der siebziger Jahre setzte, von Frankreich ausgehend, eine Wiederentdeckung des großen Autors des französischen Rokokotheaters und Zeitgenossen von Voltaire und Rousseau, Pierre Carlet Chamblain de Marivaux, ein. Regisseure vom Rang eines Patrice Chéreau

und Peter Stein brachten aufsehenerregende Inszenierungen auf die Bühne. Mit Marivaux wurde ein Dichter entdeckt, der auf exemplarische Weise den Doppelcharakter von Kunst beherrschte: die schockierende Gleichzeitigkeit von festlich-eleganter Form und materialistischem, aufgeklärt-ernüchterndem Menschenbild. Er verknüpfte, wie kaum ein anderer Autor vor und nach ihm, die oberen und unteren sozialen Sphären im dialektischen Wechselspiel so miteinander, daß jede zum Spiegel, auch Zerrspiegel, der anderen wird. Seine Themen waren: der Kampf der Geschlechter und die Balance der Gefühle. Die ständige Erschütterung des Gleichgewichts hat er in seinen Komödien auf eine genaue, Sigmund Freuds Analysen vorwegnehmende Weise durchgespielt, so daß man ihn als den Meister des „psychologischen Materialismus" bezeichnet. Von Marivaux ging eine Erneuerung der Dramatik aus, die später auch andere, Marivaux vergleichbare Autoren wie Choderlos de Laclos inspirierte und ihren vielleicht radikalsten Ausdruck in Heiner Müllers ›Quartett‹ von 1982 fand. Bildet Müllers Stück den einen Pol der von Marivaux angeregten Entwicklung, stellt Hartmanns und Rosenfelds Adaption den extremen Gegenpol dar. Für Hartmann ist Marivaux' 1730 geschriebene Komödie eine der vielen Verwechslungsstücke, „wie sie im 18. Jahrhundert durchaus üblich waren". Durch die Figur des Arlequin suchte er die Typenkomödie mit Zügen der Commedia dell'arte zu verbinden. Gleichzeitig durchsetzte er seinen Text mit einem kunstvollen Geflecht von Reflexionen über das Maskenspiel, um ins Geistig-Philosophische zu transportieren, was bei Marivaux als existentielles Spiel gemeint war. Der Text verlor damit seine ursprüngliche Härte; Marivauxs verstörendes Ringen um die Balance der Gefühle geriet Hartmann zum Gesellschaftsspiel.

Zu Gerhard Rosenfelds Personalstil gehört eine Art von „Intervallempfindlichkeit", die seine Musik entscheidend beeinflußt: „Bestimmte Intervallfolgen sind meine eigentlichen musikalischen Bausteine. Aus ihnen leiten sich der Formablauf, die Couleur der einzelnen Passagen, ihre Abwandlungen und ihre Korrespondenzen ab" (Rosenfeld im Programmheft Radebeul 1980). Auf geschickte Weise ordnet der Komponist bestimmte Instrumente den Figuren zu und verleiht ihnen über die Intervallspannungen hinaus eine besondere Aura. In der Partie der Silvia dominiert das solistisch oder im Ensemble geführte Spiel der Celli, Arlequins Überschwang verrät sich durch die Posaune, in unangemessenen Registern und Intervallen geführt, und im kecken Ton der Trompete, während Dorante ein Liebhaber romantischen Typus zu sein hat, deswegen einen kleinen Wechselgesang mit dem Horn bekommt oder vom Sound eines satten Streicherklangs getragen wird.

Rosenfeld ließ sich bei der Komposition von Bildern des Marivaux-Zeitgenossen Antoine Watteau anregen. Bedeutsam wurde für ihn in diesen Bildern das Verhältnis von Vordergrund und Hintergrund, die Gleichzeitigkeit verschiedener Geschehnisse, wobei er die Hintergrundszenerie bei Watteau für sich als „zauberhaft und märchenhaft" deutete. Diese Bildstruktur legte er seiner Komposition zugrunde, indem er Korrespondenzen zwischen seinem Personalstil und den stilistischen Eigenarten eines Mozart oder Haydn herzustellen suchte, ohne dabei jemals mit Zitaten zu arbeiten. Sein eigener Stil würde hier, dem Vergleich mit dem Watteauaschen Bildern folgend, als Vordergrundgeschehen zu deuten sein, die Anspielungen auf Mozart und Haydn als märchenhaftes und zauberhaftes Hintergrundgeschehen. In der formalen Gliederung folgt Rosenfeld dem Nummernprinzip. Ensembles sind meist für die Aktschlüsse aufbewahrt, Ouvertüre und Schlußmusik greifen fast spiegelbildlich ineinander. Auf Textverständlichkeit achtend, überschreitet Rosenfeld in seinen intervallischen Akzentsetzungen kaum das Maß des natürlichen Redeflusses. Darauf beruht die Eignung des Werkes für Studio-Aufführungen.

Aneignung

Die Uraufführungsinszenierung des Hans-Otto-Theaters Potsdam wurde vom Fernsehen der DDR aufgezeichnet und mehrfach im zweiten Programm ausgestrahlt. Das Potsdamer Ensemble (Musikalische Leitung: Gotthard Lienicke, Regie: Peter Brähmig) konnte mit einem hervorragenden und jungen Solistenaufgebot glänzen, unter ihnen Klaus-Peter Hermann (Mario), Andreas Scheibner (Dorante) und Eva-Maria Bundschuh (Silvia). Der Ring-Uraufführung folgten 1983 Leipzig und 1987 die Hochschule für Musik „Hanns Eisler" Berlin. Die westdeutsche Erstaufführung fand 1982 am Badischen Staatstheater Karlsruhe statt.

Ausgaben Text In: Theater der Zeit, H. 12, Berlin 1980; KlA Henschelverlag Berlin 1980, aufgenommen in die Edition Peters Leipzig (EP 9763)

Rechte Henschel Musik GmbH Berlin; Musikverlag Bote & Bock Berlin . Wiesbaden

Literatur Gerhard Rosenfeld: „... ich will gehört, angehört werden." In: Musik und Gesellschaft, H. 11, Berlin 1979; Klaus Kahl: Reflexionen bei Gelegenheit und vor einer Uraufführung. In: Theater der Zeit, H. 12, Berlin 1980

Rezensionen der Uraufführung. In: Theater der Zeit, H. 12, Berlin 1980; Musik und Gesellschaft, H. 2, Berlin 1981

Aufnahmen Produktion des Fernsehens der DDR (Übertragung aus dem Schloßtheater Sanssouci) Eva-Maria Bundschuh (Silvia), Peter Renz (Arlequin), Andreas Scheibner (Dorante), Renate Loeper (Lisette), Klaus-Peter Hermann (Mario), Orchester des Hans-Otto-Theaters Potsdam, Musikalische Leitung Gotthard Lienicke, Regie Peter Brähmig (Fernsehgestaltung Birgit von Gagern, Gabriele Mohr, Ulrike Liedtke)

Friedrich und Montezuma
Oper in drei Akten
Text von Gerhard Hartmann

Entstehung 1985-1988

Personen

Friedrich Wilhelm I. von Preußen	Bariton
Friedrich II. von Preußen	Lyrischer Tenor
Der Fürst von Anhalt-Dessau	Baß
Katte	Bariton
Fredersdorff	Bariton
Algarotti	Bariton
d'Argens	Baßbariton
Page	Tenor
Podewils	Bariton
Prinz Heinrich	Tenor
Moritz von Dessau	Bariton
Graun	Sprechrolle
Generale, Offiziere, Unteroffiziere, Soldaten	Männerchor, Chorsolisten
Montezuma	Sopran oder Contratenor
Eupaforice	Mezzosopran
Pilpatoe	Alt
Cortez	Mezzosopran oder Contratenor
Narves	Koloratursopran
Gefolge Montezumas, Mexikaner, Spanier	Gemischter Chor

Orchester 3 Fl (alle auch Picc, II auch AFl), 3 Ob (III auch EH), 3 Klar (III auch Es-Klar), 3 Fg (III auch KFg), 4 Hr, 4 Trp, 4 Pos, Pkn, Vib, Mar, Slzg: GrTr, 3 KlTr, Eisenkette (auf Metallplatte), Tt, 2 Holzblöcke, Xyl, Donnerblech, Peitsche, Trillerpfeife, Rtr, 3 Holztr, 3 RGl, 2 Trgl, 3 Bongos, 2 Tomtoms, Glsp, Bck, Tonpfeife, 2 Gongs (mit Stahlnadeln), 2 Tamb; Kl, Cemb, Hrf; Str (bis vierfach geteilt)

Handlung
Handlungsort und Handlungszeit: Preußen im 18. Jahrhundert.
I. Akt: *Preußen.* Die Welt Friedrich Wilhelms I. Der König läßt seinen Sohn ausspionieren, inspiziert seine Truppen und kann mit Drill und Dressur zufrieden sein, in seinem Reich wird observiert, exerziert und pariert. Die Welt des Kronprinzen Friedrich: Der aus der Art geschlagene Sohn findet nur beim Lieutenant Katte Anteilnahme und Verständnis. Durch Flötenspielen sucht er sich vor dem „niederträchtigen Soldatengeist" zu retten und imaginiert ein ideales Reich, „wo

die Vernunft regiert". Es liegt in Mexiko, sein Herrscher heißt Montezuma, der von seiner Braut Eupaforice innig geliebt und von seinen Untertanen als Vertreter von Weisheit und Güte hoch gelobt wird. Wieder die Welt Friedrich Wilhelms I. Tafelrunde des Königs. Der Herrscher gibt seinen Offizieren zum besten, wie er den Akademiepräsidenten Gundling Bier saufen und wie einen Hund bellen ließ. Die Offiziere übertreffen sich in Lieder- und Gedankenspielen, wohin der preußische Soldat marschieren könne. Der Kronprinz, zur Tafel befohlen, kann sich nicht subordinieren und wird gedemütigt. Wieder bei Katte, weint sich Friedrich aus und faßt den Entschluß, aus seines Vaters Land zu fliehen. Alltag im Reich. Ein Feldwebel läßt die Überführung einer Leiche proben. Simultanszene. Friedrich setzt seine Flucht in Gang; der Vater erhält im gleichen Augenblick davon Kunde, der Kronprinz wird gestellt und gefangengesetzt. Friedrich in Einzelhaft, isoliert von allen, selbst von der Schwester Wilhelmine, träumt sich in sein Montezuma-Reich. Doch wird er jäh gestört. Auf Befehl des Königs wird Lieutenant Katte vor seinen Augen erschossen.

II. Akt: *Der Vorhang öffnet sich. Hofkapellmeister Graun, Sänger und Chor der Königlichen Hofoper in Erwartung des Königs, der zur Probe der neuen Oper erscheinen will. Die Hauptdarsteller der Oper ›Montezuma‹ bewegungslos sitzend, der Chor stehend. (...) Beim Erscheinen des Königs Friedrich II. erheben sich die Sänger der Hauptpartien der Oper ›Montezuma‹ und erweisen ihm ihre Reverenz.* Der gekrönte Friedrich hat aus seinen Jugendträumen ein Libretto verfertigt, sein Hofkomponist Graun hat es in Musik gesetzt. Der König ist bewegt und will diese Stunde nur den Musen widmen. Doch bereits während des einleitenden Huldigungsballettes läßt er sich rapportieren, führt seine Staatsgeschäfte weiter. Er wartet auf die Nachricht vom Tod der österreichischen Majestät, um Schlesien im Handstreich zu nehmen.

Friedrich II. behandelt die Künstler wie sein Vater die Soldaten: Er läßt sie exerzieren, straft und belohnt nach Gebühr oder Laune. Sein geteiltes Interesse gilt dem künstlerischen Handwerk, seine volle Aufmerksamkeit der Politik, ganz unbeachtet aber läßt er die von ihm selbst erdachten Inhalte. Die Oper nimmt ihren Lauf: Das ahnungslose Mexiko wird von den Spaniern unter Cortez überfallen. der spanische Eroberer wird in Friedrichs Texten verurteilt. Friedrich selbst aber handelt und entscheidet wie Cortez, er hört die Arien, aber nicht ihren Sinn. Kunst und Politik auf engstem Raum beisammen, von einem Kopf ersonnen, getrennte Sphären.

III. Akt: *Biwak vor der Schlacht.* Zwei Grenadiere sind wegen versuchter Flucht zum Spießrutenlauf verurteilt. An einer anderen Stelle des Feldlagers erwartet Friedrich II. ungeduldig den Beginn der Schlacht, während seine Generäle zum Rückzug raten: Der Feind ist in der Übermacht, die eigene Truppe demoralisiert. Friedrich befiehlt den Kampf. Vor der Schlacht, allein, bedenkt Friedrich sein Tun, erkennt seinen Verrat an den Jugendidealen, ist aber entschlossen, den einmal beschrittenen Weg fortzugehen. Im Gegenbild dazu bleibt Montezuma, trotz Todesdrohungen, seinen Idealen treu, besteht auf Güte und Weisheit. Der Feldwebel, der unter Friedrich Wilhelm I. den Leichentransport nur probte, muß ihn nun real durchführen. Nach dem Spießrutenlauf werden die beiden Delinquenten eingesargt, wobei der eine schon tot ist, der andere noch lebt. Friedrich II. befiehlt seinen Generälen und Soldaten: Sieg oder Tod. Alle folgen, Eupaforice beklagt diese Entfesselung von Haß und Gewalt und ersticht sich. Cortez läßt Montezuma aufs Schafott schleifen und triumphiert. Die preußischen Soldaten treten vor Friedrich zum Kampf an. Die Mexikaner fragen hilflos: „Hat denn Güte, hat friedfertiger Geist keinen Platz auf Erden?" Die preußischen Soldaten setzen sich auf Befehl Friedrichs in Bewegung. Montezuma wird von Cortez erdrosselt, die preußischen Soldaten flüchten. Friedrich befiehlt, auf die eigenen Leute zu schießen. Cortez gibt die Parole aus: keine Gnade. Friedrich hat den Sieg errungen. Victoria- und Hurra-Rufe mischen sich mit dem Wehgeheul der Opfer.

Kommentar
„Ein Greuelmärchen" nannte Heiner Müller sein Stück ›Leben Gundlings Friedrich von Preußen Lessings Schlaf Traum Schrei‹, das 1977 publiziert, 1979 am Schauspiel Frankfurt/Main uraufgeführt wurde und erst 1988 an der Volksbühne Berlin zur Erstaufführung in der DDR kam. In diesem Stück faßt Müller preußische Geschichte und preußische Gegenwart wie in einem Brennspiegel zusammen und macht darin eine gespenstische Kontinuität erkennbar: ein für die geistige Auseinandersetzung mit deutscher Geschichte und Gewordenheit exemplarischer Text. In diesem Sinne ist auch die Oper ›Friedrich und Montezuma‹ ein Greuelmärchen.

Auch Ähnlichkeiten mit Heinrich Manns Fragment gebliebenem Alterswerk ›Die traurige Geschichte von Friedrich dem Großen‹ finden sich. Heinrich Manns in den vierziger Jahren als Hörspiel und Dialogroman geschriebener Text wurde 1982 in einer Bearbeitung von Alexander Lang mit dem Ensemble des Deutschen Theaters einstudiert. Das Preußen-Jahr 1981 und der 200. Todestag Friedrichs II. 1986 hatten ein verstärktes Interesse der Öffentlichkeit an der Gestalt Friedrichs des Großen hervorgerufen. In diesem Zusammenhang brachte das Hans-Otto-Theater Potsdam 1982 eine Inszenierung von Carl Heinrich Grauns Tragedia per musica ›Montezuma‹ (in der Einrichtung von Peter Brähmig) auf die Bühne des barocken Schloßtheaters im Neuen Palais (Sanssouci). Brähmig ließ in seiner Fassung über eine Rahmenhandlung einen „fiktiven Opern-Friedrich" agieren, der seinen Montezuma-Text im Kreis der Familie zur Aufführung bringt und dabei den Titelhelden selbst verkörpert.

Diese Idee war insofern naheliegend, als Friedrich II. 1753 tatsächlich den Text zu dieser Oper (übrigens in französischer Sprache) geschrieben hatte. Das französische Libretto übertrug der Hofdichter Giampietro Tagliazucchi 1754 in italienische Verse, die der Hofkomponist Graun noch im gleichen Jahr vertonte. Die Uraufführung fand am 6. Januar 1755 am Hoftheater Berlin statt. 1981 aktualisierte der Regisseur Herbert Wernicke den Zusammenhang zwischen dem Textschöpfer und seinem Geschöpf, also zwischen Friedrich II. und seinem Ideal

Montezuma, und ließ sich von Georg Quander eine entsprechende Textbearbeitung anfertigen. Der Handlungsort wurde von Mexiko nach Sanssouci verlegt. Grauns ›Montezuma‹ kam als Oper über die zerbrochenen Jugendträume eines Herrschers in Wernickes Regie als Produktion der Deutschen Oper Berlin (West) auf die Bühne des Hebbel-Theaters, wurde 1982 auch im Markgräflichen Opernhaus in Bayreuth gespielt und 1986 in Berlin wiederaufgenommen.

Gerhard Hartmann hat sein Libretto ganz auf den Zusammenhang von Lebens- und Kunstwirklichkeit gestellt. Der vom Vater gequälte Kronprinz erfindet sich idealische Gestalten, um der furchtbaren Misere des Kasernenstaates zu entgehen; mit dem König Montezuma imaginiert er seine eigenen Vorstellungen von einem Herrscher. Mit dessen Braut Eupaforice verbindet er die Erinnerung an ihm vertraute und nahestehende Menschen, wie die Schwester Wilhelmine oder den Lieutenant Katte. Der Bruch zwischen dem idealischen Jugendschwärmer und dem realpolitisch denkenden König, der seine alten Wunschbilder kaltherzig verrät, findet in der Oper hinter der Bühne, zwischen erstem und zweitem Akt, statt. Wenn Friedrich II. eine Probe der Hofoper besucht, sein von Graun komponiertes Libretto zu hören, hat er sich bereits entschieden, nicht Montezuma, sondern Cortez zu werden. Entsprechend wird dann im dritten Akt, in einer großen Simultanszene, der Frontenwechsel vollzogen; reale und irreale Szenen laufen gleichberechtigt nebeneinander ab: In dem Maße, wie Friedrich II. gezwungen ist, seine Soldaten in den Tod zu hetzen, um seinen Ruhm zu behaupten, übernimmt er Züge des Cortez. Kurz bevor der furchtbare Satz fällt: „Hunde, wollt ihr ewig leben?", mit dem der König den Befehl gibt, auf die eigenen Leute zu schießen, um sie an der Flucht zu hindern, wird Montezuma von Cortez ermordet. In der Konfrontation von realen mit irrealen Szenen vollzieht sich das Drama: die Verwandlung in einen machtbesessenen Herrscher. „Friedrichs Libretto zu ›Montezuma‹ für Carl Heinrich Graun liest sich wohl nicht zu Unrecht wie eine Selbstrechtfertigung: Der als edel, milde und gerecht charakterisierte Aztekenherrscher Montezuma, der auf die Liebe seines Volkes setzt und die Gefahr, die ihm durch die Spanier droht, allen Warnungen zum Trotz nicht wahrhaben will, beschwört den eigenen Untergang herauf und ergibt sich bedingungslos seinen Feinden. (...) Die Oper konfrontiert den historischen Friedrich mit dem idealisierten Montezuma. Im Laufe des Geschehens, das bedeutungsvolle Stationen aus dem Leben des Preußenkönigs umreißt, widerspiegeln die Vorgänge um Montezuma die sich in Friedrich vollziehende Wandlung zum Machtpolitiker konventionellen Zuschnitts." (Hartmann 1989, S. 56)

Gerhard Hartmann betonte wiederholt, daß er seine Texte in Hinsicht auf die Musik von Rosenfeld und deren Eigenart schreibt. Das bestätigt sich hier aufs glücklichste: „Das Libretto unterscheidet die Ebenen Friedrich–Montezuma auch im Hinblick auf die sprachliche Diktion. Auf der Montezuma-Ebene werden symbolträchtige, schlichte Texte für die Azteken, für die Spanier hingegen Passagen von ausladendem, klischeehaftem Pathos verwendet. Figurenzeichnung, Text und Form (Ensemble, Duett, Arie) zielen auf ästhetische Überhöhung und Distanzierung. Die Texte der Friedrich-Ebene sind unmittelbar kontrastierend: Sie umreißen psychologische Vorgänge, markieren individuelle Denkweisen und typische Verhaltensmuster. Sie greifen auf floskelhafte Wendungen der Militär- und Amtssprache zurück, wie sie aus dem 18. Jahrhundert überliefert sind, und versuchen, preußisches Zeitkolorit stilisiert sinnfällig zu machen." (Hartmann 1989, S. 56)

Im ersten Akt kann Rosenfeld allein durch den Einsatz entsprechender Klangfarben, Intervallkombinationen und Instrumentengruppierungen drei unterschiedliche Sphären konfrontieren. Blech, Schlagwerk, militärische Signale und Soldatenlieder, simpel-diatonische Harmonik, Cluster, grelle Breaks stehen für den Bereich des Vaters Friedrich Wilhelm I., Streicherkantilenen und warme Holzbläsermelodien, chromatisch angereicherte Harmonik sowie emphatische Arien stehen für die Sphäre der Freundschaft und Zärtlichkeit zwischen Friedrich und Katte; mit Strukturzitat und dem typischen, von Cembaloklang untermischten Orchestersound der Opern des 18. Jahrhunderts wird die Welt Montezumas ins Hörbild gebracht. Sind die einzelnen Bereiche im ersten Akt noch relativ streng voneinander abgehoben, werden sie im dritten Akt auf engstem Raum einander gegenübergestellt und übereinandergeschichtet.

In der Partitur ist eine „musikalische Plakatierung der Preußen oder Azteken durch Zitate oder Stilimitation ganz bewußt vermieden. (...) Doch herrscht im Friedrich-Bereich deutlich das rhythmische Element vor, während Montezuma und sein Gefolge vor allem kantabel gestaltet sind." (Rosenfeld 1989, S. 57)

Die Oper hat eine Besonderheit: Dem kriegerischen Geschehen entsprechend dominieren die Männerrollen; selbst in der Montezuma-Welt findet sich nur eine große Frauenfigur, Montezumas Braut Eupaforice. Dieses Ungleichgewicht hat den Komponisten „bewogen, die gesamt Montezuma-Besetzung, angeregt von der Kastratenpraxis der Zeit Grauns, für Frauenstimmen zu komponieren" (Rosenfeld 1989, S. 56 f.).

›Friedrich und Montezuma‹ entstand im Auftrag der Deutschen Staatsoper Berlin, die 1742 von Friedrich II. als Hoftheater gegründet worden war und an der 1755 Grauns ›Montezuma‹ mit dem Text Friedrichs II. zur Uraufführung gelangte. Doch wollten die Autoren ihre Oper nicht als „Beitrag zur Rezeption preußischer Geschichte" verstanden wissen, noch weniger als „preußischen Bilderbogen oder nostalgische Huldigung an preußische Vergangenheit". Sie setzten vielmehr auf den zeitgemäßen moralischen Wert der Geschichte: „Aufrechterhaltung und Ausdehnung von Macht mit kriegerischen Mitteln und Zwang zur Unterordnung unter traditionelle Denkweisen läßt sich mit wahrhafter Humanität nicht vereinen." (Hartmann/Rosenfeld 1989, S. 56)

Mit diesem Thema erschien die Oper nach den politischen Ereignissen von 1989 höchst aktuell zu sein, doch sagte die Direktion der Deutschen Staatsoper Berlin die für den 25. Februar 1990 geplante und bereits vorbereitete Uraufführung kurzfristig ab.

Ausgaben Text In: Theater der Zeit, H. 8, Berlin 1989; KlA Henschelverlag Berlin 1985, übernommen in die Edition Peters Leipzig (EP 9767)

Rechte Henschel Musik GmbH Berlin

Literatur Ingrid Mittenzwei: Friedrich II. von Preußen. Eine Biographie, Berlin 1979; Hans-Joachim Bauer: ›Montezuma‹ von Carl Heinrich Graun. In: Pipers Enzyklopädie des Musiktheaters, hrsg. von Carl Dahlhaus und dem Forschungsinstitut für Musiktheater (2. Bd.), München . Zürich 1987
Gerhard Rosenfeld/Gerhard Hartmann: Opernspezifische Sicht auf Geschichte. Gespräch mit den Autoren der Oper ›Friedrich und Montezuma‹ von Hans-Jürgen Schneider. In: Theater der Zeit, H. 8, Berlin 1989

Die Verweigerung
Kammeroper in fünfzehn Szenen
nach dem ›Tagebuch eines Wahnsinnigen‹
von Nikolai Gogol
Text von Gerhard Hartmann

Entstehung 1988-1989

Uraufführung 26. November 1989 Städtische Bühnen Osnabrück – Emma-Theater

Personen
Axenti	Bariton
Direktor	Tenor
Amtsvorstand	Baßbariton
Sofie	Sopran
Nadine, ihre Freundin	Mezzosopran
Vier Schreiber	Tenor, Bariton, Bariton, Baß

Orchester Fl (auch AFl), Klar (auch BKlar), Hr, Kl; Vl, Va, Kb

Aufführungsdauer 1 Std., 15 Min.

Handlung
Während des ganzen Stückes befinden sich sämtliche Darsteller auf der Bühne. Überall stehen Schreibpulte und mit Kleidungsstücken behängte Modepuppen herum.
Ouvertüre. **1. Szene:** Axenti fühlt sich unwohl in seiner Rolle als unterwürfiger Speichellecker. Was wäre, wenn er den Faden zerreißen ließe, der ihn an das Leben eines Beamten knüpft, und wenn er den aufrechten Gang probierte? **2. Szene:** Schreiber schreiben Buchstaben, aus Buchstaben werden Worte, aus Worten Sätze usw., der Amtsvorsteher amtiert, das heißt kujoniert und räsoniert. **3. Szene:** Sofie und Nadine im Gespräch. Die eine gleicht der anderen, aus-

wechselbare Menschen, die Worte und Gedanken laufen im Kreis, wie eine Gebetsmühle, immer das gleiche. Stereotyp. **4. Szene:** *Axenti bemalt Papierbogen. In gelben Meeren tote Fische.* Klarsichtig erkennt Axenti den Zustand der Welt und durchschaut sein eigenes Sein. **5. Szene:** Der Direktor plustert sich vor dem Amtsvorsteher auf, setzt Mensch gleich Mensch, ist ganz großzügig, macht dann allmählich Unterschiede geltend: erst kleine, dann große, am Schluß kommt heraus, daß es zwischen den Menschen eine unüberbrückbare Kluft gibt. Der Direktor ist der liebe Gott, der Amtsvorsteher ein Wicht. **6. Szene:** *Sofie kleidet Modepuppen an, Axenti sieht zu. Er legt die gleiche Kleidung an wie die von Sofie drapierten Puppen und stellt sich neben sein Duplikat.* Sofie streichelt die Kleidung; als sie aber einen Menschen erkennt, schreit sie entsetzt auf und stößt Axenti zurück. **7. Szene:** Duell in Bildungsparolen zwischen Direktor und Axenti. Zitate fliegen hin und her, vor allem in Latein. Axenti siegt. **8. Szene:** Schreiber schreiben, Amtsvorsteher amtieren und räsonieren über Axenti, der Sofies Aufmerksamkeit auf sich zu ziehen versucht. Axenti sendet Botschaften aus, diesem sinnlosen Leben ein Ende zu machen. **9. Szene:** *Sofie und Nadine werfen sich einen Ball zu.* Dann beziehen sie Axenti ins Spiel ein, machen ihn zu ihrem Spielball, binden ihm die Augen zu: Fang uns! **10. Szene:** *Axenti allein, mit verbundenen Augen.* Er bildet sich ein, mit Sofie davonzufliegen. **11. Szene:** *Die Schreiber stellen sich vor Axenti in Positur.* Er muß seine Zunge zeigen. Sie taxieren seine Gesinnung und versuchen, den Eigensinn aus ihm herauszuschütteln. **12. Szene:** Axenti entflieht den Nichtigkeiten des Beamtendaseins, er erhebt sich auf den Flügeln der Schönheit und Phantasie. Der Amtsvorsteher erklärt ihn für verrückt und gemeingefährlich, kann ihn aber bereits nicht mehr bändigen. **13. Szene:** Axenti hält eine Ansprache, fordert die Kollegen auf, ihre Seele auszuschütteln und Purzelbäume zu schlagen. Der Direktor ist über die Rednergabe entzückt, der Mensch kann ja denken, aber Purzelbäume gehen zu weit. Er befiehlt Axenti, im Kreis zu gehen. **14. Szene:** Axenti gehorcht, geht im Kreis, wird wieder trübsinnig und bricht aus. Er besteht auf Purzelbäumen. Der Direktor sagt sich von ihm los. **15. Szene:** Axenti flieht endgültig ins Reich der Phantasie. Er wähnt sich mit Sofie einig, die aber setzt ihm die Narrenkrone auf. Alles bleibt wie es ist, nur Axenti wähnt sich frei.

Kommentar

Die kleine Oper von Hartmann/Rosenfeld gehört zu den großen und bedeutenden Gogol-Adaptionen, sie muß in eine Reihe mit Schostakowitschs ›Die Nase‹ und Schtschedrins ›Tote Seelen‹ gestellt werden.

Die Autoren gehen in der ›Verweigerung‹ weit über den bereits in ihrer ersten Gogol-Oper realisierten Ansatz hinaus. Ohne den Umweg dramatisch exponierter Gestalten und einer final-kausal erzählten Geschichte wird die Substanz der Gogolschen Novelle herausgearbeitet, das Beamtenleben als Metapher für entfremdetes Dasein in der modernen Welt, in einer autoritär-patriarchalisch geordneten Gesellschaft; in absurden, grotesken Vorgängen und Sprachspielen wird das

Grundgefühl eines solchen Daseins deutlich. Dabei sprüht das Werk von Witz und Intelligenz. Der Amtsvorsteher bricht gegenüber Axentis tragikomischen Befreiungsversuchen in das tremolierend gesprochene, geflüsterte, trompetete, geschriene Wort „Wirrwarr" aus, verstummt allerdings gegenüber dem wahrhaft babylonischen Chaos – fremde Gedanken und Sprachen in unsinniger Weise mischenden Evokationen – des Direktors.

Die Physiognomie der Mädchen Sofie und Nadine und die Art ihrer Gespräche ist lapidar und verblüffend einfach in ein sinnreiches Hörbild gebracht. Ihr Gespräch bewegt sich im Krebsgang: vorwärts – rückwärts, es läuft im Kreis und endet genau da, wo es angefangen hat.

Die Musik steht dem Text in nichts nach. Gerhard Rosenfeld arbeitet mit Klangcharakteristika, motivisch und harmonisch einprägsamen Feldern, er schafft ein dichtes Geflecht musikalischer Verweise, die immer wieder hörbar machen, daß in dieser Hierarchie keiner unverschont bleibt, alle ver-rückt sind. Die Ausdrucksstärke der einzelnen Worte und Wendungen ist so prägnant und zupackend, daß man in diesem Zusammenhang von „Vokalgestik" sprechen kann.

Die kleine, mit großem Können und Kunstverstand gearbeitete Oper erfordert Sänger und Instrumentalisten von hohem Können.

Ausgaben Part (einschließlich KlA) Henschelverlag Berlin 1989; Bote & Bock Berlin . Wiesbaden 1989

Rechte Henschel Musik GmbH Berlin; Musikverlag Bote & Bock Berlin . Wiesbaden

Literatur Kraft-Eike Wrede: Eine Kammeroper als szenische Kammermusik. Zur musikalischen Anlage der ›Verweigerung‹. In: Programmheft Städtische Bühnen Osnabrück 1989
Rezensionen der Uraufführung. In: Theater der Zeit, H. 2, Berlin 1990

Friedrich Schenker
23. Dezember 1942

Geboren in Zeulenroda (Thüringen), 1961-1964 Studium an der Hochschule für Musik Berlin (Posaune und bei Günter Kochan Komposition), Fortsetzung der Kompositionsstudien bei Fritz Geißler an der Hochschule für Musik Leipzig, 1968 Staatsexamen, 1973-1975 Meisterschüler von Paul Dessau an der Akademie der Künste der DDR.
1964-1982 Soloposaunist des Rundfunk-Sinfonieorchesters Leipzig, 1970 Gründung der Gruppe Neue Musik „Hanns Eisler" gemeinsam mit Burkhard Glaetzner.
Seit 1982 freischaffender Komponist in Leipzig, daneben Lehrbeauftragter für Komposition an der Hochschule für Musik Leipzig, 1982-1988 Berater für zeitgenössische Musik am Gewandhaus; Mitglied der Akademie der Künste der DDR, Mitglied des Zentralvorstandes des Verbandes der Komponisten und Musikwissenschaftler der DDR (bis 1989), lebt seit 1989 in Berlin.
1971 Carl-Maria-von-Weber-Preis der Stadt Dresden, 1971 Hanns-Eisler-Preis des Rundfunks der DDR, 1980 Kunstpreis der DDR, 1982 Kunstpreis der Stadt Leipzig, 1989 Nationalpreis der DDR
Umfangreiches Schaffen in allen Genres: Solo-Stücke, Werke für kleine Besetzungen (auch mit Gesang), Kompositionen für Kammerensembles, Lieder, Kantaten, Recitals, Orchesterwerke, Konzerte, Vokalsinfonik, u.a. Zwei Stücke für Trompete und Klavier (1964), Romanze, Intermezzo und Scherzo für Flöte, Viola und Baßklarinette (1964), Bagatellen für Posaune und Klavier (1964/1970), Divertimento für Tuba und Klavier (1965), Kleine Sinfonie für Streicher (1966), Volksliedvariationen für drei- bis achtstimmigen gemischten Chor a cappella (1966), Konzert für Oboe und Streicher ›Hommage à Haydn‹ (1966/1969, rev. 1973), Rhapsodie für Flöte und Schlagzeug (1967), Kantate I – Majakowski-Kantate für Männerstimme und kleines Blasorchester mit Klavier (1967), Divertimento für Chor und Orchester nach Kindergedichten von Peter Hacks (1967-69), Monolog für Oboe (1968), Sextett für Klavier und fünf Bläser (1968), Trioballade für Oboe, Fagott (oder Violoncello) und Klavier (1968-69), Sonata per Violoncello solo (1969), Sinfonie ›In memoriam Martin Luther King‹ (1969-70), Konzert für Fagott und Streichorchester (1970/1975), Tripelkonzert für Oboe, Fagott, Klavier und Orchester (1970, rev. 1975), Stück für Virtuosen I (1970, Neufassung: Concerto espressivo e scherzando 1973), Kammersinfonie für achtzehn Instrumentalisten (1970-71), ›Hörstück mit Oboe‹ – Für Oboe und Tonband (1971), Streichquartett (1971), Kammerspiel I für Sopran, Tenor, Dirigent (Sprecher) und Kammerensemble nach Morgenstern (1971-72), Kantate II für Bariton, Viola und Klavier (oder Bariton und Orchester) nach Bobrowski, Eluard und Majakowski (1972), ›Electrization‹ – Für Beat- bzw. Jazzgruppe und großes Orchester (1972-73), Kontrabaßkonzert (1973), Sonate für Blas- und Schlaginstrumente (1973), ›Versuche über Roswitha‹ – Divertimento für Sopran und Tonband (1973), ›Epitaph für Neruda‹ – Für achtzehn Streicher (1973-74), ›Landschaften‹ – Vier Stücke für Orchester (1974), ›Leitfaden für angehende Speichellecker‹ – Kantate für Sopran und Klavier nach Majakowski (1974), Violakonzert (1974-75), ›Hahnenkopf oder die vierundzwanzig Stunden vor der Schlacht am Weinsberg‹ – Recital für Chor, Sprecher und Instrumente nach Thomas Brasch (Gemeinschaftskomposition mit Georg Katzer und Karl Ottomar Treibmann, 1975), Drei Intermezzi und Guernica – Instrumentation von Klavierstücken Paul Dessaus (1975), ›solo – duo – trio‹ – Für Violine (Oboe), Violoncello und Klavier (1975,

rev. 1978), Flötensinfonie (1976), ›tirilijubili‹ – Stück für Virtuosen III – Kammerkonzert für Piccoloflöte mit Oboe (Englischhorn), Klarinette, Fagott und Horn (1976), ›Hörstück mit Flöten‹ – Für Flöte und Tonband (1976), ›Monologo piccolo‹ – Für Oboe (1976), ›orfeo‹ – dramma per musica (mehrere Teile seit 1976), Sonate für JSB für großes Orchester (1977), Sonate für Kontrabaß (1977-78), MISSA NIGRA – Kammerspiel II für sieben Instrumentalisten, einen Schauspieler, einen Dirigenten, Synthesizer und Tonband nach Texten von Alfred Polgar, Theodor Körner und der lateinischen Totenmesse (1978), Jessenin-Majakowski-Recital für sieben Instrumentalisten und Tonband (1979, rev. 1983), Michelangelo-Sinfonie für Sprecher, gemischten Chor, Kinderchor, Orgel und Orchester nach Gedichten von Michelangelo Buonarroti (1979-85), ›Fanal Spanien‹ – Ballade für großes Orchester (1981), Foglio I für Viola und Violoncello (1982), Foglio II für Englischhorn, Posaune, Schlagzeug, Klavier und Kontrabaß (1982), ›Dona nobis pacem‹ – Für Oboe und Violoncello (1982), ›Schafott-Front‹ – Elektroakustisches Hörstück (1983), Präparatio einer Hölderlinschen Ode für vier Instrumentalisten, Stimmen und Tonband (1984), ›Dona nobis pacem‹ – Für Orchester (1984), ›Dona nobis pacem‹ – Für Orgel und sechs Schlagzeuger (1985), Violoncellokonzert (1986), ›Gutes Verhältnis zu Pferden‹ – Neuerliche Annäherung an Majakowski für acht Instrumentalisten (1986), Musik für Blasinstrumente, Harfe, Celesta und Schlagzeug (1987), Quintett für Klavier und vier Bläser (1987), ›Traum... Hoffnung... ein deutsches Requiem‹ (gewidmet Karl und Rosa) – Für Alt- und Baritonsolo, Sprecher und Orchester (1987-88), ›Danton. Fragmente – Kommentare‹ – Für Posaune solo (1988-89), ›Witchcraft to freeze the Navy‹ – Nr. 1 für Gorbi, Nr. 2 für hohe Stimme und Klavier, Nr. 3 für Viola solo (Komposition in progress seit 1988), ›Commedia per musica‹ – Für großes Orchester und Kinderchor (1989)

Bühnenwerke

Büchner _____ 1978-1979/1981
Oper in zehn Szenen _____ UA 1987
Text von Klaus Harnisch

Bettina _____ 1984-1985
Dramma per musica _____ UA 1987
nach ›Goethes Briefwechsel mit einem Kinde‹
von Bettina von Arnim
Text von Karl Mickel

Die Gebeine Dantons _____ 1987/1989-1990
Radio-Oper
nach ›Dantons Tod‹ von Georg Büchner
Text von Karl Mickel

Büchner
Oper in zehn Szenen
Text von Klaus Harnisch

Entstehung 1978-1979/1981

Uraufführung 21. Februar 1987 Deutsche Staatsoper Berlin – Apollo-Saal

Personen
Büchner _____ Tenor
Louise, dessen Braut _____ Mezzosopran
Büchners Vater _____ Baß
Danton _____ Bariton
Saint-Simonist _____ Baß
Georgi, Hofgerichtsrat _____ Sprechrolle
Noisemaker _____ Aktionsrolle
Plakatkleber _____ Stumm
Kinder _____ Stumm
Nonnen, Mütter, Straßenpassanten _____ Frauenchor (S, A)
Straßenpassanten, Männergesangverein,
Spitzel, Anhänger des Saint-Simonisten,
Grisetten (Transvestiten) _____ Männerchor (T, B)

Orchester 2 Fl (I auch Picc, II auch Picc und AFl), 2 Ob (II auch EH und Ob d'amore), 2 Klar (II auch BKlar), Trp, Pos, Tasteninstrumente (2 Spieler: Kl, Cel, Cemb, Org), Slzg (3 Spieler), Vc (Solo), Kb (Solo)
Bühnenmusik Kleine Klar, FlügelHr, Kleine Tb, Ziehharmonika, Dudelsack (szenisches Requisit)

Aufführungsdauer 1 Std., 30 Min.

Handlung
1. Szene: Ein Steckbrief wird plakatiert: Georg Büchner gesucht. Kinder spielen unterm Steckbrief an der Litfaßsäule ihre Spiele, je ein friedliches und ein kriegerisches Spiel: Büchner-Zeit. – Zwischenzeit: Ein Noisemaker wird seinem Namen gerecht, Lärm zu machen. Er schaltet den Fernsehapparat ein, klappert auf der Schreibmaschine nach Diktat des Hofgerichtsrats Georgi die Personalbeschreibung des Mannes Büchner. – Mischung der Zeiten: Ein „Vaterländischer Gesangverein" steht auf „Wacht am Rhein", präludiert, figuriert, interpretiert und ornamentiert die gesprochenen und geschriebenen Worte über den Staatsverbrecher Georg Büchner. Straßenpassanten repetieren den Steckbrief. Es wird scharf geflüstert. Der Noisemaker führt die Kinder aus der Gefahrenzone, von der Bühne. Die Passanten haben ihre Lektion gelernt und erhalten vom Hofgerichtsrat Anzahlung und Kopfgeld, werden mit Werkzeugen des Spitzelgewerbes ausgerüstet. Der

Hofgerichtsrat versteht sich als Arzt am Krankenbett des hessischen Staates: Das krumme Glied Georg Büchner muß zurechtgebogen oder ausgerissen werden. Nonnen stehen als Krankenschwestern zur Pflege des Opfers bereit, stimmen dem Geschehen zu und einen Choral an, summen die Melodie zu „Was Gott tut, das ist wohlgetan".

2. Szene: Der Noisemaker wäscht seine Hände (in Unschuld). Im Klima einer Intensivstation lebt der sterbende Büchner noch einmal intensiv auf: Böse und gute Erinnerungen werden wach. Als Wissenschaftler und Forscher seziert und zergliedert er tagsüber die Ganzheit des Lebens, als Dichter versucht er nachts eine neue andere Ganzheit des Lebens zu bilden: unauflösliche Dichotomie seines Seins. Büchner sehnt sich nach Harmonie und erkennt: „Nirgends ein fremder Zweck, alles lebt, lebt um seiner selbst willen." Derweil blättert der Noisemaker im Buch der menschlichen Geschichte und findet hier das völlige Gegenteil: Überall und immer waltet ein fremder Zweck – Natur wird vom Menschen studiert, seziert und katalogisiert zum Zwecke ihrer Unterjochung, der Mensch tut seinesgleichen aus demselben Grunde Gewalt an. Der infernalischen Peinigung durch solche Gedanken entflieht Büchner: Er ruft seine Braut Louise.

3. Szene: Die gerufene Louise erscheint. Als Flora geschmückt, spielt sie Georg zuliebe die Vision der Harmonie, der unverletzten Natur. Aber Louise ist eine reale Frau, gemartert von der Heimlichkeit ihrer Liebe, von der unbarmherzig verfließenden Lebenszeit. Die Frau als Natur altert, sie ist Sklavin der Zeit. Der Dichter und Mann Büchner hingegen schafft sich seine eigene Zeit. – Louise zieht sich und Büchner aus dem „Schatten der Zeit", stellt beider Uhren gleich: Vereinigung in der Vision einer „befreiten Zeit". Doch die Kirche fordert ihren Tribut: Zum Altar! Büchner bittet um Aufschub der Heirat. Mit dem neuen Warten beginnt für Louise das Sterben, für Büchner intensivstes Leben in der Vergangenheit.

4. Szene: Ein Mensch, auf des Messers Schneide balancierend zwischen „bon" und „non", zwischen Bejahung und Verneinung: ein Saint-Simonist. Er proklamiert den Traum vom Goldenen Zeitalter, einem Reich ohne Haß, und als Weltenrichter die Liebe. Büchner fühlt sich angesprochen, andere auch: Straßenpassanten, Spitzel, Hippies. Der Saint-Simonist wähnt, mit ihm ziehe die neue Zeit. Aber die Leute bleiben unbewegt. Büchner erwacht aus den Träumen und sieht die Kluft. Der Saint-Simonist auch. Aber er täuscht sich darüber hinweg: Dummheit der Massen. Jedoch: die Dummheit zerbreche am Kommandowort der Vernunft! Also auf zum Jahrhundert der Vernunft. Aber der Weg ist weit. Der Saint-Simonist fällt auf die Wahrheit seiner Zeit zurück, es ist die des Geldes, dessen Sprache international ist. Beifall für die neue Freiheit des Geldes. Büchner spricht für das Bedürfnis der hungrigen Massen, und die Satten jubeln ihm zu, ihr Bedürfnis ist die Freiheit des Geldes und die Gleichheit in der Arbeit. Stumm tauchen „graue Mütter mit leeren Brotkörben" auf, während der Marsch ins Gelobte Land voranschreitet: Akkordarbeit. Büchner klettert das Straßburger Münster hoch und setzt ihm eine Jakobinermütze auf: „Freiheit, Gleichheit", und wo bleibt die Brüderlichkeit?

5. Szene: Büchner ruft die Brüder zur Revolution auf: „Fürchtet euch nicht!" Doch keine Brüder zeigen sich, dafür die Grauen Mütter. Büchner steigt vom Münstertum herunter und predigt Gewalt. Er speist die Mütter mit Flugblättern ab. Die Gewalt wendet sich gegen ihn selbst, die Mütter werfen ihre leeren Körbe nach ihm und die Flugblätter weg. Die Spitzel greifen sich die beiden einzigen Frauen, die Büchners Aufruf behalten haben, und schlagen sie zusammen. Büchner lernt seine Lektion: „Sinnlos der Schrei des einzelnen, Hunger ist die Freiheitsgöttin."

6. Szene: Das traute deutsche Heim. Vater Büchner weist dem Sohn den „Weg nach oben" und befiehlt: Keine Politik, keine Dichtung, nur die Medizin. Die „Deutsche Wacht" hat sich bereits am „Brunnen vor dem Tore" postiert, sie schreit und stöhnt, ruft Mord. Der Dichter schreit dagegen an. Vergeblich. Den Vater ekeln des Sohnes Phantasien. – Büchner wird's eng im Vaterland, es schrumpfen ihm Phantasie und Gedanke. Er flieht. Der Schlagbaum zwischen Deutschland und Frankreich rettet ihn vor den hessischen Schergen. – Büchner in Frankreich, von Louise begrüßt, die sich und ihn mit Jakobinermütze und Trikolore schmückt. Georg und Louise haben ihre hohe Zeit.

7. Szene: Büchner ruft ein drittes Mal, jetzt nach Danton. Das Symbol der Revolution aber ist zur Reliquie transfiguriert und lebt von den Zinsen seines Ruhms. Büchner entflammt Dantons Lust, die Welt zu verändern, aufs neue. Der Hunger der Grauen Mütter wird zum Blasebalg des Revolutionsfeuers. Büchner und Danton schicken die Mütter ins Gefecht, doch Danton verläßt die Front. Im Hinterland nimmt Danton gemeinsam mit Grisetten die Revolution in Besitz, verzehrt ihre Errungenschaften. Der Terror des Konsumismus bricht aus.

8. Szene: Büchner allein mit der Kanone: „Wer geht mit mir, wer wagt den Schritt?" Niemand. Alle sind gefangen, in den Banden des Vaterlandes, der Wohlanständigkeit, der Armut und des Hungers, sind in Pragmatismus und Konsumismus erkaltet: „Erloschen das Feuer". – Büchner wird vergessen. Allein die Grauen Mütter suchen zu verstehen und zu handeln. Sie stürzen sich auf die Grisetten. Die Trikolore zerreißt.

9. Szene: Der sterbende Dichter will seine Manuskripte der Zukunft überantworten und übergibt sie Louise. Der Tod muß sich vervielfachen, um Büchners Schrei zu ersticken, seine lebendiges Wort zu töten. Die Tode entfachen ein Feuer. Louise wirft die Manuskripte hinein. Sie selbst geht auch ins Feuer, schreitet aber unversehrt hindurch. Sie hatte es vorausgesagt: „Kein Feuer, keine Kohle kann brennen so heiß als heimliche Liebe ..." Die Tode folgen ihr triumphierend – und vergehen in den Flammen des Dichterwortes.

10. Szene: Jetztzeit. Zwei Kindergruppen spielen an der alten Litfaßsäule, je ein friedliches und ein kriegerisches Spiel. Die alten Bilder mit Büchners Steckbrief werden mit einem Plakat zu einer Büchner-Ehrung überklebt. Der Noisemaker macht als Schlagzeuger darauf aufmerksam, spielt aber vergebens gegen den Marsch der neuen Zeit an. Straßenpassanten hetzen vorüber, werfen flüchtige

Blicke auf das Plakat, fragen, wer dieser Büchner denn sei. Die Kinder halten in ihrem Spiel inne und blicken auf: Wozu die Hast? Wohin des Wegs?

Kommentar

Nach Georg Büchners Schauspiel ›Woyzeck‹ schuf Alban Berg seine epochemachende Oper ›Wozzeck‹. Seither haben Büchners Dramen viele Male als Stoffe für Opern gedient. Mit Klaus Harnischs und Friedrich Schenkers ›Büchner‹ betrat nun der Dichter selbst die Opernbühne. Kein Zufall war es, daß die zwischen 1978 und 1979 im Auftrag des Landestheaters Halle entstandene Oper dort keine rechte Gegenliebe und wenig Verständnis fand, so daß die sie dann schließlich 1987 an der Deutschen Staatsoper Berlin zur Uraufführung kam, wo bereits 1925 Alban Bergs ›Wozzeck‹ und 1979 Paul Dessaus ›Leonce und Lena‹ ihre szenische Laufbahn begonnen hatten. Damit war ein Opernhaus gefunden, das sich in besonderer Weise dem Dichter sowie der modernen Musik verpflichtet fühlte.

Volker Braun kennzeichnete 1978 sein Berührtsein von der Gestalt Georg Büchners mit den Worten: „Er hatte den tapferen Stoff, und er hatte die dienliche Sprache" (Braun 1988, S. 98). Textdichter und Komponist mußten sich mit ihrer Oper daran prüfen lassen, ob sie ihrem besonderen Gegenstand gerecht geworden waren, also den tapferen Stoff und die dienliche Sprache gefunden hatten.

Der Librettist Klaus Harnisch hat Texte aus Briefen, Dichtungen, wissenschaftlichen Aufzeichnungen und politischen Manifesten (wie dem berühmten *Hessischen Landboten*) Büchners mit eigenen Texten zu einer Szenenfolge verbunden, die er unter den Begriff einer „Dramaturgie des Sterbens" stellte, besteht doch sein Grundeinfall darin, daß der sterbende Büchner, von Gestalten seines Lebens und seiner Phantasie umgeben, Stationen seines Erdendaseins vergegenwärtigt. Harnisch schuf Szenen als „B r e n n p u n k t e prägender Ereignisse fieberhaften vergangenen Tuns, gegenwärtigen Ringens mit dem Tod und seherischen Antizipierens von Zukunft in einer Gleichzeitigkeit und Gleichwertigkeit von Geschehenem, Geschehendem und Geschautem" (Harnisch 1987, S. 3).

Schenker stellt in seiner Partitur geräuscherzeugende Instrumente und geräuschhafte Gesangsstile gleichrangig neben traditionelle Instrumente des klassischen Orchesters und neben die Konventionen des Belcanto. Schreibmaschine, Trillerpfeife, Kuhglocke, Schellen, Ziehharmonika haben vergleichbare erzählerische Aufgaben und Funktionen wie die traditionellen Instrumente. Das läßt sich im vokalen Bereich fortsetzen, extreme Registerwechsel, Überkippen der Stimme, Glissandi, Verselbständigung von Vokalen, Konsonanten oder Silben, das Spiel mit Phonemen zielen ebenso auf Verdeutlichung von Affekten wie das Singen von Koloraturen.

Musizieren als ein ganzheitlicher Vorgang, der traditionelle Gattungsgrenzen sprengt, beginnt schon in der ersten Szene, die mit einer Etüde für Schlagzeug allein anhebt, das Spiel von Kindern charakterisierend. Die Musik ändert sich schlagartig mit Hinzutreten von Erwachsenen, wenn Akkordeon und Flügelhorn kadenzierend auf das C-Dur der „Wacht am Rhein" zustreben: „Die Straßenpassanten formieren sich zum ‚Vaterländischen Gesangverein'" lautet die Regieanmerkung. Hatte Harnisch schon vorher durch die Anweisung „Noisemaker schaltet den Fernsehapparat ein, ab und zu hörbare Spuren des Fernsehprogrammes" Büchner-Zeit und Jetztzeit, also Vergangenheit und Gegenwart, hörbar miteinander konfrontiert (die „Wacht am Rhein" wurde 1854 von Karl Wilhelm komponiert), führt Schenker dies zum Extrem, indem er den Noisemaker eine Schreibmaschine bedienen läßt, von der aggressive rhythmische Impulse auszugehen haben, dies die Begleitmusik zum Verlesen des Steckbriefes, eines verdeckten Mordaufrufs. Büchners Personalien werden von Hofgerichtsrat Georgi – einer „hohen Greisenstimme" – monoton, scheinbar leidenschaftslos verlesen, doch werden bestimmte Worte wie „Vaterland" oder „Behörde" durch Zergliederung denunziert bzw. emotional aufgeladen: „Va-ter-la-la-la-la ..." oder „hörd-li-hörd-li ...". Dramatische Zuspitzung tritt ein, wenn die Personenbeschreibung Büchners von den Straßenpassanten (Männerchor) gelesen und geflüstert wird, wenn aus den vorgegebenen Worten das aggressive Potential durch Überbetonung der Zischlaute herausgetrieben wird. Parallel zur akustischen Aktion verläuft die szenische: Die neutralen Passanten verwandeln sich in Spitzel. Es ist eine Art von Vokalem Theater, denn der textlich-musikalische Vorgang des Zischens und Spuckens steht unvermittelt für die Rolle ein: das Auszischen und Anspucken für das Denunzieren. Es handelt sich überdies um ein Stafettenprinzip, die repressive Gewalt wechselt Gestalt und Klang, ihr Wesen aber ändert sich nicht. Wenn Georgis Mordaufruf und die akustische Beihilfe zum Mord durch den Chor mit der szenischen Verwandlung in Spitzel abgeschlossen ist, wird der Zustand des künftigen Opfers antizipiert. Ein Frauenchor – Nonnen, die unter ihren Gewändern die Kleidung von Krankenschwestern zu tragen haben – stehen bereit, die „sanfte Gewalt" zu üben, bereit, Georg Büchner in den Armen der Kirche/des Krankenhauses zur „ewigen Ruhe" zu betten. Entsprechend haben sich die Klänge einer Orgel, der vom Frauenchor gesummte Choral und „Geräusche aus der Intensivstation eines Krankenhauses" übereinanderzulagern. Die Komplexität des Hörbildes entspricht der Komplexität der gemeinten Zusammenhänge: zwischen Gegenwart und Büchner-Zeit, zwischen weltlicher und kirchlicher Gewalt, zwischen brutalem offenem und geheimem sanftem Mord; zwischen einem Leben in der Öffentlichkeit (das Dichter-Leben) und der extrem intimen Situation eines Sterbens. Auf der Intensivstation des Krankenhauses wird dem Dichter sein Letztes, sein eigener Tod genommen. Volker Braun sprach in diesem Zusammenhang von „Furcht und Elend des industriellen Humanismus" (Braun 1988, S. 54).

Mit der Gestalt von Büchners Braut Louise ist Schenker eine der schönsten und vielschichtigsten musikalischen Frauengestalten der neueren Opernliteratur gelungen. Mit ihr hat er das Motiv einer notwendigerweise tragisch scheiternden Liebe gestaltet. Im wörtlichen Zitat eines alten Liedes „Kein Feuer, keine Kohle kann brennen so heiß als heimliche Liebe, von der niemand nichts weiß" gibt Louise Georg Büchner ihre Wünsche zu verstehen (3. Szene), macht sie ihren Schmerz kund. Schenker zitiert exakt den Text aller drei Strophen, übernimmt auch die melodische Grundstruktur, komponiert aber eine allmähliche musikalische Ablösung und Befreiung vom Original, eine immer stärkere Anreicherung des fremden Textes durch „eigene Töne", das heißt hier mit einer freitonalen expressiven Vokalgestik. Im kompositorischen Umgang mit dem Original ist der dramatische Vorgang gefaßt: Louise, die ihre Liebe zu Georg erst durch die Ehe öffentlich bekennen kann, macht mit dem Liedzitat den Geliebten auf ihre Not aufmerksam. Zugleich gewinnt sie die Kraft zu eigener Erfahrung, stößt sich daher hörbar von ihrem Ausgangspunkt, dem zitierten Lied, ab. Der Wunsch nach Liebe macht Louise zur Gefangenen der vergehenden Zeit, die ihren Körper welken läßt. Mit den Worten „Jetzt – und – Licht", durch eine Doppelquinte aus dem Umfeld herausgeschnitten und parallelisiert, tritt Louise aus dem „Schatten der Zeit", entwirft für sich und Büchner die helle Vision einer von jeder Zeit befreiten Liebe, doch wird diese alsbald vom „deutschen Klima" zerstört. Mit einer Es-Dur-Sequenz des aus der ersten Szene bekannten Männerchores (jetzt unsichtbar, aber desto hörbarer vom Orgelklang unterstützt) wird das Gebot der Ehe laut. Danach schneidet die Doppelquinte aus Louises Text wieder Worte heraus, nun aber lauten sie: „Ich – fühle – Sterben", und Louise erstarrt nach und nach. Wieder zitiert sie einen fremden Text mit einer fremden Weise, um auf ihre Not aufmerksam zu machen, nun das Johann Friedrich Reichardt zugeschriebene Lied „Es steht ein Baum im Odenwald" von 1719, und wieder stößt Schenker das Lied-Original in fremde tonale Felder hinein. Louises Gesang wird dabei von Büchners expressiver Vokalgestik kontrapunktiert, zwei Menschen reden aneinander vorbei. Während der eine sich im Fieberwahn erhitzt, erstarrt der andere: Louise vereist.

Schenker hat durch die Gestalt der Louise die dritte und neunte Szene in einen unmittelbaren musikalischen Zusammenhang gebracht. Auch das Zahlenspiel ($3 \times 3 = 9$) ist dabei nicht zufällig. In der neunten Szene erfüllt sich an Georg und Louise das Scheitern ihrer Liebe, und vor allem: Louise gibt hier die durch Georg erlittene Kränkung zurück. Sie ist auch durch den Geliebten zu der kalten Frau geworden, die das dichterische Vermächtnis mißachten und den Flammen übergeben wird. Der Tod tritt in der Sterbeszene in der Mehrzahl auf. Es ist der Männerchor, bekannt seit der ersten Szene, der damit endlich zu seiner ihm eigentlichen Funktion gelangt, denn von Aggression, Unterdrückung und Gewalt war in seinem Umkreis schon immer die Rede. Zwar manifestiert er sich hier gesanglich nur noch durch aggressive Zischlaute, darf aber dafür nun endlich den Mord am Dichter Georg Büchner exekutieren. Durch diesen Kunstgriff haben Harnisch/Schenker eine Überlagerung der Bedeutungen von Sterben erreicht: einmal als existentiell-biologischer Vorgang und zugleich als ein übertragener, ein gesellschaftlich erzwungener Tod, das Mundtotmachen eines Dichters. Diese Gedankenkette führt Schenker musikalisch weiter, wenn Louise Büchners Manuskripte zu einem dazu erklingenden Scheinzitat à la Richard Strauss ins Feuer wirft, wobei dieses Scheinzitat mehr ist als eine Anspielung oder Parodie. Gegen den ›Rosenkavalier‹ eines Richard Strauss von 1911 konnte 1925 der ›Wozzeck‹ eines Alban Berg nicht ankommen, eine Situation, die nicht auf den Anfang des 20. Jahrhunderts beschränkt ist. Auch Büchners Werk wurde ein Jahrhundert lang vergessen, hingegen feierten die Dramen eines Kotzebue, Iffland oder Raupach Triumphe. Noch immer gehören solche Konstellationen nicht der Vergangenheit an.

Büchner hatte seiner Braut (in der 3. Szene) eine große Kränkung angetan, als er ihren Aufschrei – für sie beginne mit dem neuerlichen Aufschub der Heirat das Sterben – mit dem zynischen Bescheid abtat, was da sterbe, sei nur ihr Schmerz. Sie hatte darauf mit dem Lied vom Baum im Odenwald geantwortet, war damit den Weg in die Einsamkeit und Erstarrung gegangen. Nun singt sie mit der gleichen Melodie den fiebernden Büchner zur ewigen Ruhe.

Mit Elementen des deutschen Volksliedes arbeitet Schenker auch bei den Grauen Müttern, einer zwar sozial und historisch an die Büchner-Zeit gebundenen Gruppe, die aber alsbald die eingeengte Bedeutung verläßt und immer dann präsent ist, wenn es um das Moment des Hungers im buchstäblichen wie übertragneen Sinne geht: Hunger nach Brot, nach Schönheit, nach Liebe und Licht. Mit Auftaktquarte, Wechsel zwischen Kleinterzbrechung und Großterzfolge, mit Sekundschritten und Sextaufschwüngen greift Schenker auf die typische Intervallik des deutschen Volksliedes der Büchner-Zeit zurück, läßt aber zugleich keinerlei tonale oder harmonische Eindeutigkeit aufkommen. Das eigenartige und unverwechselbare, ungemein reizvolle Kolorit dieses Frauenchores entsteht dadurch, daß Schenker das traditionelle Prinzip von Melodiestimme und begleitender Zweit- bzw. Unterstimme aufgreift, jedoch im entscheidenden Punkt vom Vorbild abweicht. Traditionell hat die Zweitstimme den affektiven Gehalt der Melodiestimme zu unterstreichen, zu steigern und zu kräftigen, dabei fallen ihr ornamentale und figurative Aufgaben zu. Schenker vermeidet hingegen ornamentale und figurative Elemente, achtet dafür auf Linearität und Gegenbewegung sowie Sekundschärfung. An vier als „Largo" bezeichneten Stellen ist das vokale Prinzip ins instrumentale übersetzt: „Klarinettist und Flötist haben auf ihren Kopfstücken langsame fast regelmäßige Glissando-Amplituden zu erzeugen." Zu diesem Largo schlagen die Grauen Mütter auf Büchner ein, der ihre leeren Brotkörbe nicht mit Eßbarem, sondern mit einem Stück Papier – mit einem Flugblatt, dem Aufruf zur Gewalt – gefüllt hat. Es ist ein Klang, der weder als Musik noch als Geräusch zu bezeichnen ist, sondern eher einem hilflosen unartikulierten Schrei gleicht, einem Zeichen für Menschen, die ihrem Hunger, ihrem schrecklichen Sein ganz kreatürlich Ausdruck verleihen.

Die vierte Szene der Oper wird ganz von der Figur des Saint-Simonisten mit seiner großen Arie im Verdischen Stile beherrscht: Da-capo-Arie mit inflammierenden Koloraturen, Proklamation von Idealen, chorischen Einwürfen und einer Stretta mit Chor. Die Szene beginnt mit einem Vorspiel ganz eigenartiger Prägung. Im Frage-Antwort-Spiel werden die ähnlich klingenden Worte „bon" und „non" durch den Saint-Simonisten gegeneinander ausgespielt. Es geht um den Traum vom Gelobten Land. Kuhglocken mit Schellengeläut illustrieren, worauf dieser Traum zielen könnte. Georg Büchner träumt diesen Traum anfangs mit, ebenso Straßenpassanten und Spitzel, Hippies und andere denkbare zeitgenössische Träumer. Der Umbruch der Szene erfolgt, wenn der Blick weg vom Horizont, also vom Gelobten Land in der Ferne, hin auf die unmittelbare Gegenwart, also auf den W e g gelenkt wird. Schenker hat den Umbruch kräftig markiert. Während ein Trompeter (auf dem Mundstück) ein heftig-klägliches Signal zu geben hat, sind Münzen auf der Pauke zu schütteln, geht dem Dudelsack die Puste aus. Mit diesen drastischen, unfeinen, aber deutlichen Mitteln kommt Realität in die Sphäre der Träume. Danach kommt es zu einer der interessantesten musikalischen Episoden der Oper, einer Kette fortwährender Umdeutungen von Worten und Werten. Zuerst ist es nur ein scheinbar harmloses Spiel mit Phonemen. Das Wort „weit" wird dem „weiten Weg" entnommen und in „white", „Weis-heit, wise" transformiert. Dann wechselt das Übersetzungsprinzip, wird der Gegensinn zu den mit „ei" konstituierten Wörtern laut gemacht: „black, noir ...". Wieder wechselt das Prinzip der Transformation, jetzt kommt eine gedanklich-assoziative Kette ins Spiel, und zwar die Aneinanderreihung von Farben. Wenn die Farbskala buchstabiert und man bei „gold" angelangt ist, hat man zwar zum Gelobten Land in Form des „Goldenen Zeitalters" zurückgefunden, aber dabei den ideellen Wert in einen materiellen umgewandelt. In den Sog des Werte-Wechselns gerät auch Georg Büchner. Sein Satz „Den Lauf der Welt bestimmt das Bedürfnis der Massen" wird von den anwesenden Massen lauthals begrüßt, sofort annektiert und in ihrem Sinne interpretiert. Stummer Kontrapunkt zu einer neuerlichen Eskalation von Umdeutungen und Umformungen bilden die Grauen Mütter mit ihren leeren Brotkörben, deren Bedürfnis nach einem satten Magen Büchner gemeint hatte. Statt dessen beginnen die satten (Männer-)Massen ihren neuen Rosenkranz zu beten, Geld zu zählen, und die Zahlen jagen durch die verschiedensten Sprachen der Welt, erklingen selbst chinesisch und in einer Phantasiesprache. Geld macht erfinderisch. Allmählich tauchen fremde Begleitworte auf wie „allons", „go on", „tic-tac", „Tik-ke", „Tak-ke", dann beschleunigt sich auf aggressive Weise der Zählvorgang: „âge de travail / of labour", das Zeitalter der Arbeit, des Arbeitens im Akkord bricht an. Der „Marsch der neuen Zeit" ist unaufhaltsam und vor allem gewaltsam. Diese apokalyptische Vision einer sich zu Tode produzierenden Welt endet ein Aufschrei Büchners.

Der Hauptgestalt, Büchner, ist die zweite Szene gewidmet: Der sterbende Dichter ist von den Gestalten seines Lebens und seiner Phantasie umgeben, er beschreibt die Dichotomie seines Lebens: nachts ganzheitliche Figuren zu entwerfen, tags am Mikroskop zu sitzen und die Natur zu zergliedern. Schenker hat auf dieses Bild musikalisch direkt angespielt: „Wenn Büchner am Mikroskop sitzt, gibt es ein Spiel mit kleinen Splittern von Musik" (Schenker 1987, S. 40). Hier erklingen die zentralen Sätze der Oper: „Nirgends ein fremder Zweck. (...) Alles, alles lebt, lebt um seiner selbst willen. Was für Natur gilt, muß auch für den Menschen gelten." Bei diesem Text handelt es sich um einen Ausschnitt aus seiner 1836 in Zürich gehaltenen „Probevorlesung über Schädelnerven", in der Büchner nicht nur seine Auseinandersetzung mit Spinoza zusammenfaßte, sondern auch das Fazit für sein eigenes Leben und Schaffen zog. Die zentrale Bedeutung dieser

Stelle in der Oper ist aber nicht nur aus der historischen Figur des Dichters allein herzuleiten, sondern vor allem aus dem dahinter stehenden Disput über die Natur des Menschen, der die Jahrhunderte hindurch zwar nicht verstummt ist, aber durch das wachsende Ausmaß der Gefährdung des Planeten seitens des Menschen eine neue Dringlichkeit erlangt hat. Deswegen sind diese Sätze Büchners mit einer szenischen Aktion des Noisemakers kontrapunktiert. Während es dem Darsteller des Noisemakers an anderen Stellen der Oper relativ freigestellt bleibt, die jeweiligen Regieanweisungen umzusetzen, ist er hier verpflichtet, ihren Sinn strikt zu befolgen; er hat die Büchnersche Einsicht in die Natur anhand der Geschichte zu überprüfen und muß dabei zu gegenteiligen, Büchners Erkenntnis absolut widersprechenden Entdeckungen kommen; dabei bildet die Verwertung der Juden als Arbeitskraft in Auschwitz nur einen Punkt, aber den Höhepunkt in der jahrtausendealten Geschichte der menschlichen Zwecksetzungen. Nur aus dieser Kontrapunktik zwischen vokaler und szenischer Aktion, zwischen Büchner und Noisemaker, wird erklärbar, warum sich aus dem orchestralen Untergrund eine schreiende vibrierende Klangfläche emporarbeitet: Es ist der Schrei der durch die Jahrhunderte hindurch gequälten Kreatur, vor dem jedes Argument und jede Beweisführung zu verstummen hat.

Schenker arbeitet in dieser Oper häufig mit musikhistorischen Dokumenten, so wenn er zum Beispiel die „Wacht am Rhein", die Lieder „Kein Feuer, keine Kohle" oder „Es steht ein Baum im Odenwald" verwendet, wenn er Franz Schuberts „Am Brunnen vor dem Tore" (Winterreise op. 89, Nr. 5) oder Chopins Revolutionsetüde (op. 10, XII) nicht nur zitiert, sondern auf ihnen teilweise ganze Szenenkomplexe aufbaut. Er selbst spricht vom „Benutzen von musikhistorischen Dokumenten als Mittel, um Haltungen zu provozieren und bloßzustellen" (Schenker 1987, S. 43). Er schafft mit Hilfe solcher Zitate ein musikalisch-geistiges Klima, in dem bestimmte Figuren agieren und von dem sie geprägt werden, wie Büchners Braut Louise, Büchners Vater oder der Vaterländische Gesangverein.

Der Vaterländische Gesangverein wird mit der „Wacht am Rhein" bereits in der ersten Szene eingeführt und bleibt das Stück über präsent, sein Höhepunkt aber liegt in der sechsten Szene, wenn das „deutsche Klima" sich so ausbreitet, daß es Büchner aus dem Vaterlande jagt. Hier singt der Männerchor, in drei Stimmgruppen aufgeteilt, „Am Brunnen vor dem Tore", wobei die erste Stimmgruppe der Tenöre das Lied in seiner originalen textlichen und melodischen Gestalt singt und die zweite Tenorgruppe Text und Musik verändert und deutet. Die dritte Stimmgruppe wird von der Gesamtheit der Bässe repräsentiert. Hier werden düstere und aggressive Worte gesetzt, die mit dem Original nur noch durch den Klang, durch Phoneme verbunden sind. Dabei kommt es an den Versenden oft zu überraschenden und aufschlußreichen Zusammenklängen und Wortkombinationen wie „Schatten – satten – Gatten". Auf das „so manches liebe Wort" reimen die Bässe „hosanna simpel Mord". Der musikalisch-textliche Verlauf schafft ein Klima der Bedrohlichkeit. Bei diesem deutschen Gesangverein handelt es sich um die Darstellung der Gleichzeitigkeit von Gemütlichkeit und Aggression, um die Denunziation der Haltung des deutschen Untertanen (Liedertafel-Spießers) und Beamten, einer Haltung, zu der Vater und Staat Georg Büchner zwingen möchten. Es ist die Musiziersphäre von Schreibtischtätern und Schreibtischmördern. Auf dem Höhepunkt der Auseinandersetzung fordert der Vater von den Dichtungen des Sohnes „Sittlichkeit", doch der protestiert, sein ›Danton‹ sei keine „Schule der Moral". Dazu posaunt der Chor im Untergrund „immerfort – ihretro(tt) – wimmergott". Der im kleinen intimen Kreis zwischen Vater und Sohn ausgetragene Streit ist in ein entsprechendes größeres gesellschaftliches Klima der Unduldsamkeit und Heuchelei eingebettet. Die Auseinandersetzung endet mit der berühmten Zeile „Der Hut flog mir vom Kopf(e)". Die zweite Stimme kontrastiert mit „red' du Hurra gold gi-ro-kon-to-sch", und die dritte mit „west brut schmier kom-po-s/r". Das ergibt eine Konsonantenkombination von „f-sch-s-r", damit von Lauten, die Schenker in seiner Ästhetik mit aggressiven, bedrohlichen Gehalten und Gebärden verbindet. Tatsächlich weht es an dieser Stelle Büchner förmlich aus Deutschland hinaus und hinüber nach Frankreich, und nur der niederfallende Schlagbaum rettet ihn vorm Zugriff der vaterländischen Büttel.

Das „Am Brunnen vor dem Tore" als Symbol eines „deutschen Klimas" hat ein berühmtes Vorbild: Thomas Mann läßt in seinem Roman ›Der Zauberberg‹ Hans Castorp blind und taub von Schmutz und niedergehenden Granaten durch den Krieg taumeln, das Lied vom Lindenbaum vor sich hin singend.

Für die Danton-Episode komponierte Schenker eine „Szene mit Gesang, Tanz und Kopulation" und bezeichnete sie als Bacchanal. Im Unterschied aber zu traditionellen Balletteinlagen schließt Schenker das Auftreten von Ballettmädchen ausdrücklich aus, indem er für die in einem Pariser Bordell während der Französischen Revolution agierenden Grisetten einen Männerchor vorschreibt, so daß hier Männer ihre eigenen sexuellen Obsessionen artikulieren müssen. Der Auftritt des von einem Akteur in eine Reliquie der Revolution transfigurierten Danton wird durch die auf einer Spieluhr erklingende Marseillaise sinnreich hörbar gemacht, und wenn Danton zum Statussymbol der Revolution avanciert ist und mit den Grisetten die Errungenschaften der Kämpfe verpraßt, wird mit der Chopinschen Revolutionsetüde die entsprechende Salonatmosphäre gegeben.

Am Schluß der Oper, in der achten Szene, zitiert Schenker wie in einem traditionellen Opernfinale noch einmal alle handelnden Personen, dabei verkürzt er die einzelnen Motive der Figuren immer mehr, bis sie so floskelhaft geworden und dabei doch charakteristisch genug geblieben sind, daß sie in einem dreimal wiederholten Vorgang immer dichter und kompakter übereinander geschichtet und simultan verknüpft werden. Komponiert ist, wie sich im Angesicht des Todes das vergangene Leben auf wenige wesentliche Augenblicke verkürzt und quasi in der Totale gesehen wird: „Dramaturgie des Sterbens".

Schenker und Harnisch ist eine Oper von hoher geistiger Durchdringung des Gegenstandes, vielschichtiger musikalischer und dichterischer Bezüge gelungen, in der wesentliche Grundfragen menschlichen Seins in diesem Jahrhundert sinnfällig werden. Das macht das Werk besonders reizvoll, doch stellt es auch eine Herausforderung an die Interpreten dar. Die Uraufführung im Apollo-Saal der Deutschen Staatsoper Berlin war nicht mehr als ein erster Versuch der Annäherung an das Werk.

Ausgaben Text In: Theater der Zeit, H. 6, Berlin 1983; KlA und Part Deutscher Verlag für Musik Leipzig 1987 (dvfm 6123)

Rechte Deutscher Verlag für Musik Leipzig

Literatur Georg Büchner. Werke und Briefe, hrsg. von Fritz Bergemann, Wiesbaden 1958 Friedrich Schenker: Zur Oper ›Büchner‹. Werkstattgespräch „Dramaturgie eines Sterbens". In: Musik und Gesellschaft, H. 1, Berlin 1987; ders.: Zur Musik der Oper ›Büchner‹. In: Radio-DDR-Musikklub, DDR II, 10. April 1987; Klaus Harnisch: Musikalische Dramaturgie eines Sterbens. Anmerkungen zum Werk. In: Theater der Zeit, H. 6, Berlin 1983; ders.: Werkstattgespräch „Dramaturgie eines Sterbens". In: Musik und Gesellschaft, H. 1, Berlin 1987; ders.: Musikalische Dramaturgie eines Sterbens (erweiterte Fassung). In: Programmheft Deutsche Staatsoper Berlin 1987 Gerd Rienäcker: Die Oper ›Büchner‹. Anmerkungen zu einem neuen Musiktheater-Stück. In: Theater der Zeit, H. 6, Berlin 1983; ders.: Notizen zu ›Büchner‹. In: Programmheft Deutsche Staatsoper Berlin 1987; Gerhard Müller: Georg Büchner als Musikdramatiker. Anmerkungen zu einer Aporie. In: Theater der Zeit, H. 2, Berlin 1984; Impuls Büchner. Zuschauer diskutieren die Oper ›Büchner‹ von Schenker/Harnisch an der Deutschen Staatsoper. In: Theater der Zeit, H. 6, Berlin 1987; Volker Braun: Büchners Briefe, Das neuere französische Maskentheater. In: Verheerende Folgen mangelnden Anscheins innerbetrieblicher Demokratie. Schriften, Leipzig 1988 Rezensionen der Uraufführung. In: Theater der Zeit, H. 5, Berlin 1987; Musik und Gesellschaft, H. 4, Berlin 1987

Bettina
Dramma per musica
nach ›Goethes Briefwechsel mit einem Kinde‹ von Bettina von Arnim
Text von Karl Mickel

Entstehung 1984-1985

Uraufführung 2. September 1987 TiP (Theater im Palast) Berlin

Personen
Bettina_____Alt
Kinderchor_____Sopran I/II, Alt I/II

Orchester Fl (auch Picc und AFl), Hr, Git, Cemb (auch Kl und Cel), Slzg; Vl, I, Vl II, Va, Vc, Kb
Präpariertes Tonband

Aufführungsdauer 1 Std., 20 Min.

Handlung
I. Teil: „O Ewigkeit, du Donnerwort, o Schwert, das durch die Seele bohrt"

Im Schmerz verbrennen. Bettina flieht und sucht das Wasser. Am Rhein, in Winkel, hat sich ihre Freundin Günderode umgebracht. Aus der Tiefe des Wassers / des Schmerzes / der Gegenwart flieht Bettina zurück in die Vergangenheit und hoch hinauf auf den Ast jener Silberpappel, die vor dem Fenster der Günderode stand. Hierher flüchtete sie einst vor den philosophischen Belehrungen der Freundin. „Fall nicht", warnte die Günderode.

Die Vergangenheit vergegenwärtigen. Bettina beschwört Geister. Sie läßt die Günderode auferstehen: jung, schön und klug. Sie aktiviert gemeinsame Träume. Sie wollten hinauf zum Olymp. Die Günderode steigt mit Bettina hinab ins „Bergwerk des Geistes", Bettina graut es hier, deshalb tauchen sie hinab in den „Brunnen der Kindheit". Aber auch von hier flüchtet Bettina, hinauf in die luftigen Höhen der Phantasie, in Farben und Klänge. Die Wirklichkeit entschwindet, Bettina geht sich und der Welt verloren. Die Günderode sucht und findet sie und wartet, bis die Freundin aus dem Fieber erwacht.

Bettina wieder am Wasser des Rheins: „Der du dies hörst, hast keinen Mantel, die Wunde zu decken ..." (Kinderchor/Choral). Bettina gibt sich das Versprechen, hart zu werden wie Stahl.

II. Teil: „O schwerer Gang zum letzten Kampf und Streite!"
Die Rheinfahrt: Die Schiffspartie beginnt in Milde und freundlicher Gemeinsamkeit, sie schlägt um in heftiges Lärmen und Gewalttätigkeit. Dona nobis pacem. Es kamen Menschen und Dinge zu Schaden. Bettina hört ihre Stimme von damals und flieht vor sich selbst. Wieder ist sie allein im düsteren Todes-Winkel am Rhein.

Mit der Wahrheit leben. Die Günderode prophezeit, sie werden sich einander entfremden und entzweien. Bettina will und kann nicht verstehen. Die Günderode macht ihr Testament und verteilt ihr Erbe.

Mit der Angst leben. Die Günderode macht Bettina Angst. Sie hat sich ein Messer gekauft und zeigt der Freundin, wie es ins Herz gestochen werden muß, Bettina gerät in Panik und rächt sich, sticht in irrsinniger Angst und Hilflosigkeit einen Stuhl nieder. Dann macht sie der Günderode eine Liebeserklärung: „Du kannst sicher auf mich bauen."

Die Günderode reagiert nicht. Sie reist ab.

III. Teil: „Mein letztes Lager will mich schrecken"
Die Zeichen erfüllen sich. Die Günderode kehrt zurück und gesteht der Bettina ihre furchtbare Angst vor dem Tod (Traumerzählung). Bettina reist ab nach Marburg, wo sie allein und glücklich ist, der Günderode Briefe schreibt und Antwort erhält. Sie gibt der Freundin ein Rätsel auf, das sie löst, indem sie sich selbst in der Lösung darstellt: als ein Tier, ein Lamm, von Jägern verfolgt. Bettina versteht das Zeichen nicht, bis sie einem der Jäger begegnet: dem Universitätsprofessor Kreuzer, den die Günderode liebte und von dem sie verraten wurde.

IV. Teil: „Der Tod bleibt doch der menschlichen Natur verhaßt"

Die Wahrheit erkennen. Bettina ahnt, daß sie die Freundin in der Not verraten hat. In der Neujahrsnacht, droben auf dem Turm hoch über der Stadt und dem lärmenden Getobe drunten, klagt sie sich der Blindheit und Taubheit an.

Die Zeit einholen wollen. Bettina eilt zurück zur Günderode, wird aber von ihr nicht mehr empfangen, erhält alle ihre Papiere und Briefe zurück und als Abschiedsgruß das Wörtchen „Nichts". Bettina sucht sich eine neue Freundin und findet bei Goethes Mutter Aufnahme. Aber sie ist kein Kind mehr, und das neue Verhältnis zerbricht.

V. Teil: „Es ist genug"

Nichts tun können. Die Günderode reist ab. Bettina wartet auf eine Gelegenheit, ihr nachreisen zu können. Endlich ist sie gegeben; sie fährt der Günderode hinterher. Aber sie holt die Zeit nicht mehr ein. Die Träume eilen ihr voraus. Als sie in Winkel am Rhein ankommt, ist die Günderode schon tot.

Bettina versucht, ihrem Schmerz zu entkommen. Sie eilt hinauf auf einen Bergesgipfel. Mit Blick auf das weite Rheintal faßt sie den Entschluß: „Kühn mich über den Jammer hinauszuschwingen, denn es schien mir unwürdig, Jammer zu äußern, den ich einstens beherrschen könne."

Kommentar

Karl Mickel entnahm die Texte für sein Libretto dem Briefroman ›Goethes Briefwechsel mit einem Kinde‹ der Bettina von Arnim. Im Zentrum der Geschichte steht die Freundschaft der sechzehnjährigen Bettina Brentano zu der fünf Jahre älteren Stiftsdame Karoline von Günderode. Die Freundschaft dauerte von 1801 bis 1806 und endete mit dem Selbstmord der sechsundzwanzigjährigen Günderode in Winkel am Rhein.

Die 1984-1985 komponierte Oper wurde bereits anläßlich ihrer Berliner Uraufführung 1987 in Beziehung zu Christa Wolfs Publikationen über Bettina von Arnim und Karoline von Günderode gesetzt (vgl. Wolf 1979 und 1985). Schenkers und Mickels ›Bettina‹ wurde dementsprechend als eine Oper gedeutet, in der Bettina Brentano den gescheiterten Versuch der Günderode betrauert, sich in einer versteinerten, von männlichen Idealen beherrschten Welt zu behaupten (vgl. Kaiser 1988).

Das aber ist nicht das Thema von Mickels Text und Schenkers Musik. Mickel hat mit zwei kurzen, nicht zu vertonenden Texten, die zu Beginn und am Ende der Oper stehen, der Handlung ein Programm gegeben. Der einführende Text zeichnet das Bild eines Menschen, der sich nicht mehr unter Kontrolle hat, einer Bacchantin im Rausche. „BETTINA BEKRÄNZT / Mit Wein und Efeu / Des Rausches Stadien / In weiße Klarheit laufend / Am Rheinufer:". Nach dem Doppelpunkt setzt forte ein schriller Aufschrei (Piccoloflöte, Cembalo, Gitarre und Violinen in hoher Lage, Glissandi des Marimbaphons) des Orchesters ein, der sofort abbricht, wobei das Instrumentarium und das Register in den dunklen Klangbereich wechseln, um bei dem Stichwort „unten", gemeint ist das Wasser des Rheins, sich zu einem Melodiefragment zu fügen, das am Ende der Oper in gleicher Gestalt wieder aufgegriffen wird, dann aber gesungen zu den Worten „am Ufer unter Weidenbüschen". Zwischen Anfang und Ende schließen Text und Musik einen Bogen, der Ort am Rhein, wo die Günderode tot aufgefunden wurde, ist eingekreist. Der letzte nicht zu komponierende Text greift ebenfalls auf den Anfang zurück, stellt aber nun eine neue überraschende Bezugsebene her: „SIE (gemeint ist Bettina) STÖSST DIE FLASCHE, AUS DER SIE GETRUNKEN, MIT DER FUSSSPITZE UM UND BETRACHTET DEN AUSFLIESSENDEN ROTWEIN". Das letzte Bild ist eine Travestie des ersten. Aus der wilden Bacchantin ist eine stille Säuferin geworden, aus „Wein und Efeu" die Flasche mit Rotwein. Doch erschöpft sich in einer Travestie allein das Schlußbild nicht, denn der Wein steht traditionell – nach dem Abendmahlsritus – auch symbolisch für Blut ein. Im Text der Oper ist vom Opferlamm die Rede, einem Zitat aus der christlichen Passionsgeschichte. Mickels Bild will als Rätsel verstanden werden: Bricht Bettina mit dieser Tradition der Umwandlungen, Wein statt Blut, das heißt mit dieser Tradition der Stellvertreterhandlungen, der symbolischen Opfer und Werte, sagt sie sich vom Rotwein als Tröster ihrer Not los? Oder aber bekennt sie sich dazu, mündet ihr letzter Höhenflug, der Blick in die weite rheinische Landschaft in den Blick auf den engen Flaschenhals? Das Dramma per musica setzt nach einer Katastrophe und mit dem Versprechen ein, daß BETTINA BEKRÄNZT in „weiße Klarheit" laufe. Das Werk gibt direkt keine Antwort, was „weiße Klarheit" sei, aber es macht neugierig, sich auf diesen Begriff einzulassen. Hinter ihm, so ist zu vermuten, liegt die Ahnung eines Lebens, in dem ein Mensch viele Schmerzen und Leiden durchlitten und sich zur Wahrheit eigenen und fremden Seins durchgerungen hat, ohne daran zu zerbrechen: weiße Klarheit als eine schwer erkämpfte leidenschaftliche Sensibilität.

Friedrich Schenker nennt seine ›Bettina‹ ein Dramma per musica. Mit diesem Begriff wurde um 1600 im Kreis von Florentiner Künstlern, der Camerata Fiorentina, eine neu entstehende Gattung bezeichnet, in der Musik und dramatische Vorgänge, Handlung und lyrische Kontemplation miteinander verbunden wurden. Auch Johann Sebastian Bach nannte einige seiner weltlichen Kantaten Dramma per musica. Bachs Huldigungskantaten und die musikalisch-szenischen Werke des Florentiner Kreises um 1600 haben etwas Gemeinsames: Ihre Entstehung ist an bestimmte Anlässe gebunden, es mußte ein Grund gegeben sein, jemandem (dem Auftraggeber) zu huldigen. Um eine Huldigung geht es auch in Schenker/Mickels Dramma per musica ›Bettina‹. Um die Huldigung eines Menschen, der zu sich selbst unterwegs ist und dabei überkommene soziale, geschlechtliche, kulturelle und moralische Grenzen überschreitet, der mit Furcht und Zagen sich von autoritären Bevormundungen lossagt und zum „Göttlichen" in sich unterwegs ist, der sich auf den Golgathaweg begibt, die Rolle des Jesus von Nazareth übernimmt, dem auch der Part des Gottesleugners Petrus zufällt und der darüber hinaus als Evangelist Kunde von diesen Vorfällen gibt. Dieser Mensch bricht in heidnischer Urgestalt auf, wird von Angst gejagt. Er sieht sich mit seinem Doppelgänger konfrontiert, flieht, sucht und findet ihn. Er spaltet sich selbst, verliert sich in die

Phantasiewelten, wird von seinen Phantasien überwältigt und von seinen Träumen eingeholt. – Und siehe da: Die Alpträume werden Realität. Bettinas Jammer folgt ihnen auf dem Fuße. Aber immer wieder gelingt ihr die Flucht – auf den Wipfel eines Baumes, den Gipfel eines Berges, die Spitze eines Turmes – und endlich auch gelingt ihr der Blick ins Weite.

Weil es sich um eine Huldigungskantate auch im Bachschen Sinne handelt, das heißt eines Menschen, der sich im Göttlichen sucht, hat Schenker seinem Dramma per musica an zentraler finaler Stelle bei den Worten „Aber ich weinte nicht, ich schwieg" das Tonsymbol B A C H in der Folge a b c h eingeschrieben.

Weil es aber auch eine Passionsgeschichte ist, in der allerdings Opferlamm, Verräter und Gottesleugner in einer Person vereint sind, hat der Komponist aus Bachs Johannes-Passion wörtlich zitiert und darüber hinaus dem gesamten Werk die Struktur einer Passion unterlegt. Damit vermischt sich eine sakrale Form mit einer profanen – Passion und Oper – in ihren wechselnden und extremen Gestalten. Die Oper ist als Opera seria (18. Jahrhundert) mit Bravourarien und Rezitativen vertreten; sie erscheint aber auch in der Idealgestalt der Opéra comique (19. Jahrhundert) mit dem Zitat der Habanera aus Bizets ›Carmen‹. Es werden Reigenlieder, Chorlieder und Choräle gesungen, ariose Gesänge und Lamentosi angestimmt.

Grenzverletzungen wie Grenzüberschreitungen prägen Form und Inhalt von Schenkers Dramma per musica im Großen wie im Kleinen. Die musikalischen und textlichen Gehalte reichen von Bildern und Metaphern einer heidnischen Welt über die christlich-biblische Passionsgeschichte bis hin zur Romantik und Gegenwart.

Im Zentrum der Handlung steht Bettinas Versuch, den brennenden Schmerz herauszuschreien, das Gefängnis eines verzehrenden Kummers aufzubrechen. Dementsprechend hat die Darstellerin – flüsternd, sprechend, schreiend, singend – vergangene Ereignisse, Freuden und Kümmernisse zu vergegenwärtigen. Die Erinnerungen und Vergegenwärtigungen sind sprunghaft, bruchstückhaft; die Vergangenheit wird verklärt, überzeichnet, übersteigert. Bilder, Worte und Musik kehren immer wieder zum Ausgangspunkt zurück: zu den Wassern des Rheins, der stellvertretend für den Ort der Katastrophe steht, den Freitod der Günderode.

Bilder von Tiefe und Hinuntersteigen werden mit den Gleichnissen vom „Bergwerk des Geistes" und vom „Brunnen der Kindheit" gegeben, beides Orte, zu denen die Günderode die Bettina hinabzieht. Karl Mickel hat mit dem Sog in die Tiefe auf den berühmten „Gang zu den Müttern" angespielt, wie ihn Goethes Faust im zweiten Teil der Dichtung antritt (vgl. Mickel 1986, S. 8). Schenker hat diesen Sog zu den Müttern, ins Wasser, ins Bergwerk des Geistes und in den Brunnen der Kindheit nicht nur durch den Abstieg in dunkle Klangfarbenbereiche, sondern auch durch kryptische Zitate kenntlich gemacht. So erklingt zum Beispiel, wenn vom Eingang ins Bergwerk des Geistes die Rede ist, im Klavier, von tiefer Trommel sekundiert, das seit Richard Wagner für die tiefen Wasser stehende ›Rheingold‹-Es.

Schenker hat eine ganze Klangszenographie entworfen, um den Wechsel der Perspektiven, die Schau ins Innere, in die Tiefen des Geistes, der Kindheit, um den Aufstieg in die lichten Höhen der Phantasie, um die Weit- und Rundblicke auf Stadt und Land musikalisch darzustellen. Während Soloflöte und Horn die pastorale Lautsphäre wiedergeben, spiegelt das Orchester das dichte Gedränge des Stadtlebens. Das Horn hat aber noch weitaus mehr Gehalte: Es gibt das Zeichen für Jagd, wenn sich die Günderode selbst als Tier darstellt, es ist auch das romantische Zauberhorn, seit der ›Oberon‹-Ouvertüre für Romantische Musik überhaupt einstehend. Auch der deutsche Wald fand seinen synonymen Klang in den Hörnern, wenn man an den ›Freischütz‹ oder an Bruckners Vierte Symphonie Es-Dur ›Die Romantische‹ denkt. Das Horn erinnert zudem an das Motiv des Reisens, also an das Posthorn. Wenn der Dialog zwischen Altflöte und Horn den Dialog zwischen Günderode und Bettina assoziiert, steht dahinter eine alte Tradition: „Eines der ersten akustischen Geräte, das dem Menschen eine ‚verlängerte‘ Stimme verlieh, war das Signalhorn (...). Das erste ‚Dialog‘-Horn, mit dem wir vertraut sind, ist das Alphorn" (Schafer 1988, S. 210).

Auch Cembalo und Klavier stehen als solistische Instrumente dem Tutti gegenüber. Das Cembalo ist weitgehend als Begleitinstrument eingesetzt, wenn die Bettina den Erzählton anschlägt. Der Wechsel zwischen Cembalo und Klavier markiert meist einen zeitlichen Bruch, einen Sprung in die Gegenwart, dabei ist dem Klavier weitgehend die Aufgabe zugeordnet, mit regressiven, hämmernden Akkordschlägen den Dialog abzubrechen oder zu zerstören. Und tatsächlich ist das Cembalo mit seinen angerissenen Saiten musikhistorisch in dem Moment vom Klavier verdrängt worden, als sich die akustische Umwelt des Menschen veränderte. Es wurde „typisch für die größere Aggressivität einer Zeit, in der Waren mit Hilfe neuer Fabrikationsverfahren durch Klopfen und Schlagen hergestellt wurden" (Schafer 1988, S. 147). Um einen solchen Gehalt geht es, wenn im „Bergwerk des Geistes" das Cembalo durch das Klavier ersetzt wird und damit der metaphorische Begriff eine akustisch reale Dimension erhält.

Es handelt sich in ›Bettina‹ auch um eine Geschichte des Mündigwerdens, der Abnabelung von einer Autorität, die hier den Namen einer älteren Freundin, der Günderode, trägt. Es gibt drei Abnabelungsversuche der Bettina: den Aufschwung ins Reich der Phantasie, weg vom öden Bergwerk des Geistes und heraus aus dem Brunnen der Kindheit; das Hinaufklettern auf den Marburger Turm und den Lauf hinauf auf den Berg am Rhein. Und es gibt einen aufschlußreichen Rückfall. Als die Günderode den Trennungsprozeß von der Freundin unumkehrbar macht und Bettina nicht mehr in die Wohnung läßt, dringt das Mädchen ins Haus der Frau Rath von Goethe ein, setzt sich auf einen Schemel zu Füßen der Mutter des berühmten Sohnes und übt sich in neuer Autoritätshörigkeit. Die Beziehung zwischen den zwei Vorgängen ist deutlich musikalisch herausgearbeitet. Wenn Bettina die tote Freundin in der Erinnerung wieder auferstehen läßt, geschieht das in einem Walzertempo zur Regiebemerkung „männlich kennerisch", denn Bettina schlüpft hier in die Rolle des anderen Geschlechts und gibt ein Porträt ihrer schönen Freundin. Doch trägt das „Tempo di valse" ambivalenten Charakter, es steht einerseits für Bettinas Verklärung der Günderode und läßt andererseits die Günderode selbst ins musikalische Bild treten. Der Walzertakt wird jedoch durch blockartige Vierergruppierungen von Akkordschlägen immer wieder unterbrochen beziehungsweise gestört; gegen die lyrische Verklärung wird Widerspruch geltend gemacht. Ähnliches geschieht, wenn Bettina sich zu Füßen der Mutter des „großen Mannes" Goethe niederläßt. Dann erklingt ebenfalls ein Walzer, nun aber nach Orchestrionmanier: „Valse meccanico", der im Laufe der Episode immer mehr zerbricht, so wie dieser Versuch Bettinas, sich einer neuen, anderen Autorität unterzuordnen, mißlingt.

Tonbandeinspielungen werden zu einem durchgehenden dramatischen Element. Mit ihnen wird die als Monodrama angelegte Oper über die eine agierende und singende Person hinaus zu einer vokalen Mehrschichtigkeit geführt, und zwar immer dann, wenn es sich um Momente von Selbsttäuschung und schockhafter Selbsterkenntnis handelt. Durch die Konfrontation mit ihrer eigenen Stimme auf Tonband kann die Bettina mit früheren beziehungsweise anderen Stadien ihres Daseins konfrontiert werden. Sie begegnet sich mittels dieses technischen Mediums als einer vergangenen, wiederkehrenden oder auch gespaltenen Person, sie erscheint akustisch als ihr eigener Doppelgänger oder auch als Geist; sie kann sich selbst entfliehen, suchen, verneinen, bestätigen, befragen und mit sich selbst streiten. Das Tonband ist das *alter ego* der Bettina. Es verschlägt ihr oft die Live-Sprache, die sie immer erst wiederfinden muß. Mit Hilfe des Tonbandes wird aber auch ausgesprochen, was Bettina verdrängt oder verschweigt. Damit kann der Widerspruch zwischen Bewußtem und Unbewußtem hörbar gemacht werden.

Eine ähnliche Rolle spielt auch der Kinderchor, der bald das Verhältnis von äußerer und innerer Welt darzustellen hat, bald mahnt, warnt, fordert und sowohl eine Funktion des erwachenden eigenen als auch des absterbenden autoritär bestimmten Gewissens der Bettina ist.

Die Traumerzählung der Günderode ist ein Beispiel, wie dank des technischen Mediums eine auditive Vision, hier vom Sterben, erzeugt werden kann. Die Günderode ist von ihrer Reise krank zurückgekehrt, hat sich ins Bett gelegt und erzählt Bettina einen Traum. Die jüngst verstorbene Schwester sei ihr als Geist erschienen und habe ihr verschiedene Zeichen für den bald bevorstehenden Tod gegeben. Die Live-Stimme wird von Tonbandstimmen überlagert, wovon die eine aus einer Montage geflüsterter Worte besteht, in denen der berichtete Vorfall rückläufig erzählt wird, während die andere Tonbandstimme sich alsbald vervielfacht und ein Quartintervall stereotyp, aber mit anschwellender Dynamik wiederholt. So entsteht folgender Effekt: Die Live-Stimme wird mit dem fahlen, entsemantisierten, in Bruchstücke gegangenen Klang der eigenen, das heißt einer toten Stimme konfrontiert, während ein unterschwelliger, aber anwachsender Lautpegel von der gleichen Stimme produziert wird und den Ausdruck eines unaufhaltsamen, aber unterdrückten Angstschreis gibt. So entsteht die akustische Vision eines Alptraums. Die Stimmen lösen sich in einem dreifachen Echo ihrer selbst auf: „da hat mich plötzlich eine Angst befallen". Dieses Echo wird schließlich von der gegenwärtigen und lebenden Bettina aufgegriffen und nachgesungen. Damit findet eine bemerkenswerte Zeitaufhebung statt, denn es ist nicht mehr auszumachen, ob es sich um die Angst der Günderode von damals oder um die Angst der Bettina von heute handelt.

Von Beginn des Werkes an gibt es musikalische Anspielungen verschiedener Art. Aber wie in einem Kriminalstück wird deren Sinn erst im Laufe der Handlung offenbar. In der Marburg-Episode klettert Bettina wiederholt eine verfallende Turm-Warte empor, überschaut von dort in völliger Einsamkeit und am Rande des Abgrunds, ständig absturzgefährdet, die Stadt. Hier oben schreibt sie den Namen Günderode und „Jesus von Nazareth, der Juden König" in den Schnee. Dem Schriftzug „Jesus von Nazareth, der Juden König" ist das musikalische Motiv „und weinte bitterlich" aus Bachs Johannes-Passion unterlegt, jene Stelle, da Petrus hinausging und seinen Verrat an Jesus beklagte (Nr. 18, Recitativo. Adagio). Wie der Mensch vermittels elektroakustischer Aufzeichnungen den Klang unabhängig von Ort und Zeit seines Entstehens reproduzieren kann, so reproduziert hier analog Bettinas Gedächtnis ein musikhistorisches Dokument, mit dem viele Generationen ihr Grunderlebnis von eigenem und fremdem Verrat vergegenwärtigten. Bettina profaniert das sakrale Motiv, identifiziert die Günderode mit Jesus, legt dann aber ihr „glühendes Gesicht" in den Schnee mit den Namen Günderode und Jesus und „weinte bitterlich". In dieser Adaption des Evangelistentextes erkennt Bettina, daß ihr selbst in diesem Drama eine entscheidende und unausweichliche Rolle zugefallen ist: die des Gottesleugners Petrus.

Eine Spur besonderer Art knüpft sich an den Gebrauch des verminderten Septakkords, ebenfalls wie bei Bach als Geste eines unauflösbaren Schmerzes verstanden. Die tödliche Entzweiung der Günderode und der Bettina wird durch das Wörtchen „nichts" besiegelt. Hier dröhnt Bettina dreimal ein verminderter Septakkord (Gis^7) entgegen: zweimal vom Cembalo und einmal als vierstimmiger Kinderchor auf dem Wort „nichts", wobei im dreifachen Forte ein Zwölftonakkord entsteht, der gleiche, mit dem im letzten Teil der Kinderchor die innere Not der Bettina herausschreit.

Durch eine ausgeklügelte Reminiszenzentechnik kommt es zu speziellen Effekten affektiver Anreicherung von ursprünglich neutralen Motiven. Das betrifft vor allem das „Fall nicht"-Motiv, das zum erstenmal auftritt, wenn der Kinderchor die auf den Zweigen der Silberpappel wippende Bettina vor dem Absturz warnt. Je öfter dieses Motiv der Bettina begegnet, desto mehr Bedeutungen bekommt es. Wenn sie ins Reich der Phantasie entflieht, begrüßt sie der Kinderchor mit dem gleichen Motiv, nun aber zu den Worten „freu dich, freu dich, freu dich". Wenn Bettina hysterisch wird, weil sie immer noch auf die Abreise an den Rhein warten muß, indes sie fürchtet, die Günderode nehme sich derweil das Leben, schreit die Tonbandstimme heraus, was Bettina schon nicht mehr klar artikulieren, sondern nur noch (Live-Stimme) gurgeln, stöhnen und andeuten kann. In diese hysterisch-irrsinnige Vision des Selbstmords der Günderode hinein ertönt das Fall-nicht-

Motiv, nun aber auf die Worte „freveln Sie nicht". Hier erhält die ursprünglich klare Warnung – fall nicht vom Baum – eine neue Dimension: Fall nicht in Sünde, sprich deine Befürchtungen nicht aus, denn sie könnten wahr werden. Insofern ist auch dieses Fall-nicht-Motiv ein Element der in der Oper abgehandelten „Kriminalgeschichte", die sich als Teil eines Selbstfindungsprozesses darstellt.

Schenkers Dramma per musica gibt die musikalische Szenerie einer Seelenlandschaft. In Struktur und Gehalt handelt es sich um eine Oper neuen Typus, dergegenüber die Mittel herkömmlicher Operninterpretation versagen und adäquate neue gefunden werden müssen.

Der Regisseur der Berliner Uraufführung, Maxim Dessau, bezog in seine Inszenierung den Kinderchor der Zeuthener Oberschule ein, an der Paul Dessau Musik unterrichtet hatte. Diese Kinder erschlossen, gemeinsam mit der Dresdner Altistin Annette Jahns, durch hohe Musikalität und einen wissenden und zugleich spielerischen Ernst einige der Gehalte des ungemein vielschichtigen Werks. Mit dieser Inszenierung wurde ›Bettina‹ 1989 zu den Dresdner Musikfestspielen einer internationalen Öffentlichkeit vorgestellt.

Ausgaben KlA und Part Deutscher Verlag für Musik Leipzig o.J.

Rechte Deutscher Verlag für Musik Leipzig

Literatur Bettina von Arnim: Die Günderrode. Leipzig 1981; dies.: Goethes Briefwechsel mit einem Kinde. Berlin 1986; Karl Mickel: Ein Chorknabe a cappella: Theodizee, Prolog zur ›Bettina‹. In: Programmheft Theater im Palast Berlin 1987; Christa Wolf: Der Schatten eines Traumes. Karoline von Günderrode – ein Entwurf. In: Karoline von Günderrode. Der Schatten eines Traumes. Gedichte. Prosa, Briefe. Zeugnisse von Zeitgenossen, hrsg. von Christa Wolf, Berlin 1979; dies.: Nun ja! Das nächste Leben geht aber heute an. Ein Brief über die Bettina. In: Christa Wolf/Gerhard Wolf: Ins Ungebundene geht die Sehnsucht, Berlin 1985; Antje Kaiser: Musikalische Frauencharaktere in Friedrich Schenkers ›Bettina‹. In: Musik und Gesellschaft, H. 3, Berlin 1988; Murray Schafer: Klang und Krach. Eine Kulturgeschichte des Hörens, Frankfurt/Main 1988

Rezensionen der Uraufführung. In: Theater der Zeit, H. 11, Berlin 1987; Musik und Gesellschaft, H. 11, Berlin 1987

Kurt Schwaen
21. Juni 1909

Geboren in Kattowitz (heute Katowice, Polen), 1918-1928 musikalische Ausbildung (Violine, Klavier und Orgel), 1929-1931 Studium an den Universitäten in Breslau und Berlin (Musikwissenschaft, Germanistik, Kunstwissenschaft, Philosophie), 1932 Beitritt zur KPD, ab 1933 illegale politische Arbeit, 1935 Verhaftung, Untersuchungshaft und Prozeß in Berlin, Zuchthaus in Luckau und Zwickau, 1939-1942 Korrepetitor für künstlerischen Ausdruckstanz (u.a. bei Gertrud Wienecke, Oda Schottmüller, Mary Wigman), 1943-1945 Strafbataillon 999.

1946-1947 Korrepetitor, Zusammenarbeit mit Ernst Busch, 1947-1948 Aufbau der Berliner Volksmusikschulen, 1948-1953 Musikreferent der Deutschen Volksbühne, seit 1956 freischaffender Komponist in Berlin.

1951 Stellv. Vorsitzender und 1961-1979 Vorsitzender des Beirats der AWA (Anstalt zur Wahrung der Aufführungsrechte), seit 1979 Ehrenvorsitzender; 1961 Ordentliches Mitglied der Deutschen Akademie der Künste (Akademie der Künste der DDR zu Berlin), hier 1965-1970 Sekretär der Sektion Musik, 1962-1979 Präsident des Nationalkomitees Volksmusik, 1973-1981 Leitung der von ihm gegründeten Arbeitsgemeinschaft Kindermusiktheater Leipzig, 1983 Ehrendoktorwürde der Karl-Marx-Universität Leipzig, 1986 Vizepräsident des Musikrates der DDR.

1959 Nationalpreis der DDR, 1974 Vaterländischer Verdienstorden der DDR in Gold, 1977 Nationalpreis der DDR, 1979 Ehrenspange zum Vaterländischen Verdienstorden in Gold, 1984 Karl-Marx-Orden, 1985 Verleihung des spanischen Ordens Merito Civil, 1988 Orden der Freundschaft der VR Vietnam

Musik für Kinder in verschiedenen Genres (Klaviermusik, Lieder, Gesänge, Chorwerke, Opern und Kantaten), u.a. ›König Midas‹ – Kantate (1959), ›Als Robert aus dem Fenster sah‹ – Poem (1978)

Schauspiel- und Filmmusik: u.a. ›Sie nannten ihn Amigo‹ (1958), ›Der Fall Gleiwitz‹ (1961)

Vokalmusik (Solo- und Massenlieder, Chorzyklen, Kantaten), u.a. ›Unsere schöne Heimat‹ – Kantate (1953), ›Blüh, Vaterland, in Frieden‹ – Zyklus für Chor a cappella (1955), ›Karl und Rosa oder Lob der Partei‹ – Musikalische Chronik (1957), ›Sturm und Gesang‹ – Eine Wartburgkantate (1958), ›Der neue Kolumbus‹ – Musikalisches Poem (1961), ›Kantate 8. Mai‹ – Für Soli, Chor, Sprecher und Instrumente (1964), ›Preisend die Schönheit der Welt‹ – Kantate (1965), Karl-Marx-Poem (1968), Köpenicker Chormusik (1987)

Orchesterwerke (Orchesterstücke, Suiten, Serenaden, Tänze), u.a. Concerto piccolo für Jazzorchester (1957), Tanzsuiten 1-3 (1947, 1952, 1960), ›Promenaden‹ – Suite für Orchester (1971), ›Den gemordeten Brüdern‹ – Requiem für Orchester (1983), ›Jeu parti‹ – Für Streichorchester (1985), Sinfonietta serena für Orchester (1988)

Konzerte für verschiedene Soloinstrumente, u.a. Concerto da camera für Akkordeon und Streichorchester (1987), Vietnamesisches Klavierkonzert (1989)

Kammermusik in den unterschiedlichsten Besetzungen, u.a. Concertino Apollineo für sieben Blasinstrumente und Klavier (1957), Streichtrio Nr. 1 (1969), Oktett für Bläser und Streicher (1969), Reisequintett für Streicher (1960-70), Aquarelle für Akkordeonquintett (1978), Suite für Nonett (1982), Duos für Violine und Violoncello (1983), ›en miniature‹ – Klaviertrio Nr. 5 (1987)

Werke für Zupf- u.a. Volksmusikinstrumente in verschiedenen Besetzungen
Tonweisen sind Denkweisen. Beiträge über die Musik als eine gesellschaftliche Funktion, Verlag Lied der Zeit Berlin 1949; Über Volksmusik und Laienmusik, Verlag der Kunst Dresden 1952; Die Ad-libitum-Besetzung. Ein Lehrbuch für Dirigenten und Laienorchester, Friedrich Hofmeister Musikverlag Leipzig 1953; Instrumentationslehre für Volksinstrumente, Friedrich Hofmeister Musikverlag Leipzig 1954; Stufen und Intervalle. Erinnerungen und Miszellen, Verlag Neue Musik Berlin 1976; Kindermusiktheater in der Schule. Erfahrungen und Anregungen, Zentralhaus für Kulturarbeit Leipzig 1972

Bühnenwerke

Die Horatier und die Kuriatier _____ 1955
Ein Lehrstück für Chor und kleines Orchester _____ UA 1958
Text von Bertolt Brecht

Die Abenteuer des tapferen Schneiderlein _____ 1956
Singspiel _____ UA 1963
Text von Egon Günther

Fetzers Flucht _____ 1959
Funkoper _____ US 1959
Text von Günter Kunert

Leonce und Lena _____ 1960
Kammeroper in zehn Bildern _____ UA 1961
nach dem gleichnamigen Lustspiel
von Georg Büchner
Texteinrichtung Kurt Schwaen

Die Weltreise im Zimmer _____ 1960
Kinderoper _____ UA 1977
Text von Günter Kunert

Ein Tier, das keins ist _____ 1961
Kinderoper _____ UA 1962
Text von Günter Kunert

Der Dieb und der König _____ 1962
Kinderoper _____ UA 1964
Text von Kurt Schwaen

Fetzers Flucht _____ 1962
Fernseh-Oper _____ US 1962
Text von Günter Kunert
(Neufassung der Funkoper)

Die Morgengabe _____ 1962
Komische Oper in vierzehn Bildern _____ UA 1963
Text von Gerhard Branstner

Ballade vom Glück 1966
Ballett in vier Bildern UA 1967
Libretto von Edith Dörwaldt-Kühl

Pinocchios Abenteuer 1969-1970
Oper für Kinder in zehn Bildern UA 1970
nach dem Roman von Carlo Collodi
Text von Claus und Wera Küchenmeister

Alle helfen Häppi 1971
Oper für Kinder in einem Vorspiel UA 1974
und zehn Bildern
Text von Kurt Schwaen

Paukenemil und Trompete 1973
Kinderoper UA 1974
Text von Kurt Schwaen

Schneewittchen 1974
Ballett für Kinder in zehn Bildern UA 1974
Libretto von Wolfgang Altenburger

Blümchen und die Schurken 1974
Oper für Kinder in sechs Bildern UA 1977
nach dem Roman ›Zwiebelchen‹ von Gianni Rodari
Text von Kurt Schwaen

Ein Krug mit Oliven 1975
Kinderoper UA 1975
nach einer Erzählung aus
›Die Erzählungen aus den tausendundein Nächten‹
Text von Kurt Schwaen

Siedlung ›Karl Marx‹ 1975
Ein Lehrstück mit Musik UA 1977
Text von Kurt Schwaen

Der ABC-Stern 1978/1983
Kinderoper UA 1984
Text von Claus und Wera Küchenmeister

Der eifersüchtige Alte 1978-1979
Kammeroper in einem Bild UA 1980
nach einem Lustspiel von Miguel de Cervantes Saavedra
Text von Kurt Schwaen

Der Fischer von Bagdad _____ 1979
Kammeroper in sechs Bildern _____ UA 1980
frei nach einer Erzählung aus
›Die Erzählungen aus den tausendundein Nächten‹
Text von Kurt Schwaen

Das Spiel vom Doktor Faust _____ 1981-1982
Oper in einem Prolog und neun Bildern _____ UA 1983
Text von Kurt Schwaen

Die überführten Räuber _____ 1972/1983
Kinderballett _____ UA 1987
Libretto von Hedwig und Kurt Schwaen

Craqueville oder Die unschuldige Sünderin _____ 1984
Komische Oper in acht Bildern _____ UA 1986
Text von Claus und Wera Küchenmeister

Die Horatier und die Kuriatier
Ein Lehrstück für Chor und kleines Orchester
Text von Bertolt Brecht

Entstehung 1955

Uraufführung 26. April 1958 Institut für Musikwissenschaft der Martin-Luther-Universität Halle-Wittenberg im Theater Junge Garde Halle/Saale

Personen
Chor der Kuriatier und Chor der Horatier _____ Kleiner Chor
Die drei kuriatischen Heerführer – Bogenschütze, Lanzenträger,
                                    Schwertkämpfer
Die drei horatischen Heerführer – Bogenschütze, Lanzenträger,   Spielgruppe
                                    Schwertkämpfer
Die Frauen der Horatier
Die Frauen der Kuriatier

Orchester Fl, Klar, 2 Trp, Pos, Pkn, Slzg (2 Spieler): KlTr, GrTr, Holztr, Schtr, Tomtom, Bck, Xyl; Kl, Kb

Aufführungsdauer Nur die Komposition (Chöre): 30 Min.; Komposition mit dem eingefügten, nicht komponierten Text: 60 Min.

Die Horatier und die Kuriatier — Schwaen

Handlung

Warum sollen wir uns wegen des Besitzes von Erzgruben und Land selbst zerfleischen, fragen sich die Kuriatier, wenn wir sie den Horatiern wegnehmen können. So überfallen die Kuriatier die Horatier und wollen den Angegriffenen das Leben lassen, wenn ihnen ausgeliefert wird, was man zum Leben braucht.

Die Horatier hingegen fragen sich, warum sie den Kampf mehr fürchten sollen als den Hunger, und ziehen den Tod in der Schlacht dem sicheren Tod durch Verhungern vor, so beschließen sie, um ihr Leben zu streiten.

Die Räuber sind besser bewaffnet und in der Überzahl, aber sie müssen die Erfahrung machen, daß ihnen das allein nichts nützt.

Die Horatier lernen ebenfalls. Der horatische Bogenschütze hat zu Beginn der Schlacht einen Vorteil, er steht im Schatten, der Gegner in der Sonne, und er verwundet den vom Licht geblendeten Feind, aber er ringt ihn nicht mit den bloßen Fäusten endgültig nieder, sondern hält sich an das vorgeschriebene Kampfritual. Die Gegner bleiben am Ort, die Sonne kreist weiter, und so steht am Abend der Horatier in der Sonne und wird geblendet. Da schießt ihn der Kuriatier nieder.

Der horatische Lanzenträger weiß, daß in einem Ding mehrere Dinge sind. So dient seine Lanze dazu, ihn beim Aufstieg auf den Berg zu stützen, die Tiefe einer Schneewehe auszuloten, Sprungstab beim Erreichen einer Höhe zu sein, Schluchten zu überqueren, einen Grat entlang zu balancieren. Aber auf dem Gipfel angelangt, schläft er vor Erschöpfung ein und verschläft den Zeitpunkt des Angriffs. Damit wird der Sinn des Aufstiegs zunichte, er muß den Berg unverrichteterdinge wieder hinab und verliert dabei viele seiner Leute.

Der Sieg scheint den Kuriatiern gewiß. Allein steht der horatische Schwertkämpfer dem kuriatischen Schwertkämpfer gegenüber, dem sich Lanzenträger und Bogenschützen hinzugesellen.

Schon wüten die Kuriatier in den horatischen Städten, verzweifelt flehen die Horatier ihren letzten Kämpfer an, mit dem überlegenen Feind zu kämpfen. Der Horatier aber wendet sich zur Flucht vor der Übermacht, doch während der Verfolgung löst sich die Geschlossenheit des gegnerischen Heeres auf, denn Bogenschütze, Lanzenträger und Schwertkämpfer laufen unterschiedlich schnell. Der Horatier stoppt seine Flucht, wendet sich um und tötet nun nacheinander jeden seiner Gegner einzeln: „Er hatte begriffen, daß Flucht nicht nur ein Zeichen der Niederlage, sondern ein Mittel zum Sieg sein kann", weil er den Feind in einer ganz bestimmten Hinsicht als uneinheitlich erkannte. „Diese Erkenntnis ermöglichte die Trennung des Gegners" (Brecht), den Sieg des Verstandes über die bloße Stärke und Übermacht.

Entstehung

Bertolt Brecht schrieb das Schulstück ›Die Horatier und die Kuriatier‹ 1935 im dänischen Exil, eine Begebenheit aus der römischen Geschichte um 650 v. u. Z. aufgreifend, wie sie von Titus Livius berichtet wird, der einen Zweikampf schildert und wie der Horatier durch vorgetäuschte Flucht den Sieg herbeiführt.

Brecht interessierte sich weniger für römische, sondern vielmehr für aktuelle Geschichte, zum Beispiel wie man aus Niederlagen lernen, mit Witz und Verstand körperlicher Überlegenheit begegnen kann.

Der unmittelbare Anlaß zur Entstehung dieses Lehrstücks ist nicht genau geklärt. Möglicherweise hatte Erwin Piscator aus Moskau angefragt, ob Brecht ein Stück über Strategie und Taktik von Verteidigungskriegen für die Rote Armee schreiben könne. Ebenso kann aber auch Hanns Eisler den Vorschlag gemacht haben, wenn man einem Brief Bertolt Brechts vom 29. August 1935 an den Komponisten folgt (vgl. Lucchesi/Shull 1988, S. 621). Eisler war zu Brecht ins dänische Exil gekommen, um mit ihm gemeinsam am Lehrstück zu arbeiten, mußte jedoch unvorhergesehen und kurzfristig in seiner Funktion als einer der Sekretäre der Internationalen Gesellschaft für Neue Musik (IGNM) nach Prag abreisen. Da Eisler in jenen bewegten Tagen keine Zeit für einen neuerlichen Aufenthalt bei Brecht erübrigen wollte und konnte, kam es zu einem „abscheulichen Krach" (Eisler), der später zwar beigelegt wurde, aber nicht zur versprochenen Komposition führte. So blieben ›Die Horatier und die Kuriatier‹ zunächst unvertont.

Auch eine Zusammenarbeit mit Simon Parmet kam nicht zustande, so daß Brecht sich auf das Machbare beschränkte, von einem gesprochenen Text (auch der Chöre) ausging und für die Aufführung seines Schulstücks Trommeln als Begleitinstrumente vorschlug. „6. Was das Sprechen der Verse betrifft: die Stimme setzt mit jeder Verszeile neu ein. Jedoch darf das Rezitieren nicht abgehackt wirken. 7. Man kann ohne Musik auskommen und nur Trommeln benützen. Die Trommeln werden nach einiger Zeit monoton wirken, jedoch nur kurze Zeit lang." (Brecht 1957, S. 275)

Ende August 1954 suchte die Hallenser Musikwissenschaftlerin Hella Brock Brecht in Berlin auf und bat ihn um einen Text zu einer Schuloper (vgl. Brock 1958, S. 14). Der Dichter verwies auf sein Schulstück ›Die Horatier und die Kuriatier‹ (damals noch nicht gedruckt) und schlug Kurt Schwaen als Komponisten vor, den er aus einer Zusammenarbeit am Berliner Ensemble kannte (Schwaen hatte gerade wenige Monate zuvor die Bühnenmusik für die Inszenierung der Komödie ›Hans Pfriem oder Kühnheit zahlt sich aus‹ von Martinus Hayneccius geschrieben). Dem Komponisten stellte er frei, welche der Textpassagen er vertonen wolle, Schwaen entschied sich für die Chöre. Zwischen Oktober und Dezember 1955 entstand die Komposition.

Kurt Schwaen erreichte, daß Herbert Kegel mit dem Rundfunkchor Leipzig und Solisten des von ihm damals geleiteten Rundfunk-Sinfonieorchesters Leipzig ›Die Horatier und die Kuriatier‹ aufnahm (es fehlten allerdings die Nummern 20 bis 29). Im Juni 1956, wenige Tage vor Brechts Tod, fuhr der Komponist nach Buckow/Mark und spielte Brecht die Aufnahme vor. „Das spontane Urteil des Dichters: die Musik sei farbig, melodiös und hätte Größe." (Iske 1984, S. 19)

Nach sorgfältiger Vorbereitung und gründlicher Einstudierung brachte Hella Brock am 26. April 1958 mit Studenten des Instituts für Musikwissenschaft der Hallenser Universität die Oper zur Uraufführung.

Kommentar

Kurt Schwaen zitierte in einem Rundfunkgespräch 1989 zu seiner Schuloper einen Ausspruch Brechts: schön sei die Überwindung von Schwierigkeiten. Das wollte Schwaen – neben der zeitgebundenen aktuellen Diskussion um Angriffs- und Verteidigungskrieg – als eigentliches und überdauerndes Thema verstanden wissen.

In Brechts Texten herrscht die Lust am Aufspüren und Darstellen von Widersprüchen und deren Zuspitzung bis hin zu Paradoxien. Das mag zwar der Art von Kindern nicht „naturgemäß" sein, aber es ermöglicht ihnen, den Konsequenzen von Gedanken und Handlungen nachzugehen, also keine „kindertümelnde", sondern eine den kindlichen Intellekt herausfordernde Sprache.

Diesem Gestus folgt die Musik – auf ihre Weise. Schwaen faßt einzelne Vorgänge zu größeren Sinneinheiten, die siebenfache Verwertung der Lanze wird in einer Variationenfolge dargestellt, die mehrfache Einkleidung der horatischen wie der kuriatischen Witwen erfolgt zur gleichen Musik. Auf dieser Ebene hat der Komponist sein Thema gefunden. Macht der Text immer wieder auf den Unterschied zwischen Angriffs- und Verteidigungskrieg aufmerksam, opponiert die Musik: Krieg ist Krieg, sowohl die kuriatischen als auch die horatischen Frauen werden Witwen, der Tod macht alle gleich.

Dieses Thema schlägt die Musik bereits mit der dritten Nummer an. Im Ritual der Waffenausteilung an die beiden gegnerischen Heere herrscht bei beiden das gleiche Ritual, die gleiche Faszination und Festlichkeit. Auch die Sonne geht ihren unerbittlichen Gang, unbeeinflußt durch das Gezänk der Menschen. Diese Unerbittlichkeit hat Schwaen durch ein crescendierendes Ostinato ins Hör-Bild gebracht.

Die Musik „serviert" den Brechtschen Text auf heitere, intelligente Weise, die Parodoxien und die Lust am Denken werden nicht gemindert, auch nicht gedoppelt, es wird ihnen Raum zur Entfaltung gegeben.

Aneignung

Brecht wünschte zur Darstellung seines Schulstücks Kinder, die nicht älter als dreizehn Jahre sein sollten, da sie seiner Meinung nach mit zunehmendem Alter gehemmt wären. Der Komponist hält die Darstellung durch Dreizehnjährige für möglich, wenngleich noch nicht realiert, denn für die Ausführung des Vokal- wie Instrumentalparts müßten versiertere Spieler, also ältere Schüler oder Musikstudenten hinzugezogen werden

Brecht knüpfte mit seinen Vorstellungen von einer Schuloper an seine Erfahrungen der zwanziger Jahre an, als sein ›Ja-Sager‹ bis 1933 an zweihundert Schulen Deutschlands (mit je 60 Mitwirkenden!) gespielt wurde. Hinter dieser Zahl steht für jene Jahre eine hochentwickelte Laien- und Arbeitermusikkultur, allein die Arbeitergesangvereine zählten an die 600 000 Mitglieder. Mit der sozialistischen Arbeiterbewegung selbst zerstörte der Faschismus auch deren spezifische Kultur. Brecht konnte seine Vorstellungen eines neuen Lehrstücks in der DDR nicht realisieren, denn mit der 5. Tagung der Zentralkomitees der SED 1951, die unter der Losung „Kampf dem Formalismus" ablief, wurde auch die Idee des Lehrstücks, wie viele andere Kunstkonzepte der Weimarer Republik, diffamiert.

Kurt Schwaens Komposition fiel in die Hoch-Zeit dieser Formalismus-Denunziationen, in der ein Sänger wie Ernst Busch wegen „Prolet-Kult-Tendenz" verstummte, Hanns Eisler seine Arbeit an der Faust-Oper abbrach. Die Uraufführung von Schwaens Komposition erfolgte in der kurzen Zeit der Entspannung nach dem XXII. Parteitag der KPdSU, als die Stalinsche/Shdanowsche Kunstpolitik nicht mehr so weit greifen konnte. Helmut Baierl schrieb 1956 sein Stück ›Die Feststellung‹, Heiner Müller 1957 den ›Lohndrücker‹, beide an Brechts Lehrstück-Idee anknüpfend.

Aber 1958 konstatierte Hella Brock: „Leider dürfte die musikalische Ausführung durch Schüler, die Brecht in Hinblick auf die Gesamtdarstellung des Stückes als die günstigste ansah, beim jetzigen Stand unserer Musikerziehung noch nicht möglich sein. Der Orchesterpart (...) wird stets der Mithilfe durch Berufsmusiker oder Studierende der Musik bedürfen." (Brock 1958, S. 18)

Die Situation an den Schulen, das gesamte musische Klima, hatte sich seither leider eher verschlechtert als verbessert. Die Schulaufführungen 1962 durch eine Abiturklasse in Pirna und 1989 an der Händel-Oberschule Berlin-Friedrichshain blieben Ausnahmen.

Bedenkenswert ist, daß die Schuloper ›Die Horatier und die Kuriatier‹ auch unter dem Etikett „Bitterfelder Weg" keinen Erfolg hatte, dessen praktiziertes Prinzip der „Volkstümlichkeit", verstanden als Gefühlsduselei, Langschweifigkeit, geistig niedriges Niveau, im krassen Gegensatz zu Brechts/Schwaens lapidarem, geistsprühendem Werk stand.

Kurt Schwaens Schuloper nach Brecht ist von einem inneren Widerspruch gekennzeichnet: dem zwischen Professionalität für die Ausführung der Musik und der Forderung nach Laiendarstellern der Handlung. Hierin enthält das Werk die Utopie einer Annäherung an die zwanziger Jahre und klagt deren Erfüllung ein.

Kurt Schwaen hat sich angesichts einer solchen Entwicklung nicht an die Klagemauer gestellt. Mit Günter Kunert (beginnend mit der Kantate ›König Midas‹) hat er spezielle Kinderopern geschaffen und 1973 in Leipzig eine Kinderoper als Einrichtung gegründet und zehn Jahre lang erfolgreich geleitet. Ein weiteres einsames Beispiel, die Kluft zwischen Laienkunst und Berufskunst nicht unüberbrückbar werden zu lassen, gab Paul Dessau neben seinem langjährigen Unterricht an der Schule in Zeuthen und mit dem kleinen Singespiel für Kinder ›Rummelplatz‹.

Ausgaben Text In: Bertolt Brecht. Stücke. Bd. V, Berlin und Weimar 1957; Part Verlag Neue Musik Berlin 1958

Rechte Brecht-Erben / Suhrkamp Verlag Frankfurt/Main; Henschel Musik GmbH Berlin

Literatur Bertolt Brecht: Anweisung für die Spieler. In: Brecht. Stücke, Bd. V, Berlin und Weimar 1957; ders.: Die Mittel wechseln. In: Brecht. Me-ti. Buch der Wendungen, Frankfurt/Main 1965; ders.: Arbeitsjournal 1938-1955, Berlin und Weimar 1977

Kurt Schwaen: Stufen und Intervalle. Erinnerungen und Miszellen, Berlin 1976; Hella Brock: ›Die Horatier und die Kuriatier‹. Zur Uraufführung der Schuloper von Bertolt Brecht und Kurt Schwaen in Halle. In: Musik und Gesellschaft, H. 5, Berlin 1958; Joachim Lucchesi / Ronald K. Shull: Musik bei Brecht, Berlin 1988; Ina Iske: Kurt Schwaen. Für Sie porträtiert, Leipzig 1984 Rezensionen der Uraufführung. In: Musik und Gesellschaft, H. 5, Berlin 1958

Aufnahmen Produktion des Rundfunks der DDR (GA der Komposition mit Ausnahme der Nummern 20-29) Rundfunkchor Leipzig, Instrumentalsolisten des Rundfunk-Sinfonieorchesters Leipzig, Dirigent Herbert Kegel; aufgenommen 1956
Produktion des Rundfunks der DDR (GA der Komposition mit Ausnahme der Nummern 20 bis 29 mit gesprochenem Zwischentext) Besetzung wie Erstproduktion, Zwischentext verfaßt von Joachim Lucchesi; Erstsendung dieser Fassung 9. Juni 1989

Fetzers Flucht
Funkoper
Text von Günter Kunert

Entstehung 1959

Ursendung 6. August 1959 Radio DDR I

Personen
Harry Fetzer _____Tenor
Der Wächter _____Bariton
Gesa, seine Frau _____Sopran
Agent _____Tenor
Singender Chronist _____Tenor
Sprechender Chronist _____Sprechrolle
Der Chor _____Gemischter Chor

Orchester Fl (auch Picc), Ob, Klar (auch BKlar), 2 Fg (II auch KFg), ASax, Hrn, 2 Trp, Pos, Kl, Cemb, Pkn, Slzg, Git; Str

Aufführungsdauer 58 Min.

Handlung
I. Teil: „Wo Deutschland lag, liegen zwei Länder. Die gleiche Sprache sprechen sie, die gleiche; aber sie können sich nicht verstehen, weil sie eine andere Sprache sprechen, eine andere ..."
Es ist Nacht, schon gegen Morgen, die Sterne verblassen; Züge fahren durchs ganze Land, auch über die Grenze. Irgendwo sitzt eine Frau und denkt an ihren Mann, der als Wächter auf dem Zug arbeitet. Irgendwo fährt ein elternloser Jüngling von achtzehn Jahren gen Westen, ins Land seiner Träume, wird von dem Wächter entdeckt und niedergerungen. Aber der siegreiche Wächter verliert das Gleichgewicht, er stürzt, schreit, und die Räder rollen über ihn hinweg; der Junge kommt wohlbehalten im Land seiner Träume an.

II. Teil: Harry Fetzers Träume im freien Land sind unfrei, sie enden immer wieder in dem gleichen Schrei, dem Schrei des auf die Schienen stürzenden Wächters. Der Versucher, in Gestalt eines Agenten, weist ihm zwei Wege: nach oben zu Reichtum und Glück, nach unten in die Fürsorge und ins Armengrab. Der Preis dafür: Fetzer soll nicht der unschuldige Mörder des Wächters sein, sondern ein Held, ein Streiter für die Freiheit, der den Wächter getötet hat. Fetzer entscheidet sich für den Weg nach oben und zahlt für sein Leben den geforderten Preis: Er hat den Wächter getötet.

III. Teil: Für Gesa, die Frau des Wächters, war der Tod ihres Mannes ein Unfall, jetzt aber hört sie, es war Mord. Sie macht sich auf und geht zu Fetzer, fragt ihn, warum er ihren Mann getötet hat. Fetzer weiß keine Antwort, aber er sieht einen dritten Weg: die Rückkehr. Niemand kann ihn dazu zwingen, aber der Wächter würde leben, wäre Fetzer damals nicht auf dem Zug gewesen: „Fetzer hat sich durchgerungen / Um sich selbst, sich selber zu befrein / Ist dem alten Fetzer er entsprungen / Wird der neue Fetzer freier sein."

Kommentar
Die Rundfunk-Oper ›Fetzers Flucht‹ ist – neben ›Die Verurteilung des Lukullus‹ von Brecht/Dessau – die erste wahrhaft zeitgenössische Oper, weil sie Probleme der DDR nach Stoff und Thematik aufgriff, insbesonders Konflikte von jungen Menschen, sie nicht parabelhaft verkleidete oder in entfernte Länder und vergangene Zeiten auswich.

Günter Kunert zielt mit seiner Geschichte auf Probleme von innerer Freiheit und Verantwortung, die jeder Mensch für sich selbst immer wieder aufs neue zu bestehen hat; er schildert den schweren Weg zu innerer Freiheit, doch auf eine gelöste Weise, denn jede gelungene poetische Formulierung manifestiert die Freiheit des denkenden und fühlenden Menschen gegenüber unbewußten Trieben, Sehnsüchten und Ängsten, stellt einen Sieg der Schönheit über die Negativität des bloß dahinvegetierenden So-Seins dar. Insofern handelt es sich in diesem Werk nicht schlechthin um die Geschichte eines „Republikflüchtigen", dessen Reue und Rückkehr. Die Oper läßt sich nicht in Prosa erzählen oder prosaisch darstellen, wesenseigen ist ihr die Poesie, und die ist immer mehr als platte Darstellung äußerer Ereignisse.

Kurt Schwaen illustriert weder die Texte, noch malt er die Situationen und Charaktere psychologisierend aus, eher findet er zu kurzen Nummern (der erste Teil besteht aus vierzehn, der zweite aus einundzwanzig und der dritte aus vierundzwanzig Nummern) immer eine entsprechende Haltung, mit der er die Texte „serviert", indem er alsbald ihre Gesamtaussage in einen Grundgestus faßt, alsbald einzelnen Wendungen und Wörtern Aufblendungen gibt.

Für Schwaens Musik gilt Walter Benjamins Diktum über den Kommentar: „Es ist bekannt, daß ein Kommentar etwas anderes ist als eine abwägende, Licht und Schatten verteilende Würdigung. Der Komponist geht von der Klassizität seines Textes und damit von einem Vorurteil aus. Es unterscheidet ihn weiterhin von der

Würdigung, daß er es mit der Schönheit in dem positiven Gehalt seines Textes allein zu tun hat." (Benjamin 1966, S. 49)

In diesem Sinne trägt Schwaens Musik den Charakter des Leichten und Gelösten; hier ist eine ernste Geschichte auf heitere Weise gestaltet, wobei diese Heiterkeit Ernst gegenüber dem Gegenstand einschließt.

Die einzelnen Nummern wechseln zwischen singendem und sprechendem Chronisten; es gibt knappe Rededuelle der handelnden Personen, reflektierende, meist dem Chor übertragene Passagen, die den inneren Stimmen der Figuren Ausdruck geben, verallgemeinern, auf Besonderheiten hinlenken, wobei der Chor wechselnde Standpunkte einnimmt, nicht platt Partei ergreift, in keiner Weise agitatorisch überredend auftritt, sondern vielmehr auf Widersprüche hinlenkt, auf die den Situationen innewohnenden Entscheidungsmöglichkeiten. Dadurch entsteht eine große Dynamik, die nicht auf Hypertrophierung der Gefühle aus ist, sondern darauf, Wahlmöglichkeiten zu verdeutlichen, den Hörer in seiner Entscheidungsfreiheit zu bestätigen.

Die Frau Gesa bildet musikalisch und menschlich den ruhenden Punkt im expressiven Geschehen, eine Figur von schöner, schlichter, ausstrahlender Innigkeit.

Mit rhythmischen Hinweisen auf Walzer, Blues, Marsch, mit Signalwirkungen der Trompete, mit Klangfarbencharakteristika im instrumentalen wie vokalen Bereich, mit verschiedenen Gesangsstilen, von Songstil über Liedform bis zu ariosen Gebilden, aber auch parodistischen Einlagen, so dem mit „idiotischer Munterkeit" zu singenden Animierchor, schafft Schwaen Kontraste und sinnreiche Analogien. Das kurze instrumentale Vorspiel erinnert an Strawinskys Manier, auf den Charakter des Spiels einzustimmen, keine falschen Erwartungen aufkommen zu lassen, es funktioniert wie bei diesem als „Habet Acht"-Signal, mit ihm, in leicht veränderter Form, endet die Oper. Schwaen schafft nicht nur eine Bogenform, sondern grenzt sich gegen ein platt-naturalistisches Beginnen und Enden ab. Damit kann er sofort und ohne Umschweife zur Sache kommen. Seine Musik schafft, gemeinsam mit dem Text, eine Atmosphäre der Konzentration, Verdichtung und „Verwesentlichung".

›Fetzers Flucht‹ ist ein notwendiges, ein zu Unrecht, aber nicht zufällig vergessenes Werk.

Günter Kunerts und Kurt Schwaens Funkoper ›Fetzers Flucht‹ entstand für ein Preisausschreiben der OIRT und wurde im Internationalen Rundfunk-Wettbewerb 1959 in Prag mit einem Diplom ausgezeichnet, von einer Jury, deren Vorsitzender Dmitri Schostakowitsch war. Die sowjetische Erstsendung fand am 7. Oktober 1959 anläßlich des 10. Jahrestages der DDR statt.

Literatur Ludwig Matthies: Kurt Schwaens Funkoper ›Fetzers Flucht‹. In: Musik und Gesellschaft, H. 9, Berlin 1959; Walter Benjamin: Versuche über Brecht, hrsg. von Rolf Tiedemann, Frankfurt/Main 1966

Aufnahmen Produktion des Rundfunks der DDR (GA) Gerhard Eisenmann (Fetzer), Kurt Seipt (Wächter), Irmgard Arnold (Gesa), Fritz Steffen (Agent), Peter Schreier (Singender Chronist), Günter Grabbert (Sprechender Chronist), Rundfunkchor Leipzig, Rundfunk-Kammerorchester Leipzig, Dirigent Heinz Rögner; aufgenommen 1959, Regie Walter Zimmer

Leonce und Lena

Kammeroper in zehn Bildern
nach dem gleichnamigen Lustspiel
von Georg Büchner
Texteinrichtung Kurt Schwaen

Entstehung 1960

Uraufführung 15. Oktober 1961 Deutsche Staatsoper Berlin – Apollo-Saal

Personen
König Peter _____ Tenor
Prinz Leonce _____ Tenor (Bariton)
Prinzessin Lena _____ Sopran
Valerio _____ Bariton
Gouvernante _____ Alt
Rosetta _____ Sopran
Präsident des Kronrates _____ Baß
Hofprediger _____ Bariton
Bediente, Kronrat _____ Chorsolisten

später hinzugefügt:
Bauern _____ Kleiner Chor

Orchester Fl, Ob, EH, Klar, Fg, Cemb; Str

Aufführungsdauer 1 Std., 20 Min.

Story
König Peter vom Reich Popo will seinen Sohn Leonce mit Prinzessin Lena von Pipi verheiraten. Doch Prinz wie Prinzessin fliehen vor dieser Standesheirat und aus dem Reich ihrer Väter, irren in der Welt umher, begegnen und verlieben sich, ohne Namen und Stand des anderen zu kennen. Im Reich Popo herrscht Verwirrung, der Prinz ist verschwunden, aber König Peter beharrt auf seinem Entschluß, den Sohn zu verheiraten. Valerio, des Prinzen Diener, kommt zur rechten Zeit, stellt dem König zwei maskierte Menschen als Automaten vor, die „in effigie" – das heißt symbolisch, sinnbildlich – getraut werden. Als die Masken fallen, werden Leonce und Lena identifiziert, die Liebenden müssen erkennen, daß die Flucht vergeblich war.

Kommentar
Kurt Schwaens erste Oper für die Bühne, ›Leonce und Lena‹, entstand 1960 nach Georg Büchners gleichnamigem Schauspiel, das bereits Julius Weismann 1925 vertont hatte; Paul Dessau und Thomas Hertel folgten 1978 bzw. 1980.

Schwaen schuf eine Kammeroper; er verzichtete auf Chor und damit auf jene Büchnerschen Szenen, in denen spalierstehende Bauern die Haupthandlung, das prinzliche und königliche Treiben, kommentieren. Diese kritische Funktion übertrug der Komponist der Figur des Dieners Valerio, indem er ihm einen Text aus Büchners berühmtem *Hessischen Landboten* gab. Trotzdem bemängelte der SED-Kritiker Schaefer das Fehlen der Bauernszene (vgl. Musik und Gesellschaft 1961). Daher fügte Schwaen noch nach der Uraufführung eine entsprechende Chornummer (ad libitum zu spielen) hinzu.

Für den Komponisten las sich Büchners 1836 entstandenes Lustspiel als große Liebesgeschichte, seine Musik erzählt von der Erweckung der prinzlichen Marionette Leonce zum fühlenden Menschen, herbeigeführt durch seine Begegnung mit Lena. Dabei griff Schwaen im melodischen und harmonischen Bereich auf ältere deutsche Volksliedmodelle zurück, arbeitete mit Symmetriebildungen und Wiederholungen. Im Gegensatz zur formelhaften Kürze und den fragmentarischen Äußerungsformen der Büchnerschen Gestalten wirkt die Tendenz zu melodischer und harmonischer Symmetrie glättend, die Musik schafft Abschlüsse, Übergänge, die Büchners Sprache nicht hat; sie zeichnet sich vielmehr durch Brüche, Schärfen, das Fehlen von Übergängen, durch Kontraste und unaufgelöste Widersprüche aus.

Die Welt des Königs Peter hat Schwaen nach alter Buffa-Manier behandelt: In parodistischer Absicht sind Secco-Rezitative eingeführt, es gibt Bravour-Arien, Koloraturen und kleine Ensembles. Rosetta ist durch eine kleine „Valse mélancolique" kenntlich gemacht. „Valerio wird mit Mitteln der Popularmusik charakterisiert." In der Musik zu seinem ersten Auftritt „hallt das Fiedeln von Bauernmusikanten nach. (...) Aber er klagt auch an: Das Zitat aus dem *Hessischen Landboten* trägt er als aggressiven Song vor" (Hennenberg 1969).

Schwaen hat seine Oper in zehn Bildern mit achtunddreißig Nummern gliedert, gesprochene Dialoge und Monologe wechseln mit Musiknummern, es gibt melodramatische Passagen und Rezitative. Farbig und abwechslungsreich in der Gestaltung einzelner Figuren, vermeidet die Musik Härten und Extreme; sie bescheidet sich in der Funktion, Texte zu servieren. Schwaens Komposition wurde von der zeitgenössischen Kritik als notwendige und entschiedene Abkehr von spätromantischer Tradition, so von Julius Weismanns Leonce-und-Lena-Vertonung, gewertet.

Das Mecklenburgische Staatstheater Schwerin brachte Schwaens ›Leonce und Lena‹ 1979 zur Aufführung.

Ausgaben KlA Henschelverlag Berlin o.J.

Rechte Henschel Musik GmbH Berlin

Literatur Georg Büchner: Leonce und Lena. In: Georg Büchner. Werke und Briefe, hrsg. von Fritz Bergemann, Wiesbaden 1958

Kurt Schwaen: Zu ›Leonce und Lena‹. In: Programmheft Deutsche Staatsoper Berlin 1961; ders.: Zu ›Leonce und Lena‹. In: Kurt Schwaen. Stufen und Intervalle. Erinnerungen und Miszellen, Berlin 1976

Werner Otto: ›Leonce und Lena‹ als Oper. In: Programmheft Deutsche Staatsoper Berlin 1961;

Fritz Hennenberg: Zur Einführung. Textbeilage zur Schallplatteneinspielung, VEB Deutsche Schallplatten Berlin 1969; Ina Iske: Kurt Schwaen. Für Sie porträtiert, Leipzig 1984 Rezensionen der Uraufführung. In: Theater der Zeit, H. 12, Berlin 1961; Musik und Gesellschaft, H. 12, Berlin 1961

Aufnahmen ETERNA 8 25 969 (unsere neue musik 38) (Kurzfassung, für die Schallplatte eingerichtet vom Komponisten) Fred Praski (König Peter), Hans-Joachim Rotzsch / Sprecher Peter Aust (Leonce), Renate Hoff / Sprecherin Monika Lennartz (Lena), Günther Leib / Sprecher Helmut Straßburger (Valerio), Annelies Burmeister / Sprecherin Carola Braunbock (Gouvernante), Reiner Süß (Präsident des Kronrates), Renate Krahmer / Sprecherin Barbara Adolph (Rosetta), Henno Garduhn (Hofprediger), Heinz-Walter Rossner, Dieter Reinhold, Peter Olesch (Kronräte), Wortregie Johannes Knittel, Manfred Koerth (Cembalo), Kammerorchester Berlin, Dirigent Rudolf Neuhaus; aufgenommen 1968 NOVA 8 85 137 (Kurzfassung, für die Schallplatte eingerichtet vom Komponisten) Wiederveröffentlichung der ETERNA-Platte

Fetzers Flucht
Fernseh-Oper
Text von Günter Kunert
Drehbuch von Günter Kunert und Günter Stahnke

Entstehung 1962

Ursendung 13. Dezember 1962 Fernsehen der DDR

Personen
Harry Fetzer_____
Der Wächter_____
Gesa, seine Frau_____
Agent_____
Schlagersänger(-in)_____
Der alte Fischer_____
Prediger_____
Der junge Fischer_____
Sprecher_____
Tänzerin_____
Verkäufer(-in)_____
Volk, Agenten_____Chor
(Alle Rollen werden mit singenden Schauspielern besetzt.)

Orchester 2 Fl (beide auch Picc), Ob, 2 Klar (auch BKlar), 2 Fg (auch KFg), 3 Hrn, 3 Trp, Pos, ASax, BarSax, BSax, Pkn, Slzg, Git, Akk, Kl, Cemb; Str

Aufführungsdauer 45 Min.

Kommentar
Aufgrund des großen Erfolges der Funkoper ›Fetzers Flucht‹ von 1959 gab das Fernsehen der DDR bei Kunert und Schwaen eine Fernseh-Oper nach dem glei-

chen Stoff in Auftrag. Das Drehbuch schrieben Günter Kunert und der Regisseur Günter Stahnke, der damit sein Regiedebüt gab. Sie entschlossen sich zu einer grundsätzlichen Trennung zwischen szenisch und wortsprachlich-musikalisch darstellbaren Ereignissen, wobei Worte und Musik in einer Art innerer Handlung zu den szenischen Vorgängen standen und als Ausdruck der Gedanken und Gefühle der agierenden Personen gedeutet werden konnten. Schwaen ließ die Texte nicht mehr von Sängern, sondern von singenden Schauspielern interpretieren. Dazu zählten unter anderem Ekkehard Schall (Harry Fetzer), Christine Gloger (Gesa), Gerry Wolf (alter Fischer), Erik S. Klein (Prediger), Rudolf Ullrich, Fred Düren, Horst Kube, Axel Triebel.

Mit den Figuren des alten und des jungen Fischer waren, neben Prediger, Schlagersänger, Verkäufer, Tänzerin, nicht nur neue Personen hinzugekommen, insgesamt fanden Kunert und Stahnke zu einer anderen Erzählweise. Die Handlung beginnt mit Fetzers Flucht zurück in die DDR. Gehetzt vom Agenten, findet er Hilfe bei dem alten und dem jungen Fischer und erzählt ihnen, in Form von Rückblenden, seine Geschichte.

Neben der Personnage hatte Schwaen auch das Orchester vergrößert. Die Einspielung erfolgte vom Rundfunk-Sinfonieorchester Leipzig unter Leitung von Karl-Ernst Sasse; den Rundfunkchor Leipzig studierte Dietrich Knothe ein; als Kameramann fungierte der berühmte Walter Bergemann.

›Fetzers Flucht‹ stellte den ersten Versuch dar, eine neue eigenständige Art von Musiktheater im Fernsehen der DDR zu versuchen. Das Vorhaben wurde daher im Vorfeld der Produktion entsprechend groß herausgestellt und mit dem Wort „Experiment" versehen. Gedacht war dieses Etikett, um auf das Neue aufmerksam zu machen, eventuellen Vorbehalten des Publikums vorzubeugen und bei ästhetischem Ungenügen um Nachsicht zu bitten. Kunert ahnte bereits, daß ein solcher Begriff Aversionen hervorrufen würde, und erhob in einem Interview freundlichen Einspruch: „Ich halte ›Fetzers Flucht‹ gar nicht für so experimental. Man sollte nicht gleich alles, was links oder rechts neben den Schematismus tritt, als Experiment bezeichnen (...). ›Fetzers Flucht‹ ist nichts anderes als der Versuch, von der konservativen Art, Musiktheater zu machen, wegzukommen." (Funk und Fernsehen Nr. 50/1962)

Kunert konnte nicht wissen, daß er gerade mit dieser Äußerung Kritik und Mißgunst auf sich zog, nämlich jener, die die konventionelle Art Musiktheater liebten.

Anfänglich fand die Sendung der Fernseh-Oper ›Fetzers Flucht‹ lobende Anerkennung, so von Ernst Krause im *Sonntag* Nr. 34/1959 und von Mimosa Kühnel in der *Neuen Zeit* vom 19. Dezember 1962; sie stellte lapidar fest, daß „man das Werk als gelungen bezeichnen" darf.

Erst mit dem Abdruck ablehnend-aggressiver Zuschauermeinungen und einem von der Kulturredaktion unterzeichneten Artikel am 22. Dezember 1962 in der *BZ am Abend* brach diese dem Werk günstige Stimmung ab und schlug ins Gegenteil um. Überschrieben war der Artikel mit „Fetzers Flucht – in die Dekadenz"; die

Redaktion distanzierte sich von einem „dem Volk" unverständlichen Werk. Nur einen Tag später, am 23. Dezember 1962, erhielt der Fernsehautor Werner Baumert im *Neuen Deutschland* das Wort und ritt unter dem Titel „Kunerts Flucht in den Schematismus" eine scharfe Attacke gegen den Dichter.

Baumerts Darlegungen lassen klar erkennen, daß es sich hier um die Attacke eines Autors handelt, der von einem Talent wie Kunert in den Schatten gestellt wurde, kritisiert doch der Artikelschreiber weniger das konkrete Werk, als vielmehr Kunerts Äußerungen gegen den Schematismus.

Mit Beginn des neuen Jahres und in Vorbereitung auf den VI. Parteitag der SED wurde der Ton schärfer. Eine bereits angesagte Sendung des Fernsehfilms ›Monolog für einen Taxifahrer‹ von Günter Kunert in der Regie von Günter Stahnke wurde abgesetzt, zählte aber in der Folgezeit, neben ›Fetzers Flucht‹, immer wieder zu den zitierten Beispielen „negativer" Kunstentwicklung in der DDR.

Den Auftakt gab eine „Beratung Zwickauer Künstler in Vorbereitung auf den Parteitag", auf der Helmut Bertram, Sekretär für Kultur der SED-Stadtleitung Zwickau, Bezug auf ›Fetzers Flucht‹ nahm und die Stoßrichtung der Kritik kennzeichnete: „Seit der Niederlage, die die Imperialisten am 13. August 1961 in Berlin erlitten, und sie erkennen mußten, daß sie mit kriegerischen Mitteln nichts mehr ausrichten können, versuchen sie es mit einer großangelegten Offensive auf kulturellem Gebiet. Unter dem Deckmantel ‚Freiheit' in der Kunst, versuchen sie auf diese Weise Einfluß zu gewinnen. Aber auch dieser Versuch ist von vornherein zum Scheitern verurteilt, denn wir sind auf der Hut." (Freie Presse Zwickau, 18. Januar 1963)

Vom 15. bis zum 21. Januar 1963 tagte der VI. Parteitag der SED, und mit ihm wurde diese Denkweise verbindlich. Am 15. Februar 1963 erschien in der Zeitschrift *Das Volk* in Erfurt ein programmatischer Artikel von Harry Thürk unter der Überschrift „Vom Sinn des Erzählens": „Nur die ehrliche und konsequente Parteinahme für den Sozialismus kann ihn [den Künstler, N.] davor bewahren, bewußt oder unbewußt das Spiel des Gegners zu spielen. Darum ging es in den letzten Monaten, und darum wird es so lange gehen, wie fremde Einflüsse in unserer Kunst eine Gefahr darstellen. Eines der markantesten Beispiele dieser Auseinandersetzungen war die mit unverhältnismäßig viel Vorschußlorbeeren bedachte Fernseh-Oper ›Fetzers Flucht‹, die sich dann bei der Aufführung einfach als lebensferner Fremdkörper erwies, als ein Produkt der irrigen Auffassung, man könnte mit den menschenfeindlichen Gestaltungsprinzipien bürgerlicher Dekadenz sozialistische Kunst machen (...)."

Auch Horst Sindermann, damals Abteilungsleiter im Zentralkomitee der SED, trat gegen „dekadente" Kunst auf, dazu zählte er neben Plastiken Henry Moores, vor allem die ›Liegende‹, auch Fetzers Flucht, und er ließ einen Zeitungsartikel mit dem Bonmot enden, daß Fetzers Flucht „die Zuschauer in die Flucht getrieben habe: „Unverständlichkeit ist keine Kunst. Ich zumindest wünsche mir keine ›Liegende‹ von Moore." (Neue Berliner Illustrierte 2/1962, S. 19)

Die Fernseh-Oper ›Fetzers Flucht‹ erlangte traurige Berühmtheit. Als Synonym für Dekadenz, Verlust von Parteilichkeit und Volksverbundenheit wurde sie vom damaligen Sekretär des Zentralkomitees der SED Kurt Hager angeprangert, spielte in dessen berüchtigter Rede auf der Beratung des Politbüros des ZK und des Präsidiums des Ministerrates mit Schriftstellern und Künstlern am 25. März 1963 eine hervorgehobene Rolle: „Eine der wichtigsten Aufgaben unserer Literatur und Kunst besteht darin, den von echter Lebensfreude erfüllten Optimismus unserer sozialistischen Weltanschauung zu vermitteln. Unter diesem Gesichtspunkt nehmen wir Stellung zu der Fernseh-Oper ›Fetzers Flucht‹ und dem Fernsehfilm ›Monolog für einen Taxifahrer‹ (...). Beide Filme sind durchdrungen von einem tiefen, unserer sozialistischen Weltanschauung fremden Skeptizismus gegenüber dem Menschen und seiner Fähigkeit, die Welt und dabei sich selbst zu verändern."

Die Auseinandersetzung um ›Fetzers Flucht‹ hatte sich bereits so verselbständigt, daß Hagers „Einschätzung" im genauen Gegensatz zum tatsächlichen Gehalt des Werks stand, in dem ja gerade die Wandlungs- und „Besserungs"fähigkeit eines Menschen dargestellt ist.

Es entsprach der dogmatischen Verfestigung der gesellschaftlichen Verhältnisse, daß der Verband der Komponisten in seiner Erklärung „Für eine sozialistische Musikkultur. Stellungnahme des Verbandes Deutscher Komponisten und Musikwissenschaftler zu Stand und Aufgaben des musikalischen Schaffens in der DDR" (publiziert in *Sonntag* Nr. 22/1963) die Wertung Hagers übernahm, wobei vornehmlich Günter Kunert und Günter Stahnke gemeint waren, weniger Kurt Schwaen mit seiner Musik.

Damit war die Entwicklung einer eigenständigen Opernkunst für Funk und Fernsehen abgebrochen. ›Fetzers Flucht‹ geriet schließlich in Vergessenheit.

Ein Artikel des Leipziger Musikwissenschaftlers Fritz Hennenberg von 1963, der kritisch-produktiv zu ›Fetzers Flucht‹ Stellung bezog, blieb ungedruckt. Er kann im Kurt-Schwaen-Archiv, Berlin-Mahlsdorf, eingesehen werden und legt Zeugnis davon ab, daß eine sachliche Auseinandersetzung möglich gewesen wäre und daß es dafür qualifizierte Kräfte gab.

Der Regisseur Günter Stahnke wurde, nachdem sein erster Spielfilm ›Der Frühling braucht Zeit‹ durch das 11. ZK-Plenum der SED 1965 ebenfalls verboten wurde, von der DEFA fristlos entlassen; er war nach zweijähriger Arbeitslosigkeit kurzzeitig am Berliner Metropol-Theater tätig, bis er als Regisseur in der Abteilung Heitere Dramatik beim DDR-Fernsehen unterschlüpfen konnte. Kurz nach der Wende kam im Januar 1990 sein DEFA-Spielfilm ins Kino-Programm, ebenso erlebten wenige Tage später, am 26. Januar 1990, in der Akademie der Künste der DDR in Berlin seine beiden Fernseh-Produktionen ›Fetzers Flucht‹ und ›Monolog eines Taxifahrers‹ ihre Wiederaufführung.

Literatur Rezensionen der Ursendung. In: Musik und Gesellschaft, H. 2, Berlin 1963

Aufnahmen Produktion des Fernsehens der DDR (Eine Filmoper des deutschen Fernsehfunks / GA) Ekkehard Schall (Fetzer), Christine Gloger (Gesa), Fred Düren (Wächter), Rudolf Ulrich (Agent), Gerry Wolf (Alter Fischer),

Horst Kube (Junger Fischer), Erik S. Klein (Prediger), Axel Triebel (Totengräber) u.a., Rundfunkchor Leipzig, DEFA-Sinfonieorchester, Dirigent Karl-Ernst Sasse, produziert 1962 durch DEFA Studio für Spielfilme, Regie Günter Stahnke

Die Morgengabe
Komische Oper in vierzehn Bildern
Text von Gerhard Branstner

Entstehung 1962

Uraufführung 16. Juni 1963 Kleist-Theater Frankfurt/Oder

Personen
Feuerblume, Tochter des Beis_____Lyrischer Sopran
Ali, ihr Geliebter_____Lyrischer Tenor
Bei_____Charakterbaß
Achmed, Ratgeber_____Baß
Mahmud, des Beis Prügelknecht_____Sprechrolle
Schamila, ein ehrlicher Räuber_____Baß
Fathma, Lieblingssklavin des Beis_____Jugendlicher Alt (Mezzosopran)
Diener_____Baß
Drei Spielleute_____Bässe
Verwalter der Kornkammer des Beis_____Baß
Hofleute, Häscher, Volk_____Gemischter Chor

Orchester 2 Fl, 2 Ob, 2 Klar, 2 Fg, 2 Hr, 2 Trp, 2 Pos, Tb, Pkn, Slzg, Hrf; Str

Story
Die Handlung spielt im Orient zur Zeit der Geschichten aus 1001 Nacht.
Feuerblume, die schöne Tochter eines Beis, und der arme Jüngling Ali lieben einander. Der Vater knüpft an die Vermählung eine Bedingung: Ali soll als Morgengabe einen fetten Ochsen bringen. „Des Armen Weisheit ist die List." Ali verkleidet sich als Ratgeber des Beis, läßt den wirklichen verschwinden, wird dabei von der Sklavin Fathma, von einem ehrlichen Räuber namens Schamila und von Spielleuten unterstützt, so daß am Schluß der Arme alles hat, Braut und fetten Ochsen, während der reiche Bei alles verliert und sogar vom Thron gejagt wird.

Kommentar
Der 1927 geborene Gerhard Branstner, Lyriker, Romancier und damals Cheflektor des Eulenspiegel-Verlages, stellte sich mit der ›Morgengabe‹ das erste Mal als Verfasser eines Librettos vor. Der Text ist im Detail witzig, die Handlung insgesamt etwas langschweifig.

Musikalische Nummern wechseln nach dem Singspielprinzip mit gesprochenen Passagen. Das Verfahren, kurze Melodiefloskeln aneinanderzureihen und ihnen rhythmisch ostinate Wendungen zugrunde zu legen, gibt der Musik ihre Eigenheit. Schwaen berief sich bei seiner Komposition und der Verwendung musikalischer „Orientalismen" auf Mozarts ›Entführung aus dem Serail‹ und grenzte sich bewußt gegenüber Puccinis Manier ab, exotisches Milieu zu geben. Zu jener Zeit stand ein psychologisch motivierter Exotismus bei Jean Kurt Forest groß in Konjunktur (›Tai Yang erwacht‹ 1960, ›Blumen von Hiroshima‹ 1967). Demgegenüber stellt Schwaens ›Die Morgengabe‹ den bemerkenswerten Versuch dar, musikalische Orientalismen in charakterisierender, spielerisch-distanzierender Funktion einzusetzen, sich ein Stück Weltliteratur als Weltbürger anzueignen. Schwaen führte auf seine Weise den von Wagner-Régeny in den zwanziger Jahren begonnenen Kampf gegen „musikalische Fettleibigkeit" fort.

Ausgaben Aufführungsmaterial bei Breitkopf & Härtel Leipzig

Rechte Breitkopf & Härtel Leipzig

Literatur Kurt Schwaen: Bemerkungen zur Oper ›Die Morgengabe‹. In: Programmheft Kleist-Theater Frankfurt 1963, auch In: Material zum Theater Nr. 118, Komponisten der DDR über ihre Opern, Auswahl und Zusammenstellung Stephan Stompor, Berlin 1979
Ina Iske, Kurt Schwaen. Für Sie porträtiert, Leipzig 1984
Rezensionen der Uraufführung. In: Theater der Zeit, H. 15, Berlin 1963; Musik und Gesellschaft, H. 11, Berlin 1963

Der eifersüchtige Alte
Kammeroper in einem Bild
nach einem Zwischenspiel von Miguel de Cervantes Saavedra
Text von Kurt Schwaen

Entstehung 1978-1979

Uraufführung 19. April 1980 Hochschule für Musik „Hanns Eisler" Berlin in der Deutschen Staatsoper Berlin – Apollo-Saal

Personen
Canizares_____Baß
Doña Lorenza, seine Gemahlin_____Sopran
Christina, seine Nichte_____Mezzosopran
Gevatter des Canizares_____Bariton
Frau Hortigosa, eine Kupplerin_____Alt
Liebhaber und erster Sänger_____Tenor
Straßensänger_____3 Frauen, 3 Männer

Orchester Klar, Fg, Hr, 2 Kl (auch Kl und Cemb möglich)

Aufführungsdauer ca. 45 Min.

Story

Die Handlung spielt in Spanien im 16. Jahrhundert.
Straßenmusikanten werden von einem alten reichen Mann unwirsch abgewiesen, hat er doch eine junge Frau geheiratet, die er vor aller Welt in seinem Haus verbirgt. Einmal aber vergißt er, die Tür abzuschließen. Herein dringt die Nachbarin und verspricht der sich tödlich langweilenden Ehefrau einen jungen stattlichen Liebhaber. – Derweil macht der eifersüchtige Alte einem Gevatter gegenüber Andeutungen über seine ehelichen Probleme. Der Verwandte hört sich das gerne an, denn auch er wird – als Junggeselle – seines Lebens nicht recht froh. Die Nachbarin schmuggelt den jungen Liebhaber ins Haus, und alsbald herrscht eitel Zufriedenheit: Die junge Frau vergnügt sich mit dem jungen Mann, der Alte hat seine Ruhe und hört keine Schelte mehr von seiner Frau. Die Straßenmusikanten dringen in des Alten Domizil ein, werden aber von ihm verjagt; mit ihnen verläßt der Liebhaber unerkannt das Haus.

Kommentar

Kurt Schwaen hat Cervantes' kurzes Zwischenspiel textlich selbst eingerichtet und damit eine Vorlage gewählt, in der sich philosophischer Gehalt mit stringenter Fabelführung verbindet. In extrem zugespitzter Situation wird das Problem der Monogamie diskutiert, ohne erotische Heuchelei äußert sich das Begehren nach Sinnlichkeit. Die Fabel besteht in einer Intrige, mit der dem natürlichen Wunsch nach Liebe gegenüber Besitzanspruch zu seinem Recht verholfen wird.

Das Duett Canizares–Gevatter, in dem ein Ehemann einem Junggesellen seine Not klagt, hat Schwaen als eine Paraphrase über das berühmte Menuett aus Mozarts Oper ›Don Giovanni‹ gestaltet; brüstet sich dort der spanische Grande mit seiner sexuellen Potenz, beklagt hier der eifersüchtige Alte sein Versagen.

Die aparte Orchesterbesetzung gibt dem Stück seinen Reiz, die Holzblasinstrumente sind den drei Frauen zugeordnet, die Klarinette der Dienerin und Nichte Christina, das Horn der Ehefrau, die ihrem Manne Hörner aufsetzt, und das Fagott der kupplerischen Nachbarin. Die Aufgaben für die Sänger sind effektvoll, dabei nicht übermäßig anspruchsvoll, für eine Studentenaufführung bestens geeignet.

Kurt Schwaen hatte seinen ›Eifersüchtigen Alten‹ für die Musikhochschule „Hanns Eisler" Berlin geschrieben, und die Studenten dankten es ihm, indem sie sein Werk in einer frechen spritzigen Inszenierung (Regie: Renate Breitung) zur erfolgreichen Uraufführung brachten.

Ausgaben KIA Edition Peters Leipzig

Rechte Edition Peters Leipzig – Musikverlag C.F. Peters Frankfurt/Main

Literatur Miguel de Cervantes Saavedra: Zwischenspiel vom eifersüchtigen Alten. In: Miguel de Cervantes Saavedra. Die Zwischenspiele. Elf Einakter, hrsg. von Fritz Rudolf Fries, Leipzig 1967
„Sagt ein Jahr des Friedens an." Sendung über die Kammeropern ›Der eifersüchtige Alte‹ und ›Der Fischer von Bagdad‹ von Katharina Wauer. Mit Kurt Schwaen, Renate Breitung und Jürgen

Hinz, Radio DDR II, 7. Oktober 1981; Ina Iske: Kurt Schwaen. Für Sie porträtiert, Leipzig 1984

Rezensionen der Uraufführung. In: Theater der Zeit, H. 7, Berlin 1980; Musik und Gesellschaft, H. 6, Berlin 1980

Der Fischer von Bagdad
Kammeroper in sechs Bildern
frei nach einer Erzählung aus
›Die Erzählungen aus den tausendundein Nächten‹
Text von Kurt Schwaen

Entstehung 1979

Uraufführung 19. April 1980 Hochschule für Musik „Hanns Eisler" Berlin in der Deutschen Staatsoper Berlin – Apollo-Saal

Personen
Kalif	Baßbariton
Dschaafar, Großwesir	Hoher Bariton
Kalifah, Fischer	Bariton
Subaida, Herrin	Sopran
Fatima, Sklavin	Sopran
Fischer, Dienerinnen der Subaida	Kleiner Chor

Orchester Fl, Ob, Klar, Fg, Hr, Trp, Pos, Pkn, Slzg

Aufführungsdauer ca. 45 Min.

Story
Die Handlung spielt im Orient zur Zeit der Geschichten aus 1001 Nacht.
Der arme Fischer Kalifah hat einen glücklichen Tag, ihm ist ein reicher Fang gelungen. Um sich gegen künftige Schicksalsschläge abzuhärten, kasteit er sich.
 Das Unglück läßt nicht lange auf sich warten. Als er im Meer badet, werden ihm seine Kleider gestohlen. Er beschuldigt einen Vorübergehenden des Diebstahls. Es ist der Kalif, incognito, den der Fischer seiner großen Nasenlöcher wegen für einen Trompeter hält. Der Kalif schenkt dem Fischer einen Mantel, dafür lehrt ihn Kalifah das Fischen.
 Die Fische werden zum Palast gebracht, Kalifah folgt, seinen Lohn zu fordern. Im Palast macht sich der Kalif einen Spaß: Er läßt den Fischer zur Entlohnung drei Lose ziehen, doch statt des erhofften Goldes gewinnt er hundert Peitschenhiebe. „Gnädig" erläßt der Kalif ihm die Hiebe und schenkt ihm hundert Dinar.
 Subaida, die Frau des Kalifen, ist eifersüchtig auf Fatima und sinnt darauf, diese Lieblingssklavin des Kalifen zu beseitigen. Sie läßt Fatima in eine Kiste sperren und befiehlt, die verschlossene Kiste ins Meer zu werfen. Doch ein raff-

gieriger Diener macht sich damit ein Geschäft und verkauft das Behältnis unbekannten Inhalts auf dem Markt, wo es Kalifah für seine hundert Dinar ersteht: Ihm wurde gesagt, daß sich darin ein großer Schatz befinde.

In Kalifahs Hütte entpuppt sich der Schatz in der Kiste als die Sklavin Fatima, die ihm ihre Not klagt und ihn um Hilfe bittet. Der Fischer verständigt den Kalifen. Der eilt herbei, doch ist ihm seine Frau schon zuvorgekommen. Es entsteht Zank und Streit, der Kalif flieht, die Frauen folgen ihm. Zurück bleibt der Fischer, arm wie zuvor und unbedankt.

Kommentar

›Der Fischer von Bagdad‹ entstand auf Wunsch der Hochschule für Musik Berlin als ergänzendes Stück zum ›Eifersüchtigen Alten‹. Den Text schrieb Schwaen nach einem Märchen aus ›1001 Nacht‹ selbst, er veränderte jedoch den Schluß: Der Fischer wird nicht reich und glücklich, sondern geht leer aus.

Vermochte sich in der ebenfalls nach einer Vorlage aus ›1001 Nacht‹ geschaffenen ›Morgengabe‹ (1962) der arme Ali gegen den reichen Bei durchzusetzen, ist im ›Fischer von Bagdad‹ die Aufbruchsstimmung einer melancholischen Einsicht gewichen: Die Mächtigen springen auf zynische und willkürliche Weise mit den kleinen Leuten um, die nur ungenügende Abwehrmechanismen entwickelt haben und ihnen nicht nur aus Dummheit, sondern auch aus Abhängigkeit immer wieder „auf den Leim" gehen. Die Fabel führt dieses Thema zweimal durch: Wie der Kalif mit Kalifah, so geht die Kalifenfrau mit Fatima um.

Die instrumentalen und vokalen Anforderungen sind reizvoll, die kurzen dreiundzwanzig Musiknummern unterscheiden die Welt des Kalifen mit ihren kunstvollen Solo-Arien und orientalisierenden Chören von der Fischerwelt mit ihren einfacheren liedhaften Gesängen. In Anspielung auf ein berühmtes Vorbild singt hier nicht „die Leiche im Sack", sondern Fatima in der Kiste.

Orientalisches Kolorit ist parodistisch-atmosphärisch eingesetzt. Das Werk rundet sich zur Bogenform, es endet, wie es begonnen, mit einem getragenen, erzählenden Chor.

Ausgaben Nicht publiziert, Aufführungsmaterial als Manuskript beim Komponisten und bei der Hochschule für Musik „Hanns Eisler" Berlin

Literatur Kalifah, der Fischer von Bagdad. In: Die schönsten Geschichten aus 1001 Nacht, Leipzig 1920
„Sagt ein Jahr des Friedens an." Sendung über die Kammeropern ›Der eifersüchtige Alte‹ und ›Der Fischer von Bagdad‹ von Katharina Wauer. Mit Kurt Schwaen, Renate Breitung und Jürgen Hinz, Radio DDR II, 7. Oktober 1981; Ina Iske: Kurt Schwaen. Für Sie porträtiert, Leipzig 1984. Rezensionen der Uraufführung. In: Theater der Zeit, H. 7, Berlin 1980; Musik und Gesellschaft, H. 6, Berlin 1980

Das Spiel vom Doktor Faust
Oper in einem Prolog und neun Bildern
Text von Kurt Schwaen

Entstehung 1981-1982

Uraufführung 3. Dezember 1983 Theater Brandenburg

Personen

Faust	Charakterbaß (Baßbariton)
Hans Wurst	Spielbariton
Pluto	Seriöser Baß
Mephisto	Tenor (Bariton)
Charon	Bariton
Ausrufer	Moritatensänger
Helena	Lyrischer Sopran
Hübsches Mädchen	Sopran (Soubrette)
Furien	Kleiner Mädchenchor
Karl V. und Gefolge, Alexander der Große und Gemahlin	Pantomimen

Orchester Fl, Ob, Klar, Fg, Hr, Trp, Pos, Pkn, Slzg, Kl, Kb

Aufführungsdauer 1 Std., 30 Min.

Handlung
Prolog: Hans Wurst und Ausrufer geraten in Streit darüber, wie sich Doktor Fausts Leben und Sterben wirklich zugetragen habe. Hans Wurst widerspricht als Augenzeuge dem auf allzu schnelle moralische Verurteilung bedachten Ausrufer.
1. Bild: *Unterwelt.* Charon will seinen Dienst kündigen, er ist arbeitslos, die Furien haben ihren Schrecken verloren. Pluto will seinen treuesten Diener behalten und hetzt die Furien sowie Mephisto auf den Mann, der die Hölle mißachtet; den Doktor Faust.
2. Bild: *Fausts Studierstube.* Unzufrieden mit den geistigen und materiellen Ergebnissen redlicher Forscherarbeit, kommt Faust der Teufel gerade recht: Der soll ihm magische Kräfte und Geld schaffen, dafür bekommt er Fausts Seele, wenn dieser des Daseins überdrüssig ist.
3. Bild: *Studierstube.* Faust hat eine Buchdruckmaschine erfunden, um Wissen zu verbreiten, und stellt fest, wie borniert Mephistos Kenntnisse sind.
4. Bild: *Halb Studierstube, halb Straße.* Pluto mahnt Mephisto zur Tat, der setzt die Furien ein, die Faust umschwärmen. Faust aber bleibt von ihren Reizen ungerührt, dafür erregt eine Hure seine Sinne; er bändelt mit ihr an.
5. Bild: *(gleiche Szene)* Faust gibt sich als „Kalendermacher" aus und läßt sich dafür bezahlen, den Leuten das zu sagen, „was sie alle wissen und gerne hören wollen".

6. Bild: Ausrufer und Hans Wurst berichten von Fausts Reiseabenteuern und Zauberkünsten. (Pantomimische Darstellung der Faustischen Gaukeleien am Kaiserhof.)
7. Bild: *Im Freien.* Mephisto zaubert für Faust die Helena herbei, doch die ist unberührbar und verschwindet.
8. Bild: *Studierstube.* Faust klagt über die Vergeblichkeit seines Strebens, Mephisto frohlockt.
9. Bild: *Unterwelt.* Hans Wurst und Ausrufer sind noch immer uneins, wie Fausts Geschichten zu bewerten seien. Mephisto wird von Pluto gescholten; Faust ist des Strebens noch immer nicht müde. Charon beschwert sich abermals: Noch immer ist er arbeitslos. Da naht ein einsamer Mann freiwillig seinem Kahn. Charon aber hat gekündigt und gibt Faust den Rat, sich selbst hinüberzuhelfen.
Finale: Alle Mitwirkenden vereinigen sich zum heiteren Rund- und Abgesang.

Kommentar

Kurt Schwaen hat den Text unter Verwendung alter Quellen – des Volksbuchs vom Doktor Faust und des Straßburger Puppenspiels – mit viel Witz, leichter Hand und heiterem Verstand selbst verfaßt. „Mir schwebte die Bezeichnung ‚tragische Operette' vor. Tragik und Satire begegnen sich. Die Ebenen wechseln. Halb Puppenspiel, halb Oper. Arien und Songs. (...) Die Musik gibt Haltungen vor, sie beschränkt sich auf Konturen. Vom kleinen Orchester wird Exaktheit verlangt. Namentlich im Zusammenspiel. Die Dynamik? Nur wenig vorgegeben, hängt sie von der Szene und vom Ausdruck ab. Die Pantomime ist kein Ballett, doch würde ihr dessen Präzision gut anstehen." (Schwaen, Vorwort zur Oper)

Von den Musikern wird, bei vorwiegend solistischem Spiel, nicht nur eine der Szene adäquate Präzision gefordert, sondern auch charaktervolle Tongebung und sinnerfüllte Dynamik, von den Sängern die Beherrschung unterschiedlicher Gesangsstile, der leichte Übergang von einer Gesangsart zur anderen, der sofort treffende Tonfall.

Kurt Schwaen hat sich mit Kühnheit und Erfolg über alle Belastungen hinweggesetzt, denen das Faust-Modell in der jüngsten Vergangenheit ausgesetzt war. Nach der Gründung der DDR proklamierte man die Entwicklung einer eigenständigen Nationalkultur und wies dem Faust-Stoff darin einen zentralen Platz zu. Hanns Eisler, der mit keckem, frischem Griff Faust-Figur, Bauernkriegsthematik und Hans-Wurst-Personnage miteinander verbunden hatte, scheiterte tragisch. Sein Libretto wurde in Fachkreisen, unter anderem von Alfred Kurella und Wilhelm Girnus, diskutiert und als untauglich verworfen, die Komposition führte er nicht mehr aus. Ein wichtiges Werk entstand nicht. Jeder Komponist in der DDR war, wollte er sich an den Faust-Stoff wagen, seither mit der Legende von der „verhinderten Nationaloper" konfrontiert. Kurt Schwaen gebührt das Verdienst, diese Hemmschwelle mit Grazie, Humor und Erfolg überwunden zu haben. Bei ihm sind Ausrufer und Hans Wurst durchgehende Figuren, Prolog und Finale geben keinen Rahmen, vielmehr werden in ihnen die mit den beiden Figuren eingebrachten verschiedenartigen Standpunkte diskutiert, man entzweit sich am Anfang, bleibt uneins und einigt sich am Schluß auf dem kleinsten gemeinsamen Nenner.

Indem Schwaen diese prinzipiell unterschiedlichen Sehweisen vom Ausrufer, als offiziellem Sprecher einer offiziösen Moral, und von Hans Wurst, als nichtoffiziellem Vertreter einer Leib-und-Magen-Ideologie, das ganze Stück über immer wieder aufschimmern läßt, aktiviert er das alte Volkstheater nicht äußerlich-folkloristisch, sondern in seinen wesentlichsten Zügen; er ordnet sich so mit seinem Faust-Spiel in eine bestimmte Tradition ein und leistet eine eigenständige notwendige Adaption dieses alten Modells.

Ausgaben KIA Edition Peters Leipzig o.J. (EP 10321)

Rechte Edition Peters Leipzig – Musikverlag C.F. Peters Frankfurt/Main

Literatur Kurt Schwaen: Über seine Oper ›Das Spiel vom Doktor Faust‹. Gespräch von Dietmar Fritzsche. In: Theater der Zeit, H. 8, Berlin 1984; ders.: Vorwort zur Oper. In: KIA Spiel vom Doktor Faust, Edition Peters Leipzig o.J.
Rezensionen der Uraufführung. In: Theater der Zeit, H. 2, Berlin 1984; Musik und Gesellschaft, H. 6, Berlin 1984

Craqueville oder Die unschuldige Sünderin
Komische Oper in acht Bildern
Text von Claus und Wera Küchenmeister

Entstehung 1984

Uraufführung 19. April 1986 Theater Brandenburg

Personen
Ramullot, Bäcker _____ Tenor
Euridice, seine Frau _____ Sopran
Croquette, alte Jungfer _____ Sopran (Mezzosopran)
Alphonse, Hirt _____ Bariton
Bürgermeister _____ Tenor
Pater _____ Baß
Erste Bäuerin _____ Sopran
Zweite Bäuerin _____ Alt
Lehrer _____ Baßbariton
Schüler (5 Kinder) _____ Kinderstimmen
Einwohner von Craqueville _____ Gemischter Chor

Orchester 2 Fl, 2 Ob, 2 Klar, 2 Fg, 2 Hr, 2 Trp, Hrf, Cel, Slzg; Str

Aufführungsdauer 1 Std., 40 Min.

Story

Bäckermeister Ramullot ist ein wahrer Künstler in seinem Gewerbe und frischgebackener Ehemann der schönen Euridice, doch werden beide – als ehemalige Städter – von den Dorfbewohnern mit Mißtrauen beobachtet. Die alte Jungfer Croquette verleumdet die junge Bäckersfrau, bringt sie mit dem Hirten Alphonse ins Gerede. Der Dorfskandal ist perfekt, macht Lust und Laune. Das führt so weit, daß der betroffene „Ehemann der ‚unschuldigen Sünderin' Euridice unfähig ist, seinen Beruf auszuüben. Er fühlt sich als Künstler, braucht Phantasie, ohne Liebe undenkbar. Somit sind die Bewohner des Dorfes ebenfalls Geschädigte. Der Fall muß geschlichtet werden, die Obrigkeit, weltlich wie geistlich, ist gefordert, Nichts leichter als dies, da sich nichts ereignet hat. ‚Das', was die alte Jungfer Croquette zu sehen geglaubt hat, war ein Irrtum, eine Täuschung aus allzu lebhafter Phantasie. Das Dorf erhält seinen Bäcker wieder. Ehe und Brot kommen ins Lot." (Schwaen).

Kommentar

Die Oper entstand als Auftragswerk des Theaters Brandenburg. Kurt Schwaen besann sich auf eine Anregung Brechts, der ihm und den damaligen Meisterschülern Wera und Claus Küchenmeister 1953 eine altfranzösische Vorlage als Opernstoff empfohlen hatte. Als musikalische Paten seiner Komischen Oper nannte Schwaen Mozart und Weill, sofern man letzteren nicht auf den Songstil reduziere, insbesondere aber Strawinsky mit seiner ›Geschichte vom Soldaten‹. In diesem Zusammenhang erklärte Schwaen auch seine Abneigung gegenüber allem „Psychologisieren in Musik", seine Vorliebe für das „Vorwärtsschreiten der Handlung, kleine Besetzung. (...) Das Orchester – ein Sinfonieorchester mit zehn Blasinstrumenten – wird häufig auch in kleiner Besetzung hörbar; bisweilen nur Holzbläser, oder Harfe solo, oder eine Oboe. Als Luxus habe ich mir Harfe und Celesta geleistet (...)."

Allein die beiden Chöre, als jeweilige Gefolgsleute von Pfarrer bzw. Bürgermeister, weichen von der kammermusikalischen Art des Musizierens ab. Da das Brandenburger Ensemble, wie die meisten Opernhäuser der DDR, nur über einen zahlenmäßig beschränkten Chor verfügte, machte es aus seiner Not eine Tugend: „Man fand eine Lösung, indem der Chor sich je nach Lage der Dinge auf die eine oder andere Seite schlug, was auch sonst vorkommen soll. Auf diese Weise konnte die Regie [Renate Breitung, N.] aus dem Mangel an Personal noch einen Gewinn ziehen." (Schwaen 1986, S. 26)

Schwaen arbeitet mit kurzen, präzisen Formulierungen, in denen er die Eigentümlichkeit von Charakter und Aktion faßt, so die gehetzte Geschäftigkeit der Jungfer Croquette, den drängenden, fast aggressiven Charme des Hirten Alphonse, die verträumte Nachgiebigkeit der Euridice und die tragische Erhabenheit des in seine Frau wie in seinen Beruf gleichermaßen verliebten Bäckers.

Entstanden ist eine heiter-graziöse Spieloper mit einer philosophisch reizvollen Thematik, einer gestisch pointierten, mit einfallsreichen Instrumentengruppierungen arbeitenden, klar konturierten Musik, die weniger begleitende oder illustrierende als vielmehr kommentierende Funktion hat. Kurze, zu sprechende Dialoge sind in die Handlung zwischen die einzelnen musikalischen Nummern eingefügt.

Ausgaben KlA Edition Peters Leipzig o.J.

Rechte Edition Peters Leipzig – Musikverlag C.F. Peters Frankfurt/Main

Literatur
Kurt Schwaen: ›Craqueville‹ und einige Gedanken zur Oper. In: Theater der Zeit, H. 7, Berlin 1986; Interview Kurt Schwaen. Von Katharina Wauer mit Bericht über die Uraufführung, Radio DDR II, 15. Juli 1986
Rezensionen der Uraufführung. In: Theater der Zeit, H. 7, Berlin 1986; Musik und Gesellschaft, H. 6, Berlin 1986

Karl Ottomar Treibmann
14. Januar 1936

Geboren in Raun (Vogtland), 1954-1959 Studium Musikerziehung/Germanistik an der Karl-Marx-Universität Leipzig, 1959-1966 Lehrer und Kreisfachberater für Musik in Delitzsch, 1966 Promotion zum Dr. phil. und Wissenschaftlicher Mitarbeiter des Fachbereichs Musikerziehung/Musikwissenschaft der Karl-Marx-Universität Leipzig, 1967-1970 zusätzliches Kompositionsstudium an der Hochschule für Musik Leipzig bei Fritz Geißler und Carlernst Ortwein, 1974-1975 Meisterschüler bei Paul Dessau an der Akademie der Künste der DDR, seit 1976 Dozent und 1981 Berufung zum Professor für Musiktheorie und Tonsatz an der Karl-Marx-Universität Leipzig. Seit 1985 Vorsitzender des Bezirksverbandes der Komponisten und Musikwissenschaftler der DDR (bis 1989), Mitglied des Präsidiums und Zentralvorstandes des Komponistenverbandes, ab 1990 Vorsitzender des Regionalverbandes Leipzig des Verbandes Deutscher Komponisten e.V.

1981 Kunstpreis der Stadt Leipzig, 1987 Verdienstmedaille der DDR, 1988 Kunstpreis der DDR

Fünf Sinfonien (1979, 1981-82, 1983, 1988, 1988-89), drei Sinfonische Essays (1969, 1970, 1972), ›Capriccio 71‹ – Für Orchester (1971), Violinkonzert (1973), Prolog für Orchester (1974)

Kammermusik, vorrangig Sonaten für verschiedene Instrumente mit und ohne Klavier sowie Solostücke, u.a. Musik für zehn Blechbläser (1968), Streichquartett (1970), Klavierzyklus I (1978) und II (1979), Schlagsonate (1980), ›Blickpunkte‹ – Für Oboeninstrumente solo (1982), ›Marsch-Schmiede‹ – Für Posaune (1982), ›Consort-Sonate‹ – Für Oboe, Viola, Klavier und Gitarre (1985), ›Girlanden für einen Freund‹ – Für Flöte, Klarinette, Trompete, Violoncello, Vibraphon, vier Becken, zwei Gongs und zwei Tamtams (1985), Akkordeonzyklus (1987), Tubaballade (1987)

Schauspielmusiken, u.a. ›Antigone-Musik‹ – Chöre und Bacchus-Ballett zur Hölderlinschen Nachdichtung (1980)

Vokalkompositionen, ›Reminiszenzen‹ – Fünf Gesänge für tiefe Stimme und Klavier nach Worten von Reiner Kunze (1968), Männerzyklus nach Louis Fürnberg (1968), Zyklus für einen Sänger und einen Pianisten nach Limericks von Dirk Mandel (1981), ›Der Frieden‹ – Chorsinfonie mit Sprecher, Tenor, Bläsern und Schlagwerk nach Worten von Volker Braun (3. Sinfonie, 1983)

Strukturen in neuer Musik. Anregungen zum zeitgenössischen Tonsatz, Deutscher Verlag für Musik Leipzig 1981

Bühnenwerke

Der Preis _____ 1975-1979
Oper in einem Akt _____ UA 1980
Text von Harald Gerlach

Scherz, Satire, Ironie und tiefere Bedeutung _____ 1983-1985
Komische Oper nach Christian Dietrich Grabbe _____ UA 1987
Text von Harald Gerlach

Der Idiot _____ 1986-1987
Oper in sieben Bildern _____ UA 1988
nach dem gleichnamigen Roman
von Fjodor Dostojewski
Text von Harald Gerlach

Der Reigen _____ 1989-1990
Oper nach Arthur Schnitzler
Text von Harald Gerlach

Der Preis
Oper in einem Akt
Text von Harald Gerlach

Entstehung 1975-1979

Uraufführung 1. März 1980 Städtische Bühnen Erfurt

Personen
Maja _____ Sopran
Jos _____ Bariton
Adi _____ Baß
Mephir, auch Arzt, Angler, Redner _____ Baßbuffo/Bariton
Gabriel _____ Tenor
Michael _____ Tenor
Festlich gekleidete Herren _____ Kleiner Männerchor
Kleine Engel und kleine Teufel _____ Stumm
Hinter der Bühne _____ Kleiner gemischter Chor
(Der Chor hinter der Bühne soll über Lautsprecher mit wanderndem Effekt in den Zuschauerraum übertragen werden.)

Orchester 2 Fl (I auch Picc), 2 Ob, 2 Klar, 2 Fg, 2 Hr, 2 Trp, 2 Pos, Elektronische Orgel, Slzg I: Vib, KlTr, Pkn, High Hat, Bck, NietenBck, Gong, Tt, 3 Tempelblocks, Maracas, Trgl; Slzg II: Xyl, Glsp, RGl, Pkn, 3 Bongos, Bck, Gong, Tt, 3 Holztr, Maracas, Trgl, Metallfolie; 6 Va, 6 Vc, 4 Kb; vorbereitetes Tonband (Einzelne Instrumentalisten spielen zeitweise Maracas, Kast, Holztr, SchTamb, Sistrum, Ratsche und Gurke.)
(Für Kammerbühnen existiert eine reduzierte Bläserfassung.)

Aufführungsdauer 1 Std., 15 Min.

Handlung
Der Grundraum des Spiels stellt ein geräumiges Zimmer vor, mit Tür und Fenster (...). Seitlich davon, hautnah am Zuschauer, eine gesonderte Spielfläche.

1. Szene: *Zu Beginn des Spiels ist die Bühne völlig dunkel, es ist sehr still.* Eine Frau wartet. Eine elektrische Klingel ertönt. Ein Arzt untersucht einen Mann. Die Frau Maja setzt sich mit dem Arzt auseinander: Es geht um eine Gnadenfrist, wie lange ihr Mann Jos noch zu Hause leben kann, um einen Preis für sein Lebenswerk, die Erfindung einer Maschine, entgegennehmen zu können. Das Gespräch wird vor dem todkranken Jos geheimgehalten. Der aber weiß schon längst, wie es um ihn steht. **2. Szene:** *Das Licht wechselt in eine Geisterstimmung.* Die Erzengel Gabriel und Michael kommen in der Gestalt dieser Zeit, als „kleine Verwalter der Macht", um den Mann Jos auf „allerhöchsten Befehl" zu holen. Michael verspricht sich und offenbart dabei, welchen Jahrhunderts Geist er ist: „Die Selektion erfolgt an der Rampe." Jos entzieht sich für diesmal der Selektion durch den körperlichen Zusammenbruch, doch trösten ihn die Geister: „Fürchte dich nicht. Bald werden wir gemeinsam jubilieren!" **3. Szene:** *1. Vision.* Eine Stimme löst den Vorfall atheistisch-rationalistisch auf: „Hast die Engel singen hören, bist am Boden?" Jos sucht den Spötter. *1. Erinnerung.* Es ist sein Jugendfreund Adi. Ein Angler nimmt die beiden Jugendfreunde an den Angelhaken der „gesellschaftlichen Notwendigkeit". Das Wort zerspaltet sich in „Not" und „Wendigkeit". *2. Vision.* Der Angler verflüchtigt sich hohnlachend. Jos baut mit Adi seine Utopien in den Sand, bis er auf den Grund seiner Existenz kommt und entdeckt, daß die Erfindung seines Lebens, eine Kohlehydrate verwandelnde Maschine, nicht funktioniert. *2. Erinnerung.* Adi und Jos an der gemeinsamen Jugendfront, der Agitation. Sie kollidieren mit dem realen Sein der Arbeiter. Während sich Adi den Konsequenzen seiner Worte stellt und von den Arbeitern erschlagen wird, entzieht sich Jos. *3. Vision. Wieder im Zimmer.* Jos muß sich von Adi den Vorwurf gefallen lassen, zu den Konsequenzen damals nicht gestanden zu haben, warum sollte er es also heute tun? Angesichts der Preisverleihung und seines baldigen Todes wird er die Untauglichkeit seiner Maschine nicht zugeben. **4. Szene:** *1. Vision. Begegnung mit Mephir.* Der Atheist Jos glaubt nicht an Gott, aber an den Teufel. Er erkennt ihn sofort und geht ihm doch auf den Leim. Der Teufel macht ihn glauben, verschleuderte Lebenszeit kehre wie ein Bumerang irgendwann wieder zurück. Jos probiert es metaphorisch mit einem „Hühnergott" und wartet vergeblich auf dessen Rückkehr. *2. Vision: Majas Klage.* Jos wird klar, daß er nicht nur seine Lebenszeit vertan, sondern auch seine Frau unglücklich gemacht hat. *3. Vision. Adis Abrechnung.* Der Jugendfreund öffnet Jos die Augen für seine Lebenslüge, der Putz blättert ab von seinem sorgsam mit Lügen tapezierten Gehäuse. **5. Szene:** *Preisvision.* Nach vorgeschriebenem Reglement nimmt die Preisverleihung unaufhaltsam ihren Lauf. Des Preisträgers Einwände verhallen ungehört. **6. Szene:** Die elektrische Klingel ertönt. Die Preisverleihungsvision bricht ab. Die Engel und der Teufel kommen, Jos zu holen, und geraten in Streit, ob er dem Himmel oder der Hölle gehöre. Zwischen himmlischen und höllischen Heerscharen entbrennt ein Kampf. Derweil ertönt die elektrische Klinge ein drittes Mal. Die Spukgestalten verschwinden. Jos erwacht aus einem Alptraum.

Entstehung

Die Oper ›Der Preis‹ war die erste gemeinsame Arbeit von Karl Ottomar Treibmann und Harald Gerlach. Sie entstand als ein Auftragswerk der Städtischen Bühnen Erfurt. Der Entstehungsprozeß war langwierig, verlief auf vielen Umwegen und mit Veränderungen und hätte wohl keinen Abschluß gefunden, wenn nicht der Auftraggeber fordernd eingegriffen und damit die Arbeit zu einem Ende gebracht hätte (vgl. die Dokumentation zum Entstehungsprozeß im Programmheft der Uraufführung, hrsg. von Walter Meißner). Der Grund für die fruchtbare Reibung zwischen dem Komponisten und dem Librettisten lag darin, daß beide auf zwei unterschiedliche Modelle aus waren, die zur Übereinstimmung gebracht werden mußten. Gerlach setzte mit seinem Libretto am Schluß von Goethes ›Faust‹ an und kommentierte diesen indirekt: Faust hat sterbend eine Vision, er glaubt, daß seine Utopie eines freien Volkes auf freiem Grund bereits Wirklichkeit werde, derweil in Wahrheit Mephisto und das offene Grab auf ihn lauern.

Anders und doch vergleichbar ist die Konstellation in der Oper: Einem Erfinder namens Jos sind ein Preis, damit Nachruhm und gesellschaftliche Anerkennung sicher, der baldige Tod ist ihm bewußt und kommt nicht hinterlistig oder überraschend; aus der Summe seines Lebens und seiner Zeit, von innen heraus, stürzt seine Sicherheit, seine Vision zusammen und macht der Gewißheit Platz, sich in einer Lüge, in „weißen Tapeten" eingerichtet zu haben; real und metaphorisch soll denn auch gegen Schluß der Oper der Putz von den Wänden des Spielraums bröckeln, sollen sich Risse und Sprünge bilden.

Treibmann hingegen bezog sich weniger auf das Faust- als vielmehr auf das von Mickel und Dessau geschaffene Einstein-Modell. Karl Ottomar Treibmann war 1974/75 Meisterschüler bei Paul Dessau gewesen, dessen Oper ›Einstein‹ 1974 zur Uraufführung gelangt war. In der Dramaturgie dieser Oper war eine Vielschichtigkeit der Gedanken, eine Gleichzeitigkeit einander ausschließender Gefühle angelegt. Um diese Vielschichtigkeit rangen nun der Komponist Treibmann und sein Librettist Gerlach. Spuren davon sind im fertigen Werk noch aufzufinden. So wird in der ersten Szene und im Epilog quasi naturalistisch begründet, warum es zu Zeitverschiebungen, Geistererscheinungen und Visionen kommt: Es handelt sich um einen Alptraum des Jos. Das Ertönen der elektronischen Klingel setzt das Zeichen dafür, wieviel reale Zeit vergangen ist: nicht mehr als eine Sekunde.

Kommentar

Neben dieser milieuhaft-naturalistischen Ebene etablierten die Autoren von Anfang an eine modellhafte zweite. Sie hebt mit dem Arioso der Frau Maja und dem Sprechton des Arztes an. Während sich die Frau im Gesang völlig entblößt, sich in ihren Gefühlen und Ängsten preisgibt, definiert sich ihr Partner, der Arzt, nicht; im Gegenteil, er versteckt sich, indem er zum Beispiel die „musikalischen Aktionen mit Gebärden zustimmend kommentiert". Erst nachdem er seine Rolle gegenüber dem Patienten und dessen Frau ausgespielt hat, gewinnt er an Ton und fängt

an zu singen. Die Typologie dieses Arztes hat eine Tradition: bei Alban Berg
(›Wozzeck‹), Sergej Prokofjew (›Der feurige Engel‹) und Schostakowitsch (›Die
Nase‹). Treibmann knüpft hier an, wobei es ihm weniger um die Charakteristik
eines bestimmten Berufes als vielmehr um die eines bestimmten Verhaltens geht:
um den seelenlosen, mechanisch funktionierenden Wissenschaftler. Damit ist das
Stück auf große Weise eröffnet; denn im Verlauf der Handlung wird die Frage
nach der Humanisierung von Naturwissenschaft und Gesellschaftswissenschaft
gestellt. Nicht zufällig sind die Figuren Arzt, Angler und Redner Metamorphosen
einer Gestalt: des Mephir, einer Mephisto-Anspielung.

Treibmann illustriert und begleitet den Text, doch erschöpft sich darin die
Funktion seiner Musik nicht. Er serviert die Worte, nimmt zu ihnen Stellung,
bricht sie auf. So ist zum Beispiel das Wort „Preis" auf besondere Weise affektgeladen. Maja begründet damit die Dringlichkeit ihrer Bitte, der Arzt möge den
Kranken nicht sofort mitnehmen. Doch während sie dieses Wort kunstvoll auf
lange Koloraturen auffädelt, wird ihr im Vorgang des Singens klar, wie unbedeutend der Preis erscheint angesichts der tödlichen Krankheit des Mannes. Wort und
Koloratur bleiben ihr im Halse stecken. Wenig später wiederholt sich das Gleiche
bei Jos.

Ein Charakteristikum von Treibmanns Musik „ist eine unablässig hitzige Nervosität. Sie zwingt den Hörer zu großer Anspannung der Sinne und Gedanken,
was ihn hinwiederum bei der relativ geringen Dauer des Werkes von fünfviertel
Stunden nicht belastet. Die Musik erscheint als unmittelbarste Widerspiegelung
der sich jagenden und einander verdrängenden Erinnerungen und Visionen, des
Zweifels und des Mit-sich-ins-reine-kommen-Wollens der Zentralfigur. Die musikalischen Ideen verweilen nicht selbstgenüßlerisch, sie treiben sich an und schlagen sich gleichsam auch gegenseitig aus dem Felde. (...) Der wirklichen lyrischen
Momente gibt es wenige in dieser Oper. Der so ziemlich einzige verhaltene Ruhepunkt ist der erinnernde Gesang Majas, der von ineinander verwobenen, sich
mischenden Streichern getragen wird. Aber auch dieser Gesang birgt durch die
zerbrechlich-klirrende Höhenlage des instrumentalen Untergrunds schon wieder
die unruhige Spannung in sich. (...) Das Heitere erscheint in der ironischen Hintergründigkeit der Engel, denen der Komponist eine bewußt vordergründige
‚Start-und-Lande-Musik' geschenkt hat, und in der Verschlagenheit des Mephir,
dessen Auftritt beispielsweise von martialisch pfeifender, schneidender oder
klumpfüßiger Musik dekoriert wird. Zitate demaskieren die szenischen Vorgänge,
legen ihren eigentlichen Sinngehalt bloß: preußischer Marsch und ‚Jauchzet,
frohlocket' aus Bachs Weihnachtsoratorium bei der visionären Preisverleihung.
Ein unerhört überraschender Schluß endlich: die ersten Takte aus Mozarts g-Moll-Sinfonie, die in den einsam tickenden Schlag eines Metronoms übergeht. Die Zeit
läuft davon." (Lange 1980, S. 55)

Die dritte Szene bildet ein Zentrum der Oper. Treibmann hat sie daher mit
einem charakteristischen Zwölfklang versehen, dessen Quartschichtung sich während der gesamten Szene in der Horizontalen entfaltet. Die Quarte ist von alters

her das Signum für den Bereich des Todes. Sie gibt den subversiven musikalischen Untergrund für ein Geschehen, das sich am hellen Tag und in größter Lebendigkeit abspielt, dessen Mittelpunkt aber eine geheimnisvolle Figur, der Angler, bildet. Die rätselvolle Figur ist von beiden Autoren nicht vollends aufgelöst. Sie ist vergleichbar der Gestalt des Fischers in Strawinskys Oper ›Die Nachtigall‹, dort ist der Fischer Gott, das Weltganze, die Natur, das *alter ego* der Menschen. Hier ist der Angler einmal eine Figuration des Mephir, also eine Erscheinungsform des Versuchers, somit das *alter ego* der beiden Jugendfreunde Adi und Jos, zugleich aber ist der Angler auch die Figuration einer Ideologie. Einer Festlegung entzieht er sich hohnlachend. Aber er registriert aufs genaueste, wann und wie die jungen Leute an seiner Angel zappeln, und diese Angel ist ein Wortspiel: Aus „Notwendigkeit" läßt er „Not" und „Wendigkeit" entstehen. Diese Anspielung transportiert assoziativ die Handlung: Adi gerät mit seiner Ideologie in Not und wird erschlagen; Jos hingegen bleibt wendig und entgeht mit der gleichen Ideologie der Not.

Die Einbeziehung des Zuschauers ist ein erklärtes Ziel des Librettisten und des Komponisten. Gerlach setzt auf provokante Wortspiele, auf Brüche in den Zeiten, so zum Beispiel beim Erzengel Michael, dem er brave biblische Sprüche, aber auch einen fürchterlichen Satz jüngster deutscher Vergangenheit in den Mund legt: „Die Selektion erfolgt an der Rampe." Dies als Antwort auf Jos' Frage nach dem Zeitpunkt seiner Entführung ins himmlische Reich. Treibmann zielt auf ähnliche schockierende Wirkungen, wenn er bekannte Werke Bachs oder Mozarts auf unvermittelte Weise einsetzt. Er strebt darüber hinaus auch eine akustische Aufhebung des Guckkastenprinzips an. Wie schon Arnold Schönberg in ›Moses und Aron‹ verlangt er eine Installation von Lautsprechern im Zuschauerraum, mit deren Hilfe akustische Vorgänge in irritierender Weise hinter, neben, über und unter dem Zuschauer stattfinden können.

Das Mickel-Dessausche ›Einstein‹-Modell schlägt deutlich in der visionären Preisverleihung durch, wenn Jos vergeblich versucht, seiner Ehrung Einhalt zu tun. In der Einstein-Oper wird der berühmte Physiker dazu verurteilt, zeit seines Lebens wie auch nach seinem Tode „immerfort geehrt zu werden für die Waffen, die Sie erdacht haben und abschaffen wollten". Es ist die gleiche Situation bei Jos. Er wird für eine Maschine geehrt, die er erdacht hat, aber zurücknehmen will. Diese Ehrung ist die Hölle des modernen Wissenschaftlers, demgegenüber muß die alte Hölle blaß erscheinen, also kann ein Jos von einem Mephir nicht mehr erschreckt werden. An dieser Stelle treffen ›Faust‹-Modell und ›Einstein‹-Modell zusammen und führen zu einer neuen Qualität in dieser Oper.

Aneignung

Die Oper wurde sowohl von Fachleuten als auch vom Erfurter Premierenpublikum enthusiastisch gefeiert. Sie wurde im Jahr der Uraufführung von Opernkritikern als die „ultima ratio, als ein möglicher Wendepunkt" in der Geschichte des Musiktheaters der DDR begrüßt, hin zu einer witzigen, intelligenten, ästhetisch reizvollen Gegenwartsoper. Und dies, obgleich allgemein bedauert wurde, daß die musikalische Einstudierung unter Ulrich Faust hervorragend war, die szenische Realisierung hingegen eher konventionell blieb. Weitere Inszenierungen folgten 1981 in Plauen, 1984 in Halle, 1990 in Rudolfstadt. Wolfgang Lange gelangte in *Theater der Zeit* anläßlich der Uraufführung zu folgender Wertung des Werkes: „Wenn man sich darauf einigen könnte, jenes musiktheatralische Werk als Gegenwartsoper zu bezeichnen, dessen direkt angepacktes Thema nicht nur schlechthin gegenwärtig interessiert, sondern gesellschaftlich charakteristisch und relevant ist, dessen Inhalt zu seiner effektiven Darstellung auf dem Musiktheater spezifischer opernästhetischer Mittel bedarf, dessen musikalischer Ausdruck den Nerv unseres gegenwärtigen Lebens aufzuspüren und zu erfassen vermag – dann muß man den ›Preis‹ als eine im besten Sinne diskussionswürdige Gegenwartsoper benennen." (Lange 1980, S. 55)

Ausgaben KlA und Part Deutscher Verlag für Musik Leipzig 1982 (dvfm 6120)

Rechte Deutscher Verlag für Musik Leipzig

Literatur Karl Ottomar Treibmann: Zur Musik. Aus dem Briefwechsel Komponist – Librettist, Walter Meißner: Zur Werkgeschichte. In: Programmheft Städtische Bühnen Erfurt 1980 Rezensionen der Uraufführung. In: Theater der Zeit, H. 5, Berlin 1980; Musik und Gesellschaft, H. 6, Berlin 1980

Scherz, Satire, Ironie und tiefere Bedeutung
Komische Oper nach Christian Dietrich Grabbe
Text von Harald Gerlach

Entstehung 1983-1985

Uraufführung 14. März 1987 Städtische Bühnen Erfurt

Personen
Baron von Haldungen	Baß
Liddy, seine Nichte	Sopran
Herr von Wernthal	Bariton
Freiherr von Mordax	Baß
Mollfels	Bariton
Rattengift, ein Dichter	Tenor
Schulmeister	Tenor
Tobies, ein Bauer	Baß
Gottliebchen, sein Sohn	Sopran
Vier Naturhistoriker	2 Tenöre, 2 Bässe
Ein Gärtner	Tenor
Teufel	Bariton

Des Teufels Großmutter	Alt
Dreizehn Schneidergesellen/Spießgesellen	Ballett
Die Autoren	Singende Schauspieler
Ein Wirt	Baß
Schulkinder	Kinderchor

Orchester 2 Fl (II auch Picc), 2 Ob (II auch EH), 2 Klar (II auch BKlar), 2 Fg (II auch KFg), 2 Hr, 2 Pos, Hrf, Slzg (2 Spieler); Str

Aufführungsdauer ca. 2 Std.

Handlung
Die Bühne ist das Innere einer Orangerie, bestanden mit Palmen, Kakteen, exotischen Blüten.

In der Hölle ist Großreinemachen angesagt. Der Teufel steht im Weg und wird von seiner Großmutter auf Urlaub geschickt. Er gerät in die deutsche Provinz, in die Orangerie des Barons von Haldungen. Vier Naturhistoriker sehen sich gezwungen, den Fremdling zu definieren und zu katalogisieren, und bekommen dabei Schwierigkeiten, zumal sich der Unbekannte auch noch als ein Kanonikus ausgibt. Ein schlecht bezahlter Schulmeister wird korrumpiert, er bekommt Naturalien und Alkohol und plagt sich zum Dank dafür ab, aus einem Dummkopf ein Genie zu machen. Ein verschuldeter Mitgiftjäger und ein erotomanischer Graf bemühen sich um die Nichte des Barons. Liddy aber läßt beide links liegen und entscheidet sich für den Studenten Mollfels, der aber interessiert sich weniger für Liddy als vielmehr dafür, wie er aus allem Gerangel dieser Welt „aussteigen" kann. Nebenher werden dreizehn Schneidergesellen abgeschlachtet. Zu alledem liefert der Dichter Rattengift die entsprechenden massenweise produzierten Verse.

Über diese Vorkommnisse gerät der Teufel in solche Verwirrung, daß er zufällig in einen für ihn eigens bereitgestellten Käfig läuft. Die Tür schlägt zu, er sitzt fest.

Des Teufels Großmutter muß selbst erscheinen, um ihren Enkel aus den Provinzverstrickungen zu befreien, und der ist heilfroh zu entkommen, denn die deutsche Provinz ist höllischer als die Hölle. Die Autoren hinwiederum sind zäher als der Teufel, denn sie treten selbst in Aktion, suchen in dieser Provinz nach einem Theater, das sie aufführt, und nehmen auch sofort ein neues Projekt in Angriff, eine Kantate nach dem bekannten Spruch „Also stirbt, wer Böses tat". In diesen Text stimmen alle ungehemmt ein.

Kommentar
Christian Dietrich Grabbe gehört mit Georg Büchner und Heinrich Heine zu den bedeutendsten Dichtern des sog. Vormärz, jener Zeit, da die aufklärerische Hoffnung, mit Vernunft und Humanität die Welt zu verbessern, gescheitert war, in daß Desillusionierung einsetzte und ein Neuorientierung begann.

Mit ›Scherz, Satire, Ironie und tiefere Bedeutung‹, das 1822 entstand, hatte Grabbe ein „Kuckucksei ins sonst so saubere Nest der deutschen Komödie" gelegt (Gerlach): Entstanden war eine kunstvolle, realitätserhellende Mixtur aus Banalität, Brutalität und Idylle, ein aufregendes, reizvolles und zugleich schwierig darzustellendes Stück.

War seit der ›Wozzeck‹-Aufführung 1914 an den Münchner Kammerspielen der Bann gegenüber dem Dichter Büchner gebrochen, fand mit Alban Bergs Oper seit 1925 die geniale Sprache dieses Dramatikers auch für die Opernbühne Geltung, so zählt demgegenüber noch heute jede Grabbe-Aufführung zu einem schwierigen und angezweifeltem Unternehmen. In der DDR setzte die Grabbe-Rezeption 1973 mit der Inszenierung des Meininger Theaters von ›Napoleon oder die hundert Tage‹ ein; 1975 folgte die Aufführung von ›Scherz, Satire, Ironie und tiefere Bedeutung‹ am Landestheater Halle (Regie: Horst Rupprecht), und erst nach diesen nichtprovinziellen Leistungen der deutschen Provinz wagte sich dann 1981 auch eine hauptstädtische Bühne, das Theater im Palast (TiP), an dieses Grabbesche Lustspiel. Einen bisher folgenlosen Höhepunkt setzte Alexander Lang 1984 mit seinem Doppelprojekt von Goethes ›Iphigenie‹ und Grabbes ›Herzog Theodor von Gotland‹ am Deutschen Theater. Mit den aufeinander bezogenen und entsprechend gespielten Inszenierungen konfrontierte Lang die Aufklärungsideen, die klassischen Entwürfe einer schönen Welt, mit dem Prozeß der nachfolgenden Desillusionierung, mit dem realen Leben in einer häßlichen Welt.

Noch hatten die Theater nicht die Mittel gefunden, um Grabbes „unpoetischen Materialismus" (Ludwig Tieck) auf die Bühne zu bringen, noch waren sie der ungebärdigen Dramaturgie dieses „betrunkenen Shakespeare" (Heinrich Heine) nicht gewachsen, und schon gelang dem 1940 geborenen Dichter, Stückeschreiber und Erzähler Harald Gerlach 1985 der große Wurf, Grabbes genialische Komödie ohne Substanzverlust in die Form eines Librettos zu transponieren, die in der Vorlage wild wuchernden literarischen-zeitbezogenen Polemiken zu beschneiden und dabei doch dem Stück seine Schärfe und seinen barocken Humor zu bewahren; auch bei Gerlach folgt nicht jeder Ursache eine Wirkung, hat nicht jede Wirkung eine Ursache.

Es gibt keine Fabel im strengen Sinne, dafür verfolgt das Stück Abläufe menschlicher Schicksale, die in zwingender Beziehung zu gesellschaftlichen Strukturen und Verhältnissen stehen. Ein Grundvorgang wird in verschiedenen Variationen und mit verschiedenen Personen durchgespielt, aufklärerische Theorien werden an der realen Welt gemessen. Im Mittelpunkt steht Gottfried Leibniz' berühmter Satz: „Gott hätte die Welt nicht geschaffen, wenn sie nicht unter allen möglichen die beste wäre." Zwar ist mit dem Teufel der leibhaftige Widerspruch zu dieser Maxime in die heile Welt der Orangerie geraten, aber dieser Teufel ist kein Mephistopheles, er wirkt weniger verwirrend, schon gar nicht produktiv, vielmehr wird er selbst zunehmend verwirrter und entfleucht zuletzt.

Mit dem Spielort, der Orangerie, hat Gerlach eine Metapher gefunden für einen Ort geschönten Scheins, errichtet in nördlicher Kälte, eine Traumfabrik in Provinzdimension: „Deutsche Provinz. Der Ort, an dem sich Ideal und Wirklichkeit sehr besonders begegnen. Der seinen Hang zur Selbstbegrenzung als Tugend pflegt. Der aus solchem Geringverständnis behauptet, bereits das Ideal zu verkörpern. (...) Mein Misthaufen! Gipfel der Welt! Wie groß oder klein ist Provinz!" (Gerlach, Programmheft 1987, S. 8)

Seit Anfang der achtziger Jahre wurden auch in der DDR Fragen unüberhörbar, ob es denn genüge, die „sozialistische" Gesellschaft mit Hilfe sozialistischer Theorien als die beste aller möglichen Welten hinzustellen; es setzte ein Prozeß der Desillusionierung ein; die Wirklichkeit mußte es sich gefallen lassen, an den Idealen gemessen zu werden.

Gerlach und Treibmann haben Grabbes Stück nicht aktualisiert, aber sie haben die Handlung einem Schnittpunkt zugetrieben, wo sich Altes noch als allgemein gültig gibt und maskiert, während die Realität bereits neuen Gesetzen gehorcht und Desillusionierung und Demaskierung einleitet. Demzufolge gibt Treibmanns Oper „Auf-Schlüsse": In ihr wird eine komplexe Situation in verschiedene Schichtungen aufgeteilt und die Verlagerung von Verschiedenem einsehbar gemacht. Maskierte Praxis und maskierte Theorie zerfallen in zwei Seiten, in Schein und Sein. Der Schulmeister ist nicht dumm – es wird dargestellt, wieviel er für das Dumm-Tun bezahlt bekommt.

Karl Ottomar Treibmann bezeichnete sein musikalisches Grundprinzip als „tonale Ironie" und meint damit eine Methode, mit dem Klang von bekannter Musik eine schöne, weil vertraute Welt zu geben und zugleich diese Vertrautheit und Schönheit zu deuten. Mit Chromatismen, Sequenzierungen und entsprechenden „Über-Dur-Klängen" wird die Semantik der Opern eines Richard Wagner ins Spiel gebracht, mit Glockenspiel, Harfenarpeggien und Hornkantilenen macht sich deutsche Romantik bemerkbar, mit strengem kontrapunktischem Satz und modalen Wendungen entströmt den Kleidern des falschen Kanonikus atmosphärisches Ambiente alter Kirchenmusik.

Doch der Komponist stört dieses scheinhaft schöne, atmosphärische Treiben häufig – wenn auch nicht auftrumpfend-lehrhaft, sondern eher verhalten –, wenn er mit rhythmischen Verschiebungen, Schlagwerkeffekten am unrechten Platz, harmonischen Trübungen, Fehlgriffen mancher Art arbeitet, die meist im „falschen" Ton, im falschen Akzent zutage treten. Es handelt sich bei Treibmanns zweiter Oper um den interessanten Versuch, die Ästhetik des Banalen, des scheinbar harmlos Brutalen musikalisch hörbar zu machen, einen kritischen Anschluß an Lortzing und Marschner zu finden, das *juste-milieu* in seiner Mixtur von Banalität, Brutalität und Idyllik zu fassen. Harald Gerlach hat es auf das schöne Diktum gebracht: „Treibmann versucht, die Banalität dieser restaurativen Epoche beim Wort zu nehmen und das Wort brüchig zu machen."

Die Oper eröffnet mit einer Szene, in der der Schulmeister seine Klasse durch die Orangerie führt und den Kindern die heile Welt demonstriert. Die Schüler absolvieren ihren Bildungs-Gang unter Absingen eines Gedichts von Goethe: „Wie herrlich leuchtet mir die Natur", doch unterlaufen ihnen refrainartig umgangssprachliche Wendungen in Form des Befehls: „Rund um die Uhr!" Die Lektion endet mit Verboten, denn nichts in dieser heilen Welt darf berührt, geschweige denn von seinem Platz gerückt werden. Treibmann hat diesen Bildungs-Gang als einen Marsch komponiert. Der vom Schulmeister pädagogisch-biedermeierlich maskierte An-Schauungs-Unterricht ist in Wahrheit Einpaukerei, Dressur der menschlichen Natur, um sie in Übereinstimmung mit den bereits gestutzten Pflanzen in der Orangerie zu bringen; es handelt sich nicht um gemächliches Schlendern, um keinen Spaziergang, sondern um ein geistiges Exerzieren, um die Uniformierung von An-Schauungen, die Herausbildung einer einzigen, allein gültigen Welt-Anschauung.

Ein wichtiges Moment von Treibmanns musikalischer Dramaturgie liegt in der Zeitdisposition; aus naturalen Abläufen greift der Komponist einzelne Vorgänge heraus, überdehnt und gliedert und bewertet sie auf seine Weise. „Das heißt ein mit Verzögerung, mit falschem Akzent oder ein überhaupt nicht zu Ende gesungenes Wort signalisiert einen Vorgang im Vorgang, ein Verhalten", eine Norm und eine Abweichung von der Norm, sie ist dramatisch bedeutend und nie bloß eine Gesangspause (Gerlach, Radio-DDR-Musikklub 1987). Treibmanns Musik wirkt belangvoll, wenn sie so begriffen wird, als ein Mittel, um eine vergrößerte Momentaufnahme herzustellen.

Die Uraufführung fand an den Städtischen Bühnen Erfurt statt, die bereits 1980 Treibmanns/Gerlachs erste Oper ›Der Preis‹ uraufgeführt hatten. Im Unterschied aber zum damaligen Erfolg von Werk und Aufführung bei Presse und Fachkritik blieb dieser Erfolg bei der zweiten Oper aus, die Kritik warf dem Komponisten Wohlgefälligkeit, zu wenig Härte, Schärfe, einen zurückgebliebenen Materialstand vor.

Tatsächlich aber traf dieses Werk auf ein Theater, das der Begegnung mit Grabbes/Gerlachs Komödienstruktur und Treibmanns „ironischer Tonalität" nicht gewachsen war. Das Ensemble hatte, wie jedes Theater bei einer Uraufführung, damit zu tun, nachzuweisen, daß diese Präsentation kulturpolitisch und ökonomisch gerechtfertigt ist. Das mobilisierte zwar Kräfte, aber keine lockere Haltung, um sich an neuen Strukturen und Inhalten schöpferisch und risikobereit zu erproben. So geschah das Erstaunliche, daß ein Text und eine Musik, deren zeitbezogener Witz geradezu auf der Hand lagen, zur bloßen Operette fern jeder Wirklichkeitsbeziehung verkommen konnte. Publikum und Kritik sahen sich zu einem Spaß gebeten, der sie nichts anging. Die Zwischentöne in der Musik wurden nicht vernommen, es kam alles plärrig, laut und überdeutlich, die Handlung gewann keine Dynamik, die Konflikte blieben auf der Strecke. Ein Anfang war gemacht. Die Erschließung dieser Oper steht aber noch aus.

Ausgaben Text In: Theater der Zeit, H. 11, Berlin 1987; Sonderdruck der Städtischen Bühnen Erfurt 1987; KlA Deutscher Verlag für Musik Leipzig o.J.

Rechte Deutscher Verlag für Musik Leipzig

Literatur Christian Dietrich Grabbe: Scherz, Satire, Ironie und tiefere Bedeutung. In: Werke und Briefe. Historisch-kritische Gesamtausgabe

in 6 Bänden, hrsg. von der Akademie der Wissenschaften Göttingen, bearbeitet von Alfred Bergemann, Emsdetten 1960-1973; Lothar Ehrlich: Grabbe. Leben, Werk, Wirkung, Berlin 1983; ders.: Grabbe, Leipzig 1986
Karl Ottomar Treibmann: Einige Bemerkungen zur Oper. In: Programmheft Städtische Bühnen Erfurt 1987; Karl Ottomar Treibmann, Harald Gerlach, Lothar Ehrlich und Heike Schubert. Gespräch vor der Uraufführung. In: Theater der Zeit, H. 6, Berlin 1987; Karl Ottomar Treibmann, Harald Gerlach, Lothar Ehrlich: ›Scherz, Satire, Ironie und tiefere Bedeutung‹. Oper nach Christian Dietrich Grabbe. In: Radio-DDR-Musikklub, Gesprächsleitung Stefan Amzoll, Radio DDR II, 29. Mai 1987
Harald Gerlach: Grabbe. Momente eines Umgangs. In: Theater der Zeit, H. 1, Berlin 1987; ders.: „... und tiefere Bedeutung", Heike Schubert: Grabbes Stück als Spielanlaß / Opernwelt tritt uns entgegen. In: Programmheft Städtische Bühnen Erfurt 1987
Rezensionen der Uraufführung. In: Theater der Zeit, H. 6, Berlin 1987; Musik und Gesellschaft, H. 5, Berlin 1987

Der Idiot
Oper in sieben Bildern
nach dem gleichnamigen Roman von Fjodor Dostojewski
Text von Harald Gerlach

Entstehung 1986-1987

Uraufführung 1. Oktober 1988 Leipziger Theater – Opernhaus

Personen
General Jepantschin_____Baß
Jepantschina, seine Gattin_____Alt
Adelaide_____Sopran
Aglaja_____beider Töchter
Mezzosopran
Mavra_____Sprechrolle
Nastja_____Dramatischer Sopran
Fürst Myschkin_____Bariton
Rogoshin_____Baß
Lebedew_____Tenor
Ganja_____Tenor
Ein Gast_____Tenor
Kammermädchen_____Sopran
Die Gesellschaft der Jepantschins_____Gemischter Chor
Rogoshins Bande_____Männerchor

Orchester 3 Fl (III auch Picc), 3 Ob (III auch EH), 3 Klar (III auch BKlar), 2 Fg, KFg, 4 Hr, 3 Trp, BPos, BTb, Hrf, Pkn, Slzg (3 Spieler), EGit; Str

Aufführungsdauer ca. 2 Std., 15 Min.

Handlung

Zeit und Ort der Handlung: Ein russisches Haus in den sechziger Jahren des 19. Jahrhunderts.
1. Bild: *Salon. Die Gesellschaft.* Fürst Myschkin, Letzter seines Geschlechts und Verwandter der Generalin, wird nach einem vierjährigen Auslandsaufenthalt im Haus der Jepantschins empfangen. Er gilt als Idiot, da er seine Erfahrungen nicht verschweigt, über das spricht, was er sieht, zum Beispiel darüber, daß das Haus ganz bedenkliche Risse aufweist und daß er der Meinung ist, daß Veränderungen not tun. **2. Bild:** *Keller.* Rogoshin, eine Art Hausmeister, sägt an den Stützbalken des Hauses. Myschkin geht den seltsamen, in den Salon heraufdringenden Geräuschen nach, die von den anderen geleugnet werden. Er findet im Keller einen Mann, der sich des Hauses bemächtigen will, indem er es zerstört. **3. Bild:** *Salon. Die Gesellschaft.* Gespräch über den Eigentümer des Hauses, einen Herrn Tozki, den keiner genau kennt, dessen Bild aber über dem Kamin hängt und nach dessen Vorstellungen sich alle im Hause zu richten haben. Einer seiner Wünsche besteht darin, daß seine ehemalige Geliebte, die schöne Nastja, eine ausgesprochene Null namens Ganja heiratet. Unter Myschkins Einfluß wagt Nastja den Affront, Tozkis Willen nicht nachzukommen und Ganja eine Abfuhr zu erteilen. Rogoshin dringt mit einer Bande in den Salon ein und bietet Nastja einhunderttausend Rubel als Kaufpreis, wenn sie seine Geliebte wird. Als der bis dahin mittellose Myschkin überraschend in den Besitz einer Erbschaft von einer halben Million kommt, bittet er Nastja, seine Frau zu werden. Sie zögert, das erste Mal hat jemand mit ihr gesprochen wie ein Mensch zu einem Menschen. Dann wirft sie Rogoshins Geld, den Kaufpreis, ins Kaminfeuer und flieht in Rogoshins Begleitung aus dem Salon. **4. Bild:** *Keller. Finster. Allmählich Licht.* Myschkin sucht Nastja. Von Rogoshin erfährt der Fürst, daß Nastja Rogoshin verachtet, Myschkin hingegen liebt. Rogoshin bietet Myschkin den Bruderbund, um durch einen Schwur gebunden zu sein, der es ihm unmöglich macht, den Rivalen umzubringen. Die Treppe zum Salon stürzt ein. **5. Bild:** *Feuerleiter. Finsternis. Myschkin im Keller, am Fuße der Feuerleiter; oben steht Aglaja, die jüngere der Generalstöchter.* Auch Aglaja liebt Myschkin, will ihre Welt verlassen und mit ihm fliehen. Myschkin ist einverstanden. Doch die Generalin hört alles mit an und nimmt die Gelegenheit wahr, ihre Tochter mit dem Millionenerben zu verheiraten. **6. Bild:** *Salon.* Myschkin hat als Aglajas Bräutigam in Gesellschaft den Mund zu halten und versucht sich in dieser Rolle, empört sich dann aber doch lautstark über die Verruchtheit und Geldgier der Familie und erleidet einen epileptischen Anfall. Nastja sorgt sich um Myschkin, hält als einzige zu ihm, und beide werden ein Paar. **7. Bild:** *Keller.* Nastja ist verschwunden. Wieder kommt Myschkin zu Rogoshin. Der hat Nastja umgebracht, drückt das noch blutige Beil in Myschkins Hände und verschwindet. Die Gesellschaft dringt in den Keller hinunter. Myschkin wird als Mörder verhaftet.

Kommentar

Als Harald Gerlach Dostojewskis 1868 erschienenen Roman ›Der Idiot‹ auf Wunsch von Karl Ottomar Treibmann 1986 zu einem Operntext einrichtete, geschah das Überraschende: Er mußte nur den wesentlichen Gehalt der Vorlage in das andere Genre übertragen, um seiner eigenen Gesellschaft und Zeit den Spiegel vorzuhalten. Das gelang ihm dank seiner Fähigkeit, den eigenen Texten die notwendige Gedrungenheit zu geben, um sie verharmlosenden Deutungen zu entziehen. „Die dramatische Substanz ist bezogen aus der großen Dreiecksgeschichte Nastja – Myschkin – Rogoshin. Eine Frau, die sich nach Würde und persönlicher Integrität sehnt, wird sich bewußt, daß sie sich verkauft hat – ein Widerspruch, der sie in extreme Beziehungsversuche zu beiden Männern treibt. Und der sie schließlich vernichtet." (Gerlach, Gespräch 1988, S. 52)

Der Ort des Geschehens, das Haus der Jepantschins, ist ein realer Ort und zugleich ein symbolischer Raum, bringt er doch eine bestimmte Form menschlichen Zusammenlebens gleichnishaft in ein Bild: Oben machen sich die abgetakelten „Stützen der Gesellschaft" breit, unten arbeitet einer, der nach Herrschaft strebt und bereits das gesamte Haus unterminiert, indem er im wahrsten Sinne des Wortes an den Stützen des Hauses sägt. „In einer Welt, sich spiegelnd im Bild eines Salons, von Lethargie bestimmt, von Unproduktivität, wird durch die Betroffenen Geschäftigkeit gespielt, um die Verhältnisse zu verstellen. Dies in einem Umfeld, das unübersehbar in die Brüche geht. Das Thema ist tabuiert." (Gerlach, Programmheft 1988)

Auch der Komponist hat aus seiner kritischen, die eigene Gesellschaft und Zeit meinenden Sicht keinen Hehl gemacht, wenn er von der „Fährnis" spricht, „kritisch zu sein" in einer „Gesellschaft, wo Käuflichkeit zum Prinzip erklärt ist", in der ein „Einzelner, durch Erfahrungen im Ausland zu kritischer Sicht befähigt und mit besonderer Sensibilität ausgestattet", dieses System befragt, „mit dem Ergebnis, daß er vernichtet wird. (...) Im übrigen funktioniert das System lethargisch. Vieles hat Platz, von Duldsamkeit bis Brutalität. Nur nicht Befragung und schon gar nicht Veränderung." (Treibmann, Programmheft 1988)

Die Gesellschaft ist immer präsent, agierend, kommentierend, provozierend, sie verhält sich gegenüber dem Schicksal der Protagonisten parasitär, stachelt sie auf und entzieht sich gefahrdrohenden Situationen durch die Flucht ins Schweigen, ins Unbeteiligtsein. Treibmann hat seine Musik aus „immer wieder variiertem Material gebildet"; mit Geräuschen, „ein- und zweistimmigen Intonationen bis hin zu großen Klangballungen gearbeitet." Er selbst nannte sein dramatisch-musikalisches Verfahren „Ereignisbeziehungen": „Im Duett Nastja–Myschkin verwende ich eine zweistimmige Melodie, die nach bestimmten Prinzipien immer weitergetrieben wird. (...) Eine andere Zweistimmigkeit weist das Duett Myschkin – Rogoshin mit zwölf Akkorden auf, die erstmals beim Zusammentreffen Myschkins mit Nastja erklingen. Dabei sind die zweistimmigen Klänge streng seriell geordnet. (...) Mein harmonisches Denken führt mich zu neuen Formen von Modalitäten. Doch dabei verwende ich keine Kadenzharmonik, sondern es spielen

Klangrückungen in Form von Modalitäten eine wichtige Rolle. (...) Ich habe für mich eine Methode entwickelt, mit der ich von einem Klangmaterial in ein anderes permutiere. Es ist möglich, aus Intervallen Massenklänge zu gewinnen. So bilde ich beispielsweise terzgeballte Gleitklänge in tumultuosen Situationen. Aus solchen Ballungen können sich wieder Dreiklänge herausschälen. Ich bin der Meinung, daß in neuen harmonischen Qualitäten der Schlüssel liegt, die Musikhörer zu einem spontanen Mitgehen zu bewegen. Innerhalb solcher entwickle ich Melodik. Sie bewegt sich nicht nur in großen Intervallen, sondern bezieht auch die gesanglicheren wieder in hohem Maße ein." (Treibmann, Gespräch 1988, S. 52)

Treibmann arbeitet darüber hinaus mit simplen musikalischen Signalen, so mit einem Akkord wohlgefälliger Terzen, einem Nonenakkord zur Kennzeichnung der Salonatmosphäre, mit der „Habt acht!"-Quinte, dem Seufzermotiv, dem Tritonus (dem musikalischen Teufel und Quertreiber), setzt sie aber in extrem unterschiedlichen Situationen unvermutet ein und ermöglicht so den musikalischen Mitvollzug des Geschehens durch den Hörer.

Die Kritiker waren von Harald Gerlachs Talent, aus „rund 800 Druckseiten von Dostojewskis ›Idiot‹ ein zweiundzwanzig Seiten umfassendes Libretto" zu fertigen, geradezu begeistert. Darüber hinaus erkannte man, trotz konventioneller Regie (Günter Lohse), die aktuelle Brisanz des Werkes und war dankbar, endlich ein zeitgenössisches Werk mit einer zeitgenössischen Thematik zu haben. Stellvertretend für alle anderen Kritiker brachte es Werner Wolf in *Theater der Zeit* auf den Satz: „Nach meiner Meinung gelang den Autoren eines der gewichtigsten und bewegendsten Musiktheaterstücke der jüngsten Zeit."

1989 folgte eine weitere Einstudierung der Oper am Volkstheater Rostock.

Ausgaben KlA Deutscher Verlag für Musik Leipzig o.J.

Rechte Deutscher Verlag für Musik Leipzig

Literatur Fjodor Dostojewski: Der Idiot. Roman in vier Teilen (deutsch von Hartmut Herboth). In: Fjodor Dostojewski. Gesammelte Werke in zwanzig Bänden, hrsg. von Gerhard Dudek und Michael Wegner, Berlin und Weimar 1986; Roland Opitz: Dostojewski auf der Suche nach dem menschlichen Ideal, Karl Ottomar Treibmann: Grenzen des Menschlichen – Gedanken zur Oper ›Der Idiot‹. In: Programmheft Leipziger Theater 1988; Karl Ottomar Treibmann und Harald Gerlach: Fragen an den Komponisten und den Librettisten. Gespräch mit Werner Wolf. In: Theater der Zeit, H. 12, Berlin 1988
Harald Gerlach: Der Schrei eines Esels. Betrachtungen zur Oper ›Der Idiot‹, Eginhard Röhlig: Musik im Dienst erhellenden Spiels. In: Programmheft Leipziger Theater 1988
Rezensionen der Uraufführung. In: Theater der Zeit, H. 12, Berlin 1988; Musik und Gesellschaft, H. 12, Berlin 1988

Jan Trieder
26. Februar 1957

Geboren in Sopot (Polen), 1967 Übersiedlung in die DDR, 1969-1976 Studium an der Hochschule für Musik Karl-Marx-Stadt (Klavier und Klarinette), 1976-1980 Kompositionsstudium an der Hochschule für Musik Dresden bei Udo Zimmermann, 1979 Mendelssohn-Stipendium, 1981-1983 Meisterschüler für Komposition bei Ruth Zechlin an der Akademie der Künste der DDR, seit 1984 Schauspielkapellmeister in Karl-Marx-Stadt. Kammermusik in verschiedenen Besetzungen, mehrere Schauspielmusiken

Bühnenwerke

Meister Mateh _____ 1981-1982
Kammeroper _____ UA 1983
nach Motiven des Schauspiels ›Meister Mateh‹
von Aziz Nesin
Text von Carsten Ludwig

Vogelkopp _____ 1988-1989
Oper für Schauspieler _____ UA 1989
nach dem Stück ›Der Vogelkopp‹
von Albert Wendt
Text von Christine Harbort,
Anne Mechling und Jan Trieder

Meister Mateh
Kammeroper
nach Motiven des Schauspiels ›Meister Mateh‹
von Aziz Nesin
Text von Carsten Ludwig

Entstehung 1981-1982

Uraufführung 21. Mai 1983   Hochschule für Musik „Carl Maria von Weber" Dresden im Kleinen Haus der Staatstheater Dresden

Personen
Mateh, ein Supibauer	Bariton
Zani, seine Frau	Lyrischer Sopran
Cino, seine Tochter	Soubrette
Scharey, sein älterer Sohn	Baß

Misa, sein jüngerer Sohn	Lyrischer Tenor
Effer, ein reicher Kaufmann	Tenorbuffo
Aschi, Nachbarin	Alt

Orchester 4 Fl, Ob, Klar, Fg, Hr, Trp, Pos, Tb, Pkn, Slzg, Hrf; Str
Bühnenmusik Streichquintett

Aufführungsdauer ca. 65 Min.

Story

Meister Mateh (gesprochen Matech) baut Flöten besonderer Art, genannt Supis, deren Ton Menschen an den Tod gemahnen kann, wenn sie bereit sind, diesen Klang wahrzunehmen. Aber selbst in Matehs eigener Familie will man vom Tod nicht viel wissen: Sohn Scharey trainiert, um durch Bodybuilding zu Ansehen zu gelangen, Tochter Cino träumt von Reichtum und Ruhm. Die Ehefrau Zani leidet unter dem entbehrungsreichen Leben, nur der Sohn Misa versteht den Vater.

Den Kaufherrn Effer beunruhigen diese Supis, er möchte sie aufkaufen und bietet einen hohen Preis, aber Mateh lehnt ab und zieht mit seiner Familie fort, hoffend, woanders auf bessere, nicht ganz so taube Menschen zu treffen. Aber er irrt sich. Der Tod ruft, Matehs Frau Zani folgt ihm und stirbt. Mateh selbst hat sein Lebenswerk noch nicht vollendet, er will in die Supis einen Ton einbauen, den kein Mensch überhören kann. Als er sieht, daß sein Sohn Misa ihm nacheifert und auch die Tochter Cino, seinem Beispiel folgend, sich zu einem sinnerfüllten Leben bekehrt, gehorcht er dem Ruf des Todes und stirbt.

Kommentar

Jan Trieder ist nicht nur ein Schüler Udo Zimmermanns, seine erste Oper ›Meister Mateh‹ wurde, wie Zimmermanns erste Oper ›Weiße Rose‹, in einer Studioinszenierung der Hochschule für Musik Dresden uraufgeführt und fand sofort große Beachtung.

Die Oper entstand im Auftrag des Zentralrats der FDJ, das Libretto schrieb Carsten Ludwig, damals Regieassistent am Staatsschauspiel Dresden, nach dem gleichnamigen Schauspiel des türkischen Dramatikers Aziz Nesin. Mit dieser Schauspieladaption sollte ein philosophisches Thema gestaltet werden, wobei allerdings die Handlungsführung zu einschichtig geriet, indem die einzelnen Figuren sich mit „Auftrittsliedchen" brav nacheinander in ihrem Wollen und Wünschen vorzustellen haben. In der Figur des Meister Mateh schimmert (trotz exotischer Einkleidung) Magister Faust hindurch, damit ein patriarchalisch motivierter Anspruch, die Menschheit zu erlösen, demgegenüber jede individuelle Glücksvorstellung gering erscheinen muß.

Die Kammeroper stellte das Talent eines jungen Komponisten unter Beweis, der mit einfachen und treffsicheren Einfällen seinem Werk Gestalt gegeben hat, der es versteht, mit charakteristischen Motiven Personen zu profilieren. Die Komposition ist, mit eigenständigen Musizierfeldern und abwechslungsreich gebrauchten Instrumentalfarben, genau gearbeitet; nichts drängt sich unangemessen in den Vordergrund, auch nicht die „Todesmelodie", die sich leitmotivisch als Walzer durch das Werk zieht.

Die Oper besteht aus siebzehn kurzen Szenen; den Szenen 7 und 13 ist jeweils ein instrumentales Intermezzo vorangestellt.

Noch vor der Premiere kam es zu einer Fernsehaufzeichnung, die vier Wochen nach der Uraufführung gesendet wurde. In der Rubrik Zeitgenössische Musik der DDR, dem NOVA-Label, veröffentlichte der VEB Deutsche Schallplatten 1984 die Kammeroper

Ausgaben KlA Edition Peters Leipzig o.J.

Rechte Edition Peters Leipzig – Musikverlag C.F. Peters Frankfurt/Main

Literatur Rezensionen der Uraufführung. In: Theater der Zeit, H. 8, Berlin 1983

Aufnahmen Produktion des Fernsehens und des Rundfunks der DDR (GA/Fassung der Dresdner Uraufführung) Egbert Junghans (Mateh), Helga Langner (Zani), Ute Tzscheuschler (Cino), Axel Köhler (Scharey), Lothar Schönherr (Misa), Ralph Eschrig (Effer), Angela Liebold (Aschi), Orchester der Hochschule für Musik „Carl Maria von Weber" Dresden, Dirigent Ekkehard Klemm, Inszenierung Georg F. Mielke; aufgenommen 1983
NOVA 8 85 236 (Gekürzte Fassung der GA/Fassung der Dresdner Uraufführung) Besetzung wie Fernseh- und Rundfunk-Produktion (Übernahme vom Rundfunk der DDR)

Rudolf Wagner-Régeny
28. August 1903 - 18. September 1969

Geboren in Sächsisch-Regen/Szász-Régen (Siebenbürgen/Transsilvania, ehem. Österreich-Ungarn, heute Rumänien), 1919-1920 Ausbildung am Konservatorium Leipzig (Klavier), 1920-1923 Studium an der Hochschule für Musik Berlin-Charlottenburg (u.a. Komposition bei Franz Schreker, Instrumentation bei Emil Nikolaus von Reznicek), 1923-1925 Korrepetitor und stellvertretender Chordirektor an der Großen Volksoper Berlin, 1925 Dirigent und musikalischer Beirat beim ersten deutschen Tonfilm. 1925-1927 Privatmusiklehrer für Theorie, Kontrapunkt, Klavier, Violine und Gitarre in Berlin, 1927-1930 Kapellmeister und Komponist der von Rudolf von Laban angeführten Tänzergruppe, Gastspielreisen durch Europa; seit 1930 freischaffender Komponist in Berlin, 1943 Einberufung zum Militärdienst. 1947-1950 Direktor der Hochschule für Musik Rostock und Leiter der Meisterklasse für Komposition, 1950-1968 Professor für Komposition an der Hochschule für Musik Berlin, 1950 Ernennung zum Ordentlichen Mitglied der Deutschen Akademie der Künste zu Berlin, gleichzeitig Leitung einer Meisterklasse für Komposition bis 1969, seine Schüler waren u.a. Siegfried Matthus, Reiner Bredemeyer, Friedrich Goldmann, Paul-Heinz Dittrich, Tilo Medek; 1958 Ernennung zum Ordentlichen Mitglied der Akademie der Künste Berlin (West), 1964 Ernennung zum Ordentlichen Mitglied der Bayerischen Akademie der Schönen Künste München. 1967 Emeritierung aus gesundheitlichen Gründen. Gestorben in Berlin.

1955 Nationalpreis der DDR

Orchesterwerke: Orchestermusik mit Klavier (1935), ›Mythologische Figurinen‹ – Für Orchester (1951), Drei Orchestersätze (1952), Einleitung und Ode (1967), Acht Kommentare zu einer Weise des Guillaume de Machaut (1967)

Kammermusik für Solo- und mehrere Instrumente in unterschiedlichen Zusammenstellungen, u.a. Kleine Gemeinschaftsmusik für drei Bläser und drei Streicher (1929), Streichquartett (1948), Liebeslied für Altsaxophon und Klavier (1950), Trio für zwei Gitarren und Kontrabaß (1951), ›Introduction et communication à mon ange gardien‹ – Für Streichtrio (1951), Divertimento für drei Holzbläser und Schlagzeug (1954), Sonatine für Gitarre (1961), Kindertrio für Gitarren, Klavier oder andere Instrumente (1969)

Klavierstücke, auch für Unterricht, u.a. Spinettmusik (1934), Klavierbüchlein (1940), Zwei Sonaten (1943), Zwei Sonatinen (1949), Sonatine (1950), Zwei Klavierstücke in variablen Metren (1950), Fünf Klavierstücke für Gertie (1951), Fünf französische Klavierstücke (1951), Sieben Klavierfugen: I für Carl Orff, II für Boris Blacher, III für Gottfried von Einem, IV für Darius Milhaud, V für Ernst Křenek, VI dem Andenken Kurt Weills, VII für Paul Hindemith (1953)

Vokalmusik: Lieder nach Texten von Rilke, Brecht, Klabund, Becher, Maurer, Hesse, Fontane, Glaßbrenner, Wedekind, z.B. Zehn Lieder auf Worte von Bertolt Brecht (1949-50), Acht Lieder für Singstimme und Klavier zu vermischten Texten (1948-67), Hermann-Hesse-Lieder für Bariton und Klavier (1968), ›Gesänge des Abschieds‹ – Für Bariton und Klavier bzw. Orchester nach Hermann Hesse (1968-69), Drei Fontane-Lieder für Bariton und Klavier (1969), Zwei Leierkastengesänge für Singstimme und Klavier, Schlagzeug und Kontrabaß ad libitum (1969)

Kantaten: ›Cantica Davidi Regis‹ – Lateinische Psalmen für dreistimmigen Knaben- (Frauen-) und einstimmigen Männerchor und kleines Orchester (1954), ›An meine Landsleute‹ – Kantate für dreistimmigen Chor und kleines Orchester . Text von Bertolt Brecht (1955), ›Genesis‹ – Für Altsolo, vierstimmigen gemischten Chor und kleines Orchester . Text nach dem Ersten Buch Mose aus der lateinisch-deutschen Maria-Theresien-Bibel von 1749 (1955-56), ›Jüdische Chronik‹ – Für Alt- und Baritonsolo, Kammerchor, zwei Sprecher und kleines Orchester . Text von Jens Gerlach (Beteiligung an der Gemeinschaftskomposition mit Blacher, Hartmann, Dessau, Henze) (1960), ›Schir Haschirim‹ – Das Lied der Lieder für Alt, Bariton, kleinen Frauenchor und kleines Orchester . Text Das Hohelied Salomonis (1963-64), ›An die Sonne‹ – Kantate für eine Altstimme und Orchester . Text von Ingeborg Bachmann (1968)

Bühnenmusiken zu ›Ein Sommernachtstraum‹ von William Shakespeare (1935), ›Das Opfer‹ von Möller (Hanns Johst ?) (1942), ›Pauken und Trompeten‹ von George Farquhar (1955), ›Moritz Tassow‹ von Peter Hacks (1965)

Bühnenwerke

Sganarelle oder Der Schein betrügt _____1923
Graziöse Oper in einem Aufzug_____UA 1929
nach der gleichnamigen Komödie
von Jean-Baptiste Poquelin dit Molière
Texteinrichtung Rudolf Wagner-Régeny

Moschopulos_____1927
Kleine Oper in drei Aufzügen_____UA 1928
nach dem Romantischen Zauberspiel ›Prinz Herbed‹
von Franz Pocci
Texteinrichtung Rudolf Wagner-Régeny

Der nackte König_____1928
Oper in drei Aufzügen_____UA 1928
nach dem Märchen
›Des Kaisers neue Kleider‹
von Hans Christian Andersen
Text von Vera Braun

Moritat_____1928
Theatralische Sinfonie_____UA 1929
Ballett
Libretto von Rudolf Wagner-Régeny

Esau und Jakob_____1929
Biblische Szene_____UA 1930
für vier Sänger, einen Sprecher und Streichorchester
nach dem Ersten Buch Mose (XXVII, 1-29, 41)
in der Übersetzung von Martin Luther
Text von Rudolf Wagner-Régeny

La sainte courtisane 1929-1930
Musikalische Szene UA 1930
für vier Sprecher und Kammerorchester
nach dem Dramatischen Fragment
›La Sainte Courtisane‹
von Oscar Wilde
Texteinrichtung Rudolf Wagner-Régeny

Die Fabel vom seligen Schlächtermeister 1930-1932
Ein Stück für die Musikbühne in drei Bildern UA 1964
Text von Hans von Savigny

Der Günstling 1932-1934
oder Die letzten Tage des großen Herrn Fabiano UA 1935
nach dem Drama ›Maria Tudor‹ von Victor Hugo
Text von Caspar Neher

Der zerbrochene Krug 1937
Ballett in zwei Teilen UA 1937
nach Heinrich von Kleist
Libretto von Lizzie Maudrik

Die Bürger von Calais 1935-1938
Oper in drei Akten UA 1939
nach der Chronique de France
von Jean Froissart
Text von Caspar Neher

Johanna Balk 1938-1940
Oper in drei Akten UA 1941
nach einer transsylvanischen Chronik
Text von Caspar Neher

Persische Episode 1940/1950
(Der Darmwäscher) UA 1963
Komische Oper in vier Akten
nach einer Episode aus
›Erzählungen aus den tausendundein Nächten‹
Text von Caspar Neher
unter Einbeziehung einiger Gedichte von Bertolt Brecht

Mythologische Figurinen 1951
(Drei Orchesterstücke) UA 1952
Ballet blanc

Prometheus 1957-1958
nach Aischylos UA 1959
Texteinrichtung Rudolf Wagner-Régeny

Das Bergwerk von Falun _____ 1958-1960
Oper in acht Bildern _____ UA 1961
nach dem gleichnamigen Schauspiel
von Hugo von Hofmannsthal
Texteinrichtung Rudolf Wagner-Régeny

Literatur Rudolf Wagner-Régeny/Caspar Neher: Begegnungen, hrsg. von Tilo Müller-Medek, Berlin 1968; Rudolf Wagner-Régeny: An den Ufern der Zeit. Schriften, Briefe, Tagebücher, hrsg. von Max Becker, Leipzig 1989; Dieter Härtwig: Rudolf Wagner-Régeny. Der Opernkomponist, Berlin 1965; Musiker in unserer Zeit. Mitglieder der Sektion Musik der Akademie der Künste der DDR, hrsg. von Dietrich Brennecke, Hannelore Gerlach, Mathias Hansen, Leipzig 1979

Die Kurzopern

Rudolf Wagner-Régenys Kurzopern sind extrem unterschiedlich in Stil und Dramatik, ihrer Zeit verhaftet und ihrer Zeit voraus. Sie sind alles andere als bloße Vorstudien zu einem späteren großen und reifen Alterswerk. Sie sind selbst Meisterwerke.

In jeder seiner sechs kleinen Opern reagiert der Komponist seiner Zeit entsprechend, aber dem Zeitgeist widersprechend. Er aktivierte meist nichtliterarische, vorbürgerliche Theatermodelle. Dabei stand er mit den besten Musikern seiner Zeit, mit Schönberg, Berg, Strawinsky, Hindemith, Weill oder Milhaud, in einer Reihe im Kampf gegen „musikalische Fettleibigkeit" und griff mit kleinen Geschichten existentielle Fragen auf.

In den zwanziger Jahren, die heute zu Recht als eine explosive Zeit gelten, sind Wagner-Régenys Kurzopern entstanden: philosophisch im Gehalt, witzig und unorthodox in der Gestaltung, im Handwerklichen über jede Kritik erhaben. Sie sind eine große Kapitalanlage für das moderne Theater. Das Wort Kurzoper ist programmatisch: Denn wer heute zu einer Folge von Geschlechtern sprechen und gehört sein will, der muß Wesentliches auf kleinem Raum fassen und in kurzer Zeit Wichtiges sagen können.

Mit diesen Kurzopern und vor allem mit ihrem Schöpfer selbst, dem Lehrer vieler bedeutender Komponisten, stellt sich in der Geschichte der deutschen Oper der Anschluß an die durch das NS-Regime unterbrochene Kunstentwicklung wieder her.

Sganarelle oder Der Schein betrügt

Graziöse Oper in einem Aufzug
nach der gleichnamigen Komödie von Jean-Baptiste Poquelin dit Molière
in der deutschen Übertragung von Ludwig Fulda
Texteinrichtung Rudolf Wagner-Régeny

Entstehung 1923

Uraufführung März 1929 Stadttheater Essen

Personen

Gorgibus	Baß-Buffo
Célia, seine Tochter	Sopran
Lélio, Liebhaber der Célia	Lyrischer Tenor
Gros-Renée, Diener des Lélio	Sprechrolle
Sganarelle, reicher Bürger in Paris	Bariton-Buffo
Frau Sganarelle	Alt
Villebrequin	Sprechrolle
Die Zofe Célias	Sprechgesang
Ein Verwandter der Frau Sganarelle	Sprechrolle

Orchester Fl, Ob, Hr, Kl, 3 Pkn, KlTr, Solo-Streichquintett

Aufführungsdauer 40 Min.

Handlung

Ein freier Platz in Paris vor den Häusern des Gorgibus und des Sganarelle. Célia, mit Lélio verlobt, soll während dessen Abwesenheit mit einem reicheren Mann verheiratet werden. Das Mädchen fällt bei dieser Nachricht in Ohnmacht und verliert ein Medaillon mit dem Bildnis des Geliebten. Bürger Sganarelle hilft, die Ohnmächtige ins Haus zu tragen und gerät deshalb bei seiner Gemahlin in Verdacht, eine Liebschaft mit Célia zu haben. Frau Sganarelle hinwiederum nimmt das verlorene Medaillon an sich und findet Gefallen an dem darauf abgebildeten Gesicht, was Sganarelle vermuten läßt, seine Frau hintergehe ihn, woraufhin er das Medaillon beschlagnahmt. Der Verlobte hat gehört, daß ihm die Braut abhanden zu kommen droht, und kehrt heim. Er findet sein Bildnis in Sganarelles Händen und wähnt sich ebenfalls betrogen. Es drohen Duell und Entzweiung, da bringt ein einziges vernünftiges Wort Aufklärung.

Kommentar

Der rasende Lauf blinder Leidenschaften – aufgehalten durch Vernunft; die Lust und das Leiden am Gefühl – aufgefangen im graziösen Reigen der Worte und musikalischen Wendungen, und über allem das Lachen über die Herrschaft des Zufalls, die solche Leiden schafft. Den Text zu seiner ersten Oper ›Sganarelle‹

richtete sich der damals zwanzigjährige Komponist selbst ein, indem er Molières 1660 entstandenes Stück ›Sganarelle ou Le cocu imaginaire‹ (›Sganarelle oder Der eingebildete Hahnrei‹) von vierundzwanzig Auftritten auf dreizehn Nummern verkürzte, eine kleine Sinfonie als Ouvertüre voranstellte, Arien und Ensembles durch gesprochene Dialoge verband und eine kleine Tanzszene einschloß.

Komödiantischer Witz kann sich entfalten, ohne daß die Figuren denunziert werden, denn der Grundeinfall – ein verlorenes Medaillon schafft totale Verwirrung – ermöglicht es, die schnellen und heftigen Gefühlswallungen als subjektiv ernst gemeinte Äußerungen darzustellen, sie aber im Kontext als relative Übertreibungen auszuspielen.

Diese erste seiner Kurzopern war für Wagner-Régeny insofern programmatisch, als er mit ihr bereits gegen die Ästhetik der Wagner-Nachfolge antrat und nach eigener Aussage die „spielfreudige Delikatesse des 18. Jahrhunderts" wiederbeleben wollte. Dies tat er nicht zuletzt durch ein „Rütteln an den schulischen Tonalitätsgebräuchen, das sich in den Bässen – quasi ‚von unten her' – kundgibt".

Zur Uraufführung wurde ›Sganarelle‹ mit einer zweiten Kurzoper ›Moschopulos‹ sowie dem Ballett ›Moritat‹ gekoppelt. Das Werk ist seit seiner Uraufführung immer wieder von kleineren Bühnen, Studenten- und Laienensembles aufgegriffen und mit großem Erfolg gespielt worden, darunter ist die Inszenierung 1930 in Breslau durch Felix Klee, den Sohn des Malers Paul Klee, erwähnenswert.

Die Erstaufführung in der DDR fand am 30. Januar 1960 am Theater Brandenburg statt, es folgten weitere Inszenierungen in Neustrelitz, Kaiserslautern, Schwerin, Weimar, Meißen, Potsdam, Zwickau, Döbeln, Cottbus sowie durch die Laienoper Radebeul und die Deutsche Hochschule für Musik „Hanns Eisler" Berlin, 1989 folgte Wittenberg.

Ausgaben Part Benno Balan Berlin 1929; Henschelverlag Berlin 1960

Rechte Musikverlag Bote & Bock Berlin

Literatur Jean-Baptiste Molière: Sganarelle. In: Werke, Leipzig 1959
Rudolf Wagner-Régeny: Möglichkeiten des musikalischen Theaters (1931). In: Dieter Härtwig 1965; Dieter Härtwig: Rudolf Wagner-Régeny. Der Opernkomponist, Berlin 1965

Aufnahmen Produktion des Rundfunks der DDR (GA, Funkfassung von Walter Zimmer) Christian Pötsch (Gorgibus), Hermine Ambros (Célia), Harald Neukirch (Lélio), Fred Teschler (Sganarelle), Ilse Jahns-Ludwig (Frau Sganarelle), Fritz Pietsch (Villebrequin), Lissy Tempelhof (Zofe), Jürgen Krassmann (Diener), Willi Gade (Ein Verwandter), Paul-Joachim Schneider (Sprecher), Mitglieder der Staatskapelle Dresden, Dirigent Heinz Rögner
NOVA 8 80 145 Wagner-Régeny spricht und spielt (Lied des Lélio, Bravourarie des Sganarelle) Harald Neukirch (Lélio), Fred Teschler (Sganarelle), Mitglieder der Staatskapelle Dresden, Dirigent Heinz Rögner

Moschopulos

Kleine Oper in drei Aufzügen
nach dem Romantischen Zauberspiel ›Prinz Herbed‹
von Franz Pocci
Texteinrichtung Rudolf Wagner-Régeny

Entstehung 1927

Uraufführung 1. Dezember 1928 Reußisches Theater Gera

Personen

Moschopulos, böser Magier und Usurpator	Baß
Mobed, guter Magier	Baß-Bariton
Myrrha, seine Tochter	Lyrischer Sopran
Prinz Herbed von Alahbad	Lyrischer Tenor
Mebon, Diener des Moschopulos	Tenor
Kasperl, Schuhmacher in Allahbad	Tenor (Sprechrolle)
Zwei türkische Sklavenhändler	Baß, Baß
Genien, böse Geister, Volk	Frauenchor (9 Frauen)
Zwei Krieger, Henker	Stumm

Orchester 2 Fl (auch Picc), Klar, Fg, Trp, Slzg (2 Spieler): GrTr, KlTr, Trgl, Holztr, Bck, Tt, Solo-Vl

Aufführungsdauer 45 Min.

Handlung
I. Aufzug: Moschopulos hat den König von Allahbad vom Thron vertrieben und getötet, dessen Sohn, Prinz Herbed, aber wurde von Mobed gerettet und auf einer einsamen Insel erzogen. Am Tag der Volljährigkeit eröffnet Mobed seinem Zögling das Geheimnis seiner Herkunft und begibt sich in die Hauptstadt, um die Thronbesteigung des rechtmäßigen Herrschers vorzubereiten. Im Gegenzug besucht Moschopulos die Insel und betört den Prinzen mit einem Ring, der diesem vorgaukelt, er verfüge über absolute Weisheit; zugleich macht er ihn glauben, Mobed sei ein Verräter. Prinz Herbed sagt sich von Mobed los. **II. Aufzug:** Will Mobed weiterhin Herbeds Schritte lenken, muß er Umwege gehen. Er läßt seine eigene Tochter Myrrha in Räuberhände fallen, damit sie vom Kasperl befreit werden kann und bei diesem Unterkunft findet. Hier überreicht ihr der Vater die Rose der Liebe, deren Duft den Prinzen anlockt und bezaubert. **III. Aufzug:** Moschopulos läßt den Prinzen in den Kerker sperren. Schon droht der Tod, da verwirft Prinz Herbed den Ring der falschen Weisheit und wählt dafür die Rose der Liebe und Demut, die ihm Myrrha gebracht hat, da fallen die Wände seines Kerkers.

Kommentar

Franz Poccis 1861 erschienenes Romantisches Zauberspiel ›Prinz Herbed‹ ist ein Erziehungsstück, in dem die beiden Magier phantastische Wesen sind, zugleich unterschiedliche Erziehungsprinzipien verkörpern und die inneren Triebkräfte des Prinzen inkarnieren, zwischen denen sich der Jüngling zu entscheiden hat. Mit seiner Entscheidung ist die Erziehung abgeschlossen, die Wände des Kerkers – der Pubertät – fallen, er tritt ins Erwachsenendasein. Auf diese Weise sind in dem scheinbar naiven Zauberstück innere und äußere Vorgänge miteinander verbunden.

Die Kasperlefigur bringt in diese Welt geistiger Auseinandersetzungen die Komplementärperspektive ein, denn in seiner Schuhmacherwerkstatt findet die befreite Myrrha zwar Unterschlupf, muß sich aber am Herd bewähren, mit Töpfen und Tiegeln umgehen.

Wie Pocci spielt auch Wagner-Régeny mit Elementen des Volkstheaters. So eröffnet die Trompete „als ein typisches ‚Schießbudeninstrument' mit einer tuschähnlichen Fanfare die Geschichte" (Härtwig 1965, S. 123). Der Komponist treibt die Instrumente in extreme Register, zugleich erprobt er die Mittel der modernen Musik, vermeidet strikt formale musikalische Symmetriebildungen, arbeitet vielmehr mit expressiven Klangflächen, die von tonalen Bindungen frei sind. Die Figuren sind durch die konventionellen Stimmgattungen charakterisiert, wobei ein ausdrucksvoller Deklamationston vorherrscht. ›Moschopulos‹ ist Wagner-Régenys gelungener Versuch, Elemente des Volkstheaters mit den Mitteln der modernen Musik zu verbinden, und weist bewußt auf die Ähnlichkeiten zum siebenköpfigen Instrumentalensemble in Strawinskys ›Geschichte vom Soldaten‹ hin: Solovioline, Bläser, Schlagzeug.

Wie ›Der nackte König‹ entstand ›Moschopulos‹ als Auftragswerk des Reußischen Theaters in Gera; Erbprinz Heinrich XXXVI. hatte dem Kapellmeister der Labanschen Tanzgruppe Wagner-Régeny bei einem Gastspiel 1927 sein Interesse bekundet. Der Erfolg der beiden 1928 uraufgeführten Opern bestimmte Wagner-Régeny, sich hinfort dem Komponieren zuzuwenden.

In einer Aufführung von Studenten der Deutschen Hochschule für Musik „Hanns Eisler" Berlin, gezeigt im Oktober und Dezember 1978 im Apollo-Saal der Deutschen Staatsoper Berlin, fand ›Moschopulos‹ das Interesse einer breiten Öffentlichkeit.

Ausgaben KlA Benno Balan Berlin 1928; Henschelverlag Berlin (Übernahme, Fotokopie)

Rechte Erben Wagner-Régeny

Literatur Franz Pocci: Prinz Herbed. In: Franz Pocci's Sämtliche Kasperl-Komödien. Drei Bände, hrsg. von Expeditus Schmidt, München 1909; Aloys Dreyer: Franz Pocci. Der Dichter, Künstler und Kinderfreund, München/Leipzig 1907; Dieter Härtwig: Rudolf Wagner-Régeny. Der Opernkomponist, Berlin 1965

Der nackte König
Oper in drei Aufzügen
nach dem Märchen ›Des Kaisers neue Kleider‹
von Hans Christian Andersen
Text von Vera Braun

Entstehung 1928

Uraufführung 1. Dezember 1928 Reußisches Theater Gera

Personen
König _____ Baß-Bariton
Königin _____ Alt
Minister für Nachdenken _____ Tenor
Zwei Gauner _____ Tenor, Tenor
Der Hof _____ Frauenchor
Drei Höflinge _____ Chorbässe
Hofleute, Boys, Diener, Volk _____ Gemischter Chor

Orchester Picc, Fl, 2 Ob, 2 Klar, BKlar, Fg, KFg, 3 Hr, 3 Trp, BPos, Tb, Kl, Mand, Cel, 2 Pkn, Slzg: KlTr, Trgl, Holztr, Bck, GrTr, Ratsche; Solo-Vl, Str

Aufführungsdauer 60 Min.

Handlung
I. Aufzug: Zwei Gauner mit großen, aber leeren Taschen verkaufen dem König ihr Patent: einen Stoff, der nur von Klugen gesehen wird. **II. Aufzug:** Die Gauner geben vor zu weben, der Minister gibt vor, das Unsichtbare zu sehen, ebenso der König und sein Hof. Der König wird „eingekleidet". Ein Boy sagt die Wahrheit, wird aber für dumm erklärt. Der König stellt sich im neuen Rock seiner Frau vor, erlebt aber eine Enttäuschung, denn er wird nicht bewundert, sondern seines seltsamen Aufzuges wegen beschimpft. Trotz aufkommender Zweifel hält der Herrscher an dem einmal gefaßten Beschluß fest, seine neue Kleidung schön zu finden. **III. Aufzug:** Das Volk, zur Feier des neuen Rockes bestellt, sieht seinen König in Unterhosen, folgt jedoch der Weisung und jubelt. Wieder sagt der Boy die Wahrheit, und nun wird der König von der Menge verlacht.

Kommentar
Die Verfasserin des Textes, Vera Braun, Bühnenbildassistentin am Reußischen Theater, zielt mit ihrer Adaption von Andersens bekanntem Märchen, wie später auch Carl Orff mit seinem ›Astutuli‹ (1953), nicht nur auf die anekdotische Pointe: Kindermund tut Wahrheit kund. Im Mittelpunkt des Geschehens steht vielmehr die Deutung des Mechanismus von Täuschung und Ent-Täuschung.

Diesem Mechanismus geht Wagner-Régeny nach, wenn der weihevolle Ton des Königs von einem Takt zum anderen in den Befehlston umkippt, wenn die Königin mitten aus einer von Bluesrhythmen grundierten plärrig-leirigen „Wohlfahrtsarie" heraus sich als kreischendes und keifendes Eheweib produziert und dem salbungsvollen Gehabe des Herrschers ein Ende bereitet, wenn der erste Mann im Staate auf seine natürliche Größe schrumpft: die eines Pantoffelhelden.

Opposition gegen den herrschenden falschen Schein bestimmt die ganze Partitur. Unfeines mischt sich ständig und frech ins Hehre und Pathetische: Das höfische choralartige Adagio und ein zierliches Menuett werden von lärmigen Märschen, Walzern oder auftrumpfendem Foxtrott unterbrochen. Mit den Gaunern dringen in die umhegten Mauern des Schlosses jazzoide Elemente ein, ihre musikalische Funktion ist Subversion: Die Kunstform Oper wird durch die Musik der Straße erobert, die europäische Bastion von den Rhythmen aus Übersee. Der Ton ist scharf und witzig, das große Orchester wird in seiner ganzen Klangfülle und seinem Farbenreichtum zum Funkeln gebracht. Die Frische und Frechheit der Partitur empfiehlt das Werk noch heute nachhaltig zur szenischen Realisation.

Ausgaben KlA Benno Balan 1928; Henschelverlag Berlin (Übernahme, Fotokopie)

Rechte Erben Wagner-Régeny

Literatur Hans Christian Andersen: Des Kaisers neue Kleider. In: Sämtliche Märchen (2 Bde.), übersetzt von Eva-Maria Blühm, hrsg. von Leopold Magon, Leipzig 1965
Dieter Härtwig: Rudolf Wagner-Régeny. Der Opernkomponist, Berlin 1965

Esau und Jakob
Biblische Szene
für vier Sänger, einen Sprecher und Streichorchester
nach dem Ersten Buch Mose (XXVII, 1-29, 41)
in der Übersetzung von Martin Luther
Text von Rudolf Wagner-Régeny

Entstehung 1929

Uraufführung März 1930 Reußisches Theater Gera

Personen
Isaak___Baß
Esau___Bariton
Jakob___Tenor
Rebecca___Mezzosopran
Sprecher___

Orchester
Solo-Streichquartett (auch mehrfach zu besetzen), Org (oder Kl), Gong, GrTr

Aufführungsdauer 20 Min.

Handlung
Isaak fühlt seinen Tod nahen und befiehlt dem erstgeborenen Sohn Esau, Wildbret zu fangen und ihm ein Mahl zu bereiten, damit er ihn segnen könne. Rebecca hört ihres Mannes Worte und stiftet ihren Lieblingssohn, den jüngeren Jacob, an, den Vater zu betrügen. Mit einem schnell herbeigeschafften Böckchen macht sie ihm ein Essen. Der blinde Isaak segnet den falschen Sohn, Esau verflucht seinen Bruder.

Kommentar
Die kleine Szene nach dem alttestamentarischen Stoff scheint verquer zum Zeitgeist zu stehen, und doch bringt die biblische Geschichte die existentielle Ahnung zum Ausdruck, daß sich in den kleinen alltäglichen Vorgängen die großen Katastrophen vorbereiten. Der Reiz der Komposition ergibt sich aus der Verbindung musikalisch barocker Wendungen und deren Reibung an einem fremden, sekundgeschärften Umfeld. Es handelt sich um den gelungenen Versuch, musikalisch-stilistisch zwei unterschiedliche Zeiten und Haltungen zu konfrontieren.

Ausgaben KlA Benno Balan 1931

Rechte Erben Wagner-Régeny

Literatur Dieter Härtwig: Rudolf Wagner-Régeny. Der Opernkomponist, Berlin 1965

La sainte courtisane
Musikalische Szene
für vier Sprecher und Kammerorchester
nach dem Dramatischen Fragment ›La Sainte Courtisane‹
von Oscar Wilde
Texteinrichtung Rudolf Wagner-Régeny

Entstehung 1929-1930

Uraufführung 1930 Stadttheater Dessau

Personen
Honorius, ein Einsiedler_____Sprechrolle
Myrrhina, eine Courtisane_____Sprechrolle
Zwei Männer_____Sprechrollen

Orchester 2 Fl, Klar, Hr, Pkn, Trgl, KlTr, Beck, Hrf; Solo-Streichquintett

Aufführungsdauer 40 Min.

Handlung

In einer einsamen Felsgegend nahe bei Theben sucht in alter Zeit eine Kurtisane einen Einsiedler auf, ihm die Allmacht der Schönheit zu beweisen. Zwei Männer fürchten sich sowohl vor der Kurtisane als auch vor dem Einsiedler. Im „heiteren Ernst bekehrt die wunderschöne Kurtisane den jungen Einsiedler zum Lebemann, sie geht indes ihres Kurtisanentums verlustig und bleibt als Büßende in der Wüstenhöhle zurück" (Wagner-Régeny, 1931).

Kommentar

Oscar Wilde zählte sein Anfang der neunziger Jahre des vorigen Jahrhunderts begonnenes Drama ›La Sainte Courtisane‹ neben ›Salome‹ zu seinen „schönen, farbenprächtigsten Werken" (Karl Heinz Berger). Obgleich das Drama Fragment blieb, ist der Kern des Geschehens klar und auf das Wesentlichste reduziert zur Darstellung gebracht. Die Gestalt der Heiligen Kurtisane war Ende des 19. Jahrhunderts zum künstlerischen Sinnbild eines notwendigen Wandels in der Wertorientierung geworden. Scheinbar unversöhnliche Gegenkräfte, wie der Heilige und die Kurtisane, wechseln ihre Rollen. In diesem Sinne fand die Heilige Kurtisane auch in Emil Noldes berühmtem Triptychon ›Die Heilige Maria Ägyptica‹ von 1912 ihre Verkörperung, in gleicher Weise ist das Motiv der hoheits- und mitleidsvollen Kurtisane in Brechts Radiohörstück ›Das Verhör des Lukullus‹ 1939 aufgehoben.

Wagner-Régenys Musikalische Szene für vier Sprecher und Kammerorchester ›La sainte courtisane‹ ist ein Melodrama und steht in der Tradition von Arnold Schönbergs ›Die glückliche Hand‹ (1908-1913) und ›Pierrot lunaire‹ (1912). Die Sprechstimmen sind durch Rhythmisierung, Tonhöhenfixierung und Stilisierung charakterisiert, doch der Hauptgedanke, die „Vertauschbarkeit musikalischer Gedanken" (Härtwig 1965, S. 141), wird allein vom Orchester durchgeführt. Zur Uraufführung wurde ›Die heilige Kurtisane‹ mit drei weiteren Kurzopern Wagner-Régenys in folgender Reihenfolge gekoppelt: ›Esau und Jacob‹, ›Der nackte König‹ – Pause – ›Sganarelle‹, ›La sainte courtisane‹.

Ausgaben KlA Benno Balan 1930

Rechte Erben Wagner-Régeny

Literatur Oscar Wilde: La Sainte Courtisane / Die fromme Kurtisane oder Das von Juwelen funkelnde Weib. In: Sämtliche Dramen, übers. von Christine Hoeppener, Nachwort von Karl Heinz Berger, Leipzig 1975; Rudolf Wagner-Régeny: Möglichkeiten des musikalischen Theaters (1931). In: Dieter Härtwig 1965; Dieter Härtwig: Rudolf Wagner-Régeny. Der Opernkomponist, Berlin 1965

Die Fabel vom seligen Schlächtermeister
Ein Stück für die Musikbühne in drei Bildern
Text von Hans von Savigny

Entstehung 1930-1932

Uraufführung 23. Mai 1964 Radebeul, Laienoper des VEB Arzneimittelwerkes Dresden

Personen
Der erste Schlächtermeister___Baß-Bariton
Seine Frau___Alt (derb, etwas heiser)
Der zweite Schlächtermeister___Baß (lieblich)
Sechs andere Schlächtermeister___Tenöre und Bässe
Der Totengräber___Baß (schwarz)
Der Klagemann___Tenor (mit Fistelstimme)
Der Engel-Bote___Sopran oder Tenor
Ein halbes Schock Engel___2 solistische Soprane und Frauenchor
Ein halbes Schock Tiere___Gemischter Chor

Orchester 20 Git (ad lib auch z.T. Lauten) oder 2 EGit, Ob, Trp, Kl, Slzg: KlTr, GrTr, Bck, Trgl, Gong; Streichquintett (mindestens doppelt besetzt)
Bühnenmusik: Harm, Trgl

Aufführungsdauer 1. Bild: 22 Min., 2. Bild: 13 Min., 3. Bild: 30 Min.; Gesamt: 65 Min.

Handlung
1. Bild: *Fleischerladen.* Schlächtermeister I begehrt an diesem Morgen sein Eheweib. Ihr aber steht der Sinn nach Schlächtermeister II, der wie gerufen im Laden vorbeischaut und freundlich empfangen wird. Vom Ehemann beim außerehelichen Spiel ertappt, gerät die Frau mit ihrem Mann in Streit, der von einer außerirdischen Macht beendet wird: Ein Schweinskopf fällt vom Gestänge und tötet Schlächtermeister I.
2. Bild: *Kirchhofszene.* Schlächtermeister I wird von seiner Zunft zu Grabe getragen und bekommt sein Beil mit in die Grube. Derweil sinnen die Kollegen und die Witwe schon darauf, wie ohne ihn das Leben lustig weitergehe.
3. Bild: *Tierhimmel.* Schlächtermeister I im Himmel sieht, wie sich seine Frau beim Totenschmaus mit Schlächtermeister II verlustiert, und läßt sein Beil auf die Ungetreue herabfallen. Die Tote wird in den Himmel heraufgeholt. Gegen den Eingang des vereinten Paares ins Reich der Seligen aber protestieren die Tiere. Sie verwandeln Mann und Frau in Schwein und Schaf, und beide fügen sich gut in ihre neue Gestalt.

Kommentar

Im Klavierauszug von 1964 berichtet Wagner-Régeny über die Entstehung des Werkes und sein weiteres Schicksal bis zur späten Uraufführung: Idee und Texte der Oper fallen in das Jahr 1930, doch wurde die Komposition erst zwischen 1931 und 1932 vollendet. Mit der Verwendung von Knittelversen und mit der Wahl seines Instrumentariums zielten Librettist und Komponist auf die Wiederbelebung des alten Jahrmarkttheaters. Wie ernst Wagner-Régeny diese Absicht nahm, machen die langwierigen Verhandlungen mit Gustaf Gründgens deutlich, der bereit war, dem Wunsch der Autoren entsprechend das Stück an einer der Berliner Reinhardt-Bühnen aufzuführen, jedoch innerhalb der damals üblichen (bei Kennern und in Theaterkreisen sehr beliebten) 23-Uhr-Nachtvorstellungen. „Mir erschien es – ich war 29 Jahre alt – absurd, ein ernstgemeintes Stück wie eine ‚Gelegenheitsdarbietung' anzusehen, und ich bekämpfte diesen Plan. Unsere Ansichten wurden so lange hin und her getragen, bis schließlich Herr Hitler und das ganze Walhall aufzogen, und in dem Lärmen der Marschtritte gingen wir verloren." (Wagner-Régeny 1964)

Das von den beiden Autoren mit hohem Kunstverstand, Witz und philosophischem Vergnügen geschaffene Werk leistet in Form und Gehalt dem Zeitgeist Widerstand. Hier wird mit Knittelversen und einem ausgefallenen Instrumentarium gearbeitet, hier reüssiert das alte Jahrmarkttheater. Spielorte sind Himmel und Erde, entworfen wird ein Welttheater.

Der Fleischerladen als irdischer Handlungsort ist von Bedeutung: Seit dem Ersten Weltkrieg war in deutscher Sprache vom Schlachthaus die Rede, wenn das Schockerlebnis Front beschrieben wurde, aber es mußte sensiblen Künstlern auffallen, daß auch in Friedenszeiten der Mensch Krieg gegen die Tiere führt, der Schlächter gegen die Kreatur. Der Kampf zwischen Starken und Schwachen wird auf verschiedenen Ebenen – realen und irrealen – durchgespielt.

So räsoniert die Schlächtersfrau über die Ehe als Kriegszustand, in dem der Stärkere die Spielregeln diktiert, dem seligen Schlächtermeister aber verwehren die verewigten Tiere den Aufstieg ins himmlische Reich.

Mit Anspielungen auf die Klassiker im Text, aber auch durch musikalische Zitate von Chorälen, Volksliedern oder Opernarien bringt Wagner-Régeny zur „Sicht von unten" die „Sicht von oben" ein. Die Auftrittsarie des Schlächters, eine Verherrlichung der Ideologie des Fleischers, ist nicht zufällig von einer Choralbearbeitung grundiert, wird doch hier der Protestantismus als Rechtfertigung einer Politik der Starken gegen die Schwachen ins Visier genommen. Der Aufstieg des toten Fleischers, später seiner getöteten Frau, in den Himmel wird nicht ohne Grund vom Kopfmotiv des Kinderliedes ›Hänschen klein ging allein in die weite Welt hinein‹ kommentiert – die Seelen der beiden Verstorbenen sind infantil geblieben. Paradoxe Instrumentenzusammenstellungen und sinnerhellende Umdeutungen instrumentaler Gesten spielen eine große Rolle. Das schönste Beispiel: wenn die „heilige Handlung" der Verwandlung von Schlächter und Frau in Schwein und Schaf zu einer kurzen elegischen Oboenmelodie geschieht, die im nachfolgenden französischen Geschwindmarsch von der Trompete aufgegriffen wird und ins Aggressive umschlägt.

Wagner-Régeny hatte bei seinen Verhandlungen mit Gründgens an eine Schauspielerbesetzung (u.a. Theo Lingen, Kurt Gerron, Trude Hesterberg) gedacht. Tatsächlich sind die Gesangsnummern so angelegt, daß sie von einer musikalisch geschulten Sprechstimme deklamiert, gesprochen und gesungen werden können.

Bei der Uraufführung 1964 konnte neben den Sängern der Dresdner Laienoper auch ein Laienorchester für den zwanzigfachen Gitarren- und Lautenchor gewonnen werden, während die Rundfunkproduktion 1989 auf die Möglichkeit elektroakustisch verstärkter Gitarren zurückgriff und dies zu einer künstlerisch überzeugenden Lösung führte (verantwortliche Musik-Redakteurin: Margit Hohlfeld).

Der Dresdner Uraufführung folgten fünf weitere Einstudierungen, u.a. die von 1987 an den Bühnen der Stadt Nordhausen.

Ausgaben KlA Henschelverlag Berlin 1964

Rechte Henschel Musik GmbH Berlin; Musikverlag Bote & Bock Berlin

Literatur Rudolf Wagner-Régeny: Vorwort zum KlA, Berlin 1964; Dieter Härtwig: Rudolf Wagner-Régeny. Der Opernkomponist, Berlin 1965

Aufnahmen Produktion des Rundfunks der DDR (GA) Gunther Emmerlich (1. Schlächtermeister), Astrid Pilzecker (Frau), Konrad Rupf (2. Schlächtermeister), Gerd Wolf (Totengräber), Andreas Conrad (Klagemann) u.a., Mitglieder des Rundfunkchores Berlin, Mitglieder des Orchesters der Komischen Oper Berlin, Dirigent Reinhard Seehafer; aufgenommen 1988/89 (Erstsendung Radio DDR II, 1. April 1989)

Die „Neher-Opern"

Die Zusammenarbeit von Wagner-Régeny und Caspar Neher wurde zum Glücksfall. Der Freund Bertolt Brechts war bereits als Bühnenbildner, so an Reinhardts Deutschem Theater, Jessners Schauspielbühne und der Berliner Krolloper bekannt, bevor er für Wagner-Régeny Opernlibretti schrieb.

Der Komponist und sein Textdichter unternahmen den grandiosen Versuch, aus der aristokratischen Gattung Oper eine in Gehalt und Gestalt demokratische Kunstform zu entwickeln. Nebenaktionen und Details am Rande sind wichtiger als die Haupt- und Staatsaktionen. Dies war eine Möglichkeit, nach 1933 noch Substantielles auf der Bühne zu verhandeln: „Ästhetik des Widerstands".

Was im ›Günstling‹, den ›Bürgern von Calais‹ und der ›Johanna Balk‹ als Tugend in der Not gelten konnte, wurde 1940/1950 in der ›Persischen Episode‹ kultiviert: Mit ihr entstand eine der schönsten Komischen Opern der Neuzeit, die es noch zu entdecken gilt.

Der Günstling
oder Die letzten Tage des großen Herrn Fabiano

Oper in drei Akten
nach dem Drama ›Maria Tudor‹ von Victor Hugo
in der Übersetzung und Bearbeitung von Georg Büchner
sowie mit einigen Texten aus Werken von Georg Büchner
Text von Caspar Neher

Entstehung 1932-1934

Uraufführung 20. Februar 1935 Staatsoper Dresden

Personen
Königin Maria Tudor von England_____Sopran
Fabiano Fabiani, ein Abenteurer, durch die Gunst
   der Königin zu höchster Macht gelangt_____Tenor
Jane, eine Waise, Braut und Pflegetochter Gils_____Sopran
Gil, ein Mann aus dem Volke_____Bariton
Simon Renard, Minister_____Baß
Erasmus, ein alter Mann aus Neapel_____Sprechrolle
Ein Schließer_____Baß
Wachen_____Chorsolisten
Stadtälteste_____Männerchor
Hofdamen_____Frauenchor

Orchester 2 Fl, 2 Ob, 2 Klar, 2 Fg, 2 Trp, 2 Hr, 2 Pos, 3 Pkn, KlTr, GrTr, Bck, Rtr, Tamb, Gl; Str

Aufführungsdauer I. Akt: 40 Min., II. Akt: 30 Min., III. Akt: 35 Min.; Gesamt: 1. Std., 45 Min.

Handlung
I. Akt: Die Handlung führt uns nach London in das Jahr 1553. Als Liebhaber der Königin Maria Tudor hat sich der Italiener Fabiani auf Kosten des Volkes eine Machtposition geschaffen. Minister Renard sucht eine Gelegenheit, den Günstling zu stürzen. Er beobachtet mitternachts, wie Fabiani dem Mädchen Jane, der Braut des Arbeiters Gil, nachsteigt. Er sieht, wie der Günstling den Vater seiner ehemaligen Geliebten meuchlings ermordet und wie der Mörder den von der Arbeit heimkehrenden Gil zwingt, ihm bei der Beseitigung der Leiche zu helfen. Dabei entdeckt Gil, daß seine Jane von Fabiani verführt wurde. Schnell ist Renard zur Stelle, um Gils Rache für seine Pläne zu nutzen. **II. Akt:** Fabiani fühlt sein Alter und ist der ewigen Unrast wie Unsicherheit des Günstlingslebens müde. Er verspricht der Königin ewige Treue, die Königin verspricht ihm dafür den

erhofften Thron. Renard bezichtigt den Günstling des Meuchelmords, des Meineids und der Untreue. Maria Tudor verlangt Beweise. Gil und Jane treten als Zeugen auf. Nur um den Preis seines Lebens kann sich Gil an Fabiani rächen. Er klagt ihn der Anstiftung zum Mord an der Majestät an, denn damit sind nach dem Gesetz sowohl er, aber auch Fabiani dem Tode verfallen. **III. Akt:** Die Königin bittet für Fabiani um Gnade, doch der Rat lehnt ab. Da drängt Maria heimlich Renard, Fabiani in Gils Kleidern fliehen zu lassen, und ordnet den Aufschub der Hinrichtung an. Renard aber läßt Gil fliehen und Fabiani nach dem Gesetz und ohne Aufschub hinrichten. Die getäuschte Königin will den Dank des geretteten Liebhabers entgegennehmen und muß statt dessen die letzten Worte des zur Hinrichtung geführten Verbrechers hören: Der Günstling flucht der königlichen Geliebten.

Kommentar

›Der Günstling‹ ist Caspar Nehers und Rudolf Wagner-Régenys erste gemeinsame Arbeit. Mit ihr begannen sie eine „Ästhetik des Widerstands" auszubilden, in der Nebenszenen wichtiger werden als die sog. Haupthandlung, weil sich im Detail allein noch politisch und existentiell Wichtiges mitteilen ließ.

Als Vorlage diente ihnen das von Georg Büchner ins Deutsche übertragene Drama ›Maria Tudor‹ von Victor Hugo (1883 in Paris uraufgeführt), das von einem italienischen Abenteurer handelt, der sich die „Gunst einer Königin von England erringt (gedacht ist an Maria die Blutige, aber der historische Konnex ist nur vage), die ihm, in willenloser Abhängigkeit, bald alle Regierungsgewalt überläßt; ein Verführer der Macht, weiß er sich aber nur durch Gewalttat in ihr zu erhalten, nur durch Raub sich ihrer zu erfreuen; Unrast und Ruchlosigkeit seiner Handlungen spiegeln die Unsicherheit des Emporkömmlings, der sich der eigenen Inferiorität nur zu gut bewußt ist. Eine Palastrevolution unter der Führung eines Ministers, der der Königin im geeigneten Moment die Binde von den Augen reißt, bringt den Verhaßten schließlich zu Fall und setzt die angestammte Macht wieder in ihre Rechte. Das Publikum von 1935 brauchte wenig Phantasie, sich unter diesem Fabiani Hitler, unter der Königin Hindenburg (der eben erst gestorben war), unter dem Minister Blomberg oder Papen vorzustellen. Das Bild, das die Oper von dem imaginären Hof entwarf, entsprach genau der Vorstellung, die sich das konservative Bürgertum und Teile des Adels von der Herrschaft Hitlers machten – und von den Möglichkeiten, diesen zu stürzen." (Dieckmann 1965, S. 21) Das erklärt den ungewöhnlich großen Erfolg der Uraufführung 1935 (Musikalische Leitung: Karl Böhm, Inszenierung: Josef Gielen, Bühnenbild: Caspar Neher), nicht aber den zeitüberdauernden Reiz des Werkes.

Die Handlung täuscht mit Versatzstücken Romantischer Oper und deren Typenarsenal Naivität vor: Man findet den Mord um Mitternacht, die Hinrichtung, deren Aufschub zu spät kommt, die als Frau betrogene Königin, den im Blumengarten des Volkes wildernden Hofmann, den alles verzeihenden Biedermann und den ehrbaren unbestechlichen Minister. Hinzu kommt eine barock-neoklassizistische Musizierweise, die Anlehnung an den Händelschen Arientypus, die Wahl konventioneller Stimmcharakteristika (Lyrischer Sopran für das junge Mädchen, Dramatischer Sopran für die Königin, Seriöser Baß für den Minister, Charaktertenor für den Verführer). Doch das sind keine naiven formal-stilistischen Entscheidungen, vielmehr entsprangen sie dem Stoff, der Notwendigkeit, traditionelle Affekte zu konfigurieren, sie in verschiedenen Beleuchtungen darzustellen, die Situationen und Figurenhaltungen in einem Pro und Contra zu entwickeln, und zwar so, daß für den Zuhörer das Auf und Ab, das Entstehen, Verwandeln und Verändern bekannter Hörmodelle zu verfolgen war.

›Der Günstling‹ war Nehers und Wagner-Régenys erster und sogleich gelungener Versuch, aus der aristokratischen Kunstform Oper eine demokratische zu machen. Dafür eignete sich im besonderen Maße die barocke und klassizistische Arienform, in der Affekte artikuliert, kontrastiert, bestätigend oder abweisend wiederholt werden. Dabei fand Wagner-Régeny vom Schema abweichende Details, sinnerhellende Aufblendungen, so z.B. das Ruf- und Antwort-Prinzip zwischen Orchester und Sängerin in Janes Arie „Ich gehe zu ihm", wenn der Wunsch des Mädchens der Realität vorauseilt. Die Einheit der Gegensätze musiziert Wagner-Régeny im Duett Königin – Renard, wenn die Angst der Frau, von der Untreue des Liebhabers zu erfahren, und die Angst des Ministers, in seinem Pokerspiel um die Macht zu weit zu gehen, durch das gleiche Motiv im wechselnden Register zum Ausdruck gebracht wird. Klassizistisch ist auch die Methode, absolute musikalische Formen direkt als Sinnträger eines dramatischen Geschehens einzusetzen wie im Duett Gil–Jane, wenn das Verlangen, dem anderen zu folgen, in einen kleinen Kanon übersetzt wird. Die Oper ist reich an Momenten des Einhaltens und des Bedenkens. Die dargestellten Figuren werden nicht a priori nach sozialen oder weltanschaulichen Prinzipien in gute und böse unterschieden, vielmehr kam durch Caspar Neher eine Haupttugend des Epischen Theaters zum Tragen, jeder Figur vorurteilslos ihr Recht zukommen zu lassen, allen Personen in Text und Musik die Gelegenheit zu geben, innere und äußere Widersprüche zu artikulieren und auszutragen. Darin besteht die Zeitverbundenheit und zugleich die zeitüberdauernde Gültigkeit dieser Oper.

Verbreitung

Mit mehr als achtzig Inszenierungen, Rundfunkaufnahmen (z.T. auch auf Schallplatte) und einer Fernsehproduktion des Fernsehens der DDR ist ›Der Günstling‹ Rudolf Wagner-Régenys erfolgreichste Oper. Unmittelbar auf die Dresdner Uraufführung folgten in kurzen Abständen Inszenierungen in Duisburg, Halle, München, Gera, Graz, Brünn (Brno), Preßburg (Bratislava), Ljubljana, Brüssel, die Wagner-Régenys internationalen Ruf als Opernkomponisten begründeten; nach der Berliner Erstaufführung an der Deutschen Staatsoper 1953 gehörte ›Der Günstling‹ an den DDR-Bühnen zu den meistgespielten Werken des aus unserem Jahrhundert stammenden Opernrepertoires; 1989 erlebte die Oper eine Einstudierung in Stendal.

Ausgaben Text (mit einer Einführung von Dieter Härtwig) Verlag Philipp Reclam Jun. Leipzig 1960 (RUB 8748); KlA Universal Edition Wien 1934, übernommen in die Edition Peters Leipzig (EP 9003)

Rechte Universal Edition Wien

Literatur Victor Hugo: Maria Stuart. In: Georg Büchner: Werke und Briefe, hrsg. von Fritz Bergemann, Wiesbaden 1958; Dieter Härtwig: Rudolf Wagner-Régeny. Der Opernkomponist, Berlin 1965; ders.: Einführung im Textheft, Leipzig 1960; ders.: Besinnung auf Klarheit und Disziplin. Zum Opernschaffen Rudolf Wagner-Régenys. In: Theater der Zeit, H. 17, Berlin 1963; Friedrich Dieckmann: Deutsche Oper unterm Faschismus. In: Theater der Zeit, H. 7, Berlin 1965

Aufnahmen Produktion des Rundfunks der DDR (GA) Ludmila Dvořáková (Maria Tudor), Jaroslav Kachel (Fabiani), Sylvia Geszty (Jane), Uwe Kreyssig (Gil), Herbert Rößler (Renard), Adolf-Peter Hoffmann (Erasmus), Rundfunkchor Berlin, Rundfunk-Sinfonieorchester Berlin, Dirigent Kurt Masur; aufgenommen 1964
Produktion des Fernsehens der DDR (GA) Ludmila Dvořáková/Ruth Schop-Lipka (Maria Tudor), Jaroslav Kachel (Fabiani), Sylvia Geszty/Roxandra Horodny (Jane), Uwe Kreyssig (Gil), Herbert Rößler (Renard), Adolf-Peter Hoffmann (Erasmus), Rundfunkchor Berlin/Chor der Deutschen Staatsoper Berlin, Rundfunk-Sinfonieorchester Berlin, Dirigent Kurt Masur, Regie Wolfgang Kersten; Erstsendung 1. Januar 1968
ETERNA 8 20 567 (unsere neue musik 14) (Kleiner Querschnitt mit sechs Nummern) Ruth Keplinger (Jane), Gerhard Niese (Gil), Julius Katona (Fabiani), Heinrich Pflanzl (Renard), Staatskapelle Berlin, Dirigent Horst Stein; aufgenommen 1956
NOVA 8 80 232 (Ausschnitte) Besetzung wie Rundfunkproduktion, Übernahme der Aufnahme von 1964

Die Bürger von Calais
Oper in drei Akten
nach der Chronique de France von Jean Froissart
Text von Caspar Neher

Entstehung 1935-1938

Uraufführung 28. Januar 1939 Deutsche Staatsoper Berlin

Personen

Johann von Wien, Gouverneur und dritter Bürger___Baß
Cornelia, die Frau des Gouverneurs___Sopran
Peter von Wissant, zweiter Bürger___Tenor
Josef von Wissant___Tenor
Philomène, Josefs Frau___Sopran
Vater Wissant, erster Bürger___Bariton
Eustach___Baß
Vierter, fünfter und sechster Bürger___Bässe
Die englische Königin___Sopran
Ein englischer Offizier___Tenor
Sergeant___Bariton
Philipp___Tenor

Einwohner von Calais, Wäscherinnen, Hofdamen
der englischen Königin, englische Soldaten, der Hohe Rat_____Gemischter Chor

Orchester 2 Fl, 2 Ob, 2 Klar, 2 ASax, 2 Fg, KFg, 2 Hr, 2 Trp, 2 Pos, Tb, Pkn, KlTr, GrTr, Bck, Rtr; Str

Aufführungsdauer I. Akt: 37 Min., II. Akt: 48 Min., III. Akt: 35 Min.; Gesamt: 2 Std.

Handlung

I. Akt: *Freier Platz in Calais.* Seit Monaten vom Feind belagert und eingeschlossen, wird die Stadt Calais von der ersten Kugel getroffen. Die Brüder Peter und Josef Wissant waren auf Kundschaft außerhalb der Mauern, aber nur Peter kehrt heim: Der französische König ist geschlagen, keine Hoffnung auf Beistand mehr. Die Einwohner sind durch elfmonatigen Hunger geschwächt und können keinen Widerstand mehr leisten. Cornelia macht ihrem Mann, dem Gouverneur, zum Vorwurf, er habe zu lange ausgeharrt und um der Ehre willen zu viele Menschen geopfert. Sie sagt sich von ihm los und geht, den Feind um Gnade bitten. Der Gouverneur gibt die Kapitulation bekannt und läßt die Tore der Stadt öffnen.

II. Akt: *In der Nähe des englischen Lagers vor der Stadt.* Hier trifft Cornelia auf den totgeglaubten Josef Wissant, der lieber vor den Toren der Stadt verhungern will, als innerhalb der Mauern ein unnützer Esser sein. Beide befinden sich in Lebensgefahr, denn nach dem Kriegsrecht wird jeder außerhalb der Stadt angetroffene Franzose erschossen, doch englische Wäscherinnen beschützen sie. Cornelia bittet die junge englische Königin und werdende Mutter um Gnade für die Stadt, außer mitleidigen Worten und freiem Geleit für sich und Josef erhält sie keine konkrete Zusage. Sie hält ihre Mission für gescheitert und will sterben.

III. Akt: *Freier Platz in Calais.* In der Stadthalle sind die Einwohner versammelt. Die Bürger haben die Bedingung für die Übergabe der Stadt erfahren und lehnen sie ab: Sechs Bürger sollen sich opfern, dann wird der Rest verschont. Der von Hunger entkräftete, dem Sterben nahe Josef Wissant ist in die Stadt zurückgekommen und bringt die englische Forderung auf die Formel: „Tausend mal sechs sollen leben durch sechs." Er verbreitet diese höllische Versuchung laut durch die Gassen der Stadt. Die Bürger werden durch diesen Ruf an ihre eigenen geheimen Wünsche gemahnt, dennoch weisen sie, empört und erschreckt zugleich, Josefs Worte zurück. Philomène muß sich ihres sterbenden Mannes als eines Feiglings und Versuchers schämen. Dann aber kann sie stolz auf ihn sein, denn Josefs Tod wird zum Signal: Zuerst folgen Vater und Bruder, danach auch der Gouverneur und drei weitere Bürger dem Aufruf zum Opfergang. Die tote Cornelia, mit dem Tuch der englischen Königin bedeckt, wird in die Stadt gebracht – der englische König begnadigt die zum Tod bereiten Bürger.

Kommentar

Nehers und Wagner-Régenys Oper liegt eine wahre Begebenheit aus dem englisch-französischen Krieg von 1347 zugrunde, wie sie durch zwei Berichte, den des Domherrn Messire Johan le Bel von Saint Lambert zu Liège und den des Geschichtsschreibers Jean Froissart, überliefert wurde. Mit Auguste Rodins berühmtem Bronzedenkmal (1884-1886) ging das Ereignis auch in die Kunstgeschichte ein. 1912-1913 schuf Georg Kaiser sein Drama ›Die Bürger von Calais‹ (1917 uraufgeführt); bereits vor Wagner-Régeny hatte Stefan Zweig die Eignung des Stoffes für die Musikbühne erkannt und 1934 Richard Strauss darauf aufmerksam gemacht.

Wagner-Régeny lernte Froissarts Chronik im August 1935 kennen. Als die Komposition im Januar 1938 beendet war, hatte Caspar Nehers Libretto zehn Fassungen durchlaufen. Es war eine Oper entstanden, die nicht den Opfergang der sechs Bürger verherrlicht – dieser gelangt erst im letzten Fünftel des Gesamtgeschehens zur Darstellung –, sondern die vielmehr das Prinzip des Opfers überhaupt zur Diskussion stellt.

Cornelia, die Frau des Gouverneurs, fragt gleich zu Anfang, ob die Stadtobrigkeit nicht selbst mit ihrer Durchhaltetaktik das Leben der Menschen für Begriffe wie Ehre und Ruhm geopfert habe. Die Frage nach der Notwendigkeit und dem Sinn von Opfern traf einen zentralen Punkt der Auseinandersetzungen mit faschistischem Denken. Nicht zufällig wandte sich auch der nach Amerika emigrierte Philosoph und Psychoanalytiker Erich Fromm 1941 in seiner Schrift ›Die Furcht vor der Freiheit‹ diesem Problem zu: „Der Tod ist nie süß, auch dann nicht, wenn man ihn für das höchste Ideal erleidet. Er bleibt unaussprechlich bitter und kann trotzdem die höchste Bejahung unserer Individualität sein. Ein solches Opfer unterscheidet sich grundsätzlich vom ‚Opfer', das der Faschismus predigt. Dort ist das Opfer nicht der Preis, den der Mensch unter Umständen zahlen muß, um sein Selbst zu behaupten, sondern er ist Selbstzweck. Dieses masochistische Opfer sieht die Erfüllung des Lebens in dessen Negierung, in der Auslöschung des Selbst. Diese Art des Opfers ist nur höchster Ausdruck dessen, was der Faschismus in allen seinen Abarten erreichen möchte – die Vernichtung des individuellen Selbst und seine völlige Unterordnung unter eine höhere Macht. Es ist die Perversion des echten Opfers." (Fromm 1983, S. 230)

Im Unterschied zum geschichtlichen Ereignis und dessen nachfolgenden künstlerischen Deutungen steht bei Neher und Wagner-Régeny die Passionsgeschichte von Cornelia und Josef im Mittelpunkt des Geschehens, doch deren Leidensweg ist völlig unheroisch und geschieht im geheimen, und vor allem befragen sich beide Figuren ständig nach dem Sinn ihres Tuns. Nur auf dieser Ebene erschließt sich die Thematik der Oper, nur so sind die zentralen, durch entsprechende Arien gestalteten Konflikte der beiden Hauptpersonen zu entschlüsseln.

Neher und Wagner-Régeny erproben mit den ›Bürgern von Calais‹ eine neue interessante Dramaturgie, indem sie die Dynamik und Widersprüchlichkeit von Figuren und Situationen durch die Gleichzeitigkeit von Agieren, Reflektieren und

Kommentieren darstellen. Übergangslos wechseln die Chöre von einer Ebene zur anderen. Wenn die Bürger von den „verderbenbringenden Kugeln" überrascht werden, entfaltet sich durch die Veränderung der Dynamik und des Instrumentariums, durch Tonartendisposition und Wechsel zwischen Chor und Soli, Chor und Gegenchor die Mehrdimensionalität des Geschehens: Gleichzeitigkeit von Angst und Mut, von Aufbrechen und Zögern, aber auch das Heraustreten des einzelnen aus der Menge und das Zurückziehen in die Masse.

Das gleiche gilt für die Schlußszene des Werkes. Josefs Formel „Tausend mal sechs sollen leben durch sechs" soll auf Wunsch des Komponisten anfangs durch Megaphon verstärkt erklingen, Josef selbst hat nicht sichtbar zu sein. Über diese klangliche Ebene soll deutlich werden, daß Josefs Ruf das unbewußte und unterdrückte Sehnen vieler, durch das Opfer einiger weniger – aber der anderen! – gerettet zu werden, manifestiert. Äußerlich reagieren die Bürger jedoch darauf mit Entrüstung, Abscheu und Erschrecken zugleich. Dementsprechend zwischen piano und forte wechselnd, ist der Klang der zornerfüllten chronischen Widerworte. Wenn Josef stirbt, verlöscht die einzelne Stimme, zugleich aber wächst der Klang des Bürgerchores an, allmählich identifizieren sich die Bürger mit Josefs Worten, bis die Schranke fällt und die Leute ihre eigenen geheimsten Wünsche beim Namen nennen. Hier mischen sich innerer und äußerer Vorgang, neben dem simplen äußeren Geschehen wird ein geheimes inneres mitmusiziert: der Zwiespalt zwischen Bewußtem und Unbewußtem, zwischen realen individuellen Wünschen und gewünschter offizieller Ideologie.

Aus dieser Absicht, widersprüchliche Haltungen, Empfindungen, innere und äußere Vorgänge in einer Situation aufeinanderprallen zu lassen, bezieht der Komponist Wagner-Régeny seine Kraft, unterschiedliche Musizierstile gleichberechtigt zu gebrauchen, ohne daß die einzelnen Teile eklektizistisch einander entgegenstehen: „Madrigale des Mittelalters in den Chören, die Liebe zur Geste der Grand Opéra in den Arien der Cornelia, die Hochachtung vor dem Zirkus und die Feuerwehrmusik in den Sergeanten-Szenen, das Liebenswürdige und Süße des guten Jazz bei ernstesten Stellen, beispielsweise in dem Lied der Philomène, und das Volkslied, nicht verstanden als Kopie, sondern als Neuschöpfung (Englisches Lied der Wäscherinnen)." (Wagner-Régeny)

Wechselt im ersten und im dritten Akt die Perspektive, weil hier eine homogene Gruppe widersprüchliches Verhalten innerhalb einer gegebenen Grundsituation entwickelt, so geschieht dies im mittleren Akt auf andere Art: Hier wird die heroische Geste der französischen Bürgerin Cornelia mit der Volksweise der Wäscherinnen im englischen Heerlager konfrontiert, der Militärsong und die Zirkusmusik der englischen Soldateska mit der nostalgischen Terzenharmonik der königlichen Hofdamen – verschiedene soziale und nationale Blickpunkte kommen zum Tragen. Im Gegensatz zu einer weitverbreiteten Meinung (vgl. Härtwig 1965, S. 186) geben Neher und Wagner-Régeny aber vom Volk weder eine idyllisierende noch eine idealisierende Darstellung. Zwar schützen die englischen Wäscherinnen zwei französische Bürger, was eine schöne Geste der Solidarität ist, doch gleichzeitig lassen die gewöhnlichen englischen Soldaten ihren Mordgelüsten freien Lauf. In der Moritat vom toten Bill schildert der „kleine Mann" eindrucksvoll, wie er am Krieg partizipiert: gestern noch ein gemeiner Soldat, heute schon Offizier – als Sergeant macht er seinen Schnitt am Krieg.

Von beispielhafter Meisterschaft ist das Vermögen der beiden Autoren, konkretes reales Geschehen in ein gleichnishaftes umschlagen zu lassen. Cornelia wartet in einem Versteck auf die englische Königin. Sie hört ein Lied, von Frauen jenes Volkes gesungen, das ihrer Stadt Verderben und Untergang bringt. Doch dieses Lied ist sanft, ist schön, wenn es auch in einer fremden, ihr unverständlichen Sprache erklingt. Die Szene endet mit Cornelias Satz: „Ich höre Worte – doch den Sinn von Worten höre ich längst nicht mehr." Auf unnachahmliche Weise faßt der Satz die Situation im Gleichnis: Die Vernunft kann trügen, nicht aber das Gefühl: Sehnsucht und Leid sind den Frauen zweier feindlicher, d.h. einander bekriegender Völker gemeinsam.

Eine ähnliche Metapherntechnik wendet Neher für die zentrale Szene der Oper an, die Begegnung Cornelia–Königin in der Mitte des II. Aktes: Die Königin entzieht sich der Bitte der fremden Frau um Gnade mit dem Hinweis, daß sie als Königin nicht frei entscheiden könne, da dies dem König allein zustehe, sie selbst sei nur ein Echo der königlichen Gedanken. Cornelia entgegnet ihr darauf nach längerem Nachdenken mit einem seltsamen Satz, der unaufgelöst die Szene endet: „Ach, erwäge, was auch immer Ihr zu mir sprecht, zu mir sagt, das ist das Fremde." Und fragend wiederholt sie: „Das Fremde?" Solche Stellen haben Caspar Neher den Vorwurf eingetragen, Verfasser rätselvoller bzw. unklarer Libretti zu sein. Dabei läßt sich diese Metapher leicht deuten: Die französische Bürgerin und die englische Herrscherin sind einander zwar fremd, haben aber zugleich, englisch oder französisch, etwas Gemeinsames – als Frauen sind sie vom Denken ihrer Männer bestimmt, die in kriegerischen Zeiten das Sagen haben. Nun hat aber Cornelia zu Beginn ihrer Passion dem eigenen Mann den Gehorsam gekündigt, sich mit ihrem Opfergang auf den Weg zu ihrem wahren Ich gemacht. Ihre Worte und die Frage am Schluß geben der englischen Königin zu bedenken, daß auch sie sich als Frau und werdende Mutter im Namen ihrer künftigen Kinder vom fremden, männlich-kriegerischen Denken frei machen sollte, um nicht wie Cornelia ihre Kinder an den Krieg zu verlieren.

Die Cornelia-Handlung und der Opfergang der sechs Bürger wie deren Begnadigung sind zwar miteinander verbunden, aber nicht im Sinne von Ursache und Wirkung. Die tote Cornelia wird in dem Augenblick in die Stadt zurückgebracht, als der englische König Gnade vor Kriegsrecht ergehen läßt. Das Tuch der englischen Königin, das die Leiche deckt, stellt den einzigen Hinweis der Autoren auf eine mögliche Verbindung zwischen Cornelias Aktion und der Begnadigung dar. Die Oper ist weder eine Verherrlichung des Opfers der sechs Bürger, noch fällen die Autoren ein abschließendes Urteil über den Sinn und die Notwendigkeit von Opfern. Das überlassen sie dem Zuhörer/Zuschauer.

Nicht zufällig lobte Paul Dessau an der Musik seines Freundes Wagner-Régeny gerade diesen Grundzug, das verstehende Mitvollziehen: „Wagner-Régeny bevorzugt das Stille in der Kunst. (...) Das soll nicht heißen: piano pianissimo, nein, es besagt vielmehr, daß drinnen etwas mitschwingt, das mitgehört und miterfunden werden will, um gehört, wirklich mitgehört zu werden." (Dessau 1965) Caspar Neher und Rudolf Wagner-Régeny haben das Prinzip des „Mitschwingens" in geradezu exemplarischer Weise in den ›Bürgern von Calais‹ zur Grundlage ihrer textlichen und musikalischen Gestaltung gemacht.

Verbreitung

Der erfolgreichen Uraufführung an der Berliner Staatsoper im Januar 1939 (Musikalische Leitung: Herbert von Karajan, Bühnenbild: Caspar Neher) schlossen sich sofort Inszenierungen in Breslau, Stuttgart und Darmstadt an. Dann wurde die Oper vom Spielplan abgesetzt – der Zweite Weltkrieg hatte begonnen. Somit verlagerte sich die eigentliche Aneignung des Werkes in die Opernlandschaft der DDR (zwischen 1959 und 1989 zwanzig Inszenierungen), allerdings erst fünfzehn Jahre nach Kriegsende: in Rostock, Greiz und Karl-Marx-Stadt; 1965 kehrte die Oper an ihr Uraufführungstheater (Inszenierung: Fritz Bennewitz, Bühnenbild: Wilfried Werz) zurück. In hervorragender Weise beteiligten sich der Rundfunk der DDR mit eigenen Produktionen an der Verbreitung des Werkes. 1987 machte die BBC (British Broadcasting Corporation) mit namhaften Solisten, dem Glyndebourne Choir und dem BBC Symphony Orchestra unter Salmen Joly eine Gesamtaufnahme.

Ausgaben KlA Universal Edition Wien 1938, übernommen in die Edition Peters Frankfurt/Main o.J. (Nr. 9002)

Rechte Universal Edition Wien

Literatur Caspar Neher / Rudolf Wagner-Régeny: Zum Werk, Paul Dessau: Ein Gedanke zu Wagner-Régeny, Werner Otto: ›Die Bürger von Calais‹. Thema und Gestaltung. In: Programmheft Deutsche Staatsoper Berlin 1965; Erich Fromm: Die Furcht vor der Freiheit (1941), Frankfurt/Main 1983; Dieter Härtwig: Rudolf Wagner-Régeny. Der Opernkomponist, Berlin 1965; ders.: Besinnung auf Klarheit und Disziplin. Zum Opernschaffen Rudolf Wagner-Régenys. In: Theater der Zeit, H. 17, Berlin 1963; Friedrich Dieckmann: Oper unterm Faschismus. In: Theater der Zeit, H. 7, Berlin 1965

Aufnahmen ETERNA 8 26 522 (Ausschnitte) Wolfgang Hellmich (Johann), Elisabeth Breul (Cornelia), Dieter Weimann (Peter), Paul-Dolf Neis (Josef), Ute Mai (Philomène), Renate Kramer (Königin), Rundfunkchor Leipzig, Rundfunk-Sinfonieorchester Leipzig, Dirigent Herbert Kegel; aufgenommen 1973 (Rundfunk der DDR / VEB Deutsche Schallplatten)

Johanna Balk
Oper in drei Akten
nach einer transsylvanischen Chronik
Text von Caspar Neher

Entstehung 1938-1940

Uraufführung 4. April 1941 Staatsoper Wien

Personen

Johannes Balk, Kaufmann	Bariton
Johanna Balk, seine Frau	Sopran
Agneta, ihre Tochter	Mezzosopran
Gabriel Báthori, Fürst von Siebenbürgen	Tenor
Graf Bethlen, sein Minister	Bariton
Frau Margareta Moess, eine Courtisane	Mezzosopran
Der Page	Alt
Michael Weiss, Stadtrichter von Kronstadt	Baß
Bartholomäus, ein Häscher	Baß
Karl und Eugen, zwei Stallknechte	Tänzer
Ein Diener	Chorsolist
Eine alte Frau	Chorsolistin
Ein alter Mann	Chorsolist
Die Häuser, Offiziere, Bürger von Hermannstadt, Putzfrauen und Diener	Gemischter Chor

Orchester 2 Fl, 2 Ob, 2 Klar, ASax, TSax, 2 Fg, KFg, 2 Hr, 2 Trp, 2 Pos, Tb, GrTr, Bck, KlTr, Holztr, Rtr, Xyl; Str

Aufführungsdauer ca. 2 Std., 15 Min.

Inhalt
Die Handlung spielt an einem Sonntag des Jahres 1612 in Hermannstadt.
Der Fürst von Siebenbürgen ist durch einen Staatsstreich zur Macht gelangt und übt eine Schreckensherrschaft aus, von der sich selbst sein Minister Bethlen lossagt. Kaufmann Balk gewährt dem flüchtenden Bethlen Unterschlupf und wird zur Strafe gefangengesetzt. Während am Hof Angst und Schrecken wüten, ein Teil der Diener, darunter der Page, flieht, sammeln sich um die Frau des Kaufmanns, Johanna Balk, die besorgten Nachbarn. Unter ihnen ist auch der verkleidete Bethlen. Johanna macht den Verängstigten Mut. Als der Fürst die Nachricht zu ihr schickt, er werde ihren Ehemann freilassen, wenn Johanna zusammen mit Bethlen bei ihm erscheine, begibt sie sich mit dem ehemaligen Minister in die Höhle des Löwen. Doch der Fürst hält sein Versprechen nicht, läßt den abtrünnigen Minister festnehmen, die Frau aber soll seiner Wollust dienstbar sein. Da verweigern dem

Fürsten die eigenen Leute den Gehorsam. Johannes Balk und Bethlen werden befreit, Johanna gerettet, der Tyrann entmachtet.

Kommentar

Wagner-Régeny hatte bereits im Sommer 1935 eine um 1650 geschriebene siebenbürgische Chronik des Stadtschreibers Georg Kraus d.Ä. entdeckt; die darin geschilderte Erhebung Hermannstädter Bürger gegen den Tyrannen Báthori im Jahre 1612 diente ihm als Stoff zu seiner dritten Oper mit Caspar Neher, in der beide Autoren weder eine Geschichtsdarstellung noch eine parabelhafte Deutung der Zeitereignisse um 1940/41 geben wollten.

In auffälliger Weise machen Neher und Wagner-Régeny im Klavierauszug der Oper auf Stoff und Quelle aufmerksam: „Der Stoff der Oper findet sich in der Chronik des Schäßburger Stadtschreibers Georg Kraus, in Fontes Rerum Austriacarum, sowie in den Aufzeichnungen des Kronstädter Stadtrichters Michael Weiss. Die Autoren sind dem Drama ›Frau Balk‹ von Johann Leonhardt Dankbarkeit für Anregungen schuldig."

Die genaue Datierung der dargestellten Ereignisse – „Die Handlung spielt eines Sonntags des Jahres 1612 in Hermannstadt" – und die penible Namensgebung waren als Ablenkungsmanöver gedacht, verfehlten jedoch ihre Wirkung. Zur Uraufführungszeit konnte man Tyrannenwillkür abstrakt anklagen, nicht aber als konkretes geschichtliches Ereignis darstellen. Orts- und Personennamen mußten geändert, konkrete historische und geographische Bezüge aufgelöst werden.

Ein Ablenkungsmanöver anderer Art findet sich in Nehers Methode, im Libretto Versatzstücke der Romantischen Oper zu aktivieren: Die Verhaftung des aufrechten Bürgers, dessen Frau sich aufmacht, den Mann zu befreien, die – wie ihre französische Namensschwester Jeanne d'Arc – gegen die Resignation der Massen angeht. Auch Gespenstererscheinungen finden sich, wenn der gerechte, kühne, von Báthori ermordete Richter von Kronstadt mahnend und warnend in die Geschehnisse eingreift.

Scheinbar naiv auf der Tastatur der Romantischen Oper und deren Typenarsenal spielend, spiegeln die beiden Autoren aber in Wahrheit in den Nebenszenen die politische Situation ihrer Tage wider, den destruktiven, von Angst, Schrecken und Demütigung vergifteten Alltag. Gleich zu Beginn manifestiert sich im Chor der Häuser die Allgewalt und Allgegenwart des Denunziantentums. Das glückliche Ende ist so wenig motiviert und so abrupt, daß unentschieden bleibt, ob es als realer Vorgang gedacht ist, oder ob es sich um einen bloßen Wunschtraum handelt.

„Die Musik, einfach im tonalen Grundriß, ingeniös in den rhythmischen Modellen, ist im Grunde, um mit Hanns Eisler zu sprechen, ‚angewandte Musik': angewandt auf eine dramatische Fabel, an deren heroisch-sentimentaler Haupthandlung sie scheitert, deren politische Nebenszenen sie jedoch mit einer Genauigkeit trifft, die im Jahre 1941 bestürzend gewirkt haben muß, sofern das Publikum zu politisch-moralischer Bestürzung durch Musik noch fähig war. (...)

An der ‚doppelten Wahrheit' des Textes, der als patriotisches Drama konzipiert wurde und die Tyrannei nicht als System, sondern als zufällige Infamie eines Einzelnen zeigt, um andererseits dennoch die herrschende Macht insgesamt als Unwesen kenntlich zu machen, partizipiert die Musik gewissermaßen bloß partiell: Was sie dort, wo sie geglückt ist, fühlbar macht, ist die moralische Verwüstung, die durch politische Unterdrückung im Alltag der Menschen angerichtet wird. (...) In ›Johanna Balk‹ ist ein Rest vom Geist der Zwanziger Jahre, wie er sich musikdramaturgisch manifestierte, in die Hitlersche Katastrophenzeit hinübergerettet worden." (Dahlhaus 1983, S. 227 f.)

Ausgaben KlA Universal Edition Wien 1941

Rechte Universal Edition Wien

Literatur Rudolf Wagner-Régeny: Aus Anlaß der Uraufführung von ›Johanna Balk‹. Verlesen im Kaisersaal der Staatsoper Wien (1941). In: Dieter Härtwig 1965; Dieter Härtwig: Rudolf Wagner-Régeny. Der Opernkomponist, Berlin 1965; Carl Dahlhaus: Politische Implikationen der Operndramaturgie. Zu deutschen Opern der Dreißiger Jahre. In: Vom Musikdrama zur Literaturoper, München . Salzburg 1983

Aufnahmen ETERNA 8 26 522 (Ausschnitte) Wolfgang Hellmich (Johannes Balk), Els Bolkestein (Johanna Balk), Eberhard Büchner (Báthori), Hans-Martin Nau (Bethlen), Thomas M. Thomaschke (Stadtrichter), Hermann Christian Polster (Bartholomäus), Rundfunkchor Leipzig, Rundfunk-Sinfonieorchester Leipzig, Dirigent Herbert Kegel; aufgenommen 1973 (Rundfunk der DDR/VEB Deutsche Schallplatten)

Persische Episode
(Der Darmwäscher)
Komische Oper in vier Akten
nach einer Episode aus ›Erzählungen aus den tausendundein Nächten‹
Text von Caspar Neher
unter Einbeziehung einiger Gedichte von Bertolt Brecht

Entstehung 1940/1950

Uraufführung 27. März 1963 Volkstheater Rostock
(unter dem Titel ›Persische Späße‹)

Personen
Der Darmwäscher _____ Bariton
Sein Gehilfe _____ Sprechrolle
Der Ölkönig Bachumeh _____ Tenor
Frau Bachumeh _____ Sopran
Der Intendant _____ Sprechrolle
Der Superintendant _____ Sprechrolle
Der Charcutier _____ Baß
Seine Frau _____ Alt

Persische Episode

Der Wirt	Baß
Sechs Damen (darunter Bethulia)	3 Soprane, 3 Alt
Der Bettler	Baß
Amme	Alt
Erster und zweiter Polizist	Sprechrollen
Gäste in Bachumehs Palast	Gemischter Chor
	Ballett
Ein Klavierspieler auf der Bühne	

Orchester 2 Fl, 2 Ob, 2 Klar, ASax, 2 Fg, 2 Hr, 2 Trp, 2 Pos, Tb, Pkn, Slzg: Gl, Rtr, KlTr, GrTr, Bck; Akk, Kl; Str

Aufführungsdauer ca. 1 Std., 45 Min.

Handlung

Die Handlung spielt in Taucis (Persien).
I. Akt: In der Milchgasse herrscht Enge, in den äußeren Verhältnissen wie in der inneren Verfassung. Damen des leichten, duftenden Gewerbes hausen Wand an Wand mit dem Darmwäscher mit seiner schweren, stinkenden Arbeit. Die Frau des Ölkönigs besichtigt die Damen, mit denen sich ihr Ehemann vergnügt. Im Gegenzug nimmt sie sich den Darmwäscher mit. Die Zurückbleibenden wähnen, der Stinkende habe sein Glück gemacht. **II. Akt:** Die Philosophie eines Bettlers bestätigt sich: Alles ist von Natur aus böse, das Gute geschieht nur durch Zwang. Maskiert zeigen die Reichen offen, was sie sind: Raubtiere. Maskenball im Palast des Ölkönigs. Die Frau des Ölkönigs nimmt sich den Darmwäscher als Bettgenossen für eine Nacht und schickt ihn in der Frühe davon. **III. Akt:** Was dem Darmwäscher einmal geschah, geschieht den Damen in der Milchgasse täglich: Sie werden gebraucht und dann weggeworfen. Der Darmwäscher fühlt sich als Auserwählter, von der Ölkönigin gesalbt und geliebt. Er wird „moralisch" und entdeckt das Glück des Gebens; die Damen hingegen halten am Glück des Nehmens fest. **IV. Akt:** Die Damen und der Bettler ziehen die Konsequenz, sich nicht verführen zu lassen, Armut nicht schön zu finden. Die kleinen Fische wollen den großen Haien nacheifern. Der Darmwäscher dringt bei der Ölkönigin ein, will Geld von ihr, wird aber von ihr wiederum benutzt, um dem heimkehrenden Ehemann zu zeigen, daß sie einen Liebhaber hat. Geld bekommt er nicht. Da sagt er ihr die Wahrheit. Die Frau ist blamiert, befiehlt, den Darmwäscher hinzurichten.

Kommentar

Auf Anregung Heinz Hilperts (damals Intendant des Deutschen Theaters) planten Caspar Neher und Rudolf Wagner-Régeny im Sommer 1940 eine „Oper für Schauspieler". Das Libretto wurde von der Erzählung ›Der Schlachthausreiniger und die vornehme Frau‹ aus ›Tausendundeiner Nacht‹ angeregt. Wagner-Régeny hatte 1940 bereits die ersten drei Akte komponiert; aber mit seiner Einberufung zur faschistischen Wehrmacht endete diese wie jede andere Art schöpferischer

Tätigkeit. Als Neher und Wagner-Régeny die unterbrochene Arbeit 1950 wieder aufnahmen, interessierte sich auch Bertolt Brecht für dieses Werk seines Jugendfreundes Caspar Neher, der als Bühnenbildner gerade mit Brecht wegen der Uraufführung des ›Lukullus‹ von Paul Dessau an der Deutschen Staatsoper Berlin in Kontakt stand.

Brecht empfahl nicht nur den neuen Titel ›Persische Episode‹, sondern machte auch Vorschläge zum Libretto, unter anderem den, Gedichte von ihm in die Handlung einzubauen. Zunächst waren das sechs Texte, wovon drei Brecht extra für die Oper schrieb (vgl. Lucchesi/Shull 1988): Das Öl-Lied (I. Akt, Nr. 4), In der Stadt Teheran (I. Akt, Teil der Nr. 5), Um diese Tafel hier (I. Akt, Teil der Nr. 5), Lied des Darmwäschers (III. Akt, Nr. 15), Wer ließ dich ein? (IV. Akt, Nr. 20), Darmwäscher, Darmwäscher, hab' unsern Segen (IV. Akt, Nr. 21 – Finale). Später wurde noch das Laßt-euch-nicht-verführen-Lied (IV. Akt, Nr. 18 – Gegen Verführung) aus der ›Hauptpostille‹ hinzugefügt, das erstmals 1926 als Schlußkapitel der ›Taschenpostille‹ veröffentlicht worden war und schon von Kurt Weill 1929 für die Oper ›Aufstieg und Fall der Stadt Mahagonny‹ vertont wurde, mit der hinwiederum Caspar Neher in zweifacher Weise verbunden ist, einmal als Mitarbeiter am Stück und zum anderen Mal als Bühnenbildner der Leipziger Uraufführung sowie als Regisseur und Bühnenbildner der Berliner Erstaufführung.

Einerseits läßt sich kaum ein größerer Kontrast als der zwischen der Antikriegsthematik der ›Verurteilung des Lukullus‹ und den aberwitzigen Späßen der ›Persischen Episode‹ vorstellen, andererseits aber gehören beide Werke nicht nur zeitlich ganz unmittelbar zusammen. Brechts Interesse an beiden Opern war nicht zufällig, stellen sie doch die Verbindung zwischen der Nachkriegskunst und der durch das NS-Regime abgebrochenen Entwicklung der Künste der zwanziger Jahre her. Darüber hinaus aber gehören beide Opern zu einer besonderen Traditionslinie, die Brecht 1928 mit dem Begriff Episches Theater bezeichnete und Anfang der fünfziger Jahre Dialektisches Theater nannte, womit eine intelligenzintensive, ideologiekritische und zugleich hochartistische Kunst gemeint war, die allerdings in Darstellung und Verständnis die Lust am Erkennen und Meistern von Widersprüchen voraussetzt. Diese Lust war in dem nicht nur materiell verwüsteten Nachkriegsdeutschland nicht entwickelt und wurde auch in den nachfolgenden Jahren nicht gefördert, so daß es bereits für Brecht und Dessau schwer war, ihre Oper ›Das Verhör/Die Verurteilung des Lukullus‹ auf die Bühne zu bringen.

Die geplante Berliner Inszenierung durch Walter Felsenstein kam nicht zustande, und so erlebte das Werk (unter dem geänderten Titel ›Persische Späße‹) erst 1963 am Volkstheater Rostock (Inszenierung: Hanns Anselm Perten, Musikalische Leitung: Gerd Puls) seine späte Uraufführung, mehr eine Hommage an den ehemaligen Rektor der Rostocker Musikhochschule. Inszenierung und Bewertung der Oper wurden in ein soziologisches Schema gepreßt, in das sie nicht paßt, sie stieß demzufolge als schwer verständliches (?), schlecht gebautes (!) Stück auf Kritik. Der Darmwäscher wie die Freudenmädchen wurden, weil sie arm waren, zu guten Leuten erklärt und das Stück als Parabel auf den Kapitalismus gelesen.

Damit war dem Werk der Todesstoß versetzt, denn das konnte weder Zuschauer noch Interpreten interessieren. Es kam zu keiner weiteren Inszenierung.

Tatsächlich gibt das auf Brechts Vorschlag offensichtlich zuletzt eingefügte Lied ›Gegen Verführung‹ den Schlüssel für das Werk (vgl. Brecht 1983, S. 607 f.). Wagner-Régeny hatte diesen Text bereits kurz vorher und unabhängig von der Oper vertont. Brecht schätzte diese Komposition, die Wagner-Régeny in seinem Zyklus ›Zehn Lieder auf Texte von Bertolt Brecht‹ 1950 veröffentlichte.

Der Aufruf zur „Nicht-Verführbarkeit" geschieht nach einer Choralmelodie, wobei im jeweiligen Refrain unvermittelt ein Tangorhythmus hereinbricht, so daß die vier Strophen jedesmal in einem Gemisch disparater Elemente enden. Dabei geht es nicht schlechthin um die Verbindung von Sakralem und Profanem, vielmehr soll der angestimmte Choral als eine ketzerische Weise charakterisiert werden. Protestiert wird hier gegen die lutherische/calvinistische Ideologie, derzufolge seit der Reformation in deutschen Landen von Kanzeln und Rednertribünen herunter Unterordnung, Enthaltsamkeit, Sparsamkeit und Beschränktheit als Tugend gepredigt wurde. Der Tangorhythmus signalisiert eine entgegengesetzte Haltung, ein anderes Denken, doch wird die Choralweise nicht verdrängt, das Entgegengesetzte erweist sich als das Zusammengehörende: Puritanismus und reinster Hedonismus als zwei Seiten einer Medaille. Text und Musik begegnen sich hier auf einer kongruenten denkerischen Höhe. In der Zeit, als Brecht mit Neher und Wagner-Régeny wegen des ›Darmwäschers‹ (so nannten die Autoren die Oper ursprünglich) korrespondierte, notierte er in einem Brief an Berthold Viertel, man „ist Verführungen gewachsen, indem man ihnen unterliegt" (Brecht 1983, S. 609). Der Witz des Stückes besteht unter anderem darin, daß die Figuren sehr wohl wissen, was sie tun, und die Verhältnisse durchschauen und trotzdem in Illusionen verfallen, ihnen nachgeben und sich darin verstricken. Es ist ein Stück über die Verführbarkeit des Menschen, und zwar nicht nur durch andere Menschen, sondern primär durch sich selbst, durch die eigenen Wünsche und Hoffnungen, – es ist ein Stück über die Anfälligkeit gegenüber Versuchungen und Illusionen. In diesem Sinne war und ist die Oper ein Zeitstück.

Im Musikalischen gibt es zwischen Dessaus ›Lukullus‹ und Wagner-Régenys ›Persischer Episode‹ ebenfalls Parallelen. Auch Wagner-Régeny verzichtet auf jede Art von Mischklang, arbeitet nicht mit Leitmotiven, sondern mit Instrumentalfarben. Er nimmt Altsaxophon und Akkordeon in sein Orchester auf. Stilmischung auf allen Ebenen ist sein Prinzip: Der Choral steht neben der Polka und dem Galopp, das volkstümelnde Lied der Amme neben der kunstvollen Arie der Ölkönigin. Passagen in neoklassizistischer Manier finden sich neben solchen, in denen Merkmale des Songstils und der Jazzmusik souverän und sinnbezogen verwendet werden. Eines der schönsten Beispiele ist der Beginn des II. Akts, wenn in einem „frei phantasierend" vorzutragenden Klarinettensolo das Instrument die Sprechstimme verlängert, interpunktiert, kommentiert, wenn die Stimmen von Mensch und Instrument gemeinsam eine Philosophie servieren, die ironisch mit folgenden Worten bedacht wird: „Ach, nichts stört mich so, wie die vielen Worte, die täglich gemacht werden. Durch das Auf und Zu der Kiefer, durch das Bewegen der Kehle werden Töne erzeugt. Sie stehen da und bleiben. Und keiner der Erzeuger erbleicht darüber, was er getan." Heinesche Ironie wird hier zum Strukturprinzip: Alle Figuren schauen sich quasi selbst auf den Kopf, was sie nicht hindert, trotz richtiger Erkenntnis ihrer Lage falsch zu handeln. Aus dem Spannungsfeld dieses Widerspruchs müßten künftige Inszenierungen der ›Persischen Episode‹ ihren Witz und ihre Unmittelbarkeit beziehen. Die ›Persische Episode‹ ist ein Meisterwerk des Epischen Theaters/der Epischen Oper und muß als ein singuläres gleichrangiges Werk neben Brecht/Dessaus ›Die Verurteilung des Lukullus‹ gestellt werden.

Ausgaben KlA Universal Edition Wien 1951

Rechte Universal Edition Wien

Literatur Der Schlachthausreiniger und die vornehme Frau. In: Erzählungen der Scheherasâd aus den tausendundein Nächten, deutsch von Max Henning, Berlin und Weimar 1983; Bertolt Brecht: briefe 1913 - 1956, Berlin und Weimar 1983; Dieter Härtwig: Rudolf Wagner-Régeny. Der Opernkomponist, Berlin 1965; Joachim Lucchesi/Ronald K. Shull: Musik bei Brecht, Berlin 1988 Rezensionen der Uraufführung. In: Theater der Zeit, H. 9, Berlin 1963; Musik und Gesellschaft, H. 10, Berlin 1963

Prometheus
nach Aischylos
Texteinrichtung Rudolf Wagner-Régeny
unter Einbeziehung eines Gesanges von Alkman
und des Gedichts ›Prometheus‹ von Johann Wolfgang von Goethe
Mitarbeit Karl Holl

Entstehung 1957-1958

Uraufführung 12. September 1959 Stadttheater Kassel

Personen
Prometheus_____Bariton
Hephaistos_____Tenor
Okeanos_____Baß
Io_____Mezzosopran
Hermes_____Tenor
Chorführerin_____Alt
Macht und Gewalt, Schergen des Zeus_____Bariton, Baß
Okeaniden_____Frauenchor

Orchester Picc, Fl, Ob, EH, Klar, BKlar, Fg, KFg, 4 Hr, 3 Trp, 2 TPos, BPos, KbPos, Slzg (4 Spieler): Kl, 3 Tomtom, RGl, KlTr, GrTr, Rtr, kleine Bck

(Zymbeln), große Bck, Tt, Xyl, Vib, Ketten (auf Stein- und Holzplatte), Metallhammer (auf Stein- und Holzplatte); Str

Aufführungsdauer 1 Std., 20 Min.

Handlung
Öde Felsen. **1. Szene:** Prometheus, von Macht und Gewalt geführt, wird von Hephaistos an den Felsen geschmiedet. **2. Szene:** Die Töchter des Okeanos nähern sich dem Unglücklichen. Mitleidig werden sie bei ihm ausharren. **3. Szene:** Okeanos drängt den Titanen, sich der Macht des Göttervaters Zeus zu unterwerfen. **4. Szene:** Die von Zeus mit Gier, von Hera mit Haß verfolgte, wahnsinnig gewordene Io fragt, wer da am Felsen hänge und warum, und erfährt von Prometheus, daß Zeus ihn strafe, weil er den Menschen das Feuer gebracht hat. Er sagt Io die Zukunft voraus: Nach weiteren schrecklichen Qualen werde sie dereinst dem Zeus einen Sohn gebären, den Stammvater vieler Geschlechter, aus deren Mitte einst Prometheus' Befreier erstehen werde. Seiner Zukunft gewiß, spottet der Titan aller, die einer zeitlichen Macht huldigen, und sagt Zeus unversöhnlichen Kampf an. **5. Szene:** Hermes kommt im Auftrag von Zeus, Prometheus das Zukunftswissen abzufordern, doch der verweigert es und stürzt gemeinsam mit den bei ihm gebliebenen Okeaniden in den Tartaros.

Kommentar
Der Komponist hat sich den ›Gefesselten Prometheus‹ – das erste und als einziges erhaltene Drama der ursprünglichen dreiteiligen ›Promethie‹ des Aischylos – unter Zugrundelegung verschiedener Übersetzungen und mit Hilfe Karl Holls selbst eingerichtet, er hat dem Text eine moderne sprachliche Form gegeben, dabei allerdings alle in Aischylos' Drama angelegten Widersprüche eliminiert, den alten weitverzweigten Text in eine einschichtige, apologetische Fabellesart gebracht und schließlich die Tendenz dadurch verstärkt, daß er den berühmten Goetheschen Prometheus-Monolog „Bedecke deinen Himmel, Zeus" in die Oper/das Szenische Oratorium aufnahm.

Verherrlicht wird der ungebrochene Widerstand des Prometheus gegen eine despotische Macht. Entsprechend hat Wagner-Régeny auch eine Beziehung zwischen dem an den Felsen geschmiedeten Prometheus und dem ans Kreuz geschlagenen Christus sehen wollen. Deshalb hat er Christi Versuchung durch den Teufel in die Parallele zu Prometheus' Versuchung durch Okeanos gesetzt.

Das 1957/58 entstandene Werk muß als Parabel verstanden werden; es ordnet sich in eine Tradition ein, die von Werken wie Arthur Honeggers ›Jeanne d'Arc au bûcher‹ von 1938 oder Carl Orffs ›Antigonae‹ von 1949 (seine Oper ›Prometheus‹ folgte 1968) bestimmt wird. War Orffs ›Antigonae‹ noch eindeutig als Parabel auf antifaschistischen Widerstand zu verstehen, mußte zehn Jahre später schon gefragt werden, ob mit Gottvater Zeus' barbarischer Schreckensherrschaft nur der deutsche Faschismus gemeint sein konnte oder ob Rückschlüsse des

Zuschauers/Hörers auf eine stalinistische autoritäre Herrschaft noch auszuschließen waren. Bis zur Niederwerfung Hitlers hatte der Parabeltypus die Funktion, über autoritäre Systeme abstrakt zu reden und dabei aktuelle konkrete Erscheinungsformen zu verschweigen. Da aber nach Stalins Tod 1953 und nach dem XX. Parteitag der KPdSU 1956 die Parabelform in dieser Funktion ausgedient hatte, kann die Unschärfe der Konfliktdarstellung nur bedauert werden.

Nicht zufällig sollte sich gerade am Prometheus-Stoff wenig später der Bruch mit einer apologetischen eingleisigen Heroenbeschwörung vollziehen, so in Heiner Müllers Aischylos-Adaption von 1968 und in Franz Fühmanns Nacherzählung des Mythos von 1974. Beide Dichter interessierten sich für die „Unstimmigkeiten in dem alten Text", „für den Widerspruch zwischen Leistung und Eitelkeit, Bewußtsein und Leiden, Unsterblichkeit und Todesangst des Protagonisten" (Müller 1974, S. 55). Ganz anders bei Wagner-Régeny, hier waltet anstelle einer Dialektik zwischen Mächtigen und Ohnmächtigen, zwischen Herrschenden und Rebellen lediglich Dualismus. Der Komponist hat die sein Werk bestimmenden dualistischen Prinzipien selbst benannt: Recht – Unrecht, Zuneigung – Widerwille, Leben – Tod, Liebe – Haß, Frohsinn – Trauer, Stille – Lärmen, Fülle – Leere, Bauen – Brechen, Hinaufschauen – Hinunterschauen (vgl. Wagner-Régeny 1959). Ihn interessierte eine „Dramatik des Stillstehens" (Härtwig 1965, S. 254), in der Vergangenheit, Gegenwart und Zukunft aufeinanderstoßen. Auf diese Dynamik der sich kreuzenden Zeiten hat Wagner-Régeny wiederholt durch Überlegungen zur szenischen Realisation hingewiesen. So sollte der eine Handlungsort Öde Felsen von verschiedenen Blickpunkten aus wahrgenommen und entsprechend dargestellt werden, nämlich als in verschiedenen Zeiten spielend. „Der Bühnenraum wäre eine Schutthalde vor dem nackten Horizont, auf dem gelegentlich Projektionen sichtbar würden: I. Stilisierte Berge im Nebel. II. Meer und Wolken. III. Olymp, Geier. IV. Mayflower, Paracelsus, Faust. V. Flammender Abgrund, Ätna, Empedokles." (Wagner-Régeny 1958) Gleiches hat er auch für die handelnden Personen vorgeschlagen. „Prometheus wäre anzuziehen wie ein heutiger Professor (ein Atomphysiker, ein Mediziner...)", also wie ein Wissenschaftler des 20. Jahrhunderts, Hephaistos würde zum Autoschlosser, die Büttel Macht und Gewalt wären „zwei Polizisten bösen Aussehens (wie Gestapoleute)", die Okeaniden „ein Chor von Collegegirls in blauen, plissierten Röcken" und schließlich „Io wie die Kabarettistin Margo Lion aus 1925 (...), Okeanos wie ein alter Fischer aus Stralsund, Hermes wie ein Gigolo in kariertem Anzug (...)" (Wagner-Régeny 1958).

Dieses Neben- und Miteinander verschiedener Zeiten und Epochen, sozialer Schichten und Perspektiven kennzeichnet auch die Partitur, „deren Fundament getragen wird von einer titanisch sich aufbäumenden Zwölftonreihe, die in ihrer Originalgestalt mit unmittelbar anschließendem Krebs das Werk einleitet, im musikalischen Verlauf wiederkehrt und das Stück – wiederum im Krebs – beschließt" (Härtwig 1965, S. 265). Dem geheimen Drehpunkt des Werkes entsprechend – der Zeitverschiebung und Zeitgleichheit – treten neben diese Zwölftongestalt Elemente der funktionslosen Harmonik Debussys, Regersche Modulationstechnik mit chromatischen Mitteln, Strawinskys rhythmische und metrische Impulsgebung, auch Blachers Variable Metren, Saties bzw. Milhauds Art der Polytonalität, Elemente der Atonikalität im Stile Alban Bergs oder des frühen Hindemith. Hinzu kommen konventionelle tonmalerische Effekte, wie die Hammerschläge des Hephaistos, das Rasseln der Ketten des Angeschmiedeten, die Reitbewegungen des Okeanos oder das Dahinstürmen der wahnsinnigen Io durch Imitation mit entsprechenden Klängen und Läufen.

Bereits mit der Komposition des ›Prometheus‹ beschäftigt, erreichte den Komponisten eine Anfrage des Staatstheaters Kassel, ob er eine Oper für sie schreiben könne. Gegen die Bedenken der Theaterleute, die sich einen gefesselten Helden als Mittelpunkt des Bühnengeschehens nicht so recht vorstellen konnten, vermochte der Komponist seinen ›Prometheus‹ als Auftragswerk des Hessischen Kultusministeriums durchzusetzen. Dabei war sich Wagner-Régeny darüber klar, daß das Verhältnis zwischen Komposition und Szene hier auf besondere Weise definiert werden müsse, und kam zu der interessanten Überlegung, daß sich in diesem Fall Szene und Werk in einen Gegensatz begeben müßten, und beschrieb für das Finale sogar eine Ungleichzeitigkeit der Mittel: „Wenn Felsen zusammenstürzen und die Menschen in dieser Szenerie n i c h t schreien; wenn das Licht, in ebenmäßiger Helligkeit, weiß und nüchtern den Einsturz zeigt; wenn das Orchester n i c h t aufgebraut, sondern durch ein Festhalten an der erreichten Aussage gleichsam stillsteht; wenn also Naturgewalten sichtbar am Werke sein sollen und die Menschen wie das Orchester das Geschehen durch ihr Verhalten kontrapunktieren, kann ein künstlerischer Ausdruck mit Absicht entstehen, der durch die Ungleichzeitigkeit der Mittel m e h r Deutlichkeit gibt, als durch die übliche Verbindung des Gleichen mit dem Gleichen." (Wagner-Régeny 1959)

In dieser Hinsicht erfüllte die Uraufführung in Kassel die Erwartung des Komponisten nicht; das Werk harrt noch heute seiner adäquaten szenischen Erschließung. Konzertante Aufführungen fanden 1960 an der Deutschen Staatsoper Berlin (die Aufführung am 18. März 1960 war zugleich die DDR-Erstaufführung), 1984 innerhalb der DDR-Musiktage im 5. Sinfoniekonzert der Komischen Oper Berlin und im gleichen Jahr mit demselben Ensemble innerhalb der Berliner Festtage statt. Das Konzert der Berliner Festtage vom 15. Oktober 1984 liegt der Schallplattenveröffentlichung durch den VEB Deutsche Schallplatten zugrunde.

Ausgaben Particell Bote & Bock Berlin . Wiesbaden 1958

Rechte Bote & Bock Berlin

Literatur Aischylos: Der gefesselte Prometheus, übers. von Dietrich Ebener. In: Aischylos. Werke in einem Band, Berlin und Weimar 1976; ders.: Der gefesselte Prometheus (Prometheus in Banden). In: Vier Tragödien des Aischylos, übers. von Friedrich Leopold Grafen zu Stolberg, Hamburg 1802, Frankfurt/Main und Hamburg 1961; ders.: Prometheus. In deutscher Nachdichtung aus dem Griechischen übertragen von Alexander von Gleichen-Russwurm, Jena 1912; ders.: Der gefesselte Prometheus, übers. von Johann Gustav Droysen, Leipzig 1967 (nach der Ausgabe Berlin 1884); Alkman: Nun ruhen der Berge Gipfel und Schluchten. In: Griechische Gedichte, hrsg. von Horst Rüdiger (zweisprachig), o.O. 1944; Johann Wolfgang von Goethe: Prometheus. In: Poetische Werke. Gedichte und Singspiele, Berliner Ausgabe Bd. 1, Berlin und

Weimar 1965; Heiner Müller: Prometheus nach Aischylos. In: Heiner Müller. Geschichten aus der Produktion 2, Berlin 1974; Franz Fühmann: Prometheus. In: Irrfahrt und Heimkehr des Odysseus (...) und andere Erzählungen, Rostock 1980 Rudolf Wagner-Régeny: Prometheus. Erschienen im Tagebuch Nr. 13 bei Bote & Bock Berlin, Wiesbaden 1958; ders.: Wie man ›Prometheus‹ inszenieren könnte. Aus einem Brief an das Staatstheater Kassel 1958; ders.: Aufzeichnungen und Zettelchen, Kassel 1959 – allesamt In: Dieter Härtwig: Rudolf Wagner-Régeny. Der Opernkomponist, Berlin 1965 Rezensionen der Uraufführung. In: Theater der Zeit, H. 11, Berlin 1959; Musik und Gesellschaft, H. 11, Berlin 1959; Sonntag Nr. 41, Berlin 1959; Rezension der konzertanten Aufführung 1984. In: Mitteilungen der Akademie der Künste der DDR Nr. 6, Berlin 1984

Aufnahmen NOVA 8 80 145 Wagner-Régeny spricht und spielt (Finale Prometheus-Okeaniden) Theo Adam (Prometheus), Frauenchor der Deutschen Staatsoper Berlin, Staatskapelle Berlin, Dirigent Herbert Kegel; Konzertante Erstaufführung vom 18. März 1960 in der Deutschen Staatsoper Berlin
NOVA 8 85 261 (GA) Theo Adam (Prometheus), Manfred Hopp (Hephaistos/ Hermes), Hans-Martin Nau (Okeanos), Uta Priew (Io), Hannerose Katterfeld (Chorführerin), Horst-Dieter Kaschel (Macht), Alfred Wroblewski (Gewalt), Frauenchor der Komischen Oper Berlin (Okeaniden), Orchester der Komischen Oper Berlin, Dirigent Rolf Reuter; Mitschnitt des Konzerts vom 15. Oktober 1984 anläßlich der Berliner Festtage

Das Bergwerk zu Falun
Oper in acht Bildern
nach dem gleichnamigen Schauspiel von Hugo von Hofmannsthal
Texteinrichtung Rudolf Wagner-Régeny

Entstehung 1958-1960

Uraufführung 16. August 1961 Salzburger Festspiele

Personen
Elis Fröbom_____Bariton
Pehrson Dahlsjö_____Baß
Anna, seine Tochter_____Lyrischer Sopran
Die Großmutter_____Alt
Die Bergkönigin_____Mezzosopran
Der alte Torbern_____Tenor
Der Knabe Agmahd_____Stumm
Frau Jensen, Wirtin_____Alt
Ilsebill, Regine, Kathrine_____3 Soprane
Peter, Klas, Portugieser; Matrosen_____3 Bässe
Der alte Fischer_____Baß
Seine Frau_____Alt
Sein Sohn_____Tenor
Das Kind_____Kinderstimme
Magd, Knecht, Hochzeitsgäste_____Chorsolisten
Bergleute_____Kleiner Männerchor

Orchester Picc, 2 Fl, 2 Klar, 2 Fg, KFg, 3 Hr, 2 Trp, 3 Pos (III auch KbPos), Pkn, Slzg: Xyl, Vib, RGl, GrTr, KlTr, großes Bck, kleines Bck, Tt, 3 Tomtoms; Hrf, Kl, Harm, Akk; Str

Aufführungsdauer ca. 2 Std., 30 Min.

Handlung
1. Bild (Szene 1-9): *Der Meeresstrand einer kleinen Hafenstadt.* Der Sohn eines Fischers liegt seit Tagen wie tot, er wurde von einer Rahe getroffen; seither weht der Wind auflandig. Der Matrose Elis Fröbom kehrt heim. Ihm sind während seiner Fahrt der Vater auf dem Meer und die Mutter an Land gestorben, nichts hält ihn mehr im alten Leben, selbst die einstmals große Liebe zu dem Mädchen Ilsebill nicht. Ein alter Mann, Torbern, zeigt ihm einen Weg: Der Boden unter seinen Füßen öffnet sich, Elis fährt nieder in den Schoß der Erde.
2. Bild (Szene 10-13): *Im Innern des Berges.* Elis begegnet im Knaben Agmahd dem flüchtigen lieblichen Abbild irdischen Erdenglanzes, in der Bergkönigin aber tritt ihm die „Zeitlosigkeit des Innerirdischen" entgegen, er verfällt ihr: „Mitten im Leben sind wir im Tod." Die Bergkönigin schickt Elis auf die Erde zurück. Dort mag er Abschied nehmen von seinen zeitlichen Wünschen, dann erst soll er zu ihr zurückkehren. Der alte Torbern wird ihm den Weg hinauf und wieder zurück weisen. Torbern und Elis sind Spiegelbilder: der alte verabschiedete Geliebte und der junge kommende Liebhaber der Bergkönigin.
3. Bild (Szene 14-15): *Wieder am Meeresstrand der kleinen Hafenstadt.* Elis kennt nur ein Verlangen: ins Bergwerk nach Falun, um dort zur Bergkönigin zurückzukehren. Der kürzeste Weg dahin führt übers Meer. Der halbtote Fischersohn erhebt sich auf Elis Befehl, der Wind schlägt um, bläst meerwärts, und Elis fährt gen Falun.
4. Bild (Szene 16-19): *Pehrson Dahlsjös Haus am Bergwerk von Falun.* Elis, von Torbern geführt, gelangt in das Haus des Bergwerksbesitzers Dahlsjö. Dessen Tochter, die junge Anna, erweckt in ihm den Wunsch, es möchte sich ein Mensch auf Erden einst seiner erinnern.
5. Bild (Szene 20-23): *Landstraße vor Dahlsjös Haus.* Ein Jahr lang hat Elis bei Dahlsjö gelebt. Dem Hausherrn und Bergwerksbesitzer hat er Glück gebracht. Der Vater trägt ihm die Tochter zur Ehefrau an. Anna und Elis lieben sich.
6. Bild (Szene 24-25): *Ein Stollen im Bergwerk.* Elis im Bergwerk, von unten lockt ihn die Bergkönigin, oben ruft ihn Anna. Er kann sich nicht entscheiden, die Pforte zum Innerirdischen schlägt zu, er sinkt ohnmächtig nieder. Man glaubt, er sei vom schlagenden Wetter getroffen, und trägt ihn an die Oberwelt.
7. Bild (Szene 26-30): *Garten an Dahlsjös Haus.* Die Hochzeit ist auf Elis' Drängen für den nächsten Tag anberaumt. Elis gesteht Anna sein Schicksal: Torbern mahnt ihn, seine Nachfolge anzutreten.
8. Bild (Szene 31-32): *Große Stube in Dahlsjös Haus.* Der Hochzeitsmorgen. Elis verläßt Anna. Die Gäste kommen, aber der Bräutigam erscheint nicht. Für Anna gibt es keinen Trost und keine Hoffnung, ihr Leben ist zerbrochen.

Kommentar

Wagner-Régeny schrieb seine letzte Oper als Auftragswerk für die Salzburger Festspiele und wählte mit Bedacht einen Text von Hugo von Hofmannsthal, dem Anreger der Spiele, nach dessen Texten Richard Strauss sechs Opern komponiert hatte, gegen die einst der junge Wagner-Régeny mit seiner Kritik an der „verfetteten Musik" zu Felde gezogen war. Nun wollte er zeigen, wie man einen Hofmannsthal-Text auf andere Weise – als Strauss – vertonen kann, und zielte programmatisch darauf, in den Dichterworten Hofmannsthals „österreichisch-heimatliche Phantasie" zum Klingen zu bringen. „Wie es von Nestroy, Raimund, Grillparzer bis Musil und Doderer klingt, so spielt es im ›Bergwerk zu Falun‹ als Atmosphäre mit". (Wagner-Régeny 1961, S. 440)

Der Stoff geht auf einen korrekt-sachlichen Bericht eines schwedischen Bergassessors in der *Acta litteraria Sveciae Upsalia publicata* von 1722 zurück, demzufolge 1719 in Falun die völlig unversehrte Leiche eines jungen Bergmanns gefunden wurde, die niemand identifizieren konnte, bis schließlich eine achtzigjährige Einwohnerin in dem Toten ihren unverändert gebliebenen, seit fünfzig Jahren verschollenen Bräutigam wiedererkennt. Als Geschichte hat dieser Vorfall nach seiner wissenschaftlichen Enträtselung, Dichter bis in unser Jahrhundert hinein beschäftigt. Somit bildet Hugo von Hofmannsthals Schauspiel ›Das Bergwerk zu Falun‹ (1899/1929) das Schlußglied einer langen Kette poetischer Verarbeitungen, an deren Anfang der Naturphilosoph Gotthilf Heinrich von Schubert mit seiner 1808 in Dresden erschienenen Version des Vorfalls in den ›Ansichten von den Nachtseiten der Naturwissenschaften‹ steht, indem er neben dem Motiv einer nicht stattfindenden Hochzeit die Wiederbegegnung der Brautleute als Problem der verfließenden und angehaltenen Zeit aufgreift: Nach fünfzig Jahren konfrontiert er lebende Braut und toten Bräutigam. „*Er* war im Tode unverändert jung geblieben; *sie* ist im Leben verwelkt und alt geworden." (Wagner-Régeny 1961)

Wagner-Régeny richtete sich den Hofmannsthalschen Schauspieltext selbst ein und setzte sich dabei ins Verhältnis zu den berühmtesten und bekanntesten Adaptionen dieses Stoffes, so zu E.T.A. Hoffmanns Novelle ›Die Bergwerke zu Falun‹ (1818), zu Johann Peter Hebels Geschichte ›Unverhoffte Begegnung‹ (1811), aber auch zu Richard Wagners 1842 in Paris für Josef Dessauer geschriebenes Opernlibretto ›Das Bergwerk zu Falun‹.

Bereits für Richard Wagner wie auch später für Hofmannsthal war die bei Johann Peter Hebel und E.T.A. Hoffmann im Mittelpunkt stehende Begegnung der alten Frau mit dem junggebliebenen Bräutigam unwichtig geworden, sie arbeiteten vielmehr aus dem Stoff die Verstrickung des Menschen mit sich selbst und mit unerklärlichen Naturkräften heraus. Hier schloß Wagner-Régeny an und berief sich dabei auf Goethes Faust-Dichtung: den Gang des Titelhelden hinab in die Erde zu den Müttern, zum Ursprung des Seins, nach Heinz Hilperts Worten "das Eintauchen in die Zeitlosigkeit des Innerirdischen" (vgl. Wagner-Régeny 1961). Seinem Anliegen entsprechend kürzte Wagner-Régeny den Schauspieltext, nahm aber andererseits weitere Texte Hofmannsthals auf – die Terzinen I und III sowie das Gedicht ›Gute Stunde‹ – und legte sie dem Duett Bergkönigin-Elis, der Kavatine der Anna und dem Trinklied der Matrosen zugrunde. In den hinzugefügten Texten versteckte er auf den Sinn der Oper hinlenkende Sätze: „Keiner wird, was er nicht ist" – „Und drei sind eins: ein Mensch, ein Ding, ein Traum" (Wagner-Régeny 1961). Elis' Weg wird als eine Passionsgeschichte gedeutet, zugleich als ein Herausarbeiten des Unbewußten, dessen Verwirklichung andere Menschen unglücklich macht.

Entsprechend seiner Auffassung, daß in Hofmannsthals Text die Handlung nur Mittel zum Zweck, nur Vorwand ist, um etwas anderes zu sagen, zielte Wagner-Régeny auf „eine gleichnishafte Kongruenz zwischen Text und Musik", indem er der gesamten Oper eine Zwölftonreihe als konstruktives Element zugrunde legte. Aber nicht Arnold Schönbergs streng nach der Zwölfton-Technik komponierte Oper ›Moses und Aron‹, vielmehr Alban Bergs freitonale Methode des ›Wozzeck‹ gab das Vorbild. Zwar arbeitet Wagner-Régeny streng dodekaphonisch, aber er scheut nicht vor tonalen Spannungsfeldern zurück. In der elften Szene, also noch im ersten Drittel der Oper, wenn Bergkönigin und Elis einander begegnen, hat Wagner-Régeny einen *cantus firmus* in die Partitur eingewoben: „Media vita in morte sumus" (Mitten im Leben sind wir im Tod).

Sinnstiftend und gleichnishaft werden die verschiedenen Modi der Reihe und der alte *cantus firmus* eingesetzt und aufeinander bezogen. Mit der Grundgestalt der Reihe in einem komprimierten Bläsersatz beginnt das Werk. Die charakteristischen, choralartigen Baßschritte in der ersten Posaune kehren als unverkennbare Klangfarbe und mahnende Geste bis zur fünfzehnten Szene, wenn Elis zu neuen Ufern aufbricht, wieder. Dann wird das Vorspiel wörtlich wiederholt, der einstige strenge Bläsersatz hat sich durch das Hinzutreten der Streicher in den Mittelstimmen quasi „erwärmt", das Material expandiert, die verschiedenen Modifikationen der Zwölftonreihe in der Vertikalen wie in der Horizontalen werden ausgebreitet – so steigert sich der *cantus firmus* zur hymnischen Vision.

Elis läßt, wie Christus den Lazarus, einen Toten auferstehen, und wie einst den Heiligen Drei Königen bezeichnet ihm ein fallender Stern den Weg seiner Sehnsucht nach Falun. Eine die Grundgestalt der Reihe abschließende Intervallfolge B-A-C-H deutet zusätzlich den geheimen Sinn: Elis' Weg ist eine Passionsgeschichte und Heilslehre.

In einer eigenständigen und in musikdramatischer Absicht entwickelten Methode arbeitet Wagner-Régeny Motive, Themen, Phrasen, Zusammenklänge und Instrumente deutlich heraus, die er zuerst ganz nach der Regel bestimmten Gedanken und Vorgängen zuordnet, dann aber, entgegen der Regel, bei kontrastierenden Gedanken und Ereignissen wieder in Erscheinung treten läßt, teils in identischer, teils in leicht variierter Form. Es handelt sich hierbei nicht um ein abstraktes Prinzip der Austauschbarkeit, sondern vielmehr um die kompositorische Manifestation einer bestimmten Weltsicht, die der Komponist bereits in seinen Kurzopern realisiert hatte; „die logischen Bezüge (wenn nicht gar die Identität) des Realen und Irrealen (...) musikalisch zu gestalten" (Wagner-Régeny 1961).

Hier in der Tradition eines E.T.A. Hoffmann stehend, ging es ihm darum, die „Gespenstischkeit eines Alltags zu fassen, der von mehreren Wertsystemen bestimmt ist, seine Mehrdeutigkeit, sein Doppelwesen, kurzum: seine Widersprüchlichkeit" (Fühmann 1979, S. 49).

Wagner-Régenys ›Bergwerk zu Falun‹ steht in unmittelbarer Nähe zu der in gleicher Zeit entstandenen Oper ›Puntila‹ seines Freundes Paul Dessau. In beiden Opern wird der Anschluß an die vom NS-System unterbrochene Kunstentwicklung der zwanziger/dreißiger Jahre wiederhergestellt. Die Methode der Zwölfton-Technik wird ohne Angst vor dogmatisierender Kunstkritik und Formalismus-Verdikten in der DDR angewandt und unorthodox gehandhabt, ohne Scheu vor dem Avantgardismus-Diktat des Darmstädter Kreises. Darin geben beide Opern zeitüberdauernde Beispiele einer allein dem Stoff und seiner Wahrheit verpflichteten Musik.

Die Erstaufführung in der DDR fand wenige Tage vor Wagner-Régenys Tod im September 1969 am Theater Stralsund statt; diese Inszenierung blieb bisher die einzige nach der Salzburger Uraufführung; es gab einige Rundfunksendungen.

Ausgaben KlA Bote & Bock Berlin Wiesbaden 1960

Rechte Bote & Bock Berlin

Literatur Hugo von Hofmannsthal: Das Bergwerk zu Falun. In: Gedichte und lyrische Dramen, Frankfurt/Main 1945; ders.: Das Bergwerk zu Falun. Ein Vorspiel (1899), Terzinen I-III. Gedichte. In: Gedichte und kleine Dramen, Leipzig 1955; E.T.A. Hoffmann: Das Bergwerk zu Falun. In: Die Serapionsbrüder I. Gesammelte Werke in Einzelausgaben, Bd. 4, Berlin und Weimar 1978; Franz Fühmann: Ernst Theodor Wilhelm Amadeus Hoffmann, Rostock 1979; Rudolf Wagner-Régeny: Das Bergwerk zu Falun. Der Text. Die Musik. In: Dieter Härtwig 1965; Dieter Härtwig: Rudolf Wagner-Régeny. Der Opernkomponist, Berlin 1965

Hans Jürgen Wenzel
4. März 1939

Geboren in Weißwasser (Oberlausitz), 1951-1956 Ausbildung an der Musikschule Potsdam und am Konservatorium Rostock (Violine), 1957-1962 Studium an der Hochschule für Musik Berlin (Dirigieren, Komposition bei Ruth Zechlin), 1962-1965 Repetitor und Ballettkapellmeister am Landestheater Halle, 1965-1969 Musikalischer Leiter am Theater Junge Garde Halle, 1969-1979 Komponist und Dirigent am Landestheater Halle, 1976 Gründung und Leitung der Kompositionsklasse für Kinder und Jugendliche in Halle sowie Dozent an der Hochschule für Musik Dresden, 1978-1988 Komponist, Dirigent und kulturpolitischer Mitarbeiter der Halleschen Philharmonie, 1979 Initiator und bis 1988 Leiter der Reihe KONFRONTATION. Neue Musik im Gespräch, 1986 Mitglied der Akademie der Künste der DDR, 1988 Gründung des Berliner Ensembles NEUE MUSIK, seit 1989 freischaffend, 1990 Präsident des Verbandes deutscher Komponisten e.V., davor Mitglied des Zentralvorstandes und Vizepräsident des Verbands der Komponisten und Musikwissenschaftler der DDR sowie des Bezirksverbandes Halle-Magdeburg.

1968 Kunstpreis der Stadt Halle, 1974 Verdienstmedaille der DDR und Artur-Becker-Medaille, 1975 Händelpreis des Rates des Bezirks Halle, 1978 Kunstpreis des FDGB, 1979 Vaterländischer Verdienstorden der DDR, 1984 Kunstpreis der DDR, 1986 Ehrennadel der Gesellschaft für Deutsch-Sowjetische Freundschaft in Silber

Orchesterwerke, Konzerte, Vokalsinfonik, Kammermusik, u.a. ›Schwarze Asche, weiße Vögel‹ – Solokantate (1967), ›Trassensinfonie‹ – Zum 100. Geburtstag Lenins (1970), ›Trauer und Feuer I‹ (1972), Klarinettenkonzert (1973), Violinkonzert (1973), ›Anatomie‹ – Vierzehn Arten den Körper einzusetzen, Hanns Eisler gewidmet . Text von Rudolf Leonhard (1974), ›Dillishanade‹ – Septett Nr. 1 (1975), ›Imagination‹ – Für großes Orchester und Tonband (1976), ›Metamorphosen‹ – Für großes Orchester, Chor und Tonband auf drei Themen von G.F. Händel (1977), Bauhausmusik (1977-78), Orgelkonzert (1979-80), Sinfonietta für großes Orchester (1981-82), ›Denkmal. Standort‹ – Kammeroratorium (1982), ›Metabolie‹ – Septett Nr. 2 (1984), ›Trauer und Feuer II‹ – Kammermusik für dreizehn Instrumente und Bildprojektionen (1984-85), ›Trauer und Feuer III‹ – Zweite Sinfonie (1985), Violoncelloquartett (1985), Sinfonietta (1986), Babylon-Sinfonie (1987), ›Inversion‹ – Gruppenmusik für acht Spieler (1988), Sinfonie in einem Satz (1989), Violoncellokonzert (1989-90), vier Streichquartette (1960, 1966, 1970/72, 1977/83)

Bühnenwerke

Fridolin _____ 1966-1967
Ballett in einem Akt _____ UA 1967
Libretto von Henn Haas

Geschichte vom alten Adam _____ 1972-1973
Oper _____ UA 1973
nach Erwin Strittmatter
Text von Joachim Rähmer

Geschichte vom alten Adam
Oper
nach Erwin Strittmatter
Text von Joachim Rähmer

Entstehung 1972-1973

Uraufführung 6. Oktober 1973 Landestheater Halle – Theater des Friedens

Personen
Adam	Tenor
Grete Blume	Mezzosopran
Schorsch	Baß
Thea	Sopran
Klaus	Bariton
Beatrix	Sopran
Vorsitzender	Tenor
Willy	Bariton
Nachbarin	Sopran
Erster Elektriker	Tenor
Zweiter Elektriker	Bariton
Erster Traktorist	Tenor
Zweiter Traktorist	Baß
Stimme von Adams Frau	Sopran
Nachbarn	Chorsolisten

Orchester 3 Fl (alle auch Picc, III auch AFl), 2 Ob, 3 Klar (II auch BKlar), 2 Fg, 3 Hr, 2 Trp, 2 Pos, APos, Tb, Hrf, Pkn, Slzg (2 Spieler); Str.

Aufführungsdauer ca. 2 Std.

Story
Die Handlung spielt Anfang der fünfziger Jahre in einem Dorf der DDR.
Ein Vorwerk erhält Anschluß an den elektrischen Strom. Das bringt Annehmlichkeiten, aber auch Probleme. So muß in den Wald eine Schneise geschlagen werden. Dadurch sieht der alte Adam die Natur wie sein bisheriges Leben gefährdet, bei elektrischem Licht zeigen sich Risse und Schäden in Gemäuer und Putz.

Für die jungen Leute – Kinder und Enkel – kommt mit der neuen Energie die neue Zeit, Fernseher und Kühlschrank ins Haus, den alten Adam aber treibt sie aus dem Haus. Bei Grete Blume will er ein neues Leben beginnen, und sie ist ihm auch gewogen, doch zögert er zu lange, so daß ein anderer ihm zuvorkommt.

Für Kinder und Enkel finden sich neue Wohnung und neuer Arbeitsplatz, für den alten Adam bleibt der Gang auf den Friedhof zum Grab seiner Frau. Sein

Vorhaben, ein Selbstmord, geht komisch aus, denn der Strom des Weidenzauns ist dafür zu schwach. Aber es kommt zu einem unerwarteten Effekt. Der Vorsitzende schlägt ihm vor, als Weidewärter zu arbeiten, den Strom beherrschen zu lernen. Der alte Adam verläßt das Vorwerk und beginnt mit der neuen Arbeit ein neues Leben.

Kommentar

Rolf Rähmer versuchte mit seinem Operntext in zehn knappen Bildern das alltägliche Leben der „kleinen Leute", ihre Nöte, Sorgen, Hoffnungen und Träume zu erfassen, ohne daß es ihm gelang, den dafür notwendigen „Dialog zweiten Grades" zu gestalten, die hinter den Worten liegenden verborgenen Gedanken und Gefühle.

Das machte es Hans Jürgen Wenzel schwer, die Vorgänge aus der Unbedeutendheit herauszuheben, er nutzte jedoch jede Möglichkeit. Das beginnt mit einer Art moderner Pastorale, wenn der alte Adam mit ariosem Pathos seinen auf Technik versessenen Enkeln die Schönheit des Waldes zu erklären versucht, findet seine Fortsetzung in einer arios-rezitativischen Nummer, in der Adam von seiner Petroleumlampe, Symbol des Alten, Abschied nimmt.

Wenzel setzt modernes Musizieren (Sonoristik, Clusterbildung, Aleatorik, Bruitismus) szenisch ein, es kommt zu sinnvollen wie reizvollen Kontrasten zwischen Singen und Sprechen. Von großem Effekt ist das „Tuschel"-Quintett der Nachbarn, die die sich anbahnenden zarten Beziehungen zwischen Adam und Grete Blume beobachten und kommentieren.

Handwerkliches Geschick und Geschmack können über die generelle Tendenz der Verharmlosung eines brisanten Stoffes nicht hinwegtäuschen, es sei denn, man sähe wegen dieser Oper in Hans Jürgen Wenzel einen „sozialistischen Lortzing".

Die Vorlage ›Kraftstrom‹ findet sich in Erwin Strittmatters ›16 Romanen im Stenogramm‹, die 1969 im Aufbau-Verlag erschienen. Die Oper entstand als Auftragswerk des Landestheaters Halle, an dem Wenzel als Dirigent und Komponist damals engagiert war. Er selbst dirigierte die wenigen Aufführungen, die seine Oper in Halle erlebte. Einen Tag vor der offiziellen Uraufführung fand am 6. Oktober 1973 eine Voraufführung für den VEB Kombinat Chemische Werke Buna statt.

Ausgaben KlA nicht veröffentlicht; Landestheater Halle

Rechte beim Komponisten

Literatur Erwin Strittmatter: Kraftstrom. In: Ein Dienstag im September. 16 Romane im Stenogramm, Berlin und Weimar 1969
Hans Jürgen Wenzel: Wie ich zur Oper kam. In: Programmheft Landestheater Halle 1973 – auch In: Material zum Theater Nr. 118, Komponisten der DDR über ihre Opern, Auswahl und Zusammenstellung Stephan Stompor, Berlin 1979; Karin Zauft: Stoff und Gestaltung. In: Programmheft Landestheater Halle 1973
Rezensionen der Uraufführung. In: Theater der Zeit, H. 1, Berlin 1974; Musik und Gesellschaft, H. 2, Berlin 1974

Gerhard Wohlgemuth
16. März 1920

Geboren in Frankfurt/Main, 1940-1948 Medizinstudium in Greifswald und Halle, dazwischen 1941-1944 Militärdienst, musikalische Ausbildung als Autodidakt, seit 1937 frühe Kompositionen.
1948-1949 Arbeit am Landessender Halle in der Redaktion Künstlerisches Wort, 1949-1955 Lektor im Mitteldeutschen Verlag Halle/Saale, 1955-1956 Cheflektor beim VEB Friedrich Hofmeister Musikverlag Leipzig, seit 1956 freischaffend in Halle, 1956-1972 Lehrbeauftragter für Musiktheorie am Institut für Musikwissenschaft der Martin-Luther-Universität Halle-Wittenberg. 1969 Ordentliches Mitglied der Akademie der Künste der DDR.
1948 Erster Preis für Komposition des Landes Sachsen-Anhalt, 1955 Kunstpreis der Stadt Halle, 1962 Händelpreis des Rates des Bezirkes Halle, 1964 Kunstpreis der DDR, 1970 Verdienstmedaille der DDR
Orchesterwerke, u.a. drei Sinfonien (1953, 1958/1962, 1984-85), Heitere Musik in drei Sätzen für Orchester (1952), Suite in fünf Sätzen für Großes Orchester (1953), Sinfonietta (1956), ›Händel-Metamorphosen‹ – Variationen über eine Sarabande von G.F. Händel (1958), Festouvertüre (1960), Telemann-Variationen für Orchester (1964), ›Allegria‹ – Divertimento für Orchester (1965), Musica giocosa (1970), Sinfonische Musik (1971)
Solokonzerte, u.a. Concertino für Klavier und Orchester (1948), Concertino für Oboe und Streichorchester (1957), Violinkonzert (1963)
Chor- und Sololieder, Massenlieder und Gesänge, Spielstücke in mannigfaltiger Besetzung für den Unterricht (Blockflötenmusik, Stücke für Akkordeon, leichte Klavierwerke, Musik für Laienorchester, Volksliedbearbeitungen)
Filmmusiken, u.a. zu ›Rotkäppchen‹ (1961), ›Mord an Rathenau‹ (1961), ›Die Abenteuer des Werner Holt‹ (1964-65), ›Die große Reise der Agathe Schweigert‹ (1972)
Kammermusik für Klavier und mehrere Instrumente, u.a. Zweite Klaviersonate (1946), Inventionen für Klavier (1949), Klaviersextett (1955), drei Streichquartette (1960, 1968, 1977)
Vokalsinfonik, u.a. ›Jahre der Wandlung‹ – Oratorium für Soli, Sprecher, Knabenchor und Orchester . Text von Fritz Doppe (1961), ›Genossen, der Sieg ist errungen‹ – Kantate für Alt, Bariton, gemischten Chor und Orchester . Text von Nils Werner (1971), ›Wie ist der arm, der nicht zu träumen weiß‹ – Kantate für Solisten, Chor und Orchester nach Texten verschiedener Dichter (1974)

Bühnenwerke

Till _____ 1952-1953
Ein Volksstück in vier Bildern _____ UA 1956
(Dramatische Szenen)
Text von Egon Günther

Provencalisches Liebeslied _____ 1954
Ballett in einem Akt _____ UA 1956
Libretto von Hinrich Köhn

Till
Ein Volksstück in vier Bildern
(Dramatische Szenen)
Text von Egon Günther

Entstehung 1952-1953

Uraufführung 29. September 1956 Landestheater Halle

Personen

Till	Tenor
Tills Vater	Baß
Tills Mutter	Sopran
Grundherr	Bariton
Margret, seine Tochter	Sopran
Kaufmann	Baß
Hans, der Großknecht	Bariton
Melche, eine Magd	Mezzosopran
Eve, ein böhmisches Schankmädchen	Sopran
Landstreicher, Böhmische Bauern und Bauernweiber, Knechte, Mägde, Musikanten	Gemischter Chor

Orchester 2 Fl (II auch Picc), 2 Ob (II auch EH), 2 Klar (II auch BKlar), 2 Fg, 4 Hr, 3 Trp, 3 Pos, Tb, Slzg, Kl; Str
Musikanten auf der Bühne

Aufführungsdauer ca. 1 Std., 30 Min.

Handlung
Die Handlung spielt um 1500, die Orte liegen an einer alten Fahrstraße zwischen Mitteldeutschland und Böhmen.
1. Bild: *Vor einer alten Hütte. Spätsommer, abends.* Ein Baum aus dem herrschaftlichen Wald wird geschlagen und versteckt. Aber was der Herr nicht sieht, spioniert seine Tochter Margret aus, die ein Auge auf den Übeltäter Till geworfen hat. Die Tochter ruft den Vater herbei. Der Herr befiehlt, die Diebe zu strafen, Tills Vater wehrt sich und wird erschlagen, Till auf den Herrenhof geschleppt, die Mutter kann sehen, wie sie zurechtkommt.
2. Bild: *Hof des Grundherrn. Frühmorgens.* Einmal im Jahr gibt der Herr seinen Knechten ein Fest. Der Großknecht stellt Margret, Margret dem Till, ein Kaufmann der Margret nach. Da der Grundherr dem Kaufmann verschuldet ist, wird Margret als Kaufpreis verhandelt, dazu soll das herrschaftliche Getreide im Böhmischen verkauft werden, wo nach einer Dürreperiode die Preise hochgetrieben

werden können. Margret verrät Till den Plan, der soll das Geschäft mit den Böhmen machen und sie vor der Zwangsheirat bewahren.

3. Bild: *Markttag in Böhmen. Buden auf einer Anhöhe. Marktgetriebe.* Till handelt anders, als Margret erwartet. Auch findet er Gefallen an der schwarzen Eve. Er verrät den böhmischen Bauern den Anschlag auf ihren Geldbeutel. Diese lassen den Herrn das ganze Getreide abladen, spannen ihm die Pferde aus und setzen dann ihren eigenen Preis fest. Der Herr muß nehmen, was er von ihnen bekommt. Er schwört, Rache an Till und dessen Mutter zu nehmen.

4. Bild: *Hof des Grundherrn. Spätnachmittag.* Der Kaufmann wird mit Schimpf und Schande verjagt, der Herr verheiratet seine Tochter an den Großknecht. Till findet die elterliche Hütte leer, die Mutter ist gestorben. In dieser Stunde der Schwachheit bietet der Herr Till ein Zuhause auf seinem Hof an. Margret redet ihm zu, Eve rät ihm ab. Till sieht dem Großknecht ins Gesicht und ahnt, auch er könnte wie dieser ein knechtisches Abbild des Herrn werden, ein Eulengesicht. Er hält dem Großknecht den Spiegel vor, und Eve findet für Till Namen und Beruf: Till Eulenspiegel, das heißt: einer, der die Schande der Schändlichen aufdeckt, den Verkommenen ihre Verkommenheit zeigt.

Kommentar

Nach eigener Aussage war das Schauspiel ›Till‹ Egon Günthers erster „dramatischer Gehversuch". Gerhard Wohlgemuth vertonte es ohne wesentliche Änderungen und schuf mit seiner bisher einzigen Oper ein ungewöhnliches Werk, dessen Handlung mit einem furiosen Sturz in den Abgrund beginnt: Aus der harmlosen Idylle – zwei Mädchen belauschen verbotenes Tun – entwickeln sich Mord und Totschlag. Auch das zweite Bild paßt in kein traditionelles Schema. Innerhalb einer ausgedehnten Fest- und Tanzszene, in der in melodramatischer Form verschiedene Dialoge, mit Vordergrund- und Hintergrundfunktion, gesprochen werden, formt sich das zentrale Thema: Widerstand gegen die Verführbarkeit durch Schönheit und Geld.

Abgesehen von eingeschalteten Sprechdialogen, ist die Oper durchkomponiert, doch schimmert das Nummernprinzip noch durch; in expressive, dramatische Passagen sind kleine ruhige Inseln eingelagert.

Die Magd Melche ist ein musikalisch-menschlicher Kontrapunkt, der sich still und doch auffällig durch die Handlung zieht, denn Melche sagt und singt von Einsamkeit, Liebe, Tod und Solidarität. Ihr Gesang geht sogar dem Herrn, den sonst nichts rührt, so nahe, daß er ihr das Singen verbietet.

Wohlgemuth gibt den Texten durch großflächige Gliederung expressive Gestalt; wo sich der Text nicht zur musikalischen Form fügen läßt, wird er gesprochen, ohne daß ein Wechsel zwischen gesungenem und gesprochenem Wort nach Singspielmanier entsteht. In der Klangsprache ist Wohlgemuths Musik an Strawinsky geschult: kaum orchestraler Verschmelzungsklang, mehr ungemischte instrumentale Farben, keine blühenden Kantilenen, eher schlichte, volksliedhafte Verhaltenheit und eingesprengte expressive Gesten.

Egon Günther interessierte sich mit seiner Eulenspiegel-Adaption, die er übrigens kurz vor Beginn des deutschen Bauernkriegs ansiedelt, wie einer zum Eulenspiegel wird, das heißt wie man sich zum Narren bildet, ohne Außenseiter zu werden, und wie närrisches Verhalten als adäquate Rolle einer übermächtigen Realität gegenüber gefunden wird, wie die Ohnmächtigen aus dem Alltag heraus Widerstandskräfte gegenüber den Herrschenden mobilisieren.

In der Operngeschichte gibt es einige, heute meist vergessene Eulenspiegel-Opern, die den Akzent auf die lustigen Abenteuer des Schalks legten, wie es in den Opern von Cyrill Kistler (1889), Emil Nikolaus von Reznicek (1902), Mark Lothar (1928), Hans Stieber (1936) zum Teil der Fall war. Nicht zufällig geriet Eulenspiegel Mitte unseres Jahrhunderts wieder ins Blickfeld, zunächst im Heimatland Charles de Costers, des Schöpfers des flämischen Volkshelden Tyl Ulenspiegel, als 1958 in Brüssel Jacques Cahillys Oper ›Tyl de Flandre‹ zur Uraufführung kam.

In der ehemaligen DDR wurde für Schriftsteller wie Egon Günther, Christa und Gerhard Wolf, für Komponisten wie Gerhard Wohlgemuth und Paul Kurzbach der Eulenspiegel-Stoff interessant, weil sich daran studieren ließ, was deutsche Geschichte in Vergangenheit und Gegenwart vermissen ließ: Widerstand im Kleinen, im Alltag, – die lebensnotwendige unauffällige Solidarität der Unteren, der kein Denkmal gesetzt wird.

Wohlgemuths und Kurzbachs im Abstand von fünf Jahren entstandene Opern zeichnet Ernsthaftigkeit bei gleichzeitiger gelöster Heiterkeit in der Erzählweise aus. Der Eulenspiegel unterscheidet sich bei beiden grundlegend von den komischen Volksfiguren, die nach der Aufführung des „russischen Eulenspiegels", Tichon Chrennikows ›Frol Skobejew‹, die Opernbühne der DDR bevölkerten und in Ottmar Gersters ›Fröhlichem Sünder‹ einen ersten typischen Vertreter des Genres fanden.

Die Tradition, die mit Wohlgemuths/Günthers Oper 1956 ›Till‹ beginnt, über Kurzbachs ›Thyl Class‹ 1958 reicht, fand fand 1982/83 ihre Fortsetzung in neuer Qualität mit Thomas Hertels Oper für 12 Darsteller und 12 Musiker ›Till‹ nach Christa und Gerhard Wolfs Filmerzählung von 1972.

Ausgaben Text (Schauspiel identisch mit Oper) Mitteldeutscher Verlag Halle/Saale 1953; KlA Mitteldeutscher Verlag Halle/Saale 1953

Rechte Henschel Musik GmbH Berlin

Literatur Egon Günther: Till, Halle 1953; Peter Fischer: Vorwort zu ›Till‹, Halle 1953; Reinhard Mieke: Zur Uraufführung des ›Till‹. In: Programmheft Landestheater Halle 1956
Rezensionen der Uraufführung. In: Theater der Zeit, H. 12, Berlin 1956

Udo Zimmermann
6. Oktober 1943

Geboren in Dresden, 1954-1962 Kreuzchor Dresden (erste kompositorische Anleitung durch Kreuzkantor Rudolf Mauersberger, Aufführungen der ersten eigenen Kompositionen durch Kruzianer), 1962-1968 Studium an der Hochschule für Musik Dresden (Komposition bei Johannes Paul Thilmann, außerdem Dirigieren, Gesang); 1966, 1967, 1968 Felix-Mendelssohn-Bartholdy-Stipendium, 1968-1970 Meisterschüler an der Akademie der Künste der DDR bei Günter Kochan.

1970-1985 Komponist und Dramaturg für zeitgenössisches Musiktheater an der Staatsoper Dresden, 1974 Gründung und Leitung bis 1986 des Studios Neue Musik (Staatsoper Dresden/Rundfunk der DDR), 1976 Berufung zum Dozenten und 1979 zum Professor für Komposition (ab 1982 Ordentlicher Professor für Komposition und Musiktheater) an der Hochschule für Musik Dresden; ab 1979 zunehmende Tätigkeit als Dirigent führender europäischer Orchester (Berliner Philharmoniker, Münchner Rundfunk-Sinfonieorchester, Wiener Symphoniker, Tonhalleorchester Zürich, Staatskapelle Dresden u.a.) sowie an den Opernhäusern in Wien, München, Hamburg, Bonn u.a.

1983 Aufnahme als Ordentliches Mitglied in die Akademie der Künste der DDR und in die Freie Akademie der Künste Hamburg, 1984 Mitglied des Kuratoriums Semperoper Dresden, Mitglied des Zentralvorstandes und des Präsidiums sowie 1985-1989 Vorsitzender des Bezirksverbandes der Komponisten und Musikwissenschaftler der DDR, 1990 Vorsitzender des Regionalverbandes Dresden des Verbandes Deutscher Komponisten e.V., 1985 Künstlerischer Leiter der Bonner Werkstattbühne für zeitgenössisches Musiktheater, 1986 Direktor des Zentrums für zeitgenössische Musik Dresden, 1988 Künstlerischer Leiter des musica viva Ensembles Dresden. Gastvorlesungen und Meisterkurse in Österreich, Italien, Frankreich, England, Schweiz, Bundesrepublik Deutschland. 1990 Intendant des Opernhauses Leipzig.

1964 Kompositionspreis zum Treffen Junger Komponisten in Orvid (Jugoslawien), 1968 Karl-Marx-Preis für Studenten, 1971 Kompositionspreis der Internationalen Komponistentribüne Paris, 1972 und 1973 Hanns-Eisler-Preis des Rundfunks der DDR, 1974 Kunstpreis der Stadt Dresden, 1975 und 1987 Nationalpreis der DDR

Neben Opern sehr viele Orchesterkompositionen, chorsinfonische Werke, Konzerte, Lieder und Kammermusik, u.a. ›Vaterunserlied‹ – Motette für vier Stimmen (1959), ›Wort ward Fleisch‹ – Motette für vier bis acht Stimmen (1961), ›Grab und Kreuz‹ – Motette für acht Stimmen (1962), Dramatische Impression für Violoncello und Klavier (1963, Fassung für Orchester 1966), Fünf Gesänge für Bariton und Kammerorchester nach Worten von Wolfgang Borchert (1964), Bobrowski-Lieder für Singstimme und Klavier (1964), Movimenti caratteristici per violoncello solo (1965), Sonetti amorosi für Alt, Flöte und Streichquartett nach Worten von Gasparo Stampa (1966), Musik für Streicher (1968), ›Der Mensch‹ – Kantate für Sopran und dreizehn Spieler nach einem Text von Eugène Guillevic (1970), ›L'homme‹ – Meditationen für Orchester nach Eugène Guillevic (1970), ›Sieh meine Augen‹ – Reflexionen für Kammerorchester nach Ernst Barlach (1970), Episoden für Bläserquintett (1971), ›Ein Zeuge der Liebe, die besiegt den Tod‹ – Gesänge für Sopran und Kammerorchester nach Texten von Tadeusz Różewicz (1973), Mutazioni per orchestra (1973), ›Tänzerinnen‹ – Choreographien nach Dégas für einundzwanzig Instrumentalisten (1973), ›Ode an das Leben‹ – Für Alt (Mezzosopran), drei vierstimmige Chöre und Orchester nach Worten von Pablo Neruda und Lucretius Carus (1974), ›Hymnus an die Sonne‹ – Für Sopran, Altflöte und Cembalo nach Heinrich von Kleist (1977), Sinfonia come un grande lamento – Dem Andenken Federico García Lorcas (1978), ›Songerie pour orchestre de chambre‹ – Dem Andenken von Karl Böhm (1982), ›Wenn ich an Hiroshima denke‹ – Lieder für Sopran und Klavier nach Texten von Sadako Kulihala (1982), ›Pax Questuosa‹ – Für Soli, drei gemischte Chöre und Orchester nach Texten von Franz von Assisi und deutschsprachigen Autoren des 20. Jahrhunderts (1982), Konzert für Pauken und Orchester (1966/83), ›Canticum marianum‹ – Musik für zwölf Violoncelli solo (1984), ›Mein Gott, wer trommelt denn da?‹ – Reflexionen für Orchester – Dem Andenken von Sophie und Hans Scholl (1985-86), ›Gib Licht meinen Augen oder ich entschlafe des Todes‹ – Für Sopran, Bariton und Orchester nach Texten von Wolfgang Willaschek – Dem Andenken von Sophie und Hans Scholl (1986), Bratschenkonzert (1986-87), Nouveaux Divertissements d'après Rameau pour cor et orchestre de chambre (1987)

Neufassung und -instrumentierung der Oper ›Die Heirat‹ von Bohuslav Martinů (1989)

Bühnenwerke

Die Weiße Rose _____ 1966-1967
Ein Stück für Musiktheater _____ UA 1967
Text von Ingo Zimmermann
(Erstfassung)

Weiße Rose _____ 1967-1968
Oper in acht Bildern _____ UA 1968
Text von Ingo Zimmermann
(Neufassung)

Die zweite Entscheidung _____ 1969
Oper in sieben Bildern und drei Interludien _____ UA 1970
Text von Ingo Zimmermann

Levins Mühle _____ 1969-1972
Oper in neun Bildern _____ UA 1973
frei nach dem gleichnamigen Roman
von Johannes Bobrowski
Text von Ingo Zimmermann

Der Schuhu und die fliegende Prinzessin _____ 1972-1975
Oper in drei Abteilungen _____ UA 1976
Text von Peter Hacks
Einrichtung zum Libretto
Udo Zimmermann und Eberhard Schmidt

Die wundersame Schustersfrau _____ 1978-1981
Oper in zwei Akten _____ UA 1982
Text nach dem gleichnamigen Bühnenwerk
von Federico García Lorca
in der einzig berechtigten deutschen Nachdichtung von Enrique Beck
Einrichtung zum Libretto Udo Zimmermann und Eberhard Schmidt

Weiße Rose — 1984-1985
Szenen für zwei Sänger — UA 1986
und fünfzehn Instrumentalisten
nach Texten von Wolfgang Willaschek

Weiße Rose
Oper in acht Bildern
Text von Ingo Zimmermann

Entstehung Erstfassung 1966-1967, Neufassung 1968

Uraufführung Erstfassung 17. Juni 1967 Opernstudio der Hochschule für Musik Dresden (im Kleinen Haus der Dresdner Staatstheater) Neufassung 6. Oktober 1968 Mecklenburgisches Staatstheater Schwerin

Personen
Hans Scholl	Bariton
Sophie Scholl	Sopran
Alexander Schmorell	Bariton
Christoph Probst	Tenor
Willi Graf	Baß
Prof. Kurt Huber	Bariton
Dr. Falk Harnack	Tenor
Anett	Alt
Jüdisches Mädchen	Alt
Oberarzt	Bariton
SS-Arzt	Baß
Geistlicher	Tenor
SS-Posten	Sprechrolle
Stimme	Alt

Orchester Fl (auch Picc), Ob (auch EH), Klar (auch BKlar), Fg, Hr, 2 Trp, 2 Pos, 4 Pkn, Slzg: KlTr, GrTr, kleines Bck, Tt, Xyl (auch Mar), Hrf, Cemb, Kl; 8 Vl I, 6 Vl II, 4 Va, 3 Vc, 2 Kb
Bühnenmusik Fl (auch AFl), Streichquartett

Aufführungsdauer 1 Std., 40 Min.

Handlung
Gefängnis München-Stadelheim 22. Februar 1943.
1. Bild: Hans und Sophie Scholl kurz vor ihrer Hinrichtung. Die Gewißheit des baldigen Todes löst Herzen und Gedanken: „In mir ist alles so frei, (...) mein Herz

schlägt gegen das fühllose Gleichmaß der Zeit." *Rückblende. Mai 1942.* Sophie will studieren und wird in München von Bruder Hans empfangen als die kleine, zu behütende Schwester. Doch kann der große Bruder sich selbst nicht beschützen: Er muß hinaus in den faschistischen Krieg.

2. Bild: *Todeszelle.* Hans Scholl erinnert sich: „Für jenen Tag fand ich kein Vergessen." – *Rückblende. Sommer 1942.* Hans Scholl und ein Freund erleben an der Ostfront die „Endlösung der Juden-Frage" und fühlen sich mitschuldig.

3. Bild: *Todeszelle.* Sophie Scholl erinnert sich: „Für dieses Vergehen muß ich büßen." – *Rückblende. Sommer 1942.* Sophie arbeitet in einem Pflegeheim und muß ohnmächtig zusehen, wie geisteskranke Kinder zur Vernichtung abtransportiert werden. Auch sie fühlt sich mitschuldig.

4. Bild: Sophie und Hans Scholl in einem imaginären Zwiegespräch: „Fürs Leben das Leben gewagt." – *Rückblende. November 1942.* Sophie entdeckt, daß ihr Bruder und die Freunde Flugblätter herstellen und verteilen, und bittet, mitmachen zu dürfen: „Wir wollen ein Zeichen setzen!"

5. Bild: *Todeszelle.* Hans Scholl fragt sich, wie die Zukunft aussehen wird. – *Rückblende. Anfang Februar 1943.* Die Wende des Kriegs: Stalingrad. Schon steht die Frage nach dem Danach; soll man mit den alten Kräften der Wehrmacht paktieren, wie Prof. Huber vorschlägt, oder auf die kommunistischen setzen wie Dr. Harnack?

6. Bild: *Todeszelle.* Sophie Scholl hat einen Traum, der ihr Hoffnung gibt, sie werde nicht umsonst sterben. – *Rückblende. 18. Februar 1943.* Trotz Warnungen, die Gestapo sei ihnen auf der Spur, brechen Hans, Sophie und Probst auf, Flugblätter zu verteilen.

7. Bild. *Todeszelle.* Sophie dankt Gott, trotz Angst und Furcht den Mut gefunden zu haben, Widerstand zu leisten. Hans wird von einem Geistlichen in „Versuchung" geführt, durch Preisgabe von Mitgliedern der Weißen Rose Sophie vor dem Tod zu retten. Er lehnt ab.

8. Bild: *Todeszelle. 22. Februar 1943.* Die Geschwister hoffen: „Wo wir heute enden, wird morgen ein Anfang sein, ein Anfang für viele."

Kommentar

Der Kompositionsstudent Udo Zimmermann war zweiundzwanzig Jahre alt, als er mit der Arbeit an seiner Oper für das Studio der Dresdner Musikhochschule begann, im selben Alter wie die Helden seiner Oper: Sophie Scholl war einundzwanzig Jahre, Hans Scholl vierundzwanzig Jahre alt, als sie am 22. Februar 1943 hingerichtet wurden.

Die Uraufführung von Zimmermanns Opernerstling wurde ein Erfolg, entsprach doch das Werk mit seinem Thema dem Geist der Zeit. Zudem zeigte sich hier eine große kompositorische Begabung.

Der Librettist Ingo Zimmermann, Bruder des Komponisten, hatte die Handlung in sechs Szenen gegliedert, die historisch genau die Stationen des Weges der Geschwister Scholl nachzeichnet. Die Pfarrerstochter Sophie Scholl kommt 1942 von

Ulm nach München, um zu studieren, macht sich hier die antifaschistische Haltung ihres älteren Bruders und seiner Freunde zu eigen. Noch im gleichen Jahr werden die Medizinstudenten Hans Scholl und sein Freund Alexander Schmorell an die Front abkommandiert. Das Erlebnis Krieg veranlaßt sie, zurückgekehrt, den aktiven Widerstand zu wagen, und unter dem Decknamen *Weiße Rose* verfassen und verbreiten sie Flugblätter.

Bei einer ihrer Flugblattaktionen am 18. Februar 1943 werden die Geschwister und ihr Freund, der dreiundzwanzigjährige Christoph Probst, entdeckt, von der Gestapo verhaftet und in einem Schnellverfahren zum Tode durch das Fallbeil verurteilt. Das Urteil wurde am 22. Februar 1943 vollstreckt.

Ausgangspunkt der Opernhandlung ist dieser 22. Februar 1943, eine fiktive Szene, in der Hans und Sophie Scholl in der kurzen Spanne zwischen Urteilsverkündung und -vollstreckung über ihr Leben reflektieren. Diese reflektierenden Passagen sind in Form von Interludien in jede Szene eingebaut. Doch erkannten die Autoren sehr schnell, daß ihnen in der ersten Fassung die Verbindung zwischen dramatischen Szenen und Interludien nicht überzeugend gelungen war, und so nahmen sie das Angebot des damaligen Schweriner Operndirektors Reinhard Schau dankbar an, die Oper im Auftrag des Mecklenburgischen Staatstheaters Schwerin zu überarbeiten und zu ergänzen. Die Neufassung, die nun nicht mehr Ein Stück für Musiktheater hieß und, von sechs auf acht Bilder erweitert, jetzt die Werkbezeichnung Oper in acht Bildern erhielt, wurde 1968 vom Schweriner Ensemble uraufgeführt; später folgten Greifswald, Halberstadt, Frankfurt/Oder, Stralsund, Görlitz und die Hochschule für Musik Weimar.

In der prinzipiellen Anlage und Struktur waren keine Veränderungen vorgenommen worden. Auch in der Neufassung beginnt die Oper nach einem instrumentalen Vorspiel mit einer Szene, in der die Geschwister in der kleinen Frist zwischen Urteilsverkündung und Hinrichtung ihre Lage bedenken, und sie schließt mit einem die Gedanken und die Musik des Anfangs aufgreifenden Epilog. „Die Situationen in den Zellen sind Monologe, die im Sinne von Melodramen zur Musik gesprochen werden; die vorgeführten Stationen begründen sich als Rückblenden und zeigen als eigentliche Opernszenen singend handelnde Menschen." (Zimmermann 1988, S. 318)

Jede Szene hat eine textliche und musikalische „Überschrift" bzw. ein Thema, dabei ist das vierte Bild am dichtesten gebaut und von den verschiedenen Motiven und Themen durchwoben, es bildet so die Achse, das Zentrum des Stücks: Sophie wird in die Widerstandsgruppe aufgenommen, hat sich gegen die Fürsorge des Bruders durchzusetzen, der die kleine Schwester vor Gefahren bewahren will.

Mit der zweiten Szene tritt eine Gestalt in Erscheinung, wird eine Stimme laut, die nicht mehr verstummen wird: ein jüdisches Mädchen. Hans Scholl erlebt, wie eine Gleichaltrige von seinen Landsleuten in den Tod getrieben wird, und als er ihr mitleidsvoll ein Stück Brot zustecken will, wird seine Gabe zurückgewiesen, denn auch er gehört in den Augen des Opfers zu den Mördern. Nicht zufällig erinnert die musikalische Diktion der Arie des jüdischen Mädchens an die des Fischweibs aus Dessaus ›Lukullus‹. Zimmermann hat für diese Figur die gleiche Stimmlage gewählt: – Alt. Hans' Erlebnis an der Ostfront und Sophies Erlebnis im Pflegeheim werden durch eine nur Vokalisen singende Altstimme parallelisiert. Der Klagegesang dieser Stimme mischt sich in die Auseinandersetzung ein, ob Sophie in der Gruppe mitarbeiten soll, und diese Stimme teilt sich am Schluß der Szene allen mit, wenn die jungen Leute in München den „heimlichen" Gesang des jüdischen Mädchens aus dem Osten aufgreifen. Es handelt sich nicht schlechthin um einen musikalischen Kommentar, vielmehr wird auf eindrucksvolle, berührende und opernspezifische Weise die konkrete menschliche Motivation nachvollziehbar, warum diese deutschen Studenten ihr Leben wagen und Widerstand leisten.

Mit der Neufassung ist eine klanglich klug kalkulierte, kontrastreiche, meisterhaft gearbeitete Partitur entstanden. Doch das Können des Komponisten kann nicht über das Ungenügen des Librettisten hinwegtäuschen, dem die Texte papieren, die Situationen flach-naturalistisch gerieten, die Gesamthandlung konstruiert, absichtsvoll belehrend.

Udo Zimmermann hat zwanzig Jahre später seine erste Oper selbst so eingeschätzt: „Es war ein regelrechtes Anfangswerk, und es ergab sich eine Art Naturstil; aber wenn ich es heute aus der Distanz betrachte, finde ich, daß vieles einheitlicher wirkt als in den Stücken, die ich später für das Theater schrieb. Dem dramatischen musikalischen Gestus liegt eine klare Reihenstruktur zugrunde, die ich beharrlich durchgeführt habe. ›Weiße Rose‹ ist gewiß nicht das beste meiner Stücke, aber irgendwie doch aus einem Guß. (...) Das Stück ist nicht von den Gesetzen der Oper her zu erfassen, sondern nähert sich eher der Kantate oder dem Oratorium. Es gab viele Inszenierungen, acht oder neun in der DDR; eine – in Frankfurt an der Oder – ist in einer Kirche veranstaltet worden ohne Bühnenbild und Dekorationen. Dies kam dem Stück am weitesten entgegen. Wer indes daraus eine regelrechte Oper machen will, muß scheitern, weil das Stück keine sein kann und will." (Zimmermann 1988, S. 318)

Ein Jahrzehnt später schuf Udo Zimmermann eine dritte ›Weiße Rose‹, die in keiner Beziehung zu ihren frühen Vorgängerinnen steht, es sei denn in einer: der einer kritischen Absage.

Ausgaben KlA (Neufassung) Deutscher Verlag für Musik Leipzig 1968

Rechte Deutscher Verlag für Musik Leipzig

Literatur Udo Zimmermann: Die Jungen und die Oper. In: Theater der Zeit, H. 8, Berlin 1968; ders.: Werkstattgespräch mit Hans-Gerald Otto. In: Theater der Zeit, H. 2, Berlin 1972; ders.: Gespräch mit Fritz Hennenberg. In: Komponieren zur Zeit. Gespräche mit Komponisten der DDR, hrsg. von Mathias Hansen, Leipzig 1988; Reinhard Schau: ›Die weiße Rose‹. In: Theater der Zeit, H. 1, Berlin 1969; Fritz Hennenberg: Udo Zimmermanns Dialektik der Oper. In: Theater der Zeit, H. 2, Berlin 1979; Klaus Drobisch: Wir schweigen nicht! Eine Dokumentation über den antifaschistischen Kampf Münchner Studenten 1942/43, Berlin 1968, dritte, überarbeitete und ergänzte Auflage mit einer biographischen Skizze der Geschwister Scholl, Berlin 1977 Rezensionen der Uraufführung. In: Theater der Zeit, H. 17, Berlin 1967 (UA in Dresden); Theater der Zeit, H. 1, Berlin 1969 (UA in Schwerin)

Aufnahmen Produktion des Rundfunks der DDR (GA/Rundfunkfassung) Wolfgang Hellmich / Sprecher: Heinz-Martin Benecke (Hans Scholl), Helga Termer / Sprecherin: Käte Koch (Sophie Scholl), Thomas Thomaschke / Sprecher: Wolfgang Pampel (Alexander Schmorell), Helmut Klotz (Christoph Probst), Hans-Gottfried Henkel (Willi Graf), Bernd-Siegfried Weber (Prof. Huber), Roswitha Trexler (Anett), Ingeborg Springer / Sprecherin: Astrid Bless (Jüdisches Mädchen), Ekkehard Wlaschiha (Oberarzt), Reiner Lüdecke (SS-Arzt), Konrad Rupf (Geistlicher), Hans-Joachim Hegewald (SS-Posten), Liliana Nejtschewa (Stimme), Rundfunk-Sinfonieorchester Leipzig, Dirigent Adolf Fritz Guhl; aufgenommen 1972, Aufnahmeleitung und Regie Walter Zimmer

Die zweite Entscheidung
Oper in sieben Bildern und drei Interludien
Text von Ingo Zimmermann

Entstehung 1969

Ring-Uraufführung 10. Mai 1970 Bühnen der Stadt Magdeburg – Großes Haus
11. Mai 1970 Landestheater Dessau

Personen
Prof. Hausmann, Direktor eines biochemischen
    Forschungsinstitutes_____Bariton
Christine Hausmann, dessen Tochter, Studentin der
    Naturwissenschaften_____Sopran
Dr. Peter Clausnitzer, Prof. Hausmanns Assistent,
    Christines Verlobter_____Bariton
Frau Gärtner, Verwaltungsdirektorin des
    Forschungsinstitutes_____Alt
Prof. Janusz, Biochemiker, ein Gast aus Warschau,
    Prof. Hausmanns Freund_____Tenor
Christoph Meinhardt, Architekt, Dr. Clausnitzers
    Schulfreund_____Baß
Der andere Hausmann_____Sprechrolle
Unsichtbar_____Kammerchor
Tonband_____Sprechchor I, II, III
(Der andere Hausmann ist nach Möglichkeit mit einem Schauspieler zu besetzen.)

Orchester Fl, AFl, Ob, EH, Klar, BKlar, Fg, 2 Hr, 2 Trp, 2 Pos, Pkn, Slzg, Cemb (auch Cel), Hrf, Kl, Git; Str

Aufführungsdauer ca. 2 Std., 30 Min.

Inhalt

Großstadt in der Deutschen Demokratischen Republik. Gegenwart.

Am Vorabend einer internationalen Konferenz wird eine naturwissenschaftliche Entdeckung gemacht; ungeheure Möglichkeiten in der Gentechnologie tun sich auf. Ein alter Wissenschaftler schreckt zurück: Sein Leben hat ihn gelehrt, daß neue Erkenntnisse von Menschen gegen Menschen eingesetzt werden. Er beschließt, sein Wissen zurückzuhalten. Ein junger Wissenschaftler und Schüler tritt gegen ihn an: Die gleiche Entdeckung wird morgen ein anderer machen, aber der wird nicht schweigen.

Von einem polnischen Freund und Kollegen, der einstmals in Gefahr war, Opfer faschistischer deutscher Ärzte und deren Genmanipulationen in Auschwitz zu werden, erhofft sich der alte deutsche Professor Rat und Beistand, doch der mahnt ihn, die Zeit nicht ungenutzt verstreichen zu lassen. Wie sie aber richtig nutzen? Der junge Wissenschaftler tut es auf seine Weise: Er will den zur Konferenz anreisenden Minister informieren, damit dieser den alten Forscher zwinge, sein Wissen preiszugeben. Der Rat eines Freundes und die Liebe zur Tochter seines Lehrers halten ihn vor diesem Verrat zurück. Derweil hat der Professor seine Entscheidung geprüft und revidiert; seine Einzelaktion wird nichts verhindern, er wird sprechen, aber gleichzeitig handeln müssen, um Mißbrauch zu verhindern.

Kommentar

Die Oper entstand 1969 in enger Zusammenarbeit mit den Bühnen der Stadt Magdeburg. Entstehungszeit und Uraufführungsort sind nicht zufällig, denn 1969 – in einer Zeit allgemeiner ungebrochener Wissenschaftsgläubigkeit nicht nur in der DDR – nahm an der Medizinischen Akademie Magdeburg eine Abteilung für Humangenetik und Medizinische Gentechnik ihre Arbeit auf. Zur gleichen Zeit isolierten amerikanische Wissenschaftler eine Genzelle und machten damit den Weg frei, Erbsubstanz zu manipulieren: Genforschung wurde als eines der vielen nützlichen Gebiete menschlicher Entdeckerfreude betrachtet und bewertet – eine Auffassung, die auch die Opernautoren teilten.

In einer geradlinigen Handlung mit plakativ und in Allgemeinplätzen sprechenden Figuren wird erzählt, daß der alte Wissenschaftler eine zweite Entscheidung trifft, darauf vertrauend, daß in einer „sozialistischen" Gesellschaft der Mißbrauch wissenschaftlicher Erkenntnisse nicht möglich sei.

In drei Interludien aber wird die eingleisige Handlung aufgesprengt und die Entscheidung des Forschers in einen größeren Zusammenhang gestellt. Auf dieser Ebene gewinnt die Musik Selbständigkeit, die Oper Bedeutsamkeit. In den Interludien wird der Zustand des Erwägens musiziert. Entsprechend ist die Hauptfigur, „der Wissenschaftler Hausmann in ein zweites Ich aufgespalten, das betrachtend, reflektierend dem anderen Ich gegenüberzutreten vermag. Das geht auf eine Anregung aus Max Frischs Theaterstück ›Biografie. Ein Spiel‹ zurück. Die Gewissensspaltung ist ein Mittel der Gewissenserforschung. Im Grunde handelt es sich

um dasselbe Prinzip wie bei den Interludien: um die Kommentierung von Handlungen und Aussagen.
Stilistisch-kompositionstechnisch heben sich die Interludien dadurch ab, daß sie im Orchester durch Klangverfremdungen angereichert sind. Pendereckis ›Hiroshima-Trenos‹, wo der Streicherklang durch neue Spielarten verfremdet wird, war mir da ein Vorbild, und zwar nicht nur in technischer Hinsicht. Die Assoziationen, die Penderecki wecken will und auf die der Titel deutet, waren für mich ähnliche. Es wird ein Abgrund geschildert, im Grunde genommen das Chaos. (...) Ich bediene mich in den Interludien auch einer gebundenen Aleatorik. Die Aleatorik ist dramaturgisch eingesetzt und nicht etwa illustrativ. (...) Sie ist, so meine ich, nur dann einsetzbar, wenn sich eine klare Ordnung verbietet – wenn in einem Gewissenskonflikt beispielsweise, im Ringen um die Lösung eines Problems, Klarheit sich nicht herstellt. Solche gedankliche Un-Ordnung oder Auflösung kann eine Auflösung des Materials und seiner ordnenden Gestaltung nach sich ziehen." (Zimmermann 1988, S. 320)

Im Unterschied zum gesungenen Hausmann wird der andere nur gesprochen. Hinzu kommt ein Kammerchor, der Hausmanns Vorstellung von der Menschheit widerspiegelt, während ein dreigeteilter Sprechchor den fiktiven Hausmann emotional unterstützt.

Der Kammerchor hat in den beiden ersten Interludien nur Vokalisen zu singen. Diese sind im ersten Interludium in abfallenden Halbtonschritten und aleatorisch einander überlagernd geführt: Das alte Klagemotiv tritt bald scharf hervor, bald löst es sich konturlos auf. Im zweiten Interludium erscheint neben dem Klagemotiv das sogenannte Janusz-Thema: die Erinnerung an Auschwitz und die Mahnung des polnischen ehemaligen Häftlings und jetzigen Kollegen, die Zeit zu nutzen. Erst im dritten Zwischenspiel kommt es in einem A-cappella-Chorsatz zu solchen appellativen Texten wie „Blicke dich um: ein Land, wo der Mensch zur Gemeinsamkeit fand. Blicke dich um: hier ist dein Land", die wie ein sanft schwingendes Gewölbe aufgebaut werden und im pianissimo verklingen. Auf Wunsch der Autoren soll der Kammerchor für das Publikum unsichtbar bleiben, er „widerspiegelt Hausmanns Vorstellung von der Menschheit". Über Lautsprecher von rechts und links, im Rücken des Zuschauers und von der Mitte des Zuschauerraums herab hat der in drei Gruppen unterteilte Sprechchor zu erklingen: Das Publikum soll quasi von allen Seiten eingekreist, ihm soll musikalisches und gedankliches Material zugespielt werden. Es spaltet sich nicht nur das Ich des Forschers, sondern auch der Ort des klanglich-geistigen Geschehens, das sowohl auf der Bühne als auch im Zuschauerraum stattfinden soll.

Diese perspektivische klangräumliche Gestaltung wendet Zimmermann ein weiteres Mal bei der zentralen Szene des jungen Gelehrten an. Während er auf dem Flughafen auf die Ankunft des Ministers wartet, wird er von einer anwachsenden, zunehmend aggressiver werdenden Klangwoge überrollt, diese ist – bestehend aus Motorengeräuschen, Lautsprecheransagen, mehrere Sprachen einander überlagernd – Ausdruck seiner inneren eigenen Aggressivität. Auf dem Höhepunkt des Lärms aber meldet sich unüberhörbar die innere Stimme des jungen Mannes, und allmählich macht der menschliche Gesang der Maschinenmusik Konkurrenz und verdrängt sie, der Schüler wird seinen Lehrer nicht verraten.

Das Werk überzeugt in Teilen, in anderen Teilen weniger. Auf der einen Seite steht eine linear-finale Handlung, in der die Musik den hölzernen Dialogen und Monologen Lebendigkeit und Geschmeidigkeit, den naturalistischen Vorgängen psychologische Spannung zu geben versucht, sich aber letztlich doch mit einer rezitativischen Eintönigkeit bescheidet. Auf der anderen Seite stehen die drei Interludien, die dramatische Szene des Gewissenskonflikts des jungen Forschers sowie mehrere kleinere instrumentale Passagen, in denen die Musik ausschwingen kann bzw. dramatische oder lyrische Dimension gewinnt und in denen der Komponist souverän stilistische, der polnischen avantgardistischen Musik jener Zeit entlehnte Elemente einsetzt, Singen und Sprechen, geräuschhafte Momente und aleatorische Praktiken mit streng komponierten Abschnitten sinnvoll miteinander verbindet. „So finden wir", schrieb Udo Zimmermann im Programmheft der Uraufführung, „den (...) sensitiv-kammermusikalischen Ton neben betont dramatischem Gestus, auskomponiertes Sprechen neben frei schwingender Gesangslinie, Flüstern neben dem Schrei. Geräusch und Ton, Unbestimmtes und Bestimmtes durchdringen einander, Schlaggeräusch geht in Schlagklang über, aus Geräuschkomplexen wachsen Töne, die nach und nach thematische Gestalt annehmen."

Die Uraufführung in Magdeburg und die einen Tag später (am 11. Mai 1970) als Ring-Uraufführung folgende Inszenierung des Landestheaters Dessau (weitere Einstudierungen gab es nicht) waren von einem schlichten/schlechten Optimismus getragene Aufführungen mit der Idee, in einer sozialistischen Gesellschaft erledige sich die Frage nach dem Gebrauch oder Mißbrauch naturwissenschaftlicher Erkenntnisse im Selbstlauf, der Gelehrte könne nun endlich – nur wenige Jahre nach Auschwitz und Hiroshima!!! – dem Politiker alle Verantwortung überlassen. Diese Haltung fand den ungeteilten Beifall der Magdeburger Genforscher als auch des Kühlungsborner Arbeitskreises von Biogenetikern, der von Erhard Geißler geleitet wurde. Mit den Kühlungsborner Kolloquien der *Gesellschaft für reine und angewandte Biophysik* warben die Genforscher in der Öffentlichkeit um Aufmerksamkeit und zugleich um Vertrauen. Wie nötig das werden sollte, wurde nur wenige Jahre später deutlich, als sich die Situation drastisch wandelte. 1976 erschien Jurij Brězans Roman ›Krabat oder Die Verwandlung‹, der in der offiziellen Kritik als sorbisches Kunstwerk vorgestellt wurde, in dem aber darüber hinaus der Autor aus seinem Mißtrauen gegenüber den Erfolgen der Naturwissenschaften keinen Hehl machte und nach der objektiven Möglichkeit des Wissenschaftlers fragte, auf die Verwendung von Forschungsergebnissen Einfluß zu nehmen. Ausgangspunkt dieses Fragens sind die Gefahren, die sich aus der Genmanipulation ergeben, an denen gemessen die Bedrohung durch die Kernenergie harmlos erscheint.

Brězans Buch wurde ein Erfolg, traf auf ein interessiertes Publikum, doch ein öffentlicher kritischer Dialog über die Rolle der Naturwissenschaften blieb aus.

Und so spitzte Brězan 1979 seine Position in einem Gespräch für die Zeitschrift *Sinn und Form* (Heft 5, Berlin 1979) zu; wenig später kam es dann zu einem öffentlichen Briefwechsel zwischen dem Schriftsteller Brězan und dem Genforscher Geißler (Sinn und Form, Heft 5, Berlin 1980), zu einer „Philippika" des Philosophen Hermann Ley in der *Zeitschrift für Philosophie* (Heft 2, Berlin 1982) auf die im ›Krabat‹ angesprochenen Fragen nach den Möglichkeiten und Notwendigkeiten der Genwissenschaft. Selbst Lyriker wurden von dem hier ausgetragenen Konflikt erfaßt: Richard Pietraß äußerte sich mit den Gedichten ›Klon‹ und ›Humunculus‹ (in: Freiheits-Museum. Berlin und Weimar 1982) zum Thema.

Nach über zehn Jahren fand auch Zimmermanns Oper ›Die zweite Entscheidung‹ wieder Aufmerksamkeit. Kunstwerke wurden gegeneinander aufgewogen, inwieweit sie ein Miß- bzw. Vertrauen den Naturwissenschaften gegenüber artikulierten. 1984 hatte das Deutsche Theater Heinar Kipphardts Schauspiel ›Bruder Eichmann‹ herausgebracht; überraschend erschien daraufhin ein aggressiver Artikel von Erhard Geißler (Bruder Frankenstein oder – Pflegefälle aus der Retorte. In: Sinn und Form, Heft 6, Berlin 1984), der die Inszenierung zum Anlaß nahm, von übertriebenen Ängsten gegenüber den naturwissenschaftlichen Forschungen zu sprechen, und der die im Schauspiel angesprochene Beteiligung deutscher Genforscher an den Menschenversuchen in Auschwitz zwar nicht leugnete, aber als eine Ausnahmeerscheinung abtat. Er beklagte die allgemeine Wissenschaftsfeindlichkeit, im Unterschied dazu hätten die Biophysiker 1970 mit der Oper ›Die zweite Entscheidung‹ das volle Vertrauen der Künstler erfahren.

Darauf reagierte eine kritisch gewordene und sensibilisierte Öffentlichkeit. Werner Creutzinger brachte es 1985, Brězan zitierend, auf die einprägsame Formel: „Ich fürchte die Wissenschaft, auch wenn sie Geschenke bringt" (Sinn und Form, Heft 2, Berlin 1985, S. 416).

Die Redaktion der Zeitschrift *Sinn und Form* publizierte in drei aufeinanderfolgenden Nummern des Jahres 1985 Zuschriften zu dieser Diskussion, die sie mit dem ersten Heft des Jahres 1986 und einer Entgegnung Erhard Geißlers einem vorläufigen, offenen Ende zuführte.

Im Rahmen dieser Diskussion wurde die sich in ihrer eigenen Beweisführung anarchronistisch ausnehmende Oper ›Die zweite Entscheidung‹ in ihrem Ansatz rehabilitiert, denn Ausgangspunkt des dort gestalteten Konflikts waren die Erfahrungen mit Auschwitz. Auschwitz aber „ist ein gutgehütetes Geheimnis der Genetiker", verriet 1985 der Kölner Wissenschaftler Benno Müller-Hill, „auch ich habe es lange nicht gekannt. (...) Auschwitz ist ein zentralerer Ort für die Genetiker als Hiroshima und Nagasaki für die Physiker." (Sinn und Form, Heft 3, Berlin 1985, S. 671) „Kollege Mengele" und nicht nur „Bruder Eichmann" standen zur Diskussion.

Zimmermanns Oper war als Kunstwerk in der Beweisführung idealistisch, in der Fragestellung aber aufrichtig und bedenkenswert, wenngleich gerade diese Qualitäten sich erst nach mehr als einem Jahrzehnt erweisen konnten. Beispiel einer „zu früh gekommenen Oper"? Wohl eher das Beispiel einer zu spät einsetzenden Diskussion! Denn seit 1910 an dem klassischen Versuchstier der Genforschung, der Fruchtfliege Drosophila, experimentiert wurde, sind Manipulation der Erbanlagen und ungeschlechtliche Vermehrung, das sog. Klonieren, erstrebenswerte Ziele dieser Wissenschaft, heute bereits Praxis. Wurde vom *Sonntag* im Sommer 1989 die Frage „Was hat denn Rilke mit Genetik zu tun?" aufgeworfen, hatten Udo und Ingo Zimmermann mit ihrer Oper ›Die zweite Entscheidung‹ darauf bereits 1969(!) eine Antwort versucht, wenn sie damals auch einer Illusion erlegen waren, wie Udo Zimmermann 1988 selbst betonte: „›Die zweite Entscheidung‹ zeigt im ersten Teil, wie der Wissenschaftler um eine Lösung dieser Frage (der Verantwortung des Wissenschaftlers) ringt. Im zweiten Teil spricht er quasi die Menschheit an und entlastet sich, indem er die Entscheidung der sozialistischen Gesellschaft übergibt. Dort wird das Stück aber platt, dort stimmt es einfach nicht mehr; denn auch im Sozialismus steht das Problem der persönlichen Entscheidung und Verantwortung. Diese sind durch keine Gesellschaft aufhebbar." (Zimmermann 1988, S. 319 f.)

Ausgaben Text In: Theater der Zeit, H. 5, Berlin 1970; KlA Deutscher Verlag für Musik Leipzig o.J.

Rechte Deutscher Verlag für Musik Leipzig

Literatur Udo Zimmermann: Die Jungen und die Oper. In: Theater der Zeit, H. 8, Berlin 1968; ders.: Im Erlebnis der Gegenwartsmusik muß die Gegenwart erlebbar werden. In: Programmheft Bühnen der Stadt Magdeburg 1970 – auch In: Material zum Theater Nr. 118. Komponisten der DDR über ihre Opern, Auswahl und Zusammenstellung Stephan Stompor, Berlin 1979; ders.: Werkstattgespräch mit Hans-Gerald Otto. In: Theater der Zeit, H. 2, Berlin 1972; ders.: Gespräch mit Fritz Hennenberg. In: Komponieren zur Zeit. Gespräche mit Komponisten der DDR, hrsg. von Mathias Hansen, Leipzig 1988; Ingo Zimmermann: Von der Notwendigkeit der Gewissensentscheidung zur Freiheit der Übereinstimmung mit dem gesellschaftlichen Interesse. In: Programmheft Bühnen der Stadt Magdeburg 1970; Reinhardt Westhausen: Zu Gast bei Biogenetikern. In: Theater der Zeit, H. 2, Berlin 1971; Fritz Hennenberg: Udo Zimmermanns Dialektik der Oper. In: Theater der Zeit, H. 2, Berlin 1979; Wolfgang Lange: Udo Zimmermann. Opern. Verlagskatalog Leipzig 1982 Rezensionen der Uraufführung. In: Theater der Zeit, H. 10, Berlin 1970

Für den Kommentar herangezogene DDR-Veröffentlichungen zur Diskussion über die Gen-Forschung. Jurij Brězan im Gespräch. In: Sinn und Form, H. 5, Berlin 1979; Briefwechsel zwischen Erhard Geißler und Jurij Brězan. In: Sinn und Form, H. 5, Berlin 1980; Hermann Ley: Philippika. In: Deutsche Zeitschrift für Philosophie, H. 2, Berlin 1982; Richard Pietraß: Klon. Homunculus. In: Freiheits-Museum, Berlin und Weimar 1982; Erhard Geißler: Bruder Frankenstein oder – Pflegefälle aus der Retorte? In: Sinn und Form, H. 6, Berlin 1984; Werner Creutzinger: Brief an Erhard Geißler und Jürgen Hauschke: „Fachlektor" kontra Brězan oder Schwierigkeiten mit ›Krabat‹. In: Sinn und Form, H. 2, Berlin 1985; Benno Müller-Hille: Kollege Mengele – nicht Bruder Eichmann. In: Sinn und Form, H. 3, Berlin 1985; Zuschriften an Erhard Geißler von Karlheinz Lohs und Anna M. Woben. In: Sinn und Form, H. 4, Berlin 1985; Erhard Geißler: Frankensteins Tod – Bemerkungen zu einer Diskussion. In: Sinn und Form, H. 1, Berlin 1986; Was hat denn Rilke mit Genetik zu tun? Gespräch mit dem Stellvertretenden Bereichsleiter im Institut für Theorie, Geschichte und Organisation der Wissenschaft an der Akademie der Wissenschaften Joachim Tripoczky. In: Sonntag Nr. 27 (2. Juli 1989), Berlin 1989

Levins Mühle
Oper in neun Bildern
frei nach dem gleichnamigen Roman von Johannes Bobrowski
Text von Ingo Zimmermann

Entstehung 1969-1972

Uraufführung 27. März 1973 Staatsoper Dresden
Staatstheater Dresden – Großes Haus

Personen
Leo Levin	Bariton
Habedank, ein Zigeuner	Baß
Marie, seine Tochter	Sopran
Weiszmantel, Liedersänger	Bariton
Willuhn, entlassener Lehrer	Bariton
Polnische Mühlenarbeiter: Korrinth	Baß
Nieswandt	Tenor
Tante Huse	Alt
Johann, deutscher Mühlenbesitzer	Baß
Christina, seine Frau	Mezzosopran
Fagin, ihr Vater	Tenor
Gustav, Johanns Sohn	Bariton
Gustavs Frau	Mezzosopran
Pfarrer Glinski	Tenor
Frau Glinski	Alt
Kaplan Rogalla	Bariton
Rosinke, Gastwirt	Tenor
Frau Rosinke	Alt
Kreisrichter Nebenzahl	Bariton
Justizsekretär Bonikowski	Sprechrolle
Dorfgendarm Adam	Bariton
Kossakowski, reicher Bauer	Baß
Frau Kossakowski	Mezzosopran
Tomaschewski, reicher Bauer	Tenor
Scarletto, Zirkusdirektor	Sprechrolle
Zirkuszigeuner:	
Antonja, Emilio, Antonella	Schauspieler oder Tänzer
Unteroffizier	Sprechrolle
Damen und Herren der „besseren Gesellschaft", einfache Leute aus Neumühl, Soldaten	Gemischter Chor

Orchester 2 Fl (auch Picc), AFl (auch Picc), 2 Ob (II auch EH), 2 Klar, BKlar, Fg, 3 Hr, 3 Trp, 3 Pos, Tb, Cel, Hrf, Git (auch EGit), Kl, Pkn, Slzg (4 Spieler): Xyl, Vib, Glsp, 3 Bongos, 3 Tomtoms, 3 Tamb, Bck, Tt, Gong, Trgl; Str (12 Vl I, 10 Vl II, 6 Va, 6 Vc, 5 Kb)
Bühnenmusik Akk, Vl, Trp, Gong

Aufführungsdauer 1 Bild: 18 Min., 2. Bild: 12 Min., 3. Bild: 13 Min., 4. Bild: 12 Min., 5. Bild: 15 Min., 6. Bild: 18 Min., 7. Bild: 14 Min., 8. Bild: 5 Min., 9. Bild: 8 Min.; Gesamt: 1 Std., 55 Min.

Handlung
Siebziger Jahre des vorigen Jahrhunderts. Neumühl und Briesen.
Instrumentales Vorspiel. **1. Bild:** *Vor Neumühl (Drewenzwiesen).* An einer Wegkreuzung. Korrinth und Nieswandt, die polnischen Arbeiter des deutschen Mühlenbesitzers Johann, bergen im Auftrag ihres Herrn die Überreste der zu Bruch gegangenen Wassermühle des Juden Leo Levin. Der Zorn der Ohnmächtigen: Sie wissen, daß ihr Herr die Mühle absichtlich zerstörte, indem er nachts die Schleusen seines Wehrs öffnete, denn der arme Levin schmälerte den Verdienst des reichen Johann. Alle in Neumühl wissen, daß es kein Unglück war. Die Knechte schreien ihre Wut heraus und blicken sich ängstlich um, ob sie auch keiner höre. Selbst dem Zigeuner Habedank gegenüber sind sie vorsichtig, hat er doch einen Fremden bei sich namens Weiszmantel. Doch der ernährt sich vom Liedersingen und erfindet zugleich auf eine alte Melodie einen neuen Text, in dem er das stadtbekannte Geheimnis vom „Großen Wasser", das nachts des kleinen Levin Mühle wegschwemmte, gesangsfähig macht.
2. Bild: *Habedanks Kaluse.* Der brot- und obdachlos gewordene Levin hat Unterschlupf beim Zigeuner Habedank gefunden und ist hier gern gesehen, denn er wird von Habedanks Tochter Marie geliebt. Levin aber ist mit der Mühle auch die Hoffnung auf das Glück davongeschwommen. Marie fürchtet um ihre Liebe und rät ihm, sein Recht beim Gericht in Briesen einzuklagen.
3. Bild: *Tauffeier in Johanns Haus.* Johann hat die Tauffeier seines Enkelkindes im eigenen Haus ausgerichtet, denn das ist eine Gelegenheit, sich dazu die richtigen Gäste zu laden, um diese angesichts des drohenden Prozesses für sich zu gewinnen. Er sichert sich durch Geldzuwendungen die Unterstützung des Pfarrers, durch patriotische Reden den Beistand der deutschen „Volksgenossen", wenngleich sich das polnische Element mit verführerischer Tanzmusik und aufmüpfigen Reden immer wieder störend einmischt. Johann macht in seinem Haus „Schluß mit der Polackerei" und befiehlt deutschen Gesang und einen Rheinländer. Man gehorcht ihm, doch das deutsche „Üb immer Treu und Redlichkeit" ruft bei ihm einen Gewissensanfall hervor, er sieht sich mit den Geistern derer konfrontiert, denen er Unrecht getan hat, und die Feier nimmt ein vorzeitiges Ende.
4. Bild: *Rosinkes Wirtsstube.* Flüstern an einem Tisch: Der Zigeuner Habedank und der wegen aufsässiger Reden aus dem Dienst gejagte Lehrer Willuhn machen

Nieswandt und Korrinth klar, daß sie vor Gericht für Levin und gegen ihren Herrn aussagen müssen. Die sträuben sich aus Furcht, ihre Arbeit zu verlieren. Am anderen Tisch aber werden laute Reden geführt, den Deutschen gefällt das Flüstern der Polen nicht, und von Rosinke benachrichtigt, erscheint Johann, um seinen Knechten als Sympathisanten Levins den Dienst zu kündigen. Daraufhin sagt der deutsche Kaplan Rogalla den deutschen Herren seine Freundschaft auf und verläßt mit den Polen Rosinkes Wirtschaft.

5. Bild: *Gerichtssaal in Briesen.* Im Gerichtssaal sind neben dem Kläger Levin, dem Angeklagten Johann und deren jeweiligen zahlreichen Parteigängern eine öffentliche und eine private Instanz angetreten: der korrupte Richter Nebenzahl und die unbestechliche Deutsche, Tante Huse. Tante Huse hält eine mitreißende Rede über moralische Verantwortung. Nieswandt und Korrinth sagen gegen Johann und für Levin aus. Es nützt alles nichts. Tante Huses moralischer Appell ist für das Gericht ohne Belang, die Zeugen werden wegen Befangenheit abgelehnt, da ihre Aussagen von Rache gegenüber ihrem ehemaligen Herrn diktiert seien. Johann wird schuldlos gesprochen. Im Taumel des Sieges wird der deutsche Mühlenbesitzer übermütig und lädt vorüberziehende Zigeuner zu einer Siegesfeier am Sonntag in Neumühl ein.

6. Bild: *Habedanks Kaluse.* Die Gerichtsverhandlung hat Levin die Augen geöffnet, sein Recht ist nicht das der Reichen, er findet zu seiner eigenen Glücksvorstellung und damit zu Marie zurück. Die Zigeuner sind ohne Aufenthalts- und Gewerbeerlaubnis, allein die persönliche Einladung Johanns rettet sie davor, vom Gendarm außer Landes gewiesen zu werden. Weiszmantel hat sich den Zigeunern angeschlossen. Sein Lied von der polnischen Freiheit gibt Levin und Marie Hoffnung und Kraft für den Traum von einem besseren Leben.

7. Bild: *Rosinkes große Gaststube.* Die Deutschen wollen unter sich sein, werden aber immer wieder vom „Pöbel" gestört, amüsieren sich trotzdem, denn die Zigeuner zeigen ihre Künste. Dann singt ihnen Weiszmantel sein Lied vom „Großen Wasser". Jeder begreift, was gemeint ist. Es geschieht etwas ganz Neues in Neumühl: Die Wahrheit kann laut genannt werden, ohne daß die Mächtigen etwas dagegen tun können; die Armen behaupten das Feld und schlagen die Reichen in die Flucht.

8. Bild: *In Johanns Haus.* Johann deklariert den Vorfall als „antideutsche Aktion" und schickt an die Kreisbehörde die Aufforderung, die beiden Aufwiegler Levin und Weiszmantel festzunehmen. Dann aber dämmert ihm, daß er vor der moralischen Ächtung des Dorfes nicht davonlaufen kann. Zum zweiten Mal sieht er Gespenster, wie die Dörfler ihm sein Anwesen über dem Kopf anzünden, und beschließt, aus Neumühl wegzuziehen.

9. Bild: *Vor Neumühl (Drewenzwiesen). An einer Wegkreuzung.* Johanns Sieg hat sich in eine Niederlage verwandelt, seine Mühle ist an Rosinke verkauft, Korrinth und Nieswandt sind wieder in Stellung – nun bei Rosinke. Levin, Marie und Weiszmantel gehen aus Neumühl fort. Schon begegnet ihnen ein Kommando deutscher Gendarmerie. Die Soldaten haben den Auftrag, die beiden Aufrührer

Levin und Weiszmantel festzunehmen, doch werden sie von Nieswandt und Korrinth irregeführt, so daß Levin und Weismantel für diesmal noch entkommen.

Kommentar

Bobrowskis Roman ›Levins Mühle. 34 Sätze über meinen Großvater‹ erschien 1964 und verdient schon deswegen „einen Extraplatz in der Geschichte der neuesten deutschen Literatur, weil er gleichzeitig in beiden deutschen Staaten herauskam und von den Kritikern hier wie dort gelobt wurde" (Kähler 1965, S. 631). Dabei entsprach der Roman weder hier noch dort dem herrschenden Zeitgeist; denn hier kam eine betont christliche Ethik zum Ausdruck.

Bobrowski berührte 1964 ein Tabu, denn er stellte das Leben seiner Familie – Familie auch gleichnishaft verstanden als nationale, kulturelle oder staatliche, gesellschaftliche Gemeinschaft – nicht idealistisch verklärt dar. Vielmehr werden in seiner „Geschichte – wie durch ein umgedrehtes Teleskop verkleinert, aber verschärft – Praktiken, Verhaltensweisen, die gigantische Ausmaße erreichten, auf den Maßstab einzelner Individuen gebracht. Der Großvater exerziert, wie man Geschäfte macht, indem man den wirtschaftlichen Widersacher national und religiös verfolgt, wie man Menschen ins Unglück stürzt, Brände stiftet und dann als Unschuldsengel, der um nichts weiß, die gerechte Strafe für die betroffenen ‚Übeltäter' fordert. Auch die Gegenseite, die der ‚Polacken' Weiszmantel und Habedank, des verarmten Juden Levin, der Zigeuner und der frommen resoluten deutschen Tante Huse und anderer, erprobt etwas Neues im Kleinen. ‚Es ist doch etwas da gewesen, das hat es sicher nicht gegeben. Nicht dieses alte Hier-Polenhier-Deutsche oder Hier-Christen-hier-Unchristen, etwas anderes, wir haben es doch gesehen, was reden wir da noch. Das ist dagewesen, also geht es nicht mehr fort.'" (Kähler 1965, S. 633)

Wenn Geschichte als Familiengeschichte erzählt wird, erreicht sie unausweichlich jeden, zugleich eröffnet dies die Möglichkeit, im ernsten Stoff die heiteren absurden Seiten des Lebens aufzuspüren. Bobrowski mit seiner Lust am scheinbar Nebensächlichen, an Abschweifungen, Parallelen, Gegensätzen und Unsinnigkeiten war eine Ausnahmeerscheinung in der Literatur der DDR Mitte der sechziger Jahre. Der Librettist stand vor der nicht leichten Aufgabe, zwischen den beiden Extremen zu vermitteln: zwischen Bobrowskis „Barock-Humor", dem Spaß an den Unstimmigkeiten wie Absurditäten des Lebens, und einer Art offiziellem „DDR-Humor", demzufolge nur über die „richtigen" Leute gespottet werden durfte. Das aber waren immer nur die anderen, während das Lachen über eigene Fehler, Fehlleistungen und Ängste nicht zu den kunstwürdigen Themen gehörte.

Die dritte Oper der Brüder Udo und Ingo Zimmermann war ein Auftragswerk der Dresdner Staatstheater. Erste Gespräche darüber, ob sich Bobrowskis Roman für eine Oper eigne, gab es bereits im Dezember 1969. Anderthalb Jahre lang war Ingo Zimmermann mit der Einrichtung des Textes beschäftigt, wobei der Regisseur der künftigen Uraufführung, Harry Kupfer, von den Autoren (einem damaligen Trend folgend) sehr zeitig in den Entstehungsprozeß einbezogen wurde.

Licht und Schatten sind in der Oper „gerecht" verteilt: Mit Freundlichkeit und Wärme werden die „einfachen Leute", mit Schärfe und Kälte der reiche Mühlenbesitzer Johann und dessen Parteigänger behandelt.

Udo Zimmermann war sich der Gefahren einer „Folklore-Oper" bewußt, hat aber doch der Verführung zu einer nostalgischen Verklärung der kleinen Leute durch Volksliedton und -weise nicht ganz widerstehen können, ist jedoch einem allzu platten Musizierstil begegnet: „Bei einer Studienreise in die Landschaft der Handlung, ins befreundete Volkspolen, hatte ich polnische und litauische Volksweisen kennengelernt. Zwar wußte ich, daß ›Levins Mühle‹ keine Folklore-Oper werden durfte, aber etwas, das nach einer gewissen Naivität und Unvorbelastetheit des musikalischen Gestus verlangte, reizte mich von Anfang an (...). Ich fand da eine Stelle im Buch, wo es hieß: ‚Da geht er, Weiszmantel heißt er, jeder kennt ihn, er gehört nirgend hin, redet Deutsch und Polnisch durcheinander... Weiszmantel, der die Lieder kennt.' Und von diesem Weiszmantel schreibt der Dichter gegen Ende der Geschichte: ‚Da zieht er davon, der alte Weiszmantel. Er wird singen, dort und überall, wo er Unrecht findet, davon gibt es übergenug, er wird also übergenug zu singen bekommen.' Und da gibt es in der Geschichte auch ein Lied, das dieser alte Landstreicher und Aufrührer auf das schäbige Verbrechen des deutschen Mühlenbesitzers singt: Großes Wunder hat gegeben (...). Dieses Lied wurde von Beginn der Arbeit an in die musikdramaturgischen Überlegungen einbezogen. Mit ihm kommt das Recht zum Durchbruch, wenn es in der großen ‚Wirtshaus-Schlacht' in Rosinkes Gaststube gleichsam als Begleitmusik der Niederlage des Mühlenbesitzers ertönt, der von den einfachen Leuten zur Tür hinausgeprügelt wird." (Zimmermann, Neue Zeit 1973) Weiszmantels Lied durchzieht so quasi als Leitmotiv die gesamte Handlung, gesungen und gespielt, original zitiert oder variiert erzählt es vom „siegenden Recht" der kleinen Leute.

Die diatonische Struktur des Liedes ist gegen das musikalische Umfeld scharf abgegrenzt, damit es schnell erkennbar sei. Wenn Weiszmantel in der dritten Szene des ersten Bildes den neuen Text auf die alte Weise gefunden hat, akklamiert ihm der Zigeuner Habedank und stimmt in das Lied ein, wobei eine dem Musizierbereich der Zigeuner zugrunde gelegte Zwölftonreihe in Ergänzung zur diatonischen Liedweise geführt wird.

Zimmermanns musikhistorische Leistung besteht darin, daß er der damals herrschenden Schultheorie nicht folgte, wonach er atonikale und tonale Passagen als unüberbrückbare Gegensätze hätte behandeln müssen, sondern daß er sie gleichberechtigt und einander ergänzend einsetzte. Hier befindet sich Zimmermanns ›Levins Mühle‹ in einer Traditionslinie mit Paul Dessaus ›Puntila‹.

Musikalische „Koexistenz" von Gegensätzen bestimmt Zimmermanns Komposition auch auf anderen Ebenen, so entwickelte er eine spezifische Collagetechnik mit handlungserzählenden Simultanwirkungen wie in der Tauffeier-Szene des dritten Bildes: „Hier überlagern sich mehrere Ebenen – ein Männerchor intoniert als ständiger Kontrapunkt preußische Lieder, das Orchester musiziert in der Art gebundener Aleatorik, dazu breitet sich eine vom Großvater animierte Zigeuner-

Melodik aus, und mit zunehmender Alkoholisierung der Personen dieser Szene gerät dieses Nebeneinander mehr und mehr in Unordnung." (Zimmermann 1972, S. 31) Der musikalische Witz wird bei genauerem Hinhören erkennbar, denn der deutsche Männerchor reibt sich aufs heftigste an der Zigeunermusik – D-Dur zu Des-Dur –, und während Johann parallel zum Männerchor patriotische Reden führt, feuert sein eigener Vater die Zigeuner an, vergißt Frau Kossakowski ihr „Deutschtum" und singt synchron zur Zigeunerweise von „Früher in Polen", schwärmt von polnischen Liedern und Tänzen. „In dem Moment, wo der Mühlenbesitzer Johann, der über die Juden zetert, sie als Verbrecher begeifert und alle aufhängen will, vom Tisch stürzt, klingt aus der Ferne der Friede-Freude-Männerchor vom hellen deutschen Edelstein, und man erkennt, daß Verbrechen und Dummheit hier miteinander gepaart sind und diese erst jenes ermöglicht. So hilft die spezifische, hier sich auf Zitate stützende Musikdramaturgie, eine Gesellschaft zu entlarven. (...) Dabei werden spezifische Farbwirkungen erstrebt, wie beispielsweise der Einsatz der ‚aufheulenden' Elektrogitarre, die besonders in der ‚Tauffeier'-Szene im Hause des Mühlenbesitzers entscheidende Funktion erhält." (Zimmermann 1988, S. 322 f.)

Zwar heißt die Oper ›Levins Mühle‹, aber wie bei Bobrowski ist auch bei Zimmermann Levin nicht die zentrale Gestalt der Oper, vielmehr gibt es hier im traditionellen Sinn keinen Einzelhelden, sondern einige Menschen, die wie Levin in den Sog der Ereignisse hineingerissen werden, sich nicht überrollen lassen wollen und zu neuem Selbstbewußtsein erwachen. Dieses Wachwerden erzählt die Musik durch Weiszmantels Lied, sie gibt ihm aber besondere Aufblendung durch ein weiteres Thema, das ebenfalls einem originalen litauischen Volkslied entlehnt ist und im zweiten Bild, in der Sphäre der Liebenden, Levin und Marie, quasi als bukolisches Element in der Altflöte das erste Mal erklingt. Es manifestiert den Wunsch nach einem anderen Sein und grundiert daher als Passacagliathema Levins Alptraum vom Verlust seiner Mühle/seines Glücks, reichert sich mit fremden Elementen an, tritt aber in der Handlung immer wieder in „reiner Gestalt" in Erscheinung als eine Art Erinnerungsmotiv. So kehrt es wieder, wenn Levin im sechsten Bild zu einer Glücksvorstellung fern von Mühle und Reichtum findet und zu Marie zurückkehrt, und es rahmt das letzte Bild. „Quasi Fernwirkung" schreibt der Komponist vor, wenn Marie und Levin von Vater Habedank Abschied nehmen, als rufe sie etwas fort, hinaus in die Welt, und mit der originalen ungebrochenen Liedkantilene, nun im Streichersatz und wie zu einer Choralweise augmentiert, endet das Werk, weniger fröhlich-heldisch als vielmehr nachdenklich, denn die Melodie ist verkürzt, vor der Wiederholung auf der Dominante abgebrochen, ein offenes Ende, das zum Weitersingen jenseits der Rampe auffordert.

In Korrespondenz zu seiner Collagetechnik hat sich Zimmermann ein „schmales, gut sortiertes Repertoire" von musikalischen Formeln geschaffen. „Der Hörer findet alleweil Orientierungszeichen und wird nicht verwirrt. Diese Faßlichkeit ermöglicht es, desto differenzierter bei der Montage vorzugehen." (Hennenberg 1978, S. 12) Dazu gehören *marcato*-Schläge des Orchesters,

Akkordballungen, grelle Breaks der Blechbläser, vokale Schichtungen, um Erregungskurven zu kennzeichnen, am eindringlichsten, wenn am Schluß des siebten Bildes Weiszmantels Lied vom „Großen Wasser" („Großes Wunder hat gegeben") in eine Chortoccata mündet. Aber auch kleine Allerweltsmotive werden wichtig, wenn sie sich im Laufe der Handlung mit Bedeutung aufladen. Dazu gehört ein kleines, aus Habedanks Zwölftonreihe entwickeltes tänzerisches Motiv, das das erste Mal erklingt, wenn Weiszmantel und Habedank ihren listigen Anschlag planen, das Lied vom „Großen Wasser" gegen Johann einzusetzen. Es durchzieht den gesamten Verlauf der Handlung, wird immer dann hörbar, wenn ein Zuwachs an Selbstbewußtsein auf seiten der Ohnmächtigen zu verzeichnen ist, zuletzt, wenn die polnischen Landarbeiter Nieswandt und Korrinth, einstens von Johann davongejagt, nun mit fröhlichem Selbstbewußtsein über ihren Umgang mit dem neuen Mühlenbesitzer Rosinke fabulieren. In diesem Sinne konnte der Librettist Ingo Zimmermann sein Anliegen zusammenfassen, es handele sich in ›Levins Mühle‹ um „eine Geschichte vom erwachenden Bewußtsein" (I. Zimmermann 1973, S. 30).

Udo Zimmermann demonstriert an Weiszmantels Lied, wie thematische Arbeit aus eigener Kraft Einheit und Flexibillität erzeugen kann. Die thematische Dynamik aber steht im Widerspruch zur Prädisposition einer Reihe. Diesen Konflikt löst Zimmermann, indem er den Reihenaspekt benutzt, um athematische, expressive, farbliche Impulse zu rationalisieren. Hier verfährt er ähnlich wie Arnold Schönberg in seinem Monodram ›Erwartung‹. Darüber hinaus geht Zimmermann thematisch-traditionell vor, zugleich aber behandelt er tonale Themen nach der Zwölftontechnik, da er aus ihnen Intervallverhältnisse abstrahiert und diese als konstruktives Element verwendet. So zwingt er – nicht durchgängig – Aspekte der Reihentechnik zum Einstand mit klassischen Formen und stellt sich damit einer grundlegenden Aporie der Musik unseres Jahrhunderts.

Die erste intime Szene zwischen Marie und Levin rief bei Publikum wie Interpreten Verwirrung hervor, widersprach sie doch gängigen Vorstellungen, wie Liebesleute miteinander umgehen, wie Musik eine Szene begleitet. Tatsächlich hat Udo Zimmermann hier ein besonderes Verhältnis zwischen Gesangs- und Instrumentalpart erprobt, und er verteidigte diese Szene nicht nur, sondern sah darüber hinaus in der Irritation eine Chance, mit neuen Formen auch neue Inhalte zu vermitteln: „Zum Beispiel läßt sich ein Gespräch, in Alltagssprache geführt, doch kaum ohne Zwang in eine Arie oder ein Duett fassen. Es muß eine neue musikalische Form gefunden werden, die wahrscheinlich auch mit einem neuen dramaturgischen Einsatz der Musik verbunden ist. Das formstiftende Element kann im Instrumentalpart liegen. Eine Szene aus ›Levins Mühle‹: Levin und Marie diskutieren darüber, was nun werden soll, da die Mühle hinweggeschwemmt ist. Für ihn ist das Leben damit zu Ende; seine Liebe, so glaubt er, geht kaputt, weil er Marie kein würdiges Dasein mehr bieten kann. Sie aber sagt, daß das doch alles unwichtig sei und sie nur ihn, nicht seinen Besitz, liebe. Ein regelrechter Prosa-Dialog – und als Musik liegt eine litauische Volksweise darunter. Aber plötzlich setzt sich auf dieses von der Altflöte intonierte Lied so etwas wie eine Spinne – bildlich betrachtet –, eine Spinne in den Streichern, gebildet von einer Zwölftonstruktur, die die Melodie fortschreitend beschädigt. Der Dialog wird gesanglich ganz frei geführt, ohne jeden Taktstrich; und dagegen ist das Lied gestellt, das immer mehr verkürzt und von Klangflächen bedrängt wird. Im Grunde genommen gibt es zwischen oben und unten keine Korrespondenz. Um einen Vergleich heranzuziehen: Es wirkt so, als würde in einen Raum, wo zwei Leute miteinander reden, immer mehr Rauch ziehen, und am Ende sehen sich die Leute gar nicht mehr, sie reden aneinander vorbei und schreien sich an.

Die musikdramatische Anlage der Szene hat in allen Aufführungen die Hörer verunsichert; und das war, als ein Mittel nachfolgender, um so tieferer inhaltlicher Erkenntnis, geplant. Es wurde hier also nicht eine Situation emotional nachgezeichnet, sondern ein dialektisches Verhalten zum Vorgang ausgedrückt. Dabei entwickelt sich die instrumentale Form autonom; würde man den Gesang weglassen, ergäbe sich eine geschlossene Architektur, die Entwicklung einer klanglichen Fläche hin bis zu einem exzessiven Höhepunkt.

Solche musikdramaturgischen Vorgänge wären natürlich auch für andere Situationen, gerade in der Gegenwartsoper, denkbar. Das Orchester fängt dabei gleichsam mit einer eigenen Kamera Handlungen und Haltungen ein und gibt dem, der zusieht und zuhört, zusätzliche Informationen, gerade auch durch Widerspruch zu Wort und Gesang." (Zimmermann 1988, S. 321 f.)

Aneignung

Nur einen Tag nach der Dresdner Uraufführung folgte am 28. März 1973 die Premiere am Deutschen Nationaltheater Weimar, dem sich später das Theater Stralsund, das Meininger Theater und das Städtische Theater Karl-Marx-Stadt anschlossen; die westdeutsche Erstaufführung fand 1975 an den Wuppertaler Bühnen statt. Durch Gastspiele der Staatsoper Dresden wurde ›Levins Mühle‹ 1974 in Leningrad, 1975 in Wiesbaden, 1976 in Prag (Prager Frühling) und in Berlin (Berliner Festtage) verbreitet. Rundfunk und Fernsehen der DDR übernahmen eine Aufzeichnung der Dresdner Inszenierung in ihr Sendeprogramm, schließlich unternahm der Rundfunk im Sender Leipzig 1974 eine eigene Produktion, von der Teile durch VEB Deutsche Schallplatten 1977 in einer eigenen Schallplattenfassung veröffentlicht wurden. Udo Zimmermann machte sich mit ›Levins Mühle‹ international einen Namen als zeitgenössischer Komponist von Rang.

Obgleich das Werk bei der Fachkritik, vor allem aber beim Publikum, fast uneingeschränkte Zustimmung, ja Bewunderung erfuhr, war das Klima bei Interpreten und Kulturfunktionären nicht ganz so günstig, wie sich in einem Gespräch anläßlich der Uraufführung zeigte, zu dem der Verband der Theaterschaffenden der DDR am 13. Mai 1973 die Autoren und die Ensembles aus Dresden und Weimar geladen hatten. Erst aus dem Kontext dieser Veranstaltung werden bestimmte Absichtserklärungen und Hinweise der Autoren im Vorfeld der Uraufführung verständlich; es wird ersichtlich, wieviel an taktisch geschicktem Verhalten und an notwendigen Anpassungsmanövern während des Entstehungsprozesses verlangt war, um diesen Stoff und einen Dichter wie Bobrowski auf die Opernbühne zu bringen.

Zwar hatte Udo Zimmermann während der Entstehung der Oper immer wieder die soziale Determination seiner Figuren beteuert, doch verhinderte das nicht, daß auf dieser Arbeitstagung die Oberspielleiterin des Theaters Neustrelitz, Sieglinde Wiegand, mit „einem kollektiv erarbeiteten Beitrag von Kollegen des Neustrelitzer Musiktheaterensembles" auftrat: „Nach Auffassung der Neustrelitzer Kollegen", heißt es im Protokoll dieser Arbeitstagung, „sind die Vorgänge in der Stückhandlung nicht sozial begründet, sondern allgemein menschlich." Der Vorwurf des „allgemein Menschlichen" aber war 1973 ein nicht zu unterschätzender Angriff auf die ideologische Integrität eines Künstlers. In diesem Zusammenhang wird verständlich, warum Udo Zimmermann kurz zuvor in einem Interview in *Theater der Zeit* in einer heute geradezu bestürzenden Weise versichert, der Jude Levin, „den wir auf die Bühne bringen, ist ein Mensch plebejischer Herkunft, der sich ins Bürgertum assimilieren wollte, doch endlich durch die Solidarität und Hilfe von Menschen seiner Klasse seinen kleinbürgerlichen Standpunkt überwindet und ,ins Proletariat aufsteigt'" (Zimmermann 1972, S. 30).

Da er aber wohl selbst fühlte, wie wenig eine solche Erklärung zu überzeugen vermochte, suchte der Komponist geistige Hilfe bei einem führenden Kultur- und Parteifunktionär, indem er sich auf ein von diesem geschildertes Erlebnis berief: „Kurella berichtet von einem Besuch in einer westdeutschen Kleinstadt, die er aus seiner Gymnasialzeit kannte. Er hatte den Eindruck, die Zeit sei hier im Grunde Jahrzehnte stehengeblieben. Doch dann war da in einer Kneipe auf einmal eine Schicht von Menschen, die ihm das Gefühl gab: Das sind inmitten der Wohlstandsgesellschaft gute, anständige, saubere Menschen – Kräfte, mit denen man (...) schon heute in der Bundesrepublik eine neue Gesellschaft aufbauen könnte. Alfred Kurella findet es großartig, daß diese einfache Schicht von Bobrowski entdeckt worden ist als ein beruhigender Hintergrund der eigentlichen Handlung des Romans (...). Ein beruhigender Hintergrund, weil mit ihm angedeutet ist, wer letztlich die Garantie bietet für eine bessere Zukunft." (Zimmermann 1972, S. 30)

Alfred Kurella, damals Mitglied des Zentralkomitees der SED und Abgeordneter der Volkskammer, vermochte in einer Zeit, da sich mit außerparlamentarischer Opposition 1968 gesellschaftserneuernde Kräfte in Aktion gezeigt hatten, seine „Hoffnungsträger" nur in einer Kneipe zu entdecken und wollte oder konnte Bobrowskis Roman nur auf die Probleme der Bundesrepublik Deutschland beziehen. Mit der Übernahme dieses Standpunktes versuchte Udo Zimmermann sein Werk vor den Fährnissen der Zeit zu retten, ihm wenigstens die Chance einer Begegnung mit dem Publikum zu geben – was ihm immerhin gelungen ist. Vor diesem Hintergrund muß die Oper in ihrer Schönheit und Kühnheit, aber auch in ihrer Begrenztheit gesehen werden.

Udo Zimmermann hatte immer wieder auf die soziale Determination seiner Figuren hingewiesen, doch wandte sich – auf der Arbeitstagung des Theaterverbandes – dieses Argument gegen ihn selbst, indem ihm die Darsteller des Levin vorwarfen, er habe diesem zu wenig Material gegeben, ihn zu wenig als „Helden" gezeichnet, den Aufstieg vom unbewußten Plebejer zum klassenbewußten Proletarier nicht musikalisch gestaltet. Die Autoren – Librettist wie Komponist – mühten sich nun darum, die Frage nach einem zentralen Helden umfassend und einleuchtend zu beantworten, blieben aber letztlich doch die Antwort schuldig, weil es eben in ihrer Oper einen solchen Helden gar nicht gibt und gar nicht geben sollte.

Die Forderung nach dem „Helden" stellte aber ein zentrales ästhetisches Postulat der sechziger/siebziger Jahre dar. Es war gebunden an eine dogmatische Realismusauffassung, die ihre Prinzipien von einer Verabsolutierung und einseitigen Interpretation der deutschen Klassik herleitete, derzufolge jedes Kunstwerk mindestens einen siegenden oder sterbenden Helden zu gestalten habe. Natürlich war die deutsche Klassik nur ein Vorwand. Die wirklichen Beweggründe für dieses ästhetische Dogma waren andere, sie wurden allerdings damals kaum durchschaut: Je weniger der Mensch, auch im „Sozialismus", direkten Einfluß auf die Gestaltung seiner Lebensumstände nehmen konnte, desto mehr fühlten sich die Theoretiker des Sozialistischen Realismus verpflichtet, den Künstlern Gestalten abzuverlangen, denen auf der Bühne gelang, was im normalen Alltag immer schwerer wurde.

Beriefen sich die Dogmatiker dabei auf angebliche Publikumserwartungen, so nahmen die Opernbesucher ganz ungefragt von diesem neuen Werk Besitz, weil mit ihm auf ein Grundbedürfnis reagiert wurde: die Sehnsucht nach Solidarität, aber auch danach, die eigene Gegenwart historisch aufrichtig zu bewerten und zu verstehen. Hierin war Bobrowskis Roman vorbildhaft.

Für Johannes Bobrowski bedeutete das Jahr 1945 keine Stunde Null, der militärische Sieg über das Nazi-Regime hatte die faschistische Ideologie nicht zum Verschwinden gebracht. Ihm schien daher die Frage bedenkenswert, warum sich in Deutschland keine ideologisch eingreifende Alternative zum Nationalsozialismus entwickeln konnte, warum ein solidarischer Widerstand von Menschen verschiedenen Glaubens, unterschiedlicher sozialer Herkunft und Kultur nicht möglich gewesen war. In seinem Roman spielt er Konstellationen solidarischen Widerstands durch, finden sich Juden und Zigeuner, Polen und Deutsche, Gläubige und Atheisten, individuell Gekränkte und sozial Engagierte zusammen. Er sah in der DDR zwar die Chance für eine antifaschistische Solidargemeinschaft gegeben, erkannte aber auch die Gefahren, sie als eine Doktrin „von oben" zu verordnen und plädierte in seinem Roman dafür, daß solches Zusammenfinden von den Betroffenen als Lebensnotwendigkeit erfahren werden muß. An diesem Punkt trafen sich Romancier, Opernautoren und Publikum.

Ausgaben Text In: Theater der Zeit, H. 5, Berlin 1972; KlA Deutscher Verlag für Musik Leipzig 1974 (dvfm 6084)

Rechte Deutscher Verlag für Musik Leipzig

Literatur Johannes Bobrowski: Levins Mühle. 34 Sätze über meinen Großvater, Berlin 1964;

Gerhard Wolf: Johannes Bobrowski. In: Schriftsteller der Gegenwart, Berlin 1967; Hermann Kähler: Bobrowskis Roman. In: Sinn und Form, H. 4, Berlin 1965; Udo Zimmermann: Werkstattgespräch mit Hans-Gerald Otto. In: Theater der Zeit, H. 2, Berlin 1972; ders.: Gestalten von reicher Poesie. In: Neue Zeit 21, März 1973; ders.: Gespräch mit Hannelore Gerlach. In: Sonntag Nr. 16, Berlin 1973; ders.: Zur Musik der Oper ›Levins Mühle‹. In: Programmheft Theater Wuppertal 1975 – auch In: Material zum Theater Nr. 118. Komponisten der DDR über ihre Opern, Auswahl und Zusammenstellung Stephan Stompor, Berlin 1979; Udo und Ingo Zimmermann: Kolloquium zur Aufführung von ›Levins Mühle‹ in Dresden und Weimar, 13. Mai 1973. In: Material zum Theater Nr. 43. Opernschaffen der DDR im Gespräch, Berlin 1974; Udo Zimmermann: Gespräch mit Fritz Hennenberg. In: Komponieren zur Zeit. Gespräche mit Komponisten der DDR, hrsg. von Mathias Hansen, Leipzig 1988; Eberhard Schmidt: Weizmantel singt. Die Geschichte eines Liedes in Zimmermanns Oper. In: Gestaltung und Gestalten, Programme Staatstheater Dresden, H. 4, Dresden 1972/73; ders.: Mehr als Beobachter. Zu musikdramatischen Kompositionsprinzipien in ›Levins Mühle‹. In: Theater der Zeit, H. 6, Berlin 1973; Fritz Hennenberg: Udo Zimmermann. Dialektik der Oper. In: Theater der Zeit, II. 2, Berlin 1979; Wolfgang Lange: Udo Zimmermann. Opern. Verlagskatalog Leipzig 1982

Rezensionen der Uraufführung. In: Theater der Zeit, H. 6, Berlin 1973; Musik und Gesellschaft, H. 6, Berlin 1973

Aufnahmen Produktion des Fernsehens der DDR (GA / Aufzeichnung der Aufführung der Staatsoper Dresden) Wolfgang Hellmich (Levin), Günter Dreßler (Habedank), Helga Termer (Marie), Karl-Heinz Stryczek (Weizmantel), Rolf Haunstein (Willuhn), Johannes Kemter (Nieswandt), Rolf Wollrad (Korrinth), Brigitte Pfretzschner (Tante Huse), Hajo Müller (Johann), Barbara Gubisch (Christina), Günter Neef (Fagin) und weitere Solisten der Staatsoper Dresden, Damen und Herren des Staatsopernchors, Staatskapelle Dresden, Dirigent Siegfried Kurz, Inszenierung Harry Kupfer; aufgenommen 1974 (Fernsehregie Jens Buhmann)
Produktion des Rundfunks der DDR (Übertragung der Voraufführung vom 26. März 1973 aus der Staatsoper Dresden), Besetzung wie Fernsehaufzeichnung
Produktion des Rundfunks der DDR (Gekürzte Fassung mit gesprochenen Zwischentexten) Werner Haseleu (Weizmantel), sonst alle Solisten wie oben), Rundfunkchor Leipzig, Rundfunk-Sinfonieorchester Leipzig, Dirigent Siegfried Kurz; aufgenommen 1974 (Funkeinrichtung und Regie Walter Zimmer)
NOVA 8 85 119 (Schallplattenfassung vom Komponisten) Ausschnitte aus der Rundfunkproduktion 1974

Der Schuhu und die fliegende Prinzessin
Oper in drei Abteilungen
Text von Peter Hacks
Einrichtung zum Libretto
Udo Zimmermann und Eberhard Schmidt

Entstehung 1972-1975

Uraufführung 30. Dezember 1976   Staatsoper Dresden
Staatstheater Dresden – Großes Haus

Personen
Der Schuhu_____Bariton
Die fliegende Prinzessin_____Sopran
Mann im Frack_____Dirigent

Erster Sopran und Schneidersfrau ___
Zweiter Sopran ___
Dritter Sopran ___
Erster Alt und Nachbarin ___
Zweiter Alt ___
Dritter Alt ___
Erster Tenor und Bürgermeister ___
Zweiter Tenor und Oberster Schneckenhirt und Schuhuloge ___
Dritter Tenor und Erster Spinatgärtner ___
Erster Baß und Schneider und König von Tripolis ___
Zweiter Baß und Kaiser von Mesopotamien ___
Dritter Baß und Herzog von Coburg-Gotha und Starost von Holland ___
Diese 12 Sänger-Darsteller übernehmen außerdem die Rollen: Dorfleute, Wachposten, Schnecken, Spinatpflanzen, Krieger, 10 000 Gelehrte, Spatzen
(Die Darsteller des Märchens vom ›Schuhu und der fliegenden Prinzessin‹ agieren in zweifacher Funktion: 1. Sie führen das Märchen vor. 2. Sie erzählen und kommentieren das Märchenspiel und bedienen die Bühne. Die Verwandlung der Darsteller in Märchenfiguren und deren Rückverwandlungen in Darsteller werden unverdeckt gezeigt, sind Bestandteil der Opernhandlung. Die Darsteller haben stets auch außerhalb des Märchens Rollen zu spielen.)

Orchester Orchester I 2 Fl (auch Picc), Ob, 2 Klar, Hr, 2 Trp, Pos, Pkn (auch Slzg), Kl, Singende Säge; Vl I, Vl II, Va, Vc, Kb
Orchester II 2 Fl (auch Picc), Ob, 2 Klar, Hr, 2 Trp, Pos, Pkn (auch Slzg), Kl, Singende Säge; Vl I, Vl II, Va, Vc, Kb
Leierkasten (Blockflötenquartett)
Tonband
Der Orchestergraben bleibt geschlossen. Die 14 Instrumentalisten (Orchester I und Orchester II) und der die Tonanlage bedienende Tontechniker gehören zum Darstellerbereich. Instrumentalisten werden auch im Märchenbereich agieren, besonders in szenischen Situationen, die „instrumentale Situationen" ermöglichen, d.h., das jeweilige Instrument und seine Charakteristika als Träger von Handlungsdetails wirksam werden lassen.

Aufführungsdauer I. Abteilung: 35 Min., II. Abteilung: 50 Min., III. Abteilung: 50 Min.; Gesamt: 2 Std., 15 Min.

Handlung
Schauplätze des Märchens: *Haus des Schneiders, Großherzogtum Coburg-Gotha. Am Fuß eines Berges. Mesopotamien. Königreich Tripolis. Holland.*
Erste Abteilung: *Die Geburt des Schuhu.*
„Es war ein armer Schneider, der lebte mit seiner Frau und seinen neun Kindern vom Kleidermachen ..." Als die Frau zum zehnten Male niederkommt, lädt der

Schneider Vettern und Freunde und als Paten den Bürgermeister ein. Aber die Frau bringt kein Kind zur Welt, sondern ein Ei. Der Bürgermeister fühlt sich genarrt und schwört Rache. Der Schuster läßt das Ei fallen, es rollt unter den Schrank. Im nächsten Frühjahr, beim Großreinemachen, wird das Ei gefunden und will ausgebrütet werden; der Vater muß es in Brunnenwasser sieden, der Schmied mit dem Hammer aufschlagen, heraus schlüpft ein Schuhu. Der Bürgermeister hat die Kränkung nicht vergessen und befiehlt dem Schuster, aus einem handgroßen Tuch einen Mantel zu schneidern. Der Schuhu hilft dem Vater, macht aus dem kleinen Tuch ein großes. Nun fordert der Bürgermeister für sich den Vogel, der die Gabe der Vermehrung besitzt, und erhält tatsächlich von allem viel, doch vornehmlich vom Schlechten. Da jagt der Schneider seinen Sohn davon, denn es ist nicht gut, wenn einer klüger ist als die Obrigkeit.

Zweite Abteilung: *Die Wanderung des Schuhu (1. Teil).*

Der Schuhu macht sich auf die Suche nach einem Herrn, denn er denkt, große Gaben verlangen große Herren. Er kommt nach Coburg-Gotha, sich hier beim Herzog vorzustellen, wird einer Prüfung durch den herzoglichen Schuhulogen unterzogen, die er nicht besteht, denn das Schuhulogisch des Gelehrten klingt weitaus eindrucksvoller als das Deutsch des Schuhu: des Schneiders Sohn wird als Auf-Schneider davongejagt.

Er macht sich auf zum Kaiser von Mesopotamien. Der Kaiser aber liegt mit seinem Bruder, dem Coburgischen Großherzog, im Krieg – wegen der Farbe des Bartes: der Kaiser hat einen roten, der Großherzog einen grünen, der eine besitzt rote Schnecken, der andere Spinat, doch die Schnecken haben eines Tages die Grenze überschritten und den Spinat gefressen, woraufhin der Spinatherzog seine Soldaten mobilisiert, und „aus so beschaffenen Dingen entsprang der Krieg".

Der Schuhu begegnete dem Kaiser von Mesopotamien gerade bei der Ausübung seines Herrscherhandwerks: der Verurteilung eines Berges, der ihm auf seinem Kriegspfad im Wege lag. Der Schuhu bietet seine Dienste an: „Ich kann bei Nacht sehen, alle Rätsel lösen und gute Ratschläge erteilen." Der Kaiser hat bereits genügend Leute, doch der Schuhu darf den zehntausend kaiserlichen Gelehrten drei Fragen stellen. Und siehe da: die Fragen „paßten zu keiner Antwort, die sie wußten". Für diese Probe seines Witzes erhält der Schuhu die Stellung eines Nachtwächters im siebzehnten kaiserlichen Garten und ein Horn. Dem entlockt er so weitreichende Töne, daß die Prinzessin von Tripolis den Klang eines Tages hört und nach Mesopotamien fliegt. Dort kann sie den Hornisten zwar nicht sehen, denn es ist Nacht geworden, aber sie hört seine Stimme und ist davon bezaubert, ebenso entzückt ist der Schuhu von ihrem Lied, ebenfalls ohne die Sängerin gesehen zu haben. Früh fliegt die Prinzessin zurück nach Tripolis – und ohne einander erblickt zu haben, sind beide von nun an ineinander verliebt.

Der Kaiser will endlich den Krieg gewinnen, muß demzufolge seine Macht vergrößern und hält um die Hand der Prinzessin von Tripolis an. Der Großherzog denkt und tut zur selben Zeit das gleiche.

Dritte Abteilung: *Die Wanderung des Schuhu (2. Teil).*

Die Brautwerber von Kaiser bzw. Großherzog werden abgewiesen; die Prinzessin erklärt, nur jenen zu heiraten, der über den siebzehnten Garten des Kaisers Horn und Stimme erschallen läßt. Die feindlichen Brüder erkennen, daß es sich um den Schuhu handelt, verbünden sich gegen den gemeinsamen Rivalen, vereinigen ihre Heere, werden aber in einer Seeschlacht vom Schuhu vernichtend geschlagen. Die fliegende Prinzessin und der Schuhu werden ein Paar und regieren nach des Königs Tod über Tripolis. Als ein Starost aus Holland daherkommt, verliebt sich die Prinzessin in den Käsehändler und zieht mit ihm davon. Doch der Starost schränkt ihre Freiheit und Flüge ein und kettet sie an einen großen Käse. Da endigt der Prinzessin Liebe zum Starost. So zaghaft ihr Singen derweil auch geworden ist, es erreicht den Schuhu. Er kommt und befreit sie. Er selbst hat an allen ihm bekannten Orten der Welt kein Willkommen und keine Bleibe gefunden, aber auf einem hohen Berg einen Platz entdeckt, wo Menschen glücklich leben. Prinzessin und Schuhu brechen auf, um noch einmal und gemeinsam zu diesem Platz emporzusteigen.

Kommentar

Peter Hacks' Prosamärchen ›Der Schuhu und die fliegende Prinzessin‹ war im zweiten Heft der renommierten Literaturzeitschrift *Sinn und Form* 1964 publiziert worden. Wenig später richtete der Dichter gemeinsam mit der jungen begabten Regisseurin Uta Birnbaum das Märchen für die Sprechbühne ein. Uta Birnbaum inszenierte das Stück mit Studenten der Staatlichen Schauspielschule Berlin. Die Premiere (Aufführungsort war das „bat" – das Berliner Arbeitertheater, eine gerade neu entstandene Spielstätte auf einem Berliner Hinterhof) am 29. April 1966 war ein Ereignis besonderer Art, nicht nur durch das Spiel von Hermann Beyer (Schuhu) und Alexander Lang (Erzähler) – die beide in den nachfolgenden Jahren das Berliner Theater nachhaltig bestimmen und beeinflussen sollten –, sondern auch dadurch, daß das Schauspiel sofort in seinem aktuellen politischen, brisanten Gehalt verstanden und angenommen wurde. Noch war über Hacks nicht das Verdikt eines ästhetisierenden Schöngeistes und Einzelgängers gesprochen, noch wußte man um den Autor der zeitkritischen Schauspiele ›Die Sorgen und die Macht‹ (Uraufführung 1960 in Senftenberg, Neufassung 1962 am Deutschen Theater Berlin) und um den heiß diskutierten ›Moritz Tassow‹ (Volksbühne Berlin 1965).

So heiter-witzig sich der Grundton der Erzählung gibt, in der Wahl seiner Figuren und Metaphern ließ sich Hacks von existentiellen Problemen leiten; er spürte Anfang der sechziger Jahre, daß sich die Menschheit – in zwei Lager gespalten – allmählich mit der Existenz und weiteren Produktion von weltvernichtenden Waffen abfand, weil jeder sich hinter dem Eisernen Vorhang geborgen fühlte, Kapitalismus wie Sozialismus ihre eingeschränkten Möglichkeiten für die „besten aller wirklichen Wirklichkeiten" (Hacks) ausgaben. Mit der Gestalt des Vogels, der Ländergrenzen und Eiserne Vorhänge überfliegt, alles in Augenschein nimmt und sich ein eigenes (!) Urteil bildet, um dann schließlich den Aufflug zum hohen

Bergesgipfel zu wagen, auf dem sich ein Ideal menschlicher Sozietät befindet, konnte Hacks ein von Resignation und Selbstbeschränkung freies Leben darstellen und darüber hinaus warnen, die Menschheit möge sich nicht im alltäglichen Kleinkram verlieren. Den Streit von Politikern „um des Kaisers Bart" hat er unverhüllt im ›Schuhu‹ in Szene gesetzt, das Sprichwort lapidar in den szenischen Vorgang überführt. Auch wenn von „einem großen Berg" die Rede ist, „der Kaukasus genannt wird", setzt das neben der Berg-Metapher ein breites Spektrum von Assoziationen frei: Man denkt an ein Land sozialer Vorbildwirkung, an eine Gegend landschaftlicher Schönheit (beides imaginiert der Dichter mit einer schönen, gewölbten Ebene, an deren Rändern Veilchen wachsen und Bäume mit Pfirsichen, Mandeln und Oliven, von denen die Leute da friedlich leben); man denkt aber auch an den Berg Ararat, die höchste Erhebung im Süd-Kaukasus, die „Wiege der Menschheit", wo die biblische Arche Noah landete.

Zur gleichen Zeit wählte ein zweiter Dichter die Metapher vom Bergesgipfel in ähnlicher Absicht. Auch er trat dem drohenden Verlust der Utopie des Kommunismus entgegen, der überhandnehmenden Resignation. In Nachbarschaft zu Hacks' Märchen veröffentlichte *Sinn und Form* 1964 Reiner Kunzes Gedicht ›Spätsommer‹, das sich wie ein Kommentar zu Hacks' ›Schuhu‹ ausnimmt und auf komprimierte Weise dem damaligen Zeitgefühl Ausdruck gibt: „Die menschen ducken sich, / wie die vögel sich ducken in den bäumen / unter einer sonnenfinsternis: / der schatten der bomben / berührt die erde. // Über alle spaziergänge senkt er sich, / und der berg Milešovka, zu dem wir aufbrachen, / wird sinnlos. / Er senkt sich zwischen das Wort ‚ich' und das wort ‚liebe' und das wort ‚dich', / (...) // Aber jetzt nicht stillstehn, / nur nicht stillstehn, / (...) // Jetzt / immer wieder aufbrechen zum berg Milešovka, / immer wieder sagen ‚ich liebe dich'." (Kunze 1964, S. 909 f.)

Als sich Udo Zimmermann 1972 dem Märchen von Peter Hacks zuwandte, hatte sich die Situation nicht wesentlich verändert, die Abkapselung der beiden Gesellschaftssysteme voneinander war weiter vorangeschritten; das Märchen wurde nun als eine zeitlose Geschichte mit zuweilen bissigen Seitenhieben auf einzelne Zeitgenossen gelesen, als eine Parabel über Sehnsucht nach Liebe und Glück in anachronistischen Verhältnissen. Gemeinsam mit dem damaligen Dresdner Dramaturgen Eberhard Schmidt richtete sich der Komponist das Libretto nach der Schauspielfassung selbst ein. Mit Peter Hacks gab es keine Zusammenarbeit im üblichen Sinne, „eher eine freundliche Beratung bei der dramaturgischen Aufbereitung eines bereits vorliegenden Textes – hier und da einige wenige Textkorrekturen und Neudichtungen. Dies alles geschah meist per Telefon, immer sehr freundlich und mit großem Verständnis gegenüber meinen Wünschen. In einer langen Nachtsitzung haben wir uns dann das gesamte Stück gemeinsam (anhand der fertigen Partitur und meiner unzureichenden Fertigkeiten am Klavier) angesehen und angehört, und in vielem waren wir einer Meinung.

Peter Hacks stellte aber am Ende fest – und zwar gar nicht abwertend –, daß ich den Charakter seiner Komödie zur Tragödie oder, besser gesagt, zur großen romantischen Oper hin verändert hätte. Der Zimmermann habe den Hacks völlig verschlungen, es sei nur wenig vom ursprünglichen Charakter seines Stücks geblieben; aber das sei legitim, und er könne dagegen gar nichts sagen, denn im ethischen Ziel und in der Substanz sei sein Stück nicht beschädigt worden.

Das erklärt sich einfach daraus, daß ich den Akzent auf das Paar Schuhu und Prinzessin gelegt habe, auf ihren Traum vom Glück. Der Schuhu urteilt aus einem uns heute und hier gemäßen (...) Geschichtsverständnis heraus und betrachtet Selbstgenügsamkeit, Furcht, Ignoranz, Demagogie, Verdinglichung, Entfremdung, Verwüstung, die ihm in den Episoden, die er durchwandert, begegnen, als Anachronismus. (...) Der Schuhu wird aus der ‚kleinen Welt' seiner Vaterstadt verjagt und durchfliegt die ‚große Welt', die auch nur aus verschiedenartigen ‚kleinen Welten' besteht. Die durchwanderten (oder ‚durchflogenen') Welten erweisen sich dem Schuhu als unbewohnbar, die bewohnbare Welt muß erst entdeckt werden." (Zimmermann 1988, S. 324 und 323)

Die auffallendste Veränderung des Librettos gegenüber dem Schauspiel besteht darin, daß es keinen Erzähler mehr gibt. Dessen Funktion hat der Komponist der Musik anvertraut, und er bediente sich dazu eines Kunstgriffs, einer Leierkastenmusik: „Vier Kinder sitzen in einem Leierkasten und spielen Blockflöte. Durch leichtes Verstellen der Mundstücke ergibt sich ein fast typischer Leierkastenklang. Die Leierkastenmusiken intonieren vielfach Moritatenmusik, sind aber auch kontrapunktisch (horizontal und vertikal) zum Ensemble- und Orchesterpart eingesetzt und übernehmen ganz unterschiedliche Strukturen der Musik. Der Leierkasten wirkt auf das Orchester ein und erhält andererseits von dort Impulse; er ist ein Teil der großen Dimension der Musik, die sich auf allen Ebenen ausbreitet und alles zusammenhält." (Zimmermann 1988, S. 325)

Udo Zimmermann erkannte in den Hacksschen Gleichnissen, Allegorien, in den Metaphern, Absurditäten, den humorvollen Einlagen, bittern Grotesken – kurz in dem glanzvollen Puzzle unterschiedlicher Ebenen und Elemente eine großartige Möglichkeit, die Musik zum „mitspielenden" und „mitorganisierenden" Faktor der Oper zu machen. Flankiert wird dies durch einen weiteren Kunstgriff, alle Darsteller mindestens in drei Funktionen agieren zu lassen. Sie erzählen die Geschichte, stellen einzelne Episoden dar, indem sie dabei – bis auf den Schuhu und die fliegende Prinzessin – in verschiedene Rollen schlüpfen, und sie kommentieren darüber hinaus die dargestellten Ereignisse und Personen.

Auch die Instrumentalisten werden in das szenische Geschehen einbezogen, denn der Komponist wünscht, daß der Orchestergraben geschlossen bleibt, die vierunddreißig Instrumentalisten werden in zwei Orchester von gleicher Größe und Besetzung geteilt. Die Spaltung des Instrumentalparts gleicher Besetzung hat zwar eine alte Tradition, kommt aus der Barock-Musik, ist aber zugleich tönende Chiffre für die absurde Teilung der Welt in das Großherzogtum Coburg-Gotha und das Kaiserreich Mesopotamien, so daß das Gegeneinander- und Miteinander-Musizieren der beiden Orchester zum fabelerzählenden Moment wird.

Um für den Schuhu eine dessen Wesen entsprechende schöne, zugleich unwirkliche Aura zu schaffen, hat Zimmermann mit Klangtransformationen gearbeitet: „Es handelt sich dabei nicht um elektronische Musik, sondern es sind die von den üblichen Orchesterinstrumenten aufgenommenen Klänge und Töne, die mittels Ringmodulation und Sinusgeneratoren verfärbt, verfremdet, transformiert werden. Dabei kommen neue Klangqualitäten heraus, die aber dennoch mit dem herkömmlichen Orchesterklang korrespondieren (...)." (Zimmermann 1988, S. 329)

Das Spiel mit Echo- und Simultanwirkungen und die technischen Manipulationen von Klängen sind als musikalisch-phantastische Ebene bevorzugt dem Schuhu und der fliegenden Prinzessin zugeordnet, doch verfügt die Schuhu-Musiziersphäre noch über eine zweite Dimension, die sich gleich zu Beginn der Handlung in einem alten, sehr einfachen Verfahren der Oper kundgibt: der Vokalise. Angesichts des wundersamen Vogels in des Schneiders Stube verfallen die „kleinen Leute" in einen zehnstimmigen Vokalisen-Kanon, „der später auch von den Streichern übernommen wird, entwickeln sich in weiten Intervallräumen große melodische Bögen, wird zum ersten Mal die Schuhu-Struktur in ihren klanglichen Möglichkeiten realisiert" (Zimmermann 1977).

So zeichnet sich die Schuhu-Sphäre schon bei ihrem ersten Erklingen durch eine besondere affektive Grundsituation aus, selbst der abgestumpfteste Handwerker fällt aus seinem alltäglichen Trott und wird von Empfindungen der Freude ergriffen. In diesem Freiwerden der Sehnsüchte und Hoffnungen hat der lyrisch-vokale Duktus des Schuhu – und später auch der fliegenden Prinzessin – seinen Grund; weitere Bedeutungen wachsen ihm im Verlaufe der Handlung zu. Der Komponist verbindet den Schuhu außerdem mit einem besonders herausgehobenen Instrumentalklang, wofür er ein Instrument wählte, das die Empfindungen des Schuhu multipliziert: das Horn. Natürlich hat Udo Zimmermann bei dieser Entscheidung auch erwogen, daß die Dresdner Staatskapelle in Peter Damm über einen hervorragenden, international geschätzten Solo-Hornisten verfügt, dem er übrigens Jahre später (1988) ein Hornkonzert komponierte. Außerdem hat das Solo-Horn in der deutschen Operntradition spätestens seit ›Oberon‹ einen besonderen Stellenwert, und absichtsvoll steht im Zentrum der Oper eine große Szene mit Solo-Horn, die den Mittelpunkt der Oper im wörtlichen wie im übertragenen Sinne bildet. „Auf seinem abenteuerlichen Flug durch die Welten und Zeiten ‚landet' der Schuhu vorübergehend als Nachtwächter im siebzehnten kaiserlichen Garten von Mesopotamien. Durch das Spiel auf einem Nachtwächterhorn vermag er Töne hervorzubringen, die ihn selbst zur Hingabe an die Schönheit des Musizierens verzaubern. Um ihn herum erklingen plötzlich Echos (im Multiplay-Verfahren elektroakustisch realisiert), fügen sich mit den originalen Hornmotiven aus der Schuhu-Struktur zu einem vielstimmigen Satz. Es ist, als klingen vieltausend Hornrufe von vielen Türmen der Welt. Und doch: So schön sich scheinbar die Klänge fügen – der Schuhu ist mit sich selbst allein, die Echos sind nur Spiegelungen seiner selbst." (Zimmermann 1977)

Hier wie andernorts schafft sich der Komponist zu Text und Handlung einen eigenen Aktionsraum; er folgt nicht sklavisch dem einzelnen Satz, der poetischen Wendung, dem sprachlichen Witz, sondern läßt dem Dichterwort seinen Eigenwert und erkundet für sich die Möglichkeit, „Lebensmodelle" klanglich zu fassen: „Wie in einem musikalischen Zerrspiegel klingen vergangene und gegenwärtige ‚Lebensmodelle' auf, werden unterschiedliche Welten und Zeiten musikalisch reflektiert. (...) Tradierte Musizierweisen werden scheinbar unvermittelt gegenwärtigen konfrontiert, kommentieren einander, führen zu Brechungen und Verfremdungen.

Die betont unkonventionelle Wahl heterogener kompositorischer Mittel und Verfahren will sich nicht mechanistisch an Figuren und szenische Ereignisse binden, sondern (...) will zu deren intensiver Ausleuchtung beitragen. So werden beispielsweise kleinbürgerliche Spießerhaltungen mittels tradierter Formmodelle karikiert, etwa in den sequenzartigen ‚Rache-Schreien' des despotischen Bürgermeisters oder in den darauf replizierenden streng polyphon-barockisierenden Ensemblesätzen, die innerhalb ihrer Entwicklung zu bösartigen Lach-Chören auswachsen." (Zimmermann 1977)

Zimmermann setzte Musik selbst als gleichnishaftes Element ein. Zwei Singende Sägen wimmern z.B. zum falschen, hinterlistigen Versöhnungsgang der beiden feindlichen Brüder ein „Du, du liegst mir im Herzen"; der Klang eines Leierkastens fügt sich aus dem Klang eines Blockflötenquartetts zusammen, und wenn das kaiserliche Heer nach Hause marschiert, dreht der Schuhu die Kurbel, und alsbald wandelt sich der Marsch in einen Walzer, mit dem Walzer aber dreht der Schuhu das brave Heer aus seiner gewohnten Ordnung heraus. Hinter dem heiteren Spiel blitzt immer wieder etwas vom Ernst der gemeinten Realität auf, geht es doch in der Musik wie im Text um „Ver-stellung": „Die Idee dessen, wie es sein sollte, aber leider nicht ist, wird zitiert mit dem Kunstgriff der Parodie, der Travestie, der Ironie. Letztere erscheint als eine Form des verhaltenen Spotts, der das Kleine groß und das Erhabene klein macht und beides lächerlich. Bewußt setzt Hacks das Stilmittel der *eironeia* ein, der erheuchelten Unwissenheit, der Verstellung, die anderes her-stellt." (Huber 1987, S. 10)

Als einzige Beziehung ist die zwischen Schuhu und fliegender Prinzessin frei von Verstellungen. Zwischen beiden schafft die Musik immer wieder Handlungsräume, in denen die Bühne als Ort des Geschehens bestimmende Geltung verliert und alle Regeln der platten Vernunft aufgehoben sind, das Nahe fern und das Ferne nah ist. So beginnt ihre Liebe im wahrsten Sinne opernhaft: zwei Personen hören einander an geographisch sehr weit voneinander entfernten Punkten der Welt, wo sie sich nach den Gesetzen der Akustik nie und nimmer wahrnehmen könnten, „die ‚unbestimmte Sehnsucht' beider vereinigt sich" (Zimmermann). Je näher sie aber einander kommen – die größte Nähe ist in der Ehe und auf dem Thron von Tripolis erreicht –, desto weiter entfernen sie sich musikalisch voneinander. Doch wenn die Vokalisen der Prinzessin schon ganz gequält und kläglich klingen und sie – an den holländischen Käse gekettet – auch das Fliegen verlernt, kommt zu ihr ein Echo, fliegt ihr der Schuhu wieder zu, und bevor beide von der Erde abheben, hinauf zum Kaukasus, haben sich ihre Vokalisen multipliziert, erklingt das Echo ihres Rufes von überall her und ergreift zum Abschluß der Oper alle Darsteller/Sänger und Instrumentalisten, ist nicht mehr auszumachen, ob der erstrebte Bergesgipfel ein geographisch bestimmbarer Ort, eine gesellschaftliche Utopie oder eine Metapher ist für die menschliche Seele und das menschliche Glück.

Aneignung

Die Oper stellte eine enorme Herausforderung an das Dresdner Opernensemble dar, weder die Sänger noch die Musiker der Staatskapelle waren an solche Art Musik-Theater (Musik + Theater) gewöhnt, Vergleichbares wurde ihnen später durch Zimmermann auch nicht wieder abverlangt. (Nur Friedrich Goldmanns ›R. Hot‹ war noch einmal eine solche Herausforderung.) Während sich die Sänger in der Einstudierung des ›Schuhu‹ zu den ungewohnten Schwierigkeiten ihrer Partien bekannten und zu deren Meisterung bereit waren, konnten sich die Musiker auf akustische Probleme herausreden und saßen schließlich zur Uraufführung wie eh und je, entgegen dem ausdrücklichen Wunsch des Komponisten, wieder im Orchestergraben, statt auf der Bühne zu agieren. Trotzdem ging die Inszenierung von Harry Kupfer, mit Jürgen Freier und Helga Termer in den Titelrollen, als eine geistvolle, moderne Aufführung in die Geschichte des DDR-Theaters ein, machte auf Gastspielen im In- und Ausland ob ihres Witzes und szenischen Erfindungsreichtums Furore.

Udo Zimmermanns vierte Oper wurde sofort und zustimmend von Publikum und Kritik angenommen. Sein nationaler und internationaler Ruf festigte sich mit Aufführungserfolgen in Darmstadt 1977 (mit Gastspiel zu den Schwetzinger Festspielen), Greifswald 1978, Bielefeld 1979, Frankfurt/Oder 1980, Gera 1981, Cottbus 1983; das Uraufführungsensemble gastierte 1977 in Berlin (Musikbiennale) und Budapest (Musikfestwochen), 1978 in Hamburg (300 Jahre Oper in Hamburg), 1979 in Wien (Festwochen), 1981 in Zagreb (Musikbiennale); 1983 inszenierte Harry Kupfer das Werk in Amsterdam, 1990 folgten die Lübecker Bühnen, deren Premiere Udo Zimmermann dirigierte.

Kurt Horres, der bei der Erstaufführung in der Bundesrepublik 1977 in Darmstadt Regie geführt hatte, brachte den ›Schuhu‹ 1987 an der Deutschen Oper am Rhein in Duisburg ein zweites Mal auf die Bühne. Nach zehn Jahren aber hatten die Kritiker bereits Schwierigkeiten mit einer gewissen „Märchen-Pseudoschlichtheit" und vermuteten, daß „Udo Zimmermann seinem Publikum der siebziger Jahre im ›Schuhu‹ gleichsam ein Kompendium dessen geliefert (habe), was die experimentelle Avantgarde damals ‚drauf' hatte." (Wolfgang Schreiber in der Süddeutschen Zeitung vom 14. Juni 1988)

Tatsächlich basiert, was sich als lustige Spielerei gibt, auf einer ernst zu nehmenden Überlegung des Komponisten. Zimmermann hat seine Oper in einer Zeit geschrieben, da in der DDR moderne Musik, besonders Musik avancierter Techniken, wenn überhaupt, nur für einen exklusiven Kreis von Kennern gespielt wurde und fast ausschließlich in Konzertsälen erklang. Die Gattung Oper hatte zwar ein breites Publikum, doch die Opernkomponisten beharrten, bis auf wenige Ausnahmen, auf traditionellen Gesangs- und Musizierstilen. Zimmermann schüttete nun in seinem ›Schuhu‹ das ganze Füllhorn moderner Musizierweisen über die Oper aus, beginnend mit ungewöhnlichen vokalen Techniken bis hin zu Aktionen des Instrumentalen Theaters. Dabei gab Hacks' Märchen mit seinen heftigen Sprüngen im Handlungsverlauf, dem schnellen Wechsel der Darstellungsebenen, den Verkürzungen und Zuspitzungen in den Vorgängen, dem Spiel mit Unwahrscheinlichkeiten, der Vermischung von Realem und Irrealem dem Komponisten die Grundlage, jedes musikalische Detail genau zu funktionalisieren und die ungewöhnlichen musikalischen Techniken für den Zuschauer sinnvoll und einsehbar zu machen. Noch zehn Jahre nach der Uraufführung mußte die Kritik anerkennen: „Es gibt eigentlich kein Klangmittel der experimentierenden Avantgarde: kein Glissando, keine elektronische Klangverfremdung, kein Verlassen der Bel-canto-Region, kein Multiplay und kein Klangtextil, das sich nicht völlig sinnvoll in dramaturgische Zusammenhänge fügen ließe. (Ähnlich hat diese Mittel auch Hans Werner Henze angewandt.)" (Gojowy 1987, S. 4)

Ausgaben KlA Deutscher Verlag für Musik Leipzig 1977 (dvfm 6113)

Rechte Deutscher Verlag für Musik Leipzig

Literatur Peter Hacks: Der Schuhu und die fliegende Prinzessin (Prosamärchen). In: Sinn und Form, H. 2, Berlin 1964, Frankfurt/Main 1973; ders.: Der Schuhu und die fliegende Prinzessin. Märchen von Peter Hacks, für die Schaubühne eingerichtet von Ursula Birnbaum und Peter Hacks, Berlin 1965; Reiner Kunze: Spätsommer. In: Sinn und Form, H. 6, Berlin 1964
Udo Zimmermann: Parabel des Glücks. In: Thüringische Landeszeitung, Weimar 30. Dezember 1976; ders.: Vom Flug der Sehnsucht in eine menschliche Welt. Zur Musik der Oper ›Der Schuhu und die fliegende Prinzessin‹. In: Programmheft Nr. 9 des Staatstheaters Darmstadt 1976 – auch In: Material zum Theater Nr. 118. Komponisten der DDR über ihre Opern, Auswahl und Zusammenstellung Stephan Stompor, Berlin 1979; ders.: Gespräch mit Fritz Hennenberg. In: Komponieren zur Zeit. Gespräche mit Komponisten der DDR, hrsg. von Mathias Hansen, Leipzig 1988
Eberhard Schmidt: Zum Werk. In: Programmheft Staatsoper Dresden 1976; Peter Sykora: Zur ›Schuhu‹-Ausstattung, Werner Haseleu: ›Schuhu‹ und seine vokalen Anforderungen, Eberhard Schmidt: Paraphrasen über ›Schuhu‹, In: Theater der Zeit, H. 3, Berlin 1977; Fritz Hennenberg: Udo Zimmermanns Dialektik der Oper. In: Theater der Zeit, H. 2, Berlin 1979; Wolfgang Lange. Udo Zimmermann. Opern. Verlagskatalog Leipzig 1982; Detlef Gojowy: Udo Zimmermanns ›Der Schuhu und die fliegende Prinzessin‹, Vita Huber: Etwas über Peter Hacks und den ›Schuhu‹. In: Programmheft Deutsche Oper am Rhein, Düsseldorf 1987
Rezensionen der Uraufführung. In: Theater der Zeit, H. 3, Berlin 1977; Musik und Gesellschaft, H. 2, Berlin 1977

Aufnahmen Produktion des Rundfunks der DDR (GA/Funkfassung) Helga Termer (Prinzessin), Jürgen Freier (Schuhu), Wolfgang Hellmich (Schneider/König), Eleonore Elstermann (Schneidersfrau), Karl-Friedrich Hölzke (Bürgermeister), Ilse Ludwig (Nachbarin), Günter Neef (Hofschuhuloge/Oberster Schneckenhirt), Hajo Müller (Kaiser), Rolf Tomaszewski (Großherzog/Starost), Armin Ude (Erster Spinatgärtner), Barbara Hoene, Gabriele Auenmüller, Renate Biskup, Brigitte Pfretzschner, Karl-Heinz Koch (Ensemble), Hans-Joachim Hegewald (Erzähler), Rundfunk-Sinfonieorchester Leipzig, Dirigent Peter Gülke; aufgenommen 1979, Aufnahmeleitung und Regie Walter Zimmer
NOVA 8 85 177 (Szenen) Besetzung wie Rundfunkproduktion

Die wundersame Schustersfrau

Oper in zwei Akten
Text nach dem gleichnamigen Bühnenwerk
von Federico García Lorca
in der einzig berechtigten deutschen Nachdichtung
von Enrique Beck
Einrichtung zum Libretto
Udo Zimmermann und Eberhard Schmidt

Entstehung 1978-1981

Uraufführung 27. April 1982 Hamburgische Staatsoper zu den Schwetzinger Festspielen 1982

Personen

Schustersfrau	Sopran
Schuster	Baßbariton (Bariton)
Gelbe Nachbarin	Sopran
Grüne Nachbarin	Sopran
Violette Nachbarin	Mezzosopran
Rote Nachbarin	Alt
Schwarze Nachbarin	Alt
Töchter der Roten Nachbarin	Sopran, Sopran
Küstersfrau	Mezzosopran
Bürgermeister	Baß
Don Amsel	Tenor
Bursche mit Schärpe	Tenor
Bursche mit Hut	Bariton
Knabe	Komponierte Sprechstimme (Mezzosopran)

Orchester 2 Fl (auch Picc und AFl), Ob (auch EH), 2 Klar (II auch BKlar), Fg (auch KFg), 2 Hr, 2 Trp, 2 Pos (II auch BPos), Tb (auch KbTb), Pkn, Slzg I: 3 Trgl, 3 Bck, Glsp, Xyl, 3 Holzblöcke, 3 Tomtoms, 3 Tt; Slzg II: Crotales, 3 Bck, RGl, Vib, 3 Bongos; Git, Hrf, Cel, Kl; Str
Bühnenmusik Fl, Git, Akk

Aufführungsdauer I. Akt: 70 Min., II. Akt: 60 Min.; Gesamt: 2 Std., 10 Min.

Handlung
„Die Schustersfrau kämpft fortwährend mit realen Dingen, weil sie in ihrer eigenen Welt lebt, wo jede Idee und jeder Gegenstand einen geheimnisvollen Sinn haben, den sie selbst nicht erkennt. Sie hat nie woanders gelebt noch je andere Liebste gehabt als am anderen Ufer, wo sie weder hinkommen kann noch wird."
(Federico García Lorca)

In der Mitte der Bühne der Arbeitsraum des Schusters: Ein ganz weißer Raum. Arbeitstisch und Werkzeug. Großes Fenster, große Tür. Links und rechts Türen. Das Schusterhaus steht in der Mitte zweier prallel zueinander verlaufender Straßen, die die Bühne links und rechts begrenzen und sich im Bühnenhorizont vereinen. Die Häuserfronten sind wie der Arbeitsraum des Schusters weiß, mit einigen grauen Türchen und Fenstern. Die Häuser überragen teilweise das Schusterhaus, so können die Nachbarn von einigen Fenstern aus „von oben" auf das Haus und die Schusterehe „herabsehen". Das Gesamt der Bühne soll bis zu den kleinsten Details Optimismus und überströmende Freude ausdrücken.

I. Akt: „Eine junge und schöne Frau ist seit kurzer Zeit mit einem um viele Jahre älteren Mann verheiratet. Unterschiedliche Lebenshaltungen und Erwartungen beider Menschen gefährden die getroffene Übereinkunft. So gerät die Ehe bald ins zwiespältige Interesse der Ortsbewohner. Die temperamentvolle Schönheit der jungen Schusterin wirkt anziehend auf die liebeshungrigen Männer, bringt aber zugleich die flinken, stechenden Zungen der sittsamen Frauen gegen sie auf. Der Schuster, in den Konventionen und Maßstäben seines bisherigen Lebens befangen, leidet unter dem wachsenden Skandal um seine Ehe mit der jungen Frau, deren Lebensraum er nicht zu erfüllen vermag. In ständigem Hader mit sich selbst, ihrem Ehemann und ihrer Umwelt, schafft sich die junge Frau ihre eigene Welt, die Welt ihrer Träume und Phantasien. Sie ‚ruft' ein ersehntes ‚anderes Ufer' in die Realität ihres Lebens und will so Phantasie und Wirklichkeit zueinanderzwingen. Aus der Imagination ihrer Träume und Sehnsüchte behauptet sie sich gegen die verhaßte Realität. Nur ein kleiner Junge aus der Nachbarschaft, der sie zuweilen besucht, gewinnt mit seiner kindlichen Phantasie Zugang zu ihrer inneren Welt.

Das scheinheilige, aufdringliche Mitgefühl seiner Umwelt und die Angst vor sich selbst treiben den Schuster in die Krise seines Liebesgefühls. Er flieht aus seinem eigenen Haus und verläßt seine Frau." (Udo Zimmermann)

II. Akt: „Die alleingelassene Schustersfrau macht aus der Werkstatt eine Schenke, um ihren Lebensunterhalt nun selbst zu bestreiten. Auf die Anträge ihrer männlichen Kundschaft reagiert sie abweisend. Der abwesende Ehemann erscheint ihr jetzt liebenswert, ja er findet gar einen Platz in der Welt ihrer Träume und Phantasien. Aber ihre Selbstbehauptung birgt letztlich nur Schutz nach außen. Innerlich mehr und mehr gebrochen, bemächtigen sich ihrer Ratlosigkeit, Resignation und Verzweiflung. Als Puppenspieler verkleidet kehrt der Schuster in sein Haus zurück. Niemand erkennt ihn, selbst die Schusterin nicht. In ihrer Erinnerung hat sich seine Gestalt verklärt. Nur der kleine Junge findet, daß die Stimme des Puppenspielers der des Schusters ähnlich ist.

In einer kleinen Moritat erzählt der Puppenspieler der Gesellschaft des Ortes eine eigentümliche Geschichte, voll von Anspielungen auf das eigene Geschick. Vielfältig sind die Reaktionen: Die Umwelt glaubt, in der Erzählung des Puppenspielers die Situation der Schusterehe reflektiert zu finden. Plötzlich dringen grelle Schreie von draußen in die Schenke. In der Nachbarschaft ereignet sich eine Messerstecherei, für die man der Schustersfrau die Schuld gibt.

In einem Gespräch mit dem Puppenspieler beklagt die Schustersfrau ihr Unglück, daß der geliebte Mann sie für immer verlassen habe, die Leute seien schuld daran. Der Puppenspieler sucht sie mit seinem eigenen Schicksal zu trösten, auch ihn habe seine Frau verlassen. Der hereinstürzende Knabe bringt die Nachricht, daß die haßerfüllte Gesellschaft die Schustersfrau aus dem Ort vertreiben will. Der Puppenspieler drängt schweren Herzens zum Aufbruch, die anbrechende Nacht zwinge ihn dazu.

In dieser außergewöhnlichen Situation gesteht die Schustersfrau dem Puppenspieler ihre grenzenlose Liebe zu dem Mann, der sie verlassen hat. Überwältigt von diesem Liebesbekenntnis gibt sich der Schuster zu erkennen. In maßlos gesteigerter Leidenschaft liegen sich beide in den Armen, während draußen die Feindschaft gegen die Schustersfrau bedrohlich anschwillt." (Udo Zimmermann)

Kommentar

Alles läuft so ab, wie man es zu kennen scheint, durch Hörensagen oder aus eigener Erfahrung: Ein Alter hat eine Junge geheiratet, mit der Liebe will es nicht so recht klappen, das junge Ding ist unwirsch und kokettiert mit anderen. Der Alte flüchtet, verläßt sein Heim, die Freier rennen der Frau das Haus ein, sie aber sehnt sich nach dem Fortgegangenen. Den treibt es derweil aus der Fremde ins Dorf zurück, und da er die Treue seiner Frau sieht, gibt er sich ihr zu erkennen und rettet sie damit aus Todesgefahr, – denn die abgewiesenen Freier haben sich duelliert und der jungen Frau droht Lynchjustiz durch die aufgebrachten Dorfbewohner.

Die ganze Zeit über aber erhebt die Musik Einspruch, nicht laut und vordergründig, dafür eindringlich und vernehmlich warnt sie: Laß Euch nicht vom Augenschein trügen, mißtraut Erfahrungen und Gerüchten, hört hin, was unter der Oberfläche der Dinge und Menschen klingt. Zimmermanns Oper ›Die wundersame Schustersfrau‹ ist ein Plädoyer für Offenheit jeder Situation, jedem Gefühl und Gedanken gegenüber, für das Wunderbare und Unangepaßte in jedem Menschen. In diesem philosophisch-ethischen Programm liegt das Geheimnis des großen Erfolges von Zimmermanns fünfter Oper begründet.

„Überall lebt und regt sich das Geschöpf der Dichtung, das der Autor als Schustersfrau angezogen hat, mit der Lebhaftigkeit eines Sprichwortes oder Liedchens. Das Publikum möge sich nicht wundern, wenn sie bisweilen heftig ist oder rauh, denn sie kämpft immer, liegt mit der Wirklichkeit, die sie umgibt, im Kampf, oder mit der Phantasie, wenn sie als Wirklichkeit sichtbar wird." García Lorca trug den Vorspruch des Autors, aus dem diese Sätze stammen und den er um 1930 für seine ›Wundersame Schustersfrau‹ entworfen hatte, mehrere Male selbst auf der Bühne vor, so wichtig war ihm dieses „Vorwort", denn es enthält sein ästhetisches Programm. Mit seiner 1923 begonnenen und bis 1935 wiederholt umgearbeiteten *farsa violenta*, der gewaltsamen Farce, stellte der Dichter ein Drama vor, in dem sich politisches Engagement, hoher ästhetischer Wille und tiefes Wissen um die existentiellen Nöte auf faszinierende Weise miteinander verbinden.

Bertolt Brecht trug sich Anfang der fünfziger Jahre mit dem Gedanken, dieses Lorca-Stück am Berliner Ensemble zu inszenieren, scheiterte mit seinem Vorhaben aber an Rechtsfragen. Brecht wußte, daß dieses mit der „Lebhaftigkeit eines Sprichwortes oder Liedchens" agierende spanische Geschöpf ein entsprechendes deutsches sprachliches Gewand erhalten mußte. Er hatte für die Übersetzung den Leipziger Romanisten Werner Krauss bereits angesprochen. Was Brecht nicht gelang, die Rechte für eine Übertragung zu bekommen, gelang dem polnischen Maler, Regisseur und Bühnenbildner Tadeusz Kantor, der 1955 mit der legendär gewordenen Inszenierung der ›Wundersamen Schustersfrau‹ sein berühmtes experimentelles Theater *Cricot 2* in Krakow eröffnete.

Auch Udo Zimmermann war auf seinem langen Weg zur ›Wundersamen Schustersfrau‹, der 1970 begonnen hatte, auf unlösbar scheinende Rechtsfragen gestoßen, die er erst 1977 klären konnte (vgl. Zimmermann 1982, S. 11). Dann aber wandte er sich sofort der Einrichtung des Dramas und dessen Vertonung zu, denn er wollte „nach dem Hacksschen ›Schuhu‹, der durch viele heterogene Mittel und ein dramaturgisches Nebeneinander gekennzeichnet ist, eine Geschichte vertonen, die konsequenter als Fabel verfolgbar erschien." (Zimmermann 1982, S. 11) Den Auftrag für eine Oper anläßlich der Schwetzinger Festspiele erhielt er während der Arbeit, zu der ihn ein inneres Anliegen getrieben hatte, vom Süddeutschen Rundfunk Stuttgart im Verein mit der Hamburgischen Staatsoper, so daß auf diese Weise innerer und äußerer Auftrag einander ergänzten.

Nach vier „Jahren des Suchens, des Ausprobierens, des Verwerfens, des immer wieder neu Entdeckens und wieder Verwerfens" war die Oper 1981 fertiggestellt. Dabei konzentrierte sich des Komponisten Interesse nicht nur auf dieses eine Werk des großen spanischen Dichters, sondern es umfaßte dessen gesamte Persönlichkeit, so daß am Beginn der Opernarbeit zunächst ein großes sinfonisches Werk, die 1977 komponierte ›Sinfonia come un grande lamento‹ (Dem Andenken Federico García Lorca) entstand.

Die innige Liebe und Nähe zu García Lorca und seinem Schaffen steht in einem seltsamen Kontrast zur merkwürdigen Großzügigkeit des Komponisten gegenüber den sprachlich-inhaltlichen Qualitäten der Nachdichtung. Im Unterschied zu Brecht störten weder den Komponisten als Librettisten noch seinen Mitarbeiter Eberhard Schmidt die glättende, verniedlichende Übersetzung Enrique Becks, die beginnend mit der Übertragung der Genrebezeichnung *farsa violenta* in „tolle Volkskomödie" ihre Unangemessenheit unter Beweis stellt. Ganz im Gegenteil: Udo Zimmermann und Eberhard Schmidt versuchten, außer den nötigen Kürzungen und kleineren Textumstellungen, so viel wie möglich an „grobianischen Wendungen" zu vermeiden. Dem Komponisten erschien die im Stück sehr nach „außen geführte, explosive, furienhafte Figur" der Schustersfrau im I. Akt „sehr unangenehm", und er milderte hier, da es sich seiner Meinung nach „weniger um eine Komödie handelt als um ein ernsthaftes Spiel von Selbstbehauptung und Selbstverwirklichung" (Zimmermann 1982, S. 12). Entsprechend war das Komödiantische für ihn lediglich ein Kontrapunkt, zum Hauptthema der Oper wurde

„die Sehnsucht des Menschen, das Austragen einer Utopie, die ihn aufrecht erhält". Von hier aus erklärt sich auch die Eintragung, die der Komponist am Ende seiner szenischen Anweisungen der Partitur voranstellte: „Das Gesamt der Bühne soll bis zu dem kleinsten Detail Optimismus und überströmende Freude ausdrücken."

Es handelt sich bei Zimmermanns Oper nicht um eine schlichte Einrichtung des García-Lorca-Stückes für ein Opernlibretto, sondern um eine Adaption. Verloren gingen zwar die scharfen Kontraste, die Härten und Extreme, die aus dem Gegeneinander von Komik und Tragik resultierende Dynamik, gewonnen wurde dafür ein „lyrisches Drama" und „eine der schönsten, ausdruckreichsten Frauenpartien des 20. Jahrhunderts" (Lange 1982, S. 13).

Zimmermann beleuchtete in García Lorcas Drama die Schicht, „in der eine Frauenseele für alle beschrieben wird. Und dabei entsteht ganz sachte eine Lehrfabel von der menschlichen Seele. So ist also die kleine Schustersfrau ein Typus und ein Archetypus aufs Mal; ein junges ursprüngliches Geschöpf und ein Mythos unserer reinen, unbefriedigten Wunschträume." (García Lorca, zitiert nach Rincón 1975, S. 102)

Zimmermanns Musik entspricht mit ihrer schwebenden Tonalität der zwischen Komödie und Tragödie, zwischen Realem und Phantastischem vermittelnden Handlung. Der Komponist hat darüber hinaus einen quasi perspektivischen Wechsel zwischen „inneren und äußeren Räumen" ausgeformt, hat der „Volksmenge, die die Schustersfrau mit einem Gürtel aus Dornen und lautem Gelächter umgibt" (García Lorca, zitiert nach Rincón 1975, S. 108) eine einprägsame Klanggestalt und eine innere Dynamik gegeben. Hier ist Zimmermann bewußt über García Lorca hinausgegangen; die Schustersfrau wird bei ihm nicht nur von Dornen des Lachens und der Mißgunst, sondern auch von Perlen der Bewunderung und Sehnsucht umschlossen. Die besondere Schönheit von Zimmermanns Oper besteht gerade darin, daß er allen Gestalten, selbst Randfiguren, ein Recht gibt, besser und bedeutsamer zu sein, als sie es unter den gegebenen Umständen sein können.

Mit einem der einfachsten und bekanntesten musikalischen Motive, mit der fallenden kleinen Sekunde, dem Klagemotiv, beginnt die Oper. Im Wechsel der Metren verschwimmt der Ausdruckswert, bald rufend, bald klagend, bald sehnsuchtsvoll, und im Wechsel vom Streicherunisono zum kleinen kanonischen Flötenduett erhält das winzige Partikel den Charakter eines kessen kleinen Liedanfangs. Dieses Rufen und Singen der Instrumente wird von den kanonischen Stimmen der Nachbarinnen aufgenommen, die die Sehnsucht nach dem Wunderbaren, dem Unangepaßten, nach der kleinen Schustersfrau in uns allen in Worte fassen und heraussingen, bis sich die Stimmen immer enger verflechten und die große Offenheit für das Wunderbare erstickt wird, dafür Neid und Mißgunst gellend hervorbrechen und sich der „Gürtel aus Dornen und lautem Gelächter" um die kleine Schustersfrau schließt.

In seiner fünften Oper hat Zimmermann bestimmte dramaturgisch-musikalische Verfahren seiner früheren Opern aufgegriffen und vervollkommnet; er ist in gewisser Weise prinzipieller verfahren, so vor allem, was das Verhältnis von Situation und Figur, von Instrumental- und Vokalpart betrifft: „Wie bei mir eigentlich nur in frühen Stücken ist in der ›Wundersamen Schustersfrau‹ relativ streng zwischen ‚Situation' und ‚Figur' unterschieden. Die ‚Situation' ist mehr oder weniger durch ein Strukturverhalten gekennzeichnet, welches sich im Orchester ausdrückt, während die ‚Figur' durch ihr vokales Verhalten charakterisiert wird. Zu Wagner habe ich überhaupt keine, zu Verdi hingegen eine sehr starke Affinität; so kommt diese ‚Technik' vielleicht auch (...) von Verdi her, weil ich glaube, daß Verdi seine Figuren sehr stark durch die Art, sich vokal zu verhalten, charakterisiert. Und das Orchester hat – und dabei bin ich also auch geblieben – eine mehr zeichnende, fast grafische Funktion, bei Verdi in einer äußerst sparsamen Weise. Die Situation umschreibt oder reflektiert der Orchesterpart – manchmal ein einzelnes Instrument, dann eine Linie oder Fläche. (...) Von der Struktur her gibt es eine Unterscheidung zwischen dem Bereich Schustersfrau – Schuster – Knabe und der ‚Umwelt' (die Nachbarinnen, der Bürgermeister, Don Amsel, der Bursche mit der Schärpe, der Bursche mit dem Hut). Die Strukturen benutzen manchmal bestimmte Reihen mit sieben oder neun oder elf Tönen – es gelten da keine sehr strengen Festlegungen –, und es gibt bestimmte, für die Figuren charakteristische Intervallspannungen." (Zimmermann 1988, S. 332)

Die ›Schustersfrau‹ ist ebensowenig wie ›Levins Mühle‹ eine Folklore-Oper, obgleich Zimmermann Volksmusik-Zitate verschiedenster Art verwendet. Aber es geht ihm dabei nicht darum, nur Lokalkolorit herzustellen, er hat vor allem versucht, den spezifischen Charakter, den Gestus der spanischen, auch von Lorca bevorzugten Musiziermodelle zu erfassen, mit Recht davon ausgehend, daß darin sich auch das Wesen der Figuren darstellen ließe. Anhand von musikwissenschaftlichen Materialien hat er entsprechende Studien betrieben und seine Zitate nicht als „Aha-Erlebnisse", als Erkennungsmarken disponiert, sondern als Strukturzitate: „Letztlich konzentrieren sich alle Zitate auf das Festhalten der Struktur des ‚Cante jondo'. Dieser ist freilich kein Zitat im Sinne einer direkten Entlehnung; er ist ja nirgends aufgeschrieben, sondern existiert nur als eine ‚Intonation' in Andalusien (...). Der berühmte ‚Cante jondo' ist eine Intervall-Intonation, die ständig zwischen Dur und Moll schwankt, die sich nie auf eine Tonika einläßt und in einer Dominant-Situation hängenbleibt. (...) Dieser merkwürdige Schwebezustand zwischen Dur und Moll, dieses ständige Unentschieden-Sein, dieses vom ‚Cante jondo' herkommende intervallische und dann vielleicht auch in gewisser Weise harmonisch-strukturelle Verhalten ist für die Oper sehr wichtig. So beginnt sie, und so scheint sie in der Umarmung von Schustersfrau und Schuster auch zu schließen. Der ‚Cante jondo' ist gleichzeitig Idiom für eine Landschaft wie Assoziationsfeld – er steht für jene Sehnsucht vom anderen Ufer, wie Lorca sagt, wo man weder hinkommen kann, noch je hinkommen wird. Es entsteht im Grunde genommen eine merkwürdige Brechung von Tragödie und Heiterkeit, nie gibt es eine Entscheidung für diese oder jene Seite.

Im ersten Akt kommt der ‚Cante jondo', nachdem er das Stück eröffnet hat, dreimal vor, immer stärker aufgereiht über architektonische Flächen bis zur Zerreißprobe in den drei großen Auseinandersetzungen der beiden Eheleute. Dann geht der Schuster weg, und auch der ‚Cante jondo' verschwindet bis zum Schluß, wo sie sich wiedersehen und in die Arme fallen, und er bleibt auf diesem Höhepunkt eigentlich auch wieder als eine Frage stehen." (Zimmermann 1988, S. 332 f.) Die „unentschiedene Dur-Moll-Situation", die frei schwebende Haltung sind typisch für die gesamte Oper, geben ihr das unverwechselbare Fluidum. Zimmermann hat in diesem Zusammenhang von einer Vor-Ordnung des musikalischen Materials gesprochen, von einem strukturellen Überbau, sogenannten Grundstrukturen, die dem Werk trotz seines Montage- und Zitatcharakters die Einheitlichkeit gewähren: „Sie wirken auch auf Partien ein, die scheinbar aus dem Rahmen fallen, wie die Marienlied-Intonation im zweiten Akt, die nie in eine Tonika kommt." (Zimmermann 1988, S. 333)

Das einzige wörtliche musikalische Zitat in der Oper geht auf eine von García Lorca komponierte Weise im Stile des Zorongo, eines andalusischen Volkstanzes, zurück. Im Text dieses Tanzliedes läßt er eine junge Frau von einem anderen Leben träumen. Zimmermann hat diese Verse seiner Partitur als Epigraph vorangestellt; Mit ihnen wird die musikalische Stimmung des Zorongo exemplarisch beschrieben, der in der Oper leitmotivisch wiederkehrt, als „Traummusik" der jungen Schustersfrau. Mit dieser Traummusik versetzt sie sich ans andere Ufer, ins Land ihrer Sehnsucht; mit ihr imaginiert sie fiktive Verehrer und unwahrscheinliche Begebenheiten und erhebt sich über ihre platte Existenz. Erst im Finale büßt diese Musik etwas von ihrer Kraft ein, da wirkt der Zorongo „wie eine Spieldose, die nur noch klingt und irgendwie nicht mehr stimmt. Der Spieldosen-Effekt ist angewandt, um zu zeigen, daß die Zeit nicht stehenbleibt und über sie hinweggehen wird. Die Schustersfrau sinkt resignierend zusammen und nimmt dann doch ihren Mann mit auf in den Blick und sagt sich, wir müssen diese Zeit überstehen, wir müssen weiterkommen, auch gemeinsam weiterkommen. Also spielt der ‚Zorongo' immer in ihren Träumen von einer anderen Realität eine Rolle. Es gibt keinen Emiliano, und es gab nie einen Schuster, der ein Pferd hatte, dessen Schwanz bis zum Dorfbach reichte, das alles ist Einbildung. Es ist dies nur die Vorstellung von irgendeinem Stück Utopie, das sich für sie nie realisieren wird – aber sie benötigt es. Der ‚Zorongo' hat aber noch eine andere Funktion. Zum einen ist er das ‚utopische' Lied der Schustersfrau, zum anderen wird er im zweiten Akt als Spottlied der Leute umfunktioniert." (Zimmermann 1988, S. 333)

Der von Zimmermann im harmonischen Bereich realisierte Schwebezustand wird hier auch auf die Funktion und Spielarten der Zitate ausgeweitet: Der „Zorongo" dient der Enthebung aus einem prosaischen Alltag mittels Traum und mittels Spott, er trägt Flucht-, aber auch Verfolgungscharakter.

Wenngleich Zimmermann seine Musik, deren Funktion er oft und gern mit der einer Kamera vergleicht, ganz auf die Schustersfrau, deren Sehnsüchte, Ängste, Visionen konzentriert hat, so ist es ihm doch zugleich gelungen, einen Grundzug von García Lorcas Ästhetik zu bewahren und in die Oper zu übertragen: die durchgehende Vieldeutigkeit aller Vorgänge und Figuren. Lorcas Ästhetik stellte eine radikale Kritik am faschistoiden Denken und Fühlen dar, dessen Vorboten und Anzeichen er überall dort gegeben sah, wo menschliche Verhältnisse und Beziehungen in platte, einschichtige Muster zerlegt und auf ihren einfachsten Nenner gebracht werden, den Menschen so die Luft und die Lust an der Veränderung der Verhältnisse und an ihrer eigenen Entwicklung genommen werden, während er mit seiner Kunst den Blick auf die vielen möglichen Alternativen menschlichen Seins eröffnen wollte. Diesen ethischen Impuls verwirklichte er auf höchstem artifizellem Niveau, und die Einheit von ethischem und ästhetischem Anliegen wurde für Udo Zimmermann entscheidend, indem er sie ebenfalls in seiner Partitur zu realisieren versuchte: „Konstruktives Grundelement der Partitur und Zusammenhang stiftendes ‚Stilelement' ist der sich nie entscheidende Schwebezustand zwischen Dur und Moll, der ewig vorhandene Leitton, der sich nicht auflösen will, der immerwährenden Unentschiedenheit zwischen C und Cis, das ständige Offenlassen, wie auch immer gearteter tonaler, freitonaler oder struktureller Bezüglichkeit." (Zimmermann, zitiert nach Lange 1984, S. 102)

Die letzten zwei Szenen sind ungewöhnlich, ein Novum in der Operngeschichte: Zimmermann hat „szenische Monologe" komponiert, in denen „zwei Sänger auf der Bühne spielen, aber nicht singen, die Musik jedoch alles aussagt, was in ihnen vorgeht" (Zimmermann 1982, S. 12). Der Komponist begründet diese ungewöhnliche Form, er habe nicht nur der Tendenz moderner Opernregie, Instrumentalstücke wie Ouvertüren oder Zwischenspiele szenisch auszudeuten, entgegenkommen wollen, sondern auch eine Klammer zum Ende des I. Aktes schaffen wollen, wenn die Schustersfrau merkt, daß sie ganz allein im leeren Haus und ihr Mann auf und davon ist. „Ich finde da eine Brücke zwischen diesen Szenen – hier das leere Haus als Symbol einer zerbrochenen Ehe, und dort zwei Figuren im leeren Haus, beide in extremen Situationen." (Zimmermann 1982, S. 12) Für den Schluß der Oper komponierte Zimmermann einen zweiteiligen Walzer und fügte folgende Regieanmerkung hinzu: „Die Schustersfrau scheint noch einmal für wenige Augenblicke in einer ‚anderen Welt, an jenem anderen Ufer, wo sie weder hinkommen kann noch wird'. Wieder beginnt sie zu tanzen. Aber ihre Bewegungen wirken entgegen der Musik eher schwerfällig, melancholisch, leicht unbeholfen. Schließlich klammert sie sich an einen Stuhl, auf dem sie resignierend zusammensinkt. Gleichzeitig erhebt sich der Schuster von seinem Arbeitstisch: betroffen, scheinbar verständnislos, blickt er auf seine Frau. Sie hebt langsam den Blick und schaut ihren Mann hilflos oder hilfesuchend an." Langsam verlöscht das Licht, erstirbt die Musik. Somit werden die im Stück ausgetragenen extremen und widersprüchlichen Gefühle in diesen zwei „stummen Monologen" nicht in Worte gefaßt, um desto besser über die Aufführung hinaus weiterwirken zu können. „Das Wiederfinden des Ehemannes und seiner Frau ist von menschlicher Größe, zugleich aber auch Utopie. Das Glück des Paares verbleibt in der Schwebe theatralischer Fiktion, Doppelschichtigkeit und symbolische Tragweite der erzählten Geschichte bestätigend." (Zimmermann 1983)

Aneignung
Die Uraufführung in Schwetzingen mit dem Ensemble der Hamburgischen Staatsoper in der Regie von Alfred Kirchner, der Ausstattung von Axel Manthey und unter der musikalischen Leitung von Peter Gülke wurde nicht zuletzt deshalb ein großer Erfolg, weil das Regieteam eine nichtnaturalistische Spielweise realisierte und es verstand, den inneren seelischen Vorgängen einprägsame äußere Gestalt in kräftigen visuellen Zeichen zu geben. Mit Lisbeth Balslev (Schustersfrau) und Franz Grundheber (Schuster) standen darüber hinaus zwei ideale Protagonisten zur Verfügung. Dennoch wurde hier bereits deutlich, z.B. an den Gestalten der bösen Nachbarinnen, was sich bei den nachfolgenden Inszenierungen in Leipzig (1982, Regie: Günter Lohse) und Berlin (1983, Regie: Erhard Fischer) bestätigen sollte: Dieses Werk gibt dem Theater große Freiheiten, bürdet ihm aber zugleich eine große Verantwortung auf, denn mit jeder Einstudierung stellen die Interpreten ihre eigenen ethischen Impulse zur Diskussion; es erweist sich, ob sie (wie García Lorca und Zimmermann) jeder Figur ihr Recht geben, besser zu sein, als die Umstände es erlauben, oder ob sie Unzulänglichkeiten als unveränderbar darstellen.

1985 erschloß Regisseur Michael Heinicke in Bautzen ›Die wundersame Schustersfrau‹ für die Möglichkeiten einer kleineren Bühne; er stellte eine interessante Lesart vor, indem er weniger das Ehedrama betonte als vielmehr in den Vordergrund rückte, wie beengte Verhältnisse große und kleine, schöne und häßliche Träume hervorbringen – nicht nur im Kopf der Schustersfrau, sondern bei allen Menschen ihrer Umgebung. In dieser Inszenierung, in der der Regisseur die für sein Publikum wesentlichen Dimensionen am Stück herausarbeitete, konnte sich Zimmermanns Werk im Repertoirealltag behaupten.

Außerdem erlebte die Oper Inszenierungen in Meiningen, Bielefeld, Nürnberg, 1988 in München, 1989 in Bonn; die Münchner Aufführung fand anläßlich der Ersten Biennale für neues Musiktheater statt.

Nachdem 1986 die Schutzfrist der Werke Federico García Lorcas ablief, wurden neue Übersetzungen seiner Stücke angefertigt. Für einen Textvergleich empfiehlt sich die Übertragung von Fritz Rudolf Fries, die 1987 vom Bühnenvertrieb des Henschelverlages Berlin (henschel SCHAUSPIEL) als Textbuch für das Theater veröffentlicht wurde.

Mit einer Charakteristik seiner Oper hat Udo Zimmermann selbst den entscheidenden Schlüssel für eine Interpretation geliefert: „Die ›Wundersame Schustersfrau‹ ist nicht etwa ein soziales Stück. Es geht nicht darum, daß eine spießbürgerliche Umwelt eine Ehe kaputtmacht. Gewiß spielt das auch mit hinein, aber es ist nicht die Hauptsache. Es handelt sich auch nicht um das psychologische Trauma einer Ehe, etwa weil ein zu alter Mann eine zu junge Frau geheiratet hat. Vielleicht spielt auch dies eine Rolle, aber jedenfalls nicht in erster Linie. Im Mittelpunkt steht vielmehr diese Frauenseele, die Selbstverwirklichung einer Frau." Das Interesse Zimmermanns aber reichte weiter, es umfaßte Konflikte, Ängste und Hoffnungen vieler Menschen seiner Zeit und seines Landes: „Es gibt kein ‚Happy-End', auf keinen Fall: Dies würde das Stück kaputtmachen. (...) Die Schustersfrau ist sich selber treu geblieben und hat lediglich begriffen, daß ihr Traum vom anderen Ufer unerfüllbar ist, daß sie ihn aber gleichwohl benötigt, um überhaupt leben zu können. Das scheint mir das Wichtigste und Aktuelle an diesem Stück zu sein, und deshalb schließt es dort ein wenig resignativ, wenn auch der melancholische Zauber dieses ‚anderen Ufers' bleibt. Damit müssen wir uns alle abfinden, da wir ja alle davon leben, daß wir uns sagen, eines Tages wird es besser werden. Das muß kommen. Und wir wissen vielleicht im Innersten sicher, daß dies nie eintreten wird, und dennoch halten wir uns daran. Und das finde ich das Großartige an diesem Stück, dieses Nicht-Aufgeben-Wollen, selbst in einer ganz schlimmen Zeit. Daß man dies noch immer kann: ‚unter Tränen zu lächeln' – um einen Begriff von Fellini zu zitieren, der auf seine weinenden Figuren noch immer ein Lächeln zaubert. Und so ist es auch hier.

Ich glaube, daß das Stück ein Nachdenken darüber auslösen wird, daß man selbst unter den mißlichsten Umständen in einer Realität, wo auch immer man lebt, in einer gespaltenen Welt, in einem trügerischen Frieden, sich dennoch selbst verwirklichen muß und träumen muß von einer Zukunft." (Zimmermann 1988, S. 331)

Ausgaben Text In: Programmheft Hamburgische Staatsoper 1982; KlA Deutscher Verlag für Musik Leipzig 1982 (dvfm 6117)

Rechte Deutscher Verlag für Musik Leipzig

Literatur Federico García Lorca: Die wundersame Schustersfrau (La zapatara prodigosa). In: Federico García Lorca: Die dramatischen Dichtungen, deutsch von Enrique Beck, Wiesbaden 1954; ders.: Briefe an Freunde. Interviews. Erklärungen zu Dichtung und Theater, Frankfurt/Main 1966; ders.: Stücke, aus dem Spanischen in der einzigen berechtigten Übertragung von Enrique Beck, hrsg. von Carlos Rincón, Leipzig 1976; Günter W. Lorenz: Federico García Lorca, Hamburg 1963; Carlos Rincón: Das Theater García Lorcas. Neue Beiträge zur Literatur, Bd. 38, hrsg. von Werner Krauss und Walter Dietze, Berlin 1975
Udo Zimmermann: Ich brauche zur Welt der Töne meine geistige Heimat. Gespräch mit Hans-Joachim Kynaß. In: Neues Deutschland 16. Februar 1982; ders.: Faszination Stimme. Gespräch mit Wolfgang Lange. In: Sonntag Nr. 47, Berlin 1982; ders.: Gespräch mit Wolfgang Lange. In: Theater der Zeit, H. 7, Berlin 1982; ders.: Der Komponist zu seiner Oper ›Die wundersame Schustersfrau‹. In: Udo Zimmermann. Opern. Verlagskatalog Leipzig 1982; ders.: Unter Tränen lächeln. Auf der Suche nach meiner Identität. In: Jahrbuch der Hamburgischen Staatsoper VII (1980/81), Hamburg 1982; ders.: Inhaltsangabe. In: Programmheft Deutsche Staatsoper Berlin 1983; ders.: Gespräch mit Fritz Hennenberg. In: Komponieren zur Zeit. Gespräche mit Komponisten der DDR, hrsg. von Mathias Hansen, Leipzig 1988
Wolfgang Willaschek: Unser aller Utopie. Zur musikalischen Dramaturgie der ›Schustersfrau‹. In: Programmheft Hamburgische Staatsoper 1982; Wolfgang Lange: Introduktion und Finale. ›Die wundersame Schustersfrau‹. In: Programmheft Deutsche Staatsoper Berlin 1983; ders.: Udo Zimmermanns fünfte Oper ›Die wundersame Schustersfrau‹. In: Oper heute 7. Ein Almanach der Musikbühne, hrsg. von Horst Seeger und Mathias Rank, Berlin 1984
Rezensionen der Uraufführung. In: Theater der Zeit, H. 7, Berlin 1982; Rezensionen der DDR-Erstaufführung. In: Theater der Zeit, H. 11, Berlin 1982; Musik und Gesellschaft, H. 1, Berlin 1983; Rezension der Berliner Erstaufführung. In: Theater der Zeit, H. 5, Berlin 1983

Weiße Rose
Szenen für zwei Sänger
und fünfzehn Instrumentalisten
nach Texten von Wolfgang Willaschek

Entstehung 1984-1985

Uraufführung 27. Februar 1986 Opera stabile der Hamburgischen Staatsoper

Personen
Sophie Scholl_____Sopran
Hans Scholl_____Tenor oder Bariton

Orchester Fl (auch Picc und AFl), Ob (auch EH), Klar (auch PiccKlar und BKlar), Hr, Trp, Pos, BPos, Hrf, Kl, Slzg; Str

Aufführungsdauer 1 Std., 20 Min.

Handlung
Gefängnis München-Stadelheim. In der Stunde vor der Hinrichtung am 22. Februar 1943. (Beide Angaben markieren lediglich den historischen Hintergrund.)
I: „Gib Licht meinen Augen, oder ich entschlafe des Todes"
Die Bitte zweier zum Tode Verurteilter. Warum fürchten sie in der Stunde des Todes den Schlaf?
II: „Mein Herz ist wach"
Sophie Scholls Vision eines Seins ohne innere und äußere Begrenzungen, eines Aufgehens im Universum.
III: „Schießt nicht"
Hans Scholls Erfahrungen von Ohnmacht und Gleichgültigkeit. Bedrängende Bilder; eines bittenden Menschen, der dann erschossen wird, und die Hand liegt leer und ausgestreckt im Schnee.
IV: „Daß es das gibt"
Das Furchtbare und das Wunderbare, den Faschismus und das Entstehen von Leben, daß dies gleichzeitig und nebeneinander existiert.
V: „Sie fahren in den Tod und singen noch und singen, singen, singen..."
Sophie Scholls Erfahrungen von Ohnmacht und Gleichgültigkeit. Bedrückende Bilder. Da fahren Kinder in den Tod und singen.
VI: „Wir haben eine Mauer aufgebaut"
Wann beginnt eigentlich Faschismus? Lange bevor der erste Mensch verfolgt wird, mit Unachtsamkeit und Gleichgültigkeit.
VII: „Die Tür, die Tür schlägt zu"
Der Henker steht schon vor der Tür. Panische Angst.

VIII: „Sie haben ihr das Haar geschoren"
Die Hilferufe hören und nicht helfen können. Hans wünscht sich, seine Erinnerungen auszulöschen.
IX: „Einmal noch möchte ich mit dir durch unsre Wälder laufen"
Ganz anders Sophie: Sie möchte sich erinnern, an ihr verzweifeltes Glücklichsein.
X: „Ein Mann liegt regungslos erfroren"
Hans kann den grauenvollen Erinnerungen nicht entfliehen.
XI: INSTRUMENTALES ZWISCHENSPIEL *„Haltungen: plötzliche, fürchterliche Verzweiflung, Aufbäumen, schrecklich langes Schreien, das nach und nach verstummt, Weinen, Abwesenheit bis zur völligen Stille."*
XII: „Mein Gott, ich kann nichts anderes als stammeln"
Die Bitte um inneren Frieden.
XIII: „Nicht abseits stehn, weil es abseits kein Glück gibt"
Das hat der Vater dem Sohn gesagt, und der hat danach gehandelt. Die Mutter aber hat nach Jesus gefragt, und die Tochter hat auf dieses Fragen mit ihrem Leben geantwortet. Mutter – Tochter, Vater – Sohn, vier Glieder einer Kette, die bei Jesus beginnt.
XIV: „Die Vision vom Ende"
Da trommelt einer und wird nicht gehört, zugleich aber wird abseits in aller Stille ein Kind gerettet.
XV: „Und mein Feind könnte sagen, über den war ich Herr"
Die letzte Antwort auf die erste Frage: Sie fürchten mehr als den leiblichen den seelischen Tod. Deswegen:
XIV: „Nicht schweigen, nicht mehr schweigen"
Sie schreien, aber man hört sie nicht.

Kommentar

Das einzige strenge Zitat in der Oper erklingt am Schluß: motivisches Material aus dem Lied „Wenn wir marschieren, ziehn wir zum deutschen Tor hinaus". Daraus erwächst passacagliaartig ein Marsch, ein wüstes Crescendo; dagegen schreien ein Mann und eine Frau an: „Sagt nicht, es ist fürs Vaterland! Verlängert diesen Wahnsinn nicht! Stellt euch nicht blind und taub, wenn mitten unter euch der Tod zu Hause ist!" – Vergebliches Schreien, die Stimmen gehen unter im „millionenfachen Jubel der Lügen" (Zimmermann 1986, S. 61).

Dann bricht alles jäh ab, und in die Stille hinein fragt der Mann: „Habe ich als Soldat ein Recht auf den Erschießungstod?" und die Frau: „Sterbe ich durch den Strick oder durch das Fallbeil?" An dieser Stelle entscheidet sich bei jeder Aufführung das Schicksal von Werk und Interpretation. Kommt dieses Fragen nur als kolportagehafter Effekt, dann ist das innere Geheimnis dieser Oper nicht erkannt. In ihr wird gefragt, wie sich der Mensch als Subjekt bewahren, wie er selbst in der extremsten Situation, in Kerkerhaft und Todeszelle, sich dagegen wehren kann, Objekt fremder Interessen zu werden. Die Frage nach dem Wie der Hinrichtung ist ein Versuch, auch den letzten Schritt selbständig, wissend zu gehen.

Antifaschismus ist hier ganz radikal gefaßt, dem gestrigen wie dem heutigen Faschismus wird hinter die Maske geschaut: Sein Wesen ist Fremdbestimmung von Leben, und wer das als Problem erkannt und an fremdem wie eigenem Leid erfahren hat, dem wird ähnlich den Geschwistern Scholl Antifaschismus das „Selbstverständliche" sein. Und doch bleibt an dem Tun etwas beunruhigend Unerklärbares. Nicht zufällig fragten sich Anfang der achtziger Jahre viele, warum für die Scholls der Widerstand, den sie ohne konspirative Erfahrung und ohne Hoffnung, ein allmächtiges Regime zu erschüttern, leisteten, „nichts Besonders" war, wenn Millionen Deutsche 1943 das „Selbstverständliche" n i c h t taten. Das fragten Michael Verhoeven und Percy Adlon in ihren Filmen ›Die weiße Rose‹ und ›Fünf letzte Tage‹, wie Franz Fühmann in seiner Scholl-Preis-Rede 1983 konstatierte. Diese Beunruhigung beschrieb Christa Wolf in ihren Poetik-Vorlesungen und in ihrer Erzählung ›Kassandra‹, von dieser Unruhe war auch Udo Zimmermann ergriffen, als er 1982, nach dem großen Erfolg seiner ›Wundersamen Schustersfrau‹ an der Hamburgischen Staatsoper, mit dem Wunsch des Hauses konfrontiert wurde, einer Neuinszenierung seiner ersten Oper, ›Weiße Rose‹ von 1968, zuzustimmen, was er aus bestimmten Erwägungen ablehnte.

„Wann Krieg beginnt, das kann man wissen, aber wann beginnt der Vorkrieg?" läßt Christa Wolf 1982 Kassandra fragen (Wolf 1983, S. 77), für Udo Zimmermann, der 1943 (im Jahr der Hinrichtung der Scholls) in Dresden, in einer der damals schönsten Städte der Welt, geboren wurde, und in einer zerbombten Nachkriegswüste aufwuchs, hatte sich diese Frage schon sehr früh gestellt; er hatte sich mit seiner ersten Oper ›Weiße Rose‹ zu beantworten gesucht. Doch glaubte er 1967, wie viele seiner Generation auch, die Vergangenheit ließe sich abtun, indem man sie „bewältigt". Doch in dem positiv gemeinten, viel gebrauchten Begriff „Bewältigung" steckt das Wort Gewalt, und dementsprechend war auch die Dramaturgie der ersten ›Weißen Rose‹: Auf die Darstellung faschistischer Gewaltaktionen folgte deren Bewältigung durch Widerstand, dem Widerstand selbst wurden durch reflektierende Passagen (Interludien) ideologische Begründungen gegeben. Wahrhaftig war dieser Opernerstling insofern, als er den Geist der Zeit treffend widergab, die Flucht aus den unaussprechbaren neuen Ängsten, aus der Wiederkehr des Alten, aus einer neuen geistigen Misere in den Überschwang des „Bei uns ist das nicht mehr möglich": Die frühe Oper über die Geschwister Scholl war letztendlich ein Heldenepos.

Erfahrungen zeigten ihm, daß hinter der Sehnsucht nach neuen Helden nichts anderes als die Flucht vor den alten stand, aber auch Angst vor eigener Ohnmacht und Ungenügen. Von dieser Fluchtbewegung der Väter wollten die Söhne endlich loskommen. Und so wurde Udo Zimmermanns dritte ›Weiße Rose‹ keine Neufassung, sondern gegenüber den beiden Vorgängerinnen von 1966/67 und 1968 ein vollständig neues Werk – nicht zuletzt durch den sprachlich verdichteten Text von Wolfgang Willaschek. Das scheinbar authentisch-dokumentarische Nachspielen von geschichtlichen Ereignissen wurde zugunsten einer poetischen Strategie aufgegeben, die das Ich und das Wir in eine beunruhigend unauflösbare und widersprüchliche Beziehung bringt. Die schauerlichen Gegensätze dieser „menschlichsten" aller Welten erklingen nun in ihrer unerhörten Gleichzeitigkeit, die dicht aufeinanderfolgenden bildbezogenen Aktionen und Reaktionen erzeugen eine hohe emotionale Gespanntheit, innerhalb deren alles real Konkrete – ob in Wort oder Klang – wieder einen wahrhaft „anrührenden" Sinn erhält.

Nachdem der Versuch des Komponisten, mit dem ersten Librettisten, dem Bruder Ingo, zu einer Neufassung zu gelangen, fehlgeschlagen war, „stieß (er) auf Wolfgang Willaschek. Der nahm Kontakt mit der Schwester der Scholls auf, Inge Aicher-Scholl, studierte die Briefe, die zu diesem Zeitpunkt noch nicht bei Fischer erschienen waren – eine wahre Fundgrube. Sie sympathisierte mit der monologischen Form, die wir beabsichtigten, damit, daß wir nicht die Widerstandsgruppe auf die Bühne stellen wollten, sondern zwei große Menschen in Grenzsituationen ihres Lebens, eine Stunde vor ihrem Tod, in existentieller Not." (Zimmermann 1986, S. 60)

Anderthalb Jahre lang erarbeitete Wolfgang Willaschek, damals noch leitender Dramaturg an der Hamburgischen Staatsoper, aus Briefen und Tagebuchaufzeichnungen der Scholls, aus Bibelzitaten und frei übersetzten Psalmversen sowie mit eigenen Texten das sprachliche Fundament der Komposition. Auf besonderen Wunsch des Komponisten zog er auch Texte von „Zeitzeugen" wie Dietrich Bonhoeffer, Tadeusz Różewicz und Franz Fühmann hinzu.

So wenig entscheidend im einzelnen ist, aus welcher Quelle zitiert wird, wichtig ist doch die übereinstimmende Grundhaltung der Texte aller Autoren – ihre absolute Wahrhaftigkeit.

Die Texte sind nach verschiedenen und wechselnden Prinzipien verknüpft, nicht nach der einfachen Regel von Ursache und Wirkung. Kausalverbindungen sind, wenn sie überhaupt zutage treten, reduziert. Es gibt keine lineare Fabel oder Ereignisabfolge, die einzelne Minute, das konkrete Bild, die jeweilige Assoziation sind Gegenstand des Geschehens, dessen Dynamik nicht aus der Präsentation dramatischer Ereignisse, sondern aus den inneren Reaktionen auf äußere Ereignisse resultiert.

Es gibt auch keinen direkten realen Dialog zwischen den Geschwistern, aber Minuten der Gleichzeitigkeit von gleichen oder auch ganz gegensätzlichen Gedanken und Gefühlen. So entsteht ein unwirklicher Dialog zweier Seelen, ein Agieren und Reagieren in Bildern, in denen die Zeit aufgehoben scheint, das Unwesentliche von den Dingen und Menschen abgefallen ist und das Wesen hervortritt: ein „reines ‚inneres' Szenarium. Zwei Personen müssen eigentlich alle Gegenspieler, alle Aktionen in sich und fürs Publikum sichtbar spielen. Die beiden sollen in uns ständig Assoziationen vergegenwärtigen: die Unterdrückung, das totalitäre System, Wahrheitssuche. Alles an ‚Umfeld' ist weggelassen, alle ‚Gegenspieler'. Freilich kann man sagen, daß das ‚Umfeld' von den siebzehn Instrumentalisten reflektiert wird: Hier werden Schreie, Träume, Bosheit und Angst klangliche Gestalt." (Zimmermann 1988, S. 319)

In einem einzigen Fall ist es wichtig, den Ursprung des Zitats zu wissen. Gegen Schluß der Oper gibt es eine Szene: „Vision vom Ende der Welt". Hier wird aus Franz Fühmanns Gedichtfolge ›Zu drei Bildern Carl Hofers‹ zitiert. Carl Hofer hatte 1928 das Bild ›Die schwarzen Zimmer‹ gemalt und, als es verlorenging 1943 (!), eine identische Zweitfassung hergestellt. Wie unter geheimem Zwang eilen nackte Männer aus dunklen Zimmern in dunkle Zimmer. Einer – in der Mitte – steht und trommelt; er gibt diesem Alptraum von Terror und Ausweglosigkeit die ohrenbetäubende Musik. Franz Fühmann hat diesem Bild das erste seiner drei Gedichte ›Die schwarzen Zimmer‹ gewidmet. Aus diesem Gedicht wird in der Szene XIV zitiert. Hans gleichzeitig mit Sophie: „Mein Gott, wer trommelt denn da, sind denn keine Ohren,/ die hören, was da getrommelt wird, wer da / trommelt? O daß doch / Augen wären, dies Trommeln zu sehen, / wenn das Ohr den Ton nicht erkennt: So seht: der / Unsichtbare ist schon an der Tür, der / Unsichtbare tritt ein; er / ist, der Unsichtbare, schon eingetreten, / ist da, / unsichtbar / so seht ihn doch unter euch stehen: wüst, grausam, stumpf, stampfend im Dunkeln."

Zimmermann hat diese Verse nicht nur seinen Reflexionen für Orchester ›Mein Gott, wer trommelt denn da‹ zugrunde gelegt und damit im nachhinein auf das Substantielle dieser Szene aufmerksam gemacht, sondern Fühmanns Art der Bildbeschreibung und seine Bilderwelt geben insgesamt den Schlüssel zum Wesen der Oper, finden sich doch bei ihm die ethischen Grundprinzipien der Geschwister Scholl auf exemplarische Weise ausgesprochen: „Aber kein Kerker ist härter / als der in die Seele gesenkt, / was sind Schlösser und Schwerter, / wenn der Geist ein Bild nicht mehr denkt..." (Fühmann 1978, S. 17)

Die Oper beginnt mit einem unvollständigen Zitat, „Gib Licht meinen Augen, daß ich nicht entschlafe des Todes", und endet (in der vorletzten Szene) mit dem vorenthaltenen Schluß des Zitats „... und meine Feinde könnten sagen, über den ward ich Herr". Dazwischen liegt das Ringen der Geschwister, „wach zu bleiben", d.h. die Augen nicht vor dem Leid zu verschließen, denn ihr Feind ist die Gleichgültigkeit.

Aber nicht jede Metapher kann und soll auf ein allgemeines humanistisches Maß reduziert werden, denn die Oper enthält ihrem Gegenstand entsprechend auch die Manifestation eines Glaubens; den Protestantismus.

Wolfgang Willaschek hat mit seinem Text hochexpressive Lamenti, Appellationen, Reflexionen, Fragen und Gebete formuliert, denen der Komponist folgt. Udo Zimmermann bekennt sich zu Vorbildern wie Schütz, Bach, Schubert und Schumann, zur Tradition protestantischer Cantiones und Choräle, zum deutschen Kunst- und Strophenlied. Aus diesem großen Feld musikalischer Äußerungen entwickelt er eine spezifische Vokalgestik, deren Todesgewißheit, Todestraurigkeit, auch Strenge und Unerbittlichkeit er adaptiert. Eine kleine „Leitmelodie" verbindet die Geschwister, macht sie als einander gleiche und doch voneinander unterschiedene Geschöpfe kenntlich.

Hans Scholls hervorstechendes Merkmal in Zimmermanns/Willascheks Werk ist das Unvermögen, auch nur im Traum „das Stöhnen der Gequälten, die Seufzer der Verlassenen, und (das) Schreien, Schreien, tausendfache(s) Schreien" loszuwerden. Für ihn gilt Robert Schumanns „Ich hab im Traum geweint heut nacht". Sophie hat den gleichen Vokalgestus, dennoch ganz anders charakterisiert, da er meist in einem fast tänzerischen Rahmen, dem Siciliano oder 6/8-Takt eingebettet ist. Sophie neigt ihrer Natur nach zur Hingabe und Auflösung, ihre Bilderwelt ist von Naturmetaphern bestimmt. Die liedartigen Wendungen erhalten wie die Bildmotive etwas Beschwörendes, auch Unentrinnbares, wie in Schuberts ›Winterreise‹, deren Klima Zimmermann durch die gebrochene schwebende Tonalität immer wieder imaginiert. Nicht zufällig haben die beiden Autoren der Szene V „Sie fahren in den Tod und singen noch, singen, singen, singen..." den Untertitel Leierkasten-Rondo mit der Vortragsbezeichnung „quasi tempo di valse" gegeben, „einer Tanzszene von unverkennbarem Fluchtcharakter. Diese verzerrte, grimassierende Tanzmusik (...) zu einer Angstvision Sophies vom Abtransport todgeweihter Kinder, symbolisiert, so merkt Zimmermann dazu an, ‚zunehmend die groteske Maskerade einer erschreckend gleichgültigen Welt'" (Wagner 1986).

Für Zimmermann bildet die Szene XII „Mein Gott, ich kann nichts anderes mehr als stammeln" mit ihrem kanonisch geführten Duett den Höhepunkt der Oper. Es handelt sich hierbei nicht nur um ein Gebet um inneren Frieden; Zimmermann spricht in diesem Zusammenhang von einer Art „Schütz-Adaption" und davon, wie unterhalb des *cantus firmus* „merkwürdige Schritte (...) kommen und gehen", er macht also nachdrücklich auf den in diesem Klang-Bild angelegten Diskurs aufmerksam. Als einer der wenigen unter den deutschen Komponisten bezieht er sich positiv und kritisch zugleich auf den deutschen Protestantismus als Grundlage und Orientierungssystem humanen Handelns. Er bringt im kompositorischen Satzgefüge dessen Strenge und Unerbittlichkeit ein, indem strukturell deutlich gemacht wird, wie zwar das Ich im kollektiven Wir aufgehoben ist, aber vom eigenen verantwortlichen Handeln nicht entbunden wird, und spielt mit der Schritt-Metapher darauf an, daß der einzelne von einem Über-Ich beschützt und bewacht wird.

Je dichter die poetische Substanz ist, desto mehr fallen konkrete Bildelemente auf: Wald, leere Straße, tote Hand, desto irritierender wirken musikalische Genrezitate: Märsche oder Walzer, aber auch Geräusche, z.B. von „klirrendem Glas". Kommt es zu harmonischen Reibungen, wird die unerhörte Gleichzeitigkeit der Welt sinnlich erfahrbar, nämlich hörbar gemacht.

Die Szene VII „Die Tür, die Tür schlägt zu" lebt musikalisch von dieser Spannung. Der konkrete Vorgang – der Henker kommt, die Tür schlägt zu, kein Entkommen mehr – wird im gesprochenen Text gefaßt; die Verallgemeinerung in der Begleitmusik, einer Art Bachschen Präludierens, gleicht einem Perpetuum mobile der Angst und Panik, ist aber auch eine übergreifende Chiffre der Grundsituation, der Ohnmacht des Individuums gegenüber unbeeinflußbaren teuflischen Mächten.

Dem Aufschrei folgt die Stille, die Minuten des Schweigens werden länger, sie können Ausdruck gefrorener Angst, völliger Erstarrung, aber auch des absoluten Schweigens, der inneren Ruhe und Einkehr sein. Es gibt kaum eine zweite Partitur, in der Diminuendi und Ritardandi mit so wechselndem Ausdruck komponiert wurden. „Der psycho-physische Zustand der beiden Personen zwingt jede vokale und instrumentale Reaktion auf die Zurücknahme zur Stille, zur Pause und zum Schweigen." (Zimmermann 1986/87, S. 33)

Udo Zimmermann wandte sich 1986 in der Zeitschrift *Opernwelt* gegen das modisch verbrauchte Verdikt Adornos, demzufolge „die Verherrlichung des Individuums, das gegen den Bann der Ordnung sich erhebt", in einer modernen Gesellschaft ohne Belang geworden wäre, und er hielt diesem Diktum seine eigene Kunstprogrammatik entgegen: „Gegenwärtiges in Vergangenem suchen, Zukünftiges in Gegenwärtigem; und eine Wachheit von Mitvollzug in Rezeption und Kommunikation – das sind für mich entscheidende Punkte, die ein zeitgenössisches Werk provozieren muß." (Zimmermann 1986, S. 18) Die Einlösung seines ästhetisch-philosophischen Anspruchs ist ihm im hohen Maße in der ›Weißen Rose‹ gelungen, nicht zuletzt durch die kongeniale Zuarbeit seines Textautors Wolfgang Willaschek.

Aneignung

Es gibt in der neueren Operngeschichte kein zweites Werk, das so spontan von Publikum und Kritik angenommen und innerhalb kurzer Zeit auf so vielen Bühnen der Welt gespielt wurde. Dreißig Inszenierungen gab es allein im Jahr der Uraufführung in beiden deutschen Staaten, in der Bundesrepublik Deutschland folgten auf Hamburg u.a. Nürnberg, München, Recklinghausen, Osnabrück, Bonn, Münster, Saarbrücken. Die Schweizer Erstaufführung erfolgte am 30. November 1986 am Züricher Opernhaus, die österreichische Erstaufführung am 27. Januar 1987 im Künstlerhaus, einer Filiale der Staatsoper Wien. Das Leningrader Kammermusiktheater brachte im Mai 1988 die sowjetische Erstaufführung, und die englischsprachige Erstaufführung kam in den USA am 14. September 1988 zu den Opernfestspielen in Omaha (Nebraska) heraus, Inszenierungen der Long Beach Opera in Los Angeles und der Bel Canto Opera New York schlossen sich an. Drei Jahre nach der Uraufführung meldete der *Allgemeine Deutsche Nachrichtendienst* (ADN), daß die ›Weiße Rose‹ in Europa und Übersee bereits siebzigmal inszeniert wurde. Dabei war die Uraufführung seitens der Fachkritik nicht ganz unumstritten; so hatte Klaus Wagner in der *Frankfurter Allgemeinen Zeitung* die Frage gestellt, ob die Musik nicht allzustark „zeitmodisch affiziert" wäre. Joachim Kaiser setzte beim Münchner Gastspiel des Hamburger Uraufführungs-Ensembles tatsächlich an einem zentralen Problem an, als er danach fragte, wie bei diesem Gegenstand der nötige Grad an Härte zu erreichen sei, und er vermutete, daß dem Komponisten Zimmermann die ästhetische Dimension des Häßlichen und Schockierenden verschlossen sei: „So gerät manchmal etwas seltsam Edles in das Ganze. Die seelische Lauterkeit dieser tapferen Sterbenden scheint zum Eigentümlich-Feinsinnigen stilisiert (...). Zudem bewährt sich Zimmermann hier hauptsächlich als Adagio-Komponist. Die raschen, erregten Passagen gelingen ihm weniger, es fehlt an rhythmischer Komplexität. Oft herrschen allzu widerstandslose Übersichtlichkeit und simple Motorik. Eine anrührende, gewissenhafte Schlichtheit wird zur Grenze der Sache. Alles ist sympathisch, empfindsam, verhalten, mitunter auch weitgespannt-cantabel. Aber die Bereiche des Erschreckenden, Beklemmend-Neuen, Verstörenden scheinen ausgespart, als hätte der Komponist sie gar nicht gesucht." (Vgl. Klaus Wagner: Die letzte Nacht der Verurteilten. In: Frankfurter Allgemeine Zeitung, Frankfurt/Main, 1. März 1986; Joachim Kaiser: Das edle Blut. In: Süddeutsche Zeitung, Stuttgart, 28. Juni 1986)

Die Erstaufführung in der DDR fand am 28. Februar 1986, einen Tag nach der Hamburger Uraufführung, an zwei Theatern zugleich statt: am Landestheater Eisenach und am Mecklenburgischen Staatstheater Schwerin. In Eisenach führte als Gast Reinhard Schau Regie, der zwanzig Jahre zuvor Udo Zimmermann zu einer Neufassung seiner ersten ›Weißen Rose‹ angeregt hatte. Während es aber Zimmermann gelungen war, sich von seiner alten ästhetischen Position radikal zu trennen, fiel es Reinhard Schau nicht ganz leicht, sich auf ein Werk einzulassen, das eine ungewöhnliche Spielweise erfordert. Sein Bemühen war redlich, aber ein Teil der Fachkritiker verhehlte die Enttäuschung nicht. Als das Eisenacher Ensemble in Dresden gastierte, bedauerte der Dresdner Kritiker Peter Zacher, daß man das Werk nur informativ kennengelernt habe, „denn von der Bühne kam zu viel an Vorführung, zu wenig an Ergebnis innerer Auseinandersetzung. (...) Um jene Totalität zu vermitteln, die der Komponist in diesem Werk erreicht, wollte es noch nicht recht taugen." (Vgl. Peter Zacher: Halb eingelöstes Versprechen. In: Die Union, Dresden, 2. Juni 1986)

Hier zeigt sich ein realer Widerspruch in der Aneignungsgeschichte des Werkes. Mit zwei Sängern und fünfzehn Insrumentalisten scheint es bestens für eine unaufwendige Einstudierung geeignet zu sein. Die kleine Besetzung war auch einer der ausschlaggebenden Gründe für die schnelle Verbreitung des Werkes, auch in der DDR, wo sich sehr viele große und kleinere Bühnen zwischen Bautzen und Rostock zu einer Inszenierung entschlossen. Eine Ausnahme war Berlin, wo das Werk lediglich zweimal, in einem szenischen und einem konzertanten Gastspiel, zur Aufführung gelangte.

Allerdings trügt der Schein, wenn man glaubt, die ›Weiße Rose‹ in einer klein besetzten, unaufwendigen Nebenproduktion realisieren zu können: Das Werk ist eine Herausforderung an die traditionelle Praxis der Opernbühnen. Der Berliner Kritiker Wolfgang Lange brachte es auf die Formel: „Dieses Stück wählt sich zwar zum Ort seiner klanglichen Realisierung das Theater, transportiert aber zugleich den Zweifel, ob dies der r e c h t e Ort ist?" (Theater der Zeit, H. 5, Berlin 1986)

Die Oper braucht Interpreten, die seiner besonderen Struktur gerecht werden, die sich wie die Autoren selbst „von allen Opernkonventionen entfernen (...), szenische Offenheit für Poesie, Traum und Utopie garantieren. Die Grenzen zwischen Realität und Irrealität sollten fließend bleiben und die lineare Handlungskausalität aufgehoben werden." (Zimmermann 1986/87, S. 33)

Im Zusammenhang mit diesem Werk muß auf zwei separate Arbeiten hingewiesen werden, die Zimmermann in enger musikalischer bzw. inhaltlicher Verklammerung mit der ›Weißen Rose‹ schuf. Einen direkten Bezug zur ›Weißen Rose‹ hat das vokalsinfonische Werk ›Gib Licht meinen Augen, oder ich entschlafe des Todes‹ – Für Sopran, Bariton und Orchester nach Texten von Wolfgang Willaschek. Gegenüber der Oper wurde die gesamte Textur um die Hälfte eingekürzt auf 45 Minuten und der Instrumentalpart auf großes Orchester ausgeweitet. Udo Zimmermann selbst leitete in einem Konzert des Berliner Philharmonischen Orchesters im Februar 1987 die Uraufführung der dem Andenken an Sophie und Hans Scholl gewidmeten Gesänge von Leben und Tod. Davor war bereits eine zwanzigminütige Orchesterkomposition entstanden: ›Mein Gott, wer trommelt denn da?‹ – Reflexionen für Orchester. Dem Andenken von Sophie und Hans Scholl. In dieser Trauer- und Memorialmusik bezieht sich der Komponist auf die Szene XIV seiner Oper mit der Textzeile aus dem Fühmann-Gedicht.

Alle drei Werke sind als Konzertmitschnitte vom Rundfunk gesendet worden.

Ausgaben Text In: Programmheft Hamburgische Staatsoper 1986; Theater der Zeit, H. 4, Berlin 1986; KlA Deutscher Verlag für Musik Leipzig 1986 (dvfm 6140)

Rechte Deutscher Verlag für Musik Leipzig

Literatur Udo Zimmermann: ...nur noch harte Realität. Ein Gespräch mit Wolfgang Lange. In: Theater der Zeit, H. 4, Berlin 1986; ders.: Ich bekenne, Moralist zu sein. Ein Werkstattgespräch mit Gerhard Persché. In: Opernwelt, H. 8, Zürich 1986; ders.: Die neue Musik oder Was ist in der Tonkunst wirklich modern? Gespräch mit Günter Görtz. In: Neues Deutschland, 25. Februar 1988; ders.: Engagement für ein lebendiges Zeittheater. Gespräch mit Mathias Frede. In: Der Morgen, 28. Januar 1987; ders.: Zur ›Weißen Rose‹. In: Jahrbuch des Opernhauses Zürich 1986/87, Zürich 1987; ders.: Gespräch mit Fritz Hennenberg. In: Komponieren zur Zeit. Gespräche mit Komponisten der DDR, hrsg. von Mathias Hansen, Leipzig 1988
Wolfgang Willaschek: Weiße Rose? – Stoff einer Oper? Bemerkungen zum Libretto. In: Programmheft Hamburgische Staatsoper 1986; Hans Scholl / Sophie Scholl: Briefe und Aufzeichnungen, hrsg. von Inge Jens, Frankfurt/Main 1984; ›Du hast mich heimgesucht bei Nacht‹. Abschiedsbriefe und Aufzeichnungen des Widerstands 1933-1945, hrsg. von Helmut Gollwitzer, Käthe Kuhn, Chr. Kaiser, München 1954; Christian Petry: Studenten aufs Schafott. Die Weiße Rose und ihr Scheitern, München 1968; Klaus Drobisch: Wir schweigen nicht! Eine Dokumentation über den antifaschistischen Kampf Münchner Studenten, Berlin 1977; Inge Scholl: Die Weiße Rose. Erweiterte Neuausgabe, Berlin 1990; Franz Fühmann: Zu drei Bildern Carl Hofers. In: Gedichte und Nachdichtungen, Rostock 1978; Christa Wolf: Kassandra. Erzählung, Darmstadt und Neuwied 1983, Berlin und Weimar 1983
Rezensionen der DDR-Erstaufführung. In: Theater der Zeit, H. 5, Berlin 1986; Musik und Gesellschaft, H. 6, Berlin 1986

Aufnahmen
Schallplatte/Compact Disc S 162871/C 162871 Orfeo GmbH München (GA) Gabriele Fontana (Sophie), Lutz-Michael Harder (Hans Scholl), Instrumental-Ensemble, Dirigent Udo Zimmermann; aufgenommen 1986
Produktion des Rundfunks der DDR (GA) Grazyna Sklarecka (Sophie), Olaf Bär (Hans Scholl); musica viva ensemble dresden, Dirigent Udo Zimmermann, Mitschnitt der konzertanten Aufführung im Apollo-Saal der Deutschen Staatsoper Berlin vom 15. Februar 1987
NOVA 8 85 293 (GA) Grazyna Sklarecka (Sophie), Frank Schiller (Hans), musica viva ensemble dresden, Dirigent Udo Zimmermann; aufgenommen 1989 (nicht erschienen)

Komponistenverzeichnis

Bredemeyer, Reiner
   Candide 47
Butting, Max
   Plautus im Nonnenkloster 57

Dessau, Paul
   Orpheus und der Bürgermeister 62
   Die Verurteilung des Lukullus 65
   Puntila 79
   Lanzelot 90
   Einstein 101
   Leonce und Lena 111
Dittrich, Paul-Heinz
   Die Verwandlung 120
   Die Blinden 124
   Spiel 129

Forest, Jean Kurt
   Der Arme Konrad 137
   Tai Yang erwacht 140
   Die Passion des Johannes Hörder 143
   Die Blumen von Hiroshima 146
   Die Odyssee der Kiu 149

Geißler, Fritz
   Der zerbrochene Krug 154
   Der verrückte Jourdain 157
   Der Schatten 160
   Das Chagrinleder 164
Gerster, Ottmar
   Enoch Arden (Der Möwenschrei) 169
   Die Hexe von Passau 172
   Das verzauberte Ich 176
   Der fröhliche Sünder
      (Nasreddin) 177
Goldmann, Friedrich
   R. Hot bzw. Die Hitze 181
Griesbach, Karl-Rudi
   Kolumbus 192
   Marike Weiden 195
   Der Schwarze, der Weiße und die Frau 198
   Aulus und sein Papagei 201

Hanell, Robert
   Die Spieldose 204
   Dorian Gray 207
   Oben und unten 210
   Esther 212
   Griechische Hochzeit 215
   Fiesta 217
   Reise mit Joujou 220
   Babettes grüner Schmetterling 222
Herchet, Jörg
   Nachtwache 226
Heyn, Thomas
   Krischans Ende 232
   Marsyas
      oder
      Der Preis sei nichts Drittes 238
Hoyer, Ralf
   ¡Ay, Don Perlimplin! 243

Katzer, Georg
   Das Land Bum-Bum
      (Der lustige Musikant) 249
   Gastmahl
      oder
      Über die Liebe 252
Kochan, Günter
   Karin Lenz 258
Kunad, Rainer
   Bill Brook 263
   Old Fritz 266
   Maître Pathelin
      oder
      Die Hammelkomödie 269
   Sabellicus 274
   Litauische Claviere 279
   Vincent 284
   Amphitryon 291
   Der Meister und Margarita 294
Kurzbach, Paul
   Thyl Claas 304
   Thomas Müntzer 308

Matthus, Siegfried
   Lazarillo vom Tormes
      (Spanische Tugenden) 317
   Der letzte Schuß 320
   Noch einen Löffel Gift, Liebling? 327
   Omphale 332

Die Weise von Liebe und Tod
  des Cornets Christoph Rilke 342
Judith 350
Graf Mirabeau 359
Mayer, Eckehard
  Der goldene Topf 370
Meyer, Ernst Hermann
  Reiter der Nacht 379

Neef, Wilhelm
  Das schweigende Dorf 385
  Ein irrer Duft von frischem Heu 388

Petzold, Frank
  Prinzessin Zartfuß
    und die sieben Elefanten 390

Richter, Kurt Dietmar
  Sekundenoper
    (Bewährung über den Wolken) 395
Rosenfeld, Gerhard
  Das alltägliche Wunder 400
  Der Mantel 403
  Das Spiel von Liebe und Zufall 408
  Friedrich und Montezuma 412
  Die Verweigerung 417

Schenker, Friedrich
  Büchner 422
  Bettina 432
Schwaen, Kurt
  Die Horatier und die Kuriatier 444
  Fetzers Flucht (Funkoper) 449
  Leonce und Lena 452
  Fetzers Flucht (Fernseh-Oper) 454
  Die Morgengabe 458
  Der eifersüchtige Alte 459
  Der Fischer von Bagdad 461
  Das Spiel vom Doktor Faust 463
  Craqueville
    oder
    Die unschuldige Sünderin 465

Treibmann, Karl Ottomar
  Der Preis 469
  Scherz, Satire, Ironie
    und tiefere Bedeutung 474
  Der Idiot 479
Trieder, Jan
  Meister Mateh 483

Wagner-Régeny, Rudolf
  Sganarelle
    oder
    Der Schein betrügt 490
  Moschopulos 492
  Der nackte König 494
  Esau und Jakob 495
  La sainte courtisane 496
  Die Fabel
    vom seligen Schlächtermeister 498
  Der Günstling
    oder
    Die letzten Tage
    des großen Herrn Fabiano 501
  Die Bürger von Calais 504
  Johanna Balk 510
  Persische Episode
    (Der Darmwäscher) 512
  Prometheus 516
  Das Bergwerk von Falun 520
Wenzel, Hans Jürgen
  Geschichte vom alten Adam 526
Wohlgemuth, Gerhard
  Till 529

Zimmermann, Udo
  Weiße Roße 534
  Die zweite Entscheidung 538
  Levins Mühle 544
  Der Schuhu
    und die fliegende Prinzessin 554
  Die wundersame Schustersfrau 564
  Weiße Roße 574

Opernverzeichnis

alltägliche Wunder, Das (Rosenfeld) 400
Amphitryon (Kunad) 291
Arme Konrad, Der (Forest) 137
Aulus und sein Papagei (Griesbach) 201
¡Ay, Don Perlimplin! (Hoyer) 243

Babettes grüner Schmetterling (Hanell) 222
Bergwerk von Falun, Das (Wagner-Régeny) 520
Bettina (Schenker) 432
Bewährung über den Wolken (Richter) siehe Sekundenoper
Bill Brook (Kunad) 263
Blinden, Die (Dittrich) 124
Blumen von Hiroshima, Die (Forest) 146
Büchner (Schenker) 422
Bürger von Calais, Die (Wagner-Régeny) 504

Candide (Bredemeyer) 47
Chagrinleder, Das (Geißler) 164
Craqueville
  oder
  Die unschuldige Sünderin (Schwaen) 465

Darmwäscher, Der (Wagner-Régeny) siehe Persische Episode
Dorian Gray (Hanell) 207

eifersüchtige Alte, Der (Schwaen) 459
Einstein (Dessau) 101
Enoch Arden (Gerster) 169
Esau und Jakob (Wagner-Régeny) 495
Esther (Hanell) 212

Fabel vom seligen Schlächtermeister, Die (Wagner-Régeny) 498
Fetzers Flucht (Schwaen) Funkoper 449
Fetzers Flucht (Schwaen) Fernseh-Oper 454
Fiesta (Hanell) 217
Fischer von Bagdad, Der (Schwaen) 461
Friedrich und Montezuma (Rosenfeld) 412
fröhliche Sünder, Der (Gerster) 177

Gastmahl oder
  Über die Liebe (Katzer) 252
Geschichte vom alten Adam (Wenzel) 526
goldene Topf, Der (Mayer) 370
Graf Mirabeau (Matthus) 359
Griechische Hochzeit (Hanell) 215
Günstling oder Die letzten Tage des großen Herrn Fabiano, Der (Wagner-Régeny) 501

Hexe von Passau, Die (Gerster) 172
Horatier und die Kuriatier, Die (Schwaen) 444

Idiot, Der (Treibmann) 479
irrer Duft von frischem Heu, Ein (Neef) 388

Johanna Balk (Wagner-Régeny) 510
Judith (Matthus) 350

Karin Lenz (Kochan) 258
Kolumbus (Griesbach) 192
Krischans Ende (Heyn) 232

Land Bum-Bum, Das (Katzer) 249
Lanzelot (Dessau) 90
Lazarillo vom Tormes (Matthus) 317
Leonce und Lena (Dessau) 111
Leonce und Lena (Schwaen) 452
letzte Schuß, Der (Matthus) 320
Levins Mühle (Zimmermann) 544
Litauische Claviere (Kunad) 279
lustige Musikant, Der (Katzer) siehe Das Land Bum-Bum

Maître Pathelin oder
  Die Hammelkomödie (Kunad) 269
Mantel, Der (Rosenfeld) 403
Marike Weiden (Griesbach) 195
Marsyas oder
  Der Preis sei nichts Drittes (Heyn) 238
Meister Mateh (Trieder) 483
Meister und Margarita, Der (Kunad) 294
Morgengabe, Die (Schwaen) 458
Moschopulos (Wagner-Régeny) 492
Möwenschrei, Der (Gerster)
  siehe Enoch Arden

OPERNVERZEICHNIS

Nachtwache (Herchet) 226
nackte König, Der (Wagner-Régeny) 494
Nasreddin (Gerster)
   siehe Der fröhliche Sünder

Oben und unten (Hanell) 210
Odyssee der Kiu, Die (Forest) 149
Old Fritz (Kunad) 266
Omphale (Matthus) 332
Orpheus und der Bürgermeister (Dessau) 62

Passion des Johannes Hörder, Die (Forest) 143
Persische Episode (Wagner-Régeny) 512
Plautus im Nonnenkloster (Butting) 57
Preis, Der (Treibmann) 469
Prinzessin Zartfuß und die sieben Elefanten (Petzold) 390
Prometheus (Wagner-Régeny) 516
Puntila (Dessau) 79

Reise mit Joujou (Hanell) 220
Reiter der Nacht (Meyer) 379
R. Hot bzw. Die Hitze (Goldmann) 181

Sabellicus (Kunad) 274
sainte courtisane, La (Wagner-Régeny) 496
Schatten, Der (Geißler) 160
Sekundenoper (Richter) 395
Scherz, Satire, Ironie und tiefere Bedeutung (Treibmann) 474
Sganarelle oder Der Schein betrügt (Wagner-Régeny) 490

Spanische Tugenden (Matthus)
   siehe Lazarillo vom Tormes
Spiel (Dittrich) 129
Spieldose, Die (Hanell) 204
Spiel vom Doktor Faustus, Das (Schwaen) 463
Spiel von Liebe und Zufall, Das (Rosenfeld) 408
Schuhu und die fliegende Prinzessin, Der (Zimmermann) 554
Schwarze, der Weiße und die Frau, Der (Griesbach) 198
schweigende Dorf, Das (Neef) 385

Tai Yang erwacht (Forest) 140
Thomas Müntzer (Kurzbach) 308
Thyl Claas (Kurzbach) 304
Till (Wohlgemuth) 529

verrückte Jourdain, Der (Geißler) 157
Verurteilung des Lukullus, Die (Dessau) 65
Verwandlung, Die (Dittrich) 120
Verweigerung, Die (Rosenfeld) 417
verzauberte Ich, Das (Gerster) 176
Vincent (Kunad) 284

Weise von Liebe und Tod des Cornets Christoph Rilke, Die (Matthus) 342
Weiße Rose (Zimmermann) 534
Weiße Rose (Zimmermann) 574
wundersame Schustersfrau, Die (Zimmermann) 564

zerbrochene Krug, Der (Geißler) 154
zweite Entscheidung, Die (Zimmermann) 538

Personenregister

Abrahams, Peter 381
Abusch, Alexander 89
Ackermann, Anton 70
Adam, Theo 110
Adlon, Percy 576
Adorno, Theodor Wiesengrund 114, 580
Aicher-Scholl, Inge 577
Aischylos 517
Akimow, Nikolai 162
Albert, Eugen d' 171
Alfieri, Vittorio 117
Andersen, Hans Christian 162, 494
Apitz, Bruno 213, 214
Arc, Jeanne d' 511
Aristophanes 254
Arnim, Bettina von 434
Artaud, Antonin 127
Asmus, Rudolf 331
Assafjew, Boris Wladimirowitsch (Igor Glebow) 21
Astrieb, Jan 127
Auenmüller, Hans 42, 43

Bach, Johann Sebastian 28, 74, 106-109, 116, 145, 300, 435, 436, 439, 473, 578
Bachtin, Michail Michailowitsch 38
Baierl, Helmut 448
Balslev, Lisbeth 572
Balzac, Honoré de 165, 166, 208
Barlog, Boleslaw 89
Bartók, Béla 187
Báthori, Gabriel 511
Baudelaire, Charles 255
Baumann, Andreas 54
Baumert, Werner 456
Becher, Johannes R. 144
Beckett, Samuel 29, 30, 31, 34, 129-133
Beethoven, Ludwig van 20, 104
Bel, Messire Johann le 506
Bellag, Lothar 328
Béjart, Maurice 142
Benjamin, Walter 28, 76, 99, 450, 451
Bennewitz, Fritz 509
Berg, Alban 21, 22, 25, 28, 86, 87, 116, 126, 425, 427, 472, 476, 489, 519, 523
Bergemann, Walter 455
Berger, Karl Heinz 497

Berghaus, Ruth 19, 78, 89, 109, 118, 230, 336, 347, 348
Berio, Luciano 30
Bernstein, Leonard 50
Bertram, Helmut 456
Besson, Benno 93, 402
Beyer, Hermann 557
Bienert, Gerhard 328
Billinger, Richard 174
Birnbaum, Uta 557
Bizet, Georges 436
Blacher, Boris 89, 152, 257, 519
Blake, William 228
Bloch, Ernst 375
Blüthgen, Victor 282
Bobrowski, Johannes 281, 282, 287, 547, 549, 552, 553
Böhm, Karl 26, 502
Böhnisch, Carola 392
Böll, Heinrich 239
Bois, Curt 83
Bonaventura 228, 255
Bonhoeffer, Dietrich 577
Borchert, Wolfgang 264, 265
Bork, Kurt 89
Bothe, Wolfgang 41
Boulez, Pierre 21, 22, 320
Brade, Helmut 340
Brähmig, Peter 411, 414
Branstner, Gerhard 458
Braun, Vera 494
Braun, Volker 19, 425, 426
Brecht, Bertolt 11, 15, 16, 19, 26-28, 30, 32, 60, 67-71, 73, 74, 76, 77, 82, 83, 85, 88, 104, 105, 144, 170, 188, 277, 339, 356, 357, 445-448, 450, 466, 497, 500, 514, 515, 567
Bredel, Willi 387
Bredemeyer, Reiner 8, 38, 43, **45-55**, 486
Breitung, Renate 15, 460, 466
Brentano, Clemens 228, 282
Březan, Juri 541, 542
Brock, Hella 15, 446, 448
Brockhaus, Heinz Alfred 21, 311
Brödel, Christfried 229
Brook, Peter 127
Bruckner, Anton 436

587

Personenregister

Bruno, Giordano 106
Bruyn, Günter de 12, 335
Büchner, Eberhard 110, 118
Büchner, Georg 25, 28, 86, 113, 114, 116, 117, 188, 425-428, 452, 453, 475, 476, 502
Bulgakow, Michail Afanassjewitsch 159, 160, 298, 300
Bundschuh, Eva-Maria 358, 411
Bunge, Hans 13
Buñuel, Luis 218
Burmeister, Annelies 110
Busch, Ernst 448
Buschner, Dieter 188
Bush, Alan 89
Butting, Max 20, 40, **56-59**, 377
Byron, George, Gordon Noël, Lord 109

Cahilly, Jacques 531
Canetti, Elias 115
Casper, Bernd 188
Cavalcanti, Alberto 83
Celan, Paul 34
Cervantes Saavedra, Miguel de 460
Chaplin, Charlie 88
Chéreau, Patrice 409
Chlebnikov, Velemir (Viktor Wladimirowitsch) 34
Cholminow, Alexander Nikolajewitsch 406
Chopin, Fryderyk Franciszek (Frédéric-François) 430
Chundela, Jaroslaw 110
Chrennikow, Tichon Nikolajewitsch 20, 179, 531
Cilenšek, Johann 394
Cocteau, Jean 171
Corneille, Pierre 366
Correns, Erich 89
Coster, Charles de 20, 531
Creutzinger, Werner 542
Curtis, Tony 200
Czechowski, Heinz 298, 299

Dahlhaus, Carl 175, 511
Damm, Peter 560
Damm, Sigrid 184
Debüser, Lola 93

Debussy, Claude 34, 125, 518
Dehler, Wolfgang 283
Dehnert, Max 152
Deicke, Günther 165, 166, 213, 214, 381
Deschewow, Wladimir Michailowitsch 20
Dessau, Maxim 440
Dessau, Paul 7, 11-13, 16, 18, 19, 21, 22, 25-28, 40-43, 52, **60-118**, 134, 139, 183, 225, 230, 255, 276, 346, 402, 420, 425, 440, 448, 450, 452, 468, 471, 473, 509, 514, 524, 537, 548
Dessauer, Josef 522
Destouches, André Cardinal 335
Destouches, Philippe Néricault 335
Diderot, Denis 254
Dieckmann, Friedrich 15, 348, 349, 502
Dieckmann, Johannes 89
Dillner, Clemens 225
Dittrich, Karl 43
Dittrich, Paul-Heinz 8, 19, 27, 29, 30-35, 37, 38, 43, 44, **119-133**, 486
Dobrovenskij, Roald 251
Doderer, Heimito von 522
Doehring, Gabriele 156
Donelaitis, Kristijonas 283
Donizetti, Gaëtano 97
Dostojewski, Fjodor Michailowitsch 481, 482
Dsershinski, Iwan Iwanowitsch 20
Düren, Fred 455
Dukas, Paul 125

Eco, Umberto 29, 30
Egk, Werner 25, 26, 193, 406
Eidam, Klaus 221, 224
Eifman, Boris 298
Einstein, Albert 103-106
Eisler, Hanns 11-13, 19, 88, 247, 257, 277, 314, 377, 398, 446, 448, 464, 511
Engel, Erich 83
Erben, Robert 171
Erpenbeck, Fritz 69
Essel, Franz 13

Falla, Manuel de 245
Fassbinder, Rainer Werner 183
Faust, Ulrich 474
Fellini, Federico 573

Personenregister

Felsenstein, Walter 17, 23, 24, 88, 319, 322, 514
Finke, Fidelio F. 40, 119, 261
Fischer, Erhard 148, 254, 260, 572
Fischer, Ernst 11, 12
Fischer, Hannes 287
Fischer-Dieskau, Dietrich 354
Förster, Horst 139
Forest, Jean Kurt 23, 24, 27, 36, 40-42, **134-151**, 174, 213, 459
Fortner, Wolfgang 245
Foucault, Michel 27, 28
Frank, Amy 328
Frank, Leonhard 170
Franzos, Karl Emil 224
Frede, Mattias 251
Freier, Jürgen 562
Freiheit, Peter 42, 43
Freud, Sigmund 410
Freyer, Achim 19
Fricke, Heinz 148, 260
Friedrich, Götz 24, 322-325, 331
Friedrich, Karl 41
Friedrich II., 51, 414, 416
Fries, Fritz Rudolf 572
Frisch, Max 539
Fritzsche, Dietmar 209, 293
Froissart, Jean 506
Fromm, Erich 506
Fühmann, Franz 37, 239, 374, 518, 523, 576-578, 582
Furtwängler, Wilhelm 17

Galilei, Galileo 106
Geißler, Erhard 541, 542
Geißler, Fritz 29, 32, 42, 43, **152-166**, 402, 420, 468
Gerlach, Harald 471, 473, 476-478, 481, 482
Gerron, Kurt 500
Gerster, Ottmar 20, 25, 26, 40, 41, **167-179**, 261, 307, 531
Geschonneck, Erwin 83
Gielen, Josef 502
Girnus, Wilhelm 50, 464
Glaetzner, Burkhard 420
Glogau, Emil August 13
Gloger, Christine 16, 455

Gluck, Willibald 64
Goethe, Johann Wolfgang von 12, 94, 108, 155, 277, 334, 363, 434, 436, 437, 471, 476, 477, 522
Gogol, Nikolai Wassiljewitsch 28, 406, 407, 418
Gojowy, Detlev 563
Goldmann, Friedrich 8, 19, 27, 29, 30, 31, 37, 38, 42, 113, **180-189**, 486, 562
Goya, Francisco 339
Gozzi, Carlo 117
Grabbe, Christian Dietrich 234, 475-478
Graun, Carl Heinrich 414, 415
Griesbach, Karl-Rudi 40, 41, 43, **190-202**, 213
Griffith, David W. 171
Grillparzer, Franz 522
Grimm, Friedrich Melchior 335
Gross, Stefan 128
Grotewohl, Otto 70
Gründgens, Gustaf 17, 163, 402, 499, 500
Grundheber, Franz 572
Grzesinski, Marek 301
Gülke, Peter 289, 403, 572
Günderode, Karoline von 434
Günther, Egon 20, 530, 531
Günther, Jens-Uwe 42, 43

Hacks, Peter 328-332, 334-336, 338-341, 397, 557-559
Hähnchen, Dieter 188
Händel, Georg Friedrich 26
Härtwig, Dieter 14, 15, 266, 493, 497, 507, 517, 518
Hager, Kurt 457
Hampe, Michael 340, 341
Hanell, Robert 13, 23, 24, 27, 36, 40-43, **203-224**
Hansmann, Viktor 171
Harder, Lutz-Michael 188
Harnisch, Klaus 27, 31, 32, 425, 426, 427, 431
Hartmann, Gerhard 402, 406, 407, 410, 415, 416, 418
Hartmann, Karl Amadeus 45
Hauptmann, Elisabeth 70, 71
Hausswald, Günter 312
Haydn, Franz Joseph 411

589

Personenregister

Hayneccius, Martinus 446
Haertfield, John 142
Hebbel, Friedrich 353-358
Hebel, Johann Peter 522
Hecht, Joshua 110
Hegel, Georg Wilhelm Friedrich 338
Heine, Heinrich 116, 364, 475, 476
Heinicke, Michael 572
Heise, Thomas 387
Heise, Wolfgang 254
Henneberg, Claus H. 221
Hennenberg, Fritz 21, 70, 71, 78, 87, 104, 269, 453, 457, 549
Henrich, Heinrich 40
Henze, Hans Werner 34, 37
Herbot, Hans Josef 356
Herchet, Jörg 19, 44, **225-230**
Hermann, Klaus-Peter 411
Hermann, Nikolaus 235
Herrmann, Ernst 283
Hertel, Thomas 43, 283, 452, 531
Herz, Joachim 17, 24, 216, 252, 374, 381
Hesterberg, Trude 500
Hetterle, Albert 287
Heyn, Thomas 29, 37, 43, 44, **231-241**
Hiestermann, Horst 110
Hill, Heiner 142
Hilpert, Heinz 513, 522
Hindemith, Paul 19, 313, 377, 489, 519
Hindenburg, Paul von Beneckendorff und von 502
Hitler, Adolf 12, 108, 109, 499, 502, 518
Hochhuth, Rolf 356
Hocke, Wolfgang 43
Hölderlin, Friedrich 32, 34, 109
Höller, Karl 45
Höller, York 298
Hölszky, Adriana 183
Hofer, Carl 578
Hoffmann, E.T.A. (Ernst Theodor Amadeus) 374, 522, 524
Hofmannsthal, Hugo von 522, 523
Hohlfeldt, Margit 500
Holl, Karl 517
Holz, Carmen Angela 134
Honegger, Arthur 356, 517
Hoppe, Rolf 283
Horkheimer, Max 114

Horres, Kurt 89, 156, 562
Hoyer, Ralf 44, **242-246**
Huber, Vita 561
Hürrig, Hansjürgen 246
Hugo, Victor 502
Humburg, Will 349

Iffland, August Wilhelm 428
Iske, Ina 446

Janeček, Karel 247
Jarnach, Philipp 190
Jende, Wolfgang 150
Jessner, Leopold 500
Jewtuschenko, Jewgeni Alexandrowitsch 75
Joachim, Harald 331
Jochum, Eugen 134
Joly, Salmen 509
Joyce, James 30-32, 34
Junge, Friedrich Wilhelm 281, 283

Kaden, Werner 312
Kähler, Hermann 547
Kafka, Franz 30, 31, 33, 121-123
Kagel, Mauricio 127, 183
Kahlert, Gunter 408
Kaiser, Antje 434
Kaiser, Georg 205, 506
Kaiser, Joachim 580, 581
Kantor, Tadeusz 567
Karajan, Herbert von 27, 509
Katzer, Georg 8, 20, 37, 38, 43, 44, 242, **247-256**
Kegel, Herbert 15, 16, 64, 77, 446
Kipphardt, Heiner 542
Kirchner, Alfred 572
Kirsch, Rainer 251
Kirst, Klaus Dieter 283
Kistler, Cyrill 531
Kitajenko, Dmitri Georgijewitsch 326
Klee, Felix 491
Klee, Paul 491
Kleemann, Roderich 13, 209
Klein, Erik S., 16, 455
Kleist, Heinrich von 155, 292, 397
Klemperer, Otto 60
Klinger, Friedrich Maximilian 108

Personenregister

Klopstock, Friedrich Gottlieb 365
Kluttig, Christian 54
Knepler, Georg 311
Knipper, Lew Konstantinowitsch 20, 50
Knopf, Jan 70
Knothe, Dietrich 455
Koch, Paul 177
Kochan, Günter 36, 42, **257-260**, 420
Kocor, Karl August 41
Köhler, Siegfried 41
König, Jürgen 156
Körner, Thomas 113, 114, 117, 183-185, 188
Kolumbus, Christoph 193, 194, 277
Kolzow, Michail 68
Kontarsky, Bernhard 188
Konwitschny, Peter 188
Kotzebue, August 428
Kramer, Stanley 200
Kraus, Georg d.Ä. 511
Krause, Ernst 289, 455
Krauss, Werner 159, 567
Kuba (Kurt Barthel) 197
Kube, Horst 455
Küchenmeister, Claus 466
Küchenmeister, Wera 93, 466
Kühnel, Mimosa 455
Kühtz, Wolfgang 290
Kulka, János 89
Kunad, Rainer 7, 13, 23, 24, 30, 31, 38, 41-44, 145, 156, **261-301**, 307, 390
Kunert, Günter 16, 197, 448, 450, 451, 454-457
Kunze, Reiner 558
Kupfer, Harry 23, 24, 139, 145, 148, 216, 278, 289, 307, 325, 343, 355, 358, 547, 562
Kurella, Alfred 68, 464, 552
Kurzbach, Paul 20, 40, 42, 174, 261, **302-313**, 531

Laban, Rudolf von 486
Labé, Louise 277
Lachmann, Renate 38
Laclos, Choderlos de 410
Lang, Alexander 414, 476, 557
Lang, Joachim Robert 139, 260, 388
Lange, Dieter 408
Lange, Wolfgang 159, 209, 245, 331, 332, 382, 472, 474, 568, 581
Langhoff, Wolfgang 287, 307, 328
Laube, Horst 93
Lauter, Hans 11, 69, 70, 77
Laux, Karl 69
Lawrenjow, Boris Andrejewitsch 322
Legal, Ernst 69
Lehmann, Fritz 306
Leibnitz, Gottfried 476
Leibowitz, René 60, 89
Leipold, Hans-Jörg 156
Lennartz, Monika 246
Lenz, Jakob Michael Reinhold 113, 183, 185
Leonhardt, Johann 511
Leschetizky, Ludwig 302
Lessing, Gotthold Ephraim 50
Levetzow, Karl Michael von 171
Lewin, Waldtraut 271
Ley, Hermann 542
Lichtenberg, Georg Christoph 228
Liebermann, Rolf 89, 364
Liedtke, Ulrike 364, 366, 367
Lienicke, Gotthard 411
Ligeti, György 33, 34, 37
Lima, Jorge de 100
Lingen, Theo 500
Link, Joachim-Dietrich 40, 42
Lion, Margo 518
Liszt, Franz 330
Ljubimow, Juri Petrowitsch 298
Löwlein, Hans 142
Lohse, Günter 156, 163, 482, 572
Lorca, Federico García 244, 245, 566-572
Lortzing, Albert 527
Lothar, Mark 531
Lucchesi, Joachim 51, 70, 446, 513
Lucretius Carus, Titus (Lukrez) 68
Ludwig, Carsten 484
Lukács, Georg 14, 67
Lukas-Kindermann, Heinz 118
Luther, Martin 11

Maeterlinck, Maurice 29-31, 34, 125, 127, 128
Maetzig, Kurt 197
Mahler, Gustav 186

Personenregister

Majewski, Andrzej 301
Mallarmé, Stéphane 32, 34
Malraux, André 142
Malth, Rainer 177
Mann, Heinrich 414
Mann, Thomas 431
Manthey, Axel 572
Marie-Antoinette, Königin 366
Marivaux, Pierre Carlet Chamblain 409, 410
Markov, Walter 365
Marlowe, Christopher 277
Martynow, Iwan Iwanowitsch 21
Masanetz, Guido 40, 42
Masur, Kurt 354
Matthus, Siegfried 7, 22-24, 30, 31, 37, 38, 41-44, 231, 234, **314-369**, 486
Matusche, Alfred 287, 288, 290
Mauersberger, Rudolf 532
Maupassant, Guy de 221
Mayer, Eckehard 44, **370-376**
Medek, Tilo 42, 486
Meiswinkel, Frank 156
Meißner, Walter 471
Melchert, Helmut 78
Mercier, Sebastian 228
Messiaen, Olivier 312
Methe, Huberthus 396
Meyer, Conrad Ferdinand 20, 58
Meyer, Ernst Hermann 8, 36, 42, 58, 69, 89, **377-383**
Meyer, Gerhard 287
Meyerhold, Wsewolod Emiljewitsch 127
Mickel, Karl 12, 19, 28, 77, 104-109, 276, 434-436, 471, 473
Milhaud, Darius 171, 193, 489, 519
Mirabeau, Honoré-Gabriel de Riqueti 363, 365
Möckel, Manfred 244
Molière, Jean-Baptiste Poquelin dit 159, 292, 490
Moll, Kurt 89
Monteverdi, Claudio 170, 323
Moore, Henry 456
Morris, Edita 24, 147, 148
Motte, Antoine Houdar de la 335
Mozart, Wolfgang Amadeus 18, 28, 51, 52, 64, 75, 86, 97, 115, 117, 160, 272, 328, 346, 356, 365, 368, 411, 459, 460, 466, 473
Müller, Gerhard 51, 53, 118, 254
Müller, Heiner 18, 19, 28, 35, 84, 93-97, 99, 100, 402, 410, 414, 448, 518
Müller-Hill, Benno 542
Müntzer, Thomas 11, 312
Münz, Rudolf 273
Mund, Uwe 110
Musil, Robert 522
Mussorgski, Modest Petrowitsch 28, 34, 255, 300

Neef, Sigrid 183, 251
Neef, Wilhelm 41, 43, **384-389**
Neher, Caspar 14, 15, 500, 502, 503, 505-511, 514; 515
Nestjew, Israel Wladimirowitsch 21
Nestroy, Johann Nepomuk 211, 222, 524
Nett, Willi 89
Neuenfels, Hans 298
Neutsch, Erik 259
Nguyên Du 150
Niemann, Konrad 311
Nocker, Hanns 331
Nolde, Emil 497
Noll, Diether 44
Nono, Luigi 34, 37, 89, 245
Nossek, Carola 118
Notowicz, Nathan 311
Nowka, Dieter 40, 41, 43

Oehme, Ralph 29, 234, 236, 239, 241
Offenbach, Jacques 166, 288
O'Hara, Saul 328, 329
Orff, Carl 11, 20, 26, 77, 302, 306, 307, 311, 312, 494, 517
Ortwein, Carlernst 231, 468
Otto, Hans-Gerald 145, 325
Otto, Herbert 216
Otto, Matthias 290, 403
Otto, Theo 89
Otto, Werner 18, 19
Ovid (Ovidius), Naso Publius 334

Paetzold, Anne-Else 246
Palitzsch, Peter 84
Papen, Franz von 502

PERSONENREGISTER

Parmet, Simon 446
Paul, Jean 228
Penderecki, Krzysztof 37, 540
Pereda, Prudencio de 218
Pernutz, Manfred 188
Perten, Hanns Anselm 14, 514
Petrow, Andrej Pawlowitsch 298
Petzold, Frank 43, 44, **390-393**
Pfanner, Johannes 305
Pieck, Wilhelm 11, 70, 77
Pietraß, Richard 542
Piscator, Erwin 142, 446
Pischner, Hans 26
Platon 254
Plautus, Titus Maccius 58, 292
Pocci, Franz 493
Poettgen, Ernst 188
Pollatschek, Walter 142
Pottier, Sidney 200
Pousseur, Henri 30
Pozner, Vladimir 83
Priew, Uta 325
Probst, Christoph 536
Prokofjew, Sergej Sergejewitsch 20, 21, 472
Puccini, Giacomo 18, 142, 166, 185
Puls, Gerd 514

Quander, Georg 415

Raabe, Wilhelm 170
Racine, Jean 366
Rähl, Angela 54
Rähmer, Rolf 527
Raimann, Rudolf 171
Raimund, Ferdinand 177, 522
Ramin, Günther 119
Raupach, Hermann 428
Reger, Max 518
Reichardt, Johann Friedrich 428
Reinhardt, Andreas 19, 89, 109
Reinhardt, Max 499, 500
Reinhold, Ingeborg 13
Rennert, Wolfgang 278
Reuchlin, Johannes 271
Reuter, Fritz 13, 40
Reuter, Hans-Heinrich 184
Rex, Dieter 260

Reznicek, Emil Nikolaus 356, 486, 531
Richter, Friedrich 328
Richter, Hans-Peter 290
Richter, Kurt-Dietmar 41, 43, **394-397**
Rienäcker, Gerd 328
Riha, Carl 320
Rilke, Rainer Maria 343-345, 347, 348, 543
Rimbaud, Arthur 32, 34
Rimkus, Günter 260, 381
Rincón, Carlos 568
Robespierre, Maximilien 366
Rodin, Auguste 505
Rösler, Walter 214, 277, 381
Röttger, Heinz 40-42
Rosbaud, Hans 134
Rosenberg, Hilding 68
Rosenfeld, Gerhard 7, 30, 31, 37, 38, 42-44, 289, **398-419**
Rousseau, Jean-Jacques 409
Rossini, Gioacchino 328
Różewicz, Tadeusz 577
Rudolf, Ottomar 184
Rupprecht, Horst 476
Russell, Bertrand 105

Sachs, Hans 271, 396
Sachs, Nelly 228, 229
Sasse, Karl-Ernst 455
Satanowski, Robert 301
Satie, Eric 329, 519
Scarlatti, Alessandro 356
Scelsi, Giacinto 33
Schaefer, Hansjürgen 89, 278, 324, 325, 453
Schäfer, Karl-Heinz 188
Schafer, Murray 237, 437
Schall, Ekkehard 16, 455
Schau, Reinhard 266, 536, 581
Scheib, Christian 33
Scheibner, Andreas 411
Schell, Maximilian 348
Schenker, Friedrich 8, 19, 25, 27, 29-33, 37, 38, 44, **420-440**
Scherchen, Hermann 69, 78
Schiller, Friedrich 104, 344
Schmidt, Arno 32, 34
Schmidt, Eberhard 202, 558, 567

593

Personenregister

Schmidt, Peter-Jürgen 325
Schneider, Frank 122
Schneider, Rolf 268, 319
Schönberg, Arnold 18, 19, 22, 23, 28, 29, 32, 34, 60, 87, 106, 116, 172, 214, 323, 473, 489, 497, 523, 550
Schönfelder, Alfred 306
Schönfelder, Gerd 156, 288
Scholl, Hans 535, 536, 576, 582
Scholl, Sophie 535, 536, 576, 582
Schostakowitsch, Dmitri Dmitrijewitsch 20, 21, 187, 271, 300, 406, 418, 451, 472
Schottmüller, Oda 441
Schramm, Siegfried 188
Schreiber, Wolfgang 562
Schreier, Peter 110, 283
Schreker, Franz 26, 486
Schröder, Ralf 159
Schroth, Peter 287
Schtschedrin, Rodion Konstantinowitsch 406, 418
Schubert, Franz 240, 241, 430, 578, 579
Schubert, Gotthilf Heinrich von 522
Schütz, Heinrich 578, 579
Schumann, Robert 241, 578, 579
Schurbin, Lew 299
Schurbin, Robert 241, 578, 579
Schwaen, Kurt 13-16, 19, 40-44, 197, **441-467**
Schwarz, Jewgeni Lwowitsch 93-95, 97, 162, 402
Schwinger, Eckart 337
Schwitters, Kurt 34
Seeger, Horst 27, 319
Seghers, Anna 14
Seitz, Robert 63
Serow, Alexander Nikolajewitsch 356
Sessions, Roger 69
Shakespeare, William 117, 330, 476
Shdanow, Andrej Alexandrowitsch 14
Shull, Ronald K. 70, 446, 513
Sibelius, Jan 85, 299
Sindermann, Horst 456
Sitte, Willi 260
Slonimski, Sergej Michailowitsch 298
Sodann, Peter 287
Solowjow, Leonid 179

Solter, Friedo 51
Soubeyran, Brigitte 336, 340
Spies, Leo 247, 398
Spinoza, Baruch 28, 116, 117
Stahnke, Günter 16, 455-457
Stalin, Jossif Wissarionowitsch (eigentl. Dshugaschwili) 75, 93, 104, 518
Stanislawski, Konstantin Sergejewitsch 24
Stankowski, Jewgeni Fjodorowitsch 298
Steckel, Leonard 83
Steffin, Margarete 68
Stein, Peter 410
Stelzenbach, Susanne 246
Stieber, Hans 390, 531
Stolper, Armin 287
Storost-Vydunas, Wilhelm 282
Strandt, Marie-Luise 118
Strauss, Richard 85, 171, 357, 427, 506, 522
Strawinsky, Igor Fjodorowitsch 69, 239, 283, 451, 466, 473, 489, 493, 519, 530
Streller, Friedbert 202
Strittmatter, Erwin 527
Süß, Reiner 89, 110
Suitner, Otmar 85, 109, 118
Sykora, Peter 278
Szokolay, Sándor 245

Tagliazucchi, Giampietro 414
Tasso, Torquato 277
Telemann, Georg Philipp 335
Termer, Helga 562
Terterjan, Awet 322, 324
Tennyson, Alfred 170, 171
Theobald, Christiane 358
Thiele, Siegfried 231
Thürk, Harry 456
Tieck, Ludwig 476
Tietze, Werner 391
Thilmann, Paul 180, 225, 532
Tittel, Gerhard 41
Tolstoi, Lew Nikolajewitsch 229
Treibmann, Karl Ottomar 43, 44, **468-482**
Tretjakow, Sergej Michailowitsch 68
Triebel, Axel 455
Trieder, Jan 43, 44, **483-485**
Trilse, Christoph 292
Tschaikowski, Pjotr Iljitsch 20, 300

Tscharenz, Jegische 322
Tschiang Kai Schek 142
Tscholakowa, Ginka 96
Tschuchrai, Grigori 322

Ürödie, Georg 202
Ulrich, Rudolf 455
Urbanek, Hans 118

Vacis, Gabriele 349
Valente, Erasmo 89
Valentin, Thomas 234
Verdi, Giuseppe 18, 20, 166, 185
Viertel, Berthold 515
Verhoeven, Michael 576
Vinci, Leonardo da 106, 277
Vivaldi, Antonio 356
Völker, Klaus 83
Voltaire (François-Marie Arouet) 50, 51, 53, 251, 409
Vulpius, Jutta 331

Waak, Klaus 125
Wagner, Dieter 188
Wagner, Klaus 579, 580, 581
Wagner, Richard 17, 18, 28, 186, 436, 491, 522
Wagner-Régeny, Rudolf 7, 13-15, 19, 26, 27, 40, 41, 45, 88, 119, 180, 225, 247, 314, 398, 459, **486-524**
Wahren, Karl-Heinz 221
Wajda, Andrzej 298
Wandel, Paul 69, 70
Warneke, Erhard 219, 289, 340, 408
Watteau, Antoine 410
Weber, Carl Maria von 117
Webern, Anton 117
Wehding, Hans Hendrik 40
Weigel, Helene 70
Weill, Kurt 26, 88, 300, 392, 466, 489, 514
Weindich, Josef Adolf 142
Weise, Günter 209
Weismann, Julius 452, 453
Weismann, Wilhelm 152
Weiss, Michael 511
Weiss, Peter 94, 214
Weiß, Manfred 225

Wekwerth, Manfred 84, 144
Wendler, Horst Ulrich 271
Wendt, Albert 391, 392
Wenzel, Hans Jürgen 42, **525-527**
Wernicke, Herbert 414, 415
Werz, Wilfried 509
Werzlau, Joachim 41, 42
Weydert, Max 171
Wiegand, Sieglinde 290, 552
Wien, Dieter 246
Wienecke, Gertrud 441
Wigmann, Mary 441
Wilde, Erika 17
Wilde, Oscar 208, 497
Wilhelm, Karl 426
Willaschek, Wolfgang 576-578, 580, 582
Willert, Joachim 252, 260
Winkelgrund, Rolf 287
Winter, Ilse 198
Witkowitsch, Viktor 179
Wittig, Peter 283, 289
Wölfflin, Heinrich 76
Wohlgemut, Gerhard 20, 40, **528-531**
Wolf, Christa 335, 434, 531, 576
Wolf, Friedrich 139, 141, 142, 312
Wolf, Gerhard 281, 282, 531
Wolf, Gerry 16, 455
Wolf, Werner 482
Wolfframm, Hermann 188
Wollny, Ute 52
Wuolijoki, Hella 82, 83

Zacher, Peter 581
Zechlin, Ruth 225, 242, 247, 525
Ziller, Jochen 287
Zimmermann, Bernd Alois 31, 32, 187, 298, 323
Zimmermann, Ingo 276, 292, 374, 535, 543, 547, 550, 577
Zimmermann, Reinhart 252
Zimmermann, Udo 7, 23, 24, 30, 31, 37, 38, 41-43, 156, 230, 245, 276, 292, 484, **532-582**
Zimmermann, Walter 127
Zinner, Hedda 20, 58
Zschokke, Heinrich 223
Zweig, Arnold 69
Zweig, Stefan 364, 506